Die Soldaten der Wehrmacht

Die Soldaten der Wehrmacht

Herausgegeben von
Generalleutnant a. D. H. Poeppel,
W.-K. Prinz v. Preußen,
Staatssekretär a. D. K.-G. v. Hase
im
Verein zur Aufarbeitung
der jüngeren Geschichte e. V.

Mit einem Geleitwort von
Bundesminister a. D. Dr. Gerhard Stoltenberg

Herbig

1. Auflage Oktober 1998
2. Auflage Dezember 1998
3. Auflage Januar 1999
4. Auflage März 1999

© 1998 by F. A. Herbig Verlagsbuchhandlung
GmbH, München
Alle Rechte vorbehalten
Schutzumschlag: Wolfgang Heinzel
Herstellung und Satz: VerlagsService Dr. Helmut Neuberger
& Karl Schaumann GmbH, Heimstetten
Gesetzt aus der 10,5/13 Punkt Minion
in QuarkXPress auf Macintosh
Druck und Binden: Graphischer Großbetrieb Pößneck
Printed in Germany
ISBN 3-7766-2057-9

*Gewidmet dem Andenken
all derer, die in der Wehrmacht
in Ehren ihre Pflicht taten,
besonders unseren gefallenen
Kameraden*

Inhalt

Geleitwort 9

Gerhard Stoltenberg

*Wilhelm-Karl Prinz von Preußen,
Karl-Günther v. Hase, Hans Poeppel*

Vorwort der Herausgeber 17

Gustav-Adolf Caspar

Ethische, politische und militärische Grundlagen der Wehrmacht 23

Romedio Galeazzo Graf Thun-Hohenstein

Wehrmacht und Widerstand 62

Horst Rohde

Politische Indoktrination in höheren Stäben und in der Truppe – untersucht am Beispiel des Kommissarbefehls 124

Joachim von Schwerin

»Bewährung, Bedrängnis und Verhalten der Fronttruppe« Ein Bericht aus eigenem Erleben am Beispiel des Ostfeldzugs 159

Klaus Hammel

Kompetenzen und Verhalten der Truppe im rückwärtigen Heeresgebiet 178

Wolfgang Hasch und Gustav Friedrich

Der Partisanenkrieg der Sowjetunion und die deutschen Gegenmaßnahmen im Zweiten Weltkrieg 230

Horst Boog

Bombenkrieg, Völkerrecht und Menschlichkeit im Luftkrieg 256

Helmut Schmoeckel

Völkerrecht und Fairneß im Seekrieg Einhaltungen und Verstöße 324

Franz W. Seidler

Das Justizwesen der Wehrmacht 361

Andreas Broicher

Die Wehrmacht in ausländischen Urteilen 405

Alfred de Zayas

Die Wehrmacht und die Nürnberger Prozesse 461

Walter Post

Die Proportion der sogenannten »Täter« in der Millionenarmee – Versuch einer Quantifizierung am Beispiel der 6. Armee im Rußlandfeldzug 1941 500

Schlußbetrachtung 552

Quellen- und Literaturverzeichnis 560
Abkürzungsverzeichnis 586
Personenregister 589

Geleitwort

von Bundesminister a. D. Dr. Gerhard Stoltenberg

Mehr als fünf Jahrzehnte nach dem Ende des 2. Weltkrieges sind die Zeit der Hitler-Diktatur, ihre einschneidenden Folgen und Verwüstungen für Deutschland und Europa unverändert ein zentrales Thema der Geschichtsschreibung. Die Öffnung der Archive in dem bis 1990 kommunistisch beherrschten Teil unseres Kontinents, die Einbeziehung ihrer Historiker und Zeitzeugen in die freie internationale Diskussion, haben wichtige neue Quellen erschlossen und den Blick erweitert.

Der zunehmende zeitliche Abstand zu den Jahren der NS-Herrschaft hat Vor- und Nachteile. Die Distanz macht Antriebskräfte, Entwicklungslinien und Wechselwirkungen der großen Konflikte und Verbrechen deutlicher. So ist allmählich ein umfassenderes und vertieftes Bild jener Epoche, der handelnden und leidenden Menschen entstanden. Manches, was von vielen unmittelbar Beteiligten zunächst verdrängt oder übersehen wurde, konnte aufgearbeitet werden.

Andererseits fehlt es heute schon fast ganz an dem aktuellen Beitrag der Erlebnisgeneration, auch als Korrektiv zu einseitigen oder generalisierenden Urteilen. So gibt es in jüngster Zeit nicht selten die Tendenz, ohne die unmittelbare Anschauung der handelnden, kämpfenden, irrenden oder verführten Betroffenen apodiktisch zu urteilen und damit die komplexe Realität jener Zeit zu verfehlen. Das gilt auch für die jetzt wiederbelebte Diskussion über die Wehrmacht und ihre Soldaten.

Ich wurde im Januar 1944 mit 15 Jahren zu einem Marinebataillon der Flugabwehr bei Brunsbüttel an der Elbemündung einberufen. Dort habe ich 14 Monate meinen Wehrdienst geleistet, in den letzten Kriegswochen dann noch auf dem Flugplatz Leck. Über die Außenelbe flogen fast täglich die alliierten Bombergeschwader für die großen Luftangriffe auf Hamburg, Berlin und andere Städte in Nord- und Mitteldeutschland ein. Es war ein fordernder Dienst; bei Tieffliegerangriffen gab es Opfer. Mehrere meiner Verwandten sind als tapfere, untadelige Soldaten gefallen.

So habe ich seit meiner Zeit als Student der Geschichtswissenschaft die Diskussion über die Wehrmacht mit besonderer Anteilnahme verfolgt. Sofort nach dem Ende des Krieges wurden in zahlreichen Zeugnissen die Vielfalt unterschiedlicher, manchmal schroff entgegengesetzter Erfahrungen und Urteile aus dem Kreis der mehr als 15 Millionen deutscher Soldaten, ihrer alliierten Gegner, von Publizisten, Historikern und anderen Zeitzeugen artikuliert. Vor allem in Deutschland schieden sich anfangs nicht wenige Geister bei der Beurteilung des aktiven Widerstandes von Soldaten gegen Hitler, kulminierend mit dem 20. Juli 1944. Was den einen als bewegender, stärkster Ausdruck eines sittlich begründeten Handelns erschien, werteten andere als verzweifelten Versuch, der sicheren Niederlage mit ihren Konsequenzen noch zu entkommen und lehnten dritte als angeblichen Verrat an den kämpfenden Kameraden ab. Es dauerte einige Zeit, bis sich im Nachkriegsdeutschland allgemein Anerkennung und Respekt für die Widerstandskämpfer und ihre Motive durchsetzte.

Zu meinen Jugenderinnerungen gehören zahlreiche Begegnungen mit alliierten Soldaten, die gegen die Wehrmacht gekämpft hatten. Ich ging nach dem Krieg zunächst wieder in meiner Heimatstadt Bad Oldesloe zur Schule. Ende 1946 lud der regionale britische Kommandeur, Colonel Hyde-Smith, einen Gesprächskreis junger Deutscher zu einer politischen Diskussion ein. Als er hörte, daß wir am Krieg teilgenommen hatten, brachte er seine Hochachtung vor den Soldaten der Wehrmacht zum Ausdruck, die er von der Invasion Frankreichs bis zum April 1945 als tapfere und faire Gegner kennengelernt habe.

Besonders beeindruckt hat mich im Sommer 1952, während eines Studienaufenthalts in den USA, die private Begegnung in Chicago mit Vorstandsmitgliedern der American Legion, des großen Frontkämpferverbandes der Vereinigten Staaten. Sie berichteten, daß die Zahl der Treffen und Partnerschaften zwischen den soldatischen Traditionsvereinigungen unserer beiden Länder rasch zunehme. Dies sei eine völlig freie Entscheidung der einzelnen Einheiten. Es gebe eine breite Zustimmung unter den früheren amerikanischen Soldaten und nur vereinzelte Stimmen der Ablehnung.

Das entsprach dem vorherrschenden Urteil in der westlichen Militärgeschichtsschreibung jener Zeit. Vor allem Generalfeldmarschall Erwin Rommel wurde in den Vereinigten Staaten und Großbritannien in verschiedenen Darstellungen, in Artikelserien und Fernsehfilmen, als einer der großen militärischen Führer seiner Generation, als untadeliger Soldat und geachteter Gegner gewürdigt. Über ihn schrieb der britische Befehlshaber der alliierten Streitkräfte in Nordafrika, Feldmarschall Sir Claude Auchinleck, 1959, er habe Rommel als »guten Soldaten und tapferen Mann« hochgeschätzt. Er selbst gehöre zu jenen, »die einen tapferen, fähigen und anständigen Gegner achten« und wünsche, »den geschlagenen Feind so behandelt zu wissen, wie man selbst behandelt werden wolle, wenn er der Sieger und man der Besiegte gewesen wäre«.

Geleitwort

Von den wissenschaftlichen Veröffentlichungen der Nachkriegsjahre verdienen die Beiträge hervorragender Persönlichkeiten der deutschen Emigration besondere Beachtung. Hans Rothfels, damals Professor an der Chicago-Universität, veröffentlichte schon 1948 sein grundlegendes Werk »Die deutsche Opposition gegen Hitler«. Sein Urteil über die Wehrmacht war differenziert. Er schilderte die nach 1933 bald zur Anpassung an die Diktatur bereite Haltung führender Militärs wie Blomberg und Reichenau. Aber er stellte zugleich dar, daß untadelige Persönlichkeiten der Generalität wie von Hammerstein-Equord bereits früh eine zunehmend kritische Distanz zu Hitler wählten oder, wie Beck und von Witzleben, nach einer kurzen Zeit des Abwartens zum aktiven Widerstand entschlossen waren. Rothfels wies auf das vorherrschende Selbstverständnis des Offizierkorps des Heeres hin, bei aller Anerkennung des Primats der Politik, eine moralisch begründete Identität der Streitkräfte zu behaupten und parteipolitische Einflüsse abzuwehren. Nach seiner Einschätzung war der Einfluß der NS-Ideologie bei der Marine und den Luftstreitkräften größer. So sei es zu verstehen, daß bereits 1938 die ersten konkreten Planungen für einen Staatsstreich von Offizieren des Heeres erfolgten.

Rothfels wollte mit seinem in der Fachwelt der USA stark beachteten Werk den Folgen der alliierten Kriegspropaganda entgegenwirken, in der die Wehrmacht als ein Hitler blind gehorchendes Werkzeug des Imperialismus und der Verbrechen der Diktatur dargestellt wurde. Für ihn verkörperten die Blutzeugen des militärischen und zivilen Widerstandes die besten Traditionen Deutschlands und damit auch die Hoffnungen für seine ethische und politische Erneuerung in enger Zusammenarbeit mit den westlichen Demokratien.

Er stand mit dieser Einschätzung nicht allein. Viele der deutschen Emigranten, die unter der Hitler-Barbarei gelitten hatten und oft den gewaltsamen Tod von Angehörigen und Freunden ertragen mußten, teilten sein Urteil und seine Erwartungen. Sie leisteten einen bedeutenden Beitrag für die beginnende Verständigung eines neuen Deutschlands mit den früheren Feinden im Westen.

In der anschwellenden Literatur über die Jahre 1933 bis 1945 und die Rolle der Wehrmacht wurde früh auf die sehr unterschiedlichen Bedingungen der Kriegführung im Westen und in der Sowjetunion hingewiesen. Im Osten stießen Millionen-Heere in zuvor nie gekannten Größenordnungen aufeinander. Es war von Anfang an die harte Konfrontation zweier ideologisch geprägter Diktaturen, die ihre Brutalität bereits bei der Verfolgung von Gegnern im eigenen Land demonstriert hatten. Hitler und Stalin wußten, daß es um Sein oder Nichtsein ging. Hinter den zunächst rasch vorrückenden deutschen Heeren begannen schon im Sommer 1941 Einsatzgruppen von SS und SD mit den Massenliquidierungen von Juden und politisch mißliebigen Funktionären.

Auch in diesem Zusammenhang hat die Frage nach der Rolle der Wehrmacht bereits in den fünfziger Jahren Historiker in der westlichen Welt intensiv beschäftigt. Als grundlegend galt für sehr lange Zeit das auf eine breite Quellenbasis gestützte Werk des Professors für Internationale Beziehungen am Rußland-Institut der Columbia-Universität, Alexander Dallin, »Deutsche Herrschaft in Rußland 1941–1945«. Er schilderte 1957 ausführlich die Eskalation einer sich rasch verschärfenden Kriegführung beider Seiten. Bis Ende 1941 gerieten 3,35 Millionen (nach offiziellen Angaben des MGFA) sowjetische Soldaten in deutsche Kriegsgefangenschaft. Eine große Zahl kam um, weil es an den organisatorischen Vorkehrungen, oft auch am entschiedenen Willen fehlte, sie alle in menschenwürdige Unterkünfte zu verbringen und angemessen zu verpflegen. Große Teile der Bevölkerung hatten die deutschen Soldaten zunächst als Befreier begrüßt. Aber die Härte des Krieges, die Verbrechen der SS-Einsatzgruppen und die NS-Propaganda gegen die östlichen »Untermenschen« bewirkten einen Stimmungsumschwung.

Stalin antwortete auf die Invasion mit einem rücksichtslosen, grausamen Partisanenkrieg. Dallin schrieb hierzu: »Zwischen dem sowjetischen Hammer und dem nationalsozialistischen Amboß eingeklemmt, war das Volk in den besetzten Gebieten gezwungen zu wählen. ... Die Bevölkerung des Ostens empfand dabei deutlich den Unterschied zwischen dem Verhalten des Heeres – dem praktische, auf den siegreichen Ausgang des Krieges bedachte Erwägungen zugrunde lagen – und dem der meisten anderen deutschen Autoritäten.«

Er wies zugleich auf konkrete Fälle eines brutalen Vorgehens einzelner Verbände der Wehrmacht gegen die Zivilbevölkerung hin und zitierte die berüchtigte Weisung des Befehlshabers der 6. Armee, Generalfeldmarschall von Reichenau, vom Oktober 1941. Reichenau verwarf »mißverständliche Menschlichkeit« gegenüber »Landeseinwohnern und Kriegsgefangenen«. »Der Schrecken vor den deutschen Gegenmaßnahmen muß stärker sein als die Drohung der umherirrenden bolschewistischen Restteile.« Dallins Ergebnis einer detaillierten Analyse von unterschiedlichen Vorgaben der deutschen Kommandeure lautete: »Beim Heer war jedoch diese Haltung, obwohl offiziell befohlen, eher eine Ausnahme als die Regel.«

Die Kriegführung der Wehrmacht in der Sowjetunion war ein zentrales Thema des ersten Kriegsverbrecherprozesses vor dem Alliierten Militärtribunal 1946 in Nürnberg und mehrerer folgender Verfahren. Mit einer bemerkenswerten Begründung lehnte das Gericht den Antrag der Anklage ab, das Oberkommando der Wehrmacht und den Generalstab zu »verbrecherischen Organisationen« zu erklären. Auch die Ankläger hatten diesen Vorwurf nicht gegen die Wehrmacht insgesamt miterhoben. Die Entscheidungsgründe des Tribunals sind offensichtlich von manchen Publizisten und

Politikern unserer Tage, wie den Initiatoren der umstrittenen Ausstellung »Verbrechen der Wehrmacht«, bewußt unterdrückt worden. Von erheblicher Bedeutung war 1946 für das Nürnberger Verfahren die Erkenntnis, daß die zunächst behauptete Schuld der Deutschen an der Ermordung von fast 10 000 gefangenen polnischen Offizieren bei Katyn nicht haltbar war. Alle Anhaltspunkte wiesen vielmehr auf ein Verbrechen der sowjetischen Führung hin. Erst nach dem Umbruch 1990 wurde dies in Moskau amtlich bestätigt.

Wer heute daran erinnert, muß sich gelegentlich mit dem Vorwurf auseinandersetzen, er wolle »ablenken« oder die »Singularität« der von Hitler und »seinen willigen Vollstreckern« begangenen Verbrechen bestreiten. Das ist eine jener Unterstellungen, die den anspruchsvollen wissenschaftlichen Diskurs über die schreckliche Zeit der Diktaturen erschweren. Die von vielen Zeitzeugen und manchen Historikern seit Dallins bedeutendem Werk herausgearbeitete zunehmende Brutalisierung der Kampfführung in der Sowjetunion beruhte in der bereits erwähnten wechselseitigen Eskalation.

Auch dafür gibt es eindrucksvolle Schilderungen von russischen Zeitzeugen. Lew Kopelew und Alexander Solschenizyn haben die schockierende Erfahrung der Verbrechen an deutschen Zivilisten bei dem Einmarsch der sowjetischen Armee Anfang 1945 in Ostpreußen beschrieben. Viele tausend Soldaten, die damals als Kriegsverbrecher verurteilt und lange inhaftiert waren, sind in den letzten Jahren von den in Rußland neu geschaffenen Überprüfungsinstanzen rehabilitiert worden.

Die politischen Fronten und Orientierungen waren während des 2. Weltkrieges viel komplizierter als heute in verbreiteten Klischees unterstellt wird. 1939 hatte die Sowjetunion im Windschatten des Krieges in West- und Nordeuropa Finnland überfallen. 1941 verbündete sich dieses kleine tapfere Volk mit Deutschland, um das erlittene Unrecht wieder zu korrigieren. In den 1940 gewaltsam von Moskau annektierten baltischen Staaten wurden die deutschen Soldaten als Befreier begrüßt. Viele ihrer Bürger meldeten sich freiwillig für den Kriegsdienst gegen die Sowjetunion. Ihre Völker mußten dafür nach 1945 einen furchtbaren Preis bezahlen.

Dies ändert nichts an eindeutigen Verantwortlichkeiten. Hitler hatte den Krieg begonnen, der unendliches Leid über die meisten Völker Europas brachte. Seine wahnwitzige Politik der Massenvernichtung führte zum Holocaust und anderen schrecklichen Verbrechen. Aber dennoch haben nicht nur die Deutschen nach 1945 den Vorwurf der Kollektivschuld zurückgewiesen. Viele hervorragende Persönlichkeiten im Westen und Osten wandten sich entschieden gegen jede summarische Verurteilung.

In den letzten Jahren haben mehrere Einzelstudien unsere Kenntnisse über die Massenliquidierungen in den besetzten Gebieten im Osten vertieft. Besondere Beachtung fand bei den Fachkollegen Christopher R. Brownings Untersuchung »Ganz normale Männer. Das Reservebataillon 101 und die Endlösung.« Die Geschichte dieser Einheit und ihrer Reservepolizisten ist erschütternd. Aber Browning wandte sich bald darauf entschieden gegen die These Goldhagens, die Erklärung für die Teilnahme am Massenmord liege in einem »dämonisierenden Antisemitismus«, der »die gemeinsame Wahrnehmungsstruktur der Täter und der deutschen Gesellschaft allgemein bildet«. Bei den führenden Historikern der USA und Deutschlands hat Goldhagens umstrittenes Werk wenig Zustimmung gefunden. Aber es stimmt nachdenklich, wenn es bei uns mit seinen absurden kollektiven Verurteilungen in einem weiten Bereich der Publizistik auf ganz ungewöhnliches und zumeist unkritisches Interesse stieß. Goldhagens Schwächen und methodische Unsauberkeiten sind von seinem Landsmann und Fachkollegen Norman Finkelstein mittlerweile in einer vernichtenden Rezension offengelegt worden.

Es bleibt die Frage, was die Faszination so vieler bewirkte. Wenn in der jungen Generation das Interesse an den finsteren Jahren der NS-Herrschaft wieder größer wird, dann verdient dies Anerkennung. Es gibt immer wieder neue bewegende Zeugnisse der Opfer jener Zeit, zuletzt mit Victor Klemperers Tagebüchern. Aber man muß den schrecklichen Vereinfachern widersprechen. Der Stuttgarter Historiker Eberhard Jäckel, dem wir wichtige Beiträge zur Erforschung der Hitler-Diktatur verdanken, warnte mit Blick auf die erwähnte Wehrmacht-Ausstellung und eine neue Generation von Historikern und Publizisten: »Das moralische Urteil gerade der Jüngeren hat oft etwas Masochistisches, Gnadenloses, Überhebliches. ... So entstehen aus einer hitzigen Debatte Einseitigkeiten, die die Realitäten verzerren.«

Zu welchen absurden Folgen eine voreingenommene, latent hysterische Einstellung gegenüber den Soldaten der Wehrmacht führen konnte, verdeutlicht ein anderer Vorgang. Wolfgang Petersens Film »Das Boot«, die Geschichte einer U-Boot-Besatzung, wurde 1980 zu einer der international erfolgreichsten Produktionen ihrer Zeit. Der Regisseur gehört seitdem zur weltweiten Spitzengruppe seines Fachs. Petersen schilderte 1997 seine damaligen Erfahrungen im Rückblick: »›Das Boot‹ wurde in Deutschland unheimlich angegriffen, als der Kinofilm herauskam. Es wurde gesagt, dieser Film ist zu patriotisch, dieser Film zeigt zu sehr die normalen Deutschen im Krieg, ohne eine Wertung. Das sei eine Art Heldendarstellung, statt – wie es für uns als Deutsche Pflicht sei, wenn wir den Zweiten Weltkrieg behandeln und unsere Leute zeigen – die Mea-culpa-Attitüde darzustellen.« Petersen schildert dann seine Erfahrungen bei der Erstaufführung seines Films in den USA, die in Los Angeles vor einem großen fachkundigen Publikum erfolgte. Zunächst habe es aufgrund der Vorabberichte aus Deutschland erkennbare Vorbehalte und Aggressionen gegeben. »Im Laufe der zweieinhalb Stunden hat sich das dann total umgedreht. Am Schluß gab es für uns stehende Ovationen.« Der Film wurde kurz darauf mit sechs Oscars ausgezeichnet und ein Riesenerfolg.

Die schwierige Diskussion über die Wehrmacht zeigt auch, wie sich in Deutschland Grundeinstellungen und Loyalitäten in den letzten fünfzig Jahren verändert haben. Eine der stärksten Antriebskräfte sowohl für die Frontsoldaten wie auch den Widerstand gegen Hitler war der Patriotismus, die Liebe zu Deutschland. Nur so kann man es erklären, wenn nach dem Ausbruch des großen Krieges 1939 ein so kompromißloser Gegner der Nazis wie Martin Niemöller, U-Boot-Offizier von 1914 bis 1918, sich aus dem Konzentrationslager freiwillig zum Dienst in der Wehrmacht meldete und namhafte politische Emigranten nach Deutschland zurückkehrten, um für das Vaterland zu kämpfen. Oberst Graf Stauffenbergs letzte Worte vor dem Erschießungskommando am Bendler-Block am 20. Juli 1944: »Es lebe das heilige Deutschland« sind ein anderes Zeugnis für diese Gesinnung. Das ist heute für die meisten jüngeren Menschen kaum nachvollziehbar. Das Werben Konrad Adenauers, Carlo Schmids und anderer in der Nachkriegszeit für einen »geläuterten Patriotismus« als verbindende Grundhaltung war nicht sehr erfolgreich. So haben wir heute erheblich größere Probleme als unsere europäischen Nachbarn, unsere Identität als Nation angemessen zu definieren. Ob dies wirklich ein Vorzug ist und auf Dauer als schicksalhaft hingenommen werden sollte, scheint mir sehr zweifelhaft zu sein. Wie immer man das im einzelnen bewertet, es ist völlig unhistorisch, die Generation unserer Eltern und Großeltern nach aktuellen Befindlichkeiten zu beurteilen.

Es gibt also mehrere Gründe, weiter für eine anspruchsvolle und differenzierte Erörterung der Geschichte der Wehrmacht einzutreten. Dafür sind wissenschaftliche Veröffentlichungen, die in der Kontinuität der Geschichtsschreibung seit der Nachkriegszeit stehen und zugleich neue Quellen und fundierte Thesen aufnehmen, der wirksamste Beitrag. Ich begrüße deshalb das Erscheinen des Sammelbandes »Die Soldaten der Wehrmacht«. Die Autoren sind in diesem Themenkreis zumeist besonders ausgewiesene Historiker. Ihre Beiträge haben durch die Irritationen der letzten Jahre an Aktualität gewonnen, und ich wünsche den Herausgebern Erfolg und den Lesern Gewinn.

WILHELM-KARL PRINZ VON PREUSSEN,
KARL-GÜNTHER V. HASE, HANS POEPPEL

Vorwort der Herausgeber

Es ist schwer, im liberalen, demokratischen Rechtsstaat aufgewachsenen Generationen die Situation ihrer Eltern und Großeltern in einer totalitären Diktatur verständlich zu machen. Dies gilt insbesondere für die Kriegszeit in der nationalsozialistischen Epoche. Mit der vorliegenden Dokumentation über die Wehrmacht sollen dazu klärende Fakten beigesteuert werden, um den vielen, oftmals aus Unkenntnis oder politischen Gründen einseitigen Darstellungen vermehrt die Wirklichkeit jener überwundenen Zeit entgegen zu stellen.

Das Ziel ist es, einen Beitrag zur Wahrheitsfindung über einen der umstrittensten Abschnitte deutscher Geschichte als Grundlage für einen »unverkrampften Umgang mit ihr« (Bundespräsident Herzog) zu leisten. Dadurch soll auch das Ansehen unserer unzähligen Kameraden von Heer, Luftwaffe und Kriegsmarine vor Verunglimpfung bewahrt werden, die nicht als »Hitlers willige Vollstrecker«, sondern aus Patriotismus und daraus resultierendem Pflichtgefühl, mißbraucht von einer verantwortungslosen Führung, den Tod fanden. Ihre Ehre hat ihnen niemand nehmen können, so wenig wie jenen, die ihrem Gewissen folgend den Aufstand gegen das Regime wagten. Letztere wußten, daß ihnen im Fall des Scheiterns der Galgen oder das Erschießungskommando gewiß waren und daß die Rache des Diktators auch vor ihren Familien nicht haltmachen würde.

Es gilt, den Nachkommen eine Beurteilungsgrundlage zu hinterlassen, die ihnen das Verständnis für die große Mehrheit der Wehrmachtangehörigen ermöglicht, die nicht persönlich schuldig geworden sind. Sie sollen wissen, daß nahezu jede deutsche Familie einen oder mehrere Angehörige unter den etwa 18 Millionen Soldaten hatte, die während der Jahre 1939 bis 1945 in der Wehrmacht Dienst taten.

In diesem Zusammenhang stellt sich die Frage nach der Proportion der Täter gegen das Kriegsvölkerrecht. Sie ist wissenschaftlich nach einem halben Jahrhundert noch nicht genügend erforscht und kann daher auch im Rahmen dieser Veröffentlichung nur an einem Beispiel erörtert werden. Schließlich sollen die ethischen Grundlagen und Verhaltensvorschriften der Wehrmacht und deren Anwendung im Kriege überliefert werden.

Die aus den verschiedenartigen Beiträgen entstandene Gesamtschau versucht eine realistische Annäherung an die äußerst komplexe Wirklichkeit der Wehrmacht. Dieses von namhaften Militärhistorikern und Sachkennern erstellte Sammelwerk setzt sich nicht apologetisch mit dem Verhalten der Wehrmacht auseinander. Kein Schuldiger soll weißgewaschen werden, aber auch niemand pauschal verurteilt werden. Auch handelt es sich nicht um eine weitere »Geschichte des Zweiten Weltkrieges«. Vielmehr werden besonders kontrovers diskutierte Problemfelder der Wehrmachtteile untersucht und in einen systematischen Zusammenhang gestellt. Dies beschränkt sich auf das Heer und den Rußlandfeldzug. Bewußt wird auf Erlebnisberichte verzichtet: Nahezu sechs Jahrzehnte nach Kriegsende geben persönliche Erinnerungen kaum noch ein objektives Bild des erlebten Geschehens. Im Rahmen des Gesamtkonzeptes ist – wie üblich – jeder Autor für seinen Beitrag ausschließlich selbst verantwortlich. Die Wertungen der einzelnen Verfasser decken sich nicht unbedingt mit den Ansichten der Herausgeber.

Die Herausgeber dieser Dokumentation sind selbst keine Historiker. Sie vertreten einen Arbeitskreis, der sich 1995 spontan zusammenfand und der die verschiedensten Berufe und Lebenserfahrungen umfaßt. Gemeinsam ist ihnen, daß sie in ihrer Jugend der Wehrmacht angehört haben. Sie waren Frontoffiziere, standen dem Widerstand nahe und wurden aus politischen Gründen aus der Wehrmacht entlassen. Sie sind Zeitzeugen jener Jahre und stehen am Ende ihres Lebensweges. Alle haben auf ihre Weise, nach den bitteren Erfahrungen der Diktatur, ihren Beitrag zum Aufbau und zur Festigung unserer freiheitlich demokratischen Grundordnung geleistet. Zusammengeführt hat sie der Wille, ein Bild der Deutschen Wehrmacht zu überliefern, das ihrem eigenen Erleben und Handeln, dem Verhalten ihrer gefallenen Kameraden sowie auch der Beurteilung entspricht, die deutsche Soldaten bei ihren Kriegsgegnern gefunden haben.

Ein Verständnis für jene Epoche ist nur unter Berücksichtigung ihrer politischen Gegebenheit möglich. Viele durch Gedenktage wie den 8. Mai angestoßene Berichte erwecken bei Zuschauern oder Hörern mit unzureichenden Geschichtskenntnissen einen falschen Eindruck von den sechs sogenannten »Friedensjahren« zwischen 1933 und 1939. Sie bestärken die ohnehin skeptischen, oft einseitig informierten Angehörigen der Nachkriegsgenerationen in ihrer Überzeugung, daß sie auf die Ziele und die Methoden der Nationalsozialisten nicht hereingefallen wären und der Verdrängung der Demokratie ernsthaft widerstanden hätten. Aber jede Zeit hat ihre eigenen Verführungen und Massenhysterien im Stil ihrer jeweiligen Leitbilder. Und jede Epoche findet ihre Demagogen – von Shakespeares Marc Anton über Danton, Lenin, Trotzki und Stalin bis zu Mussolini, Hitler und Goebbels. Es gibt ein erschreckendes Charisma des Bösen.

Wie war Hitlers Aufstieg möglich? Sein Feld wurde durch den Versailler Vertrag bereitet. Dieses Diktat einer Friedensordnung wurde von weit rechts bis ganz links als elementare Ungerechtigkeit und als Verrat an den zuvor verkündeten hehren Absichten namentlich des amerikanischen Präsidenten Wilson empfunden. Hinzu traten neben den horrenden Reparationsforderungen die Gebietsabtretungen, eine radikale Beschränkung von Umfang und Bewaffnung der deutschen Verteidigungskräfte, die Weiterführung der Hungerblockade, die langjährige Besetzung des Rheinlandes, die Nicht-Abrüstung der Sieger sowie die Zuweisung der Alleinschuld am Ersten Weltkrieg an Deutschland. Sie verletzte zutiefst die Würde und das Selbstwertgefühl großer Teil des deutschen Volkes.

Inflation, Umschuldung der Reparationen zu Lasten Deutschlands, die Weltwirtschaftskrise sowie die daraus folgende Arbeitslosigkeit – ohne das heute selbstverständliche soziale Netz – verstärkten die innenpolitischen Spannungen. Die Weimarer Demokratie war nach Ansicht einer wachsenden Mehrheit am linken und rechten Rand der politischen Gruppierungen nicht in der Lage, das Land aus der Krise herauszuführen. Wie die häufigen Wahlen zeigten, traute man keiner der demokratischen Parteien der Mitte zu, der Not zu steuern. Es mangelte an republikanischer Gesinnung. Notverordnungen der Regierung brachten keine Lösung. Schließlich konnte sich der lange zögernde Reichspräsident v. Hindenburg der Berufung Hitlers, des Führers der stärksten Partei im Reichstag, zum Reichskanzler nicht länger widersetzen. Seine Ernennung am 30. Januar 1933 war die Folge. Die noch fehlende parlamentarische Basis wurde bei den letzten freien Wahlen im darauf folgenden März erreicht. Vorangegangen war der Reichstagsbrand, der Hitler den Vorwand für das Verbot der Kommunistischen Partei gab. Es folgte der »Tag von Potsdam«, ein Festakt, in dem Hitler durch gemeinsames Auftreten mit dem Reichspräsidenten an den Gräbern der großen preußischen Könige den Anschein des Anknüpfens an preußische Traditionen erwecken wollte, um damit Konservative, Nationalliberale und nicht zuletzt die Reichswehr einzufangen. Noch im gleichen Jahr wurden die Gewerkschaften, die anderen politischen Parteien und der verbündete Frontkämpferbund, der »Stahlhelm«, aufgelöst oder in die nationalsozialistische Bewegung eingegliedert. Gleiches galt für zahlreiche Jugendverbände, die meist in der Hitlerjugend (HJ) und im Bund deutscher Mädchen aufgingen.

Am 30. Juni 1934 wurde der die Macht im Staat und die Kommandogewalt über die Reichswehr anstrebende SA-Chef Röhm, dazu zahlreiche Widersacher ermordet. Als wenige Wochen später Reichspräsident v. Hindenburg starb, ließ Hitler die Reichswehr auf sich vereidigen. Innerhalb von 18 Monaten hatte er jeglichen Widerstand gegen seine Herrschaft ausgeschaltet.

Dieser Weg in den das Recht mißachtenden totalitären Staat wurde durch scheinbare, aber auch tatsächliche Erfolge des Regimes geebnet. Für die große Mehrheit des Volkes stand der strahlende Aufstieg aus den über die Parteigrenzen hinweg als zutiefst ungerecht und unwürdig empfundenen Fesseln und Belastungen des Versailler Vertrages im Vordergrund. Die Soldaten empfanden die Beseitigung der einseitig diskriminierenden Beschränkungen der deutschen Streitkräfte als befreiend. Außenpolitische Erfolge wie das Konkordat mit dem Vatikan, dann die Rückkehr des Saargebietes in das Reich, die Besetzung des »entmilitarisierten« Rheinlands, die Wiedereinführung der allgemeinen Wehrpflicht, der »Anschluß« Österreichs, durch den sich unter großem Beifall der Bevölkerung ein großdeutscher Traum erfüllte, auch die Rückkehr des Sudetengebietes unter Zustimmung Englands, Frankreichs und Italiens brachten Hitler und seiner Bewegung einen enormen Kredit und Handlungsfreiheit ein.

Daneben war das öffentliche Leben erfüllt von zahlreichen, viele Menschen – auch Ausländer – beeindruckenden Ereignissen: Massenaufmärsche, »Partei- und Reichsbauerntage« und als Höhepunkt die Olympischen Spiele 1936 in Berlin, die Deutschland zu großem internationalen Ansehen verhalfen. Alles schien in ständiger Aufwärtsbewegung zu sein. Die Arbeitsbeschaffung für sechs Millionen Arbeitslose krönte die Erfolge. Ungezählte Wohnungen wurden gebaut. Neue Fabriken wie die Volkswagenwerke entstanden, ebenso die ersten Autobahnen. Die »Kraft durch Freude«-Organisation wurde zur sozialen Betreuung geschaffen. Sie ermöglichte weniger bemittelten Schichten der Bevölkerung Schiffs- und Urlaubsreisen. Wie sehr die allgemeine Aufbruchstimmung – trotz manch besorgter Kritik im Hintergrund – das Bewußtsein vor allem junger Menschen prägte, wird aus Helmut Schmidts Buch »Kindheit und Jugend unter Hitler« deutlich.

Dadurch traten die dunklen Seiten in den Hintergrund: Unterdrückung Andersdenkender, Aufhebung der Meinungsfreiheit, Zensur, Konzentrationslager, Bespitzelung bis in die Familien, vor allem aber die Verfolgung der Juden. Diese waren in ihrer überwiegenden Mehrheit in das Volk integriert. Sie hatten sich auch im Krieg als Patrioten erwiesen und großen Anteil an der wissenschaftlichen und kulturellen Blüte des Landes. Dies alles aber sollte angesichts des Rassenwahns der NS-Partei nun nicht mehr gelten. Ein bedeutender Teil der Eliten wurde aus Deutschland damals verjagt, viele der Zurückbleibenden später grausam vernichtet.

Hinzu kam die wachsende Abschirmung der Bevölkerung gegen ausländische Kritik. Fernsehen gab es noch nicht. Ausländische Sender konnten kaum mit den standardisierten Volksempfängern, sondern nur von wenigen leistungsstarken Radiogeräten empfangen werden. So bestimmte die von Goebbels außerordentlich geschickt gesteuerte zentrale Presse immer stärker die Gleichschaltung der öffentlichen Meinung. Während die kritischen Auslandsmeldungen einer Zensur unterlagen, wurden positive ausländische Stimmen von Churchill bis Lloyd George gezielt im Original verbreitet. So gewann die Propaganda, welche die politischen und wirtschaftlichen Erfolge ins rechte Licht rückte, immer mehr Einfluß.

Auf solch einseitiger Grundlage mußten auch militärische Entscheidungen getroffen werden, angesichts einer Informationspolitik, die die Weitergabe von Nachrichten rigoros auf solche »genehmen Inhalts« beschränkte, die das Erschließen eigener Informationsquellen untersagte und Verstöße durch strenge Strafen unterband, die das Aufklären von Gerüchten zu verhindern wußte und die dadurch Grundlagen und Rechtmäßigkeit von Befehlen unwiderlegbar vortäuschen konnte. Der »Führerbefehl Nr. 1« vom Januar 1940, nach dem niemand mehr wissen durfte, als zur Erfüllung seines Auftrags notwendig war, beschnitt militärischen Führern aller Ebenen den Überblick über die Gesamtlage und half, unrechtmäßiges Handeln zu verschleiern.

Unkenntnis, Überheblichkeit, auch politische Indoktrination sind keine geeigneten Maßstäbe zur gerechten, differenzierenden Bewertung des Verhaltens unter den Bedingungen der nationalsozialistischen Zwangsherrschaft. Der vorliegende Sammelband versucht, die Wehrmacht in ihrer Realität darzustellen, nach ihrem eigenen Selbstverständnis, anhand der vorgegebenen Grundlagen und im Kraftfeld der bestimmenden Diktatur. Deren schreckliche Entwicklung war bei ihrem Beginn kaum vorstellbar, ihr konnte sich aber je länger sie dauerte, kaum jemand entziehen.

Der kameradschaftliche Zusammenhalt der Truppe gerade in schwersten Kämpfen und Belastungen war keineswegs das Ergebnis »rassenideologischer Indoktrinierung«, sondern das Bewußtsein eines gemeinsamen Schicksals, das Gefühl, gerade auch in der Endphase des Krieges angesichts der alliierten Forderung nach »bedingungsloser Kapitulation« standhalten zu müssen, um noch möglichst viele Menschen zu retten. Für irgendwelche utopischen nationalsozialistischen Ziele schlug sich in diesem Kampf um das Überleben niemand mehr.

Das Internationale Nürnberger Militärtribunal der vier Siegermächte USA, Sowjetunion, Großbritannien und Frankreich hat die deutschen Soldaten ebensowenig wie die Institution Wehrmacht pauschal verurteilt. Die Bewertung durch profilierte ausländische Historiker und militärische Fachleute, anerkennt weitgehend das moralische Verhalten der Angehörigen der Wehrmacht, während die deutsche zeitgeschichtliche und militärgeschichtliche Forschung allenfalls einige operative Leistungen der deutschen Armee gelten läßt, bei meist pauschaler Verunglimpfung und Verurteilung ihrer Führer als willenloser Diener Hitlers und des von ihm verkörperten nationalsozialistischen Regimes. Mit der vorliegenden Dokumentation machen sich die Herausgeber dieses Wort von Helmut Schmidt zu eigen (»Zeitpunkte« 3. 3. 95):

»Ich möchte, daß die Fakten bekannt und moralisch bewertet werden. Aber man schneidet sich den Erfolg völlig ab, wenn man die Kinder von 18 Millionen glauben läßt, ihre Eltern seien die Schuldigen und man selbst sei nun aufgeklärt, moralisch in Ordnung und wäre – hätte man damals gelebt – Widerstandskämpfer geworden.«

Wilhelm-Karl Prinz von Preußen, geb. 1922 in Potsdam, jüngster Sohn des Kaisersohnes Oskar, nach Abitur 1939 Eintritt ins Art.Rgt. 22. Ab Juli 1941 Ord.Offz. im Pz.AOK 1. Nach Entlassung aus politischen Gründen 1943/44 Landwirtschaftslehre in Ostpreußen. Flucht 1945.
Wegen Herkunft nicht zum Studium zugelassen. Eintritt in Fa. DRAGOCO Holzminden. Seit 1960 bis 1984 dort Geschäftsführer. Ab 1958 ehrenamtlicher Herrenmeister des Johanniterordens (Krankenhäuser, Altersheime und andere diakonische Einrichtungen, Johanniter-Unfall-Hilfe e. V.).
Verheiratet, 3 Kinder.

Karl-Günther v. Hase, geb. 1917 in Wangern als Sohn eines Offiziers, nach Abitur 1936 Offizieranwärter im Art.Rgt. 19. Feldzüge in Polen, Frankreich, Rußland, zuletzt als Battr.Chef. 1944 Major i.G., wegen Sippenhaftung (20. 7.) wieder Truppendienst, zuletzt Festung Schneidemühl, ab 13. 2. 45 bis 10. 12. 49 Gefangenschaft in der UdSSR. 1950/51 Diplomatenschule Speyer, 1958 Sprecher des Auswärtigen Amtes, 1962 bis 1967 Staatssekretär und Leiter des Presse- und Informationsamtes der Bundesregierung. 1967 bis 1969 Staatssekretär des Bundesministeriums für Verteidigung. 1970 bis 1977 Botschafter beim Vereinigten Königreich. 1977 bis 1982 Intendant des ZDF.

Hans Poeppel, geb. 1921 als Sohn eines pommerschen Landwirts, nach Abitur 1939 Eintritt als Offizieranwärter ins Art.Rgt. 32. Batteriechef in Rußland, 1944 Hauptmann, 1945 Flucht aus russischer Gefangenschaft. Studium und Lehrer im Niedersächsischen Staatsdienst. 1955 Übernahme in die Bundeswehr, Kommandeurverwendungen, zuletzt bis 1981 Generalleutnant und Inspekteur des Heeres. 12 Jahre Vorsitzender der Gesellschaft für Wehrkunde. Zahlreiche Veröffentlichungen zur Sicherheitspolitik.

GUSTAV-ADOLF CASPAR

Ethische, politische und militärische Grundlagen der Wehrmacht

Vorbemerkungen

Politische, religiöse oder berufliche Gemeinschaften entwickeln Normen für ihr Verhalten, ihre Überzeugungen und ihr Handeln, die als Lehren mündlich oder schriftlich überliefert werden. Diese Grundlagen – soweit sie nicht erstarren und damit eine Modernisierung verhindern – unterliegen einem fortschreitenden Wandel und wirken durch Erziehung und Tradition weiter.

»Jede Gesellschaft braucht Bindungen, ohne Spielregeln und ohne Tradition, ohne einen bestimmten Konsens über Verhaltensnormen kann kein Gemeinwesen bestehen, nicht einmal ein Verein. Eine Gesellschaft, die nicht über einen ethischen Minimalkonsens verfügt, [...] wird mit der Zeit zerbröseln.«[1]

Die Weitergabe wird oft durch den Zeitgeist und die jeweils vorherrschenden modischen Überzeugungen beeinflußt. Das ist besonders dann möglich, wenn neue Ideen einzelner Persönlichkeiten oder reformerischer Gruppen aufgrund von historischen Ereignissen zu neuen, mehrheitlich akzeptierten Erfahrungen führen. Werden nämlich Mehrheiten zu neuen oder erneuerten Lehren gewonnen, so beteiligen sich nicht nur die jeweils zuständigen politischen, religiösen oder beruflichen Institutionen an ihrer Vermittlung, sondern auch die Elternhäuser und Bildungseinrichtungen.

Streitkräfte brauchen prägende Grundlagen mehr als andere Berufsgruppen, verlangt doch ihr Einsatz größtes Können sowie höchste Leistungs- und Willenskraft. Hierzu sind allgemein gültige Grundsätze und Regeln für Führung, Ausbildung und Erziehung erforderlich. Große militärische Führer haben deshalb – in unserem Kulturkreis schon in der Antike – derartige Grundlagen entwickelt und danach ihre Truppen ausgerichtet.

Es wird zu zeigen sein, inwiefern hierbei ethische Verhaltensweisen, politische Bindungen sowie militärische Grundsätze prägend gewirkt, wie weitgehend sie in der Zeit des NS-Regimes aufrechterhalten werden konnten oder durch neue Bindungen ersetzt werden mußten.

Voraus stellt sich dabei die Frage nach der Gleichartigkeit oder Vielfalt der Mentalität und des Wertbewußtseins in der Wehrmacht. Die zahlenmäßig begrenzte Reichswehr – 100 000 Mann im Heer und 15 000 in der Marine – erreichte aufgrund des gemeinsamen Erlebens des Ersten Weltkriegs und über die Pflege der Tradition eine hohe Homogenität. Hierzu trug auch die lange Dienstzeit von Offizieren, Unteroffizieren und Mannschaften bei, zwischen denen es trotz der unterschiedlichen gesellschaftlichen Herkunft kaum Gegensätze gab; abzusehen ist dabei von politischen Meinungsunterschieden in den Anfangs- und Endjahren der Weimarer Republik. Ohne die Reichswehr zu idealisieren – die fehlenden Mittel für eine ohnehin meist verbotene moderne Ausrüstung sowie der hohe Zeitbedarf für Pferdepflege und für Wachaufgaben in den kleinen, aufgesplitterten Garnisonen begrenzten die Ausbildungsmöglichkeiten erheblich –, hat das Reichsheer ein vorzügliches militärisches Niveau erreicht; entsprechendes gilt für die Reichsmarine.[2]

Die gesamte Wehrmacht, also auch die größtenteils aus Heer und Marine hervorgegangene Luftwaffe, wurde von den aus der Reichswehr stammenden Offizieren und Unteroffizieren bis 1945 maßgeblich beeinflußt. Vor allem die jungen Offiziere nahmen in ihrer – besonders im Kriege – stark verkürzten Ausbildung noch viel von den bisherigen Wert- und Verhaltensmaßstäben auf und konnten sie an die Truppe weitergeben. Dieses Wirken wurde zusätzlich durch den Zeitgeist mit seinen zunehmenden soldatischen Sympathien unterstützt, indem seit der zweiten Hälfte der zwanziger Jahre Elternhäuser und Schulen der Jugend ein positiv verarbeitetes Kriegserlebnis vermittelten. Dagegen hatten die bis 1932 unbehinderten pazifistischen und antimilitärischen Tendenzen einen schweren Stand.[3] So fand die Aufrüstung nach 1933 eine weitestgehende Zustimmung der öffentlichen Meinung, zumal die Propaganda nur eine angestrebte deutsche Gleichberechtigung verkündete.

Die in der deutschen Militärgeschichte einzigartige Vermehrung der Streitkräfte um das Zehnfache von 1934 bis 1939 und die bei kurzen Ausbildungszeiten nochmalige Vervielfachung auf knapp 10 Millionen Soldaten 1943 – inzwischen ausgeschiedene nicht mitgerechnet – bedeutete freilich einen Qualitätsverlust, der zu einer Vielfalt des Denkens und der Handlungsgrundsätze führte. Eine – je später im Krieg desto mehr – zusammengewürfelte Truppe konnte selbstverständlich nicht mehr die Homogenität und Disziplin der Reichswehr aufweisen. Der hohe Bedarf an Offizieren war mit einem normal ausgebildeten Nachwuchs nicht mehr zu decken. So wurden in großer Zahl Polizei- und Ergänzungsoffiziere eingestellt, die ohne längeren Reichswehrdienst kaum vom bisherigen Ausbildungsgang geprägt, oft aber mit dem Nationalsozialismus verbunden waren. Die Zahl von etwa 4500 Truppen- und Seeoffizieren im Jahre 1932 stieg bis zum Sommer 1939 auf mehr als 36 000 aktive Offiziere.

Entwicklung der Offizierstärken:[4]

1932
– Heer 3.724
– Reichs-/Kriegsmarine 823
– Luftwaffe 0
– Wehrmacht 4524
1939
– Heer 21 793
– Reichs-/Kriegsmarine 2528
– Luftwaffe 12 000
– Wehrmacht 36 321

Der weitere Aufwuchs im Kriege brachte wegen des hohen Bedarfs viele nach Können und Charakter weniger geeignete Soldaten in Führungspositionen aller Ebenen. Dennoch blieb – das sei wiederholt – ein weitreichender Einfluß der traditionsbewußten, aus der Reichswehr stammenden Offiziere bis 1945 erhalten.

Gesetze, Erlasse und Vorschriften – Reichsverfassung und Wehrgesetze

Vor einer Erläuterung der ethischen, politischen und militärischen Grundlagen der Wehrmacht ist ein Überblick über wichtige, für die Soldaten verbindliche Regelungen zu geben. An erster Stelle steht dabei die Weimarer Reichsverfassung von 1919, sie wies den »Oberbefehl über die gesamte Reichswehr« dem Reichspräsidenten zu (Art. 47). Dieser hatte auch die Offiziere zu ernennen, seine Anordnungen bedurften der Gegenzeichnung des Reichskanzlers oder des Reichswehrministers (Art. 46 und 50). Nach Art. 133 hatte ein Wehrgesetz zu bestimmen, inwiefern für Soldaten »zur Erfüllung ihrer Aufgaben und zur Erhaltung der Manneszucht einzelne Grundrechte einzuschränken sind«. Schließlich ordnete Art. 176 für alle Beamten und Angehörigen der Wehrmacht den Eid auf die Verfassung an. Diese Eidesleistung bezogen viele Soldaten jedoch mehr auf das Deutsche Reich als auf die – als derzeitig aufgefaßte – republikanische Verfassung. So äußerte General v. Seeckt – noch als Chef des Generalstabs der Armee – in einem Erlaß an die unmittelbar unterstellten Offiziere im Sommer 1919: »Für den, der sich entschlossen hat, zum Wohl des Vaterlandes auch unter der republikanischen Staatsform zu dienen, ist der Eid auf die Verfassung die logische Folge.«[5]

Das durch Art. 133 angekündigte Wehrgesetz (vom 23. März 1921) untersagte den Soldaten eine politische Betätigung sowie die Mitgliedschaft in politischen Vereinen und enthielt ihnen außerdem die Teilnahme an öffentlichen Wahlen oder Abstimmungen vor (§ 36). Obwohl auch zuvor die aktiven Soldaten kein Wahlrecht besaßen, begünstigte das Gesetz unbeabsichtigt ihren Abstand von der neuen Demokratie. § 8 des Wehrgesetzes legte den zivilen Oberbefehl des Reichspräsidenten nochmals fest und wies unter ihm die »Befehlsgewalt über die gesamte Wehrmacht« dem Reichswehrminister zu.

Nachdem einige hier nicht anzusprechende Gesetze wesentliche Bestimmungen des Wehrgesetzes von 1921 aufgehoben hatten, brachte ein neues Wehrgesetz vom 21. März 1935 für die Wehrmacht eine neue gesetzliche Grundlage. § 1 erklärte den Wehrdienst zum »Ehrendienst am Deutschen Volk«, jeder Mann wurde wehrpflichtig. Durch § 2 galt die Wehrmacht als der »Waffenträger und die soldatische Erziehungsschule des Deutschen Volkes«. Mit § 26 blieb die politische Betätigung der Soldaten wie zuvor untersagt, Absatz 1 verbot »die Zugehörigkeit zur NSDAP oder einer ihrer Gliederungen [...] für die Dauer des aktiven Wehrdienstes«, nach Absatz 2 ruhte »das Recht zum Wählen oder zur Teilnahme an Abstimmungen im Reich«.[6]

Militärstrafrecht und Disziplinarstrafordnung

Mit dem Übergang zum stehenden Heer entstand die Notwendigkeit, die bei den Söldnerheeren bis in das 18. Jahrhundert üblichen Artikelbriefe oder die Kriegsartikel zu ersetzen. Ganz allgemein wurden im Zuge einer zunehmenden Justiziabilität auf allen Gebieten neue gesetzliche Regelungen für das Verhalten von Soldaten in Form von straf- und disziplinarstrafrechtlichen Normen geschaffen.

Im Deutschen Reich gab es seit 1872 – auf den Grundlagen des preußischen Militärstrafgesetzbuchs (MStGB) von 1845 und des bayerischen MStGB – ein neues Reichs-MStGB. Es regelte die spezifisch militärischen Straftatbestände; das allgemeine Strafrecht galt ohnehin für alle Soldaten. Mit einigen Änderungen – vor allem während des Ersten Weltkriegs – blieb das MStGB auch nach der Aufhebung der Militärgerichtsbarkeit 1919 für die Soldaten von Heer und Marine gültig; es wurde jedoch 1926 neu gefaßt, indem veraltete Bestimmungen gestrichen und viele Tatbestände dem Disziplinarstrafrecht zugewiesen wurden.

Unter der 1933 wieder eingeführten Militärgerichtsbarkeit traten zunächst nur geringfügige Gesetzesänderungen in Kraft, ein geplantes neues Militärstrafrecht kam vor Kriegsbeginn nicht zustande. Dafür erschien im Oktober 1940 eine Neufassung des MStGB, die zusammen mit der Kriegssonderstrafrechtsverordnung und Kriegsstrafrechtsverordnung – beide vom August

1938 – Grundlage des Militärstrafrechts im Zweiten Weltkrieg wurden.[7] Das MStGB enthielt in seiner Fassung von 1940 wie zuvor Bestimmungen gegen den Mißbrauch der Dienstgewalt, die Anstiftung von Untergebenen zu Straftaten sowie gegen das Unterdrücken von Beschwerden und die Mißhandlung von Untergebenen; ebenso bleiben eigenmächtiges Beutemachen, Plünderung, Verwüstung, Fledderei und militärischer Diebstahl strafbar. Mord, Raub, Vergewaltigung und andere gewalttätige Übergriffe nach dem Strafgesetzbuch (StGB) waren ohnehin von den Kriegsgerichten zu verfolgen. So entsprach das deutsche Recht durchaus den in anderen Ländern üblichen Normen. Allerdings blieb der wichtige, seit 1872 unveränderte § 47 MStGB unklar: Bei Ausführung eines Befehls, der zum Verstoß gegen ein Strafgesetz führte, war der Vorgesetzte verantwortlich; den Untergebenen traf nur die Strafe als die eines Teilnehmers, soweit ihm bekannt war, daß die befohlene Handlung ein Verbrechen bezweckte.[8]

Das Militärstrafrecht mit seinen außerordentlich hohen Strafandrohungen diente seit jeher in hohem Maße der Abschreckung vor militärischen Straftaten und der Aufrechterhaltung der Disziplin, »Mannszucht und [...] Schlagkraft der Truppe«[9]. Die von der politischen Führung gewollten, von Juristen formulierten und von der militärischen Führung mitgetragenen Verschärfungen der Gesetze sind weitgehend unter den Erfahrungen des Ersten Weltkriegs entstanden. Im langen Krieg mit der geringen Erziehungs- und Gewöhnungswirkung auf kurzausgebildete Wehrpflichtige drohte die Gefahr nachlassender Disziplin und zunehmender Gesetzesübertretung.

In der deutschen Gesetzgebung und Rechtsprechung kam hinzu, daß schon in den Jahrzehnten vor dem NS-Regime der Rechtspositivismus eine außerordentlich starke Stellung einnahm. Die strengen gesetzlichen Bestimmungen dienten weitgehend auch dem Schutz der unterstellten Soldaten und der Zivilbevölkerung. In der Praxis der Militärgerichtsbarkeit wurden die hohen Strafandrohungen durch Gnadenerweise der Gerichtsherren – höheren Truppenführern vom Divisionskommandeur an aufwärts – oft gemildert.

Im Laufe des Zweiten Weltkrieges sahen ergänzende Vorschriften erhebliche Verschärfungen im Militärstrafrecht vor. Die Standgerichtsverfahren und die sogenannte Sippenhaftung führten zu Willkür und Terror und standen nicht mehr in der Tradition der deutschen Rechtspflege. Bemerkenswerterweise betrafen diese Verschärfungen nicht nur die sogenannte Wehrkraftzersetzung und die Fahnenflucht, sondern 1944 auch andere Straftatbestände.

Wie stark die Strafandrohung nicht nur einer Abschreckung, sondern der Erziehung, der Aufrechterhaltung soldatischer Ordnung und dem Schutz vor Willkür diente, zeigte die neugefaßte Disziplinarstrafordnung für das Heer vom 18. Mai 1926 (vier Tage darauf mit spezifischen Ergänzungen für die Marine), die später von der Luftwaffe übernommen und nach mehreren Änderungen durch die Wehrmacht-Disziplinarstrafordnung vom 6. Juni 1942 ersetzt wurde. Gerade bei der Neigung junger Leute, gelegentlich »über die Stränge zu schlagen«, war eine Disziplinarstrafe bei kleineren Vergehen erzieherisch unentbehrlich. Strafen sollten möglichst im Bereich Disziplinarstrafen verhängt werden und wegen einer abstumpfenden Wirkung nicht zu hart sein, andererseits befürchtete man bei zu großer Milde Autoritätsverlust. Da das Ehrgefühl der Soldaten zu bewahren war, wirkte die Handhabung des Militärstraf- und Disziplinarstrafrechts weit über die Minderheit der Bestraften hinaus in die gesamte Truppe.[10] Trotz vieler Übersteigerungen im Sinne des NS-Regimes sicherten das Militärstrafgesetzbuch und die Disziplinarstrafordnung die Erhaltung soldatischer Verhaltensnormen ab und übten auch eine Schutzfunktion aus. Sie machten das Zusammenleben in der Truppe sowie die Erfüllung ihres Auftrages berechenbar.

Die Pflichten des Soldaten

Die Berufspflichten des Soldaten waren im ausgehenden Mittelalter und der frühen Neuzeit in vertragsähnlichen Artikelbriefen für die Landsknechte, seit Beginn des 17. Jahrhunderts in den Kriegsartikeln für den angeworbenen Söldnerführer als Kriegsunternehmer und seine Männer geregelt. Sie enthielten allgemeine Verhaltensvorschriften und die bei ihrer Übertretung drohenden Strafen. Ähnlich sahen auch die 1808 in der Reformzeit erlassenen preußischen Kriegsartikel, die alle Unteroffiziere und Mannschaften mit ihrer Eidesleistung zu befolgen versprachen und die die zuvor üblichen Strafen milderten, entsprechende Sanktionsmöglichkeiten vor. Obwohl die Reformer, vor allem Scharnhorst, eine stärkere Hervorhebung von Belohnungen für erfüllte Pflicht gewünscht hatten, waren die Artikel weiterhin auf Zucht und Strenge abgestellt; lediglich der Artikel 2 enthielt das positive Versprechen einer Förderung und Fürsorge für die pflichtgetreuen Soldaten.[11]

Ein für Heer und Marine verbindlicher Pflichtenkatalog wurde von Reichspräsident Ebert und Reichswehrminister Geßler am 2. März 1922 erlassen. Die in den Kriegsartikeln enthaltenen Strafandrohungen blieben seitdem dem Strafrecht oder dem Disziplinarstrafrecht zugeordnet.

Nach dem Wehrgesetz von 1921 forderten die Berufspflichten u.a. die Treue zur Verfassung. Die Neufassung der Berufspflichten vom 9. Mai 1930 verwies ausdrücklich auf die Staatsform »Republik«. Bemerkenswert war neben der Verpflichtung zu Tapferkeit und Gehorsam die Forderung zur Kameradschaft, zum Beistand und zur Fürsorge durch den Vorgesetzten. Zu den Pflichten des Soldaten gehörte auch das Verbot einer politischen Betätigung des Soldaten, um die »von bestimmten Parteien immer wieder versuchte Zersetzungsarbeit in der Wehrmacht zu bekämpfen«[12]. Diese »Entpolitisierung« stützte sich aber auch auf die Erfahrungen der Heeresleitung mit politisierenden Soldaten von 1919/20, von denen sie stereotyp den unbedingten Gehorsam einforderte.

Mit Hindenburgs Erlaß vom 25. Mai 1934 trat eine Neufassung der Pflichten des deutschen Soldaten in Kraft mit grundsätzlicher Bedeutung für die Wehrmacht.[13] Dieser von der Autorität des Generalfeldmarschalls getragene Pflichtenkatalog blieb bis 1945 unverändert gültig; den Text hatte sich jeder Soldat einzuprägen, er sollte in jährlichen Wiederholungsunterrichten bei der Truppe erläutert werden. Die Neufassung der Berufspflichten bedeutete – noch vor dem Eid auf Hitler – eine weitreichende Identifizierung mit dem NS-Regime. Sprach aus der Fassung von 1930 noch »die Sorge um den Bestand des Staates«, so wurde nunmehr der freudige Dienst am neuen Staat zur Handlungsmaxime.[14]

Dienstvorschriften und andere grundsätzliche Befehle

Einheitliche Führungs- und Funktionsfähigkeiten moderner Streitkräfte verlangen einen festgelegten Rahmen für ihre Ausbildung und Erziehung. Dazu reichten schon im 18. Jahrhundert nicht mehr unmittelbare Befehle und Dienstaufsicht aus, es bedurfte ausführlicher schriftlicher Regelungen, die seit Anfang des 18. Jahrhunderts als Exerzierreglements und nach 1919 in der Reichswehr als Ausbildungsvorschriften herausgegeben wurden.

Vorschriften auf allen militärischen Fachgebieten formten die Qualität der Wehrmacht und fanden trotz weitreichender Geheimhaltung vielfach Nachahmung in anderen Ländern. Die oft langwierige Auswertung von eigenen und ausländischen Kriegserfahrungen sowie die technischen und taktischen Erprobungen erforderten die sorgfältige Arbeit vieler erfahrener Offiziere. Trotz anhaltenden Offiziermangels erhielten in Reichswehr und Wehrmacht oberste Führungsämter und Schulen als Ausbildungseinrichtungen außerhalb der Truppe hierzu einen vermehrten Personalumfang zugewiesen.

Von besonderem Belang für die Beurteilung der Wehrmacht war die Völkerrechtsvorschrift (HDv 231 I und II), die in zwei Teilen – für die Truppe und für die höheren Stäbe – am 1. Oktober 1939 erschien und die Vorschrift von 1911 ablöste. Bereits in der Einleitung wurde eindeutig auf die Verpflichtung zur Einhaltung der Völkerrechtsnormen hingewiesen.

»Ritterliches Verhalten im Kampf und Treue gegenüber getroffenen Verabredungen gelten seit altersher als stillschweigender Kriegsbrauch in den Kriegen zwischen den Soldaten der Kulturvölker. Es ist ebenso anerkannter

Kriegsbrauch, Verstöße hiergegen zu vergelten. Mit den durch Volkscharakter und besondere Umstände bedingten Verschiedenheiten in den Auffassungen über den Kriegsbrauch ist zu rechnen.

Das Kriegsvölkerrecht umfaßt die von Staaten freiwillig übernommenen Verpflichtungen zur Beachtung bestimmter Regeln zu dem Zweck, die Leiden des Krieges nach Möglichkeit zu mildern. Eine überstaatliche Macht, die ihre Beachtung erzwingen könnte, gibt es nicht. – Die Außerachtlassung kriegsrechtlicher Bestimmungen kann jedoch zu gefährlichen politischen Rückschlägen führen, die zu dem im Einzelfall erzielten militärischen Erfolg möglicherweise in keinem Verhältnis stehen, sie bietet überdies der feindlichen Propaganda eine willkommene Handhabe. Jeder Offizier muß daher den Inhalt und die Bedeutung der kriegsrechtlichen Vorschriften genau kennen.«[15]

Aus diesen Einleitungssätzen war keine »deutlich zum Ausdruck gebrachte Relativierung des Kriegsvölkerrechts« abzuleiten,[16] zumal zur Einhaltung der international gültigen Normen auch das Merkblatt »10 Gebote für die Kriegführung des deutschen Soldaten« mahnte[17], das während der ersten Kriegsjahre regelmäßig im Soldbuch, dem »Dienstausweis« aller Wehrmachtsoldaten während des Krieges eingeheftet war.[18]

Die der Ausbildung dienenden Vorschriften wurden schon im 19. Jahrhundert durch grundsätzliche Befehle der Monarchen ergänzt, um nachhaltig auf das Verhalten der Offiziere und Soldaten einwirken zu können. Diese Erziehungspraxis von der Spitze her wurde in der Reichswehr unter Seeckt als Chef der Heeresleitung von 1920–1926 und in der Wehrmacht durch die Oberbefehlshaber fortgesetzt.

Die Strafandrohungen des Militärstrafgesetzbuches und der Disziplinarstrafordnung waren im wesentlichen allen Soldaten der Wehrmacht ebenso bekannt wie die Verhaltensnormen nach den acht Artikeln der Soldatenpflichten und den zehn Geboten für die Kriegführung. Mit Ausnahme der Vorgesetzen und dem Lehrpersonal, die in der Ausbildung Dienstvorschriften und grundsätzliche Befehle selbst zu vermitteln und deren Ausführung in der Dienstaufsicht zu kontrollieren hatten, kannten die meisten Unteroffiziere und Mannschaften den Inhalt von Vorschriften und Befehlen weitaus weniger.

*Die ethischen Grundlagen und Verhaltensnormen –
die militärischen Tugenden*

Das »Ethos« – Gewohnheit, Herkommen oder Sitte – gab der Ethik als »lebensnächster, praktischer« Teil der Philosophie ihren Namen und beeinflußte den Alltag der Menschen. Berufsethos und -ethik wurden zu Maximen des

Handelns. Ebenso wie sich die Inhalte und Begriffe der Ethik in der antiken Philosophie und im Christentum entwickelt haben, gehen die Leitbilder der militärischen Tugenden auf die griechische und römische Antike zurück. Diese Wertvorstellungen leiteten sich zum Teil aus philosophischen Erkenntnissen wie der Stoa ab oder ergaben sich aus einer berichtenden Literatur über Kriege und Kriegswesen, die auch viele taktische und organisatorische Erfahrungen festhielt. Gepflegt wurde diese Überlieferung vor allem im Byzantinischen Reich, erst im Zeitalter der Renaissance und des Humanismus begann – zugleich mit dem Entstehen der europäischen Staaten – eine intensive Auswertung der antiken Quellen.

Dagegen hinterließ das germanische Heerwesen nur wenige schriftliche Spuren bei römischen Autoren oder in der mittelalterlichen Literatur und fand erst während des 19. Jahrhunderts sowie im Dritten Reich eine spekulative Aufwertung. Der germanische Kämpfer hat auf das europäische Heerwesen der Neuzeit also keine Auswirkung gehabt. Dagegen blieben die Traditionen des christlich geprägten Rittertums mit seiner auf gegenseitige Treue zwischen Dienstherrn und Kämpfer sowie seiner ethisch gebundenen Standesehre – Ritterlichkeit – erhalten, da bei dem fließenden Übergang zum Söldnerheer die Reiterei und das entstehende Offizierkorps diesen Werten weiterhin verbunden waren. Dabei hat das zunehmend aus dem Adel stammende Offizierkorps vor allem deshalb an den ritterlichen Tugenden festgehalten, um »seine entwicklungsgeschichtlich klar zu verfolgende Herkunft aus dem Söldnertum zu überspielen.«[19]

Seit dem 14. Jahrhundert waren die Landsknechtheere mit ihren neuen taktischen Formen und vertragsartigen »Artikelbriefen« zum unbestritten zeitgemäßen Militärwesen aufgewachsen. Sie konnten jedoch die Probleme ihrer Disziplinierung bei unpünktlicher Soldzahlung oder Verrohung in langen Kriegen nicht bewältigen, obwohl mehrere Reformversuche zu vorübergehenden Besserungen führten.

Die Oranische Heeresreform und ihre Nachwirkung in Europa

Der dauerhaft in seine Truppe eingebundene, langdienende Soldat eines stehenden Heeres mit verbesserter Ausbildung galt schon im ausgehenden 16. Jahrhundert als Alternative, weil die Fürsten hofften, neben Kosteneinsparungen auch ein verläßlicheres Instrument für ihre Politik zu bekommen. Vor allem die grausame Kriegführung des spanischen Söldnerheeres und die allmähliche Verwahrlosung ihrer einst guten Infanterie führten in den fast ein Jahrhundert dauernden Befreiungskriegen der Niederlande dort zu Gedanken über die Reform des Kriegswesens.

Moritz und Wilhelm Ludwig von Oranien leiteten 1600 eine Heeresreform in den Niederlanden ein, die ein neues Soldatenbild forderte. Die Reform stützte sich auf eine Auswertung der antiken Militärliteratur, vor allem durch den Leidener Professor Justus Lipsius. In seinen Werken ist »eine wesentliche Grundlage zur Heeresreform, wenn nicht vielleicht ihre Programmschrift« zu sehen. Der Späthumanismus begründete insofern die neuzeitliche Kriegswissenschaft und brachte das erste Beispiel einer Zusammenarbeit von Hochschule und Heer.[20]

Neben den Anregungen zur Soldatenauswahl, Organisation, Taktik und Ausbildung – aus alten griechischen Schriften wurden Ansätze zum ersten Exerzierreglement entnommen – ging es Lipsius um Disziplinierung und das Berufsethos des neuen Soldaten. Er forderte in seinem grundlegenden, in ganz Europa bekanntem Werk »De Constantia« (1584) eine geistig-sittliche Erziehung und einen willigen Gehorsam.

Die Disziplin sollte auf den Grundtugenden Selbstbeherrschung, Mäßigung und Sichfernhalten (von Selbstsucht und allen unrechtmäßigen Gewalttaten) beruhen. Weitere sittliche Leitbilder waren Gehorsam, Tapferkeit, Geduld, für den Offizier Tüchtigkeit (virtus), Vorbild an Tapferkeit, Fleiß, Schnelligkeit, Menschlichkeit und moralische Unantastbarkeit. Die 1590 erschienenen holländischen Kriegsartikel ließen eine humane Haltung und gute juristische Arbeit erkennen, sie schonten mit einem differenzierten Strafsystem die Ehrauffassung des Soldaten. Aber nicht nur durch Strafen sollte die Disziplin aufrechterhalten werden; Belohnungen, Auszeichnungen und Beförderungen – das beweglichere Heer brauchte ohnehin mehr Vorgesetzte als bisher – boten positive Ansätze. Die Reformen sowie errungene Erfolge verbesserten das zuvor geringe Ansehen der Soldaten in der Bevölkerung.

Die Oranische Heeresreform war ihrer Zeit weit voraus. Spätere Heeresreformen folgten ihrem Weg, wenn auch zum Teil ohne unmittelbaren Bezug. Eine sofortige Umsetzung verhalf Schweden zum Aufstieg als Großmacht. Im Dreißigjährigen Krieg verloren die schwedischen Truppen jedoch den anfangs aufrechterhaltenen moralischen Anspruch mit dem Tode Gustav Adolfs. Cromwells britisches Parlamentsheer war im 17. Jahrhundert nochmals eine Ausnahme, ansonsten wurde die Disziplinierung der stehenden Heere wieder vorwiegend durch ein strenges Strafsystem gesichert. Immerhin setzten sich die niederländischen Kriegsartikel – in Brandenburg auf dem Umweg über Schweden 1656 eingeführt – und das oranische Exerzierreglement in veränderten Formen für die Heere Europas durch. Weitere Neuerungen befaßten sich in den Armeen des 17. und 18. Jahrhunderts nur mit taktischen, logistischen und organisatorischen Problemen, allenfalls auch mit Fragen der Menschenführung wie durch Friedrich den Großen. Scharnhorst erkannte den durch Napoleon eingeleiteten Umbruch und forderte ein halbes Jahr vor der Niederlage von Jena und Auerstedt 1806 auch eine Neubesinnung auf die militärischen Tugenden.

»Wir haben angefangen, die Kunst des Krieges höher als die militärischen Tugenden zu schätzen – dies war der Untergang der Völker in allen Zeiten. Tapferkeit, Aufopferung, Standhaftigkeit sind die Grundpfeiler der Unabhängigkeit eines Volkes.«[21]

In diesem Sinne konnte die preußische Staats- und Heeresreform den Weg zu einem vom Volk getragenen Heer öffnen.

Auch die Kirchen oder ihre Militärseelsorge haben einen Beitrag zum Berufsethos der europäischen Heere geleistet. Im Zeitalter der Religionskriege vermittelten Luthertum, Calvinismus und katholische Gegenreformation sogar im eigenen Interesse kämpferische Tugenden und Disziplin. Später diente die Militärseelsorge einem Gewissensbeistand und der Lebenshilfe im oftmals harten Soldatenalltag. Es ist vielfach bezeugt, wie die Soldaten diesen Beistand annahmen. Im 18., teils noch im 19. Jahrhundert pflegte die Truppe von sich aus den Gesang von Kirchenliedern. Eine Erwartung mancher militärischer Führer, der christlich gläubige Soldat sei der bessere Kämpfer, grenzte jedoch an einen Mißbrauch der Religion.

Der religiöse, ethisch gefestigte Soldat verfügte zweifellos über hohe seelische Kräfte, die ihn die Strapazen des Krieges und persönliche Opfer ertragen ließ. Er verabscheute Haß- und Rachegefühle, Grausamkeit oder Beutegier und zeigte damit ein Verhalten, dem aber auch viele andere, kirchlich weniger gebundene disziplinierte Soldaten pflichtgemäß nachkamen.

Vorbild und Erziehung: Die militärischen Tugenden in Reichswehr und Wehrmacht

Die Reichswehrführung empfand die vielfachen Gehorsamsverweigerungen im Herbst und Winter 1918/19 als Schock; sie wollte dieses mit ihrem Verständnis von Militär unvereinbare Verhalten künftig unterbinden. Bewährung, aber auch Versagen von Soldaten aller Dienstgrade führten zu einer neuen Bewertung des Könnens und der Verantwortung von Vorgesetzten sowie des Vertrauens in ihn und seine Befehle.

Als Chef der Heeresleitung stellte Seeckt in seinem Befehl »Die Grundlagen der Erziehung des Heeres« vom 1. Januar 1921 Forderungen auf, die bis 1945 richtungsweisend blieben, wie

– Leistungen und Verhalten eines jeden Soldaten sind für den fleckenlosen Ruf des Heeres verantwortlich

– das Heer soll von Vaterlandsliebe und Verantwortungsgefühl erfüllt ein

lebendiges Glied des ganzen Volkskörpers sein und so auch ohne allgemeine Wehrpflicht ein wahres Volksheer bleiben
— Kameradschaft soll alle Soldaten verbinden, die Fürsorge des Vorgesetzten lohnt der Untergebene mit Vertrauen
— der Vorgesetzte hat in Pflichterfüllung und Selbstzucht ein Vorbild zu sein
— nicht in äußeren Ehren, sondern bei innerer Befriedigung über erfüllte Pflicht sucht der Soldat den Lohn seiner Taten
— Können und Wissen, auch allgemeine Bildung und gefestigter Charakter sollen den Soldaten zu einem wertvollen, nützlichen Volksgenossen erziehen mit dem Ziel, nicht nur eine kleine Schar von Berufssoldaten zu sein, sondern Führer des Volkes in der Stunde der Gefahr[22]

Die hohen Forderungen und Erziehungsziele schlossen an die Erfahrungen des Krieges mit den bis dahin qualitativ und quantitativ nicht erlebten Leistungen von Heer und Marine an.

Im Heer waren die Erziehungsziele u.a in der Vorschrift »Führung und Gefecht der verbundenen Waffen« (F u G) vom 1. September 1921, in den »Berufspflichten des deutschen Soldaten« vom 2. März 1922 und in der Ausbildungsvorschrift für die Infanterie (AVI) vom 26. Oktober 1922 verbindlich festgelegt. Die AVI blieb – bei geringfügigen Änderungen – bis 1945 gültig und forderte eine Gemeinschaft aus militärischem Führer und seiner Gefolgschaft.

»Der Führer muß den Weg zum Herzen seiner Untergebenen finden und durch Verständnis für ihr Fühlen und Denken, durch Wohlwollen, nie rastende Fürsorge, Gerechtigkeit, zielbewußten Willen und persönliche Tüchtigkeit sich ihr Vertrauen erwerben. Dieses ist die beste Stütze der Mannszucht in Gefahr und Not, Weichheit aber schadet. Alle in der Truppe stehenden Führer haben die Ehrenpflicht, die Anstrengungen und Ent behrungen mit ihren Leuten zu teilen, bei Erleichterungen zurückzustehen.«[23]

Das Wort vom »Führertum und Gefolgschaft« nutzten vor allem die rechtsgerichteten politischen Parteien und leiteten zugleich aus den Erfahrungen um die kleine Kampfgemeinschaft und die Frontkameradschaft ohne Klassengegensätze ihre Forderung nach der Volksgemeinschaft ab.

Die Erziehungsziele enthielten viel vom idealisierenden Geist der Jugendbewegung mit ihrem Einfluß auf die Frontkämpfergeneration von 1914 wie z.B. Walter Flex »Der Wanderer zwischen beiden Welten«, oder Ernst Jüngers »In Stahlgewittern«. Das angestrebte Verhältnis zwischen Offizieren, Unteroffizieren und Mannschaften auf der Basis von gegenseitigem Vertrauen und Kameradschaft setzte sich in der Reichswehr durch und blieb in der Wehrmacht erhalten, solange noch gut ausgewählte Vorgesetzte und hinreichende

Ausbildungszeiten dieses Niveau ermöglichten. Zweifellos bot das hohe Bewerberaufkommen für den Dienst in der Reichswehr mit einer gezielten Personalauswahl günstige Voraussetzungen dafür, ein gutes »Betriebsklima« und hohes Berufsethos zu erreichen. Die gesellschaftlichen wie politischen Rahmenbedingungen für das Ansehen der Reichswehr und des Soldatischen in der deutschen Bevölkerung verbesserten sich. Trotz starker pazifistischer und antimilitärischer Gegenströmungen nahm die Anerkennung soldatischer Tugenden und eine positive Bewertung vom Frontkämpfer seit Mitte der zwanziger Jahre zu. Sie beeinflußten Zeitgeist, Jugendbewegung und Schulen sehr und begünstigten Hitlers politische Vorstellungen über den Soldaten im NS-Staat.

Für den Offizierunterricht über die Berufspflichten gab es schon vor 1933 Unterrichtsmaterialien wie den sogenanten Reibert,[24] in dem die Begriffe des soldatischen Berufsethos erläutert und der innere Zusammenhang der Begriffe Ehre, Treue, Gehorsam, Disziplin, Kameradschaft, Opferbereitschaft, Pflichtbewußtsein, Tapferkeit, Mut, Entschlußkraft, Verantwortungsfreude, Gerechtigkeit und Menschlichkeit herausgestellt wurden.

Nach der Wiedereinführung der allgemeinen Wehrpflicht 1935 stieg der Bedarf an Unterrichtshilfen für die Erziehungs- und Ausbildungsarbeit erheblich. In hohen Auflagen erschienen Lehrbücher für den Offizier, die auch die bisherigen ethischen Grundlagen betonten wie z.B. Altrichter, Foertsch oder Sorge.[25]

Eine aus unzählbaren Beispielen zu bezeugende Haltung der durch die Friedensausbildung geprägten Soldaten zeigt die Reaktion des damaligen Hauptmanns de Maizière auf die Katastrophe polnischer Truppen an der Bzura 1939: »Der Stolz über die eigenen Erfolge konnte das Mitgefühl mit dem geschlagenen Gegner nicht ganz verdrängen.«[26] Und in seinem Vortrag »Von Geist und Seele des Soldaten« vom 27. Mai 1940, der sogar in der Schriftenreihe der NSDAP »Deutsche Wehrkraft« als Sonderheft des OKW erschien, forderte Generalleutnant von Rabenau eine Bindung an die Religion und an den Grundgedanken der Güte und bezeichnete »eine Nichtachtung des Menschenlebens« als unsoldatisch. Diese deutliche Absage an die schon seit dem Polenfeldzug erkennbare Praxis des NS-Regimes im Umgang mit Soldaten und Zivilbevölkerung stieß auf heftige Kritik eines Gauleiters.[27]

Wie stark die ethische Bindung insbesondere bei den Berufssoldaten weiterwirkte, bewiesen die damals noch jüngeren Offiziere, die später den Widerstand gegen Hitler organisieren sollten wie z.B. Henning v. Tresckow: »Der sittliche Wert des Menschen beginnt erst dort, wo er bereit ist, für seine Überzeugung sein Leben einzusetzen«. Ulrich de Maizière stellte fest: »Die deutschen Widerstandskämpfer [...] haben Widerstand als eine sittliche Pflicht, zugleich aber als eine schwere Bürde, nicht aber als garantiertes Recht empfunden.«[28]

Neben den traditionsbewußten und idealen Zielen enthält die Militärliteratur der Vorkriegsjahre auch viele Annäherungen an den Nationalsozialismus. Häufig ist zeitbedingtes Pathos zu finden, ein Verfasser forderte »richtige Glaubensvorstellungen« und einen fanatisch überzeugten Soldaten; dessen Mut solle durch ein anerzogenes »Überlegenheitsgefühl über seine Gegner« gefördert werden, so daß jeder das Gefühl haben müsse, »es mit mehreren Feinden aufnehmen zu können«.[29] Immerhin, eine Erziehung zu Haß und Rache verlangten diese Autoren in keiner Weise. Wie noch zu zeigen sein wird, haben auch die Oberbefehlshaber des Heeres in ihren Grundsatzbefehlen vor und nach Kriegsbeginn versucht, eine sittlich gebundene Haltung ihrer Soldaten zu bewahren. Sie haben zumindest teilweise die Gefahr einer demoralisierenden Wirkung auf viele Deutsche und ihre Soldaten erkannt, wenn die Gewaltpolitik des Regimes die Rechte und die Würde anderer Menschen fortwährend mißachtete.

Ehre und Gehorsam

In der Reichswehr und der Wehrmacht hatten Ehre und Gehorsam eine herausragenden Bedeutung, insbesondere in der Verbindung beider Begriffe. Diese Ehrauffassung galt nicht nur der Wahrung der Standesehre, die mit dem Duell, einem Relikt der Feudalzeit, wiederhergestellt werden konnte. Jahrhundertelang sahen Offiziere aller europäischen Armeen im Zweikampf einen angeblich standesgemäßen Weg zur Wahrung ihrer Ehre, obwohl diese Form der Selbstjustiz als Landfriedensbruch seit dem Ende des 15. Jahrhunderts verboten und unter Strafe gestellt worden war. Dennoch galt ein Urteil hierzu in Deutschland noch bis in die 30er Jahre als »nicht ehrenrührig«.

Zur besseren Durchsetzung des Verbots wurde in Preußen schrittweise eine Ehrengerichtsbarkeit für Offiziere eingeführt. Dennoch kam es in der preußischen Armee noch um die Mitte des vorigen Jahrhunderts jährlich zu drei bis vier Verurteilungen von Offizieren wegen unerlaubten Duellierens. Die exklusive Unsitte setzte sich – aufgewertet durch akademische Verbindungen – fort, obwohl die Justiz in Beleidigungsfällen jede erforderliche Sicherheit bot.

In der Reichswehr wurden anstelle der als Sondergerichte aufgehobenen Ehrengerichte sogenannte Ehrenräte zur Schlichtung von Streitfällen eingerichtet. Seeckt hatte in seinem Erziehungserlaß von 1921 gefordert, »unnütze Händel und unwürdige Zänkereien« zu vermeiden. Weder in der Reichswehr noch in der Wehrmacht wurde ein Duellfall bekannt. Dennoch war theoretisch trotz eines erneuerten gesetzlichen Verbots 1926 noch bis 1939 die Duellforderung möglich, weil eine verweigerte Herausforderung in der Gesellschaft als feige galt und deshalb kaum abgelehnt werden konnte.

Diesen Gegensatz strich erst ein Erlaß des OKH vom 22. Februar 1937, der erstaunlicherweise den Zweikampf wieder als »das äußerste Mittel zur Wahrung der Ehre« bezeichnete. Der Erlaß gehörte als Anlage zu einer 1938 jedem Offizier ausgehändigten Verfügung »Wahrung der Ehre«.[30] So hat der Oberbefehlshaber des Heeres, Freiherr von Fritsch, 1938 wegen der gegen ihn gerichteten Verleumdungsintrige nach seinem Rücktritt erwogen, den Reichsführer SS Himmler zum Duell zu fordern, was seine Kameraden jedoch zu verhindern wußten. Eine Anlehnung an den Nationalsozialismus war die unzeitgemäße Erinnerung an den Zweikampf offensichtlich nicht; vielmehr ist zu vermuten, daß hierin eine Möglichkeit gesehen wurde, auf die Händel mit SA-, SS- und Parteileuten zu reagieren. Die lange Reihe der Befehle und Erlasse mit Bezug auf die Ehre ist zudem nur in der von Fritsch und seinem Nachfolger v. Brauchitsch verfolgten Linie der »Haltungsschulung« zu verstehen. Da auch die NSDAP Zweikämpfe zwischen Soldaten und Parteiangehörigen verhindern wollte, wurde am 31. August 1939 mit einem »Ehrenabkommen zwischen Partei und Wehrmacht« das Duell endgültig verboten.[31]

Für den bedeutenden Juristen Rudolf von Jhering bedeutete Ehre weitaus mehr; es war »der Wert der Person«, der sich in der Anerkennung durch die Mitmenschen widerspiegelte als »der gute Ruf, den ein Mensch genießt [...] (im) Vertrauen in seine Wahrhaftigkeit und Rechtlichkeit. Der Gegensatz zur inneren Ehre ist das schlechte Gewissen. Der Gegensatz zur äußeren die Schande«.[32]

Die Ehre steht also im Mittelpunkt jeder Ethik, weil erst eine moralisch einwandfreie Haltung die Ehrenhaftigkeit wie das Ansehen verleiht und zum Vorbild befähigt. Dabei geht es auch darum, die Ehre des anderen nicht zu verletzen: »Eigene Ehre ist nicht denkbar ohne Achtung vor der Ehre anderer«.[33] Ehrverletzungen zwischen Soldaten aller Dienstgrade und -gruppen gefährden dagegen grundsätzlich den Zusammenhalt in der Truppe.

Die zentrale Rolle der Ehre im Soldatenberuf ist unbestreitbar, auch wenn ein besonderer Ehrenkodex für Offiziere als längst überholt gilt. Schon 1847 erklärte der preußische Prinz Friedrich Karl, ein bedeutender Militärtheoretiker und -praktiker, daß militärische und zivile Ehre identisch wären.[34]

Trotz einiger gegenteiliger Bestrebungen führte die These von der Volksgemeinschaft seit den zwanziger Jahren zu der Erkenntnis, daß das Ehrgefühl nicht Vorrecht eines Standes sein konnte. Wenn auch in der Wehrmacht allgemein von der Standesehre des Soldaten gesprochen wurde, verstand man darunter nur noch die Berufsehre.[35]

Neben der Ehre kam dem Anspruch auf Gehorsam in den Berufspflichten des Soldaten eine herausragende, zentrale Bedeutung zu. In einer 1935 verfaßten Erläuterung des Begriffs hieß es, mit dem Gehorsam brauche »nicht ein sittlicher Wert verbunden sein, er kann [...] sogar dem Prinzip des Bösen und Schlechten dienen«. Diese Erscheinungsform des Gehorsams liege aber außerhalb des soldatischen Erziehungsgedankens, ihre Erwähnung im Unterricht komme daher nicht in Frage. Der militärische Gegner sei nur ausgerichtet auf den sittlichen Gehalt der Berufspflichten, er sei Wille zur Unterordnung im Dienste der Pflicht, des Guten, des Vaterlandes.[36] Hier wird einerseits die Ahnungslosigkeit vor den Ereignissen der damaligen Zukunft erkennbar, andererseits kann man aber auch eine Erkenntnis über mögliche Grenzen des Gehorsams vermuten.

Aus der gegenseitigen Bindung von Ehre und Gehorsam erschließt sich eine neue Dimension, die insbesondere in Preußen eine fast 300 Jahre zurückreichende Tradition hat. Beispiele von gerechtfertigtem Abweichen von Gehorsam erbrachten Seydlitz bei Zorndorf 1758 oder wenige Jahre später v. der Marwitz mit seiner Weigerung, eine vom König als Vergeltung befohlene Schloßplünderung auszuführen, was zu seiner Ablösung führte. Das Handeln Yorks in Tauroggen 1812 bedeutete einen Grad von Ungehorsam, der dem Hochverrat nahe kam. Prinz Friedrich Karl stellte in einem Essay die Ehre über den Gehorsam und zeigte auch deren Grenzen auf.

»Wie einst ein Stabsoffizier ruhig einen erhaltenen Befehl ausführte, wurde er von einem hochgestellten General mit den Worten angelassen: Herr, dazu hat Sie der König zum Stabsoffizier gemacht, daß Sie wissen müssen, wann Sie nicht zu gehorchen haben.«[37]

Die Erfahrungen des Ersten Weltkriegs führten zu einer verstärkten Forderung nach Gehorsam. Der Anspruch auf »unbedingten Gehorsam« wuchs durch die Geschehnisse im Herbst 1918, als Meutereien die Armee erschütterten und Soldatenräte versuchten, die Armee zu kontrollieren. Derartige Vorkommnisse sollten sich in der Reichswehr nicht wiederholen. Es war Seeckts Erfolg, eine disziplinierte Truppe aufgebaut zu haben, in der »der Gehorsam als schlechthin integrierender Bestandteil der Ehre des Soldaten« deklariert wurde.[38]

Die Erziehung in der Reichswehr zum unbedingten Gehorsam spielte in der Wehrmacht eine verhängnisvolle Rolle, als der Anspruch auf Gehorsam seine ethische Basis verlor und Weisungen oder Befehle im Zweiten Weltkrieg im strafrechtlichen wie völkerrechtlichen Bereich Verbrechen veranlaßten. Der – zunehmend politisch motivierte – unbedingte Gehorsam widersprach zudem der Entwicklung der Technik sowie des operativen und taktischen Denkens, wozu nur zeitgemäßer funktionaler, mitdenkender Gehorsam paßte.

Vertrauen als Voraussetzung moderner Führung

Hindenburgs Tagesbefehl anläßlich der Übernahme der 8. Armee in Ostpreußen am 23. August 1914 schloß mit dem Satz: »Wir wollen zueinander Vertrauen fassen und gemeinsam unsere Schuldigkeit tun.«[39] Diese keineswegs selbstverständliche Erklärung zielte auf eine Gegenseitigkeit des Vertrauens zwischen Führung und Geführten.

Aus den vorhergehenden Abschnitten ist die Erfahrung abzuleiten, daß sich ein Vertrauen nur auf der Basis gegenseitig empfundener Zuversicht entwickeln kann, also von ethischer Einbindung und erwiesener Ehrenhaftigkeit abhängig ist. In modernen Streitkräften mit der Forderung nach mitdenkendem Gehorsam ist das Bestehen eines Vertrauens geradezu die Voraussetzung zum Wirksamwerden aller anderen soldatischen Tugenden. Das erschütterte Vertrauen in die deutsche oberste Führung ab 1943 hätte größere Folgen gehabt, wenn es damals nicht einer Mehrheit guter Führungspersönlichkeiten gelungen wäre, eine Vertrauensbasis in ihrem Bereich aufrechtzuerhalten.

Jede Vertrauensbasis, auch die dazugehörende Stärkung des Selbstvertrauens, war von einer ehrenhaften, gerechten Behandlung der Untergebenen abhängig; das galt als Grundsatz der gewünschten Menschenführung in der Wehrmacht. Für das Verhalten der Truppe in schwierigen Situationen erwies sich das Vertrauensverhältnis auf der untersten Ebene bis zur Kompanie als besonders entscheidend.

Zur Einhaltung der ethischen Grundlagen ist abschließend hervorzuheben: Hohe Verhaltensnormen und Vorbildshaltung im Sinn einer soldatischen Ethik lassen sich weitgehend in einer ausgewählten, überschaubaren und zusammengewachsenen Truppe wie in der Reichswehr durchsetzen, nicht aber in den oft zusammengewürfelten, nur kurz ausgebildeten Wehrmachtverbänden, in denen nacheinander etwa 17 Millionen Mann dienten.

Zudem stand man in der zweiten Kriegshälfte unter dem Druck einer zunehmend brutalisierten Kriegführung. Für die Mehrzahl der älteren Soldaten, die noch aus der Friedensausbildung stammten, aber auch für viele junge Soldaten, die von ihrer bereits erwähnten Jugenderziehung eine positive Einstellung zum Soldatentum mitgebracht hatten, ist weiterhin eine berufsethische Bindung nachzuweisen.[40] Für viele Unrechtstaten galt und gilt zudem eine Güterabwägung, weil in schwierigen Situationen eine schuldhafte Verletzung der einen oder anderen moralischen Grundsätze unabwendbar ist.

*Politische Grundlagen und Bindungen der Wehrmacht –
die nationale Grundeinstellung des Soldaten*

Während der Ursprung, die Pflege und die Wirkung der berufsspezifischen militärischen Grundsätze und der Berufsethik kaum außermilitärischen Einflüssen unterliegen, sind die politischen Bindungen des Soldaten stets von der jeweiligen politischen Führung vorgegeben; sie werden auch – wenigstens in Staaten mit allgemeiner Wehrpflicht – von der Gesellschaft mitgeprägt. Seit dem Zeitalter des Absolutismus standen die Offiziere in einem engen Treueverhältnis zu ihren jeweiligen Monarchen.

Mit dem Entstehen der modernen Wehrpflichtheere kam eine Verpflichtung zum Volk und Vaterland auf, in Deutschland während der Befreiungskriege. Die Restaurationszeit nach 1815 und der von der preußischen Monarchie gesteuerte Weg zum Deutschen Reich stärkte dagegen nochmals die monarchischen Bindungen. Aber endgültig in den Jahrzehnten vor 1914 übernahmen Offizierkorps und Adel weitgehend die Mentalität eines nationalbewußten Bürgertums, das die zeitgemäß entscheidenden Positionen in Beamtenschaft, Wirtschaft und Bildungswesen stellte und große Erwartungen an die Zukunft des eigenen Nationalstaats hegte. So sah man in Heer und Flotte die Garanten für den Wohlstand und die Existenz Deutschlands; sogar spätere demokratische Politiker der Weimarer Republik wie Stresemann und Erzberger forderten im Ersten Weltkrieg eine Ausdehnung des Reiches. Nun ist diese nationale Ausrichtung der Soldaten sowie der staatstragenden Gesellschaftsschichten und Parteien auch bei den anderen Großmächten der Zeit verbindlich gewesen, für Deutschland war es jedoch verhängnisvoll, daß man darüber die Vorsicht Bismarcks aufgab, der angesichts der deutschen Mittellage in Europa die »Saturiertheit« des Reiches betont hatte.

Im Ersten Weltkrieg kämpfte die Armee für Kaiser, Volk und Vaterland. Die Niederlage gegen die Übermacht sowie der als ungerechtes Diktat empfundene Versailler Vertrag verstärkte das national-konservative Denken bei den Soldaten der Reichswehr, die ohnehin vorwiegend aus Kreisen stammten, die einen nationalen Wiederaufstieg Deutschlands ersehnten und die viele nahezu zur Wehrlosigkeit verurteilenden militärischen Bestimmungen des Vertrags als entehrend empfanden.

Die politischen Vorstellungen von diesem künftigen Deutschland beschränkten sich dabei nicht auf eine Revision des Versailler Vertrags, sondern zielten als »Überrevision« auf einen verstärkten deutschen Machtzustand, der eine erneute Kriegskatastrophe wie die von 1914 unmöglich machen sollte.[41]

Über das Fernziel des nationalen Wiederaufstiegs einig, gab es bis 1920 und nach 1930 in der Reichswehr jedoch eine unterschiedliche Bereitschaft, auch mit radikalen Rechtsparteien zusammenzuwirken. Nach dem schnellen

Scheitern des Kapp-Lüttwitz-Putsches im März 1920 entließ die Reichswehrführung alle Soldaten, die ihren Eid auf die Verfassung und die damit verbundene Gehorsamspflicht nicht eingehalten hatten. Seeckt erreichte durch seine Erlasse, seine Truppenbesuche und die von ihm angeleitete Traditionspflege eine bemerkenswerte Disziplin und Homogenität im Heer. Die 1918–1920 besonders erschütterte Marine folgte diesem Beispiel. Das geforderte überparteiliche, »unpolitische« Dienen für das Deutsche Reich bedeutete Gehorsam gegenüber der verfassungsmäßigen Ordnung, aber kein Bekenntnis zur – damals noch unbewährten – Demokratie. Diese verfassungsfremde Staatsauffassung führte schon in den zwanziger Jahren zu dem polemischen Schlagwort von der Reichswehr als »Staat im Staate«. Golo Mann hat die Stellung der Reichswehr präziser beschrieben: »Ein Fremdkörper war sie. Aber die Republik bestand ja nur aus Fremdkörpern [...] In das, was selber niemals integriert war, konnte sich die Armee beim besten Willen nicht integrieren.«[42]

Nach der Wahl Hindenburgs zum Reichspräsidenten nahmen nach 1925 die bei älteren Offizieren noch vorhandenen Neigungen zur Monarchie ab. Nennenswerte Beziehungen zu den ehemaligen Herrscherhäusern gab es nur noch in Preußen und Bayern, allenfalls in Sachsen.

1928 verringerte sich unter Reichswehrminister Groener zunächst die kritische Distanz zur Republik. Die sich anbahnenden außenpolitischen Erfolge ließen die Reichswehrführung auch auf eine Lockerung der rigorosen Rüstungsbeschränkungen hoffen.[43]

Besonders ab 1930 vertrat die Reichsregierung deutlicher als zuvor den deutschen Anspruch auf militärische Gleichberechtigung. In Verbindung mit der innen- und wirtschaftspolitischen Krise vollzog sich ab Herbst 1929 vor allem bei dem jüngeren Führer- und Unterführerkorps ein Wandel. Den nationalsozialistischen Versprechungen wurde vielfach Sympathie entgegengebracht; der Abgrenzungskurs Groeners gegenüber der NSDAP stieß innerhalb der Reichswehr zunehmend auf Kritik.

Die Teilidentität der Interessen und der Loyalitätswettlauf um Hitler

Die Kontinuität der bisherigen Militärpolitik, mit der eine vorsichtige Revision der Versailler Rüstungsbestimmungen angestrebt worden war, schien durch die neue Reichsregierung unter Hitler 1933 gesichert zu sein. In seiner Anwesenheit unterstrich der neue Reichswehrminister General v. Blomberg bereits am 3. Februar 1933 die bisherigen Zielvorstellungen vor den Gruppen- und Wehrkreisbefehlshabern der Reichswehr, die den Erwartungen der Soldaten entsprachen:

1. Erhaltung der Reichswehr als überparteiliches Machtmittel
2. Untermauerung der Wehrmacht durch Wehrhaftmachung des breiten Volkes
3. Ausbau der Wehrmacht zu einem brauchbaren Instrument der nationalen Sicherheit

Als Hitler dann seine weitergehenden Ziele – u.a.»Eroberung neuen Lebensraums im Osten und dessen rücksichtslose Germanisierung« – andeutete, wurde das nicht ernstgenommen. In der anschließenden Unterhaltung fiel das Schiller-Wort »Stets war die Rede kecker als die Tat«.[44] Hitlers militärpolitische Vorstellungen, die eigentlich alarmierend wirken mußten, verdrängten die Durchblickenden unter ihnen offensichtlich. Hitlers Geschick, auch diesem Zuhörerkreis das vorzutragen, was dessen Anliegen entsprach, führte dazu, daß sich die Generalität weitgehend mit den Zielen Hitlers identifizieren konnte.

Gesteigert wurde diese Teilidentität der Reichswehrführung am »Tag von Potsdam«, als im Rahmen der feierlichen Reichstagseröffnung am 21. März 1933 die Reichswehr paradierte und Hitler mit einem Bekenntnis zur militärischen Tradition eine allgemeine Zustimmung in der Reichswehr ebenso wie in den konservativen Kreisen fand.

Auch die zunächst nur langsame Aufrüstung verlief ganz im Sinn der militärischen Erwartungen. Als aber ab 1935 eine geradezu sprunghafte Vermehrung einsetzte, konnten die entstehenden Bedenken wegen der Überforderung in Ausbildung und im Zusammenwachsen der Verbände bei der oberen und mittleren Führung mit der logischen Begründung beschwichtigt werden, daß die riskante Schwächeperiode für die aufrüstende Wehrmacht schnell durchschritten werden müsse.[45]

In der noch nicht endgültig gesicherten Zukunft der NS-Herrschaft sah die Reichswehrführung eine Chance, ihre Position als einziger Waffenträger der Nation zu behaupten und ausbauen zu können. Für den sich daraus ergebenden »Loyalitätswettlauf« um Hitler[46] gab es durchaus sachliche Gründe.

»Wer ein aus der SA hervorgehendes NS-Volksheer verhindern wollte, mußte dem Führer die Alternative einer zuverlässigen nationalsozialistischen Wehrmacht bieten.«[47]

Daß man dabei einer nicht umkehrbaren Entwicklung im Sinne Hitlers Vorschub leistete, hatte vor allem drei Gründe. Erstens überschätzte man in der Generalität die eigene Stärke, anfangs wegen der Position Hindenburgs und der konservativen Kräfte, später wegen des gestiegenen Ansehens der Soldaten und ihrer angeblichen Machtposition im Staate. Zweitens sah man neben den NS-Organisationen die Wehrmacht als »zweite Säule« des Reiches, die von Hitler und der Partei nicht entbehrt werden konnte. Drittens gab es zur Person Hitlers eine verbreitete Fehleinschätzung, die sogar bis in Kreise der SPD hineinreichte; selbst Theodor Heuss räumte ein, daß er seiner Erziehung entsprechend die verbrecherischen Auswüchse, die später der nationalsozialistische Staat zeigen sollte, überhaupt nicht für möglich gehalten habe.[48] Kielmansegg urteilte nachträglich: »Es war so, daß die Erkenntnis von der absoluten Identität Hitlers mit dem Verbrechen sich nur allmählich und nur begrenzt durchsetzte.«[49]

Die Wirksamkeit totalitärer Herrschaft war eben nicht vorauszuahnen. In Anbetracht der einseitigen Informationsmöglichkeiten und des Drucks der Propaganda ist den auf ihren Führer irrtümlich vertrauenden Wählern und Soldaten kein schuldhaftes Verhalten nachzuweisen. Die »ganz kleine Personengruppe in den höchsten Führungsstellen mit Entscheidungsgewicht«[50] und besseren Informationen ist unterschiedlich zu betrachten. Einigen Generalen wie v. Blomberg, der sich im Nürnberger Prozeß mit der damaligen Überlegung »kommt Zeit, kommt Rat« aus einer Pflicht zum verantwortungsvollen Handeln herauszureden versuchte,[51] muß dies ohne Zweifel als Versagen vor den Herausforderungen der Zeit angelastet werden.

Der Eid auf Hitler

Als Hitler unmittelbar nach dem Tode Hindenburgs am 2. August 1934 aufgrund eines Beschlusses der Reichsregierung – also unter Mißachtung der Verfassung – das Amt des Staatsoberhauptes übernahm, wurde die Reichswehr am gleichen Tag in »überraschend angesetzten Truppenappellen neu vereidigt, ohne daß die Soldaten – von wenigen Ausnahmen abgesehen – die neue Eidesformel kannten, geschweige denn hätten prüfen können«.[52]

»Ich schwöre bei Gott diesen heiligen Eid, daß ich dem Führer des Deutschen Reiches und Volkes, Adolf Hitler, dem Oberbefehlshaber der Wehrmacht, unbedingten Gehorsam leisten und als tapferer Soldat bereit sein will, jederzeit für diesen Eid mein Leben einzusetzen.«[53]

Der vom Chef des Wehrmachtamtes, Reichenau, formulierte Eid, war in seiner Auswirkung auf alle bis 1945 dienenden Soldaten von damals unabschätzbarer Bedeutung. Der machtpolitisch denkende Reichenau hoffte, mit dieser Eidesformel, auch im Sinne des Loyalitätswettlaufs, Hitler ebenso an die Streitkräfte binden zu können.

Die sofortige Eidesleistung wurde zwar längst nicht von allen als Überrumpelung empfunden. Aber in Tagebüchern, Briefen und Erinnerungen erwähnten viele Offiziere ihre Bedenken: Ihnen fehlten die Begriffe »treu und redlich« und »Volk und Vaterland«, wodurch keine Gegenseitigkeit und keine Relativierung des Gehorsams einer Person gegenüber entstehen konnte, weil der Eidnehmer selbst ohne festen religiösen Bezug war, der Vereidigte sich dagegen vor Gott an den »heiligen Eid« gebunden sah.[54]

Nachdem die erstmalige Eidesleistung ohne offenen Widerspruch verlaufen war, die große Mehrheit des deutschen Volkes in einer Volksabstimmung mit allenfalls marginalen Fälschungen Hitler als Staatsoberhaupt bestätigt und schließlich dieser selbst in einem öffentlichen Dankschreiben an den Minister v. Blomberg versprochen hatte, »jederzeit [...] für den Bestand und die Unantastbarkeit der Wehrmacht einzutreten«, galt nach diesen als »bindendes Versprechen« aufgefaßten Worten die Eidesleistung der deutschen Soldaten bis 1945 als übliche Pflicht.[55]

Das ganze Ausmaß dieser Bindung zeigte sich erst später, als im Kriege jede Auflehnung als aussichtslos erschien, bevor Hitler nicht getötet und die Eideswirkung damit erloschen war. Wie weitgehend der Eid auf einen Parteiführer – im Unterschied zu den in Kontinuität eingebundenen Monarchen – auch im Ausland nunmehr als inakzeptabel beurteilt wird, zeigt eine Warnung des angesehenen französischen Generals Weygand in einem Vortrag 1959, der Offizier habe sich von jedem Eid auf eine Person freizuhalten.[56]

Die Erhaltung und Aushöhlung der politischen Grundlagen bis 1939

Hatte Hitler schon mit dem personengebunden Eid der Reichswehr die verfassungsgemäße Grundlage entzogen, so waren es in der Folge häufig in einem Wechsel lagebedingte Anpassungen an das Regime seitens der Wehrmacht und Konzessionen von Seiten Hitlers, der es anfänglich vermied, sich in militärische Entscheidungen einzumischen. Das politische Übergewicht und die permanente Propaganda einerseits und die von der Wehrmachtführung aus taktischen Gründen immer wieder bekräftigten und befohlenen Bekenntnisse zum Nationalsozialismus andererseits mußten auf lange Sicht den politischen Einfluß der Wehrmacht aushöhlen. Dabei verminderte sich die bisherige Homogenität der Truppe wegen der großen Zahl von Neu- und Wiedereinstellungen, unter denen sich viele NS-Sympathisanten befanden. Viele fühlten sich als »Soldaten einer neuen Zeit«. Aber bis 1939 war die Wehrmacht keineswegs »braun bis auf die Knochen« geworden, denn eine auf Parteikurs befindliche Wehrmacht hätte des von Hitler aufgebauten Gegengewichts – der SS-Verfügungstruppe – nicht bedurft.

Nach 1935 traten auch die Unterschiede der politischen Grundhaltung zwischen den Wehrmachtteilen deutlicher hervor. Der Hitler am nächsten stehenden Wehrmachtführung, dem Oberkommando der Wehrmacht (OKW), kam die wichtigste, aber zu wenig vertretene Rolle bei der Erhaltung der militärischen Positionen zu; die Marine vermied ressortegoistisch jede politische Auseinandersetzung, um die begonnenen Schiffbauprogramme ungestört fortzusetzen und von der von Göring geführten Luftwaffe war ohnehin keine Opposition zu erwarten. Es blieb also die Aufgabe des noch festgefügten Heeres, unter seinem Oberbefehlshaber Fritsch, die bisherigen Positionen und Grundsätze zu wahren. Verständlicherweise hat auch dieser wiederholt die Übereinstimmung mit dem NS-System nach außen hin betont, aber im Heer wußte man seine Aussagen sehr differenziert einzuordnen.

»Wenn das gleiche von Blomberg, Reichenau oder von Fritsch kam, so wurde es von den meisten verschieden empfunden. Fritsch konnte noch so viel ›NS-mäßig‹ reden, die Mehrheit der Offiziere wußte, was er wirklich damit wollte bzw. nicht wollte und bewertete es dementsprechend.«[57]

Aus dem sich trotz der vielen Neueinstellungen und der allgemeinen Wehrpflicht immer wieder neu bildenden Zusammengehörigkeitsgefühl, aus der Erziehung zu Disziplin und Moral traten Gegensätze zu den NS-Organisationen zutage, die ihrerseits ein stetes Mißtrauen gegen das »feldgraue« Heer hegten. Das führte bis zu Handgreiflichkeiten, spitzelhafter Überwachung und Denunziationen; Anfeindungen konnten in den Friedensjahren wiederholt erst auf höherer Ebene beigelegt werden.

Die vielen Indifferenten und Opportunisten, die sich aus Karrieregründen dem Nationalsozialismus anpaßten, wurden erst ab 1938 von der Heerespersonalführung gefördert, waren jedoch einem ausgleichenden Einfluß ihrer politisch kritischeren Kameraden ausgesetzt.

Für die weitere Entwicklung waren vor allem die innen- und außenpolitischen Erfolge entscheidend. Wie in der Bevölkerung, so fanden sie bei den Soldaten Zustimmung und Anerkennung, insbesondere Fragen der Wehrhoheit und der Wehrpflicht, der Luft- und Flottenrüstung sowie der Remilitarisierung des Rheinlands. Allerdings empörte sich zugleich eine Minderheit über Rechtsbrüche, Gewalttaten und Provokationen des Regimes. Die Morde des 30. Juni 1934 und die Willkürakte gegen politisch Verfolgte konnten nicht als Übergangserscheinungen abgetan werden; die Vertragsbrüche nach außen führten zur Sorge vor einer Gefährdung der verbesserten außenpolitischen Lage. Ganz ohne Bedenken anerkannt wurde der große Erfolg Hitlers, aufgrund seiner sozialpolitischen Ansätze in der Arbeiterschaft Anhänger und Wähler zu gewinnen, weil das ganz den militärischen Vorstellungen von der wehrhaften Volksgemeinschaft entsprach.[58] Die Zustimmung der Soldaten zum Nationalsozialismus unterlag also einer Sogwirkung durch das Bekenntnis anderer Gesellschafts- und Berufsgruppen, der oft zitierten »Atmosphäre des vernunftfeindlichen Überschwangs«. In diesem »Wechselbad«[59] von Zustimmung und Phasen der Kritik oder Empörung verblieben die Soldaten durchaus in ihrer nationalen Grundorientierung.

Mit der Neufassung der Pflichten des Soldaten vom 25. Mai 1934 wurde dessen politische Einbindung zwar im Detail verändert, aber nicht im Grundsatz umgekehrt. Der erkennbare Zuschnitt auf die bevorstehende allgemeine Wehrpflicht entsprach der Tradition, der Hinweis auf den Lebensraum war zwar eine spezifische NS-These, allerdings noch ohne Andeutung auf zu erobernde Gebiete. Eine Sorge um die Ernährungsbasis des deutschen Volkes war nach den Erfahrungen der Weltwirtschaftskrise und den schlechten Ernten der Jahre 1934–1936 damals verbreitet und die Vorstellung von einer deutschen wirtschaftspolitischen Vormachtstellung in Südosteuropa war durchaus keine Idee der Nationalsozialisten.

Die Rassengesetzgebung und die NS-Propaganda vom Herren- und Untermenschen führte zu unterschiedlichen Reaktionen. Der seit dem 19. Jahrhundert in Europa latent vorhandene Antisemitismus bei Gruppen mit Eliteanspruch – weniger bei den wirklichen Eliten – breitete sich zweifellos nach 1933 in Deutschland und in der Wehrmacht besonders stark aus. Dennoch verursachte die 1934 befohlene Entlassung »nichtarischer« Soldaten – dazu gehörten auch alle, die von einem bis drei jüdischen Großelternteilen abstammten – in der Umgebung der 70 entlassenen Kameraden eine deutliche Mißstimmung. Bei dem Heeresoffizierjahrgang 1930 waren z. B. drei Leutnante betroffen; als im Zweiten Weltkrieg der Offizierbedarf ihre Wiedereinstellung ermöglichte, meldeten sich diese drei aus Pflicht und Kontinuitätsbewußtsein. Zwei von ihnen sind gefallen, einer wurde schwer verwundet: »aus heutiger Sicht [...] unbegreiflich«.[60] Die Gewalttaten gegen die deutschen Juden im November 1938 lösten ebenfalls bei vielen Soldaten Kritik, sogar protestierende Eingaben aus.

Die tatsächliche Wirkung nationalsozialistischer Indoktrination in der Wehrmacht war nur schwer zu beurteilen.[61] Blomberg, Reichenau und Fritsch ordneten NS-Schulungen in mehreren Erlassen an, und viele Truppenführer gaben ergänzende Befehle heraus. Eine leichtfertige Auslieferung der Wehrmacht an die Parteiideologie bedeutet das jedoch keineswegs, sondern neben der erwähnten Taktik des Loyalitätswettlaufs war das Bestreben entscheidend, diese Schulung in der Hand der militärischen Vorgesetzten zu behalten, bevor die politische Führung etwa Beauftragte der NS-Organisationen dazu einsetzte.

Blombergs Erlaß »Erziehung in der Wehrmacht« vom 16. April 1935 machte »die Wehrmacht wieder zur großen Erziehungsschule der Nation«; unter Berufung auf Hitlers »Mein Kampf« sollte das Heer »als letzte und höchste Schule der vaterländischen Erziehung [...] gelten.« Damit konnte indirekt mit Hitlers Worten ein Absolutheitsanspruch der Partei auf die politische Erziehungsarbeit in der Truppe negiert werden.[62] Die Entscheidung, eine politische Schulung im militärischen Bereich in der Hand der Vorgesetzten zu belassen, war zudem eine praxisnahe Lösung. Wenn der Soldat Belehrungen über den Sinn seines Dienstes annehmen sollte, dann nur von eigenen, möglichst als vorbildhaft geltenden Vorgesetzten, nicht aber durch truppenfremde Organe; solch eine Indoktrination wirkt wie »Regen auf eine Ente, sie gleitet ab«.[63]

Der Einfluß nationalsozialistischen Gedankenguts konnte jedoch nicht vermieden werden, wie die Duldung einer Erziehung zum »blinden Gehorsam« zeigte. Das Verfälschen der militärischen Tugenden und der Mißbrauch der Erziehung zu politischen Zwecken waren nicht auszuschließen und mündeten zwangsläufig in eine Aushöhlung ethischer Prinzipien.

Dennoch blieb wenigstens im Heer ein unterschiedlicher Grundsatz erhalten, wenn Fritsch und sein Nachfolger Brauchitsch bei allen Bekenntnissen zum Nationalsozialismus die jungen Wehrpflichtigen zu einer sittlichen Fundierung, letztlich zur politischen Stabilisierung erziehen wollten.[64] Der Gebrauch des ideologischen Wortschatzes versetzte das OKH in die Lage, notfalls als die Bewahrer eines »echten« Nationalsozialismus gegen Parteiorganisationen auftreten zu können. Nur so lassen sich Brauchitschs Erlasse zur Erziehung und Haltungsschulung, verbunden mit heute unerträglich wirkenden Verherrlichungen Hitlers, einen Sinn abgewinnen.[65] Ein Rest von Eigenständigkeit der Heeresführung blieb noch bis in den Krieg hinein erhalten.

Die Erhaltung der Militärseelsorge in Heer und Marine, zeitweilig sogar in der Luftwaffe, trug zur Wahrung der bisherigen Tradition bei. Blomberg als Reichskriegsminister sowie die Oberbefehlshaber des Heeres und der Kriegsmarine haben sich wiederholt für die Militärseelsorge eingesetzt, auf der unteren und mittleren Ebene scheuten Truppenführer keine Konflikte mit Parteidienststellen über angegriffene Militärseelsorger. Wie richtig diese Entscheidungen waren, bewies die Militärseelsorge im Kriege, als sie – in freilich nicht meßbarer Weise – die sittliche Bindung der Soldaten stärken und vor Inhumanität und Gewaltmißbrauch warnen konnte.

Schließlich ist die militärfachliche Warnung vor einer leichtfertigen Kriegspolitik zu nennen, die insbesondere von General Beck ausging, aber fast vom gesamten Führungskreis des Heeres mitgetragen wurde. Aus vielschichtigen Gründen kam es nicht zu einem entschlossenen Handeln gegen den Diktator, vor allem wegen Hitlers Erfolg in der Sudetenfrage, der allgemein bejubelt wurde, sahen sich oppositionelle Kräfte im August 1938 gelähmt; die Resignation äußerte sich in »völlig ungebräuchlichen kritischen Bemerkungen der Generale über Maßnahmen der höchsten Führung [...] Zustimmung [...] bei keinem, bestenfalls Zweifel, meist schärfste Ablehnung dieses Abenteurers«.[66] Die zu den überkommenen politischen Grundlagen gehörende militärfachliche Mitsprache auf der politischen Ebene war ausgeschaltet; nie seit Moltke, Ludendorff und Seeckt war die militärische Führung in Deutschland derartig einflußlos wie spätestens ab 1939.

Das bis in die Zeit Wilhelms II. zurückreichende Großmachtdenken führte zu einer weitgehenden Zustimmung zur Rüstungs- und Außenpolitik des Dritten Reiches. Eine deutsche Wiedererstarkung war dabei legitim, sofern sie sich unter den gegebenen Möglichkeiten eines teilweisen internationalen Einvernehmens erreichen ließ. Aber der Weg Hitlers zu seinen meist geheimgehaltenen Zielen führte von seinen überraschenden Anfangserfolgen in eine Kriegskatastrophe, die nach einer teils taktisch einkalkulierten, teils leichtfertig hingenommenen Gleichschaltung in den NS-Staat nicht mehr zu verhindern war. Eine Anzahl von Generalen verstrickte sich dabei nicht nur in Irrtümer, sondern auch in Schuld und Versäumnisse. Ein an der damaligen Militärpolitik beteiligter Offizier faßte 1951 seine Erinnerungen unter dem Titel »Schuld und Verhängnis« zusammen. Aber es waren vor allem Generale, die – wenn auch meist vergeblich – häufige und freimütige Kritik an Hitler übten.[67]

Militärische Prägungen in Theorie, Ausbildung und Menschenführung –
der »kurze Krieg« in der deutschen Militärtradition

Die militärischen Grundlagen der Wehrmacht waren weltweit nach Inhalt und Qualität anerkannt. Sie gingen zurück bis in die Zeit vor 1700. Auch wenn Montecuccoli, Prinz Eugen oder andere Anfänge einer deutschen Militärtheorie entwickelten, so ging doch der entscheidende Einfluß von Preußen aus, wo Friedrich Wilhelm I. eine moderne Armee schuf, mit der Friedrich der Große seine Feldzüge führen konnte. Mit dem späteren Deutschen Reich teilte Preußen die exponierte Mittellage und die Begrenztheit der militärökonomischen Ressourcen. Da oft die Gefahr eines Mehrfrontenkrieges bestand, forderte Friedrich, daß [...] unsere Kriege kurz und lebhaft sein müssen. Wir dürfen sie durchaus nicht in die Länge ziehen. Ein langwieriger Krieg zerstört nach und nach unsere vortreffliche Disziplin, entvölkert das Land und erschöpft unsere Hilfsquellen.«[68]

Das Verharren auf den friderizianischen Führungsprinzipien führte zu den Niederlagen von Jena und Auerstedt (1806), die von Scharnhorst bereits eingeleiteten Reformen kamen zu spät. Die preußische Heeresreform der folgenden Jahre ermöglichte aber einen wesentlichen Beitrag Preußens zum Sieg über Napoleon I. Danach wertete Clausewitz die Erfahrungen der napoleonischen Kriege aus; mit seinem posthum veröffentlichten Werk »Vom Kriege« begründete er seinen weltweiten Ruf als bedeutender Militärtheoretiker.

Inzwischen hatte Moltke als Chef des Generalstabs neue Gedanken zur

Führung kurzer Feldzüge entwickelt; Mobilmachung und Aufmarsch wurden unter ihm genau vorausberechnet und zügig durchgeführt. So konnte er in den Einigungskriegen 1866 und 1870 frühzeitige, vorentscheidende Siege erringen. Die schnelle Entscheidungsschlacht strebten nach ihm u.a. Schlieffen als Generalstabschef vor dem Ersten Weltkrieg sowie Guderian zwischen den Kriegen an.

Nicht mehr in der Verteidigung wurde wie bei Clausewitz die effektivste Form der Kriegführung gesehen, sondern im schnellen und tiefen Angriff unter Bildung eines Schwerpunkts. Gerade der Schwächere sollte angreifen und seine Unterlegenheit durch Überraschung und Beweglichkeit, sowie in der Wahl von Ort und Zeit ausgleichen. Unter diesen Prämissen ließ der jüngere Moltke, Schlieffens Nachfolger, dem Generalstabschef der in Ostpreußen stehenden Deckungsarmee im August 1914 schreiben: »Wenn die Russen kommen, nur keine Defensive, sondern Offensive, Offensive, Offensive.«[69]

Was in Ostpreußen 1914 gelang, ließ sich nicht wiederholen und scheiterte nach Anfangserfolgen im Westen in Materialschlachten und Stellungskrieg. Der »kurze Krieg« ließ sich bei begrenzter Beweglichkeit gegen starke Feuerkraft im Ersten Weltkrieg nicht verwirklichen. Die Lehren, die aus diesem Krieg auf dem Kontinent gezogen wurden, standen sich diametral gegenüber. Während die Franzosen mit dem Ausbau der Maginot-Linie verstärkt auf Verteidigung setzten, forderte Seeckt bereits 1921 in der geheimgehaltenen Denkschrift »Gedanken für den Wiederaufbau unserer Wehrmacht« u.a. die Aufstellung neuer Großverbände aus den vorhandenen Friedensdivisionen. Das Rahmenpersonal sollte in einem Führerheer zu höchster Vollkommenheit ausgebildet werden. Die Unterlegenheit in Stärke und Ausbildungslücken sollten durch neue Techniken ausgeglichen werden. Und schließlich sollten neue Führungs- und Ausbildungsvorschriften darauf abgestellt sein, »daß weniger als je das Heil des Schwächeren in starrer Verteidigung, sondern im beweglichen Angriff liegt«.[70]

Die Vorschrift »Führung und Gefecht«, die noch im gleichen Jahr erschien, lenkte das Führungsdenken der Reichswehr in Richtung auf die Rückkehr zum Bewegungskrieg.[71] Diese Vorstellungen fanden in der von Beck maßgeblich bearbeiteten Vorschrift »Truppenführung« (TF 33) seine Fortsetzung.

In der Reichswehr waren den materiellen Voraussetzungen für eine Ausbildung zu beweglichen Operationen jedoch sehr enge Grenzen durch den Versailler Vertrag gezogen. Die dazu notwendigen Kampfwagentruppen der Vorläufigen Reichswehr mußten 1919 aufgelöst werden. Angeregt durch britische Veröffentlichungen stellte vor allem Guderian – trotz aller personellen und materiellen Einschränkungen – erste Überlegungen über vollmotorisierte Divisionen an, die ab 1938 mit ihm als »Chef der schnellen Truppen«

realisiert wurden. Die neuen Großverbände aus Panzer- und motorisierten Infanteriedivisionen entsprachen ganz den Vorstellungen Hitlers.

Befehlssprache, Lagebeurteilung und Führen durch Auftrag

In der Offizier- und Unteroffizierausbildung sowie besonders in der Generalstabsausbildung von Reichswehr und Wehrmacht wurde auf eine Sprache mit eindeutigen Definitionen von militärischen Begriffen und ebenso auf eine eindeutige wie formal vorgeschriebene Befehlsgebung geachtet, die auf allen Führungsebenen auf einem Entschluß beruhte, der das Resultat einer logisch aufgebauten Beurteilung der Lage war.

Schon der ältere Moltke hatte größten Wert auf eine klare, knapp gehaltene Sprache in Vorschriften und Befehlen gelegt. Goethes Wort »Wer klare Begriffe hat, kann befehlen«, sollte nicht nur Theorie bleiben, sondern in militärischer Erziehung und Ausbildung tägliche Praxis sein.

Eine Vorstellung der angestrebten Denkschule vermittelte der Chef des Generalstabs des Heeres, Beck, als er in einer programmatischen Festansprache anläßlich des 125jährigen Bestehens der Kriegsakademie und der Eröffnung der neugestalteten Ausbildungsstätte in Berlin-Moabit am 15. Oktober 1935 »systematische Denkarbeit« forderte und an Moltkes Wort »Genie ist Arbeit« erinnerte. Erste Voraussetzung sei »die Erziehung und Schulung des Geistes an Hand der Kriegswissenschaften [...] Wir brauchen Offiziere, die den Weg logischer Schlußfolgerungen in geistiger Selbstzucht systematisch zu Ende gehen, deren Charakter und Nerven stark genug sind, das zu tun, was der Verstand diktiert. [...] Das sogenannte ›blitzartige Erfassen des Augenblicks‹ [ist] von geringerem Wert als die aus klarer, scharfsinniger, alle Möglichkeiten erschöpfender Gedankenarbeit gereifte Erkenntnis der Erfordernisse der Lage.« An Moltke sei »das ernste gründliche Wägen, vor dem kühnen Wagen« zu bewundern. Beck warnte vor der Gefahr, daß der militärische Führer »nicht mit den Dingen rechnet, wie sie sind, sondern wie er sie zu sehen wünscht.« Die Geschichte des Weltkriegs sei »nicht mehr unter dem Gesichtspunkt des Abringens der beiderseitigen Streitkräfte allein« zu betrachten, »sondern der gesamten Volkskraft der Gegner, also auch der wirtschaftlichen und seelischen«.[72] In Anwesenheit Hitlers enthielt diese Rede geradezu prophetische Warnungen, weil Beck ohne jede politische oder ideologische Anbiederung genau diejenigen Grundsätze der Generalstabsarbeit hervorhob, über die es in den folgenden Jahren zu Kontroversen zwischen Generalen des Heeres und dem intuitiv handelnden Diktator kommen sollte.

Eine deutsche Besonderheit in Führungsdenken und -praxis hatte sich seit der Mitte des 19. Jahrhunderts allmählich mit der später sogenannten Auftragstaktik durchgesetzt. In der Instruktion für höhere Truppenführer stellte Moltke die bereits 1870/71 bewährte Anweisung zu selbständigem Handeln in den Mittelpunkt.

»Die Kommandeure der zu verwendenden Teile sind mit einem bestimmt zu formulierenden Auftrag zu versehen, dagegen in der Wahl der Mittel zur Lösung desselben in der freien Disposition über ihre Untereinheiten nicht zu beschränken.«[73]

Wirkungsvoll setzte sich die Auftragstaktik freilich erst mit der Aufstellung von motorisierten und gepanzerten Verbänden durch, die über gesicherte Funkverbindungen geführt werden konnten. Die 1921 von Seeckt und seinen Nachfolgern in der Heeresleitung geformte Führerarmee bot die personelle Grundlage zu einer Freiheit des Handelns im Rahmen des Auftrags. Feldmarschall List stellte zur Frage der Entschlußfreiheit rückblickend fest, die eigentlichen deutschen Führungsauffassungen seien in keiner Vorschrift zu finden gewesen, sondern waren traditionsmäßig überkommenes, festgehaltenes und weiterverarbeitetes Gut. So sei ein Schematismus vermieden worden, ausländische Lehrgangsteilnehmer hätten dies jedoch nicht für möglich gehalten und die Existenz einer streng geheimen Führungsvorschrift vermutet.[74]

Die Praxis der Auftragstaktik bewährte sich in den kurzen Feldzügen, in den »Blitzkriegen« gegen Polen, Norwegen und Frankreich[75]. Hitlers Haltebefehle vor allem an der Ostfront schon im Winter 1941/42 führten auf höherer Ebene aber zu einem allmählichen Verfall der Auftragstaktik. Das war ein Beispiel dafür, wie wenig Hitler das militärische Führungsdenken verstanden hatte.[76]

Menschenführung, Erziehung und Ausbildung

In Fragen der Menschenführung, Erziehung und Ausbildung wurden bereits in der preußisch-deutschen Armee fortschrittliche Methoden angewandt. Auch wenn der Verzicht auf die Prügelstrafe noch nicht das Ende der z. T. menschenverachtenden Behandlung der Soldaten im 18. Jahrhundert in Preußen brachte, so war es dennoch ein Anfang, die Erziehung zum Gehorsam durch ein ausgewogenes Verhältnis von Lob und Tadel zu gestalten.

Zu den von Prinz Friedrich Karl vorgeschlagenen Maßnahmen gehörte das Bestreben, die Truppe über die Absichten der Führung zu informieren, weil »dies das Interesse steigert« und »der einzelne in nicht vorherzusehender Art sich für die Zwecke nützlicher« machen könne, »als wenn er mehr maschinenmäßig behandelt würde«[77]. Zur verbesserten Menschenführung trugen die Beschwerdeordnungen von 1894 und 1895 bei, sie brachten einen Standard, der in den meisten Armeen der Welt noch 1945 nicht erreicht war. Diese Sicherung des selbständig handelnden Soldaten war – auch im Rahmen der Auftragstaktik – wichtig, um ihn bei Abweichung von einer starren Befehlsausführung nicht in eine »Normenfalle« geraten zu lassen.[78]

Ganz im Sinne fortschrittlicher Erziehung wirkte in der Wehrmacht der wegen seiner politischen Inhalte kritisierte Erlaß Blombergs vom 16. April 1935, weil er auch eine »Erziehung im Dienste der neuen Volksgemeinschaft« forderte. Aber es sollte auch mit Menschlichkeit und durch Überzeugung, aber ohne »an Äußerlichkeiten und überlebten Vorstellungen haftendes Herrentum« erzogen werden. Grobheit, rauher Kasernenhofton, Schikane, Schimpfworte und herabwürdigende Formen der Anrede waren zu vermeiden.[79]

»Erziehung ist die Hebung der sittlichen und seelischen Kräfte [...] Ausbildung ist die Vermittlung von Kenntnissen und Fähigkeiten.«[80]

Mit diesen klaren Aussagen wurden die ethisch-moralischen Erziehungsziele gegen die militärfachlichen Ausbildungsziele abgegrenzt. Dabei sollte auch der Drill auf das notwendige Maß in der Waffen- und Gefechtsausbildung beschränkt werden.

»Drill ist da notwendig, wo es gilt, feste Formen so zu erlernen, daß sie auch unter schwierigsten Verhältnissen unbewußt angewendet werden. [...] Drill ist nicht ›Schleifen‹, das ist sinnlos.«

Als Kernproblem der Friedensausbildung galt »die Erhaltung der Dienstfreudigkeit«. Hierzu sollten für gute Leistungen sofort Anerkennungen ausgesprochen, Langeweile und Eintönigkeit vermieden werden. »Abwechselung erhält frisch. Der beste Gehilfe bleibt aber der Humor.«[81] Dieser Grundsatz führte sogar im Krieg oft zu Fröhlichkeit und Humor, die viele Härten und Spannungen milderten und einen Fanatismus weitgehend ausschlossen.

Erziehung und Ausbildung litten in den Kriegsjahren unter dem Mangel an Zeit und an befähigten Ausbildern. Die personellen Lücken konnten aber durch abkommandierte genesende Frontoffiziere oder -unteroffiziere z.T. ausgeglichen werden. Durch zügig ausgewertete Fronterfahrungen wurden auch Vorschriften und Ausbildungshilfen dem neuesten Stand schnell angepaßt.

In dem Gesamtkonzept Menschenführung, Ausbildung und Erziehung stand die Erziehung zum Soldaten stets im Vordergrund. Da die Erziehung leicht versage, »kommt von Anbeginn eines Krieges an der Forderung und Erhaltung der inneren Festigkeit und der Mannszucht in der Truppe [...] ausschlaggebende Bedeutung zu. Die Mannszucht ist der Grundpfeiler des Heeres und ihre strenge Aufrechterhaltung eine Wohltat für alle.«[82]

Das aus heutiger Sicht hohe Maß an Strenge der Dienstaufsicht bei der Pflege von Pferden, Waffen, Gerät, Bekleidung und sonstiger Ausrüstung diente ebenfalls der Erziehung. Die Genauigkeit im Waffen- und Gefechtsdrill in der Ausbildung war auf Kriegserfahrungen zurückzuführen.

»Der Soldat will sicher sein, daß sein persönlicher Einsatz nicht durch funktionale Untüchtigkeit oder Verantwortungslosigkeit anderer gefährdet wird.«[83]

Der Inspekteur des Erziehungs- und Bildungswesens des Heeres ließ ab 1940 jedem Offizieranwärter ein Merkblatt aushändigen. das über die besonderen Berufs- und Lebensregeln des Offiziers informierte. Die darin enthaltenen Forderungen stellten hohe menschliche, ethische und erzieherische Ansprüche an den einzelnen Offizier, enthielten aber keinerlei nationalsozialistisches Ideengut.[84]

Die traditionelle Berufsauffassung des Berufssoldaten aus der preußischdeutschen Armee und der Reichswehr verbunden mit den Erfahrungen des Ersten Weltkriegs prägten die Wehrmacht überwiegend auf den Gebieten der Menschenführung, Erziehung und Ausbildung.

»Die eigentliche Stärke der deutschen Führung dürfte darin gelegen haben, daß sie in ihren Anforderungen an den militärischen Führer [...] zu einem abgewogenen Verhältnis zwischen Erziehung und Bildung oder zwischen Charakter und Wissen fand. Führen mit Aufträgen [...] verlangte von vornherein ein beachtliches Maß an geistiger Unabhängigkeit und innerer Freiheit.«[85]

Schlußbetrachtung

Eine grundsätzliche Kritik an der Wehrmacht fand während der Wiederbewaffnungsphase in der Bundesrepublik nur ansatzweise statt; zu unmittelbar wirkte die empfundene Bedrohung durch ein neues Unrechtsregime. Jedoch war man in der Planungs- und Aufbauphase der Bundeswehr bemüht, Fehler und Versäumnisse der Vergangenheit zu vermeiden und die Streitkräfte fest in der parlamentarischen Demokratie zu verankern. Infolge des Ost-West-Gegensatzes wurde vor allem die professionelle Qualität der Wehrmacht betont, während die Sowjetunion bis in die achtziger Jahre ihre Propaganda gegen die »faschistische, verbrecherische Wehrmacht« fortsetzte, um damit auch die Bundeswehr zu treffen. Die anderen Ostblockstaaten, einschließlich der DDR, folgten der sowjetischen Historiographie, die keine Würdigung der militärischen Leistungen der Wehrmacht, des Widerstands oder der ethischen und politischen Grundlagen deutschen Soldatentums zuließ.

Die Welle der Vergangenheitsbewältigung ab Mitte der sechziger Jahre machte auch vor der Wehrmacht nicht halt. Aber die Fragenden fanden Antworten allenfalls in ideologischen Kontexten; Fragen nach ethischen Motiven, für politische Positionen in der NS-Zeit und die militärischen Grundlagen, die ein differenzierendes Verständnis voraussetzten, fehlten. Die Verhältnisse, die den Umgang mit dem NS-Staat bestimmten und der Rahmen, in dem die Wehrmacht stand und zu handeln hatte, waren unbekannt. An entsprechendem Wissen mangelte es auch im wissenschaftlichen Bereich; die erforderliche Quellenkritik gegenüber dem zu Papier gebrachten »Soll-Zustand« einer Diktatur fehlte oft.

Das negative Bild vom Soldaten wurde durch die Anti-Vietnam-Kriegspropaganda noch unterstrichen und fand in den Demonstrationen der Friedensbewegung eine Fortsetzung. Auch ohne direkte Abhängigkeiten geriet man sehr bald in die Nähe marxistisch-leninistischer Propaganda. Dabei war die Kenntnis über die Wehrmacht sehr gering, was zum Teil auch ausgenutzt wurde, denn ein reales Bild von dem Wehrmachtsoldaten konnten sich nur noch wenige machen. Kaum jemand war noch in der Lage, Uniformen von Heer, Waffen-SS und Polizei zu unterscheiden, von den Heeresuniformen tragenden fremdvölkischen Verbänden wußte man meist kaum etwas.

Wie weitgehend ein ethisch fundiertes Soldatentum verkannt oder ignoriert blieb, zeigte ein Essay »Krieg, Verbrechen, Moral« von Jan Philipp Reemtsma, für den der Kriegsalltag im permanenten Töten, im berserkerhaften Kämpfen bis zur Raserei sowie im Verüben von Kriegsverbrechen zu liegen schien.[86]

Wenn eine weitgehende Respektierung ethischer, politischer und militärischer Normen durch die Wehrmacht festgestellt werden konnte, so sollten damit keine idealisierten, unkritischen Bilder entstehen, sondern die Zwänge offengelegt werden, unter denen sie gestanden hat.

– Im Dritten Reich wurden die ethischen Grundlagen deutschen Soldatentums mißbraucht und verfälscht.

»Ehre, Sittlichkeit, Recht, Gesinnung und Haltung des Soldaten waren in Jahrzehnten der Idealisierung und Romantisierung verfallen und dadurch um so sicherer zur Beute der berechnenden Pragmatiker geworden, zumal diese Rechner ausgezeichnet mit dem Vokabular der romantischen Verklärung umzugehen wußten.«[87]

– Die Vorstellungen der Reichswehrführung, mit Hilfe der Nationalsozialisten die nationale wie politische Diskriminierung Deutschlands nach 1919 zu überwinden und zugleich ein Bollwerk gegen die Sowjetunion zu errichten, entsprangen einem Wunschdenken. Mit dem Eid auf Hitler hatte dieser sich die Wehrmacht mit ihrem nationalkonservativen Denken und ihrem Ehrenkodex verpflichtet.

– Schließlich untergrub Hitler die militärischen Grundlagen durch falsche

Lagebeurteilungen, Entscheidungen und unerfüllbare Aufträge, so daß die Führungsqualität auf oberster Ebene verfiel.

Die dargestellten Grundlagen der Wehrmacht standen in einer langen Tradition der preußisch-deutschen Militärgeschichte. Sie konnten durch die NS-Zeit beschädigt, aber nicht völlig verschüttet werden. Die Grundlagen deutschen Soldatentums werden auch künftig ihre Bedeutung in der europäischen Militärtradition behalten.

Anlage A
Die Pflichten des deutschen Soldaten

1. Die Wehrmacht ist der Waffenträger des deutschen Volkes. Sie schützt das Deutsche Reich und Vaterland, das im Nationalsozialismus geeinte Volk und seinen Lebensraum. Die Wurzeln ihrer Kraft liegen in einer ruhmreichen Vergangenheit, in deutschem Volkstum, deutscher Erde und deutscher Arbeit. Der Dienst in der Wehrmacht ist Ehrendienst am deutschen Volk.
2. Die Ehre des Soldaten liegt im bedingungslosen Einsatz seiner Person für Volk und Vaterland bis zur Opferung seines Lebens.
3. Höchste Soldatentugend ist der kämpferische Mut. Er fordert Härte und Entschlossenheit. Feigheit ist schimpflich, Zaudern unsoldatisch.
4. Gehorsam ist die Grundlage der Wehrmacht, Vertrauen die Grundlage des Gehorsams. Soldatisches Führertum beruht auf Verantwortungsfreude, überlegenem Können und unermüdlicher Fürsorge.
5. Große Leistungen in Krieg und Frieden entstehen nur in unerschütterlicher Kampfgemeinschaft von Führer und Truppe.
6. Kampfgemeinschaft erfordert Kameradschaft. Sie bewährt sich besonders in Not und Gefahr.
7. Selbstbewußt und doch bescheiden, aufrecht und treu, gottesfürchtig und wahrhaft, verschwiegen und unbestechlich soll der Soldat dem ganzen Volk ein Vorbild männlicher Kraft sein.
8. Größten Lohn und höchstes Glück findet der Soldat im Bewußtsein freudig erfüllter Pflicht. Nur Leistungen berechtigen zum Stolz. Charakter und Leistung bestimmen seinen Weg und Wert.

Berlin, den 25. Mai 1934.

Der Reichspräsident.
von Hindenburg
Der Reichswehrminister.
v. Blomberg
zitiert nach: Meier-Welcker, Seeckt, S. 256f; Demeter, Offizierkorps, S. 328

Anlage B

Zehn Gebote für die Kriegführung des deutschen Soldaten

1. Der deutsche Soldat kämpft ritterlich für den Sieg seines Volkes. Grausamkeiten und nutzlose Zerstörungen sind seiner unwürdig.
2. Der Kämpfer muß uniformiert oder mit einem besonders eingeführten, weithin sichtbaren Abzeichen versehen sein. Kämpfen in Zivilkleidung ohne ein solches Abzeichen ist verboten.
3. Es darf kein Gegner getötet werden, der sich ergibt, auch nicht der Freischärler und der Spion, diese erhalten ihre gerechte Strafe durch die Gerichte.
4. Kriegsgefangene dürfen nicht mißhandelt oder beleidigt werden. Waffen, Pläne und Aufzeichnungen sind abzunehmen. Von ihrer Habe darf sonst nichts weggenommen werden.
5. Dum-Dum-Geschosse sind verboten. Geschosse dürfen auch nicht in solche umgestaltet werden.
6. Das Rote Kreuz ist unverletzlich. Verwundete Gegner sind menschlich zu behandeln. Sanitätspersonal und Feldgeistliche dürfen in ihrer ärztlichen bzw. seelsorgerischen Tätigkeit nicht gehindert werden.
7. Die Zivilbevölkerung ist unverletzlich. Der Soldat darf nicht plündern oder mutwillig zerstören. Geschichtliche Denkmäler und Gebäude, die dem Gottesdienst, der Kunst, Wissenschaft oder der Wohltätigkeit dienen, sind besonders zu achten. Natural- und Dienstleistungen von der Bevölkerung dürfen nur auf Befehl von Vorgesetzten gegen Entschädigung beansprucht werden.
8. Neutrales Gebiet darf weder durch Betreten oder Überfliegen noch durch Beschießen in die Kriegshandlungen einbezogen werden.
9. Gerät ein deutscher Soldat in Gefangenschaft, so muß er auf Befragen seinen Namen und Dienstgrad angeben. Unter keinen Umständen darf er über Zugehörigkeit zu seinem Truppenteil und über militärische, politische und wirtschaftliche Verhältnisse auf deutscher Seite aussagen.
10. Zuwiderhandlungen gegen die vorstehenden Befehle in Dienstsachen sind strafbar. Verstöße des Feindes gegen die unter 1–8 angeführten Grundsätze sind zu melden. Vergeltungsmaßnahmen sind nur auf Befehl der höheren Truppenführung zulässig.

Quelle: Bundesarchiv-Militärarchiv, M Sg 2/2215

Anlage C
Offizier-Anwärter des Heeres!

Auf Euren Weg gebe ich Euch folgende Berufs- und Lebensregeln mit. Sie behalten ewige Gültigkeit im Kriege und im Frieden:
1. Immer Vorbild sein in allen Lebenslagen, besonders in Krisen.
2. Sobald Euch eine Truppe anvertraut wird, prüft Eure Kenntnisse mit innerer Selbstbescheidung, bevor Ihr vor Euren Leuten sprecht, falls Ihr nicht Gefahr laufen wollt, gleich an Autorität zu verlieren.
3. Bringt alle Eure erzieherischen Eingriffe in Einklang mit Eurer eigenen mehr oder weniger vorhandenen Autorität.
4. Vermeidet einen zu scharfen Ton, er ist meist ein Zeichen von Unsicherheit.
5. Bevor Ihr anfangt zu befehlen, seht Euch Eure Leute genau an und versucht, den Menschen in ihnen zu erkennen. Menschenkenntnis ist die Voraussetzung richtiger Menschenbehandlung.
6. Befehle haben nur Sinn, wenn sie überzeugen.
7. Jeder Erziehungs- und Ausbildungsarbeit muß, um ihr überzeugende Kraft zu verleihen, der Zweck vorangestellt werden und die Begründung folgen, warum es so sein muß.
8. Haltet Kritiksucht von Euch fern. Sie entspringt meist taktloser Überheblichkeit. Ein Recht zur Kritik hat nur der, der den Beweis erbracht hat, daß er es besser kann.
9. Hört auf erfahrene Menschen und Kameraden. Aus Zuhören und Nachsinnen könnt Ihr nur Gewinn ziehen.
10. Seid zurückhaltend in Eurem Urteil über Dinge, die Ihr nicht voll beherrscht; Ihr blamiert Euch sonst. Auch mancher Eurer Untergebenen weiß in manchen Dingen mehr als Ihr.
11. Bevor Ihr über einen Menschen urteilt, denkt immer daran, wie es einst in gleicher Lage um Euch selbst stand.
12. Handelt stets mit Vernunft und Herz, wenn Euch kostbare Menschenleben überantwortet sind, besonders im Kriege.
13. Bewahrt Euch stets den Mut zur reinen Wahrheit.
14. Steht immer zu Eurem Wort und Eurem Handeln, auch wenn es irrtümlich war.
15. Bewahrt stets den notwendigen Abstand von Vorgesetzten und Untergebenen. Das schützt vor schwierigen Lagen.
16. Seid jederzeit offen gegen Eure Vorgesetzten, aber dabei immer taktvoll, wie es dem Jüngeren grundsätzlich zukommt.
17. Lernt aus Tadeln und spielt nicht den Beleidigten, das läßt mangelnde Selbstdisziplin erkennen.

18. Nützt die flüchtige Zeit der Jugend zur eigenen Selbsterziehung und Heranbildung.
19. Haltet Euren Körper dauernd in Zucht und stählt ihn planmäßig bis ins Alter. Selbstbeherrschung und Enthaltsamkeit sind männlich, Nachgiebigkeit und Sich-gehen-lassen verächtlich.
20. Achtet immer auf eigene gute Haltung und tadellosen Anzug, auch wenn Ihr nicht im Dienst seid. Die geringste Vernachlässigung wird Eurem Ansehen abträglich sein.
21. Meidet übermäßigen Alkoholgenuß. Er ist meist die Ursache von Entgleisungen.
22. Macht keine Schulden; sie beeinträchtigen Euer freies Handeln und Eure Lebensfreude.
23. Seht Euch vor in Eurem Umgang. Ihr werdet nach ihm beurteilt.
24. Schärft Euren Verstand durch planmäßige Geistesarbeit auf den Gebieten der Allgemeinbildung und der Berufswissenschaften. Zeit hierzu, und wenn sie nur kurz sein kann, muß immer gefunden werden. Bildung ist geistige Disziplin. Ein ungebildeter Offizier ist nicht vollwertig.
25. Formt Eure Persönlichkeit im Studium großer Männer.
26. Bewahrt Euch bis zum letzten Atemzug den Glauben an die großdeutsche Idee und an Gott; dieser Glaube verleiht Euch innere Stärke besonders in Krisen des Lebens und vor allem während des Krieges, wo menschliche Kraft oft überbeansprucht wird.
27. Eine so große Zeit wie die unsere ist nur zu meistern in unbändigem Glauben.

Frießner, Oberst und Inspekteur des Erziehungs- und Bildungswesens des Heeres.

Berlin, April 1940
Gedruckt in der Druckerei des OKW 374.V.42

1 Dönhoff, Mittwochgesellschaft, S. 13
2 Über den Alltag im 100 000 Mann-Heer informiert Reinicke, Das Reichsheer; allgemein über die Reichswehr: Wohlfeil, Heer und Republik, Handbuch Militärgeschichte VI
3 Zum Kriegserlebnis und zur Jugenderziehung: Caspar, Tradition in Reichswehr und Wehrmacht, S. 215–222
4 Handbuch Militärgeschichte VII: Schottelius/Caspar, S. 373; Güth, S. 416 u. 433; Köhler/Hummel, S. 547
5 Rabenau, Seeckt, S. 199; Maier-Welcker, Seeckt, S. 240
6 Text der Wehrgesetze bei Absolon, Wehrmacht, Band II, S. 512f. bzw. Band III, S. 342f.
7 Absolon, Wehrmachtstrafrecht; Schwinge, Militärstrafgesetzbuch
8 Schwinge, Militärstrafrecht, S. 100; bekanntlich brachte das Soldatengesetz von 1956 eine klarere Regelung
9 Schwinge, Militärstrafrecht, S. 2
10 hierzu u.a.: Altrichter, Soldatische Erziehung, S. 156; Oetting, Motivation, S. 211
11 Fiedler, Grundriß, 3. Band, S. 266–69
12 Reibert 1933, Dienstunterricht, S. 82–87
13 Anlage A
14 Foertsch, Wehrmacht, S. 31
15 HDv 231 I, S.3
16 Messerschmidt, Wehrmacht im NS-Staat, S. 295.
17 Anlage B
18 Tschoeltsch, Dienstunterricht, S. 82f.
19 Papke, Von der Miliz zum stehenden Heer, S. 63
20 Oestreich, Soldatenbild, Heeresreform und Heeresgestaltung, S. 303–320
21 zitiert bei Hahlweg, Klassiker, S. 225
21 zitiert Oetting, Motivation, S. 43f.
22 zitiert bei Demeter, Offizierkorps, S. 317–320, Hermann, Militärgeschichte, S. 366/7
23 AVI, HDv Nr. 130, H I. Ziffer 5
24 Reibert, Dienstunterricht
25 s. Literaturverzeichnis
26 de Maizière, In der Pflicht, S. 53
27 Nittner, Menschenführung im Heer, S. 167f.; Nittner sieht in den Ausführungen»eines Generals, der im Widerstand sein Leben verlor ... ein Paradoxon, in der Wirklichkeit von 1940 war es offenbar noch keine völlige Illusion, sondern eine als Möglichkeit gesehene oder geglaubte Norm soldatischer Existenz« (S.168). Messerschmidt, Wehrmacht im NS-Staat, S. 281, schildert die Angriffe der NSDAP gegen Rabenau, verknüpft damit jedoch eine nicht unberechtigte, aber kleinliche Kritik an anderen Äußerungen des Generals.
28 de Maizière, Zur politischen und ethischen Legitimation der Verteidigung, S. 52/53
29 z.b. Foertsch, Der Offizier, S. 11; Altrichter, Erziehung, S. 101 u. 100
30 Demeter, Offizierkorps, S. 149 u. 305
31 Messerschmidt, Wehrmacht im NS-Staat, S. 89
32 zitiert nach Foertsch, Der Offizier, S. 19
33 Bemerkenswerterweise wurde diese Aussage der Berufspflichten von 1922 und 1930 nicht in den nur noch acht Pflichten umfassenden Pflichtenkatalog von 1934 übernommen; dahinter ist jedoch keine Negierung ihres Inhalts, sondern nur eine Verkürzung des Textes auf merkfähige Sätze zu vermuten, da mit der Kameradschaftspflicht die Beachtung der Ehre verbunden ist.
34 zitiert bei Oetting, Motivation, S. 142
35 so z.B. bei Sorge und Altrichter
36 Altrichter, Erziehung, S. 109/10
37 Demeter, Offizierkorps, S. 251–59, Zitat S. 254; auch Oetting, Auftragstaktik, S. 86
38 Demeter, S. 148 zitiert aus einem Erlaß Seeckts vom 4. 11. 1923; hierzu auch Schwinge, Soldatischer Gehorsam und Verantwortung, der 1939 eine fehlende Norm beim Abweichen von Gehorsam bemängelte, S. 8/9
39 Reichsarchiv, Der Weltkrieg 1914 bis 1918, zweiter Band, S. 120

40 Das ergibt sich aus der unübersehbaren Menge von Tagebüchern, Briefen und anderen mündlichen oder schriftlichen Erinnerungen der Kriegsgeneration, die durch eine allerdings aufwendige Sammel- und Befragungsaktion zahlenmäßig aufbereitet werden müßte. Hier sei beispielhaft nur auf die Bände von Helmuth Groscurth, Hans Meier-Welcker und Alexander Stahlberg verwiesen.
41 Salewski, Die bewaffnete Macht im Dritten Reich, S. 32
42 Mann, Staat und Heer, S. 249/50
43 Salewski, S. 27/28
44 Salewski, S.22–24
45 ebenda S. 137
46 Die von Messerschmidt eingeführten Begriffe »Teilidentität der Ziele« und »Loyalitätswettlauf« werden allgemein als treffend anerkannt, allerdings weist Graf v. Kielmansegg (Einleitung zur Messerschmidt, S. X) darauf hin, daß die Motive für einen solchen Wettlauf in der Wehrmachtführung sehr zu differenzieren sind.
47 Messerschmidt, Wehrmacht, in: Bracher, Funcke u.a., Studien, S. 379
48 Fest, Staatsstreich, S. 39; zu Heuss mitgeteilt bei Viktoria Luise, S. 265
49 Vorwort zu: Messerschmidt, S. IX
50 Müller, Heer und Hitler, S. 49
51 ebenda, S. 49; Müller charakterisiert und bewertet die Persönlichkeiten differenzierend.
52 de Maizière, Kontinuität und Neuanfang, S. 88
53 Absolon, Wehrmacht, Bd. I, S. 139
54 aus der umfangreichen Literatur zum Eid siehe: Müller, S. 134-39; Messerschmidt, S. 51/52 (»ungutes Gefühl« bei vielen Offizieren »geweckt«). Hermann, Militärgeschichte, S. 454ff.; Röhricht, Pflicht und Gewissen, S.76–79
55 zitiert u.a. bei Hermann, S. 455
56 Demeter, Offizierkorps, S. 152/53
57 Kielmansegg, Einleitung zu Messerschmidt, S. XI
58 Zitelmann, Hitler-Bild im Wandel, S. 505; ähnlich Masson, Die deutsche Armee, S. 503
59 de Maizière, In der Pflicht, S. 48
60 ebenda, S. 31; Müller, Heer und Hitler, S. 85/6 weist durch ausgewertete Briefe die Sympathien mit den Entlassenen nach
61 darüber die umfangreiche Forschungsarbeit von Messerschmidt, Wehrmacht in NS-Staat, die in ihren Urteilen jedoch stellenweise korrekturbedürftig ist
62 der bereits erwähnte Erlaß bei Offiziere im Bild von Dokumenten, S. 260-62; die Folgerung z.B. bei Müller, Heer und Hitler, S. 186–87
63 van Creveld, Kampfkraft, S. 102-109, u.a. begründet mit späteren israelischen Erfahrungen
64 Siewert, Schuldig? S. 367
65 z.B. im Erlaß »Erziehung im Offizierkorps« vom 18. Dez. 1938, Offiziere im Bild von Dokumenten, S. 274f.
66 zitiert bei Müller, Heer und Hitler, S. 414 aus dem später veröffentlichten Tagebuch Nikolaus v. Vormanns, damaliger Verbindungsoffizier der Heeresführung zu Hitler
67 Foertsch, Schuld und Verhängnis; Siewert, Schuldig? S. 162; der Verfasser zählt auf, daß von 54 Feldmarschällen und Generalobersten im Laufe des Krieges 39 von Hitler ihres Amtes enthoben wurden, S. 173/74
68 Generalprinzipien des Krieges, 26. Kap., zitiert bei Hahlweg (Hrsg), Klassiker, S. 181/82
69 Reichsarchiv, Der Weltkrieg 1914 bis 1918, zweiter Band, S. 45
70 zitiert nach v. Rabenau, Seeckt, S. 474/75; auch bei Borgert, Grundzüge der Landkriegführung, S. 532ff.
71 Borgert, S. 542ff.; nach Post, Barbarossa, S. 41ff. war im Führungsdenken der Roten Armee ebenfalls die tiefe Angriffsoperation vorgesehen
72 Text der Rede bei Foerster, Generaloberst Ludwig Beck, S. 43–46; auch Wissen und Wehr, 15. Jahrgang 1935, S. 741ff.
73 zitiert nach Oetting, Auftragstaktik, S. 108
74 Stein, Führen durch Auftrag, S. 6
75 Oetting, Auftragstaktik, S. 193f.; Frieser, Blitzkrieg-Legende

76 Oetting, Auftragstaktik, S. 211f.
77 zitiert ebenda, S. 101
78 ebenda, S. 88
79 Offiziere im Bild von Dokumenten, S. 261/62
80 Foertsch, Der Offizier, S. 73/74
81 ebenda, S. 91 u. 93
82 Truppenführung (HDv 300/1), Ziff. 13
83 Oetting, Motivation, S. 211
84 Anlage C
85 Oetting, Auftragstaktik, S. 180
86 Vorabdruck »Der Spiegel«, Nr. 49 v. 2. Dez. 1996, S. 52ff.
87 Messerschmidt, Wehrmacht im NS-Staat, S. 387

Gustav-Adolf Caspar, Dr. phil., Oberstleutnant a.D., geb. 1928 in Magdeburg, dort 1944/45 Luftwaffenhelfer. Nach dem Abitur 1949 bis 1955 Studium Hauptfach Geschichte an der Freien Universität Berlin; Dissertation über die sozialdemokratische Wehrpolitik in den Jahren der Weimarer Republik. Anfang 1956 Eintritt in die Bundeswehr, nach Truppen- und Stabsverwendungen 1964 bis 1968 im Bundesverteidigungsministerium, danach bis 1977 Lehrstabsoffizier für Wehrgeschichte in der Heeresoffizierausbildung. Zuletzt bis 1985 im Militärgeschichtlichen Forschungsamt. Mitarbeit am Handbuch zur deutschen Militärgeschichte und in der Reihe Entwicklung deutscher militärischer Traditionen, außerdem bundeswehrinterne Veröffentlichungen zur historisch-politischen Bildung.

ROMEDIO GALEAZZO GRAF THUN-HOHENSTEIN

Wehrmacht und Widerstand

In den Anfangsjahren der Bundesrepublik Deutschland beschränkte sich die Darstellung der Opposition gegen Hitler und das nationalsozialistische Regime lange Zeit auf das Geschehen und die Vorgeschichte des mißglückten Staatsstreiches vom 20. Juli 1944. Dieser »Aufstand des Gewissens«[1] erleichterte dem jungen Staatswesen die Verbindung zu einer anderen Vergangenheit als der des Nationalsozialismus und schien zumindest Möglichkeiten einer Identitätsfindung zu liefern. Allerdings lag darin die Gefahr des Selbstbetruges, denn erstens war die Zahl der Verschwörer klein und zweitens verharrte die Mehrheit der Bevölkerung in den Jahren von 1933–1945 in einem dumpf-positivistischen Staatsgehorsam, genährt durch anfängliche innen- und außenpolitische Erfolge Hitlers, während beachtliche Teile der Jugend Hitler und bis zu einem gewissen Grad dem Nationalsozialismus verfallen waren. Die Zustimmung zu Hitler verteilte sich mehr oder weniger gleichmäßig auf alle Schichten und gesellschaftlichen Gruppen, so daß die wenigen, die zu Widerstand und Attentat fanden, weder für Deutschland noch für die Gesellschaftsschichten repräsentativ waren, denen sie entstammten. Der 20. Juli 1944 war aber vor allem auch ein Widerstand der Offiziere gewesen, die damit sämtliche Fesseln aus berufsmäßigem Ethos, Gehorsam, Eid und überkommener Tradition sprengten. Einzig sie konnten dem Regime wirklich gefährlich werden, weil nur sie über die entsprechenden Machtmittel verfügten, die einem Staatsstreich Aussicht auf Erfolg gaben.

Vom Beginn der 70er Jahre bis in die 80er Jahre kam es jedoch zu einer Neubewertung des konservativen Widerstandes, der nun zu scharfer Kritik verfiel. Im Kern sei es den Angehörigen des militärischen Widerstandes nur um die Wahrung ihrer Macht- und Elitefunktion gegangen[2], zudem hätten sie ohnehin keine demokratische Alternative zu Hitler geboten.[3] Diese und ähnliche Kritiken übersahen zweierlei: Zum einen existierte damals überhaupt keine derartige Alternative, während die liberale Demokratie vor allem durch die Geschehnisse um den Untergang der Weimarer Republik diskreditiert erschien. Zielte der Vorwurf mangelnden Handlungswillens und fehlender demokratischer Alternativen besonders auf die Offiziere im Widerstand, so galt die These von außenpolitisch illusionären Vorstellungen dem konservativen

Widerstand als Ganzes. Vehement wurde auch die These bestritten, der Widerstand sei am Ausland gescheitert. Man sah den Grund vielmehr in seinem Unverständnis für die Haltung der britischen Politik gegenüber den verschiedenen Kontaktversuchen seitens des Widerstandes.

Fehlendes Verständnis für die britische Außenpolitik wurde auch den Historikern vorgeworfen, die sich als erste mit den Auslandskontakten des Widerstandes beschäftigt hatten.[4] Hier spielte die Überzeugung mit, daß es sich beim abschätzig so genannten »nationalkonservativen«[5] Widerstand lediglich um eine Gruppierung gehandelt hatte, die in Verkennung der revolutionären Stoßrichtung des Nationalsozialismus das Rad der Geschichte hätte zurückdrehen wollen.

Solche zunehmend kritischen Forschungsbeiträge[6], die das tragende ethische Fundament der Militäropposition geflissentlich übersahen, sind nicht zuletzt Ausfluß der damaligen politischen Stimmungslage in der Bundesrepublik Deutschland, die sich längst von der Vorstellung entfernt hatte, ein europäischer Nationalstaat zu sein und sich statt dessen als eine Art sozialstaatliche Verwaltungseinheit begriff. Insofern ist die Kritik am Widerstand vor allem auch eine Kritik an vermeintlich nationalistischen Strömungen, die den propagierten und erfahrenen Fortschritt im westlich-deutschen Teilstaat in Frage zu stellen drohten. Zugleich verschwamm die Wahrnehmung für den Charakter totalitärer Unterdrückungssysteme sozialistischer Prägung, die mehr und mehr unter rein funktionalen Gesichtspunkten untersucht wurden, so daß deren repressive und gewalttätige Seite überwiegend vernachlässigt wurde und damit Widerstand aus kommunistisch-sozialistischem Antrieb heraus Gleichwertigkeit in Anspruch nahm. Während so einerseits die sozialistischen Diktaturen wissenschaftlich verharmlost wurden, gewann im Rahmen der Widerstandsforschung nunmehr die »Resistenzforschung«[7] erhebliche Bedeutung.

Wurden also der konservative und mit ihm der militärische Widerstand künftig eher negativ beurteilt, erfuhren andere, nun dem Widerstand zugerechnete Gruppen eine unerwartete zahlenmäßige Erweiterung. Die nun schwerpunktmäßig betriebene Resistenzforschung setzte sich vornehmlich mit bisher vernachlässigten Dimensionen des Widerstands auseinander, wie etwa dem Nonkonformismus und der sozialen Verweigerung abseits der konspirativen Widerstandsarbeit. Zweifellos gab es hier viele verschiedene Ausformungen, doch war beispielsweise die institutionelle Verweigerung, wie sie zum Teil in der Armee, in der Beamtenschaft und in den Kirchen stattfand, hauptsächlich auf die Bewahrung der jeweiligen Autonomie gegenüber der Partei gerichtet. Insofern fehlte ihr der umstürzlerische Charakter, es ging nicht primär um die grundlegende Veränderung, ja Abschaffung des Systems.

Dies gilt ebenfalls für den Streik als Mittel des politischen Kampfes, der jedoch im »Dritten Reich« nur in wenigen Fällen als politische Aktion angelegt war und auch so von den Sicherheitsorganen verstanden wurde.[8]

Diese und andere Formen der Resistenz waren meist nichts anderes als interessenpolitischer Widerstand, der aber häufig auf Kosten allgemeiner Prinzipien ging. So kam es bei den Morden an den Generalen von Schleicher und von Bredow und ebenso während der Fritsch-Krise zu keinen Maßnahmen des Heeres, berief sich die katholische Kirche zu lange Zeit auf das Konkordat, während die protestantische Kirche sich ständig der Gefahr einer Spaltung gegenüber sah, die von den durch die nationalsozialistische Politik geförderten »Deutschen Christen« ausging, während die »Bekennende Kirche« keineswegs die Mehrheit im Protestantismus repräsentierte.[9] Eine Überbewertung der Resistenz kann jedoch leicht dazu führen, den totalen Machtanspruch und die totale Machtausübung des NS-Staates zu verharmlosen und das Verständnis dafür zu verlieren, daß der aktive Widerstand mit dem Ziel der Abschaffung des totalitären Systems sich gegen repressive Machtausübung formierte. Man wird daher eine Trennlinie zwischen Resistenz und aktivem Widerstand ziehen müssen, um dem historischen Phänomen gerecht zu werden. Auf einfache Klassenzugehörigkeit oder ideologische Fixiertheit reduzierte Erklärungen schaffen hier keine Klarheit. Zwar gab es auf der Linken eine grundsätzliche Gegnerschaft, die jedoch im Falle der Kommunisten durch die Abhängigkeit von Moskau relativiert wurde. Deren Aktionen fallen zum größten Teil unter den Begriff Resistenz, da Rückzug, Abkapselung, Verweigerung bis hin zum Streik und offene Dissens Verhaltensweisen darstellten, die allesamt nicht zur Unterstützung eines Staatsstreichs ausreichten. Darüber darf auch der hohe Blutzoll nicht hinwegtäuschen, den die Kommunisten zweifellos entrichteten. Ihre weitgehende Handlungsunfähigkeit nach Abschluß des Hitler-Stalin-Paktes am 23. August 1939 unterstreicht jedoch die besondere Fragwürdigkeit der Abhängigkeit von den politischen Winkelzügen einer fremden Macht, die für sich die Gültigkeit einer chiliastischen Heilslehre in Anspruch nahm.

Das Verteilen von Flugblättern markierte noch keinen aktiven Widerstand, auch wenn die Folgen für die Handelnden unverhältnismäßig hoch waren. Durch die Zerschlagung der Arbeiterpartei und deren Organisationen fehlte außerdem die Basis, auf die man von innen hätte einwirken können. Unter den Bedingungen des totalitären Staates war keine Massenbewegung und damit die Voraussetzung für einen Umsturz von unten zu schaffen.

Eine andere Form eines zumindest passiven Widerstandes war die allerdings nur schwer zu belegende Sabotage. Jegliche Versuche dieser Art wurden von den Sicherheitsbehörden stark aufgebauscht und meist grundsätzlich der politischen Linken in die Schuhe geschoben.

An der Beurteilung der Desertion und ihrer Interpretation als Widerstandshandlung läßt sich der Einfluß von aktuellen politischen Strömungen exemplarisch studieren. Dabei geht es offenbar weniger um die schwierige Frage nach der Motivation und den Gründen der einzelnen Wehrmachtsdeserteure, sondern um das politische Ziel gesellschaftlicher und rechtlicher Akzeptanz der Desertion schlechthin. Inwieweit hier eine Form der Resistenz oder des passiven Widerstands vorlag, kann nur eine genaue Untersuchung jedes einzelnen Falles erbringen. Eine pauschale Wertung als Widerstand ist hier zweifellos nicht angebracht, denn »von militärischem Widerstand kann erst gesprochen werden, wo es organisierten Widerstand gab«.[10]

Jene, die sich in der Gefangenschaft dem Gegner anschlossen, wie das sogenannte »Nationalkomitee Freies Deutschland« (NKFD) und der »Bund Deutscher Offiziere« (BDO), zählten zwar zu den Gegnern Hitlers, sollen aber nicht dem militärischen Widerstand zugerechnet werden, weil sie als Kriegsgefangene durch das nationalsozialistische System nicht mehr gefährdet waren. Beide Organisationen wurden von der Sowjetunion als Instrumente ihrer Machtpolitik eingesetzt, um Großbritannien und die USA zu verstärkten Kriegsanstrengungen zu bewegen. In Washington und London wurde man von diesem Schritt der Sowjets offenbar völlig überrascht. Auf der Konferenz in Teheran vom 28. 11.–1. 12. 1943 verpflichteten sich die Westmächte, die Invasion in Frankreich im Mai 1944 durchzuführen und folgten außerdem Stalins Wünschen nach der Westverschiebung Polens und entsprachen damit dem sowjetischen Kalkül[11]«. NKFD und BDO, die ja ausschließlich sowjetischen Propagandazwecken gedient hatten, wurden nach Erreichen der gewünschten Haltung der Alliierten sofort wieder fallengelassen.[12] Man wird auch hier die Motivation der Mitglieder sorgfältig untersuchen müssen, will man zu einer gerechten Beurteilung kommen, da es neben überwiegend rein opportunistischen Beweggründen, die bis hin zur Denunziation anderer Kriegsgefangener gingen[13], mit zum Teil tödlichen Folgen, auch einige gab, deren Motive von Ernst und innerer Überzeugung geprägt waren.

Die Gruppe der Geschwister Scholl dagegen, die 1942 und 1943 in München Flugblätter gegen das Regime herstellten und verteilten, zählte zu den wenigen, die sich opferten, obwohl ihnen klar war, daß ihre Handlungen das Regime nicht schwächen würden. Unmittelbar gegen eine bestimmte verbrecherische Maßnahme des Regimes, die »Euthanasie« genannte Ermordung angeblich unheilbar Kranker, regte sich aus den Reihen beider Kirchen nachhaltiger Widerstand, dessen herausragende Vertreter der Bischof von Münster, Graf Galen, und der evangelische Landesbischof von Württemberg, Theophil Wurm, waren. Deren zahlreiche Eingaben und mutige öffentliche Proteste führten schließlich dazu, daß die Euthanasie-Aktion im Jahre 1941 angehalten wurde. Dies war zweifellos eine Form des Widerstandes, die das Regime nicht gleichgültig ließ. Allerdings waren den Einwirkungsmöglichkeiten der Kirche Grenzen gesetzt. Denn wenn einerseits die katholische Kirche an der Erfüllung der staatsbürgerlichen Pflichten durch die katholischen Christen festhielt, andererseits aber die Mitwirkung an glaubensfeindlichen Maßnahmen ablehnte und auf die Rechte des katholischen Gewissens pochte, so war auf diesem Wege die Beseitigung des Regimes gewiß nicht möglich. So ist auch das politische Potential, das die Treue vieler Katholiken zu ihrer Kirche darstellte, allein dazu verwandt worden, die Absichten, die das Regime hegte, zu hemmen. Eine politische Alternative, der man dieses Potential hätte zur Verfügung stellen können, war nicht vorhanden.

Offen organisierten Widerstand vor Ausbruch des Krieges hat es nur seitens der Kirchen[14] und der Wehrmacht gegeben, der in die Staatsstreichvorbereitungen vom Herbst 1938 mündete. Danach fanden zum aktiven Widerstand in der Regel einzelne, meist in höheren militärischen oder zivilen Stellen. Es erwies sich, daß ein Sturz des Regimes nur durch einen Staatsstreich erfolgen konnte, dem ein erfolgreiches Attentat auf Hitler vorausgehen mußte. Das eine bedingte das andere. Damit wird freilich in keiner Weise die mutige Tat des schwäbischen Handwerkers Georg Elser vom 8. November 1939 geschmälert, der als Einzelgänger dem Erfolg so greifbar nahe gekommen ist.[15] Elser litt darunter, daß bei seinem Attentat auch Unschuldige sterben würden, aber er sah in seiner Tat die einzige Möglichkeit, weiteres Blutvergießen zu verhindern.

Letztlich lag aber die einzig wirkliche Chance zur Beseitigung des Regimes bei der bewaffneten Macht, und das konnte bei den bestehenden Verhältnissen nur das Heer sein. Bei der Marine wirkten die Ereignisse vom Oktober und November 1918 (Meuterei der Hochseeflotte, Matrosenaufstand) tabuisierend nach, während sich in der Luftwaffe als jüngstem Wehrmachtteil eine starke Affinität zum Nationalsozialismus entwickelt hatte. Weil Hitler und sein Regime nur mit militärischen Mitteln gestürzt werden konnten, waren ausgerechnet die Kräfte der Nation aufgerufen, die besonders patriotisch oder national fühlten. Es galt also nicht nur Nationalismus und Patriotismus zu überwinden, sondern darüber hinaus auch den besonders für Soldaten ungeheuerlichen Weg zum Hochverrat zu beschreiten. Erschwerend kam hinzu, daß im Verlaufe des Krieges die Beseitigung des Regimes nur durch die Errichtung einer neuen Regierung zu erreichen war, deren erste Aufgabe das möglichst rasche Beenden der Kampfhandlungen gewesen wäre. Konkrete Staatsstreichplanungen, ab 1942 mit einem Attentat auf Hitler verbunden, gab es nur im Herbst 1938 und 1939, im Frühjahr 1943 und dann schließlich vor dem 20. Juli 1944.

Indirekt entsteht mit dieser Feststellung ein Gegengewicht zur Resistenzforschung, deren Ergebnis ja die durchaus verdienstvolle Herausarbeitung vorher kaum beachteter Bereiche, etwa der Verweigerung, war, die nicht zuletzt das ganz »normale« Spektrum des Alltagslebens in der Diktatur betrafen. Allerdings ging damit auch eine Inflationierung der quantitativen Basis des Widerstandes einher, die beim Betrachter unversehens ein Bild von massenhafter Verweigerung und breitem Widerstand der Deutschen im Dritten Reich entstehen lassen konnte. Daß dies kaum der Wirklichkeit entsprochen haben dürfte, wird spätestens bei einer Untersuchung der verschiedenen Ausformungen des Widerstandes unter dem Gesichtspunkt der Systemgefährdung klar. Eine solche Untersuchung erzwingt aber die Beschränkung auf die Staatsstreichplanungen. Hier spielten die Angehörigen der Wehrmacht die entscheidende Rolle, so daß hier grundsätzlich die Frage nach Wehrmacht und Widerstand zu stellen ist.[16]

Als Adolf Hitler am 30. Januar 1933 mit Hilfe einer Koalitionsregierung aus Nationalsozialisten und Deutschnationalen Reichskanzler wurde, waren die Hoffnungen so mancher Konservativen auf ein rechtzeitiges Eingreifen der Reichswehr verflogen. Durfte man aber damals und auch später überhaupt noch Widerstand von der Armee erwarten, nachdem sie Hitler nicht an der Übernahme der Regierung gehindert hatte? Eine Bejahung dieser Frage setzt voraus, daß die Spitze der Reichswehr Hitler schon 1933 als Verderber Deutschlands, sein System als verbrecherisch hätte erkennen müssen. Denn nur dann hätte eine Möglichkeit bestanden, Hitler mit Gewalt aus seinem Amt zu jagen oder ihn überhaupt an dessen Übernahme zu hindern. Dies war jedoch keineswegs der Fall, denn es stellte sich bald heraus, daß durchaus gemeinsame politische Interessen zwischen Armee und Hitler auf dem Gebiet der Rüstungspolitik und der Beseitigung des Versailler Vertragsgeflechts auszumachen waren, für die man bereit war, über unangenehme Begleiterscheinungen der nationalsozialistischen Innenpolitik hinwegzusehen. Hinzu kam, daß der von Hitler ernannte neue Reichswehrminister, Werner von Blomberg, »leider naiv und etwas wirklichkeitsfremd, den Nationalsozialisten freundlich gesinnt und dabei noch charakterschwach war.«[17]

Dennoch war die Hoffnung auf ein Eingreifen der Armee nicht ganz unbegründet gewesen. Denn in einem Planspiel der Reichswehr vom 25./26. November 1932, zu dem der Chef des Ministeramtes im Reichswehrministerium, Oberst Ferdinand von Bredow, am 18. November 1932 eingeladen hatte[18]«, waren sorgfältige Vorbereitungen für einen militärischen Ausnahmezustand getroffen worden, der nicht zuletzt gegen den totalen Machtanspruch Hitlers zielte, aber auch kommunistische Unruhen einbezog.[19] Diese Überlegungen, die zunächst vom Reichskanzler Franz von Papen[20], dann von dessen Nachfolger Kurt von Schleicher angestellt wurden, erschienen als einzig erfolgversprechendes Mittel, um Hitler von der Kanzlerschaft fernzuhalten. Im Kern ging es um die Ausschaltung des Reichstages durch eine präsidiale, auf die Reichswehr gestützte Notstandsregelung. Beabsichtigt war nicht die Rettung der Weimarer Demokratie. Statt dessen wollten sowohl Papen wie Schleicher »den Weg zur Etablierung eines autoritären Obrigkeitsstaates ebnen«.[21] Auf längere Frist gesehen war dies eine Aushebelung der Verfassung, die aber im Falle des Gelingens die Herrschaft Hitlers und des Nationalsozialismus vermutlich verhindert hätte. Auffallend ist, mit welcher Härte und Entschlossenheit die Reichswehrführung die Pläne für den militärischen Ausnahmezustand in Angriff nahm. Denn obwohl die Führung der Reichswehr in diesem Planspiel zu der Ansicht gelangte, daß die eigenen Kräfte nicht ausreichten, um dem befürchteten Generalstreik entgegenzutreten, dessen Aufruf man von SPD, KPD und unter Einschränkungen auch von der NSDAP erwartete, waren die in Frage kommenden Gegenmaßnahmen äußerst scharf. Ein totales Streikverbot sollte durch massive Sanktionen durchgesetzt werden. Diese sahen unter anderem vor, daß bereits bei der Unterstützung von Arbeitsniederlegungen den Gewerkschaften mit der Einziehung des Vermögens und der Haftung für daraus entstehende Schäden gedroht werden wollte, streikende Beamten und Arbeitern der Verlust ihrer Beamtenrechte oder der Erwerbslosen- und Wohlfahrtshilfe angedroht wurde.[22] Menschenansammlungen sollten mit einer Art Tränengas, den sogenannten »Reizwürfeln«, ohne Blutvergießen zerstreut werden. Hervorzuheben ist auch, daß man den Hauptwiderstand von den Kommunisten erwartete, deren Stimmenanteil bei der Reichstagswahl vom 6. November 1932 sechs Millionen betragen hatte. Die Gefahr eines Widerstandes von rechts befürchtete man weniger von der NSDAP als von seiten der SA und den nationalsozialistischen Landesregierungen in Oldenburg, Braunschweig, Mecklenburg-Schwerin und Thüringen. Gerade die Annahme von Massenaktionen der KPD und auch der SPD begründete die Skepsis der Reichswehrführung gegenüber der Durchführbarkeit der Notstandspläne, die sie von einem solchen Unterfangen abraten ließ. Offensichtlich erlag sie hier einer Fehleinschätzung, denn die Kommunisten waren dazu in den Betrieben zu schwach vertreten, während man den Sozialdemokraten eine Bereitschaft zum politischen Streik unterstellte, »die dezidiert nicht vorhanden war«.[23] Hier ließ sich die Reichswehrführung nicht so sehr von nüchterner Beurteilung als von »idelogisch-gefühlsmäßiger Wahrnehmung«[24] leiten, denn entgegen ihren vollmundigen revolutionären Ankündigungen besaß die KPD nur geringe Durchsetzungsmöglichkeiten.

Jedenfalls bestanden im November 1932 wesentlich bessere Chancen für den Ausnahmezustand, als die damalige Beurteilung der Reichswehr erkennen ließ. Papen formulierte dies in der Ministerbesprechung vom 2. Dezember 1932, »daß er die Gefahr von Streiks und inneren Unruhen nicht so schwer ansehe«, worin ihm allerdings seine Minister nicht folgten.[25] Damit waren die Überlegungen hinsichtlich der Verhängung des Ausnahmezustandes allerdings keineswegs beendet, denn am 15. Dezember 1932 gab es weitere Besprechungen im Reichswehrministerium, die die Professionalität der Planungen eher noch unterstrichen. Zugleich verstärkte die Reichsregierung die Streikbrecherorganisation »Technische Nothilfe«, die für den Betrieb lebenswichtiger Industriezweige vorgesehen war, falls es trotz schärfster Repression zu Streiks kommen sollte.

Als im Januar 1933 Reichskanzler Schleicher dann diese Pläne wieder aufgriff, waren Militär- und Zivilbehörden darauf vorbereitet, diese waren sogar am 27. Januar 1933 erneut überarbeitet und in einem »Merkblatt für den militärischen Ausnahmezustand« zusammengefaßt worden.[26] Darin war unter anderem das Vorgehen gegenüber Landesregierungen festgelegt, die den Anweisungen der Militärbefehlshaber nicht nachkommen würden.[27] Daraus ergab sich, daß bis unmittelbar vor der Ernennung Hitlers zum Reichskanzler die Notstandsplanungen der Reichswehr auch gegen die von Nationalsozialisten dominierten Länderregierungen liefen. Daß es nicht zur Durchführung des Notstandsplanes kam, lag am Veto des Reichspräsidenten, der Schleicher die präsidialen Vollmachten verweigerte, die er seinem Vorgänger Papen noch bewilligt hatte. Treibende Kräfte hinter dem Veto Hindenburgs waren dessen unmittelbare Umgebung und nicht zuletzt der charakterschwache, gekränkte und beleidigte Papen.

Ähnlich wie bei der Frage nach den Folgen eines gelungenen Attentats vom 20. Juli 1944 kann auch hier spekuliert werden, was geschehen wäre, falls Hindenburg die von Schleicher gewünschten Vollmachten erteilt hätte. Die Planungen zeigen jedenfalls ein Höchstmaß an Professionalität und Härte. Zudem stand die Reichswehr durchaus hinter den Vorbereitungen Schleichers, der zugleich als geschäftsführender Reichswehrminister amtierte. Eine Vollmacht des Reichspräsidenten hätte jegliche Zweifel an der Legitimität der Maßnahmen beseitigt. So ist es kein Zufall, daß die Kugeln der Mordkommandos am 30. Juni 1934 auch Kurt von Schleicher und Ferdinand von Bredow trafen, der am 26. November 1932 über den Leiter des Planspiels, Oberstleutnant Eugen Ott, notiert hatte: »Alles vorbereitet. Ott vorbildlich – brutal – ohne Scheu keine §§ Angst«.[28] Mit dem Regierungsantritt Hitlers war diese Möglichkeit verflogen, denn von Hindenburg ging keinerlei politische Initiative aus. Vom neuen Reichswehrminister Blomberg war nichts zu erwarten und ein Staatsstreich der Reichswehr wäre höchstens mit dem Wissen und der Billigung Hindenburgs möglich gewesen. Statt dessen unterschrieb Hindenburg schon am 4. Februar 1933 die erste einer Reihe von Notverordnungen, die den Nationalsozialisten ein »legales« Vorgehen gegen ihre innenpolitischen Gegner erlaubte.

Man muß sich dabei auch vor Augen halten, daß sehr viele Offiziere Hitler zumindest in Teilbereichen durchaus positiv gegenüberstanden, ohne daß damit eine vorbehaltlose Akzeptanz des Gesamtphänomens der NS-Ideologie verbunden gewesen wäre. Denn im §22 des nationalsozialistischen Parteiprogramms war explizit die Schaffung eines Volksheeres vorgesehen, eine Forderung, mit der eine beachtliche Anzahl meist jüngerer Offiziere schon aus professionellen Gründen sympathisierte. Verständlich wird dies an der Haltung des späteren Generalstabschefs Ludwig Beck, der Hitler zunächst vor allem deshalb akzeptierte, weil dieser seine Vorstellung über die Rolle der Armee im Staat zu erfüllen schien. Denn mit der Versicherung, die Autonomie der Armee unangetastet zu lassen und damit ihre besondere Rolle im Staat zu verfestigen, formulierte Hitler ja nur Becks eigene Wünsche.[29] Als Hitler am 3. Februar 1933 dann vor der höheren Generalität erstmals seine Fernziele darlegte und dabei auch seine Eroberungspläne streifte, dürften es wiederum die Nahziele gewesen sein, die Beck überzeugten: »Kampf gegen Versailles ... Aufbau der Wehrmacht ... Allgemeine Wehrpflicht ... Wehrmacht, wichtigste und sozialistischste Einrichtung des Staates. Sie soll unpolitisch und überparteilich bleiben.«[30] Gerade diese Teilidentität oder auch »Scheinidentität«[31] von militärpolitischen Zielsetzungen war es ja, die Hitlers Zugriff auf die Armee so erleichterte. Der damit einhergehenden Zerschlagung der parlamentarischen Demokratie stand man in der Armee gleichgültig bis positiv gegenüber, denn die Weimarer Republik hatte sich in den Augen der meisten Offiziere ohnehin diskreditiert. So war der spätere Hitler-Attentäter, Claus Schenk Graf von Stauffenberg, den politischen Zielen Hitlers schon vor 1933 zugeneigt, soweit diese die Militärpolitik und die Revision von Versailles betrafen. Ähnliches wird auch für die Oberleutnante Mertz von Quirnheim und Stieff sowie für den Hauptmann von Tresckow berichtet, alle Opfer nach dem 20. Juli 1944.[32] Für die relative Leichtigkeit mit der Hitler die Armee gewann und zugleich ihren politischen Einfluß in den nächsten Jahren drastisch beschnitt, läßt sich ein ganzes Bündel unterschiedlicher Begründungen anführen. Eine entscheidende Rolle spielte die Niederlage des Deutschen Reiches von 1918 und der ihr folgende Vertrag von Versailles, der allgemein in Deutschland als »Schmachfriede« angesehen wurde, den zu tilgen und zu beseitigen, wenigstens zur revidieren, das Ziel faktisch aller folgenden Regierungen der Weimarer Republik wurde. Für das Offizierkorps im besonderen stellte sich außerdem damals die Legitimitätsfrage, die mit dem Ende der Monarchie entstanden war und nun eine neue Antwort erforderte und rasch auch zu Auseinandersetzungen innerhalb des Offizierkorps über die staatliche Neuordnung führte. Am Ende scheiterten sowohl die restaurative wie auch die nationalrevolutionäre Variante, und Seeckts sogenannter »Attentismus« setzte sich durch.[33] Seeckts Modell sollte den »traditionellen Doppelanspruch des Offizierkorps, sowohl militärisch-professionelle als auch zugleich politisch-soziale Führungselite zu sein[34], in der neuen Republik sichern. Die Reichswehr selbst wurde zum Bezugs- und Angelpunkt des Offizierkorps und unterstrich damit dessen gewünschte Unabhängigkeit von der neuen Staatsform, neben der die Reichswehr quasi einen Autonomie-Status besitzen sollte.

Auffallend ist, daß das Offizierkorps nach der militärischen Niederlage 1918 sich eben nicht auf das rein berufliche Feld der Vorbereitung des modernen Kriegs konzentrierte, der alle Bereiche von Industrie und Technik betraf und deshalb schon für sich gesehen eine mehr als umfangreiche Aufgabe darstellte. Statt dessen wurde die Ansicht vertreten, das alte Heer habe trotz der Niederlage von 1918 letztlich die Bewährung des Krieges bestanden und sei damit das Vorbild für das nun zu schöpfende neue Heer.[35] Für dessen Elite war der Anspruch auf Teilhabe an der Staatsführung selbstverständlich, und nach 1918 wurde im höheren Offizierkorps der Reichswehr dieser Anspruch gerade wegen der umfassenden Herausforderung, die der moderne Krieg an die gesamte Gesellschaft stellte, aufrechterhalten. Die daraus erwachsende außenpolitische Zielsetzung erstrebte die Wiederherstellung mindestens einer gleichberechtigten Rolle Deutschlands im Kreis der europäischen Mächte und damit eine grundlegende Veränderung des durch den Versailler Vertrag entstandenen Machtgefüges in Europa.

Auf welche Weise die Durchsetzung dieses Zieles erfolgen sollte und ob dies auch mit kriegerischen Mitteln geschehen sollte, darüber gab es zum Teil erhebliche Differenzen, nicht aber über das Ziel schlechthin. Daran vermochte Hitler natürlich leicht anzuknüpfen, konnte er doch praktisch das gesamte Offizierkorps hinter sich wissen, wenn er eine Außenpolitik vertrat, die Deutschlands Stellung als Großmacht vor allem militärisch begründet sehen wollte. Die militärische Niederlage im Ersten Weltkrieg hatte daran nichts geändert. So sehr das Ende der Monarchie von vielen Offizieren als Zäsur, Bruch und auch Entwurzelung empfunden worden war, die Einschätzung von Deutschlands militärischen und politischen Möglichkeiten blieb davon ziemlich unberührt. Dabei hätte eine nüchterne Analyse der militärischen Potentiale zeigen können, daß Deutschland im Westen einer Koalition aus Großbritannien, Frankreich und den USA auf die Dauer nicht gewachsen sein konnte. In der Mobilisierung eines nahezu unerschöpflichen Industrie- und Bevölkerungspotentials lag einer der Schlüssel zum Sieg der Alliierten, für den auch das Ausscheiden Rußlands aus dem Krieg keine Rolle gespielt hätte. Dies anzuerkennen hätte jedoch eine grundsätzliche Überprüfung sämtlicher Grundlagen der eigenen Militärpolitik und Kriegführung im weitesten Sinne erfordert, der man nicht zuletzt mit der Behauptung vom »Versagen der Heimat« auswich, die mit einem »Dolchstoß«[36] dem kämpfenden Herr in den Rücken gefallen sei. Man sah sich vielmehr »als im Felde unbesiegt« an und schloß daraus, daß bei einer entsprechenden Staatsführung, die mit der nötigen Härte und Energie handelte und einer Armee, die dem Instrument von 1914 an Qualität entsprach, Deutschland einen neuerlichen Waffengang bestehen würde.[37] Soweit diese Überzeugungen und Gedanken im Offizierkorps verbreitet waren, standen ihre Träger dem Gedanken eines autoritären Regierungssystems grundsätzlich positiv gegenüber. Ein solches System bot in ihren Augen allein die Gewähr, daß Deutschland eine seiner Rolle in Europa angemessene Armee erhielt. Hitler schien vielen Offizieren und vor allem auch der Reichswehrführung derjenige zu sein, der die materiellen und politischen Grundlagen für den Aufbau eines solchen Instruments schaffen konnte. Nach dem Rüstungsprogramm von 1928 hatte die Reichswehr ein zweites Vorhaben in Angriff genommen, welches auch 1932 von der politischen Führung akzeptiert wurde und in drei Abschnitten den Aufbau eines »Neuen Friedensheeres« aus 147 000 Mann Längerdienenden und Offizieren bis zum 31. März 1938 vorsah.[38] Die Kriegsstärke sollte, verstärkt durch kurz ausgebildete Soldaten, bei 21 Divisionen mit ca. 300 000 Mann liegen. Mit den praktizierten Methoden der Rekrutierung war allerdings eine nachhaltige Vermehrung der Streitkräfte nicht zu erreichen. Als Lösung bot sich entweder ein Milizsystem oder die Einführung der allgemeinen Wehrpflicht an, ein Schritt, der den Bruch des Versailler Vertrages erforderte. Hitler bot schließlich die Lösung dieses Problems, indem er unverblümt den Versailler Vertrag zur Disposition stellte. Der Reichswehr sicherte er zu, jegliche Eingriffe in deren ureigenste Gebiete wie militärische Ausbildung, Erziehung und Personalpolitik zu unterlassen. Schließlich erweckte Hitler den Anschein, daß der Staat zukünftig auf »zwei Säulen«[39] ruhen würde: Armee und Partei, wie er es allerdings explizit erst nach dem 30. Juni 1934 formulierte.[40]

Damit schien die Gleichberechtigung der Armee im Rahmen der Staatsführung gegeben zu sein, die man in der Reichswehr nicht zuletzt aus den Anforderungen des künftigen, industriell-technischen Kriegsbildes ableitete. Innenpolitische Machtkämpfe, die der Armee wenig sympathisch waren wegen der damit verbundenen polizeilichen Aufgaben, standen nicht zu befürchten. Die Armee konnte sich jetzt ganz auf die eigenen Belange, und das hieß konkret auf ihre Vergrößerung, konzentrieren. Daneben sah man aber auch in dem scheinbaren militärischen und politischen Nebeneinander eine Garantie gegen die Massenbewegung Hitlers, der man, anders als Hitlers politischen Zielen, nach wie vor im Offizierkorps zum Teil mißtrauisch gegenüberstand.[41]

Zunächst jedoch änderte sich nach Hitlers Regierungsantritt nicht allzuviel. Mit Ausnahme der Ernennung Blombergs zum Reichswehrminister und des Obersten von Reichenau zum Chef des Ministeramtes gab es an der Spitze der Reichswehr keinen Wechsel. Chef der Heeresleitung blieb General der Infanterie Kurt Freiherr von Hammerstein-Equord, Chef des Truppenamtes Generalleutnant Wilhelm Adam. Auch darin schien Hitler die bisherige Kontinuität zu wahren, indem er keine grundlegenden personellen Veränderungen in der militärischen Führung in Angriff nahm. Dem stand zunächst auch noch die Gestalt des Reichspräsidenten von Hindenburg in dessen Funktion als Oberbefehlshaber der Reichswehr im Wege. Zugleich wurde durch die verstärkte Bereitstellung von Mitteln aus dem Reichshaushalt die Verwirklichung der materiellen Ziele des Programms von 1932 schon für 1934 erwartet.[42] Dagegen verlief die personelle Verstärkung mit Rücksicht auf die befürchteten außenpolitischen Konsequenzen anfänglich äußerst schleppend. Das änderte sich erst mit dem Austritt Deutschlands aus dem Völkerbund am 14. Oktober 1933 und der darauf folgenden Planungsänderung zu einem Friedensheer von 21 Divisionen und 300 000 Mann und der Einführung der allgemeinen Wehrpflicht Anfang 1935. Diese sofort von Blomberg vollzogene Maßnahme ist der erste bedeutsame Schritt Hitlers in die Wehrpolitik.[43]

Die damit einhergehende Absage an Vorstellungen, die dem Gedanken eines aus der Verschmelzung von Reichswehr und SA hervorgehenden nationalsozialistischen Volksheeres zugrunde lagen, schien ein weiterer Beweis dafür, daß es Hitler mit der Rolle der Reichswehr im neuen Staat ernst war. Auch der Wechsel an der Spitze von Heeresleitung und Truppenamt, die am 1. Februar 1934 General der Artillerie Werner Freiherr von Fritsch übernahm, während Generalleutnant Ludwig Beck bereits am 1. Oktober 1933 Adams Nachfolger geworden war, vollzog sich ohne Eingriffe Hitlers. Allerdings war mit dieser personellen Neubesetzung ein doppelter Konflikt programmiert. Im Gegensatz zu Hitler, dem es vor allem auf die politische Wirkung durch die Zahl ankam, legten Fritsch und Beck mit der Vergrößerung des Heeres den Schwerpunkt auf das militärisch-professionelle, wie »Einheitlichkeit, Geschlossenheit und hohen Ausbildungsstand«.[44] Dabei fanden sich beide allerdings vor ein erhebliches Problem gestellt, weil der auch von ihnen forcierte Ausbau des Heeres zu einer starken Absenkung des Offizieranteils im Heere führte. Daneben versuchten Fritsch und Beck die traditionellen Werte der preußisch-deutschen Militärelite zu wahren, die von beiden als Garant für die zukünftige Rolle der Armee im neuen Staat angesehen wurde. Gegenüber dem Nationalsozialismus vertrat die Heeresführung einen eher restriktiven Kurs, zum Teil durch scharfe Abgrenzung gekennzeichnet, während man zugleich Loyalität für diesen nationalsozialistischen Staat bekundete. Als Beck nach der Machtergreifung in einem Gespräch mit Adam seine Hoffnungen auf die Entwicklung Hitlers zum Staatsmann setzte, erklärte Adam, der Beck als seinen Freund bezeichnete: »Sie werden sehen, wir kriegen diesen Aussatz erst nach einem verlorenen Krieg wieder los«.[45] Daß Beck mehr in den Radikalen innerhalb der NSDAP als in Hitler die Gefahr sah, wies bereits auf ein Dilemma des zukünftigen militärischen Widerstands hin: die auf einem vollkommenen Mißverständnis beruhende Annahme einer Trennung zwischen Hitler und der Ideologie des Nationalsozialismus.

Aber auch die unterschiedlichen Auffassungen zwischen Heeresleitung und Reichswehr- später Wehrmachtführung, trugen eher zur Schwächung denn zur Stärkung der Armee im neuen Staat bei. Wollten Fritsch und Beck eine nur vorsichtige Kooperation mit der neuen Staatsführung, so verfolgten Blomberg und vor allem Reichenau das Ziel der vollständigen Integration der Armee in den neuen Staat. Der Heeresführung und der sich entwickelnden Wehrmachtführung ging es allerdings um die Sicherung der politischen Macht der Armee. Vor allem Reichenau, der wohl das revolutionäre Moment des Nationalsozialismus wesentlich klarer sah als etwa Fritsch, war zu weitgehenden Konzessionen bereit, um dieses Ziel zu erreichen. Daß diese »Konzessionen« sehr weit gingen, zeigt der sogenannte »Arierparagraph« von 1933[46], dessen entsprechende Anwendung auf die Reichswehr Blomberg mit Erlaß vom 28. Februar 1934 anordnete und nach dem 1934 die Offiziere, Unteroffiziere und Soldaten jüdischer Abstammung aus Heer und Marine entlassen werden mußten.[47] Zwar verhielten sich die meisten Offiziere ihren jüdischen Kameraden gegenüber so korrekt wie nur irgend ging, aber es war das Band der Kameradschaft, das hier wirkte, die Maßnahme als solche wurde »zähneknirschend«[48] akzeptiert. Diese Maßnahme sprach jeglichen rechtsstaatlichen Gepflogenheiten Hohn. Aber offensichtlich war das Empfinden dafür nur geringfügig ausgeprägt und der Begriff des Rechtsstaates mit der wenig geschätzten Weimarer Demokratie verbunden, deren kurze Geschichte in den Augen der meisten Offiziere keine Erfolgsgeschichte gewesen war. Der spätere Generalfeldmarschall Erich von Manstein, damals Oberst i.G. und Chef des Generalstabes im Wehrkreiskommando III, hat am 21. April 1934 in einer umfangreichen Denkschrift an Beck gegen diese Maßnahme protestiert, wobei Manstein sich neben der Treuepflicht gegenüber den jüdischen Kameraden auch auf das Recht des Heeres beruft, in Fragen des Ansehens und der Ehre gegenüber seinen Offizieren andere Maßstäbe zu beanspruchen als das Beamtentum. Bewirkt hat sein Protest letztlich nichts, und obwohl eine »Frontkämpferklausel«[49] zunächst relativ großzügig ausgelegt wurde, mußten schließlich am 31. Dezember 1935 sämtliche Soldaten und Offiziere, die jüdische Vorfahren hatten, in den Ruhestand treten. Auch Beck zeigte Mitgefühl für die Betroffenen, als man daran ging, die jüdischen Soldaten aus den Frontkämpfer-Organisationen auszuschließen, intervenierte jedoch nicht.[50] Mit der Anwendung des Arierparagraphen hatte Blomberg ohne Zwang und noch vor der Verkündung der Nürnberger Gesetze von sich aus das Eindringen der nationalsozialistischen Rassenideologie in die Streitkräfte ermöglicht. Auch wenn diese Maßnahmen mit der Abgrenzungspolitik gegenüber der Partei und vor allem der noch als mächtig angesehenen SA erklärbar sind, so zeigte doch auch Fritschs Erlaß vom 21. Dezember 1934, nach dem der Offizier »seine Frau nur in den arischen Schichten des Volkes suche«[51], daß hier auch das Scheitern der jüdischen Emanzipation dokumentiert wurde. Aber nicht nur das schrittweise Ausstoßen einer Minderheit fand hier statt, sondern gerade an der Behandlung der Soldaten jüdischer Abstammung lassen sich auch erste Anzeichen einer brüchig werdenden Kameradschaft feststellen. Damals wäre eine erhöhte Sensibilität des Offizierkorps gefragt gewesen.

War das Empfinden für die rechtlichen Grundlagen eines staatlichen Gemeinwesens offenbar mangelhaft ausgebildet, so trat in der Regel immer dann ein ausgeprägtes Gruppeninteresse zutage, wenn man der Meinung war, die politische Rolle der Armee sei gefährdet. Diese Gefährdung sah man in der Hauptsache durch die SA entstehen, und so erklärt sich auch der nur schwache Protest, der erhoben wurde, als Hitler am 30. Juli 1934 neben der SA-Spitze auch den ehemaligen Reichskanzler General der Infanterie a. D. von Schleicher und den Generalmajor a. D. Ferdinand von Bredow ermorden ließ.[52] Die Tatsache, daß auch die Heeresführung mit Beck und Fritsch ausgerechnet in Hitler den Sachwalter und Bewahrer der Armee sah, erleichterte Blomberg und Reichenau die Beteiligung der Reichswehr an Hitlers Maßnahmen. Einige Tage vor dem 30. Juni 1934 hatte Reichenau in einer Besprechung mit Himmler diesem die technische Unterstützung der Reichswehr durch Bereitstellung von Transportraum und Waffen für einen Präventivschlag von SS und Polizei gegen die SA zugesagt. Über den Zeitpunkt und die Qualität der Aktion erfuhr die Reichswehr zwar vorher offensichtlich nichts, leistete aber durch die dann erfolgte Ausgabe von Waffen, die Unterbringung von SS-Einheiten, die Abriegelung von Zufahrtsstraßen in Bad Wiessee und durch die Alarmierung von einzelnen Beihilfe zu den Morden des 30. Juni.[53] Zudem hatte es vor allem Reichenau verstanden, innerhalb der Heeresführung in den Wochen davor eine Atmosphäre aus Unsicherheit und Nervosität zu erzeugen, die etwa Fritsch bewaffnete Auseinandersetzungen mit der SA noch nach dem 30. Juni erwarten ließ. Als Hitler auf der Kabinettssitzung am 3. Juli 1934 dann sein Vorgehen begründete, dankte ihm Blomberg im Namen des Kabinetts »für sein entschlossenes und mutiges Handeln, durch das er das deutsche Volk vor dem Bürgerkrieg bewahrt habe«.[54] Am gleichen Tag wurde das »Gesetz über Maßnahmen der Staatsnotwehr« von der Reichsregierung gebilligt, das damit die Mordaktionen nachträglich gesetzlich sanktionierte und somit die Grundlagen jeder Rechtsordnung mit Füßen trat.[55] Man fragt sich, ob die Führung der Armee überhaupt die Tragweite dieses Gesetzes begriff, das faktisch jeder zukünftigen staatlichen Willkür Tür und Tor öffnete.

Entscheidend ist, daß die Heeresführung auf die Morde an Schleicher und Bredow nicht angemessen reagierte, obwohl Beck Schleicher noch am 14. Juni davor gewarnt hatte, daß er der Konspiration mit Röhm verdächtigt wurde.[56] Die Befehlshaber in den Wehrkreisen VII und IV, die Generale Adam und der spätere Feldmarschall List, wandten sich zwar sofort nach dem Bekanntwerden der Morde mit Protesten an das Reichswehrministerium, wurden aber dort abgewiesen. Außer diesen protestierten nur noch die späteren Feldmarschälle v. Manstein, v. Rundstedt und v. Witzleben, der zunächst gesagt hatte, das sei ja »prächtig«, als er hörte, daß die SA-Führer von der SS erschossen wurden.[57]

Erst als Hitler am 13. Juli vor dem Reichstag in einer Rede, die der Rechtfertigung der Mordaktion diente, auch die beiden ermordeten Generale des Hoch- und Landesverrats beschuldigte, verlangten Fritsch und Beck eine kriegsgerichtliche Untersuchung. Blomberg hat dies wütend abgelehnt, und damit war die Angelegenheit für Fritsch und Beck erledigt.[58] Weitergehende Maßnahmen erfolgten nicht. Ebensowenig unterstützten sie Hammerstein und den Feldmarschall v. Mackensen, die Schleicher und Bredow durch ein Ehrengericht rehabilitieren wollten. Lediglich eine durch kleinliche Interventionen Blombergs verwässerte Erklärung der Schlieffen-Gesellschaft, der Vereinigung der Generalstabsoffiziere, kam schließlich zustande: »Was den Tod der genannten Generale betrifft, so ist festgestellt, daß bei den rein politischen Machtkämpfen die persönliche Ehre der genannten Offiziere nicht berührt worden ist, daß sie aber Wege beschritten, die als regierungsfeindlich angesehen worden sind und daher zu den verhängnisvollen Folgen führten«.[59] Der 30. Juni 1934 wäre, wie der am 9. April 1945 ermordete Generalmajor Hans Oster den ihn verhörenden Gestapo-Beamten erklärte, »die erste Gelegenheit« gewesen, »die Methoden einer Räuberbande im Keim zu ersticken«.[60] Daß dies nicht geschah, hatte viele Gründe. Einer von ihnen war die Unsicherheit im politischen Urteil so vieler hoher Offiziere, die mit Erleichterung auf die Ausschaltung der SA sahen, dessen ermordeten Führer Röhm, einen ehemaligen Offizier, und die diesem unterstellten Putschgelüste sie durchaus ernstgenommen, Röhm vielleicht sogar für gefährlicher als Hitler angesehen hatten. Auch der damals allgegenwärtige SA-Terror mochte mit ein Grund gewesen sein, daß die Reichswehr der Aktion Hitlers ihre Unterstützung geliehen hatte. Noch war die Armee als politische Kraft nicht ausgeschaltet, im Gegenteil, ihre Rolle als einziger Waffenträger schien eher noch gefestigt. Daß hier nur ein Scheinsieg errungen worden war, sollte die Armee in den folgenden Jahren feststellen. Denn die von ihr bewaffnete SS behielt nicht nur ihre Waffen, sondern wurde zu einer selbständigen Organisation innerhalb der NSDAP ausgebaut. Himmler, der »Reichsführer SS« war nicht mehr dem Stabschef der SA, sondern Hitler direkt unterstellt. Die Leibstandarte und die »politischen Bereitschaften« wurden zu einer ständigen, bewaffneten SS-Verfügungstruppe zusammengestellt. Dem »Inspekteur der KL und Führer der Wachverbände« Theodor Eicke wurden sämtliche Konzentrationslager unterstellt, während die Geheime Staatspolizei die Tätigkeit der politischen Landespolizeien kontrollierte.[61] Organisierter Terror löste nun den willkürlichen Terror der SA ab.

In der damaligen Situation wäre nur ein Vorgehen mit der Billigung Hindenburgs denkbar gewesen. Dieser war jedoch sehr alt und überdies ernsthaft krank. Somit fiel die einzige Institution aus, die Hitler hätte noch Einhalt bieten können. Hindenburg wäre die Armee gefolgt. Statt dessen akzeptierte man sogar das Verbot Blombergs, an der Beerdigung Schleichers teilzunehmen. Als dann Ende Juli Hindenburg im Sterben lag, legte Hitler bereits am 1. August 1934, Hindenburg war noch nicht tot, dem Kabinett einen Gesetzesentwurf vor, der die Vereinigung der Ämter des Reichskanzlers und des Reichspräsidenten vorsah. Das Kabinett, darunter auch Blomberg, akzeptierte Hitlers Vorlage einstimmig, und als Hindenburg am 2. August starb, wurde die Reichswehr noch am gleichen Tage mit folgendem Wortlaut auf Hitler vereidigt: »Ich schwöre bei Gott diesen heiligen Eid, daß ich dem Führer des Deutschen Reiches und Volkes, Adolf Hitler, dem Oberbefehlshaber der Wehrmacht, unbedingten Gehorsam leisten und als tapferer Soldat bereit sein will, jederzeit für diesen Eid mein Leben einzusetzen«.[62] Auf den Befehl Blombergs zur Vereidigung hat Beck in einer ersten Reaktion Fritsch aufgefordert, diesen Befehl nicht weiterzugeben. Als Fritsch dies ablehnte, wollte Beck seinen Abschied nehmen, ließ sich jedoch von Fritsch umstimmen und leistete schließlich auch selbst den Eid.[63] Dieser Eid sollte sich in der folgenden Zeit zu einem schwerwiegenden Hemmnis für viele Offiziere entwickeln, als es um die Frage ging, ob gegen Hitler Widerstand geleistet werden dürfe. Daß im Text des Eides die Worte »bei Gott« standen, war im Grunde grotesk, weil es eine deutliche Grenze gab, die im christlichen Glauben des Eidleistenden gezogen war, dessen Grundlage die göttlichen Gebote waren. Einen gültigen Eid zum absoluten Gehorsam einer fehlbaren Einzelperson gegenüber, ein Gehorsam, der gleichsam von allen sittlichen und christlichen Maßstäben gelöst war, konnte es weder nach katholischer noch nach evangelischer Auffassung geben. Doch solche Gedanken waren den meisten Soldaten fremd, eine Verweigerung des Eides kam für sie nicht in Betracht. Wohl gab es bei vielen Bedenken, wie sie etwa später zum militärischen Widerstand zählende Rudolf Christoph Freiherr von Gersdorff ausdrückte, damals Oberleutnant im schlesischen Reiterregiment 7: »Das Ganze war uns höchst unbehaglich, weil wir uns in guter preußisch-deutscher Soldatentradition einem

Manne verpflichtet hatten, der uns fremd und unheimlich war.«[64] Geleistet haben den Eid jedoch alle[65], auch diejenigen, die schon frühzeitig Hitler kritisch gegenüberstanden. Man wird auch feststellen, daß bei den meisten Soldaten in den folgenden Jahren die Auffassung vorherrschte, daß sie der einmal geschworene Eid zu unbedingtem Gehorsam gegen Hitler zwinge. Sicher spielte dann bei jüngeren Offizieren eine wachsende Affinität zum Nationalsozialismus eine Rolle, die jegliche Reflexion unterband, während bei vielen Älteren der »Oberste Befehlshaber« Hitler quasi an die Stelle des preußischen Königs getreten war, mit dem Unterschied allerdings, daß die Legitimität des Königs außer jeder Diskussion gestanden hatte. Was Hitler betraf, so konnte man bei gründlichem Nachdenken über dessen Legitimität zumindest geteilter Meinung sein. Für den Eid auf Hitler aber galt das, was Theodor Fontane in seinem großen Roman »Vor dem Sturm« geschrieben hatte: »Es ist ein schnödes Unterfangen, das Wohl und Wehe von Millionen an die Laune, vielleicht an den Wahnsinn eines einzelnen knüpfen zu wollen; und es ist Gotteslästerung, den Namen des Allmächtigen mit in dieses Puppenspiel hineinzunehmen.«

Blomberg und vor allem Reichenau, der entscheidenden Anteil an der Formulierung des Eides auf Hitler hatte, haben den Eid natürlich auch mit der Absicht leisten lassen, um Hitler enger an die Wehrmacht zu binden. Und in der Tat schien Hitler genau das zu tun, als er in einem Schreiben an Blomberg es als seine »höchste Pflicht« ansah, »für den Bestand und die Unantastbarkeit der Wehrmacht einzutreten«.[66] Diese Zusage schien er auch noch einzuhalten, als sich in den Monaten nach dem 2. August 1934 Angriffe auf die Armee und indirekt auch auf Fritsch durch die allgemeine SS und Parteiorganisationen häuften, so daß Hitler am 3. Januar 1935 vor Generalen und hohen Parteimitgliedern sein volles Vertrauen in die Reichswehr und deren Führung aussprach. Der Partei befahl er sogar öffentlich, die Reichswehr als einzigen Waffenträger der Nation anzuerkennen und mit ihr zusammenzuarbeiten.

Damit waren allerdings die Auseinandersetzungen mit der SS keineswegs beendet. Immer öfter kam es zu Zusammenstößen zwischen SS- und Heereseinheiten. Im Oktober 1935 entwickelte sich sogar eine Straßenschlacht, nachdem auf dem Truppenübungsplatz Altengrabow ausgebildete SS-Angehörige Soldaten eines Infanterieregiments provoziert hatten. Als Fritsch daraufhin von Blomberg in einem Brief die Auflösung der SS-Verfügungstruppe forderte, antwortete Blomberg, diese Forderung dürfe Fritsch nie wieder stellen, denn die SS sei »des Führers eigene Truppe«.[67] Beck wandte sich daraufhin an Himmler, der in der Sache vorerst nachgab. Immerhin wurde bis zu Becks Entlassung keine weitere Vergrößerung der SS-Verfügungstruppe vorgenommen. Im März 1935 konstatierte Beck, daß die Auseinandersetzungen mit den Parteiorganisationen zugunsten der Wehrmacht entschieden worden seien. Allerdings meinte Beck hier die Konflikte mit der SA, die ja das Waffenmonopol grundsätzlich in Frage gestellt hatte.[68] Hatte Beck gegenüber den Ambitionen der SS einen Teilerfolg errungen, so wurde er dadurch wettgemacht, daß es nach wie vor nur gewisse Auswüchse des Nationalsozialismus waren, die er bekämpfte, und auch nur, wenn die Interessen der Wehrmacht berührt waren. Der Kommandierende General im Wehrkreis III, Erwin von Witzleben, hatte am 8. Dezember 1936 eine Gefährdung der Einsatzpläne für das Ersatzheer durch Himmlers Aktivitäten beklagt. Himmlers 1936 erfolgte Ernennung zum »Reichsführer SS und Chef der Deutschen Polizei im Reichsministerium des Inneren« und die daran anschließende Reorganisation der Polizeiführung gefährdeten laut Witzleben für den Kriegsfall die Einsatzpläne für die Militärgerichtsbarkeit und die Zivilverteidigung im Kriegsfall. Beck griff diese Vorwürfe in einem Memorandum auf, ohne daß hier eine Wirkung eingetreten wäre.[69] Dennoch sah Beck offensichtlich immer noch in Hitler den Garanten gegenüber radikalen Kräften in der Partei. In diesem Sinne ist auch seine Rundfunkansprache vom 9. April 1935 anläßlich des 70. Geburtstags Ludendorffs zu verstehen, in der er Hitler und die Armee als Grundlage des neuen Staates bezeichnete.[70] Dies war nun ein deutliches Abrücken von der Zwei-Säulen-Theorie Hitlers und zugleich ein Indiz für die Spannungen zwischen Wehrmacht und NS-Bewegung. Die von ihm angestrebte Bewahrung der Wehrmacht als politisch selbständigen Faktor im Staat wurde allerdings von Blomberg schrittweise ausgehöhlt, der schon Mitte Januar 1935 vor Generalen das mangelnde Verständnis im Heer für die Gleichsetzung von Partei und Staat gerügt hatte.[71] Parallel zum Ausbau der repressiven Instrumente in Staat und Partei versuchte Blomberg die Wehrmacht näher an den Staat heranzuführen. Nur so ist Blombergs Meldung an Rudolf Heß, den »Stellvertreter des Führers«, zu verstehen, daß von den im Jahre 1934 im Heer reaktivierten ehemaligen Offizieren 66% Angehörige der NSDAP, der SA, der SS, der Hitlerjugend oder dem Arbeitsdienst angehörten.[72] Derartige Einbrüche in die zumindest von Beck und Fritsch angestrebte, aber nie mehr erreichte Homogenität des Heeresoffizierkorps, waren aber ebenso die Folge der von der Heeresführung beschleunigten Aufrüstung. Bereits im Jahre 1936 sank der Offizieranteil im Heer auf nur noch 1,6% ab, während Beck für die Übergangszeit ein Absinken auf etwa 4% für akzeptabel gehalten hatte.[73] Um dem zu begegnen, griff man auf ein Bündel von Maßnahmen zurück. Neben dem weitgehenden Verzicht auf Verabschiedungen wurde die Ausbildungszeit zum Offizier von bisher vier auf nun zweieinhalb Jahre verkürzt. Daneben wurden insgesamt etwa 800 ehemalige Berufs- und Reserveoffiziere wieder eingestellt, die zwar über Kriegserfahrung verfügten, aber als Ausbilder natürlich oft erhebliche

Defizite aufwiesen. Die Beförderung von mehreren hundert längerdienenden Unteroffizieren der Reichswehr zu Offizieren brachte dagegen einen beachtlichen Schub an hervorragend ausgebildeten Männern, während die 1935 und 1936 in den Heeresdienst überführten Polizeioffiziere, ein Teil von ihnen als ehemalige Heeresoffiziere 1918 entlassen, einen qualitativ äußerst gemischten Zuwachs darstellten. Außerdem gab es noch das sogenannte »Ergänzungsoffizierkorps«, das bis 1938 auf 5000 E-Offiziere anwuchs, die überwiegend in Ergänzungseinheiten und in der Verwaltung Dienst taten und somit das aktive Offizierkorps entlasteten.[74] Angesichts der Aufrüstung, die Beck auch unter der instabilen politischen Situation in Deutschland betrieb, waren das alles verständliche Maßnahmen. Allerdings war die sicherheitspolitische Situation Deutschlands auch eine Folge eben dieser Aufrüstung. Vor allem aber zerstörte sie nachhaltig das bis dahin doch relativ homogene Offizierkorps des Heeres, denn allein das mit dem »Gesetz über den Aufbau der Wehrmacht vom 16. März 1935« angestrebte 36-Divisionen-Heer erforderte die Vergrößerung des Offizierkorps um das Fünffache.[75] Daß sich diese Entwicklung schließlich geradezu überschlug, zeigt sich am Ist-Bestand des Heeresoffizierkorps, das am 1. September 1939 89 075 Offiziere aufwies, während am 1. Mai 1933 lediglich 3858 Offiziere vorhanden gewesen waren. Der Bestand war also in knapp sechseinhalb Jahren um das Dreiundzwanzigfache gestiegen.[76] Es ist eine Illusion zu glauben, daß bei dieser geradezu explosionsartigen Vermehrung eine irgendwie geartete breitere Opposition gegen die nationalsozialistische Ideologie oder gar Hitler zu erwarten gewesen wäre. Ihm kam ja in den Augen der meisten Offiziere das Verdienst zu, neben der Wiederherstellung Deutschlands als Großmacht auch die eigene berufliche Karriere im Heer erst wieder ermöglicht zu haben. In verstärktem Maß gilt dies für die Luftwaffe, die bei ihrer »Enttarnung« im März 1935 einen Gesamtbestand von 18 110 Mann aufwies, der bis zum August 1939 auf 15 000 Offiziere und 373 000 Unteroffiziere und Mannschaften anwuchs.[77] Darüber hinaus war noch keineswegs die Erkenntnis verbreitet, daß Deutschland unter Hitler einen politischen Kurs fuhr, der das Land schließlich ins Verderben stürzen mußte. Wenn es einige höhere Offiziere gab, die solche Bedenken hegten, wie Oster und Witzleben, der seinerzeit den Verstoß seines Chef des Stabes, des Obersten i.G. von Manstein, gegen die Einführung des Arierparagraphen in die Wehrmacht unterstützt hatte[78], so glichen diese mehr einsamen Rufern in der Wüste. Man muß aber betonen, daß trotz der Teilidentität der außenpolitischen Ziele Hitlers wie der Heeresführung, und hier vor allem Fritschs und Becks, sich Beck in seiner Auseinandersetzung mit der Wehrmachtführung, also dem Minister von Blomberg, keinesfalls von einseitigen Heeres- oder Standesinteressen der Generalstäbler leiten ließ, wie ein Vorwurf[79] der Wehrmachtführung lautete.

Was Beck umtrieb, war ein zunehmendes Mißtrauen gegen Hitlers langfristige Pläne und gegen die Wehrmachtspitze unter Blomberg, die vor allem Glauben an den Führer und bedingungslosen Gehorsam ihm gegenüber forderte.[80] Beck suchte dem zunächst durch Änderungsvorschläge der Spitzengliederung zu begegnen, um damit mehr Einfluß auf die militärische Planung zu erlangen. Einerseits ging es um die institutionelle Absicherung der dominanten Rolle des Heeres, andererseits aber eben auch um politische Einflußnahme zur Eindämmung außenpolitischer Risiken. Der dafür beschrittene Weg fachlich begründeter Vorschläge oder Bedenken, die meist auf Überlegungen politischer und militärischer Nützlichkeit basierten, lag Beck und den daran beteiligten Offizieren ohnehin mehr als die Einleitung aktiver innenpolitischer Maßnahmen, die man scheute. Es zeigte sich aber immer wieder, daß dieser Weg, wenn überhaupt, nur zeitlich und räumlich eng begrenzte Erfolge versprach, letztlich sollten derartige Vorschläge, von wem sie auch immer kommen mochten, meist wirkungslos verpuffen. Beck sah sich hier auch in der Tradition des älteren Moltke stehend. An diesem gemessen, war seine Stellung nicht im entferntesten zu vergleichen, denn Beck stand sozusagen nach Hitler, Kriegsminister, OKW, Wehrmachtführungsstab, OKH, erst im sechsten Glied. Beck hat 1939 den jüngeren Moltke darin getadelt, daß er eben nicht sein Gewicht im Sinne einer kohärenten Kriegsplanung eingesetzt habe.[81] Diesen Kampf um die maßgebliche Gestaltung der Militärstrategie und Kriegsplanung, die Beck als ureigene Domäne des Generalstabes und dessen Chef sah, verlor er, mußte er verlieren, weil er das Wesen Hitlers und des nationalsozialistischen Staates erst in einem quälenden Prozeß schrittweiser Erkenntnis begriff. In der Geschichtsschreibung wurde Beck lange überwiegend in seiner Rolle als späteres Oberhaupt der Militäropposition gesehen, wobei man nicht zur Kenntnis nehmen wollte, daß Becks Aufgabe eben das genaue Gegenteil betraf, die Vorbereitung militärischer Auseinandersetzungen als Grundlage für die machtpolitischen Ambitionen einer Diktatur.

Oppositionelle Gedanken reiften bei ihm erstmals im Gefolge des Skandals um den Kriegsminister von Blomberg, der sich durch die Heirat mit einer der Prostitution verdächtigen Frau unmöglich gemacht hatte und von Hitler daraufhin fallengelassen wurde und der Entlassung Fritschs, den Hitler der Homosexualität beschuldigte. Weniger die Hintergründe und die Entstehung dieser Affären[82] interessieren hier, als vielmehr deren Folgen:

1. Hitler übernahm den Oberbefehl über die Wehrmacht, zugleich verlor die Heeresführung eine erste entscheidende Schlacht in der Auseinandersetzung mit der Wehrmachtspitze

2. die Weichen wurden endgültig in Richtung der Vorbereitung eines Eroberungskrieges gestellt

3. die Entlassung Fritschs markierte den Beginn einer Militäropposition gegen Hitler

Während Hitler wohl in beiden Fällen von den Vorgängen eher überrascht wurde, auch wenn es gewichtige Hinweise dafür gibt, daß der Vorwurf gegen Fritsch eine von der Gestapo vorbereitete Intrige gewesen ist, so hat er jedenfalls in seinem Machtbewußtsein die unvorhergesehene Situation meisterhaft zu einer massiven personellen Veränderung der militärischen Führungsspitze in seinem Sinne ausgenutzt. Neben Blomberg und Fritsch wurden der Chef des Heerespersonalamts, Generalleutnant von Schwedler, der Oberquartiermeister I, Generalmajor von Manstein, sowie weitere 15 Generale abgelöst und eine ganze Anzahl verabschiedet.[83] Politische Flurbereinigung und eine Art Verjüngung der Personalstruktur gingen dabei Hand in Hand. Hitler »versprach sich von der Verjüngung der Generalität eine Steigerung ihrer politischen Zuverlässigkeit – ein Gedanke, der dann 1942 zur Grundlage seiner Personalpolitik werden sollte.[84] Beck wiederum war nun in einer äußerst schwierigen Lage. Konnte er sich einerseits in der Ablehnung von Blombergs Verhalten durch das Offizierkorps sicher sein, so war dies im Falle Fritsch keineswegs so. Der Grund dafür lag vor allem in der geradezu erstaunlichen Unkenntnis der Vorgänge in Berlin, aber auch in Becks eigenem Verhalten. Beck schwieg nämlich, statt nun einen der älteren Generale wie etwa List zu bitten, die Kommandierenden Generale zu einer Besprechung zusammenzurufen, Beck besaß dazu keine Befugnis, um sie mit den gegen Fritsch erhobenen Vorwürfen zu konfrontieren und eine gemeinsame Haltung dazu zu finden. Mehr noch, als Generalleutnant Franz Halder, Oberquartiermeister II im Generalstab, am 31. Januar 1938 bei Beck vorstellig wurde und ein Vorgehen gegen das Gestapo-Hauptquartier in der Prinz-Albrecht-Straße vorschlug, in dem Halder das Zentrum der Intrige vermutete, lehnte Beck dies schroff mit dem Hinweis auf Meuterei ab.[85] Im Laufe der sich daraus ergebenden Auseinandersetzung mit Halder wies Beck schließlich auf seine Schweigepflicht und die Unmöglichkeit hin, in ein schwebendes Verfahren einzugreifen.[86] Ebenso war es dem ehemaligen Leipziger Oberbürgermeister, Carl Goerdeler, ergangen, der erfolglos versucht hatte, Beck zum Handeln gegen die Gestapo zu bewegen. Daraufhin versuchte Goerdeler den Kommandierenden General im Wehrbereich IV in Leipzig, General der Infanterie Wilhelm List, dazu zu bewegen, seine Truppen auf Berlin in Marsch zu setzen, was List wegen seiner völligen Unkenntnis der Lage ablehnte. Statt dessen fuhr er zu Beck, dessen Schilderung der Ereignisse List aber keineswegs befriedigte, vielmehr schien Beck ihm »völlig im dunkeln zu tappen«.[87] Man wird im Falle Beck dessen prekäre Lage berücksichtigen müssen. Gerade in diesen Wochen stand neben dem Schicksal Fritschs die komplexe Frage der Spitzengliederung der Wehrmacht zur Entscheidung an. Das hieß für Beck, die Sicherung einer herausragenden Rolle des Heeres und damit dessen Einfluß auf die Außenpolitik. Dies war kein engstirniges Ressortdenken, sondern es ging ihm um das zukünftige Schicksal des Landes, denn Hitler hatte am 5. November 1937 in einer Unterredung mit dem Außenminister, dem Kriegsminister und den Oberbefehlshabern der drei Wehrmachtteile seine außenpolitischen Ziele enthüllt, die eindeutig auf Krieg hinausliefen. Beck schwebte dabei für den Oberbefehlshaber des Heeres eine übergeordnete Stellung vor, die ihm die Verantwortung für die Kriegführung übertrug. In einer Denkschrift des Heers von Ende Januar 1938 heißt es dazu: »Endgültig ausschlaggebend ist für uns immer der Erfolg oder Nichterfolg des Heeres«.[88] Beck hat offenbar noch nach dem 4. Februar 1938, als Hitler faktisch den Oberbefehl über die Wehrmacht übernahm und General der Artillerie Walter von Brauchitsch neuer Oberbefehlshaber des Heeres wurde, an die Möglichkeit einer Veränderung im Sinne des Heeres geglaubt.

Was Beck hier versuchte, war nichts anderes, als Beeinflussung der Politik mit Hilfe der militärischen Instanzen, auf dem Wege der fachlich begründeten Kritik. Daß dieser Versuch nicht geeignet war, mußte Beck schmerzlich erfahren. Allerdings überschätzt man auch Becks Möglichkeiten, den als Generalstabschef des Heeres konnte er keine Truppen in Marsch setzen. Er blieb immer auf Befehlsgebung durch den Oberbefehlshaber des Heeres angewiesen. Solange dieser Fritsch hieß und mitzog, sprach Beck natürlich mit der entsprechenden Autorität. Wäre es schon in den Jahren 1935 bis 1938 zu einem Krieg gekommen, so stand zu erwarten, daß sich Fritsch gegenüber Blomberg durchgesetzt hätte. Beck konnte auch von den beiden anderen Wehrmachtteilen keine Unterstützung erwarten, wenn er sich gegen Hitler und die sich konsolidierende Wehrmachtspitze wandte. Der Versuch, in diesen Tagen eine Gegenbewegung zu organisieren, ging bezeichnenderweise von einem kleinen Kreis von Offizieren der Abwehr um den späteren Generalmajor Hans Oster[89] und Chef der Zentralabteilung der Abwehr aus. Oster, damals noch Oberstleutnant, hatte es mit Unterstützung des Abwehrchefs, Admiral Canaris, verstanden, Persönlichkeiten in die Abwehr zu holen, die sich durch Eigenwillen und Unabhängigkeit auszeichneten und von daher kaum oder wenig anfällig gegenüber dem Nationalsozialismus waren. Dies gilt für den späteren Oberstleutnant Friedrich Wilhelm Heinz[90] ebenso wie für den ehemaligen Freikorpskämpfer Kapitänleutnant Franz Maria Liedig und den menschlich integren und unbeugsamen späteren Leiter der Abwehrabteilung II, Major Helmut Groscurth.[91] Hier erkannte man wesentlich schärfer, um was es ging, daß nämlich der Angriff auf Fritsch keine Personalaffäre war, sondern ein von Hitler in äußerst geschickter Weise instrumentalisierter Vorgang, um das Heer als politischen Machtfaktor zu neutralisieren und am Ende auszuschalten. Fritsch zog jedoch nicht mit, denn statt die Tragweite der Krise zu begreifen, bezog er alles auf sich und seine Person als Oberbefehlshaber des Heeres. Das gleiche galt für die von Oster und anderen aufgesuchten und über die Einzelheiten der Vorgänge in Berlin unterrichteten Kommandierenden Generale in Hannover und Münster, Ulex und von Kluge. Diese reagierten zwar mehr oder weniger erschüttert oder fassungslos. Es geschah aber nichts, weil sie selbst erstaunlich uninformiert waren und vor allem weil weder Fritsch noch Beck Anstalten machten, eine Generalsfronde zustande zu bringen. Dabei hätte gerade die Behandlung Fritschs durchaus Ansatzpunkte ergeben, denn ihm hätte das Heer gehorcht. Nicht umsonst schrieb der Chef der Abteilung Landesverteidigung im OKW, Oberst Alfred Jodl, am 26. Februar 1938 in sein Tagebuch: »Wenn das in der Truppe bekannt wird, gibt es Revolution«.[92] Aber eine Generalsfronde oder gar ein »Streik der Generale« lag weder im Februar 1938 noch später im Bereich des Wahrscheinlichen. Als Beck so etwas angesichts des Krieges im Sommer 1938 zu organisieren versuchte, scheiterte er nicht zuletzt an mangelnder Rückendeckung durch Brauchitsch. Die Gründe dafür waren vielschichtig, zweifellos spielte es eine wesentliche Rolle, daß es schon zu diesem Zeitpunkt längst kein von einheitlichen Auffassungen getragenes höheres Offizierkorps mehr gab.[93] Die Generalität zeigte sich nicht in der Lage und war auch nicht willens, Hitler geschlossen gegenüberzutreten. Im Fall Fritsch war dies nicht anders als während der Gefahr eines Krieges Ende September 1938. Offenbar stellten Herkunftsstruktur und soziale Prägung ein unüberwindliches Hindernis für Überlegungen dar, die in Richtung einer Korrektur der deutschen Innen- und Außenpolitik gingen, von offenem Widerspruch oder gar Widerstand im Sinne eines Staatsstreiches ganz zu schweigen. Auch wenn die Aufschlüsselung der Herkunft sämtlicher Generale und Admirale der Wehrmacht von 1933–1945 bei insgesamt 41,2% Beamte und bei 26,6% Offiziere bzw. Unteroffiziere als Väter ergibt[94], so sagt dies zunächst nicht unbedingt etwas über eine mögliche Bereitschaft zum Widerspruch oder Widerstand aus. Allerdings läßt sich bei der Herkunft aus derart staatstragenden Berufsgruppen doch eher eine regierungskonforme Haltung und damit eben auch die Bereitschaft erwarten, dem nationalsozialistischen Staat trotz aller möglichen Bedenken zu dienen. Ob hier die in Preußen und danach zu verzeichnende protestantische Dominanz der Generalität eine Rolle gespielt hat, ist nicht auszuschließen. Andererseits hätte der antikirchliche Kurs der nationalsozialistischen Politik zumindest diejenigen unter den Offizieren und hier vor allem der Generalität alarmieren müssen, denen der christliche Glaube mehr als nur ein Lippenbekenntnis gewesen ist. Immerhin ließen das Barmer Bekenntnis von 1934 für die Protestanten sowie die päpstliche Enzyklika »Mit brennender Sorge« vom 14. März 1937, wegen der Aktualität von vornherein in deutscher Sprache verfaßt, für die katholischen Soldaten an

Deutlichkeit nichts zu wünschen übrig. Explizit wurde in der Enzyklika die Rassenideologie als Verfälschung und Verkehrung der »gottgeschaffenen und gottbefohlenen Ordnung der Dinge« bezeichnet.[95] Daß es hier zu keiner größeren Auseinandersetzung gekommen ist, hat seinen Grund nicht zuletzt darin gehabt, daß Hitler durch seine geschickte Kirchenpolitik eine direkte Konfrontation mit den beiden großen Konfessionen vermied, deren Schicksal er ohnehin für besiegelt hielt. Während die Kirchenleitungen beruhigt und beschwichtigt wurden, verstärkte sich der Druck auf Priester, Pastoren und bekennende Gläubige. Für den Protestantismus kam erschwerend hinzu, daß es eben keine »Unvereinbarkeit von Patriotismus und Bekenntnis gab«, es machte »die Hitler-Verehrung oder auch die Bejahung des Nationalsozialismus nicht unmöglich«.

Andererseits ist eben die Akzeptanz des Barmer Bekenntnisses für sich allein noch kein Widerstand und führt auch nicht geradewegs dorthin. Vielmehr mußte darüber dieses Bekenntnis, mußte der Glauben eben auch vollzogen werden und zwar in der politischen Situation des Dritten Reiches. Diesen Schritt taten nur ganz wenige, die mit den Jahren die Unvereinbarkeit ihres eigenen, christlichen Wertesystems mit dem Nationalsozialismus erkannten. Folgt man dem Urteil, daß die evangelische Kirche »aufgrund ihres nationalprotestantistischen Paradigmas konform mit der Bevölkerungsmehrheit die Entstehung des sogenannten Dritten Reiches als einer polykratischen Führerdiktatur mit totalitären Anspruchsproklamationen und unterschiedlichen Verfolgungsmechanismen zustimmend begleitet«, »den verbrecherischen Charakter des Systems weitgehend nicht durchschaut hat« und sich nur teilweise »zu einer Widerständigkeit durchgerungen hat«[96], so kann dies, neben anderen Gründen, auch auf das passive Verhalten der Wehrmacht-Elite angewandt werden, sofern sie protestantischen Bekenntnisses war.

Als im Sommer 1938 deutlich erkennbar wurde, daß Hitler über die Tschechoslowakei offensichtlich einen Krieg vom Zaune brechen wollte, gab es für den Widerstand dagegen, sollte er von der Wehrmacht ausgehen, nur zwei mögliche Formen. Entweder ein »Streik« der Generale, eine kollektive Befehlsverweigerung oder ein Staatsstreich einer Gruppe von Offizieren. Becks Versuche, eine Art Generalsfronde aufzubauen, scheiterte bekanntlich. Am 4. August 1938 sollte Brauchitsch in einer von Beck entworfenen Rede die höhere Generalität zu einer geschlossenen Ablehnung eines kriegerischen Abenteuers bewegen. Brauchitsch hat jedoch Becks Rede nicht verlesen, sondern distanzierte sich außerdem noch von dessen Denkschrift vom 16. Juli, in der Beck die seiner Meinung nach Chancenlosigkeit eines Krieges gegen die Tschechoslowakei festgestellt hatte.[97]

Angesichts einer immerhin möglichen Konfrontation ging Beck jedoch noch weiter und wollte einen gemeinsamen Schritt der höheren Generalität zum Anlaß nehmen, gleichzeitig auch eine endgültige Auseinandersetzung mit der SS und die Beseitigung der schlimmen Mißstände im Lande herbeizuführen.[98] Daß eine solche Auflehnung ausdrücklich nicht gegen die Person Hitlers gerichtet sein sollte, läßt sowohl die Vermutung zu, daß Beck innerlich immer noch einen Unterschied zwischen Hitler einerseits und der nationalsozialistischen Herrschaftspraxis andererseits machte, als er vielleicht auch davon überzeugt war, daß ein gemeinsames, gegen Hitler gerichtetes Handeln der Generalität damals wohl kaum zu erreichen gewesen wäre. Es sei dahingestellt, ob Beck mit seinen Bedenken gegen die militärischen Folgen eines Krieges wirklich so allein stand, wie er später behauptete[99], nachdem Brauchitsch ihm seine Unterstützung versagt und Hitler Becks Entlassung gefordert hatte, als Brauchitsch diesem Becks erwähnte Denkschrift vorgetragen hatte. Adam etwa, und auch Manstein sowie weitere Generale standen zu Beck. Der Chef des Stabes der Seekriegsleitung, Vizeadmiral Guse, hatte in einer Aufzeichnung vom 17. Juli 1938, also nur einen Tag nach Becks Denkschrift vom 16. Juli, die Pflicht der militärischen Führer hervorgehoben, eine Entwicklung zu bremsen, die den »Bestand des Reiches bedroht«[100], worauf Guse allerdings abgelöst und durch einen »völlig apolitischen« Seeoffizier ersetzt wurde.[101] Daß Beck sich nach der Annahme seines Rücktrittsgesuchs durch Hitler in dessen Forderung fügte, seinen Rücktritt nicht öffentlich bekanntzugeben, zeigt nur, in welchem schwierigem Klärungsprozeß sich Beck befand.

Becks Nachfolger Halder unternahm in dieser Situation recht entschlossene Schritte zur Kriegsverhinderung. Beck allerdings wurde sehr bald zum anerkannten Oberhaupt der Militäropposition, während sich Halder nach einem ersten Anlauf in den Jahren 1938 und 1939, dann nach dem siegreichen Westfeldzug schließlich versagte, im vollen Bewußtsein des verbrecherischen Charakters Hitlers und seiner Politik.

Becks ergebnislose Bemühungen hatten der kleinen, aber höchst aktiven Gruppe von Offizieren in der Abwehr um Oster gezeigt, daß Hoffnungen auf ein geschlossenes Vorgehen der Generalität ebenso als illusionär einzustufen waren wie Überlegungen, Hitler durch vernünftige Argumente zu überzeugen oder gar zu einem Kurswechsel zu zwingen. Damit schied auch die Möglichkeit eines begrenzten Staatsstreichs etwa gegen Gestapo oder SS aus. Oster zog nun daraus die Folgerung, daß nur ein Staatsstreich gegen Hitler selbst Deutschland aus der politischen Einbahnstraße herausführen konnte. Nach Becks Rücktritt entstand darauf eine begrenzte und kurzfristige Zusammenarbeit zwischen Oster und Halder, den Beck an Oster verwiesen hatte. Denn im August 1938 rang Beck sich schrittweise zu Gedanken an einen gewaltsamen Umsturz durch, das Verdienst Osters, der im Sommer 1938 in nahezu ständiger Verbindung mit Beck stand.[102] Diese Pläne werden in der Forschung als »Septemberverschwörung« und »nach den Ereignissen des 20. Juli als das wichtigste Faktum in der Geschichte der deutschen Militäropposition«[103] bezeichnet. Die neben Oster entscheidende Figur war der nach dem 20. Juli 1944 hingerichtete spätere Generalfeldmarschall Erwin von Witzleben, im Spätsommer 1938 Kommandierender General im Wehrbereich III. In dieser Funktion standen Witzleben für einen Staatsstreich hauptsächlich die 23. Infanteriedivision mit den Infanterieregimentern 9 in Potsdam, 67 in Spandau und 68 in Brandenburg unter Generalmajor Graf von Brockdorff-Ahlefeldt zur Verfügung. Ebenso konnte er auch auf das Infanterieregiment 50 in Landsberg an der Warthe unter seinem Kommandeur Oberst Paul von Hase rechnen, während General Adam als Oberbefehlshaber des Gruppenkommandos 2 in Kassel seine Bereitschaft Halder gegenüber mit dem lapidaren Satz erhärtet hatte: »Nur los, ich bin bereit«.[104] Wie Halder nach dem Kriege schrieb, hatte Witzleben auch einen Einsatz der 1. Leichten Division unter Generalleutnant Erich Hoepner geplant, »weil für die Besetzung wichtiger Teile Berlins und für die Überwindung unvorhergesehenen Widerstandes ihm Panzer notwendig erschienen. Die Division Hoepner wurde daher nicht in den Aufmarsch gegen die Tschechoslowakei einbezogen, sondern zur Verfügung des OKH zurückgehalten«.[105] Ebenso gab es Verbindungen zum Berliner Polizeipräsidenten Graf Helldorf, wobei eine aktive Beteiligung Helldorfs zu diesem frühen Zeitpunkt bezweifelt werden muß.[106] Halder ging es vorrangig darum, einen Krieg zu vermeiden. In diesem Sinne hat er auch seinen Oberquartiermeister I, Generalleutnant Carl-Heinrich von Stülpnagel, beauftragt, entsprechende Vorbereitungen für staatsstreichähnliche Maßnahmen zu treffen. Witzleben hingegen befürwortete grundsätzlich einen Staatsstreich, wollte aber Gewißheit darüber haben, ob es anderenfalls wirklich zum Krieg kommen würde, denn nur dann glaubte er, die Truppe den Belastungen eines möglichen Bürgerkrieges aussetzen zu können. Bestanden so schon erhebliche Divergenzen zwischen Halder und Witzleben, letzterem wäre ohnehin die Schlüsselrolle zugefallen, weil Halder keine Befehlsgewalt besaß, war dies ebenfalls in der Frage der Behandlung Hitlers der Fall. Dieser sollte durch einen von Oster und Heinz neu zusammengestellten Stoßtrupp aus Freiwilligen unter der Führung Heinz bei einem Handstreich gegen die Reichskanzlei verhaftet werden. Diese Männer gehörten überwiegend der Abwehr an und entstammten in der Mehrheit dem sozialrevolutionären Flügel des Jungstahlhelms. Waffen und Sprengstoff stellte Major Groscurth von der Abwehr-Abteilung II bereit. Im Gegensatz etwa zu Halder und auch Witzleben, die Hitler vor ein ordentliches Gericht stellen wollten, war Heinz mit Wissen und Billigung Osters entschlossen, einen Zwischenfall herbeizuführen, bei dem Hitler erschossen werden sollte. Einen lebenden Hitler hielten beide für ein unkalkulierbares Risiko. Die Geschichte sollte ihnen Recht geben, drehte sich doch am 20. Juli 1944 alles um die Frage, ob Hitler am Leben sei oder nicht.

Staatsstreichvorbereitungen und der Versuch, den drohenden Krieg zu verhindern, liefen damals nebeneinander, oder waren miteinander verbunden. Admiral Canaris setzte auf ein energisches Eingreifen Großbritanniens, um Hitler von seinen Absichten abzubringen und so den Krieg ohne Staatsstreich vermeiden zu können. Für die Gruppe um Oster und Witzleben war politischer Druck Großbritanniens auf Hitler entscheidende Voraussetzung für das Gelingen des Staatsstreichs, weil man dann den Beweis führen konnte, daß Hitler einen europäischen Krieg vom Zaune zu brechen drohte. Es kam aber nicht zu einer einheitlichen Aktion, um dieses Ziel zu erreichen. Durch Osters Verbindungen mit zivilen Oppositionellen gelang zwar die Entsendung von drei Emissären nach London, von denen jedoch keiner verbindliche Zusagen der britischen Regierung erhielt. Als Hitler dann am 28. September 1938 den Vermittlungsversuch Mussolinis akzeptierte, kam es den Verschwörern so vor, als sei ihnen Großbritannien in die Parade gefahren. Dabei übersahen sie jedoch zweierlei. Zum einen betrachteten die Briten die sich formierende deutsche Opposition als keineswegs vertrauenswürdig. Außerdem sprach sie ihrer Meinung nach mit zu vielen Zungen. Dieser Mangel an Vertrauen seitens der maßgeblichen britischen Politiker erstreckte sich auf alle politischen Richtungen in Deutschland, auf Nationalisten, Liberale und Sozialisten und führte die britische Regierung zu dem Schluß, daß diese Deutschen sich von jenen, die an der Macht waren, nicht grundlegend unterschieden. Man betrachtete die Männer, die hinter Emissären wie Ewald von Kleist-Schmenzin standen, als Angehörige der alten Eliten, die Hitler in den Sattel gehoben hatten und nun gegen Verlust von Macht und Einfluß aufbegehrten. Als Churchill dem Premierminister Chamberlain über seine Unterredung mit Kleist-Schmenzin berichtete, meinte Chamberlain, ihn erinnerten die Verschwörer an die Jacobiten am französischen Hof zur Zeit Wilhelms von Oranien.[107] Daneben ging es den Briten aber auch um Zeitgewinn für die eigenen Rüstungen, hier vor allem der Royal Air Force, und es stellt sich die Frage, warum nicht die Abwehrangehörigen unter den Verschwörern eine zutreffende Vorstellung vom tatsächlichen Zustand der britischen Rüstungen besaßen. Sie konnten freilich nicht wissen, daß schon vor München der britische Außenminister Lord Halifax in der Kabinettssitzung am 22. September 1938 erklärt hatte, daß das endgültige Ziel die Zerstörung des Nationalsozialismus sei[108], und nach München wandelte sich auch die britische Politik nachhaltig in Richtung Kriegsvorbereitung.

Die Enttäuschung der an der »Septemberverschwörung« Beteiligten über die britische Politik bestärkten jedoch auch grundsätzliche Erwägungen über die Notwendigkeit eines Staatsstreichs. Es hatte sich auch erwiesen, wie fragwürdig es war, nach politischer Unterstützung durch eine ausländische Macht zu streben. Ein weiterer Punkt ist bemerkenswert. Fast alle der damals involvierten höheren Offiziere finden sich unter den nach dem 20. Juli 1944 Hingerichteten, Witzleben, Beck, Hoepner, Stülpnagel, ebenso Canaris. Halder, der 1944 nicht mehr zum engeren Widerstandskreis zählte, entging diesem Schicksal nur knapp. Heinz und Liedig überlebten den Krieg. Groscurth und der für den Stoßtrupp vorgesehene Oberleutnant Knaak fielen, während der ebenfalls zu Heinz' Gruppe gehörende Hans-Jürgen Graf von Blumenthal nach dem 20. Juli 1944 hingerichtet wurde. Generaloberst Adam wurde noch im Jahre 1938 von Hitler entlassen, Graf Brockdorff-Ahlefeldt starb 1943. Es waren nur wenige, die sich 1938 an den Vorbereitungen beteiligten, aber bei diesen blieb seitdem die Bereitschaft, Hitler und den Nationalsozialismus zu beseitigen, eine Konstante ihres Handelns.

Die Erfolge Hitlers führten im Kreis des militärischen Widerstandes zunächst zu weitgehender Resignation. Hitler schien alles zu gelingen, der »Anschluß« Österreichs, die kampflose Besetzung des Sudetengebietes und schließlich am 15. März 1939 die Zerschlagung der restlichen Tschechoslowakei. Die Verbindungen der einzelnen Akteure untereinander lockerten sich außerdem durch Versetzungen. Witzleben wurde Oberbefehlshaber des Heeresgruppenkommandos 2 in Frankfurt, Halder sah zu diesem Zeitpunkt keine Möglichkeiten, während Brauchitsch deutlich auf Distanz ging. Erfolgsaussichten sah man deshalb vorerst nicht, und so lieferten weder die von über 90 Morden begleiteten Ausschreitungen gegen die Juden in der Nacht vom 9./10. November 1938, noch der Einmarsch in die sogenannte »Rest-Tschechei« Anlässe für einen Umsturz. Hitler gelang es offensichtlich, in der Wehrmacht den Eindruck zu erwecken, nicht er, sondern untergeordnete Parteiorgane seien für die Ausschreitungen gegen die Juden verantwortlich. Als Brauchitsch auf Drängen vieler Offiziere Hitler um eine Erklärung bat, behauptete dieser, die Gauleiter seien ihm »aus dem Ruder gelaufen«, und Generaloberst von Bock erntete auf einer Befehlshaberbesprechung mit seiner Forderung, Goebbels, »dieses Schwein« aufzuhängen, nichts als betretenes Schweigen.[109] Die sich seit dem Frühjahr 1939 abzeichnende Auseinandersetzung mit Polen stellte gerade die Offiziere, die Hitler kritisch bis ablehnend sahen, vor ein weiteres Dilemma. Denn ein Krieg gegen Polen wurde weitgehend als berechtigt angesehen, sah man doch in Polen schon seit dem Ende des Ersten Weltkrieges wegen der deutschen territorialen Verluste im Vollzug des Versailler Friedensvertrages einen potentiellen Gegner, und daran hatte auch der Abschluß des Nichtangriffspakts mit Polen im Jahre 1934 nichts geändert. Selbst ein so überzeugter Gegner Hitlers wie Groscurth hielt eine gewaltsame Lösung der Korridor-Frage für erstrebenswert und begrüßte am 28. April 1939 die Freigabe der Abwehr-Arbeit gegen Polen.[110] Dieses Dilemma war auch nicht auflösbar, es sei denn durch die Beseitigung Hitlers.

Wie ein neuer Dokumentenfund in einem ehemals sowjetischen Sonderarchiv in Moskau belegt, hat Halder möglicherweise schon in der zweiten Aprilhälfte 1939 die Aussichten in einem Krieg mit Polen unter der Voraussetzung der schnellstmöglichen Zerschlagung der polnischen Militärmacht als äußerst günstig eingeschätzt, dabei allerdings auf das Risiko eines Zweifrontenkrieges hingewiesen.[111] Wenn Halder erklärte: »Wir müssen in spätestens drei Wochen mit Polen fertig sein, ja möglichst schon in 14 Tagen«,[112] so entsprach das zwar durchaus den späteren Ereignissen. Andererseits bezeichnete Halder wider besseren Wissens den Westwall als »unübersteigbar«[113] und hielt es nicht für nötig, auf die Gefahren eines neuen Weltkrieges einzugehen. Halder hielt es außerdem für angebracht, diejenigen unmißverständlich zu warnen, die mit dem Kurs Hitlers nicht einverstanden waren. »Ich weiß wohl, daß es diesen oder jenen gibt, der in Dingen der Außenpolitik oder vielleicht auch gar weltanschaulich noch anders denken mag als die heutige Staatsführung. Aber ich möchte auch bei dieser Gelegenheit nicht verfehlen, davor zu warnen, daß sich Angehörige des Offizierskorps ganz unnötigerweise mit Dingen befassen, die weitab von den Aufgaben liegen, die der Wehrmacht des Reiches gestellt sind.«[114] Dies konnte ein Signal der Absage an die Offiziere der »Septemberverschwörung« sein, zeigte aber auch, wie der dem nationalsozialistischen Regime gegenüber durchaus kritisch eingestellte Chef des Generalstabes des Heeres sich auf die rein militärischen Belange zurückzog.

Mit dem Abschluß des Nichtangriffspaktes mit der Sowjetunion am 23. August 1939 schien Hitler die Gefahr des Zweifrontenkrieges beseitigt zu haben. Als Hitler nach Abschluß des britisch-polnischen Bündnisvertrages vom 25. August die Angriffsvorbereitungen anhalten ließ, sahen Canaris und Oster darin fälschlich einen massiven Prestigeverlust Hitlers und nahmen an, daß Hitler damit politisch am Ende sei. Hitler hingegen erging sich in Drohungen, die offensichtlich gegen die Wehrmacht gerichtet waren: »Ich kann auch Kommunist sein und bolschewistische Methoden anwenden«.[115] Eine Kraftprobe mit Hitler wurde aber nicht mehr erwogen, und wenn der Oberbefehlshaber der Heeresgruppe C im Westen, Generaloberst Ritter von Leeb, nach einem Besuch Brauchitschs am 31. August 1939 notierte, daß Brauchitsch auf eine Lokalisierung des Krieges hoffe[116], so beschreibt dies vermutlich zutreffend auch die im Offizierkorps am Vorabend des Angriffs auf Polen verbreitete Stimmung. Daß diese Hoffnungen unberechtigt waren, zeigte die auf den deutschen Angriff am 1. September 1939 folgende Kriegserklärung Großbritanniens und Frankreichs vom 3. September 1939. Hierzu notierte Leeb: »Hitler ist ein verblendeter Narr, ein Verbrecher«[117], während Groscurth seinen Pessimismus bestätigt sah.[118]

Der Sieg über Polen wurde, militärisch gesehen, bereits mit dem 17. September 1939 erreicht, als die Masse der polnischen Armee zerschlagen war und die Regierung Rydz-Smigly nach Rumänien flüchtete. Warschau hielt sich noch zehn Tage länger, während die letzten polnischen Truppen am 5. Oktober die Waffen streckten. Dieser Sieg wurde nicht nur erstaunlich schnell mit relativ geringen Verlusten über einen zwar tapferen, aber operativ schlecht geführten Gegner errungen, er war vor allem auch ein Sieg des OKH. Hitler hatte nur zweimal direkt in die Operationen eingegriffen, unter anderem mit dem Befehl, Warschau zu bombardieren. Bedenklich war jedoch, daß die Munitionsvorräte bis Anfang Oktober derart geschrumpft waren, daß der Generalquartiermeister meldete, das Heer sei auf absehbare Zeit nicht mehr operationsfähig.[119] Die Ausfälle bei den Kraftfahrzeugen und Panzern betrugen teilweise bis zu 50%, während die Vorräte der drei häufigsten Bombenarten der Luftwaffe Fehlbestände von über 50% aufwiesen.[120]

Unübersehbare Mängel in der Ausbildung und damit der Kampfkraft der Truppe kamen hinzu. Vor diesem Hintergrund wird leicht verständlich, daß Hitler im OKH eine Krise auslöste, als er am 27. September 1939, dem Tag der Kapitulation Warschaus, den Oberbefehlshabern der drei Wehrmachtteile seine Absicht enthüllte, so rasch wie möglich gegen Frankreich offensiv zu werden. Die einhellige Ablehnung, auf die Hitlers Offensivplan stieß, führte nun zu verschiedenen, zum Teil parallel laufenden Versuchen, die Westoffensive zu verhindern. Brauchitsch und Halder, aber auch die Oberbefehlshaber der drei Heeresgruppen im Westen, von Rundstedt, Ritter von Leeb und von Bock, versuchten vor allem mit sachlichen Argumenten, Hitler von seinem Vorhaben abzubringen. Im Gegensatz zum September 1938, als es innerhalb der Generalität zu keinem Konsens kam, gab es diesmal kaum Differenzen über den befürchteten Ausgang einer Offensive im Westen. Hitler sah sich insofern einer relativ breiten Front fachlich-militärischer Ablehnung gegenüber. Leeb notierte nach Hitlers Rede am 9. Oktober 1939: »Alle Anordnungen des OKH deuten darauf hin, daß man diesen Wahnsinnsangriff unter Verletzung der Neutralität Hollands, Belgiens und Luxemburgs machen will. Die Rede Hitlers im Reichstag war also nur ein Belügen des deutschen Volkes«.[121] Hitler ließ sich jedoch weder durch Denkschriften noch durch die am 25. Oktober 1939 gemeinsam vorgetragenen Bedenken aller Heeresgruppen- und Armeeführer[122] umstimmen. Zu weiterführenden Aktionen war Brauchitsch jedoch offenbar nicht bereit, denn Leeb schrieb am 28. Oktober 1939: »Ebenso anscheinend auch Brauchitsch kein starkes Eingreifen beim Führer«.[123] So hat Brauchitsch, der zeitweilig selber zum Rücktritt entschlossen schien, offenbar auch keinen gemeinsamen Schritt mit den Oberbefehlshabern erwogen. Angesichts dieser ausweglosen Lage besann sich Halder auf die Planungen vom Vorjahr und beauftragte nun den Oberquartiermeister I, von Stülpnagel, mit Vorbereitungen für den Fall eines Umsturzes. Stülpnagel, Planer und Koordinator zugleich, hielt die Verbindung zu Oster, Beck, Canaris und Groscurth sowie zu zivilen Widerstandskreisen um die Diplomaten Erich Kordt und Hasso von Etzdorf. Auch hier lassen sich wieder ganz unterschiedliche Motive und Zielsetzungen ausmachen. Während es Beck, Oster, Groscurth, Kordt, Etzdorf und Stülpnagel um den Umsturz ging, für den die geplante Offensive als Anlaß dienen sollte, überwog bei den Beteiligten im OKH der Gedanke an deren Verhinderung. Für sie stellte der Staatsstreich die letzte Möglichkeit dar. Immerhin bedeuteten diese Vorbereitungen aber eine qualitative und quantitative Verbesserung der Basis für einen Umsturz, obgleich erhebliche Unsicherheiten bestehen blieben. Denn erstens befand sich Halder in einer äußerst labilen Stimmung, die für ein so gefährliches Unternehmen wie einen Staatsstreich ein schwerwiegendes Hindernis darstellte. So erklärte er dem überraschten Groscurth am 1. November 1939 »mit Tränen – er sei seit Wochen mit der Pistole in der Tasche zu Emil gegangen, um ihn evt. über den Haufen zu schießen«.[124] Halder hat es jedenfalls nicht getan und dies sicher nicht aus Mangel an Gelegenheit, während Oster unter Umgehung Halders einen Attentatsplan mit Erich Kordt entwickelte.

Das zweite Hindernis bestand in der Person Brauchitsch, den man offensichtlich zum Handeln veranlassen wollte. Nach den Erfahrungen vom Vorjahr war dies zumindest erstaunlich und nur aus der allgemein als militärisch verzweifelt angesehenen Situation erklärbar, der sich, so meinte man, auch Brauchitsch letztlich nicht verschließen würde. Stülpnagel hat Halder jedenfalls gewarnt, sich von Brauchitsch abhängig zu machen und empfahl ihm bei einer Weigerung Brauchitschs, diesen einfach einzusperren.[125] Frontreisen Stülpnagels sowie Halders und Brauchitschs führten bei Halder zu der Erkenntnis, daß Ausbildungsstand, Ersatzteilversorgung und zahlreiche andere Mängel eindeutig gegen eine Offensive sprächen. »Der vom OKW befohlene Angriff wird von keiner hohen Kommandostelle als erfolgversprechend angesehen.«[126] Leeb, Witzleben und möglicherweise Hoepner hatten ihre Bereitschaft zum Staatsstreich erkennen lassen, Bock und Rundstedt beschränkten hingegen ihre Bedenken auf rein militärische Gesichtspunkte. Dennoch wurden die Vorbereitungen beschleunigt. Halder beauftragte Oster, die Pläne von 1938 zu rekonstruieren und zu ergänzen.[127] Am 4. November besprach Hitler sich mit Brauchitsch, und offenbar schien dieser angesichts des nunmehr bevorstehenden Angriffsbefehls den Gedanken an einen Staatsstreich nicht mehr vollständig abzulehnen. Für den 5. November war für

12.00 Uhr eine Besprechung zwischen Hitler und Brauchitsch angesetzt. Beharrte Hitler dann weiterhin auf seinen Angriffsabsichten, so sollte der Weg für einen Staatsstreich frei werden. Die Befehle für den Einsatz der Truppen sollten vom OKH gegeben werden. Deren Ausarbeitung hatte Stülpnagel übernommen und sie sollten Brauchitsch fertig zur Unterschrift vorgelegt werden, um ihm keine Bedenkzeit zu gewähren. Hätten die Generale einem Staatsstreich die Gefolgschaft verweigert? Diese Frage ist schwer zu beantworten, doch darf man dabei die verläßliche Wirkung des Prinzips von Befehl und Gehorsam nicht außer acht lassen. Noch gab es einen Oberbefehlshaber des Heeres. Die Wehrmacht hatte durch den Sieg über Polen einen erheblichen Prestigezuwachs erfahren, und wenn Brauchitsch gemeinsam mit Halder an der Spitze eines Staatsstreichs stand, so bildeten diese für die an Gehorsam gewöhnten Generale die Autorität. Abgesehen von Witzleben, Hoepner, Brockdorff und Stülpnagel, auf die in jedem Fall zu rechnen war, besaß vor allem Leeb, der nach Rundstedt rangälteste General, großes Ansehen, so daß Leebs Mitwirkung für viele ein Signal dargestellt hätte. Die Mehrzahl der Generale fürchtete außerdem, daß mit dem Angriff im Westen der Sieg über Polen verspielt werden würde. Fest stand jedoch, daß ohne Rücksicht auf die Stimmungen im jüngeren Offizierkorps gehandelt werden mußte. Daß es hier durchaus auch Einheiten gab, auf die man zählen konnte, zeigt das Panzerregiment 15 in Sagan, das »andere Kriegsziele als im Westen« wünschte![128]

Die Schwäche des Staatsstreichplans lag darin, daß er alle zukünftigen Handlungen von Hitlers Reaktion abhängig machte, statt sich grundsätzlich für den Staatsstreich zu entscheiden. Am 5. November versuchte Brauchitsch in der Reichskanzlei Hitler noch einmal darzulegen, daß das Heer für eine Offensive noch nicht bereit sei. Die Ausbildung der Infanterie sei zum Teil mangelhaft und sie habe deshalb im Polenfeldzug nicht den Angriffsschwung von 1914 gezeigt. Darüber hinaus habe es Disziplinlosigkeiten wie 1917/18 gegeben. Hitler reagierte mit einem Wutanfall, versuchte tobend die Argumente Brauchitschs zu widerlegen, verlangte schreiend nach Beweisen für die erwähnten Disziplinlosigkeiten und wollte wissen, ob Todesurteile verhängt worden seien. Schließlich ließ er Brauchitsch unter Drohungen gegen den »Geist von Zossen« einfach stehen.[129] Halder befürchtete sofort, die Staatsstreichpläne seien verraten worden, geriet in Panik und befahl Stülpnagel, alle Unterlagen zu vernichten, obgleich Hitler noch am gleichen Tage den Angriffstermin auf den 12. November festsetzte und damit ja eigentlich die Bedingung für die Auslösung des Staatsstreiches erfüllt war. Brauchitsch war »völlig zusammengebrochen[130] und danach zeitweilig zum Rücktritt entschlossen.«[131] Halder hingegen »trat die Flucht nach vorne an und steigerte sich exzessiv in die planerische Vorbereitung der Offensive hinein«.[132] Ein

Versuch Leebs, Rundstedt und Bock am 9. November zu einem gemeinsamen Schritt zu bewegen, schlug fehl: »Beide ... werden ihre Pflicht, wenn der Angriff befohlen wird, bestmöglich tun«.[133]

Es gab jedoch ein weiteres Potential, das offensichtlich nicht genügend in die damaligen Überlegungen zu einem gewaltsamen Vorgehen gegen Hitler herangezogen worden ist. Denn die sofort nach Beginn des Angriffs auf Polen einsetzenden Mord- und Gewaltaktionen der dort operierenden Einsatzgruppen der Sicherheitspolizei[134] überzogen das eroberte polnische Gebiet mit einer Welle von Verbrechen, die zu Konflikten mit der Wehrmacht und das hieß in der Hauptsache dem Heer führten. Die SS-Einsatzgruppen unterstanden im Operationsgebiet dem Heer und damit auch der Wehrmachtgerichtsbarkeit. Dieses Unterstellungsverhältnis war jedoch begrenzt und wurde bald von Himmler mit Anordnungen zur pauschalen Exekution von »Aufständischen« unter Umgehung der Heeresführung unterlaufen, die ihrerseits befahl, die Bestrafung von gefangenen Freischärlern nicht ohne vorherige Gerichtsverhandlung vorzunehmen.[135] Daß es teilweise zur Übergabe von Verdächtigen an die Einsatzkommandos kam, ist neben einer hier und da aufkommenden »Freischärlerhysterie« auch darauf zurückzuführen, daß die Armeen über keine ausreichenden Polizeikräfte verfügten. Sehr bald häuften sich die Proteste gegen das Vorgehen der Einsatzkommandos, so daß Oster von nun an alle erreichbaren Unterlagen über derartige Greueltaten sammeln ließ. Denn Canaris hatte schon am 8. September erfahren, daß Heydrich erklärt habe, daß Adel, Popen und Juden umgebracht werden müßten.[136] Als Canaris dies am 12. September bei einer Besprechung im Führerzug Keitel vortrug und davor warnte, daß für diese Taten »die Welt schließlich doch auch die Wehrmacht verantwortlich machen werde«, entgegnete Keitel nur, »daß diese Sache bereits vom Führer entschieden sei, der dem ObdH klargemacht habe, daß, wenn die Wehrmacht hiermit nichts zu tun haben wolle, sie es auch hinnehmen müsse, daß SS und Gestapo neben ihr in Erscheinung treten«.[137] Brauchitsch war sich also im klaren darüber, was da auf Polen zukam, doch die Proteste kamen vor allem von den dort eingesetzten Heereseinheiten. Besonders übel betätigte sich die im Bereich der 14. Armee operierende Einsatzgruppe z.b.V. unter SS-Obergruppenführer von Woyrsch, so daß es bald zu scharfen Spannungen wegen Massenerschießungen »insbesondere von Juden« mit der Truppe kam und bei der 14. Armee zu Mißstimmungen gegenüber allem führte, was SS-Felduniform trug.[138] Der Oberbefehlshaber der 3. Armee, General von Küchler, protestierte scharf gegen Erschießungen von Juden in Mlawa und verlangte kurzerhand die Entwaffnung der zuständigen SD-Einheit, ihre Abschiebung nach Ostpreußen und kriegsgerichtliche Verfolgung ihrer Taten. Wenig später hob Küchler ein von ihm als zu milde erachtetes Urteil gegen Angehörige eines SS-Artillerieregiments wegen der Erschießung von Juden auf und bezeichnete die Einheit offen als »Schandfleck der Armee«, während der Kommandeur der 29. Division (mot), Generalmajor Lemelsen, den Obermusikmeister der »Leibstandarte Adolf Hitler« wegen der Erschießung von 50 jüdischen Zivilgefangenen verhaften ließ, worauf das Heeresgruppenkommando Süd seine Verurteilung anordnete.[139] Diese und andere Bekundungen von offener Abneigung und Widerstand alarmierten Hitler zusehends, der darin eine Sabotage seiner Polenpolitik sah. Am 4. Oktober 1939 erging von Hitler ein Amnestieerlaß, der Taten, die »aus Erbitterung wegen der von Polen geübten Greuel begangen werden«, außer Strafe stellte. Diese nachträgliche Sanktionierung von Verbrechen und Morden widersprach sämtlichen Gepflogenheiten der Wehrmachtjustiz. Immerhin versuchte Brauchitsch eine Schadensbegrenzung, indem er am 7. Oktober alle Taten, die aus Eigennutz oder Eigensucht begangen worden waren, von der Amnestie ausnahm.[140] Dies bestärkte Hitler jedoch nur in seiner Absicht, möglichst rasch ein Ende der Militärverwaltung in Polen herbeizuführen. Zehn Tage später entwarf er in kleinem Kreis ein Programm für Polen, das an Radikalität und Brutalität nichts zu wünschen übrigließ. Keitel brachte es geflissentlich mit Bleistift zu Papier. Selten hat Hitler so unverblümt seine Ziele benannt, die sich unter dem Begriff Vernichtung zusammenfassen lassen. Daß er andererseits in der Wehrmacht ein Hindernis bei der Durchführung seiner mörderischen Absichten sah, zeigte die von ihm am gleichen Tag befohlene Herauslösung der SS und Polizei aus der Wehrmachtgerichtsbarkeit und die am 26. Oktober 1939 verfügte Übergabe der Befugnisse der Wehrmacht an den neuen Generalgouverneur Hans Frank.[141] Wie Keitel schon im Führerzug zu Canaris gesagt hatte, »wenn die Wehrmacht hiermit nichts zu tun haben wolle, sie es auch hinnehmen müsse, daß SS und Gestapo neben ihr in Erscheinung treten. Es werde daher in jedem Militärbezirk neben dem Militär- auch ein Zivilbefehlshaber eingesetzt werden. Letzterem würde eben die ›volkstümliche Ausrottung‹ zufallen«.[142] Brauchitsch hatte offenbar bereits resigniert, zudem galt seine ganze Aufmerksamkeit der von Hitler geplanten Westoffensive, die er nach wie vor für verhängnisvoll hielt und zu verhindern trachtete. Offensichtlich hatte aber die Abgabe der vollziehenden Gewalt in Polen an den Generalgouverneur keine Beruhigung der Situation im Sinne Hitlers zur Folge. Denn der am 26. Oktober 1939 eingesetzte Oberbefehlshaber in Polen, Generaloberst Johannes Blaskowitz[143], hatte zwar in seinem Antrittsbefehl betont, daß die Wehrmacht nur noch rein soldatische Aufgaben zu erfüllen hätte, doch bereits drei Wochen später informierte Blaskowitz in einem Bericht Brauchitsch über die von Sicherheits- und Ordnungspolizei begangenen Verbrechen. Brauchitschs Reaktion ist nicht überliefert, aber er leitete Blaskowitz' Schrift an Hitler weiter. Blaskowitz erfuhr davon offensichtlich nichts, ließ jedoch nicht locker. Obwohl Hitler am

23. November[144] in einer zweistündigen Ansprache an die Befehlshaber mit Vorwürfen und Drohungen an die Heeresführung nicht sparte, sandte Blaskowitz nur vier Tage danach eine Denkschrift an Brauchitsch, in der er sein Entsetzen über das Vorgehen in Polen formulierte.[145] Darin wird offen über die begangenen Verbrechen gesprochen, vom »Blutrausch« der Polizei und daß diese »nur Schrecken in der Bevölkerung verbreitet«. Der nach dem 20. Juli 1944 hingerichtete damalige Major Hellmuth Stieff schrieb am 21. November 1939 seiner Frau, nachdem er auch Blaskowitz in dessen Hauptquartier besucht hatte: »Die blühendste Phantasie einer Greuelpropaganda ist arm gegen die Dinge, die eine organisierte Mörder-, Räuber- und Plündererbande unter angeblich höchster Duldung dort verbricht ... diese Ausrottung ganzer Geschlechter mit Frauen und Kindern ist nur von einem Unmenschentum möglich, das den Namen Deutsch nicht mehr verdient«.[146] Stieff wie auch Blaskowitz waren sich dennoch offensichtlich noch nicht darüber im klaren, daß es sich um von Hitler gewollte Verbrechen handelte, denn sonst hätte Blaskowitz kaum seiner Denkschrift ein Schreiben der Bevölkerung von Lodz und Warschau beigefügt, in der er um Hilfe ersucht wird und die von ihm beschriebenen Vorgänge bestätigt werden.[147] Obgleich Blaskowitz bald erkennen mußte, daß er von Brauchitsch keinerlei Rückendeckung erwarten konnte, sandte er am 8. Dezember 1939 seinen Oberquartiermeister, Generalmajor Jaenecke, mit einem neuen Bericht zu Brauchitsch. Diesmal gab es, nicht ohne Zutun Groscurths, immerhin eine Reaktion Brauchitschs, der eine Verfügung unterschrieb, die von jedem Soldaten »vorbildliches Verhalten« und notfalls auch die Wahrung des Ansehens der Wehrmacht in der Öffentlichkeit »durch Waffengebrauch« verlangte.[148] Parallel dazu hat Groscurth offenbar Blaskowitz' Bericht vom 8. Dezember 1939 bei einer Frontreise im Westen den Stäben der Heeresgruppen und den Oberbefehlshabern von Leeb und von Rundstedt vorgelegt, die dort »große Erregung« auslösten, worauf Groscurth schrieb: »So haben wir die wichtigsten Teile der Westfront aufgeputscht. Hoffentlich mit Erfolg! – Es wird fortgesetzt!«.[149]

Diese Hoffnung trog jedoch, obwohl Blaskowitz am 20. Februar 1940 Brauchitsch seine Meinung über die Verbrechen in Polen in einer Deutlichkeit vortrug, die kaum zu überbieten war. Blaskowitz bewegte sich zwar mit seiner schonungslosen Verurteilung noch im Rahmen des Systems, doch seine Ausführungen stellten das System bereits in Frage, wenn es in seinen Notizen für die Besprechung mit Brauchitsch hieß: »Der schlimmste Schaden jedoch, der dem deutschen Volkskörper aus dieser Situation erwachsen wird, ist die maßlose Verrohung und sittliche Verkommenheit, die sich in kürzester Zeit wie eine Seuche unter anständigen deutschen Männern ausbreiten wird.«[150] Blaskowitz' Vorwürfe wogen um so schwerer, weil Brauchitsch bereits am 7. Februar 1940[151] die Heeresgruppen- und Armeeoberbefehlshaber sowie den Oberost darüber in Kenntnis gesetzt hatte, daß die Heeresführung Proteste gegen die Volkstumpolitik in Polen ablehne, weil diese sich damit gegen die offizielle Politik in Polen richtete, was eigentlich nichts anderes hieß, als daß Hitler selbst der Urheber dieser Verbrechen war. Schon deshalb konnte Blaskowitz bei Brauchitsch nichts erreichen, der inzwischen Himmler gebeten hatte, seine Position vor den Oberbefehlshabern zu vertreten. Das geschah am 13. März 1940 in Koblenz, wo Himmler unmißverständlich hervorhob: »Ich tue nichts, was der Führer nicht weiß.«[152] Spätestens diese Feststellung dürfte den Zuhörern klargemacht haben, wer hinter den Verbrechen in Polen stand, ebenso klar wurde ihnen aber auch, daß vom Oberbefehlshaber des Heeres keine Unterstützung für jegliche Art von Protest zu erwarten war. Eine Veränderung der Verhältnisse in Polen wäre also bereits zum damaligen Zeitpunkt nur noch durch einen Staatsstreich zu erreichen gewesen, der aber zumindest eine wesentlich breitere Mobilisierung der Generalität erfordert hätte, als dies etwa von Groscurth allein zu bewältigen war. Trotz des offensichtlich nicht mehr vorhandenen Gruppenkonsens hätten damals aber vermutlich Chancen für eine über den engeren Kreis der Militäropposition hinausgehende Unterstützung staatsstreichähnlicher Maßnahmen bestanden. Denn der Wehrmacht hatte der Sieg über Polen einen spürbaren Prestigegewinn gebracht, während zugleich die Abneigung vieler Verbände und Einheiten gegenüber SS und Polizei einen Höhepunkt erreicht hatte. Daß dies auch im Ausland bekannt war, zeigte der Bericht des amerikanischen Militärattachés in Berlin vom 22. Dezember 1939, der von erheblichen Spannungen zwischen SS-Einheiten und dem Heer berichtete und hinzufügte, daß bei den Polen das Heer sich eines wesentlich höheren Ansehens erfreute.[153] Es protestierten nicht nur Inhaber höherer Kommandostellen, sondern auch auf der unteren Truppenebene gab es Proteste, die unter anderem von Groscurth gesammelt wurden. Blaskowitz belegte seine Berichte über Greueltaten der »Sicherheitsorgane« mit zahlreichen Zeugenaussagen von Wehrmachtangehörigen. Offensichtlich hat man es aber von seiten der Militäropposition damals versäumt, sich dieses Protestpotential zunutze zu machen, denn Blaskowitz übertrieb durchaus nicht, wenn er feststellte: »Die Einstellung der Truppe zu SS und Polizei schwankt zwischen Abscheu und Haß.«[154] Aber die Einbeziehung von Blaskowitz ist nicht einmal erwogen worden, obgleich er im April 1940 erneut einen umfangreichen Bericht über Ausschreitungen der SS vorlegte, worauf Blaskowitz im Mai 1940 aus Polen abberufen wurde. Mit seinen ständigen Protesten hatte er, wenn auch nur vorübergehend, seine Karriere ruiniert. Das Versäumnis Blaskowitz nicht einzubeziehen und der unterbliebene Versuch der Instrumentalisierung der damaligen Stimmung im Heer dürfte sich aus einer inzwischen verbreiteten Resignation erklären lassen, die in der Feststellung Groscurths über die Stimmung im OKH vom 8. Januar 1940 gipfelte: »Hier will man nichts mehr davon hören und ist zum Angriff entschlossen«.[155] Angriffsplanungen für die bevorstehende, von Hitler immer wieder verschobene Offensive im Westen, resignieren in der Erkenntnis, daß man mit Protest doch nichts erreichen könne und die nach wie vor weit verbreitete Einstellung, im Kriege unter keinen Umständen Maßnahmen ergreifen zu können, die die eigene militärische Situation schwächen könnten, dürften insgesamt zu der von Groscurth beschriebenen Haltung geführt haben. In diese Periode gehören auch die im Auftrage Becks durch Oster mit Unterstützung von Canaris schon im Oktober 1939 über den Vatikan eingeleiteten Sondierungen mit der britischen Regierung. Diese vom bayrischen Rechtsanwalt und Angehörigen der Abwehr, Dr. Josef Müller, engagiert betriebene Aktion sollte einerseits zunächst sicherstellen, daß bei einem Staatsstreich ein Angriff der Westmächte unterblieb, andererseits sollten aber auch die Friedensbedingungen Großbritanniens mit einer deutschen Regierung ohne Hitler erkundet werden. Durch die persönliche Vermittlung Papst Pius XII.[156] kam es auch zu einer Antwort des britischen Außenministers Lord Halifax. Diese war vorsichtig gehalten und schloß Verhandlungen mit einer neuen deutschen Regierung nicht aus, territoriale Ansprüche wurden jedoch nicht erwähnt. Daß Halifax außerdem Ulrich von Hassell mitteilen ließ, daß eine Offensive der Alliierten bei einem Staatsstreich nicht stattfinden würde, entsprach ohnehin den militärischen Plänen, doch sah Halifax die allerdings schwer überschaubaren, weil zahlreichen Kontakte mit der Opposition vor allem als »time gainer«, wie er[157] dem Feldmarschall Gort sagte. Aus der britischen Antwort wurde nun aber ein Bericht formuliert mit offenbar im ursprünglichen Text nicht enthaltenen sehr weitgehenden Zugeständnissen Großbritanniens. Doch nur so glaubten Oster, Müller und Hassell die Generale beeinflussen zu können, was sich jedoch als Irrtum herausstellte. Denn als Halder Brauchitsch diesen Bericht vorlegte, bezeichnete dieser das Ganze schlicht als Landesverrat und verlangte Müller zufolge sogar die Verhaftung der daran Beteiligten, was Halder indes ablehnte.[158] Oster allerdings ging es nicht lediglich um einen Friedensschluß mit den Westmächten, der womöglich eine Verlängerung von Hitlers Herrschaft bedeutet hätte. Er wollte die innenpolitische Neuordnung, und das hieß, den Umsturz mit allen Mitteln herbeizuführen. Daß er dabei alle Fesseln seines eigenen Standesethos sprengte, indem er dem holländischen Militärattaché, Oberstleutnant Sas, zwischen Oktober 1939 und dem 10. Mai 1940 die immer wieder von Hitler verschobenen Termine für die Westoffensive verriet, war ihm klar.[159] Aber im Bewußtsein, daß Hitler willens war, den Krieg über Europa auszuweiten, schien ihm auch die Herbeiführung einer deutschen Niederlage gerechtfertigt. Denn nur so glaubte er die innenpolitische Situation für einen Staatsstreich zu schaffen, um dem Regime ein Ende zu setzen. Osters Warnungen, die stets von Sas an den belgischen Militärattaché, Oberst Goethals, weitergegeben wurden, waren jedoch umsonst, weil man in Holland Sas Meldungen nicht ernst nahm.

Osters Schritt vermochten nur ganz wenige nachzuvollziehen. Auch nach dem Kriege lehnten viele der Überlebenden des militärischen Widerstandes Osters Handlung als zu weitgehend ab. Allerdings hat Beck letztlich nichts anderes veranlaßt, als Müller Anfang 1940 mit Becks Wissen den Generalabt der Prämonstratenser, Hubert Noots, vor der bevorstehenden Offensive warnte und das Ausbleiben des erhofften Staatsstreichs begründete. Daß ausgerechnet der weithin als überzeugter Anhänger Hitlers geltende Generaloberst v. Reichenau den Leipziger Oberbürgermeister Carl Goerdeler, einen der wichtigsten Männer des nach Klaus Jürgen Müllers Definition »nationalkonservativen Widerstands«, Anfang November 1939 ebenfalls zu einer Warnung an die Briten veranlaßte, zeigt nur, daß Oster eben nicht allein war. Zwar bewegten Reichenau andere Motive. Er wollte die von ihm als »wahnsinnig« bezeichnete Offensive verhindern, doch seine Mittel waren schließlich die gleichen wie jene Osters.[160] Weder die zahlreichen militärisch fachlichen Bedenken, noch die Warnungen an die Gegner und ebensowenig offener Widerspruch haben die deutsche Westoffensive verhindert, die am 10. Mai 1940 begann und am 22. Juni 1940 mit einem überraschend überwältigenden deutschen Sieg endete.

Für den militärischen Widerstand hatte der Sieg im Westen schwerwiegende Konsequenzen. Denn als Hitler am 24. Mai 1940 Rundstedt freie Hand für den berühmten »Haltebefehl« an die Panzerverbände von Dünkirchen gab, ermöglichte dies den Briten die Evakuierung ihres Expeditionskorps, die bis zum 4. Juni abgeschlossen war.[161]

Hitlers Angst vor einer Flankenbedrohung, die Schonung der Panzerwaffe für den bevorstehenden zweiten Teil des Frankreichfeldzuges und Görings großspurige Erklärung, mit der Luftwaffe die eingeschlossenen Truppen der Briten vernichtend zu treffen, beeinflußten Hitlers Entscheidungen maßgeblich. Indem Hitler aber Rundstedt Handlungsfreiheit für die Durchsetzung des Haltebefehls gab, überging er bewußt das OKH, das hieß, Brauchitsch und Halder, und dokumentierte damit seinen alleinigen militärischen Führungsanspruch.[162] Daraus entstand dann der Mythos vom nationalsozialistischen Blitzkrieg, der dann von der NS-Propaganda auf einen längst vorher existierenden Plan zurückgeführt wurde, dessen angebliche Existenz durch kopflose und ungeschickte Reaktionen der Alliierten insofern gefördert wurde, als man damit das eigene Versagen angesichts der deutschen Unterlegenheit kaschieren konnte. Formuliert wurde diese Idee des von vornherein geplanten Blitzkrieges erst nach dem Sieg über Frankreich. Während Hitler nun vollends den Boden der Tatsachen verließ, wirkte der »Blitzsieg« auch bei manchen nüchternen Gemütern in der militärischen Führung wie ein ansteckender Virus, der sie zusehends den Blick für die Realitäten verlieren ließ.[163] Daß unter diesen Umständen der Gedanke an einen Staatsstreich für lange Zeit in weite Ferne rücken mußte, ist leicht einsehbar. Hitler und mit ihm das nationalsozialistische Herrschaftssystem gingen aus dem Krieg im Westen als Sieger hervor. Das Heer verlor endgültig jeden politischen Einfluß, und so blieben für jede Art von Veränderungen nur noch gewaltsame Aktionen wie Attentat und Umsturz.

So war nach dem Sieg über Frankreich eine irgendwie geartete Zustimmung zu einem Staatsstreich kaum noch zu erwarten. Immerhin ließ Canaris Oster, dessen Fundamentalopposition ihm ja durchaus geläufig war, weiterhin gewähren. Canaris selbst vermochte sich jedoch nicht aus dem Geflecht von Verschleierung, Konspiration und Abwehraktivitäten zu lösen, während Oster sich um den Zusammenhalt der Opposition und die Verknüpfung von Staatsstreich- und Attentatsplänen bemühte. Auch die Übernahme des Allgemeinen Heeresamtes durch General der Infanterie Friedrich Olbricht[164] im Februar 1940 hatte für den Widerstand eine positive Zäsur dargestellt, denn Olbrichts Behörde sollte sich schließlich zum Epizentrum der Staatsstreichpläne entwickeln.

Vorerst wurde Hitler jedoch von einer Woge der Zustimmung und Begeisterung getragen. Diese Gefühle machten auch vor der Heeresführung nicht halt, wie Brauchitschs Tagesbefehl vom 25. Juni 1940 zeigte, in dem Hitler als »erster Soldat des Reiches« bezeichnet wurde.[165] Als Hitler dann am 31. Juli 1940 seinen Entschluß zum Krieg gegen die Sowjetunion faßte, gab es keinen auch nur annähernd vergleichbaren Widerspruch, wie vor der Offensive im Westen. Weder protestierte der Chef der Heeresrüstung, Generaloberst Fromm[166], gegen die ihm übertragene Aufgabe, bis zum 1. April 1941 ein Heer von 180 Divisionen zu schaffen, noch kam es zu massiven Protesten, als Hitler seit dem Frühjahr 1941 wiederholt unverblümt den Weltanschauungskrieg gegen die Sowjetunion postulierte und die Vernichtung der »jüdisch-bolschewistischen Intelligenz«[167] anordnete. Strategische Gründe wie der, daß die Entscheidung über die europäische Hegemonie im Kampf gegen Rußland fiele,[168] vermischten sich mit dem von Hitler beschworenen »Vernichtungskampf« gegen den »jüdisch-bolschewistischen Todfeind«.

Bei der operativen Planung für den Angriff auf die Sowjetunion schloß sich Hitler zwar am 5. Dezember 1940 den Überlegungen der Heeresführung für die erste Operationsphase an, die die Vernichtung der Masse der sowjetischen Streitkräfte westlich der Dnjepr-Dwina Linie vorsah, wich aber bei der zweiten Phase entscheidend davon ab. Denn während Halder den Gedanken eines Stoßes mit der Masse der deutschen Kräfte auf Moskau vertrat, mit dem klassischen Ziel der Vernichtung des gegnerischen militärischen Potentials, beabsichtigte Hitler die Gewinnung kriegswirtschaftlich entscheidender Gebiete im Norden und vor allem im Süden der europäischen Sowjetunion, was zu nachhaltiger Schwächung des von der Heeresführung beabsichtigten Angriffs auf Moskau führen mußte.[169] Auch war man in der Heeresführung offenbar längere Zeit unsicher über Hitlers Absichten, denn Halder notierte am 28. Januar 1941 nach einem Gespräch mit Brauchitsch, daß der Sinn von Barbarossa nicht klar sei.[170] Doch weder er noch Brauchitsch benutzten am 3. Februar 1941 die Gelegenheit, ihre offensichtlichen Bedenken Hitler vorzutragen. Statt dessen »kämpfte Halder mit seinen Mitteln um seinen Operationsplan«.[171] Diese Konzentration auf das fachlich-militärische einer solchen Auseinandersetzung hätte aber spätestens dann zum Nachdenken führen müssen, als Hitler am 30. März 1941 in der Reichskanzlei vor den für die Ostfront vorgesehenen Heeresgruppen- und Armeechefs den Charakter des zukünftigen Krieges gegen Rußland erläuterte. Falls über das, was dort geschehen sollte, noch Unklarheit geherrscht haben mag, so führten die anschließend vom OKW formulierten Richtlinien und Befehle eine unmißverständliche Sprache. Insbesondere die »Regelung des Einsatzes der Sicherheitspolizei und des SD im Verbande des Heeres« vom 28. April 1941, der »Erlaß über die Ausübung der Kriegsgerichtsbarkeit im Gebiet »Barbarossa« und über »besondere Maßnahmen der Truppe in Rußland vom 13. Mai 1941, die »Richtlinien über das Verhalten der Truppe« vom 19. Mai 1941 und schließlich der berüchtigte Kommissarbefehl vom 6. Juni 1941, der die sofortige Erschießung kriegsgefangener sowjetischer Kommissare vorsah, waren nichts anderes als eindeutige Verstöße auch gegen das damals geltende Kriegsvölkerrecht und bedeuteten die Ausschaltung der traditionellen Kriegsgerichtsbarkeit. So wurden diese Anordnungen auch verstanden. Am 4. Juni 1941 notierte der Feldmarschall von Bock in seinem Tagebuch, daß die Richtlinie über das Verhalten der Truppe gegenüber der Zivilbevölkerung »praktisch jedem Soldaten das Recht gibt, auf jeden Russen, den er für einen Freischärler hält – oder zu halten vorgibt – von vorne oder von hinten zu schießen«.[172] Damit lag aber die Verantwortung für die Akzeptanz dessen, was Hitler vorhatte, auch bei der Heeresspitze, aber natürlich zuerst beim OKW. Jeder General und jeder Offizier, der jetzt etwas zu ändern oder gar zu verhindern suchte, stellte sich damit nicht nur bewußt gegen Hitler, sondern auch gegen die Wehrmachtführung. Diese psychologische Doppelbelastung sollte nicht unterschätzt werden, denn Kritik an Hitler und seinen verbrecherischen Maßnahmen war eine Sache, aber ein bewußtes Umsteuern richtete sich fortan praktisch auch gegen die militärische Führungsspitze. Von daher wird auch verständlicher, warum in den folgenden Jahren die Suche nach »dem Feldmarschall«, der den Umsturz in Gang setzen sollte, letztlich erfolglos war. Von den Heeresgruppen-Oberbefehlshabern erklärte sich schließlich nur der Feldmarschall Günther von Kluge unter gewissen Bedingungen und nach langem Zögern zum Mitmachen bereit.[173] Gestärkt von den Siegen über Polen und Frankreich überwog in der Heeresspitze das Gefühl der eigenen Professionalität und Effektivität, gepaart mit einem zunächst eher traditionellen Rußlandbild, das auf die Sowjetunion übertragen wurde und diese als »tönernen Koloß« betrachtete, der unter dem ersten massiven Stoß zusammenbrechen würde.[174] Die Überbewertung der eigenen operativen Möglichkeiten und überhaupt das generelle Übergewicht des operativen Sektors innerhalb des deutschen Generalstabs, der die Logistik und vor allem die das Transportwesen betreffenden Fragen in der Regel nachgeordnet waren, trug mit zum Fiasko im Winter 1941/42 bei, als der deutsche Vormarsch unter anderem auch durch ungenügende Nachschubleistungen zum Stehen kam.[175] Die Fehleinschätzung der sowjetischen Potentiale und Absichten, beispielhaft seien hier nur der T-34-Panzer[176] und die systematische Zerstörung des eigenen Eisenbahnmaterials beim Rückzug der Roten Armee erwähnt, führten nach großen Erfolgen unmittelbar nach dem Beginn des Angriffs am 22. Juni 1941 zu dem berühmten Tagebucheintrag Halders vom 3. Juli 1941: »Es ist wohl nicht zuviel gesagt, wenn ich behaupte, daß der Feldzug gegen Rußland innerhalb von 14 Tagen gewonnen wurde. Natürlich ist er damit noch nicht beendet«.[177] Diese Einschätzung Halders macht zumindest verständlicher, warum diejenigen Offiziere, die nicht nur eine Veränderung der Politik, nicht nur die Abschaffung einzelner Maßnahmen des Regimes verfolgten, kaum Aussicht auf Unterstützung hatten. Dazu bedurfte es eben mehr, und dieses »Mehr«, das die Schwankenden und Zögernden überzeugte, konnte nur die eigene Niederlage sein. Denn erst dann konnten die eigenen Versäumnisse und Mängel, ebenso wie die strategischen Fehler des militärischen Dilettanten Hitler voll aufgedeckt werden. Daß die Soldaten an der Ostfront erst unmittelbar vor dem Angriff über den gänzlich anderen Charakter des bevorstehenden Kampfes gegen die Sowjetunion durch Aufrufe Hitlers, Tagesbefehle und ähnliches über den »heimtückischen« Gegner informiert wurden, diente einerseits zur Einstimmung auf den »Weltanschauungskrieg«, kann aber auch als Ausdruck des Mißtrauens gewertet werden, indem man der Truppe keinerlei Zeit zum Überlegen oder gar zur Reflexion einräumte. Die Wirkung des schleichenden Giftes der nationalsozialistischen Propaganda vom »russischen Untermenschen« wurde allerdings durch zwei Faktoren begünstigt: Zum einen übernahm auch mancher General offenbar bereitwillig die nationalsozialistische Propaganda, wie etwa Brauchitsch, der schon am 27. März 1941 erklärt hatte, daß »der Kampf von Rasse zu Rasse geführt wird«[178], so daß auch hier von partieller Übereinstimmung zwischen Hitler und Teilen des höheren Offizierkorps gesprochen werden kann. Zum anderen gedachte auch die sowjetische Seite den Krieg gegen die »Hitler-Faschisten« mit der gleichen Härte zu führen, wie es Stalin in seinem Befehl vom 3. Juli 1941 ausführte. Allerdings fanden nachrückende deutsche Soldaten schon in den ersten Kampftagen häufig vom Gegner erschossene oder verstümmelte deutsche Kameraden, Angehörige der Vorausabteilungen, die in Gefangenschaft geraten waren, was für viele deutsche Offiziere und Soldaten der Beweis für die von der eigenen Propaganda behauptete sowjetische Bestialität war.«[179] Auch die Kommissare, die ja entsprechend dem schändlichen Kommissarbefehl sogleich zu erschießen waren, verhielten sich nach den Aussagen zahlreicher Gefangener und Überläufer durchaus entsprechend dem von der nationalsozialistischen Propaganda gezeichneten Schreckensbild.[180] Schlimmer war aber, daß das sofort einsetzende Morden der Einsatzgruppen offenbar in der Ukraine und im Baltikum Helfer und Unterstützung fand. Gefördert vor allem in der Ukraine durch zahllose Massenmorde der abziehenden Sowjetorgane wie in Lutsk, Lvov oder Kirovograd und durch Befehle wie den des sowjetischen Oberkommandos (Stavka) Nr. 0128 für die Südwestfront, unterzeichnet von Stalin und Šapošnikov, in dem die völlige Zerstörung aller bewohnten Orte entlang der Versorgungslinien in einer Tiefe von 40–60 km hinter der Front angeordnet wurde.[181] Daß unter solchen Vorzeichen die deutsche Besatzungspolitik mit dem erklärten Ziel der Vernichtung des »jüdisch-bolschewistischen Untermenschentums« die dortige Bevölkerung, die ja die deutschen Soldaten besonders in der westlichen Ukraine als Befreier begrüßt hatten, sehr bald in eine Situation zwischen Hammer und Amboß brachte, versteht sich von selbst.[182] Vor allem die Partisanenbewegung wurde dadurch wesentlich gefördert. Man schuf sozusagen das Gespenst, vor dem man warnte. Allerdings erreichten die ukrainischen Partisanen nicht annähernd die Zahlen, die von der sowjetischen Geschichtsschreibung nach dem Kriege behauptet wurden.[183] Auch hier sind ganz unterschiedliche Motivationen zu berücksichtigen, bis hin zu dem Ziel der Errichtung einer von Moskau unabhängigen Ukraine. In diesem Teufelskreis bewegte sich, wer Widerstand leisten wollte, Widerstand zum Beispiel gegen die verbrecherische Behandlung der Zivilbevölkerung, wie sie von seiten der nationalsozialistisch dominierten Verwaltung praktiziert wurde. Wandte man sich gegen solche Praktiken, auch in der Abwehr von Repressalien oder Vergeltungsmaßnahmen, waren humanitäre oder sittlich-moralische Argumente a priori aussichtslos. Es blieb nur übrig, sachlich-kühl auf militärisch nützliche oder schädliche Folgen dieser oder jener beabsichtigten Maßnahmen hinzuweisen. Ein typisches Beispiel dafür ist ein Fernschreiben des Oberbefehlshabers der 17. Armee, General der Infanterie Carl-Heinrich von Stülpnagel, mit dem er sich gegen die Erschießung gefangener sowjetischer Generale als Repressalie wandte.[184] Andererseits ist es im Abstand von über

50 Jahren schwierig festzustellen, ob es sich bei manchen Befehlen nicht doch auch schon um eine bereits unbewußte oder aus Überzeugung gespeiste Übernahme der nationalsozialistischen Weltanschauung handelte, oder ob Gründe der Zweckmäßigkeit und des Selbstschutzes ihren Tribut an die damals um sich greifende Terminologie gezollt haben. Wer sich aus diesem Sumpf der Verstrickung befreien wollte, dem blieb nur der Abschied. Damit ließ ein seiner Verantwortung bewußter hoher Offizier aber auch die ihm anvertrauten Soldaten im Stich. Dieser Zwiespalt bildete auch für jene Offiziere, die sich nicht von Hitler und seiner Propaganda blenden ließen, ein praktisch unauflösbares Dilemma. Allerdings war dieser Ausweg praktisch seit Frühjahr 1942 verschlossen. Hitler behielt sich die Entscheidung vor, wer zu bleiben hatte und wen er entließ. Erschwerend kam hinzu, daß mit dem Ausscheiden aus dem aktiven Dienst natürlich dann die Möglichkeit der aktiven Beteiligung an einem wie auch immer gearteten Staatsstreich kaum noch bestand.

Vor einem sich zusehends militärisch verdüsternden Hintergrund gewannen Überlegungen für einen Staatsstreich insofern an Aktualität, als sich daraus möglicherweise die einzige Chance ergeben hätte, die militärische Lage noch auf eine für Deutschland günstige Weise auszunutzen. Das setzte aber eine gut organisierte Gruppe von Offizieren und Befehlshabern voraus, die es in dieser Form nicht gab, wohl aber einige Zentren zu wechselnden Zeiten, die allerdings auf konspirative Weise nur schwer zu koordinieren waren. In Berlin existierte die Gruppe um Beck, Oster, Goerdeler und Hassell, die inzwischen vor allem durch Olbricht und diesem verbundene Offiziere erweitert worden war, während im Stabe der Heeresgruppe Mitte der Erste Generalstabsoffizier, Henning von Tresckow, eine der stärksten Oppositionsgruppen geschaffen hatte. Dies gelang Tresckow durch gezielte Personalpolitik bei der Stellenbesetzung des Stabes, bei der ihn sein Freund Rudolf Schmundt unterstützte, der Chefadjutant der Wehrmacht bei Hitler und ab Oktober 1942 auch Chef des Heerespersonalamts, ohne daß dieser wußte, welchen Plänen er damit Vorschub leistete. Diese Instrumentalisierung vorhandener Beziehungen, die auf Verwandtschaft, Freundschaft oder auf der Zugehörigkeit zum gleichen Regiment beruhte, bildete eine der wichtigsten Grundlagen für die weite personelle Verzweigung im militärischen Widerstand. Witzleben hatte als OB West ebenfalls seinen Stab mit Kritikern und Gegnern Hitlers durchsetzt. Zu dieser Gruppe kann man auch den Witzleben unterstellten Militärbefehlshaber Belgien und Nordfrankreich, General der Infanterie von Falkenhausen, rechnen. Um die Jahreswende 1941/42 existierten also drei lose miteinander verbundene Gruppen des militärischen Widerstands, deren Koordination untereinander allerdings zu wünschen übrigließ. Überlegungen von Beck und Goerdeler Anfang 1942, den Staatsstreich durch eine Aktion vom Westen her auszulösen, lehnten Falkenhausen und Witzleben als »Utopie« ab.[185] Eine gewisse Straffung der Planungen wurde Anfang März 1942 erreicht, als man in Berlin entschied, daß alle Stränge zukünftig bei Beck zusammenlaufen sollen, während die Verbindung zu Tresckow durch dessen Ordonnanzoffizier, Leutnant d.R. Fabian v. Schlabrendorff, gehalten wurde. Tresckows Überlegungen für ein Attentat auf Hitler hatten zu dem Ergebnis geführt, daß wohl nur er selbst und die eingeweihten Mitglieder seines Stabes entschlossen und fähig waren, Hitler umzubringen. Die größten Erfolgsaussichten schien ein Sprengstoffattentat zu bieten. Das dafür benötigte Sprengmaterial organisierte der Ic/AO (Abwehroffizier) der Heeresgruppe Mitte, Oberstleutnant i.G. Freiherr von Gersdorff, aus Beständen der für Sabotage zuständigen Abwehrabteilung II. Doch erst um die Jahreswende 1942/43 war man in Berlin so weit, daß Olbricht dort sowie in München, Köln und Wien den Staatsstreich auslösen wollte, wenn das Attentat auf Hitler an der Front durchgeführt wurde. Entscheidend für einen Erfolg erschien aber immer die zumindest passive Bereitschaft Kluges, über den Tresckow Ende Januar 1943 nach Berlin übermittelte: »Keine Teilnahme an einem Fiasko-Unternehmen. Ebensowenig an einer Aktion gegen Hitler. Ist nicht im Wege, wenn Handlung beginnt.«[186]

Daneben hatte es außerdem noch verschiedene Versuche einer Änderung der Kriegsspitzengliederung gegeben, im Grunde nichts anderes als Versuche, Hitler teilweise und auf legalem Wege zu entmachten. Sie gingen unter anderem von der Organisationsabteilung im Generalstab des Heeres aus, und hier besonders vom Gruppenleiter II, Major i.G. Graf Stauffenberg, der aber schon im September 1942 zu der einzig möglichen Konsequenz gelangt war, um auch den Führungswirrwarr mit OKW, OKH und nachgeordneten, aber konkurrierenden Führungsstellen, nicht einbezogen die beiden anderen Wehrmachtteile, zu beenden: Die Beseitigung Hitlers, zu der er sich bereit erklärte.[187] Zu gleichgerichteten Überlegungen des Chefs der Operationsabteilung im Generalstab des Heeres, Generalleutnant Heusinger, der dieses Thema intensiv verfolgte, bestand jedoch kein Zusammenhang. Auch Stauffenbergs dienstlich begründete Frontbesuche bei den Generalen von Sodenstern und Freiherr Geyr von Schweppenburg sowie den Feldmarschällen von Kleist und von Manstein, um diese zum Handeln gegen Hitler zu bewegen, blieben folgenlos. Gründe zum Handeln hätte es genug gegeben, denn die sich immer rascher drehende Tötungsmühle des Regimes blieb ja nicht verborgen, auch wenn manche der Angesprochenen diese Einsicht von sich schoben. Gab es in der Regel für den im Kampf stehenden Soldaten oder Offizier meist keine oder nur geringe Möglichkeiten, sich dem entgegenzuwerfen, so läßt sich diese Feststellung nicht ohne weiteres auf die höheren Dienstgrade übertragen. Immerhin gab es hier genügend Kenntnisse und Informationen über die militärische Lage, die zumindest zur Reflexion hätte führen können: Die Winterkrise vor Moskau 1941/42, die zum Einsatz der sogenannten »Walküre-Divisionen« als letztem Ausweg aus der personellen Notlage geführt hatte, ein Einsatz, der im Kriegstagebuch der 3. Panzerarmee als »Verbrechen« bezeichnet wurde[188] oder das propagandistisch begründete Verbot Hitlers vom März, zerschlagene Divisionen aufzulösen, um daraus neue kampfkräftige Einheiten zu bilden, schließlich die militärischen Niederlagen von Stalingrad und Tunis im Februar und Mai 1943, die zur Vernichtung der 6. Armee und zur Kapitulation der »Heeresgruppe Afrika« führten. So betrugen die Verluste des Ostheeres in der Zeit zwischen August 1942 und Februar 1943 1 418 950 Mann, denen lediglich 594 300 Zugänge an Offizieren und Mannschaften gegenüberstanden.[189] Noch schwerer wog aber womöglich die Tatsache, daß Hitler nach der Entlassung Brauchitschs am 19. Dezember 1941 auch den Oberbefehl über das Heer übernommen und sich am 1. Oktober 1942 auch das Heerespersonalamt direkt unterstellt hatte. All das war noch die Folge der schweren Vertrauenskrise des Winters 1941/42, die zur Ablösung zahlreicher Generale führte und von Hitler zur weiteren Knebelung des Generalstabs genutzt wurde.

Im Frühjahr 1943 gab es mehrere durchaus erfolgversprechende Attentatspläne, darunter die Absicht eines gemeinschaftlichen Pistolenattentats bei einem Besuch Hitlers bei der Heeresgruppe Mitte. Dieser von Tresckow und dem Kommandeur des »Reiterverbandes Boeselager«, Georg Freiherr von Boeselager, entwickelte Plan sah die Erschießung Hitlers beim Essen im Kasino Kluges vor. Daran wollten sich neben Tresckow und Boeselager vom Stab der Heeresgruppe Mitte die Offiziere Bernd von Kleist, Eggert, von Boddien, von Schlabrendorff und Philipp Freiherr von Boeselager beteiligen, während vom »Reiterverband Boeselager« noch Walter Schmidt-Salzmann, Christoph Graf Saurma, Oberleutnant König, der Chef der 1. Schwadron und einer seiner Zugführer, Leutnant Schulte, dazugehörten. König sollte den Weg zum Landeplatz von Hitlers »Condor« sichern und ihn eventuell dort zusammen mit mehreren zuverlässigen Soldaten mit Maschinenpistolen erschießen.[190]

Zur Vorbereitung war Canaris am 7. März in Begleitung von Generalmajor Oster und Oberst Lahousen, dem Chef der Abwehrabteilung II, und weiteren Offizieren nach Smolensk geflogen, wo dann zwischen Tresckow und Oster letzte Einzelheiten besprochen wurden. Unter anderem wurde der Code für die Auslösung der Umsturzmaßnahmen in Berlin festgelegt, dem das Attentat vorangehen mußte. Außerdem brachte Lahousen eine Kiste Sprengstoff mit. Als Hitler am 13. März 1943 in Smolensk bei der Heeresgruppe Mitte erschien, kam es jedoch nicht zur Ausführung, weil Kluge ein Attentat ohne gleichzeitig Himmler zu beseitigen als nicht zweckmäßig ansah und außerdem die Gefährdung anderer Personen offensichtlich als zu hoch eingeschätzt wurde.[191] Tresckow und Schlabrendorff gelang es noch, vor Hitlers Abflug am gleichen Tag ein Päckchen für Oberst Stieff in der Organisationsabteilung im Generalstab des Heeres mit jeweils zwei als »Cointreau-Flaschen« getarnten Haftminen des britischen Typs »Clam« ins Flugzeug zu bringen. Wegen der großen Kälte im Laderaum von Hitlers »Condor«-Maschine detonierten diese jedoch nicht. Am 21. März versuchte Gersdorff bei einer Ausstellung sowjetischer Beutewaffen im Berliner Zeughaus sich mit Hitler in die Luft zu sprengen, was ebenfalls scheiterte, weil Hitler die Ausstellung schon nach wenigen Minuten wieder verließ.

Diese Kette von ständigen Verschiebungen oder Absagen geplanter Besuchstermine bis hin zu technischen Gründen für das Scheitern der Attentatsversuche erstreckt sich vom Beginn des Jahres 1943 bis zum 20. Juli 1944. Am Anfang stand der Plan des Generals der Gebirgstruppe, Hubert Lanz, der die »Armeeabteilung Lanz« im Bereich der Heeresgruppe B führte. In der zweiten Februarhälfte plante Lanz im Alleingang, d. h. ohne Verbindung zur militärischen Verschwörung, Hitler bei einem Besuch der Heeresgruppe B unter Generalfeldmarschall Maximilian Freiherr von Weichs in Poltawa festnehmen zu lassen. Diese Aktion sollte mit Hilfe des Panzerregiments »Großdeutschland« unter dessen Kommandeur, Oberst der Reserve Hyazinth Graf von Strachwitz, erfolgen, wobei etwaiger Widerstand mit Waffengewalt gebrochen werden sollte. Strachwitz war sich seines Regiments vollkommen sicher. Dieses Vorhaben scheiterte daran, daß das Hauptquartier der Heeresgruppe B bei Hitlers Frontbesuch am 17. Februar 1943 durch den Verlust von Poltawa nach Saporoshez verlegt worden war, wobei, Ironie der Geschichte, Hitler beinahe von einem sowjetischen Panzervorstoß überrascht worden wäre. General Lanz, der Initiator dieses Planes, war ein unabhängiger Charakter, der eigenmächtig seine Divisionen im Februar 1943 bei Charkov zurücknahm und dafür von Hitler seines Kommandos enthoben wurde. Im August 1943 mißachtete er nach der Kapitulation Italiens erneut einen Befehl Hitlers, der sich auf das Vorgehen gegen die italienischen Truppen in Griechenland bezog[192], und traf 1944 ein Stillhalteabkommen mit der rechtsgerichteten griechischen Partisanenbewegung EDES von Napoleon Zervas.[193] Ähnlich wie Blaskowitz stellte auch Lanz ein Potential dar, das von den Verschwörern nicht genutzt worden ist.

Im Laufe des Jahres 1943 wurde immer deutlicher, daß die Frage des unmittelbaren Zugangs zu Hitler für das Gelingen von Attentat und Staatsstreich entscheidend war. Zu allem Überfluß wurde am 5. April 1943 Hans von Dohnányi verhaftet, ein enger Mitarbeiter Osters. Oster, der sich sofort vor seinen Untergebenen stellte, verlor daraufhin seinen Posten. Dies war ein schwerer Schlag, denn mit Oster wurde der General ausgeschaltet, der bis dahin als »Motor« oder »Geschäftsführer« der Militäropposition galt. Canaris mußte es geschehen lassen, daß der militärische Widerstand damit erst einmal gelähmt wurde, was Hassell zu der bitteren Bemerkung veranlaßte: »Der ganze Stall Canaris hat sich Blößen gegeben und überhaupt nicht gehalten, was man von ihm hoffte.«[194] Auch daß Kluge im Oktober 1943 durch einen schweren Autounfall für lange Zeit ausfiel, wog schwer. Denn es wurde nun immer schwieriger, den Staatsstreich durch ein Attentat von der Front aus auszulösen. Die sich verschärfende militärische Lage, Hitlers immer seltenere Frontbesuche und die Fluktuation unter den an der Verschwörung beteiligten Offiziere durch Versetzungen, turnusmäßige Truppenkommandos von Generalstabsoffizieren und ähnliches, ließen für derartige Aktionen kaum noch Raum und vor allem Zeit. Offensichtlich herrschen nicht nur bei vielen heutigen Historikern völlig unklare Vorstellungen über den fast alles absorbierenden psychischen und physischen Streß, den der Krieg und die Führung von militärischen Verbänden namentlich in Krisensituationen verursachen. Die Vernachlässigung dieses Gesichtspunktes kann dann leicht dazu führen, die Handlungen, die dem Widerstand zuzuordnen sind, gewissermaßen aus dem Zusammenhang zu reißen, so daß der Eindruck erweckt wird, die Beteiligten hätten sich ausschließlich mit der Vorbereitung von Attentats- und Umsturzversuchen beschäftigt. Das Kriegsgeschehen stand natürlich ganz im Vordergrund. Auch ist nicht zu vergessen, daß ja den anvertrauten Soldaten und der militärischen Aufgabe zuerst die Verantwortung galt, und gerade mit dieser Begründung verschloß sich so mancher einem Mitmachen. Die sich rapide verschlechternde militärische Lage nach der gescheiterten deutschen Offensive bei Kursk im Juli 1943 ließ Tresckow erneut auf Kluge hoffen, der auch recht weitgehend in die Umsturzpläne einbezogen wurde, aber dennoch in einer Mischung aus Erkenntnis und Resignation den qualitativen Schritt zum eigenen Handeln nicht zu vollziehen vermochte. Für den militärischen Widerstand markierte schließlich der 15. September 1943 eine Zäsur, denn mit diesem Tage war Oberst i.G. Claus Schenk Graf von Stauffenberg als Chef des Stabes im Allgemeinen Heeresamt zu Olbricht versetzt, der dem Befehlshaber des Ersatzheeres unterstand. Stauffenbergs Aktivitäten lassen sich von da an unter zwei Zielen zusammenfassen: Der Vorbereitung des Staatsstreichs, zu der bald auch das Attentat hinzutrat, und der Verbreitung und Verdichtung der Basis der Verschwörung. Grundlage für den Staatsstreich im Reich waren die sogenannten »Walküre-Befehle«. »Walküre I« sah den Ersatz für die Front vor, während »Walküre II« die Aufstellung von militärischen Verbänden im Heimatgebiet regelte. Bereits am 31. Juli 1943 hatte Olbricht die Befehle neu gefaßt, die nun den Stellvertretenden Generalkommandos die Aufstellung von Kampfgruppen aus den verschiedenen Lehr- und Ersatzeinheiten für den Einsatz bei »inneren Unruhen« vorschrieb. Diese Befehle, vor Polizei und Gestapo selbstverständlich geheimgehalten, wurden am 20. August 1943 durch die Pflicht der Stellvertretenden Generalkommandos ergänzt, wöchentlich den Personal- und Ausrüstungsstand an das Allgemeine Heeresamt zu melden. In einer Abstimmung mit Tresckow, Hoffmann spricht von Olbrichts und Tresckows »Redaktion« der Befehle, wurde am 6. Oktober 1943 zusätzlich die Einbeziehung derjenigen Verbände des Feldheeres in die »Walküre«-Maßnahmen befohlen, die sich im Heimatgebiet befanden.[195] Bei der Planung wurde Stauffenberg vor allem von Major i.G. von Oertzen[196] unterstützt, den Tresckow vom Stab der Heeresgruppe Mitte nach Berlin hatte versetzen lassen. Generalmajor von Rost, der Chef des Generalstabes im Wehrkreis III, hat in Berlin mit größter Intensität die Umsturzvorbereitungen durchgeführt, wobei er seine Aktivitäten durch ein stark bramarbasierendes Auftreten tarnte. Als zuverlässigster Truppenteil wurde das Ersatzbataillon 9 unter dem Kommando von Major Meyer angesehen, ähnlich positiv wurde die Panzertruppenschule Krampnitz betrachtet, die Rost sogar in einer Art Test nach einem Bombenangriff ins Regierungsviertel rollen ließ.

Stauffenbergs Unterschrift trug auch ein Befehl vom 11. Februar 1944, der es bei der Auslösung von »Walküre« ermöglichen sollte, Truppenteile aus mehreren Wehrkreisen zusammenzuziehen, ein Befehl, der ausschließlich unter dem Gesichtspunkt des Staatsstreichs erlassen wurde. Besonderes Augenmerk wurde den Vorbereitungen in Berlin gewidmet, die als »Geheime Reichssache« eingestuft wurden und bereits einen Tag vor dem Attentat die Abhaltung einer »Walküre«-Übung vorsahen. Diese betrafen verschiedene Waffenschulen im Umkreis von Berlin. Am folgenden Tag sollten nach gelungenem Attentat dann die eigentlichen Befehle ausgegeben werden, deren Kernsatz lautete: »Hitler ist tot.« Staatsoberhaupt sollte Beck werden, als Reichsverweser zugleich auch Oberster Befehlshaber der Wehrmacht. Der Entwurf für den Erlaß über eine neue Kriegsspitzengliederung trägt unverwechselbar Becks Handschrift, wie er es schon in seinen Denkschriften von 1934 und 1938 formuliert hatte. Kernpunkt war die Wiederherstellung der Einheit der Führung. Als Oberbefehlshaber der Wehrmacht war Witzleben vorgesehen. Die sofortige Verhängung des Ausnahmezustands durch die Reichsregierung – diese neutrale Kontinuität zu gewährleisten – wurde mit der Aufrechterhaltung von Recht und Ordnung begründet, in Wirklichkeit ging es, wie Hoffmann schreibt, »um deren Wiederherstellung«.[197] Standgerichte sollten vom ersten Tag an tätig werden, um Widerstand gegen die vollziehende Gewalt im Keim zu ersticken und Verbrecher, die dem Regime in herausragender Stellung angehörten, sofort hinrichten zu können.

Bei all dem waren sich aber alle Beteiligten darüber im klaren, daß ihr Tun nur vorübergehend sein würde. Vorrangig war beabsichtigt, die Front im Osten zu halten. Angesichts der Politik der Briten und Amerikaner, die in Casablanca im Januar 1943 mit der Formel von der »bedingungslosen Kapitulation« das ausgesprochen hatten, was in anderer Form schon am 14. August 1941 in der Atlantik-Charta vereinbart worden war, waren solche Vorstellungen eigentlich Makulatur, auch wenn man die Kraft des Faktischen nicht unterschätzen sollte. Doch darauf kam es nicht mehr an, es ging nur noch darum, das Regime zu beseitigen und den Krieg zu beenden.

Um so bemerkenswerter ist es, mit welcher Intensität sich die an der Verschwörung beteiligten Offiziere den Vorbereitungen widmeten. Ab dem Herbst 1943 ließ Stauffenberg immer öfter ihm empfohlene oder geeignete Offiziere nach Berlin kommen. Neben a priori bekannter oder angenommener Gegnerschaft zum Nationalsozialismus war es vor allem die militärische Funktion des betreffenden Offiziers, die Stauffenberg bei seiner Auswahl berücksichtigte. So etwa im Falle des Ritterkreuzträgers Major Roland von Hößlin, Regimentskamerad Stauffenbergs aus Bamberg, der als Kommandeur der Panzeraufklärungs- und Ausbildungsabteilung in Insterburg das Führerhauptquartier in Ostpreußen zernieren sollte.[198] Ähnliches galt für den Oberleutnant der Reserve Fritz-Dietlof Graf von der Schulenburg, »Mittelpunkt eines kleinen verschworenen Kreises zumeist blutjunger Offiziere«.[199] Schulenburg unternahm von sich aus viel, um die zivile Seite des Umsturzes namentlich in Berlin zu sichern. In die konkreten Maßnahmen konnten Stauffenberg und Olbricht nur wenige einweihen, so daß man sich in der Regel auf Offiziere in Schlüsselpositionen beschränkte, wie in der sehr komplizierten Frage der nachrichtentechnischen Isolierung des Führerhauptquartiers durch den Chef des Wehrmacht-Nachrichtenwesens, General der Nachrichtentruppe Erich Fellgiebel. So kreisten neben Planung und Vorbereitung immer wieder die Überlegungen um die für den Staatsstreich günstige militärische Funktion. Genau daraus entstand für viele der Betroffenen ein unlösbares Dilemma. Wer sich in einer Schlüsselposition für das erhoffte Gelingen des Staatsstreichs befand, dem blieb nichts anderes übrig, als dort auszuharren. Und das hieß auch fast immer Teilhabe an den nationalsozialistischen Verbrechen, wenigstens Mitwisserschaft. Wollte man sich dem entziehen, so blieb der Protest oder der Antrag auf Entlassung oder Verabschiedung. Von der jeweiligen Position aus Änderungen oder wenigstens Abschwächungen verhängnisvoller Maßnahmen zu erreichen, war als aussichtslos anzusehen. Überdies mußte sich der Betreffende darüber im klaren sein, daß jede Kritik und jeder Versuch einer Änderung seine Stellung gefährdete. Heinrich von Stülpnagel ist dafür das beste Beispiel. Hätte sich Stülpnagel über Geiselerschießungen und Judendeportationen auf einen massiven Konflikt mit dem OKW eingelassen, so wäre der Mann ausgefallen, der als Militärbefehlshaber Frankreich eine der Schlüsselpositionen des militärischen Widerstandes innehatte. Schon kleine »Fehltritte« konnten im fortschreitenden Kriege, selbst wenn das Ende nur noch eine Frage der Zeit war, die eigene

Stellung gefährden, denn als zum Beispiel Generalmajor von Rost für eine menschenwürdigere Ernährung sowjetischer Kriegsgefangener eintrat, »hat ihm dies sehr geschadet und wohl auch zu seiner Versetzung beigetragen«.[200] Rost übernahm zum 1. Mai 1944 die Führung einer Division. Seine Versetzung »stellte die Erhebung in Frage«.[201] Auch wenn diese Maßnahmen aufgrund seiner Kritik erfolgte und nicht wegen des Verdachts einer Teilnahme an verschwörerischen Umtrieben, so zeigte sich in diesem Falle einprägsam, daß dies zwangsläufig das Ende jeder konspirativen Tätigkeit Rosts bedeutete. Vor diesem Hintergrund wird verständlicher, warum es so schwierig ist, aus einer Distanz von mehr als 50 Jahren heraus das Handeln der Betroffenen zu beurteilen. Wollte man das Regime beseitigen, so konnte dies nur durch Attentat und Staatsstreich geschehen. Voraussetzung dafür war aber eine Position im Machtapparat des Regimes, denn eine organisierte Untergrundbewegung, vergleichbar der französischen Resistance, gab es in Deutschland nicht. Ausharren bis zur Gelegenheit zum Staatsstreich bedeutete aber Mitmachen; und Mitmachen bedeutete Verstrickung.

Die Suche nach einem geeigneten Attentäter hatte über mehrere Monate Priorität für Stauffenberg, doch alle Sondierungen in diese Richtung endeten in einer Sackgasse. Stieff, seit Oktober 1942 Chef der Organisationsabteilung im Generalstab des Heeres, hatte zwar mehrfach Stauffenberg versichert, er sei bereit, das Attentat auszuführen, aber im entscheidenden Augenblick wurde er immer wieder unsicher und schwankend, so daß Stauffenberg sich nach einem anderen Attentäter umsehen mußte. Ähnliches galt für Oberst i.G. Meichßner, dem einzigen Offizier im OKW, der Verbindung zum Widerstand hatte. Meichßner, der seit November 1943 Leiter der Abteilung II des Wehrmachtführungsstabes war, hatte offenbar seine Bereitschaft zum Attentat erklärt, war dann aber zu der Überzeugung gelangt, der psychischen Belastung durch das ungewisse Warten auf den Attentatstermin nicht gewachsen zu sein. Zeitweilig wurde erwogen, Hitler zu einem Besuch bei der Heeresgruppe Mitte zu bewegen, wo er durch ein Pistolenattentat getötet werden sollte. Aber Hitler sah keine Veranlassung zu einem Besuch, überdies stellte ein Unfall Kluges ein zusätzliches Hindernis dar.

Hauptmann Axel Freiherr von dem Bussche, der in der Ukraine Augenzeuge einer Massenerschießung von Juden geworden war und davon tief erschüttert den Entschluß gefaßt hatte, Hitler unter Opferung des eigenen Lebens bei einem Sprengstoffanschlag zu töten, sollte durch Stieff Zugang zu Hitler in dessen Hauptquartier »Wolfsschanze« erhalten, worauf Bussche dreimal von Stauffenberg dienstlich zum Oberkommando des Heeres geschickt wurde. Die Vorführung neuer Uniformen und Ausrüstungsgegenstände sollte die Gelegenheit für das Attentat bieten. Mehrfach wartete Bussche bei seinen Aufenthalten in »Mauerwald« auf den geeigneten Termin, der schließlich wegen der Zerstörung der Ausrüstungen durch Luftangriffe nicht zustande kam.

Auch der Leutnant Ewald-Heinrich von Kleist stellte sich als Attentäter zur Verfügung, ohne daß er für den beabsichtigten Termin des Anschlags abgerufen wurde, weil Himmler und Göring nicht anwesend sein würden, die beide ebenfalls beseitigt werden sollten. Tresckow gelang es auch, den Rittmeister Eberhard von Breitenbuch zu gewinnen, Ordonnanzoffizier bei Generalfeldmarschall Busch, dem Nachfolger Kluges. Breitenbuch wollte Hitler bei einer Lagebesprechung mit der Pistole erschießen. Am 11. März 1944 erschienen Busch, sein Ia, Oberst i.G. Peter von der Groeben, und Breitenbuch auf dem »Berghof«, doch Breitenbuch wurde überraschend nicht zur Lagebesprechung bei Hitler zugelassen.

Alle diese letzten Endes fehlgeschlagenen Sondierungen und Versuche zeigten, wie schwierig, ja nahezu unmöglich es war, überhaupt bewaffnet in Hitlers Nähe zu kommen. Eine Chance bot sich erst wieder, als Stauffenberg Chef des Stabes beim Befehlshaber des Ersatzheeres mit direktem Zugang zu Hitler wurde. Stauffenberg entschloß sich schließlich, das Attentat selbst auszuführen. Der Attentäter hatte außerdem die nicht minder schwere Aufgabe, den Staatsstreich in Bewegung zu setzen. Dies stellte eine schwere Belastung dar, aber Stauffenberg hoffte, daß sein Nachfolger bei Olbricht, seit dem 17. Juni 1944 Oberst i.G. Ritter Mertz von Quirnheim, die Leitung der Erhebung in Berlin übernehmen würde. Der Ablauf der Ereignisse am 20. Juli 1944 in Berlin hat dann die fast unlösbare Doppelbelastung Stauffenbergs, der ja zudem noch durch die Folgen einer schweren Verwundung beeinträchtigt war, in aller Deutlichkeit bewiesen.

Ohnehin drängte jetzt die Zeit. Die fortschreitende Zerstörung Deutschlands, die noch zunehmende Repression im Inneren und die sich zuspitzende militärische Lage ließen Attentat und Umsturz immer dringlicher erscheinen. Die gelungene Invasion der Anglo-Amerikaner in der Normandie weckte noch einmal Hoffnungen auf eine Verständigung mit den USA und Großbritannien, um das Vordringen der Sowjetunion nach Mitteleuropa zu begrenzen. Diese Hoffnung entbehrte allerdings jeder Grundlage. Denn Roosevelt war bereit, sämtliche Forderungen Stalins zu erfüllen und konspirierte dabei sogar mit Stalin gegen Churchill. Zwei Versuche Stauffenbergs am 11. und 15. Juli wurden wegen der Abwesenheit Himmlers und Görings abgebrochen. Die Verhaftung Goerdelers durch die Gestapo stand außerdem unmittelbar bevor. Am 17. Juli wurde Feldmarschall Erwin Rommel, Oberbefehlshaber der Heeresgruppe B an der Invasionsfront, durch einen Tieffliegerangriff schwer verwundet. Rommel zählte zwar nicht zum Widerstand, hatte aber einen Erkenntnisprozeß hinter sich, der sich schließlich in seiner Denkschrift vom 15. Juli 1944 über die Lage an der Invasionsfront manifestierte, in der er

Hitler aufforderte, die Konsequenzen aus der militärisch hoffnungslosen Lage zu ziehen.[202] Rommels Popularität wäre bei einem gelungenen Attentat von unschätzbarem Wert gewesen. Außerdem konnte er als der einzige Heerführer angesehen werden, der mindestens bei den angelsächsischen Gegnern noch in Ansehen stand und der deswegen vielleicht einen separaten Waffenstillstand im Westen hätte herbeiführen können. Stauffenbergs Bombe, die kurz vor 13.00 Uhr am 20. Juli 1944 in Hitlers Hauptquartier »Wolfsschanze« detonierte, verletzte Hitler nur leicht und entzog damit dem Staatsstreich die entscheidende Voraussetzung.[203] Dennoch zeigte der Ablauf des Umsturzversuchs einigen Wehrkreisen und vor allem in Paris, daß im Falle eines gelungenen Attentats eine völlig veränderte Situation entstanden wäre. Aber ein Staatsstreich gegen einen lebenden Hitler war von vornherein aussichtslos.

In ihrem Scheitern haben die Teilnehmer am Aufstandsversuch des 20. Juli 1944 Maßstäbe gesetzt. Die Zerstörung des preußisch-deutschen Nationalstaates vorausahnend, beherrschte sie eine Entschlossenheit, die auch das Erfolgskalkül längst hinter sich gelassen hatte. Im Entwurf für eine Rundfunkansprache umschrieben sie die Maxime ihres Handelns: »Wir wissen noch nicht, wie sich das Ausland zu uns stellt. Wir haben handeln müssen aus der Verpflichtung des Gewissens heraus.« Der Mut der beteiligten Soldaten hat sich damals dem Terror, der Begeisterung für Macht und Erfolg und dem Opportunismus der Masse des Volkes widersetzt. Dementsprechend traf sie die nationalsozialistische Rachejustiz mit aller Härte, ob sie nun aktiv teilgenommen hatten oder lediglich Mitwisser waren. Dennoch war der Kreis klein. Nicht einmal 200 Offiziere gehörten zum eigentlichen Kreis der Verschwörer[204], 39 Generale, 146 Offiziere und andere Dienstgrade, darunter 27 Reserveoffiziere. Vermutlich war allerdings die Zahl der Sympathisanten wesentlich größer, und es ist eine offene Frage, ob nicht bei einem gelungenen Staatsstreich und auf dem Boden der neu geschaffenen Tatsachen sich viele als Gegner Hitlers zu erkennen gegeben hätten. Diese Probe aufs Exempel fand jedoch nicht statt. Auch bleibt die Tatsache hervorzuheben, daß nahezu 50% der Beteiligten zum Adel gehörten[205]. Offenbar gab es hier ein relativ gleiches Sozialmilieu, gestützt durch familiäre Bindungen und Beziehungen.

Dennoch mag in der von Schieder aufgeworfenen These von den »Zwei Generationen im Widerstand« einer der Gründe für das Scheitern des militärischen Widerstandes gelegen haben. Mit wenigen Ausnahmen taten sich die beteiligten älteren Offiziere – und damit die meisten Generale – schwerer als die jüngeren Offiziere der Dienstgrade vom Leutnant bis zum Oberst. So ist es gewiß kein Zufall, daß außer Stauffenberg auch die potentiellen Attentäter wie Bussche, Kleist, Breitenbuch oder diejenigen, die ein gemeinsames Attentat bei der Heeresgruppe Mitte erwogen, allesamt der jüngeren Generation entstammten. Keiner von ihnen hat seine entscheidende Prägung vor dem Ersten Weltkrieg erfahren, im Gegensatz zu den am Widerstand beteiligten älteren Generalen. Unter ihnen nahmen wiederum Beck, Oster, Hoepner, Fellgiebel, Stülpnagel und auch Tresckow insofern eine Sonderstellung ein, weil sie Attentat und Staatsstreich unlösbar miteinander verknüpft sahen. Am Ende rechneten die Beteiligten mit der Möglichkeit des Scheiterns, wie Stauffenbergs Bruder, der Marineoberstabsrichter Berthold Graf von Stauffenberg am 14. Juli 1944 sagte: »Das Furchtbarste ist, zu wissen, daß es nicht gelingen kann und daß man es dennoch für unser Land und unsere Kinder tun muß.«[206]

Das Ziel des militärischen Widerstands bleibt von großer Aktualität, denn dessen vornehmstes Ziel galt am Ende vor allem der Wiederherstellung des Rechts und der Freiheit.

---

1 Vgl. dazu. Das Gewissen steht auf. 64 Lebensbilder aus dem deutschen Widerstand, hrsg. von Annedore Leber, Berlin, Frankfurt/Main 1956.
2 Vgl. etwa die Kontroverse zwischen Klaus-Jürgen Müller und Peter Hoffmann. Klaus-Jürgen Müller: Staat und Politik im Denken Ludwig Becks; in: Historische Zeitschrift HZ 215 1972, S. 607–631. Dagegen Peter Hoffmann: Generaloberst Ludwig Becks militärpolitisches Denken; in: HZ 234 1982, S. 101–121. Dagegen wiederum Klaus-Jürgen Müller: Militärpolitik, nicht Militäropposition; in: HZ 235 1982, S. 355–371.
3 Vgl. die Vorwürfe Bernd Martin: Deutsche Oppositions- und Widerstandskreise und die Frage eines separaten Friedensschlusses im Zweiten Weltkrieg; in: Der deutsche Widerstand 1933–1945, hrsg. von Klaus-Jürgen Müller, Paderborn 1986, S. 105.
4 Dazu Lothar Kettenacker: Die britische Haltung zum deutschen Widerstand während des Zweiten Weltkrieges; in: Das andere Deutschland im Zweiten Weltkrieg. Emigration und Widerstand in internationaler Perspektive, hrsg. von Lothar Kettenacker, Stuttgart 1977, S. 49–76. Kettenacker wirft darin Hans Rothfels Selbstgerechtigkeit und Zorn bei der Darstellung der Beziehungen des Widerstandes zu den Alliierten vor.
5 So Klaus-Jürgen Müller: Zu Struktur und Eigenart der nationalkonservativen Opposition bis 1938 – Innenpolitischer Machtkampf, Kriegsverhinderungspolitik und Eventual-Staatsstreichplanung; in: Der Widerstand gegen den Nationalsozialismus. Die deutsche Gesellschaft und der Widerstand gegen den Nationalsozialismus. Die deutsche Gesellschaft und der Widerstand gegen Hitler, hrsg. von Jürgen Schmädecke und Peter Steinbach, 3. Aufl., München 1994, S. 329–345.
6 Vgl. auch dazu Beiträge von Gerd Ueberschär, Jürgen Schmädecke, Michael Krüger-Charlä, Heinz Höhne, Ulrich Heinemann, Wolfgang Schieder und Detlef Graf Schwerin; in: Schmädecke/Steinbach, S. 329–475
7 Stellvertretend stehen dafür die umfassenden Forschungen des Instituts für Zeitgeschichte über Bayern: Bayern in der NS-Zeit, hrsg. von Martin Broszat, Elke Fröhlich u.a., Bd. I–IV, München 1977–1981
8 So wurden etwa von 251 registrierten Streiks im Jahre 1936 nur 53 oder 21% aus Gründen unternommen, die von den Ermittlungsbehörden als politisch eingestuft wurden. Die weitaus größte Zahl betraf »traditionelle« Gründe wie Löhne, Arbeitsbedingungen, Verpflegung, Rationalisierung etc. Günter Morsch: Streik im Dritten Reich; in: Vierteljahrsheft für Zeitgeschichte, VfZG 4/1988, S. 649–691
9 Vgl. dazu die Beiträge von Günther van Norden, Heinz Hürten, Klaus Scholder, Gerhard Besier, Eberhard Bethge, Christoph Strohm und Barbara Schellenberger; in: Schmädecke/Steinbach, S. 227–314 sowie Günther Heydemann/Lothar Kettenacker (Hg.): Kirchen in der Diktatur, Göttingen 1993

10 Wolfgang Schieder: Zwei Generationen im militärischen Widerstand gegen Hitler; in: Schmädecke/Steinbach, S. 436–459, hier S. 440
11 Klemens von Klemperer: Die verlassenen Verschwörer. Der deutsche Widerstand auf der Suche nach Verbündeten 1938–1945, dt. Übers., Berlin 1994, S. 222–225
12 Dazu Karl-Heinz Frieser: Nationalkomitee »Freies Deutschland«. Der »Krieg hinter Stacheldraht« in sowjetischen Gefangenenlagern; in: Militärgeschichtliches Beiheft zur Europäischen Wehrkunde, Heft 3/1989, S. 1–16, vgl. Gerd Ueberschär (Hrsg.): Das Nationalkomitee »Freies Deutschland« und der Bund Deutscher Offiziere, Frankfurt/Main 1995 (Fischer Nr. 12633), vor allem auch Stefan Karner: Im Archipel GUPVI. Kriegsgefangenschaft und Internierung in der Sowjetunion 1941–1956, Wien 1995. In der Diskussion auf der internationalen Konferenz über den Widerstand 1984 in Berlin wurde von Bernd Martin dem NKFD der Oppositionscharakter schlechthin abgesprochen, Schmädecke/Steinbach, S. 1146
13 Zur Spitzel- und Denunziationstätigkeit der sog. »Antifa« (Antifaschistische Blocks) vgl. auch Erwin Peter/Alexander Epifanow: Stalins Kriegsgefangene. Ihr Schicksal in Erinnerungen und nach russischen Archiven, Graz-Stuttgart 1997, S. 219–248
14 Für den 30. September 1938 hatte die »Vorläufige Leitung« der Bekennenden Kirche einen »Gebetsgottesdienst angesichts drohender Kriegsgefahr« angekündigt, in dem es u. a. hieß: »Wir bekennen vor Dir die Sünden unseres Volkes. Dein Name ist in ihm verlästert, Dein Wort bekämpft, Deine Wahrheit unterdrückt worden. Öffentlich und im Geheimen ist viel Unrecht geschehen.« Zwar wurde dieser Gottesdienst wegen der Münchener Konferenz nicht gehalten, führte aber nach dem Bekanntwerden seines Inhalts zu schweren Spannungen zwischen den Landesbischöfen und der Bekennenden Kirche, der erst 1940 einigermaßen überwunden werden konnte. Zitiert nach Klaus Scholder: Politischer Widerstand oder Selbstbehauptung als Problem der Kirchenleitungen; in: Schmädecke/Steinbach, S. 261
15 Zum Attentat Elsers vgl. Anton Hoch: Das Attentat auf Hitler im Münchner Bürgerbräukeller 1939; in: VfZG 3/1969, S. 383–413
16 Der nach dem Krieg aufgestellten These von der Kollektivschuld der Deutschen sollte auch mit der Berufung auf den Widerstand, auf das »andere Deutschland«, wie auch der Titel der Hassell-Tagebücher lautete, begegnet werden. Vgl. dazu Die Hassell-Tagebücher 1938–1944. Ulrich von Hassell: Aufzeichnungen vom Anderen Deutschland. Nach der Handschrift revidierte und erweiterte Ausgabe unter Mitarbeit von Klaus Peter Reiß, hrsg. von Friedrich Freiherr Hiller von Gaertringen, Berlin 1988. Gerade die Resistenzforschung barg allerdings die Gefahr, durch die Erweiterung des Widerstandsbegriffs in Deutschland plötzlich ein Volk von Widerständlern auszumachen. Demgegenüber ist in jüngster Zeit eine Wiederbelebung der Kollektivschuldthese festzustellen, insbesondere durch Daniel J. Goldhagen, Hitlers Willing Executioners. Ordinary Germans and the Holocaust, London 1996. Goldhagen unterstellt darin eine grundsätzliche Bereitschaft aller Deutschen zum Judenmord, was ihm Kritik etwa von Hans Mommsen, Christopher Browning und Alfred de Zayas einbrachte. Vgl. dazu auch Dieter Pohl: Die Holocaust-Forschung und Goldhagens Thesen; in: VfZG 1/1997, S. 1–47. Daß die Kollektivschuldthese wieder an Attraktivität gewinnt, zeigen auch die Diskussionen um die Wanderausstellung »Verbrechen der Wehrmacht«, die sich allerdings nicht zuletzt gegen die Bundeswehr richtet, indem behauptet wird, »... daß die Verschleierung der Wehrmachtverbrechen zur Existenzgrundlage der Bundeswehr geworden ist.« Vgl. Militärgeschichtliche Mitteilungen (MGM) 1/1995, S. 325
17 Peter Hoffmann: Widerstand, Staatsstreich, Attentat. Der Kampf der Opposition gegen Hitler, vierte, neu überarbeitete und ergänzte Ausgabe, München/Zürich 1985, S. 43
18 Das sog. »Planspiel Ott« vom 25./26. 11. 1932 trug seinen Namen nach dem Oberstleutnant Eugen Ott, dem Chef der Wehrmachtabteilung im Reichswehrministerium.
19 Hierzu ausführlich Wolfram Pyta: Vorbereitungen für den militärischen Ausnahmezustand unter Papen/Schleicher; in: MGM 2/1995, S. 385–429
20 Papen trat am 17. November 1932 zurück, blieb aber als geschäftsführender Reichskanzler zunächst im Amt.
21 Pyta, S. 385

22 Pyta, S. 422–425
23 Pyta, S. 391
24 Pyta, S. 391
25 Zitiert nach Pyta, S. 392
26 Der Reichswehrminister Nr. 60/33. Geheim! Erläuterungen zum Merkblatt für den militärischen Ausnahmezustand vom 27. Januar 1933, abgedruckt bei Pyta, S. 426/27
27 Dazu dienten die »Richtlinien für das Einschreiten gegen Landesregierungen« in der Anlage zu: Der Reichswehrminister Nr. 60/33, abgedruckt bei Pyta, S. 427/28
28 Abgedruckt bei Pyta, S. 410
29 Hitler hatte 1930 im sog. Ulmer Reichswehrprozeß vor dem Reichsgericht in Leipzig den »Legalitätseid« geleistet im Verfahren gegen drei nationalsozialistischer Verschwörung angeklagter Offiziere. Beck war damals Kommandeur des A.R. 5 gewesen, dem die Angeklagten angehörten. Vgl. dazu allgemein Peter Bucher: Der Reichswehrprozeß. Der Hochverrat der Ulmer Reichswehroffiziere 1929/30, Boppard 1967
30 Thilo Vogelsang: Neue Dokumente zur Geschichte der Reichswehr; in: VfZG 2/1954, S. 397–436, hier S. 435
31 Nach Wolfgang Schieder wäre es besser, von einer »Scheinidentität der Ziele auszugehen, da die Reichswehrführung 1933 die politischen Endziele Hitlers nicht erkannt hat«, Schieder, S. 442
32 Peter Hoffmann: Claus Schenk Graf von Stauffenberg und seine Brüder, Stuttgart 1992, S. 103. Stauffenberg und Mertz waren 1944 Obersten, Stieff und Tresckow Generalmajore, Stieff war zeitweilig der jüngste General des Heeres.
33 Klaus Jürgen Müller: Armee, Politik und Gesellschaft in Deutschland 1933–1945. 2., unveränd. Aufl., Paderborn 1980, 22
34 Klaus Jürgen Müller: Armee, S. 22
35 Hans von Seeckt: Die Reichswehr, Leipzig 1933, S. 15
36 Vgl. dazu grundsätzlich Friedrich Freiherr Hiller von Gaertringen: »Dolchstoß« – Diskussion und »Dolchstoßlegende« im Wandel von vier Jahrzehnten; in: Geschichte und Gegenwartsbewußtsein, Festschrift für Hans Rothfels zum 70. Geburtstag, Göttingen 1963, S. 122–160
37 Gotthard Breit: Das Staats- und Gesellschaftsbild deutscher Generale beider Weltkriege im Spiegel ihrer Memoiren, Boppard 1973. Breit untersucht für den Ersten Weltkrieg die Memoiren von 40 Generalen und Admiralen – insofern ist der Titel nicht ganz korrekt – und entwirft darin das Bild relativ übereinstimmender Begründungen für die eigene Niederlage, ohne daß aus ihr entsprechende Konsequenzen gezogen werden.
38 Für die längerdienenden Unteroffiziere und Mannschaften waren Dienstzeiten zwischen 3 und 12 Jahren vorgesehen, außerdem war ein Kontingent von 12 500 kurzdienenden Ergänzungsmannschaften geplant. Herbert Schottelius und Gustav Adolf Caspar: Die Organisation des Heeres 1933–1939; in: Militärgeschichtliches Forschungsamt (Hrsg.), Deutsche Militärgeschichte in sechs Bänden 1648–1939, Bd. 4, Wehrmacht und Nationalsozialismus, München 1983, S. 291
39 Vgl. zu der sog. »Zwei-Säulen-Theorie« Michael Salewski: Die bewaffnete Macht im Dritten Reich; in: Deutsche Militärgeschichte, Bd. 4, S. 40–49
40 Konkretisiert hat Hitler dies in seiner Reichstagsrede am 13. Juli 1934. »... Es gibt im Staate nur einen Waffenträger: die Wehrmacht. Und nur einen Träger des politischen Willens: dies ist die nationalsozialistische Partei«, Schulthess Europäischer Geschichtskalender 1934. S. 180
41 Klaus-Jürgen Müller, Armee, S. 32, weist darauf hin, daß die Reichswehr »nicht nur als ein starkes Bollwerk ... nicht nur als ein machtpolitisches Gegengewicht gegenüber den Massen der Hitlerbewegung, sondern auch erneut als ein eigenständiger politischer Faktor« erschien.
42 Schottelius/Caspar, S. 293
43 Eine direkte Weisung Hitlers findet sich allerdings nicht in den erhaltenen Akten, Schottelius/Caspar, S. 295
44 Schottelius/Caspar, S. 295
45 Institut für Zeitgeschichte ED 109, Wilhelm Adam: Erinnerungen, S. 162

46 Nach §3 im »Gesetz zur Wiederherstellung des Berufsbeamtentums« vom 7. April 1933 war die Versetzung von Beamten »nichtarischer« Abstammung in den Ruhestand vorgesehen.
47 Aus dem Heer wurden 7 Offiziere, 7 Offizieranwärter, 13 Unteroffiziere und 28 Mann, aus der Marine 3 Offiziere, 4 Offizieranwärter, 3 Unteroffiziere und 4 Mann entlassen, Salewski, S. 58
48 Salewski, S. 58
49 Diese Klausel sah zunächst den Verbleib von jüdischen Frontkämpfern im Staatsdienst vor. Auch die Intervention des Reichspräsidenten von Hindenburg zugunsten jüdischer Frontkämpfer bei Hitler fruchtete letztlich nichts. Schreiben Hindenburgs an Hitler vom 4. April 1933, abgedruckt bei Walter Hubatsch: Hindenburg und der Staat, Göttingen 1966, S. 375f.
50 Beck hielt es damals offenbar für das Vernünftigste, wenn die jüdischen Frontkämpfer freiwillig austreten würden, ansonsten war er der Meinung, daß der Chef des Generalstabes »über der Politik« zu stehen habe. Nicholas Reynolds: Beck, Gehorsame und Widerstand. Deutsche Ausgabe Wiesbaden/München 1977, S. 45. Dies stimmte natürlich so nicht, denn Beck beteiligte sich sehr wohl an der Politik, nur schien ihm diese Frage damals nicht die spezifischen Interessen des Heeres zu berühren.
51 Manfred Messerschmidt/Ursula v. Gersdorff: Offiziere im Bild von Dokumenten aus drei Jahrhunderten, Stuttgart 1964, S. 259
52 Vgl. allgemein zu den Geschehnissen Heinz Höhne: Mordsache Röhm, Hitlers Durchbruch zur Alleinherrschaft. Reinbek 1984. Zur Verstrickung der Reichswehr in die Vorbereitungen grundsätzlich Klaus-Jürgen Müller: Das Heer und Hitler. Armee und nationalsozialistisches Regime 1933-1940, Stuttgart 1969, S. 120f.
53 Eine sorgfältige Studie zum Verhalten der Reichswehrführung liefert Immo von Fallois: Kalkül und Illusion. Der Machtkampf zwischen Reichswehr und SA während der Röhm-Krise 1934, (Beiträge zur Politischen Wissenschaft, 75), Berlin 1994
54 Lothar Gruchmann: Justiz im Dritten Reich 1933–1940, 2. Aufl., München 1990, S. 450
55 Unmittelbar danach verboten Himmler und Heydrich in einem Funkspruch an alle Staatspolizeibehörden und die politischen Polizeien der Länder jegliche Auskunftserteilung an Angehörige der Erschossenen oder Verhafteten, Gruchmann, Justiz, S. 456
56 Reynolds, Beck, S. 41/42
57 Thun-Hohenstein, R. G. Graf von: Der Verschwörer. General Oster und die Militäropposition. Goldmann-Taschenbuch 12862, München 1994, S. 47
58 Reynolds, Beck, S. 45
59 Abgedruckt bei Salewski, S. 78. Vgl. auch Reynolds, Beck, S. 45, Anm. 20
60 Thun-Hohenstein, Verschwörer, S. 47
61 Gruchmann, Justiz, S. 478
62 Eidesformel abgedruckt bei Salewski, S. 82
63 Reynolds, Beck, S. 46
64 Rudolf Christoph Freiherr von Gersdorff: Soldat im Untergang, Frankfurt/Main/Berlin/Wien 1977, S. 57
65 Generalmajor Konrad Stephanus, der damals an der Spitze der »Wehrgauleitung Nürnberg« stand, lehnte den Eid ab. Dabei handelte es sich um eine Tarnbezeichnung für den Infanterieführer (Bayern) VII. Stephanus, geb. 1880, wurde dennoch am 31. 8. 1934 in Ehren und mit dem Charakter eines Generalleutnants verabschiedet und nach Kriegsbeginn als Kommandeur von Ersatzdivisionen wiederverwendet und am 1. 2. 1941 sogar zum Generalleutnant z.V. befördert und am 1. 10. 1942 endgültig entlassen. Sein Soldbuch enthielt keinen Vereidigungsvermerk. Vgl. zu Stephanus Rudolf Absolon: Die Wehrmacht im Dritten Reich, Bd. 1, Boppard, S. 56. Müller, Das Heer und Hitler, S. 122, Anm. 209 und S. 137, Anm. 303
66 Salewski, S. 83
67 Reynolds, Beck, S. 55
68 Klaus-Jürgen Müller: General Ludwig Beck. Studien und Dokumente zur politisch-militärischen Vorstellungswelt und Tätigkeit des Generalstabschefs des deutschen Heeres 1933–1938, S. 72/73

69 Reynolds, Beck, S. 57
70 Klaus-Jürgen Müller, Beck, S. 87. Zum Konflikt um Ludendorff grundsätzlich Müller, Beck, S. 74–87
71 Klaus-Jürgen Müller, Beck, S. 78
72 Die Zahlen betrugen 341 oder 65,80 % für die NSDAP, SS, SA, HJ und Arbeitsdienst sowie 177 oder 34,2 % für Stahlhelm einschließlich SA-Reserve I und II. Vertrauliche Mitteilung von Heß an alle Reichs- und Gauleiter vom 5. 7. 1935. Rudolf Absolon: Die Wehrmacht im Dritten Reich, Bd. 3 (3. 8. 1934–4. 2. 1938), Boppard 1975, S. 82
73 Klaus-Jürgen Müller, Armee, S. 86
74 Vgl. Rudolf Absolon: Das Offizierskorps des deutschen Heeres 1933-1945; in: Das Deutsche Offizierskorps 1860–1960, Büdinger Vorträge 1977; in: Verbindung mit dem Militärgeschichtlichen Forschungsamt, hrsg. von Hans Hubert Hofmann, Boppard 1980, S. 247–268. Das Heer mußte außerdem in den Jahren 1933–1938 869 Offiziere an die Luftwaffe abgeben.
75 Absolon, Offizierskorps, S. 247
76 Zahlen bei Absolon, Offizierskorps, S. 247, Anm. 3 sowie S. 250
77 Karl-Heinz Völker: Die deutsche Luftwaffe 1933–1939, Stuttgart 1967, S. 49/50, 55, 183
78 Klaus-Jürgen Müller: Witzleben-Stülpnagel-Speidel – Offiziere im Widerstand. Beiträge zum Widerstand 7, 1. Aufl., Berlin 1988, S. 6
79 Klaus-Jürgen Müller, Beck, S. 126
80 Klaus-Jürgen Müller, Beck, S. 126
81 Ludwig Beck: Studien. Hrsg. und eingel. von Hans Speidel, Stuttgart 1955, S. 97f.
82 Zur den in der Geschichtswissenschaft meist als »Blomberg-Fritsch-Krise« bezeichneten Vorgängen siehe etwa Harold C. Deutsch: Das Komplott oder die Entmachtung der Generale, München 1974 sowie Jürgen Schmädecke: Die Blomberg-Fritsch-Krise: Vom Widerspruch zum Widerstand; in: Schmädecke/Steinbach, 368–382. Neuerdings mit scharfer Kritik an Deutsch Karl Heinz Janßen/Fritz Tobias: Der Sturz der Generale. Hitler und die Blomberg-Fritsch-Krise 1938, München 1994, worin vor allem eine durch »Machtkämpfe des nationalsozialistischen Offizierskorps« hervorgerufene Krise ausgemacht wird, um die Wehrmacht als Ganzes zu diskreditieren. Zur Kritik an Janßen/Tobias vgl. die Rezension von Klaus-Jürgen Müller, MGM 1/1995, S. 215–217
83 Reinhard Stumpf: Die Wehrmacht-Elite. Rang- und Herkunftsstruktur der deutschen Generale und Admirale 1933–1945, Militärgeschichtliche Studien, Bd. 29, Boppard 1982, S. 303, Anm. 4
84 Stumpf, Wehrmacht-Elite, S. 304, Anm. 4
85 »Meuterei, Revolution. Diese Worte gibt es nicht im Lexikon eines deutschen Offiziers!« Institut für Zeitgeschichte Zeugenschrift (IFZ ZS) 240, Bd. I, S. 38, vgl. auch Thun-Hohenstein, Verschwörer, S. 70
86 Thun-Hohenstein, Verschwörer, S. 70
87 Reynolds, Beck, S. 121
88 Jost Dülffer: Überlegungen von Kriegsmarine und Heer zur Wehrmachtspitzengliederung und zur Führung der Wehrmacht im Kriege im Februar-März 1938, MGM 1/71, S. 148, Anm. 13. Bereits im August 1937 hatte Manstein, damals Oberquartiermeister I im Generalstab des Heeres, diese Gedanken Becks in einer Denkschrift für Blomberg formuliert, Dülffer, Überlegungen, S. 147
89 Zu Oster siehe Thun-Hohenstein, Verschwörer (wie Anm. 57)
90 Zu Heinz vgl. Susanne Meinl und Dieter R. Krüger: Friedrich Wilhelm Heinz: Vom Freikorpskämpfer zum Leiter des Nachrichtendienstes im Kanzleramt, VfZG 1/94, S. 39–71
91 Zur Rolle Groscurths im Widerstand: Helmuth Groscurth Tagebücher eines Abwehroffiziers. Mit weiteren Dokumenten zur Militäropposition, hrsg. von Helmut Krausnick und Harold C. Deutsch unter Mitarbeit von Hildegard von Kotze, Stuttgart 1970
92 IMT, Bd. XXVIII, S. 368, Jodl wurde als Generaloberst in Nürnberg hingerichtet.
93 Am 1. 5. 1932 betrug die Zahl der Generale des Heeres 44 während sie bis zum 1. 10. 1938 auf 261 angestiegen war. Die Luftwaffe besaß am 1.10.1934 13 Generale, gegenüber 67 am 1. 10. 1938, während bei der Marine die Zahl der Admirale von 12 am 4. 11. 1932 auf lediglich 37 anstieg. Stumpf, Wehrmacht-Elite, S. 20/21

94 Stumpf, Wehrmacht-Elite, S. 242, Tab. 38
95 Vgl. Heinz Albert Raem: Pius XI. und der Nationalsozialismus. Die Enzyklika »Mit brennender Sorge« vom 14. März 1934, Paderborn 1979
96 Günther van Norden: Der deutsche Protestantismus; in: Heydemann/Kettenacker (s. Anm. 9), S. 97
97 Abgedruckt bei Klaus-Jürgen Müller, Beck, S. 542–550
98 So forderte Beck unter anderem: »Für den Führer! Gegen den Krieg! Gegen die Bonzokratie! Friede mit der Kirche! Freie Meinungsäußerung! Schluß mit den Tschekamethoden! Wieder Recht im Reich! Senkung aller Beiträge um die Hälfte! Kein Bau von Palästen! ...« Vortragsnotiz Becks vom 19. 7. 1938, Müller, Beck, S. 556
99 »Ich habe gewarnt – und zuletzt war ich allein!«, Müller, Beck, S. 311
100 Zitiert nach Helmut Krausnick: Zum militärischen Widerstand gegen Hitler 1933–1938 – Möglichkeiten, Ansätze, Kontroversen; in: Aufstand des Gewissens. Militärischer Widerstand gegen Hitler und das NS-Regime 1933–1945, im Auftr. d. Militärgeschichtlichen Forschungsamtes, hrsg. von Heinrich Walle, 4. Aufl., Berlin-Bonn-Herford 1994, S. 360, Anm. 128
101 Salewski, S. 234
102 Wie Halder erklärte, wurde Oster »damals zum engsten Vertrauten Becks«, der »zum Mißvergnügen des gesamten Stabes« oft halbe Tage lang Becks Amtszimmer blockierte, IFZ ZS 240, Bd. V, S. 10a
103 Salewski, S. 242. Vgl. zum Ablauf der »Septemberverschwörung« vor allem Hoffmann, Widerstand, S. 109–130
119. Die Quellenbasis ist leider relativ schmal, vgl. auch Christian Hartmann: Halder, Generalstabschef Hitlers 1938–1942, Paderborn usw. 1991, S. 100–116
104 Eidesstattliche Versicherung von Generaloberst a.D. Wilhelm Adam vom 24. 8. 1948, ZS 240, s. Bd. VI, S. 32
105 So Halder in einem Brief am 3. 11. 1954. Zitiert bei Heinrich Bücheler: Erich Hoepner. Ein deutsches Soldatenschicksal des XX. Jahrhunderts. 1. Aufl., Herford 1980, S. 76
106 Zur Rolle des aus der SA kommenden Grafen Helldorf gibt es seit kurzem eine Arbeit von Ted Harrison: Der »Alte Kämpfer« Graf Helldorf im Widerstand. Graf Helldorf, die NS-Bewegung und die Opposition gegen Hitler. VfZG 3/1997, S. 385–425
107 Andrew Roberts: The Holy Fox. A Life of Lord Halifax, London 1991, S. 108
108 Halifax sprach vom »ultimate end which he wished to see accomplished, namely, the destruction of Nazi-ism. So long as Nazi-ism lasted, Peace would be uncertain«, Roberts, Halifax, S. 117
109 Salewski, S. 261
110 Groscurth Tagebücher, S. 173
111 Geht man davon aus, daß dieses Dokument authentisch ist, so handelt es sich um eine Mitschrift eines Vortrages Halders in der Kriegsakademie vor Generalen und Generalstabsoffizieren über taktische und strategische Erwägungen des kommenden Krieges gegen Polen. Halder betonte darin, daß »uns mit dem Ende des Freundschaftsverhältnisses mit Polen ein Stein vom Herzen gefallen ist«. Christian Hartmann/Sergej Slutsch: Franz Halder und die Kriegsvorbereitungen im Frühjahr 1939, VfZG 3/1997, S. 467–495
112 Hartmann/Slutsch, S. 495
113 Hartmann/Slutsch, S. 489
114 Hartmann/Slutsch, S. 479
115 Generaloberst Halder: Kriegstagebuch. Tägliche Aufzeichnungen des Chefs des Generalstabs des Heeres 1939–1942, bearb. von Hans-Adolf Jacobsen in Verbindung mit Alfred Philippi, Stuttgart 1962–1964, Bd. I: Vom Polenfeldzug bis zum Ende der Westoffensive (14. 8. 1939–30. 6. 1940), S. 38
116 Generalfeldmarschall Wilhelm Ritter von Leeb: Tagebuchaufzeichnungen und Lagebeurteilungen aus zwei Weltkriegen, hrsg. von Georg Meyer (Beiträge zur Militär- und Kriegsgeschichte Bd. 16), Stuttgart 1976, S. 171
117 Leeb, S. 172
118 Groscurth schrieb am 3.9.1939 in sein Privattagebuch: »Ich habe recht behalten mit meinem Pessimismus. Furchtbar!« Groscurth, S. 198

119 Halder, KTB, Bd. I, S. 99
120 Vgl. dazu Halder, KTB, Bd. I, S. 93–99 sowie Burkhart Müller-Hillebrand: Das Heer 1933–1945. Die Blitzfeldzüge 1939–1941, Frankfurt/Main 1956, S. 41 und 54/55. Vgl. auch Zustandsbericht Heer vom 8. November 1939, abgedruckt bei Groscurth, S. 404/405
121 Leeb, S. 188
122 Leeb, S. 193
123 Leeb, S. 194. Brauchitsch hatte am 23. Oktober 1939 das zu Witzlebens 1. Armee gehörende XII. AK besucht, worauf Witzleben einen ähnlichen Eindruck wie Leeb gewonnen hatte: »Oberbefehlshaber des Heeres war gestern bei XII. AK. Bei seinem Zusammentreffen mit Witzleben hatte dieser den Eindruck, daß OKH keine ernstlichen Schritte beim Führer gegen den geplanten Angriff unternimmt.« Leeb, S. 192
124 Groscurth, S. 223
125 Klaus-Jürgen Müller, Witzleben-Stülpnagel-Speidel, S. 15
126 Halder, KTB, Bd. I, S. 117f.
127 Groscurth notierte am 2. November 1939: »Morgens Auftrag von Stülpnagel, Vorbereitungen anlaufen zu lassen«, Groscurth, S. 223/224. Dieser Auftrag dürfte jedoch erst am 3. November erfolgt sein, vgl. Groscurth, S. 304
128 Groscurth am 15. November 1939, S. 232. »Panzer-Regiment 15, Sagan: Einheitliche geschlossene Stimmung des Offizierskorps, hinter dem die Mannschaft steht«, Groscurth, S. 310
129 Brauchitschs Bericht über diese Unterredung, in: IMT, Bd. 20, S. 628, vgl. auch Halder, KTB, Bd. I, S. 120
130 Groscurth, S. 224
131 »Brauchitsch ist fest entschlossen zu gehen«, Leeb, S. 199
132 Karl-Heinz Frieser: Blitzkrieg-Legende. Der Westfeldzug 1940 (Operationen des Zweiten Weltkriegs, Bd. 2), 2. Aufl., München 1996, S. 70
133 Leeb, S. 199
134 In Polen operierten 7 Einsatzgruppen, darunter die besonders berüchtigte Einsatzgruppe z.b.V. unter dem zum »Sonderbefehlshaber der Polizei« ernannten SS-Obergruppenführer von Woyrsch, die aus 16 Einsatzkommandos mit einer Gesamtstärke von 2700 Mann bestanden. Helmut Krausnick/Hans Heinrich Wilhelm: Die Truppe des Weltanschauungskrieges. Die Einsatzgruppen der Sicherheitspolizei und des SD 1938–1942, Stuttgart 1981, S. 33/34
135 Krausnick, Truppe, S. 44/45
136 Groscurth, S. 201
137 Aktenvermerk des Oberleutnants von Lahousen vom 14. 9. über die Besprechung im Führerzug am 12. September 1939 in Ilnau, Groscurth, S. 357–359
138 Groscurth, S. 209, Anm. 509
139 Krausnick, Truppe, S. 81/82
140 Krausnick, Truppe, S. 82
141 Krausnick, Truppe, S. 86/87
142 Groscurth, S. 358
143 Zu Blaskowitz wurde erstmalig 1997 eine umfassende Biographie veröffentlicht. Richard Giziowski: The Enigma of General Blaskowitz, London-New York 1997
144 Groscurth, der zu den Teilnehmern zählte, schrieb in sein Privattagebuch: »Erschütternder Eindruck von einem wahnsinnigen Verbrecher«, Groscurth, S. 234
145 Die Denkschrift ist nur zum Teil erhalten, abgedruckt bei Groscurth, S. 426/427
146 Hellmuth Stieff: Briefe, hrsg. und eingel. von Horst Mühleisen. Vollständige Taschenbuchausgabe (Goldmann TB. Nr. 12863), München 1994, S. 108
147 Joachim Ludewig: Generaloberst Johannes Blaskowitz im Zweiten Weltkrieg. Militärgeschichte (MG) 1/1995, S. 14; Stieff schrieb, daß die Verbrechen unter »angeblich« höchster Duldung stattfanden.
148 Krausnick, S. 99
149 Groscurth, S. 238. Leeb schrieb unmittelbar nach dem Besuch Groscurths Halder einen Brief, in dem er das Vorgehen der Polizei als »einer Kulturnation unwürdig« bezeichnete,

Groscurth, S. 238, Anm. 652. Generaloberst von Bock hatte offenbar schon früher von den Greueln in Polen erfahren, denn er schrieb am 20. November 1939 in sein Tagebuch: »Ich höre hier Vorgänge aus der »Kolonisierung« des Ostens, die mich tief erschrecken. Macht man dort weiter so, werden sich diese Methoden einmal gegen uns kehren.« Generalfeldmarschall Fedor von Bock. Zwischen Pflicht und Verweigerung. Das Kriegstagebuch, hrsg. von Klaus Gerbet, München 1995, S. 78
150 Giziowski, S. 206, vgl. Ludewig, S. 15
151 Ludewig, S. 15
152 Krausnick, Truppe, S. 105
153 »The Polish people ... seemed to hold the personnel of the German Army in much higher regard. The treatment received from the army was considerate and much regret was expressed when the Army relinquished control and the methods of the SS were imposed«, zitiert nach Giziowski, S. 163
154 Zitiert bei Ludewig, S. 16
155 Groscurth, S. 259
156 Vgl. Peter Ludlow: Papst Pius XII., die britische Regierung und die deutsche Opposition im Winter 1939/40; in: VfZG 22 (1974), S. 229–341
157 Roberts, Holy Fox, S. 183. Der Kontakt zu Hassell lief über einen britischen Bekannten Hassells, J. Lonsdale Bryans; die betreffenden Akten im Public Record Office sind bis zum Jahr 2015 gesperrt, vgl. auch Hassell, Vom anderen Deutschland, S. 188–190
158 Dr. Josef Müller: Bis zur letzten Konsequenz, München 1975, S. 137
159 Vgl. Thun-Hohenstein, Verschwörer, S. 152f. sowie J. G. de Beus, De geheime informant, Berlin 1939–10, mei 1940, 3e druk, Rotterdam 1984
160 Vgl. zu Reichenaus Verrat Harold C. Deutsch, Verschwörung gegen den Krieg. Der Widerstand in den Jahren 1939–1940, München 1969, S. 78–81
161 Mit der Operation »Dynamo« evakuierten die Briten bis zum 4. Juni 1940 338 682 Mann.
162 Frieser, Blitzkrieg-Legende, entwickelt auf S. 391–393 die These, daß Hitler mit seinem Haltebefehl vor allem seinen alleinigen Führungsanspruch wahren wollte.
163 Dazu zählt unter anderem die Tatsache, daß französische Jäger 733 deutsche Flugzeuge abschossen, selber aber nur 306 Maschinen im Luftkampf verloren, Frieser, Blitzkrieg-Legende, S. 59
164 Zu Olbrichts Rolle im Widerstand siehe die Biographie von Helena P. Page: General Friedrich Olbricht: Ein Mann des 20. Juli, Bonn 1992
165 Tagesbefehl vom 25. 06. 1940, Bundesarchiv-Militärarchiv (BAMA) RH 19 1/50
166 Fromm hat allerdings im Oktober 1941 Brauchitsch aufgefordert, Hitler zu einer »politischen Beendigung des Krieges zu veranlassen«, Bernhard R. Kroener: Generaloberst Fritz Fromm und der deutsche Widerstand – Annäherung an eine umstrittene Persönlichkeit; in: Aufstand des Gewissens (wie Anm. 106), S. 564
167 Halder, Kriegstagebuch, Bd 11 (1. 7. 1940–21. 06. 1941), Stuttgart 1963, S. 336f.
168 Halder, KTB II, S. 212 (5. 12. 1940)
169 Zu den deutschen Operationsplanungen siehe Ernst Klink: Die militärische Konzeption des Krieges gegen die Sowjetunion; in: Das Deutsche Reich und der Zweite Weltkrieg, Bd 4, Horst Boog (u. a.): Der Angriff auf die Sowjetunion, Stuttgart 1983, S. 190, 277
170 Halder, KTB II, S. 261
171 Klink, Konzeption, S. 243
172 Bock, Kriegstagebuch, S. 190
173 Zu Kluge siehe Romedio Galeazzo Graf v. Thun-Hohenstein: Generalfeldmarschall Günther von Kluge, MG 3 (1994)
174 Vgl. dazu Andreas Hillgruber: Das Rußland-Bild der führenden deutschen Militärs vor Beginn des Angriffs auf die Sowjetunion; in: Zwei Wege nach Moskau. Vom Hitler-Stalin-Pakt zum »Unternehmen Barbarossa«, im Auftrag des Militärgeschichtlichen Forschungsamtes, hrsg. von Bernd Wegner, München 1991 (Serie Piper), S. 167–185
175 Vgl. dazu grundlegend Klaus A. Schüler: Logistik im Rußlandfeldzug. Die Rolle der Eisenbahn bei Planung, Vorbereitung und Durchführung des deutschen Angriffs auf die Sowjetunion bis zur Krise vor Moskau im Winter 1941/42, Frankfurt/Main 1987

176 Dazu S. Zaloga: The Case of the T-34-Tank in 1941. The Journal of Slavic Military Studies, 3/1993, S. 634–647
177 Halder, KTB III, S. 38
178 Ia der 18. Armee, BA-MA, 18. Armee, 19601/2
179 Z.B. BA-MA RH 21–4/14, PzAOK4, Ia. KTB Nr. 5 v. 22.6.19.9.1941, Eintrag v. 25.6.41, 16.30 Uhr: »Mit großer Erbitterung wird auf unserer Seite gekämpft, da die Russen deutsche Gefangene, die den Russen in die Hand fallen, bestialisch ermordet haben.« Vgl. zu diesem Komplex Joachim Hoffmann: Stalins Vernichtungskrieg 1941–1945, 2. Aufl., München 1995
180 So etwa BA-MA RH 21–4/270, Ic-Abendmeldung d. PzGr.4 v. 29. 8. 41: »Vor 8. PzGr.Div. sind nach Überläuferaussagen 8-10 000 Mann, die ihre Fahrzeuge in der Gegend Michi abgestellt haben, von Kommissaren gewaltsam am Überlaufen gehindert worden.«
181 Oleg Zarubinsky. Collaboration of the Population in Occupied Ukrainian Territory: Some Aspects of the Overall Picture, Slavic Military Studies (SMS) Vol. 10 (June 1997), S. 138–153, hier S. 141
182 So wurden nach der Wiedereroberung von Charkov durch die Rote Armee über 4000 Frauen, die Kinder mit deutschen Soldaten hatten oder schwanger waren, vom NKVD erschossen, Zarubinsky, Collaboration, S. 145. Am 1. 11. 1944 stuften die sowjetischen Parteiorgane alleine 57 442 Mitglieder der KP als Kollaborateure ein, Zaburinsky, Collaboration, S. 149
183 Neueste Forschungen gehen von ca. 158 000 Partisanen in der Ukraine aus. Oleg Zarubinsky: The Red Partisan Movement in Ukraine During the Second World War: A Contemporary Assessment, SMS, Vol 10 (June 1996), S. 399–417
184 A-MA RH 20–17/276, Fernschreiben A.O.K. 17 Ic/AO an Gen.Kdo. XXXXIX A.K. vom 12.8.1941 »Dem Vorschlag, als Repressalie für ermordete deutsche Verwundete gefangene Generale zu erschießen und Erschießung durch Flugblätter der Sowjetarmee bekanntzugeben, kann nicht beigepflichtet werden. Das Gegenteil der beabsichtigten Wirkung würde eintreten.
1. Nach übereinstimmenden Aussagen von Gefangenen aller Dienstgrade ist zähe russ. Gegenwehr unter anderem besonders auf Angst vor Erschießen zurückzuführen. Bekanntgabe der Repressalien würde daher russ. Greuelpropaganda gegenüber den eigenen Soldaten den Beweis für die Richtigkeit sowjetrussischer Behauptungen liefern. Die Folge wäre weitere Versteifung der russ. Haltung.
2. Ferner würde die Zersetzung und Überlaufen von Truppenteilen unter ihren Führern hinzielende deutsche Propaganda unmöglich gemacht.« A.O.K. 17, gez. von Stülpnagel
185 Hassell-Tagebücher, S. 297
186 Ger van Roon: Hermann Kaiser und der deutsche Widerstand; in: VfZG 24 (1976), S. 276. Hauptmann d.R. Hermann Kaiser war Kriegstagebuchführer beim Befehlshaber des Ersatzheeres und wurde nach dem 20. Juli 1944 hingerichtet.
187 Hoffmann, Graf Stauffenberg und seine Brüder, S. 254
188 »Wenn nicht die Notlage zum sofortigen Einsatz gezwungen hätte, wäre dieser ein Verbrechen gewesen.« Zitiert nach Gunther Rathke: Walküre-Divisionen 1941/42. Letzte Aushilfe in der Winterkrise; in: MG 4/1996, S. 55
189 Bernd Wegner: Der Krieg gegen die Sowjetunion 1942/43; in: Das Deutsche Reich und der Zweite Weltkrieg, Bd. 6: Horst Boog (u. a.): Der globale Krieg, Stuttgart 1990, S. 780–782
190 Philipp Freiherr von Boeselager an den Verfasser vom 26. November 1997. Vgl. Hoffmann, Widerstand, S. 346–360
191 Philipp Freiherr von Boeselager an Verfasser, 26. November 1997
192 Dazu Craig Luther: The Limits of a Hitler Order: General Hubert Lanz and the Italian Capitulation, September 1943; in: Army Quarterly and Defence Journal, Vol 112, No. 1, 1982, S. 81–91
193 Zu Lanz' Verhalten gegenüber der griechischen Partisanenbewegung EDES siehe Heinz Richter: General Lanz, Napoleon Zervas und die britischen Verbindungsoffiziere; in: MGM 1/89, S. 111–139

194 Hassell, Tagebücher, S. 364, Eintragung vom 15. 5. 1943
195 Hoffmann, Stauffenberg, S. 328/329
196 Oertzen beging nach dem 20. Juli 1944 Selbstmord
197 Hoffmann, Stauffenberg, S. 336
198 Hoffmann, Stauffenberg, S. 334
199 Ulrich Heinemann: Ein konservativer Rebell. Fritz-Dietlof Graf von der Schulenburg und der 20. Juli, Berlin 1990, S. 162
200 Hoffmann, Widerstand, S. 383
201 Hoffmann, Stauffenberg, S. 401
202 Die Denkschrift Rommels vom 15. Juli 1944 »Betrachtungen zur Lage« findet sich abgedruckt bei Dieter Ose: Entscheidung im Westen 1944. Der Oberbefehlshaber West und Abwehr der alliierten Invasion, Stuttgart 1982, S. 334 f. Die Denkschrift war von Rommels Chef des Generalstabes, Generalleutnant Dr. Speidel, entworfen worden. Rommel hatte im vorletzten Satz eigenhändig hinzugefügt: »Es ist m. E. nötig, die politischen Folgerungen aus dieser Lage zu ziehen«, worauf er das Wort »politisch« auf Anraten seines Stabes wieder strich. Reinhard Stumpf: Erwin Rommel und der Widerstand; in: Militärgeschichte 1 (1991), S. 49
203 Zum Ablauf siehe Hoffmann, Widerstand, S. 483–486
204 Schieder, Zwei Generationen, hat 185 ermittelt.
205 44,9% aller Beteiligten, bei den Generalen waren es 48,7%
206 Zitiert nach Hoffmann, Stauffenberg, S. 395

Romedio Galeazzo Graf v. Thun-Hohenstein, Dr. phil., Jahrgang 1952, nach dem Abitur Studium der Geschichte und Philosophie in Kiel und München. Promotion 1980 in Kiel bei Karl Dietrich Erdmann in Neuerer Geschichte. Zeitweilig Mitarbeiter am Institut für Sicherheitspolitik in Kiel. 1984 Übernahme des Familienbetriebes und seitdem freier Wissenschaftler.

Veröffentlichungen: Der Verschwörer, Berlin 1982; Die Rolle des Livländers Feldmarschall Fürst Michael Andreas Barclay de Tolly im russisch-französischen Krieg von 1812. Zur Frage einer nationalrussischen Legende. In: Zeitschrift für Ostforschung, Heft 4/1982, S. 517–529; Die marxistisch-leninistische Position zur Abrüstung und der Beginn sowjetischer Außenpolitik. In: Militärgeschichtliche Mitteilungen 2/1985, S. 57–95; Der Atomteststoppvertrag von 1963. Entwicklungen und Probleme. In: Österreichische Militärische Zeitschrift, Heft 1/1987, S. 46–52; Die Kaiserlich Russische Armee im Ersten Weltkrieg. In: Militärgeschichte, Heft 3/1992, S. 35–40; Generalfeldmarschall Günther von Kluge. In: Militärgeschichte, Heft 3/1994, S. 39–51; Punktangriff oder Flächenbombardement. Die Mosquito-Bomber und der Angriff auf Amiens am 18. Februar 1944. In: Militärgeschichte, Heft 1/1996, S. 3–9.

HORST ROHDE

Politische Indoktrination in höheren Stäben und in der Truppe – untersucht am Beispiel des Kommissarbefehls

Einleitung

Eine Beschäftigung mit dem vorgegebenen Thema wird in jedem Fall – und dies unabhängig vom Ergebnis – Schwierigkeiten haben, zu einem sicheren und damit auch akzeptablen Fazit zu gelangen. Dafür gibt es eine Reihe von Gründen, von denen hier nur die wichtigsten genannt seien:
 Die Quellenlage ist sowohl in qualitativer als auch in quantitativer Hinsicht nicht ausreichend, um zu definitiven Aussagen gelangen zu können.
 Zeugenaussagen, die nach dem Ende des Zweiten Weltkrieges in reichlicher Zahl gemacht wurden, ergänzen zwar die aus den Akten zu entnehmenden Informationen. Sie sind jedoch oft in sich selbst und in bezug auf die schriftliche Überlieferung sehr widersprüchlich und manchmal sogar fragwürdig im eigentlichen Sinne des Wortes. Andererseits geben sie dem Gesamtbild Farbe und Unmittelbarkeit und müssen auch von daher berücksichtigt werden.
 Es gibt keine ernsthafte Stimme, die entweder jegliche Beteiligung von Wehrmachtangehörigen an Unrechtstaten während der Jahre 1939 bis 1945 leugnet oder die damaligen deutschen Streitkräfte pauschal schuldig spricht. Damit reduziert sich die Recherche nach der Rolle der Wehrmacht und ihrer Soldaten aller Dienstgrade in jener Zeit vorwiegend auf ein quantitatives Kernproblem. Mit anderen Worten: Es gilt, eine möglichst exakte Antwort zu finden auf die Frage, wie viele deutsche Soldaten im Zweiten Weltkrieg sich an allen Fronten oder zumindest in der Sowjetunion echter Verstöße gegen das Kriegsvölkerrecht oder gegen nationale Gesetze schuldig gemacht haben.
 Diese scheinbar leichte Aufgabe ist in Wirklichkeit schwer zu bewältigen: Juristische Probleme stehen dem ebenso entgegen wie militärische; emotionale Beweggründe stellen gleichermaßen gewichtige Barrieren dar wie ideologische Gesichtspunkte. Auch moralische Bedenken versperren die Sicht; und gleiches gilt für falsch verstandene Traditions- und Ehrbegriffe.
 Die vorgenannten Hindernisse haben allerdings – bezogen auf die einzelnen Komplexe, bei denen der Wehrmacht besondere Schuldzuweisungen zu-

teil geworden sind – einen unterschiedlichen Einfluß gehabt. So ist es z.B. extrem kompliziert, im Rahmen der Partisanenkriegführung zu mehr als individuellen Schuldzuweisungen zu gelangen. Ähnliches gilt für die Behandlung von Kriegsgefangenen oder das Verhalten gegenüber der Zivilbevölkerung, und hier insbesondere gegenüber jüdischen Menschen.

Selbst wenn es – rein theoretisch – gelingen sollte, in den vorgenannten Fällen dennoch hin und wieder zu klaren Schuldsprüchen zu gelangen, würde es die beschriebene schlechte Quellenlage aber kaum jemals erlauben, auch nur annähernd zutreffende Angaben über den Grad der Alleinverantwortlichkeit der Wehrmacht insgesamt oder einzelner Gruppierungen bzw. Personen aus ihrem Kreis zu machen.

Ein besonderer Fall: Der Kommissarbefehl

Innerhalb der Komplexe, die der Wehrmacht besondere Schuldzuweisungen eingetragen haben, spielte und spielt der Kommissarbefehl eine außergewöhnliche Sonderrolle:

Er war ohne »Wenn und Aber« völkerrechtswidrig; und für seine Durchführung ließen sich weder ähnliche oder andere Maßnahmen des Gegners als »mildernde Umstände« ins Feld führen.

Infolge der dadurch vorhandenen klaren Voraussetzungen müßte es eigentlich keine Schwierigkeiten bereiten, zu eindeutigen Statistiken zu gelangen: Die Zahlenangaben, die sich aus den Akten ergeben, könnten nicht nur zu absoluten Werten führen, sondern auch – bezogen auf die Einsatzstärke der Wehrmacht in der Sowjetunion – klare Angaben über den Grad der Anwendung des Kommissarbefehls vermitteln.

Aus den vorgenannten Gründen wird das Thema »Kommissarbefehl« im Mittelpunkt der folgenden Untersuchung stehen. Anschließend gilt es dann noch zu prüfen, ob und wie die gewonnenen Ergebnisse Rückschlüsse auf die anderen Komplexe erlauben, in deren Zusammenhang der Wehrmacht ebenfalls Verbrechen angelastet werden. In diesem Rahmen wird auch zu untersuchen sein, welche Grundlagen – im Positiven und Negativen – das Verhalten der deutschen Streitkräfte im Zweiten Weltkrieg insgesamt bestimmt haben dürften.

Kaum eine andere Weisung der Führung des Dritten Reiches an die Wehrmacht hat während und vor allem nach Ende des Zweiten Weltkrieges derart viel Anlaß zur Diskussion und zu widersprüchlicher Beurteilung gegeben wie der Kommissarbefehl. Dafür sind hauptsächlich drei Ursachen maßgebend gewesen:

Zum einen erwies sich der Auftrag an die Wehrmacht zur kompromißlosen Liquidierung sämtlicher Politruks der Roten Armee – zusammen mit einigen weiteren Anordnungen für das »Unternehmen Barbarossa«, also für den Angriff auf die Sowjetunion –, als die bis dahin massivste Indoktrinationskampagne in Richtung auf die Streitkräfte. Zum zweiten haben die Akzeptanz derartiger Einflußnahmen seitens der Wehrmacht und die Intensität der damit zwangsläufig einhergehenden Völkerrechtsverletzungen stets eine wesentliche Rolle bei der Beurteilung des Umfangs gespielt, in welchem der militärische Bereich in das nationalsozialistische Regime eingebunden war. Drittens schließlich sollte sich seit der Aufstellung der Bundeswehr bis heute die Antwort auf die letztgenannte Frage als ein wichtiger Prüfstein für die Rolle der Wehrmacht im Traditionsverständnis der neuen deutschen Truppen erweisen.

Quellenlage

Im Bundesarchiv-Militärarchiv findet sich eine große Anzahl von Kriegstagebüchern samt Anlagen deutscher Verbände und Großverbände, die in den Jahren 1941/42 in der Sowjetunion gekämpft haben. Diese Akten decken allerdings nur die Ebenen von den Divisionen an aufwärts ab. Sie sind auch nicht immer vollständig. Dennoch erlauben die vorhandenen Bestände eine zuverlässige Aussage über die Behandlung des Themas: »Kommissarbefehl«. Eine größere Dichte von Dokumenten würde an diesen Ergebnissen vermutlich wenig ändern.

Aufgrund der einleitend geschilderten Sonderstellung des Kommissarbefehls haben sich zahlreiche wissenschaftliche Untersuchungen mit ihm beschäftigt. Dabei fällt allerdings auf, daß alle bewußt oder unbewußt auf eine systematische Auswertung derjenigen Akten, die über das Ausmaß der Durchführung des Kommissarbefehls Auskunft geben, verzichten. Sie konzentrieren sich vielmehr in erster Linie auf die Entstehungsgeschichte dieser Weisung und äußern sich zu ihrer Ausführung durch die Truppe nur mehr oder weniger pauschal in der einen oder anderen Richtung. Dies erscheint in doppelter Hinsicht erstaunlich: Zum einen ermöglicht doch erst der Grad der Befolgung eines Befehls ein vollständiges Bild seiner historischen Rolle, und zum anderen erfordert die erwähnte elementare Widersprüchlichkeit in der Beurteilung des Kommissarbefehls ausdrücklich auch eine Untersuchung der Akzeptanz.

Forschungsansatz

Die hier vorgelegte Studie will und kann nicht den Anspruch erheben, die angesprochene wissenschaftliche Lücke restlos zu schließen. Sie soll jedoch eine notwendige zweite Stufe bei der Erforschung eines Komplexes sein, der auf jeden Fall zu den ausgesprochenen Negativ-Seiten deutscher Militärgeschichte und soldatischer Tradition gehören dürfte.

Zu diesem Zweck ist in doppelter Hinsicht ein neuer Forschungsansatz vorgenommen worden: Erstens soll nunmehr dem schon lange bestehenden Desiderat Rechnung getragen werden, die Anwendung des Kommissarbefehls seitens der Truppe systematisch zu überprüfen. Zweitens schließlich gilt es, dafür erstmals ein möglichst breites Spektrum von Akten auszuwerten.

Nun wäre es zweifellos am besten gewesen, von vornherein sämtliche erhalten gebliebenen Kriegstagebücher samt Anlagen, die möglicherweise Aussagen zum Thema enthalten könnten, durchzuarbeiten. Dies hätte jedoch mehrere Jahre in Anspruch genommen. Um jedoch schon früher zu einem tragbaren Ergebnis zu gelangen und drängende Fragen nicht noch länger im Raum stehen zu lassen, ist zunächst einmal eine Zwischenlösung in Angriff genommen worden. Das heißt, daß ein repräsentativer Querschnitt von Archivalien als Grundlage für diese Untersuchung diente.

Eine letzte Bemerkung hat sich auf die moralischen Aspekte des hier zu behandelnden Themas zu beziehen: Jeder Krieg ist grausam und jedes Menschenopfer, das er fordert, ist eines zuviel. Das muß an dieser Stelle gesagt werden, weil die folgende Abhandlung sich aus den eingangs dargestellten wissenschaftlichen und organisatorischen Gründen vielfach mit quantitativen Gesichtspunkten zu beschäftigen hat. Sie gestaltet sich damit auch insofern zu einer relativ undankbaren, aber dennoch unerläßlichen Aufgabe, weil sie sich immer wieder dem Vorwurf ausgesetzt sehen wird, den ganzen Komplex zu distanziert zu behandeln. Dieses mögliche oder vermeintliche Manko scheint übrigens auch öfter mit dazu beigetragen zu haben, daß die bisherigen Veröffentlichungen zum Kommissarbefehl sich mit der Frage seiner Durchführung nur halbherzig befaßten. In der Tat bietet die Darstellung der Genesis jener berüchtigten Weisung mehr Gelegenheiten, auch auf rechtliche und ethische Gesichtspunkte einzugehen und damit deutlicher werten zu können.

Dennoch ergeben sich auch bei einer Analyse von Kriegstagebüchern des Ostheeres genügend Anlässe, genauer gesagt: Notwendigkeiten, Urteile zu fällen. Damit ist noch nicht einmal an eine sicherlich auch noch zu leistende Überprüfung des Zusammenhangs zwischen der Akzeptanz des Kommissarbefehls und dem Verhalten der Roten Armee gegenüber ihren deutschen Gefangenen gedacht. Vielmehr gilt dieses schon für die Hinweise als solche in den verschiedenen herangezogenen Dokumenten, die – wie weiter unten darzulegen sein wird – nur aus sich selbst heraus nicht immer eine schlüssige Antwort auf die hier am meisten interessierende Frage zu geben vermögen. Das soll aber wiederum – wie gesagt – nicht heißen, daß man zu keinem Ergebnis gelangen könnte. Man muß nur eben auch hier interpretieren und damit werten. Das bringt zwar gewisse Probleme mit sich, widerlegt aber auch die erwähnte mögliche Kritik, lediglich eine quantifizierende Methode angewendet zu haben.

Auswahl der Akten

Insgesamt sind mehrere hundert Aktenbände durchgearbeitet worden, und zwar in der überwiegenden Mehrheit Kriegstagebücher bzw. Tätigkeitsberichte von Divisionen des Ostheeres aus der Zeit vom Frühjahr 1941 bis zum Frühjahr 1942. Bei der Auswahl wurde nach einer beliebig ausgesuchten numerischen Teilreihenfolge vorgegangen, in diesem Fall zwischen 1 und 10 sowie 20 und 30. Das erlaubte zwar auf der einen Seite einen gewissen Zufall walten zu lassen, andererseits jedoch auch, die gesamte Ostfront regional und organisatorisch ausgewogen zu berücksichtigen. Analog, wenn auch in erheblich kleinerem Rahmen, wurde mit den Armeekorps verfahren. Die in Frage kommenden Akten der drei Befehlshaber der Rückwärtigen Heeresgebiete wurden komplett durchgesehen. Unterlagen der Armeen und der Heeresgruppen sind nur dann überprüft worden, wenn bereits entsprechende Hinweise in bisher erschienenen Publikationen zum Kommissarbefehl vorhanden waren. Von den einzelnen Kommando-Behörden wurden zunächst Ia-, Ib- und Ic-Berichte gleichermaßen untersucht.[1] Nachdem sich jedoch schon bald herausstellte, daß die Ic-Dokumente relativ am aussagekräftigsten waren, ist der Schwerpunkt der weiteren Recherchen dorthin verlagert worden. Doch auch damit konnte ein Problem nicht beseitigt werden, auf das gleich eingangs schon einmal prophylaktisch hingewiesen werden muß und das im Endergebnis folgendermaßen aussah:

Bei insgesamt rund 20 Verbänden, die – einschließlich der Befehlshaber der Rückwärtigen Heeresgebiete – systematisch auf relevante Hinweise geprüft worden sind, war nur in etwa der Hälfte aller Fälle überhaupt eine – wie auch immer geartete – Erwähnung im Zusammenhang mit gefangenen Kommissaren bzw. Politruks zu finden.

Aufnahme und Weitergabe des Kommissarbefehls im Osten

Vor einer eingehenderen und detaillierteren Untersuchung der verschiedenen Akten-Aussagen gilt es zunächst einmal, kurz die Aufnahme und Weitergabe des Kommissarbefehls an der Ostfront zu klären. Das ist jedoch noch schwieriger als die Überprüfung seiner Anwendung, weil bekanntlich nur sehr wenige schriftliche Hinweise oder zumindest vage Andeutungen, wie und in welchem Umfang das geschehen ist, vorliegen:

So heißt es z.B. in dem Tätigkeitsbericht der Abteilung Ic der 8. Infanterie-Division für die Zeit vom 1.–15. Juni 1941: »Am 12. 6. fand eine Ic-Besprechung bei der Armee statt. Besprechungsthemen: Große Lage; Vernehmung von Gefangenen; Behandlung von gefangenen politischen Kommissaren ...«[2].

Bei der 30. Infanterie-Division liest man über eine Dienstbesprechung vom 16. Juni 1941: »Kdr: ... Maßnahmen gegen polit. Kommissare, Zivil- u. Mil. Kommissare ...«[3]

Über eine Ic-Besprechung beim Oberkommando der 6. Armee, die ebenfalls am 16. Juni 1941 stattfand, wurde notiert: »... 4 Merkblätter sind erlassen: ... d) Richtlinien über die Behandlung politischer Kommissare (nur mündlich weitergegeben) ...«[4]

In einem Befehl über »die richtige Handhabung des Ic-Dienstes« verfügte das III. Armee-Korps am 18. Juni 1941: »Wichtig ist sofortige Trennung von Offizieren und Mannschaften. Politische Kommissare!«[5]

Wiederum die 8. Infanterie-Division berichtete über eine Besprechung des Divisions-Kommandeurs mit seinen Kommandeuren vom 19. Juni 1941. Das geschah in zwei Fassungen, wobei die erste davon – obwohl durchgestrichen – im Kriegstagebuch belassen wurde. Der ursprüngliche, hier interessierende Text lautete: »1.) Erlaß des Führers vom 13. 5. (bei Div.). Alle Gewaltmaßnahmen nur auf Befehl eines Offiziers. Kommissare mdl. bis zu den Komp. Chefs bekanntgeben. Kennzeichnen der mil. Kommissare. Aussondern aus Gefangenen. – Ziv. Kommissare im Op. Gebiet. Eindruck entscheidet. Aktion abseits der Truppe. Kurze schriftliche Meldung der unteren Einheit an Div. (Ic). Keine Suchaktionen.« In der zweiten Fassung stand dann: »1. Erlaß des Führers vom 13.5. (s. Anlage) verlesen. Alle Gewaltmaßnahmen nur auf Befehl eines Offz. Alle Offiziere sind mündlich über Teil 1 in eindringlicher Form zu unterrichten. Behandlung der Kommissare mdl. bekanntgeben. Alle Offiziere sind mdl. zu unterrichten. Mil. Kommissare unter Gefangenen sofort aussondern. – Zivilkommissare im Op. Gebiet: Eindruck entscheidet. Aktionen abseits der Truppe. Kurze schriftliche Meldung der Komp. an Div. (Ic). – Keine Suchaktionen nach Gefangenen.[6]

Unter den Notizen für den Tätigkeitsbericht der Abteilung Ic der 22. In-

fanterie-Division findet sich auch die folgende: »20. 6. ... Belehrung der Adjutanten durch Rittm. v. Gustedt über Behandlung von polit. Kommissaren, Juden und sonstigen Gefangenen ...«[7]
In einem Befehl mit 160 Ausfertigungen dieser 22. Division ebenfalls vom 20. Juni 1941 heißt es schließlich: »Auf Grund der Erfahrungen im finnischen Krieg ist damit zu rechnen, daß die politischen Kommissare (roter Stern am Ärmel) nicht aussagen werden. Sie sind sofort abzusondern und gemäß Ic-Besprechung am 20. 6. 41 zu behandeln.«[8]

Ein besonderes Problem stellen gerade in diesem Zusammenhang alle diejenigen Verbände dar, die überhaupt nichts zum Thema ausgesagt haben. Andererseits gibt es etliche Bereiche, in denen zumindest nach Aussage von ehemals Verantwortlichen eigentlich auch nichts über den Kommissarbefehl hätte bekannt sein dürfen und aus denen dennoch relevante Verlautbarungen – welcher Art auch immer – vorliegen. Dieser vermeintliche Widerspruch erklärt sich wohl in erster Linie aus zwei Umständen:

Wenn immer wieder von Zeugen gesagt worden ist, daß die völkerrechtswidrige Weisung nicht weitergegeben worden sei[9], muß das nicht unbedingt heißen, daß sie totgeschwiegen worden wäre. Vielmehr wurde wohl meistens auf ihr Vorhandensein und ihre Problematik hingewiesen und damit unter Umständen auch der mehr oder weniger stringente Wunsch einer Nichtausführung verbunden. Hierdurch wuchs jedoch zugleich der Bekanntheitsgrad dieses Themas.

Hinzu kam, daß gerade der Ic-Dienstweg über einen gewissen Anteil an Selbständigkeit gegenüber der Führung eines jeden Verbandes verfügte.[10] Somit konnten auch gegen den Willen und das Wissen eines Kommandeurs, eines Kommandierenden Generals oder gar eines Oberbefehlshabers Informationen weitergegeben oder gar Weisungen ausgeführt werden, letzteres aber doch wohl nur in sehr beschränktem Umfange. Denkbar ist jedoch in diesem Zusammenhang auch, daß dem jeweiligen Truppenführer nicht klargeworden sein dürfte, daß seine eigenen Anordnungen unterlaufen worden sind. Somit hätte er auch Äußerungen nach Kriegsende durchaus in ehrlicher Überzeugung getan haben können. Schließlich ist in diesem Zusammenhang zu bedenken, daß das Wirken der sowjetischen Kommissare und ihr Einfluß auf die vielfach unmenschliche Kriegführung der Roten Armee verhängnisvollerweise die von Hitler schon vor Beginn des Feldzuges gegen die Sowjetunion angestellten Vermutungen bestätigten. Das führte dazu, daß ursprüngliche Ablehnungen des Kommissarbefehls geschwächt wurden oder daß es zu klärenden Aktionen kam. Dabei ist dann im Nachhinein nicht immer deutlich zu unterscheiden, was Ursache und was Wirkung war.

Insgesamt gesehen, dürfte jedoch feststehen – und dieses bestätigen auch die vorgefundenen und zitierten Aufzeichnungen –, daß die Kenntnis des fragwürdigen Befehls weiter verbreitet war, als bisher manchmal angenommen wurde. Damit ist freilich noch so gut wie nichts über den Grad seiner Anwendung ausgesagt.

Die Berichte der militärischen Verbände

Nachstehend wird eine Zusammenstellung aller derjenigen Meldungen der Truppe gebracht, die Hinweise auf getötete oder gefangene Kommissare enthalten. Sie beschränkt sich natürlich nur auf diejenigen Akten, die – entsprechend den erläuterten Kriterien – systematisch durchgesehen worden sind. Um einen besseren Eindruck vom Gesamtspektrum zu vermitteln, werden jeweils auch Eintragungen wie z.b. »Fehlanzeige« komplett berücksichtigt. Das Ergebnis sieht wie folgt aus:

2. Armee:[11]
»Beute der 2. Armee seit Befehlsübernahme bis 12. 7. einschl.: Gefangene: 65 Offiziere – 37 942 Mann – 20 Kommissare ...«
»Gefangene: am 14. 7. 41 2 Offiziere, 3514 Mann, 3 Kommissare.«
»Gefangene und Beute (seit Befehlsübernahme durch A.O.K. 2. bis 26. 7. einschließlich): Gefangene 180 Offiziere – 102 487 Mann – 54 Kommissare ...«
»Gesamtgefangenenzahl und Beute (seit Befehlsübernahme durch A.O.K. 2. bis einschl. 5. 8. 41) 257 Offiziere – 128 376 Mannschaften – 60 Kommissare ...«

Panzergruppe 2:[12]
»In den ersten Kampfwochen wurden politische Kommissare und Offiziere nur in geringem Umfang gefangengenommen. Bis Anfang August wurden im ganzen Gruppenbereich etwa 170 politische Kommissare (innerhalb der Truppe) gefangen und als gesondert abgeschoben von den A.K.'s gemeldet. Die Durchführung bildete kein Problem für die Truppe.«

Panzergruppe 4:[13]
»Zu Ob.d.H. Gen.z.b.V.Ob.d.H. (Gruppe Rechtswesen) Nr. 91/41 g.Kdos. vom 8. 6. 41 werden bis zum 8.7. einschl. gemeldet 101 erledigt ...« »... werden vom 22. 6.–19. 7. 41 einschl. gemeldet 172 erledigt ...«

I. Armee-Korps:[14]
»Ein Gefangener wegen Widerstandes erschossen, wurde als politischer Kommissar festgestellt.« (27. Juni 1941).

Relativ ausführlich waren die Meldungen des I. Armee-Korps in der Angelegenheit der Kommissare dann erst ab Anfang Juli:
»7. 7. morgens ein politischer Kommissar erschossen.« (7. Juli 1941) »Am 7. 7. abends wurde ein politischer Kommissar als erschossen gemeldet.« (8. Juli 1941)
»Ein Kommissar auf der Flucht erschossen.« (9. Juli 1941)
»Gestern und heute je 1 politischer Kommissar gefangen und erschossen.« (20. Juli 1941)
»Bislang 350 Gefangene, darunter 1 pol. Kommissar, der erschossen wurde.« (21. Juli 1941)
»Neuerdings Eingliederung von durch blaue Hosen kenntlichen Kommunisten (pro Batl. bis zu 80) in die Truppe. Bewaffnet mit automatischem Gewehr. Aufgabe insbesondere Schießen auf zurückgehende Rotarmisten. Bei Gefangennahme wie Kommissare behandelt.« (30. Juli 1941)
»Heute 4 Kommissare erschossen.« (14. August 1941)
»Heute bislang 360 Gefangene ... Kommissare: Fehlanzeige.« (30. August 1941)

Trotz weiterer regelmäßig erstellter Tagesberichte o.ä. meldete das I. Armee-Korps dann lediglich noch einmal am 6. September zum Stichwort »Kommissare« »Fehlanzeige«. Gleiches geschah am 13. September (handschriftlich nachgetragen) und am 20. September. Hier wurde also offensichtlich ein gewisser wöchentlicher Rhythmus eingehalten. Das gilt auch noch in bestimmtem Umfang für die folgende Zeit. Zwischendurch finden sich in den Kriegstagebüchern dieses Verbandes allerdings noch zwei weitere relevante Hinweise:

»Nach Angaben gefangenen Batls.-Kommissars vom Schtz.Rgt. 1007 soll es sich bei der im Raum Kirischi aufgetretenen schweren Artl. um ein schw. Artl.-Regt. (25 cm) aus Moskau handeln. ... 55 Gefangene.« (12. September 1941)
»Durch 126. Div. 1 Kommissar und 57 Mann gefangen, durch 18. I.D. (mot) 49 Gefangene.« (15. September 1941)

Am 27. September kam dann wieder eine anders lautende Notiz in der Ic-Tagesmeldung des I. Korps vor:
»Bei 21. Div. 1 Kommissar erschossen.«
Am folgenden Tag heißt es dagegen:
»88 Versprengte gefangen (darunter 1 Kommissar) ... «
Dann kommen wieder häufigere Eintragungen:
»1 Kommissar und 2 Partisanen erschossen.« (5. Oktober)
»1 Kommissar erschossen.« (6. Oktober)
»1 Kommissar erschossen.« (11. Oktober)
»Kommissare: ›Fehlanzeige‹.« (18. Oktober)

»7.) 2 Kommissare erschossen. 8.) Am 21.10. wurde bei Drotschowo ein mit Schnellfeuergewehr und Trommelrevolver bewaffneter Partisan erschossen. ... Im Raum Schpki 2 gefangene Partisanen bei Fluchtversuch erschossen, ein weiterer wieder aufgegriffen. 10 Partisanen gehängt.« (22. Oktober)
»2 Kommissare erschossen.« (1. November)
»1 Kommissar und 3 Partisanen erschossen.« (17. November)
»1 Spähtrupp traf in den Baracken 12 km ostw. Tschornorltschgje 3 Kommissare an, die erschossen wurden.« (26. November)

III. Armee-Korps:[15]
»In der Anlage wird das Ergebnis der 1. Auswertung der Papiere des Politischen Kommissars Andrei Andrejew übersandt. Erledigung des Falles erfolgte am 22.6.1941 gemäß Führerbefehl. Andrejew wurde in der Bunkerlinie um Uscilug gefangengenommen.« (III. Armee-Korps mot vom 23. Juni 1941)
Auf den letztgenannten Fall bezog sich offensichtlich auch die fernschriftliche Morgenmeldung des Ic des III. Armee-Korps vom 23. Juni 1941 an die Panzergruppe 1/Ic/AO, in der es u.a. hieß: »Ein Politruk nach Vernehmung entsprechend Befehl behandelt.«
Am 24. Juli meldete der Ic des III. Armee-Korps an die vorgesetzte Panzer-Gruppe 1:
»Bisher 82 polit. Kommissare gefangen und entsprechend behandelt«. – »III.A.K. = 1 – 13. Pz. = 40 – 14. Pz. = 7 – 25 (mot) = 23 – SS AH = 11 ...«
Das Generalkommando (mot) III. Armee-Korps befahl am 14. August dem unterstellten Pionier-Bataillon 627: »Der Parteifunktionär Kolisch ist zu erschießen. Dies hat ohne Zeugen abseits von Ortschaften zu erfolgen.«

V. Armee-Korps:[16]
»Durch 5. Div. wurden bisher 7, bei 35. Div. 3, bei 161. Div. 5, bei Arko 22 ein militärischer Kommissar im Kampf oder auf der Flucht erschossen.« (30. Juni 1941)
Der Ausdruck: »... Im Kampf oder auf der Flucht ...« ist übrigens im Original grün durchgestrichen worden, während er auf einer in derselben Akte enthaltenen Durchschrift unverändert blieb.
»1 Kommissar auf der Flucht erschossen.« (6. Juli 1941)
»Vom 22.6. bis 5.7.1941 wurden 18 Kommissare erschossen.« (9. Juli 1941)
Am 20. Juli hieß es dann; »Ein Kommissar wurde erschossen.«
Erst am 19. September erwähnt das Generalkommando überhaupt wieder einen Kommissar:
»Bei einem durch 161. Division ... durchgeführten Unternehmen gegen Partisanen wurden bisher 2 Kommissare und 30 Mann gefangengenommen.«
Am folgenden Tag wurde diese Meldung allerdings präzisiert:

»Bei der gegen Partisanen ... durchgeführten Säuberungsaktion wurden 48 Personen festgenommen, 3 Kommissare und 4 Partisanen erschossen.«
Unter dem Datum des 26. September liest man dann:»... 13 bewaffnete Partisanen durch 161. Div. gefangengenommen. Sie wurden erhängt bzw. erschossen, darunter 1 polit. Kommissar.«

Am 8. Februar 1942 heißt es in einer »Wochenmeldung«:
»Gefangene: 155 – Beute: ... – Kommissare: 2.«

In einer Aufstellung über Beute, Gefangene und Tote des V. Armee-Korps für die Zeit vom 15. bis 21. Februar 1942 steht:
»Gefangene: 149 – Tote: 1750 – Beute: ... – 1 Kommissar behandelt.«

Speziell für die ihr unterstellte 5. Panzer-Division meldete das Korps für dieselbe Zeit:
»Gefangene: 86 – Tote: 926 – Beute: ... – 1 Kommissar.«

Für den Monat Februar 1942 gab das V. Korps in einer Meldung über:
»Beute, Gefangene und tote Russen« an:
»11. Pz.Div.: ... – Gefangene: 32. Tote: 1474. – 106. Division: ... Gefangene: 39. Tote: 1700. – 5. Pz. Division: ... Gefangene: 306. Tote 3053. (3 Kommissare).«

In einer weiteren Meldung vom 3. März steht:
»Gefangene 11. 1 Kommissar.«

Am 14. März wird berichtet:
»Auf eigenen Art.-Beschuß und erneuten Flugblattabwurf 200 Überläufer. 4 Kommissare begingen Selbstmord.«

An die nunmehr vorgesetzte 4. Panzer-Armee wurde am 25. März gemeldet: »Politrukmeldung für die Zeit vom 9. 3. bis 22. 3. 42: Fehlanzeige.«

Das gleiche findet man auch in den Wochenmeldungen für die Zeit vom 29. März bis 4. April, vom 5. bis 11. April und vom 19. bis 25. April 1942.

8. Infanterie-Division:[17]

»Am 2.8. läuft der erste und einzige Kommissar freiwillig über und meldet sich bei einem deutschen Stab. Als Gastgeschenk bringt er einige LKW mit Verpflegung mit.« (2. August 1941)

22. Infanterie-Division:[18]

»Russ. Kommissar (Hauptmann) in Parjota nach stundenlangem Leugnen erschossen.«

23. Infanterie-Division:[19]

Im Kriegstagebuch der Abteilung Ic der 23. Infanterie-Division findet sich unter dem Datum des 28. Juni folgende Eintragung:

»Auf dem neuen Div.-Gef.Std. ... wird ein Kommissar im Leutnantsrang abgeliefert. ... Ihm wurde ... eröffnet, daß er als politischer Kommissar und Vertreter des bolschewistischen Systems für die gemeine und hinterhältige Art der russischen Kriegführung verantwortlich gemacht werden müsse und daß er erschossen werde. Er bot darauf an, daß er sich den deutschen Truppen anschließen und ihnen als Führer dienen wolle. Nach Ablehnung dieses Angebotes wurde er erschossen.«

Im Ia-Kriegstagebuch derselben Division wurde für diesen Tag die Notiz eingetragen:

»Unter den der Division eingelieferten Gefangenen ... befand sich ein politischer Kommissar, der höheren Weisungen entsprechend kurzerhand durch Feldgendarmen erschossen wurde.«

Wiederum in den Unterlagen der Ic-Abteilung der 23. Infanterie-Division sind noch zwei weitere relevante Hinweise enthalten. Am 2. und 27. Juli heißt es jeweils:

»Ein Kommissar befehlsgemäß erschossen.«

24. Infanterie-Division:[20]

»Auf Vormarschstraße Nähe Fw. Antoniowa durch Einwohneraussagen festgestellt, daß 3 russ. Kommissare in Zivil in Strziem sich aufhalten. Lt. Neul ist mit Festnahme und Erschießung beauftragt. 2 Mann wurden erschossen.« (30. Juni 1941)

In einem »Zwischenbericht über Gefangenen-Vernehmungen bis zum 9. 7. 41« der 24. Infanterie-Division findet sich folgender aufschlußreiche Hinweis:

»Politische Kommissare mit Abzeichen ›Hammer und Sichel‹ konnten in keinem Fall unter den Gefangenen festgestellt werden. Nur durch Aussagen von Gefangenen konnten sogenannte Politruks festgestellt werden. 3 Mann sind bis jetzt zur Erschießung gelangt.«

»Bei Vernehmung 2 politische Kommissare festgestellt. Erschießung veranlaßt.« (1. August 1941)

»Gefangene: 3 Politruks – erschossen.« (20. August 1941)

29. Infanterie-Division:[21]

»Bei Beginn des Feldzuges nahmen die Truppen der Division eine ganze Anzahl von sowj. politischen Kommissaren gefangen. Sie wurden entsprechend den erhaltenen Richtlinien nach eingehendem Verhör, teils durch die Truppe selbst, teils durch die Division, auf Befehl eines Offiziers erschossen.« (22. Juni bis 16. Dezember 1941)

Rückwärtige Heeresgebiete:[22]
In einem Bericht des Kriegsgefangenen-Bezirks-Kommandanten J. »über die Besichtigungsfahrt vom 26.–29. 7. 41« liest man: »Die sich unter den Kgf. verborgen haltenden Kommissare werden nach und nach durch V-Leute herausgezogen und gemäß besonderer Anordnung behandelt. Auf diese Weise ist es bisher gelungen, rund 30 Kommissare herauszufinden.«

Wiederum von einer Besichtigung eines Kriegsgefangenenlagers berichtete der Kriegsgefangenen-Bezirkskommandant J. am 8. September: »Bei Dulag 127 Orscha ... Vorhandener Bestand: 5000 Kgf ... Bisher sind 15 Kommissare im Lager festgestellt worden, die dem Sicherheitsdienst zur weiteren Erledigung übergeben wurden.«

Dieselbe Dienststelle informierte über einen Besuch des Dulag 230 Wjasma am 17. und 18. Januar 1942 wie folgt: »Der Abwehroffizier Hptm. Bernstein teilte mit, es seien seit Bestand des Lagers 200 Juden und 50–60 Politruks dem S.D. übergeben worden. Auf seine Tätigkeit entfallen hiervon 40 Juden und 6–8 Politruks.«

In dem Tätigkeitsbericht der Abteilung Ic des Befehlshabers des Rückwärtigen Heeresgebietes Süd für den ganzen Monat Februar 1942 ist zu lesen:

»Partisanen: Vernehmungsniederschriften des russ. Kommissars Herz wurde an OKW weitergereicht. Herz ist am 30.1. infolge Entkräftung gestorben.«

Grobanalyse der ermittelten Meldungen

Die in den ausgewählten Akten festgestellten Hinweise auf die Behandlung sowjetischer Kommissare durch die Truppen des deutschen Ostheeres vom Juni 1941 bis zum Mai 1942 wurden im vorstehenden Kapitel bewußt in vollem Umfang zitiert oder erwähnt. Nur so läßt sich die ganze Vielfalt, aber auch die sehr unterschiedliche Intensität der vorhandenen Informationen – bezogen auf jeweils einen militärischen Verband – vor Augen führen. Das Grundmuster, das dabei zustande kommt, ist mit ziemlicher Sicherheit sowohl in quantitativer als auch in textlicher Hinsicht repräsentativ. Damit dürfte also auch das Ergebnis der hier vorzulegenden Untersuchung genügend stichhaltig sein und die eingangs erläuterten Beschränkungen auf einen bestimmten Bestand von Dokumenten rechtfertigen.

Bei einer ersten Grobanalyse der ermittelten relevanten Textstellen fallen folgende Punkte besonders auf:

Selbst in den verhältnismäßig wenigen Aktenbänden, die überhaupt Eintragungen über sowjetische Kommissare enthalten, ist nirgendwo eine durchgängige Tendenz sichtbar. Das gilt sowohl für Zahlenangaben verschiedenster Art wie auch für Hinweise auf Gefangennahmen oder Vernehmungen, ja selbst für den Terminus »Fehlanzeige«. Mit anderen Worten: Obwohl bereits in den grundlegenden »Richtlinien für die Behandlung politischer Kommissare« des OKW vom 6. Juni 1941 angeordnet worden war, »... eine kurze Meldung (Meldezettel) über den Vorfall (d. h. die Liquidierung von Kommissaren [Anm. d. Verf.]) ... abzugeben«, ist kein Fall nachweisbar, in dem eine Kommandobehörde oder ein Truppenverband diesem Verlangen konsequent nachgekommen wäre. Diese Feststellung gilt selbst dann noch, wenn man unterstellen wollte, daß das Anführen von »Fehlanzeigen« nicht zwingend erforderlich war.

Auch wenn man die zuletzt von Förster[23] erneut geforderte »quantifizierende Untersuchung« zur Befolgung des Kommissarbefehls mit einem möglichst groben Raster durchführen wollte, müßte man zu der Schlußfolgerung gelangen, daß sowohl die Zahl der betroffenen Divisionen (nämlich etwa ein Drittel von 20) als auch die Gesamtmenge der – zumindest hypothetisch angenommenen – exekutierten Kommissare unverhältnismäßig gering ist. In diesem Zusammenhang sei noch einmal darauf hingewiesen, daß es an dieser Stelle nicht darum geht, moralische Urteile zu fällen, sondern zunächst einmal quantitative Bewertungen vorzunehmen.

Die vorstehende Auffassung wird noch nachdrücklich unterstrichen, wenn man die jeweiligen Summen gefallener oder gefangener Rotarmisten in ein angemessenes Verhältnis zu den erwähnten Kommissaren und Politruks setzt.

Völlig unabhängig von irgendwelchen Zeugnissen ehemaliger Wehrmachtangehöriger über teilweise manipulierte Zahlenangaben, Eintragungen in Kriegstagebüchern oder Meldungen muß jeder gewissenhafte und um Objektivität bemühte Historiker bei einer Sichtung der entsprechenden Hinweise aber auch konstatieren, daß diese für sich allein eine zumindest recht unterschiedliche Aussagekraft besitzen. Daher sollte u.a. die Frage erlaubt sein, ob es denn wirklich legitim ist – wie in verschiedenen geschichtswissenschaftlichen Publikationen geschehen –, Notizen wie z.B.: »befehlsgemäß erschossen« oder »gefangen und erschossen« absolut gleichzusetzen mit Bemerkungen wie: »erschossen«, »gesondert abgeschoben« oder »entsprechend behandelt«? Vor allem gilt dieses jedoch für die nicht wenigen Fälle, in denen die bloße Aufführung einer bestimmten Zahl von Kommissaren im Rahmen von Meldungen über gefallene oder gefangene Rotarmisten automatisch als Liquidationen deklariert werden. Um auch diesbezüglich nicht mißverstanden zu werden: Es ist selbstverständlich die eigene Entscheidung eines jeden Historikers, die er für sich selbst treffen muß, ob er mit Analogieschlüssen oder Indizien arbeiten will. Nur eine Voraussetzung sollte dabei unerläßlich sein, nämlich die, daß man von vornherein auf die Praktizierung einer solchen Methode hinweist und sie möglichst auch begründet. Diese Forderung wird nicht ohne Grund erhoben, wie noch zu zeigen sein wird.

Detailauswertung der Primärquellen

Bei der Beantwortung der Frage nach der Durchführung des Kommissarbefehls seitens der Truppe im Spiegel ihrer Kriegstagebücher sind grundsätzlich zwei Phänomene zu unterscheiden, nämlich einmal die häufigeren Fälle, in denen gar keine Eintragungen vorhanden sind, und zum anderen diejenigen Beispiele, die relevante Notizen überliefern.

Gemeinsam ist allen Quellen offensichtlich die Tendenz, zum Thema »Kommissare« möglichst wenig zu berichten. Das gilt selbst für diejenigen Akten, die überhaupt noch relativ viel aussagen. Diese Feststellung ist insofern beachtlich, als sie vor dem Hintergrund gesehen werden muß, daß allein schon die »Richtlinien« vom 6. Juni 1941 – wie erwähnt – zumindest eine »positive« Meldung zwingend erforderlich machten. Ob die genannten »Meldezettel« allerdings auch eine konsequente Berichterstattung in den Kriegstagebüchern bedingten, muß dahingestellt bleiben. Auf jeden Fall waren die von Förster angeführten regelmäßigen Informationen seitens der höheren Kommandobehörden nicht, wie er behauptet, die Norm. Immerhin aber gab es Anordnungen, die das praktizierte Meldeverfahren zu verbessern trachteten, das in der Praxis so aussah:

Die 6. Infanterie-Division berichtete z.B. im Juli 1941:
»Neben den Gefangenenvernehmungen hatte die Abt. Ic die Erledigung der Angelegenheit polit. Kommissare zu überwachen. Diese wurden am 18. 7. zahlenmäßig dem Korps gemeldet.«[24]

Die Panzergruppe 4 befahl am 22. Juli 1941:
»Betr.: Politische Kommissare. Meldung über Verlauf der Aktion vom 22. 6. 41 bis 19. 7. einschl. mit Zahlenangaben sofort erbeten. Nächste Meldung zum 3. 8. mit Stand vom 2. 8. ...«

Dennoch wurde diese Weisung am 6. August 1941 erneuert:
»Zahl der vom 3.–16. 8. einschl. erledigten Politruks zum 17.8. melden ...«
Das gleiche geschah noch einmal am 30. August 1941:
»Politruk-Meldung für die Zeit vom 17.–30. 8. einschl. ... bis zum 31. 8. 12 Uhr erbeten ...« und am 13. September 1941: »Es wird bis 14. 9. 15.00 Uhr um Meldung über die in der Zeit vom 31. 8.–13. 9. erledigten Politruks ... gebeten ...«[25]

Die 8. Infanterie-Division befahl am 27. Juli 1941:
»... Politische Kommissare und Offiziere versuchen, sich durch Anlegen einer unscheinbaren Uniform oder Zivil der Erfassung und Absonderung zu entziehen. – Mit geeigneten Mitteln ist zu versuchen, derartige Kommissare und Offiziere festzustellen, abzusondern und zu melden.«[26]

Das III. Armee-Korps hat am 2. Oktober – wohl im Verfolg einer entsprechenden Weisung der vorgesetzten Panzergruppe 1 – befohlen:

»Die Zahl der erfaßten polit. Kommissare ist dem Gen.Kdo.(mot) III. A.K., Abt. Ic für die Zeit v. 1.–15. bis zum 17. vormittags jeden Monats, für die Zeit vom 16. – Ende bis zum 2. vormittags des folgenden Monats zu melden.«[27]

Das Vorhandensein entsprechender Meldungen bzw. Befehle zeigt recht deutlich, daß schon damals der gleiche Eindruck entstanden sein muß, wie er sich auch für uns heute noch aus den Akten ergibt, nämlich daß die Zahlen gemeldeter Liquidierungen von Kommissaren unverhältnismäßig niedrig waren. Das kann wiederum nur zwei Gründe haben: Der eine wäre der, daß tatsächlich nicht viele Parteifunktionäre in deutsche Hände fielen. Diese Möglichkeit ist jedoch mit Sicherheit auszuschließen, und zwar vor allem wegen der noch zu belegenden hohen Zahl von gemeldeten toten oder gefangenen Rotarmisten.

Als zweite Ursache bliebe nur die Erklärung, daß manipuliert wurde. Dieses könnte entweder geschehen sein, weil man sich des Unrechtscharakters des Kommissarbefehls bewußt war, so daß man meinte – aus welchen Ursachen auch immer – die Exekutionen verbergen zu müssen, oder weil man sich nicht verpflichtet fühlte, vollständige Meldungen abzugeben. In der Tat kann man alle diese und sicherlich auch noch andere Gründe nicht mit letzter Gewißheit ausschließen. Dabei gilt es jedoch zu bedenken, daß auf jeden Fall – wie schon erwähnt – gewisse Meldungen vorgeschrieben waren und zum Teil auch forciert gefordert worden sind. Außerdem war es seinerzeit üblich, von so vielen nachrangigen Details zu berichten, daß es – alles in allem – schon erstaunlich wäre, wenn sich trotzdem in vielen Tagebüchern eine »Linie des Schweigens« derart konsequent hätte durchhalten lassen. Diese kann man daher am sinnvollsten nur so erklären, daß der Kommissarbefehl in der Mehrzahl aller Fälle sabotiert worden ist und es daher wirklich kaum etwas zu melden gab. Mit anderen Worten: Gibt es nicht einen größeren Grad der Wahrscheinlichkeit dafür, daß tatsächlich nicht oder kaum vollzogene Befehle auch nicht oder nur sporadisch gemeldet wurden, als daß Berichte über konsequent vollzogene Maßnahmen unterdrückt worden wären?

Wie lassen sich nun die Kriegstagebücher ohne jegliche Eintragungen mit jenen in Einklang bringen, die Meldungen der verschiedensten Art und Intensität enthielten? Und wie stimmt deren Charakter mit der Theorie überein, die wir der erstgenannten Kategorie von Berichten unterlegt haben? Da ist zunächst noch einmal darauf zu verweisen, daß auch in den letztgenannten Quellen keine konsequente Linie durchgehalten worden ist und daß diese Aussage je mehr gilt, desto kritischer man die einzelnen Notizen betrachtet. Auch hier wäre daher die sinnvollste Erklärung die, daß man den Kommissarbefehl eigentlich nicht auszuführen wünschte, sich des Befehls- und Meldedrucks jedoch nicht vollständig zu erwehren vermochte. Man brachte daher von Zeit zu Zeit tatsächliche oder fiktive Zahlen, die in ihren großen

Schwankungen und ihren quasi wellenförmigen Bewegungen kaum anders erklärbar sind. Gerade auch auf die unterschiedliche Dichte der Eintragungen muß man immer wieder hinweisen, weil einige Historiker einfach einzelne Meldungen aus verschiedenen Bereichen zusammengestellt haben und so den Eindruck erwecken, als ob man diese Zahlen dann nur noch hochzurechnen brauche. Dabei soll an dieser Stelle die Prüfung des Wahrheitsgehaltes dieser Angaben zunächst noch außer Betracht gelassen werden.

Abschließend ist offen zuzugeben, daß die vorstehend geäußerten Ansichten wohl für immer ihrer letzten Beweiskraft entbehren werden. Dieses gilt selbst für den Fall, daß man die noch zu analysierenden Zeugenaussagen uneingeschränkt akzeptieren würde. Umgekehrt erscheint es allerdings noch viel unverständlicher, angesichts des qualitativen und quantitativen Wesens der beschriebenen Meldungen zu dem Ergebnis zu gelangen, der Kommissarbefehl sei überwiegend befolgt worden. Dieses ist eine ungleich schwächere Theorie als die in dieser Studie aufgestellte. Denn immer vorausgesetzt, die vorkommenden Zahlenangaben stimmten überhaupt, dann bleibt doch noch jegliche Erklärung offen angesichts der Tatsache, daß diese Hinweise viel zu sporadisch vorkommen und insgesamt relativ gering sind. Försters Hinweis[28], daß es als Ausweg aus allen Dilemmas die Meldung von Fehlanzeigen gegeben hätte, ist in doppelter Weise unrealistisch. Es ist nämlich nirgendwo gesagt worden, daß dieses genüge. Vielmehr waren – dem Sinn des Befehls vom 6. Juni 1941 entsprechend – Vollzugsmeldungen gefordert. Zum anderen deckt dieser »Ausweg« nicht die Antwort ab, warum die gemeldeten Ziffern so gering waren. Und drittens schließlich mußten sich diejenigen, die den Befehl gegebenenfalls sabotieren wollten, darüber im klaren sein, daß sie mit dem Terminus »Fehlanzeige« mehr auf sich aufmerksam machen oder unglaubwürdiger wirken würden als wenn sie gänzlich schwiegen.

Es muß nun auch noch in detaillierterer Form auf die verschiedenen Ausdrücke eingegangen werden, die sich in den Kriegstagebüchern und in anderen Primärquellen im Zusammenhang mit den Meldungen über gefangene oder getötete Kommissare finden. Die einzelnen Begriffe brauchen hier nicht wiederholt zu werden. Aber ein Hinweis muß an dieser Stelle doch nachdrücklich erlaubt sein: Auch wenn die entsprechenden Ausdrücke in dem einen oder anderen Fall synonym für nachträgliche Erschießungen gebraucht worden sein sollten, bleibt neben der Erkundigung nach dem »Warum« dieser Geheimnistuerei, auf die schon eingegangen wurde, noch die Information darüber unumgänglich, daß zumindest ein Teil der betreffenden Termini auch zu anderen Zwecken gebraucht worden ist, bei denen mit Sicherheit von Liquidierung nicht die Rede sein kann. Wäre es daher ganz abwegig, in dem einen oder anderen Fall auch einen entsprechenden Analogieschluß im Hinblick auf die Kommissare zu ziehen? Zumindest darf eine entsprechende

Information in einer um Vorurteilslosigkeit bemühten Untersuchung nicht fehlen.

Einige Beispiele mögen das angesprochene Problem erhellen: In einem Befehl des I. Armee-Korps vom 2. Juni 1941, also noch vor dem endgültigen Erlaß der Kommissar-Richtlinien, heißt es u.a.: »Das Kriegsgefangenenführungspersonal (Offiziere, polit. Kommissare und Uffz) sind vordringlich abzusondern, scharf zu bewachen und in die Korps-Gef.S.-Stellen zur Weiterleitung abzuführen.«[29]

In den sogenannten »Richtlinien für das Verhalten der Truppe in Rußland« des OKW, die z.B. das III. Armee-Korps am 16. Juni 1941 weitergab, wird u.a. folgendes ausgesagt: »Bei der Gefangennahme von Truppeneinheiten sind die Führer sofort von den Mannschaften abzusondern.«[30]

Der Befehlshaber des Rückwärtigen Heeresgebietes Süd befahl am 14. Juli 1941: »Offiziere u. Kommissare in Zivil sind sofort von den andren Erfaßten zu trennen.«[31]

Die 22. Infanterie-Division schließlich ordnete am 13. August 1941 an: »Volksdeutsche Gefangene sind besonders gut zu behandeln; sie sind abzusondern und sofort durch weiße Armbinde zu kennzeichnen.«[32]

Auch die vorstehenden Zitate können – wohlverstanden – nicht geeignet sein, in jedem einzelnen Fall den Beweis des Gegenteils zu führen, nämlich daß dann, wenn politische Kommissare in den Berichten der Truppenteile mit solch speziellen Ausdrücken erwähnt wurden, keine Liquidierungen gemeint gewesen sind. Immerhin zeigen aber die Vergleiche von dem Gebrauch bestimmter Ausdrücke, daß Analogieschlüsse, zumindest solche, die automatisch gezogen werden, nicht in jedem einzelnen Falle zwingend sein müssen, daher sogar anfechtbar sind. Dieses gilt noch stärker, wenn von Kommissaren die Rede ist, die auf der Flucht oder während der Kampfhandlungen erschossen worden sind. Erst recht muß aber auf dieses Problem hingewiesen werden, wenn Politruks nur gesondert ohne jeden Zusatz im Rahmen von Gefangenenmeldungen oder von Verlusten des Gegners genannt werden. Es gibt auch hier manche Fälle, in denen Verdachte sicherlich zulässig sind, sowie andere, in denen sogar nachweisbar ist, daß Synonyme für Exekutionen gebraucht wurden. Dieses entbindet aber dennoch nicht von der Verpflichtung, bei allen nicht genau belegbaren Angaben mit der angemessenen Zurückhaltung zu Werke zu gehen.

Quantifizierende Bewertungen

Rein statistische Angaben und Wertungen in absoluter Form sind wegen des Fehlens entsprechenden Zahlenmaterials nicht möglich. Man kann daher nur zu Hilfskonstruktionen greifen, indem man die ermittelten quantitativen Ergebnisse in bestimmte Relationen setzt und die entsprechenden Ergebnisse analysiert. Im vorliegenden Fall läßt sich das dadurch bewerkstelligen, daß man zum einen die Zahlen der überprüften Truppenverbände insgesamt nimmt und dann feststellt, wie viele von ihnen überhaupt Meldungen abgegeben haben und wie viele nicht. Zum anderen kann man auch aus dem Verhältnis von überlieferten Angaben hinsichtlich gefallener und vor allem aber gefangener Rotarmisten und den vorhandenen Zahlen bezüglich der militärischen Kommissare entsprechende Rückschlüsse ziehen.

Systematisch durchgesehen worden sind – wie schon gesagt – die Akten von verschiedenen Großverbänden des Heeres. Bei 10 von ihnen, also in rund 50 Prozent aller Fälle, wurde überhaupt nur eine halbwegs relevante Eintragung bezüglich gefangener Kommissare gefunden. Dieses Ergebnis ist – zugegebenermaßen – nicht ausreichend repräsentativ in bezug auf eine Gesamtwertung. Einerseits muß man nämlich zugestehen, daß das Fehlen von Eintragungen noch nicht beweist, daß alle gefangenen Kommissare verschont geblieben wären. Vielmehr können durchaus einmal relevante Aktenbände verlorengegangen oder Meldungen – wie schon erwähnt – bewußt oder unbewußt unterlassen worden sein. Es gibt auch zumindest Einzelfälle, in denen man an Hand von Berichten übergeordneter Dienststellen nachweisen kann, daß bei unterstellten Divisionen trotz fehlender Hinweise in deren eigenen Akten dennoch auch – wie immer geartete – »Kommissar-Meldungen« vorgekommen sind. Andererseits muß man aber ebenfalls darauf hinweisen, daß bei den genannten 50 Prozent weder etwas über die Qualität noch über die Quantität der Aussagen in den Berichten einzelner Großverbände gesagt wird. Hierauf wird im nachfolgenden Abschnitt noch einzugehen sein.

Der Vollständigkeit halber sei auch noch darauf hingewiesen, daß sowohl Streit als auch Förster[33] eine Reihe weiterer Akten anführen, aus denen ebenfalls Hinweise auf gefangene Kommissare zu entnehmen sind. Diese Berichte werden selbstverständlich in die hier vorgelegte Untersuchung mit einbezogen. In der quantitativen Bewertung mußten sie allerdings unberücksichtigt bleiben, sofern sie nicht ohnehin in die Serie der repräsentativ ausgewählten Bestände hineinfielen. Andernfalls wäre die Relation fälschlicherweise verschoben worden. Dies gilt um so mehr, als man sich der Vermutung nicht ganz verschließen kann, daß es seit der Zeit der Nürnberger Prozesse bestimmte »Muster-Beispiele« für die Ausführung des Kommissarbefehls gibt, die immer wieder zitiert werden. Obwohl nämlich sowohl Streit als auch Förster schreiben, daß sie beliebige Akten herausgesucht hätten, kommen bei ihnen in der Mehrzahl dieselben Notizen wieder zum Vorschein, die bei den Kriegsverbrecher-Prozessen auf dem Tisch lagen.

Auf jeden Fall bleibt bei dieser Art von quantifizierender Untersuchung zum Schluß eines festzuhalten: Allein schon die geringe Zahl von vorhandenen relevanten Akten erlaubt es keinem Historiker, der zu einem seriösen Urteil gelangen will, zu behaupten, daß der Kommissarbefehl überwiegend befolgt worden sei. Auch der umgekehrte Schluß läßt sich daraus allerdings nicht genügend schlüssig belegen; doch sprechen die großen Lücken – in Verbindung mit dem Charakter und den sehr schwankenden, insgesamt auch geringen Zahlen der einzelnen Eintragungen – in den Kriegstagebüchern mehr für die letztere Theorie, die ja auch durch genügend Zeugenaussagen belegt wird.

Wenden wir uns nunmehr noch einem anderen, sicherlich besser zu verdeutlichenden Zahlenvergleich zu, nämlich dem zwischen vorhandenen Meldungen bezüglich gefangener Kommissare und den überlieferten Zahlenangaben gefallener bzw. gefangener Rotarmisten:

Nehmen wir in diesem Fall alle ermittelten Meldungen, also auch die nicht selbst in Augenschein genommenen und überprüften aus den Nürnberger Prozeßakten und von verschiedenen Autoren, so wird auf etwa 700 getötete bzw. gefangene Kommissare hingewiesen. Selbst wenn man davon ausgehen würde, daß sämtliche als »erschossen« gemeldete Politruks tatsächlich exekutiert worden sind und das gleiche für alle diejenigen gelten würde, die unter den Gefangenen erwähnt werden, wäre das noch immer eine Zahl, die zwar groß ist, die aber keineswegs das Urteil zuläßt, der Kommissarbefehl sei seitens der Truppen des Ostheeres überwiegend befolgt worden. Abgesehen davon, daß die vorstehende Menge – bezogen auf die ausgewerteten Meldungen – mit Sicherheit bei weitem nicht so hoch war und daß viele der gemeldeten Gefangenen erst in den Lagern exekutiert oder gar an den SD abgegeben worden sind, damit also zumindest formal aus der Verantwortlichkeit der eigentlichen Truppe herausfielen, muß man immer auch noch die uns nicht bekannten, jedoch sehr hohen Gesamtzahlen der Verluste der Roten Armee sehen. Allerdings ist auch daran zu erinnern, daß die hier genannten Zahlen der Kommissare nur eine Auswahl darstellen, die absolute Gesamtzahl also sicherlich beträchtlich höher sein dürfte.

Wenn nunmehr zum Abschluß der genannte Vergleich angestellt wird, sei erneut daran erinnert, daß es hier nicht darum gehen kann, wie immer geartete Zahlen zu verniedlichen. Dennoch muß es gerechtfertigt sein, eine Aussage auf ihren wahren Gehalt hin zu untersuchen und dazu auch eben die Verhältnismäßigkeit in entsprechenden Ansatz zu bringen.

Es gibt relativ viele Meldungen über Gefangenenzahlen[34], so daß wir ganz gut in der Lage sind, zumindest in Einzelfällen Vergleiche anzustellen. So hat z.B. das I. Armee-Korps bis zum 31. Oktober 1941 mehr als 25 000 Gefangene zu verzeichnen gehabt. Im selben Zeitraum ergingen verschiedene Meldungen, die sich auf 20 Kommissare bezogen. Beim III. Armee-Korps lauten die entsprechenden Zahlen bis Mitte Oktober: ca. 100 000 bzw. 85, und beim V. Armee-Korps 62 000 bzw. 26. Bei der Panzergruppe 4 wurden bis zum 10. August 1941 rund 170 000 Gefangene gemeldet. Diesen standen bis Anfang des Monats 170 Kommissare gegenüber.

Bei einigen Divisionen konnten ebenfalls Zahlen ermittelt werden: 23. Infanterie-Division: Bis Anfang August 1941 17 000 Gefangene und 5 Kommissare; bis Ende September 1941 42 000 Gefangene bei der 24. Infanterie-Division und 11 Kommissare; 26. Infanterie-Division bis Ende 1941: 14 000 Gefangene, keine Kommissar-Meldung.

Die vorstehend zitierten Zahlenangaben könnten beliebig erweitert werden und würden in etwa immer die gleichen Relationen aufweisen. Dabei muß noch einmal darauf hingewiesen werden, daß sämtliche Kommissar-Meldungen verwendet worden sind, also ohne Rücksicht darauf, ob in dem einen oder anderen Fall eventuell doch keine Exekution stattgefunden haben könnte. Andererseits muß natürlich auch darauf verwiesen werden, daß die geringe Zahl von gefallenen oder gefangenen Kommissaren schon damals den zuständigen Stellen auffiel. So meldete beispielsweise schon am 12. Juli 1941 die 8. Infanterie-Division: »Gefangenen-Aussagen ergaben: Stimmung schlecht, Offiziere und Kommissare haben Abzeichen abgelegt, Haare kurz geschnitten. Die Truppe hat Befehl erteilt, bis auf Personalausweise sämtl. schriftliches Material zu verbrennen ...«

In einem Bericht des III. Armee-Korps vom 4. August 1941 hieß es: »... Die geringe Zahl der gefangenen Offiziere und Kommissare in den vergangenen Wochen ließ schon immer die Vermutung aufkommen, daß die Verluste an diesem Führermaterial der Roten Armee im Verhältnis wesentlich geringer waren als an Mannschaften.«

In einem Erfahrungsbericht der 24. Infanterie-Division vom 24. November 1941 liest man u.a.: »Im übrigen muß angenommen werden, daß es einer größeren Zahl von Kommissaren gelang, aus den Kesseln durch Anlegen von Zivil herauszukommen und sich durchzuschlagen ... Die Tarnung der Wanderungen war jeweils verschieden. Die betreffenden ... Kommissare gaben sich als entlassene Zwangsarbeiter, desertierte Schützengräbenbauer, Sträflinge oder entlaufene Wehrpflichtige aus.«[35]

Trotz der vorstehend angeführten Gründe für ein reduziertes Aufkommen von Kommissaren bei den deutschen Meldungen und Berichten stehen die genannten Zahlen von gefallenen und erschossenen Politruks jedoch in einem viel zu geringem Verhältnis zu den Zahlen getöteter oder gefangener Rotarmisten überhaupt. Um eine solche These zu vertreten, bedarf es noch nicht einmal der von Laternser und anderen aufgestellten Behauptung, auf jeweils etwa 80 sowjetische Soldaten müsse ein Kommissar gerechnet werden.³⁶ Selbst wenn man das Verhältnis ca. um das dreifache vergrößert, also auf 200 Soldaten einen Kommissar annimmt und auch davon ausgeht, daß die Gefallenen- bzw. Gefangenenzahlen generell überhöht waren, sind diese und die Kommissar-Meldungen in keiner Weise stimmig. Dieses wird auch bekräftigt durch Meldungen, nach denen unverhältnismäßig viele Kommissare noch nachträglich in den Gefangenenlagern festgestellt wurden. Diese ganze Tendenz bestätigen u.a. auch sogar zwei Eintragungen im Tagebuch des damaligen Chefs des Generalstabes des Heeres, Generaloberst Halder, vom 1. August und 21. September 1941: »Behandlung gefangener Kommissare (werden zum größten Teil erst in den Gefangenenlagern festgestellt)« – »Verhalten der Truppe gegen Kommissare pp. (werden nicht erschossen)«.³⁷

Abschließend sei für den statistischen Bereich gesagt, daß es auch hier nicht darum gehen konnte und sollte, die deutsche Wehrmacht an der Ostfront von jeglicher Schuld reinzuwaschen. Dabei muß auch die moralische Schuld für die Vorgänge in den Gefangenenlagern und die Abgaben an den SD nicht näher untersucht werden. Die ganz realistischen Zahlen, d.h. die Fälle, in denen mit großer Wahrscheinlichkeit Exekutionen vorgenommen worden sind, erscheinen schlimm genug. Trotzdem muß schon an dieser Stelle die Frage aufgeworfen werden, wie man angesichts der erhalten gebliebenen Berichte und daraufhin anzustellender statistischer Vergleiche zu Urteilen kommen kann, wie sie vor allem die Historiker Förster, Messerschmidt und Streit gefällt haben?³⁸

Zeugenaussagen

Alle bisher getroffenen Analysen sind lediglich von der Situation in den Quellen selbst ausgegangen. Hierbei ist – das sei noch einmal betont – immerhin auffällig, wie wenig diejenigen, die einer weitgehenden Akzeptanz des Kommissarbefehls seitens der deutschen Truppen in der Sowjetunion das Wort reden, auf die Ambivalenz verschiedener, weiter oben erläuterter Informationen eingehen. Im Gegensatz zu der in dieser Studie angewandten Methode wird dort ohne jegliche Rechtfertigung oder auch nur Hinweise auf mögliche Alternativen einer bestimmten Interpretationsweise der alleinige Vorrang eingeräumt. Ganz besonders ist diese Tendenz auffällig im Zusammenhang mit den vielen erhalten gebliebenen Zeugenaussagen zu dem Komplex der Behandlung der sowjetischen Kommissare durch deutsche Soldaten. Sie werden in den meisten Fällen entweder ganz totgeschwiegen oder aber zumindest so wenig berücksichtigt bzw. als so unbegründet abgetan, wie es ihrem Wert und ihrem Inhalt nicht entspricht. In allen anderen Situationen würde sicherlich kein ernsthafter Historiker derart vernachlässigend mit solchen

Quellen umgehen. Dieses gilt um so mehr, als die vorhandenen Dokumente nirgends die mündlichen Überlieferungen widerlegen, sondern sie im Gegenteil fast lückenlos, ja beinahe ideal, ergänzen. Das ist natürlich auch ein gewisser Anlaß, vorsichtig zu Werke zu gehen, kann aber doch kein Grund zu völliger Nichtbeachtung sein.

Bereits im Jahre 1950, und damit wohl als erster, hat der Jurist Hans Laternser, der als Verteidiger bei den Nürnberger Prozessen tätig war, in einem Buch darüber berichtet und u.a. auch den Kommissarbefehl angesprochen: Er führte in seiner Verteidigung des Generalstabes und des OKW insbesondere aus, daß dieser Erlaß, nachdem er schriftlich formuliert gewesen sei, von den Oberbefehlshabern der Heeresgruppen und Armeen entweder gar nicht an die unterstellten Truppen weitergegeben oder seine Umgehung angeordnet worden sei. Laternser fährt fort: »Der vom Oberbefehlshaber des Heeres im Anschluß an den Kommissarbefehl erlassene Befehl über die Wahrung der Disziplin hatte den beabsichtigten Erfolg. Er gab den Oberbefehlshabern der Front die Handhabe, ihrer Auffassung entsprechend zu handeln. So erreichten die militärischen Führer, daß der Kommissarbefehl im Bereich der Heeresgruppen generell nicht zur Durchführung gelangte. Schließlich wurde der Kommissarbefehl auf das energische Vorgehen des Generalstabschefs, Generaloberst Zeitzler, wieder aufgehoben.« (1942 – d.Verf.)[39]

In seiner Verteidigung für Generalfeldmarschall von Leeb ging Laternser dann auf Einzelheiten ein: Der Kommissarbefehl sei als nicht-operative Angelegenheit vom OKW direkt an die Armeen gegeben worden. Die Heeresgruppe Nord, die Leeb seinerzeit führte, habe diesen daher nur nachrichtlich zur Kenntnis erhalten. Während die Weitergabe an die AOK's also nicht zu verhindern gewesen sei, habe man die schriftliche und mündliche Übermittlung an das direkt als Reserve unterstellte L. Armee-Korps ebenso unterbunden wie an den Befehlshaber des Rückwärtigen Heeresgebietes Nord. Außerdem sei seitens des Feldmarschalls der seiner Ansicht nach völkerrechtswidrige Befehl auch aktiv bekämpft worden. Er habe u.a. insgesamt fünfmal persönlich beim OKW und OKH dagegen protestiert, die Angelegenheit noch vor Beginn des Feldzuges gegen die Sowjetunion mit den Oberbefehlshabern der drei ihm unterstellten Armeen, den Feldmarschällen von Küchler und Busch sowie dem Generalobersten Hoepner, besprochen und ihnen erklärt, daß er den Erlaß ablehne und ihn nicht zu befolgen gedenke. Die Gesprächspartner hätten seine Meinung geteilt und seien in der Folgezeit wie er verfahren. Leeb habe schließlich auch seine Meinung durch seinen Chef des Stabes und die Offiziere seines Oberkommandos verbreiten lassen. Vor allem der Generalstabschef der Heeresgruppe Nord, General Brennecke, habe die Stabschefs der unterstellten Armeen und sonstigen Kommandobehörden wissen lassen, daß man den Kommissarbefehl zwar nicht aufheben könne, daß man jedoch»... auf seine Durchführung keinen Wert lege und seine Ausführung nicht nachkontrollieren werde«. Schließlich habe Leeb auch bei seinen häufigen Truppenbesuchen an der Front immer wieder betont, daß der Kommissarbefehl nicht ausgeführt zu werden brauche. Dieses habe er zusätzlich noch durch seinen Chef des Stabes und die Offiziere seiner Kommandobehörde verbreiten lassen. Dabei sei Leeb übrigens nirgendwo auf eine gegenteilige Meinung getroffen.

Insgesamt sei ein solches Verfahren auch das einzige gewesen, das praktikabel erschien. Die Angelegenheit der Kommissare habe nämlich nicht in die Zuständigkeit der Heeresgruppe gehört; und ein schriftlicher Befehl würde in jedem Fall eine radikalere Durchführung der fraglichen Weisung und entsprechend strenge Kontrollen geradezu provoziert haben. Schließlich sei die Opposition der Truppenführung gegen den Kommissarbefehl auch darin zum Ausdruck gekommen, daß – wie das OKH am 23. September gegenüber dem OKW schriftlich formulierte – die Oberbefehlshaber der drei im Osten eingesetzten Heeresgruppen noch einmal persönlich gegen den Kommissarbefehl vorstellig geworden seien.

Im Falle des Generalfeldmarschalls von Bock, des Oberbefehlshabers der Heeresgruppe Mitte, führte Laternser ebenfalls aus, wie auch dieser sich dem Erlaß zur Behandlung der Kommissare widersetzt habe. Bock habe u.a. sofort nach Erhalt des Befehles mit den Oberbefehlshabern der beiden anderen Heeresgruppen an der Ostfront Verbindung aufgenommen. Dabei sei die bereits erwähnte Einigung über die gemeinsame Ablehnung des Kommissarbefehls erzielt worden. Leeb habe Bock außerdem gebeten, bei dem Protest, den dieser vortragen wollte, auch in seinem Namen zu sprechen. Bock beauftragte seinen Ic, Oberstleutnant Freiherr von Gersdorff, mit dieser Angelegenheit, der daraufhin mit dem im OKH zuständigen General Müller ins Gespräch kam. Dieser erklärte, sie hätten alles getan, um den Befehl zu verhindern. Das sei zwar vergeblich gewesen, aber der Erlaß des ObdH zur Wahrung der Disziplin sei geeignet gewesen, diese Anweisung wirkungslos zu machen.

Es soll an dieser Stelle nicht weiter auf die ausführlichen Erläuterungen Laternsers eingegangen werden, in denen er rechtfertigt, warum es keine anderen Möglichkeiten zur Sabotage des Kommissarbefehls gegeben habe. Soviel muß allerdings noch zu zwei in diesen Zusammenhang gehörenden Zeugnissen gesagt werden, die von denjenigen, die meinen, der Kommissarbefehl sei überwiegend befolgt worden, als Beweismittel herangezogen werden: In dem einen Fall ist es ein Befehl des Chefs des Stabes der Heeresgruppe Nord, mit dem der Kommissarbefehl zur Sicherung der Durchführung von Arbeiten außer Kraft gesetzt worden ist. Ferner geht es um ein Schreiben des Oberbefehlshaber des Heeres an das OKW, in dem mitgeteilt wurde, daß die Oberbefehlshaber aller drei im Osten eingesetzten Heeresgruppen die Aufhebung des Kommissar-Erlasses gefordert hätten. Die Vertreter der These von der weitestgehenden Akzeptanz dieses Befehles ziehen daraus den sehr willkürlichen Schluß, daß auch hieraus hervorgehe, daß die Kommissare bis dahin tatsächlich und fast ausnahmslos erschossen worden seien. Lediglich pragmatische Gründe, wie z.b. erforderliche Arbeiten oder wachsender Widerstand der Roten Armee, hätten die Führung des Ostheeres auf den Plan gerufen. Demgegenüber betont Laternser, daß schriftliche Gegenmaßnahmen eben nur dann möglich gewesen seien, wenn es um die »Hervorhebung besonderer militärischer Interessen« gegangen sei.

Darüber hinaus müsse man aber auch noch – so Laternser – davon ausgehen, daß selbst die schon relativ niedrigen Quoten erschossener Kommissare in den erhalten gebliebenen Meldungen zu hoch seien. Dieses gelte zumindest für die Zahlen echter Exekutionen. Man könne nämlich nicht davon ausgehen, daß selbst die als erschossen gemeldeten Kommissare tatsächlich nach ihrer Gefangennahme ums Leben gekommen seien. Vielmehr liege die Vermutung nahe, daß zumindest ein Teil von ihnen bereits vorher im Kampf erschossen worden sei. Man habe sie jedoch in die Meldungen aufgenommen, um der entsprechenden Pflicht zu genügen und Nachfragen zu vermeiden. Für eine Meldung des XXXIX. Armee-Korps vom 16. November 1941 über 22 getötete Kommissare sei dieses z.b. durch ein »Affidavit« des Generals von Natzmer nachgewiesen. Auch bezüglich der von der Panzergruppe 2 gemeldeten 172 erschossenen Kommissare könne die Verteidigung des Generals Reinhardt entsprechende Erklärungen abgeben. Außerdem hätten auch die Kommandierenden Generale, die dieser Panzergruppe unterstellt gewesen seien, die Generale Reinhardt und von Manstein, den Kommissarbefehl abgelehnt.

Daß es, so Laternser, wirklich üblich gewesen sei, im Kampf getötete Kommissare anschließend extra als erschossen zu melden, hätten auch die beiden Ic-Bearbeiter der Heeresgruppen Nord und Mitte, Oberst Jessel und Oberstleutnant Freiherr von Gersdorff, als Zeugen bestätigt, da sie für die entsprechenden Aufgaben zuständig gewesen seien. Zum Teil seien die genannten Zahlen sogar frei erfunden worden. Dieses habe Oberst Jessel berichtet, der außerdem aussagte, daß diese Phantasieberichte von den jeweils vorgesetzten Dienststellen sogar als echt gewertet worden seien. Damit habe man formal der auferlegten Berichtspflicht nachkommen können und dennoch den Kommissarbefehl sabotiert. Hieran seien alle Kommandobehörden, einschließlich des OKH, beteiligt gewesen. Teilweise habe man die in Frage kommenden Zahlen sogar mit den der Heeresgruppen unterstellten Verbänden regelrecht ausgehandelt. Dieses sei auch wesentlich der Grund gewesen, warum der Ic der Heeresgruppe Nord seinem Oberbefehlshaber, also Leeb, dann oftmals gar keine Meldung über die angeblich erschossenen Kommissare gemacht habe. Da Leeb die Ausführung verboten hatte, hätte er im Falle echter Exekutionen natürlich eingegriffen.

Laternser hat schließlich auch noch darauf verwiesen, daß Leeb u.a. durch die infolge des Kommissarbefehls für ihn entstandenen Konflikte seinen Rücktritt herbeigeführt habe. Auch seien die entsprechenden Aussagen über die Sabotage dieser Weisung von ihm bereits gemacht worden, als er selbst noch gar nicht mit einer Anklage gegen sich selbst zu rechnen gehabt habe.

Wenn es sich auch zugegebenermaßen um eine rein gerichtliche Verteidigung handelt, die Laternser in seinem Buch vorträgt, somit sicherlich auch die Verpflichtung zur Exkulpierung seiner Mandanten dabei im Vordergrund stand, sind viele der aufgeführten Punkte dennoch zumindest einer Prüfung wert. Das hat jedoch erstaunlicherweise bisher keiner derjenigen, die sich später zum Kommissarbefehl geäußert haben, angemessen getan. Aber auch aus der Sicht des Historikers, der die Akten nun einmal anders interpretiert als ein Jurist, ergeben sich manche Anhaltspunkte, die die mündlichen Aussagen nicht als gänzlich unwahrscheinlich erscheinen lassen und zudem manchen vermeintlichen Widerspruch in den Akten sinnvoll aufklären könnten. Dieses gilt entsprechend für die vielen Bekundungen von anderen Zeugen, auf die hier nicht näher eingegangen werden kann.

Analyse jüngster Forschungsergebnisse

Unter den relativ zahlreichen Autoren[40], die sich mit dem hier interessierenden Thema beschäftigt haben, ragen – wie schon eingeführt – als die drei stärksten Protagonisten einer weitgehenden Befolgung des Kommissarbefehls durch die Truppen des deutschen Ostheeres die drei Historiker Förster, Messerschmidt und Streit heraus. Aus Gründen der eingangs erwähnten Beschränkung dieser Studie durch ein bestimmtes zeitlich und umfangmäßiges Limit ist keine Möglichkeit vorhanden, auf deren sämtliche Thesen einzugehen. Da die Arbeit von Förster im Band 4 des Reihenwerkes: »Das Deutsche Reich und der Zweite Weltkrieg« der jüngste Beitrag zu diesem Thema ist und praktisch alle vorherigen Ergebnisse, vor allem der zwei anderen genannten Autoren, mit verarbeitet, dürfte es genügen, sich zum Abschluß der hier vorgelegten Untersuchung noch einmal mit seinen Hauptthesen auseinanderzusetzen.

Zu Beginn seiner Bewertung gesteht Förster zwar zu, und hierauf wurde bereits hingewiesen, daß eine »quantifizierende Untersuchung« über die »De-facto-Handhabung« des Kommissarbefehls in der Truppe immer noch ausstehe. Sofort daran anschließend konstatiert er dann jedoch: »Die große Anzahl dienstlicher Vollzugsmeldungen spricht allerdings eine so deutliche

Sprache, daß nichts weniger verfehlt wäre, als die Bedeutung des Kommissar-Erlasses zu unterschätzen oder weiter anzunehmen, daß nur einige Truppenteile ihn ausgeführt, die meisten ihn zu sabotieren gewußt hätten.«[41]

Ganz abgesehen davon, daß es ein Widerspruch in sich ist, zunächst das Fehlen kompetenter Forschungsgrundlagen festzustellen und dennoch zu einer nahezu absoluten Aussage zu kommen, haben die weiter oben angestellten Prüfungen der Akten aber auch eindeutig ergeben, daß die Quellen nichts hergeben, was für eine beträchtliche Anzahl von Liquidierung sowjetischer Kommissare sprechen würde. Das gilt selbst für den Fall, daß man alle »Vollzugsmeldungen« undifferenziert subsumieren würde, und trifft erst recht zu, wenn man das tut – was die historisch-kritische Methode erfordert –, nämlich wenn man bei den verzeichneten Meldungen sorgfältig trennt zwischen dem, was als weitgehend gesichert erscheint, und dem, was nicht mehr als eine unbeweisbare Vermutung ist.

Schließlich sei auch noch mal darauf verwiesen, daß ein völlig falscher Eindruck von der Aktenlage insgesamt entsteht, wenn man einfach einzelne Meldungen aus verschiedenen Bereichen beliebig nebeneinander zitiert. Die dadurch vermutete Intensität und Größenordnung der Eintragungen sind – wie aufgezeigt – nun einmal nicht vorhanden. Außerdem werden die vorhandenen Zeugenaussagen von Förster ebensowenig berücksichtigt wie die als echtes Faktum feststehende Tatsache eines hohen Kommissar-Aufkommens in den Gefangenenlagern. Beides tut er mit der von ihm nicht belegten Behauptung ab, das könne zum einen die Durchführung des Kommissarbefehls nicht »verwischen«, und zum anderen hätten die Lagerkommandanten im Operationsgebiet des Heeres bis Anfang Oktober 1941 im Sinne der Richtlinien verfahren. Auch der Umstand, daß mehrere andere, recht angesehene Wissenschaftler, wie Hoffmann, Jacobsen oder Streim noch in jüngster Zeit die Befolgung des Kommissarbefehls durch die Wehrmacht als zumindest recht eingeschränkt erklärt haben, wird von Förster ohne jegliche Erklärung beiseite gelassen.

Der hier angesprochene Autor geht dann auch noch auf die Frage der angeblichen Falschmeldungen ein, die er kurzweg damit beantwortet, daß hierzu keine Notwendigkeit vorhanden gewesen sei. Man habe ja durchaus »Fehlanzeige« angeben können. Dabei dürfte doch sicherlich kein Zweifel daran bestehen, daß ein stereotypes Melden von solchen Fehlanzeigen jeden Truppenteil in arge Schwierigkeiten gebracht hätte. So erscheint es schon logischer, daß man nach Möglichkeit überhaupt nicht meldete, oder wenn schon, dann nur auf Drängen der jeweils vorgesetzten Stelle und nach Möglichkeit unter Verwendung von »gezinkten« Zahlen. Unabhängig davon, wie man speziell zu diesem Problem stehen mag, hat Förster sich zumindest einer erforderlichen Aussage bezüglich der unterschiedlichen Dichte und

Menge von Kommissar-Meldungen in den Kriegstagebüchern enthalten. Er weist nur darauf hin, daß zu Beginn des Rußland-Feldzuges die Zahlen der gefangenen Kommissare größer gewesen seien als später, weil die Polit-Funktionäre sich dann möglichst verdeckt gehalten hätten. Wie die weiter oben genannten Zahlenangaben belegen, kann man damit das angegebene Phänomen kaum zutreffend erläutern.

Im übrigen zeigt Förster fast nur Beispiele auf, die eine konsequente Befolgung des Kommissarbefehls demonstrieren sollen. Diese können gewiß im einzelnen nicht gänzlich abgeschwächt oder gar widerlegt werden, belegen also durchaus das, was in dieser Studie auch schon gesagt wurde, nämlich daß man sich partiell durchaus an die hier zur Debatte stehenden Richtlinien gehalten hat. Eine umfassende Bewertung ist indessen nur möglich, wenn das Gesamtspektrum berücksichtigt wird. Daran fehlt es jedoch gerade in der Arbeit von Förster beträchtlich. Ein letztes Beispiel möge das abschließend noch einmal verdeutlichen: Der Autor führt gegen Schluß seiner Untersuchung aus, »daß Proteste gegen den Kommissarerlaß von seiten der Truppenführung erst im Herbst 1941 einsetzten, als der Schwung der deutschen Operationen bereits nachgelassen und der Widerstand der Roten Armee zugenommen hatte«. Diese Behauptung ist in doppelter Hinsicht falsch: Zum einen ist, was den Zeitpunkt der Opposition angeht, sicher, daß es schon von der Ausgabe des völkerrechtswidrigen Befehls beginnend erhebliche Widerstände der betroffenen Truppenführer gegeben hat. Darauf hat jüngst noch einmal besonders deutlich Hoffmann hingewiesen,[42] der jedoch augenscheinlich von Förster nicht zur Kenntnis genommen worden ist. Dennoch widerlegt dieser sich auch selbst, wenn er kurz vor der erwähnten Bemerkung auf folgendes hinweist: »Das Wissen um die Durchführung der Kommissar-Richtlinien führte dazu, daß sich seit Mitte August 1941 (sic!) die Stellungnahmen aus der Truppe mehrten, die ›scharfen Befehle über Behandlung der Kommissare und Politruks als Mitursache des zähen feindlichen Widerstandes‹ hervorhoben.«

Was schließlich die Motivation für die Ablehnung des Kommissarbefehls seitens der Truppe anbetrifft, so versucht Förster allein auf den dabei deutlich werdenden Pragmatismus abzuheben. Dieser ist sicherlich nicht gänzlich von der Hand zu weisen. Immerhin hätten es aber die vielfach von anderer Seite vorgebrachten Behauptungen, daß nur auf diese Weise – wenn überhaupt – eine Abschaffung der völkerrechtswidrigen Richtlinien zu erreichen gewesen wäre, verdient, zumindest überprüft zu werden. Es gibt nämlich vieles, was dafür spricht, daß eine solche Taktik nicht erst nachträglich erfunden worden ist.

Zum Abschluß des hier in aller Kürze aufgezeigten Forschungsstandes sei noch einmal betont, daß die relevanten Arbeiten ein durchaus vielfältiges Bild darstellen. Die Beantwortung der Frage nach dem Grad der Befolgung des Kommissarbefehls durch die deutsche Wehrmacht ist dabei auffallend wenig quellenbezogen, sondern offensichtlich in erster Linie das jeweilige Produkt des »erkenntnisleitenden Interesses«. Auch wenn die dadurch bedingten Differenzierungen nie ganz auszuräumen sein werden, dürfte doch von der noch immer ausstehenden umfassenden Untersuchung auf der Basis aller Primärquellen und vorhandenen Publikationen die eindeutige Klarheit ausgehen, auf die die hier vorgelegte Studie schon ansatzweise hindeutet.

Fazit

Die Ergebnisse der in dieser Arbeit angestellten Untersuchungen lassen sich abschließend in folgenden Hauptpunkten zusammenfassen:

Zur Überprüfung der vorhandenen, teilweise sehr gegensätzlichen Aussagen über die Anwendung des Kommissarbefehls durch die Truppen des deutschen Ostheeres während der Jahre 1941/42 wurde hier erstmals ein relevanter, repräsentativer Aktenbestand systematisch ausgewertet.

Obwohl ein solches Vorgehen grundsätzlich nichts an der Notwendigkeit ändert, eines Tages alle in Frage kommenden Primärquellen durchzusehen, dürften die erzielten Ergebnisse dennoch hinreichend zuverlässig sein.

Die Berechtigung einer solchen Feststellung läßt sich insbesondere ableiten aus dem Gesamtbild der in den Akten vorgefundenen Eintragungen, die – in Menge, Form und Inhalt recht heterogen – ihren Charakter auch in den nicht berücksichtigten Quellen nicht entscheidend verändern dürften.

Damit bleibt nur übrig, bei der überwiegenden Mehrzahl von relevanten Hinweisen in den Akten zu interpretieren. Dieses Vorgehen muß sich wohlgemerkt auch auf die vielen Lücken und die stark schwankende Dichte der Eintragungen in den Kriegstagebüchern beziehen.

Bei einem solchen Vorgehen ist es methodisch unerläßlich, auch die vielen verschiedenen Zeugenaussagen, die zu diesem Thema vorliegen, im Sinne einer abgewogenen Hermeneutik angemessen zu berücksichtigen und daraus ein Urteil zu erstellen.

Die daraufhin zustande kommenden Ergebnisse dürften insofern weitgehend auf Übereinstimmung stoßen, als das rein quantitative Fazit dem wahren Verhältnis zwischen politischen Hoheitsträgern und Soldaten in der Roten Armee in keinem Fall entsprach.

Auf weniger Konsens wird dagegen die unumgänglich notwendige Interpretation des beschriebenen Erscheinungsbildes der verschiedenen ausgewerteten Primärquellen stoßen.

Obwohl es in der Tat bestechend wäre, alle vorhandenen Phänomene, Widersprüche oder Rätsel aufzulösen in der Erklärung, der Kommissarbefehl sei praktisch nicht befolgt worden, kann man diesen Weg nicht beschreiten. Es spricht vielmehr weiter einiges dafür, daß Tötungen gefangener Politfunktionäre auf das Konto der Truppe gekommen sind. Dies gilt um so mehr, wenn man die Exekutionen in den Gefangenenlagern und die Abgaben an den SD hier mit einbezieht, was durchaus legitim ist.

Da umgekehrt aber viele Fakten darauf hindeuten, daß die fraglichen Richtlinien gar nicht, unregelmäßig oder zumindest widerwillig befolgt worden sind, ist es aufgrund der nunmehr gegebenen Aktenlage nicht mehr zu vertreten, zu Urteilen zu gelangen, wie z.B. Förster, wenn er schreibt: »Die große Anzahl dienstlicher Vollzugsmeldungen spricht allerdings eine so deutliche Sprache ...« oder: »Der Kommissarbefehl ist also in einem größeren Umfang vom Heer durchgeführt worden, als Truppenführer nach dem Kriege zugeben wollten«[43]. Entsprechendes gilt für Messerschmidt, wenn er sich u.a. wie folgt äußert: »Mit wenigen Ausnahmen ist der Kommissarbefehl vollzogen worden.«[44]

Die Problematik weiterer Schuldzuweisungen an die Wehrmacht

Die hier erstmals durchgeführte und vorgelegte Aktenprüfung hinsichtlich der Befolgung des Kommissarbefehls hat gezeigt, wie schwierig es ist, trotz relativ guter Dokumente zu einem zuverlässigen Ergebnis zu gelangen. Um so mehr gilt dies daher für andere Kriegsverbrechen, deren die Wehrmacht ebenfalls – pauschal oder individuell – beschuldigt wird. Hier sind viel weniger aussagekräftige Aktenstücke vorhanden; außerdem ist es erheblich schwieriger als beim Kommissarbefehl, eine rechtliche Bewertung des jeweiligen Falles abzugeben. Dies sei im folgenden nur an einigen Beispielen erläutert:

Der Kommissarbefehl gehörte zu einer Reihe von Weisungen, die dem Kampf Deutschlands gegen die Sowjetunion von vornherein den eindeutigen Charakter eines Weltanschauungskrieges gaben. Sie verstießen daher auch eindeutig gegen geltendes Kriegsvölkerrecht, dessen Gültigkeit die deutsche Seite – anders als die Sowjetunion – bis dahin nie in Frage gestellt hatte.

Es gibt keinen Zweifel daran, daß die Initiative zur Erstellung der sogenannten Barbarossa-Befehle von der politischen Führung des Dritten Reiches, und damit in erster Linie von Hitler selbst, ausging. Unstritig ist aber auch, daß die militärischen Spitzen der Wehrmacht daran beteiligt waren. Dabei wird allerdings nicht der Frage nachgegangen, ob eine grundsätzliche Verhinderung im Bereich des Möglichen gelegen hätte, weil dies eine eigenständige Untersuchung erforderlich machen würde. Wichtiger erscheint in diesem Zusammenhang indessen der Hinweis, daß es im Bereich derjenigen Stäbe und Truppenteile, die für die Ausführungen solcher Anordnungen verantwortlich waren, ähnlich wie beim Kommissarbefehl eine Reihe von Möglichkeiten gab, die fraglichen Weisungen zumindest »aufzuweichen«.

Die reale Lage in dem östlichen Kriegsgebiet – in Verbindung mit der von Anfang an extrem grausamen Kampfführung seitens der Roten Armee – schufen allerdings von vornherein einen Boden, auf dem schlimme Saat auch bei der Wehrmacht zumindest teilweise zwangsläufig aufgehen mußte: Gefühle, Vorurteile, Hilflosigkeit oder Ohnmacht, falsch verstandenes Pflichtbewußtsein – um nur einige Motive anzuführen – führten teilweise zu Handlungen, die den traditionell guten Ruf der deutschen Soldaten beschädigt haben. Dies gilt sowohl für die Behandlung der sowjetischen Kriegsgefangenen als auch für den Partisanenkrieg und erst recht für die nachgewiesenen Beteiligungen an Massakern gegen die Zivilbevölkerung und gegen jüdische Menschen. Doch auch hier gilt natürlich – wie schon beim Kommissarbefehl detailliert erläutert – das Gebot der Differenzierung; denn ebensowenig wie es Anlaß gibt, Unrechtstaten der Wehrmacht grundsätzlich in Abrede zu stellen, kann es auch keinen Zweifel daran geben, daß solche Handlungen die Ausnahme und nicht die Regel waren. Um zu einer eindeutigeren Feststellung zu gelangen, wie groß der Anteil deutscher Soldaten an nationalsozialistischen Verbrechen in der Sowjetunion wirklich war, müßte man allerdings auch hier genau ermitteln können, auf welche Weise und in welchem Umfang die genannten Befehle oder auch andere Weisungen mit ähnlichem Ansinnen seitens der Frontstäbe und ihrer Truppen tatsächlich ausgeführt worden sind. Von vornherein noch weniger als beim Kommissarbefehl würde es genügen, quantitative Bewertungen vornehmen zu können. Es müßte hier außerdem immer auch eine Einzelfallprüfung stattfinden, weil auf den in diesem Kapitel angesprochenen Feldern juristische, militärisch-organisatorische oder operativ-taktische Momente die jeweiligen Geschehnisse in verschiedenem Licht erscheinen lassen können, während der Kommissarbefehl ja an sich schon uneingeschränkt rechtswidrig war. Für solche Überprüfungen fehlen uns jedoch zumeist die angemessenen Belege. Allerdings erlauben die seltenen vorhandenen Berichte, Zeugenaussagen verschiedenster Art und die Grundhaltung der Wehrmacht, die Gegenstand dieser Untersuchung ist, immerhin einen Rückschluß, der die Ausnahmesituation im Hinblick auf Unrechtstaten der Wehrmacht unterstreicht und jeden Vorwurf der Verallgemeinerung ad absurdum führt.

Die These von der nationalsozialistischen Wehrmacht

Es war eingangs dieser Untersuchung bereits die Rede davon, daß neben quantitativen – also in erster Linie statistischen – Angaben auch andere Faktoren, die man durchaus als »qualitativ« bezeichnen kann, mithelfen können, die Fragen nach dem Grad der Einbindung von Wehrmachtangehörigen in nationalsozialistische Unrechtstaten zu beantworten oder zumindest einer zutreffenden Beurteilung näherzukommen. Zu solchen »qualitativen Faktoren« zählen u.a. Aussagen über die innere Struktur und Verfassung der damaligen deutschen Streitkräfte, die moralische und weltanschauliche Ausrichtung oder Einstellung ihrer Angehörigen, vor allem im Hinblick auf den Nationalsozialismus, die organisatorisch verankerten Einwirkungsmöglichkeiten der NSDAP auf die Wehrmacht generell und individuell sowie nicht zuletzt über die Motivation der Truppe insgesamt.

Es ist sicher davon auszugehen, daß in einem diktatorisch regierten Staat wie dem Deutschen Reich zwischen 1933 und 1945 in jedem Fall ein gewisser politischer Einfluß, ja sogar eine bestimmte Indoktrination im Hinblick auf militärischen Stäbe und die Truppen selbst permanent und – entsprechend der politisch-militärischen Entwicklung – mit steigender Tendenz stattgefunden hat. Solche Maßnahmen dienten nicht nur der Sicherung des Regimes, sondern auch der Schaffung von Interessenidentitäten, die u.U. beiden Seiten nützen konnten. Mit anderen Worten: Bis zu einem gewissen Einwirkungsgrad kann man von einem »natürlichen Vorgang« sprechen. Wurde dieser allerdings überschritten, konnte es der politischen Führung des Dritten Reiches gelingen, geistig derart auf die Wehrmacht einzuwirken, daß sie sich den verbrecherischen Zielen Hitlers und seiner Helfershelfer bereitwilliger und in größerem Umfang öffnete als dies bisher weitgehend angenommen wurde. Umgekehrt würde aber eine relativ gering gehaltene Indoktrination auch eine Bestätigung der bisher vorherrschenden Ansicht darstellen, daß die Truppen des Dritten Reiches nur sehr vereinzelt als Vollzugsinstrumente des Nationalsozialismus fungierten, schon gar nicht bewußt und gewollt.

Sehen wir uns dazu abschließend nur einige Bereiche an:

Sowohl die Gliederung wie auch die personelle Zusammensetzung jeglicher militärischer Kommandobehörden und Verbände/Einheiten der Wehrmacht wiesen zwar Einflüsse Hitlers bzw. Anpassungen an seine Interessen auf, ließen aber andererseits immer noch genügend Raum, um sach- und fachbezogen arbeiten, führen – und nicht zuletzt – auch kämpfen zu können. Nichts zeigt dies besser als die Ereignisse vor und während des 20. Juli 1944.

Entsprechend kann auch nicht die Rede davon sein, daß es der politischen Führung des Dritten Reiches jemals gelungen sei, den Geist und die Ideen des

Nationalsozialismus soweit in die Wehrmacht hineinzutragen, daß ihre Funktionsfähigkeit darunter gelitten hätte. Vielmehr konnte die Truppe, wie nicht nur das Beispiel des Kommissarbefehls zeigt, ihre Eigenständigkeit auch insofern wahren, als Weisungen, die als unrechtmäßig oder auch nicht akzeptabel angesehen wurden, verzögert, verwässert oder gar unterdrückt werden konnten.

Auch die unbestreitbare Tatsache, daß die Wehrmacht oft – wir wissen leider immer noch nicht, in wie vielen Fällen – Regimegegnern, Kritikern oder gar Verfolgten Zuflucht bieten konnte oder daß aus ihrem Kreis während der gesamten Zeit zwischen 1933 und 1945 der Widerstand gegen die braune Diktatur wesentliche, wenn nicht sogar entscheidende personelle, geistige und organisatorische Impulse erhielt, spricht nicht eben für die These von der Truppe des Nationalsozialismus.

Warum wurden schließlich erst im Dezember 1943 die Nationalsozialistischen Führungsoffiziere (NSFO) eingeführt, wenn die Streitkräfte genügend angepaßt waren? Im übrigen ist es auch unstreitig, daß die NSFO nichts mehr zu bewirken vermochten und vielfach auch gar nicht wollten. Sie wurden zunächst von den Kommandeuren einfach ernannt und erst später teilweise auf entsprechende Lehrgänge geschickt. Auch dies spricht nicht gerade für eine allzu große Offenheit der Wehrmacht gegenüber der sie bedrängenden Ideologie – und das sogar nach dem gescheiterten Attentat gegen Hitler und dem sich abzeichnenden katastrophalen Ende des Krieges für Deutschland. Auch der Umstand, daß die deutschen Soldaten in dieser Phase noch verhältnismäßig motiviert weiterkämpften, ist kein Gegenbeweis. Nicht der Nationalsozialismus oder gar Hitler waren es, die hier Regie führten, sondern ein anderer Diktator, nämlich Stalin, und eine wirklich voll ideologisierte und der Hand ihrer militärischen Führer teilweise entglittene Truppe: die Rote Armee.

Zusammenfassung

Abschließend gilt es festzustellen, daß es zwar schwierig ist, konkrete und vor allem vollständige Beweise für eine pauschale Beschuldigung oder Entlastung der Wehrmacht in bezug auf den Kommissarbefehl ins Feld zu führen. Doch was auf jeden Fall konstatiert werden kann, ist das Gebot der sorgfältigen Differenzierung in mehr als einer Hinsicht. Mit anderen Worten: Wer nach wie vor die These von einer insgesamt verbrecherischen Wehrmacht aufrechterhält, macht sich der Geschichtsfälschung schuldig. Die anfänglich auch vorhandene Meinung in umgekehrter Richtung von einer völlig unbefleckten Wehrmacht existiert zwar so gut wie gar nicht mehr; aber es ist nicht zu leugnen, daß allzu langes Festhalten an ihr der Wahrheitsfindung auch nicht dienlich war. Dennoch gibt es keinen Zweifel daran, daß die nicht entschuldbaren und zu rechtfertigenden Unrechtstaten auch der Wehrmacht im Zweiten Weltkrieg die Ausnahme und nicht die Regel darstellten.

1 Ia: Führung/Ausbildung etc.; I b: Quartiermeisterabteilung; I c: Feindnachrichten etc.
2 BA-MA RH 26-8/17
3 BA-MA RH 36-30/19
4 BA-MA RH 24-3/134
5 Ebd.
6 BA-MA RH 26-8/21
7 BA-MA RH 26-22/66
8 BA-MA RH 26-22/67
9 Siehe dazu Kapitel III/10
10 Dazu z.B. Teske, a.a.O., S.115 f.
11 BA-MA RH 26-23/47
12 BA-MA RH 21-3/v. 423
13 BA-MA RH 21-4/271
14 BA-MA RH 24-1/260, 261, 48
15 BA-MA RH 24-3/134, 135, 137
16 BA-MA RH 24-5104, 110, 120, 124, 119
17 BA-MA RH 26-8/73
18 BA-MA RH 26-22/66
19 BA-MA RH 26-23/46, 22, 47
20 BA-MA RH 26-24/71, 72
21 BA-MA RH 26-29/58
22 BA-MA RH 22/251, 299
23 Förster, Lebensraum, S. 1062
24 BA-MA RH 16-6/63
25 BA-MA RH 21-4/271
26 BA-MA RH 26-8/30
27 BA-MA RH 24-3/136
28 Förster, Lebensraum; S. 1063
29 BA-MA RH 24-1/22
30 BA-MA RH 24-3/134
31 BA-MA RH 22/170
32 BA-MA RH 26-22/67
33 Förster, Lebensraum, S. 1064
34 Die folgenden Zahlen für die Kommissare ergeben sich aus den im Kapitel (III/6)zitierten Meldungen. Quellen für die Gefangenen-Zahlen: BA-MA RH 24-1/260, RH 24-3/137, RH 24-5/114, u. 124, RH 21-4/271, RH 26-23/46, RH 26-24/76, RH 26-26/58
35 Belege für die drei genannten Zitate: BA-MA RH 26-8/26, RH 24-3/134, RH 26-24/77
36 Laternser, a.a.O., S. 265
37 Halder, a.a.O., S. 139 u. 243
38 Siehe Literaturverzeichnis und eigenes Kapitel 1
39 Laternser, a.a.O., S. 36 (Zitat) 264 ff. u. 304 ff. Gilt auch für das Folgende! 2. Zitat: S. 306
40 Zu den einzelnen Verfassern: siehe Literaturverzeichnis
41 Förster, Lebensraum, S. 1062 ff. Gilt auch für das Folgende!
42 Hoffmann, a.a.O., S. 333
43 siehe Anm. 39
44 Messerschmidt, Völkerrecht, S. 266

Horst Rohde, Dr. phil., Oberstleutnant a.D., Jahrgang 1937, nach dem Abitur 1957 zunächst drei Jahre Bundeswehr, dann Studium in Bonn und Köln mit den Hauptfächern Geschichte, Politikwissenschaft und Latein. 1969 Wiedereintritt in die Bundeswehr. Zunächst zwei Jahre Kompaniechef, danach bis 1991 Historiker-Stabsoffizier im Militärgeschichtlichen Forschungsamt und bis zum Ausscheiden aus der Bundeswehr 1992 (Personalstärkegesetz) Dozent für Geschichte am Zentrum Innere Führung. Seitdem freiberuflich als Historiker tätig.

Veröffentlichungen u. a.: Das deutsche Wehrmachttransportwesen im Zweiten Weltkrieg, Hitlers erster »Blitzkrieg« und seine Auswirkungen auf Nordosteuropa, Militärgeschichtlicher Reiseführer – Verdun, Militärgeschichtlicher Reiseführer – Metz.

JOACHIM VON SCHWERIN

»Bewährung, Bedrängnis und Verhalten der Fronttruppe«
Ein Bericht aus eigenem Erleben
am Beispiel des Ostfeldzugs

Einleitende Betrachtung eines Zeitzeugen: Grundstimmungen

Als Wehrpflichtarmee stellte die Wehrmacht nach ihrer Mobilisierung einen perfekten Querschnitt der damaligen Gesellschaft in allen ihren Schichten dar. Nahezu jede Familie hatte Angehörige für die Armee oder die Kriegswirtschaft zu stellen, was die Vorstellung von einem »Volk in Waffen« nahelegt. Die Stimmung der Truppe entsprach über weite Strecken des Krieges der Stimmung in der Bevölkerung. Das gesamte Land stand unter dem Gesetz des Kriegszustandes. Jede bekanntwerdende Abweichung wurde strafrechtlich oder politisch geahndet, nicht selten mit drakonischer Härte.

Mit Staunen, Respekt und überwiegender Zustimmung waren zunächst die Aktionen des »Führers« Adolf Hitler und seiner Regierung zur Beseitigung der schweren Folgen des Diktats von Versailles verfolgt worden, ehe bei zunehmenden Risiken die Sorge vor dem Ausbruch eines neuen Weltkrieges wuchs. Eine Kriegsbegeisterung, wie sie 1914 festzustellen war, zeigte sich nicht. Mit großer Erleichterung und offener Siegesfreude erhoffte man nach den schnell erfolgreichen Feldzügen gegen Polen, Norwegen, die Niederlande, Belgien und Frankreich die volle Rückkehr zum Frieden.

Um so schlimmer war die Enttäuschung, als Hitler sich mit den erreichten militärischen und politischen Zielen nicht zufriedengab und den Angriff auf die Sowjetunion befahl –, ohne daß allgemein ersichtlich war, daß von dort eine militärische Gefahr drohte, zumal das Deutsche Reich und die Sowjetunion vertraglich einander verpflichtet waren. Dabei hatten doch schon die Erinnerung an die Katastrophe der napoleonischen Armee 130 Jahre zuvor und namentlich die Erfahrungen des 1. Weltkrieges die Gefährlichkeit der unendlichen Weite des Raumes, seiner klimatischen Bedingungen und der Härte und Anspruchslosigkeit der russischen Soldaten gelehrt.

Noch mehr als bei allen militärischen Aktionen Hitlers zuvor spürten Bevölkerung und Truppe, welche neue und gefährliche Last ihnen jetzt auferlegt wurde. Es gab eigentlich nur zwei Möglichkeiten: einen schnellen und nachhaltigen Erfolg wie in den bisherigen Feldzügen oder die Vernichtung der deutschen Streitkräfte und Besetzung der Heimat. Aber noch bestand Vertrauen in die politische und militärische Führung, und so mußte – wider die Einsicht vieler – gehorcht werden. Die Bevölkerung baute auf die Tapferkeit ihrer Soldaten, begleitete aber den neuen Opfergang mit großer Sorge.

Der Kampf im Osten

Die schwerste Last trug naturgemäß die kämpfende Truppe. Sie hatte in die Weite des Raumes vorzustoßen, die Streitkräfte der »Roten Armee« zu zerschlagen, an weit gesteckten Zielen zu halten und den besetzten Raum zu sichern. Sie kämpfte an der Front in einem meist schmalen Geländestreifen, der in den Lagekarten der höheren Stäbe mit einer durchgezogenen Linie als Standort der vordersten Kräfte markiert war. Bei der unteren Führung waren die gehaltenen Stellungen präzise dargestellt, waren Lücken und Bedrohungen in Flanke oder Rücken sowie die Bezeichnungen der Truppenteile genau erkennbar, nicht aber deren schwankende Kampfstärke. Als »Front« galt ein Streifen von etwa 25 km Tiefe, der Raum, aus dem die eigene Waffenwirkung in den Feind hineingetragen wurde oder in den dieser mit seinen Waffen wirken konnte. Am vorderen Rand der Stellungen brachte die Kampftruppe im direkten Richten ihre Waffen bis 2000 Meter zum Einsatz, meist jedoch auf kürzere, oft gar auf kürzeste Entfernung, also im Kampf Mann gegen Mann.

Während die kämpfende Truppe in der Verteidigung häufig aus nur flüchtig ausgehobenen Schützenlöchern, Stellungen oder ihren Gefechtsfahrzeugen kämpfte, unterstützten Artillerie, Pioniere und in Schwerpunkten auch Teile der Luftwaffe. Rückwärts der Kampftruppen befanden sich die Feuerstellungen der Artillerie, Gefechtsstände, örtliche Reserven, Pioniere, Verbandplätze und Versorgungsteile. Etwa jeder fünfte Soldat des Heeres war tatsächlich der Feuerwirkung des Gegners unmittelbar ausgesetzt. Das bedeutet, daß etwa 4/5 der in der damaligen Sowjetunion eingesetzten Soldaten zur Sicherung des weiten besetzten Raumes oder zur Versorgung der Fronttruppe oft über Entfernungen von mehr als 1000 km benötigt wurden.

Aufgrund der bestehenden und propagandistisch betonten Bedeutung der Verträge zwischen der Sowjetunion und der Reichsregierung konnten Truppe und Bevölkerung die Absicht der Führung, im Osten einen neuen Kriegsschauplatz zu eröffnen, zunächst nicht erahnen. Erst im späten Frühjahr des Jahres 1941 wurde die Truppe, der ich damals als Offizieranwärter im Kradschützen-Bataillon der Berlin-Brandenburger Panzerdivision angehörte, über einen möglichen Einsatz »in einem wenig zivilisierten Gebiet« belehrt. Dazu gehörten Anweisungen über Körperpflege, Verhinderung von Erkrankungen durch Seuchen und Ungeziefer und Maßnahmen zur

Verbesserung der Geländegängigkeit von Fahrzeugen. Um Pfingsten erfolgten dann Verlegungen in die Ostprovinzen. Am 6. Juni begann der Aufmarsch durch Polen, zunächst in Tages-, dann ausschließlich in Nachtmärschen. In dichten Wäldern gut getarnt wurde nahe der sowjetischen Grenze untergezogen.

Noch immer blieb die Truppe ohne jede Information über die tatsächliche Absicht der Führung. Die Geheimhaltung wurde perfekt gewahrt. Weil ein Krieg gegen die Sowjetunion undenkbar erschien, liefen wildeste Gerüchte um, so z.b., daß nach einer politischen Vereinbarung Moskau den Durchmarsch durch eigenes Staatsgebiet gestattete, um dem deutschen Heer das Erreichen der Ölquellen im Nahen Osten zu ermöglichen oder sogar den in Nordafrika erfolgreichen Kräften des Afrikakorps von Osten her zur Hilfe zu kommen. Solcher Phantasie waren keine Grenzen gesetzt, zumal der Güteraustausch zwischen beiden Ländern unverändert zu beobachten war. Gegen einen Angriff gegen die Sowjetunion sprach auch, daß – im Gegensatz zu den früheren Feldzügen – keinerlei Unterrichtung über Uniformen, Ausrüstung, Bewaffnung und Einsatzgrundsätze der »Roten Armee« erfolgte. Erst am Nachmittag des Tages vor Angriffsbeginn wurden die Soldaten ins Bild gesetzt. Das wirkte wie ein Schock. Es blieb gerade noch Zeit, einen Brief nach Hause zu schreiben. Die volle Gefechtsbereitschaft wurde hergestellt und im Schutze der Nacht dicht an die Grenze vorgerückt.

Der Soldat an der Ostfront trat damit psychologisch unvorbereitet seinen schwersten Gang an. Es war ein Vorstoß ins Ungewisse, ins Unheimliche. Während die Bevölkerung in der Heimat nun mit massiver Propaganda über die Unumgänglichkeit des Krieges gegen die Sowjetmacht überschüttet wurde und damit geheime Befürchtungen bestätigt sah, waren die angreifenden deutschen Verbände bereits in schwerste Kämpfe mit dem unbekannten Gegner verwickelt. Unterschiedlich nach Frontabschnitten stießen sie in eine voll zum Angriff aufmarschierte Armee hinein.[1] Sie trafen in der Regel nicht auf grenznah besetzte Verteidigungsstellungen, sondern im Gegenteil auf zusammengefaßte Infanteriekräfte, eine zum eigenen Angriff weit vorn eingegliederte schwere Artillerie, und große Mengen leichter Aufklärungspanzer. Brücken über Grenzgewässer waren überraschenderweise nicht zur Sprengung vorbereitet. Die Deutschen waren nach ersten Eindrücken mit ihrem Angriff dem des Feindes zuvorgekommen. Dies erkannten auch die Landser, so daß es einer Rechtfertigung des Überraschungsangriffs kaum noch bedurfte. Adolf Hitler, so glaubte die Truppe, hatte wieder einmal richtig gehandelt und die Heimat vor einem Feindangriff bewahrt. Nun kam es darauf an, einmal mehr die soldatische Pflicht zu erfüllen.

Die Erfolge der großen Kesselschlachten sind nicht Gegenstand dieser auf persönlichen Erinnerungen fußenden Darstellung. Hier geht es um die Bedingungen, unter denen die Soldaten der Ostfront kämpften und wie sie damit zurechtkamen.

Die seelische Belastung der Soldaten der Fronttruppe, Gefechte in unklarer Lage, sehr hohe Marschleistungen und zu wenig Schlaf waren die ständigen Überforderungen. Waren die Jüngeren mehr oder minder unbekümmert, so lastete auf den Familienvätern ein starker seelischer Druck. Das zeigte sich besonders beim Eintreffen der Feldpost in der Sorge um die Familien. Unter den Soldaten verstärkte sich der Austausch persönlicher Nachrichten. So trug man an der Last der Kameraden mit und half über manchen Kummer hinweg. Gemeinsam schwärmte man vom nächsten Heimaturlaub und malte ihn sich phantasievoll aus. Und mit den Wünschen, Hoffnungen und Sorgen wuchs das Füreinander zu einer sonst im Leben selten erreichten menschlichen Verbindung. Die »kleine Kampfgemeinschaft« wurde damit zum Kern der Leistungskraft in den Truppenteilen. Gesellschaftlicher Rang und Beruf wurden nebensächlich. Gegenseitiges Vertrauen garantierte den Zusammenhalt in Not und Gefahr. Wer den ersehnten Urlaubsschein erhielt, wußte von seinen Kameraden so viel, daß er deren Familien eingehender und offener berichten konnte, als dies jeder Feldpostbrief vermocht hätte. So war es stets ein Schock, wenn der Tod in diese enge Gemeinschaft eingriff oder eine schwere Verwundung einen Kameraden traf. Personalersatz wurde natürlich kameradschaftlich aufgenommen. Aber es dauerte eine Weile, bis auch dem »Neuen« das Gefühl innerer Zugehörigkeit zuteil wurde, denn er wurde am Vorgänger gemessen.

Die im Verlauf des Krieges zunehmenden Berichte über Belastungen der eigenen Familie, die Folgen der Bombenangriffe auf die Heimat, oft gar die Zerstörung des eigenen Hauses, die Evakuierung der Kinder oder der Einsatz von Familienangehörigen in der Kriegsindustrie, Nachrichten über die Verschlechterung der Ernährungslage, Ehekrisen infolge der Trennung oder die Kenntnis von steigenden Verlusten daheim verstärkten die Sorgen. Dies stützte aber auch den Willen dazu beizutragen, daß dieser verfluchte Krieg möglichst schnell und fern der Heimat ein Ende finden möge.

Die besonders hohen Verluste unter den Offizieren und Unterführern sowie die damit verbundenen Vorgesetztenwechsel brachten zeitweise Unsicherheit. Der »Neue« mußte erst beweisen, ob er so umsichtig, fürsorglich und besonnen führte, wie sein Vorgänger. Auch als das Kriegsende näher rückte, als die Truppe den Verlust von Teilen der Heimat, die Flüchtlingsströme und die Grausamkeiten der Roten Armee auch an der Zivilbevölkerung erlebte, geriet der Zusammenhalt nur selten ins Wanken. Die Kameradschaft war durch das gemeinsame Erleben so gestärkt, daß »Entfernung von der Truppe« oder gar Desertation ausgesprochene Ausnahmen waren. Die Kameraden im Stich zu lassen, galt als ein schweres Verbrechen. Nur in

Deutschland brüsten sich heute ehemalige Deserteure mit ihrer Fahnenflucht. Oft waren sie nur in den Wirren der letzten Kriegsmonate von ihrer Truppe abgekommen und mancher hat dafür nachträglich politische Gründe konstruiert. Häufig haben gerade auch in dieser besonderen Bewährung politisch Andersdenkende, die dem Nationalsozialismus aus den verschiedensten Gründen ferne standen und an denen es in der Truppe nicht fehlte, als gute Kameraden bis zum Ende ihre soldatische Pflicht erfüllt.

Bedrängnis der Frontsoldaten

In Behörden oder Schulen der besetzten Gebiete hingen große Wandkarten, auf denen die Sowjetunion in ihren riesigen Ausmaßen dargestellt war. Ungläubig standen die Soldaten davor, um verunsichert den eigenen Standort festzustellen und zu erkennen, wie gering unsere Eindringtiefe im Verhältnis zum gesamten Territorium war. Hatte man doch nach den ersten Erfolgen geglaubt, schon eine gewaltige Entfernung zurückgelegt zu haben. »Was sollen wir hier eigentlich?« – diese Frage griff um sich und erregte zunehmend Zweifel und Furcht, wie das alles einmal enden sollte. Das reduzierte nüchtern die von unserer Propaganda verbreiteten Erfolgsmeldungen. Mit Empörung hörte im Herbst 1941 die Truppe Kommentare aus der Heimat, die die bereits erfolgte Zerschlagung der Roten Armee verkündeten, während sie in harten Kämpfen mit immer neu herangeführten gegnerischen Verbänden stand. Darunter befanden sich bereits im November 1941 für den Winterkampf hervorragend ausgerüstete sibirische Truppen.

Rundfunkmeldungen und Wochenschau täuschten immer wieder die Heimat und verschwiegen, wie teuer die deutschen Erfolge errungen werden mußten. Die wachsende Zahl der mit dem Eisernen Kreuz gekennzeichneten Todesanzeigen ließ dies deutlich werden. Frontberichterstatter filmten erbeutete Waffen und lange Gefangenenkolonnen. Aber das Leid auf den Truppenverbandplätzen und in den Feldlazaretten wurde nicht gezeigt. Auch über die Geschehnisse im rückwärtigen Gebiet wurde nichts berichtet, so daß die Bevölkerung und die Kampftruppe über offenbar planmäßige Verbrechen der »Einsatzgruppen« nichts erfuhr. Die Fronttruppen hatten ihre eigenen schweren Belastungen. Sie hatte ihre täglichen Gefechte zu bestehen und sich mit dem Feind auseinanderzusetzen und gab Gerüchten keinen Glauben.

Ohne Vertrauen in die politische und militärische Führung hätten unsere Soldaten den ständigen Belastungen gar nicht standhalten können.

Zu dieser Bürde gehörten auch die extremen Bedingungen der mangelhaften Infrastruktur und des Klimas. Statt fester Straßen gab es überwiegend Sandwege. Die Bewegungen der Verbände und die tägliche Versorgung waren daher außerordentlich erschwert. Gepanzerte Truppen kamen da besser zurecht. So entstanden abseits der Straßen in keiner Karte verzeichnete »Rollbahnen«. Ketten und Räder walzten den Boden mehr und mehr glatt. Zum Überholen und um dem von den vorderen Fahrzeugen aufgewirbeltem Staub auszuweichen, entstanden Fahrbahnen bis zu 100 m Breite. Doch sobald Regenperioden eintraten, wurden diese unbefestigten Verkehrswege schnell im Schlamm grundlos. Radfahrzeuge versanken und mußten von Panzern oder Zugmaschinen geschleppt werden. Als dann überraschend mit starkem Frost der Winter begann, wurden die Schlammstrecken zur absoluten Falle. Nichts ging mehr. Alles erstickte dann im hohen Schnee des strengen Winters. Erfrierungen und Krankheiten führten zu hohen Ausfällen. An der Front fehlten dadurch oft die für das Gefecht notwendigen erfahrenen Kräfte. Die schweren Waffen kamen nicht rechtzeitig heran, um unterstützend einzugreifen. Wichtige Versorgungsteile wie Munition, Kraftstoff und Feldküchen blieben zeitweise ganz aus.

Wie verantwortungslos die politische und militärische Führung in der irrigen Annahme eines raschen Erfolges das Heer in den Ostkrieg geführt hatte, erwies sich im frühzeitig hereinbrechenden Winter 1941/42. Bei bis über 30 Grad Kälte kämpften die Verbände in ihren normalen Uniformen mit dem dünnen Tuchmantel und froren jämmerlich. Die Erfrierungen überstiegen die anderen Ausfälle erheblich. Der mit kälteleitenden Stahlnägeln besohlte deutsche Soldatenstiefel, der »Knobelbecher«, erwies sich als für Rußland nicht geeignet. Die Kopfbedeckungen gaben keinen Kälteschutz und die Kopfschützer, unter dem Stahlhelm getragen, vereisten durch die Atemluft schnell. Wie anders die Sowjettruppen: Von Kopf bis Fuß auf strenge Winter eingestellt mit Pelzmützen, wattierter Bekleidung, Filzstiefeln und Fausthandschuhen, dazu Schneehemden zur perfekten Tarnung. Zur Versorgung wurde von ihnen alles herangezogen, was dem Winter gerecht wurde: Panzer, Traktoren, leichte Lastwagen und vor allem die mit den kleinen Panjepferden bespannten Schlitten. Versagten diese Transportmittel, wurde die Bevölkerung in Trägerkolonnen eingesetzt.

Unterschiedlich brauchbar, ja als wenig zweckmäßig erwiesen sich wichtige Waffen. Hatte schon zum Beispiel im ersten Takt des Ostfeldzuges das 37-mm-Geschütz der Panzerabwehrtruppe sich im Vergleich zu den russischen wegen seiner unzureichenden Durchschlagsleistung den Spottnamen »Heeresanklopfgerät« verdient, so fielen bei starkem Frost Maschinenwaffen, vor allem die Maschinengewehre, anfänglich aus. Der Soldat behalf sich, indem er bis kurz vor Gebrauch die Schlösser der Waffen in den Hosentaschen warm hielt. Endlich wurde in der Heimat eine Sammlung von Winterbekleidung durchgeführt, die aber – und dies in unterschiedlicher Brauchbarkeit – erst zum Ende des Winters an der Front eintraf.

Unter Staub, Nässe und Kälte litten auch die treuen Pferde der bespannten Einheiten, aufgewachsen und verwöhnt unter klimatisch völlig anderen Bedingungen. Jetzt mußten sie ihren Hunger oft wie die anspruchslosen Panjepferde mit dem Stroh der Dächer der Bauernhäuser stillen, ehe sie doch kraftlos zusammenbrachen und dann in den Feldküchen immerhin noch die karge Verpflegung aufbesserten.

Diese Beispiele aus unmittelbarer Anschauung zeigen, wie verantwortungslos Mensch, Tier und Material in den Ostfeldzug geschickt wurden. Sie belegen zugleich, daß die Führung einen Feldzug in Rußland gewiß nicht von langer Hand vorbereitet hatte. Für Historiker und heutige Zeitgenossen ist unvorstellbar, unter welchen physischen und psychischen Belastungen die Truppe zu kämpfen hatte. Aktenstudium allein kann die reale Situation nicht erfassen und nicht zu zutreffenden Urteilen führen.

Mit wachsender Überlegenheit des Gegners und bei immer breiteren und dabei schwächer besetzten Frontabschnitten auf eigener Seite konnten die Kampfverbände nur selten und dann meist nur für kurze Auffrischungszeiten aus der Front gezogen werden. So blieb die kämpfende Truppe in allen Jahreszeiten am Feind. Ihr Dasein verbrachte sie im Deckungsloch, aus dem sie kämpfte, in dem sie ruhte und fror und sich mit der Zeltplane gegen Nässe, Kälte oder Hitze zu schützen versuchte. Die Versorgung oder Ablösung zu kurzer Erholung oder Verlegung war oft nur im Schutze der Dunkelheit möglich.

Nicht viel anders erging es den Besatzungen gepanzerter Fahrzeuge. Sie konnten ihren Panzer, ihr Sturmgeschütz im Gelände nur schwer verbergen und tarnen, zumal der Grundsatz »Waffenwirkung geht vor Deckung« zu beachten war. So boten sie bevorzugte Ziele für das Feuer des Gegners. Die Besatzungen, wohl gegen Wind und Regen besser geschützt als ihre Kameraden auf dem freien Feld, waren jedoch der Kälte und Hitze genauso ausgesetzt. Schlaf fanden sie in Gefechtspausen nur sitzend in abenteuerlichen Körperhaltungen. Wenn es die Lage erlaubte, ruhten sie in Decken gehüllt unter dem Panzer.

Klimatische Unbilden und Übermüdung waren Wochen hindurch die ständige physische und psychische Belastung der Frontsoldaten, die zu lebensbedrohender Gleichgültigkeit oder auch zu unüberlegtem Handeln führen konnte. Zwang eine überraschende Änderung der Gefechtslage zu schnellem Einsatz, war jedermann unverzüglich hell wach, um danach um so tiefer erschöpft in Schlaf zu fallen. Es ist heute schwer zu begreifen, wie vor allem Offiziere und Unteroffiziere mit ihrer zusätzlichen Verantwortung und Fürsorge diese Belastungen ertrugen.

Deutlich erkennbar war, daß vom Lande stammende Soldaten unter diesen harten Bedingungen weniger litten, als ihre Kameraden aus Städten. Auch an

»ruhigeren« Frontabschnitten lebte man in dauernder Ungewißheit, verwundet zu werden, in Gefangenschaft zu geraten oder gar das Leben zu verlieren. Die Zahl der Gefallenen, Verwundeten oder Erkrankten unterlag ständigem Wechsel. Es gab Wochen ohne nennenswerte Ausfälle, andererseits aber Tage mit hohen Verlusten, welche dann das Gefüge der Einheiten stark veränderten. War die Ausfallrate zu hoch, mußte eine Neuaufstellung oder eine Aufteilung auf weniger betroffene Einheiten erfolgen. Die Bataillone waren oft genug nur noch ein Torso, kaum noch in Kompaniestärke und nicht selten von einem ganz jungen Offizier geführt. So gab es Verbände und Einheiten, die nach harten Gefechten nur noch 10 Prozent ihrer Soll-Gefechtsstärke hatten. Dennoch blieben die Aufträge meist dieselben. Wer immer solche Einsatzbefehle zu erteilen hatte, litt spürbar unter dieser schweren Bürde. Der Truppenführer allein wußte um die Bedeutung und Last des erteilten Befehls, zumal er die zu erwartenden Verluste vor Augen und keine Illusionen über die sinkende Kampfkraft hatte.

Nach Abschluß solcher Einsätze und Gefechte gab es dann die bittere Pflicht, Hinterbliebenen den Tod des geliebten Mannes, Vaters oder Sohnes mitteilen zu müssen. Die Vorgesetzten schrieben diese Briefe selbst, schon um zu verhindern, daß in der fernen Heimat irgendein Parteibeauftragter diese Aufgabe mit falschem Zungenschlag wahrnahm. Die Feldgeistlichen, meist wirkliche Seelsorger, begleiteten die Soldaten, standen ihnen in persönlicher Not bei und hielten an ruhigeren Tagen ihre Feldgottesdienste. Sie trösteten Verwundete, erteilten Sterbenden den letzten Segen und halfen Sanitätern bei der Versorgung Verwundeter auf dem Gefechtsfeld. Wurden Gefallene zur letzten Ruhe gebettet, sprach oft ein Militärgeistlicher, gleich welcher Konfession, an seinem Grab ein letztes Gebet.

Forderungen an die Standfestigkeit

Neben der Dauerbeanspruchung war das Gefecht der Prüfstein für die Kameradschaft. Welcher Mut gehörte doch dazu, im Feindfeuer einen verwundeten Kameraden zu bergen oder ihn aus einem brennenden Panzer herauszuholen. Dabei zeigte sich auch, daß zuvor unscheinbar wirkende Soldaten im Einsatz besondere Tapferkeit bewiesen.

Allein bei Betrachtung des Gefechtsalltags wird deutlich, daß die Fronttruppe für partei-ideologische Phrasen und Belehrungen keinen Bedarf hatte. Was Not tat, wußte der Soldat selbst besser als hunderte von Kilometern entfernte Ideologen. So urteilt denn ein israelischer Historiker: »Tatsächlich galt die Wehrmacht ... als eine ideologisch unbelastete Organisation«.[2] Deshalb sind in Archiven verfügbare Tagesbefehle der übergeordneten Führung oder überlieferte vollmundige politische Bekundungen bei weitem kein Beweis dafür, daß die Truppe diese kannte oder in diesem Sinne handelte, zumal sie oft genug nur der politischen Führung bestätigen sollten, daß ihren Vorgaben entsprochen wurde.

Fremde Kontingente, »Hilfswillige«, Waffen-SS

Bald nach Beginn des Ostfeldzugs stellte der deutsche Soldat mit Erstaunen fest, daß noch andere europäische Truppenkontingente sich am Kampf gegen die Sowjetunion beteiligten. Aus den nordeuropäischen Staaten, aus Belgien, Frankreich, Spanien, Italien, Rumänien und Ungarn traten sogar Großverbände mit zum Kampf an und blieben für längere Zeit an der Front. Für den deutschen Soldaten verstärkte sich damit die Auffassung, daß sein Kampf eine europäische und nicht nur deutsche Aufgabe war und damit als eine gerechte Sache verstanden werden konnte. – Diese fremden Kontingente waren zumeist schwächer bewaffnet und wurden daher möglichst an weniger bedrohten Abschnitten eingesetzt. Zur Abstimmung der Operationsführung wurden ihnen deutsche Verbindungsstäbe beigegeben. Insgesamt kämpften diese Verbände tapfer und zuverlässig.

Viele in Gefangenschaft geratene Sowjetsoldaten meldeten sich zum Eintritt in russische Freiwilligenverbände, welche fortan in deutscher Uniform gegen die Rote Armee antraten. Ihre Gesamtstärke dürfte der Millionengrenze nahekommen. Der ehemalige Sowjet-General Wlassow gewann aus dem Potential der Gefangenen Freiwillige in so großer Zahl, daß von der »Wlassow-Armee« gesprochen werden konnte, die allerdings erst zu Ende des Krieges, als sie sich kaum mehr auswirken konnte, aus drei Divisionen bestand.

Ausgerüstet mit sowjetischem Beutematerial wurden die »fremdvölkischen« Verbände zur Sicherung des rückwärtigen Heeresgebiets eingesetzt, verschiedentlich von ehemaligen sowjetischen Offizieren geführt und durch deutsche Verbindungskommandos unterstützt.

Die Motivation dieser nun auf deutscher Seite kämpfenden Sowjetsoldaten unterschiedlicher landsmannschaftlicher Herkunft ist schwer zu ergründen gewesen. Ein Teil wollte sicher nur dem Gefangenen-Schicksal entgehen, andere hatten unter dem Sowjetregime persönlich gelitten und wandten sich nun gegen dieses System. Insgesamt haben diese Truppen erheblich dazu beigetragen, daß die militärische Sicherheit im Rücken der deutschen Front weitgehend aufrechterhalten werden konnte.

Ein weiteres Kontingent bildeten geschlossene ethnische Gruppen aus dem Baltikum, dem kaukasischen Raum, dem Don-Wolga-Gebiet und den südasiatischen Sowjetrepubliken. Diese Verbände wurden gelegentlich sogar in die Front eingegliedert, meist jedoch ebenfalls im Hinterland mit Sicherungsaufgaben betraut. Diese »Ost-Truppen« kennzeichnete ein unbändiger Haß auf das Sowjetregime. Sie verstießen zuweilen gegen die Regeln des Kriegsvölkerrechts und brachen rücksichtslos jeden Widerstand, der sich ihnen in den Weg stellte. Diese Erbarmungslosigkeit im Einsatz haben vor allem sowjetische Partisanenverbände erfahren müssen.

Eine dritte Personengruppe waren die sogenannten »Hilfswilligen«, Kriegsgefangene, die nicht zu den Sammelstellen weitergeleitet worden waren, sondern freiwillig Hilfsdienste in der Truppe leisteten. Bei Eignung blieben sie dann auf Dauer, erhielten deutsche Uniformen und natürlich die gleiche Versorgung wie die Truppe. Sie wurden bei den Feldküchen, in der Instandsetzung und als Beifahrer eingesetzt, erwiesen sich als anstellig und pflichtbewußt und gehörten mit der Zeit zum »Stammpersonal«. Damit wurden deutsche Soldaten für die kämpfende Truppe freigestellt, was angesichts der Verluste immer dringender wurde. Diese »Hiwis« stellten eine große Hilfe dar bei der Verständigung mit der Zivilbevölkerung und kannten sich im Bewältigen schwieriger Witterungslagen aus. Bei Stellungswechseln fanden sie in schwierigem Gelände Weg und Steg. Gegen Kriegsende wurde ihnen freigestellt, unterzutauchen oder zu fliehen, um den zu erwartenden Repressalien der Roten Armee zu entgehen.

Neben den Heeresverbänden kämpften an der Ostfront die Divisionen der Waffen-SS, welche organisatorisch dem Reichsführer SS unterstanden, im Einsatz den General- und Armee-Oberkommandos unterstellt und personell und materiell oft deutlich besser ausgestattet waren als die Heeresverbände; sie stellten damit eine qualitativ hochwertige Verstärkung der Fronttruppe dar. Ihre Einsatzgrundsätze waren durch die Andersartigkeit der Ausbildung ihrer Führer und Unterführer bestimmt, die ihren Schwerpunkt nicht allein im taktisch-operativen, sondern auch im ideologischen Bereich hatte. Von rühmlichen Ausnahmen abgesehen, reichten ihre Führungsqualitäten bei vielfach bewiesener größter Tapferkeit aber nicht immer und führten zu vermeidbaren Verlusten. Dennoch waren nicht nur abgekämpfte, sondern meist alle Truppenteile des Heeres froh, Verbände der Waffen-SS zum Nachbarn zu haben, die sich in aller Regel durch Disziplin, Tapferkeit und Hilfsbereitschaft bewährten.[3]

Der Gegner

Von Beginn des Ostfeldzuges an zeigte sich der sowjetische Soldat als ein Gegner bisher unbekannter Stärke und Standfestigkeit, anders als der Feind, den die deutschen Truppen in den Feldzügen zuvor erlebt hatten. Der stoische

Gehorsam gegenüber der Obrigkeit, die Anspruchslosigkeit und die persönliche Einsatzbereitschaft auch unter extremsten Witterungsbedingungen waren ihm wie den Generationen zuvor anerzogen.

Zwar schlummerte tief im Inneren sogar noch ein schlichter religiöser Glaube in meist einfachem Gemüt, das sich in schwermütigen Liedern über Liebe, Natur und Heimatverbundenheit ausdrückte. Doch die politische Indoktrination überlagerte diese Grundhaltung. Bedingungslos hatte man sich den neuen Machthabern und ihren Statthaltern unterworfen. Jetzt folgte man den gefürchteten »Politruks«, den Kommissaren, die in allen Sowjet-Bataillonen das Handeln der Kommandeure und aller Soldaten überprüften, für die Motivation und bedingungslosen Gehorsam sorgten und bei echten oder vermeintlichen Mißständen sofort zur Pistole griffen.

Der Soldat selbst war geschickt in Verteidigung und tapfer im Angriff. Raffiniert in seinem Verhalten auf dem Gefechtsfeld, besonders nachts und unter allen Witterungsbedingungen ertrug er Belastungen unglaublich standhaft. In der Verteidigung hielt er hartnäckig Widerstand leistend bis zum Kampf Mann gegen Mann. Wir mußten daher jede Stellung einzeln niederkämpfen. Der Widerstand brach meist erst zusammen, wenn der örtliche Führer, vor allem der Politruk, ausgefallen war und sie sich daher ergeben konnten, ohne von hinten erschossen zu werden. Zähigkeit und stoische Todesverachtung kennzeichneten die Angriffe der Roten Armee. Oft griff die sowjetische Infanterie ungedeckt mit lautem »Urräh« und im Laufen aus allen Waffen feuernd an. Kam ihr Angriff zum Erliegen, wurde kurz darauf ein weiterer aus gleicher Richtung angesetzt, wiederum unter Inkaufnahme hoher Verluste. Die Feuerunterstützung durch Artillerie und Granatwerfer erfolgte in großer Dichte und hohem Munitionseinsatz. Die Infanterie folgte dem Vorverlegen des Vorbereitungsfeuers dichtauf.

Wurden Angriffe mit mechanisierten Verbänden vorgetragen, stürmten die Panzer in hoher Fahrt unter Einsatz aller Bordwaffen fast ohne Rücksicht auf eigene Verluste. Die aufgesessene Infanterie sprang erst kurz vor den deutschen Stellungen ab, um im Nahkampf den Einbruch zu erzwingen. So entstanden schnell recht kritische Lagen, in denen kampffähig gebliebene eigene Widerstandsnester für viele Stunden auf sich allein gestellt standhielten, bis später durch Reserven die eigene Verteidigung wieder stabilisiert werden konnte.

Mit den Rückzugsbewegungen kam es häufig zu solchen unübersichtlichen Gefechten. Den Feindkräften an Personal und Material stark unterlegen, kämpfte sich die Fronttruppe auf neue Verteidigungslinien zurück. Manchmal entstanden auf diese Weise sogenannte »wandernde Kessel«, vom Feind umgeben und bedrängt, an den Außenrändern die Kampftruppe mit den Unterstützungstruppen, in der Mitte Verwundete, Stäbe und Versorgungsteile.

In solchen Situationen war die physische und psychische Belastung besonders hoch, die Führungsleistung bis hinab zum Leutnant und dem erfahrenen bewährten Unteroffizier besonders gefordert.

Im Siegesrausch zeigte der Sowjetsoldat, zu welcher Brutalität er imstande war. Von politischen Parolen angetrieben, kannte er haßerfüllt nur noch ein Ziel: Vernichten! Verwundete wurden erschossen oder erschlagen. Dieser Blutrausch hielt bis zu den letzten Kriegstagen an und tobte sich auch an der Zivilbevölkerung aus. »Tötet, tötet, kein Deutscher ist unschuldig! Nehmt Euch die deutschen Frauen, wo ihr sie findet, und brecht ihren Stolz. Und wenn Du einen Deutschen getötet hast, töte einen zweiten – es gibt nichts Schöneres als deutsche Leichen!« Diesen Aufruf des sowjetischen Schriftstellers Ilja Ehrenburg soll selbst Stalin mißbilligt und seine weitere Verbreitung untersagt haben. Das Inferno war vorauszusehen. Moskau war der »Haager Landkriegsordnung« nicht beigetreten und sah sich damit an die Einschränkungen im Kriegsvölkerrecht nicht gebunden. So wurden schon zu Beginn des Ostfeldzugs Ereignisse dokumentiert, in denen deutsche Gefangene oder Verwundete – sogar auf mit dem Roten Kreuz gekennzeichneten Verbandplätzen – niedergemacht und verstümmelt wurden. Deutsche Truppen haben, wenn sie im Gegenangriff an solche Orte zurückkamen, in begreiflicher Erbitterung reagiert. In aller Regel gelang es verantwortungsbewußten Vorgesetzten aber rasch, die Disziplin wiederherzustellen.

Sowjetische Gefangene

Kaum vorstellbar sind die Situationen, denen sich die deutschen Truppen am Ende der großen Kesselschlachten in den Jahren 1941/42 ausgesetzt sahen. Auf engstem Raum zusammengedrängt, mußten sich zahlreiche Verbände der Roten Armee nach heftigster Gegenwehr ergeben. Sie zählten zu hunderttausenden Soldaten, im Abflauen der Kampfhandlungen unzulänglich versorgt, erschöpft, dazwischen Unmengen von Panzern, Geschützen, Waffen, Kriegsgerät aller Art und viele Pferde. Diese Masse wogte hin und her und wußte nicht wohin. Verzweifelte Ausbruchsversuche scheiterten am Einschließungsring. Langsam gelang es den deutschen Truppen, schrittweise Schleusen zu öffnen, durch welche die Sowjetkräfte in die Gefangenschaft abfließen konnten. Nach Niederlegen ihrer Waffen, in den Schleusen nur flüchtig durchsucht, wälzten sich die braunen Kolonnen in relativer Ordnung in die vorgegebene Richtung, eskortiert von wenigen deutschen Gefechtsfahrzeugen oder Wachmannschaften. Da dieser Abschub nicht immer durch übersichtliches Gelände führte, gelang noch vielen die Flucht. Wenn sie nicht wieder ergriffen wurden, fanden sie zumeist Anschluß an Partisanenverbände oder bildeten diese selbst. Die deutsche Führung an Ort und Stelle zeigte sich durch solche Gefangenenmassen gänzlich überfordert, vor allem dann, wenn es an Infanteriekräften mangelte, um die Gefangenen unter Kontrolle zu halten.

Es war auch nicht Aufgabe der Kampftruppe, sich um die Versorgung der Gefangenen, um das Aufräumen in den Kesseln oder um das Einsammeln der Unmengen erbeuteter Waffen zu kümmern. Das gehörte zu den Obliegenheiten rückwärtiger Kräfte. Für die Masse der Gefangenen kamen unausweichlich schwere Tage, besonders für die Verwundeten unter ihnen. Sie hatten nichts als das nackte Leben gerettet und verfügten, wenn überhaupt nur über Reste an Verpflegung bestehend aus Trockenbrot, etwas Hirse und Machorka-Tabakkrümeln. So fanden sie sich demoralisiert in großen Sammelräumen wieder, die allerdings auf solche Menschenmengen nur unzulänglich vorbereitet waren. Bis dann endlich eine geregelte Versorgung in Gang kam, vergingen angesichts eigener Transportprobleme Tage, bis zu ihrem weiteren Abschub unter Umständen Wochen und in dieser Zeit kam es – wie bei den deutschen Gefangenen gegen Kriegsende – zu hohen Ausfällen.

Anders konnte bei überschaubaren Gefangenenzahlen gehandelt werden. Diese Gefangenen wurden schnellstmöglich in das rückwärtige Divisionsgebiet geführt, in vorbereitete Sammellager für Zwischenaufenthalte, ehe der weitere Abschub erfolgte. Offiziere wurden schon bei der Gefangennahme von ihren Soldaten getrennt, von Stabsoffizieren vernommen und eiligst abtransportiert. Dem Gefangenen wurden Waffen, Munition und besondere Ausrüstung, Offizieren auch Kartentaschen mit Befehlen u.ä. abgenommen. Persönliche Dinge wurden grundsätzlich belassen – welch ein Unterschied zu den Ausplünderungen deutscher Soldaten, die in Gefangenschaft gerieten.

Verwundete Gegner wurden auch nach erbittertem Gefecht wie eigene Verletzte behandelt, letztlich waren sie Leidensgenossen. So konnte es geschehen, daß deutsche und sowjetische Sanitäter gemeinsam Verwundete auf dem Gefechtsfeld versorgten.

Nicht selten waren die Rotarmisten schon bei ihrer Gefangennahme in einem anfälligen Gesundheitszustand. Uniformierte Frauen, meist Sanitätsoder Fernmeldepersonal, wurde sofort von den männlichen Gefangenen getrennt, dies auch deshalb, weil sie als Hilfspersonal in den Gefangenensammelstellen dringend benötigt wurden.

Das Verhältnis der Truppe zur Zivilbevölkerung

Bei Beginn des Feldzugs geriet die Truppe mit der russischen Bevölkerung zunächst wenig in Kontakt. Ihr schneller Vorstoß umging Ortschaften möglichst und strebte auf den Magistralen den nächsten Brücken zu. Wo sie in

Dörfern ziviler Bevölkerung begegnete, zeigte diese sich zunächst distanziert, aber neugierig. Die Disziplin und Freundlichkeit der Deutschen, die spürbar unterschied zwischen dem bewaffneten Gegner und der schutzlosen Bevölkerung, war so wohl nicht erwartet worden und wurden dankbar wahrgenommen. Ablehnung oder gar feindliches Verhalten waren nirgends zu spüren. Das korrekte Verhalten der Fronttruppe stand ja auch im krassen Gegensatz zu den Untaten ihres eigenen Regimes. Stalins Massenmorde in der Ukraine, die Schauprozesse im Jahr 1937 und die zahlreichen Deportationen und Zwangslager waren nicht vergessen.

So kam es der fremden Truppe gegenüber bald zu engeren Kontakten, auch zu Tauschgeschäften mit Lebensmitteln, nicht selten sogar zu herzlichen Gesten der Begrüßung mit Blumen, Brot und Salz. Häufig bat man um Erlaubnis, die Ikonen wieder aufstellen zu dürfen, da diese lange vor Entdeckung versteckt gehalten werden mußten. So spürten die deutschen Soldaten große Erleichterung bei der Bevölkerung, daß das ungeliebte Sowjetregime beseitigt schien.

Die Truppe hatte schnell erkannt, wie das Verhalten der Bevölkerung zu beurteilen war. Beobachtete man sorgloses Treiben in einer Ortschaft, war mit Feindwiderstand nicht zu rechnen. Wenn aber die Ortschaft ausgestorben schien, drohte ein Gefecht auszubrechen. Die Bewohner hielten sich dann vorsorglich in Kellern und Erdbunkern versteckt. Beschuß führte schnell zu erheblichen Beschuß-Schäden an verteidigten Gebäuden. Die meist mit Stroh gedeckten Holzhäuser brannten rasch lichterloh. Ein einzelnes Leuchtspurgeschoß oder eine zerstörte Herdstelle genügten schon als Ursache.

Auch in ungewissen Lagen war das Zusammenleben mit der Bevölkerung, mit den Frauen, Greisen und Kindern ohne Probleme. Verweilte die Truppe länger, kam es vielfach zu freundschaftlichen Kontakten. Fotos, die wir von unseren Angehörigen, unseren Heimstätten und aus unseren Städten zeigten, wurden bestaunt. Erkannten die Bewohner Vorbereitungen für eine Verlegung oder im Verlauf des Krieges für die Fortsetzung des Rückzugs, kam es nicht selten zu tränenreichen Abschiedsszenen. Unsicherheit und Angst vor der Zukunft breiteten sich aus und führten zu Fluchtbewegungen. Ohne klares Ziel schlossen sich dann ganze Familien mit Sack und Pack den deutschen Truppen an und behinderten deren Marschbewegungen.

In den kältesten Frostperioden kämpften Freund und Feind vorrangig um den Besitz von Ortschaften, die Wärme, Trinkwasser und begrenzten Schutz boten. Solche Ansiedlungen erlitten dann leider schwere Schäden und es bildeten sich wahre Schicksalsgemeinschaften zwischen Truppe und Einwohnern. Kleine Bauernhäuser verfügten im allgemeinen nur über einen einzigen Wohnraum, in dem sich das ganze Familienleben abspielte. Nun kamen noch die Soldaten hinzu, die für kurze Zeitspannen aus ihren Feldstellungen abgelöst worden waren. In drangvoller Enge versammelten sich nun alle um die einzige Wärmequelle, den großen Lehmofen. Auf diesem schliefen, dicht aneinander gedrängt, die Hausbewohner. Die Soldaten lagen ringsum auf den Sitzbänken oder auf dem Fußboden. Da war es nicht verwunderlich, daß sich die Läuseplage schnell ausbreitete. Sie wurde gemeinsam bekämpft. Zu intimem Verkehr mit Russinnen kam es nur in ganz seltenen Fällen. Die gegenseitige Beobachtung auf engstem Raum, und die strenge Meldepflicht derartiger Verbindungen sowie die Regel, daß Vergewaltigung als Verbrechen von den Kriegsgerichten streng geahndet wurde, regelten dieses Problem weitgehend. Im allgemeinen zeigten sich junge Russinnen oder Ukrainerinnen alles andere als entgegenkommend und wußten selbstsicher ihre persönliche Integrität zu wahren.

Grenzbereiche des Kriegsvölkerrechts

Die Grundlagen für militärische Disziplin und Ordnung aus Friedenszeiten galten auch im Kampfgebiet unvermindert fort, so die Disziplinarstrafordnung und das Militärstrafgesetzbuch. Hinzu trat nun noch das »Sonderstrafrecht« im Kriege. Deutschland war der Haager Landkriegsordnung von 1907 beigetreten. Ihre Einhaltung war nicht nur ein Gebot der Fairneß und der Humanität, sondern diente vornehmlich der Wahrung und Erhaltung der Disziplin der Truppe. Tätern drohten schwerste Strafen wie Degradierung, Strafbataillon oder gar die Todesstrafe. Die militärische Ordnung wurde bis Kriegsende weitgehend gewahrt. Dies wurde durch eine scharfe Meldepflicht bei Vergehen, durch die »Tatberichte« und ein enges Netz der Dienstaufsicht sichergestellt. Moral und Zusammenhalt der Verbände wurden dadurch ganz wesentlich gestützt.

Mit Deportation oder gar Hinrichtung ethnischer Minderheiten ist die kämpfende Truppe mit Sicherheit nicht befaßt gewesen. Sie benötigte jeden Mann für den Kampf und die weiteren operativen Aufträge. Die Frontsoldaten kannten nur einen Gegner, den mit der Waffe gegenüber. Maßnahmen gegen Unbewaffnete und Hilflose widersprachen den Prinzipien der Ritterlichkeit und des völkerrechtlichen Verhaltens, worüber immer erneut belehrt worden ist.

Bewährung und Leistung der deutschen Soldaten

In der internationalen Literatur wird immer wieder nach den Ursachen geforscht, die die Wehrmacht befähigten, so kaum vorstellbare Leistungen zu vollbringen, in Europa zwischen Atlantik und Kaukasus, zwischen Nordkap und Nordafrika ein Gebiet zu erobern, zwölfmal so groß, ist wie das Mutterland und daß sie der Gegenoffensive der stärksten Militärmächte der Welt fünf Jahre lang widerstehen konnte. So ist in einer neueren Veröffentlichung zu lesen, der US-Oberst Dupuy sei in einer sehr ausführlichen Untersuchung zu dem Ergebnis gekommen, daß »die deutschen Infanteristen ihren britischen und amerikanischen Gegnern immer um 50 Prozent höhere Verluste beibrachten, und das in jeder Situation. Das galt auch für den Fall, daß sie in die Verteidigung gedrängt wurden und, wie meist, unterlegen waren«.[4]

Was befähigte die deutsche Armee zu so außergewöhnlichen Leistungen? Allein im Ostfeldzug weiträumige Offensiven mit rund drei Millionen Gefangenen in den acht großen Kesselschlachten und Vorstößen bis Leningrad, bis Moskau, bis Woronesch und bis zum Kaukasus, 2500 km von Berlin entfernt.

Was befähigte die Luftwaffe nur vier Jahre nach ihrem Aufbau, zusammen mit den Panzerverbänden zum schlachtentscheidenden Instrument in Operationsschwerpunkten zu werden? Und woher nahm die Marine die Kraft, vor allem mit der neu geschaffenen Unterseebootwaffe die Seewege nach Europa zu kontrollieren und zum Beispiel im ersten Halbjahr 1942 2,7 Millionen Bruttoregistertonnen Schiffsraum des Gegners zu versenken?

Die Kräfte für diese Leistungen entsprangen vielfältigen Wurzeln. Zu den langfristigen, immerwährenden gehört die geostrategische Lage Deutschlands. Anders als die durch Küsten geschützten Länder England, Spanien oder Italien bildet Deutschland seit Jahrhunderten in Europa eine strategische Drehscheibe, ein Begegnungsglacis starker fremder Mächte wie Frankreich, Rußland, Schweden, ja sogar asiatischer Eroberer, derer sich die Deutschen immer wieder mit aller Kraft zu erwehren hatten. Ihre Wehrfähigkeit ist also weniger eine Charaktereigenschaft, vielmehr – wie mutatis mutandis bei den Israelis – eine durch die Erfordernisse erworbene Kraft. Das hat dann auch den einzelnen »Wehrbürger« geformt, seinen Patriotismus gestärkt und seinen Mut, wie etwa auch im Ostfeldzug tausendfach geschehen, mit bloßer »Panzerfaust« den angreifenden Panzerrudeln entgegenzutreten.

Diese Grundveranlagung erfuhr noch eine Steigerung durch das von einer starken Mehrheit als Unrecht empfundene Friedensdiktat von Versailles. Seine diskriminierenden und wirtschaftlichen Ruin verursachenden Bestimmungen gaben allen Parteien immer wieder Munition zur Agitation gegen das »Schanddiktat« und bewirkten eine Solidarisierung über Parteigrenzen hinweg. Diesen Trend verstand Hitler geschickt für seine gänzlich anders gearteten Ziele auszunutzen. Er bezog in seine »Bewegung« Schritt um Schritt bestehende Verbände und Verbindungen mit ein, so Teile der Jugendbewegung, den »Stahlhelm«, auch »völkisch« eingestellte studentische Verbindungen. Mit der Hitlerjugend, dem Arbeitsdienst, der SA und der SS sorgte er für wachsende Solidarisierung und sehr schnell auch für vormilitärische Ausbildung, auch wenn deren Wert zweifelhaft war.

Nach nur sechs Jahren stand damit eine junge Mannschaft zur Verfügung, die harte Anstrengungen, Alarme und Nachtmärsche sportlich ertrug und damit einen erheblichen psychischen und physischen Vorsprung auf das Gefechtsfeld mitbrachte. Der Dienst in diesen Vereinigungen vermittelte bestimmte Werte, wie den der Kameradschaft und des Beispiels der Vorgesetzten aller Ebenen. Im überschaubaren Bereich kannte der Soldat seinen Gruppen- und Zugführer mit allen seinen Stärken und Schwächen. Waren diese Vorgesetzten gerecht und fürsorgend, in der Führung besonnen und tapfer, so konnte diese Mannschaft nichts erschüttern. Der gute Kompanieführer kannte schnell seine Männer mit Namen und nahm sich auch ihrer familiären Sorgen an. Notwendige Härte und Strenge wurden dann verstanden, wenn die Lage sie erforderten. Seine Soldaten wußten schnell, ob der Chef im Handeln umsichtig und entschieden war. So wuchs in der Einheit Vertrauen.

Ähnlich entstand auch der Verbund der Offiziere untereinander über das Bataillon bis zum Regiment. Im Gefecht wurde sehr aufmerksam verfolgt, wo und wann Kommandeure selbst auftraten und eingriffen. In Krisen vorne führend, waren die verantwortungsbewußten Kommandeure im hinhaltenden Kampf dann bei den letzten Teilen am Feind. Hochgeachtet waren solche Führer, die Aufträge ablehnten, die offensichtlich erfolglos bleiben mußten und unnötige Opfer kosten würden. Solche Beispiele sind zahllos und zeigen den guten Stil im Umgang zwischen Vorgesetzten und ihrer Truppe. Ich habe es zum Glück nicht anders erlebt. Negativbeispiele sind gewiß auch zu finden. Sie haben ihre Ursache nicht zuletzt in den hohen Offizierverlusten und der verständlicher Weise im Fortschreiten des Krieges absinkenden Qualität der Ausbildung und Erziehung.

Versailles hatte bewirkt, daß die Deutschen lernten, mit wenigen Mitteln überraschende Wirksamkeit zu erzielen und ihre Organisationsfähigkeit zu trainieren. Die Bestimmungen über die Reichswehr verboten die Wehrpflicht und beschränkten die Reichswehr auf nur 100 000 Mann, die jeweils 12 Jahre (Unteroffiziere und Mannschaften), Offiziere 25 Jahre zu dienen hatten, damit sich kein Reservepotential bildete. General v. Seeckt wandelte solche Nachteile in Vorteile. Jeder Soldat sollte sorgsam ausgewählt, in der langen Stehzeit gründlich geschult und vor allem jeweils für die Eignung auch zur nächsthöheren Position ausgebildet werden. So wurde jeder Gefreite zu einem potentiellen Unteroffizier und jeder Leutnant zum möglichen Kompanieführer. In den vier bis fünf Jahren von der wiedergewonnenen Wehrhoheit 1935 bis Kriegsbeginn wurde aus der 100 000-Mann-Armee eine solche von acht Millionen, also eine Vervielfältigung um den Faktor 80, unter Einbeziehung der Landespolizeien, auch des österreichischen Bundesheeres und durch zahlreiche Reaktivierungen. Und in der gleichen kurzen Zeit wurden die modernen, bislang verbotenen Waffen geschaffen und ihre Anwendung trainiert. Hierin eigentlich liegt die erstaunliche Leistung.

Nicht zuletzt ist auf einen gewichtigen Vorsprung in der Ausbildung hinzuweisen. Seit langem galt in deutschen Armeen der Grundsatz, den Unterstellten Ziele vorzugeben, ihnen aber den Weg dahin möglichst zu überlassen. Das gab oft auch unterlegenen Verbänden die Chance zum Erfolg. Diese »Auftragstaktik« ist immer weiter verfeinert worden. Sie wurde in der Reichswehr auch auf den unteren Ebenen gelehrt und angewandt. Das damit mögliche Handeln nach neuester Lageentwicklung war besonders in den Weiten des Ostens ein entscheidender Vorteil, wo Selbständigkeit das Gebot der Stunde war. Hier ist besonders das Unteroffizierkorps zu erwähnen, das tragende Gerüst in jeder Einheit. Oft genug übernahmen nach Ausfall der Offiziere erfahrene Portepee-Unteroffiziere das Kommando und die Verantwortung.

Diese Faktoren zusammen haben die Leistung der Wehrmacht ausgemacht und die Erfolge bewirkt. Hier fehlt zu Recht der Faktor parteipolitische Indoktrination. Dies trotz mancher wirkungsloser Versuche in dieser Richtung vor allem, weil in der Millionenarmee die wenigsten kämpften, um den Ideen des Nationalsozialismus zum Siege zu verhelfen, sondern – wie Präsident Mitterrand es 1996 in Berlin formulierte – »weil sie ihr Vaterland liebten«, gerade auch in Erkenntnis der drohenden Niederlage.

Zusammenfassung

Der Ostfeldzug war aus der Sicht Hitlers ein Kampf der politischen Systeme, des Nationalsozialismus und des Kommunismus bolschewistischer Prägung. Angefacht durch ausufernde politische Propaganda wurden die Soldaten beider Seiten in den Kampf geschickt, der Opferbereitschaft wie kein anderer erforderte. Zur Durchsetzung ihrer politischen Ziele setzte die Führung auf beiden Seiten ohne Rücksicht auf Verluste alle guten Kräfte ihre Volkes ein und mißbrauchte sie zynisch ohne Erbarmen.

Ist dem Kleinkind der Kriegsjahre und den Nachgeborenen überhaupt bewußt und begreifbar, welche Gedanken den einzelnen, eingesetzten Soldaten täglich und hauptsächlich bewegten? Es war die stets gleich und sich selbst gestellte Frage, wie für ihn persönlich der Kampftag wohl enden würde, ob mit Tod, mit Verwundung, Gefangennahme oder Gesundbleiben; ganz gleich, ob dies für das Besatzungsmitglied in einem Kampffahrzeug, an einem Geschütz in der Feuerstellung, für den Infanteristen im Schützenloch oder beim ungeschützten Vorgehen gegen den unsichtbaren Gegner – es war das beständige »Du oder Ich, Wer überwindet wen?, ich jedenfalls will überleben und meine

Familie wiedersehen«. Keinen anderen Gedanken gab es bei Freund und Feind, über Wochen, Monate, Jahre! Dem Angehörigen der kämpfenden Truppe blieb für andere Gedanken oder gar mehr meist nicht einmal der Augenblick.

Anders als sein Gegner hat der deutsche Frontsoldat im Osten wie auf den anderen Kriegsschauplätzen in aller Regel bis zur letzten Stunde nach den Vorgaben des Völkerrechts gekämpft. In Ausnahmefällen gab es von einzelnen verübte Verbrechen, gelegentlich auch als Reaktion auf Unmenschlichkeiten der Roten Armee. Sie waren auch auf die bei Kriegsende schwächer gewordene Führungsstruktur und den Verlust des Zusammenhalts in der vertrauten Kampfgemeinschaft zurückzuführen. Nicht aus eigenem Antrieb hat der deutsche Soldat seinen Fuß über die Grenze gesetzt, sondern – innerlich widerstrebend – auf Veranlassung der obersten politischen Führung, im Vertrauen auf seine militärische Führung! Wenn Zeitgenossen heute verkünden, daß sie sich diesem Auftrag widersetzt hätten, dann fehlt ihnen jede Vorstellung davon, in welchem Ausmaß der Gehorsam in Truppe und Bevölkerung verankert war und daß jeder Ansatz eines Widerstandes in der Diktatur drakonisch gebrochen wurde.

Die heutige russische Geschichtsschreibung hat gewichtige Anhaltspunkte dafür gefunden, daß Stalin selbst in der Vorbereitung eines Angriffs auf Zentraleuropa stand. Es ist daher zu erwarten, daß die künftige historische Forschung zu der Feststellung gelangt, daß durch den Ostfeldzug und den Widerstand bis zuletzt die Sowjetisierung großer Teile Europas abgewendet worden ist.

1 Victor Suworow, Der Eisbrecher, Stuttgart 1990 und Walter Post, Unternehmen Barbarossa, Hamburg 1995. Der Vf. beabsichtigt keine Stellungnahme zu der wissenschaftlichen Kontroverse um die Auslösung des Krieges gegen die Sowjetunion und stützt sich bei seinen Feststellungen auf damalige unmittelbare Beobachtungen in seinem Frontabschnitt.
2 »Erobern und Vernichten. Der Krieg gegen die Sowjetunion 1941-45.« Essays. Hrsg. Jahn, Peter, und Rurup, Reinhard, Berlin 1991, S. 184.
3 Philippe Masson, Die deutsche Armee. Geschichte der Wehrmacht 1935–1945. München 1996, S. 318 ff.
4 Vgl. ebd., S. 517.

Joachim v. Schwerin, Jahrgang 1922, nahm am Feldzug gegen die Sowjetunion vom Tag des deutschen Angriffsbeginns am 21. Juni 1941 an bis zum Tag der Kapitulation am 9. Mai 1945 teil. Sein Einsatz an der Front wurde lediglich unterbrochen durch die Ausbildung zum Offizier in der Heimat, Lazarettaufenthalte und Fronturlaube. Er war als Offiziersanwärter in dem später in eine Panzeraufklärungsabteilung umgegliederten Kradschützenbataillon einer Panzerdivision an den Schlachten im Mittelabschnitt der Ostfront bis Jahresende 1941 beteiligt, als Zug- und Kompanieführer im Kaukasusgebiet 1942, in der Ukraine 1943/44 und im Rückzug auf das Reichsgebiet 1945, dabei zeitweilig auch als Führer einer Panzerkompanie eingesetzt. In letzten Gefechten zum wiederholten Mal verwundet, geriet er bei Kriegsende in sowjetische Gefangenschaft, aus welcher er im Spätherbst 1949 entlassen wurde.

KLAUS HAMMEL

Kompetenzen und Verhalten der Truppe im rückwärtigen Heeresgebiet

Einführung

In einem Sammelband, wie dem hier vorgelegten, der sich mit dem Verhalten der Wehrmacht im Zweiten Weltkrieg beschäftigt, sollte eigentlich der Versuch unternommen werden, den Einsatz der Truppe in den rückwärtigen Gebieten der verschiedenen Kriegsschauplätze oder Feldzüge insgesamt zu bewerten. Dies ist aus Raumgründen nicht möglich, aus anderen Gründen aber auch nicht zweckmäßig.

Wohl hatte die Wehrmachtführung den Erfordernissen der Operationsführung entsprechend in allen Feldzügen eine Ordnung des Kriegsschauplatzes vorgenommen und damit rückwärtige Gebiete festgelegt; aufgrund der jeweiligen Verhältnisse, vor allem wegen der Dauer der Operationen, waren deren Form, ihr zeitlicher Bestand, aber auch die Aufgaben, die in ihnen zu erfüllen waren, sehr unterschiedlich.

Der Polen-, West- oder Balkanfeldzug liefen sehr schnell ab, ebenso wie die Besetzung Dänemarks oder Norwegens endeten sie mit einer militärischen Kapitulation. Das Operationsgebiet wurde in ein Besatzungsgebiet umgewandelt, in dem eine Unterscheidung nach vorderen oder rückwärtigen Gebieten nicht notwendig war. Die rückwärtigen Gebiete während der Kämpfe nach der Invasion 1944 und beim Rückzug auf die Reichsgrenzen sowie auf dem Kriegsschauplatz Italien ab 1943 bieten nicht genügend Bezugspunkte zu unserem Thema. Ähnliches gilt für die rückwärtigen Gebiete der Heeresgruppe E während der Kämpfe auf dem Balkan ab 1944. Für den vorgegebenen Untersuchungsgegenstand wurden daher die rückwärtigen Gebiete während des Rußlandfeldzuges, die vom Juli 1941 bis 1944, in einigen Befehlsbereichen allerdings nur bis 1943 bestanden, gewählt.

Um die Durchsetzung der politischen Absichten in der Auseinandersetzung mit dem antagonistischen Gegner des Nationalsozialismus, dem Bolschewismus, die Hitler gleichlaufend mit den militärischen Operationen verfolgte, sicherzustellen, hatte er der Wehrmacht- und Heeresführung spezielle Auflagen für die Ordnung des eroberten Raumes und damit auch für die rückwärtigen Gebiete vorgegeben (Einzelheiten siehe Abschnitt 3 »Organisation der rückwärtigen Gebiete«).

Die dabei entstandenen rückwärtigen Heeresgebiete wiesen vor allem im Hinblick auf die Aufgaben der Truppe und ihre Kompetenzabgrenzung zu anderen Organisationen des Dritten Reiches so entscheidende Unterschiede zu den genannten Kriegsschauplätzen auf, daß es allein schon aus diesem Grunde angebracht ist, sich auf das rückwärtige Heeresgebiet während des Rußlandfeldzuges zu beschränken.

Um nicht Gefahr zu laufen, aus Raumgründen sich im Thema vertikal zu begrenzen und damit wenig aussagekräftige Globalerkenntnisse zu liefern, wurde das Untersuchungsthema weiter horizontal eingegrenzt.

Das heißt, die Untersuchung des Verhaltens der Truppe im rückwärtigen Heeresgebiet wurde auf den Bereich der Heeresgruppe Süd konzentriert. Diese Konzentration hat wieder mehrere Gründe: Das rückwärtige Heeresgebiet Süd war beinahe doppelt so groß wie die jeweiligen Gebiete der anderen beiden Heeresgruppen. Aufgrund der geographischen Gegebenheiten und der Bevölkerungsstruktur erreichten Partisanenbewegungen nie den Umfang, wie sie im Vergleich zu den Heeresgruppen Nord und Mitte auftraten. Durch die Art der Operationen bedingt, unterlag das rückwärtige Heeresgebiet Süd größeren Veränderungen, und schließlich stieß hier die Truppe auf nicht-russische Minderheiten in der Bevölkerung, deren Behandlung sich aus deutschem Interesse wesentlich von der Behandlung der russischen Bevölkerung im übrigen besetzten Gebiet unterschied.

Nun könnten die Befürworter der These von der verbrecherischen Wehrmacht den Vorwurf erheben, der Autor würde sich mit dieser Konzentration sozusagen die »Schokoladenseite« der Wehrmacht, also die Ausnahme von der Regel, aussuchen. Da im Gegensatz zu ihnen aus dem sicherlich anders gearteten Bild keine verbindlichen Schlüsse für die übrigen besetzten Gebiete und das Verhalten von Wehrmachtverbänden dort gezogen werden sollen, kann dieser Vorwurf aber hingenommen werden.

Bei der Bewertung des Verhaltens der deutschen Truppen während des Zweiten Weltkrieges sind sich die Historiker darüber einig, daß vor allem in den rückwärtigen Gebieten in Rußland besonders schwere Verstöße gegen das Völkerrecht und Verbrechen begangen worden seien.

Hannes Heer und Jan Philipp Reemtsma haben sich mit der bekannten Ausstellung und der begleitenden Literatur[1] vor allem auf das rückwärtige Gebiet der Heeresgruppe Mitte konzentriert, ihre angeblichen Erkenntnisse aber auf die gesamte Wehrmacht übertragen und damit den verbrecherischen Charakter der Wehrmacht festlegen wollen.

Es kann aufgrund der Gegebenheiten auf beiden Seiten der Kriegsparteien kein Zweifel daran bestehen, daß die Möglichkeiten, in verbrecherische Handlungen zu geraten, in den rückwärtigen Gebieten größer waren als vorne an der Front. So haben ehemalige Angehörige der Fronttruppe immer behauptet, mit den Verbrechen hinter ihren Einsatzräumen nie etwas zu tun gehabt oder auch nur davon gewußt zu haben.

Auf diese Weise laufen wir vielleicht Gefahr, nicht zu leugnende Völkerrechtsverstöße und Verbrechen auf deutscher Seite auf die Truppe im rückwärtigen Gebiet abzuladen. Einer solchen Versuchung unterliegen auch Wohlmeinende, die die deutschen Streitkräfte des Zweiten Weltkrieges gegen undifferenzierte und pauschale Urteile in Schutz nehmen wollen.[2]

Die Initiatoren dieses Buches haben sich zum Ziel gesetzt, die historische Wahrheit über die ethischen Grundlagen und Verhaltensvorschriften der Wehrmacht herauszuarbeiten. Dies ist ein hoher Anspruch und schwer zu verwirklichen, insbesondere in einem Teilbeitrag, der sich in der Ausführlichkeit beschränken muß.

Wer sich mit den Ergebnissen der seriösen westdeutschen Geschichtsschreibung der letzten 30 Jahre beschäftigt, stellt fest, daß aus unerklärlichen Gründen die Tendenz ständig stärker wurde, immer dann, wenn ein Interpretationsspielraum bei der Auswertung der gegebenen Quellen auch zugunsten der Deutschen oder des deutschen Verhaltens möglich war, nahezu regelmäßig eine nachteilige Interpretation zu wählen. Kein Wunder, daß sich in den letzten Jahren ausländische Autoren dieser Tendenz angeschlossen haben.[3] Obwohl damit nicht der Vorwurf der bewußten Fälschung oder der groben Fehlinformation erhoben werden kann, entspricht das so gemalte Bild nicht der Wirklichkeit. Nachfolgend nennen wir drei Beispiele für diese Behauptung, die inhaltlich Bezug zu den rückwärtigen Gebieten haben. Weitere Beispiele können aus Platzgründen nicht genannt werden, stehen beim Verfasser aber jederzeit zur Einsichtnahme zur Verfügung.

Den deutschen Truppen in den rückwärtigen Gebieten wird vorgeworfen, auf »moderate« Verstöße sowjetischer Truppen gegen die Gesetze des Krieges mit überzogenen und völlig unangemessenen Repressalien oder Vergeltungsmaßnahmen reagiert zu haben. Teilweise hätten solche Aktionen nur als Vorwand für den verdeckten Judenmord oder für den Ausrottungskrieg gegen die Bevölkerung gedient. Als Beweis dafür werden die aufgetretenen Verlustzahlen beider Seiten, die Anzahl der erbeuteten Waffen etc. gegenübergestellt. Solche Aktionen hat es ohne Zweifel durch die Einsatzgruppen oder bestimmte SS-Verbände gegeben.[4] In bezug auf Aktionen von Heeresverbänden gibt Jürgen Förster, einer der Autoren des umstrittenen Buches des Militärgeschichtlichen Forschungsamtes »Der Angriff auf die Sowjetunion«, in einem seiner Kapitel Beispiele dafür an, wie sich die Truppe an Vernichtungsaktionen beteiligt habe. Er nennt als Ergebnis einer dreimonatigen »Partisanenbekämpfung« durch eine Einheit der Geheimen Feldpolizei ca. 2400 getötete Partisanen, stellt diesen sieben eigene Gefallene und fünf Verwundete gegenüber und »beweist« damit eine der beschriebenen Ausrottungsaktionen. Was Förster aber dabei nicht erwähnt, ist die Tatsache, daß die Geheime Feldpolizei, die in kleinere Kommandos aufgeteilt war und die kämpfende Truppe begleitete, vorwiegend nachrichtendienstliche Aufgaben erfüllte und selbst keine Kampfeinsätze durchführte. Die erkannten Partisanen wurden in der Regel durch die Kampftruppe im Gefecht getötet oder verfielen als Freischärler dem Kriegsrecht (s. Abschnitt 2).[5]

Völlig unterschiedliche Interpretationen erfährt der Leser in genau demselben Band hinsichtlich der Absicht und der Auswirkungen des sogenannten »Disziplinarerlasses«, den der Oberbefehlshaber des Heeres als Ergänzung zum »Gerichtsbarkeitserlaß« im Mai 1941 herausgegeben hatte. Feldmarschall von Brauchitsch versuchte hier, zumindest einen Weg zu öffnen, die Befolgung eines Befehls, dessen Völkerrechtswidrigkeit auch er sah, zu umgehen. Während einerseits Ernst Klink in seinem Beitrag überzeugend nachweist, daß v. Brauchitsch ernsthaft bemüht war, den ursprünglichen Rechtszustand wiederherzustellen, sieht erneut Förster diesen Befehl auf Übergriffe und auf die Disziplin des einzelnen Mannes gerichtet und als lahmen Versuch, die Mitwirkung der Heeresführung an der Entstehung des Gerichtsbarkeitserlasses zu relativieren. Daß dieser wesentliche Auffassungsunterschied zweier Autoren eines Bearbeitungsteams in demselben Werk nicht aufgehoben werden konnte, ist wirklich bemerkenswert.[6]

Seit mehreren Jahren ist der Vorwurf nicht nur gegen die Wehrmachtführung, sondern auch gegen die Truppe schärfer geworden, »die Wehrmacht« hätte nicht nur von den Mordaktionen der Einsatzgruppen gewußt, sie vielmehr unterstützt, die dahinterstehende ideologische Zielsetzung geteilt, sich an solchen Aktionen beteiligt und ähnliche Aktionen selbst durchgeführt.

Seit geraumer Zeit gibt es unter Historikern eine Auseinandersetzung darüber, wann der Befehl, die jüdische Bevölkerung in Rußland kollektiv durch Erschießungen umzubringen, ergangen sei. Ich halte diese Diskussion für überflüssig, da im Sommer 1941 solche Massenexekutionen durch die Einsatzgruppen tatsächlich durchgeführt wurden – auf der Grundlage eines Befehls oder aus eigenem Antrieb – und zumindest den militärischen Führern auf bestimmten Ebenen dann auch bekanntgeworden sein müssen.

Das führt uns zum dritten Beispiel der Interpretation: Bei der Planung des Schutzes rückwärtiger Gebiete war eindeutig festgelegt worden, aus Kräftemangel militärische Sicherungskräfte nur in Schwerpunkten und nach entsprechenden Prioritäten einzusetzen, das heißt zum Schutz von Rollbahnen, Versorgungsstraßen und anderen Verbindungslinien. Dies können auch die heutigen Interpreten in den »Besonderen Anweisungen für die Versorgung, Teil C« des Generalquartiermeisters vom April 1941 nachlesen, in denen die

Vorgaben für den Kräfteansatz der Sicherungsverbände des Heeres sehr klar aufgeführt sind.

In einer Besprechung am 19. Mai 1941 mit der Truppe wurde durch die Vertreter des Generalquartiermeisters des Heeres, der für die rückwärtigen Gebiete verantwortlich war, genau auf diesen Sachverhalt verwiesen und daraus die Folgerung gezogen, daß der Schwerpunkt des Einsatzes der SS-Einsatzgruppen dann in der Fläche, also »abseits der Rollbahnen« erfolgen würde. Nun interpretiert Christian Streit in seinem Buch »Keine Kameraden«, daß die Heeresführung bereits von den geplanten Massenexekutionen gewußt und darauf bestanden habe – als Voraussetzung für die Zustimmung zum Einsatz der SS-Einsatzgruppen im Operationsgebiet des Heeres – »daß diese ›Aktionen‹ außerhalb des Gesichtskreises von Heerestruppen stattfinden sollten«. Diese Behauptung vernachlässigt die taktischen Überlegungen und stellt damit den wahren Sachverhalt geradezu auf den Kopf. Wie konnte die Heeresführung zu diesem Zeitpunkt überhaupt von den vorgesehenen Aktionen wissen, wenn den Führern der Einsatzgruppen allenfalls mündlich kurz vor Beginn des Feldzuges der Befehl zum kollektiven Judenmord gegebenenfalls – siehe oben – aber überhaupt nicht erteilt worden war?[7]

Es wurde bereits auf den hohen Anspruch verwiesen, zur historischen Wahrheitsfindung beitragen zu wollen.

Wenn wir andererseits den wissenschaftlichen Apparat an Universitäten, Instituten oder am Militärgeschichtlichen Forschungsamt zur Unterstützung der Auffassungen der »Messerschmidt-Schule« berücksichtigen und die lange Zeitdauer von nahezu 30 Jahren, in denen sich die soeben beschriebenen Tendenzen verfestigten, dann ist offensichtlich, daß es sehr schwierig ist, mit diesem Aufsatz auch nur eine Relativierung der herrschenden Auffassungen zu erreichen.

Hierbei ist auch zu bedenken, daß Fehler in der Vergangenheit, wie Retuschierungen der Wirklichkeit und Glaubensbekenntnisse in der Memoirenliteratur, Aufrechnung und Schönfärberei sowie Schuldzuweisungen an die SS und Parteiorgane, weg von der Wehrmacht, es den ideologischen Gegnern der Wehrmacht und des deutschen Soldatentums leichtgemacht haben, das heute vorherrschende Bild über die verbrecherische Wehrmacht entstehen zu lassen.

Die Beantwortung der Frage, welches Bild der Wehrmacht repräsentativ ist, oder wo die Grenzen zwischen Fehlverhalten und ehrenwertem Verhalten verlaufen, bedurfte und bedarf einer wissenschaftlichen Aufarbeitung, für die angemessene finanzielle Mittel und ein entsprechender Personaleinsatz unabdingbar sind. Dieses Buch ist dazu nur ein Anfang. Der vorliegende Teilbeitrag, soweit sei das Endergebnis vorweggenommen, rechtfertigt allerdings eindeutig, zur Differenzierung aufzurufen und als unzweifelhaft geltende wissenschaftliche Erkenntnisse zu hinterfragen.

Völkerrechtliche sowie rechtliche Vorgaben und Rahmenbedingungen

Der Zweck dieses Beitrags, das Verhalten der Truppe in den rückwärtigen Gebieten festzustellen und zu bewerten, erfordet es, völkerrechtliche und rechtliche Vorgaben, die auf die Truppe einwirkten, als Rahmenbedingungen oder als Meßlatte zu beschreiben. Ungeachtet der Tatsache, daß auch in anderen Kapiteln dieses Buches Auswirkungen des Völkerrechts behandelt werden, kommt es darauf an, nicht nur die Besonderheiten in rückwärtigen Gebieten, beispielsweise die rechtlichen Rahmenbedingungen des Partisanenkampfes, zu erfassen, sondern auch generelle Vorgaben des Völkerrechts.

Die Auffassungen darüber, welche Vorgaben des Völkerrechts damals galten, sind naturgemäß weit gespannt. So ist es bereits an dieser Stelle unerläßlich, eine Bewertung des zur damaligen Zeit tatsächlich Gebotenen vorzunehmen. Dabei gilt es herauszustellen: Nicht nachträglich eingetretene Entwicklungen auf dem Gebiet des Völkerrechts oder Feststellungen über die Gültigkeit völkerrechtlicher Postulate, wie sie beispielsweise bei den Nürnberger Prozessen vorgenommen wurden, sind für das Verhalten der deutschen Truppen oder das ihrer Kriegsgegner als Bewertungsmaßstab gerechtfertigt, auch nicht moralisch-ethische Einstellungen, wie sie als Konsequenz der Greuel des Zweiten Weltkrieges und der darauf beruhenden Ächtung von Gewalt auch zwischen Staaten heute selbstverständlich sind.

Entscheidend ist vielmehr das damals geltende Völkerrecht.

Ein wesentlicher Streitpunkt in der Auseinandersetzung über das rechtskonforme Verhalten der deutschen oder sowjetischen Truppen während des Rußlandfeldzuges bezieht sich auf die Verbindlichkeit kodifizierter Anteile des Völkerrechts.

Wohl war die Regierung des russischen Kaiserreichs der Haager Landkriegsordnung (HLKO)[8] beigetreten. Ungeachtet der sogenannten Staatensukzession[9] hatte sich aber die Regierung der UdSSR von allen durch das russische Kaiserreich geschlossenen Verträgen losgesagt, es sei denn, deren Gültigkeit für die Sowjetunion würde ausdrücklich durch diese anerkannt. Eine solche Erklärung zur HLKO hat die Sowjetunion jedoch nicht abgegeben. Jedoch bemühen sich einige westdeutsche Geschichtsschreiber, eine solche sowjetische Erklärung zur HLKO nachträglich zu konstruieren. Einerseits hatte die UdSSR das Genfer Abkommen zur Verbesserung des Loses der Verwundeten und Kranken der Heere im Felde vom 27. Juli 1929 anerkannt, andererseits aber nicht das – am gleichen Tage in Kraft getretene – Abkommen über die Behandlung der Kriegsgefangenen.

Joachim Hoffmann hat überzeugend nachgewiesen, daß die Erklärungen der UdSSR vom 27. Juni 1941 über die Behandlung von Kriegsgefangenen bzw. vom 19. Juli 1941 über die Anerkennung der HLKO eine Propaganda-

Aktion von ausschließlich deklaratorischem Charakter darstellten und in der Praxis nie umgesetzt wurden.[10]

In der gerade in den letzten Jahren verstärkten Diskussion über die »verbrecherische Wehrmacht« wird die Nichtakzeptanz der HLKO bzw. die Nichtunterzeichnung der Kriegsgefangenenkonvention durch die UdSSR häufig als Rechtfertigung für deutsche Verstöße gegen das Völkerrecht im Krieg gegen die Sowjetunion herangezogen.

Zwar enthält Artikel 2 des IV. Haager Abkommens eine Allbeteiligungsklausel, d.h. die Bestimmungen des Abkommens finden nur zwischen den Vertragsmächten Anwendung. Unter Völkerrechtlern herrscht jedoch Einigkeit darüber, daß »das Völkerrecht die Gesamtheit der gewohnheitsrechtlichen und vertraglichen Regeln (ist), die die Beziehungen der Staaten untereinander mit rechtlicher Wirkung ordnet. ... Seine Quellen sind dementsprechend Gewohnheit und Vertrag«. Aufgrund der Selbstbindung der Staaten »erfaßt (es) heute die Einzelstaaten aufgrund ihrer Zugehörigkeit zur Völkergemeinschaft und ist für sie bindend ohne Rücksicht darauf, ob gerade sie der betroffenen Norm zugestimmt haben oder nicht«.[11]

Aus dem fortgeschriebenen Gewohnheitsrecht entstanden, war die HLKO zu Kriegsbeginn 1939 selbst zum Gewohnheitsrecht geworden.

Das bedeutet: Die Bestimmungen der Haager Landkriegsordnung waren im Feldzug gegen die Sowjetunion 1941 bis 1945 durch Deutschland zu respektieren, ungeachtet der Tatsache, daß die Sowjetunion der Ordnung nicht beigetreten war; durch die Sowjetunion waren sie anzuerkennen – ohne selbst Vertragspartner zu sein –, weil sie dem Gewohnheitsrecht entsprachen.

Die beschriebenen Folgerungen gelten sinngemäß für die Bindung an die Kriegsgefangenenkonvention von 1929, bei der eine Allbeteiligungsklausel fehlte, im Artikel 82 darüber hinaus bestimmt wurde, »daß die Vertragsparteien auch für den Fall an die Konvention gebunden sind, wenn einer der am Konflikt Beteiligten nicht zu den Vertragspartnern gehörte«.[12]

Auch hier können wir festhalten: Das Deutsche Reich war als Vertragspartner, die Sowjetunion durch das Gewohnheitsrecht gebunden.

Es liegt in der Natur einer komplizierten Sache, daß selbst kodifizierte völkerrechtliche Regelungen eine »Grauzone« enthalten, daß sie vor allem dort kein genauer Leitfaden sein können, wo durch technische oder soziale Einflüsse neue Verhaltensformen zwischen den Kriegführenden entstehen. Auch das »Gewohnheitsrecht« wird von unterschiedlichen Seiten unterschiedlich ausgelegt werden: »Da das Völkerrecht weitgehend auf stillschweigender Willensübereinstimmung der Staaten beruht und auch die durch Verträge geregelten Gebiete in erheblichem Umfange Lücken und Unsicherheiten aufweisen, ist die Feststellung der völkerrechtlichen Normen häufig sehr schwierig.«[13]

Dies mag bei einer Kriegführung »alter Art« gegenstandslos sein; sollen jedoch – wie nach dem Zweiten Weltkrieg – Völkerrechtsverstöße durch Gerichte geahndet werden, noch dazu durch den Sieger gegenüber den Besiegten, dann kommen wir in Bereiche, die nicht rechtlich bewertet werden können, weil sie einer rechtlichen Normierung nicht unterlagen.

Hier wollen wir uns auf die sogenannte Martens'sche Klausel aus dem Vorwort der HLKO zurückziehen, in der in Kenntnis der unzulänglichen völkerrechtlichen Regelungen ausgeführt wird, daß »in den Fällen, die in den Bestimmungen der von ihnen angenommenen Ordnung nicht einbegriffen sind, die Bevölkerung und die Kriegführenden unter dem Schutze und der Herrschaft der Grundsätze des Völkerrechts bleiben, wie sie sich ergeben aus den unter gesitteten Völkern feststehenden Gebräuchen, aus den Gesetzen der Menschlichkeit und aus den Forderungen des öffentlichen Gewissens.«[14]

Es wird uns nicht verwundern, daß dieser Appell an die Menschlichkeit in der Auseinandersetzung zweier totalitärer Systeme auf Leben und Tod nicht viel Wirkung hatte und bei der Spirale von Aktion und Reaktion, auch beeinflußt durch die Natur des Menschen, immer mehr in den Hintergrund trat; waren doch das Deutsche Reich schon aus nationalsozialistisch-ideologischen Nützlichkeitserwägungen, die Sowjetunion aus der Sicht ihrer ideologischen Kriegsphilosophie und der Einstufung des Völkerrechts als Repressionsinstrument kapitalistischer Staaten ohne große Hemmungen bereit, selbst Rechtsvorstellungen des vertraglichen Völkerrechts zu mißachten.[15] Verstöße gegen die Menschlichkeit oder das öffentliche Gewissen lassen sich sicher leichter nach ethisch-moralischen Forderungen bewerten als nach völkerrechtlichen Maßstäben, obwohl gerade die Nürnberger Tribunale bewiesen haben, daß aus einer Grauzone heraus Grenzen überschritten wurden, mit deren Überschreiten tatsächlich von Verbrechen gegen die Menschlichkeit gesprochen werden kann.

Für das Thema ist von Bedeutung, daß die HLKO in den Artikeln 1 und 2 den Rechtsrahmen festgelegt hatte, inwieweit Partisanen, irreguläre Formationen, Aufständische oder Guerillas als Kriegführende anzuerkennen waren und damit unter den Schutz des Völkerrechts fielen.[16] Losgelöst von der Tatsache, daß ein Umfang des Partisanenkampfes, wie er während des Rußlandfeldzuges auftrat, durch das Kriegsbild, das der HLKO zugrunde lag, nicht erfaßt wurde, steht fest (dies wurde teilweise sogar durch die Rechtsprechung Nürnberger Gerichte, siehe den Fall VII – Südost-Generale[17], bestätigt), daß insbesondere die Partisanenformationen auf dem Balkan und in Rußland aufgrund ihres Verhaltens, vor allem der Verstöße gegen die Gebote, die Waffen offen zu tragen und die Gesetze und Gebräuche des Krieges zu beachten den Rechtsstatus als legitime Kriegführende verwirkt hatten. Sie waren demnach als Freischärler zu behandeln.

Gegenüber Freischärlern war entsprechend den damaligen Rechtsauffassungen nach Kriegsbrauch zu verfahren, d.h. sie waren den Regelungen unterworfen, die die Landesgesetze der Macht vorschrieben, in deren Hände sie gefallen waren.

Für die Behandlung von Freischärlern galt im Deutschen Reich die »Verordnung über das Sonderstrafrecht im Kriege und bei besonderen Einsätzen« (KSSVO) vom 17. August 1938. Nach § 3 dieser Verordnung waren Freischärler vor ein Standgericht zu stellen. »Wegen Freischärlerei wird mit dem Tode bestraft, wer ohne als Angehöriger der bewaffneten Macht durch die vorgeschriebenen äußeren Kennzeichen der Zugehörigkeit erkennbar zu sein, Waffen ... führt, ... oder sonst Handlungen vornimmt, die nach Kriegsbrauch nur von Angehörigen der bewaffneten Macht in Uniform vorgenommen werden dürfen.«

Als einer von wenigen Staaten hatte damit das Deutsche Reich die Behandlung von Freischärlern von einem Gerichtsverfahren abhängig gemacht. Nach dem internationalen Kriegsbrauch konnten Freischärler ohne gerichtliches Verfahren erschossen werden, ohne daß damit gegen das Völkerrecht verstoßen wurde. Nach § 3 der KSSVO war während des Polen- oder Frankreichfeldzuges und während der Besetzung dieser Länder verfahren worden.

Mit dem bereits behandelten Gerichtsbarkeitserlaß stellte die Wehrmachtführung in dessen Abschnitt I sinngemäß in bezug auf Freischärler den Zustand wieder her, wie er in anderen Staaten gemäß Kriegsbrauch praktiziert wurde, wenn auch Inhalt und Ausmaß einzelner Vorgaben dieses Abschnitts durch das Kriegsrecht nicht gedeckt waren. Durch das Begleitschreiben des Oberbefehlshabers des Heeres vom 24. Mai 1941 bei der Verteilung des Gerichtsbarkeitserlasses (Disziplinarerlaß) war zumindest ein Weg gewiesen worden, angemessen zu reagieren und Übergriffe der Truppe zu verhindern.

Zu den fließenden Übergängen im Partisanenkrieg gehörte auch die Gruppe der sogenannten Sympathisanten, also Einzelpersonen oder Gruppen, die die Partisanen versorgten, versteckten, ihnen Informationen übermittelten oder sie auf andere Weise unterstützten. Ihre Tätigkeiten konnten so weitreichend sein, daß ein Unterschied zu den Partisanen kaum mehr bestand. Die Reaktion der deutschen Besatzungstruppen mußte jedoch diesen Übergängen gerecht werden. In Abhängigkeit vom Ausmaß der Beteiligung an Kampfhandlungen, ohne Kombattant zu sein und ohne die wesentlichen Bestimmungen des Artikel 2 der HLKO einzuhalten, fielen sie nicht unter den Schutz der HLKO oder der Kriegsgefangenenkonvention. Dann konnte nach Kriegsbrauch mit ihnen verfahren werden.[18]

Aus dem latenten Schuldgefühl heraus, das sich angesichts nationalsozialistischer Verbrechen nach dem Kriege entwickelt hat, wird dem eindeutig völkerrechtswidrigen Verhalten sowjetischer Partisanenformationen eine erstaunliche Toleranz entgegengebracht, dahingehend, daß der Partisanenkampf eine Folge deutscher Völkerrechtsverletzungen gewesen sei, bzw. daß vor dem Hintergrund der Aggression durch das Deutsche Reich gewissermaßen »Notwehrmaßnahmen«, wenn nicht gar gerechtfertigt, dann doch verständlich seien. Das Völkerrecht gibt hierfür keinen Rechtfertigungsrahmen. Maßgebend ist ausschließlich das Verhalten der Kriegsparteien im Kontext mit den völkerrechtlichen Vorgaben. Politische Fragestellungen, wie etwa nach Angreifer oder Verteidiger, Überfallender bzw. Überfallener, sind ohne Auswirkungen auf die Bindung der Streitkräfte beider Parteien an das Kriegsvölkerrecht.

Für das Thema spielen weiter eine Rolle die Berechtigung der Art und des Umfangs von Repressalien, die durch deutsche Truppen in den rückwärtigen Gebieten gegenüber Partisanenverbänden oder der Zivilbevölkerung praktiziert wurden.

Unter den Experten des Völkerrechts ist anerkannt, daß die Repressalie – an und für sich als Einzelmaßnahme selbst ein Verstoß gegen das Völkerrecht – ein letztes Mittel darstellt, »den Gegner, seine Streitkräfte und seine Bevölkerung zur Einhaltung des Kriegsrechts zu zwingen«.

Während des Zweiten Weltkrieges gehörte das Repressalienrecht zu den erwähnten Grauzonen der HLKO bzw. des Gewohnheitsrechts, wenn auch ohne Zweifel zumindest die Grundsätze der Martens'schen Klausel auf die Art und Weise der Durchführung bzw. den Umfang angewandter Repressalien zu beachten waren. Erst die Rechtsprechung der Nürnberger Gerichte hat nachträglich eindeutigere Rechtsfundamente gesetzt; später wurden diese durch die Genfer Konvention von 1949 in die heutige Fassung gebracht.

Mit dem Repressalienrecht war die Frage der Geiselnahme (gegebenenfalls unschuldiger Menschen) und deren eventuelle Tötung verbunden.

Wenn wir die unterschiedlichen Auffassungen zu dem Repressalienrecht bewerten und mit der geübten Praxis anderer Staaten vergleichen,[19] dann können wir davon ausgehen, daß bei Beginn des Rußlandfeldzuges folgende Rechtsgrundsätze galten:

– Die Repressalie mußte mit einer Völkerrechtsverletzung der anderen Seite im Zusammenhang stehen.

– Der Grundsatz der Proportionalität durfte kein Mißverhältnis aufweisen, er war elastisch, das heißt nach den Gegebenheiten des jeweiligen Anlasses zu handhaben.

– Die Anwendung von Repressalien war eine Angelegenheit der Entscheidung der Kriegführenden und hierbei ein Akt der militärischen Kommandogewalt (nicht von Kriegsgerichten!), wobei die Befugnis zur Auslösung von Repressalien an höhere Kommandoebenen gebunden war.

– Die Geiselnahme und Exekution unschuldiger Menschen, Vergeltungsmaßnahmen gegen die Zivilbevölkerung (z.b. Abbrennen von Ortschaften) waren nicht ausgeschlossen, wobei neben der Vorgabe des »letzten Mittels« auch die militärische Notwendigkeit einen Rechtfertigungsgrund darstellen konnte.

– Da den deutschen Befehlshabern oder Kommandeuren anders als bei den amerikanischen oder britischen Streitkräften ein Grundwerk nicht zur Verfügung stand, war die praktische Anwendung des Repressalienrechts neben vorgegebenen zwingenden Befehlen[20] an ihr ethisch-moralisches Bewußtsein im Zusammenhang mit der Martens'schen Klausel gebunden.

– Kriegsgefangene waren nach der Konvention vom Juli 1929 von Repressalien ausgenommen.

Das Völkerrecht regelt die Beziehungen zwischen Staaten.

Zumindest durch die Rechtsprechung der alliierten Gerichte nach 1945 ist der Grundsatz aufgestellt worden, daß das Völkerrecht dem nationalen Recht übergeordnet sei und auch dem einzelnen bindende Verpflichtungen auferlegen würde. Zunächst muß dies kein Konfliktfeld sein, wenn das nationale Recht Regelungen des Völkerrechts übernahm, was in bezug zum Deutschen Reich der Fall war. Durch die Veröffentlichungen im Reichsgesetzblatt[21] wurden sowohl die HLKO als auch die Genfer Konventionen von 1929 Bestandteile des innerstaatlichen Rechts und damit verbindlich für die Angehörigen der Streitkräfte. Ausführungs- oder Durchführungsbestimmungen waren in militärische Vorschriften aufgenommen worden, so im »Handbuch für den Generalstabsdienst« (H.Dv.92 geheim) bzw. in verschiedenen Heeres-, Luftwaffen- oder Marinedienstvorschriften, aber auch in Einzelerlassen. Einzelheiten können hier nicht behandelt werden. Daneben galten, wie zum Teil bereits ausgeführt, die Regelungen der KSSVO, der Kriegsstrafverfahrensordnung (KStVO), des Militärstrafgesetzbuches oder der allgemeinen Strafgesetze[22].

Wie hatten sich jedoch militärische Führer zu verhalten, wenn Regelungen des Völkerrechts durch innerstaatliche Vorgaben, Erlasse und Weisungen faktisch außer Kraft gesetzt oder geändert wurden? Nehmen wir als Beispiele den Kommissarbefehl, den Gerichtsbarkeitserlaß, die Richtlinie für das Verhalten der Truppe in Rußland oder einzelne Weisungen/Befehle zur Behandlung von Kriegsgefangenen oder Partisanen? Was dann, wenn die Durchführung dieser Befehle mit der Androhung persönlicher Folgen verbunden wurde: »Ich werde für die Nichtdurchführung dieses Befehls alle Kommandeure und Offiziere kriegsgerichtlich verantwortlich machen, die entweder ihre Pflicht der Belehrung der Truppe über diesen Befehl versäumt haben oder die in der Durchführung entgegen diesem Befehl handeln«[23].

Es ist eine Tatsache, daß das Handeln gegen Befehl vom Informationsstand und der Einsicht in übergeordnete Zusammenhänge abhängig ist. Dies bedeutet natürlich, daß an das Handeln militärischer Vorgesetzter um so höhere moralische und rechtliche Ansprüche zu stellen sind, je höher sie in der militärischen Hierarchie stehen.

Über die Konsequenz im völkerrechtlichen Sinne aus der Nichtanerkennung der HLKO durch die UdSSR war sicherlich nicht mehr auf der Ebene des Kommandeurs einer Sicherungsdivision oder des Befehlshabers im rückwärtigen Heeresgebiet zu befinden.

Es gibt Auffassungen dahingehend, daß für die Folgen völkerrechtswidriger Befehle der Staat bzw. die Staatsführung einzustehen haben.

In diesem Zusammenhang ist der Artikel 47 Absatz 1 des Militärstrafgesetzbuchs des Deutschen Reiches in der Fassung vom Oktober 1940 aufschlußreich:

»Wird durch die Ausführung eines Befehls in Dienstsachen ein Strafgesetz verletzt, so ist dafür der betreffende Vorgesetzte allein verantwortlich. Es trifft jedoch den gehorchenden Untergebenen die Strafe des Teilnehmers: wenn ihm bekannt gewesen ist, daß der Befehl des Vorgesetzten eine Handlung betraf, welche ein allgemeines oder militärisches Verbrechen oder Vergehen bezweckte.«[24]

Gerade wir Soldaten nehmen für uns in Anspruch, daß die Gehorsamspflicht ethisch-moralische Grenzen hat, auch wenn nicht offensichtlich sein sollte, daß Verstöße gegen das innerstaatliche Recht wie Mord, Raub etc. vorliegen. Die Entscheidung darüber trifft der einzelne aber allein, dafür gibt es keine Norm.

Die Auffassung, dem Völkerrecht sei eher zu folgen als dem Landesrecht, mag in der Rechtstheorie und losgelöst von konkreten Situationen, vor allem aus der Sicht des heutigen Rechtsstaates überzeugend sein, in der Wirklichkeit ist diese Forderung jedoch nur schwierig umzusetzen, so lange Staatsbürger den Weisungen ihrer Regierungen unterworfen sind und vor allen Dingen eine übernationale Institution, die unter anderem auf das Einhalten des Völkerrechts achtet, den betreffenden Bürger vor den (rechtmäßigen) Sanktionen seiner Regierung nicht schützen kann oder – noch schlechter – überhaupt nicht existiert.

Eine Pflicht zum Widerstand oder zur Aufopferung gibt es nicht.

Es bleibt abschließend zu bemerken, daß es im Rahmen des Völkerrechts keine Sanktionsmöglichkeiten gibt, wenn – wie im Falle des Deutschen Reiches und der Sowjetunion während des Zweiten Weltkrieges – beide Seiten sich nicht einmal an das Gewohnheitsrecht oder die Gesetze der Menschlichkeit halten. Eine Eskalationsschraube oder gegenseitige Repression werden keine Lösung darstellen. Die Totalisierung des Krieges, der Rückfall in die Barbarisierung, bedeutet die Verabschiedung von den Regeln des Völkerrechts und damit vom Standesrecht oder den Standesvorstellungen des abendländischen Soldatentums, wie sie sich im Laufe des 19. Jahrhunderts entwickelt haben.

Organisation der rückwärtigen Gebiete, Aufgaben und Kräfte[25]

Mit Herausgabe der Weisung 21a Richtlinien auf Sondergebieten zur Weisung Nr. 21 (Fall Barbarossa) vom 13. März 1941 durch das Oberkommando der Wehrmacht (OKW) waren wesentliche Grundlagen fü das Einrichten der rückwärtigen Gebiete des Heeres und die Aufgabenerfüllung der unterschiedlichen Organisationen vorgegeben.

Diese Vorgaben waren:

– Begrenzung der Tiefe des Operationsgebietes des Heeres nach rückwärts, dahinter Einrichtung einer politischen Verwaltung in Form von drei Reichskommissariaten (Baltikum – später in Ostland umbenannt –, Weißrußland und Ukraine),

– Erfüllung von Sonderaufgaben durch den Reichsführer SS im Operationsgebiet des Heeres,

– Einsetzung von Wehrmachtbefehlshabern in den Reichskommissariaten mit Unterstellung unter das OKW und

– Zuständigkeit der Leitung der Wirtschaftsverwaltung im Operationsgebiet und in den Reichskommissariaten beim Reichsmarschall als Verantwortlichem für den Vierjahresplan.

Auf der Grundlage der Abmachung Reichsführer SS (Beauftragter: Obergruppenführer Heydrich) und des Oberkommandos des Heeres (OKH) (Beauftragter: Generalquartiermeister General Wagner) vom 26. März 1941 erfolgte mit dem Befehl des OKH vom 28. April 1941 eine nähere Spezifizierung des Einsatzes der Sicherheitspolizei und des SD im Verband des Heeres. Dabei stimmte das Heer der Durchführung von sicherheitspolizeilichen Aufgaben außerhalb der Truppe sowohl im rückwärtigen Armeegebiet als auch im rückwärtigen Heeresgebiet zu. Im rückwärtigen Heeresgebiet bezog sich die Tätigkeit der später so bezeichneten Einsatzgruppen auf die Erforschung und Bekämpfung der staats- und reichsfeindlichen Bestrebungen sowie auf die Information der Befehlshaber der rückwärtigen Heeresgebiete über die politische Lage.

Das Heer hatte mit dieser Abmachung einer Einschränkung seiner Befugnis zur vollziehenden Gewalt zugestimmt.

Mit den bereits erwähnten besonderen Anordnungen für die Versorgung, Teil C vom 3. April 1941, waren durch den Generalquartiermeister des Heeres die Verfahren zur Einrichtung der rückwärtigen Heeresgebiete und die Abgrenzung zu den Wirtschaftsbehörden befohlen worden. Es lag in der Natur der Sache, daß die rückwärtigen Heeresgebiete erst dann eingerichtet werden konnten, wenn durch die Operationen der Armeen Raum nach Osten gewonnen worden war.

Für die Heeresgruppen Nord, Mitte und Süd wurden ab März 1941 die Stäbe der Befehlshaber rückwärtige Heeresgebiete 101 (Nord), 102 (Mitte) und 103 (Süd) aufgestellt. Das rückwärtige Heeresgebiet 103 konnte am 9. Juli 1941 eingerichtet werden. Am 13. Juli 1941 erfolgte die Umbenennung in »rückwärtiges Heeresgebiet Süd«.

Die Erweiterung der rückwärtigen Heeresgebiete nach Osten ergab sich mit Fortschreiten der Operationen phasenweise. Vor Einrichtung der Reichskommissariate wurden Teile der besetzten Gebiete an Rumänien (Bessarabien, 27. Juli 1941), an das Generalgouvernement (Westgalizien mit Lemberg, 1. August 1941) und die Provinz Ostpreußen (Gebiet um Bialystok, 1. August 1941) abgetreten, damit änderte sich die westliche Begrenzung der rückwärtigen Gebiete Mitte und Süd. Auch die ab Juli/August (Ostland) und September (Ukraine) gebildeten Reichskommissariate wurden fortlaufend nach Osten erweitert. Im Bereich des rückwärtigen Heeresgebietes Süd wurde der Raum westlich des Dnjepr Mitte November an den Reichskommissar Ukraine übergeben.

Ende 1941 hatten die besetzten Gebiete im Osten die Verwaltungsstruktur erhalten, die sie auf Dauer einnahmen. Teile Weißrußlands und der Ukraine, alle groß-russischen Sowjetrepubliken, die Krim und – nach Beginn des Vorstoßes auf den Kaukasus im Sommer 1942 – auch die besetzten Gebiete des Nordkaukasus verblieben entgegen den ursprünglichen Planungen unter Militärverwaltung.

Im September 1941 umfaßte das rückwärtige Heeresgebiet Süd einen Raum von nahezu 390 000 Quadratkilometern. Ohne der Kräftezuteilung vorzugreifen, ist anzumerken, daß dieser Raum durch drei Sicherungsdivisionen zu schützen war!

Zu einer größeren Veränderung in der Ausdehnung der rückwärtigen Gebiete führte, wie eben bemerkt, der Vorstoß in Richtung Kaukasus. Im April 1942 war zuvor eine weitere Umbenennung der Kommandobehörden vorgenommen worden. Die Kommandobezeichnung lautete nun »Der General der Sicherungstruppen und Befehlshaber im Heeresgebiet Süd«. Die Zusatzbezeichnung »rückwärtiges« war entfallen. So wurden nun nach der Teilung der Heeresgruppe Süd in Heeresgruppe A und B auch die »Heeresgebiete A und B« gebildet. Nach der Einschließung der 6. Armee in Stalingrad und der Befehlsübernahme der Heeresgruppe Don anstelle der Heeresgruppe B wurde ab Ende November 1942 das »Heeresgebiet Don« gebildet. Mit Neubildung der Heeresgruppe Süd ab dem Frühjahr 1943 wurde dann auch wieder das »Heeresgebiet Süd« geschaffen, das aufgrund der Rückzugsbewegungen nach der Schlacht von Kursk im Sommer 1943 ständig kleiner wurde; im August 1943 umfaßte es aber immer noch rund 185 000 Quadratkilometer.

Nach Einleitung des Rückzugs über den Dnjepr ab Oktober 1943 wurde das Kommando »Befehlshaber Heeresgebiet Süd« zum 6. Oktober 1943 aufgelöst, die Aufgabe übernahm der Wehrmachtbefehlshaber Ukraine, der dem Reichskommissar unterstand. Das rückwärtige Heeresgebiet Süd hat in den unterschiedlichen Formen somit etwas über zwei Jahre bestanden.

Die Aufgaben, die im rückwärtigen Heeresgebiet zu erfüllen waren, sind vordergründig vergleichbar mit denen, die Truppen auch heutzutage in rückwärtigen Gebieten erfüllen. Durch politische Vorgaben, durch die Abgrenzung zu anderen Organisationen und durch die besonderen Gegebenheiten der verwaltungsmäßigen Struktur der Sowjetunion bestanden jedoch wesentliche Unterschiede.

Durch Schutz bzw. Sicherung war die Brauchbarkeit oder die Funktionsfähigkeit großer Versorgungsstützpunkte, der Nachschubstraßen und ihrer Querverbindungen, der Eisenbahntransportlinien und der Nachrichtenverbindungen (Fernmeldezentren) sowie der großen Flugplätze zu gewährleisten. Nachschubtransporte waren zu sichern, gegebenenfalls durch Geleitschutz.

Die Verkehrsführung umfaßte die Transportführung, die Verkehrsregelung und das Offenhalten der Nachschubstraßen und Rollbahnen, den Bauunterhalt der Straßen, insbesondere aber der Brücken über große Gewässer, an denen im Südabschnitt kein Mangel war.

Durch Erschließen der Wirtschaftsquellen des Landes war die Versorgung der Truppe aus dem Lande sicherzustellen, die Truppe unterzubringen und darüber hinaus als überwölbende Aufgabe für alle Funktionen mit Mitteln der Raumordnung zu regeln.

Auf dem Gebiet des Kriegsgefangenenwesens erfolgte die Bewachung und der Abschub der Kriegsgefangenen in die Reichskommissariate und in das Reichsgebiet sowie der Arbeitseinsatz in Form von Kriegsgefangenen-Arbeitsabteilungen.

Als Voraussetzung der Aufgabenerfüllung auf allen Gebieten war eine zivile Verwaltungsorganisation unter Einbeziehung landeseigener Verwaltungsorgane auf unterer Ebene aufzubauen.

Durch das Ausüben der vollziehenden Gewalt im rückwärtigen Heeresgebiet waren zusätzliche Aufgaben auf dem Gebiet der Polizei, der Justiz und Rechtsprechung sowie der zollrechtlichen Kontrolle an der Westgrenze des Heeresgebietes zu erfüllen.

Die Aufgabenerfüllung wurde einerseits wahrgenommen durch den beweglichen Einsatz der Sicherungsdivisionen sowie der Verfügungstruppen des Befehlshabers, andererseits durch den mehr bodenständigen Einsatz der Feld- und Ortskommandanturen, die mit Fortschreiten der Operationen im überschlagenden Einsatz verlegt wurden. Sie waren stützpunktartig mit Schwerpunkt im Zuge der Verbindungslinien eingesetzt und erfüllten in einem regionalen Verantwortungsbereich alle territorialen Funktionen.

Natürlich war ein Teil der Aufgaben nicht genau auf das rückwärtige Heeresgebiet abzugrenzen, so beispielsweise auf dem Gebiet der Kriegsgefangenen, der Transportbewegungen und auch der Partisanenbekämpfung, so daß es zwangsläufig zu Überlappungen mit den Wehrmachtbefehlshabern oder den Kommandanten der rückwärtigen Armeegebiete kam.

Die Schwerpunktaufgabe war eindeutig die Sicherung der großen Verkehrswege und die Ausnutzung des Landes für die Bedürfnisse der Truppe zur Entlastung des Nachschubs. Die planmäßige Verwaltung und Ausnutzung des Landes für die Zwecke der Kriegswirtschaft als langfristiges Projekt war nicht Aufgabe des Heeres.

Zur Bewältigung dieser Aufgaben unterstanden im Juli 1941 dem Befehlshaber des rückwärtigen Heeresgebietes Süd in der Grundgliederung unmittelbar Stabs- und Fernmeldeverbände, Verfügungstruppen und Versorgungs- bzw. Sanitätstruppen.

Neben Nachrichteneinheiten waren dies vor allem ein Sicherungsregiment als Eingreiftruppe, ein selbständiges Landesschützenbataillon, eine Feldgendarmerieabteilung sowie zwei Feldkommandanturen und sieben Ortskommandanturen unterschiedlicher Typen, mit denen Schwerpunkte gebildet und die Sicherungsdivisionen verstärkt werden konnten. Zugeteilt waren Kräfte der Geheimen Feldpolizei sowie der Kommandant für den betroffenen Kriegsgefangenenbezirk.

Ab Mitte März 1941 wurden aus bisher beurlaubten Infanteriedivisionen oder durch Umwandlung von Infanteriedivisionen die Sicherungsdivisionen für das rückwärtige Heeresgebiet aufgestellt. Von den ursprünglich neun Sicherungsdivisionen bei den drei Heeresgruppen unterstanden dem Befehlshaber rückwärtiges Heeresgebiet Süd die 213., die 444. und die 454. Sicherungsdivision.

Kern dieser Sicherungsdivisionen waren ein Infanterieregiment und eine Artillerieabteilung, dazu kam ein Sicherungs- oder Landesschützenregiment mit einer unterschiedlichen Anzahl von Landesschützen- oder Wachbataillonen. Eine Anzahl der Sicherungsdivisionen verfügte über eine Abteilung der Ordnungspolizei. Auch den Sicherungsdivisionen war eine nicht festgelegte Anzahl von Feldkommandanturen und Ortskommandanturen zugeteilt, dazu kamen Gruppen der Geheimen Feldpolizei sowie eine nicht festgelegte Anzahl von Durchgangslagern (Dulag) für Kriegsgefangene. Rückwärtige Dienste (Versorgungstruppen, Sanitätsdienste) rundeten die

Kräfte der Sicherungsdivision ab. Die Gesamtstärke betrug etwa 10 000 Mann. Der Mannschaftsbestand rekrutierte sich aus älteren Jahrgängen, die nicht mehr in den Felddivisionen eingesetzt werden sollten. Ausrüstung und Bewaffnung waren nicht optimal. Die Divisionen waren nur zum geringeren Teil motorisiert, die Infanterieverbände häufig mit Fahrrädern ausgestattet, teilweise standen nur französische oder tschechische Beutewaffen zur Verfügung. Obwohl alle Anstrengungen auf die Ausbildung und auf das Schaffen eines »Wir-Gefühls« gerichtet wurden, konnten die Sicherungsdivisionen nur als Kräfte zweiter Klasse angesehen werden.

Die taktischen oder operativen Gegebenheiten oder Notwendigkeiten führten zu Änderungen in der Kräftezuteilung. Während einerseits dem Befehlshaber rückwärtiges Heeresgebiet Süd zeitweise slowakische, ungarische oder rumänische Truppenteile für Schutzaufgaben zur Verfügung standen, wurden je nach dem Bedarf der Front Kräfte an die Armeen abgegeben, so während der Winterkrise 1941/42 der überwiegende Teil der Infanterieregimenter. Ein anderes Beispiel: Beim Rückzug aus dem Kaukasus ab Januar 1943 bis zum Abschluß der Gegenoffensive bei Charkow im Frühjahr 1943 waren die 444. und 454. Sicherungsdivision des Befehlshabers Heeresgebiet A aus Kräftemangel bei den Armeen eingesetzt.

In der Abmachung zwischen Heydrich und General Wagner waren die Aufgaben der SS-Einsatzgruppen der Sicherheitspolizei und des SD bewußt allgemein gehalten worden. Obwohl den höheren militärischen Führern des Heeres die tatsächlichen Aufgaben der Einsatzgruppen aus dem Polenfeldzug noch bewußt sein mußten, war mit Sicherheit von so weitgehenden Liquidierungsaufgaben auch nicht in den schlimmsten Befürchtungen auszugehen.

Die SS-Einsatzgruppen im rückwärtigen Heeresgebiet waren hinsichtlich Marsch, Versorgung und Unterbringung dem jeweiligen Befehlshaber unterstellt. Die Steuerung des Einsatzes war durch einen Beauftragten des Chefs der Sicherheitspolizei und des SD vorzunehmen, die fachliche Durchführung richtete sich nach den Weisungen des Chefs der Sicherheitspolizei und des SD und gegebenenfalls einschränkenden Anordnungen durch den Befehlshaber, damit die militärischen Operationen nicht behindert wurden. Die genannten Beauftragten hatten eng mit der Abteilung Ic (Feindlagewesen) zusammenzuarbeiten. Mit seinem Befehl vom 21. Mai 1941 ging der Reichsführer SS – allerdings mit Zustimmung des Oberbefehlshabers des Heeres – noch über die Abmachung Heydrich/Wagner hinaus.

Dem Höheren SS- und Polizeiführer (HSSPF) im rückwärtigen Heeresgebiet – in Personalunion mit den Aufgaben des gerade beschriebenen Beauftragten des Chefs der Sicherheitspolizei und des SD betraut – wurden nur zur

Durchführung der dem Reichsführer SS übertragenen Aufgaben alle SS- und Polizeitruppen und Einsatzkräfte der Sicherheitspolizei unterstellt. Hinsichtlich Marsch, Versorgung und Unterbringung galten für ihn wie die nunmehr auch im Heeresgebiet eingesetzten Kräfte der Ordnungspolizei die gleichen Unterstellungsverhältnisse wie bei den Einsatzgruppen. Der HSSPF hatte den Befehlshaber über die erteilten Aufträge zu informieren, dieser konnte einschränkende Auflagen befehlen.

Obgleich auch der Auftrag der Ordnungspolizeikräfte unscharf gehalten war, erwartete sich das Heer mit dem Einsatz der Polizeibataillone eine Verstärkung der knappen Sicherungstruppen, konnte doch der Befehlshaber im rückwärtigen Heeresgebiet Truppen der Ordnungspolizei mit Zustimmung des HSSPF für militärische Aufgaben einsetzen.

Dem Höheren SS- und Polizeiführer Süd unterstanden am 19. August 1941 neben der Einsatzgruppe C und einem Sonderkommando der Einsatzgruppe D das Polizeiregiment Süd mit drei Bataillonen, das Feuerschutz-Polizeiregiment »Sachsen« und die SS-Infanterie Brigade 1 mit zwei motorisierten SS-Infanterie Regimentern.

Abweichend vom geplanten Schwerpunkteinsatz im rückwärtigen Heeresgebiet wurden die SS-Einsatzgruppen in der Folge überwiegend im Armeegebiet eingesetzt.

Für die politische Neuordnung des eroberten »Lebensraumes«, dessen langfristige Integration in den nationalsozialistischen Machtbereich sowie zur Ausnutzung der Wirtschaftsquellen hatte Hitler ein Reichsministerium für die besetzten Ostgebiete unter der Führung des Chefideologen der Partei, des Baltendeutschen Alfred Rosenberg, gebildet.

Rosenberg steuerte aus persönlicher Überzeugung einen moderaten Kurs, er wollte den neugebildeten politischen Einheiten mehr politische Mitverantwortung einräumen. Damit setzte er sich nicht nur in Gegensatz zu Hitler und zentralen Parteiorganen, sondern auch zu den Auffassungen der ihm unterstellten Reichskommissare, unter denen Erich Koch, Reichskommissar für die Ukraine, skrupellos, machtgierig und nur auf Ausbeutung ausgerichtet, eine besonders verhängnisvolle Rolle spielte.

Bei den militärischen Stäben im rückwärtigen Gebiet waren die Abteilungen VII, Zivilverwaltung, gebildet worden, die aber reine Organe der Militärverwaltung waren.

Durch das Ostministerium erhielt die Truppe Weisungen, die hinsichtlich des Aufbaus einer zivilen Verwaltung, zur Übernahme von Funktionen durch landeseigene Behörden, aber auch zur politischen Mitverantwortung ergangen waren.

In den beginnenden Machtkämpfen zwischen den verschiedenen Bereichen der Zivilverwaltung und der Partei teilten die militärischen Kommandobehörden bei der Heeresgruppe Süd nicht nur die Auffassungen Rosenbergs, sondern gingen hinsichtlich der politischen Zugeständnisse über diese hinaus. Vor dem Hintergrund der ab 1943 auftretenden Niederlagen führten gerade Wehrmachtstellen eine Kursänderung zugunsten der Zivilbevölkerung herbei, allerdings zu spät, um die fatalen Folgen einer rücksichtslosen Besatzungspolitik noch auffangen zu können.

Wie zuvor erwähnt, war für die wirtschaftliche Ausnutzung des Landes nicht das Ostministerium, sondern Reichsmarschall Göring verantwortlich gemacht worden. Als Steuerungsinstrument war unter ihm, dem Leiter des Vierjahresplanes, der Wirtschaftsführungsstab Ost gebildet worden, dessen Ausführungs- und Koordinierungsorgan der Wirtschaftsstab Ost war. In diesem liefen die in der Regel konkurrierenden Interessen des OKW, des Vierjahresplanes, des Wirtschaftsministeriums und des Ernährungsministeriums zusammen.

Das OKW verfolgte im Rahmen der Gesamtkriegführung die wirtschaftliche Ausbeutung für die Kriegsrüstung und Kriegswirtschaft (z.B. Erdöl), die beiden genannten Ministerien im Rahmen ihrer Gesamtverantwortung für die Wirtschaft und die Ernährung der Bevölkerung. Für den Verantwortungsbereich eines rückwärtigen Heeresgebietes waren diesem Stab Wirtschaftsinspektionen fachlich unterstellt. Militärisch unterstanden sie allerdings dem Befehlshaber. Auf der Ebene der Sicherungsdivisionen und der Feldkommandanturen wurden Wirtschaftskommandos bzw. Gruppen IV Wirtschaft gebildet, die zugleich die Funktion einer Abteilung des betreffenden Stabes hatten. Wirtschaftsinspektionen, Wirtschaftskommandos und die Gruppen IV Wi erhielten ihre Weisungen aber auch auf dem militärischen Befehlsweg.

Im Laufe des Krieges traten zu dieser schon komplizierten Organisation noch Ausführungsorgane des Beauftragten für den Arbeitseinsatz (Sauckel) sowie des Rüstungsministeriums (Speer).

Durch Kompetenzen-Wirrwarr, mangelnde Koordinierungsbefugnisse und rücksichtslose Verfechtung partikularer Interessen hatte sich damit eine Organisation gebildet, die »weder den Ansprüchen einer geordneten Verwaltung, noch der eigenen Zielsetzung, ein Höchstmaß an Nutzen aus seinem Machtbereich zu ziehen, gerecht werden (konnte)«.[26]

Wenn überhaupt, dann war ein gewisses Maß an Effizienz nur durch Zusammenarbeit der unterschiedlichen Organisationen zu erreichen. Hier entwickelte sich im Bereich der Wirtschaftsorganisation und von dieser in der Abgrenzung zur Zivilverwaltung und den militärischen Kommandobehörden ein permanenter Prozeß von Friktionen, Fehlentscheidungen und Spannungen, beispielsweise durch die Anweisungen auf dem militärischen Befehlsweg an die Wirtschaftsinspektion etc. einerseits und die fachlichen

Weisungen andererseits, die auf dem Fachstrang über den Wirtschaftsstab Ost erlassen wurden. Eine Auswertung des Aktenbestandes aus dem Bereich des rückwärtigen Heeresgebiets Süd zeigt, daß trotz beiderseitiger Bemühungen, ständiger Konferenzen und Besprechungen hier nie eine befriedigende Lösung erreicht wurde.[27]

Die Zusammenarbeit des HSSPF und der ihm unterstellten Polizei- und SS-Verbände mit der Truppe war – was den taktischen Einsatz zur Unterstützung militärischer Operationen betrifft – in der Regel zufriedenstellend.

Wie in der Einleitung dargestellt, war der Vernichtungsauftrag an die SS-Einsatzgruppen, später auch an die SS- und Polizeiverbände, allenfalls mündlich erteilt worden und unterlag strenger Geheimhaltung. Inwieweit die HSSPF und die Führer der Einsatzgruppen gegenüber den militärischen Führungsstellen ihrer Informationspflicht in aller Deutlichkeit nachgekommen sind, unterliegt der Spekulation. Die Meldungen der Führer der Einsatzgruppen auf ihrem Befehlswege nach oben über die angeblich gute Zusammenarbeit mit den militärischen Kommandobehörden bzw. ihre Aussagen während der Prozesse nach dem Kriege sollten den Anschein erwecken, daß die Wehrmacht zumindest vom Wissen her uneingeschränkt in die Mordaktionen einbezogen gewesen sei. Dies ist unter der vordergründigen Absicht zu sehen, die Wehrmacht in eine moralische Mitverantwortung zu nehmen und auf diese Weise auch Entlastung für das eigene moralische und rechtliche Fehlverhalten zu gewinnen.

Krausnick/Wilhelm stellen dar, daß die Einsatzmeldungen der Einsatzgruppen auf dem Dienstweg der Sicherheitspolizei und des SD andere Informationen enthielten als die Meldungen an die Abteilungen Ic der Armeen und der Befehlshaber rückwärtiges Heeresgebiet. Es ist aber auch erwiesen, daß Aktionen der Einsatzgruppen durch Heeresverbände unterstützt wurden.

Abgesehen davon waren Massenexekutionen in den von SS und Polizei vorgenommenen Größenordnungen trotz strenger Geheimhaltung nur schwer zu verbergen.[28]

Verhalten der Truppe im rückwärtigen Heeresgebiet Süd[29]

Wesentlicher Vorwurf und damit Grundlage für die Behauptung der verbrecherischen Wehrmacht als Institution und auch des verbrecherischen Charakters ihrer einzelnen organisatorischen Bereiche, vorwiegend des Heeres, ist die angebliche Interessenidentität zwischen politischer Führung und Wehrmacht- bzw. Heeresführung, die darin bestanden haben soll, keinen normalen Krieg, sondern einen ideologisch begründeten Ausrottungs- und

Vernichtungskrieg, und zwar nicht nur gegen die Führung und die Funktionäre des jüdisch-bolschewistischen Systems, sondern gegen weite Teile der Bevölkerung geführt zu haben.

Eine lückenlose Auswertung der Kriegstagebücher und der ergänzenden Unterlagen für den Befehlsbereich rückwärtiges Heeresgebiet Süd vom 22. Juni bis 31. Dezember 1941 sowie eine querschnittliche Auswertung der Kriegstagebücher aus dem Jahre 1942, einschließlich des Aktenbestandes der rückwärtigen Heeresgebiete A und B und des neu befohlenen Heeresgebietes Süd im Jahre 1943 sowie eine querschnittliche Auswertung der Unterlagen der unterstellten Sicherungsdivisionen erlaubt die Feststellung, daß die Tätigkeiten der Truppe im rückwärtigen Heeresgebiet Süd nahezu ausschließlich den Zweck verfolgten, den operativ-taktischen Auftrag, das Aufrechterhalten der Operationsfreiheit, die Versorgung der Truppe und das Sicherstellen von Verwaltungsfunktionen im Rahmen der Militärverwaltung zu erfüllen. Eine ideologische Ausrichtung auf die Durchführung eines Vernichtungskrieges findet sich nicht.

Der rein taktische oder operative Zweck der Auftragserfüllung in den rückwärtigen Gebieten tritt in der Bedeutung noch zurück, wenn vom Zweck her zusätzliche Unterstützungsaufträge für die gesamte Operationsführung der Heeresgruppe erfüllt werden mußten, so wie die Sicherung des Dnjepr-Abschnitts der Gruppe v. Roques im September 1941, die Abstellung von Kräften zur Unterstützung der Armeen während der Winterkrise 1941/42, der Küstenschutz am Asowschen Meer, der Schutz offener Flanken im Heeresgebiet A beim Vorstoß auf den Kaukasus im Sommer/Herbst 1942 sowie das Offenhalten der Dnjepr-Übergänge zu Beginn der Rückzugsbewegungen im September 1943.[30]

Auf Anforderung der militärischen Kommandobehörden zu Kampfeinsätzen herangezogene Truppenteile des HSSPF Süd, wie die SS-Infanteriebrigade 1 oder einzelne Polizeibataillone, unterschieden sich in der Durchführung ihrer Aufträge nicht von den Heeresverbänden; sie wurden ausschließlich zu taktischen Sicherungsaufgaben verwendet. Vernichtungsaktionen unter dem Vorwand der Partisanenbekämpfung, vergleichbar zur SS-Kavalleriebrigade bei der Heeresgruppe Mitte, haben im rückwärtigen Heeresgebiet Süd nicht stattgefunden. Der Einsatz von SS-Verbänden oder zu taktischen Aufgaben herangezogener Polizeiformationen weist in bezug zu den schon einmal erwähnten Indikatoren – Verlustzahlen, erbeutete Waffen etc. – keine Besonderheiten auf.

Durch das Vorziehen der Sonderkommandos wie der Einsatzkommandos der SS in die Armeegebiete fanden deren Aktionen offensichtlich außerhalb des Befehlsbereichs des rückwärtigen Heeresgebietes – mit Ausnahme des Massakers von Babi Jar Anfang Oktober 1941 – statt.[31]

Im Zeitraum Juni bis Ende Dezember 1941 werden Einsatzkommandos in den KTB-Unterlagen außer in den vom OKH erlassenen Grundsatzdokumenten nur zweimal erwähnt, wobei im Einsatzbefehl des Befehlshabers rückwärtiges Heeresgebiet vom 10. August 1941 so sinnentstellende Angaben enthalten sind, daß daraus nicht ersichtlich ist, um welches Kommando es sich tatsächlich handelte.

Die naturgemäß engeren Kontakte der Einsatzgruppen mit den Feld- oder Ortskommandanturen dokumentieren sich in den aufgeführten Aktenbeständen nicht, da diese Dienststellen zum Zeitpunkt der von H. Krausnick beschriebenen Vernichtungsaktionen anscheinend nicht dem Befehlshaber rückwärtiges Heeresgebiet unterstanden.

Größere Aktionen zur Liquidierung, insbesondere von Teilen der jüdischen Bevölkerung, vornehmlich durch die Einsatzgruppe C, fanden beispielsweise vor der Einrichtung des rückwärtigen Heeresgebietes am 9. Juli 1941 im Bereich der rückwärtigen Armeegebiete oder nach Abgabe eines Teils des rückwärtigen Heeresgebietes an den Wehrmachtbefehlshaber bzw. Reichskommissar Ukraine statt. Die fürchterliche Aktion, geleitet durch den HSSPF Süd, Obergruppenführer Jeckeln, bei der über 20 000 Juden bei Kamenez-Podolsk erschossen wurden, spielte sich nur vier Tage vor Übergabe dieses Gebietes an das Reichskommissariat am 1. September 1941 ab. Mit dieser Feststellung sollen weder die Mordaktionen bagatellisiert oder relativiert, noch die Tatsache vernachlässigt werden, daß sie zumindest zum Teil im Zuständigkeitsbereich des Heeres stattfanden. Für das Anliegen, die Verbrechen in der Wehrmacht den wirklich Schuldigen zuzuschreiben, ist es jedoch zweifellos von Bedeutung, ob hier militärische Verbände des rückwärtigen Heeresgebietes Süd Verantwortliche oder Beteiligte waren.[32]

Der Kenntnisstand über den tatsächlichen Auftrag der Einsatzgruppen oder eines Teils der Polizeiformationen ist zu diesem Zeitpunkt offenbar sehr unterschiedlich gewesen. Während sich einerseits der Befehlshaber, General v. Roques, mit seinem bekanntgewordenen Tagesbefehl vom 29. Juli 1941 scharf gegen die Beteiligung von Wehrmachtangehörigen an »Judenpogromen« wendet (folglich müssen entsprechende Aktionen im rückwärtigen Heeresgebiet Süd bekannt gewesen sein), stimmen sein Chef des Stabes sowie der Chef der Heeresgruppe am 22. Juli in einem Führungsgespräch überein, die militärischen Sicherungskräfte den Armeen folgend so frontnah wie möglich im Osten einzusetzen, die Polizei- und SS-Verbände dagegen im bereits befriedeten Gebiet weiter rückwärts.[33]

Damit zeigen sie unbewußt auf, daß ihnen der Liquidierungsauftrag dieser Verbände nicht bekannt war, denn im befriedeten Gebiet wäre der Vorwand, die Sicherheit der Truppe zu gewährleisten und in Wirklichkeit Vernichtungsaktionen durchzuführen, nicht aufrechtzuerhalten gewesen.

Wenn auch nach dem mittlerweile gesicherten Stand der historischen Forschung eindeutig feststeht, daß sowohl Teile der Fronttruppe als auch Teile der Truppe in den rückwärtigen Gebieten nahezu unvermeidlich, wenn auch nur peripher, mit den Einsatzgruppen zusammenarbeiteten und entsprechende Führungsstellen über den wahren Charakter deren Tätigkeit ab dem Herbst 1941 in zunehmendem Maße informiert waren, dann muß man diese Tatsache allerdings auch differenziert bewerten.

Bei einem Zeitsprung voraus in den Sommer 1942 beispielsweise ist bemerkenswert, daß die Tätigkeit der Einsatzgruppen oder von Polizeiverbänden mit dem beschriebenen Auftrag im Bereich des Heeresgebietes A ausgeschlossen werden konnte. Nur der Einsatz von Polizeikommandos erfolgte »im Rahmen der Sicherungsaufgaben der Divisionen nach deren Weisungen«.[34]

Wenn auch eine ideologische Zielsetzung beim Einsatz der Truppe im rückwärtigen Heeresgebiet Süd nicht hervorgetreten ist und Aktionen zur Vernichtung der jüdischen Bevölkerungsanteile durch militärische Kräfte nicht stattfanden, dann wurde dies durch bestimmte militärische Führungsstellen bei einigen Maßnahmen zumindest billigend in Kauf genommen. Diese Maßnahmen reichten von der Ghettoisierung der jüdischen Bevölkerung durch militärische Verbände über Repressalien- oder Vergeltungsmaßnahmen bei der Partisanenbekämpfung bis zur unzureichenden Rationierung von Lebensmitteln. Dabei wurden diese Maßnahmen weniger durch rassistische oder antisemitische Grundeinstellungen gefördert, sondern richteten sich gegen die »Träger der jüdisch-bolschewistischen Idee«.[35]

Die verhängnisvolle politische Richtung, die durch Hitler selbst, zentrale Parteiorgane, Vertreter des Vierjahresplanes, aber auch bedeutender Funktionsträger im Wirtschafts- und Ernährungsministerium verkörpert wurde, hatte als Zielvorstellungen für den eroberten östlichen Raum festgelegt:

– Keine politische Selbstverwaltung, allenfalls eine Verwaltungsorganisation auf niedriger Ebene.

– Zerschlagung der politischen Einheit der Sowjetunion und Schaffung von Staatengebilden in absoluter Abhängigkeit vom Reich und unter dessen zentraler Führung.

– Kompromißlose Ausnutzung der wirtschaftlichen und industriellen Ressourcen sowie der Rohstoffquellen, selbst mit der Folge, die physische Vernichtung eines großen Teils der Bevölkerung des besetzten Raumes in Kauf zu nehmen.

Zumindest ab der Ebene der Heeresgruppen ist das Heer dieser Absicht nicht gefolgt, korrigierte, was in seiner Macht stand und führte auch eine gewisse Richtungsänderung herbei.

Bereits wenige Tage nach Einrichtung des rückwärtigen Heeresgebietes

Süd erließ der Befehlshaber Anordnungen für die Behandlung der ukrainischen Frage:

»Das ukrainische Gebiet ist als der Lebensraum eines befreundeten Volkes anzusehen. Nach dem Verhalten der Truppe wird es sich richten, ob das Deutschtum in diesem Land Vertrauen gewinnt oder verliert. ... Unvermeidliche Beschlagnahmungen werden von den hierzu befugten Dienststellen den Vorschriften entsprechend durchgeführt. Die religiöse Einstellung der Bevölkerung ... muß von jedem Angehörigen der Wehrmacht geachtet werden.«

Zur Aufrechterhaltung der Ordnung wurde die Bildung ukrainischer Milizen geduldet. Da entsprechend dieser Weisung politische Betätigungen eingegrenzt werden sollten, ist anzunehmen, daß General v. Roques sich noch nicht allzuweit von den Auflagen seiner Vorgesetzten entfernt hatte. Mit einer weiteren Anordnung der Abteilung VII des Stabes vom 16. August 1941 wurden die Vorgaben für den Befehlsbereich vertieft. Die Ambivalenz führender deutscher Militärs wird in dieser Weisung allerdings deutlich. Um die Stimmung in der Bevölkerung stabil zu halten, wurde angeordnet: »Sabotageakte sind, sofern der Täter nicht zu ermitteln ist, nicht den Ukrainern, sondern den Juden und Russen zur Last zu legen; ihnen gegenüber sind Repressalien anzuordnen.«[36]

Neben der Aufrechterhaltung der Ordnung und dem Einbringen der Ernte für den bevorstehenden Winter stand im Herbst 1941 die Errichtung einer landeseigenen Verwaltung im Mittelpunkt der Arbeit in der Militärverwaltung. Die Einsatzräume der Sicherungsdivisionen wurden den sowjetischen Rayon-(Bezirks-) Einteilungen entsprechend festgelegt. Durch zunächst halbherzige Maßnahmen (landeseigene Verwaltung nur auf unterster Ebene), Anwendung von Zwang zur Erzeugung von Mitarbeit, nicht durch Überzeugung, und den beschriebenen Kompetenzen-Wirrwarr befanden sich die Sicherungsdivisionen in der sehr schwierigen Lage, letzten Endes alle Verwaltungsfunktionen übernehmen und gleichzeitig Kampfaufträge zur Bekämpfung von Partisanen erfüllen zu müssen. Diese Lage wurde weiter dadurch erschwert, daß die Sicherungsdivisionen mobil eingesetzt waren und mit der Erweiterung der besetzten Gebiete nach vorne verlegten.

Die Kooperation mit der Bevölkerung wird für den Herbst 1941 als gut bezeichnet, da mit dem weiteren Vordringen der deutschen Armeen die Möglichkeit der kurzfristigen Rückkehr des bolschewistischen Systems schwand. Durch die weitreichenden Zerstörungen der Infrastruktur, der landwirtschaftlichen Maschinen, der Erntegüter beim Abzug der Roten Armee, aber auch wegen des Mangels an Treibstoffen und Zugmitteln gestaltete sich das Einbringen einer akzeptablen Ernte als sehr schwierig. Noch im Dezember lagerten nahezu 80 Prozent des geernteten Getreides ungedroschen in den

Scheunen. Zum Teil hatte die kämpfende deutsche Truppe hemmungslos den Viehbestand dezimiert. Die Wiederinbetriebnahme industrieller Produktionsstätten gestaltete sich sehr schleppend. Nach Bekanntwerden der Massaker der Einsatzgruppen war im Oktober ein großer Teil der jüdischen Bevölkerung geflüchtet. Aus einem Dienstreisebericht des Chefs des Stabes Befehlshaber rückwärtiges Heeresgebiet am 25. November 1941 wird die Einstellung gegenüber der Bevölkerung deutlich, die das Kommando steuerte: den vernünftigen und zugleich realistischen Kurs des Reichsministers Rosenberg.[37] Von Ausrottung und rücksichtsloser Ausbeutung konnte auch hier keine Rede sein.

Mittlerweile war die Ernährungslage katastrophal und die Versorgungslage der Truppe außerordentlich angespannt. Der frühe Wintereinbruch, zerstörte Transportsysteme im Wiederaufbau und die Folgen der »verbrannten Erde«, die die Rote Armee auf ihrem Rückzug hinterlassen hatte, führten zu schmerzlichen Prioritätenentscheidungen. Dies spiegelt sich unter anderem in einer Weisung über die Rationierung von Lebensmitteln für die russische Bevölkerung wider, die bei der städtischen Bevölkerung ohne Arbeitseinsatz für die Deutschen kaum zum Überleben reichte. Für Juden war nur die Hälfte des normalen Mindestsatzes vorgegeben.[38]

Die Betroffenheit der militärischen Führer und der Truppe über diesen Zustand wird aus einer Meldung des Kommandeurs der 444. Sicherungsdivision vom November 1941 deutlich. General Russwurm zeigte sich äußerst besorgt über das Schicksal der Bevölkerung in den größeren Städten, warnte aber auch vor Unruhen, der man angesichts der knappen Sicherungskräfte nicht Herr werden würde.[39]

An dieser Stelle ist es nötig, auf den Vorwurf einzugehen, die deutschen Militärs hätten angesichts unmenschlicher Zustände nicht mit humanitären, sondern mit Nützlichkeitserwägungen argumentiert. Dies gilt auch für den Sommer 1942, als angesichts der Ergebnisse einer untragbaren Besatzungspolitik gerade durch Kommandobehörden des Heeres in den rückwärtigen Gebieten ein Kurswechsel gegenüber der Bevölkerung gefordert wurde.

Nun war es so, daß gegenüber Hitler, der dem Offizierkorps des Heeres ohnehin mangelnde Härte und Gefühlsduselei vorwarf, es sicherlich eher angebracht war, Vorschläge auf der Basis von Nützlichkeitsüberlegungen vorzulegen. Andererseits schließen sich Humanität und Nützlichkeit nicht unbedingt aus, wenn wir in der heutigen Zeit an die Forderung denken, durch entsprechende Hilfe vor Ort in den Entwicklungsländern Migrationsströme nach Europa zu unterbinden. Dieser Vorschlag ist nützlich und humanitär zugleich, da sonst in den hochentwickelten Ländern schwerwiegende soziale und humanitäre Probleme entstehen würden.

In Tätigkeitsberichten im Herbst 1941 wird zwar auf die zuversichtliche Stimmung der Bevölkerung, aber auch auf die labile Lage angesichts der unzureichenden Ernährung und eingeschränkter Arbeitsmöglichkeiten verwiesen.

In diesem Zusammenhang ist ein Lagebericht der 454. Sicherungsdivision von Bedeutung, in dem gemeldet wird, daß mit Stand Oktober 1941 noch keine Ablieferungen in das Reich erfolgt waren. Die schlechte Versorgungslage in diesem Bereich war also nicht durch Ausbeutung für das Heimatgebiet verursacht worden.[40]

Im Winter 1941/42, im Frühjahr und im Sommer 1942 blieb die Lage der Bevölkerung in den rückwärtigen Gebieten zufriedenstellend, aber labil. Grundsätzlich standen die Bevölkerung der Ukraine und die Kosaken im Don-Gebiet dem Bolschewismus ablehnend und den Deutschen positiv gegenüber. Aus der Bereitschaft, sich auf der Seite der Deutschen auch militärisch zu engagieren, wurden im Juli 1942 endlich die richtigen Folgerungen gezogen. Kosakenverbände und die Turkmenische Legion wurden aufgestellt, die bisher durch Selbsthilfe der Truppe eingesetzten ukrainischen Hilfsmannschaften wurden legalisiert. So konnten in Stäben bis zu 40 Mann, in Infanteriekompanien bis zu 30 Mann auf offiziellen Dienstposten, in den Durchgangslagern bis zu 350 Mann als Bewachungsmannschaften eingesetzt werden.

Die labile Stimmungslage der Bevölkerung war beeinflußbar durch die Ernährung, durch die Ablieferungsquoten, die durch die Wirtschaftsbehörden auferlegt wurden, durch den Umfang der Dienstverpflichtungen von Arbeitskräften für das Reich, durch Vergeltungsmaßnahmen gegen Partisanen, aber auch durch Konzessionen im Bereich der Politik, des Schulwesens, der Religion und der Auflösung des Kolchossystems.

Partisanenbewegungen, wie im Bereich des rückwärtigen Heeresgebietes Mitte, waren im rückwärtigen Heeresgebiet Süd nie entstanden, obwohl auch hier im Frühjahr 1942 Radikalität und Umfang zunahmen.

Die militärischen Verwaltungsbehörden hatten im Süden gegenüber den nicht-russischen Minderheiten von Anfang an eine rücksichtsvollere Besatzungspolitik betrieben. Noch günstigere Bedingungen entwickelten sich im Sommer 1942 beim Vorstoß über den Don nach Süden in den Kaukasus hinein. Hier waren für kooperationsbereite militärische Führer in den Heeresgebieten A und B bei den nordkaukasischen Völkerschaften und den Kosaken ganz andere Handlungsmöglichkeiten gegeben. Der Partisanenkrieg fand vor allem im Heeresgebiet A praktisch nicht mehr statt.

Aufgrund der katastrophalen Bandenlage im Heeresgebiet Mitte war der militärischen Führung zuvor deutlich geworden, daß die rücksichtslose Unterdrückung der Bevölkerung diese geradezu in die Arme der Partisanen und des Bolschewismus zurücktrieb und nur eine humane Besatzungspolitik, politische Zugeständnisse und echte Kooperation militärische Eroberungen absichern konnten. Der Befehlshaber im Heeresgebiet A richtete sich im September mit einem Befehl zur Behandlung der kaukasischen Bevölkerung an seine Truppen. Dieser Befehl diente wohl der Erläuterung eines Merkblattes für das Verhalten gegenüber kaukasischen Völkern, das von zentraler Stelle erlassen worden war. Er wies allerdings auch auf die Gefahr hin, die bei schlechter Behandlung der kaukasischen Völker drohte:»... so möchte ich ... ergänzen, daß man nach meiner Überzeugung all die schweren, blutigen Bandenkämpfe im Rücken der mittleren Ostfront später einmal als geringfügig bezeichnen wird im Vergleich zu einem etwa von kaukasischen Völkern entfesselten Bandenkrieg!«[41]

Mit einer Sprache von bisher nicht gekannter Deutlichkeit wies derselbe Befehlshaber auf die Fakten hin, auf die es nun ankam:

»Die uneingeschränkte Bereitschaft der Bevölkerung zur Mitarbeit ist der wertvollste Gewinn im neu eroberten Gebiet und die entscheidende Voraussetzung für eine weitgehende Selbstverwaltung, bei der mit geringeren Mitteln als bisher derselbe wirtschaftliche Erfolg erwartet werden darf, wenn alle deutschen Dienststellen auf diese psychologischen Notwendigkeiten sich einstellen.« Und weiter:

»Es kann nicht ernst genug darauf hingewiesen werden, daß die Fortführung der bisher in den Ostgebieten eingeschlagenen Schulpolitik sich verhängnisvoller als jede andere Maßnahme auswirken muß. Man kann einem Volke nicht weitgehende Freiheiten versprechen und es sogar zum aktiven Kampf gegen den bolschewistischen Feind auffordern und zugleich seinen Bildungsdrang in einem Maße unterdrücken, wie es kaum gegenüber Kolonialvölkern geschieht.«[42]

Die Bemühungen der Heeresdienststellen im rückwärtigen Heeresgebiet Süd um eine erträgliche Besatzungspolitik standen von Anfang an in Konflikt mit der Tätigkeit der dem Wirtschaftsstab Ost nachgeordneten Wirtschaftsbehörden.

So ging es bei den Auseinandersetzungen des Befehlshabers mit dem Leiter der Wirtschaftsinspektion nur vordergründig um formelle Aspekte wie die Untergrabung der Zuständigkeit für die vollziehende Gewalt durch die Kompetenzen der Wirtschaftsbehörden oder den Vertrauens- und Ansehensverlust durch widerstreitende, nicht abgestimmte Forderungen an russische Verwaltungsorgane oder unmittelbar an die Bevölkerung. Hinzu kam, daß die Wirtschaftsbehörden immer stärker auf ihrer fachlichen Zuständigkeit beharrten, da sie ihrerseits unter dem Druck eigentlich unerfüllbarer Ablieferungsquoten standen.

Diese Quoten wirkten sich fatal auf die Stimmung und die Zusammenarbeit mit der Bevölkerung aus, da sie schließlich höher waren als zur Zeit der bolschewistischen Planwirtschaft. Das menschlich unzulängliche Verhalten von unqualifizierten Landwirtschafts- und Wirtschaftsführern, die sich wie Provinzfürsten aufführten und auch vor persönlichen Bereicherungen nicht zurückschreckten, tat ein übriges.

In all diesen Fragen stellten sich die militärischen Behörden, ob nun aus der Besorgnis über die Erfüllbarkeit ihrer eigenen Aufgaben oder aus humanitären Beweggründen, auf die Seite der Bevölkerung. Dies gilt vor allem für die Zwangsmaßnahmen im Zusammenhang mit der Ostarbeiterfrage, wo es zu unglaublichen Vorfällen kam, die bis zum Kidnapping auf offener Straße oder vom Felde weg reichten.[43]

General Friderici, Befehlshaber des Heeresgebietes B, untersagte im Winter 1942/43, den politischen Weisungen entgegenhandelnd, die Aushebung von Arbeitskräften. Feldmarschall v. Kleist, nunmehr Oberbefehlshaber der Heeresgruppe A und damit auch zuständig für sein rückwärtiges Heeresgebiet, setzte seine Erfahrungen vom Kaukasus in einen allgemeinen Befehl zur menschlichen und politisch vernünftigen Behandlung der Bevölkerung um. Unter einer Reihe von Maßnahmen, die unter anderem die Ablieferungspflicht, das Schulwesen, die soziale Fürsorge und auch die Sicherstellung der materiellen Bedürfnisse der Bevölkerung betrafen, forderte er auch den Arbeitseinsatz auf der Grundlage freiwilliger Meldungen.[44]

Die politische Reaktion in Form eines Telegramms des Beauftragten für den Arbeitseinsatz, Sauckel, an Hitler erfolgte umgehend:

»Leider haben einige Oberbefehlshaber im Osten die Dienstverpflichtung von Männern und Frauen in den eroberten Sowjetgebieten aus – wie mir der Gauleiter Koch mitteilt – politischen Gründen untersagt. Mein Führer! Ich bitte Sie, um meinen Auftrag erfüllen zu können, um die Aufhebung dieser Befehle!«

Das Programm zur Zwangsaushebung der Ostarbeiter blieb in Kraft, die militärischen Behörden erhielten die Weisung, dieses weiter zu unterstützen.[45]

Um die bisherigen Ausführungen zu unterstreichen, ist es angebracht, auch ein Beispiel aus dem Befehlsbereich der Heeresgruppe Mitte anzuführen. Im Tätigkeitsbericht der Abteilung Ic im rückwärtigen Heeresgebiet Mitte für den Monat September 1942 wird in wirklich erstaunlicher Weise, mit großer Klarheit und deutlicher Sprache, auf die gebotenen Maßnahmen hingewiesen, die angesichts einer verfehlten Besatzungspolitik zu ergreifen waren.

Opfer der russischen Bevölkerung durch Repressionsmaßnahmen der Partisanen gegenüber den kooperationsbereiten Anteilen der Bevölkerung seien nicht hinnehmbar, der Propagandaslogan von der »Befreiung vom Bolschewismus« genüge nicht, »wenn praktisch sich hieraus eine neue Sklaverei unter der deutschen Besetzung ergibt.«

Wie wir wissen, konnten sich die militärischen Kommandobehörden in den rückwärtigen Gebieten nicht oder nur spät mit ihren Vorstellungen durchsetzen.

Immerhin wurden ihre Bemühungen anerkannt. In einer Befragung von russischen Bürgern nach dem Kriege, die die deutsche Besatzung miterlebt hatten, erhielt die Truppe hinsichtlich der Bewertung ihres Verhaltens mit weitem Abstand das positivste Ergebnis.[46]

Wenn man das bisher dargestellte Verhalten der deutschen Besatzungsmacht in den rückwärtigen Gebieten mit bestimmten Artikeln der HLKO vergleicht, kann man unschwer erkennen, daß auch hier durch die Vorgaben der politischen Führung des Deutschen Reiches Völkerrechtsverstöße auftraten.

Die Wiederherstellung und Aufrechterhaltung des öffentlichen Lebens und der öffentlichen Ordnung unter Beachtung der Landesgesetze (Artikel 43) schließt sicherlich die Wiederherstellung einer landeseigenen Verwaltung mit ein, und zwar in einem weit stärkeren Maße, als dies im Rahmen der Militärverwaltung tatsächlich geschah. Daß die Vier Mächte 1945 nach der Besetzung und Aufteilung Deutschlands ähnlich verfuhren, zeigt nur, daß sich das Deutsche Reich mit seinem Besatzungsregime in schlechter Gesellschaft befand.

Nach Artikel 52 HLKO war es dem Besatzungsheer erlaubt, Naturalleistungen und Dienstleistungen für seine Bedürfnisse zu fordern. In bezug auf öffentliche Gebäude, Liegenschaften, Wälder und landwirtschaftliche Betriebe hatte sich der besetzende Staat als Verwalter und Nutznießer zu betrachten, das heißt auch den Bestand dieser Güter zu erhalten (Artikel 55). Durch die auferlegten politischen Vorgaben handelte die militärische Führung bei der Ausnutzung des besetzten Gebietes nicht rechtmäßig, eine Ausbeutung zur Sicherstellung des Lebensstandards der Bevölkerung oder der Rüstungsindustrie im Reichsgebiet – dafür gab die HLKO keine Rechtfertigung her.

Wie weit man sich zu diesem Zeitpunkt mit der Einbeziehung der Bevölkerung und der Wirtschaftsquellen in die Kriegshandlungen auf beiden Seiten der Kriegführenden vom geltenden Völkerrecht entfernt hatte, wird an der Bestimmung des Artikel 52 deutlich, der eigentlich forderte, die in Anspruch genommenen Naturalleistungen bar zu bezahlen oder eine Empfangsbescheinigung auszustellen.

Das Verhalten der Truppe im rückwärtigen Heeresgebiet Süd soll noch auf dem schwierigen Gebiet der Behandlung der Kriegsgefangenen überprüft werden.

Auch auf diesem Gebiet gibt es kontroverse wissenschaftliche Auffassungen. Unter anderem geht es darum, wie viele sowjetische Kriegsgefangene in deutschem Gewahrsam tatsächlich ums Leben gekommen sind. Die Zahlen differieren zwischen Christian Streit, Alfred Streim und Joachim Hoffmann, der sich auf Hans Roschmann stützt. Aber selbst die geringste Zahl, nämlich 1 680 000 Todesfälle ist bestürzend genug. Allerdings bewegen wir uns mit dieser Zahl im Bereich der Größenordnung der ums Leben gekommenen deutschen Kriegsgefangenen in sowjetischer Gefangenschaft, wobei beide Zahlen gleichermaßen bedrückend sind.[47]

Die Zahl der in deutsche Kriegsgefangenschaft geratenen Soldaten der Roten Armee betrug Ende 1941 rd. 3,8 Millionen Soldaten (eine Größenordnung, für die keine Vorsorge getroffen worden war!); alleine nach der Kesselschlacht von Kiew fielen bis Ende September 1941 im Bereich des rückwärtigen Heeresgebietes Süd 665 000 Kriegsgefangene an.

Die deutsche Führung ging davon aus, daß die Genfer Konvention von 1929 im Feldzug gegen Rußland keine Gültigkeit habe. Damit wurden Verstöße gegen diese Konvention wie auch gegen die HLKO in bezug auf den Arbeitseinsatz und die Verpflegung bzw. Unterbringung zwangsläufig.[48] Hinzu kam, daß die offizielle deutsche politische Linie, die Ausnutzung des Landes notfalls auch zu Lasten der Bevölkerung durchzusetzen, sich auch zum Nachteil der Kriegsgefangenen auswirkte. Auf der Basis der »Untermenschen-Theorie« wurden Kriegsgefangene für unterschiedliche Experimente in den Konzentrationslagern herangezogen, die Liquidierung der Juden wurde auch in den Kriegsgefangenenlagern durch Teile der Einsatzkommandos fortgeführt.

Eine qualitative Veränderung trat Mitte Oktober 1941 ein, als die Bedeutung der Kriegsgefangenen für den Arbeitseinsatz nicht nur im Operationsgebiet, sondern auch in der Rüstungsindustrie in der Heimat deutlich wurde. Das OKW reagierte mit einer Weisung u.a. an die Befehlshaber der rückwärtigen Heeresgebiete, wobei zusätzlich mit einem Merkblatt an das Personal der Kriegsgefangenenlager eine menschlichere Behandlung der Gefangenen und eine angemessene Ernährung gefordert wurden.

Naturgemäß konnte die Truppe im rückwärtigen Heeresgebiet Süd nur im Rahmen der beschriebenen Vorgaben und in Übereinstimmung mit den tatsächlich gegebenen Möglichkeiten reagieren. Durch die festgelegten Verpflegungssätze hätte eigentlich eine ausreichende Ernährung sichergestellt sein müssen – unter der Voraussetzung, daß diese Verpflegungssätze auch tatsächlich ausgegeben werden konnten.[49] Nach dem Artikel 7 der HLKO hatte der Gewahrsamsstaat für einen angemessenen Unterhalt zu sorgen, dabei waren die Kriegsgefangenen mit den Truppen des Staates gleichzustellen, der sie gefangengenommen hatte.

Die Ernährungslage der Bevölkerung und die Transportlage im Befehlsbereich rückwärtiges Heeresgebiet Süd wurden bereits dargestellt. Selbst die Versorgungslage der eigenen Truppe war außerordentlich angespannt. Die wenigen intakten Dnjepr-Brücken mußten für den Vormarsch der Truppe nach Osten genutzt werden, daher blieben die Kriegsgefangenen länger als vorgesehen in den Dulags, die nur mit dem Notwendigsten ausgestattet waren. Der körperliche Zustand der Gefangenen nach Beendigung der Kesselschlachten war ohnehin schlecht. Dies wird von den Kritikern des deutschen Kriegsgefangenenwesens nicht als Rechtfertigung anerkannt; meist von den gleichen Kritikern, die dieses Argument angesichts der katastrophalen Situation der deutschen Kriegsgefangenen in den Lagern der Alliierten nach 1945 durchaus für begründet halten.

Die schlechte Ernährunglage und der Erschöpfungszustand der sowjetischen Kriegsgefangenen war der Führung im rückwärtigen Heeresgebiet Süd bewußt, sie war daher nach Kräften bemüht, dem Mangel abzuhelfen.

Die Gesamtzahlen über die Sterblichkeit bzw. Arbeitsfähigkeit im Herbst und Winter 1941/42 von Christian Streit sollen hier nicht in Frage gestellt werden, obgleich aufgrund von anderen Folgerungen Streits an seinen Ergebnissen durchaus Zweifel angebracht wären.[50] Am 15. November 1941 befanden sich im Zuständigkeitsbereich des Quartiermeisters des rückwärtigen Heeresgebietes Süd knapp 50 000 Gefangene, davon waren ca. 30 500 im Arbeitseinsatz, ca. 12 000 Gefangene standen für einen Arbeitseinsatz zur Verfügung und nur eine Anzahl von etwa 7000 Gefangenen war nicht arbeitsfähig. Ein Anstieg der Todesfälle und der Arbeitsunfähigkeit war allerdings abzusehen.

Zur Bewältigung des Abtransports der Kriegsgefangenen, die bei der Kesselschlacht von Kiew anfielen, waren dem Befehlshaber drei weitere Divisionen, die 24., die 62. und die 113. Infanteriedivision unterstellt worden.

Die tiefe Betroffenheit der Truppe über das Schicksal der Kriegsgefangenen läßt sich aus den unterschiedlichsten Quellen ablesen. Sie bezog sich nicht nur auf den Erschöpfungszustand der Gefangenen in den Marschkolonnen, auf die Zustände der Sanitätsversorgung in den Kriegsgefangenenlazaretten, sondern auch auf die Reaktion von Bewachungsmannschaften, die offensichtlich in einer bemerkenswerten Häufigkeit nicht mehr marschfähige Gefangene erschossen. Auf der anderen Seite steht in diesem Zusammenhang der Befehl des Kommandeurs der 24. Infanteriedivision vom 18. Oktober 1941, der wirksame Maßnahmen zum Wohle der marschierenden Kriegsgefangenenkolonnen anordnete:

»Dagegen verbietet uns die Ehre als Soldat und die Ehrfurcht vor dem Leben, gegen Wehrlose und tatsächlich erschöpfte Kriegsgefangene die Waffe zu gebrauchen.«

Auf der gleichen Ebene bewegt sich die Meldung des Kommandanten des rückwärtigen Armeegebietes 550, nach der Kriegsgefangene wegen ihres Erschöpfungszustandes der Bevölkerung übergeben und freigelassen wurden.[51]

Der Einsatz von Gefangenen in Kriegsgefangenen-Arbeitsabteilungen für Zwecke der Truppe, z.B. bei der Instandhaltung von Versorgungsstraßen, war ein eindeutiger Verstoß gegen den Artikel 6 der HLKO, nach dem zwar Kriegsgefangene entsprechend ihres Dienstgrades und ihrer Befähigung zu Arbeiten herangezogen werden konnten, diese Arbeiten aber nicht im Zusammenhang mit »den Kriegsunternehmungen« stehen durften.

Völlig untragbar ist die Entscheidung des Oberbefehlshabers des Heeres, Minen »zur Schonung deutschen Blutes nur durch russische Gefangene zu spüren und ... räumen (zu lassen)«. Ein darauf beruhender Befehl des Kommandeurs der 213. Sicherungsdivision ist ebenfalls völkerrechtswidrig.[52]

So ist festzuhalten, daß die Behandlung der russischen Kriegsgefangenen durch Vorgaben der obersten politischen und militärischen Führung in wesentlichen Kategorien nicht völkerrechtskonform war und auch die Grundsätze der Menschlichkeit verletzte. Die Truppe im rückwärtigen Heeresgebiet bemühte sich, im Rahmen ihres Handlungsspielraums die Vorgaben zu mildern. Neben den geschilderten Maßnahmen waren dies Forderungen auf Entlassungsaktionen im größeren Umfang sowie der weitreichende Einsatz von Kriegsgefangenen in der Truppe unter der Hand.

Der Schutz der rückwärtigen Gebiete und die Maßnahmen zum Aufrechterhalten der Ordnung und Sicherheit waren gegen eine allgemeine Bedrohung gerichtet, nicht nur gegen Partisanen, die möglicherweise unter der Mißachtung völkerrechtlicher Grundsätze ihre Einsätze durchführen würden. Zur potentiellen Bedrohung des rückwärtigen Heeresgebietes gehörten auch reguläre Kommandoeinheiten, durchgebrochener oder abgeschnittener Feind- oder Luftlandekräfte.

Die Lageentwicklung führte dazu, daß im Laufe der Zeit Kampfeinsätze im rückwärtigen Heeresgebiet Süd sich nahezu ausschließlich gegen Partisanen richteten, die vor allem durch ihre Mißachtung der Gesetze und Gebräuche des Krieges einen Anspruch auf den Schutz des Völkerrechts verwirkt hatten. Selbstverständlich war dabei der jeweilige konkrete Fall zu bewerten. Der Einsatz der Sicherungstruppen des Befehlshabers rückwärtiges Heeresgebiet wurde nach den Erfordernissen zum Aufrechterhalten der Operationsfreiheit, später auch zum Schutz der Bevölkerung geplant, unter der Prämisse, welche nachteiligen Folgen für die eigenen Operationen bei Ausfall, Zerstörung oder Einschränkung der Funktionsfähigkeit von Straßen, Eisenbahnen, anderen Verbindungslinien oder von Versorgungsgütern auftreten würden.

Der Einsatz der Sicherungskräfte erfolgte reaktiv, d.h. durch Abwehr jeweiliger Angriffe und aktiv durch die Verfolgung ausweichender Partisanengruppen oder durch Aufklärung und Zerschlagung in Verstecken, Ruheräumen oder möglichen Ausgangsräumen für Aktionen.

Das Bild des Partisanenkampfes wechselte über die Zeit.

Es ist unzutreffend, wenn behauptet wird, die Partisanenbewegung sei als Reaktion auf deutsche Übergriffe hin entstanden.[53] Bereits im Juli/August 1941 meldeten die Sicherungskräfte Gefechte gegen »Banden« und kleinere Gruppen. Entsprechend einer Gefechtsmeldung vom 15. August 1941 hatte die SS-Infanteriebrigade 1 beim Zerschlagen einer Partisanengruppe bei ca. 460 Gefangenen und 130 Gefallenen des Gegners selbst 24 eigene Gefallene und 44 Verwundete zu beklagen.

Sicherlich hat aber die deutsche Besatzungspolitik zum Anwachsen des Partisanenkrieges und zu dessen Unterstützung durch die Bevölkerung beigetragen.

Bis in den Winter 1941/42 hinein bestanden die Partisanenformationen im rückwärtigen Heeresgebiet Süd aus versprengten Soldaten der Roten Armee und aus Gruppierungen aus der Bevölkerung; sie wurden aber auch schon geführt und unterstützt durch abgesprungene Fallschirmagenten. Die Stärke der einzelnen Gruppen reichte von mehreren hundert Mann starken Gruppen bis zu Sabotagetrupps von fünf bis sechs Mann. Ziel ihrer Anschläge waren Unterbrechungen der Verbindungslinien, insbesondere des Eisenbahnverkehrs, Sabotagehandlungen gegen unterschiedliche Einrichtungen und Anschläge gegen die Bevölkerung – Ermordung von ukrainischen Hilfspolizisten, Vernichtung von Vorräten oder landwirtschaftlicher Maschinen, um durch Terror zu wirken.

Diese Entwicklung setzte sich im Frühjahr/Sommer 1942 fort, wobei neben militärischen Zielen (dabei vorwiegend auch Überfälle auf schwächere Teileinheiten oder Einzelpersonen) immer mehr Anschläge gegen die Bevölkerung durchgeführt wurden, um hierdurch deutlich zu machen, daß die Besatzungstruppe sie nicht schützen könne. An der Grenze zur Heeresgruppe Mitte traten immer größere Gruppierungen auf, bis zur Stärke von 1000 Mann mit entsprechender Ausstattung auch an schwerer Bewaffnung. Im Vergleich zum rückwärtigen Heeresgebiet Mitte lagen im rückwärtigen Heeresgebiet Süd die Schwierigkeiten aber nicht in der Intensität der Anschläge der Partisanen, sondern im unzureichenden Umfang der Sicherungstruppen im Verhältnis zur Größe des zu schützenden Raumes. Den Sicherungskräften war dadurch keine präventive Vorbeugung möglich, ihnen blieb nur die Reaktion auf erfolgte Angriffe übrig.[54]

Im Sommer/Herbst 1942 konzentrierte sich die Partisanentätigkeit in den neu gebildeten Heeresgebieten A und B auf die Verbindungslinien und auf

Sabotageakte an Industrieanlagen und Wirtschaftseinrichtungen nördlich des Don. Südlich davon, im Gebiet bis zum Nordkaukasus, fand ein Partisanenkrieg wegen der mangelnden Unterstützung durch die Bevölkerung praktisch nicht statt.

Im Jahr 1943 bleibt das Bild vielschichtig: Während im Nordteil des nunmehr wieder aus dem Heeresgebiet Don und dem Heeresgebiet A gebildeten Heeresgebiet Süd militärisch organisierte Partisanengruppen bis in Regimentsstärke, ausgestattet mit schweren Waffen und Fahrzeugen, ihre Einsätze gegen militärische Ziele und gegen die Bevölkerung (Überfälle auf Ortschaften, Vernichtung der Vorräte, Ermordung kollaborierender Bevölkerungsgruppen) durchführten, bleibt es im Südteil beim beschriebenen »Kleinkrieg« kleinerer Formationen. Ungeachtet ihres militärischen Organisationsgrades verhalten sich auch die größeren Partisanenverbände in ihrer Kampfweise völkerrechtswidrig.

Aus dem Einsatzraum rückwärtiges Heeresgebiet Süd liegen Hunderte von Gefechtsberichten der Sicherungskräfte vor, aus denen hervorgeht, daß die Partisanenbekämpfung zwar mit unbeschreiblicher Härte, aber in der Regel als Kampfeinsatz und nicht unter dem Vorwand für Ausrottungsaktionen erfolgte.

Einige Beispiele für diese Behauptung:
– »... anhaltende Bandenkämpfe im Gebiet von ... Bisherige Ergebnisse: 862 Gefangene, 200 Gefallene, 72 Erschossene ...« (10tägige Meldung Befh.-rückw.H. Gebiet Süd für den Zeitraum 10.8. bis 20. 8. 41)
– »11./Inf.Rgt 375 stieß am 4. 10. 41 bei ... auf Feindbande (etwa 20 Mann). Bande entkam unter Hinterlassung von Waffen und Gerät. Beute: 2 sMG, 1 lMG, 30 Gewehre, Pistolen, Munition, 11 Pferde. Einige verdächtige Personen ... festgenommen.« (Tagesmeldung 454. Sich.Div. vom 5. 10. 41)
– »Eisenbahn-Wachkommando in ... meldet ... daß in Moschny ... in der Nacht vom 6. zum 7.10. 350 Partisanen eingebrochen seien und Teile der ukr. Bevölkerung, die sich der bewaffneten Gewalt nicht fügen wollten, erschossen hätten.« (213. Sich.Div., Meldung vom 3. 10. 41)
– »... weitere Säuberung und Aufklärung im Inselgebiet beiderseits Nikopol ...
Gefangene: 541
Beute: 4 sMG, 3 lMG, 1 Krad, 74 Gewehre, zahlreiche Munition ...
Gegen die öfteren Sabotageakte an der Eisenbahnlinie bei Snamenka wurden ... starke Sicherungen zur Durchkämmung ... eingesetzt. Bisher wurden 16 Personen erschossen ...« (213. Sich.Div., Tagesmeldung vom 16. 10. 41)
– »... Feindverlust bis 24. 10. abends: 72 Tote, 200 Gefangene ...« (444. Sich.Div., Tagesmeldung vom 24. 10. 41)

In dem bereits erwähnten Gefechtsbericht der 444. Sich.Div. wird gemeldet, daß aus einer 500 bis 600 Mann starken Partisanengruppe rund 240 Mann gestellt werden konnten (andere waren aus der Einschließung entkommen). Von diesen wurden 181 im Kampf getötet oder nach Beendigung der Kampfhandlungen erschossen. Ein geringer Teil geriet also in Gefangenschaft. Zahlreiche Waffen und Munition wurden erbeutet. Die eigenen Verluste betrugen einschließlich der Geheimen Feldpolizei (GFP) 27 Tote und 32 Verwundete.

Das Wachbataillon 703, der Feldkommandantur 194 unterstellt, meldet als Ergebnis eines Kampfeinsatzes gegen Partisanen bei mindestens 100 gefallenen Partisanen und einer unbekannten Anzahl von Verwundeten (diese wurden beim Ausweichen mitgenommen!) 27 eigene Gefallene und 27 Verwundete. Eine entsprechende Beute an Waffen und Ausrüstung wurde sichergestellt.[55]

Als generelles Bild des Partisanenkrieges im rückwärtigen Heeresgebiet Süd bis in das Jahr 1943 läßt sich noch einmal festhalten: Die Partisanenbekämpfung erfolgte in den weit überwiegenden Fällen als Kampfeinsatz, bei dem auf Seiten der eigenen Truppe beträchtliche Verluste zu beklagen waren. Die vorangegangenen Verluste in der Bevölkerung oder bei den unterstützenden Organisationen, wie Eisenbahn, Organisation Todt werden dabei nicht berücksichtigt. Welche Ausmaße solche Mordaktionen annahmen, soll erneut mit einem Hinweis auf den Bereich der Heeresgruppe Mitte deutlich werden, wo sich die ganze Grausamkeit des Partisanenkrieges viel schärfer zeigte als im Befehlsbereich Heeresgruppe Süd: Durch den Ic des Heeresgebietes Mitte wurden für den Monat April 1942 40 Ermordete des einheimischen Ordnungsdienstes, 19 ermordete russische Bürgermeister und je zwei getötete Angehörige der Eisenbahn und der Organisation Todt gemeldet.[56]

Bei der Partisanenbekämpfung wurden in erheblichem Umfang Waffen, Ausrüstung und Munition erbeutet. Die in der Regel weit höheren Verluste der Partisanen lassen sich folgendermaßen erklären: Die Partisanenformationen hatten nicht die Absicht, sich zum Kampf zu stellen. Gelang es allerdings in der Verfolgung oder bei Säuberungsaktionen auch stärkere Gruppen zu stellen und einzuschließen, dann hatten sie gegen die dann meist stark überlegenen deutschen Kräfte keine Chance. Wo die Grenze zwischen im Kampf Getöteten, als Freischärler Erschossenen (wie ausgeführt nach dem Kriegsrecht möglich!) und durch Überreaktion getöteten Partisanenverdächtigen zu ziehen war, ist auf der Grundlage der Gefechtsberichte allerdings nicht feststellbar. Aus den Verlustzahlen aber Liquidierungsaktionen abzuleiten, ist nicht zulässig.

Bedingt durch die Härte und Brutalität des Partisanenkampfes auf der Grundlage gegebener Befehle, aber auch aus eigenem Antrieb, achtete die Truppe die Regeln des Völkerrechts häufig nicht. Hauptursache dafür waren die durch das OKH und die nachgeordnete militärische Führung vorgegebenen Regelungen, wer als Freischärler anzusehen sei. Während eine der Formulierungen des Befehls des OKH vom 13. September 1941 zur Identifikation von Freischärlern sich wenigstens sinngemäß noch auf eine der vier Voraussetzungen des Artikels 2 der HLKO bezog (»zusammenhanglos und auf eigene Faust kämpfen«), verstieß der Befehl des Befehlshabers rückwärtiges Heeresgebiet Süd vom 9. November 1941 und des Kommandeurs der 213. Sicherungsdivision vom 22. August 1941 eindeutig gegen das Recht und gegen die Menschlichkeit.

Der letzte Absatz aus dem Befehl des Kommandeurs der 213. Sicherungsdivision lautet:

»Zivilpersonen, die hinreichend der Spionage, Sabotage oder des Partisanentums verdächtig sind, sind nach Vernehmung durch die GFP zu erschießen. Ortsfremde, die nicht glaubwürdig ihren Aufenthaltszweck nachweisen können, sind, wenn möglich, an die SD-Kommandos abzugeben, sonst in die Gefangenenlager zur Weitergabe an die SD-Kommandos einzuliefern. Knaben und junge Mädchen, die vom Gegner mit Vorliebe angesetzt werden, sind nicht auszunehmen.«[57]

Im Hinblick auf den »Verdacht« konnte demnach willkürlich verfahren werden, wobei die Konsequenz von Rechtsverstößen oder von unangemessenen Verhaltensweisen auf die Schultern nachgeordneter Offiziere auf Bataillons- oder Kompanieebene abgeladen wurde.

Niemand war allerdings verpflichtet, auf reinen Verdacht hin zu erschießen oder vorgegebene Repressalienquoten, auf die gleich eingegangen wird, auch einzuhalten. Sicher gab es auch Möglichkeiten, Kinder und Jugendliche, die durch die Partisanen mißbraucht wurden, zu verschonen. Häufig wurde dieses Ermessen auch genutzt. Die verhängnisvolle Spirale von Aktion und Reaktion führte jedoch zu einer eskalierten Form des Partisanenkrieges, bei der die Übergriffe des Gegners den Anlaß für eigene, noch gesteigertere Vergeltungsmaßnahmen boten. Dies ist zwar aus der menschlichen Natur heraus verständlich, aber nicht zu rechtfertigen.

Mit dem Befehl des OKW vom 16. September 1941 war der Truppe auferlegt worden, bei der Bekämpfung »kommunistischer Aufstandsbewegungen« schärfste Mittel anzuwenden und als Sühne für ein deutsches Soldatenleben die Todesstrafe für 50 bis 100 Kommunisten als angemessen anzusehen.[58]

Es ist festzuhalten, daß die auf dieser Grundlage angeordneten Repressalienmaßnahmen auch im Bereich des rückwärtigen Heeresgebietes Süd in keiner Weise dem kodifizierten Völkerrecht oder dem Völkergewohnheitsrecht entsprachen. In der Folge wurde auch nicht von Repressalien gesprochen als dem Versuch, den Gegner zu völkerrechtskonformem Verhalten zu veranlassen, sondern von Sühne- oder Vergeltungsmaßnahmen.

Anhand von zwei in der Literatur aufgegriffenen Fällen soll die Problematik deutlich gemacht werden:

Im Monatsbericht des Befehlshabers rückwärtiges Heeresgebiet B vom Juli 1942 heißt es: »Am 8. 7. wurde in Wolodko (Tschernigow) ein Uffz der Wehrmacht durch Räuber erschossen. Als Sühnemaßnahmen wurden 116 Einwohner des Ortes durch SD und Gendarmerie erschossen. Die Bevölkerung wurde durch Plakatanschlag von der Sühnemaßnahme unterrichtet.«

Dem KTB Befehlshaber rückwärtiges Heeresgebiet Süd am 9. November 1941 ist zu entnehmen, daß der Kommandeur eines Pionierregiments, Oberst Zins, mit zwei Begleitern in einer Ortschaft im Schlaf überfallen und ermordet wurde. Auf den Befehl hin, gegenüber den Bewohnern der Ortschaft »abschreckende Strafmaßnahmen« zu ergreifen, wurden zehn verdächtige Personen erschossen und ihre Häuser abgebrannt.[59]

Während die Vergeltungsmaßnahme im Falle des ermordeten Unteroffiziers einfach unglaublich erscheint, liegt die Repressalie wegen der Ermordung des Regimentskommandeurs im Rahmen dessen, was auch alliierte Richter in den Nachkriegsprozessen als völkerrechtskonform angesehen haben.

In den Gefechtsberichten und Kriegstagebüchern deutscher Truppen im rückwärtigen Heeresgebiet Süd finden sich zahlreiche Beispiele von Vergeltungsmaßnahmen, die auf den ersten Blick und ohne die Kenntnis auslösender Tatsachen wie reine Barbarei anmuten.

Aber auch hier müssen beide Seiten gesehen werden.

Die Feldkommandantur 194 meldet am 10. März 1942 das Gefecht einer Partisanengruppe von etwa 150 Mann mit einer Einheit der Hilfspolizei, die aus Ukrainern aufgestellt worden war. Bei diesem Gefecht wurden 20 Hilfspolizisten getötet, ihr stellvertretender Zugführer wurde von den Partisanen gehängt.

Einen Tag später griff vermutlich dieselbe Partisanengruppe eine andere Ortschaft an und schloß sie ein. Zwei in dieser Ortschaft liegende ungarische Infanteriezüge wurden aufgerieben, die Waffen, eine Funkstation, die Ausrüstung und Bekleidung der Gefallenen wurden durch die Partisanen mitgeführt, offenbar, um sie für eigene Zwecke zu nutzen. Von den Hilfspolizisten dieser Ortschaft gingen zehn Mann zu den Partisanen über, 30 andere wurden umgebracht. sechs Gehöfte, in denen die Polizeiangehörigen wohnten, wurden abgebrannt, »einigen Kindern der Polizisten die Hände abgehackt«.[60]

Muß man sich wundern, wenn die verfolgten Partisanen danach bis zum letzten Mann niedergemacht wurden?

In der Stufenleiter der Hierarchie der Opfer des Nationalsozialismus wird dem Judentum wegen des zahlenmäßigen Umfangs der Massenvernichtung ein besonderer Rang eingeräumt. In den mit unvorstellbarer Härte geführten Kämpfen zwischen Partisanen und deutschen Sicherungsverbänden sollten eigentlich alle unschuldigen Opfer gleich zählen. Juden wurden jedoch zu Vergeltungsmaßnahmen herangezogen, nur weil sie Juden waren. Darüber hinaus nahm die russische und ukrainische Bevölkerung deren Schicksal relativ gleichgültig hin. Sie zeigte darüber sogar eine gewisse Befriedigung. So ist es erforderlich, auf diesen Sachverhalt einzugehen. Auch hier sprechen die Gefechtsberichte oder Meldungen eine deutliche Sprache:

– Die 454. Sicherungsdivision meldet in ihrer Tagesmeldung am 14. 10. 1941, daß als Streifenergebnis 21 Juden festgenommen worden seien. Vernichtete Banden seien von »ehemaligen Kommissaren und Juden geführt« worden. Schließlich meldet ein Reiterzug, daß »von 7 flüchtenden Russen 5 Mann, darunter ein Kommissar und 3 Juden erreicht und nach kurzer Untersuchung erschossen« wurden.

– In der Tagesmeldung des Befehlshabers Heeresgebiet A vom 26. 8. 1942 wird berichtet, daß neben 160 ehemaligen Rotarmisten und verdächtigen Zivilisten auch 36 Juden festgenommen wurden.

– In einem Gefechtsbefehl des HSSPF Süd an das Polizeiregiment Süd und die SS-Infanteriebrigade 1, deren Einsatz auf Anforderung des Befehlshabers rückwärtiges Gebiet Süd erfolgte, wurde befohlen: »Weibliche Agentinnen oder Juden, die sich den Sowjets zur Verfügung gestellt haben, sind zweckentsprechend zu behandeln.«

– Als Ergebnis eines Partisaneneinsatzes meldete die 444. Sicherungsdivision als erschossen:

305 Banditen, 4 Flintenweiber, 39 Kriegsgefangene und 136 Juden.[61]

Diese Erschießungen oder Festnahmen gehörten von ihrer Zielsetzung her nicht zu dem beginnenden Völkermord, der durch die Einsatzgruppen zur gleichen Zeit eingeleitet wurde. Für die Opfer, über deren Zahl nur Vermutungen möglich sind, war dieser Unterschied allerdings unerheblich.

Nur mit Bestürzung kann man zur Kenntnis nehmen, mit welcher Selbstverständlichkeit, mit welchem Gleichmut die »Vergeltungsmaßnahmen« gegen Juden nicht nur begangen, sondern auch auf dem Meldeweg nach oben entgegengenommen wurden.

Wie bereits bemerkt wurde, haben Heereseinheiten keine Massenexekutionen von Juden durchgeführt. Aber auch diesen stand man häufig mit Gleichgültigkeit gegenüber.

Andererseits ist richtigzustellen, daß aus der durchgeführten Ghettoisierung der jüdischen Bevölkerung unter der Mitwirkung oder auch auf Veranlassung von Kommandobehörden des Heeres Wissen über den geplanten Genozid oder gar Zustimmung nicht abgeleitet werden kann. Die Mitwirkung erfolgte wohl nur auf Befehl und wurde ohne eigenes Engagement durchgeführt.[62]

Es ist heutzutage sehr einfach, der Truppe in den rückwärtigen Gebieten menschliche Unzulänglichkeit und Versagen vorzuwerfen. Aber die Führer und ihre Soldaten waren auch Kinder ihrer Zeit. Gleichgültigkeit und Unmenschlichkeit waren auch durch den Erfahrungshorizont des russischen Bürgerkrieges zwischen Weiß und Rot, die Nachkriegskämpfe in Deutschland und im Baltikum oder den Spanischen Bürgerkrieg beeinflußt. Jüdische Intellektuelle spielten eine herausragende Rolle in den bolschewistischen Führungskadern. Das mag dazu beigetragen haben, Hemmschwellen herabzusetzen.

Schließlich ist festzuhalten, daß weder die Truppe noch die Führung in den rückwärtigen Gebieten auf den Partisanenkrieg vorbereitet war und nie ein richtiges Rezept zu seiner Bekämpfung oder Eingrenzung gefunden hat. Neben dem Erringen militärischer Erfolge war der Partisanenkrieg durch die Sowjetunion ein Kampf um die Einstellung und Unterstützung der Bevölkerung. Rücksichtslose Unterdrückung war dabei sicherlich nicht das richtige Mittel für deutsche Gegenmaßnahmen.

Bewertung

Die Bewertung des Verhaltens der Truppe in den rückwärtigen Heeresgebieten kann sich nicht auf die Bedingungen und Verhältnisse beschränken, die in diesem Teil des Operationsgebietes bestimmend waren. Übergeordnete Rahmenbedingungen, umgesetzt in Weisungen und Befehle der politischen und der militärischen Führung, wirkten ganz entscheidend ein und waren ausschlaggebend für den Handlungsspielraum und die Handlungsmöglichkeiten in der konkreten Auftragserfüllung.

Der Vorwurf der Interessenidentität zwischen der politischen Führung und der Wehrmacht- oder Heeresführung in der Führung eines Ausrottungs- oder Vernichtungskrieges erweckt implizit den Eindruck zweier gleichberechtigter Partner, zumindest aber der Willfährigkeit der militärischen Führung. Dabei wird unterstellt, die Wehrmacht- oder Heeresführung hätte Hitler von seinen rechtswidrigen oder inhumanen Absichten abhalten können, wenn sie nur anderer Auffassung gewesen wären.

Diese Annahme läßt die realen Gegebenheiten in einer totalitären Diktatur außer acht und vermischt in unzulässiger Weise die Hierarchie von zwei Handlungsebenen. Hitler hatte die Wehrmacht, wie dies bei keiner anderen Armee in der deutschen Geschichte davor der Fall war, dem Primat seines politischen Willens unterworfen. War das Mittel der Gegenvorstellung verbraucht – dies erfolgte weit häufiger als heutzutage gerne in der Literatur zugestanden wird – dann blieben der militärischen Führung nur der Weg des Gehorsams, die Verweigerung mit der Folge der Entlassung, die Umgehung oder stillschweigende Milderung rechtswidriger Befehle auf dem Wege nach unten oder – im Extremfall – der Staatsstreich gegen die eigene politische Führung.

Mit Protesten gegen die in den Anfängen erkennbare Vernichtungspolitik hatte die Heeresführung während und nach dem Polenfeldzug keine guten Erfahrungen gemacht, wie das der Fall des Oberbefehlshabers Ost, Generaloberst Blaskowitz, zeigte.[63] Rücktrittsgesuche lehnte Hitler im Laufe des Krieges immer mehr ab.[64]

Nachdem es gelungen war, die SS-Einsatzgruppen aus dem Westfeldzug fernzuhalten, war Hitler zu keinen weiteren Kompromissen bereit. War es da nicht naheliegend, sozusagen die Augen zuzumachen, wegzusehen und zu versuchen, das Heer aus dieser verhängnisvollen Entwicklung herauszuhalten? Die Schwelle zum Staatsstreich zu überschreiten, bedurfte nach den Vorstellungen der deutschen Militärs konkreter zwingender Notsituationen. Wie wir wissen, ist dieser Schritt nur von einem Teil der militärischen Führung vollzogen worden. Einer der Auslöser dafür war die Kenntnis nationalsozialistischer Verbrechen.

Die Absicht, im Rahmen der Befehlsgebung nach unten Umgehungsmöglichkeiten zu eröffnen, ist verwirklicht worden, allerdings ist die Führung der Wehrmacht und des Heeres und damit tatsächlich auch »die Wehrmacht als Institution« viel stärker in rechtswidrige Befehle verwickelt gewesen, als wir das heute gerne hätten. Dabei muß allerdings auch berücksichtigt werden, daß ab dem Winter 1941 die politische Führung mit der Heeresführung identisch war, da Hitler auch noch die Funktion des Oberbefehlshabers des Heeres übernommen hatte. Zeitweise führte er im Jahre 1942 sogar die Heeresgruppe A unmittelbar.

Niemand hat aber die Oberbefehlshaber von Heeresgruppen oder Armeen gezwungen, rechtswidrige oder ideologisch beeinflußte Befehle für ihren Befehlsbereich zu bestätigen oder noch zu verstärken.

Die Führung auf der Ebene der Heeresgruppen, der Armeen oder der Befehlshaber rückwärtige Heeresgebiete war zwar durch die dargestellten Bedingungen weitgehend gebunden, sie hatte aber häufig mehr Handlungsspielraum als der Kommandeur einer Sicherungsdivision oder eines Sicherungsregiments im rückwärtigen Heeresgebiet Süd. Ob die Entscheidung, daß die HLKO im Feldzug gegen die Sowjetunion nicht gültig sei, rechtmäßig war oder nicht, war auf dieser Ebene nicht zu hinterfragen. Die angebliche Ungültigkeit der HLKO oder der Kriegsgefangenenkonvention schlossen aber auf der anderen Seite menschliches Verhalten auf der Grundlage allgemeiner humanitärer Überzeugungen nicht aus. Dieser Handlungsmaxime wurde auf unterer Ebene weitgehend gefolgt.

In der seriösen Literatur über die Wehrmacht im Zweiten Weltkrieg wird auch die Frage gestellt, welches Verhalten für Führung und Truppe denn eigentlich repräsentativ war. Förster und Krausnick/Wilhelm beispielsweise stellen in langen Abhandlungen alle Facetten des Verhaltens der Truppe in den rückwärtigen Gebieten dar. Der Repressalienexzeß, übersteigerte Vergeltungsmaßnahmen sowie die stillschweigende oder ausdrückliche Zusammenarbeit mit den Einsatzgruppen einerseits, rücksichtsvolle Behandlung der Zivilbevölkerung, Vorbehalte gegen die Massenexekutionen, Proteste der Truppenführer und Beispiele ehrenwerten Verhaltens andererseits. Da sie, wie sie selbst zugeben, über keine Zahlen verfügen, müßten sie eigentlich zu dem Ergebnis kommen, daß Verstöße gegen die Menschlichkeit und das Recht ebenso bezeichnend sind wie soldatisch korrektes und menschlich unangreifbares Verhalten.

Das Gegenteil ist jedoch der Fall. Krausnick/Wilhelm schließen den ersten Teil ihres Buches mit dem Urteil ab, »(daß es) zu einer weitgehenden, in ihrem Ausmaß erschreckenden Integration des Heeres in das Vernichtungsprogramm und die Vernichtungspolitik Hitlers gekommen (war)«.[65]

Für die Tendenz, die gesamte Bandbreite des Verhaltens der Truppe zu mißachten und nur die Negativbeispiele herauszugreifen, ist besonders der Umgang mit den in der Literatur immer wieder angeführten Befehlen der Armeeführer von Reichenau (einschließlich seiner Nachahmer), von Kluge und von Manstein bezeichnend. Während sich v. Reichenau und in gewissem Umfang auch v. Manstein durch das Verhalten der Truppe veranlaßt sahen, zu harten Maßnahmen gegenüber Partisanen und Bevölkerung aufzufordern (v. Reichenau: »Der Kampf gegen den Feind hinter der Front wird noch nicht ernst genug genommen.«), richtete sich im Gegensatz dazu der Befehl des Feldmarschalls v. Kluge auf das Erhalten der Mannszucht und gegen Übergriffe der Truppe (Plünderungen, Bedrohung der Bevölkerung etc.).

Der Befehl v. Reichenaus spricht also für das moderate Verhalten der Truppe, der Befehl v. Kluges für die militärische Führung, die rechtlich angreifbares Verhalten der Soldaten nicht zulassen will. In der Bewertung des Verhaltens der Wehrmacht werden sie beide zusammengeworfen und zum Nachteil des Heeres oder der Wehrmacht ausgelegt.[66] Spezieller noch ist der Sachverhalt beim Befehl des Feldmarschalls v. Manstein vom November 1941. Dieser Befehl ist sicherlich kein Ruhmesblatt in der deutschen Militärgeschichte. Das Argument, die teilweise unglaublichen Passagen seien in Wirklichkeit nur eine Präambel als Pflichtübung im nationalsozialistischen Sprachstil der damaligen Zeit zum wesentlichen Abschnitt, in dem die Truppe zu korrektem Verhalten aufgefordert wurde, ist eine Schönfärberei. Für die

Würdigung der gesamten Persönlichkeit Mansteins ist es aber unverzichtbar, auf das Einlageblatt für die Soldbücher der Soldaten der 11. Armee, das durch Manstein verfaßt worden war, und auf seine sonstige Einstellung zu verweisen.[67]

Das Verhalten der militärischen Führung, in den rückwärtigen Gebieten wie anderswo, war in der Tat ambivalent. Die harte Kritik an der Besatzungspolitik gegenüber der Bevölkerung stammt vom gleichen General von Roques, der ein Jahr zuvor gefordert hatte, Sabotageakte den Juden in die Schuhe zu schieben. Sein Verhalten ist nicht nur durch den Zwang zur Revidierung von Auffassungen vor dem Hintergrund militärischer Rückschläge zu erklären.

Wenn man das Verhalten der Truppe im rückwärtigen Heeresgebiet Süd zusammenfaßt, dann entsteht folgendes Bild:
1. Die Truppenteile im rückwärtigen Heeresgebiet Süd haben keinen Vernichtungskrieg mit einer ideologischen Zielsetzung geführt. Die Erfordernisse des militärischen Auftrages waren nahezu ausschließlich Richtschnur für das Handeln.
2. Insbesondere die Kommandobehörden haben von der Liquidierung sowjetischer Führungskader und der Juden gewußt, sie haben sie aber nicht unterstützt und wenn, dann haben sie sich allenfalls nur in Randbereichen daran beteiligt.
3. Die militärische Führung hat harte, zum Teil rechtswidrige Befehle nicht nur umgesetzt oder weitergegeben, sondern zum Teil auch selbst erlassen.
4. In der Partisanenbekämpfung stehen sich tendenziell zwei Verhaltensweisen gegenüber: Neben dem korrekten Verhalten einschließlich harter, aber gerechtfertigter Maßnahmen auf der Grundlage des Kriegsrechts steht der Repressalienexzeß, die willkürliche Vernichtung Verdächtiger und der Rückgriff auf unangemessene Vergeltungsmaßnahmen.

Die vorgegebenen Befehle, vor allem aber die brutale Kampfweise der Partisanenverbände von Anfang an, waren die Auslöser für dieses Verhalten. Wo durch die Kooperation mit der Bevölkerung keine Partisanengefahr entstand, neigte die Truppe nicht zum Exzeß und hat sich anständig benommen.
5. Führung und Truppe im rückwärtigen Heeresgebiet Süd haben sich im Rahmen ihrer gegebenen Möglichkeiten bemüht, sowohl die Bevölkerung als auch Kriegsgefangene korrekt und menschlich zu behandeln.
6. Die Abmilderung der Besatzungspolitik ist vor allem auf die Forderungen der militärischen Führung im rückwärtigen Heeresgebiet Süd zurückzuführen.

In den rückwärtigen Heeresgebieten der Sowjetunion trafen – wie in keinem anderen Bereich des sowjetischen Kriegsschauplatzes – die widerstreitenden Interessen von militärischen Operationen, Bevölkerungspolitik,

Kriegsgefangenenproblematik, Wirtschaftsinteressen usw. hart aufeinander. Die sachlichen Interessenkonflikte wurden verschärft durch den verschiedenartigen ideologischen Hintergrund der Akteure. Nirgends waren die Soldaten so sehr der Gefahr ausgesetzt, in politisch und weltanschaulich motivierte Aktionen verstrickt zu werden.

Die Untersuchung des völkerrechtlichen Verhaltens der Truppe in den rückwärtigen Heeresgebieten schließt die Frage nach schuldhaftem Verhalten mit ein.

Unter Berücksichtigung der zu Anfang dieses Abschnitts beschriebenen Handlungsmöglichkeiten und der unverändert gültigen Auffassung, daß ein militärischer Vorgesetzter auch für seine Befehle die Verantwortung trägt, ist es wohl einsichtig, daß sich die militärische Führung mehr in Schuld verstrickt hat als der Kompaniechef oder ein Unteroffizier, der eine Gruppe führte und mit dieser eventuell ein Erschießungskommando bilden mußte. Dabei sind die Zwänge, denen gerade höhere und höchste Führer durch den Führungsstil Hitlers ausgesetzt waren, zu berücksichtigen. So konnten im Einzelfall die Möglichkeiten eines Bataillonskommandeurs größer sein, Befehle zu umgehen oder Milde anzuwenden, als auf den Führungsebenen darüber. Schuldhaft wurde auch auf der unteren Ebene gehandelt, wenn Taten ausgeführt wurden, mit denen gegen die Menschlichkeit verstoßen wurde, oder gegen innerstaatliche Rechtsvorgaben, wie bei Mord, Raub, Vergewaltigung und anderem.

Der Übergang von Schuld im rechtlichen Sinne zur moralischen Schuld ist fließend.

Der Vorhalt im nachhinein, daß das Beispiel einzelner oder vieler bis hin zu Widerstandshandlungen doch beweisen würde, daß alle rechtlich korrekt und menschlich anständig hätten handeln können, ist nicht statthaft. Dazu waren die Umstände, die Einsicht und auch die Einflüsse eines entgrenzten Krieges auf die Situation an Ort und Stelle zu unterschiedlich, um ein generelles Verhalten verlangen zu können. Charakter und ethisch fundiertes Handeln kann man nicht einklagen, man kann sie nur vermissen.

Als Erklärung dient vielleicht auch noch, daß durch das Verhalten der Truppen der Roten Armee, auch von Anfang an, die Vorbehalte der deutschen politischen und militärischen Führung in den Augen ihrer Untergebenen bestätigt wurden. Es entspricht einfach nicht der Wahrheit, daß die Ermordung deutscher Kriegsgefangener und die grausame Kampfweise der Partisanen ihre Ursachen in der Umsetzung der verbrecherischen Befehle Hitlers durch die Truppe hat.

Es bleibt die Frage, wie repräsentativ das für das rückwärtige Heeresgebiet Süd herausgearbeitete Verhalten für die Truppe in den rückwärtigen Gebieten der Ostfront insgesamt ist.

Die Ergebnisse widerlegen mögliche andere Verhaltensweisen in den rückwärtigen Armeegebieten oder im rückwärtigen Heeresgebiet Nord und Süd nicht. Sie zeigen nur, daß die Wahrheit außerordentlich vielschichtig ist, »das Gegenteil der Wahrheit ist auch die Wahrheit« (Theodor Adorno).

Wer meint, daß es an der Zeit sei, »sich von dieser Lüge (Anm.: der »sauberen« Wehrmacht) endgültig zu verabschieden und die Realität eines großen Verbrechens zu akzeptieren«,[68] der kann nicht gleichzeitig pauschalieren und diffamieren.

Es geht nicht an, daß die Scheinwerfer auf eine Seite gerichtet werden, während die andere Seite im Dunkeln bleibt.

Auf der Grundlage der Ausblendung »der anderen Seite«, der Vernachlässigung von Aktion und Reaktion und durch den unreflektierten Rückschluß vom Endergebnis zwölf Jahre nationalsozialistischer Herrschaft auf die Handlungsweisen militärischer Führer und ihrer Soldaten hat sich das Bild von der verbrecherischen Wehrmacht verfestigt; verfälschend wie es heute bereits ausgedrückt wird: Wer an einem unrechtmäßigen Krieg teilgenommen hat, ohne Widerstand zu leisten oder zu desertieren, kann nichts anderes als ein Verbrecher sein.

Der Nachweis dafür, daß es beides nebeneinander gegeben hat, ehrenhaftes Handeln und ethisch bzw. rechtlich verwerfliches Verhalten wird durch diese Ausarbeitung erbracht. Er muß durch weitere Untersuchungen bestätigt und erweitert werden. Dies ist eine herausfordernde Aufgabe, deren Erfüllung aber im Sinne der Wahrheitsfindung unverzichtbar ist.

---

1 Hannes Heer/Klaus Naumann (Hrsg.), Vernichtungskrieg. Verbrechen der Wehrmacht 1941–1942, Hamburg 1995, Hamburger Institut für Sozialforschung (Hrsg.), Vernichtungskrieg. Verbrechen der Wehrmacht 1941 bis 1944, Ausstellungskatalog, Hamburger Edition, Hamburg 1996
2 So etwa Dr. Hartmut Schustereit, Gutachten zur Einleitung von Heer, Hannes/Naumann, Klaus (Hrsg.), Vernichtungskrieg. Verbrechen der Wehrmacht 1941–1944 ...; unveröffentlichtes Manuskript vom 26. 9. 1995, S. 16 ff.
Um die pauschalierenden Vorwürfe von Heer etc. zu widerlegen, kommt Schustereit über eine Ableitung von der Gesamtstärke des Ostheeres über die Heeresgruppe Mitte zu den Sicherungsdivisionen, wobei der Eindruck entsteht, daß der Vorwurf verbrecherischer Handlungen sich vorwiegend auf diesen Kommandobereich beziehen könnte. Aber auch hier gilt, daß Rechtsverstöße nur auf Personen und zu definierende Einheiten zu beziehen sind. Ähnlich Hans Breithaupt, Zwischen Front und Widerstand. Ein Beitrag zur Diskussion um den Feldmarschall von Manstein, Bonn 1994. In seinen Bemühungen, die Fronttruppe von den Verwicklungen in dem auch weltanschaulich geprägten Kampf zu entlasten, verschiebt B. die bekannten Vergeltungsmaßnahmen in die rückwärtigen Heeresgebiete, die noch dazu dem OKW unterstellt gewesen seien, also mit dem Heer nichts zu tun hätten. Allein letztere Behauptung ist schon falsch. Siehe Breithaupt, S. 49.
3 Zum Beispiel Omer Bartov, Gabriel Gorodetsky, Walter Manoschek u.a.m.
4 Darstellung bei Helmut Krausnick/Hans-Heinrich Wilhelm. Die Truppe des Weltanschauungskrieges. Die Einsatzgruppen der Sicherheitspolizei und des SD 1938–1942, Stuttgart

1981, S. 222. Krausnick/Wilhelm schildern allerdings ein solches Massaker auch durch eine Wehrmachteinheit, den Kommandanten in Weißruthenien beim Wehrmachtbefehlshaber Ostland. Daß hierbei gegen Befehle der Heeresführung verstoßen wurde und der betreffende Kommandant dem OKW unterstellt war, dient nur der Darstellung der Verhältnisse, stellt aber keine Entschuldigung dar. Krausnick, a.a.O., S. 274.

5 Jürgen Förster in seinem Beitrag »Die Sicherung des Lebensraumes«, in: »Der Angriff auf die Sowjetunion« von Horst Boog u.a., Gesamtreihe: Das Deutsche Reich und der Zweite Weltkrieg, Band 4, Stuttgart 1983, S. 1056. F. stützt sich dabei auf den Bericht des Ltd. Feldpolizeidirektors beim Befehlshaber rückwärtiges Heeresgebiet 103 (Süd) vom 15. 1. 42, Ergebnis der Partisanenbekämpfung durch die GFP (Anm.: Geheime Feldpolizei) im Bereich des r.H.Geb. Süd, BA-MA RH 22/19.
Er vernachlässigt die Monatsberichte der GFP für Oktober bis Dezember 1941 im Aktenbestand BA-MA RH 22/171, insbesondere aber den Gefechtsbericht der 444. Sich.Div. für den Sicherungseinsatz 9.–27. 10. 41, BA-MA RH 22/8, dort Anlage 984a. Die gefallenen Feldpolizisten wurden bei einem einzigen Einsatz in einem Hinterhalt durch Partisanen getötet. Die begleitende Kampftruppe hatte bei dem Einsatz gegen eine mehrere hundert Mann starke Partisanengruppe selbst 20 Gefallene und 32 Verwundete.
Beim Einsatz gegen die gleiche Partisanengruppe hatte wenige Tage zuvor ein Bataillon des SS-Inf.Rgt. 8 19 Gefallene und 45 Verwundete zu beklagen. Siehe Bericht der SS-Brigade 1 (mot), Ia vom 10.10.41, BA-MA RH 22/8.
In beiden Fällen handelte es sich also um einen Kampfeinsatz gegen einen gut ausgestatteten Gegner.

6 Siehe Ernst Klink »Die militärische Konzeption des Krieges gegen die Sowjetunion«, in: »Der Angriff auf die Sowjetunion«, a.a.O., S. 256 f., und wieder Jürgen Förster »Das Unternehmen ›Barbarossa‹ als Eroberungs- und Vernichtungskrieg«, a.a.O., S. 432 ff. Es ist als Unterstellung anzusehen, daß die Sorge um die Disziplin der Truppe offensichtlich größer war als rechtliche Bedenken gegen die Aufhebung des Verfolgungszwangs bei Straftaten von Wehrmachtangehörigen gegen Landeseinwohner.
Daß in der Folge sehr wohl harte Maßnahmen bei Straftaten von Wehrmachtangehörigen gegen Landeseinwohner verhängt wurden, hat de Zayas in seinem Buch »Die Wehrmachtsuntersuchungsstelle«, München 1980, nachgewiesen.
Offensichtlich ist in befriedeten Gebieten entsprechend des Abschnitts I 6 des Gerichtsbarkeitserlasses die Wehrmachtgerichtsbarkeit in bestimmten Befehlsbereichen wieder eingeführt worden. Dies zeigt der Befehl über die Erweiterung des Reichskommissariats Ukraine vom 19.10.41. In der Ziff. 12 wird festgelegt: »Wehrmachtsgerichtsbarkeit: Die für das bisherige Gebiet des W Befh Ukraine ergangenen Anordnungen bleiben bestehen. Die neu hinzutretenden Gerichte erhalten ihre Weisungen ... durch den Oberst-Kriegsgerichtsrat beim W befh Ukraine ...« Wehrmachtbefehlshaber Ukraine, Abteilung Ia, Nr. 1056 (529)/41 geh vom 19. 10. 41, BA-MA, RH 22/8.

7 Zur Auseinandersetzung Krausnick – Streim über den Zeitpunkt des Befehls zur Liquidierung der jüdischen Bevölkerung siehe Peter Longerich »Vom Massenmord zur Endlösung. Die Erschießung von jüdischen Zivilisten in den ersten Monaten des Ostfeldzuges im Kontext des nationalsozialistischen Judenmordes«, in: »Zwei Wege nach Moskau. Vom Hitler-Stalin-Pakt bis zum ›Unternehmen Barbarossa‹«, im Auftrage des Militärgeschichtlichen Forschungsamtes, herausgegeben von Bernd Wegner, München 1991, S. 254 ff.
Zur Behauptung Dr. Streit siehe Christian Streit, Keine Kameraden. Die Wehrmacht und die sowjetischen Kriegsgefangenen 1941–1945, Stuttgart 1978, S. 33 mit Fußnote 33 auf Seite 310 ff.
Zum Schwerpunkt im Schutz rückwärtiger Gebiete siehe: Oberkommando des Heeres, Gen St d H/Gen Qu, Abteilung Kriegsverwaltung, Nr. II/0315/41 g. Kdos Chef vom 3. 4. 41. Besondere Anordnungen für die Versorgung, Teil C, BA-MA, RH 22/12.
Krausnick/Wilhelm stützen in gewisser Weise die unhaltbaren Folgerungen Streits. Als Alternative haben sie die absurde Auffassung, daß die Abteilung Kriegsverwaltung beim Generalquartiermeister in der beschriebenen Besprechung Besorgnisse wegen der Belegung Vormarschstraße durch die motorisierten Kommandos der Einsatzgruppen gehabt hätte –

bei einer Ausstattung von maximal 43 Kraftfahrzeugen und 3 Krädern pro Einsatzkommando – und deswegen den Einsatz »abseits der Rollbahn« gefordert habe. Krausnick/Wilhelm, a.a.O., S. 130 (Fußnote 131).
8 Reichsgesetzblatt 1910, S. 132.
9 Eberhard Menzel/Knut Ipsen, Völkerrecht, München 1979, S. 187
10 Für die Auffassung eines ernstgemeinten Angebots der Sowjetunion, siehe Streit, a.a.O., S. 226 ff. Auch Hans-Adolf Jacobsen ist dieser Meinung, siehe »Kommissarbefehl und Massenexekution sowjetischer Kriegsgefangener«, in: Anatomie des SS-Staates, Band 2, München 1989, S. 160 f.
Streit bemüht sich über mehrere Seiten hinweg nachzuweisen, daß die Anerkennung der HLKO bzw. die Anwendung der Genfer Kriegsgefangenenkonvention durch die Sowjetunion bzw. die faktische Anwendung der Genfer Kriegsgefangenenkonvention nur an der mangelnden Bereitschaft des Deutschen Reiches gescheitert sei, der Sowjetunion entgegenzukommen. Es ist beinahe unglaublich, mit welchen Rechtfertigungsgründen er das unerklärliche Verhalten der Sowjetunion herunterspielt. Selbst den Vereinigten Staaten wirft er vor, die Sowjetunion auf ungeschickte Weise zur Annahme der Konvention gedrängt zu haben. Der Sachverhalt dabei war eigentlich einfach: Die Erklärung des Beitritts bzw. der Anwendung erfolgte ja nicht gegenüber dem Deutschen Reich, da es längst Vertragspartner beider Abkommen war, sondern gegenüber der Völkergemeinschaft. D. h., die Erklärung konnte nicht selektiv nur in bezug auf den Krieg mit Deutschland erfolgen und war vom erwarteten und tatsächlichen Verhalten der deutschen Seite völlig unabhängig. Man kann sogar argumentieren, daß auf der Grundlage des Gewohnheitsrechts der Sowjetunion gar keine andere Möglichkeit offenstand, als die völkerrechtlichen Auflagen anzuwenden. Siehe dazu meine folgenden Ausführungen. Die Nichtbeachtung der HLKO und der Kriegsgefangenenkonvention den Deutschen aufzubürden und die Übergriffe der Roten Armee auf deren Fehlverhalten zurückzuführen, stellt die Wahrheit wirklich auf den Kopf.
Joachim Hoffmann schildert das praktische Verhalten der Sowjetunion nach dem Angebot vom Juli 1941, dem keine konkreten Schritte zur Umsetzung folgten. Dies konnte auch nicht sein, da es nach der kommunistischen Kriegführungstheorie Kriegsgefangene in einem solchen Umfang wie nach Beginn des Feldzuges nicht geben konnte.
Hoffmann »Die Kriegführung aus der Sicht der Sowjetunion«, in: Das Deutsche Reich und der Zweite Weltkrieg, Band 4, S. 720 f. sowie ders., Stalins Vernichtungskrieg 1941–1945, München 1995, S. 82 ff.
11 Die vorstehenden Ausführungen sind entnommen aus Heinrich A. Schütze, »Die Repressalie unter besonderer Berücksichtigung der Kriegsverbrecherprozesse«, in: Rechtsvergleichende Untersuchungen zur gesamten Rechtswissenschaft, Neue Folge Heft 1, Bonn 1950, S. 3 f.
12 Zitiert nach Alfred Streim »Das Völkerrecht und die sowjetischen Kriegsgefangenen«, in: Zwei Wege nach Moskau. Vom Hitler-Stalin-Pakt bis zum »Unternehmen Barbarossa«, a.a.O., S. 291.
13 Schütze, a.a.O., S. 12
14 Quelle wie Anmerkung 8
15 Letzteres nach Reinhard Maurach, »Die Sowjetunion – ein Mitglied der Völkergemeinschaft?«, in: Zeitschrift für Völkerrecht, 21/1937
16 Siehe Einzelheiten in Kapitel dieses Buches »Der Partisanenkrieg der Sowjetunion und die deutschen Gegenmaßnahmen im Zweiten Weltkrieg unter völkerrechtlichen Gesichtspunkten« von Hasch. Allerdings bin ich nicht der Auffassung, daß nach dem Kriegsbrauch zur Bestrafung von Partisanen das Ergebnis eines Gerichtsverfahrens erforderlich war. Siehe dazu meine weiteren Ausführungen.
17 Telford Taylor, Die Nürnberger Prozesse. Kriegsverbrechen und Völkerrecht, ergänzte Sonderausgabe, Zürich 1951, S. 100 f.
18 Die vorangegangenen Ausführungen über den § 3 KSSVO und die Auswirkungen des Abschnitts I des Gerichtsbarkeitserlasses richten sich nach Franz W. Seidler, Der Partisanenkrieg zur Befreiung der Sowjetunion, unveröffentlichtes Manuskript; München, o. J., S. 12 u. 15.

Die Auffassungen über die Sympathisanten beruhen auf Armin Steinkamm, Die Streitkräfte im Kriegsvölkerrecht, Würzburg 1967, S. 254 ff.

19 Die Ausführungen insgesamt richten sich nach Schütze (siehe Anmerkung 11), S. 40 ff. Bezugsdokumente damaliger Kriegsgegner:
– Manual of Military Law (UK) in der Fassung von 1929
– Basic Field Manual (US-FM 29/10) in der Fassung von 1940, Rules of Landwarfare §§ 359 u. 359.

Für unser Thema ist bemerkenswert, daß alliierte Streitkräfte nach der Besetzung Deutschlands selbst die Gesetze der Proportionalität und der flexiblen Anwendung mißachteten: Französische Truppenführer drohten an unterschiedlichen Orten Geiselerschießungen im Verhältnis 5:1 und 25:1 an, US-Streitkräfte im Harz im Verhältnis 200:1. Die Rote Armee drohte noch am 1.7.45 die Erschießung von Geiseln im Verhältnis 50:1 an.

20 Streim, a.a.O., Seite 292. Vgl. auch Anm. 19
Von maßgeblicher Bedeutung: Der Chef des Oberkommandos der Wehrmacht, WFSt/AbtL (IVQu), Nr. 002060/41 g.Kdos. vom 16.9.41, Kommunistische Aufstandsbewegung in den besetzten Gebieten.

21 Reichsgesetzblatt 1910, S. 107, und Reichsgesetzblatt 1934 II, S. 227.

22 Nach Seidler, a.a.O.: 200 000 deutsche Soldaten wurden wegen ziviler Straftaten von Kriegsbeginn bis 30.6.1944 kriegsgerichtlich bestraft.

23 Der Führer, Nr. 003830/42 g.Kdos. OKW/WFSt vom 18.10.42, Weisung Nr. 46a (»Kommandobefehl«), zit. n. Walther Hubatsch, Hitlers Weisungen für die Kriegführung 1939–1945, 2. Auflage, Koblenz 1983.

24 Reichsgesetzblatt 1940 II, S. 1347.

25 Zu den nachfolgenden Ausführungen über den organisatorischen Aufbau in den rückwärtigen Gebieten sowie die Aufgaben der dort eingesetzten Truppen und Organisationen liegen wissenschaftlich abgesicherte Erkenntnisse vor, so daß einzelne Quellenangaben bis auf Ausnahmen nicht erforderlich sind. Der Inhalt dieses Abschnitts richtet sich nach der folgenden Literatur bzw. Quellen:
– Hans Umbreit »Strukturen deutscher Besatzungspolitik in der Anfangsphase des deutsch-sowjetischen Krieges«, in: Zwei Wege nach Moskau ...
– Alexander Dallin, Deutsche Herrschaft in Rußland 1941–1945, eine Studie über Besatzungspolitik, Düsseldorf 1958.
– Hans Umbreit, Der Militärbefehlshaber in Frankreich 1940–1944, in: Reihe Wehrwissenschaftliche Forschungen, Abteilung Militärgeschichtliche Studien, Band 7, Boppard a. Rh. 1968
– Hans Umbreit, Deutsche Militärverwaltungen 1938/39. Die militärische Besetzung der Tschechoslowakei und Polens, in: Reihe Beiträge zur Militär- und Kriegsgeschichte, Band 17, Stuttgart 1977.
– Helmut Krausnick/Hans-Heinrich Wilhelm, Die Truppe des Weltanschauungskrieges ...
– MGFA (Hrsg.), Das Deutsche Reich und der Zweite Weltkrieg, Band 4, »Der Angriff auf die Sowjetunion«, hier die Beiträge von Rolf-Dieter Müller (Kap. III), Ernst Klink (Kap. IV) und Jürgen Förster (Kap. VII) im Teil 1 sowie von Joachim Hoffmann (Kap. II) und Jürgen Förster (Kap. VII) im Teil 2.
– MGFA (Hrsg.), Das Deutsche Reich und der Zweite Weltkrieg, Band 5/1, Organisation und Mobilisierung des deutschen Machtbereichs, Kriegsverwaltung, Wirtschaft und personelle Ressourcen 1939–1941, hier die Beiträge von Hans Umbreit (Kap. I–VI), Stuttgart 1988.
– MGFA (Hrsg.), Das Deutsche Reich und der Zweite Weltkrieg, Band 6, Der Globale Krieg. Die Ausweitung zum Weltkrieg und der Wechsel der Initiative, hier die Beiträge von Bernd Wegner (Kap. I–V) im Teil 6, Stuttgart 1990.
– Walther Hubatsch (Hrsg.), Hitlers Weisungen für die Kriegführung 1939–1945, Dokumente des Oberkommandos der Wehrmacht, Koblenz 1988, hier die Weisungen 21a, 33a, 46a und b.
– OKH, Der Chef der Heeresrüstung u. Befh. des Ersatzheeres, AHA Ia (II), Nr. 591/41 g.Kdos. vom 3.3.41, Bildung von Stäben ›Befh. d. rückw. H. Gebiets‹ und Sicherungsdivisionen, BA-MA, RH 22/2.

- OKH, Chef H Rüst und BdE, AHA/Ia (II), Nr. 591/41 g.K., vom 4.3.41, Zuteilung von Ordnungsdiensten zu Befh. rückw. H. Gebiet und Sicherungsdivisionen, BA-MA, RH 22/2.
- Oberkommando des Heeres, GenStdH/Ausb.Abt. (Ia), Nr. 700/41 g, vom 21.3.41, Richtlinien für die Ausbildung der Sicherungs-Divisionen und der dem Befehlshaber des rückwärtigen Heeres-Gebiets unterstehenden Kräften, BA-MA, RH 22/271.
- Oberkommando des Heeres, GenStdH/GenQu, Abt. Kriegsverwaltung, Nr. II/0315/41 g.Kdos. Chefs., vom 3.4.41. Besondere Anordnungen für die Versorgung, Teil C, BA-MA, RH 22/12.
- Oberkommando der Wehrmacht, 2 f/m 10 WFSt/Abt.L (II Org), Nr. 1457/41 geh., vom 15. 4. 41, Dienstanweisung für Wehrmachtsbefehlshaber, BA-MA, RH 21-4/336.
- Oberkommando des Heeres, GenStdH/GenQu, Az. Abt. Kriegsverwaltung, Nr. II/2101/41 geh., vom 28. 4. 41, Regelung des Einsatzes der Sicherheitspolizei und des SD im Verbande des Heeres. Entnommen aus: Hans-Adolf Jacobsen, a.a.O., Dokumentenanhang.
- Oberkommando des Heeres, GenStdH/GenQu, Abt. Kriegsverwaltung (W), Nr. II/0522/41 g.Kdos. Chefs., vom 14.5.41, Wirtschaftsorganisation, (Anlge 6 zu Teil C), BA-MA, RH 22/12.
- Der Reichsführer SS, Tgb.Nr. 114/41 g.Kdos., vom 21.5.41, Sonderauftrag des Führers (Anm.: Einsetzung der Höheren SS- und Polizeiführer). Entnommen aus: Hans-Adolf Jacobsen, a.a.O., Dokumentenanhang.
26 Hans Umbreit, Strukturen deutscher Besatzungspolitik in den Anfangsphasen des deutsch-sowjetischen Krieges, siehe Anm. 25.
27 Belege hierfür:
- Protokoll, Besprechung Befehlshaber rückwärtiges Heeresgebiet Süd betr. Fragen der Zusammenarbeit mit der Wi.In.-Süd, vom 6. 11. 41, BA-MA RH 22/9.
- Tätigkeitsbericht der Abteilung VII Stab Bef.rückw.H. Gebiet Süd für den Zeitraum 1.–30. 11. 41, BA-MA RH 22/10.
- Wirtschafts-Inspektion-Süd, Schreiben an Befehlshaber rückwärtiges Heeresgebiet Süd vom 22. 11. 41, Entsendung von Bergarbeitern nach Deutschland, BA-MA RH 22/10.
- Der Kommandierende General der Sicherungstruppen und Befehlshaber Heeresgebiet B, Abt. Ia, Nr. 9430/42 g, vom 15. 8. 42, Monatsbericht – Berichtszeit 1.–31. 7. 42, BA-MA RH 22/45.
28 Es muß hier unterschieden werden, was man offiziell, sozusagen dienstlich, wußte, beispielsweise durch die Meldungen der Einsatzgruppen über durchgeführte Aktionen an die Abteilungen Ic der Armeen oder der Befehlshaber rückwärtiges Heeresgebiet bzw. durch die Information über bevorstehende Unternehmungen. Dabei waren aus den zu bearbeitenden Fragen über Marsch, Unterbringung usw. nicht unbedingt Rückschlüsse auf die eigentliche Tätigkeit der Einsatzkommandos zu ziehen. Daneben standen Gerüchte, Informationen aus zweiter Hand u.a.m. Selbst nach einer der größten Vernichtungsaktionen durch das Einsatzkommando 4a bei Babi Jar (Kiew) meldet das betreffende Einsatzkommando, »daß die Juden tatsächlich liquidiert wurden, ist bisher kaum bekanntgeworden, würde auch nach den bisherigen Erfahrungen kaum auf Ablehnung stoßen«. Krausnick/Wilhelm, a.a.O., S. 190, Anmerkung 165. Mit »Ablehnung« war in erster Linie Ablehnung durch die Bevölkerung gemeint.
29 Wie angeführt unterlag das rückwärtige Heeresgebiet Süd mehrfach der Änderung der Zuständigkeit b. der Umbenennung. In den Textstellen wird Bezug genommen auf den jeweils geltenden Zuständigkeitsbereich.
30 Bei dem genannten Aktenbestand handelt es sich um die im Bundesarchiv-Militärarchiv (BA-MA) in Freiburg i. Brsg. verfügbaren Aktenbestände über die rückwärtigen Heeresgebiete der Reihe:
- RH 22/3 (Kriegstagebuch Nr. 1, Befehlshaber rückwärtiges Heeresgebiet 103, später Süd, vom 21. 6.–31. 12. 41)
sowie die Reihe:
- RH 22/4-10 (Anlagen bis einschließlich 20. 12. 41).
- RH 22/12 (Anlagen zum KTB, Band 9 vom 3.4.–25. 10. 41, u.a. Befehle H.Grp.Süd, OKH, Gliederung Polizeikräfte u.a.m).

– RH 22/18 (Befehlshaber rückwärtiges Heeresgebiet Süd, Tätigkeitsbericht der Führungsabteilung vom 1.1.–31. 5. 42
mit der Reihe:
– RH 22/24 und 22/27 (Anlagen zum Tätigkeitsbericht).
– RH 22/41 (Anlagen zum KTB, Befehlshaber Heeresgebiet Süd vom 1. 6.–30. 6. 41 [M. 3]).
– RH 22/45 (Befehlshaber Heeresgebiet B, Abt. Ia, Anlagen zum Monat Juli, Mappe 1).
– RH 22/102 (Befehlshaber Heeresgebiet Süd, KTB für den Monat Juli 1943).
– RH 22/104 (Befehlshaber Heeresgebiet Süd, KTB für den Monat August/September 1943).
– RH 22/105 (Befehlshaber Heeresgebiet Süd, KTB für den Monat Oktober/November 1943).
– RH 22/210 (Befehlshaber Heeresgebiet A, KTB (Führungsabteilung) vom 1. 8.–31. 12. 42)
sowie die Bände:
– RH 22/211 a und b (Anlagen zum KTB, Heeresgebiet A, Zeitraum 1. 8.–31. 12. 42).
– RH 22/271 (Anlagen Ic-Meldungen zum KTB rückwärtiges Heeresgebiet Süd vom 21. 6.–31. 12. 41).
– RH 26-213/3 (KTB der 213. Sich.Div. vom 23. 5.–31. 12. 41)
einschließlich:
– RH 26-213/4 (Anlagen zum KTB der 213. Sich.Div. vom 23. 5.–31. 12. 41).
– RH 26-213/ (Tätigkeitsbericht der Abteilungen Ic, IIa und IVd/e, Anlagen zum KTB 213. Sich.Div. vom 23. 5.–31. 12. 41).
– RH 26-213/11 (KTB 213. Sich.Div. vom 1. 1.–30. 6. 43)
sowie:
– RH 26-213/12 (Anlagen Abt. Ia zum KTB vom 1. 1.–30. 6. 43).
– RH 26-454/25 (KTB 454. Sich.Div., Qu.Abt. vom 15. 5.–31. 12. 41)
sowie:
– RH 26-454/28 (Anlagenband zum KTB Qu.Abt. mit Tätigkeitsberichten vom 1. 9.–31. 12. 41 der Abt. III, IVa-d, IV Wi und VII)
– RH 23/36 (KTB Nr. 10 Korück 550, vom 15. 12. 41–8. 7. 42)
sowie:
– RH 23/37 (Anlagen zum KTB Nr. 10 Korück 550, vom 5. 1.–8. 7. 42).
– RH 23/39 (KTB Nr. 11 Korück 550, vom 8. 7.–31. 12. 42)
sowie:
– RH 23/40 (Anlagen zum KTB Nr. 11 Korück 550, vom 8. 7.–31. 12. 42).
– RH 23/227 (Korück 582, Ic, Partisanenbekämpfung im Gebiet Witebsk-Smolensk, vom 18. 7.–6. 11. 41).
– RH 23/243 (Kom.Gen.d.Sich.Trp. u. Befh.i.H.Geb. Mitte, Ic-Tätigkeitsberichte von Januar bis Juni 1942).
– RH 22/244 (Kom.Gen.d.Sich.Trp. u. Befh.i.H.Geb. Mitte, Ic-Tätigkeitsberichte von Juli bis Dezember 1942).

31 Die Tatsache, der Zeitpunkt, die Ausführung des Massakers durch das Einsatzkommando 4a der Einsatzgruppe C, bei der über 30 000 Juden umgebracht wurden, liegen eindeutig fest. Zweifel an der Anzahl der erschossenen Opfer bei Joachim Hoffmann, Stalins Vernichtungskrieg, a.a.O., S. 184, sind m.E. unerheblich.
Strittig ist, ob Kiew zu diesem Zeitpunkt noch im Verantwortungsbereich der 6. Armee oder schon im Verantwortungsbereich rückwärtiges Heeresgebiet Süd lag (siehe hierzu Jörg Friedrich, Das Gesetz des Krieges, München 1995, S. 805 ff.) und in welchem Umfang Heerestruppen des Stadtkommandanten, Generalmajor Eberhardt, an der Massenexekution mitwirkten. Aus der Bemerkung des Stadtkommandanten, als Repressalie für großflächige Verminungen im Stadtgebiet von Kiew 20 Juden zu erschießen, kann keine Zustimmung zum anschließenden Mord an 30 000 Juden abgeleitet werden.
Daß allerdings die Führung im Stabe des Befehlshabers rückwärtiges Heeresgebiet Süd von der Erschießung wußte, zeigt eine Bemerkung in der 10tägigen Meldung vom 30. 9. 41: »Größere Maßnahmen für unerwünschte Bevölkerungsteile werden sich jedoch als notwendig erweisen!« BA-MA RH 22/7.

32 Die vorangegangenen Ausführungen stützen sich auf:
 – Befh.rückw.H.Geb. 103, Abt. Ic, vom 14. 7. 41, Maßnahmen auf dem Ic-Gebiet, BA-MA RH 22/5.
 – Befh.rückw.H.Geb. Süd, Abt. Ia, 1215/41 g vom 10.8.41, Aufträge an SS-Brigade 1, BA-MA RH 22/6.
 – Die Auswertung des KTB Nr. 1 Befh.rückw.H.Geb. Süd hinsichtlich der Erweiterung des rückwärtigen Heeresgebietes nach Osten sowie
 – Krausnick/Wilhelm, a.a.O., Kap. IV B, in dem die Zusammenarbeit der Einsatzgruppen mit dem Heer dargestellt wird.
 Außer Grundsatzdokumenten enthält der Aktenbestand des Befh.rückw.H.Geb. Süd noch einen weiteren Hinweis über den Einsatz von SD-Kommandos, siehe Befh.rückw.H.Geb. Süd, Abt. Ic, Nr. 5889/42 g vom 20. 3. 42, Einsatz und Aufgaben von SD-Kommandos, BA-MA RH 22/24.
33 Befh.rückw.H.Geb. Süd, Abt. Ic, Nr. 1125/41 g, vom 29. 7. 41, Befriedungsmaßnahmen, BA-MA RH 22/25, Reisebericht Chef d. Stabes, Stab Befh.rückw.H.Geb. Süd, ohne Aktenzeichen, vom 25. 11. 41, BA-MA RH 22/10.
34 Der Kommandierende General der Sicherungstruppen und Befehlshaber im Heeresgebiet A, Abt. VII/Ia 791/42 geh., vom 19. 9. 42, BA-MA RH 22/211a.
35 Über die Ghettoisierung, siehe Abt. VII, Stab Befh.rückw.H.Geb., Anordnung Nr. 13, Tagebuch Nr. unleserlich, vom 28. 8. 41 Repressalien- und Vergeltungsmaßnahmen s. meine späteren Ausführungen S. 313ff.; über die Ernährung der Bevölkerung siehe Befh.rückw.H.Geb., Abt. VII/190/41 g, vom 15. 11. 41, BA-MA RH 22/9.
36 Befh.rückw.H.Geb. 103, Abt. Ic, 968/41 geh., vom 11.7.41. Besondere Anordnungen für die Behandlung der ukrainischen Frage, BA-MA RH 22/5.
 Befh.rückw.H.Geb. Süd, Abt. VII/108/41 g, Anordnung Abt. VII, Nr. 7, vom 16. 8. 41, BA-MA RH 22/6.
37 Siehe Anm. 33
38 Siehe Anm. 35
39 Notiz über Ferngespräch am 1.1.41 mit Generallt. Russwurm, Kommandeur 444. Sich.Div., BA-MA RH 22/9.
40 Sich.Div., 454. Abt. IV/Wi, vom 3. 10. 41, Allgemeiner Lagebericht über den Div.Bereich westl. der Straße ..., BA-MA RH 22/7.
41 Der Kommandierende General der Sicherungstruppen und Befehlshaber im Heeresgebiet A, Abt. Ic, vom 5. 9. 42, Behandlung der kaukasischen Bevölkerung, BA-MA RH 22/211a.
42 Der Kommandierende General der Sicherungstruppen und Befehlshaber im Heeresgebiet A, Abt. Ia, 1123/42 geh., vom 8. 10. 42, Monatsbericht – Berichtszeitraum 1.–30. 9. 42, BA-MA RH 22/211a.
43 Aktenvermerk Abt. VII, Stab Befh. Heeresgebiet Süd, vom 2.7.43, Anruf von OFK 242, Arbeiterwerbung Snamenka, BA-MA RH 22/166; siehe auch Alexander Dallin, a.a.O., S. 452 f.
44 Ebenda, S. 474 f.
45 Ebenda, S. 454
46 Ebenda, S. 85; Dallin zeigt als Beleg eine Bewertungsskala, in der die Behörden der zivilen Verwaltung, Wirtschaftsbehörden, SS und Militär in der Einschätzung durch die russische Bevölkerung über ihr korrektes Verhalten miteinander verglichen werden. Die Truppe liegt dabei mit weitem Abstand an der Spitze dieser Bewertungsskala.
47 Nach Hoffmann, Der Angriff auf die Sowjetunion, a.a.O., S. 730 f.
 Chr. Streit nennt 3,3 Millionen Tote in deutscher Kriegsgefangenschaft, Streim geht von einer Zahl von mindestens 2,53 Millionen aus. In sowjetischer Kriegsgefangenschaft sind über zwei Millionen deutsche Soldaten umgekommen.
48 – Oberkommando der Wehrmacht, Abt. Kriegsgefangene, Nr. 25/41 g Kdos. Chefs., vom 16. 6. 41, Kriegsgefangenenwesen im Fall Barbarossa, zitiert nach Jacobsen, a.a.O., Dokument 23.
 – Amt Ausland/Abw., Nr. 9731, F XVI, E 1, vom 15.9.41, Vortragsnotiz, Anordnung für die Behandlung sowjetischer Kriegsgefangener, zitiert nach Jacobsen, a.a.O., Dokument 28.

– Anlage zu Bes. Anordnungen Nr. 88, ohne Aktenzeichen, ohne Datum, Verpflegung sowjetrussischer Kriegsgefangener, BA-MA, RH 22/6.
Siehe auch Alexander Dallin, a.a.O., 19. Kapitel »Kriegsgefangene«.
49 Im November 1941 konnte selbst die Versorgung der Truppe nicht in vollem Umfang durch die Wirtschaftsbehörden sichergestellt werden. Siehe Tätigkeitsbericht Abt. VII, Stab Befh.rückw.H.Geb. Süd in der Zeit 1.–30.11.41, BA-MA RH 22/10.
50 Siehe Anmerkung 7 und 10.
51 24. Div., Kommandeur, Befehl vom 28.10.41, BA-MA RH 22/188; Kdt.rückw.A.Geb., 550 Qu/Ber. Nr. 427/1942, vom 25.2.42, »Meldung an AOK 17 17/O.Qu., Freilassung russischer Gefangener«, BA-MA RH 23/36.
Krausnick/Wilhelm verweisen auf ein ähnliches Eingreifen bei der 454. Sich.Div. und auch auf Gegenmaßnahmen wegen des Zustandes der russischen Kriegsgefangenen durch den Befh.rückw.H.Geb. Süd, a.a.O., Seite 263, Anmerkung 619 und 620.
52 Sich.Div., 213. Abt. Ia, vom 6.11.41, BA-MA RH 26/213/4.
53 Dazu insbesondere Hannes Heer mit seinen Behauptungen in der Ausstellung »Verbrechen der Wehrmacht«.
54 Es muß an dieser Stelle angemerkt werden, daß es äußerst schwierig ist, für die rückwärtigen Gebiete Zahlenverhältnisse zu ermitteln oder Kampfkraftvergleiche vorzunehmen. Die sowjetischen Angaben über die Gesamtstärke der Partisanenverbände an der Ostfront sind sehr unzuverlässig und durch die Propaganda überhöht. Darüber hinaus sind die Zahlenverhältnisse über die Zeit hinweg großen Schwankungen unterworfen.
Im Zeitraum Mitte 1943 dürften im rückwärtigen Gebiet Süd zwischen 15 000 und 30 000 Partisanen eingesetzt gewesen sein. Bei gemeldeten 220 »Bandenvorkommen« im Juli 1943 und den dabei aufgetretenen Verlusten von 232 Gefallenen, 222 Gefangenen und 803 Bandenverdächtigen auf der Seite der Partisanen erscheinen selbst diese Zahlen noch zu hoch.
An Sicherungskräften wird der Befehlshaber des Heeresgebietes über höchstens 30 000 Mann verfügt haben. Die Kampfweise der Partisanen läßt aber keine Zahlenvergleiche zu. Durch die übrigen deutschen und verbündeten Truppen in diesem Raum ging aufgrund deren Eigensicherung auch eine Schutzwirkung im Raum aus.
Ganz wesentlich ist allerdings, daß die Sicherungsdivisionen (wie an anderer Stelle bemerkt) keine reine Kampfaufgabe hatten, sondern im Rahmen der Militärverwaltung eine zentrale Koordinierungsstelle anstatt der nicht existierenden landeseigenen Verwaltung waren.
Die Heeresgruppe Süd verfügte entsprechend der Lageentwicklung über vier bis sechs Armeen mit einer Gesamtstärke von etwa 600 000 Mann. Der Heeresgruppe standen mehrere Fronten (= Heeresgruppen) gegenüber. Das heißt, jede deutsche Armee kämpfte gegen mehrere sowjetische Armeen. Ab 1943/44 dürften die deutschen Verbände in den russischen Angriffsschwerpunkten mit einer Unterlegenheit von 1:10 gekämpft haben.
S.Befh.H.Geb. Süd, Abt. Ic Nr. 182/43 g vom 4.8.43, Bandenauftreten und -tätigkeit im Heeresgebiet Süd, Berichtsmonat Juli 1943, BA-MA, RH 22/107.
55 Die Einzelmeldungen sind den Beständen BA-MA RH 22/6 und RH 22/8 entnommen. Vgl. auch Anm. 5.
Zusätzlich: Wach-Bataillon 703, Abt. Ia, vom 24.3.42, Gefechtsbericht (über Feldkommandantur 194), BA-MA, RH 22/24.
56 Der Kommandierende General der Sicherungstruppen und Befehlshaber im Heeresgebiet Mitte, Abt. Ic, vom 1.5.42, Tätigkeitsbericht Ic (April 1942), BA-MA RH 22/243.
57 Sich.Div. 213, Ia/Ic. vom 22.8.41, BA-MA RH 22/6.
Befh.rückw.H.Geb. Süd, Ic, Nr. 2338/41 g, vom 9.11.41, Begriff Freischärler, BA-MA, RH 22/171.
58 Siehe Anm. 20, Chef OKW.
59 KTB Nr. 1, Befh.rückw.H.Geb. Süd, Meldung vom 9.11.41 sowie weitere Meldungen vom 12.11.41 und 18.11.41, BA-MA RH 22/3.
Der Kommandierende General der Sicherungstruppen und Befehlshaber im Heeresgebiet B, Abt. Ia, Nr. 9430/42 g, vom 15.8.42, Monatsbericht – Berichtszeit 1.–31. 7. 42, S. 5.

60 Feldkommandantur (V) 194 Br. B., Nr. 163/42, vom 10.3.42 sowie Br. B., Nr. 187/42, vom 12.3.42, BA-MA RH 22/24.
61 Die Einzelmeldungen sind den Beständen BA-MA RH 22/8, RH 22/211a und RH 22/5 entnommen. Die Meldung der 444. Sich.Div. nach Förster, a.a.O., S. 1055.
62 Siehe Anm. 35. Die Anweisung legt fest, Ghettos in größeren Ortschaften und Städten durch die Feldkommandanturen einzurichten, Zitat: »Wo die Einrichtung notwendig oder wenigstens sachdienlich ist.« Die Einrichtung hatte zu unterbleiben, wenn dringendere Aufgaben anliegen würden.
63 Eine ausführliche Schilderung u.a. bei Krausnick/Wilhelm, a.a.O., Kap. II/6.
64 Dermot Bradley/Richard Schulze-Kossens (Hrsg.), Tätigkeitsbericht des Chefs des Heerespersonalamtes, General der Infanterie Rudolf Schmundt, Osnabrück 1984. Der Eintrag am 18.7.44 (S. 161) lautet: »Der Führer erläßt einen Befehl, der durch Generaloberst Jodl vorbereitet worden ist, über den bedingungslosen Gehorsam. U.a. wird zum Ausdruck gebracht, daß es ausgeschlossen ist, daß ein Offizier von sich aus seinen Posten zur Verfügung stellt.«
65 Krausnick/Wilhelm, a.a.O., S. 278.
66 So bei Förster, Streit, Krausnick/Wilhelm.
67 Breithaupt, a.a.O., S. 50 ff., sowie die Anlagen 3.u. 6. Zu Mansteins angeblicher antisemitischer Haltung siehe Anlage 1, ebenda. Zur Zivilcourage Mansteins gegenüber Hitler, siehe S. 86 f., ebenda
68 Hamburger Institut für Sozialforschung (Hrsg.), Ausstellungskatalog, a.a.O., Einführung von Hannes Heer, S. 7.

Klaus Hammel, Oberst a. D., geboren 1939, Schulbesuch in Seeg, 1960 Eintritt in die Bundeswehr; 1. 4. 1963 Leutnant, Verwendungen als Zugführer, im Stab und als Kompaniechef in einem Fallschirmjägerbataillon; Ausbildung zum Generalstabsoffizier; wechselweise Verwendung im Generalstabsdienst und Truppendienst, u. a. in der 1. Luftlandedivision, im Heeresamt im Führungsstab der Streitkräfte. Letzte Verwendung: Chef des Stabes Wehrbereichskommando VI / 1. Gebirgsdivision. Ruhestand im Oktober 1997.
Während der Dienstzeit Mitarbeit an Führungsvorschriften, wie Führung im Gefecht und Das Heer in der Militärischen Landesverteidigung.
Zahlreiche Veröffentlichungen in Fachzeitschriften: »Führungsverhalten«, »Berufsbild des Soldaten«, »Operationsführung«. Mitarbeit an »Strategie für den Frieden« (Hrsg. Gerhard Hubatschek, Bonn) und an »Ein Berufsbild im Wandel«, Bd. 2 »Offiziere« (Hrsg. vom Deutschen Bundeswehrverband Bonn).

WOLFGANG HASCH/GUSTAV FRIEDRICH

Der Partisanenkrieg der Sowjetunion und die deutschen Gegenmaßnahmen im Zweiten Weltkrieg

Völkerrechtliche Würdigung (W. Hasch)

Die Bewertung des Partisanenkrieges der Sowjetunion gegen Deutschland sowie der deutschen Gegenmaßnahmen darf nicht nach heute geltendem Recht erfolgen[1]. Dies würde zu einem falschen Urteil führen. Ziel ist es, die Voraussetzungen aufzuzeigen, die der Partisan erfüllen mußte, um als rechtmäßiger Kombattant im Sinne des Völkerrechts zu gelten. Es soll hier nicht die geschichtliche Entwicklung der Rechtsquellen für die Bestimmung der bewaffneten Macht nachvollzogen werden[2]. Als völkerrechtliche Grundlage vor und im Zweiten Weltkrieg kommt in erster Linie die Haager Landkriegsordnung (HLKO) vom 18. Oktober 1907 in Betracht[3].

Für die völkerrechtliche Beurteilung des Partisans muß von den Artikeln 1 und 2 ausgegangen werden. Sie definieren den Kreis der Personen, für welche die Rechte und Pflichten des Krieges gelten:

Art. 1 HLKO

»Die Gesetze, die Rechte und die Pflichten des Krieges gelten nicht nur für das Heer, sondern auch für die Milizen und Freiwilligen-Korps, wenn sie folgende Bedingungen in sich vereinigen:

1. daß jemand an ihrer Spitze steht, der für seine Untergebenen verantwortlich ist

2. daß sie ein bestimmtes aus der Ferne erkennbares Abzeichen tragen

3. daß sie die Waffen offen tragen und

4. daß sie bei ihren Unternehmungen die Gesetze und Gebräuche des Krieges beobachten

In den Ländern, in denen Milizen oder Freiwilligen-Korps das Heer oder einen Bestandteil des Heeres bilden, sind diese unter der Bezeichnung ›Heer‹ einbegriffen.«

Art. 2 HLKO:

»Die Bevölkerung eines nicht besetzten Gebiets, die beim Herannahen des Feindes aus eigenem Antrieb zu den Waffen greift, um die eindringenden

Truppen zu bekämpfen, ohne Zeit gehabt zu haben, sich nach Artikel 1 zu organisieren, wird als kriegführend betrachtet, wenn sie die Waffen offen führt und die Gesetze und Gebräuche des Krieges beobachtet.«

Partisanen sind völkerrechtlich legitime Kombattanten, wenn sie die in Art. 1 und 2 HLKO niedergelegten Voraussetzungen sämtlich erfüllen und sich mit einem Staat oder einer Regierung identifizieren können[4]. Art. 2 HLKO spricht ausdrücklich von der »Bevölkerung eines nicht besetzten Gebiets, die ... aus eigenem Antrieb zu den Waffen greift ...«. Dies beschreibt den Fall der »levée en masse« und bedeutet, daß ein Großteil der Bevölkerung des vom Feinde bedrohten Landes zu den Waffen greift. Strittig bleibt die Frage, ob Kampfhandlungen von Zivilisten im besetzten Gebiet erlaubt sind und welches Gebiet als besetzt zu gelten habe. Nach Kunz »stellt sich derjenige Teil der Zivilbevölkerung außerhalb der Schutzbestimmungen, der sich an dem Partisanenkrieg als militärische Seite einer Widerstandsbewegung beteiligt«.[5] Das besetzte Gebiet beschreibt Art. 42 HLKO:

»Ein Gebiet gilt als besetzt, wenn es sich tatsächlich in der Gewalt des feindlichen Heeres befindet.

Die Besetzung erstreckt sich nur auf die Gebiete, wo diese Gewalt hergestellt ist und ausgeübt werden kann.«

Es stellt sich hier die Frage, wie effektiv die Gewalt ausgeübt werden muß und ob ein Staatsgebiet vollends besetzt sein muß. Schwinge äußert sich zur Effektivität wie folgt:

»Dazu ist nicht erforderlich, daß in jedem Ort Truppen oder Verwaltungsstellen stationiert sind, es muß aber die Gewähr bestehen, daß zu jeder Zeit die Gewalt auch in den nicht belegten Orten zur Durchsetzung gebracht werden kann ... Handelt es sich freilich nur um einen örtlich begrenzten Zustand, der durch Einsatz militärischer Machtmittel rasch geändert werden kann, so liegt eine Unterbrechung der Besetzung nicht vor.«[6] Strittig mag demnach noch der »örtlich begrenzte Zustand« eines Aufstandes oder einer Partisanenbewegung sein. Bei Art. 2 HLKO ist aber der eigene Antrieb notwendig. Dies bedeutet, daß die Aktionen nicht von der Regierung inszeniert werden dürfen. Da Art. 42 HLKO auch nicht ausdrücklich vom »Staatsgebiet«, sondern von Gebieten spricht, wo »Gewalt hergestellt ist und ausgeübt werden kann«, erfüllt die Partisanenbewegung der Sowjetunion die Voraussetzungen des Art. 2 HLKO nicht. Es kommt hinzu, daß sich die Partisanenorganisation in der Sowjetunion erst nach dem deutschen Angriff konstituierte und somit keine Spontaneität vorlag. Die HLKO regelt auch einige wichtige Grundsätze der Besatzungsgerichtsbarkeit. Die wichtigste Bestimmung dafür ist Art. 43 HLKO. Demnach mußten die Landesgesetze beachtet werden, soweit kein »zwingendes Hindernis« bestand. Die Weiterentwicklung und Ergänzung der Besatzungsgerichtsbarkeit blieb dem Gewohnheitsrecht überlassen.[7]

Während in Deutschland die HLKO von 1907 seit 1911 innerstaatliches Recht war und dies auch Niederschlag in den Militärgesetzen fand[8], war die Bindung der Sowjetunion an diese völkerrechtliche Abmachung zweifelhaft.[9] Nachdem die Sowjetunion wegen des Krieges gegen Finnland vom Völkerbund am 14. Februar 1940 aus diesem ausgeschlossen worden war[10], hat sich das »Volkskommissariat für Auswärtige Angelegenheiten« im Juli/August 1941 deklaratorisch bereit erklärt, »unter den Voraussetzungen der Gegenseitigkeit die HLKO gegenüber Deutschland anzuwenden«.[11] Schließlich waren die Regeln der HLKO schon vor dem 2. Weltkrieg allgemeinverbindliches Gewohnheitsrecht[12], d.h. sie galten auch für die Sowjetunion.

Ohne Ergebnisse vorwegzunehmen, steht allgemein fest, daß ein großer Teil der Partisanen im 2. Weltkrieg keinen Kombattantenstatus besaß.[13] Die Gründe lagen einmal in der vollständigen Ausnutzung der Guerillataktik, durch welche die Partisanen weder den Bedingungen der Kennzeichnung noch der des offenen Kampfes entsprachen.[14] Zum anderen verstießen sie häufig gegen die »Gesetze und Gebräuche des Krieges«[15]. Ferner entsprachen die Partisanen nicht der »levée en masse« (s.o.). Diesen Tatsachen standen Versuche gegenüber, die Partisanen- und Widerstandsbewegung nachträglich zu rechtfertigen. Schmid z.B. identifiziert den Partisanen mit dem Patrioten, dessen Motive er glorifiziert.[16] Auch der Behauptung, ein Angriffskrieg befreie die feindliche Bevölkerung von den Verpflichtungen, die sich aus dem Kriegsrecht ergeben, muß widersprochen werden. Damit würde die Basis verlassen, die die HLKO geschaffen hat. Dies käme der Auflösung des gesamten Kriegsrechts gleich.[17]

Die Nichtanerkennung als Kombattant hatte für den Partisanen erhebliche Rechtsfolgen.[18] Geriet er in Gefangenschaft, so wurde ihm meist der Kriegsgefangenenstatus verweigert. Dies war auch völkerrechtlich nicht zu beanstanden. Partisanen konnten mit dem Tode bestraft werden, da sie keinen Anspruch auf Gewährung der Rechte Kriegführender hatten. Der amerikanische Militärgerichtshof Nr. V erklärte in seinem Urteil vom 19. Februar 1948 im Prozeß gegen die Südost-Generale:

»Es ist indessen nicht ausreichend bewiesen worden, daß die Banden, mit denen wir es in diesem Falle zu tun haben, den Anforderungen (der Haager Bestimmungen) entsprechen. Das bedeutet natürlich, daß die gefangengenommenen Mitglieder dieser ungesetzlichen Gruppen keinen Anspruch auf Behandlung als Kriegsgefangene hatten. Kein Verbrechen kann angemessenerweise den Angeklagten zur Last gelegt werden, weil sie solche gefangenen Mitglieder der Widerstandskräfte töteten, denn diese waren Freischärler.«[19]

Hinsichtlich der Behandlung aufgegriffener Partisanen vertrat die Völkerrechtslehre zwei Standpunkte[20]: Nach der einen Auffassung hatte der Freischärler sein Leben verwirkt, ohne daß ein Gerichtsverfahren notwendig war. Dem stand die Ansicht gegenüber, daß die Tötung des Partisanen zwar kein Strafvollzug, sondern eine Kriegshandlung sei, aber ein Verfahren vorhergehen müsse. Für die kriegsgerichtliche Aburteilung durch Feldkriegsgerichte sprach sich auch ein Kommentator des deutschen Militärstrafgesetzbuchs 1943 aus.[21] Für den Fall, daß der Freischärler gefaßt wurde, solange die Kampfhandlungen noch im Gange waren, konnte dieser allerdings getötet werden. Hierzu ein Beispiel:

»Bei der Säuberung eines Hauses versucht eine Zivilperson mit der Waffe in der Hand zu fliehen; sie kann die Waffe jederzeit erneut gegen deutsche Soldaten gebrauchen, die Tötung auf der Flucht ist darum rechtmäßige Kampfhandlung.«[22]

Kunz kommt diesbezüglich zum Ergebnis, »daß ein reguläres Verfahren dann nicht verlangt werden kann, wenn – was bei den heftigen Kampfhandlungen mit Recht vorgebracht werden kann – ein solches Verfahren eine Belastung darstellt, welche die militärische Notwendigkeit nicht in Kauf nehmen kann«.[23] Insgesamt ist festzustellen, daß ein Verfahren vor einer Exekution grundsätzlich erfolgen mußte, zumal dieser Grundsatz auf deutscher Seite auch als so wichtig angesehen wurde, daß er in die zehn Gebote »für die Kriegführung des deutschen Soldaten« als Nr. 3 aufgenommen wurde:

»Es darf kein Gegner getötet werden, der sich ergibt, auch nicht der Freischärler und Spion. Diese erhalten ihre gerechte Strafe durch die Gerichte.«[24]

Die zehn Gebote waren im Soldbuch des Soldaten eingeklebt. Ob die Einhaltung dieser Gebote im Ostfeldzug noch dem Willen der politischen Führung entsprach, wird nun zu untersuchen sein.

Die Richtlinien Hitlers für den Ostfeldzug brachte General Jodl am 3. März 1941 dem Wehrmachtführungsstab mit dem Leitsatz nahe:

»Dieser kommende Feldzug ist mehr als nur ein Kampf der Waffen, er führt auch zur Auseinandersetzung zweier Weltanschauungen.«[25]

Hitlers politische Absichten für den Feldzug »Barbarossa« wurden in seiner Ansprache am 30. März 1941 vor hohen Offizieren der Wehrmacht deutlich.[26] Aus der Eintragung im Kriegstagebuch des Chefs des Generalstabes des Heeres geht hervor:

»Wir müssen vom Standpunkt des soldatischen Kameradentums abrücken. Der Kommunist ist vorher kein Kamerad und nachher kein Kamerad. Es handelt sich um einen Vernichtungskampf... Der Kampf muß geführt werden gegen das Gift der Zersetzung. Das ist keine Frage der Kriegsgerichte ... Die Führer müssen von sich das Opfer verlangen, ihre Bedenken zu überwinden.«[27]

In ähnlicher Weise äußerte sich auch Stalin in seiner Rede am 3. Juli 1941, die über die sowjetischen Rundfunksender und in Flugblättern verbreitet

wurde. Neben der Aufforderung zur Bildung von Partisanenabteilungen und zur Entfachung des Partisanenkrieges heißt es:
»In den okkupierten Gebieten müssen für den Feind und alle seine Helfershelfer unerträgliche Bedingungen geschaffen werden, sie müssen auf Schritt und Tritt verfolgt und vernichtet und alle ihre Maßnahmen müssen vereitelt werden.

Den Krieg gegen das faschistische Deutschland darf man nicht als einen gewöhnlichen Krieg betrachten.

Er ist zugleich der große Krieg des Sowjetvolkes gegen die deutschen Faschisten.«[28]

Hier kam die marxistisch-leninistische Auffassung vom Wesen des Krieges zum Vorschein. Hinsichtlich des Einsatzes von bewaffneten Menschen waren grundsätzlich keine Einschränkungen beabsichtigt.[29]

Zusammenfassend ist festzustellen, daß sowohl Hitler als auch Stalin in der Auseinandersetzung zwischen Deutschland und der Sowjetunion einen Krieg zweier Weltanschauungen sahen. Gleichzeitig waren sie bereit, die Regeln des Völkerrechts zu mißachten. Dies übertrug sich auch auf Befehle, Erlasse und Maßnahmen, die beide Seiten ergriffen. Dadurch zeichnete sich schon in der Theorie eine Schrankenlosigkeit des Krieges ab.

Eskalation durch Befehle und Maßnahmen beider Seiten

Der Rahmen dieser Arbeit erlaubt nicht mehr als die wichtigsten Regelungen auf deutscher Seite herauszustellen, um auf völkerrechtswidrige Aspekte hinzuweisen. Diese Regelungen betrafen auch die Partisanenbewegung und standen mit dieser in Wechselwirkung. Sie können nur gerecht gewürdigt werden, wenn der Leser sich in die Zeit des Geschehens zurückversetzt. Wie oben aufgezeigt, hatte Deutschland seitens der Sowjetunion eine Kriegführung zu erwarten, die außerhalb des geltenden Völkerrechts lag. Daher wollte es der sowjetischen Kriegführung mit vorbeugenden Maßnahmen begegnen, die aber teilweise auch außerhalb des Völkerrechts lagen.[30]

Der Erlaß über die Ausübung der Kriegsgerichtsbarkeit im Gebiet »Barbarossa« und über besondere Maßnahmen der Truppe vom 13. Mai 1941 sah u.a. vor, daß Straftaten feindlicher Zivilpersonen der Zuständigkeit der Kriegsgerichte entzogen wurden.[31] Freischärler sollten durch die Truppe »schonungslos erledigt« und tatverdächtige Elemente einem Offizier vorgeführt werden, der zu entscheiden habe, ob sie erschossen werden sollten. Weiterhin wurde befohlen, daß für Handlungen, die von Angehörigen der Wehrmacht und des Gefolges gegen feindliche Zivilpersonen begangen wurden, kein Verfolgungszwang bestand. Disziplinarmaßnahmen sollten nur dann angeordnet werden, wenn es für die Aufrechterhaltung der Manneszucht in der Truppe erforderlich war.

Eine weitere Regelung ist der »Kommissarbefehl« vom 6. Juni 1941, dessen Ausführung durch die Truppe in der Literatur umstritten ist.[32] Er sah vor, alle politischen Kommissare der Roten Armee als Träger des bolschewistischen Kampfwillens nach ihrer Ergreifung sofort zu erschießen.[33] Die völkerrechtliche Stellung dieser politischen Kommissare – Soldat, Kombattant oder Nichtkombattant – war in der Tat nicht eindeutig.[34] Generalfeldmarschall von Manstein beschreibt das Problem, vor dem die Truppe stand. Zum einen lehnt er den Kommissarbefehl als unsoldatisch ab, zum anderen beschreibt er die Wirkung der Kommissare:

»Sie, die Kommissare, waren vielmehr – ohne Soldaten zu sein – fanatische Kämpfer und zwar Kämpfer, deren Tätigkeit im überlieferten Sinne der Kampfführung nur als illegal angesehen werden konnte. Ihre Aufgabe war es nicht nur, die sowjetischen militärischen Führer politisch zu überwachen, sondern vielmehr dem Kampf äußerste Härte zu geben und einen Charakter, der den bisherigen Auffassungen über soldatische Kampfführung völlig widersprach. Tatsächlich sind es auch diese Kommissare gewesen, denen in erster Linie diejenigen Methoden des Kampfes und der Behandlung Gefangener zuzuschreiben war, die im krassen Gegensatz zu den Bestimmungen der HLKO standen.«[35]

Ebenso wie der Kommissarbefehl wird auch der »Kommandobefehl«[36] vom 18. Oktober 1942 weitgehend als völkerrechtswidrig verurteilt.[37] Darin sprach Hitler Kommandotruppen der Alliierten den Kombattantenstatus entgegen Art. 1 HLKO ab.

Somit wurde ihnen ihr Sonderstatus zum Verhängnis. Auch wenn Aufträge und Verhalten der Kommandotruppen nicht immer dem Völkerrecht entsprachen, ändert dies nichts an ihrem Kombattantenstatus und damit an der Rechtswidrigkeit dieses Befehls.

Oft haben Befehle, die ein gewaltsames und brutales Vorgehen fordern, einen Bumerang-Effekt: Je größer der Druck, desto stärker der Gegendruck. Dies galt nicht nur für den Kommissarbefehl, der die Kommissare derart in die Enge trieb, daß sie mit erhöhter Brutalität ihre Truppe zwangen, bis zum Letzten zu kämpfen.[38] Auch der Vergeltungsbefehl des Oberkommandos der Wehrmacht (OKW) vom 16. September 1941[39], der sogenannte »Kommunisten-Erlaß«, und der Befehl des damaligen Oberbefehlshabers der 6. Armee, Feldmarschall von Reichenau, über das Verhalten der Truppe im Ostraum vom 10. Oktober 1941[40] waren zur Eskalation der Gewalt geeignet. Der »Kommunisten-Erlaß« bestimmte, daß für einen im besetzten Gebiet verwundeten oder getöteten deutschen Soldaten im allgemeinen als Sühne die Todesstrafe für 50 bis 100 Kommunisten als angemessen zu gelten habe. Auch wenn die völkerrechtswidrige Existenz von Partisanenverbänden die deutsche Okkupationsmacht zu schärfsten Repressalien berechtigte, ergab sich aus dem allgemeinen Prinzip der Humanität, daß die Repressalie nicht über das notwendige Maß hinausgehen sollte.[41] Reichenaus Befehl, der von Hitler als ausgezeichnet gelobt wurde, galt auf Anordnung des Oberkommandos des Heeres (OKH) vom 28. Oktober 1941 an für die Heeresgruppen und Armeen als vorbildlich.[42] Er sollte durch Abschreckung wirken:

»Der Schrecken vor den deutschen Gegenmaßnahmen muß stärker sein als die Drohung der umherirrenden bolschewistischen Restteile.«[43]

Für Hitler war in der Bandenbekämpfung jedes Mittel recht, das zum Erfolg führt.[44] In den »Richtlinien für Partisanenbekämpfung« des OKH vom 25. Oktober 1941 wird »die ununterbrochene Entscheidung über Leben und Tod gestellter Partisanen oder Verdächtiger« nicht in die Zuständigkeit der Kriegsgerichte gestellt, sondern gemäß »Barbarossa-Erlaß« der Truppe übertragen.[45] Die darin enthaltenen Bestimmungen bezüglich des Wegfalls des Verfolgungszwanges (s.o.) verschärfte Hitler im Befehl vom 16. Dezember 1942.[46] Demnach durfte kein in der Bandenbekämpfung eingesetzter Deutscher wegen seines dortigen Verhaltens disziplinarisch oder kriegsgerichtlich verfolgt werden. Auch zeichnet sich durch folgenden vom Chef des OKW, Generalfeldmarschall Keitel, herausgegebenen Befehl ein Krieg ab, der ohne Grenzen geführt werden sollte:

»Es geht hier mehr denn je um Sein oder Nichtsein. Mit soldatischer Ritterlichkeit oder mit den Vereinbarungen in der Genfer Konvention hat dieser Kampf nichts mehr zu tun.

Wenn dieser Kampf gegen die Banden sowohl im Osten wie auf dem Balkan nicht mit den allerbrutalsten Mitteln geführt wird, so reichen in absehbarer Zeit die verfügbaren Kräfte nicht mehr aus, um dieser Pest Herr zu werden.«[47]

Um auf der anderen Seite zu verstehen, daß die hier dargestellten wichtigsten Regelungen auf deutscher Seite auch eine Reaktion auf die Heimtücke und Grausamkeiten u.a. der Partisanen waren, sollen im folgenden die sowjetischen Regelungen beleuchtet werden.[48]

Bereits am 29. Juni 1941 forderte Stalin mit der »Direktive des Rates der Volkskommissare der UdSSR und des Zentralkomitees (ZK) der KPdSU (B)« zum Partisanenkrieg auf.[49] Darin wird u.a. der »erbarmungslose Kampf« gegen den Feind »bis zum letzten Blutstropfen« gefordert. Feindliche Fallschirmspringer seien zu vernichten und keine Möglichkeit im Kampf gegen den Feind dürfe versäumt werden. Hier wurde bereits der vaterländische Charakter eines Krieges des Sowjetvolkes »gegen seinen schlimmsten und heimtückischten Feind«[50] festgelegt. Am 24. Jahrestag der Oktoberrevolution

proklamierte Stalin in diesem Sinne in der Moskauer U-Bahn-Station »Majakowski«:
»Die deutschen Eindringlinge wollen den Vernichtungskrieg gegen die Völker der Sowjetunion. Nun gut! Wenn sie einen Vernichtungskrieg wollen, werden sie ihn haben. Unsere Aufgabe wird es jetzt sein, bis zum letzten Mann alle Deutschen zu vernichten, die gekommen sind, unser Land zu besetzen. Kein Erbarmen mit den deutschen Eindringlingen! Tod den deutschen Eindringlingen!«[51]

Das Wort »Vernichtung« zieht sich wie eine rote Linie durch die sowjetischen Richtlinien. So ist bereits im Beschluß des ZK der KPdSU (B) vom 18. Juli 1941 »Über die Organisierung des Kampfes im Rücken der feindlichen Truppen« von der Vernichtung der Okkupanten und ihrer Helfeshelfer die Rede.[52] In einem Tagesbefehl vom 1. Mai 1942 lobte Stalin die Tatsache, daß seine Kämpfer härter und erbarmungsloser sowie die Tötung deutscher Soldaten zu täglichen Erscheinungen geworden seien.[53] Gleichzeitig befahl er den Partisanen, den Kampf im Rücken der Eindringlinge noch zu verstärken. Die Haltung der sowjetischen Führung zum Völkerrecht zeigt z. B. auch die Handhabung der Kriegsgefangenenfrage. Sie war nicht am Austausch von Namenlisten interessiert und bezeichnete die sowjetischen Kriegsgefangenen in Deutschland als Überläufer oder Landesverräter.[54] Ohne der weiteren Untersuchung vorzugreifen, kann schon hier festgestellt werden, daß Stalins Befehle jede Rücksicht auf das Zeichen des Roten Kreuzes und des Völkerrechts vermissen ließen. Neben sadistischen Greueltaten an deutschen Kriegsgefangenen gab es auch Kannibalismus.[55] So ist es nicht verwunderlich, daß der Versuch des amerikanischen Präsidenten Roosevelt, bei einem Empfang den sowjetischen Außenminister Molotow zum Beitritt der UdSSR zur Genfer Konvention zu bewegen, ohne Erfolg blieb.[56]

An dieser Stelle soll die Zuverlässigkeit der Exekution von Geiseln unter dem Gesichtspunkt der Repressalie kurz erörtert werden. Dabei geht es um das Töten von Geiseln im Wege legaler Repressalien für illegale Handlungen und nicht um Tötung aus nichtigen Vorwänden. Die Meinung, Art. 50 HLKO beziehe sich auch auf das Problem der Repressalie und der Geiseln, ist falsch. Art. 50 HLKO lautet:

»Keine Strafe in Geld oder anderer Art darf über eine ganze Bevölkerung wegen der Handlungen einzelner verhängt werden, für welche die Bevölkerung nicht als mitverantwortlich angesehen werden kann.«

Die Kommission Nr. 2 der Haager Friedenskonferenz stellte ausdrücklich fest, daß dieser Artikel »die Frage der Repressalien nicht präjudiziere.«[57] Das Problem blieb damit dem Kriegsgewohnheitsrecht überlassen. Im Krieg aber, der ein Existenzkampf zwischen Staaten ist, wird der nationalen Existenz »ein höherer Wert als das Wohlbefinden des einzelnen«[58] zugemessen. Damit tritt die militärische Notwendigkeit an die erste Stelle. Natürlich ist es vom Standpunkt der Menschlichkeit aus unbegreiflich, daß unschuldige Geiseln für fremdes Verschulden leiden müssen. »Aber: sind es nicht auch unschuldige Soldaten, die Kriegsverbrechen zum Opfer fallen ...«[59]. Paragraph 454 des britischen Manual of Military Law erklärt hierzu:

»Repressalien sind eine äußerste Maßnahme, weil sie in den meisten Fällen unschuldige Personen Leiden auferlegt. Darin, indessen, besteht ihre zwingende Kraft, und sie sind als letztes Mittel unentbehrlich.«[60]

Auch nach alliierter Auffassung waren Repressalien völkerrechtlich zulässig, was folgende Beispiele belegen sollen:

1. Die russische Armee drohte in Berlin mit der Erschießung von Geiseln im Verhältnis 50:1.

2. Die U.S. Army drohte im Harz Sühneexekutionen im Verhältnis 200:1 öffentlich an.[61] Obwohl wir in der Praxis nirgends das Verhältnis 1:1 finden, gehen beide Beispiele weit über das im 2. Weltkrieg oft vorzufindende Verhältnis von 10:1 hinaus.[62] Letztlich bleibt festzuhalten, daß Repressalien, die das nach den jeweiligen Verhältnissen notwendige Maß überschritten und Maßnahmen, die dem Terror oder der willkürlichen Vernichtung dienten, den Fanatismus des Gegners anstachelten. Dies traf gerade dann zu, wenn die Repressalien propagandistisch verwendet wurden, wie dies im Ostfeldzug von beiden Seiten geschah.[63] Bei unterschiedlichen Rechtsgrundsätzen war damit der Krieg ohne Grenzen vorprogrammiert.

*Deutsche Besatzungspolitik und Entstehung der
Partisanenbewegung in der Sowjetunion*

Die folgende Abhandlung hat nicht das Ziel, die deutsche Okkupationspolitik in der Sowjetunion darzustellen.[64] Es sollen vielmehr Aspekte aufgezeigt werden, die generell geeignet erscheinen, die Aktivitäten der Partisanen gegen die deutschen Besatzer in eine nationale Bewegung mit großer Breitenwirksamkeit umzuwandeln. Dabei müssen allerdings auch regionale Gesichtspunkte Berücksichtigung finden. So provozierte die deutsche Besatzungspolitik beispielsweise in der Ukraine allein keine spontane Entstehung einer Partisanenbewegung.[65] Es erscheint auf der anderen Seite aber menschlich plausibel, daß von Organen der NSDAP verursachte Verwaltungsfehler den Partisanen als Nährboden dienten. Bereits im September 1941 warnte Reichsminister Goebbels wegen der getroffenen deutschen Maßnahmen:

»Wir haben gewaltige militärische Erfolge errungen, aber wir haben noch immer keinen konstruktiven Plan für Rußland. Wo wir als Befreier erscheinen sollten, kommen wir als Eroberer.«[66]

Zwangsaushebungen von Arbeitskräften, unkluge Requisitionen sowie Haß und Überheblichkeit gegenüber der sowjetischen Bevölkerung schufen der Partisanenbewegung ein erfolgversprechendes Tätigkeitsfeld.[67] Gerade die angesprochene materielle Ausbeutung sowie Zwangsarbeit und Deportation sollen daher kurz beleuchtet werden.

Unter den Kriegsumständen sollte die »wirtschaftliche Ausnutzung« die Sofortversorgung der deutschen Truppen sowie die Stärkung der heimatlichen Kriegswirtschaft aus den besetzten Gebieten gewährleisten.[68] Richtlinien für die Ausbeutung der Ostgebiete hatte der »Wirtschaftsführungsstab Ost« ausgearbeitet. Für die Durchführung dieser Richtlinien war der »Wirtschaftsstab Ost« (WiStab Ost) verantwortlich, der als militärisches Organ aufgebaut war, aber auch mit zivilen Fachkräften besetzt war.[69] Den »Ostgesellschaften« oblag die Treuhandverwaltung der Betriebe im besetzten Rußland.[70] Diese und die Stellen im WiStab Ost beschlagnahmten häufig landwirtschaftliche Erzeugnisse der Bevölkerung.[71] Durch die Festsetzung niedriger Preise für die örtliche Produktion bei gleichzeitig hohen Preisen für die Wirtschaftserzeugnisse aus dem Reich entstand für die örtliche Bevölkerung eine wirtschaftliche Bürde. Die Landbevölkerung in den besetzten Gebieten konnte sich praktisch nichts kaufen. Erst nach Festlaufen und durch die zunehmende Partisanengefahr erkannte die politische Führung ab 1942, daß die Bevölkerung als ein wesentlicher Faktor berücksichtigt werden mußte.[72]

Obwohl Erlasse des OKW vor Kriegsbeginn verfügten, daß Kriegsgefangene des Ostfeldzuges für einen Arbeitseinsatz im Reich nicht in Frage kommen[73], wurde zur Behebung des wachsenden Mangels an Arbeitskräften in der deutschen Kriegswirtschaft nach Hitlers Entscheidung vom 31. Oktober 1941 doch russische Kriegsgefangene herangezogen.[74] Zwangsarbeit in der ersten Kriegsphase und später erfolgende Deportation von Zivilisten zur Zwangsarbeit wurden ohne Rücksicht auf die Bevölkerung durchgeführt.[75] Von Anfang 1942 bis zum 30. Juni 1944 wurden aus den besetzten Ostgebieten insgesamt 2 792 669 Personen zum Arbeitseinsatz ins Reich deportiert.[76] Davon kamen aus dem Generalkommissariat Weißruthenien 116 082 und aus dem Südraum (Heeresgruppe A, Süd, Reichskommissariat Ukraine) 2 196 166 Menschen. Die Einwohnerzahlen der entsprechenden, nicht ganz deckungsgleichen Sowjetrepubliken betrugen im Jahre 1940 für Weißrußland 9,1 Millionen und für die Ukraine 41,3 Millionen.[77] Nimmt man diese Zahlen als Rechenbasis, so wurden aus dem G.K. Weißruthenien als Beispiel ca. 1% und aus dem Südraum ca. 5% der Bevölkerung deportiert. Diese Zahlen dienen nur einer groben Abschätzung und unterlagen regionalen Schwankungen. Am 30. September 1944 waren 2 174 644 zivile sowjetische Arbeitskräfte und 726 559 Kriegsgefangene in Deutschland eingesetzt[78], insgesamt also über 2,9 Millionen Sowjetbürger. Um der Deportation zu entgehen, verließ die Bevölkerung ihre Dörfer und zog sich in die Wälder zurück. Damit mußte sie während der deutschen Aktionen gegen die »Banden« das Schicksal der Partisanen teilen.[79]

Zusammenfassend läßt sich bereits für das Jahr 1941 mit den Worten des damaligen Oberbefehlshabers der Panzergruppe 2, Generaloberst Heinz Guderian, »nicht verschweigen, daß die unzweckmäßigen Maßnahmen der von der NSDAP eingesetzten Reichskommissare und des Ostministeriums sowie der manchmal gewaltsam herbeigeführte Einsatz zum Arbeitsdienst das Partisanentum steigerten und seine Kampfmethoden grausam gestalteten, was wiederum entsprechende Gegenmaßnahmen auslöste«.[80]

Der Partisanenkrieg in der Sowjetunion hat traditionelle Wurzeln. Partisanen kämpften bereits im Jahre 1812 gegen Napoleon und im russischen Bürgerkrieg 1918–1922.[81] Danach wurden z.B. in Weißrußland Partisanenkader ausgebildet.[82] Obwohl im Jahre 1933 die »Vorschrift für den Partisanenkampf« als Dienstvorschrift für die Rote Armee eingeführt worden war[83], fehlten bei Kriegsausbruch weitgehend die theoretischen und praktischen Vorbereitungen für einen Partisanenkampf.[84] Aus sowjetischen Darstellungen ist mittlerweile ersichtlich, daß die Organisation einer Partisanenbewegung vor dem 22. Juni 1941 nicht genügend ausgearbeitet worden war.[85] Von einem strategischen Rückzug der sowjetischen Streitkräfte im Jahre 1941 als Voraussetzung für die Entfaltung irregulärer Kampftätigkeiten kann daher keine Rede sein.[86] Hierzu bestand ein zu großes Mißtrauen zwischen Stalin und seinem Volk, das er terrorisiert hatte.[87] Dieses Mißtrauen erklärt wohl auch die nahezu panikartige Reaktion des Sowjetregimes auf den deutschen Angriff.[88] Die in vielen sowjetischen Darstellungen gebrauchten Mythen von dem »Kampf sowjetischer Patrioten« oder »allgemeinen Volkskrieg« treffen für 1941 auf keinen Fall zu.[89]

Die ersten Schritte zum Aufbau einer Partisanenorganisation wurden erst nach den Niederlagen in den Schlachten im Grenzgebiet in die Wege geleitet. In der Direktive des Staatlichen Verteidigungskomitees vom 29. Juni 1941 wurde zur Organisation einer Partisanenbewegung aufgerufen.[90] Diese Direktive scheint auch die Grundlage für Stalins Aufruf an die Sowjetbürger in seiner berühmten Rundfunkrede vom 3. Juli 1941 zu sein:

»In den überfallenen Gebieten sind für den Feind unerträgliche Verhältnisse zu schaffen, und er muß auf Schritt und Tritt verfolgt und vernichtet werden.«

Es war Stalins erste Rede nach dem Kriegsausbruch. Er begann sie mit den Worten:

»Genossen, Bürger, Brüder und Schwestern, Kämpfer unserer Armee und Flotte. Ich spreche zu euch, zu meinen Freunden!«[91]

Der Partisanenkrieg der Sowjetunion und die deutschen Gegenmaßnahmen 241

Solche an das Gefühl gerichteten Worte aus dem Munde Stalins müssen den durch seine bisherige Gewaltpolitik betroffenen Sowjetbürgern wie Hohn in ihren Ohren geklungen haben. Ob Stalins Rede eine außerordentlich bedeutsame Wirkung hatte[92], ist ebenso strittig wie weitere Fragen des Zulaufs zur Partisanenbewegung, ihres Umfanges oder der zwangsweisen Rekrutierung.[93]

Fest steht jedoch, daß der Entwicklung der sowjetischen Partisanenbewegung vorerst Grenzen gesetzt waren und ihre ersten Aktionen im Jahre 1941 nur geringe Wirkung zeigten.[94] Aus operativer Sicht waren sie bedeutungslos, obwohl von Anfang an wohl auch ein strategisches Zusammenwirken der Partisanen mit der Roten Armee beabsichtigt war.[95] Der schnelle Vormarsch der deutschen Truppen im Sommer 1941 und der damit verbundene schnelle Zusammenbruch der sowjetischen Armeen ließ eine bemerkenswerte Partisanentätigkeit zunächst nicht in Erscheinung treten.[96] Es kommt hinzu, daß die vorrückende deutsche Wehrmacht vielerorts von der Bevölkerung (besonders im Baltikum und in der Ukraine) als Befreier vom Bolschewismus begrüßt wurde.[97] Auf der anderen Seite aber verlief der deutsche Vormarsch zu schnell, als daß er die vollständige Besetzung und die ordnungsgemäße Kontrolle der eroberten Gebiete hätte ermöglichen können. So hielt der Generalstabschef des deutschen Heeres, Generaloberst Franz Halder, am 1. Juli 1941 bereits fest:

»Die Befriedung der rückwärtigen Gebiete ist eine Angelegenheit ernster Sorge ...«[98]

Zudem begünstigten die ausgedehnten Pripjet-Sümpfe, welche die HGr. Mitte von der HGr. Süd faktisch trennten, die Bewegungen und die Unterschlupfmöglichkeiten der Partisanen. Dies ermöglichte zumindest hier eine Front im Rücken der vormarschierenden Truppen. Die Partisanengruppen bestanden anfangs vorwiegend aus Soldaten der Roten Armee sowie Partei- und NKWD-Angehörigen, die von der Wehrmacht überrollt worden waren, die sich der Gefangennahme entziehen konnten oder aus deutscher Gefangenschaft entflohen waren.[99] Ihre Aufgaben waren vielfältig.[100] So sollten sie u.a. deutsche Truppen binden, Diversion (= Sabotage) betreiben und Aufklärungsergebnisse für das Oberkommando der Roten Armee einbringen.[101] Durch ihre Aktionen sollen die Partisanen die Bevölkerung auch vor Verschleppung zur Zwangsarbeit nach Deutschland geschützt, die wirtschaftliche Ausbeutung der besetzten Gebiete gestört und die deutsche Rüstungsproduktion gehemmt haben.[102]

Zusammenfassend kann für 1941 aus deutscher Sicht mit den Worten Guderians festgestellt werden:

»Auf dem Vormarsch des Jahres 1941 hatte die Truppe unter diesen Erscheinungen, gemeint war das Partisanentum, noch wenig oder gar nicht zu leiden. Mit der Länge des Krieges aber und der zunehmenden Härte der Kämpfe an und hinter der Front wurde der Bandenkrieg zu einer wahren Plage, die auch seelisch auf die Männer an der Front wirkte.«[103]

Die Frage, ob der Kampf gegen die sowjetischen Partisanen im Winter 1941/42 die erste Schlacht war, die die deutsche Wehrmacht im Zweiten Weltkrieg verlor, ist nicht eindeutig zu beantworten.[104] Auf der einen Seite lassen die großen Transportprobleme mit Beginn der Schlammperiode am 10. Oktober 1941 unter Berücksichtigung gleichzeitiger Sabotageaktionen der Partisanen gegen die deutschen Verbindungswege (Straße, Eisenbahn, Telefon) die Frage bejahen.[105] Auf der anderen Seite muß auch der Kampfanteil der Roten Armee mit frisch zugeführten sibirischen Truppen[106] im Verhältnis zu den Partisanenaktionen berücksichtigt werden.[107] Fest steht, daß die Partisanen einen noch zu bewertenden Anteil am Scheitern des deutschen Angriffs hatten. Dies trifft wohl weniger in strategischer als vielmehr in operativer und taktischer Hinsicht zu. Hier ist auch eine den Kampf begünstigende Wechselbeziehung zwischen der Partisanenbewegung und der Roten Armee festzustellen. Während auf der einen Seite die Existenz der Partisanenbewegung den Kampf der Roten Armee erleichterte, wirkten sich umgekehrt die Operationen der sowjetischen Streitkräfte, insbesondere nach der Moskauer Schlacht, mobilisierend auf die Partisanenbewegung aus und erleichterten deren Kampfbedingungen.[108] In der Tat zerbrach die deutsche Front durch die sowjetische Gegenoffensive zeitweise an mehreren Stellen, wodurch das Einsickern von Partisanen in das rückwärtige Gebiet der Wehrmacht erleichtert wurde.[109] Überraschenderweise ging die Zahl der aktiven Partisanen seit den sowjetischen Erfolgen Anfang Dezember 1941 zurück.[110] Dies läßt sich dadurch erklären, daß die personellen Verluste der Partisanen auch durch Einsickern in das rückwärtige Gebiet wohl nicht mehr ausreichend ersetzt werden konnten. Auch mag der harte Winter 1941/42 mit Temperaturen bis zu minus 52 °C eine Rolle gespielt haben.[111] Mit den erneuten Rückschlägen der Roten Armee seit dem Frühjahr 1942 stieg die Zahl der Partisanen wohl auch aufgrund der Bemühungen der sowjetischen Führung wieder an und betrug Mitte 1942 nach sowjetischen Angaben 150 000.[112]

Zusammenfassend läßt sich feststellen, daß unter dem Eindruck der erfolgreichen sowjetischen Winteroffensive um die Jahreswende 1941/42 trotz zeitweiliger zahlenmäßiger Abnahme der Partisanen die Partisanenbewegung zu einer immer bedrohlicher werdenden Organisation wurde, was im folgenden noch aufzuzeigen sein wird.

Partisanengruppen und ihre Führungsorganisation

Die Zusammensetzung der Partisanengruppen war vielschichtig und regional unterschiedlich. Neben den bereits erwähnten, durch den deutschen Vormarsch überrollten Rotarmisten gehörten ihnen zwangsrekrutierte Landeseinwohner an.[113] Auch Frauen und Kinder bekamen ihre Aufgaben.[114] Da zudem Stalin die Tore der Strafanstalten geöffnet und die Verbrecher in die Rote Armee gesteckt hatte, zählten auch Kriminelle zu den Partisanen.[115] Während die Partisanenbewegung anfangs auf dem Lande wenig Unterstützung fand, wuchs im Laufe der Kriegsjahre der Anteil an Bauern.[116] Dies dürfte zum einen auf ihre Zwangsrekrutierung, zum anderen auf Fehler der deutschen Besatzungspolitik zurückzuführen sein. Partisanenkräfte waren unterschiedlich gegliedert und von wechselnder Stärke. Die Sowjets unterschieden zwischen regional operierenden Partisanenabteilungen und solchen, die nicht an ein bestimmtes Operationsgebiet gebunden waren.[117] Letztere wurden als bewegliche Reserven betrachtet und ermöglichten die Schwerpunktbildung entlang der sowjetischen Hauptangriffslinie. Darüber hinaus muß noch zwischen »regulären« Partisanen, die zentral in Anlehnung an die Operationen der Roten Armee geführt wurden, und »wilden« Partisanen unterschieden werden.[118] Letztere standen höchstens in loser Verbindung zu den zentralen Kommandostellen und galten als besonders grausam und heimtückisch.

Allein diese Vielfalt an Zusammensetzung, Stärken und Gliederungsformen deuten auf die Probleme einer zentralen Führung hin. Nach sowjetischen Angaben gelang es 1943 dem Zentralstab der Partisanenbewegung, mit zwei Dritteln aller Formationen eine zuverlässige Verbindung zu halten.[119] Die sowjetische Führung war jedenfalls bemüht, die Partisanen politisch und militärisch zu kontrollieren. Sie waren einer stärkeren Überwachung unterworfen als die Rotarmisten, da bei ihnen im Unterschied zur Roten Armee die Spionageabwehr 1943 als Einrichtung des NKWD bestehen blieb.[120] Durch die Politischen Kommissare wurde die parteipolitische Arbeit bei den Partisanen wie auch unter der Bevölkerung durchgeführt. Armeeangehörige wiederum sollten den Geist militärischer Ordnung und Disziplin einbringen.[121] Damit war der Wille der sowjetischen Führung und praktisch auch die Rote Armee in dem von der Wehrmacht besetzten Gebiet ständig präsent – ein Faktor von strategischem Ausmaß! Dies sind m.E. auch eindeutige Indizien, die eine Anwendung des Art. 2 HLKO (eigener Antrieb) ausgeschlossen erscheinen lassen.

Wurde bereits oben das Jahr 1942 als stabilisierend für die Partisanenbewegung erkannt, so wird dies durch die Bildung des erwähnten Zentralstabs der Partisanenbewegung am 30. Mai 1942 unter Leitung des Generals Panteleimon Kondratjewitsch Ponomarenko, damals Mitglied des Obersten Sowjet und Parteichef von Weißrußland, unterstrichen.[122] Der Zentralstab (CSPD) wirkte unter der unmittelbaren Führung des ZK der KPdSU und des Großen Hauptquartiers. Damit verkörperte er die taktischen und operativen Ideen der sowjetischen Partei- und Militärführung.[123] Ein Führungsaufbau vom Zentralstab bis in die unteren Ebenen hatte das Ziel, die Wirksamkeit der Partisanenverbände zu erhöhen. Es gilt als sicher, daß ab Ende 1943 die zentralen sowjetischen Stellen die Kontrolle über die regionalen Verbände fest in den Händen hielten[124], obwohl es nebenbei, wie z.B. in der Westukraine, auch autonome Verbände gab.[125] Es bleibt noch anzumerken, daß der Zentralstab im Januar 1944 endgültig aufgelöst wurde. Danach ging die Leitung der Partisanenbewegung in den einzelnen sowjetischen Republiken auf die jeweiligen Stäbe der Partei bzw. Fronten (=sowj. HGr.) über. Letzteres wirkt angesichts des vorrückenden Frontverlaufes schlüssig. Insgesamt läßt sich durch die vielen organisatorischen Änderungen in der Führung der Partisanen unter dem Einfluß von Partei und Armee keine durchgehende Linie erkennen. Offenbar sollten die Partisanen mehr ein Instrument der Partei als der Armee sein.[126]

Jede zahlenmäßige Bestimmung der Partisanen kann nur eine vage Abschätzung darstellen. Zum einen gab es Einzelaktionen, die von der zentralen Führung nicht erfaßt waren. Auch waren Doppel- und Mehrfachzählungen leicht möglich. Letztlich ist dies auch ein Problem des jeweiligen Rückhalts in der Bevölkerung und der Tatsache, daß nach dem Krieg neue Zahlen ohne wissenschaftliche Begründung in der sowjetischen Literatur auftauchten.[127] Offensichtlich dienten hohe und noch steigende Zahlen dazu, die Partisanenbewegung als eine Sache des ganzen Volkes darzustellen.

Trotz dieser Schwierigkeiten soll hier der Versuch eines Überblicks gemacht werden. Die Spannweite der sowjetischen Zahlen für den Gesamtumfang reicht von 700 000 bis zu 1,3 Millionen Partisanen.[128] Nach Angaben des sowjetischen Marschalls Schukow, die aber nach eigener Aussage »weitgehend unvollständig sind«[129], kämpften in den organisierten Partisanenabteilungen der Russischen Föderation 260 000, der Ukraine 220 000 und Bjelorußlands 374 000 Partisanen. Diese vermutlich aus dem Jahre 1944 stammenden Zahlen ergeben eine Gesamtstärke von 854 000 Partisanen. Diese Zahl bewegt sich, zieht man eine Schwankungsbreite von über 100% in Betracht, in etwa in der Größenordnung zeitgenössischer deutscher Unterlagen, die von einer Gesamtzahl von 400 000–500 000 Partisanen in fest organisierten Einheiten ausgehen.[130] Als erwiesen gilt, daß die Partisanenbewegung ab April/Mai 1943 bis zum Höhepunkt im Sommer 1944 an Zulauf gewann. Nimmt man Schukows obige Zahlen als Grundlage, so ergibt sich ein Partisanenanteil in der Bevölkerung Weißrußlands (9,1 Millionen) von 4% und in der Bevölkerung der Ukraine (41,3 Millionen) von 0,5%.[131] Damit ist der sowjetischen Partisanenbewegung zwar der Massencharakter nicht abzusprechen, aber von einer allgemeinen Volksbewegung kann keine Rede sein.

Gründe für den Zulauf sind im wesentlichen die organisatorischen Maßnahmen der Sowjetführung und die Haltung der sowjetischen Bevölkerung. Letztere war wiederum von der deutschen Besatzungsmacht abhängig. Auf der Konferenz hoher Partisanen- und Parteiführer am 31. August und 1. September 1942 in Moskau wurde beschlossen, aus dem Kampf der Partisanen, die bisher hauptsächlich aus Vertretern des Systems bestanden, eine Sache des ganzen Volkes zu machen.[132] Durch ständige Propaganda, Bedrohung und Bestrafung von Kollaborateuren sollte die Bevölkerung davon abgehalten werden, mit den Deutschen zusammenzuarbeiten. Offenbar dienten diesem Zweck auch Unternehmen, die deutsche Vergeltungsmaßnahmen provozieren sollten.[133]

Einen Beleg dafür, daß die Bauern von den Partisanen häufig zu Abgaben gezwungen wurden, scheint auch der »Doppelquoten-Befehl« zu geben. Wie der ehemalige Partisanenkämpfer Leo Heimann schreibt, war ein Dorf, das seine Lebensmittel an die Deutschen ablieferte, gezwungen, doppelt soviel an die Partisanen abzuliefern, wenn es nicht niedergebrannt werden wollte.[134] Trotzdem gibt es auch deutsche Quellen, aus denen hervorgeht, daß die Auflagen der Partisanen für die Bevölkerung leichter zu ertragen gewesen seien als die deutschen Maßnahmen zur wirtschaftlichen Ausbeutung.[135] Der Zulauf zu den Partisanen läßt sich zudem aus deutschen Großaktionen zur »Bandenbekämpfung«[136] und dem sowjetischen Partisanenbefehl »100-JAT« erklären, der nach Heimann »die Hinrichtung von Feinden des Volkes und deren direkten Angehörigen sowie die Konfiszierung ihres Eigentums zuließ«.[137] Dadurch wurde dem Plündern Tür und Tor geöffnet. So entstand durch Mord, Raub und Verwüstung eine Eskalation von Haß und Bitterkeit, die dem »politisch-ideologischen Gesamtziel« der Partisanen diente. Letztlich ist der Anstieg der Zahl[138] der Partisanen ab 1943 auch auf das Verhalten des politisch indifferenten Teiles der Bevölkerung zurückzuführen, die sich noch rechtzeitig auf die Seite des Siegers schlagen wollte. Mit dem Rückzug der deutschen Truppen aus dem Territorium der Sowjetunion ab Juni 1944 war der Kampf der sowjetischen Partisanen beendet.

Verlauf und Wirkung des Partisanenkrieges (G. Friedrich)

Der von Stalin und von Hitler gleichermaßen proklamierte Charakter des Feldzuges gegen die Sowjetunion als »Weltanschauungskrieg« fand im Partisanenkrieg seine exemplarische Ausprägung.

Am 29. Juni 1941 rief das Zentralkomitee der KPdSU dazu auf, »Partisanenabteilungen und Diversionsgruppen« zu bilden.[139]

In weiteren Erlassen wurden die Partisanen aufgefordert, »Straßen und Brücken zu sprengen, Treibstoff- und Lebensmittellager, Kraftfahrzeuge und Flugzeuge anzuzünden, Eisenbahnkatastrophen zu arrangieren, dem Feinde weder Tag noch Nacht Ruhe zu geben, sie überall zu vernichten, wo man sie erwischt, sie mit allem zu töten, was man zur Hand hat: Beil, Sense, Brecheisen, Heugabeln, Messer.«[140]

In Anweisungen dieser Art waren die Aufgaben und die Kampfesweise der Partisanen vorgezeichnet. Sie trugen dazu bei, sittliche Hemmschwellen abzubauen und stellten einen Freibrief aus für spätere Grausamkeiten.

Die ersten Partisanengruppen sammelten sich 1941 in den Sumpfgebieten von Borodino, Newel und Glusk sowie in den unwegsamen Wäldern von Brjansk, Orscha und Witebsk[141], wo sie Lager und Stützpunkte anlegten.

Diese Gebiete, und später ähnliche in der Ukraine, die während des Vormarsches der Wehrmacht liegengelassen werden mußten und auch später nicht besetzt werden konnten, blieben auch in der Folgezeit Ausgangsbasis für die Operationen der Partisanen.

Im ersten Kriegsjahr 1941 konnten die kleinen, mangelhaft ausgerüsteten und unzureichend organisierten Partisanengruppen nur geringe militärische Wirkung erzielen. Dies änderte sich im Frühjahr 1942. Mit der beginnenden Erstarkung wuchs die Bedrohung der deutschen Versorgungswege. In rascher Folge nahmen Sabotageakte und Überfälle zu.

Durchweg in landläufiger Kleidung ohne Abzeichen, gelegentlich zur Täuschung in erbeuteten Uniformen, wurden Straßen und Bahngleise vermint, Brücken, Depots und Fernmeldeeinrichtungen gesprengt, einzelne Soldaten, kleine Kolonnen und Unterkünfte überfallen. Nach einem Bericht der »Direktion Ost« der Deutschen Reichsbahn steigerten sich die Sabotageakte gegen das Schienennetz von monatlich 80 Anfang 1942 auf 350 am Jahresende und auf 1000 bis 1500 im Frühjahr 1943.[142]

Eine Bindung an Kriegsgesetze lehnten Partisanen, wie dies schon Karl Marx gelehrt hatte[143], grundsätzlich ab. Gefangene wurden nicht gemacht. Wer in ihre Hände fiel, erlitt den Tod, oft nach grausamer Folterung oder unvorstellbaren Verstümmelungen.[144]

Es wäre verwunderlich, wenn derartige Grausamkeiten nicht zu einer Eskalation geführt hätten. Dabei hielten sich deutsche Vergeltungsmaßnahmen meist im Rahmen des Kriegsrechts. Obwohl sowjetische Partisanen keinen Kombattantenstatus hatten, wurden Strafen in aller Regel nur nach Urteilen der Kriegsgerichte vollstreckt. Vereinzelte Willkürakte wurden nicht vertuscht, sondern geahndet, allein schon aus Gründen der Aufrechterhaltung der Disziplin in der Truppe.

Aber nicht nur Sabotageakte waren den Partisanen als Aufgabe zugewiesen. Für die sowjetische operative Planung leisteten sie darüber hinaus wertvolle Dienste durch Ausspähung und Lageerkundung. Berichte wurden über Funk abgesetzt oder durch Kundschafter überbracht, die den Vorteil der besseren Geländekenntnis nutzen und meist unbemerkt durch die überdehnten Frontlinien sickern konnten.

Der Partisanenkrieg war ein heimtückischer Kampf aus dem Hinterhalt. Der deutsche Soldat war darauf weder mental noch durch Ausbildung vorbereitet. Um so größer war die Verunsicherung durch die ständige latente Bedrohung, eine psychische Belastung insbesondere der Versorgungseinheiten, deren lähmende Wirkung nicht gering zu veranschlagen ist.

Zur Sicherung der rückwärtigen Gebiete waren zu Beginn des Ostfeldzuges neun Sicherungsdivisionen vorgesehen, die sich aus dem Landsturm rekrutierten, d.h. aus älteren Soldaten, die für den Einsatz an der Front nicht mehr in Betracht kamen.[145] Schon 1941 erwiesen sich diese Kräfte als zu schwach. Sie mußten fortgesetzt durch andere Verbände verstärkt werden, darunter Felddivisionen der Luftwaffe, SS-Polizeibataillone, die französische Legion LVF und später die aus Strafgefangenen gebildete SS-Brigade Dirlewanger. Hinzu kamen noch ungarische, slowakische und andere Verbände der Verbündeten, landeseigene Schutzmannschaftsbataillone, Kosakentrupps, Ostbataillone und andere fremdvölkische Einheiten.

Westlich der rückwärtigen Grenze des Front-Operationsgebietes oblag die Führung dieser Verbände den Höheren SS- und Polizeiführern.[146]

Überwiegend wurden diese Verbände zur Objektbewachung und zur Sicherung der Versorgungswege verwendet. Trotz aller Sicherungsmaßnahmen konnten jedoch die Sabotageakte nicht eingedämmt werden, wie die bereits genannten Zahlen belegen. Die Weite des Landes und die sich schnell ausdehnenden Versorgungswege ließen bei der unzureichenden Personalstärke nur eine stützpunktartige Sicherung zu.

Zur aktiven Bekämpfung der Partisanen wurden Verbände unterschiedlicher Zusammensetzung gebildet mit der Aufgabe, »verseuchte« Gebiete zu »säubern« und die »Partisanennester« auszuheben.

Dieses Vorgehen erwies sich jedoch als wenig erfolgreich.

Es war verbreitete Taktik der Partisanen, einem offenen Kampf, also z.B.

einem Angriff auf eine von ihnen besetzte Ortschaft, auszuweichen. So stießen die nach konventionellem Schema angelegten Aktionen meistens ins Leere und verpufften. In den ausgedehnten Wald- und Sumpfgebieten Weiß- und Nordrußlands gab es bereits 1943 Gebiete von mehr als 100 km Durchmesser, die fest von Partisanen beherrscht wurden. Selbst wenn eine ausreichende Anzahl aktiver Divisionen zur Verfügung gestanden hätte, um diese Gebiete zu befrieden, hätte dies wegen der Unwegsamkeit und der Unmöglichkeit, alle menschlichen Ansiedlungen zu besetzen, wenig Aussicht auf dauerhaften Erfolg gehabt. Angesichts dieser Gegebenheiten waren diese Aktionen nicht mehr als Nadelstiche.

Ähnliche Erfahrungen machten die in Kompaniestärke aufgestellten »Jagdkommandos« der aktiven Divisionen, die hauptsächlich das Front-Operationsgebiet von Partisanen freihalten sollten und die Regimenter der Frontdivisionen, die zur Auffrischung in das rückwärtige Gebiet verlegt, zur Partisanenbekämpfung herangezogen werden konnten. Bemerkenswert ist, daß auch diese aktiven Truppenteile des Heeres, wenn sie in ein Gebiet westlich der Front-Operationsgrenze verlegt worden waren, dem Kommando der Höheren SS- und Polizeiführer unterstellt wurden, sobald sie auf deren Anforderung und nach Freigabe durch die zuständigen Kommandostellen der Wehrmacht an einem Einsatz gegen Partisanen teilnehmen mußten.[147]

Erfolgreicher waren die vom Kavallerieregiment Mitte während seiner Aufstellung nahe Smolensk im Frühjahr/Sommer 1943 gebildeten »Lauerspähtrupps mit Kampfauftrag«. Ausgangspunkt war die Überlegung, daß Partisanen am besten mit ihren eigenen Methoden bekämpft werden könnten. Unter erfahrenen Führern wurden kleine berittene Einheiten in Gruppen- bis Zugstärke gebildet, die, mit Funkgeräten ausgerüstet und bewaffnet mit Maschinenpistolen und Karabinern mit Schalldämpfern, in der Dunkelheit tief in partisanenbeherrschtes Gebiet eindrangen. Dort hielten sie sich mehrere Tage, meist eine Woche, auf und bekämpften gut getarnt an verschiedenen Orten, die sie schnell und geräuschlos wechseln konnten, Partisanenbewegungen und -unterkünfte. Als besonders wirkungsvoll erwies sich dabei die Verwendung von Schalldämpfern. Durch diese Kampfesweise wurden die Partisanen, die sich in ihren Gebieten äußerst sicher fühlten und sich dementsprechend ungezwungen verhielten, zu panikartigen Reaktionen veranlaßt, wie aus den oft fluchtartigen Absetzbewegungen geschlossen werden kann.

Zu einer systematischen Auswertung dieser Erfahrungen kam es nicht. Es hätten kleine Spezialeinheiten aufgestellt und für diese Kampfmethode ausgebildet werden müssen. Das weitere Kriegsgeschehen ließ jedoch dazu keine Möglichkeit mehr.

Zusammenfassend ist festzustellen, daß es nicht gelungen ist, die Partisanen mit durchgreifenden Erfolgen aktiv zu bekämpfen. Der Kampf war in hohem Maße von ungleichen Voraussetzungen bestimmt. Alle Vorteile lagen auf der Seite der Partisanen: Stützpunkte in großen, undurchdringlichen Wäldern und Sumpfgebieten, Unterstützung durch die Bevölkerung, Ausrüstung und Nachschub durch reguläre Streitkräfte, Kenntnis des Landes, der Sprache, der Geographie und der Infrastruktur und nicht zuletzt die aus sowjetischer Sicht patriotische Motivation.

Im Hinblick auf diese taktische Überlegenheit ist es in der Rückschau erstaunlich, mit welcher Schnelligkeit und Entschlossenheit auf deutscher Seite die Folgen der Sabotageakte immer wieder behoben werden konnten.

Gegen Mitte 1943 und im Jahr 1944 änderten sich zunehmend Taktik und Vorgehensweise der Partisanen. Die rückzugsbedingte Schwächung der deutschen Kampfstärken wurde als weiterer Vorteil genutzt. Nicht nur stieg die Zahl der Sabotageakte weiter an, sondern vor allem auch war die Truppe unmittelbar durch die Häufung der Überfälle auf Kolonnen, Wachposten und Melder betroffen. Allein am 2. und 3. August 1943 wurden im östlichen Kriegsgebiet insgesamt 8422 Anschläge auf Bahnlinien und 1478 Überfälle registriert.[148] Während bislang diese Überfälle im Front-Operationsgebiet eher die Ausnahme waren, verlagerten die Partisanen nunmehr zunehmend ihre Überfälle in das unmittelbare Kampfgebiet.

Dies erzwang, wie schon in den rückwärtigen Gebieten seit längerem notwendig, Geleitschutz auch im frontnahen Bereich und damit eine weitere Bindung von Kampftruppen für Sicherungsaufgaben. Mancherorts war die Strecke vom Regiment zur Division, in Einzelfällen sogar der Weg vom Bataillon zum Regiment nicht mehr sicher. Der Verkehr zwischen den Stäben konnte nur unter besonderen Sicherheitsvorkehrungen, die situations- und geländebedingt natürlich höchst unterschiedlich waren, aufrechterhalten werden. Über größere Entfernungen mußten für bestimmte Passagen Kolonnen aus Versorgungsfahrzeugen, Urlaubern, Verwundeten und Kranken, aber auch für Stabsoffiziere mit Meldungen und Lageberichten unter Panzerschutz zusammengestellt werden. Was dies, abgesehen von der Kampfkraftbindung, an Zeitverlusten und Verzögerungen mit sich brachte, bedarf keiner näheren Schilderung.

Dabei bot auch die Begleitung von gepanzerten Fahrzeugen keinen ausreichenden Schutz gegen den blitzartigen Feuerüberfall aus dem Hinterhalt. Bevor der Gegner geortet und das Abwehrfeuer eröffnet werden konnte, war er meist schon wieder verschwunden. Zurück blieben tote und verwundete deutsche Soldaten und zerschossene PKW und LKW, oft fahruntüchtig oder brennend.

Über diese originären Partisanentätigkeiten hinaus gelang es der sowjetischen Führung, begünstigt durch die weiteren Erfolge der Roten Armee, in immer stärkerem Maße die Partisanenverbände direkt in die Kampfhandlungen einzubeziehen, ohne daß diese dadurch den Status regulärer Truppen oder von Kombattanten erhalten hätten.

Zur Unterstützung sowjetischer Operationen gingen gut bewaffnete Partisanenregimenter, teilweise bis zu 10 000 Mann stark, dazu über, die rückwärtigen deutschen Verbindungen in offenem Kampf anzugreifen.[149] Koordiniert mit dem Beginn der sowjetischen Offensive »Bagration« gegen die Heeresgruppe Mitte am 22. Juni 1944 gelang es den Partisanenverbänden, zwei Tage lang den gesamten Nachschub der Heeresgruppe zu unterbinden.[150]

Das war sicher eine gravierende Störung, die möglicherweise operative Bewegungen beeinflußt hat und zu deren Behebung Kampfverbände eingesetzt werden mußten. Daraus aber einen ursächlichen Zusammenhang mit der Niederlage der Heeresgruppe zu folgern, wäre unzutreffend.

Nichts ist erfolgreicher als der Erfolg. Mit dem weiteren Vormarsch der Roten Armee auf die damalige deutsche Reichsgrenze erhielten die Partisanen immer stärkeren Zulauf. Vielfach konnten sie sich in unüberschaubarer Weise mit regulären Truppen vermischen. Innerhalb der regulären Truppe agierend, hatte dies, welche Gründe dafür auch immer maßgebend gewesen sein mögen, auch einen Wandel im Verhalten zur Folge: Deutsche Soldaten, die sich ergaben, wurden häufig nicht mehr sofort getötet, sondern in Gefangenschaft geführt.

Mit dem Erreichen der Reichsgrenze wurden die militärisch organisierten Partisanenverbände entweder aufgelöst oder in die reguläre Armee übernommen.

Zum Schluß stellt sich die Frage, ob und gegebenenfalls in welchem Ausmaß der Kampf der Partisanen zur deutschen Niederlage beigetragen hat.

In der Zusammenschau aller maßgebenden Fakten ist die Frage sicher zu verneinen[151], allerdings mit der Einschränkung, daß die den Partisanen zuzuordnenden Faktoren nur schwer oder überhaupt nicht meßbar sind. Dazu gehören mögliche Behinderungen oder Verzögerungen von Operationen, Schwächung der Kampfstärken durch Bindung von Fronttruppen, Verluste an Menschen und Material, Schäden durch Sabotage und der Aufwand zu ihrer Beseitigung, psychische Belastung und Verunsicherung der Truppe durch heimtückische und gesetzlose Kampfweise.

Auf dem Höhepunkt des Partisanenkrieges Mitte 1944 sollen nach einer deutschen Schätzung Kräfte in Stärke von 500 000 Mann durch Partisanen gebunden gewesen sein.[152] Diese Zahl sagt allerdings nichts aus über die Bindung einsatzfähiger Kampfkraft. Denn sie setzt sich zum weitaus überwiegenden Teil aus Angehörigen von Verbänden zusammen, die für einen Fronteinsatz nicht in Betracht kamen. Es wäre also ein Irrtum anzunehmen, mit diesen 500 000 Mann – von der Ausrüstung erst gar nicht zu sprechen – hätten der Front etwa 35 Infanteriedivisionen gefehlt.

In seinem Bericht über die Erfolge des Partisaneneinsatzes führt der Chef des Zentralstabes der Partisanenbewegung, Ponomarenko, folgende Zahlen auf:[153]

Getötet: 300 000 deutsche Soldaten oder Angehörige anderer Verbände
Gesprengt oder anderweitig vernichtet:
Eisenbahnzüge: 3000
Panzer: 1191
Lastwagen: 1097
Flugzeuge: 476
Depots: 890
Brücken: 3623

Die Zahlen werden selbst in der späteren russischen Kriegsgeschichtsschreibung in Frage gestellt. So wird vermutet, daß die Zahl der Toten auch die wegen Zusammenarbeit mit den Deutschen hingerichteten eigenen Landsleute einschließt. Nach deutschen Ermittlungen wird die Zahl der Getöteten auf 35 000 geschätzt, davon die Hälfte deutsche Soldaten.[154]

Zahlen und Fakten sind unerläßliche Grundlagen von Bewertungen. Sie reflektieren die Sache, aber nicht den Menschen. Daher darf nicht vergessen werden, daß im Kriege hinter jeder Zahl Einzelschicksale, Leid und Tod stehen. Darauf in einer Abhandlung über den Partisanenkrieg in der Sowjetunion hinzuweisen, gebietet die Achtung vor den Opfern, die in diesem heimtückischen Kampf ihr Leben hingeben mußten.

---

1 Die Genfer Konventionen vom 12. August 1949 können daher nicht als Maßstab herangezogen werden. Dies gilt erst recht für die beiden ergänzenden Zusatzprotokolle vom 10. Juni 1977.
2 Siehe dazu Armin Steinkamm, Die Streitkräfte im Kriegsvölkerrecht, Würzburg 1967, S. 79 ff.
3 Reichsgesetzblatt 1910, S. 107–151
4 Wolfgang Kunz, Der Fall Marzabotto. Die Problematik des Kriegsverbrechens, Würzburg 1967, S. 53 ff.
5 Ebenda, S. 56
6 Erich Schwinge, Militärstrafgesetzbuch nebst Kriegssonderstrafrechtsverordnung. Kommentar, Berlin 1943, S. 394
7 Günther Moritz, Die Gerichtsbarkeit in besetzten Gebieten. Historische Entwicklung und völkerrechtliche Würdigung, Tübingen 1959, S. 19 ff.
8 Ebenda, S. 24
9 Fritz Faust, Die Stellung der Partisanen im Völkerrecht; in: Information für die Truppe, 4/1971, S. 458 f.
10 Steinkamm, a.a.O., S. 329
11 Faust, a.a.O., S. 458
12 Ebenda, S. 458 f.
13 Steinkamm, a.a.O., S. 91
14 Jürg H. Schmid, Die völkerrechtliche Stellung der Partisanen im Kriege. Unter besonderer

Berücksichtigung des persönlichen Geltungsbereiches der Genfer Konvention zum Schutze der Kriegsopfer vom 12. August 1949, Zürich 1956, S. 97
15 Hans Laternser, Verteidigung deutscher Soldaten. Plädoyers vor alliierten Gerichten, Bonn 1950, S. 316
16 Jürg H. Schmid, Die völkerrechtliche Stellung der Partisanen im Kriege, a.a.O., S. 146 f.
17 Bluntschli, zit. n. Laternser, Verteidigung deutscher Soldaten, a.a.O., S. 160 f.: »Das Kriegsrecht zivilisiert den gerechten wie den ungerechten Krieg ganz gleichmäßig.«
18 Ausführlich bei Kunz, a.a.O., S. 59 ff.
19 Militärgerichtshof V, zit. n. Laternser, a.a.O., S. 268
20 Kunz, a.a.O., S. 62 f.
21 Schwinge, Militärstrafgesetzbuch, a.a.O., S. 392
22 Ebenda
23 Kunz, a.a.O., S. 63
24 Zit. n. Laternser, a.a.O., S. 86
25 Generaloberst Jodl, zit. n. Rudolf Aschenauer (Hrsg.), Kriegsbefehle für das Unternehmen »Barbarossa« sowie für die Kriegsschauplätze im Südosten, Westen und Südwesten: Ein Beitrag zur Bewältigung der Vergangenheit, o.O., ca. 1963, S. 2
26 Ebenda, S. 9
27 Generaloberst Halder, zit. n. ebenda
28 Josef Stalin, zit. n. ebenda, S. 70
29 Steinkamm, a.a.O., S. 330 f.
30 Aschenauer, Kriegsbefehle, a.a.O., S. II
31 Ebenda, S. 28 ff.
32 Laternser, a.a.O., S. 36; Erich Schwinge, Verfälschung und Wahrheit. Das Bild der Wehrmachtgerichtsbarkeit, Tübingen 1988, S. 131
Siehe auch den Beitrag von Horst Rohde »Eine Linie des Schweigens« in diesem Band.
33 Aschenauer, Kriegsbefehle, a.a.O., S. 45 ff.
34 Lothar Rendulic, Gekämpft, gesiegt, geschlagen, Wels, Heidelberg 1952, S. 51; Kommissare wurden als Freischärler angesehen, die 52. ID hat den »Kommissarbefehl« jedoch nie befolgt.
35 Erich v. Manstein, Verlorene Siege, Bonn 1955, S. 176 f.
36 L.V. Richard, Partisanen. Kämpfer hinter den Fronten, Rastatt 1986, S. 196 f.
37 Steinkamm, a.a.O., S. 114 und 118
38 v. Manstein, a.a.O., S. 88 ff.
39 Ebenda, S. 98 ff.
40 Aschenauer, Kriegsbefehle, a.a.O., S.88 ff.
41 Laternser, a.a.O., S. 196 f.
42 Aschenauer, a.a.O., S. 106 ff.
43 Ebenda, S. 100
44 Richard, Partisanen, a.a.O., S. 66
45 Aschenauer, a.a.O., S. 107 ff.
46 Ebenda, S. 257 f.
47 Generalfeldmarschall Keitel, zit. n. ebenda
48 Die Bedeutung, die die deutsche Führung der Partisanenbekämpfung beimaß, zeigen weitere Anweisungen, z.B. die Führerweisung Nr. 46, »Richtlinien für die verstärkte Bekämpfung des Bandenunwesens im Osten« vom 18. August 1942, in: Aschenauer, Kriegsbefehle, a.a.O., S. 211 ff. Außerdem die »Kampfanweisung für die Bandenbekämpfung im Osten« vom OKW vom 11. November 1942, ebenda, S. 237 ff. Weiter »Nachrichten über Bandenkrieg«, OKH, Fremde Heere Ost (Bd. I) vom 3. Mai 1943, im Archiv Dr. Joachim Hoffmann, Freiburg
49 Heinz Kühnrich, Zum Zusammenwirken der sowjetischen Partisanenbewegung mit der Roten Armee, 1941-1943, in: Zeitschrift für Militärgeschichte, 4/1968, S. 455
50 Peter Kolmsee, Der Partisanenkampf in der Sowjetunion. Über Charakter, Inhalt und Formen des Partisanenkampfes in der UdSSR 1941-1944, Berlin 1963, S. 43

51 Josef Stalin am 6. November 1941, zit. n. Rudolf Aschenauer, Krieg ohne Grenzen. Der Partisanenkampf gegen Deutschland 1939–1945, Leoni 1982, S. 148
52 Beschluß des ZK der KPdSU (B) vom 18.07.1941, teilweise in Händen des Verfassers; s.a. Heinz Kühnrich, a.a.O., S. 455
53 Aschenauer, a.a.O., S. 198
54 Ebenda, S. 314
55 Ebenda, S. 321 ff.
56 Ebenda, S. 314
57 Laternser, a.a.O., S. 191; s.a. Steinkamm, a.a.O., S. 44
58 Oppenheim, zit. n. Laternser, Verteidigung deutscher Soldaten, a.a.O., S. 191
59 Meurer, zit. n. ebenda, S. 75
60 Zit. n. ebenda, S. 190
61 Zit. n. ebenda, S. 193
62 Rudolf Aschenauer, Der Fall Herbert Kappler. Ein Plädoyer für Recht, Wahrheit und Verständnis, München 1968, S. 19 ff.
63 Steinkamm, a.a.O., S. 291 f.
64 Witalij Wilenchik, Die Partisanenbewegung in Weißrußland 1941–1944. Sonderdruck aus Forschungen zur osteuropäischen Geschichte, Wiesbaden 1984, S. 178 ff. Helmut Krausnick/Hans-Heinrich Wilhelm, Die Truppe des Weltanschauungskrieges. Die Einsatzgruppen der Sicherheitspolizei und des SD 1938–1942, Stuttgart 1981, S. 348 ff. Krausnick und Wilhelm stellen die deutsche Besatzungspolitik im Reichskommissariat »Ostland« dar.
65 Bernd Bonwetsch, Sowjetische Partisanen, 1941–1944. Legende und Wirklichkeit des »allgemeinen Volkskrieges«, in: Gerhard Schulz (Hrsg.), Partisanen und Volkskrieg. Zur Revolutionierung des Krieges im 20. Jahrhundert, Göttingen 1985, S. 106 f.
66 Josef Goebbels, zit. n. Aschenauer, Krieg ohne Grenzen, a.a.O., S. 269
67 Oberländer, zit. n. ebenda; Augur, Die rote Partisanenbewegung. Aufbau und Kampfverfahren; in: Allgemeine Schweizerische Militärzeitschrift 1949, S. 443
68 Wilenchik, a.a.O., S. 188 ff.
69 Ebenda, S. 188
70 Ebenda, S. 191
71 Ebenda
72 Aschenauer, Krieg ohne Grenzen, a.a.O., S. 270
73 Krausnick/Wilhelm, Die Truppe des Weltanschauungskrieges, a.a.O., S. 401
74 Wilenchik, a.a.O., S. 203
75 Norbert Müller (Hrsg.), Europa unterm Hakenkreuz. Die faschistische Okkupationspolitik in den zeitweilig besetzten Gebieten der Sowjetunion, Berlin 1991, Dok. Nr. 111 und 146
76 Ebenda, Dok. Nr. 262
77 Ebenda
78 Ebenda
79 Wilenchik, a.a.O., S. 205
80 Heinz Guderian, Erfahrungen im Rußlandkrieg; in: Bilanz des Zweiten Weltkrieges. Erkenntnisse und Verpflichtungen für die Zukunft, Oldenburg, Hamburg 1953, S. 93
81 Richard, Partisanen, S. 10
82 Wilenchik, a.a.O., S. 150 f. Unter der Diktatur Stalins änderte sich der offizielle Standpunkt gegenüber einer Volksbefreiungsorganisation. Eine neue Richtlinie bestimmte, daß Militäroperationen nur auf feindlichem Gebiet stattfinden sollten.
83 Rendulic, a.a.O., S. 93 f.
84 Bonwetsch, Sowjetische Partisanen, a.a.O., S. 92
85 T. Lesnjak, Soversenstvovanie rukovodstva partizanskim dvizeniem (Die Verbesserung der Führung der Partisanenbewegung im Großen Vaterländischen Krieg), in: Wojenno istoritscheski schurnal, 7/1967, S. 24 ff.
86 Bonwetsch, Sowjetische Partisanen, a.a.O., S. 93 f.
87 Ebenda, S. 94 und Robert Conquest, Ernte des Todes. Stalins Holocaust in der Ukraine, 1929–1933, Frankfurt a.M., Berlin 1991

88 Bonwetsch, Sowjetische Partisanen, a.a.O., S. 94
89 Ebenda, S. 96
90 Kühnrich, Zum Zusammenwirken der sowjetischen Partisanenbewegung mit der Roten Armee, a.a.O., S. 455
91 Josef Stalin am 3. Juli 1941, zit. n. Richard, Partisanen, a.a.O., S. 21
92 Ebenda
93 Bonwetsch, Sowjetische Partisanen, a.a.O., S. 94
94 Ebenda, S. 100
95 Kühnrich, Zum Zusammenwirken der sowjetischen Partisanenbewegung mit der Roten Armee, a.a.O., S. 455
96 Paul J. Rizzo, The Soviet Partisans. A Reapraisal, in: Infantry, 4/1967, S. 3 ff.
97 Aschenauer, Krieg ohne Grenzen, a.a.O., S. 127
98 KTB Halder III, S. 32
99 Bonwetsch, Sowjetische Partisanen, a.a.O., S. 101
100 Henry S. Whittier, Soviet Special Operations: Partisan Warfare. Implications for Today; in: Military Review, 1/1979, S. 48 ff.
101 Kühnrich, Zum Zusammenwirken der sowjetischen Partisanenbewegung mit der Roten Armee, a.a.O., S. 465 f.
102 Ebenda, S. 466
103 Heinz Guderian, Erfahrungen im Rußlandkrieg, a.a.O., S. 93
104 Hermann Teske, Über die deutsche Kampfführung gegen russische Partisanen, in: Wehrwissenschaftliche Rundschau, 11/1964, S. 662
105 Raymond Cartier, Der Zweite Weltkrieg, Bd. 1, München 1967, S. 348 ff.
106 Ebenda, S. 389 f.
107 Kühnrich, Zum Zusammenwirken der sowjetischen Partisanenbewegung mit der Roten Armee, a.a.O., S. 457
108 Ebenda
109 Paul J. Rizzo, The Soviet Partisans, a.a.O., S. 48 ff.
110 Bonwetsch, Sowjetische Partisanen, a.a.O., S. 101
111 Raymond Cartier, Der Zweite Weltkrieg, Bd. 1, a.a.O., S. 389 f.
112 Bonwetsch, Sowjetische Partisanen, a.a.O., S. 101
113 Augur, Die rote Partisanenbewegung, a.a.O., S. 446
114 Aschenauer, Krieg ohne Grenzen, a.a.O., S. 137 f.
115 Aschenauer, Kriegsbefehle, a.a.O., S. V
116 Bonwetsch, Sowjetische Partisanen, a.a.O., S. 104 f.
117 W. Andrianow, Partisan Raids; in: Soviet Military Review, 7/1974, S. 58 ff.
118 Rendulic, Der Partisanenkrieg, a.a.O., S. 108 f.
119 Lesnjak, Soversenstvovanie rukovodstva partizanskim dviženiem, a.a.O.
120 Bonwetsch, Sowjetische Partisanen, a.a.O., S. 108 f.
121 Lesnjak, Soversenstvovanie rukovodstva partizanskim dviženiem, a.a.O.
122 Richard, Partisanen, a.a.O., S. 22
123 Wilenchik, Die Partisanenbewegung in Weißrußland, a.a.O., S. 262 ff.
124 Paul J. Rizzo, The Soviet Partisans, a.a.O., S. 5
125 Nationalistische Untergrundbewegung in der Ukraine (OUN). Diese war antikommunistisch und setzte den Kampf gegen die Sowjetmacht bis in die fünfziger Jahre fort. Bonwetsch, Sowjetische Partisanen, a.a.O., S. 106
126 Bonwetsch sieht darin eine Bestätigung, daß der sowjetische Partisanenkampf eine Sache der KPdSU blieb und nicht zur Sache des ganzen Volkes wurde. Ebenda, S. 114 f.
127 Ebenda, S. 100
128 Ebenda, S. 98 f.
129 Georgi K. Schukow, Erinnerungen und Gedanken, Stuttgart 1969, S. 628
130 Bonwetsch, Sowjetische Partisanen, a.a.O., S. 99; die Zahlen sind vermutlich von 1944
131 Bevölkerungszahlen nach Norbert Müller, Europa unterm Hakenkreuz, a.a.O.
132 Bonwetsch, Sowjetische Partisanen, a.a.O., S. 102 f.
133 Ebenda, S. 109 f.

134 Leo Heimann, Organized Looting – the Basis of Partisan Warfare, in: Military Review, February 1965, S. 61 ff.
Heimann wurde in Polen geboren und kämpfte zwei Jahre bei den Partisanen gegen die deutsche Besatzungsmacht. Nach einem Studium in München ging er 1948 nach Israel.
135 Krausnick/Wilhelm, Die Truppe des Weltanschauungskrieges, a.a.O., S. 517. Bonwetsch, Sowjetische Partisanen, a.a.O., S. 103 f.
136 Erich Hesse, Der sowjetrussische Partisanenkrieg 1941–1944 im Spiegel deutscher Kampfanweisungen und Befehle, Göttingen 1993, S. 227 ff.
137 Leo Heimann, Organized Looting, a.a.O., S. 61 ff.
138 Ebenda
139 Franz W. Seidler (Hrsg.), Verbrechen an der Wehrmacht. Kriegsgreuel der Roten Armee 1941/42, Selent 1997, S. 29
140 Ebenda, S. 29 f.
141 Raymond Cartier, Der Zweite Weltkrieg, Bd. 1, a.a.O., 351
142 Philippe Masson, Die deutsche Armee. Geschichte der Wehrmacht 1935–1945, München 1996, S. 305
143 Cartier, Der Zweite Weltkrieg, Bd 1, a.a.O., S. 350
144 Ebenda
145 Ebenda
146 Masson, Die deutsche Armee, a.a.O., S. 303 f.
147 Ebenda, S. 304
148 Cartier, Der Zweite Weltkrieg, Bd. 1, S. 680
149 Lothar Rendulic, Der Partisanenkrieg, a.a.O., S. 109
150 Erich Hesse, Der sowjetrussische Partisanenkrieg, a.a.O., S. 271 ff.
151 So auch J.A. Graf Kielmansegg, in: Masson, Die deutsche Armee, a.a.O., S. 304
152 Ebenda, S. 305
153 Ebenda, S. 304; Rendulic, Der Partisanenkrieg, a.a.O., S. 110
154 Masson, Die deutsche Armee, a.a.O., S. 304

Wolfgang Hasch, Dipl-Ing. (Univ.), geboren 1955 in Ludwigshafen/Rhein, Eintritt in die Bundeswehr als Panzergrenadier im Jahre 1974, Studium der Elektrotechnik an der Universität der Bundeswehr München, seit 1988 Berufsoffizier, sechsjährige Verwendung als Kompaniechef einer Panzergrenadierkompanie, Teilnahme am Generalstabslehrgang in Hamburg, nach einer Verwendung in einem NATO-Hauptquartier Kommandeur eines Jägerbataillons, derzeit als Oberstleutnant i.G. im Truppengeneralstabsdienst in einem Wehrbereichs-/Divisionskommando eingesetzt, außerdienstlich vor allem an geschichtlichen und naturwissenschaftlichen Themen interessiert.

Gustav Friedrich, geboren 1917 in Langenberg als Sohn eines Lehrers. Nach dem Abitur Offizieranwärter im Kavallerieregiment Paderborn. Im Kriege Schwadronchef im »Kavallerieregiment Mitte«, Einsätze im Partisanenkampf; Ritterkreuz, Lehroffizier an der Kavallerieschule. Bei Kriegsende Rittmeister und Abteilungsführer, britische Gefangenschaft.
Jurastudium, leitende Positionen in deutschen und internationalen Industrieunternehmen.
Berufsspezifische Veröffentlichungen und Autor von »Roß und Reiter – von der Kavallerie zum modernen Pferdesport«.

HORST BOOG

Bombenkrieg, Völkerrecht und Menschlichkeit im Luftkrieg

Vielfach wird die öffentliche Diskussion in Deutschland um den Bombenkrieg der eigenen Luftwaffe im Zweiten Weltkrieg von einem Schuldgefühl wegen der Verbrechen des NS-Regimes in diesem Kriege bestimmt. Ausgehend von der richtigen Prämisse, daß Hitler den Krieg in Europa zielstrebig begonnen hat und daß dieser in seinem weiteren Verlauf insgesamt als Verbrechen anzusehen ist, wird im allgemeinen gefolgert, daß dies auch auf den Bombenkrieg der Luftwaffe zutreffe. So hörte ich beispielsweise von einem protestantischen Theologen, der deutsche Bombenangriff auf Rotterdam im Mai 1940 sei deswegen ein Verbrechen gewesen, weil Deutschland völkerrechtswidrig die Niederlande überfallen habe. Letzteres ist sicher richtig. Es ist aber irrelevant für die Beurteilung einer militärischen Operation. Denn hier ist das ius in bello anzuwenden, während die Invasion Hollands nach dem ius ad bellum zu bewerten ist. Beides darf nicht miteinander verwechselt oder einander gleichgesetzt werden. Das (Völker-)Recht im Kriege gilt grundsätzlich für alle Kriegsparteien, gleichgültig ob sie den Krieg vorsätzlich entfesselt haben oder nur wider Willen in ihn hineingezogen wurden. Wäre es mit dieser Rechtsgeltung nicht so, dann benötigte man kein Kriegsvölkerrecht. Natürlich läßt sich sagen, daß auch der Kampf der Luftwaffe geholfen habe, Hitlers verbrecherischen Krieg zu verlängern. Aber von hier aus die militärischen Operationen der Luftwaffe negativ zu beurteilen, wäre unsachlich, zumal auch die ehemaligen Kriegsgegner häufig mit Hochachtung über die Luftwaffe, auch über die Marine oder die Wehrmacht insgesamt sprechen.[1]

Das US Air War College lädt zum Beispiel hochdekorierte ehemalige Luftwaffenoffiziere zu Vorträgen ein und stellt deren Porträts in ihrer »Hall of Fame« zusammen mit den Bildern von Angehörigen der eigenen und anderer Luftstreitkräfte als Vorbilder für die junge Generation von Flugzeugführern aus. In Deutschland werden jedoch Diskussionen über Luftwaffenfragen häufig mit dem Hinweis auf »Guernica« oder »Coventry« schnell beendet. Da der alliierte Bombenkrieg gegen Deutschland, insbesondere die britischen Nachtangriffe gegen Städte, das wohl nachhaltigste Kriegserlebnis der deutschen Zivilbevölkerung war, wird automatisch geschlossen, daß auch der von der Luftwaffe geführte Bombenkrieg von Anfang an ein Terrorkrieg war. Um die Vergangenheit »richtig« zu bewältigen, empfehle es sich daher, eigene Schuld undifferenziert anzuerkennen – und lieber ein bißchen mehr als zu wenig. Statt jedoch wie erhofft Vertrauen und Achtung für die deutsche Einstellung zu wecken, irritiert diese Art der Betrachtung im Ausland, denn sie ist nicht rational.

Der Versuch einer sachlich-rationalen und differenzierten Vergangenheitsbewältigung, die Schuld anerkennt, wo sie war, aber auch positives oder unter den Umständen »normales« und zulässiges Verhalten hervorhebt, etwa mit den Mitteln des internationalen Vergleiches oder durch die Unterscheidung zwischen Absicht und Wirkung, wird gar nicht erst unternommen. Ein solcher Vergleich wird von gewissen öffentlichen oder intellektuellen Meinungsmachern sofort als Versuch der Relativierung und Verharmlosung mit dem Argument gebrandmarkt, daß ja doch die Zivilbevölkerung, wenn auch wegen der häufigen taktisch-technischen Unmöglichkeit des genauen Bombenwurfs, selbst bei selektiven Angriffen auf militärisch-industrielle Ziele zumeist in Mitleidenschaft gezogen wurde.

Viele Deutsche zeigen sich seitdem gegen jede Gewaltanwendung hoch sensibilisiert. Die Empörung über die Einweihung eines Denkmals in London für den früheren Befehlshaber des britischen Bomber Command, Sir Arthur T. Harris – eigentlich eine »Rache der Veteranen«[2] dieser Organisation dafür, daß sie bei Kriegsende von der englischen Regierung auf unschöne Weise fallengelassen worden waren –, und über die von einigen Deutschen fünf Monate später, im Oktober 1992, zur 50. Wiederkehr des Tages, an dem der erste erfolgreiche Start einer V 2-Rakete in Peenemünde erfolgte, geplante Veranstaltung zeigt, daß die Ablehnung von Gewalt in Deutschland eine universale Dimension hat.[3] Es ist nicht nur die Ablehnung selbst legitimer kriegerischer Gewalt wie etwa im zweiten Golfkrieg, sondern auch die Abneigung, überhaupt an Krieg erinnert zu werden, und vor allem die Angst vor jeglicher, den erreichten Wohlstand in einer hedonistischen, eher dem Privaten zuneigenden Konsumgesellschaft gefährdender Gewalt.

Diese Ablehnung hat in Deutschland fast neurotische Ausmaße erreicht, scheint aber nicht zuletzt durch das Engagement der Bundeswehr in Bosnien etwas im Abflauen zu sein. Immerhin erinnert der nach wie vor gültige Spruch des höchsten deutschen Gerichts, wonach Soldaten unter Umständen »Mörder« genannt werden dürfen – und Polizisten »Bullen« – noch an diese Haltung. Man fragt sich, wie die politisch sich so mündig gebende Gesellschaft einen solchen Spruch einfach hinnehmen und sich gleichzeitig wie beim Oder-Hochwasser dankbar von potentiellen Mördern helfen lassen kann. Man fragt sich auch, wie Wehrpflichtige mit einer solchen Vorverurteilung und einem solchen »Wertewandel« fertig werden. Hätte man hier nicht vor allem von den Richtern etwas mehr Sensibilität für die international akzeptierten Realitäten des Lebens oder etwas common sense erwarten können? Als I-Tüpfelchen zu dieser gegen das Militär als solches abzielenden Entwicklung sei noch auf die sachlich nicht mehr verständliche Prämiierung von Deserteuren hingewiesen, wie sie der Bundestag am 15. Mai 1997 beschlossen hat.

Selbst auf militärischem Gebiet führt diese Hypersensibilisierung zuweilen zu recht realitätsfremden Auffassungen, wenn zum Beispiel ein hoher ehemaliger Bundeswehroffizier in einer Fernsehdiskussion in London zum Erstaunen der anwesenden englischen Völkerrechtler und Luftwaffenoffiziere die Meinung vertrat, Elektrizitätswerke hätten im Golfkrieg nicht bombardiert werden dürfen, weil sie auch Krankenhäuser mit Strom versorgten. Nun versorgen Elektrizitätswerke zumeist kriegswichtige Anlagen, und Einrichtungen wie Krankenhäuser sind normalerweise mit eigenen Stromaggregaten ausgerüstet. Elektrizitätswerke waren daher immer klassische Bombenziele, auch wenn man sie aus anderen Gründen nicht immer bombardierte.

Abgesehen von solchen zuweilen sonderbaren Gedankengängen hat aber das Erlebnis der Gewalt im und der Schuld am Kriege auch eine positive Seite. Die Deutschen, namentlich die Bundesrepublik Deutschland seit ihren frühen Jahren, waren nach der Erfahrung des Zweiten Weltkrieges mehr denn je bereit, anderen Menschen in der Welt zu helfen und Gewaltlosigkeit sowie Achtung der Menschenwürde und der Menschenrechte anzumahnen. In der Selbstkritik und dem Helfenwollen zeigte sich aber manchmal auch ein gewisser »Sündenstolz« (H. M. Broder), kurzsichtige Selbstüberschätzung in wohlmeinender Absicht, übermäßige Verausgabung von Mitteln, wie sie bei realistischer Betrachtung auf längere Sicht nicht durchzuhalten ist; auch im Guten wieder der Hang zum Extremen.

Extrem moralische Standpunkte, Mangel an Sachlichkeit und vermeintlicher »common sense« kennzeichnen häufig die rückschauende Beurteilung des Luftkriegsgeschehens.

Einer sachlichen Würdigung geht man dadurch am besten aus dem Wege. Dies alles geschieht getreu einer deutschen Denktradition mit ihrem Streben nach idealen Werten und besonders reiner Begrifflichkeit, das, auf das Politische übertragen und damit nicht selten pervertiert, zu »Fundamentalismus« und Politikunfähigkeit aus »Idealismus« führen kann. Man setzt sich sogleich auf das hohe Roß der Moralität und verurteilt aus dieser scheinbar unangreifbaren Position und von dort her alles tatsächliche kriegerische Geschehen, häufig im Gewande eines in der hier behandelten Vergangenheit so »ideal« nicht existenten Kriegsvölkerrechts. Ein »idealer« Standpunkt enthebt häufig der Mühe der kritischen Auseinandersetzung mit einem sehr komplizierten Gegenstand, wie es der Bombenkrieg war, und erleichtert das

Abstrafen und Aburteilen. Der Historiker muß jedoch von den Fakten der Zeit und von dem ausgehen, was damals vertrags- und gewohnheitsvölkerrechtlich allgemein anerkannt war, nicht aber von einem selbstgezimmerten, fiktiven Idealzustand.

Die Diskussion über den Bombenkrieg wird in Deutschland heute noch in hohem Maße durch die eigene und die damals feindliche Kriegspropaganda bestimmt, ein z.b. in der britischen Militärdoktrin legitimes Kriegsmittel[4]. Die britische Propaganda bezeichnete die deutschen Bombenangriffe des Sommers 1940 als Terrorangriffe, wie es umgekehrt der Goebbels-Propaganda in jenen Monaten sehr leichtfiel, die noch gegen militärisch-industrielle Ziele gerichteten britischen Angriffe[5] wegen ihrer sehr großen Zielungenauigkeit als Terror hinzustellen. Wegen der großen Streulage der Bomben ist dies auch geglaubt worden. Andererseits brüstete sich die deutsche Propaganda mit dem »Coventrieren« englischer Städte, um dem eigenen Volk Siegeszuversicht zu vermitteln und dem Gegner Angst einzujagen, was ja dem Wesen von Kriegspropaganda entspricht. Diese propagandistischen Wertungen aus der Kriegszeit werden noch heute in Schulbüchern perpetuiert. Erst unlängst gelang es dem Verfasser, in einem solchen Unterrichtsmittel die Bewertung des Angriffs auf Guernica gemäß dem neuesten Stand der Forschung und nach längerem Bemühen zu korrigieren. Legenden dieser Art sitzen immer noch fest in den Gemütern der Älteren (und dann auch der Jüngeren), die die Ergebnisse wissenschaftlicher Nachkriegsforschung des In- und Auslandes nicht zur Kenntnis nehmen.

Guernica – der Bombenangriff der »Legion Condor« vom 26. April 1937 während des Spanischen Bürgerkrieges auf diesen baskischen Ort –, gefolgt von Warschau und Rotterdam sind die Schlüsselworte, die die deutsche Luftwaffe in der Vergangenheit als Terrorwaffe abstempeln und heute noch den Zugang zu einem realistisch-kritischen Verständnis des von deutscher Seite geführten Bombenkrieges versperren. Der neueste Forschungsstand über die Bombardierung Guernicas[6] bestätigt, daß hier eine am Rande des Ortes befindliche Brücke und deren unmittelbare Zufahrten mit den dort stehenden Häusern getroffen werden sollte, um den Gegner am Rückzug nach Bilbao zu hindern. Heute nennt man solche Operationen »interdiction«, das heißt das Abschneiden eines Zuganges zum oder des Rückwegs vom Gefechtsfeld. Rauchentwicklung und Wind trugen dazu bei, daß ein großer Teil der Stadt in Mitleidenschaft gezogen wurde. Der Stabschef der Legion, der spätere Feldmarschall Wolfram von Richthofen, zeigte sich überrascht, weil dies nicht die Absicht des Angriffs gewesen war, aber wohl auch wegen der rasch sich verbreitenden negativen Öffentlichkeitswirkung. Daß der Luftangriff auf Guernica ein solches Aufsehen erregte, lag nicht nur an der kommunistischen Propaganda, auch nicht an dem nach der Stadt benannten Antikriegsbild Pablo Picassos oder an der Bedeutung des Ortes für die Basken, sondern vor allem daran, daß hier zum ersten Mal in Europa eine Stadt aus der Luft zerstört wurde. Dabei kamen Städtebombardierungen auch bei anderen am Spanischen Bürgerkrieg beteiligten Luftstreitkräften vor.

Bei Guernica handelte es sich nicht, wie Hans-Henning Abendroth noch einmal nachwies, um einen beabsichtigten »strategischen« Terrorangriff, sondern um mittelbare taktische Heeresunterstützung, wie sie im Kriege »normal« wurde und bei der sich auch andere Luftstreitkräfte hin und wieder unabsichtlich »vertan« haben. Der amerikanische Historiker James S. Corum stellt darüber hinaus fest, daß in der Stadt zwei baskische Bataillone lagen, daß sich die »Legion Condor« hinsichtlich von Städtebombardements zur Brechung der feindlichen Moral zurückhielt, Guernica nicht unterschiedslos bombardiert wurde und daß der Angriff einem legitimen militärischen Ziel galt[7].

So brutal es klingen mag, so kühl stellte der englische Luftmarschall Harris 1947 in seinen Memoiren fest, neuralgische Verkehrsknotenpunkte ließen sich aus der Luft nur durch Zerstörung der umstehenden Häuser sperren. Das hätten die Engländer in Frankreich immer so getan, denn die beste Methode, die deutschen Vormarsch- oder Rückzugsstraßen aus der Luft zu blockieren, sei die Zerstörung der Gebäude an Straßenkreuzungen in den Städten gewesen[8]. Es ist nicht bekannt, daß sich alliierte Befehlshaber später wegen ähnlicher Einsätze im Rahmen der »interdiction« entschuldigt hätten. Bundespräsident Roman Herzogs und des Deutschen Bundestages Entschuldigung gegenüber den Bürgern von Guernica ist dennoch sicherlich eine politisch vertretbare Geste.

Daß viele Deutsche immer noch den alten Propagandalegenden aufsitzen, liegt nicht zuletzt an ihrer Unkenntnis der tatsächlichen Fakten. Dazu trug sicherlich der Umstand bei, daß die deutsche wissenschaftliche Erforschung des Luftkrieges im Zweiten Weltkrieg wegen der späten Rückführung der Luftwaffenakten aus englischem und amerikanischem Gewahrsam in den ersten Jahrzehnten nach dem Kriege kaum möglich war. Es war der Sache auch nicht förderlich, daß die wissenschaftlich betriebene Luftkriegs- und Militärgeschichte nach der zweimaligen Katastrophe des deutschen Militärs seit 1945 von den Universitäten verdrängt war. Ganz anders war es in England und den USA. Dort erforschte man im Besitze der deutschen Akten den Krieg von Anfang an mit großer Intensität. Gerade die englische Luftkriegsgeschichtsschreibung zeichnete sich dabei durch Ausgewogenheit und Fairneß gegenüber dem unterlegenen deutschen Gegner aus, nachdem sich die Nebel nicht mehr benötigter Kriegspropaganda gelichtet hatten. Aber diese Forschungsergebnisse wurden mangels Übersetzungen in Deutschland kaum zur Kenntnis genommen, und wegen der weithin gegen Krieg und Militär bestehenden Voreingenommenheit sowie der vordringlichen Beschäftigung mit dem Wiederaufbau und damit einhergehend mit dem Genuß des neuerrungenen Wohlstandes war es manchmal nur unter Schwierigkeiten möglich, überhaupt Interesse an einer klärenden Betrachtung des Luftkrieges zu erwecken. Positive Urteile über die deutsche Luftwaffe aus amtlichen englischen Darstellungen in offizielle deutsche Werke aufzunehmen, war keine Selbstverständlichkeit[9].

Der Bombenkrieg der Luftwaffe im Zweiten Weltkrieg kann – wie auch der der Briten und Amerikaner – nicht verstanden werden ohne die Erfahrungen des Ersten Weltkrieges und ohne das Wissen um den »Glauben«[10], den man überall in den ersten Jahrzehnten dieses Jahrhunderts in das gerade erst erfundene Motorflugzeug, speziell in den Bomber, gleichsam als Kultobjekt[11] setzte. Man erhoffte sich von ihm eine großartige Erweiterung eigener Macht und Möglichkeiten, zumindest große Vorteile für sich selbst, und hatte gleichzeitig eine apokalyptische Angst vor ihm, so wie es später mit der Atombombe war. Schon bevor es Bomber gab, beschrieb H.G. Wells die Schrecken eines Bombenkrieges[12]. Die allseitige Verehrung des Fliegers als Helden der Luft, Symbol für technischen Fortschritt und Mannestugend, wurde insbesondere in Deutschland in Verbindung mit der Segelflugbegeisterung der zwanziger und dreißiger Jahre auch für »volkspädagogische« Zwecke im Sinne der NS-Politik ausgenutzt[13]. Die in das neue technische Hilfsmittel gesetzten Hoffnungen gründeten überall nicht zuletzt in der Erfahrung des ungeheuer verlustreichen Stellungskrieges 1914–1918. So etwas sollte in Zukunft durch Umfassung der Erdfront – und sinngemäß auch der Seefront – durch die dritte Dimension mit Hilfe des Bombers vermieden werden. Man glaubte, so leichter an die Kraftzentren des Gegners heranzukommen, ihn unter Umgehung des zeitraubenden, blutigen Erdkampfes dem eigenen Willen unterwerfen, Kriege mithin kürzer und blutsparender gestalten zu können. In England gab es eine breite Strömung des »Nie wieder« (never again) in der Bevölkerung in Erinnerung an den Schützengrabenkrieg in Flandern[14]. Churchills Kriegspolitik und Strategie im Zweiten Weltkrieg, insbesondere seine Abneigung gegen eine Invasion in Frankreich und seine Bevorzugung der peripheren Abnutzung im Mittelmeer, in Nordnorwegen und auf dem Balkan, beruhte hauptsächlich auf dieser Erfahrung, wenn man einmal von seiner Empire-Politik absieht. Vor dem Hintergrund des Geschehens im Ersten Weltkrieg entfalteten überall in der Welt zivile und militärische Luftkriegstheoretiker ihre Phantasie über den wirkungsvollsten Gebrauch von Flugzeugen und Luftmacht. Welch unterschiedliche Lehren aus den Kriegs- und Nachkriegserfahrungen gezogen und welche verschiedene Luftkriegstheorien und -doktrinen daraus entwickelt wurden, ist eines Vergleiches wert.

Theorie

Royal Air Force

Englands Royal Air Force, die erste selbständige Luftstreitkraft der Welt, ging hierbei von den genannten Kriegserfahrungen und der mehr strategischen Praxis des Royal Naval Air Service[15], insbesondere aber von dem Schock aus, den die deutschen Zeppelin- und Riesenbomberangriffe der Jahre 1915-1917 im ganzen Lande auslösten. Die Engländer reagierten auf diese Angriffe stärker als damals die Deutschen auf alliierte Bombenangriffe, denn das Ende der »splendid isolation« und der ungetrübten insularen Sicherheit war nun eingeläutet. Eine solche Bedrohung aus der Luft galt es in Zukunft zu vermeiden, zumal nach der bolschewistischen Revolution im Jahre 1917 vom Bombenkrieg auch eine Revolutionierung der arbeitenden Zivilbevölkerung gegen die herrschenden Schichten befürchtet wurde. Was gab es dagegen besseres, als selbst mit starken und weitreichenden Großbomberflotten den Gegner an seinen Kraftquellen und auf seinen Flugplätzen anzugreifen und ihn rechtzeitig am Fliegen zu hindern, ohne daß erst eine große Landarmee mobilisiert werden mußte, um an ihn heranzukommen! Kriege könnten somit schneller und leichter gewonnen werden. Diese, wie sich bald herausstellen sollte, unzutreffenden optimistischen Vorstellungen führten unter anderem zur Vernachlässigung der Heeresunterstützungskomponente mit der Folge empfindlicher Rückschläge in den ersten Jahren des Zweiten Weltkrieges[16].

Die strategische Bomberwaffe war wegen der britischen Insellage die einzige Waffe, mit der England im Falle eines Krieges unmittelbar gegen einen Feind auf dem Festland zurückschlagen konnte. Diese Überzeugung dominierte während des späteren Aufbaus der Royal Air Force, daß man vom sogenannten Bombertraum sprach[17]: Der Bomber als Retter der Insel! Sie wurde von breiten Schichten der britischen Öffentlichkeit und zunehmend auch von der Politik getragen[18]. Dabei nahm man Anleihen aus der traditionellen englischen Praxis der Seeblockade auf, die inzwischen wegen der immer größeren Kriegsschiffe und der deutschen U-Bootgefahr zu kostspielig geworden war. Die Seeblockade hatte sich immer gegen die gesamte Bevölkerung einer Feindnation gerichtet, nicht nur gegen das Militär[19]. Bereits 1918 stellte man eine Fernbomberflotte auf, die den Deutschen heimzahlen sollte, was sie den Engländern in England zugefügt hatten. Der Erste Weltkrieg ging aber früher zu Ende.

Keinesfalls sollte die Zivilbevölkerung in den »Kraftzentren«, den Industriegebieten und Verkehrsknotenpunkten usw. von Anfang an das Hauptziel von Bombenangriffen sein. Noch 1917 schlug Lord Tiverton[20] das selektive Bombardement von entscheidenden Militär- und Industriezentren sowie

Verkehrszielen, also von legitimen Zielen vor. Diese Linie setzte sich – allerdings nicht dominant – fort, auch in den englischen Plänen für einen Bombenkrieg der Jahre vor dem Zweiten Weltkrieg[21]. Geprägt wurden Doktrin und Charakter der Royal Air Force – in erster Linie eine Bomberwaffe – jedoch durch ihren langjährigen Chief of Staff, Lord Hugh Trenchard. Er hatte in den Jahren des Sparens und der Abrüstung nach dem Ersten Weltkrieg das Überleben der Royal Air Force gesichert, indem er nachwies, daß das Befrieden der ausgedehnten englischen Kolonial- und Mandatsgebiete in Afrika, dem Nahen Osten und Nordwestindien durch Aufklärung und Kontrolle aus der Luft sowie durch Luftbombardement wesentlich wirtschaftlicher war als durch die Entsendung von Landstreitkräften[22]. Man nannte solche Aktivitäten »air policing of semi-civilized enemies«[23]. Dies besagt schon, daß dieses Verfahren, auch »Imperial policing« genannt, nur gegen »halbzivilisierte« Gegner angewendet werden sollte. So war zum Beispiel das höher entwickelt erscheinende Palästina von solchen Maßnahmen ausgenommen.

Die Befriedung aus der Luft ist nicht als unterschiedsloses oder Terrorbombardement zu verstehen. Vielmehr war vorgeschrieben, daß die Eingeborenen, die den Anordnungen der Kolonialherren nicht nachkamen, oder die Stämme, die miteinander im Unfrieden lebten, zunächst durch Flugblätter oder Mittelsmänner zum Einlenken aufgefordert wurden, widrigenfalls ihre Dörfer nach einer bestimmten Frist bombardiert würden. Die Bombardements waren also im Regelfall mit vorherigen Warnungen verbunden, was Blutvergießen meist, aber nicht immer ausschloß. Es war Churchill, der auf einer Konferenz im Jahre 1921 in Kairo dem Air Ministry und der Royal Air Force die Verantwortung für die Aufrechterhaltung von »law and order« im Irak übertrug. Übrigens setzten auch Franzosen und Italiener Flugzeuge gegen unbotmäßige Kolonialvölker ein.

Die Eingeborenen sollten primär botmäßig gemacht werden. Die widerspenstigen Eingeborenen wurden durch den Druck der Ankündigung von Bombardements veranlaßt, sich aus ihren Dörfern in die Wüste zurückzuziehen oder Aufnahme bei anderen Stämmen zu suchen in der Erwartung, daß sie demoralisiert wurden und reumütig einlenkten, wenn ihnen und ihren Tierherden Nahrung und Wasser ausgingen oder sie ihren Gastgebern lästig wurden. Die Eingeborenenstämme sollten damit auch gezwungen werden, die Unfriedfertigen unter ihnen zur Raison zu bringen.

Die Methode bewährte sich im allgemeinen. In der entsprechenden Dienstvorschrift hieß es dazu, es sei »das normale Leben der feindlichen Bevölkerung in einem solchen Maße zu stören, daß ihr die Fortsetzung der Feindseligkeiten untragbar erscheint«[24] und sie sich gezwungen sieht, den Forderungen nachzukommen. Liest man in der sogenannten Casablanca-Direktive[25] vom 21. Januar 1943, was das Primärziel der Vereinigten Alliierten

Bomberoffensive gegen Deutschland sein sollte, nämlich »die fortschreitende Zerstörung und Paralysierung des deutschen militärischen, industriellen und wirtschaftlichen Systems und die Demoralisierung des deutschen Volkes bis zur Unfähigkeit zu bewaffnetem Widerstand«, dann scheint es hier eine Kontinuität der Auffassung gegeben zu haben, hatten doch die Amerikaner etwas andere Vorstellungen vom strategischen Bombenkrieg.

An das Vertreiben der Eingeborenen aus ihren Hütten scheint auch der im Bombenkrieg gegen Deutschland oft gebrauchte Begriff des »dehousing« (»enthausen«) der deutschen Zivilbevölkerung zu erinnern, und schließlich warfen die Engländer zu Beginn des Bombenkrieges 1939/40 nicht Bomben, sondern Flugblätter warnenden Inhalts. Der Ausdruck »dehousing« weist aber auch auf den qualitativen Unterschied zwischen einem relativ »humanen« Befriedungsverfahren in den Kolonien und den unterschiedslosen nächtlichen britischen Angriffen im Kriege auf Städte hin, denn während die Kolonialgebiete genügend Platz und Möglichkeiten zum Ausweichen boten, war das in den dichtbevölkerten deutschen Industriezentren nicht der Fall. Läßt sich dieser Unterschied für die ersten Kriegsjahre noch damit begründen, daß England nun einmal Luftkrieg gegen ein hochentwickeltes Land führen mußte mit einer Bomberwaffe, die technisch nur in der Lage war, Flächenziele, aber keine selektiven Ziele zu treffen, so gilt das nicht mehr für die letzten Kriegsjahre, als Harris die technischen Mittel zum genauen selektiven Bombenwurf zur Verfügung standen und er trotzdem auf Flächenbombardements beharrte. Hier spielt möglicherweise eine Mentalität hinein, wie sie sich bei der Befriedung von Kolonialvölkern aus der Luft gebildet und verfestigt haben mag. Harris hatte zuvor in den Kolonien gedient und wie er viele andere Bomberoffiziere. Es wäre eine interessante Aufgabe der Mentalitätsgeschichtsschreibung, einmal zu untersuchen, inwieweit eine solche »Kolonialmentalität« im Bomber Command und in der Royal Air Force vorhanden war und in welchem Maße sie sich auf die Führung des Bombenkrieges auf britischer Seite ausgewirkt hat[26]. Es scheint jedenfalls, daß diese Mentalität ein wichtiges Element in der Entwicklung der britischen Luftkriegsdoktrin und der Einstellung vieler RAF-Offiziere zum Bombenkrieg gewesen ist.

Die britische Luftkriegsdoktrin entwickelte sich recht unabhängig von dem italienischen Luftkriegstheoretiker Giulio Douhet[27]. Er glaubte, Kriege könnten allein durch rücksichtsloses Bombardement und einseitige Bevorzugung der Großbomberrüstung gewonnen werden. In den späten zwanziger und ersten dreißiger Jahren beeinflußte Douhet jedenfalls vorübergehend mehr oder weniger die meisten Luftkriegsdoktrinen. Doch waren auch dem britischen Luftkriegsdenken gewisse Douhetsche Züge nicht fremd. Aufgrund der im Verhältnis zu den sehr geringen materiellen und personellen

Schäden ungleich viel bedeutenderen psychologischen Wirkung der deutschen Bombenangriffe auf England im Ersten Weltkrieg, setzte Trenchard das Verhältnis zwischen moralischer und materieller Wirkung von Bombardements[28] wie 20 zu 1 an. Auf genauen Bombenwurf, der sowieso noch nicht möglich war, kam es dabei weniger an. Die indirekten Folgen eines Bombardements, zum Beispiel Arbeitsausfall in den Fabriken und Verwirrung unter der Zivilbevölkerung, erschienen ihm wichtiger. Ein Volk wie die Deutschen – sein Zusammenbruch 1918 habe es bewiesen – würde unter dem Luftbombardement eher zusammenbrechen als das harte Volk der Briten[29]. Schon 1923 meinte daher der Air Staff[30], die größte Wirkung eines Bombenangriffs werde durch den Bombenwurf auf legitime, etwa industrielle Ziele in dichtbevölkerten Industriestädten erreicht, also auf Flächenziele, bei denen die Treffgenauigkeit keine so große Rolle spielte. Dementsprechend gab es in der Royal Air Force der Zwischenkriegszeit tatsächlich eine Tendenz, das analytische Denken über die Physik des Bombenwurfs zu vernachlässigen[31], obwohl die Anfänge des Operations Research in Großbritannien auf den Ersten Weltkrieg zurückgingen[32]. Man gab sich auch keine große Mühe um eine Definition, was eigentlich ein militärisches Ziel sei. So wurde im britischen Vorschlag zur Kodifizierung der Luftkriegsregeln bei der Haager Juristenkommission im Jahre 1922 der Terminus »militärisches Ziel« laufend gebraucht, ohne ihn jedoch zu bestimmen[33]. Das war die Zeit, nach den Worten des späteren Luftmarschalls Slessor, als der Militärdienst noch als eine Art »angenehmer Teilzeitbeschäftigung für einen Gentleman« angesehen wurde[34].

Als Sir Edgar Ludlow-Hewitt, der spätere Chief of the Air Staff, in den späten zwanziger Jahren noch Kommandant des RAF Staff College war, warnte er davor, sich übermäßig auf Friedensplanungen und mathematische Kalkulationen zu verlassen, die den viel größeren psychologischen Faktor ohnehin nicht berücksichtigten. In der Tat verließ man sich damals lieber auf den sehr vagen »moralischen Effekt«[35]. Auch einer seiner Nachfolger am College, Air Commodore Philip Joubert de la Ferté, überbetonte das Irrationale, die Rolle der »stärkeren Herzen« (»stouter hearts«)[36], wie auch die spätere deutsche Kriegspropaganda gegenüber den Engländern (und beide Seiten sollten sich irren). Sir John Slessor schrieb rückblickend über diese Haltung gegenüber Bomber und Bombenkrieg in der Royal Air Force, daß sie »intuitiv« und eine »Glaubensangelegenheit« war[37]. Der Versuch, ab 1937 dem Bomber Command durch einen wissenschaftlichen Ausschuß zu größerer Zielgenauigkeit zu verhelfen, fand dort keine Gegenliebe. Man meinte, allein durch Astro- und Koppelnavigation und ohne Funknavigation auskommen zu können und gab sich einer auf dem »Bombertraum« oder »-glauben« beruhenden Selbstgefälligkeit hin, wie Professor R.V. Jones, Berater Churchills und späterer Chef des wissenschaftlichen geheimen Nachrichtendienstes der Royal Air Force, berichtete[38], ohne daß die britische Auffassung vom Bomber damals je eines ernsthaften Tests unterzogen worden wäre.

Trenchard äußerte im Jahre 1928 auch, zwischen zivilen und militärisch relevanten Bombenzielen könne angesichts der Verzahnung der Wirtschaft in industrialisierten Nationen nicht unterschieden werden[39]. Außerdem koste der Angriff auf militärische Ziele wahrscheinlich höhere Verluste als der auf zivile. Es könne nicht sein, daß militärisch-industrielle Ziele ausgespart würden, nur weil sie in Bevölkerungszentren lägen. Der Hinweis Trenchards, der Bomberangriff auf Zivilisten nur zum Zweck ihrer Terrorisierung sei unzulässig, kann als rein akademisch übergangen werden, da er gleichzeitig schrieb, es sei etwas völlig anderes, Rüstungsarbeiter anzugreifen. Wie wollte er aus dem gleichen, die Ziele betreffenden Grund, aus der Luft unterscheiden, wo sich die Quartiere von Industriearbeitern und wo sich diejenigen anderer Zivilisten befanden? Aber, so fuhr er fort, der Gegner denke ebenso. Man müsse ihm zuvorkommen.

Die Army und die Royal Navy lehnten diese Auffasung als inhuman ab. Der hohe Beamte und Völkerrechtsexperte im britischen Luftfahrtministerium, James Molony Spaight, rechtfertigte sie jedoch, indem er damals schrieb: »Die Moral der Bevölkerung muß gebrochen werden. Dazu sind die Großstädte geeignet, legt sie deshalb in Trümmer«[40]. Den gleichen Standpunkt – nach John Terraine »offizielle Air Staff Doktrin, die Botschaft, die Trenchard aus den Wolken holte und die jedem loyalen Air Force Offizier in die Seele graviert wurde«[41] – vertrat Premierminister Stanley Baldwin im November 1932 in einer Unterhausdebatte, als er sagte: »Der Bomber kommt immer durch. Die einzige Verteidigung ist der Angriff, und das bedeutet, daß man mehr Frauen und Kinder schneller töten muß als der Feind, um sich selbst zu retten«[42]. Der erste Teil dieses Ausspruchs gründete nicht zuletzt auf dem Umstand, daß die Jäger noch nicht viel schneller als die Bomber flogen und daher, wie in Deutschland auch, die Verteidigung des eigenen Luftraums, wie schon der Erste Weltkrieg erwiesen hatte, als unmöglich galt. Die von dieser Vorstellung ausgehende Überzeugung der Royal Air Force, in dicht geschlossener Formation fliegende Bomber könnten bei Tage auch ohne Jagdschutz ihren Auftrag erfüllen, wurde in der Luftschlacht über der Deutschen Bucht am 18. Dezember 1939 ad absurdum geführt. Für den Air Staff galt jedoch: »Die Bomberflotte ist grundsätzlich die Basis jeder Luftstrategie«[43].

Die britische Luftkriegsdoktrin schlug sich nieder in der Dienstvorschrift Air Publication 1300, Royal Air Force War Manual, Part I: Operations, von 1928, leicht verändert in der Fassung vom Februar 1940[44]. Ihr nicht allein militär-, sondern gesamtstrategischer Ansatz ist umfassender als der der entsprechenden grundlegenden deutschen Vorschrift[45]. Hier wie dort werden die

Luftstreitkräfte als Teil der Gesamtstreitkräfte bezeichnet – nicht wie bei Douhet als ausschlaggebender Teil –, die Mittel aber, um dem Gegner den eigenen Willen aufzuzwingen, auch zum Beispiel in der Diplomatie, der Propaganda und dem wirtschaftlichen Druck gesehen. Der Krieg wird, wie es die Möglichkeiten totaler Kriegführung in industrialisierten Gesellschaften nahelegte, als »nationale Angelegenheit« (»nation-wide concern«) beschrieben, der der »gesamtnationalen Anstrengung« (»nation-wide effort«) auch der gesamten Zivilbevölkerung bedürfe sowie aller industriellen, wirtschaftlichen, finanziellen, moralischen und natürlich militärischen Ressourcen. Unter den Ressourcen einer Nation nimmt deren Willenskraft oder Moral den ersten Platz ein vor den Streitkräften, den Arbeitskräften, der Wirtschaft, Industrie, vor Rohstoffen, Transportsystemen und Finanzen. Obwohl in der Vorschrift auch vom Selektivbombardement militärisch wichtiger Ziele die Rede ist, geht sie hierauf und auf die Unterscheidung von zivilen Zielen kaum näher ein, so wie diesem Punkt zusammen mit dem Problem der Zielgenauigkeit auch im dominierenden Teil des britischen Luftkriegsdenkens wenig Aufmerksamkeit gewidmet worden war. Möglicherweise spiegelt sich hier eine frühe Einsicht in die Schwierigkeit, die Verwickeltheit militärisch-industriell-ziviler Systeme aufzulösen, was jedoch in der amerikanischen und deutschen Doktrin wenigstens versucht wurde.

Die britische Doktrin geht von dem für sie viel wichtiger gehaltenen psychologischen Faktor aus und postuliert: »Die Willenskraft einer Nation ist die Grundlage all ihrer Kriegsanstrengungen, denn durch den Willen des Volkes wird die Regierung ermächtigt, die anderen Kraftquellen für die Kriegführung einsetzen. ... Eine Nation ist geschlagen, wenn Volk oder Regierung keinen eigenen Willen zur Verfolgung ihres Kriegszieles mehr haben«. Dieser Zustand könne herbeigeführt werden durch die Ausschaltung ihrer Streitkräfte, aber auch ohne daß diese besiegt werden, durch Hungerblockade, innere Zwietracht und Unruhen unter der Bevölkerung sowie deren allgemeine Kriegsmüdigkeit angesichts der Verwüstungen im Inneren. Die eigene »Moral« wird neben der »Bombe« – damals war natürlich noch nicht die Atombombe gemeint – als primäre Waffe einer Luftmacht zum Zentralbegriff der Vorschrift. Der Bomber wird »Hauptmittel zur Ausübung von Luftmacht«, der »Offensive Bombenkrieg« als »Haupttätigkeit von Luftstreitkräften« und »notwendiger Vorbote des Sieges« bezeichnet.

Der Erfolg im Kriege gründe mehr auf »Moral« im Sinne von Widerstandswillen als auf physischen Dingen. Aufgabe der Luftstreitkräfte sei es daher, »solche Ziele anzugreifen, deren wirksame Bombardierung die gegnerische Widerstandskraft aushöhlt«. Da viele der politisch-wirtschaftlich-industriellen Systeme, vermittels derer eine Nation lebt, gleichzeitig zivilen und militärischen Bedürfnissen dienen, diene auch der Bombenangriff dem doppelten Zweck, die Moral der Zivilbevölkerung und die Widerstandskraft der feindlichen Streitkräfte zu unterminieren. Der Demoralisierungseffekt, auch durch Zerstörung der Fabriken, sei der »ulterior purpose«, der letzte Zweck des Bombenkrieges. Eigentlich entspricht dieser Ansatz insofern »demokratischem« Denken, als in der Demokratie alle Gewalt vom Volke ausgeht, dessen »Moral« es in erster Linie zu paralysieren gilt, während dem deutschen Ansatz eher eine monarchische oder diktatorische Ordnung entspricht, in der das Gewaltmonopol bei den bewaffneten Kräften als Stütze der Machthaber liegt. Obwohl in der Vorschrift die Frage, ob personellen oder materiellen Schäden der Vorrang gebührt, wohl bewußt im unklaren gelassen wird, läßt sich nach Paul Crook der Eindruck nicht vermeiden, daß »die Royal Air Force einem latenten, wenn auch weitmöglichst unausgesprochenen Glauben an eine Terrorbombenstrategie anhing«[46].

Dies traf aber de facto noch nicht ganz zu. Das Bomber Command der Royal Air force war Ende der dreißiger Jahre auf einen strategischen Bombenkrieg nicht vorbereitet, weil die Royal Air Force finanziell wegen der schlechten wirtschaftlichen Lage in diesen Jahren lange vernachlässigt worden war und man in den letzten Friedensjahren angesichts des deutschen Luftrüstungsvorsprungs einen »knock-out-blow« der deutschen Luftwaffe zu Beginn einer Auseinandersetzung erwartete. Deswegen wurde nun vorübergehend die Verteidigungs-, also die Jägerrüstung forciert, weil das neue Radarnetz inzwischen zu funktionieren und die darauf fußende Jagdverteidigung erfolgversprechend schien. Viermotorige Bomber waren noch in der Entwicklung. Es gab weder Funknavigationshilfsmittel noch Luftbildkameras, auch keine zureichenden Bombenzielgeräte, geschweige denn Übungsplätze für den gezielten Bombenwurf. Die Ausbildung der Besatzungen war schlecht. Selbst bei Tage fanden kaum die Hälfte ihre Übungsziele im eigenen Land[47]. Der Befehlshaber des Bomber Command stellte im September 1937 fest, es sei »für den Krieg vollkommen unvorbereitet, außer bei schönem Wetter unfähig zu operieren und sowohl in der Luft als auch am Boden extrem verwundbar«[48].

War dies nicht auch eine Folge des selbstgefälligen Vertrauens in die Schlagkraft des Bombers und in ein Bombenkriegsszenario, bei dem es nicht auf selektive Zielgenauigkeit, sondern auf die Verwüstung ganzer Industriegebiete mit ihren Arbeitersiedlungen und auf die Brechung der zivilen Moral ankam? In diesem Sinne urteilte Max Hastings, der bekannte englische Luftkriegshistoriker und frühere Herausgeber des Daily Telegraph: »Der Glaube der Royal Air Force an die Wirksamkeit der Bombardements von Industriegebieten beruhte nicht auf einer realistischen Analyse des Anteils ausreichender industrieller Zerstörungen an einem Zusammenbruch der deutschen Wirtschaft, [...] sondern auf der Überzeugung, daß der Durchhaltewille der Industriearbeiter zusammenbrechen würde, wenn Bomben auf ihre Fabriken und Wohnsiedlungen herabregneten. Die Royal Air Force der Vorkriegszeit war auf den strategischen Terrorbombenkrieg ausgerichtet, und dies war der Kern der ›Trenchard-Doktrin‹«[49].

Noch bestehende moralische Hemmungen und der überaus unbefriedigende Zustand des Bomber Command legten es aber tatsächlich nahe, Hitler und die deutsche Luftwaffe nicht durch Bombenangriffe mit unzulänglichen Mitteln zu einem möglicherweise vernichtenden Schlag gegen englische Städte zu provozieren. Auch aus diplomatisch-propagandistischen Gründen – man wollte »nicht der erste sein, der seine Handschuhe auszog«[50] – zogen es der Air Staff und die britische Regierung vor, mit dem strategischen Bombenkrieg noch nicht zu beginnen. Die Deutschen taten übrigens gleiches aus ähnlichen Erwägungen. In diesem Zusammenhang ist darauf hinzuweisen, daß die Bombardierungspläne, die die Royal Air Force vor dem Kriege gegen Deutschland ausarbeitete, die sogenannten »Western Air Plans« – 16 an der Zahl – im allgemeinen militärisch relevante Ziele zum Gegenstand hatten, wie sie Lord Tiverton schon 1917 erwogen hatte. Das Bomber Command wollte also zunächst nicht[51] den unterschiedslosen oder Terrorbombenkrieg führen, auf den es laut Max Hastings zugeschnitten war. Die britische Luftkriegsdoktrin folgte vor allem pragmatischen, nicht prinzipiellen Gesichtspunkten.

US-Heeresluftstreitkräfte

Die amerikanischen Heeresluftstreitkräfte waren im Zweiten Weltkrieg zwar noch nicht selbständig, hatten aber innerhalb des Heeres eine erhebliche Autonomie, anders als in den beiden Jahrzehnten davor. Im weitreichenden Bombenkrieg hatten die Amerikaner im Ersten Weltkrieg noch keine Erfahrungen sammeln können, lediglich in der Heeresunterstützung in den letzten Monaten jenes Krieges. Die wesentlichen Ideen zum selbständigen strategischen Bombenkrieg wurden zunächst von Billy Mitchell[52] entwickelt, dem Kommandeur der US-Luftstreitkräfte in Frankreich 1918. Auch er kannte Douhet nur wenig, den er einmal getroffen hatte, und gelangte unabhängig von ihm zu seinem Konzept. Im Gegensatz zu Douhet galt ihm die Luftstreitmacht nur als ein Teil der gesamten bewaffneten Kräfte, und er sah die Notwendigkeit einer Jagdverteidigung.

Gegen den Widerstand des Heeresgeneralstabes, der in seinen Luftstreitkräften nach dem Ersten Weltkrieg nur eine Waffe zur Unterstützung der Infanterie sehen wollte – wie auch der Generalstabschef des deutschen Heeres, Ludwig Beck –, entwickelten vor allem einige Instruktoren an der Taktischen

Schule der Heeresluftstreitkräfte⁵³ in Montgomery, Alabama, Mitte der dreißiger Jahre in Fortsetzung von Mitchells Ideen die Grundsätze des unabhängigen strategischen Bombenkrieges. Wie Mitchell selbst, so setzten auch sie dabei ihre Karriere aufs Spiel, weil ihre Gedanken bei Heer und Marine als ketzerisch galten.

Die USA hatten damals keine Gegner, gegen die ein strategischer Bombenkrieg nötig gewesen wäre. Inzwischen hatten sich aber zunehmend die Ideen Douhets durchgesetzt⁵⁴, wenngleich nicht unbesehen übernommen und vorerst rein theoretische Spekulationen. Dies änderte sich erst mit der sich zuspitzenden politischen Weltlage gegen Ende der dreißiger Jahre, als Deutschland und Japan als potentielle militärische Gegner in das amerikanische Gesichtsfeld rückten. Spätestens seit dem Münchener Abkommen von 1938 war es Präsident Roosevelt⁵⁵ klar, daß man zur Bekämpfung Deutschlands nicht nur vorgeschobene Luftbasen im Atlantik benötigte, wie man sie 1941 gegen die Lieferung von 50 Zerstörern von den Engländern erhielt oder sie sich selbst nahm (Island), sondern daß nunmehr der schwere Bomber, dessen Entwicklung und Produktion jetzt forciert wurden, das Grundelement der Heeresluftstreitkräfte sein müßte. Diese hatten schon Mitte der dreißiger Jahre solche Bomber zum Schutze gegen sich nähernde feindliche Schiffe auf hoher See gefordert und als Defensivwaffe in Entwicklung gegeben. Jetzt wurde auch ihre offensive Bedeutung erkannt⁵⁶ und die neue Doktrin der Air Corps Tactical School anerkannt.

Diese postulierte als Hauptziel zweierlei: das Brechen des feindlichen Willens und ihm den eigenen Willen aufzwingen. Das könne nur offensiv durch Zerstörung der Kraftquellen des Gegners erreicht werden. Daneben könnten natürlich auch seine Streitkräfte angegriffen werden. Manchmal genüge schon das Androhen von Luftoperationen, um ihn von seinen beabsichtigten unfreundlichen Schritten abzuhalten. Der Vorteil der im übrigen mit den anderen Teilstreitkräften kooperierenden Luftstreitkräfte sei der Umstand, daß sie auch dort eingesetzt werden könnten, wo Heer und Marine nicht hingelangten. Das Hauptziel strategischer Bomberoperationen sei die »enemy national structure«, das heißt die Paralysierung von Militär, Industrie und Wirtschaft⁵⁷. Nicht die zivile Moral, sondern das wirtschaftlich-industrielle Netz des Gegners stehe im Vordergrund des Bombenkrieges. Dieser gegenüber der britischen Doktrin bedeutende Unterschied, der auf der Auswertung der Erfahrungen des japanisch-chinesischen Krieges und wohl auch auf puritanische Grundhaltungen zurückging, sollte im Krieg immer wieder zu Differenzen mit der Royal Air Force führen, wenngleich es am Ende zu einer Annäherung kam, die theoretisch allerdings schon programmiert war. In der Endphase eines Krieges, wenn das gegnerische System kurz vor dem Zusammenbruch stand, sollte nämlich zur Beschleunigung dieses Prozesses und zur

Abkürzung des Krieges ein unterschiedloses Bombardement auch der Zivilbevölkerung nicht ausgeschlossen sein. Oberste Grundsätze waren Wirtschaftlichkeit des Einsatzes und Genauigkeit des Bombenwurfs. Dieser Präzisionsgedanke war nicht zuletzt bedingt durch günstige meteorologische Voraussetzungen über dem amerikanischen Kontinent. Er wurzelte ferner in der Tradition des »marksmanship« des Wilden Westens – der erste Schuß mußte treffen –, ebenso in starken, in den USA weitverbreiteten ethisch-religiösen Überzeugungen und in der Verfügbarkeit des als ausgezeichnet angesehenen Norden-Bombenvisiers. Schließlich ist nicht zu vergessen, daß die schweren Bomber ursprünglich gegen Punktziele wie Schiffe eingesetzt werden sollten. Die Amerikaner glaubten daher ebenfalls wie die Engländer, sie könnten bei Tage selektive, räumlich begrenzte Ziele wie etwa Fabriken im geschlossenen Formationsflug ohne Jagdbegleitung wirkungsvoll bombardieren[58]. Das europäische Wetter sollte ihnen aber schwer zu schaffen machen.

Luftwaffe

Die Reichswehr zog aus der vom Chef der Heeresleitung, General Hans von Seeckt, veranlaßten Analyse der deutschen Luftkriegserfahrungen im Ersten Weltkrieg[59] den Schluß, daß strategische Bomberangriffe wenig ergiebig waren. Tatsächlich waren ja auch die in England angerichteten Schäden minimal. Danach würden schon wegen der zentralen Lage Deutschlands in der Mitte Europas deutsche Luftstreitkräfte am effektivsten im Zusammenwirken mit dem Heer eingesetzt, wo sie schon 1917 in der Nahunterstützung der vorgehenden Infanterie große Erfolge hatten. Taktisch-operative, nicht strategische Verwendung war daher das Gebot. Die vom Fliegerreferenten des Truppenamtes in der Heeresleitung erarbeiteten »Richtlinien für die Führung des operativen Luftkrieges« vom Mai 1926[60] zeigten hingegen schon einen gewissen Einfluß Douhetschen Gedankengutes, indem, ausgehend von der Unmöglichkeit einer wirksamen Verteidigung des eigenen Luftraumes, dem Bombenangriff auf die Kraftzentren im feindlichen Hinterland das Wort geredet wird, aber ohne dabei die Notwendigkeit zu vergessen, mit einer taktischen Luftstreitmacht auch die Bodentruppen zu unterstützen. Die geostrategische Lage erlaubte nicht den ausschließlichen Bombenkrieg à la Douhet[61].

Dennoch spielten die Ideen des Generals Douhet über den Bombenkrieg beim Aufbau der Luftwaffe 1933 eine Rolle. In ihrem Absolutheitsanspruch für die Luftrüstung, für die Unabhängigkeit der Luftstreitkräfte und den unterschiedslosen Bombenkrieg kamen sie dem sozialdarwinistischen Großmacht- und Prestigedenken Hitlers sowie dem Selbständigkeitsstreben

Görings und seiner jungen Waffe entgegen[62]. Eine starke Bomberwaffe zählte als notwendiges Attribut eines aufstrebenden Staates. Douhetsche Vorstellungen über Bombenkrieg und Bomberwaffe gab es auch in den Köpfen mancher offiziöser und privater Schriftsteller, NS-Politiker und Luftkriegstheoretiker in Deutschland während der dreißiger Jahre, so wie damals in anderen Ländern auch. Ein Major Helders (Pseudonym für Dr. Robert Knauß, später General der Flieger und Kommandeur der Luftkriegsakademie) entwarf ein infernalisches Szenario über die Zerstörung von Paris durch englische Großbomber[63]. Offiziöse militärische Autoren wie Gehrts, Macht und Herhudt von Rohden vertraten die Auffassung, daß der Luftkrieg gegen die Zivilbevölkerung schneller zum Zusammenbruch eines Gegners führe als der konventionelle Landkrieg oder verbanden die Theorie des totalen Krieges mit der NS-Ideologie der deutschen Volksgemeinschaft, die einen solchen Bombenkrieg überstehen würde[64]. Sie sahen auch, daß die arbeitende Bevölkerung in einem Krieg wichtiger Teil aller Kriegsanstrengungen sei und mithin als Bombenziel in die kämpfende Front als Heimatfront einbezogen würde. Der aus diesem Grunde forcierte Ausbau des Luftschutzes führte in dem Luftlagebericht des Luftwaffenführungsstabes Ic vom 2. Mai 1939 sogar zu der selbstgewissen Feststellung, daß Deutschland dadurch, daß es sich auf den totalen, also auch die Zivilbevölkerung in Mitleidenschaft ziehenden Luftkrieg vorbereitet habe, gegenüber allen anderen Nationen im Vorteil sei[65].

Ob allerdings die in solchen offiziösen Veröffentlichungen und amtlichen Dokumenten zum Ausdruck kommende Risikobereitschaft zum totalen Krieg und Bombenkrieg die tatsächliche Überzeugung der obersten politischen Leitung des Dritten Reiches und der Luftwaffenführung widerspiegelte, darf im Lichte neuer Forschungsergebnisse zumindest bezweifelt werden[66]. Angesichts der Befürchtungen, die die politische Führung und die obersten Reichsbehörden in Erinnerung an den Zusammenbruch auch der deutschen Heimatfront im Jahre 1918 bis tief in den Krieg hinein für den Fall hegten, daß dem deutschen Volk bei der Mobilisierung seiner Arbeits- und Wirtschaftskräfte für den Krieg zuviel zugemutet würde, erscheint die immer wieder zur Schau getragene Risikobereitschaft und beschworene Volksgemeinschaft eher als Vabanquespiel eines Hasardeurs und als Produkt der vor dem Kriege praktizierten Politik der Abschreckung und Erpressung, also der gegen potentielle Gegner gerichteten Einschüchterungspropaganda. In ihren Stricken hatten sich offenbar auch einige der genannten Autoren verfangen. Vielleicht war daher in der Rückschau die von England abgelehnte Forderung Hitlers, in das 1935 angestrebte deutsch-englische Luftabkommen eine Beschränkung des Bombenkrieges auf das Operationsgebiet des Heeres und der Marine einzubringen[67], eines der wenigen Dinge, die er wirklich ehrlich meinte, allerdings nicht aus Humanität, sondern aus Furcht vor den Folgen eines unbeschränkten Bombenkrieges, unbeschadet anderer Äußerungen, die ihm nachgewiesen werden können. England hätte nichts davon gehabt, weil es von vornherein auf den strategischen Bombenkrieg aus war. Hitler und besonders Göring, der sich auch bei diplomatischen Verhandlungen nicht scheute, seinen Verhandlungspartnern mit der Bombardierung ihrer Städte durch die Luftwaffe zu drohen[68] und der schon 1938 nach dem Großbomber rief,»der mit fünf Tonnen Bombenlast nach New York und zurück fliegt ..., um endlich einmal dem Hochmut dort drüben etwas das Maul zu stopfen«[69], aber auch die von Goebbels zentral geführte deutsche Presse vermittelten der Welt den Eindruck einer zum rücksichtslosen Luftkrieg auch gegen die Zivilbevölkerung entschlossenen deutschen Luftwaffe als unbarmherzige Vollstreckerin nationalsozialistisch-rassistischer Expansionspolitik und Hitlerschen Weltmachtstrebens[70]. Hierzu trug auch der Luftangriff auf Guernica bei.

Einem solchen »Image« entsprach die Luftwaffe keineswegs, weder nach ihrer Doktrin, noch nach ihrer Ausbildung und materiellen Ausstattung. Dem englischen Historiker Geoffrey Best ist zuzustimmen, wenn er schreibt, das Bild, das die NS-Propaganda von der Luftwaffe entwarf, habe diese wohl zum großen Teil, insbesondere ihren »respectable part«, in Verlegenheit (»embarrassment«) versetzt[71]. Die innere Ausrichtung der Luftwaffe entsprach, wenngleich sie zunehmend der NS-Indoktrination ausgesetzt war, gegen die sich der Generalstab der Luftwaffe indes noch 1944 wehrte[72], der eines militärischen Instruments im Rahmen traditionell-kontinentaleuropäischer Grundsätze und der auf den Luftkrieg bezogenen kriegsvölkerrechtlichen Regeln. Sie kann daher nicht einfach mit den sozialdarwinistischen Wünschen und Absichten sowie den Propagandakampagnen der politischen Führung identifiziert werden, ebensowenig wie das Schlagwort von der »NS-Luftwaffe« undifferenziert auf sie angewendet werden kann. Das Offizierkorps der Luftwaffe war, da nur wenige Jahre »alt«, noch zu inhomogen, um eine feste Tradition zu entwickeln. Es fehlte also der im Heeresoffizierkorps ursprünglich noch vorhandene konservative Korpsgeist und der nötige Zusammenhalt, um eine klare Stellung gegenüber dem Nationalsozialismus einnehmen zu können, setzte sich doch das Luftwaffenoffizierkorps neben den meist jüngeren Fliegeroffizieren aus ehemaligen Heeres-, Marine- und Polizeioffizieren zusammen. Mangels eigener Tradition konnte es in der Luftwaffe auch kaum wie im Heer zu einem Zusammenstoß konservativer Auffassungen mit meist von jüngeren und Reserveoffizieren vertretenen nationalsozialistischen Denkweisen kommen, so wie andererseits die Sensibilisierung gegen die nationalsozialistische Politik nicht den Grad erreichen konnte wie im Heer. In der Luftwaffe, dem am meisten technisierten Wehrmachtteil, kam es vor allem auf das Funktionieren der Technik an. Politischen

Fragen und Angelegenheiten gegenüber war man deshalb anfangs jedenfalls eher indifferent als in den beiden anderen Wehrmachtteilen. Man konnte sich dies auch leisten, da die Luftwaffe nach oben und außen durch die politisch profilierte Spitze in den Personen Görings und des Staatssekretärs und späteren Feldmarschalls Milch, die nach innen persönlich keinen großen politischen Eifer zeigten, abgeschirmt war. Es gab in der Luftwaffe Offiziere der verschiedensten politischen Couleur, auch solche wie General Dr. Robert Knauß, dessen Vorschlag einer Risiko-Luftwaffe, also einer Abschreckungsbomberwaffe 1933 zwar den Douhetschen Gedanken des unterschiedslosen strategischen Bombenkrieges reflektierte, wie er damals auch bei anderen Luftmächten erwogen wurde und insofern dem Luftkriegsdenken der Zeit entsprach. Aber Knauß stand deswegen keinesfalls dem nationalsozialistischen Gedankengut nahe, sondern er wollte im Gegenteil mit seinem Eintritt in die Luftwaffe 1935 in die innere Emigration gehen, und dies, nachdem sein aus den Zeitumständen geborener Plan ohnehin schon abgelehnt worden war[73].

Die Terrorkomponente erreichte »ganz sicher nicht in Deutschland die Oberhand im militärischen Denken«[74], schrieb der englische Historiker Crook, und der amerikanische Geschichtsprofessor James S. Corum wendet sich in seinem neuesten Buch über die deutsche Luftwaffe sogar vehement gegen die »Legende vom Terrorbombenkrieg«, der ihr seit Guernica und Rotterdam fälschlicherweise als Grundelement ihrer Doktrin angelastet werde[75]. Man mache es sich dabei sehr einfach, indem man ihre Luftkriegsdoktrin mit der nationalsozialistischen Ideologie in eins setze. Diesen Fehler wirft er auch dem amerikanischen Historiker Gerhard Weinberg vor, der in seinem 1995 erschienenen Buch über den Zweiten Weltkrieg mit dieser Legende arbeitet[76]. Corum stellt unter anderem fest: »Tatsächlich war das Terrorbombardement von Zivilisten vor dem Kriege nicht Teil der deutschen Luftkriegsdoktrin«, und »Guernica 1937 und Rotterdam 1940 seien aus militärtaktischen Gründen zur Unterstützung der Erdtruppen bombardiert worden ... In keinem Fall galten die Bombardements Zivilisten. ... Die Luftwaffe verwarf den Terrorkrieg in der Zwischenkriegszeit ausdrücklich. ... Weder die volkstümliche noch die NS-Auffassung über Krieg und Politik hatten wirklich Einfluß auf die professionellen Militärs, die die deutsche operative Luftkriegsdoktrin entwarfen. Sie waren erfahrene und mit der Luftfahrt und mit Luftoperationen sehr vertraute Offiziere, ... die offenbar wenig Interesse an den volkstümlichen oder NS-Auffassungen über den Gebrauch von Luftmacht in einem zukünftigen Kriege hatten.«

So lehnte die Reichswehrführung gleich zu Beginn des Dritten Reiches die dem auch in anderen Ländern waltenden Geist Douhets und der NS-Ideologie wie möglicherweise den noch geheimen außenpolitischen Wünschen der

NS-Regierung entsprechende Denkschrift des Verkehrsleiters der Lufthansa, Dr. Robert Knauß, vom Mai 1933 über die sogenannte »Risiko-Luftflotte«[77] ab, obwohl sie zunächst vom Staatssekretär des Reichsluftfahrtministeriums, Erhard Milch, nicht ohne Interesse entgegengenommen worden zu sein scheint. Knauß hatte in seiner Schrift die Aufstellung einer Großbomberflotte von 200 bis 400 Flugzeugen vorgeschlagen, die billiger sei als Panzerschiffe oder entsprechende Heeresdivisionen und potentielle Gegner Deutschlands während der Wiederaufrüstung besser in Schach halten könnte. Für die Wehrmacht waren angesichts ihrer quantitativen Unterlegenheit Jäger zur Reichsverteidigung und zur Heeresunterstützung wichtiger[78]. Anfang Mai 1936, einen Monat vor seinem tragischen Unfalltod, legte der Chef des Generalstabes der Luftwaffe, Walther Wever, den Schwerpunkt der Luftrüstung vom viermotorigen auf den schnellen mittleren zweimotorigen Bomber[79], der mit den inzwischen schneller gewordenen Jägern eher fertig werden konnte, sowie zur Bekämpfung der Ziele gemäß dem damaligen Kriegsbild (Frankreich, Polen, Tschechoslowakei) wie auch zur Heeresunterstützung zu genügen schien und wirtschaftlicher in größeren Stückzahlen herzustellen war. Dies bedeutete eine Abkehr vom Douhetschen Großbomber.

Daß nicht der Jäger, sondern der taktische Bomber im Mittelpunkt des Aufbaus der Luftwaffe stand, lag an der damals so gesehenen strategischen Notwendigkeit, den Luftkrieg vom allseits luftgefährdeten Reich durch offensives Verlagern der Kriegshandlungen auf gegnerisches Gebiet im Zusammenwirken mit dem Heer fernzuhalten. Dazu brauchte man Offensivflugzeuge wie den mittleren Bomber, der für das Zusammenwirken mit den Erdtruppen besser geeignet war als der Großbomber und der nach den damals nur kontinentalen Maßstäben daneben auch operativ im Sinne von strategisch einsetzbar erschien. Die Idee des wirklich strategischen Großbombers starb deshalb nicht, aber Hitler würde ihn erst nach Errichtung seines »Kontinentalimperiums« benötigen, das damals noch weit außerhalb der Vorstellung des Luftwaffengeneralstabes lag. Der Bomber war aber im deutschen Luftkriegsdenken die »entscheidende Waffe eines Luftkrieges«[80], weil Deutschlands ungünstige geostrategische Lage angesichts des für unmöglich gehaltenen Schutzes des gesamten Luftraumes im Falle eines Krieges nur angriffsweise verbessert werden konnte und der Bomber eben das Angriffsflugzeug war, der Jäger das Verteidigungsflugzeug.

Es kann festgehalten werden, daß die zunächst positive Rezeption Douhetscher Gedanken schon um die Mitte der dreißiger Jahre einer mehr am taktisch-operativen als am strategischen Einsatz orientierten Auffassung des Luftkrieges gewichen war[81]. Die auch im Zweiten Weltkrieg gültige deutsche Luftkriegsdoktrin drückt sich aus in der 1935 vollendeten und 1940 ohne wesentliche Änderungen neu herausgegebenen grundlegenden Luftwaffendruckvorschrift über »Luftkriegführung«[82], L.Dv. 16. »Die eigene Wehrmacht und das eigene Land«, so heißt es hier, »sind ständig durch die feindliche Luftwaffe bedroht. Dieser Gefahr kann durch Verteidigung im eigenen Land allein niemals genügend begegnet werden. Die Luftgefährdung des eigenen Landes zwingt von Kriegsbeginn an zu offensivem Einsatz von Kampfkräften gegen die Luftwaffe des Gegners im Feindgebiet.« Offensive Kampfführung im Feindgebiet sei unerläßlich, der Angriffsgedanke sei allem voranzustellen. Der Hinweis erscheint angebracht, daß dieser Offensivgedanke nichts mit der Aggressionslust Hitlers zu tun hat, wenngleich die auf den natürlichen Gegebenheiten beruhende Theorie sich gut seiner expansiven Kriegspolitik anpaßte. Jedenfalls hatten schon im Ersten Weltkrieg 30 bis 40 gegen England eingesetzte Bomberbesatzungen etwa 13 600 Mann an englischem Verteidigungspersonal gebunden[83]. Die Luftverteidigung spielte in der deutschen Doktrin nur eine sekundäre Rolle. Nach damaliger Auffassung, die noch stark vom bodenständigen Heeresdenken geprägt war, sollte sie insbesondere der Flakartillerie überlassen werden. Jäger wollte man vor allem zur Heeresunterstützung und zum Begleitschutz für Bomber einsetzen. Der Gedanke der selbständigen strategisch-zentralen Luftverteidigung durch Jagdflugzeuge, wie er dann 1943/44 akut wurde, war noch kaum entwickelt, wohl auch, weil es noch keine weitreichenden, auch zur Raum- und nicht nur zur Objektverteidigung geeigneten Jäger gab[84].

Die Angriffsdoktrin der Luftwaffe hielt sich an die traditonell-kontinentalen militärischen Grundsätze, unterschied zwischen Kombattanten und Nichtkombattanten und folgte den – allerdings sehr lückenhaften – Grundsätzen des Kriegsvölkerrechts, die verbindliche Grundlage der deutschen Luftkriegsdoktrin waren[85]. Diese eher gewohnheitsrechtlichen humanitären Grundsätze schützten aber die durch zulässige Bombenangriffe auf militärische Ziele mittelbar äußerst gefährdete Zivilbevölkerung nur mangelhaft[86]. Der britische Air Staff wies deshalb unmißverständlich darauf hin, daß es keine internationalen Verträge gab, die speziell das Luftkriegsvölkerrecht betrafen[87]. In der Luftwaffe wurden jedenfalls die wichtigsten völkerrechtlichen Bestimmungen, die von Bedeutung für die Luftkriegführung hätten sein können, der Truppe laufend bekanntgegeben[88]. Außerdem gab es als verbindliche Grundlage die Luftwaffendienstvorschrift L.Dv. 64 II[89] »Kriegsvölkerrecht«, eine Sammlung zwischenstaatlicher Abkommen von Bedeutung für die höhere Führung vom 1. Oktober 1939. Einleitend heißt es da: »Die Beachtung der Regeln des Kriegsrechts trägt dazu bei, die Kriegführung anständig und ritterlich zu gestalten. Nichtbeachtung führt erfahrungsgemäß zu Repressalien des Feindes und bietet seiner Propaganda eine willkommene Handhabe [...]. Für die Truppenführung sind alle Kriegsvölkerrechtsabkommen von Wichtigkeit, also auch solche, die zwar ohne rechtliche Bindung blieben bzw. sich im Stadium des Entwurfs befinden, aber trotzdem große praktische Bedeutung erlangten, wie die Londoner Erklärung von 1909 über das Seekriegsrecht und der Entwurf eines Luftkriegsabkommens vom Februar 1923«, die sogenannten Haager Luftkriegsregeln, die zwar rechtlich »nicht verbindlich, ... aber praktisch als richtunggebender Hinweis für die Entwicklung künftigen Luftkriegsrechts von Bedeutung« seien. Artikel 25 der Haager Landkriegsordnung von 1907, der die Beschießung von unverteidigten Orten »mit welchen Mitteln es auch sei« verbot, galt nicht, wie auch bei anderen Luftmächten, für den selbständigen Bombenkrieg gegen militärische Ziele in solchen Orten.

Dies bedeutete aber nicht die Freigabe des Terrorbombenkrieges. Terror- oder Vergeltungsangriffe waren nur als Ausnahmehandlung in der völkerrechtlichen Form der Repressalie mit ihrem Grundsatz der Verhältnismäßigkeit erlaubt. In der L.Dv. 16 von 1935/1940 lautete die entsprechende Ziffer: »Der Angriff auf Städte zum Zweck des Terrors gegen die Zivilbevölkerung ist grundsätzlich abzulehnen. Erfolgen aber trotzdem Terrorangriffe durch einen Gegner auf schutz- und wehrlose offene Städte, so können Vergeltungsangriffe das einzige Mittel sein, den Gegner von dieser brutalen Art der Luftkriegführung abzubringen. Die Wahl des Zeitpunktes wird vor allem durch das Vorausgehen eines feindlichen Terrorangriffs bestimmt. Der Angriff muß in jedem Fall klar den Vergeltungscharakter zum Ausdruck bringen«[90]. Die folgenden sieben Ziffern befassen sich mit der Art und Weise der Durchführung von Vergeltungsangriffen und deuten damit die gedanklich detaillierte Auseinandersetzung mit dem Problem an.

In den Thesen des Generalstabes der Luftwaffe über die Führung des Luftkrieges vom 20. Juli 1939[91], die »das Vorgehen der Truppenführer nur in dem durch das eigene Kriegsinteresse gebotene Maß« einschränken und ihre Maßnahmen innerhalb dieses Rahmens »decken« sollten, verbietet These 22 noch einmal Luftangriffe in der Absicht, »die Zivilbevölkerung zu terrorisieren, Nichtkombattanten zu verletzen oder die Güter ohne militärische Bedeutung zu zerstören oder zu beschädigen«. Weitere Thesen weisen darauf hin, daß bei Luftangriffen die Zivilbevölkerung und zivile Objekte geschont werden müssen. In den Erklärungen zu These 22 wird noch einmal auf die Völkerrechtswidrigkeit von Terrorangriffen hingewiesen und betont, daß, falls solche als Repressalie nötig werden, der Befehl hierzu »ausschließlich durch den Oberbefehlshaber der Luftwaffe« erfolgt. Damit sollte offenbar dem Mißbrauch dieses Mittels und der Gefahr der Verwahrlosung der damit befaßten Fliegertruppe vorgebeugt werden. Ferner hieß es: »Güter ohne militärische Bedeutung« werden aus Gründen der militärischen Zweckmäßigkeit sowieso nicht angegriffen. Ihre Erwähnung in der These sei nur aus formalen Gründen erfolgt. Hier wird u.a. das Prinzip der Wirtschaftlichkeit deutlich, das, geboren aus der jahrhundertealten preußisch-deutschen Erfahrung der Begrenztheit der personellen und materiellen Ressourcen, das Führungsdenken der Luftwaffe bestimmte. »Die Luftwaffe«, so sagte ihr Generalstabschef auf der Generalstabsreise 1939, »ist noch mehr als die anderen Wehrmachtteile darauf angewiesen, den Krieg so wirtschaftlich wie irgendmöglich zu führen«[92]. Dieses immer wiederkehrende Prinzip war einer der maßgeblichen Faktoren in der Einstellung der Luftwaffenführung gegen den unterschiedslosen oder Terrorbombenkrieg.

Ein anderer dieser Faktoren war die in den obigen Thesen schon zum Ausdruck gelangte klassisch-kontinentale Auffassung vom Kriege als einer militärischen Auseinandersetzung zwischen Kombattanten. Sie lautet in den folgenden wichtigen Sätzen der grundlegenden Vorschrift über Luftkriegführung folgendermaßen[93]: »Aufgabe der Wehrmacht im Kriege ist die Brechung des feindlichen Willens. Der Wille der Nation findet in der Wehrmacht seine stärkste Verkörperung. Die feindliche Wehrmacht niederzuringen ist daher vornehmstes Ziel im Kriege.« Nicht also die »Moral« der feindlichen Nation, sondern die Zerschlagung ihrer Streitkräfte ist das Ziel des Luftkrieges[94]. »Aufgabe der Luftwaffe ist es, durch Führung des Krieges zur Luft im Rahmen des Gesamtkrieges diesem Ziele zu dienen.«

In den Ziffern 10, 21, 22 und 31 werden dann die drei Hauptaufgaben der Luftwaffe genannt. Die erste und immerwährende ist der »Kampf gegen die feindliche Luftwaffe«, d.h. der Kampf um die Luftüberlegenheit, die erst den Schutz der eigenen vitalen Zentren gegen feindliche Bombenangriffe und die Operationsfreiheit insbesondere der Erdtruppe gewährleistet. An zweiter Stelle steht das »Eingreifen in die Operationen und Kampfhandlungen zu Lande und zur See«, was man als Kooperation im weitesten Sinne bezeichnen kann. Insbesondere wurde hier an die mittelbare Heeresunterstützung (»operativer Luftkrieg«) gedacht, weil man die unmittelbare Unterstützung auf dem Gefechtsfeld noch für viel zu schwierig hielt. Sie bekam man erst während des Spanienkrieges in den Griff[95]. In den letzten Vorkriegsmonaten wurde sie noch intensiv geübt, erhielt nach Kriegsausbruch 1939 einen sehr hohen Stellenwert und wurde im Rußlandkrieg zur Hauptkampfart auch der Bomberwaffe bis zur Selbstaufreibung. Dritte Aufgabe war der »Kampf gegen die Kraftquellen der feindlichen Wehrmacht«, also nach heutigem Verständnis der selbständige strategische Bombenkrieg, der allerdings verbunden wird mit der »Unterbindung des Kraftstromes« von den Fabriken zur Front. Man sieht, daß auch der strategische Luftkrieg teilweise unter dem Gesichtspunkt der indirekten Heeresunterstützung verstanden wurde; in diesem Falle zur Verhinderung des gegnerischen Nachschubs, wie früher die »operative Fernaufklärung ... [als] strategische[r] Weitflug vornehmlich im Sinne der Heeresbewegungen«[96]. Deswegen wurde auch der heute »strategisch« genannte Luftkrieg in der offiziellen Luftwaffenterminologie als »operativer Luftkrieg« – den Begriff »strategischer Luftkrieg« gab es einstweilen noch nicht – bezeichnet. Andererseits zählten zur »operativen Luftwaffe« auch die rein taktischen Fliegerverbände.

Der Begriff »operativ« schillerte und umfaßte alles zwischen »taktisch« und »strategisch«. Die hauptsächliche Bedeutung lag bei der mittelbaren Heeresunterstützung. Man ersieht daraus, daß sich die Luftkriegsvorstellungen ursprünglich jedenfalls von den Heeresoperationen ableiteten[97]. Erst 1943/44, unter dem Eindruck des strategischen Bombenkrieges der Alliierten gegen Deutschland, wurde der Begriff des »strategischen«, bisher »operativ« genannten Bombenkrieges entwickelt[98]. Hier wird der Unterschied in den Dimensionen des Luftkriegsdenkens deutlich: Kontinental begrenztes Denken auf der einen Seite, interkontinentales und globales auf der anderen. Der dritte Rang in der Reihenfolge der an sich gleichwertigen und lediglich von der jeweiligen Gesamtkriegslage abhängigen Hauptaufgaben für den strategischen Bombenkrieg entspricht ganz dem Stellenwert, den man diesem gegenüber den anderen Aufgaben einräumte.

Offensichtlich hatten die ersten beiden Aufgaben Vorrang vor der dritten, in die man am ehesten den Terrorbombenkrieg einordnen könnte, indem diese dritte Aufgabe, der Kampf gegen die feindlichen Kraftquellen, an einschränkende Bedingungen geknüpft war. Es müßten »die Ziele so ausgewählt werden, daß sich der Kampf der Luftwaffe rechtzeitig auf die Operationen von Heer und Kriegsmarine auswirkt«. Dies sei aber im allgemeinen nicht der Fall. Der Kampf gegen die Kraftquellen »wirkt sich [...] vielfach nur langsam aus und birgt die Gefahr in sich, daß er zu spät Einfluß auf den Kampf von Heer und Kriegsmarine gewinnt. Er bindet meist starke Kräfte für einen längeren Zeitraum. Sofern es sich [daher] nicht um Ziele handelt, deren Bekämpfung rasche Auswirkung auf den Kriegsverlauf erwarten läßt, ist [er] in der Regel nur dann angebracht, wenn die Operationen zu Lande und zur See erst der Vorbereitung einer Entscheidung dienen, wenn entscheidende Kampfhandlungen ihr Ende gefunden haben, oder wenn die Kriegsentscheidung allein durch Zerstörung der Kraftquellen zu erwarten ist«[99]. Dies war nach Ziffer 31 offenbar »bei Erstarrung des Krieges« der Fall – hier dachte man wohl an den verlustreichen, aber entscheidungslosen Stellungskrieg des Ersten Weltkrieges –, wo die Luftwaffe »das einzige Mittel« sein kann, um »ein Ausbluten der eigenen Kräfte auf der Erde zu verhindern und die Entscheidung zu erzwingen«. Es ist dies der gleiche Gedanke, der auch den Ausgangspunkt der britischen Luftkriegsdoktrin bildete, wo er jedoch die ganz andere Entwicklung hin zum »Bombertraum« nahm, während der strategische Bombereinsatz in Deutschland nicht der Regelfall, sondern der allerdings immer mitbeachte Ausnahmefall sein sollte. Hingegen war bei Entscheidungsschlachten zu Lande auch die operative Bomberwaffe stets einzusetzen. Unausgesprochen wirkt bei der Verweisung des strategischen Bombenkrieges an das Ende der Dringlichkeiten, auch wenn sie nur vorläufig für die damals absehbare Zeit und Lage galt, das Motiv der Wirtschaftlichkeit und der Kostenwirksamkeit mit. Die Texte zeugen aber auch davon, daß humanitäre Erwägungen ebenfalls eine Rolle spielten. So heißt es noch einmal in der Erklärung zur 24. These des Generalstabes der Luftwaffe für die Führung des Luftkrieges[100]: »Ziele in dicht bevölkertem Gebiet und Ziele in unmittelbarer Nähe von Objekten, auf die der Luftangriff [...] verboten ist, dürfen nur im gezielten Bombenwurf angegriffen werden«. Offensichtlich sollte damit die feindliche Zivilbevölkerung vor unnötigem Schaden bewahrt werden. Wie bei anderen Luftstreitkräften auch, hatten humanitäre Gesichtspunkte manchmal hinter die sogenannten Kriegsnotwendigkeiten zurückzutreten. Fehlwürfe waren unter Kampfbedingungen und aus technischen Gründen oft unvermeidlich. Dies drückte sich in der L.Dv. 16 lapidar in dem Satz aus: »Unbeabsichtigte Nebenwirkungen lassen sich bei den Angriffen nicht vermeiden«[101].

Die Frage ist nun, ob man sich mit dieser Zielungenauigkeit einfach abfand, wie dies lange Zeit in England der Fall war, oder ob man versuchte, diesem Übel beizukommen. Der Begriff »gezielter Bombenwurf« konnte in der deutschen Luftwaffe vieles bedeuten, nämlich Punktzielwurf oder Qualitätsbombenwurf im Sturzflug, Bombenwurf im Schrägangriff (Neigungsflug) oder im Horizontalhoch- und -tiefangriff unter Zuhilfenahme elektronischer Navigations- und Zielverfahren oder bei Erdsicht[102]. Tatsache ist, daß der Humanitätsgedanke zusammen mit dem – sicher dominierenden – Wirtschaftlichkeitsgedanken besonders in der deutschen Luftwaffe zu zwei sie bei Kriegsbeginn von den Luftstreitkräften anderer Mächte wesentlich unterscheidenden Entwicklungen geführt hat, zur Entwicklung der Sturzbomberwaffe und der Funknavigationsverfahren für die Bomberwaffe. Beide hatten den genauen Bombenwurf unter Verringerung der Gesamtbombentonnage, damit auch der Zahl der einzusetzenden Flugzeuge sowie die Schonung der Zivilbevölkerung zum Ziel[103].

Über den Sturzangriffsgedanken ist viel geschrieben worden[104]. Schon in der Reichswehr und vor Ernst Udets Eintritt in die Luftwaffe, der fälschlich immer noch als Beginn des Sturzbomberwesens in der deutschen Luftwaffe angesehen wird, experimentierte man mit Sturzbombern in der Absicht, mit geringstmöglichem Aufwand und Schaden höchstmögliche Wirkung zu erzielen. Die dann besonders von Udet und Jeschonnek geförderte Sturzangriffsidee beherrschte schließlich den ganzen Luftwaffengeneralstab[105], nachdem die Bombenwurfergebnisse im Horizontalangriff sich als sehr unbefriedigend erwiesen hatten. Nur so ist es wohl zu verstehen, daß die stillschweigende Ausdehnung der Forderung nach Sturz- oder Schrägangriffsfähigkeit von den mittleren Bombern auch auf den in Entwicklung begriffenen viermotorigen Bomber He 177 unbeanstandet als selbstverständlich angesehen wurde, obwohl das Technische Amt vor dem Kriege ihre Realisierbarkeit nur für den mittleren Bomber in Aussicht stellen konnte. Bezeichnend dafür, daß trotz der von Hitler 1938 befohlenen Verfünffachung der Luftwaffe und Schaffung einer großen Fernbomberflotte[106] der viermotorige strategische Bomber dennoch nicht im Mittelpunkt des Interesses der Luftwaffenführung stand, ist die Zögerlichkeit, mit der die parallel zur Entwicklung des Sturzangriffsverfahrens laufende Entwicklung der He 177 betrieben wurde. Je nach Lage der Dinge wurde sie forciert oder eingeschränkt, der Serienbau in der Siegeseuphorie 1940 sogar verschoben beziehungsweise auf fünf Exemplare pro Monat reduziert[107]. Neben den bekannten aus der Punktzielforderung resultierenden Schwierigkeiten mit diesem Typ, spielte dabei wohl auch die im Luftwaffengeneralstab beachtete Auffassung des Luftkriegstheoretikers Golovine eine Rolle, wonach Großbomber erst dann gebaut werden sollten, wenn sie benötigt würden, weil sie sonst zu schnell veralteten[108], das heißt der Zeitpunkt für den strategischen Fernbombenkrieg wurde trotz nie abreißender Überlegungen hierzu noch nicht als gekommen angesehen. Als es dann 1942/43 soweit war, hatte sich das Projekt auch in Görings Augen selbst ad absurdum geführt[109].

Keinesfalls jedoch sahen die ursprünglich schon vom Luftkommandoamt für das Sturzkampfflugzeug aufgestellten taktisch-technischen Forderungen nur den Einsatz im frontnahen Gebiet vor, wie es beim Stuka Ju 87 der Fall war. Die Forderung an das Technische Amt vom 31. Januar 1934[110] nannte vielmehr auch »Punktziele, die weit im feindlichen Gebiet liegen«, also strategische Ziele, Industriewerke. So wurde »das ganze Konzept der operativen [strategisch sein sollenden] Luftwaffe auf dem Sturzkampfflugzeug mit einer mittleren Reichweite aufgebaut«[111]. Noch in der Druckvorschrift D(Luft)g 1911 vom September 1940 hieß es: »Der Sturzkampfflieger hat die Hauptaufgabe, feststehende Anlagen des Gegners von militärischer, kriegs- und lebenswichtiger Bedeutung, die eine geringe Ausdehnung haben (Einzel- und Punktziele), anzugreifen.« Auch hier also wieder das Bemühen, selbst im weitreichenden Bombenkrieg nicht Flächen-, sondern Punktziele zu zerstören.

Nach den Bestimmungen für die Bombenwurfausbildung von Mitte 1937 durften bei einer Angriffshöhe von 1000 m die Bombeneinschläge durchschnittlich nicht weiter als 50 m, bei 6000 m nur 150 m vom Zielpunkt entfernt liegen[112]. Dem Wirtschaftlichkeit und Humanität berücksichtigenden Streben nach dem Qualitätsbombenwurf entsprach die die Ausbildung in der Luftwaffe beherrschende deutsche Rechtsauffassung einer kontinental-klassischen Luftkriegführung[113]. Gleichzeitig wurde damit aber der für die spätere Praxis des strategischen Bombenkrieges entscheidende quantitative Faktor, die Bedeutung des Masseneinsatzes von Bombern, nicht hinreichend gewürdigt, wie aus Vorkriegsstudien und aus Befehlen zum Einzeleinsatz von Bombern mit bestausgebildeten Besatzungen gegen England[114] hervorgeht. Die deutsche Luftwaffe war die einzige in der Welt, die sich dem wie immer motivierten Sturzangriffsgedanken in einem so hohen Maße und zum eigenen Nachteil verschrieb. Das britische Air Ministry lehnte den Sturzbomber noch 1941 ab[115].

Während die Engländer sich in den letzten Vorkriegsjahren, wenn auch nur vorübergehend, mehr mit dem Aufbau einer Jagdverteidigung als mit der Bomberwaffe befaßten, das heißt insbesondere mit der Errichtung eines defensiven Radarnetzes zur Jägerleitung, konzentrierten sich die Deutschen sehr zu ihrem eigenen Nachteil in der späteren Luftverteidigungsphase schon vor dem Kriege gemäß ihrer Offensivdoktrin auf die Entwicklung von Funknavigations- und Zielverfahren zum genauen Bombenwurf[116], wie sie die Engländer erst etwa zwei bis drei Jahre nach Kriegsbeginn in Angriff nahmen oder einsetzen konnten[117]. Der Funkstrahlenexperte Dr. Hans Plendl hatte schon 1933 begonnen, aus dem von der Firma Lorenz entwickelten Blindlandeverfahren ein Verfahren für den exakten automatischen Blindbombenwurf zu entwickeln, das bereits 1935 einsatzfähig war, 1937 beim Wehrmachtmanöver vorgeführt und 1938 eingeführt wurde. Schon 1936 war ein Funkortungsgerät zumindest für das Führerflugzeug von Fernbomberverbänden gefordert worden[118]. Die Funknavigation wurde vom Chef des Luftnachrichtenverbindungswesen und Luftnachrichteninspekteur, Oberst Martini, und vom Kommandeur des Luftnachrichtenversuchsregiments, Oberstleutnant Aschenbrenner, gegen den Widerstand des Reichsluftfahrtministeriums gefördert, wo noch die längst überholte Mentalität des Ersten Weltkrieges, des Kampfes der Flieger nach Sicht, herrschte.

Das sogenannte X-Verfahren bestand aus einem über das Angriffsziel gelegten Funkstrahl, auf dem das angreifende Flugzeug »ritt«; 50 Kilometer vor dem Ziel war in einem Bordgerät das Zeichen eines quer zur Angriffsrichtung gelegten Funkstrahles zu hören, das dem Piloten und Navigator signalisierte, daß man sich kurz vor dem Ziel befand. 20 Kilometer vor dem Abwurfpunkt war ein zweiter Querstrahl zu durchfliegen und gleichzeitig eine mit dem Bombenabwurfgerät gekoppelte Spezialuhr vom Bombenschützen zu starten. Beim Durchfliegen eines dritten und letzten Querstrahls 5 Kilometer vor dem Ziel wurde ein weiterer Zeiger an der Uhr in Bewegung gesetzt, der, sobald er deckungsgleich mit dem ersten Zeiger war, automatisch die Auslösung der Bomben bewirkte. Das Verfahren hatte in 5000 bis 7000 m Flughöhe eine Reichweite von 300 bis 400 Kilometer. Es hatte bei 300 Kilometer Entfernung vom Leitstrahlsender eine theoretische Genauigkeit zwischen -/+ 260 m in Quer- und 300 m in Längsrichtung. In der Praxis dürfte die Genauigkeit bei diesem wie bei den folgenden Verfahren geringer gewesen sein. Im Winter 1938 wurde die Luftnachrichtenabteilung 100 in Köthen aufgestellt, die das X-Gerät frontklar machen und die Bomberbesatzungen daran ausbilden sollte. Ende November 1939 wurde die Abteilung in Kampfgruppe 100 umbenannt, am 15. Dezember 1941 zum Kampfgeschwader 100 »Wiking« erweitert. Schon im Polenfeldzug wurden erste Angriffe nach dem X-Verfahren geflogen. Zum vollen Einsatz kam es ab dem 13. August 1940 gegen England. Mit dem Übergang zu Nachtangriffen markierten die mit dem X-Gerät ausgerüsteten Bomber der Kampfgruppe 100 die befohlenen Ziele zunächst mit Brandbomben. In die entstehenden Brände warfen die nachfolgenden Verbände dann ihre Sprengbomben. Damit hatte die Luftwaffe als erste Streitkraft die »Pfadfinder«-Taktik eingeführt, die das Bomber Command der Royal Air Force erst zwei Jahre später aufgriff, um sie dann weiter zu perfektionieren[119].

Außer dem X-Verfahren entwickelte die deutsche Industrie (Telefunken) noch ein zweites Verfahren zum gezielten Bombenwurf bei Dunkelheit, das sogenannte »Knickebein«-Verfahren, das mit nur zwei Funkstrahlen auskam, einem Leitstrahl und einem den Abwurfmechanismus über dem Ziel auslösenden Querstrahl. Dieses Verfahren war nicht ganz so genau, aber die Bomberbesatzungen beherrschten es leichter. Das vereinfachte X-Verfahren kam ohne spezielle Bordgeräte aus. Die Reichweite betrug 300 bis 400 Kilometer in 5000 bis 7000 m Höhe und die mögliche Navigationsabweichung in etwa -/+ 300 m in 300 Kilometer Entfernung von der Sendestation. Das Knickebein-Verfahren kam im Polenfeldzug noch nicht zur Anwendung, weil die schweren Sender nicht so schnell aufgestellt werden konnten wie die leichteren X-Sender. Sein Einsatz gegen England wurde von Anfang an – wenn auch nicht völlig – gestört[120].

Endlich kam ab Ende 1940 noch ein drittes, ebenfalls von Plendl entwickeltes Funkleitverfahren zum Einsatz, das sogenannte Y-Verfahren, das mit nur einer Bodenfunkstelle und einem Leitstrahl arbeitete. Der Leitstrahl bestand aus 180 Richtungszeichen pro Minute. Besondere Kennungszeichen zum Messen der Entfernung waren eingestreut. Dieses Verfahren hatte eine Genauigkeit von nur -/+ 1 bis 2 Kilometer in Leitstrahlrichtung und reichte ebenfalls 300 bis 400 Kilometer weit in 5000 bis 7000 m Flughöhe. Es wurde ab Mitte Februar 1941 gestört[121].

Die Entwicklung dieser Navigations- und Bombenblindwurfverfahren durch die Luftwaffe wäre ganz sinnlos gewesen, hätte man sich von vornherein auf den Terrorbombenkrieg gegen Städte eingerichtet. Die Luftwaffe strebte aber an, militärische und wirtschaftlich-industrielle Ziele möglichst genau zu treffen. Wenn in den Besprechungen zur Festlegung der Bombenziele häufig auch emotionsgeladene Wunschvorstellungen zugunsten von Terrorangriffen zum Ausdruck kamen[122], so fragte doch gerade der Generalstabschef der Luftwaffe, Jeschonnek, von dem solche Äußerungen ebenfalls bekannt sind, immer wieder nach Zielen, deren Zerstörung eine größtmögliche und möglichst unmittelbar eintretende Schwächung des Gegners zur Folge hätte[123], weil er angesichts der beschränkten Ressourcen wußte, daß ein Krieg, sollte er Aussicht auf Erfolg haben, kurz sein mußte. Während des ganzen Winters 1940/41 wurden die Bomberbesatzungen trotz teilweiser Störung der Funknavigationsverfahren immer wieder auf deren richtige Benutzung und auf Wege eingewiesen, um die Störungen zu umgehen. Um Blindbombenwürfe in Gebieten jenseits ihrer Reichweite zu vermeiden, wurden niedrigere Angriffshöhen befohlen und die »erfahrensten Besatzungen« als Beleuchter eingesetzt, um die »nach Erdorientierung einwandfrei ausgemachten Ziele« nachfolgenden Bomberverbänden kenntlich zu machen[124].

Ein weiterer Indikator dafür, daß es der Luftwaffe in den ersten Kriegsjahren nicht um die Zerstörung großer Stadtgebiete, sondern hauptsächlich um die Ausschaltung der vorbestimmten engumgrenzten Ziele ging, ist das Verhältnis zwischen Spreng- und Brandbomben in der abgeworfenen Bombentonnage. Der Brandbombenanteil, der in erster Linie zur Zielmarkierung diente, belief sich während der Luftoffensive gegen England 1940/41 auf durchschnittlich 7,7 Prozent (zwischen 4 und 10 Prozent), während er beim Bomber Command der Royal Air Force bald über 60 Prozent ausmachte[125]. Dies veranlaßte den langjährigen Befehlshaber des Bomber Command, Harris, zu der Bemerkung: »Die Deutschen verpaßten ihre Chance, unsere Städte ... in Brand zu setzen«[126]. Der Grund für dieses Versäumnis kann in den Jahren 1940/41 noch nicht im Mangel an Bombern und Brandbomben gesehen werden. Es fehlte ganz einfach die Absicht zum Flächenbombardement, war doch der Luftwaffenführung spätestens seit dem Spanienkrieg sehr wohl bekannt, daß »die beabsichtigte Wirkung [...] für die Art des Einsatzes und die Munitionierung bestimmend« ist, und daß bei Vergeltungsangriffen, die sich gegen Städte richteten, »bei der Wahl der Munition [...] neben der beabsichtigten moralischen Wirkung auch die Bauweise der angegriffenen Städte bestimmend für das Mischungsverhältnis zwischen Spreng- und Brandmunition« sein muß[127]. »In einem europäischen Krieg können Städte mit Holzfachwerk-Bau durch die Brandbombe angesteckt werden«[128]. Wegen der unkontrollierbaren Ballistik der Brandbomben hatten die Beleuchter ihren Auftrag in niedrigen Höhen auszuführen, besonders jenseits der Reichweiten der Funknavigationsverfahren.

Der hier dargelegten grundsätzlichen Einstellung der Luftwaffenführung gegen einen unterschiedslosen oder Terrorbombenkrieg gegen Zivilisten entsprach das Planspiel der Luftflotte 2 im Mai 1939, das den Luftkrieg gegen England zum Gegenstand hatte. Der Chef der Luftflotte, General Felmy, und ein Divisionskommandeur erwogen einen Terrorangriff auf London, den Felmy durchzuführen in Aussicht stellte, falls er befohlen würde. Aber er selbst verwarf schließlich eine solche Operation aus Gründen der politischen Moral und wegen der propagandistischen Abträglichkeit. Humanitäre Gründe führte er nicht an[129]. In seiner abschließenden Stellungnahme zu diesem Planspiel machte sich der Generalstab der Luftwaffe das dort erörterte Terrorbombenkriegskonzept ebenfalls nicht zu eigen. »Das erkennbare Fortschreiten der englischen Luftabwehr und ihre Organisation, gerade im Gebiet um London, würde diesen Angriff auf die stärkste Stelle des Gegners lenken. Es erscheint zweifelhaft, ob selbst eine Katastrophenwirkung in der Hauptstadt in der Lage ist, eine kriegsentscheidende Bedeutung zu erlangen. Bei der Zähigkeit der englischen Mentalität besteht vielmehr die Wahrscheinlichkeit, daß hierdurch der nationale Wille zum äußersten Widerstand eine unerwünschte Steigerung erfährt!«[130]

Wenn auch keine humanitären, sondern nur militärische Gesichtspunkte ins Spiel gebracht wurden, so entsprach diese Auffassung formal der völkerrechtskonformen Einstellung der Luftwaffenführung gegen den Terrorbombenkrieg als Regel. In diesem Sinne lehnte der Generalstab der Luftwaffe noch im Herbst 1939 ein für die Flächenziel-Bekämpfung ausgelegtes Entwicklungsprojekt mit der Begründung ab, daß »deutscherseits kein Angriff auf gegnerische Flächenziele beabsichtigt sei. Fernlenkentwicklungen sollten nach Maßgabe des Möglichen zur Bekämpfung von Punktzielen [...] vorgeschlagen werden«[131].

Praxis

Je länger der Krieg dauerte und je mehr er den Charakter einer ideologischen Auseinandersetzung annahm, desto erbitterter wurde er und desto tiefer sank bei den wichtigsten kriegführenden Luftmächten früher oder später und aus den verschiedensten Gründen die Schwelle zur Inhumanität, bis sich alle schließlich auf dem untersten gemeinsamen Nenner trafen, dem Terrorbombenkrieg. Diesen Weg beschritt aber die deutsche Luftwaffe erst spät und gegen die Überzeugung ihres Generalstabschefs auf Weisung Hitlers, wobei in der Regel dennoch militärisch relevante Ziele ausgewählt wurden und reine Terrorangriffe schon aus Mangel an Flugzeugen die Ausnahme waren. Denn die Bomber waren meist in Rußland oder im Mittelmeer an den Fronten gebunden. Im allgemeinen waren die in ihrer Wirkung dem Terrorbombardement ähnlichen, sich steigernden Zielungenauigkeiten der gegnerischen Abwehr und dem wegen der hohen deutschen Besatzungsverluste und des Treibstoffmangels zunehmend schlechter werdenden Ausbildungsstand des immer schneller nachrückenden Ersatzes zuzuschreiben.

Royal Air Force

Für den vom Bomber Command der Royal Air Force gegen Deutschland geführten Bombenkrieg waren die schweren Verluste bei Einflügen in deutsches Hoheitsgebiet im Dezember 1939 entscheidend. Die sogenannte Luftschlacht über der Deutschen Bucht am 18. Dezember machte deutlich, daß Tagbomber selbst in geschlossener Formation ohne Begleitjäger, die man technisch nicht für möglich und daher auch nicht für nötig hielt, ihren Auftrag gegen feindliche Abwehr nicht erfüllen können. Daher wurden ab Frühjahr 1940 die Bombenangriffe in die Nacht verlegt, worauf das Bomber Command allerdings überhaupt nicht vorbereitet war[132]. Natürlich erhöhten sich damit die bisher schon vorhandenen Schwierigkeiten bei der Zielfindung beträchtlich, wie der nächtliche Angriff auf den Seefliegerhorst Hörnum im März 1940 zeigte. Er war die Antwort auf einen deutschen Luftangriff kurz zuvor auf die britische Flotte in Scapa Flow. Hätte der Air Staff die Schwierigkeiten zugegeben, dann hätte die Regierung ihre Ressourcen möglicherweise in den Aufbau der anderen Teilstreitkräfte fließen lassen und mit dem »Bombertraum«, an den sich übertriebene Erwartungen banden – wie auch in Deutschland an die Bomberwaffe – wäre es aus gewesen[133]. Immerhin zeigten Hörnum und Scapa Flow, daß man sich noch hütete, das feindliche Territorium selbst anzugreifen.

Der eigentliche strategische Bombenkrieg der Royal Air Force gegen Deutschland begann in der Nacht vom 15./16. Mai 1940. Keineswegs fühlte sie sich nun stark genug, um ihre Doktrin zu verwirklichen. Der damals in seiner Auswirkung weit übertriebene deutsche Bombenangriff auf Rotterdam tags zuvor diente nur propagandistisch als Anlaß. Es ging vielmehr darum, die deutsche Luftwaffe von der Landfront im Westen abzulenken, wo sie am 13. Mai durch vorher nie dagewesenen massiven Einsatz den Durchbruch bei Sedan ermöglicht hatte, und den deutschen Vormarsch zum Kanal zu verlangsamen, wenn nicht zu stoppen. Die Jäger, so erwartete Churchill, würden nun zur Luftverteidigung in das Reich zurückgezogen, die Bomber auf London losgelassen, wo sie eine wohlvorbereitete radargestützte Jagdverteidigung erwartete[134]. Die nun beginnende längste Offensive des Krieges gegen das Dritte Reich war »keine Reaktion auf die bisherige deutsche Luftkriegführung, sondern die Verwirklichung einer schon seit langem für den Fall eines Krieges vorgesehenen Konzeption«[135]. Die deutsche Luftwaffe hatte das englische Mutterland noch nicht angegriffen, abgesehen vom Notwurf einer deutschen Bombe auf den Shetlands am 13. November 1939, vom Abschuß eines ersten deutschen Flugzeugs über England am 3. Februar 1940 und vom Absturz einer He 111 am 30. April 1940[136]. Auch in der Folgezeit war sie noch lange in Frankreich gebunden und stand für eine Bombardierung Englands noch nicht bereit. Der englische Völkerrechtsexperte J. M. Spaight hat diesen Tatbestand schon während des Krieges zugegeben, in dem er 1944 – damals Staatssekretär im britischen Luftfahrtministerium – schrieb: »Wir haben angefangen, Ziele auf dem deutschen Festland zu bombardieren, bevor die Deutschen begannen, Ziele auf dem britischen Festland zu bombardieren. Das ist eine historische Tatsache«[137]. Auch der amerikanische Historiker Professor Jeffrey W. Legro bestätigt, daß sich die Luftwaffe strategisch zurückhielt und Großbritannien »als erster die Grenze, die den Luftkrieg beschränkte, bewußt umgangen hat«[138]. In der Tat nahm der bis dahin mehr oder weniger auf militärische Erd- und Seeoperationen beschränkte Luftkrieg nun den Charakter eines Bombenkrieges gegen eine ganze Nation an. Diese Klarstellung der Fakten ist nötig, nachdem sich in Deutschland die irrige Meinung eingebürgert hat, die deutsche Luftwaffe hätte mit dem von Erdoperationen unabhängigen strategischen und unterschiedslosen Bombenkrieg begonnen und die Engländer hätten lediglich mit gleichen Mitteln reagiert. Diese falsche Version wird immer wieder popularisiert, auch z.B. in dem sonst recht objektiven Memorial-Museum in Caen. Mancher deutsche Historiker wurde nicht müde zu mahnen: »Wer den Wind sät ...«, die Deutschen seien dafür, daß sie den Terrorbombenkrieg begonnen hätten, zu Recht bestraft worden[139]. Hier ist wieder an das Kriegsvölkerrecht zu erinnern, das die Art der – in diesem Fall falsch dargestellten deutschen – Kriegführung von der Frage nach der Schuld am Kriege aus guten Gründen trennt.

Die britischen Bomberbesatzungen suchten nun vor allem militärisch-industrielle Ziele wie Treibstoffwerke im Rheinland anzugreifen, die zu treffen aber sehr schwierig war. Die Unwirksamkeit solcher Bombardements stand bald fest, so daß Churchill und der Befehlshaber des Bomber Command, Portal, sich im Juli 1940 Gedanken machten, wie man den Bombenkrieg wirksamer gestalten könnte. Am 5. Juli 1940 schrieb Churchill an Beaverbrook: »Nichts anderes wird den Deutschen zur Vernunft bringen und ihn in die Knie zwingen als ein absolut verheerender Ausrottungsangriff mit überschweren Bombern von diesem Land aus auf das Heimatland der Nazis«[140]. Das riesige Ausmaß der britischen Fehlwürfe war noch nicht bekannt, weil das Bomber Command noch nicht mit Luftbildkameras ausgerüstet war, über keine genaueren Navigations- und Zielverfahren verfügte und die Führung noch den Meldungen der Besatzungen glaubte, die ihre Ziele immer getroffen zu haben meinten[141]. Aus deutscher Sicht erschien dieser Bombenkrieg des Sommer 1940 wegen der gewaltigen Ab- und Streulagen der Bomben als planlos und nur dem Zweck der Terrorisierung der Zivilbevölkerung verfolgend[142], was die Goebbels-Propaganda weidlich ausnutzte. Diese Interpretation, abgesehen von der propagandistischen Ausnutzung, war aber ganz falsch. Die Angriffe galten militärisch-wirtschaftlich relevanten Zielen, und die Besatzungen waren angewiesen, ihre Bomben zurückzubringen, falls die Ziele nicht gefunden wurden[143]. Das sollte sich erst später mit dem Einsetzen deutscher Bombenangriffe ändern.

War der englische Bombenkrieg gegen Deutschland zwar der Wirkung nach aus den genannten Gründen schon ziemlich unterschiedslos – was mit dem Nebeneffekt der Brechung der »Moral« der deutschen Zivilbevölkerung gern in Kauf genommen wurde, wie es später umgekehrt auch die Deutschen taten – so war er es doch noch nicht der Intention nach. Dies änderte sich, wenn auch vorerst nur vorübergehend und probeweise, mit Portals Übernahme des Postens des Chief of the Air Staff im Oktober und nach dem deutschen Bombenangriff auf die Rüstungswerke in Coventry im November 1940. Dieser Angriff diente als Vorwand zum ersten auch der Absicht nach unterschiedslosen Bombenangriff auf Mannheim am 16. Dezember 1940 unter dem Decknamen »Operation Abigail«[144]. Es sollte ein einmaliger Vergeltungsangriff mit Zielpunkt Stadtmitte sein. Wegen mangelnder Konzentration der Bomber war er aber wenig effektiv und wurde seitens der deutschen Luftwaffe noch nicht einmal als bewußter Terrorangriff erkannt[145]. In den folgenden Monaten und Jahren wurde die Bomberkonzentration über dem Ziel durch das sogenannte »Bomberstrom«-Verfahren verstärkt und der Brandbombenanteil an der Gesamtbombentonnage beträchtlich erhöht. Die nötigen Navigations- und Zielverfahren wurden entwickelt und Pfadfinderverbände aufgestellt gemäß dem Vorbild des deutschen Kampfgeschwaders 100.

Die Engländer verfolgten vom Herbst 1940 bis zum Frühjahr 1942 eine zweigleisige Luftstrategie, indem sie sowohl selektive militärisch-industrielle, als auch Flächenziele, das heißt die Bevölkerung in Städten angriffen, um zu testen, welche Methode wirksamer sei. Man nannte dies später »Pas-de-deux alternierender Zielobjekte«[146]. Wegen immer noch schlechter Bombenwurfergebnisse, erkannt mit Hilfe inzwischen vorhandener Luftbildkameras, schwenkte das Bomber Command mit der Direktive des Air Staff vom 14. Februar 1942 voll auf den Terrorbombenkrieg gegen Flächenziele, vornehmlich Industriestädte, ein[147]. Dies wurde intensiv von Churchill gefördert, dessen deutschbürtiger wissenschaftlicher Berater Lord Cherwell alias Professor Frederick Lindemann ein Konzept zur »Enthausung« von 22 Millionen Zivilisten in 58 deutschen Großstädten entworfen hatte. Städte waren nachts wegen ihrer großen Ausdehnung leichter zu treffen als kleinere Industrieziele.

Erst eine Woche später wurde Luftmarschall Harris zum Befehlshaber des Bomber Command ernannt, dessen neuen Auftrag er nicht erfunden hatte, für den er aber aufgrund seiner Kolonialerfahrung die richtige Mentalität besaß[148]. Man hatte nun voll zur Doktrin Trenchards zurückgefunden. Harris ist vorzuwerfen, daß er auch nach Einführung neuester und außerordentlich genauer Navigations- und Zielverfahren (Rotterdam-Gerät H2S, Oboe-Bumerang-Verfahren, Markierungsbomben u.a.m.) wahrhaft besessen bei seinen Städteangriffen als Regel verharrte und Bombardements von industriellen Einzelobjekten, die er verächtlich als »Allheilmittel-Ziele« bezeichnete, gegen die Weisung seines Vorgesetzten weitgehend vermied. Bei seiner inzwischen großen Popularität wagte man jedoch nicht mehr, ihn abzulösen.

Ihren Höhepunkt erreichte die alliierte Bomberoffensive mit der Durchführung des seit längerem erwogenen Plans »Donnerschlag« (Thunderclap). Die Gründe hierfür waren mannigfaltig. Einmal war es der sich versteifende deutsche Widerstand im Westen nach der Invasion, der die alliierte Hoffnung auf ein Kriegsende in Europa noch vor Weihnachten 1944 zunichte machte. Hinzu kam die Absicht der Vergeltung des deutschen V-Waffenbeschusses gegen England, einer eindeutigen Terrorisierungsmaßnahme. Ebenfalls spielte eine Rolle die Überzahl an verfügbaren Bombern und Kriegsmaterialien, deren Transport zum ostasiatischen Kriegsschauplatz angesichts der neu aufkommenden deutschen U-Boot-Gefahr zu teuer schien[149]. Aus angloamerikanischer Sicht waren auch noch nicht alle erreichbaren deutschen Städte bombardiert. Man hatte ferner den Willen, den Zusammenbruch des Dritten Reiches angesichts der noch bevorstehenden, als sehr verlustreich eingeschätzten Niederringung Japans zu beschleunigen. Vielleicht bestand auch die Absicht, die zu Lande weit überlegen erscheinende Sowjetunion (deren Offensive aus dem Weichselbogen im Januar 1945 rasch Boden gewann, während die Westalliierten kaum vorankamen) vor zu weitem Vordringen nach Westen zu warnen und von der alliierten Überlegenheit wenigstens zur Luft zu überzeugen. Man wollte, wenn auch mit Schrecken, ein schnelles Kriegsende in Europa herbeiführen. Die Vernichtungsangriffe auf Berlin und Dresden im Februar 1945, auf Darmstadt, Pforzheim, Freiburg, Potsdam, ebenfalls der Angriff vom 12. März 1945 auf Swinemünde mit etwa 23 000 Toten unter den vor der Roten Armee flüchtenden Einwohnern der Ostgebiete geben Zeugnis davon. Mit dem Bekanntwerden der Folgen des Dresdner Bombardements war aber auch in den Augen Churchills und der britischen Regierung das Maß voll, obwohl Churchill bislang solche Angriffe gefördert hatte. Man ließ das Bomber Command fallen, dem Churchill ausdrücklich attestierte, daß es einen Terrorbombenkrieg geführt hatte[150], und berücksichtigte es mitsamt seinem Befehlshaber nicht bei den Ehrungen, die nach dem Kriege den anderen Waffengattungen und hohen Befehlshabern zuteil wurden.

Im Gegensatz zu Deutschland nahm Großbritannien nie das Recht der Repressalie in Anspruch, um seinen Bombenkrieg zu legitimieren. Es hätte sich damit seiner einzigen Waffe begeben, mit der es damals – denkt man an die Kette von Niederlagen der Briten bis Mitte 1942 in Europa, Fernost und im U-Bootkrieg – direkt gegen Deutschland zurückschlagen konnte. Die Repressalie, falls Deutschland darauf eingegangen wäre, hätte auch die Abkehr vom eigenen Bombenkrieg erfordert. Aber nichts wäre für England, wie es der bekannte Historiker der Bomberoffensive gegen Deutschland formulierte, »unmoralischer« gewesen als »den Krieg gegen Hitler-Deutschland zu verlieren«[151], und: »Die Moralität muß durch das Kriegsziel bestimmt werden, nicht durch die jeweilige Waffe, mit der es verfolgt wird«[152]: das heißt, die Mittel erhalten ihre Rechtfertigung durch den höheren Zweck, für den sie angewendet werden. Diese Haltung kam in einer britischen Regierungserklärung vom 18. April 1941 zum Ausdruck. Dort wurde zu einem vorausgegangenen Luftangriff auf Berlin gesagt, es handle sich dabei nicht um eine Repressalie, sondern um einen Teil der regulären Luftkriegführung, wie sie die Royal Air Force nach den Instruktionen seiner Majestät Regierung befolge. Diese »policy« werde bis zur Beendigung des Krieges mit hoffentlich immer stärkeren Kräften auch dann fortgeführt, wenn keine weiteren (deutschen) Luftangriffe mehr stattfinden sollten.[153]

US-Heeresluftstreitkräfte

Die Amerikaner hatten sich aus humanitären und praktischen Gründen lange dagegen gesträubt, in die britische Praxis nächtlicher Flächenbombardements auf Städte hineingezogen zu werden. Sie wollten als bald stärkste Luftmacht den Bombenkrieg nach ihrer Art führen, was umgekehrt auch ein Grund für die Briten war, bei nächtlichen Flächenangriffen zu bleiben, denn sonst hätten sie ihre Identität, wie sie sich aus vielen Gründen nun einmal ergeben hatte, an die Amerikaner verloren. So blieben die Amerikaner trotz entgegenstehender britischer und deutscher Erfahrung bei ihren sogenannten Tagespräzisionsangriffen im Formationsflug und zunächst ohne Jagdschutz. Ziele waren im allgemeinen Verkehrs-, Industrie- und Militäranlagen, die, da im Formationsflug und bei häufiger Behinderung des Norden-Zielgerätes durch die europäischen Schlechtwetterlagen nicht anders möglich, mit »Bombenteppichen« angegriffen wurden, das heißt im Flächenbombenwurf auf räumlich begrenzte Ziele. Daß dabei auch Schäden und Verluste unter der Zivilbevölkerung entstanden, wurde – wie von den anderen Luftwaffen auch

– als Nebeneffekt zur Erzielung moralischer Wirkung in Kauf genommen. Die im Spätsommer/Herbst 1943 etwa bei Schweinfurt und Regensburg erlittenen hohen Verluste veranlaßten schließlich die 8. US Air Force zu einem ersten bewußten Terrorangriff auf Münster am 10. Oktober 1943[154]. Auch nachdem die Amerikaner mit Jagdschutz flogen, die Luftherrschaft bei Tage errungen und die deutsche Tagjagdverteidigung ausgeschaltet hatten, sie also gezielt hätten angreifen können, folgten ihm zunehmend bei Schlechtwetter geführte, in ihrer Wirkung oft unterschiedslose Bombenangriffe – in den letzten Kriegsmonaten aus den gleichen Gründen, die auch für den britischen Thunderclap-Plan maßgebend waren. Offiziell ist dies jedoch mit Rücksicht auf die öffentliche Meinung in den USA und der Welt nie bestätigt worden.

Hervorzuheben sind in diesem Zusammenhang zahlreiche Tieffliegerangriffe mit Jagdbombern und Jägern auf Eisenbahnzüge und mit landwirtschaftlichen Arbeiten beschäftigte Zivilisten, wie sie allerdings 1943 manchmal auch von deutschen Jägern über England geflogen wurden. Immerhin richteten die Amerikaner mit ihren in der Hauptsache als Tagespräzisionsangriffe gegen militärisch relevante Ziele geführten Bomberoperationen direkt mehr Schaden in der deutschen Kriegsmaschinerie an als die Engländer mit ihren Nachtangriffen auf Städte. Doch sind die mehr indirekten Wirkungen letzterer nicht zu unterschätzen. Man denke nur an die Tausende von schweren Flakgeschützen, die zur Reichsluftverteidigung der Panzerabwehr an der Ostfront entzogen wurden, an die Unmengen von Aluminium, die in die Flakzünder eingingen statt in die Jägerproduktion – Jäger waren doppelt so effektiv wie die Flak –, an das viele Aluminium, das für die Luftverteidigung in die Funkmeßindustrie floß, an die zahlreichen Arbeitskräfte zur Aufräumung von Trümmern in den Städten oder zur Bedienung der Flakgeschütze, die der Rüstungsproduktion verlorengingen. Erinnert sei auch daran, daß es gerade die britischen nächtlichen Städteangriffe waren, die Hitler zur Vergeltung durch V-Waffen veranlaßten, deren eine, die V 2-Rakete, von Rüstungsminister Speer nach dem Kriege als einer seiner »schwerwiegendsten Fehler« und als »nahezu gänzlicher Fehlschlag«[155] bezeichnet wurde. Sie war zielungenau und weniger wirkungsvoll als die V 1-Bombe und verbrauchte viel zuviel Engpaßmaterial und Arbeitskraft, die bei wirkungsvolleren Projekten wie modernen Jagdflugzeugen und kleineren Flakraketen zur Luftverteidigung fehlten.

Die Abkehr der Amerikaner von der Doktrin des Präzisionsbombenangriffs bei Tage fand ihren Höhepunkt gegen Japan. Hier herrschten andere Grundgestimmtheiten als gegen den europäischen Gegner, und so wurden im Frühjahr 1945 viele japanische Städte durch Bombenangriffe niedergebrannt. Allein der Angriff auf Tokio am 10. März kostete über 80 000 Menschen das Leben, etwa ebenso viele Opfer wie bei der ersten Atombombe auf Hiroshima. Der Wille, eigene hohe Verluste bei einer eventuellen Invasion Japans zu vermeiden und den Krieg endlich zu einem Ende – wenn auch mit Schrecken – zu bringen, hatte hier ebenso obsiegt wie bei »Thunderclap« in Europa.

Luftwaffe

Die zu Kriegsbeginn 1939 geltenden Kampfanweisungen der Luftwaffe[156] untersagten für den westlichen Kriegsschauplatz alle Grenzüberquerungen durch Luftfahrzeuge – außer für Zwecke der Aufklärung – und hielten sich streng an die völkerrechtlichen Regel. Im Osten kam es jedoch gleich am ersten Tag des Polenfeldzuges zu einem tragischen Ereignis. Die kleine Stadt Wielun gleich hinter der schlesisch-polnischen Grenze wurde durch zwei Angriffe von Bomberverbänden des für die Heeresunterstützung zuständigen Generals z.b.V. Wolfram von Richthofen schwer getroffen. In einer deutschen Fernsehsendung im Sommer 1989 wurde dies als bewußter Terrorangriff bezeichnet. Die Durchsicht der einschlägigen Akten der Luftflotte 4, der Fliegerdivision 2, der I./Stukageschwader 76 und 77 und des Tagebuchs Richthofens ergaben[157], daß am Vorabend des Kriegsbeginns in dem Ort eine polnische Division und gleich daneben eine Kavalleriebrigade festgestellt wurden, die es auszuschalten galt. Beide am Morgen und Mittag durchgeführten Angriffe verfehlten wegen Bodennebels ihre Ziele. Wielun war also der Intention nach kein Terrorangriff, wenn auch der Wirkung nach. Solche Fehlwürfe kamen bei allen Luftmächten vor. Im Historischen Seminar der Universität Hannover gelangte man in Übungen unlängst (und ohne Kenntnis der veröffentlichten Auffassung des Verfassers in bezug auf Wielun) ebenfalls zu diesem Ergebnis.

In Warschau sollten gleich am ersten Kriegstage, dem 1. September 1939, militärische, industrielle und Versorgungsziele bombardiert werden[158], was im strategischen Sinne durchaus im Zusammenhang mit den Operationen des Heeres stand. Viele Ziele befanden sich im Vorort Praha. Der Angriff fand nicht statt. Göring befahl am gleichen Tag, daß er wegen der Gemengelage in Wohngebieten unterbleiben sollte[159]. Ein Befehl des Generals von Richthofen vom 11. September 1939 zur Bombardierung Warschaus wurde vom damit beauftragten Geschwaderkommodore im Einvernehmen mit seinen Gruppenkommandeuren selbständig in einen Angriff auf ein kriegswichtiges Ziel in Warschau umgewandelt. Der Kommodore wurde von Richthofen deswegen lediglich seines Postens enthoben. Einem Antrag Richthofens vom 22. September auf einen Terror- und Vernichtungsangriff auf Stadt und Bevölkerung von Warschau wurde nicht entsprochen[160]. Noch am 14. September berichtete der französische Luftwaffenattaché in Warschau nach Paris, »daß die deutsche Luftwaffe nach den Kriegsgesetzen gehandelt [...] und nur militärische Ziele bombardiert« habe, für französische Repressalien somit kein Grund vorliege[161]. Im letzten September-Drittel hatte sich die Lage Warschaus grundlegend gewandelt. Es war nun eine verteidigte Stadt in der Frontlinie, die sich trotz fünfmaliger Aufforderung nicht ergab. Sie konnte jetzt nach der Haager Landkriegsordnung angegriffen und beschossen werden[162]. Über die Bombardierung der Stadt – wie auch später Rotterdams – urteilt der britische Luftkriegshistoriker Noble Frankland, daß sie statthaft gewesen sei, »weil sie sich innerhalb der Gefechtszone ereignete und die Übergabe der militärischen Verbände in der Stadt zum Ziel hatte«[163]. Jedoch kann nicht in Abrede gestellt werden, daß die am 25. September ihren Höhepunkt erreichende Bombardierung Warschaus zur Vorbereitung der Eroberung der Stadt stellenweise den Charakter der Unterschiedslosigkeit annahm, da sie wegen Verlegung einiger Bomberverbände zum Schutz der Westgrenze teilweise mit zum gezielten Bombenwurf ungeeigneten Transportflugzeugen des Typs Ju 52 durchgeführt wurden. Die etwa ein Siebtel der Gesamtbombentonnage ausmachenden Brandbomben mußten aus den Maschinen mit Kohlenschaufeln herausgeschaufelt werden. Das Bombardement erfüllte aber auch insofern eine – in der Rückschau gewiß makabre – völkerrechtliche Bedingung. Es war zulässig, sofern es einen unmittelbaren militärischen Vorteil brachte – in diesem Fall die polnische Kapitulation –, der, wie immer man dies rechnet, im Verhältnis zu den zivilen Toten stehen mußte[164].

Die Stadt Freiburg i. Br. wurde gleich zu Beginn des Frankreichfeldzuges am 10. Mai 1940 irrtümlich von drei deutschen Bombern des Kampfgeschwaders 51 bombardiert, das eigentlich den Flugplatz von Dole-Tavaux angreifen sollte. Die Flugzeuge hatten sich, von Südbayern kommend, über dem Schwarzwald »verfranzt«. Die deutsche Propaganda machte aus diesem Irrtum wider besseres Wissen einen alliierten Terrorangriff. Seit 1956 ist die Angelegenheit wissenschaftlich geklärt[165]. Daß es sich tatsächlich um einen irrtümlichen Angriff gehandelt hat, wurde inzwischen durch weitere Untersuchungen erhärtet[166]. Dennoch wird mancherorts – ohne Beweis – behauptet, Hitler selbst habe den Befehl zum Angriff auf Freiburg erteilt, um die Wirkung solcher Bombardements auf die Zivilbevölkerung zu testen und einen Vorwand für Bombenangriffe auf gegnerische Städte zu erlangen. Dabei wird impliziert, die Luftwaffe sei schon derartig nationalsozialistisch indoktriniert gewesen, daß sie den Befehl gewissenlos ausgeführt habe[167]. Gewiß war Hitler bereit, sein eigenes Volk für seine Ziele zu opfern[168], aber auf Freiburg traf dies nicht zu.

»Rotterdam« gilt als Inbegriff eines deutschen Terrorangriffs, als der er seinerzeit von der britischen Kriegspropaganda hingestellt wurde. Die Verlustzahlen unter der Zivilbevölkerung an jenem 14. Mai 1940 wurden von den Briten auf etwa 30 000, statt tatsächlich knapp 1000 beziffert[169], aber das konnte man unter den Umständen des Krieges wohl auch nicht schon so genau wissen. Schon tausend tote Zivilisten sind bedauerlich genug. Tatsächlich handelt es sich um einen Angriff auf den für die Sicherung des Übergangs über die Lek-Brücke in die Festung Holland wichtigen und verteidigten Teil einer Stadt in der Frontlinie[170], der im Einklang der Haager Landkriegsordnung von 1907, insbesondere der Artikel 25, 26 und 27 erfolgte. Die Stadt war mehrfach zur Übergabe aufgefordert worden. Sie wurde verteidigt, und man war bemüht, die unvermeidbaren Nebenschäden auf das verteidigte Dreieck von etwa 1 Kilometer Seitenlänge unmittelbar nördlich der Brücke zu begrenzen. Es ist sogar versucht worden, den Angriff noch abzublasen, als die – verspätete – Kapitulation des Stadtkommandanten bekannt wurde. Jedoch nur eine von zwei Angriffsgruppen sah in dem von einem brennenden Schiff ausgehenden Rauch die entsprechenden Leuchtzeichen und drehte ab. Die Angriffshöhe war trotz erhöhter Beschußgefahr sogar auf nur 750 m festgelegt worden, um möglichst genaues Zielen zu gewährleisten. Auch nach Meinung Noble Franklands war die Bombardierung einer verteidigten Stadt in der Frontlinie, wie es in Warschau und Rotterdam der Fall war, zulässig[171]. Außerdem brachte dieser Bombenangriff einen unmittelbaren und großen militärischen Vorteil, die holländische Kapitulation am nächsten Tage und damit das Freiwerden eigener Truppen für den Hauptvorstoß über Sedan zum Kanal. Nur wenn ein unmittelbarer militärischer Vorteil von Belang zu erwarten war, durften solche Bombenangriffe durchgeführt werden, nicht aber wenn ein solcher Vorteil in absehbarer Zeit nicht zu erwarten war[172]. Der Verfasser hat im Mai 1990 an der Freien Universität Amsterdam in einem Vortrag über die deutschen Luftoperationen gegen die Niederlande vom 10. bis 15. Mai 1940[173] in diesem Sinne argumentiert. Nach einer anschließenden fairen und sachlichen Diskussion bestätigte ihm ein holländischer Geschichtsprofessor der Universität Rotterdam, er sei in Übungen mit seinen Studenten zu dem Thema zu einem ähnlichen Ergebnis gekommen. Jedoch sollte man auf der Straße möglichst nicht davon sprechen. Bundeskanzler Kohl bezeichnete den deutschen Luftangriff auf Rotterdam in einer Rede an der dortigen Universität hingegen als verbrecherisch.

Auch die strategischen Bombenangriffe auf Flugplätze und die Flugzeugindustrie um Paris und auf den Hafen von Marseille zur Unterbindung des Nachschubs für Nordafrika am 2. und 3. Juni 1940 waren keine Terrorangriffe[174]. Sie richteten sich gegen militärische Ziele, nicht gegen Wohngebiete. Eine Tagebuchnotiz des Obersten Hoffmann von Waldau, Chef der Operationsabteilung im Generalstab der Luftwaffe, nach der der Angriff auf Ziele bei Paris ein »mit Liebe ausgearbeiteter Schlag« war, dem die Absicht zugrunde lag, »eine erwünschte Ausstrahlung moralischer Art auf die Hauptstadt« zu erreichen, widerspricht dieser Zielsetzung nicht und ist kein Beweis für eine Absicht, die französische Zivilbevölkerung unmittelbar zu terrorisieren. Es ist der volle Wortlaut der Tagebuchnotiz heranzuziehen[175] – sie drückt in erster Linie die Erwartung der Lähmung der französischen Luftstreitkräfte aus, sodann das Ziel der Zertrümmerung der Motoren- und Flugzeugindustrie –, um zu erkennen, daß die Bombenziele bei diesen Angriffen zulässig, da von unmittelbarer militärischer Wichtigkeit waren, und der psychologische Demoralisierungseffekt lediglich als indirekte Nebenwirkung erwünscht war, auch wenn die Wahl der Worte dabei etwas eigenartig berührt.

Ebensowenig sind die von Hitler in seiner Weisung Nr. 13 vom 24. Mai 1940[176] »für die englischen Angriffe gegen das Ruhrgebiet« befohlenen Luftoperationen Belege dafür, daß von nun ab ein Terrorbombenkrieg geführt werden sollte[177]. Man könnte dies zwar annehmen, wenn man das Augenmerk nur auf die Wendungen richtet, daß nunmehr die Kampfführung gegen das englische Mutterland »im vollen Umfange« freigegeben und »mit einem vernichtenden Vergeltungsangriff« einzuleiten sei. Der Begriff »Vergeltungsangriff« besagt aber gerade, daß es sich um eine begrenzte Aktion zur Abstellung der Luftangriffe auf das Ruhrgebiet, also nicht um einen fortlaufenden Terrorluftkrieg handeln sollte. Für den weiteren Verlauf der Luftoperationen werden außerdem in der gleichen Weisung die Angriffsziele unter Verweis auf die »in Weisung Nr. 9 gegebenen Richtlinien und den hierzu vom Oberkommando der Wehrmacht (OKW) noch zu erlassenden Ergänzungen« angegeben. Diese Weisung Nr. 9 vom 29. November 1939 enthält folgende Angriffsziele: Hauptumschlaghäfen, Verminung der Zufahrtswege, Handelstonnage und Kriegsschiffe, Vorratslager, Kühlhäuser, Lebensmittellager, Truppen- und Versorgungstransporte, Flugzeug-, Waffen- und Munitionsindustrie. Die Ergänzungen des OKW zu dieser Weisung vom 26. Mai 1940 halten sich an diesen Zielkatalog und betonen die besondere Wichtigkeit der Flugzeugindustrie und der Versorgungswirtschaft (Gas, Wasser, Elektrizität). Die Luftangriffe auf das englische Mutterland sollten zudem erst beginnen, »sobald ausreichende Kräfte zur Verfügung stehen«, was erst etwa sieben Wochen nach Beendigung des Frankreichfeldzuges der Fall sein sollte, während das Bomber Command schon laufend und mit großer Ungenauigkeit Ziele in Deutschland angriff[178].

Die deutschen Luftangriffe richteten sich zunächst gegen den Schiffsverkehr um England, ab Anfang/Mitte August 1940 gegen militärische und vor allem Ziele der Luftrüstungsindustrie in Küstennähe und in Südostengland, wobei Bombenangriffe bei nicht einwandfreier Sicht – es handelte sich noch um Tagesangriffe – und Angriffe auf London laut Führerbefehl verboten waren. So kehrten beispielsweise Verbände mit ihren Bombern zurück, deren Ziele am 13. und 18. August unter einer geschlossenen Wolkendecke lagen. Erst am 4. September 1940 wurde dieser Führerbefehl aufgehoben[179]. Es galten die vorläufigen taktischen Richtlinien für den Einsatz von Verbänden der Luftwaffe gegen England vom 10. Januar 1940[180], nach denen sich die Kampfführung »stets nur gegen die befohlenen Ziele richten« durfte und Eigenmächtigkeiten der Besatzungen strengstens zu ahnden waren, da sie »für die eigene Kriegführung unerwünschte feindliche Gegenmaßnahmen zur Folge haben« könnten[181]. Opportunitätserwägungen dominieren hier offenbar, aber man wird auch humanitäre nicht ableugnen können. Immerhin wurden noch Bomberbesatzungen, die, wie spätere Luftbildaufnahmen zeigten, ihre Bomben entgegen den strikten Weisungen auf Wohngebiete in Liverpool abgeworfen hatten, vor ein Kriegsgericht gestellt[182]. Für die Praxis waren solche restriktiven Anordnungen wohl nicht immer realistisch, aber sicherlich waren sie wirklichkeitsnäher als die entsprechenden englischen Befehle, da diese sich auf Nachtangriffe ohne hinreichende Navigations- und Zielverfahren bezogen, während die Luftwaffe im Sommer 1940 noch bei Tage angriff. Allgemein kann festgestellt werden, daß Deutschland bis Ende Juli 1940 keine selbständigen Luftangriffe gegen das englische Hinterland unternahm. Hitler hoffte offenbar immer noch auf einen Ausgleich mit Großbritannien und hätte auch nach englischem Urteil eine Beschränkung des Bombenkrieges auf die Erdkampfzone einem strategischen Luft- und Terrorkrieg zu diesem Zeitpunkt noch vorgezogen[183].

Auch auf deutscher Seite[184] wurde im August und September 1940 erwogen, englische Städte[185] und die englische Zivilbevölkerung anzugreifen, um Aufstände der als »wehleidig« angesehenen Arbeiterschaft[186] gegen die Regierung und die herrschende Schicht sowie Massenpanik zur Verstopfung der Nachschubwege in das von der Wehrmacht vorgesehene Invasionsgebiet im Rahmen der »Operation Seelöwe« auszulösen. Seit Wochen waren vom Luftwaffenführungsstab und untergeordneten Stäben auch Luftangriffe auf die britische Hauptstadt in Erwägung gezogen worden[187]. Die Lage schien günstig für eine solche Eskalation aufgrund der nach dem 24. August 1940 eingetretenen Verschärfung der beiderseitigen Luftkriegführung. In der Nacht jenes Augusttages warfen einige wenige deutsche Bomber versehentlich Bomben auf das Stadtgebiet von London. Die Besatzungen sollen dafür einen strengen Verweis erhalten haben[188], da London laut Führerbefehl und Göring-Weisung noch nicht bombardiert werden durfte. Im Lagebericht des Luftwaffenführungsstabes Ic vom 25. August 1940 wird London als Ziel gar nicht genannt, obwohl die in der Nacht zuvor durchgeführten Angriffe sehr detailliert beschrieben werden[189]. Im allgemeinen waren diese täglichen Lageberichte sehr genau und entsprechend umfangreich. Dies alles deutet schon an, daß London nicht Angriffsziel war und es sich um einen versehentlichen Bombenwurf gehandelt haben muß. Entsprechend berichtete die »Londoner Times« in ihrer ersten Ausgabe nach diesem Geschehnis am Montag, dem 26. August 1940, von nur »ganz geringem Schaden«[190], und die amtliche englische Darstellung des Ereignisses bestätigt, daß es sich um versehentliche Bombenwürfe von bis zu zwölf deutschen Bombern gehandelt habe, nicht um einen größeren Angriff[191]. Zu diesem Schluß muß man auch gelangen, wenn man die Zahl der durch diese Bombenwürfe ausgelösten sogenannten »incidents« in jener Nacht in London, nämlich 76 Brände, mit den etwa 1500 kleineren, 11 Groß- und 6 Riesenbränden vergleicht, die der von der Luftwaffe mit 136 Bombern am 29. Dezember 1940 durchgeführte Luftangriff auf die britische Hauptstadt verursacht hat[192]. Die allgemeine Auffassung, daß es sich um einen unbeabsichtigten und in der Wirkung kleinen Angriff handelte, wird neuerdings durch die eingehende Untersuchung von Tress[193] noch einmal bestätigt.

Tress weist auch nach, daß Churchill dieser Zwischenfall sehr gelegen kam und er ihn zum Anlaß nahm, britische Bombenangriffe auf Berlin zu befehlen in der gleichen Erwartung wie im Mai beim Befehl zum Beginn des strategischen Bombenkrieges gegen Deutschland, daß dann nämlich Hitler London als Ziel für deutsche Bombenangriffe freigeben würde, wo eine wohlvorbereitete Abwehr zum Empfang bereitstand. Hitler entsprach dieser Erwartung, und ab 7. September wurde London aus diesem Grund und weiteren Gründen deutsches Bombenziel. Seine am 4. September 1940 nach wiederholten britischen Angriffen auf die Reichshauptstadt gehaltene Rede, in der er ankündigte, die englischen Städte »ausradieren« zu lassen[194], schien den Schritt zum Terrorbombenkrieg anzukündigen. Tatsächlich behielt er sich Terrorangriffe gemäß seiner Weisung Nr. 17 vom 1. August 1940 aber immer noch vor[195], und am 14. September 1940, zehn Tage nach dieser blutrünstigen Rede, lehnte er den Vorschlag des Generalstabschefs der Luftwaffe, Jeschonnek, englische Wohnviertel zur Erzeugung von Massenpanik unter der Zivilbevölkerung zu bombardieren, mit den Worten ab: »Ja, aber der Angriff auf kriegswichtige Teile ist immer das Wichtigste, weil er Werte zerstört, die nicht zu ersetzen sind. Solange man noch ein kriegswichtiges Ziel hat, muß man auf diesem bleiben«[196]. Und er befahl, »Luftangriffe gegen London unter Erweiterung der bisherigen Angriffsräume nach wie vor in erster Linie gegen kriegswichtige und für die Großstadt lebenswichtige Ziele einschließlich Bahnhöfe zu richten. Terrorangriffe gegen reine Wohnviertel sollen als letztes Druckmittel vorbehalten bleiben und daher jetzt noch nicht zur Anwendung kommen«[197]. Die Kampfaufträge zum Beispiel an die II. Gruppe des Kampfgeschwaders 76 beinhalteten weiterhin nur militärisch relevante Luftwaffen-, Luftrüstungsindustrie- und Verkehrsziele[198]. Als Vergeltungsangriff war zunächst nur der erste gezielte Bombenangriff auf London am 7. September 1940 deklariert, und zwar, wie der englische Militärschriftsteller und -theoretiker Liddell-Hart meint, völlig zu Recht[199]. Des weiteren wurden im Rahmen der inzwischen in die Nacht verlegten deutschen Bomberoffensive gegen die britische Rüstungswirtschaft noch die Angriffe auf London vom 16./17. und 19./20. April 1941 und vom 10./11.Mai 1941 als Vergeltungsangriffe erklärt, daneben noch einige wenige gegen andere englische Städte[200].

Im Herbst 1940 war die Luftwaffenführung trotz allerlei andersartiger Erwägungen bemüht, militärisch relevante Ziele zu treffen. Auch bei den sogenannten nächtlichen Störangriffen, deren Zweck es war, »die Bevölkerung nicht zur Ruhe kommen« zu lassen, sollten Luftwaffen- und vergleichbare Ziele angegriffen werden, die Bevölkerung also nur mittelbar in Mitleidenschaft gezogen werden. Auf Industrieziele, die wegen der Wetterverhältnisse oder wegen ihrer Lage besonders schwer zu treffen waren, sollten sogar nur besonders gute Besatzungen im Einzelangriff angesetzt werden[201], da »größere Verluste der Zivilbevölkerung vorerst vermieden« werden sollten.

Mit dem durch die britische Luftabwehr erzwungenen Übergang zu Massenangriffen bei Nacht auf Industrie- und Versorgungsziele in englischen Großstädten und auf Häfen im Südteil Englands ab Spätherbst 1940 und durch die Einstreuung einiger weniger Repressalienangriffe nahm die deutsche Luftoffensive der Wirkung nach teilweise, wie die englische umgekehrt schon lange, den Charakter des unterschiedslosen Luftkrieges an. Denn selbst in hellen Nächten war die Unterscheidung zwischen zivilen und legitimen Zielen nicht einfach und bei Massenangriffen das Zielen trotz Funknavigation nicht genau auf den Punkt möglich, sondern nur auf eine mehr oder weniger große Fläche um das Ziel herum. Verluste unter der Zivilbevölkerung mußten nun in verstärktem Maße in Kauf genommen werden, denn die sogenannten Kriegsnotwendigkeiten dominierten bei der Luftwaffe ebenso wie bei den gegnerischen Luftstreitkräften.

Besondere Bedeutung sollte der die deutsche Nachtluftoffensive eröffnende Nachtangriff vom 14. November 1940 auf das in der deutschen Zielkartei als »Klein-Essen« bekannte Coventry erlangen, auf das 503 t Spreng- und etwa 30 t Stabbrandbomben, sowie viele Ölbomben, auf jeden Fall aber weniger als 20 % Brandbomben von 449 Bombern abgeworfen wurden. Dabei wurden 568 Personen getötet, 863 schwer verwundet[202]. Ziele waren innerhalb von Wohngebieten über die ganze Stadt verstreute 17 Flugmotoren- und andere Rüstungsfabriken[203]. Zivile Verluste waren daher nicht auszuschließen. In dem entsprechenden Lagebericht des Luftwaffenführungsstabes Ic[204] über den »Großeinsatz gegen Coventry«, der diesen »Schwerpunkt der Flugzeug- und Flugzeugzubehörindustrie« weitgehend lahmlegen sollte, heißt es, daß »Angriffswirkungen in diesem Ausmaß noch nie beobachtet« wurden und daß »der mit dem Angriff [...] beabsichtigte Zweck gelungen ist«. Tags darauf wurde er im Kriegskabinett vom Lord President of the Council als »bisher schwerster Luftangriff auf ein Rüstungszentrum« bezeichnet, und der Minister für Flugzeugproduktion, Lord Beaverbrook, sagte: »Die Wurzeln der [Royal] Air Force stecken in Coventry. Wenn Coventrys Produktion zerstört wird, dann wird der Baum absterben«[205]. Der Schweizer Historiker Theo Weber beurteilte das Bombardement der Stadt als zulässig. Der englische Historiker Norman Longmate schrieb nach dem Kriege, der Angriff sei eine »legitime Kriegshandlung« gewesen, die, weil auch die Kathedrale von Coventry zerstört worden sei, in der Kriegspropaganda »als Terrorangriff auf die Zivilbevölkerung« dargestellt wurde und einen dramatischen Effekt auf die britische wie auf die Weltmeinung gehabt habe. Tatsächlich haben die deutschen Flugzeugbesatzungen entgegen aller Propagandamythen vom unterschiedslosen Terrorangriff ihre Ziele mit bemerkenswerter Genauigkeit getroffen. Kaum eine bekannte Firma der ansässigen Industrie entging ihrem Schicksal: »Die Deutschen zielten tatsächlich auf die Fabriken«. Adelbert Weinsteins in der »Frankfurter Allgemeinen Zeitung« vom 13. Februar 1998 aufgestellte These, Coventry sei ein Flächenangriff und das Modell für Dresden gewesen, entbehrt somit der Grundlage. Die in einem offiziellen Bulletin aufgestellte Behauptung, die Deutschen hätten Kirchen, Krankenhäuser und Wohngebiete bombardiert, ist nach Longmate »unwahr«. Und dies alles schreibt Longmate, obwohl auch etwa 50 Luftminen zu je 1000 kg an Fallschirmen abgeworfen wurden, wie er selbst feststellt[206]. Selbst der Kanonikus und Director of International Ministry der Kathedrale von Coventry, Paul Oestreicher, erklärte am 12. Februar 1995 im »Observer«: »Wenn Krieg Krieg war, dann war Coventry ein legitimes Bombenziel: Es war das Herz der britischen Rüstungsindustrie«[207]. Dies entsprach durchaus der Trenchard-Doktrin der Royal Air Force, wonach Bevölkerungszentren mit dichter Gemengelage von Fabriken und Arbeitersiedlungen bevorzugte Bombenziele waren.

Aus der Sammlung der Weisungen und Befehle für den Angriff der Bomberverbände auf Ziele in England vom August 1940 bis Juni 1941[208] geht hervor, daß es bei diesen Operationen, ausgenommen die als Vergeltungsangriffe deklarierten, um die Bekämpfung militärisch relevanter und industrieller Ziele ging. Die in den täglichen Lageberichten des Luftwaffenführungsstabes Ic[209] enthaltenen Ergebniszusammenfassungen der Bomberoperationen gegen England bestätigen diesen Tatbestand. Häufig ist dort aber hinsichtlich der Wirkungen auch zu lesen, daß die Bomben wegen mangelnder Sicht blind nach Funk- oder Koppelnavigation durch die Wolken geworfen werden mußten und die Wirkung aus dem gleichen Grunde nicht beobachtet werden konnte. Auch die Funknavigationsverfahren, die obendrein bald gestört, wenn auch nicht ganz unwirksam gemacht wurden, waren, wie erwähnt, nicht auf 100 m genau. Hin und wieder wird in den Lageberichten von Großbränden und brennenden Straßenzügen gesprochen[210], was verdeutlicht, daß auch Wohngebiete in Mitleidenschaft gezogen wurden. Dies wurde um so mehr in Kauf genommen, je weniger Fehlwürfe bei Nacht vermieden werden konnten, je weniger man der Bekämpfung der englischen Rüstungsindustrie und damit indirekt auch der Moral der britischen Zivilbevölkerung ab dem Spätjahr 1940 noch irgendwelche kriegsentscheidenden Chancen einräumte[211] und je mehr der Luftkrieg daher zum Zermürbungskrieg[212] degenerierte. Man wollte aber dennoch als Regel keinen Terrorbombenkrieg führen.

In der Hitler-Weisung Nr. 23 »Richtlinien für die Kriegführung gegen die englische Wehrwirtschaft« vom 6. Februar 1941[213] kam dies klar zum Ausdruck. Dort wurde Abstand genommen von »früheren Auffassungen«, England könne am besten durch Zerstörung seiner Rüstungswirtschaft und der damit verbundenen Brechung seines Widerstandswillens getroffen werden. »Die Auswirkung der Luftangriffe unmittelbar gegen die englische Rüstungsindustrie«, so heißt es dort, »ist schwerer abzuschätzen [...]. Am wenigsten ist bisher die Wirkung gegen die Moral und die Widerstandskraft des englischen Volkes von außen (sic!) erkennbar.« Der Schwerpunkt des Luftkrieges wurde deshalb auf die »Bekämpfung der feindlichen Zufuhr« gelegt, das heißt auf die Bombardierung von Handelsschiffen und Häfen, was daneben geführte Luftangriffe auf die Luftrüstungsindustrie nicht ausschloß. Von »planmäßigen Terrorangriffen auf Wohnviertel« war jedenfalls »kein kriegsentscheidender Erfolg zu erwarten«.

Inzwischen bereitete Hitler den Rußland-Feldzug vor und als Vorspiel zur Bereinigung der Lage an der Südflanke den Balkanfeldzug. Hierzu wurden starke Fliegerverbände von der Englandfront abgezogen. Das bekannteste Luftkriegsereignis des Balkanfeldzuges war die Bombardierung Belgrads am 6. April 1941. Belgrad war nicht schon zwei Tage zuvor zur offenen Stadt erklärt worden, wie mancherorts behauptet[214]. Es wurde in der jugoslawischen Regierung, wie von deutschen Botschaftsangehörigen am 4. April nach Berlin berichtet, lediglich erwogen, dies im Falle eines Krieges mit Deutschland zu tun. Wenn aufgrund der falschen Annahme geschlossen wird, Belgrad habe nicht angegriffen werden dürfen, so wird dabei die damals allgemein akzeptierte Völkerrechtsauffassung verkannt, wie sie der britische Luftkriegsrechtsexperte Spaight wiedergibt: »Mir ist keine Völkerrechtsregel bekannt, welche einer Stadt, die eine solche Erklärung abgibt, Unverletzlichkeit verschafft. Die Frage, ob eine Stadt aus der Luft bombardiert werden darf, hängt nicht davon ab, ob sie sich ›offen‹ oder ›unverteidigt‹ nennt, sondern davon, ob sie irgendwelche militärischen Ziele enthält«[215]. Solche gab es genug. Hitler hatte zwar den Befehl zur Vernichtung der ganzen Stadt gegeben, aber der zuständige Luftflottenchef, Generaloberst Löhr, und sein Stab wandelten ihn in letzer Minute zu einem Luftangriff auf militärische, Kommunikations- und Versorgungsziele im Stadtgebiet um[216]. Eine etwa zehn Tage nach dem Angriff auf Weisung Görings entsandte Expertenkommission des Generalluftzeugmeisters, die die Wirkung der 218,5 t abgeworfener Bomben bei diesem Angriff auf die Stadt festellen sollte[217], nennt in ihrem Bericht unter anderem folgende Ziele: Königspalast, Kriegsministerium, militärische Stäbe, Hauptpostamt, Telegraphenamt, Personen- und Güterbahnhof, Kraftwerke, Kasernen. Die Paralysierung der Verbindungen zwischen Stäben und Verbänden der jugoslawischen Streitkräfte war eine maßgebliche Ursache für deren schnellen Zusammenbruch. Auch hier war der militärische Vorteil unmittelbar gegeben. Aber noch sind nicht alle Aspekte dieses Luftangriffs geklärt, insbesondere nicht der Abwurf zahlreicher Luftminen und die Flächenzerstörungen im Zentrum und Nordwesten der Stadt, die die Luftwaffen-Experten mit 20–25% der gesamten Stadtfläche angeben nach dem Maßstab,»was im augenblicklichen Zustand seiner ursprünglich vorgesehenen Verwendung nicht mehr dienen kann«. Offenbar war es nicht möglich gewesen, Hitlers Vernichtungsbefehl völlig umzuwandeln.

Die Beispiele Guernica, Warschau, Rotterdam, Coventry und Belgrad, die bisher als Terrorbombenkriegslegenden den sachlichen Zugang zur deutschen Bombenkriegführung versperrten, erweisen sich somit selbst nach gegnerischer Auffasung als legitim. Diese Legitimität schloß damals auch den sogenannten »collateral damage«, die nichtbeabsichtigten Nebenwirkungen ein, die allerdings zur Beeinträchtigung der gegnerischen »Moral« alle Kriegsparteien in Kauf nahmen.

Inzwischen wurde die deutsche Nachtluftoffensive gegen die englische Zufuhr- und Rüstungswirtschaft fortgesetzt. In der Nacht des 10./11. Mai 1941 wurde sie durch einen Großangriff auf London wegen des bevorstehenden Rußlandfeldzuges abgebrochen, wobei dieser Angriff wiederum als Vergeltungsangriff im Sinne einer Repressalie deklariert wurde. Man mag hierin Zynismus sehen, nachdem England ja am 18. April 1941[218] erklärt hatte, daß es sich auf das Instrument der Repressalie nicht einlasse. Damit wäre ja die deutsche Berufung hierauf sinnlos geworden und nichts anderes als ein Vorwand für Terrorangriffe. Mit der erneuten ausdrücklichen Berufung auf das Recht der Repressalie brachte Deutschland jedoch wiederum zum Ausdruck, daß es die englischen Flächenangriffe gegen das Reichsgebiet als kriegsrechtswidrig verurteilte und auch die eigenen Vergeltungsangriffe nur als Repressalie für zulässig hielt. Dies bedeutete, daß Deutschland sich an das bisher geltende Luftkriegsrecht mit seinem Gebot weitestmöglicher Schonung der Zivilbevölkerung halten wollte[219]. Natürlich stand zu diesem Zeitpunkt dahinter noch die Absicht, England nicht zu stärkeren Luftangriffen gegen Deutschland zu provozieren, weil die Masse der deutschen Luftstreitkräfte in Kürze im Ostfeldzug gebunden, die Luftverteidigung im Westen also geschwächt sein würde. Vor allem aus diesem Grund verbot Hitler noch Mitte März 1942 einen schon befohlenen Vergeltungsangriff auf London, nicht aus Humanität, sondern weil er »einen Angriff auf deutsche Städte ... nicht provozieren« wollte, solange »keine vernichtenden Schläge im Westen« geführt werden konnten[220].

Es erhebt sich natürlich die Frage, wie die deutsche Bombenkriegführung der ersten beiden Kriegsjahre nach dem Kriege seitens der Betroffenen, vor allem der Engländer, beurteilt wurde. Einen eindeutigen Beweis, daß der Bombenkrieg gegen England 1940/41 kein intentioneller Terrorkrieg war, liefert der Autor der amtlichen britischen Geschichte der Luftverteidigung Englands selbst, Sir Basil Collier: »Obwohl in dem von der Luftwaffe Anfang September [1940] gefaßten Plan auch Angriffe gegen die Zivilbevölkerung in größeren Städten erwähnt sind, weisen detaillierte Unterlagen, die über diese Angriffe im Herbst und Winter 1940/41 angefertigt wurden, nicht darauf hin, daß ein unterschiedsloser Bombenkrieg gegen die Zivilbevölkerung beabsichtigt war. Zielpunkte waren meist Fabriken und Hafenanlagen. Andere Ziele, die den Bomberbesatzungen speziell zugewiesen wurden, umfaßten die Londoner City und das Regierungsviertel um Whitehall«[221].

Da in dieser Feststellung von »größeren Städten« gesprochen wird und sie – nur durch einen kleinen Absatz getrennt – gleich unter der Kapitelüberschrift »The Night Offensive against British Industry and Communications« steht, ist anzunehmen, daß sie nicht nur für London, sondern ebenso für die anderen Städte gilt, in denen von November 1940 bis Mai 1941 Ziele von der Luftwaffe angegriffen wurden. Aber nicht nur der Historiker kam 1957, nachdem die Kriegspropaganda sich erübrigt hatte, zu diesem Urteil, sondern der britische Luftfahrtminister Lord Sinclair mußte bereits im April 1941 diesen Eindruck haben, wie aus dem Bericht des Stabschefs der amerikanischen Heeresluftstreitkräfte, General Arnold, hervorgeht, der mit einer Beobachter-Delegation damals in London weilte[222]: »Sinclair nahm mich«, so schrieb er, »in seinen Luftschutzbefehlsbunker. Dort hing eine Karte der Stadt, auf der jeder Bombeneinschlag eingetragen war. Sie waren über ganz London verstreut, meistens aber bei Bahnhöfen, Stellwerken, Kraftwerken, Transformatorenstationen, Brücken, Hafenanlagen, Lagerhäuser und Fabriken; aber viele waren in Wohngebieten.« Die Luftwaffe hatte sich offensichtlich bemüht, militärisch relevante Ziele zu treffen. Die im Vergleich zu den meisten auf legitime Ziele abgeworfenen Bomben weniger zahlreichen Bomben im Stadtgebiet werden nicht nur auf nicht vermeidbare Ungenauigkeiten beim Zielen, sondern auch auf die wenigen absichtlichen Vergeltungsangriffe zurückzuführen sein, die die Engländer von der Bombardierung deutscher Städte abbringen sollten.

Nach einem seiner Vorträge am Royal Air Force Staff College in Bracknell fragte den Verfasser ein Air Chief Marshal, der als Junge die deutschen Luftangriffe auf England miterlebt hatte, wieso es möglich war, daß die deutschen Bomber so genau trafen. Der Verfasser antwortete mit Hinweisen auf die anfangs sehr gut ausgebildeten Besatzungen, auf die Funknavigation und das Sturz- oder das Schrägangriffsverfahren. Selbst Harris hob in seinen Memoiren die Genauigkeit der deutschen Bombenwürfe hervor, jedenfalls zu Beginn der Battle of Britain. Dann weist er aber richtig darauf hin, daß mit dem Ansteigen der hauptsächlich durch die unzureichende Bewaffnung der deutschen Bomber verursachten Verluste die Qualität der Besatzungen und die Zielgenauigkeit sich verschlechterten[223]. Wichtig ist der erste Teil seiner Feststellung, weil er beweist, daß die Luftwaffe auf Punkt- und Flächenziele ausgerichtet war, das heißt auf die Bombardierung zulässiger Objekte.

Erst nach den vernichtenden Brandbombenangriffen des Bomber Command am 28./29. März 1942 auf Lübeck und am 26./27. April 1942 auf Rostock, die die Innenstädte ausbrannten, schwenkte die Luftwaffe auf Befehl Hitlers für zunächst nur fünf Wochen auf unterschiedslose Bombenangriffe gegen kaum verteidigte englische Landstädte ein, die den durch große Abgaben nach Rußland und an die Mittelmeerfront geschwächten, England gegenüberstehenden Bomberverbänden noch am ehesten Erfolgsaussichten versprachen. Hitlers Befehl vom 14. April 1942[224] sah vor, »den Luftkrieg gegen England«, der seit Sommer 1941 ruhte oder nur mit wenigen kleinen Jagdbomberverbänden geführt wurde, »in erhöhtem Maße angriffsweise zu führen« und dabei vor allem »möglichst empfindliche Rückwirkungen für das öffentliche Leben« in England zu erzeugen. »Neben der Bekämpfung von Hafen- und Industrieanlagen sind hierzu auch im Rahmen der Vergeltung Terrorangriffe gegen Städte außer London durchzuführen.« Hierzu waren die Verminungen der Seewege zum Leidwesen der Marine einzuschränken. Da die historischen englischen Landstädte wie Bath, York, Exeter, Canterbury usw. nach dem Baedeker-Reiseführer ausgewählt wurden, wurden diese vom 23. April bis Ende Mai 1942 mit immer schwächer werdenden Verbänden geflogenen Angriffe in England »Baedeker«-Angriffe genannt[225]. Es folgten bis Ende Oktober von sehr schwachen Jagdbomberverbänden durchgeführte Angriffe auf Industrie- und Hafenanlagen sowie einzelne Seestädte, nachdem die Sinnlosigkeit der Baedeker-Angriffe klargeworden war. Von einer konzentrierten Terrorbombenoffensive gegen England kann somit weder für 1942 noch 1943 die Rede sein. Wenn auch die Absicht dazu nicht zu leugnen ist, fehlten allerdings die Mittel. Wieder wurden diese Angriffe als Repressalien deklariert[226], was, weil die Engländer ohnehin nicht darauf eingingen, eher dem deutschen Wunsche entsprach, die Engländer mögen ihre Städteangriffe einstellen. Die Baedeker-Angriffe wären wegen der kulturellen Natur ihrer Zielobjekte, wegen ihrer Belanglosigkeit für den Kriegsverlauf und wegen ihrer propagandistisch-moralisch negativen Wirkung besser unterblieben. Sie waren Ausdruck der deutschen Ohnmacht zur Luft.

Mit Beginn der gemeinsamen alliierten Bomberoffensive im Frühjahr 1943 drängte Hitler verstärkt darauf, den englischen Bombenterror durch »Gegenterror«[227] zu brechen und verlangte, jede Nacht wenigstens eine Bombe auf London zu werfen, um die englische Bevölkerung kriegsmüde zu machen und sie mentalitätsmäßig von der amerikanischen Bevölkerung zu trennen, die in Sicherheit vor deutschen Bomben lebte. Der Generalstabschef der Luftwaffe, Jeschonnek, hielt diese Weisung militärisch für unsinnig und teilte demgegenüber die Ansicht der Kriegsmarine, wonach die Bomben besser gegen Schiffe, Werften und Hafenanlagen verwendet würden. Er glaubte allerdings nicht, gegen die politisch-psychologische Absicht Hitlers angehen zu können[228], und an der Richtigkeit der Hitlerschen Kriegführung und des mehr und mehr von diesem bestimmten Luftwaffeneinsatzes zweifelnd, nahm er sich im August 1943 das Leben, wie der Generalluftzeugmeister Udet schon fast zwei Jahre früher.

Die 1943 wiederaufgenommenen Vorbereitungen für einen operativ-strategischen Bombenkrieg gegen die Sowjetunion[229] und gegen England[230] waren im ersten Fall ausschließlich gegen Industriewerke gerichtet, insbesondere Elektrizitätswerke, kamen aber wegen des Zwanges zur Zurücknahme der Landfront nicht zur Ausführung. Die Bomberwaffe im Osten verbrauchte sich in der direkten und indirekten Heeresunterstützung. Gegen England kam es von Januar bis Mai 1944 zu teilweise recht starken Terror- und gezielten Bombenangriffen auf militärische und industrielle Objekte, wobei die Kräfte immer schwächer wurden bis zur völligen Erschöpfung der deutschen Bomberwaffe, die bei Invasionsbeginn praktisch nicht mehr existierte. Die zu diesem Zeitpunkt wegen Treibstoffmangels nur schlecht ausgebildeten Besatzungen, die veralteten Bombertypen und die starke englische Abwehr zwangen zu häufigen Kursänderungen und ermöglichten keinen genauen Bombenwurf mehr wie noch in den ersten Kriegsjahren. Wurde die Entwicklung von flächendeckenden Waffen vom Luftwaffengeneralstab 1939 noch abgelehnt, so wurde sie im Frühjahr 1942 nach den Angriffen auf Lübeck und Rostock befohlen. Das Ergebnis war die Flugbombe V 1, die nun zusammen mit der V 2-Rakete als Ersatz für die aufgeriebene Bomberwaffe die englische Zivilbevölkerung terrorisieren sollte. Ihre Ungenauigkeit ließ sie hierfür geeignet erscheinen[231]. Jetzt wurde in voller Absicht Terrorluftkrieg geführt, wobei die Deklarierung als Vergeltung nur noch Tarnung war und mit dem völkerrechtlichen Instrument der Repressalie nichts mehr zu tun hatte. Es war ein relativ wirkungsloses und ohnmächtiges Umsichschlagen kurz vor dem eigenen Zusammenbruch.

Abschließend läßt sich sagen, daß die Luftwaffe erstmals seit Frühjahr 1942, also nach den britischen Vernichtungsangriffen auf Lübeck und Rostock, in sehr beschränktem Maße, aber der Intention nach unterschiedslosen Bombenkrieg führte. Erst recht geschah dies mit dem V 1-Beschuß Englands vom Juni 1944 bis März 1945, jedoch stets mit ungenügenden Kräften. Hier handelte es sich um Bombenkrieg als allgemeine Methode, wie sie Hitler und einigen Luftwaffen- und NS-Führern sowie -Propagandisten insgeheim schon immer vorschwebte und wie sie in der Theorie des totalen Krieges angelegt war. Daneben fuhr sie mit dem taktischen und operativen Luftkrieg nach militärischen Vorstellungen, nicht nach Terrorgesichtspunkten fort. Die Gründe dafür lagen in ihrer Doktrin, die sie allerdings vor als Repressalien getarnten Experimenten mit dem unterschiedslosen Bombenkrieg nicht bewahrte, je härter der Krieg wurde, auch in Wirtschaftlichkeits- und Opportunitätserwägungen wie auch im humanitären Bereich, dessen Stellenwert, wie auch bei den anderen Luftstreitkräften, hinter dem jeweils für kriegsnotwendig Gehaltenen häufig zurücktreten mußte. Die Gründe für den unterschiedslosen Bombenkrieg lagen in vorhandenen Denkmustern des totalen Krieges, in vorausgegangenen britischen Terrorangriffen, für die auch die Bevölkerung Vergeltung verlangte, in Hitlers sozialdarwinistischen Intentionen, aber auch in der Unklarheit darüber, was im industriellen Zeitalter als militärisch relevantes Ziel zu gelten habe und schließlich in der Erschöpfung der deutschen Bomberwaffe vor allem in der Heeresunterstützung im Osten wie auch gegen England, wodurch als Alternative die Fortführung des Bombenkrieges gegen England durch den ungezielten V-Waffen-Beschuß eröffnet wurde.

Völkerrechtliche Betrachtungen

Bei Beginn des Zweiten Weltkrieges gab es kein vertraglich abgesichertes internationales Luftkriegsrecht, wohl aber ein humanitäres Völkergewohnheitsrecht, dessen Grundsätze, meist dem Landkriegsrecht entlehnt, auf den selbständigen strategischen Bombenkrieg hätten angewendet werden können oder angewendet werden müssen, zum Beispiel, daß keine Kirchen, Krankenhäuser, Kulturdenkmäler und offene Städte ohne militärische oder industrielle Ziele mit Bomben belegt[232] würden. Daß es bei den internationalen Völkerrechts- und Abrüstungsverhandlungen in den ersten drei Jahrzehnten dieses Jahrhunderts zu keinen vertraglichen und verbindlichen Abmachungen über den Luftkrieg kam, lag vor allem daran, daß der Besitz von Flugzeugen und Bombern ein großer militärischer Vorteil war und daß sich folglich keine Nation den Vorteil der neuen Flugwaffe und die Freiheit ihrer Verwendung beschneiden oder vertraglich aus der Hand winden lassen wollte. Es gab keine Einigung über die Frage, ob in Bevölkerungszentren befindliche militärisch relevante Ziele, deren Definition schon Unstimmigkeiten hervorrief, bombardiert werden dürften oder nicht. Ein jeder ging aber davon aus, daß dies mit mehr oder weniger Vorsicht und Rücksichtnahme auf Zivilisten erlaubt sei, weil sonst Rüstungsbetriebe und militärische Anlagen durch Verlegung in Städte geschützt werden könnten. Während die deutsche Luftwaffe mit ihrer Völkerrechtsdruckvorschrift[233] auch Artikel 25 der Haager Landkriegsordnung von 1907 (Verbot des Angriffs auf unverteidigte Städte) und die sehr vernünftigen, positiv-rechtlich aber nicht bindenden, da nicht ratifizierten, richtungweisenden Haager Luftkriegsregeln von 1923 als wichtig für die Luftkriegführung bezeichnete und Hitler vor dem Kriege den Bombenkrieg auf das Operationsgebiet der Landstreitkräfte als vermuteten Schwerpunkt des Luftwaffeneinsatzes zu beschränken vorschlug, wurde im britischen Manual of Air Force Law von 1939 festgestellt, es sei noch nicht möglich gewesen, hier ein Kapitel über den Luftkrieg einzufügen, das dem Kapitel über die Gebräuche des Landkrieges im Manual of Military Law entspreche. Dort stand allerdings, es bestehe keine rechtliche Verpflichtung, ein Bombardement nur auf Befestigungen und Verteidigungslinien zu beschränken. Im Gegenteil habe es bei Belagerungen immer als zulässig gegolten, private und öffentliche Gebäude zu zerstören, um es den Verantwortlichen ratsam erscheinen zu lassen, sich zu ergeben. Noch das Manual of Military Law von 1958 betont, daß die Regeln der Landkriegführung für Luftstreitkräfte nur dann gelten, wenn diese in der Landkriegführung eingesetzt sind. Sie sollten also nicht ohne weiteres auch für die von Landoperationen unabhängigen strategischen Bomberoperationen gelten. Auch 1988 hatte die Royal Air Force trotz der Auflage der Haager Landkriegsordnung von 1907, der Großbritannien 1909 beitrat, noch kein Handbuch des Kriegsvölkerrechts[234].

Jedenfalls waren sich die Hauptluftmächte darüber im klaren, daß absichtliche Terrorangriffe auf die Zivilbevölkerung als Regel unzulässig seien. Dies zeigten etwa der Appell Präsident Roosevelts vom 1. September 1939 an die – auch potentiell demnächst – Kriegführenden, die Zivilbevölkerung zu schonen, und die Antworten Deutschlands, Englands und Frankreichs vom 1. und 2. September[235]. Allerdings machte dabei jede Partei den Vorbehalt, von diesem Standpunkt abgehen zu wollen, wenn der Gegner sich nicht daran halte, und stellte die Entscheidung darüber, wann dies der Fall sei, in ihr eigenes Ermessen. Damit war der Eskalation des Bombenkrieges von Anfang an Tür und Tor geöffnet. Denn Anlässe ließen sich immer finden, zumal die Genauigkeit des Bombenwurfs teilweise so völlig unzureichend war, daß sich aus streng humanitären Gründen eigentlich alle Bomberwaffen hätten selbst auflösen müssen. Aber die Artillerie als allgemein anerkannte Waffe schoß ja auch nicht immer genau. Also setzten alle Luftmächte ihr neues Instrument, die Bomberwaffe, trotz ihrer offensichtlichen Unvollkommenheit ein. In diesem Zusammenhang ist es interessant, daß der Director of Plans im Stab der Royal Air Force noch am 30. September 1940, drei Wochen nach Beginn der deutschen Angriffe auf London, die Auffassung vertrat, die deutsche Luftwaffe beabsichtige nur die Zerstörung militärischer Ziele[236]. Die Basis des humanitären Völkergewohnheitsrechts sollte sich bald als zu schwach erweisen, zumal sich die Gewohnheiten änderten.

Bei einer internationalen Historikertagung in Freiburg 1988 mit Luftkriegs- und Völkerrechtsexperten aus der westlichen Welt[237] zeichneten sich hinsichtlich der völkerrechtlichen Beurteilung des strategischen Bombenkrieges zwei fundamental voneinander verschiedene Positionen ab, eine pragmatische angloamerikanische und eine moralisch-prinzipielle deutsche oder vielleicht kontinentaleuropäische. Der Vertreter der letzteren[238] ging unter anderem von der Martensschen Klausel in der Präambel zum IV. Haager Abkommen von 1907 aus, die 1899 aus recht eigennützigen Interessen (in diesem Falle Rußlands) entstanden ist, wie dies beim Völkerrecht überhaupt häufig der Fall ist. Er leitet aus ihr ab, daß neue Kriegswaffen, über deren Gebrauch es noch keine völkerrechtlichen Abmachungen gibt, bis zu einer solchen Regelung nach den Grundsätzen des humanitären Völkergewohnheitsrechtes angewendet werden sollen. Aber nicht nur wegen ihrer Plazierung in der im allgemeinen der Unterbringung von Absichtserklärungen dienenden Präambel, sondern auch wegen der Formulierung, die Hohen Vertragsschließenden »halten es ... für zweckmäßig«[239], war dies wohl bewußt keine absolut verbindliche Klausel. Von daher und aufgrund anderer humanitärer Prinzipien wird dann der schließlich von Großbritannien, Deutschland und den USA geführte unterschiedslose Bombenkrieg gegen die Zivilbevölkerung moralisch verurteilt. Der Vertreter der pragmatischen Linie[240] geht davon aus, daß es ein vertraglich abgesichertes internationales Luftkriegsrecht nicht gegeben habe und enthielt sich einer moralischen Be- oder Verurteilung des Bombenkrieges im Zweiten Weltkrieg. Die Martenssche Klausel erwähnte er überhaupt nicht.

Bei den Kriegsverbrecher-Prozessen nach 1945 ist kein deutscher General wegen der deutschen Bombenkriegführung angeklagt worden. Man hätte sonst wohl auch – die deutsche Bomberwaffe war trotz Hitler-Befehls seit 1942 zu einer strategisch-unterschiedslosen Bomberoffensive gar nicht mehr in der Lage – englische und amerikanische Fliegergenerale anklagen müssen, denn das Statut für den Internationalen Militärgerichtshof in Nürnberg zählte die mutwillige Zerstörung von Städten zu den Kriegsverbrechen[241], und nach Fuller[242] war gerade die britische Luftwaffe »vom strategischen Bomben besessen« und betrachtete es »als den Sinn und Zweck aller Luftmacht«. Vielmehr wurden in Nürnberg so unterschiedliche Fälle wie die Bombardements von Warschau und Rotterdam – beide zulässig nach der Haager Landkriegsordnung – und andererseits die Bombardierung von Dresden – ein reiner Terrorangriff ohne jede völkerrechtliche Deckung – und anderen deutschen Städten als gleichartig angesehen und gegeneinander aufgehoben. General Telford Taylor, der amerikanische Chefankläger in den dem Hauptkriegsverbrecher-Prozeß folgenden Nürnberger Gerichtsverfahren, stellte in seinem Abschlußbericht fest[243], »die Ruinen in den deutschen und japanischen Städten waren das Resultat nicht von Repressalien, sondern einer bewußten Politik, und zeugten davon, daß das Luftbombardement von Städten und Fabriken ein anerkannter Teil moderner Kriegführung sei, der alle Nationen anhingen«. Trotz des Statuts des Nürnberger Gerichts wurden alle Anträge auf Anklage wegen Luftkriegsverbrechen abgewiesen, wenn die bombardierten Städte irgendwelche militärisch relevanten Objekte aufwiesen. Solche waren in einer arbeitsteiligen, differenzierten Industriegesellschaft und zumal angesichts der Verlagerung und Aufsplitterung ganzer Industriezweige über das gesamte Reich meistens leicht nachzuweisen. Der unbefriedigende Zustand des damaligen Luftkriegsvölkerrechts hat derart weite Auslegungen offenbar unwidersprochen erlaubt, sahen sich doch alle Luftmächte, Sieger wie Besiegte, dadurch salviert. Die weiter bestehenden Kontroversen spiegelten sich in der Diskussion über Bombenkrieg und Menschlichkeit auf der Freiburger Tagung.

In den Jahrzehnten nach dem Zweiten Weltkrieg gab es zwar eine Reihe internationaler Abkommen, die auch den Luftkrieg tangierten und ihn im humanitären Sinn einschränkten. Jedoch das wichtigste von ihnen, das »Protocol Additional to the Geneva Conventions of 12 August 1949, and relating to the protection of victims of international armed conflicts«, kurz das I. Zusatzprotokoll von 1977 wurde zum Beispiel wegen Impraktikabilität und aus anderen Gründen von den USA bisher nicht ratifiziert[244]. Es scheint, als ob von der Technik, wie der Golfkrieg teilweise erwiesen hat[245], eher eine »Humanisierung« des Krieges durch größere Genauigkeit der Waffen zu erwarten ist als von – bei einer zunehmenden Zahl von Staaten mit sehr verschiedenen Interessenlagen – immer schwieriger werdenden internationalen Verhandlungen. Da aber die Technik von Menschen gehandhabt wird, die unter dem Streß von Kampfsituationen nicht exakt wie Maschinen funktionieren, wird auch die beste Technik den Luftkrieg nicht chirurgisch exakt machen können.

Im Luftkrieg des Zweiten Weltkrieges war die Technik trotz hohen Standes gemessen an den ihr gestellten Aufgaben relativ unterentwickelt. Sie hat durch das Bemühen der Kriegführenden, dem immer länger werdenden Krieg mit allen Mitteln ein Ende zu setzen, schließlich die Humanität total überrumpelt. Alle großen Luftmächte lehnten den Bombenkrieg gegen die Zivilbevölkerung bei Kriegsbeginn zunächst als inhuman an, um ihn mit wachsender Verhärtung und Ideologisierung des Krieges dennoch zu praktizieren, zuerst England, Deutschland, schließlich die USA und, wenn auch mit geringem Kräfteeinsatz, auch die Sowjetunion. Er war neben den stalinistischen und NS-Verbrechen das größte Verbrechen – oder der größte Sündenfall – hochindustrialisierter Nationen im 20. Jahrhundert. Die deutsche Luftwaffe suchte ihn als Regelfall bis zum Frühjahr 1942 auch aus Gründen der Opportunität zu vermeiden, um dann auf Befehl Hitlers zeitweise und teilweise, mit dem V 1-Beschuß jedoch voll darauf einzuschwenken. Sie führte ihn – notgedrungen, denn die Kräfte reichten nicht für alle Fronten aus – mit relativ geringen Kräften und, obwohl sie ihn immer auch als Möglichkeit erwogen hatte, bevorzugte sie doch aus Wirtschaftlichkeitsgründen militärisch sinnvolle Ziele. Allerdings konnte sie ihrem Schicksal nicht ausweichen, Instrument von Hitlers auf Vernichtung des Gegners abzielenden Kriegführung zu sein.

Der Historiker muß bei seiner Beurteilung des Luftkrieges selbstverständlich auch moralische Maßstäbe anlegen. Er sollte aber nicht nur von einem moralischen Idealzustand ausgehen und von dort her das ganze Geschehen aburteilen, so sehr es das manchmal verdiente. Er sollte auch genau unterscheiden zwischen den eigentlichen Absichten der Verantwortlichen, ihren sonstigen Möglichkeiten und den Sachzwängen, denen sie unterlagen. So soll mit den hier angestellten internationalen Vergleichen, insbesondere mit der Vorgehensweise der Royal Air Force, nicht Schuld gegen Schuld aufgerechnet werden. Jede Schuld steht für sich und jede Nation muß mit ihren Fehlern selbst fertig werden. Auch in England wird heute die Schuldfrage, das heißt die Frage nach der Verantwortlichkeit für die Städteangriffe der Royal Air Force diskutiert, wie neue Untersuchungen des englischen Militär- und Luftkriegshistorikers Richard Overy zeigen[246]. Mit den hier vorliegenden Ausführungen soll nur der Blick weg von den bestehenden Klischeevorstellungen über den Luftkrieg des Zweiten Weltkrieges auf eine an den Tatsachen orientierte, differenzierende Betrachtung dieses vermutlich so nicht wieder auftretenden Phänomens gelenkt werden, um zu verstehen, weshalb die eine Partei so und die andere anders gehandelt hat. Verstehen heißt ja nicht rechtfertigen.

Es ist erfreulich, daß man sich inzwischen über das Geschehene hinweg die Hand zur Verständigung reicht und sich gegenseitig bei der Heilung der einander zugefügten Wunden unterstützt, wie es symbolisch beim Wiederaufbau der Kathedrale von Coventry und der Dresdner Frauenkirche zum Ausdruck gekommen ist.

1 Z.B. Peter Hinchliffe, The Other Battle, Shrewsbury 1996, und Rezension des Buches durch Peter Spoden in der Frankfurter Allgemeinen Zeitung vom 26.6.1996; Robert Forsyth, JV 44. The Galland Circus, Burgess Hill 1996; Martin van Creveld, Kampfkraft. Militärische Organisation und militärische Leistung [der Wehrmacht] 1939–1945, Freiburg 1992.
2 Günther Gillessen, Die Rache der Veteranen, in: Frankfurter Allgemeine Zeitung, 9.5.1992.
3 Hierzu der Verf. in: Sir Arthur T. Harris, Despatch on War Operations, 23rd February, 1942, to 8th May, 1945. Preface and introduction by Sebastian Cox, and: Harris – A German View, by Horst Boog, London 1995, S. XXXVII f.
4 Royal Air Force War Manual, Part I: Operations, Air Publication 1300, 1st edition 1928.
5 Das Deutsche Reich und der Zweite Weltkrieg, Bd 6, Der globale Krieg, Stuttgart 1990, S. 459 (Boog).
6 Hans-Henning Abendroth, Guernica. Ein fragwürdiges Symbol, in: Militärgeschichtliche Mitteilungen (MGM), 41(1987), S. 111–126.
7 James S. Corum, »The Luftwaffe and the Coalition Air War in Spain, 1936–1939«, in: The Journal of Strategic Studies, Special Issue on Air Power. Theory and Practice, ed. by John Gooch, Vol. 18, March 1995, No. 1, S. 71 f.: »German involvement in a strategic bombing campaign, that is the bombing of enemy cities to break morale, was carefully limited from the time the Condor Legion arrived in force ... The bombing [of Madrid] was not ... to be indiscriminate ... The Condor Legion found the best use of its aircraft in interdicting Republican supply lines, attacking shipping and port facilities, and in direct support of the Nationalist Army ... Guernica was, by any reasonable standard, a valid military target. The two major roads needed for the retreat of much of the ... Basque force east of Bilbao intersected at Guernica. At least two Basque battalions ... were stationed in the town ... In dramatic contrast to the Germans, the Italien Air Force refused to accept limits on strategic bombing.«
8 Sir Arthur Harris, Bomber Offensive, London 1947, S. 40 f.: »The Command's effort was directed ... to push down houses in French towns in such a manner as to block the important crossroads [and block] the enemy's communications ... The principle of blocking crossroads by bombing was sound«; 209: »Besides bombing railways, we were able to block essential road junctions by blowing up buildings round them and choking the crossroads with debris.«
9 Zum Beispiel in: Das Deutsche Reich und der Zweite Weltkrieg, Bd. 4: Der Angriff auf die Sowjetunion, Stuttgart 1983, S. 280 (Boog).
10 Besonders im britischen Bomber Command, aber auch in der deutschen Luftwaffe; vgl. Malcolm Smith, »A Matter of Faith. British Strategic Air Doctrine Before 1939«, in: Journal of Contemporary History, 15 (1980), S. 432, und Rede des Chefs des Generalstabes der deutschen Luftwaffe zur Eröffnung der Luftkriegsakademie am 1. 11. 1935: »Die entscheidende Waffe eines Luftkrieges ist der Bomber«, abgedr. in: Horst Boog, Die deutsche Luftwaffenführung 1935–1945. Führungsprobleme-Spitzengliederung-Generalstabsausbildung, Stuttgart 1982, S. 631 ff.
11 Lee Kennett, Kommentar, in: Horst Boog (Hrsg.), Luftkriegführung im Zweiten Weltkrieg. Ein internationaler Vergleich (= Vorträge zur Militärgeschichte, Bd 12, hrsg. vom Militärgeschichtlichen Forschungsamt), Herford-Bonn 1993, S. 812.
12 H.G. Wells, War in the Air (1908); siehe auch Lee Kennett, A History of Strategic Bombing, New York 1983, S. 8, und ders., The First Air War, 1914–1918, New York 1991, S. 11, 41, 153; Barry D. Powers, Strategy Without Slide-Rule, London 1976, S. 69; Montgomery H. Hyde, British Air Policy Between the Wars, 1918–1939, London 1976, S. 29 f.
13 Peter Fritzsche, A Nation of Fliers. German Aviation and the Popular Imagination, Cambridge/Mass.-London 1992.
14 John Terraine, The Right of the Line. The Royal Air Force in the European War, London 1985, S. 62 ff., 73 f., 144.
15 Neville Jones, The Origins of Strategic Bombing. A Study of the Development of British Air Strategic Thought and Practice up to 1918, London 1973.
16 Terraine (wie Anm. 14), S. 64; Malcolm Smith, British Air Strategy Between the Wars, Oxford 1984, S. 304.

17 Smith (wie Anm. 10), S. 432.
18 Powers (wie Anm. 12).
19 Noble Frankland, The Bombing Offensive Against Germany. Outlines and Perspektives, London 1965, S. 21–26; Smith (wie Anm. 16), S. 63.
20 Tami Davis Biddle, »British and American Approaches to Strategic Bombing: Their Origins and Implementation in the World war II Combined Bomber Offensive«, in: Journal of Strategic Studies, Special Issue on Air Power, Theory and Practice, ed. by John Gooch, Vol. 18, March 1995, No. 1, S. 93.
21 Es handelt sich um die Western Air Plans; dazu: Das Deutsche Reich und der Zweite Weltkrieg, Bd 6: Der globale Krieg (wie Anm. 5), S. 432 (Boog), und Charles Webster/Noble Frankland, The Strategic Air Offensive Against Germany 1939–1945, Bd 4, London 1961, S. 99–103.
22 John Slessor, The Central Blue. Recollections and Reflections, chapter III, Plans: 1928–1939 – Trenchard and Air Control, London 1956, S. 45–75.
23 Royal Air Force War Manual, Part I: Operations, Air Publication 1300, 1st edition 1928, Chapter XIII, para 4 ff. Eine knappe Darstellung der auch »colonial policing« genannten Befriedungsoperationen aus der Luft (die auch nach dem Zweiten Weltkrieg in Malaya und gegen die Mau-Mau in Kenia fortgesetzt wurden) findet man bei Michael Armitage, The Royal Air Force. An Illustrated History, London 1993, S. 31–51.
24 »Interrupting the normal life of the enemy people to such an extent that a continuance of hostilities becomes intolerabel«. Zit. nach Slessor (wie Anm. 22), S. 54.
25 »Primary object will be the progressive destruction and dislocation of the German military, industrial and economic system, and the undermining of the morale of the German people to a point where their capacity for armed resistance is fatally weakened.« Zit. nach Webster/Frankland (wie Anm. 21), S. 153.
26 Siehe hierzu Boog, »Harris – A German View«, in: Harris, Despatch (wie Anm. 3), S. XL.
27 Henry Probert, »The Formation of the Independent Air Force. A British View«, La Figura e l'Opera die Giulio Douhet, ATTI, Società di Storia Patria di Terra di Lavoro, Napoli 1988, S. 307.
28 Norman H. Gibbs, Grand Strategy, Vol. 1: Rearmament Policy, London 1976, S. 99 f.; Terraine (wie Anm. 14), S. 90 f.; Webster/Frankland (wie Anm. 21), Bd 1, S. 125 f.
29 Frankland (wie Anm. 19), S. 37; Hyde (wie Anm. 12), S. 412; Das Deutsche Reich und der Zweite Weltkrieg (wie Anm. 5), S. 430.
30 Webster/Frankland (wie Anm. 21), S. 62 ff.
31 Biddle (wie Anm. 20), S. 101.
32 The Origins and Development of Operational Research in the Royal Air Force, Air Ministry, Air Publication 3368, London 1963.
33 Heinz Marcus Hanke, Luftkrieg und Zivilbevölkerung, Frankfurt am Main 1991, S. 67, 257.
34 Slessor (wie Anm. 22), S. 82–84; Biddle (wie Anm. 20), S. 102, 135.
35 Biddle (wie Anm. 20), S. 102 und 135, Anm. 62 u. 63.
36 Ebd., S. 102 und 136, Anm. 64.
37 Slessor (wie Anm. 22), S. 204: »intuitive – a matter of faith«.
38 Reginald Victor Jones, »Scientific Intelligence of the Royal Air Force in the Second World War«, in: Horst Boog (Hrsg.) The Conduct of the Air War in the Second World War. An International Comparison, Oxford 1992, S. 586–589; dass. deutsch (wie Anm. 11), S. 674–677.
39 Webster/Frankland (wie Anm. 21), S. 71 ff.
40 J.M. Spaight, Air Power and the Cities, London 1930, S. 230. Vgl. auch Gerhard L. Binz, »Die Martens'sche Klausel«, in: Wehrwissenschaftliche Rundschau 1960, S. 147 ff.
41 Terraine (wie Anm. 14), S. 13.
42 Ebd.
43 Hyde (wie Anm. 12), S. 409.
44 Zu den nachfolgenden Erläuterungen wurden folgende Paragraphen herangezogen: I, 1, 7–10, 13; II, 13; IV, 6, ll; VII, 1, 3, 12, 15; VIII, 8, 14, 26, 27, 38–41, 57, 73; IX, 3, 4.
45 L.Dv. 16, siehe weiter unten.
46 »The RAF had an underlying (if largely unspoken) faith in a terror bombing strategy«. So

Paul Crook, »Science and War: Radical Scientists and the Tizard-Cherwell Area Bombing Debate in Britain«, in: War and Society, vol. 12, No. 2 (October 1994), S. 71.
47 Webster Frankland (wie Anm. 21), Bd 1, S. 107–126.
48 Zit. nach Biddle (wie Anm. 20), S. 105.
49 Max Hastings, Bomber Command, London ²1980, S. 48.
50 Chief of Staff der Royal Air Force, Air Chief Marshal Sir Cyril L. Newall, am 27.9.1938, Public Record Office London (PRO), AIR 8/251.
51 »A direct attack upon an enemy civil population ... is a course of action which no British Air Staff would recommend and which no British Cabinet would sanction«, in: Studie des Air Staff »The Restriction of Air Warfare«, 14.1.1938, PRO, Air 9/84.
52 Alfred F. Hurley, Billy Mitchell. Crusader for Air Power, London 1975; The Army Air Forces in World War II, vol. 1: Plans and Early Operations, January 1939 to August 1942, hrsg. von Frank Craven and James Lea Cate, Chicago 1952, S. 14 ff., 24–28; Henry H. Arnold, Global Mission, New York 1949, S. 157.
53 Haywood D. Hansell, The Air Plan that Defeated Hitler, Atlanta 1972, S. 15, 18; Army Air Forces (wie Anm. 52), vol. 1, S. 51 f.
54 Lee Kennett, »The Influence of General Douhet on American Aviation«, in: La Figura e l'Opera di Giulio Douhet, ATTI, Società di Storia Patria di Terra di Lavoro, Napoli 1988, S. 289 ff.
55 Arnold (wie Anm. 52), S. 165, 177, 179, 203; Schreiben Roosevelt an Stimson vom 4.5.1941, zit. in: Arnold Papers, Library of Congress Washington (LoC), Box 223; Army Air Forces (wie Anm. 52), vol. 1, S. 119, 679.
56 Michael S. Sherry, The Rise of American Air Power. The Creation of Armageddon, New Haven 1987, S. 76 ff., 88 ff., 98 f.; Robert Dallek, Franklin D. Roosevelt and American Foreign Policy 1932–1945, New York 1979, S. 285, 310 f.
57 Hansell (wie Anm. 53), S. 30–48.
58 Army Air Forces (wie Anm. 52), vol. 1, S. 594–599; Sherry (wie Anm. 56), S. 69 ff., 85, 93, 125 ff.
59 James S. Corum, The Roots of Blitzkrieg. Hans von Seeckt and German Military Reform, University Press of Kansas 1992, S. 144–168.
60 Bundesarchiv-Militärarchiv Freiburg (BA-MA), Lw 106/12. Siehe hierzu Das Deutsche Reich und der Zweite Weltkrieg, Bd 2: Die Errichtung der Hegemonie auf dem europäischen Kontinent, Stuttgart 1979, S. 43 (Maier); Boog, Luftwaffenführung (wie Anm. 10), S. 124; James S. Corum, The Luftwaffe. Creating the Operational Air War, 1918–1940, University Press of Kansas 1997, S. 129 ff.
61 Corum (wie Anm. 60), S. 134.
62 Horst Boog, »Das Problem der Selbständigkeit der Luftstreitkräfte in Deutschland 1908–1945«, in: MGM 43 (1988), S. 40; Hilmer von Bülow, »Die Grundlagen neuzeitlicher Luftstreitkräfte«, in: Militärwissenschaftliche Rundschau 1 (1936), S. 99
63 Major Helders, Luftkrieg 1936. Die Zertrümmerung von Paris, Berlin 1932. Siehe hierzu Horst Boog, »Robert Knauss, the German ›Douhet‹«, in: Actes du Colloque International »Précurseurs et Prophètes de l'Aviation Militaire«, Paris 1992, S. 280 ff.
64 Hierzu siehe Das Deutsche Reich und der Zweite Weltkrieg, Bd 2, (wie Anm. 60), S. 43–69. Die hier auch angeführte OKW-Studie vom 19.4.1938 läßt sich nach Ansicht des Verfassers nicht als Beweis für die Absicht des unterschiedslosen Bombenkriegs interpretieren; ferner Boog, Luftwaffenführung (wie Anm. 10), S. 172–183.
65 Die Luftlage in Europa, Stand: Frühjahr 1939, S. 94, Beilage zu: RdLuObdL, Chef des Generalstabes Nr. 700/39 g.Kdos. (5. Abt. I), 2.5.1939, BA-MA RL 2/535.
66 Vgl. hierzu Das Deutsche Reich und der Zweite Weltkrieg, Bd 5.1: Organisation und Mobilisierung des deutschen Machtbereiches, Stuttgart 1988, z. B. S. 990 ff.; Das Deutsche Reich und der Zweite Weltkrieg, Bd 1, Ursachen und Voraussetzungen der deutschen Kriegspolitik, Stuttgart 1979, S. 137 ff., 148 ff. (Wette).
67 Eberhard Spetzler, Luftkrieg und Menschlichkeit. Die völkerrechtliche Stellung der Zivilpersonen im Luftkrieg, Göttingen 1956. S. 161, 267 f.; Oswald Hauser, England und das Dritte Reich, Bd 1: 1933–1936, Stuttgart 1972, S. 145 ff.

68 Zahlreiche Beispiele dafür in Alfred Kube, Pour-le-Mérite und Hakenkreuz. Hermann Göring im Dritten Reich, München 1986, S. 208, 210; David Irving, Göring, München–Hamburg 1987, und Stefan Martens, Hermann Göring, »Erster Paladin des Führers« und »Zweiter Mann im Dritten Reich«, Paderborn 1985.
69 Irving (wie Anm. 68), S. 326.
70 H.J.A. Wilson, »The Luftwaffe as a Political Instrument«, in: The Impact of Air Power, hrsg. von Eugen Emme, New York 1959, S. 58–63.
71 Geoffrey Best, Humanity in Warfare, The Modern History of the International Law of Armed Conflicts, London 1980, S. 278.
72 Boog, Luftwaffenführung (wie Anm. 10), S. 320 ff.
73 Hierzu Horst Boog, »Das Offizierkorps der Luftwaffe 1935–1945«, in: Hans Hubert Hofmann (Hrsg.), Das deutsche Offizierkorps 1860–1960, Boppard a. Rhein 1980, S. 324 f.; ders., Luftwaffenführung (wie Anm. 10), S. 322 f., 470 ff., 530; ders., »Robert Knauß, the German Douhet« (wie Anm. 63).
74 »This doctrine [terror bombing] never achieved complete hegemony in the military thinking ... certainly not in Germany ...«: Paul Crook (wie Anm. 46), S. 70.
75 »Another prevalent myth about the Luftwaffe is that the Luftwaffe had a doctrine of ›terror bombing‹ ... The assumption that the Luftwaffe made civilians a primary target certainly seemed to fit the public's understanding of the ideology and aims of Germany's Nazi leadership ... Even as distinguished a historian as Gerhard Weinberg refers to the bombing of Guernica and Rotterdam as ›terror bombing‹. In fact: The Luftwaffe did not have a policy of terror bombing civilians as part of its doctrine prior to World War II ... Guernica in 1937 and Rotterdam in 1940 were bombed for tactical military reasons in support of military operations ... The Luftwaffe leadership specifically rejected the concept of terror bombing in the interwar period ... there is simply no evidence that popular conceptions of airpower – or even the specifically Nazi concepts of war and politics – had any real effect upon the professional military men who developed the actual operational doctrine of the air force German air doctrine was created by experienced professional officers who were well-educated in aviation and in the operational art and ... seem to have had little interest in how the public or ever the Nazi leadership conceived of the use of airpower in a future war.« Corum (wie Anm. 60), S. 7 ff.
76 Gerhard Weinberg, A World at Arms. A Global History of World War II, Cambridge University Press 1994, S. 125 f.; deutsch: Eine Welt in Waffen. Die globale Geschichte des Zweiten Weltkrieges, Stuttgart 1995.
77 Bernhard Heimann und Joachim Schunke, »Eine geheime Denkschrift zur Luftkriegskonzeption Hitler-Deutschlands vom Mai 1933«, in: Zeitschrift für Militärgeschichte 3(1964), S. 78–86.
78 Hans-Jürgen Rautenberg, Deutsche Rüstungspolitik vom Beginn der Genfer Abrüstungskonferenz bis zur Wiedereinführung der allgemeinen Wehrpflicht 1932–1935, Phil. Diss. Bonn 1973, S. 231 ff.
79 Schreiben LC II Nr. 3201/36 vom 6.5.1936, Durchschrift, in: BA-MA Lw 103/50; Boog, Luftwaffenführung (wie Anm. 10), S. 166.
80 Ebd., S. 631.
81 Ebd., S. 384.
82 L.Dv. 16 »Luftkriegführung«, Berlin 1935, Ziff. 1, 16, 24, 54, 103, 104, 113, 116, 117, 248, 250, 259, 265.
83 Genth (Major), »Der operative Luftkrieg im Weltkrieg, insbesondere gegen England«, in: Die Luftwaffe 2 (1937), H. 2., S. 9.
84 Das Deutsche Reich und der Zweite Weltkrieg, Bd 6 (wie Anm. 5), S. 437–445 (Boog).
85 Nach Spetzler (wie Anm. 67), S. 222 f., untersagte das Luftkriegsrecht, soweit es die Zivilbevölkerung betraf, nach dem Stande von 1939 Angriffe unter Verwendung verbotener Waffen (Gas, Bakterien, Dum-Dum usw.), unmittelbare Angriffe auf nach Artikel 27 der Haager Landkriegsordnung geschützte Bauten (nicht militärisch genutzte Kulturdenkmäler und Gebäude der Krankenpflege, Wohlfahrt, Kunst, Wissenschaft und Religion) nach Maßgabe der Schonungsmöglichkeit; Angriffe zur Unterstützung des Landkrieges bei Einnahme

unverteidigter Orte (verteidigte dürfen bombardiert werden); gegen friedliche Personen (außer bei der Einnahme verteidigter Orte und bei dringendem Kriegserfordenis, das für Terrorangriffe zu verneinen ist), und mittelbare Beeinträchtigung ziviler Personen und Sachen anläßlich erlaubter Angriffe auf militärische Ziele, soweit sie vermeidbar war oder in keinerlei Verhältnis zum Erfolg an den militärischen Objekten stand. Als Rechtfertigung für eine Nichtbeachtung dieser Grundsätze kam hauptsächlich nur das Recht zur Repressalie in Betracht, das an das Gebot der Angemessenheit zum Anlaß gebunden war und dazu diente, den Kontrahenten zur Einstellung seiner unrechtmäßigen Aktionen zu veranlassen. Die Haager Luftkriegsregeln von 1923, die den Bombenkrieg wesentlich eingeschränkt hätten, wurden nie ratifiziert und waren daher völkerrechtlich nicht verbindlich, obwohl sie als Ausdruck des Gewohnheitsrechtes das Verhalten der Luftmächte bis zum Zweiten Weltkrieg weitgehend bestimmten (ebd., S. 156 f.). Gleiche Geltung hätte auch die in der Präambel der Haager Landkriegsordnung stehende sogenannte Martens'sche Klausel beanspruchen dürfen (ebd., S. 129 ff.), die aber nicht von allen Unterzeichnern auch für den Luftkrieg, für den sie theoretisch hätten gelten können, akzeptiert wurde und die außerdem recht unverbindlich formuliert war. In der Kriegssituation fanden die genannten Bestimmungen nicht mehr die ihnen eigentlich zukommende Beachtung. Siehe auch Julius Stone, Legal controls of International Conflict, New York 1954, S. 608–631.
86 Spetzler (wie Anm. 67), S. 222 f.
87 Studie des Air Staff (wie Anm. 51). Siehe auch Phillip S. Meilinger, Trenchard, Slessor and Royal Air Force Doctrine Before World War II, Ms. April 1994 (Privatbesitz), S. 30.
88 Z.B. Fernschreiben Luftflottenkommando 3 Abt. III vom 6.9.1939 an Fliegerdivisionen 5 und 6 sowie Luftgaukommandos VII, XII, XIII, in: BA-MA RL 7/298. Siehe auch Spetzler (wie Anm. 67), S. 231.
89 L.Dv. 64 II, S. 3, 99.
90 Ziff. 186.
91 Planstudie 1939, Heft I, Anlage 1, Neufassung Juli 1939, BA-MA RL 2 II/1; siehe auch Das Deutsche Reich und der Zweite Weltkrieg, Bd 2 (wie Anm. 60), S. 61 (Maier), und Boog, Luftwaffenführung (wie Anm. 10), S. 185, Fußnote 1012.
92 Siehe Anlage 2 zu RdLuObdL Generalstab 3. (takt.) Abt. (I)., Nr. 230/39 g.Kdos., V. Ang. vom 29. 6. 1939, BA-MA RL 7/160. RdLuObdL Generalstab 1. Abt. Nr. 60/40 g.Kdos. (III) vom 10. 1. 1940, »Einsatz gegen England«, S. 2: »Jedes Flugzeug zu viel bedeutet einen unwirtschaftlichen Einsatz«, BA-MA RL 2 II/360, Bl. 2507.
93 L.Dv. 16, Ziff. 9, 10.
94 Vgl. oben S. 181 u. 182.
95 Karl Gundelach, Kampfgeschwader »General Wever« 4, Stuttgart 1978, S. 34 ff.; Boog, Luftwaffenführung (wie Anm. 10), S. 175.
96 Hilmer von Bülow, Geschichte der Luftwaffe, Frankfurt/Main 1934, S. 36.
97 Hierzu Karl Köhler, »Operativer Luftkrieg. Eine Wortbildung zur Bezeichnung unterschiedlicher Vorstellungen«, in: Wehrkunde 18 (1967), S. 265–269; Boog, Luftwaffenführung (wie Anm. 10), S. 151–164 (Kapitel »Operativer und strategischer Luftkrieg«).
98 Boog, Luftwaffenführung (wie Anm. 10), S. 160–164.
99 L.Dv. 16, Ziff. 21, 22.
100 Quelle wie in Anm. 91.
101 L.Dv. 16, Ziff. 12.
102 Hptm. i.G. Pohle, I-1462/39 g.Kdos., Vortrag anläßlich der Generalstabsreise im Juni 1939, Abschrift, BA-MA Lw 104/14, Teil 1, S. 13 f., 24 f.
103 Spetzler (wie Anm. 67), S. 227 ff.
104 Karl-Heinz Völker, Die deutsche Luftwaffe 1933–1939. Aufbau, Führung und Rüstung der Luftwaffe sowie die Entwicklung der deutschen Luftkriegstheorie, Stuttgart 1967 (= Beiträge zur Militär- und Kriegsgeschichte, hrsg. vom Militärgeschichtlichen Forschungsamt, Bd 8), S. 207 ff.; Boog, Luftwaffenführung (wie Anm. 10), S. 183–190 (Kap. Sturzflugdanke).
105 Mündliche Mitteilung Major i.G. a.D. Helmut Pohle, Dipl.Ing., Techn. Offizier im Generalstab der Luftwaffe bis Okt. 1939, an Verf. am 2. 7. 1986. General der Flieger a.D. Paul

Deichmann, »Die Angriffswaffen der deutschen Luftwaffe und ihre Anwendung«, BA-MA, Studie Lw 33, Bl. 82: »So vertrat vor dem Kriege der Chef des Generalstabes der deutschen Luftwaffe, Oberst Jeschonnek, die Auffassung, daß mit Rücksicht auf die damals vorhandenen unzureichenden Zielgeräte, die ein Treffen aus großen Höhen sehr erschwerten, der Tiefangriff bzw. der Sturzangriff die Angriffsmethoden der deutschen Luftwaffe in einem kommenden Kriege sein würden. Er stand hierbei zwar im Gegensatz zur Auffassung des damaligen Inspekteurs der Kampf-(Bomben)Flieger, setzte aber kraft seiner Stellung seine Auffassung durch.«

106 Boog, Luftwaffenführung (wie Anm. 10), S. 139, 177; Völker, Dokumente und Dokumentarphotos zur Geschichte der deutschen Luftwaffe, Stuttgart 1968 (= Beiträge zur Militär- und Kriegsgeschichte, hrsg. vom Militärgeschichtlichen Forschungsamt, Bd 9), S. 211 f.
107 Boog, Luftwaffenführung (wie Anm. 10), S. 57.
108 Ebd., 180; M.N. Golovine, Air Strategy, London–Aldershot–Portsmouth 1936, S. 2, 4, 6 ff., 11, 24.
109 Zum latenten Fortbestehen des strategischen Großbomber- und Bombenkriegsgedankens nach der Verlegung des Rüstungsschwerpunktes auf den mittleren Bomber im Jahre 1936/37 siehe auch Völker (wie Anm. 104), S. 108 f., 132.; Edward L. Homze, Arming the Luftwaffe. The Reich Air Ministry and the German Aircraft Industry, Lincoln and London 1976, S. 124, 166 ff.; David Irving, Die Tragödie der deutschen Luftwaffe. Aus den Akten und Erinnerungen von Feldmarschall Milch, Frankfurt/Main–Berlin–Wien 1970, S. 102, 412; Richard James Overy, »From ›Uralbomber‹ to ›Amerikabomber‹: The Luftwaffe and Strategic Bombing«, in: The Journal of Strategic Studies, H. 2/1978, S. 155, 157; Boog, Luftwaffenführung (wie Anm. 10), S. 182 f. Görings Zorn über die durch die Sturzflugforderung mißratene He 177 und den »Hokuspokus mit den zwei zusammengeschweißten Motoren« drückte sich im Mai 1942 bei einem Besuch in der Erprobungsstelle Rechlin aus. Hitlers Wut über die He 177 entlud sich im Juni 1943 über die Flugzeugkonstrukteure. Siehe hierzu Irving (wie diese Anm.), S. 241 ff., 294.
110 DRdL Nr. 6093/34 g.Kdos. vom 31.1.1934, BA-MA RL 3/192, Bl. 312.
111 Oberst a.D. Edgar Petersen, ehem. Kommandeur der Erprobungsstellen der Luftwaffe, Ausarbeitung vom 4.5.1972 über die Entstehungsgeschichte des Kampfgeschwaders 40.
112 RdLuObdL L.A. Nr. 2200/37 III 5/Fl.In. 2 geh. vom 1.6.1937: Bestimmungen für die Bombenwurfausbildung bei Schulen und Verbänden (Land und See), BA-MA RL 3/463.
113 Spetzler (wie Anm. 67), S. 226 ff.
114 Hierzu Generalleutnant a.D. Josef Schmid in Deichmann (wie Anm. 105), Bl. 68 f.: »Es ist ja bekannt, daß Gen. Jeschonnek sich bereits vor dem Kriege mit allen Mitteln für einen sturzfähigen Bomber eingesetzt hat. Er wollte damit anstelle des Massenangriffs den Einsatz kleiner und kleinster Einheiten, bestehend aus 1–3 Bombern setzen, die im Sturzflug durch die Zerstörung entscheidender Teile eines Werkes usw. dieses stillegten. Ich erinnere hierbei an die Versuche, die während der Luftschlacht um England gemacht wurden. Hierzu sollten »Zerstörangriffe« bei Tag durch Einzelflugzeuge mit hochqualifizierten Besatzungen unter Ausnutzung von Schlechtwetterlagen auf Werke der britischen Engpaßindustrie [...] durchgeführt werden [...]. Trotz guter Trefferlage [...] zeigte sich, daß die Werke sofort oder nach kurzer Zeit weiterarbeiteten.« Siehe auch »Einsatz gegen England« (wie Anm. 92), S. 2: »Hingegen läßt sich eine ernsthafte Schädigung und Störung des Zieles meist mit weit geringeren Kräften durchführen«, S. 4: »Ausnützung der Wolken zwingt zum Angriff in kleinen Verbänden«, S. 18: »Die Angriffseinheit ist die Kette«, DObdL Führungsstab Ia Nr. 5937/40 g.Kdos. vom 2. September 1940: »[...] ist es notwendig, die Ziele bei Tage überraschend mit einzelnen Flugzeugen anzugreifen und zu vernichten«. Beides in BA-MA RL 2 II/360, Bl. 2507, 2509, 2523, 2454.
115 Churchill am 14.7.1941 an Portal, Lord Beaverbrook an Minister of Defence vom 29.8.1941, PRO CAB 120/292.
116 Hierzu David Kahn, Hitler's Spies. German Military Intelligence in World War II, London 1978, S. 524, 527 ff.; Adolf Galland, Die Ersten und die Letzten. Die Jagdflieger im Zweiten Weltkrieg, Darmstadt 1953, S. 88; Adolf Baeumker, Ein Beitrag zur Geschichte der Führung der deutschen Luftfahrttechnik im ersten halben Jahrhundert 1900–1945, Bad Godesberg

1971, S. 41; Horst Boog, »German Air Intelligence in the Second World War«, in: Intelligence and National Security, Vol. 5, April 1990, No. 2, Special Issue on Intelligence and Operations, S. 406.
117 Webster/Frankland (wie Anm. 21), Bd 1, S. 114, 204; Bd 2, S. 94 ff.; Bd 4, S. 7–15.
118 L.A. (NVW) IIIa 2 Nr. 941/36 g.Kdos. vom 6.5. 1936, BA-MA RL 3/192, Bl. 54; Pohle (wie Anm. 102), S. 23 f. Zu den Vorkriegsentwicklungen siehe auch Forschungsplan RLM 1938, 3. Teil, BA-MA RL 39/1034, S. 6, 8, 10, 12 und Tätigkeitsbericht der Luftfahrtforschungsanstalten und -Institute des RLM, abgeschlossen im Dezember 1940, S. 27 ff., BA-MA RL 3/2368.
119 Fritz Trenkle, Die deutschen Funknavigations- und Funkführungsverfahren bis 1945, Stuttgart 1979, S. 58 ff., 149 ff.; Alfred Price, Herrschaft über die Nacht. Spione jagen Radar, Gütersloh 1968, S. 35–55; Werner Niehaus, Die Radarschlacht 1939–1945, Stuttgart 1977; Ulf Balke, Kampfgeschwader 100 »Wiking«, Stuttgart 1981; Reginald Victor Jones, Most Secret War, London 1978, S. 84 ff., 135 ff., 140 ff., 164 ff.; Fritz Trenkle, Deutsche Ortungs- und Navigationsanlagen (Land und See 1933–1945), Deutsche Gesellschaft für Ortung und Navigation e.V., Sonderbücherei, hrsg. von Leo Brandt, o.O. 1964, S. 67; Francis Harry Hinsley u.a., British Intelligence in the Second World War. Its Influence on Strategy and Operations; Bd 1, London 1979, S. 556 ff.
120 Niehaus (wie Anm. 119), S. 56–68; Price (wie Anm. 119), S. 20–42, 51, 77, 80, 110, 112, 288; Trenkle, Funknavigations-…verfahren (wie Anm. 119), S. 56, 66, 94, 152; Jones (wie Anm. 119), S. 74; Hinsley (wie Anm. 119), S. 550–556.
121 Niehaus (wie Anm. 119), S. 69 ff.; Jones (wie Anm. 119), S. 172–178 u.a.; Trenkle, Funknavigations…verfahren (wie Anm. 119), S. 68 ff., 156; ders., Ortungs- und Navigationsanlagen (wie Anm. 119), S. 73; Die Störungen konnten immer wieder jedenfalls zum Teil unwirksam gemacht werden. Siehe hierzu Luftflottenkommando 3 Führ./Abt. Ia op 1 Nr. 4784/42 g.Kdos. vom 21.5.1942, Bezug: Rücksprache Generaloberst Jeschonnek-Staatsrat Plendl, an Chef Genst.d.Lw, BA-MA RL 7/295, S. 2; Hinsley (wie Anm. 119), S. 559 ff.
122 Das Deutsche Reich und der Zweite Weltkrieg, Bd 2 (wie Anm. 60), S. 387 ff. (Maier); Boog, Luftwaffenführung (wie Anm. 10), S. 104.
123 Brigadegeneral (d.Bw.) a.D. Friedrich mündlich an Verf. 26.11.1986 in Bonn. Fr. war 1940/41 Ia op 1 Offizier in der Operationsabteilung des Generalstabes der Luftwaffe.
124 II./K.G. 76 Abt. Ia Nr. 1357/40 geh. vom 10.1.1940: Kampfauftrag für Störangriffe auf Loge; FS ObdL FüSt Ia (Robinson) Nr. 6685/41 geh. (II) an Lfl 3, nachr. Lfl 2, Kurfürst Ia vom 15.2.1941; ObdL FüSt Ia Nr. 50/41 geh. vom 6.1.1941, betr.: Vorbereitung und Durchführung von Feindflügen, alles in BA-MA RL 2 II/360, Bl. 2432–2436, 2430, 2414 ff.; Luftflottenkommando 3 Führ./Abt. Ia op 1 Nr. 4784/42 g.KDos. vom 21. 5. 1942, BA-MA RL 7/295.
125 Hans Rumpf, Das war der Bombenkrieg. Deutsche Städte im Feuersturm, Oldenburg 1961, S. 68 f. Theo Weber, Die Luftschlacht um England, Wiesbaden 1956, S. 165, 173; BA-MA RL 2 IV/33.
126 Harris (wie Anm. 8), S. 83: »The Germans again and again missed their chance … of setting our cities ablaze by a concentrated attack.«
127 L.Dv. 16, Ziff. 47, 189.
128 Erfahrungsbericht der Legion Condor über den Einsatz der Kampfflieger, gez. Hauptmann v. Knauer (Auszug), in: Klaus A. Maier, Guernica 26.4.1937. Die deutsche Intervention in Spanien und der Fall »Guernica«, Freiburg ²1977 (= Einzelschriften zur militärischen Geschichte des Zweiten Weltkrieges, Bd 17), S. 153. FS ObdL Führungsstab Ia (Robinson), Nr. 6685/41 geh. (II) an Lfl 3, nachr. Lfl 2, Kurfürst Ia vom 15.2.1941, BA-MA RL 2 II/360, Bl. 2403.
129 Schlußbesprechung des Planspiels 1939, Luftflottenkommando 2, FüAbt. Nr. 7093/39 g.Kdos. Chefs. vom 13.5.1939, BA-MA RL 7/42, S. 21.
130 Operative Zielsetzung für die Luftwaffe im Fall eines Krieges gegen England im Jahre 1939, Generalstab 1. Abt. (Chef) Nr. 5094/39 g.Kdos. Chefsache vom 22.5.1939, MGFA-Sammlung Greffrath G IV/1.
131 Oberstabsingenieur a.D. Rudolf Brée, »Meine Tätigkeit im Reichsluftfahrtministerium

1935/1945 unter besonderer Berücksichtigung der Entwicklung ferngelenkter Körper«, Bericht vom April 1987, S. 1 (Beilage zum Schreiben Brées an den Verf. vom 22.5.1987). Brée war der im Technischen Amt des Generalluftzeugmeisters verantwortliche Leiter der Abteilung für die Entwicklung von Fernlenkwaffen. Siehe auch Pohle (wie Anm. 102), S. 24 f. Dort wird ausdrücklich die Punktzielbekämpfung unter Verringerung der Gesamtmenge bei gleichzeitiger Verbesserung der Bomben als Ziel der Bombenentwicklung dargestellt.
132 Horst Boog, »Ausweg in die Nacht. Die Luftschlacht über der Deutschen Bucht am 18.2.1939 und ihre Folgen«, in: Information für die Truppe, Nr. 12/1979, S. 64–78; Das Deutsche Reich und der Zweite Weltkrieg, Bd 6 (wie Anm. 5), S. 450 f., 457 (Boog).
133 Terraine (wie Anm. 14), S. 269–275; Das Deutsche Reich und der Zweite Weltkrieg, Bd 6 (wie Anm. 5), S. 465 f. (Boog).
134 Terraine (wie Anm. 14), S. 135–147; Das Deutsche Reich und der Zweite Weltkrieg, Bd 6 (wie Anm. 5), S. 452–456 (Boog). Die schon ab 11. Mai geführten Angriffe auf deutsches Gebiet waren noch taktischer Art.
135 Spetzler (wie Anm. 67), S. 256 f., und F.J.P. Veale, Der Barbarei entgegen. Wie der Rückfall in die Barbarei durch Kriegführung und Kriegsverbrecherprozesse unsere Zukunft bedroht, Hamburg 1954, S. 141.
136 Winston G. Ramsey, The Blitz Then and Now, Bd 1, London 1987, S. 48, 67, 79.
137 James M. Spaight, Bombing Vindicated, London 1944, S. 68; s. auch Spetzler (wie Anm. 67), S. 251 ff.
138 Cooperation Under Fire: Restraint and Escalation in World War II, University of Minnesota 1992, Ms. S. 157 f. Das vollständige Zitat lautet:»Britain, which recognized its inferiority in geostrategic position and air power, was the first to intentionally shirk the boundaries that restricted air warfare. Germany, on the other hand, led by an unscrupulous dictator and possessing an enviable position on the West coast of Europe for attacking British society, preferred to show restraint.«
139 So Olaf Groehler, Bombenkrieg gegen Deutschland, Berlin(Ost) 1990. Obwohl dieses Buch auf weite Strecken sehr informativ und anschaulich illustriert ist, ist es doch in wichtigen Zusammenhängen einseitig und mit marxistischer Ideologie behaftet. Bedauerlicherweise wurden seine Thesen von der Leiterin der Landeszentrale für politische Bildung in Hamburg in ihrer Veranstaltungsbroschüre aus Anlaß der 50. Wiederkehr der schweren Bombenangriffe auf Hamburg 1943, S. 7 f., als Leitmotiv aufgenommen, daneben auch in Ursula Büttner, »Gomorrha«. Hamburg im Bombenkrieg. Die Wirkung der Luftangriffe auf Bevölkerung und Wirtschaft, Hamburg 1993, S. 12 f. Zu Groehlers Hauptveröffentlichungen siehe die Besprechungen in: Das Historisch-Politische Buch 1/1992, S. 41 f., sowie in den Militärgeschichtlichen Mitteilungen 1/1979, S. 234 ff., 238, und 2/1990, S. 199 f. Letztere charakterisiert sein Buch »Kampf um die Luftherrschaft«, das noch 1989 erschien, als eines »der letzten Relikte der linientreuen DDR-Historiographie« und sieht darin »keinen ernstzunehmenden Forschungs- und Diskussionsbeitrag«.
140 John Colville, The Fringes of Power. Downing Street Diaries 1939–1955, London 1985, S. 186.
141 Webster/Frankland (wie Anm. 21), Bd. 1, S. 146–149, 153, Bd 4, S. 111–127; James R.M. Butler, Grand Strategy, Bd 2, London 1957, S. 212 ff.; PRO AIR 8/424; Das Deutsche Reich und der Zweite Weltkrieg, Bd 6 (wie Anm. 5), S. 457 f., 465 (Boog); Terraine (wie Anm. 14), S. 269–275.
142 Das Deutsche Reich und der Zweite Weltkrieg, Bd 6 (wie Anm. 5), Skizze »Angriffsziele des britischen Bomber Command 1940« zwischen S. 460 u. 461.
143 PRO AIR 8/283.
144 PRO AIR 8/5159, 14/768, 930; CAB 65/10, 16; Das Deutsche Reich und der Zweite Weltkrieg, Bd 6 (wie Anm. 5), S. 463 (Boog).
145 Das Deutsche Reich und der Zweite Weltkrieg, Bd 6 (wie Anm. 5), S. 488 ff. (Boog).
146 Terraine (wie Anm. 14), S. 262.
147 Webster/Frankland (wie Anm. 21), Bd 4, S. 143–145; Bd 1, S. 323 f. Zur Beseitigung von Irrtümern über die mit der Direktive verbundene Absicht wies Portal, der Chief of the Air

Staff, am 15. Februar 1942 darauf hin, »daß die dicht bebauten Wohngegenden die Zielpunkte seien und nicht etwa Hafenanlagen oder Flugzeugfabriken« (Portal an Deputy Chief of Air Staff, PRO AIR 8/408). Siehe auch Das Deutsche Reich und der Zweite Weltkrieg, Bd 6 (wie Anm. 5), S. 509.
148 Vgl. das erste Kapitel in Harris' Autobiographie (wie Anm. 8).
149 Leserbrief Gunnar Sundén auf einen Artikel des Verf. in der Zeitschrift DAMALS an deren Redaktion in Stuttgart vom 6.12.1994. S. war in den letzten Kriegsjahren schwedischer Unterhändler für Waffen- und Kugellagerverkäufe in England und Deutschland.
150 Zu »Thunderclap« siehe Webster/Frankland (wie Anm. 21), Bd 3, S. 98–103, Das Schreiben Churchills an den Chief of the Air Staff vom 28.3.1945 mit dem Vorwurf des Terrorbombenkriegs an das Bomber Command ist ebd., S. 112, abgedruckt, Siehe auch Terraine (wie Anm. 14), S. 671–681.
151 »The great immorality open to us in 1940 and 1941 was to lose the war against Hitler's Germany. To have abandoned the only means of direct attack which we had at our disposal would have been a long step in that direction«. Vortrag vor der Royal United Services Institution vom Dez. 1961, zit. bei Terraine (wie Anm. 14), S. 507.
152 Noble Frankland, The Bombing Offensive Against Germany. Outlines and Perspektives, London 1965, S. 112: »... morality must be determined by the war aim and not by the particular arm which ist pursuing it«.
153 »It is not a reprisal, but part of the regular policy adopted by the RAF under instructions of his Majesty's Government of bombing all objectives in the two guilty countries [Deutschland und Italien], which are most likely to weaken their military and industrial capacity. This policy will be continued to the end of the war, it is hoped on an ever-increasing scale, irrespective of whether any further attacks are made on the British Islands or not«. War Cabinet Defence Committee Meeting vom 18.4.1941, D.O. (41) 17th meeting, PRO CAB 120/300. Zur Nichtberufung Englands auf die Repressalie s. auch Spetzler (wie Anm. 67), S. 258.
154 Ronald Schaffer, Wings of Judgement. American Bombing in World War II, Oxford 1985, S. 66 f.
155 Albert Speer, Erinnerungen, Berlin 1969, S. 375.
156 Vgl. Planstudie 1939, Heft I–III, BA-MA RL 2 II/1–3, Spetzler (wie Anm. 67), S. 259 f.; ObdL FüSt Ia Nr. 5375/39 g.Kdos. Chefsache, Entwurf, Weisung Nr. 2 für das X. Fliegerkorps vom 11. 11. 1939 (»Terrorangriffe sind verboten«), und ObdL FüSt Ia Nr. 5445/39 vom 16. 12. 1939: »Es liegt nicht im Sinne der Gesamtkriegführung, den uneingeschränkten Luftkrieg durch eigene Initiative in vollem Umfang zu entfesseln. Daher behalte ich mir die Freigabe von Angriffen, welche die Zivilbevölkerung in besonderem Maße gefährden, vor«. BA-MA RL 2 II/274, Bl. 28 und 76.
157 BA-MA RL 2 II/51, RL 7/330, 338, 340, 419; RL 10/196, 342; N 671/5.
158 Wilhelm Speidel, Die Luftwaffe im Polenfeldzug, Studie Lw 2a, BA-MA, S. 24 f., 301 f.
159 Fernschreiben Görings an Luftflotten 1 und 4 vom 1.9.1939, BA-MA RL 2 II/51. Groehler (wie Anm. 139), S. 12, hat dieselbe, aus nur wenigen Blättern bestehende Akte benutzt. Dies hinderte ihn aber auch 1990 noch nicht, von Terrorangriffen auf Warschau zu schreiben, die Deutschland gezielt begonnen habe. Aus Gründen der Sauberkeit historischer Forschung hätte er den allerdings seiner Tendenz widersprechenden Gegenbefehl Görings zumindest in einer Fußnote erwähnen müssen.
160 Speidel (wie Anm. 158), S. 328.
161 Der Prozeß gegen die Hauptkriegsverbrecher vor dem Internationalen Militärgerichtshof Nürnberg, 14. November 1945 – 1. Oktober 1946, Bd 9, Nürnberg 1947, S. 759.
162 Spetzler (wie Anm. 67), S. 235 ff.; Generalfeldmarschall Albert Kesselring in: Der Prozeß (wie Anm. 161), S. 199 f.; Speidel (wie Anm. 158), S. 327 ff., 471 ff. Siehe auch seinen Vortrag als Chef des Generalstabes der Luftflotte 1 vom 16.11.1939 über den »Einsatz der Luftwaffe im polnischen Feldzug«, Berlin 1.12.1939 (Privatbesitz d. Verf.).
163 Frankland (wie Anm. 125), S. 111 f.: »... these attacks were within battle zones and their object was to cause the surrender of the military garrisons in those towns«.
164 Hanke (wie Anm. 33), S. 212.

165 Anton Hoch, »Der Luftangriff auf Freiburg am 10. 5. 1940«, in: Vierteljahrshefte für Zeitgeschichte 4(1956), S. 115–144, und Wehrkunde 6(1957), S. 285–294.
166 Gerd R. Ueberschär und Wolfram Wette, Bomben und Legenden. Die schrittweise Aufklärung des Luftangriffs auf Freiburg am 10. Mai 1940. Ein dokumentarischer Bericht, Freiburg 1981.
167 Diese Auffassung vertrat in einem Gespräch 1978 in Helsinki der DDR-Geschichtsprofessor Groehler. Dies schien er auch in seinem Buch (wie Anm. 139), S. 13, noch im Jahre 1990 zu glauben, denn hier setzte er »versehentlich« in Anführungsstriche und verband den irrtümlichen Angriff auf Freiburg in unsachlicher Weise mit demjenigen auf Rotterdam.
168 »Wenn das deutsche Volk nicht bereit ist, für seine Selbsterhaltung sich einzusetzen, gut: dann soll es verschwinden«, Henry Picker, Hitlers Tischgespräche im Führerhauptquartier, Wiesbaden 1983 (Jubiläumsausgabe), S. 98 (27. 1. 1942). Siehe auch Staatsmänner und Diplomaten bei Hitler. Vertrauliche Aufzeichnungen über Unterredungen mit Vertretern des Auslandes 1939–1941, 2 Bde, hrsg. von Andreas Hillgruber, Frankfurt/Main 1967, Bd 1, S. 657 f., 661; Albert Speer, Erinnerungen, Frankfurt/Main 1969, S. 403, 442 f.; Klaus Hildebrandt, »Weltmacht oder Untergang: Hitlers Deutschland 1941–1945«, in: Weltpolitik II, 1939–1945, hrsg. von Oswald Hauser, Göttingen 1975, S. 286–322.
169 Butler (wie Anm. 141), S. 570.
170 Ausführlich siehe hierzu Hans-Adolf Jacobsen, »Der deutsche Luftangriff auf Rotterdam (14. Mai 1940). Versuch einer Klärung«, in: Wehrwissenschaftliche Rundschau 8(1958), S. 285–294; Horst Boog, »Die Operationen der Luftwaffe gegen die Niederlande, 10.–15. Mai 1940«, in: Ideen und Strategien 1940. Ausgewählte Operationen und deren militärgeschichtliche Aufarbeitung, Herford 1990, S. 137–157. Zu den verwendeten Bomben siehe Hans Rumpf, Das war der Bombenkrieg, Oldenburg 1961, S. 68 f., zu dem Rückrufversuch der Luftwaffe siehe u.a. Schreiben Wilhelm Giesen (ehem. Funker auf Fliegerhorst Quakenbrück) vom 9.8.1984 an MGFA, Abt. AIF III. William A. Swint, »May 14, 1940 Revisited«, in Aerospace Historian, March 1974, S. 14–22, vertritt dennoch die Terrorversion.
171 Wie Anm. 163. Ähnlich Norman Longmate, The Bombers, London 1983, S. 83; Spetzler (wie Anm. 67), S. 246 ff.
172 Hanke (wie Anm. 33), S. 212. Groehler (wie Anm. 139), S. 13 f., bleibt hingegen bei seiner Terrorthese.
173 Siehe Horst Boog, »Luftwaffe Operations Against the Netherlands, 10–15 May 1940«, in: Vijftig jaar na de Inval … bijdragen aan het congres gehouden aan de Vrije Universiteit te Amsterdam op 10 en 11 mai 1990, onder redactie van J.P.B. Jonker, A.E. Kersten, G.N. van der Plaat, 's-Gravenhage 1990, S. 31–40, 198–201.
174 Lageberichte des Luftwaffenführungsstabes Ic Nr. 270, 271 vom 2. bzw. 3.6.1940 in BA-MA RL 2 II/207, Bl. 91–110, und RL 2 II/208, Bl. 1–36.
175 Persönliches Kriegstagebuch des Generals der Flieger Otto Hoffmann von Waldau, BA-MA RL 200/17, S. 15.
176 Hitlers Weisungen für die Kriegführung 1939–1945, hrsg. von Walther Hubatsch, München 1965 (dtv 278/279), S. 63, 46 ff., 50 ff.
177 So jedenfalls könnte man aus Ueberschär/Wette (wie Anm. 166), S. 70, schließen.
178 Spetzler (wie Anm. 67), S. 259 ff.
179 Generalfeldmarschall Albert Kesselring, Soldat bis zum letzen Tag, Bonn 1953, S. 85, 95; Kurt von Tippelskirch, Geschichte des Zweiten Weltkrieges, Bonn 1951, S. 121.
180 DRdLuObdL Generalstab 1. Abt. Nr. 60/40 g.Kdos. (III), BA-MA RL 2 II/360, Bl. 2503–2528.
181 Besprechung beim Reichsmarschall am 15. 8. 1940 über bewußte Konzentrierung auf feindliche Luftwaffen- und Luftrüstungsziele, BA-MA RL 2 II/360, Bl. 2486–2490; ObdL Führungsstab Ia Nr. 5937/40 g.Kdos. vom 2.9.1940. Auszug aus: Vorläufige Richtlinien für den Einsatz von Verbänden der Luftwaffe gegen England; S. 2, BA-MA RL 2 II/27; ObdL Führungsstab Ia Nr. 5835/40 g.Kdos. (op 1), Chef-Sache, Allgemeine Weisung für den Kampf der Luftwaffe gegen England, vom 20.8.1940, BA-MA RL 2 II/27; Adolf Galland (wie Anm. 116), S. 100, 113; Kesselring (wie Anm. 179), S. 107 f.
182 Aussage des Oberst a.D. Hajo Herrmann in David Irving, Von Guernica bis Vietnam. Die Leiden der Zivilbevölkerung im modernen Krieg, München 1982, S. 58.

183 J.M. Spaight, Air Power and War Rights, London ³1947, S. 267; Werner Baumbach, Zu spät? Aufstieg und Untergang der deutschen Luftwaffe, Stuttgart ³1977, S. 86; Spetzler (wie Anm. 67), S. 267.
184 Hier vor allem Hitler und Jeschonnek, der aber bald wieder davon Abstand nahm. Siehe Franz Halder, Kriegstagebuch. Tägliche Aufzeichnungen des Chefs des Generalstabes des Heeres, 1939–1942, hrsg. vom Arbeitskreis für Wehrforschung, 3 Bde, Stuttgart 1962–1964, Bd 2, 1963, S. 99 f.; Irving (wie Anm. 109), S. 164; Das Deutsche Reich und der Zweite Weltkrieg, Bd 2 (wie Anm. 60), S. 380, 385, 392, 402 (Maier); Boog (wie Anm. 10), S. 104.
185 Merkbuch Milch, S. 3218, BA-MA Nachlaß Milch N 179, Notiz über eine Besprechung bei Göring am 19.8.1940: »X. Fl.K. Glasgow/Clyde-Werften, auch Stadt. Keine Rücksicht, frei. – Allg[emeine] Störangriffe auf Industrie, oder Städte – nur London noch nicht«.
186 Udo Volkmann, Die britische Luftverteidigung und die Abwehr der deutschen Luftangriffe während der ›Luftschlacht um England‹ bis zum Juni 1941, Osnabrück 1982, S. 191.
187 Das Deutsche Reich und der Zweite Weltkrieg, Bd 2 (wie Anm. 60), S. 380 f., 386.
188 Longmate (wie Anm. 171), S. 87.
189 ObdL FüSt Ic Nr. 15910/40 g. Lagebericht Nr. 354, BA-MA RM 7/346, Bl. 18–33; Oberkommando der Kriegsmarine. Eingegangene Meldungen Generalstab Luftwaffe während des 25.8.1940, RM 7/296, Bl. 57 ff.
190 Harvey B. Tress, »Churchill, the First Berlin Raids, and the Blitz«, in: MGM 32(1982), S. 66.
191 Basil Collier, The Defence of the United Kingdom, London 1957, S. 207 f.; Butler (wie Anm. 141), S. 410; Best (wie Anm. 71), S. 276. Nur Francis K. Mason, Battle over Britain, London 1969, S. 297 f., spricht von einem gezielten Angriff von etwa 100 deutschen Bombern, bleibt aber jeden Beweis dafür schuldig, ebenso Das Deutsche Reich und der Zweite Weltkrieg, Bd 2 (wie Anm. 60), S. 386.
192 Theo Weber, Die Luftschlacht um England, Wiesbaden 1956, S. 164; Collier (wie Anm. 191), S. 273, 503.
193 Wie Anm. 190.
194 Max Domarus, Hitler. Reden und Proklamationen 1932–1945, Bd 2: Untergang (1939–1945), Würzburg 1963, S. 1575.
195 Hitlers Weisungen (wie Anm. 176), S. 75 f.
196 Halder (wie Anm. 184), S. 99 f.
197 Kriegstagebuch des Oberkommandos der Wehrmacht (Wehrmachtsführungsstab) 1940–1945, hrsg. von Percy E. Schramm, Bd 1: 1. August 1940 – 31. Dezember 1941, Frankfurt am Main 1965, S. 76.
198 II./Kampfgeschwader 76 Abt. Ia Nr. 1218/40 geh., Kampfauftrag zur Bekämpfung der wichtigsten englischen Luftrüstungsziele vom 17.9. 1940, und Zusätze 1–6 vom 24. 9.–18. 10. 1940, BA-MA RL 2 II/360, Bl. 2418–2431; Nr. 1357/40 geh., Kampfauftrag für Störangriffe auf Loge vom 4. 10. 1940, ebd., Bl. 2432–2436; Nr. 1634/40 geh., Kampfauftrag für Nachtangriffe auf Loge vom 30. 10. 1940, ebd., Bl. 2437–2439.
199 B. H. Liddell Hart, The Revolution in Warfare, London 1946, S. 72. Siehe auch Baumbach (wie Anm. 183), S. 101; Spaight (wie Anm. 183), S. 53; Spetzler (wie Anm. 67), S. 263 ff.
200 Zusammenstellung der Angriffsbefehle vom August 1940 bis Juni 1941, BA-MA RL 2 IV/33, Luftkrieg gegen England 1940–1941.
201 ObdL FüSt Ia Nr. 5937/40 g.Kdos. vom 2.9.1940, BA-MA RL 2 II/360, Bl. 2454–2459. Der spätere General der Kampfflieger, Generalmajor Dietrich Peltz, der die Angriffe gegen England 1940/41 als Major und Gruppenkommandeur mitflog, hob in einer Unterredung mit dem Verf. am 29. 6. 1989 die große Bedeutung hervor, die diesem »Zerstörangriffe« genannten Verfahren beigemessen wurde.
202 Norman Longmate, Air Raid. The Bombing of Coventry, 1940, London 1976, S. 180 f., 190; Kesselring (wie Anm. 179), S. 106; Spetzler (wie Anm. 67), S. 264 f.
203 Zielunterlagen Coventry, BA-MA RL 2 II/863–867.
204 RMdL RüSt Ic, Nr. 21750/40 g. Lagebericht Nr. 436 vom 15. 11. 1940, BA-MA RM 7/354, Bl. 75–102.
205 289. Sitzung des War Cabinet vom 15. 11. 1940, 11:45 Uhr, PRO CAB 65/10, S. 63. Für Nor-

man Longmate (wie Anm. 171), S. 94, war der Luftangriff auf Coventry zulässig und kein Terrorangriff. Ders. (wie Anm. 202), S. 196: Beaverbrook: »The roots of the Air Force ... are planted in Coventry. If Coventry's output is destroyed, the tree will languish«.
206 Theo Weber (wie Anm. 192), S. 162; Longmate (wie Anm. 202), S. 88: »The Germans were really aiming at the factories«; S. 182: »... contrary to all the tales of indiscriminate bombing soon being put about, the Germans were remarkably successful in hitting their intended targets and hardly a single famous name in local Industry escaped«; S. 209: Das Bulletin erklärte, »– untruthfully – that ›the raiders dropped their bombs indiscriminately on churches, hospitals and the homes of the people‹«; S. 212: »The burning down of the Cathedral made it easy to present an outstandingly successful operation of war as the ruthless devastation of the homes and holy places of a peaceful little community«; Longmate (wie Anm. 171), S. 94: »The raid, as a legitimate operation of war, was presented as a ›terror attack‹ on civilians, and had a dramatic effect on British, and indeed world public opinion«.
207 »Given that war was war, Coventry was a legitimate target: it was the heart of the British armaments industry«.
208 Wie Anm. 200. Siehe auch Wirkungsbeurteilung in ObdL FüSt Ic, Anlage zu Nr. 1500/41 g. (See/III/Wi), 2. Ang., vom 15.6.1941, BA-MA RL 2 II/426.
209 ObdL FüSt Ic, Lageberichte Nr. 330 vom 1.8.1940, BA-MA RM 7/344, bis Nr. 611 vom 12.5.1941, ebd., RM 7/373.
210 Zum Beispiel Meldungen des Generalstabes der Luftwaffe an die Seekriegsleitung vom 7.11. und 25.11.1940, BA-MA RM 7/296, Bl. 244 ff., 287 ff.
211 Besprechung vom 5.12.1940, in Halder (wie Anm. 184), S. 213. Das Deutsche Reich und der Zweite Weltkrieg, Bd 2 (wie Anm. 60), S. 404.
212 Das Deutsche Reich und der Zweite Weltkrieg, Bd 2 (wie Anm. 60), 396 ff. (Maier).
213 Hitlers Weisungen (wie Anm. 176), S. 118 ff.
214 Das Deutsche Reich und der Zweite Weltkrieg, Bd 3, Stuttgart 1984, S. 458 f. (Vogel). Hier wird eine Erwägung als vollzogene Tat fehlinterpretiert. Richtig bei Spetzler (wie Anm. 67), S. 274. Ausgewogen über den Angriff urteilt Karl Gundelach, Die deutsche Luftwaffe im Mittelmeer 1940–1945, Frankfurt a.M. 1981, S. 168–171.
215 Erklärung Lord Simons vom 29.8.1943 auf die italienische Anregung, Rom zur offenen Stadt zu erklären, zit. nach Spetzler (wie Anm. 67), S. 274, Anm. 301; abgedruckt auch bei Spaight (wie Anm. 183), S. 291, und P. Guggenheim, Lehrbuch des Völkerrechts, 2 Bde, Basel 1948–1951, S. 899.
216 J. Diakow, Generaloberst Alexander Löhr. Ein Lebensbild, Freiburg 1964, S. 33–44. Demnach wurde der noch im Hitlerschen Sinne abgefaßte Angriffsbefehl des Luftflottenkommandos 4, Führungsabteilung Ia op Nr. 1000/41 g.Kdos. vom 31. 3. 1941 (BA-MA RL 7/657, Bl. 1–14) von Löhr persönlich abgeändert.
217 LC 7 II LC 7 Nr. 2550/41 geh. vom 24. 4. 1941: Bericht über die Bombenwirkung in Belgrad, und Lfl Kdo 4 FüAbt Ic vom 15. 4. 1941: Zusammenstellung der auf Belgrad abgeworfenen Bomben, BA-MA RL 3/2157; Spetzler (wie Anm. 67), S. 274.
218 Siehe oben Anm. 153.
219 Spetzler (wie Anm. 67), S. 266.
220 Reichsmarschall-Besprechungsnotiz Nr. 58/42 g.Kdos., 21.3.1941, BA-MA RL 3/60, Bl. 5181.
221 Basil Collier, The Defence of the United Kingdom, London 1957, S. 261: »Altough the plan adopted by the Luftwaffe early in September had mentioned attacks on the populations of large cities, detailed records of the raids made during the autumn and winter of 1940–1941 do not suggest that indiscriminate bombing of civilians was intended. The points of aim selected were largely factories and docks. Other objectives specifically allotted to bombercrews included the City of London and the Government quarter round Whitehall«.
222 Henry H. Arnold, GLobal Mission, New York 1949, S. 227 f.: »Sinclair ... first took me to the Air Raid Precaution Office where there was a map of the city showing the location of all the bombs that had been dropped. They were spread all over London, in most cases close to railroad stations, switching points, power houses, transformers, bridges, docks, warehouses, and factories; but a lot were in the residential districts. Every bomb dropped was accurately plotted«.

223 Harris (wie Anm. 8), S. 42 f.
224 Abgedr. in Collier (wie Anm. 221), S. 512.
225 Horst Boog, »›Baedeker‹-Angriffe und Fernstflugzeugprojekte 1942. Die strategische Ohnmacht der Luftwaffe«, in: Militärgeschichtliche Beiträge, hrsg. vom Militärgeschichtlichen Forschungsamt, Bd 4, Herford 1990, S. 91–110.
226 Spetzler (wie Anm. 67), S. 298, 323, 377.
227 Hitlers Lagebesprechungen. Die Protokollfragmente seiner militärischen Konferenzen, hrsg. von Helmut Heiber, Stuttgart 1962, S. 294 ff. (Mittagslage 25.7.1943). Siehe auch das Kapitel »Terror und Gegenterror« im Ms. Horst Boog für Das Deutsche Reich und der Zweite Weltkrieg, Bd 7.
228 WFSt/Op(L), 1. Skl. op Nr. 772/42 an ObdL/LwFüSt Ia, BA-MA RM 7/171, S. 78; Besprechung bei Generaloberst Jeschonnek, 1. 5. 1943, BA-MA RM 7/260, S. 176 ff.
229 Richard Muller, The German Air War in Russia, Baltimore 1992, chapters 4 und 5.
230 Kapitel »Der ›Baby‹-Blitz gegen England«, Ms. Horst Boog für Das Deutsche Reich und der Zweite Weltkrieg, Bd 7.
231 Hierzu Brée (wie Anm. 131), S. 2: »Im Frühjahr [1942] wurden die Städte Köln, Rostock und Lübeck mit Bomben angegriffen. Dies veranlaßte den Genst.d.Luftw., seine Entscheidung von 1939 zu revidieren hinsichtlich der Bekämpfung von Flächenzielen. Der Generalluftzeugmeister wurde beauftragt, ein entsprechendes Projekt vorzulegen mit einem Vorschlag für die zugehörigen technisch-taktischen Forderungen. Die Weisung zur entsprechenden Entwicklung erging im Juni 1942. Die Entwicklung erhielt unterschiedliche Tarnnamen. Es handelte sich um das Gerät Fi 103 (V 1).« Siehe auch Vortrag des Hauptmanns Otto Bechtle vom 2.4.1944: Der Einsatz der Luftwaffe gegen England, ihre Taktik und Lehren 1940–1943, BA-MA RL 17/49, S. 15: »Eine grundsätzliche Umstellung dieser Luftkriegführung trat ab April 1942 ein, als für die von nun an beginnenden Terrorangriffe des Feindes gegen das Reichsgebiet Vergeltungsmaßnahmen gefordert wurden.« Heinz-Dieter Hoelsken, Die V-Waffen. Entstehung – Propaganda – Kriegseinsatz, Stuttgart 1984, S. 34; Milch am 17.12.1943 über V-Waffeneinsatz in Deichmann (wie Anm. 105), S. 75 f. Horst Boog, Kapitel »Die V-Waffen-Offensive«, Ms. für Das Deutsche Reich und der Zweite Weltkrieg, Bd 7.
232 Hanke (wie Anm. 33), S. 187–194; Horst Boog, »Luftwaffe und unterschiedsloser Bombenkrieg bis 1942«, in: Horst Boog (wie Anm. 11), S. 439 f.
233 Luftwaffendruckvorschrift L.Dv. 64 II »Kriegsvölkerrecht« vom 1.10.1939.
234 W. Hays Parks, »Luftkrieg und Kriegsvölkerrecht«, in: Horst Boog (wie Anm. 11), S. 406 f., 431, und ders., »Air War and the Law of War«, in: The Air Force Law Review, Vol. 31, No. 1, 1990, S. 38 ff.
235 Hanke (wie Anm. 33), S. 187–194.
236 PRO AIR 9/443.
237 Die Referate und Kommentare dieser Tagung sind enthalten in: Horst Boog (Hrsg.) (wie Anm. 38, englische Version, und wie Anm. 11, deutsche Version).
238 Manfred Messerschmidt, »Strategischer Luftkrieg und Völkerrecht«, in: Horst Boog (wie Anm. 11), S. 351–362.
239 Zit. nach Alfons Waltzog, Recht der Landkriegsführung, Berlin 1942, S. 4.
240 W. Hays Parks, Völkerrechtler, in seinem Vortrag (wie Anm. 234).
241 J. Stone, Legal Controls of International Conflict, London 1954, S. 609, zit. nach Spetzler (wie Anm. 67), S. 377.
242 J.F.C. Fuller, Der Zweite Weltkrieg 1939–1945, Wien–Stuttgart 1952, S. 89, 98 ff., u.a.m.
243 Telford Taylor, Final Report to the Secretary of the Army on The Nuremberg War Crimes Trials Under Control Council Law No. 10, Washington D.C. 1949, S. 65, zit. nach W. Hays Parks in Horst Boog (wie Anm. 234), S. 405.
244 W. Hays Parks, Air War and the Law of War (wie Anm. 234), S. 218 ff.
245 BBC-Fernsehdiskussion in London mit Colonel Ward, Planer der alliierten Luftoperationen im Golfkrieg gegen Irak, am 24. 2. 1993, ausgestrahlt am 7. 4. 1993.
246 Bomber Command 1939-45, London 1997.

Horst Boog, Dr.phil., Bachelor of Arts, Jahrgang 1928, nach dem Abitur Studium der Geschichte in Deutschland und den USA. Leitender Wissenschaftlicher Direktor a. D., ehemals Leiter Abteilung Forschung I im Militärgeschichtlichen Forschungsamt, Freiburg i. Br. Langjähriger Mitarbeiter der Abteilung »Luftwaffe«.
Veröffentlichungen: Das Offizierkorps der Luftwaffe 1935–1945, in: Das deutsche Offizierkorps 1860–1960, hrsg. von H. H. Hofmann, Boppard 1980; Die deutsche Luftwaffenführung 1935–1945. Führungsprobleme-Spitzengliederung-Generalstabsausbildung, Stuttgart 1982; Das Problem der Selbständigkeit der Luftstreitkräfte in Deutschland 1908–1945, in: Militärgeschichtliche Mitteilungen, 43 (1988), S. 31–60; German Air Intelligence in the Second World War, in: Intelligence and National Security, Vol. 5 (1990), No. 2, S. 350–424; zahlreiche weitere Aufsätze über Luftkrieg und Luftkriegsgeschichtsschreibung, Luftfahrttechnik und Logistik in internationalen Fachzeitschriften. Mitautor von: Verteidigung im Bündnis, München 1975; Der Angriff auf die Sowjetunion, Stuttgart 1983 (=Das Deutsche Reich und der Zweite Weltkrieg, Bd. 4); Der globale Krieg. Die Ausweitung zum Weltkrieg und der Wechsel der Initiative, Stuttgart 1990 (=Das Deutsche Reich und der Zweite Weltkrieg, Bd. 6). Bearbeiter des Teiles über den alliierten strategischen Bombenkrieg und die deutsche Luftverteidigung für Bd. 7 derselben Reihe.

HELMUT SCHMOECKEL

Völkerrecht und Fairneß im Seekrieg[1]
Einhaltung und Verstöße

Einleitung

Das strategische Ziel eines Seekrieges ist es, die Warenzufuhr über See des Gegners zu unterbinden und die eigene Zufuhr aufrechtzuerhalten. Der Seekrieg richtet sich also vornehmlich gegen die Schiffe und ihre Ladung und hat weder die Besetzung gegnerischer Gebiete noch die Vernichtung feindlicher Heere zum Ziel. Da für die deutsche Marine die Aufrechterhaltung der Zufuhren über See nach Deutschland schon aus geographischen Gründen nicht möglich war, bestand ihre Aufgabe neben der Sicherung der eigenen Küsten hauptsächlich darin, die Zufuhren nach England soweit wie möglich zu drosseln. Die folgende Untersuchung versucht eine Antwort auf die Frage, ob die deutsche Marine im Zweiten Weltkrieg die Grenzen des Völkerrechts und das Gebot der Fairneß dem Gegner gegenüber eingehalten hat.

Hierzu bedarf es einer Betrachtung der gültigen Regeln des Kriegsvölkerrechts unter dem Blickwinkel, wie sie befolgt worden sind. Mit dem im vollen Wortlaut veröffentlichten Kriegstagebuch der Seekriegsleitung 1939 bis 1945 (KTB der SKL), mit den Prozeßakten des Internationalen Militärtribunals in Nürnberg (IMT) ist die Quellenlage ausgesprochen günstig, ergänzt durch eine Fülle von Literatur über Einzelgebiete des Seekriegs. Einzelne Beispiele aus dem Kriegsgeschehen sollen die Problematik jeweils deutlicher machen.

Sehr wichtig ist es, in diesem Zusammenhang die Verantwortung der Regierungen und der politischen sowie der militärischen Führungen zu beleuchten. Denn gerade ihre Entscheidungen hatten auf die Einhaltung des Völkerrechts und die Erziehung der Marine zum menschlichen Verhalten dem Gegner gegenüber entscheidenden Einfluß. Wie bei jedem Einzelkampf ist auch im Kampf der Völker gegeneinander das Prinzip der Gegenseitigkeit grundlegend. Wer Tricks, Rechtsbrüche und Grausamkeiten anwendet, kann nicht erwarten, daß der Gegner ihn schonender behandelt.

Betrachtet wird nur der europäisch-atlantische Teil des Seekriegs, nicht der Krieg im Pazifik zwischen den USA und Japan, der mit dem Überfall der Japaner mitten im Frieden auf den US-Stützpunkt Pearl Harbor auf Hawaii begann. Beim Vergleich mit dort angewandten grausamen Praktiken, die nur kurz gestreift werden sollen, wird besonders deutlich, ob die deutsche Marine den Seekrieg im Einklang mit dem Völkerrecht und fair, oder rechtswidrig und unmenschlich geführt hat.

Die Sperrung von Zufuhren über See

Grundlage und Fundstelle für die bei Kriegsbeginn international gültigen Regeln waren die Haager und Genfer Abkommen aus den Jahren 1907 und 1929 sowie weitere einzelne Abkommen aus den zwanziger und dreißiger Jahren, bei Kriegsbeginn in der Marinedienstvorschrift MDv 435/II vom 1. Oktober 1939 zusammengefaßt. Sie enthielt alle den Seekrieg betreffenden Vereinbarungen, diente als Lehrbuch an den Marineschulen und war als Handbuch für die Kommandanten und Befehlshaber an Bord der Schiffe vorhanden. Sie umfaßte sowohl völkerrechtliche Abkommen über Blockaden, über die Behandlung von feindlichen und neutralen Handelsschiffen in See und über die humanitäre Behandlung der Besatzungen versenkter Schiffe. Im Vorwort dieser, einen Monat nach Kriegsbeginn herausgegebenen Dienstvorschrift heißt es:

»Die Beachtung der Regeln des Kriegsrechts trägt dazu bei, die Kriegführung anständig und ritterlich zu gestalten. Nichtbeachtung führt erfahrungsgemäß zu Repressalien des Feindes und bietet seiner Propaganda eine willkommene Handhabe.«

Ähnliche Gedanken und Erlasse lagen auch bei der britischen Admiralität vor, auch wenn in einigen wichtigen Punkten eine Diskrepanz zwischen der britischen und deutschen Rechtsauffassung bestand. Auch die Briten hielten bis zum Schluß des Krieges an ihren Grundsätzen fest.

Die Prisenordnung und die Unmöglichkeit ihrer Anwendung

Die Regeln für das Anhalten, Durchsuchen und eventuelle Wegnehmen gegnerischer oder auch neutraler Schiffe und Handelsschiffe sind in den Prisenordnungen der einzelnen Staaten festgehalten. Die deutsche Prisenordnung vom 28. August 1939, revidiert am 18. April 1940, war den Stäben und Kommandanten von Schiffen in der Marinedienstvorschrift MDv 435/1 an die Hand gegeben. Sie war die nationale detaillierte Ausführungsverordnung international anerkannter Grundsätze. Die meisten Staaten richteten sich in ihren Prisenordnungen ebenfalls nach diesen Grundsätzen. Gemäß einer in Genf im Jahr 1907 verhandelten Vorlage, sollte ein internationaler Prisengerichtshof in jedem Einzelfall über Recht und Unrecht entscheiden. Großbritannien hat aber ein solches Abkommen nie ratifiziert. Der damalige britische Außenminister Sir Edward Grey brachte im Unterhaus die Ratifizierung mit dem Satz zu Fall: »Wenn das Privateigentum im Kriege unantastbar wäre, wüßte ich nicht, wie jemals ein Krieg beendet werden sollte.«[2]

Die Prisenordnung schrieb vor, wie unbewaffnete gegnerische und neutrale Schiffe zu behandeln seien. Vor jedem Waffeneinsatz sollte eine genaue Prüfung von Schiff und Ladung durch ein Prisenkommando vorgenommen werden. Erst nach Prüfung von Nationalität, Ladung und Bestimmungshafen durften Wegnahmen oder Versenkungen erfolgen, wobei die Besatzungen vorher in Sicherheit gebracht werden mußten. Hierfür waren genaue Regeln für Schiff, Ladung und Besatzung aufgestellt und – im Falle von Neutralen – festgelegt, wann diese unbehelligt gelassen werden mußten. Der Einsatz von Waffen sollte – bis auf den Schuß vor den Bug der Schiffe als Aufforderung zum Stoppen – vermieden werden.

Auf die Erziehung der Seeoffiziere zur Einhaltung dieser Bestimmungen hatte die deutsche Marine großen Wert gelegt. Bei Kriegsbeginn lautete die Weisung Nr. 2 des Oberkommandos der Wehrmacht (OKW) vom 3. September 1939 an die Seekriegsleitung u.a.:

»a) Gegenüber England

Der Handelskrieg ist vorläufig auch von U-Booten nach Prisenordnung zu führen. Die Verschärfungen bis zur Erklärung von Gefahrenzonen sind vorzubereiten. Das Inkrafttreten von Verschärfungen behalte ich mir vor.

b) Gegenüber Frankreich

Angriffshandlungen gegenüber Frankreich sind erst freizugeben, wenn dieses die Feindseligkeiten eröffnet. Ist dies der Fall, so gelten die gegen England gegebenen Anordnungen in gleicher Weise auch gegen Frankreich.«

Als festgestellt wurde, daß die Westmächte das Angriffsverbot gegen französische Schiffe dazu nutzten, das britische Expeditionskorps über den englischen Kanal zu transportieren, wurde am 25. September 1939 verfügt, daß französische Schiffe wie englische Schiffe zu behandeln seien.[3]

Nach der deutschen Rechtsauffassung betraf die Prisenordnung nur unbewaffnete Handelsschiffe. Im Gegensatz hierzu ordnete der britische Seelord im Jahr 1938 die Bewaffnung aller Handelsschiffe »zur Selbstverteidigung« an und verfügte, daß diese sofort bei Sichtung feindlicher Kriegsschiffe sich mit Standortangabe auf dem Funkwege zu melden hätten.[4] Die Interessen der die Meere beherrschenden Seemacht waren eben andere als die der übrigen Staaten. Hiermit wollte England einen deutschen U-Bootkrieg erschweren oder unmöglich machen, denn wegen seiner Verwundbarkeit war ein U-Boot einem bewaffneten Handelsschiff unterlegen. Das U-Boot konnte auch nicht abwarten, bis seitens des Handelsschiffes der erste Schuß fiel. Eine Durchsuchung des Schiffes durch ein Prisenkommando des U-Bootes war illusorisch. Handelsschiffe verloren daher, wenn sie bewaffnet waren und sich durch Funkmeldungen in das gegnerische Nachrichtennetz einschalteten, nach deutscher Auffassung den Schutz, den ihnen das Völkerrecht als Nicht-Kombattanten geben sollte.[5] Dieser Auffassung hatten sich bereits vor dem Kriege französische, italienische, japanische und amerikanische Völkerrechtler angeschlossen.[6] Doch war es zu der in diesem Punkte angestrebten völkerrechtlichen Kodifizierung noch nicht gekommen. Die Staaten machten jeweils ihre Haltung zum Status bewaffneter Handelsschiffe von politischen Zweckmäßigkeiten abhängig.[7] Nach britischer Auffassung hätte daher Deutschland auf den U-Bootkrieg verzichten müssen, hätte also diese wirksamste und völkerrechtlich anerkannte Waffe nicht einsetzen dürfen. Einen Verzicht hierauf konnte sich Deutschland nicht erlauben. Ähnliches ist wohl auch noch nie von einem Kriegführenden verlangt worden.[8]

Jetzt, folgend der Urteilsbegründung des Internationalen Militärtribunals in Nürnberg, herrscht allgemein die Meinung vor, daß bei den – immer von staatswegen – bewaffneten Handelsschiffen »konkludent eine Eingliederung in die militärischen Kriegsanstrengungen und ein Verzicht des Flaggenstaates auf den Schutz des Londoner Protokolls über den U-Bootkrieg von 1936 vorliegt«.[9] Auch die Round-Table-Konferenz internationaler Seerechtler im November 1989 an der Ruhr-Universität Bochum kam zu dem gleichen Ergebnis.[10]

Die Folge der Bewaffnung britischer Handelsschiffe war, daß nur in den allerersten Kriegstagen die Prisenordnung voll angewandt werden konnte. Die von den Handelsschiffen durch Funk erfolgte Herbeirufung gegnerischer Kriegsschiffe machte es den deutschen U-Booten unmöglich, Prisenkommandos an Bord der Schiffe zu senden und vom Einsatz von Waffen abzusehen. Trotzdem versuchten die deutschen U-Boote, soweit wie nur irgend möglich, die Besatzungen der zu versenkenden Handelsschiffe zu schonen und die Dampfer erst zu versenken, wenn die Besatzungen vollzählig in den Rettungsbooten waren. Dann versorgten sie diese mit Proviant, Wasser und einer Segelanweisung zur nächstgelegenen Küste. Der erste Schuß eines britischen Dampfers auf ein deutsches U-Boot fiel am 6. September 1939 (britischer Frachter »Manaar«, 7242 BRT).

Die Bewaffnung der britischen Handelsschiffe hat sehr wesentlich dazu beigetragen, daß die Härte des Seekrieges sich nach Kriegsbeginn schnell steigerte und bald zur warnungslosen Anwendung der vollen Waffengewalt durch deutsche U-Boote führte. Dies hat viele Menschenleben gekostet.

In den beiden ersten Kriegsmonaten eskalierte die Härte des Handelskrieges schnell. Jede verschärfende Maßnahme der britischen Seite wurde mit deutschen erweiternden Befehlen beantwortet. So verfügte die deutsche Regierung am 25. September 1939[11] den sofortigen Waffeneinsatz gegen alle Dampfer, die Positionsmeldungen abgaben. Als am 30. September 1939 die britische Admiralität ihre Handelsschiffe anwies, deutsche U-Boote zu rammen, und damit allen Handelsschiffen ihren Charakter nahm, sich nur defensiv zu verhalten, ordnete die deutsche Regierung am 4. Oktober 1939 den vollen Waffeneinsatz gegen alle als feindlich erkannten Handelsschiffe an. Allerdings sollte die Rettung der Besatzungen dieser Schiffe angestrebt werden, soweit dies ohne Gefährdung des eigenen Bootes möglich wäre.[12]

In der amerikanischen und britischen Literatur sind zahlreiche Beispiele für die Art der U-Boot-Kriegführung im ersten Kriegsjahr dokumentiert. Einige wenige Beispiele mögen genügen:

8. und 9. September 1939: U 29, Kommandant: Kapitänleutnant Schuhart. Am 8. September 1939 versenkt U 29 im Seegebiet westlich des Bristol-Kanals den ca. 800 BRT großen britischen Schlepper »Neptunia«, nachdem die Besatzung in die Rettungsboote gegangen ist. Da die Boote mit genügend Proviant ausgerüstet sind, übergibt U 29 den Schiffbrüchigen zwei Flaschen Brandy und Zigaretten sowie Verbandmaterial für einen beim Wegfieren der Beiboote verletzten Seemann. Am folgenden Tage versenkt U 29 den britischen Tanker »British Influence« (8431 BRT), nachdem ebenfalls die Besatzung in die Boote gegangen ist. Um Hilfe für die Schiffbrüchigen herbeizuholen, feuert U 29 drei Signalraketen in die Luft, dreht dann ab, um nach einiger Zeit mit dem norwegischen Dampfer »Ida Bakko« zurückzukehren. Vom norwegischen Schiff aus verabschiedet sich die britische Tankerbesatzung mit »Three cheers« auf die U-Boot-Crew, die ihrerseits diesen Gruß mit »drei Hurras« auf die Tankerbesatzung erwidert.[13]

11. September 1939: U 48, Kommandant: Kapitänleutnant Herbert Schultze. In der westlichen Biskaya sichtet U 48 den britischen Dampfer »Firby« (4869 BRT) und gibt einen Schuß vor den Bug ab, um ihn zum Stoppen zu veranlassen. Statt zu stoppen versucht der Frachter das Weite zu suchen und funkt den Angriff eines U-Bootes und seinen Standort, was Schultze zum sofortigen Einsatz seiner Artillerie zwingt. Das Verhalten des Dampfers hat die vorherige Ausschiffung der Besatzung unmöglich gemacht. Nachdem der Dampfer gesunken ist und die Besatzung sich in Rettungsbooten befindet, geht das U-Boot bei diesen Booten längsseit, läßt die Verwundeten verbinden, gibt den Booten Wasser und Proviant und eine Seekarte mit dem gegenwärtigen Standort und sendet auf der offenen Dampferwelle einen Funkspruch, um Hilfe seitens der Engländer herbeizuholen. Die Besatzung wird 13 Stunden später von einem britischen Zerstörer aufgenommen.[14]

11. September 1939: U 30, Kommandant: Oberleutnant z.S. Lemp.
Eine Woche nach der Versenkung der »Athenia« (Anm. 15) versenkt U 30 den britischen Dampfer »Blairlogie« (4425 BRT). Nach Prüfung des Schiffes durch ein Prisenkommando und nach dem Ausschiffen der Besatzung in die Rettungsboote wird der Dampfer versenkt. U 30 übergibt anschließend den Menschen in den Booten Schnapsflaschen und Zigaretten. Die Boote können in absehbarer Zeit die schottische Küste erreichen.[15]

5. Juli 1940: U 99, Kommandant: Kapitänleutnant Kretschmer.
U 99 versenkt den Zickzackkurse fahrenden kanadischen Dampfer »Magog« (2053 BRT). Danach erkundigt sich Kretschmer, ob im Rettungsboot der Besatzung Verwundete sind, was verneint wird. Er gibt den Insassen eine Segelanweisung zur Küste und händigt ihnen eine Flasche Cognac aus. Die Südwestecke Irlands ist nur rund 100 Seemeilen entfernt.[16]

19. November 1940: U 65, Kommandant: Korvettenkapitän v. Stockhausen.
An der Westküste Afrikas versenkt U 65 den Dampfer »Fabian« (3059 BRT). Die Besatzung ist in die Rettungsboote gegangen. Der U-Boot-Kommandant erkundigt sich, ob die Boote mit allem Notwendigen ausgerüstet sind und läßt sie mit Wasser, Proviant und Seekarten versorgen. Er gibt ihnen den zu steuernden Kurs an, damit sie schnell die Küste Liberias erreichen können.[17]

6. September 1942: U 109, Kommandant: Kapitänleutnant Bleichrodt.
U 109 versenkt in der Nähe der Elfenbeinküste den britischen Frachter »Tuscan Star« (11 449 BRT). Nach vielen Jahren, im Jahr 1981, erhält die Witwe des inzwischen verstorbenen U-Boot-Kommandanten von einem britischen Seemann dieses Frachters einen Brief, in dem es (in deutscher Übersetzung) heißt: »Seit vielen Jahren versuche ich herauszufinden, wer damals mein Schiff versenkt hat, auf dem ich Dienst tat. Ich war damals entschlossen herauszufinden, was aus dem Kommandanten und seiner Besatzung geworden ist. Ich wollte mit ihm mit einem Glase anstoßen als Dank für das, was er für meine Kameraden und mich getan hat. Er kam aus der Dunkelheit, entschuldigte sich für das, was er hatte tun müssen, und gab uns Brot, Milch und Kursangaben zur Küste. Ich war sehr traurig, als ich hörte, daß er schon gestorben sei. Ich weiß, daß ich auch für meine Kameraden spreche. Wenn er Kinder hat, dann können Sie diesen von mir sagen, daß ihr Vater – wie wir in England sagen – ein wahrer »Gentleman of the Sea« war.[18]

Schiffe, die im Geleit von Kriegsschiffen fuhren, fielen nicht unter den Schutz des Londoner Protokolls, da diese konkludent die Weigerung zum

Ausdruck brachten, sich jeglicher Kontrolle und der Aufbringung zu widersetzen.[19] Darüber bestand international kein Dissens.[20]

16. September 1940: U 48, Kommandant: Kapitänleutnant Bleichrodt. Aus einem nach Westen laufenden Geleitzug versenkt U 48 1940 kurz nach Mitternacht zwei Schiffe, darunter das 11 081 BRT große bewaffnete Passagierschiff »City of Benares«.

Die Versenkung dieses Schiffes, so grausam dies auch erscheint, geschah im Einklang mit dem Völkerrecht, da es im Geleit fuhr und bewaffnet war.[21]

Auch machten sich Schiffe, die abgeblendet fuhren oder Zickzackkurse steuerten verdächtig und konnten als feindliche Schiffe angesehen werden.[22] Neutralen Schiffen war dringend angeraten, dieses zu unterlassen.

Blockaden und Sperrgebiete

Die wirksamste Form der Unterbindung feindlicher Zufuhren aus Übersee waren die Blockaden von Küstengebieten. Bei der Formulierung der »Pariser Seerechts-Deklaration« im Jahr 1856 setzten die Kontinentalmächte gegenüber England die Formulierung durch, daß eine Blockade nur erklärt werden darf, wenn die eigenen Streitkräfte auch ausreichten, »den Zugang zur feindlichen Küste wirklich zu verhindern«.[23] Damals wehrte sich vor allem Frankreich mit seinen langen Küsten im Englischen Kanal, im Atlantik und im Mittelmeer gegen eine »Papierblockade« durch die Engländer, die in den früheren Kriegen durch bloße Kundmachung alle französischen Küsten für blockiert erklärt hatten. Auch die »Londoner Erklärung« über den Seekrieg vom 26. Februar 1909 enthielt die Forderung der Wirksamkeit einer Blockade. Wenn diese Erklärung auch durch Ablehnung im britischen Oberhaus allgemein nie ratifiziert worden ist, so war ihr Inhalt bereits geltendes Völkergewohnheitsrecht geworden,[24] und damit auch die Forderung, daß eine Blockade, wenn sie erklärt werden soll, auch wirksam sein müßte und nicht allein auf dem Papier stehen dürfte.

Die geostrategische Lage der Kriegsgegner in den beiden Weltkriegen war völlig anders. Hier hat es die Welt als selbstverständlich betrachtet, daß England die Seezufuhr nach Mitteleuropa total abriegelte, was durch die seestrategisch ideale Lage der Britischen Inseln leicht durchzuführen war. Es mußte nur der Ärmelkanal und die nördliche Nordsee überwacht werden. Der britische Premierminister Chamberlain erklärte am 29. September und wiederholte es am 12. Oktober 1939, daß die gegen Deutschland verhängte Seeblockade sich in nichts von einer Belagerung zu Lande unterscheide und daß es noch nie üblich gewesen sei, den Belagerten freie Rationen zu gewähren.[25]

Die britische Regierung gab am 4. September 1939 zwei neue Listen über Banngut heraus, die alle lebenswichtigen Güter enthielten. Hierdurch war allen britischen und neutralen Schiffen untersagt, diese Güter nach Deutschland zu transportieren. Damit war die Hungerblockade gegen Deutschland erklärt. Dieses antwortete mit einer ähnlichen Liste am 12. September 1939 gegen Transporte zu den Britischen Inseln. Denn auch Deutschland hatte nach dem Grundsatz der Gegenseitigkeit das Recht, seinerseits den Kriegsgegnern die Seeherrschaft in den Gebieten der atlantischen Zufahrtswege streitig zu machen. Der Verfasser des Buches »Humanity in Warfare«, Geoffrey Best, gesteht den Deutschen dieses Recht in beiden Weltkriegen durchaus zu.[26] Da der Begriff »Blockade« für die deutschen Gegenmaßnahmen wegen der offenkundigen mangelnden Effektivität nicht verwendet werden konnte, benutzte man die Begriffe »Operationsgebiete« oder »Sperrgebiete«, in denen die Kampfhandlungen intensiviert werden sollten. Diese schon im 1. Weltkrieg genutzten Bezeichnungen waren aber bei Beginn des 2. Weltkriegs noch nicht Völkerrecht geworden, obwohl die Entwicklung zur Anerkennung dieses Rechtsinstituts drängte.[27] In einer Note an alle neutralen Staaten warnte die deutsche Regierung vor Befahren dieser Zonen. Dies seien Kriegsgebiete, in denen angetroffene Schiffe versenkt würden. Wegen des Umfangs der Konterbande-Listen, die sogar Lebensmittel enthielten, gab es auch eigentlich keine Nicht-Konterbande-Ladung für blockierte Häfen. Sperrgebiete dieser Art wurden auch von Großbritannien, von den USA (Verbot für US-Schiffe, den Seeraum um England zu befahren) und von Italien im Mittelmeer erklärt. Das Befahren dieser Gebiete durch neutrale Schiffe geschah nach der Auffassung der Erklärenden auf eigene Gefahr.

Verschiedene Völkerrechts-Gremien hatten die Frage der Rechtmäßigkeit dieser Maßnahmen diskutiert. Ein Beschluß war jedoch nicht zustande gekommen. Zu sehr wichen die Interessen der beherrschenden Seemächte von denen potentieller Neutraler und den Interessen schwächerer Seemächte ab. Der Völkerrechtler Reinhold Schenk formuliert die für den 2. Weltkrieg geltende Rechtslage so:

»Das Sperrgebiet hat sich im Verlaufe des 2. Weltkrieges als neues Institut des Seekriegsrechts durchgesetzt und unter der Voraussetzung der Effektivität gewohnheitsrechtliche Anerkennung gefunden [...]. Das deutsche ›Operationsgebiet‹ im Atlantischen Ozean war jedoch nicht effektiv und daher völkerrechtswidrig. Wohl aber läßt sich die ›totale Blockade‹ gegenüber England, den Vereinigten Staaten und den Neutralen, welche sich an den Maßnahmen der britischen Wirtschaftskriegführung freiwillig und aktiv beteiligten, als Repressalie rechtfertigen.«[28]

Deutscherseits wurde am 19. Januar 1940 eine eng begrenzte »Zone A« rund um die Britischen Inseln zum Operationsgebiet erklärt. Die britische

Regierung verfügte am 8. April 1940 den Kattegat und die Ostseezugänge und am 30. Juli 1940 den Skagerrak und die Ostsee als Sperrgebiet. Am 17. August 1940 notifizierte die deutsche Regierung den Neutralen die »totale Blockade« Englands, das seinerseits einen Tag später die Nordsee, den Ärmelkanal und die Biskaya zu »gefährdeten Gebieten« erklärte. Am 25. März 1941 wurde das Operationsgebiet bis an die Küste Grönlands und am 26. Juni 1942 bis zur Küste der USA erweitert und überdeckte damit den gesamten Nordatlantik.[29] Alle diese Sperrgebietserklärungen standen nicht im Einklang mit dem Völkerrecht.

Auch heute ist es zu noch keiner völkerrechtlichen Vereinbarung über Sperr- oder Ausschlußgebiete gekommen. Die Meinungen sind geteilt. Mit Ausnahme von räumlich eng umgrenzten Seegebieten in Verbindung mit örtlichen Kampfhandlungen gelten großräumige Ausschlußgebiete nach der vorherrschenden Meinung auch heute noch als völkerrechtswidrig, obwohl solche Gebiete von England im Falklandkrieg 1982 und von Iran und Irak im 1. Golfkrieg 1984 erklärt worden sind.[30]

Passagierschiffe und der Fall »Athenia«

Am Abend des ersten Kriegstages, wenige Stunden nach der englischen Kriegserklärung an Deutschland, ereignete sich ein folgenschwerer Zwischenfall, den ein deutscher U-Boot-Kommandant verschuldete: Die Versenkung des britischen Passagierdampfers »Athenia« (13 580 BRT), mit insgesamt ca. 1400 Menschen an Bord.

Westlich von Schottland sichtet U 30 (Kommandant: Oberleutnant z.S. Lemp) das zickzackfahrende, abgeblendete Schiff ohne Schiffslaternen und hält es für einen britischen Hilfskreuzer. Er entschließt sich zum Angriff, obwohl dies gegen die ihm gegebenen Befehle gegenüber unbewaffneten englischen Handelsschiffen verstößt.

Ein Torpedo trifft das Schiff mittschiffs, so daß der Dampfer mit großer Schlagseite liegenbleibt und am Mittag des folgenden Tages sinkt. Britische Zerstörer retten ca. 1300 Menschen, während 118 Tote zu beklagen sind, von denen etwa die Hälfte dadurch ums Leben kommt, daß ihr Rettungsboot im Seegang unter das Heck des Schiffes gerät.

Der U-Boot-Kommandant meldete diesen Vorfall erst drei Wochen später bei der Rückkehr des Bootes in den Heimathafen.[31] Bis zu diesem Zeitpunkt hatte die Reichsregierung aus Unkenntnis ein deutsches Verschulden an der Versenkung der »Athenia« stets dementiert.

Das U-Boot war aber von einigen englischen Besatzungsangehörigen beim Angriff einwandfrei gesichtet worden. Die britische Presse schenkte der Versenkung der »Athenia« sehr große Beachtung. Nach Bekanntwerden des wahren Sachverhaltes wurde der Kommandant von Admiral Dönitz mit Arrest bestraft, weil er »bei größerer Sorgfalt« vielleicht doch hätte erkennen können, daß es sich nicht um einen als Kriegsschiff geltenden Hilfskreuzer gehandelt hatte.[32]

Obwohl völkerrechtlich für Passagierschiffe keine Sonderregelungen galten, erteilte die deutsche Seekriegsleitung nach Bekanntwerden dieses Vorfalls die Weisung, daß Passagierschiffe überhaupt nicht angegriffen werden durften, selbst wenn sie im Geleitzug fuhren. Am 18. Oktober 1939 schränkte die Seekriegsleitung dieses Verbot dahingehend ein, daß der Waffeneinsatz gegen Passagierschiffe im Geleit von Kriegsschiffen freigegeben wurde.[33] Am 17. November 1939 wurde warnungsloser Waffeneinsatz auch gegen einzeln fahrende Passagierdampfer freigegeben, falls eine Bewaffnung dieser Schiffe einwandfrei erkennbar sei. Erst am 17. August 1940 mit Erklärung des gesamten Seegebiet um die Britischen Inseln bis zum 20. Längengrad als Sperrgebiet, entfielen in diesem Seegebiet auch alle Beschränkungen des Waffeneinsatzes gegen Passagierdampfer.

Schiffe neutraler Staaten

Die Kriegshandlungen und die erklärten Operationsgebiete oder Blockaden beeinträchtigten die neutrale Schiffahrt erheblich. Doch auch neutrale Schiffe konnten ja Banngut durch die Blockadegebiete transportieren. Daher war die Behandlung von Schiffen unter neutraler Flagge ebenfalls in der Prisenordnung genau geregelt. Demnach unterlagen neutrale Schiffe der Aufbringung, wenn sie zu mehr als der Hälfte Banngut beförderten, wenn sie im feindlichen Geleit fuhren, wenn sie passiven Widerstand leisteten, wenn sie gewaltsamen Widerstand leisteten, wenn sie feindliche Unterstützung herbeizuführen versuchten (z. B. Funkmeldungen abgaben), wenn die Papiere nicht in Ordnung waren, wenn sie Blockadebruch begingen oder sie Kursanweisungen nicht befolgten. Selbstverständlich waren neutrale Schiffe frei, wenn sie neutrales Gut zu neutralen Staaten transportierten.

Die Einhaltung dieser Bestimmungen war bei der bisher geschilderten Sachlage um die Britischen Inseln sehr bald nach Kriegsausbruch nicht mehr möglich, da durch die Bewaffnung britischer Handelsschiffe das Entsenden von Prisenkommandos überhaupt sehr bald unterbleiben mußte. Neutrale Flaggen oder neutrale Kenntlichmachung konnten nicht immer deutlich erkannt werden. Daher halfen deutscherseits nur noch die Erklärung von Operationsgebieten und Warnungen an die neutrale Schiffahrt. Die deutsche Regierung gab am 28. September 1939 eine erste Note an alle neutralen Regierungen heraus mit der Aufforderung, ihre Handelsschiffe vor jedem verdächtigen Verhalten zu warnen. Hierbei wurden vor allem Kursänderungen, Funkgebrauch beim Sichten deutscher Streitkräfte, abgeblendetes Fahren, Nichtbefolgung von Aufforderungen zum Stoppen usw. erwähnt. Ähnliche Warnungen wurden in der folgenden Zeit mehrmals wiederholt.

Es gab jedoch auch feindseliges Verhalten von Neutralen, wie folgendes Beispiel zeigt:

30. September 1939: Dänischer Dampfer »Vendia« (1150 BRT)

Im westlichen Skagerrak wird das dänische Schiff »Vendia« von U 3 angehalten. Als das U-Boot stoppt, um ein Prisenkommando auf das dänische Schiff zu bringen, versucht die »Vendia«, das U-Boot zu rammen. Dieses kann rechtzeitig ausweichen und versenkt anschließend das dänische Schiff mit einem Torpedo. Trotz starken Seegangs und zahlreicher treibender Wrackteile rettet die Besatzung von U 3 sechs Mann der dänischen Besatzung und übergibt sie wenig später einem anderen dänischen Schiff zur Heimbeförderung.

Diese von der »Vendia« selbst verschuldete Versenkung führte zu einem Protest der deutschen bei der dänischen Regierung wegen des feindlichen Verhaltens eines Schiffes eines neutralen Staates.[34]

Außerhalb der verkündeten Operationsgebiete bestand für deutsche Seestreitkräfte aller Art (Überwasser-Streitkräfte, Hilfskreuzer und U-Boote) ein klares Verbot, neutrale Schiffe, die sich vorschriftsgemäß verhielten, warnungslos zu versenken. Hier war nach Prisenrecht vorzugehen:

Es durften nicht versenkt werden:

Alle als neutral erkannten Schiffe, sofern sie nicht

a) im feindlichen Geleit fuhren

b) in einer erklärten Gefahrenzone stehen[35]

Die englische Regierung machte sich dies einfacher. Sie richtete weltweit Kontrollpunkte ein wie z.B. Gibraltar, Malta oder Haifa und zwang die gesamte neutrale Schiffahrt, ihre Schiffe dort kontrollieren, oder in den Ausgangshäfen sich von britischen Kontrollstellen einen Warenpaß, ein sogenanntes »Navycert«, ausstellen zu lassen. Wer einen »Navycert« besaß, durfte weiterfahren, wer nicht, unterlag ab 31. Juli 1940 ohne weitere Prüfung der Wegnahme, d.h. der Versenkung oder der Verbringung in einen britischen Hafen. Nach deutscher Auffassung verstieß die britische Regierung damit gegenüber der neutralen Schiffahrt einwandfrei gegen das Völkerrecht, weil sie über die Blockade hinaus noch eine weltweite rechtswidrige »Papierblockade« neuer Art erklärte.[36] Das Prisenrecht-Verbot (neutralitätswidrigen Verhaltens seitens der neutralen Schiffahrt, Recht auf Anhalten und Durchsuchen neutraler Schiffe durch Seestreitkräfte kriegführender Staaten) besteht im Prinzip noch heute, wenn auch die Durchführung in Anbetracht moderner Waffen und neuer Schiffskategorien (Containerschiffe können in See nicht durchsucht werden) in Zukunft sehr fraglich sein dürfte.[37]

Im 2. Weltkrieg sind einzelne Fälle von Versenkungen neutraler Schiffe durch deutsche Seestreitkräfte moniert worden. In den weitaus meisten Fällen stellte man später bei näherer Untersuchung fest, daß ein Neutralitätsverstoß dieser Schiffe vorgelegen hatte. Wenn auch während des Krieges die englische Propaganda aus diesen Fällen Kapital zu schlagen versuchte, indem sie Gründe für das deutsche Verhalten leugnete, so erwiesen sich diese Vorwürfe nach dem Kriege als haltlos.[38] Für die deutschen Seestreitkräfte galt vom Anfang bis zum Ende des Krieges die Weisung, als neutral erkannte Handelsschiffe nicht anzugreifen. Dies galt vor allem in Seegebieten außerhalb der erklärten Sperrgebiete. Die Kommandanten wurden immer wieder darauf hingewiesen. In einem Falle wurde dem Kommandanten von U 512, der am 19. September 1942 das neutrale Schiff »Monte Corbea« versenkt hatte, per Funk mitgeteilt, daß er deswegen nach Rückkehr in den Stützpunkt vor ein Kriegsgericht gestellt werden würde.[39] Dazu kam es nur deswegen nicht, da das U-Boot im weiteren Verlauf dieser Feindfahrt versenkt wurde.

Auch innerhalb der Warngebiete durften als Neutrale erkannte Schiffe nicht angegriffen werden, außer sie wollten ersichtlich britische Häfen anlaufen. Äußerlich mußten Neutrale bei Tag durch eine Bemalung der Bordwand mit den Landesflaggen und bei Nacht durch entsprechende Beleuchtung als Neutrale kenntlich gemacht sein. Im Laufe des Krieges wurde ein sogenannter »Schwedenweg« durch die Mitte des Atlantik und die nördliche Nordsee festgelegt, auf dem entsprechend kenntlich gemachte neutrale Schiffe unbehelligt von und nach Schweden fahren konnten.

Eine ähnliche Regelung gab es von Anfang an für die irische Schiffahrt eingeschlossen nicht-irische Schiffe für irische Häfen.[40] Befahren der Warngebiete durch neutrale Schiffe geschah also auf eigene Gefahr. Hierzu stellte der Völkerrechtler Reinhold Schenk fest, daß die deutsche Regierung mit Recht alle Verantwortung für neutrale Verluste im britischen Küstenvorfeld ablehnte und daß die deutsche Marine bei ihren Operationen im Seegebiet um England keine Rücksicht auf die neutrale Schiffahrt zu nehmen brauchte.[41] Gemeint ist hiermit allerdings nur das Küstenvorfeld. In weiträumigeren Gebieten, wie sie von beiden Seiten in den beiden Weltkriegen deklariert worden sind, ist nach heutiger Auffassung die warnungslose Versenkung vor allem neutraler Schiffe völkerrechtlich nicht zulässig.[42]

Neutralitätsverletzung durch die Besetzung Dänemarks und Norwegens

Zweifellos hat Deutschland die Neutralität Dänemarks und Norwegens im April 1940 mißachtet, indem es beide Länder mit Waffengewalt besetzt hat, auch unter Beteiligung der Marine. Bei näherer Betrachtung erscheint der Fall jedoch in anderem Licht, was Norwegen angeht.

Der Nachschub von Erz aus dem norwegischen Hafen Narvik zur Stahlherstellung für die deutsche Kriegsindustrie erschien für die deutsche Führung kriegsentscheidend wichtig. Beide kriegführende Parteien arbeiteten daher Pläne zur Besetzung Norwegens aus. Der Alliierte Oberste Kriegsrat beschloß am 5. Februar 1940, im Zuge einer Hilfsaktion für das von der Sowjetunion stark bedrängte Finnland, »beiläufig« Nordnorwegen zu besetzen, um die Erztransporte von dort nach Deutschland zu unterbinden. Die Deutschen arbeiteten Eventualpläne für den Fall eines drohenden alliierten Eingriffs in Nordskandinavien aus, da sie eine Änderung der bisher bestehenden Verhältnisse nicht hinnehmen konnten.

Daß die Alliierten nicht gewillt waren, die Neutralität Norwegens zu respektieren, zeigte schon der »Altmark«-Zwischenfall am 16. Februar 1940, bei dem ein britischer Zerstörer auf speziellen Befehl Churchills bei diesem innerhalb der norwegischen Hoheitsgewässer vor Anker liegenden deutschen Troßschiff längsseits ging und in einem Akt der Piraterie die dort an Bord befindlichen ca. 300 Gefangenen befreite, die von den vom Panzerschiff »Admiral Graf Spee« im Südatlantik versenkten britischen Schiffen stammten. Beide Seiten starteten dann ihre Aktionen zur Besetzung Norwegens fast gleichzeitig. Die Alliierten hatten völkerrechtswidrig bereits am 5. April 1940 morgens Minensperren in die norwegischen Küstengewässer gelegt und damit die ersten Schritte zu ihrer militärischen Operation getan.

Als am Mittag des 8. April 1940 ein deutscher schwerer Kriegsschiffverband in der mittleren Nordsee mit Nordkurs gesichtet wurde, schifften sie in den britischen Abgangshäfen die für die Invasion Nordnorwegens vorgesehenen schon an Bord befindlichen Truppen wieder aus. Die deutschen Truppen sind dadurch nur um wenige Stunden der anderen Seite zuvorgekommen.[43]

Auch Neutralität, die man aufrechterhalten will, erfordert in Kriegszeiten militärische Macht, um sich gegen die Interessen kriegführender Mächte durchzusetzen.

Die Behandlung der gegnerischen Schiffsbesatzungen

Menschlichkeit dem Gegner gegenüber kann im Seekrieg erst dann zur Geltung kommen, wenn der Sieger eines Kampfes sicher sein kann, daß ihm von seinem Kontrahenten keine Gefahr mehr droht. Dies ist im allgemeinen erst dann der Fall, wenn das gegnerische Schiff gesunken ist, oder wenn eine U-Boot-Besatzung ihr Boot verlassen hat. Manche Irritationen im Kriege gingen darauf zurück, daß nicht immer eindeutig erkannt werden konnte, ob das gegnerische Verhalten die Einstellung des Kampfes oder eine Kriegslist bedeutete. Jeder verantwortungsvolle Kommandant ist es seiner Besatzung schuldig, der Sicherheit des eigenen Schiffes den Vorrang vor der Rettung schiffbrüchiger Gegner zu geben. Auch aus schwimmenden Wracks kann möglicherweise noch ein Torpedo auf das hilfeleistende Schiff abgefeuert werden.

Hinzu kommen die Gefahren, die den Schiffbrüchigen, aber auch den Hilfeleistenden durch die Unbilden und die Unruhe des Elementes See drohen, durch Wind, Wetter und Temperaturen, durch auf dem Wasser treibendes Öl, gegeneinanderschlagende Wrackteile oder Schiffswände usw. Handelt es sich doch auch für den Hilfeleistenden um eines der schwierigsten seemännischen Manöver, durch welche dem eigenen Schiff auf keinen Fall ein Schaden zugefügt werden darf.

Dies alles zeigt, daß Gelegenheiten, sich im Seekrieg menschlich zu verhalten, nicht sehr häufig auftraten, wegen der Sorge um das eigene Schiff, aber auch aus militärischer Notwendigkeit, etwa um andere Gegner zu verfolgen. Den Gewissenskonflikt zwischen militärischer Pflicht und menschlicher Hilfestellung konnten im allgemeinen vorgesetzte Dienststellen dem in See Verantwortlichen nicht abnehmen. Die Fälle, in denen die militärische Notwendigkeit gegenüber der Menschlichkeit den Ausschlag gab, sind nicht zu quantifizieren, aber auch schwer zu definieren, zumal die Formel »militärische Notwendigkeit« fast in allen Fällen eine Entschuldigung für Inhumanität bilden kann.

Die Rettung von Schiffbrüchigen

In dem X. Haager Abkommen betreffend die Anwendung der Grundsätze des Genfer Abkommens auf den Seekrieg vom 18. Oktober 1907 ist in Artikel 16 festgelegt, daß die Seegebiete nach dem Kampf nach Schiffbrüchigen abzusuchen sind, soweit es die militärischen Zwecke gestatten. In Artikel 14 heißt es, daß gerettete Schiffbrüchige, Verwundete und Kranke des Gegners Kriegsgefangene sind und als solche behandelt werden müssen. Durch das Londoner Protokoll über den Unterseeboot-Krieg vom 6. November 1936 wurde die Einhaltung dieser Regeln auch auf die U-Boot-Kriegführung ausgedehnt.

Diese für Handelsschiffe ebenso wie für Kriegsschiffe aller Art geltenden Grundsätze sind eigentlich von allen kriegführenden Parteien im europäisch-atlantischen Teil des Seekrieges im wesentlichen eingehalten worden. Allerdings führte die im Laufe des Krieges immer stärker werdende Überwachung des Atlantik durch die alliierten Streitkräfte dazu, daß die Formel »soweit es die militärischen Umstände gestatten« die deutschen Kriegsschiffe dazu nötigte, Hilfeleistungen nach dem Gefecht zu unterlassen, um nicht selbst in Gefahr zu geraten.

Die Literatur über den Seekrieg des 2. Weltkriegs ist dennoch voll von Berichten über die Rettung von schiffbrüchigen Gegnern. Es würde den Rahmen dieser Arbeit sprengen, wollte man hierüber auch nur einigermaßen vollständig berichten. In einer Veröffentlichung sind 234 Kampfhandlungen aus dem 2. Weltkrieg unter voller Nennung von Personennamen, Schiffsnamen, Datum und Seegebiet usw. geschildert und mit zahlreichen originalen Photographien belegt.[44]

Einige Beispiele hieraus müssen genügen:

13. Oktober 1939: Britische Zerstörer »HMS Ilex« und »HMS Imogen«.
In der westlichen Biskaya wird nach einer Wasserbombenverfolgung U 42 zum Auftauchen gezwungen. Die Besatzung springt über Bord, das U-Boot sinkt, von mehreren Granaten eines Zerstörers getroffen. Die deutsche Besatzung wird von den Zerstörern aufgefischt, obwohl beide Schiffe schon 500 britische Besatzungsmitglieder von U-Booten früher versenkter Schiffe an Bord hatten. Beim An-Bord-Kommen wird der U-Boot-Kommandant, Kapitänleutnant Dau, durch das bei den Marinen aller Welt übliche »Seite-Pfeifen« geehrt, die Verwundeten werden versorgt und die Besatzung nach England in Kriegsgefangenschaft gebracht.[45]

23. November 1939: Die deutschen Schlachtschiffe »Scharnhorst« und »Gneisenau«, Befehlshaber: Flottenchef Admiral Marschall.
Bei einem Vorstoß gegen die Bewacher der Meerenge zwischen den Färöer-Inseln und Norwegen versenken die Schlachtschiffe den englischen zum Hilfskreuzer umgebauten Passagierdampfer »Rawalpindi« (16 700 BRT). Das Schiff sinkt innerhalb von 15 Minuten. Trotzdem ist es dem Funker gelungen, den Angriff per Funk zu melden, so daß mit einem Vorstoß britischer Seestreitkräfte aus dem nahe gelegenen Stützpunkt Scapa Flow gerechnet werden muß. Trotz der Gefahr, vom Rückweg abgeschnitten zu werden, suchen die Schlachtschiffe das Seegebiet ab und übernehmen die Besatzung eines Rettungsbootes. Die Briten gehen nach einigem Zögern, weil sie fürchten, nach den Verlautbarungen der britischen Propaganda dort erschossen zu werden, an Bord der Schlachtschiffe. Während dieser Rettungsaktion kommt der auf den Funkspruch herbeigeeilte Schwere Kreuzer »HMS Newcastle« in Sicht und dreht sofort in eine Regenbö wieder ab. Die Schlachtschiffe been-

den erst die Rettungsaktion, bevor sie wieder Fahrt aufnehmen, und können unbehelligt die deutsche Küste erreichen.[46]

8. April 1940: Die Versenkung des britischen Zerstörers »HMS Glowworm«. Im Seegebiet nordwestlich von Trondheim in Mittelnorwegen ist dem britischen Zerstörer »HMS Glowworm« in schwerem Seegang ein Mann außenbords gegangen. Durch die Suche nach ihm hat er den Anschluß an das Schlachtschiff »HMS Renown« verloren. Dadurch gerät er in den Weg des zur Besetzung Norwegens unterwegs befindlichen deutschen Flottenverbandes.

Nach einem ungleichen Gefecht mit dem Schweren Kreuzer »Admiral Hipper«, in dem der Zerstörer sich mit allen Mitteln und Raffinessen zur Wehr setzt, beträgt die Kampfentfernung nur noch mehrere hundert Meter. Der Hipper-Kommandant, Kapitän z.S. Heye, entschließt sich schließlich zum Rammstoß. In der schweren See und bei nur sehr geringer Fahrt kann »Hipper« nicht so schnell den Kurs ändern, so daß das Vorschiff des Briten an der Bordwand von »Hipper« entlang schurrt und einen ca. 40 Meter langen Riß in die Bordwand unter Wasser verursacht. Sehr viel Öl läuft aus den angeschlagenen Tanks. »Hipper« stoppt zum Übernehmen der überlebenden Briten, die in einer ca. 30 cm dicken Öl-Lache schwimmen, die sich an der Bordwand von »Hipper« angestaut hat. Ein Bild des Jammers! Die Rettungsaktion ist äußerst schwierig, da es nur wenigen Männern der Zerstörerbesatzung gelingt, sich an den öl-glitschigen Tampen, die heruntergereicht werden, festzuhalten. Trotz Großeinsatzes aller verfügbaren Männer des Kreuzers und heruntergelassener Strickleitern können nur insgesamt 40 Briten gerettet werden. Zwei Mann sterben noch an Bord des Kreuzers und werden später nach seemännischer Art mit militärischen Ehren im Beisein ihrer Kameraden beigesetzt.

Etwa eine Stunde nach dem Beginn der Rettungsarbeiten muß »Hipper« die weitere Suche einstellen, da die Gefahr, daß andere britische Seestreitkräfte in den Kampf eingreifen, zu groß wird. Der Kreuzer wendet sich wieder seiner eigentlichen Aufgabe zu, die eingeschifften 1500 Gebirgsjäger in der Stadt Trondheim abzusetzen.[47]

8. April 1940: Schlachtschiffe »Scharnhorst« und »Gneisenau«.
Am gleichen Tage versenken die Schlachtschiffe »Scharnhorst« und »Gneisenau« den britischen Flugzeugträger »HMS Glorious« und zwei Zerstörer in der Norwegischen See. Dieses Mal können beide Schlachtschiffe keine Überlebenden retten, da sie jederzeit mit dem Eintreffen schwerer britischer Einheiten rechnen müssen.[48]

Untersucht man die menschlichen Verhaltensweisen der in See verantwortlichen Befehlshaber und Kommandanten, so kommt man zu insgesamt positiven Ergebnissen.[49] Im allgemeinen wurde so gehandelt, wie man es sich selbst wünschen würde, wäre man in der Lage eines Schiffbrüchigen. Das Element See verbindet auch über die Trennlinie zwischen den kriegführenden Parteien hinweg. Am Ende eines meist harten Kampfes in See stand fast immer das Bemühen des Siegers, die Überlebenden aus dem Wasser zu ziehen und zu versorgen, soweit die Möglichkeiten hierzu gegeben waren. Sicherlich gab es in sehr vielen Fällen militärische Notwendigkeiten, die Hilfestellungen dieser Art nicht zuließen. Andererseits verzeichnen die Sammelwerke über den Seekrieg auch viele wagemutige Taten zur Rettung von Gegnern, die die Grenzen des militärisch Vertretbaren oft weit überschritten. Haß dem Gegner gegenüber hat es in diesem Seekrieg nicht gegeben. Auch war der Seekrieg nicht ideologisch belastet.

Zum Beweis mögen einige Beispiele dienen, die einerseits die militärischen Notwendigkeiten, andererseits aber auch den damaligen quasi kameradschaftlichen Geist der Seeleute untereinander auf beiden Seiten auch gegenüber dem Feind verdeutlichen:

27. Mai 1941: Untergang des Schlachtschiffs »Bismarck«.
Nachdem die »Bismarck« im Atlantik durch einen Flugzeug-Torpedotreffer in das Ruderblatt manövrierunfähig geworden war und einen Tag später im Kampf mit zwei britischen Schlachtschiffen ihre Munition verschossen hatte, versenkte sie sich selbst. Von den 2400 Besatzungsmitgliedern der »Bismarck« sollen etwa 800 Mann nach dem Untergang im Wasser geschwommen sein. Die Briten ordneten den schweren Kreuzer »HMS Dorsetshire« und den Zerstörer »HMS Maori« ab, um das Schlachtfeld abzusuchen und Überlebende zu retten. Sie konnten insgesamt 110 Mann an Bord nehmen.

Mitten in der Rettungsaktion meldet ein Ausguck auf der »Dorsetshire« die Sichtung eines U-Boot-Sehrohres. Die Rettung der Überlebenden muß darauf sofort abgebrochen werden. Tatsächlich ist in dem Seegebiet kein deutsches U-Boot gewesen. Irgendein schwimmender Gegenstand mag die Täuschung hervorgerufen haben, sonst hätten noch viele weitere schiffbrüchige Besatzungsmitglieder der »Bismarck« überleben können.[50]

Ein Vorfall hierbei verdient besondere Beachtung:

Während der Rettungsarbeiten erblickt ein britischer Midshipman (Fähnrich) der »Dorsetshire« im Wasser einen deutschen Seemann, dem beide Arme abgeschossen waren. Ihm ist es unmöglich, sich an den niedergelassenen Tauen emporzuziehen. Er hat sich mit seinen Zähnen an einem Seil festgebissen. Kurz entschlossen springt der Midshipman, mit einer Sicherungsleine gesichert, in das Wasser, um diesen Seemann zu retten. Durch den schweren Seegang werden aber beide unter das Schiff gesaugt. Das Rettungsseil ist zerrissen und der deutsche Seemann nicht mehr auffindbar. In diesem Augenblick wird der U-Bootalarm ausgelöst. Der tapfere Engländer kann gerade noch ein Seil erwischen, um im letzten Augenblick an Bord gezogen zu werden.[51]

Diese beispiellose Rettungstat zeigt den Geist, der auch im Zweiten Weltkrieg – auf Gegenseitigkeit – unter Seeleuten herrschte.

Ein ganz anderes Beispiel:

21. April 1941: U 107, Kommandant: Korvettenkapitän Hessler.
U 107 hat in der Nähe von Dakar den britischen Frachter »Calchas« (10 305 BRT) torpediert. Nachdem die Besatzung in die Rettungsboote gegangen ist, will der U-Bootkommandant gerade auftauchen, um sich der Überlebenden anzunehmen. Doch vor dem Auftauchen sieht er durch das Sehrohr, daß bisher versteckt gehaltene Soldaten an die Geschütze gehen und auf das Sehrohr feuern. Mit einem neuen Torpedo versenkt das U-Boot diese U-Boot-Falle.[52]

U-Boot-Fallen waren vielleicht von Nutzen bei der Vernichtung von U-Booten. Der Rahmen der erlaubten »Kriegslisten« war hier überschritten, da das Schiff einen Nicht-Kombattantenstatus vortäuschte.[53] Jeder Kommandant mußte berücksichtigen, daß es sich bei einem erkannten Ziel möglicherweise auch um eine U-Boot-Falle handeln könnte, was seine Bereitschaft zur eventuellen Hilfeleistung nach der Bekämpfung einschränkte.

19. Mai 1943: U 103, Kommandant: Kapitänleutnant G.A. Janssen.
U 103 sichtet in der Mitte des Nordatlantik ein Rettungsboot mit zwei Insassen, die von einem acht Tage vorher von U-Booten aus einem Geleitzug versenkten britischen Schiff stammten, und nimmt beide Insassen zu sich an Bord. Einer der Geretteten, Mr. Oxton, findet nach langer Suche im Jahr 1964 seinen Lebensretter wieder und kann ihm nochmals seinen Dank aussprechen.[54]

12. und 15. Juli 1943: U 172, Kommandant: Kapitänleutnant Emmermann.
U 172 versenkt an diesen beiden Tagen an der brasilianischen Küste je einen amerikanischen und britischen Frachter. In beiden Fällen wartet Emmermann ab, bis die Besatzung vollzählig in die Rettungsboote gegangen ist, bevor er die Schiffe versenkt. Der amerikanische Historiker Morison schreibt in seinem Werk, daß Emmermann dies bei allen seinen Schiffsversenkungen so zu machen pflegte (»as was his custom«).[55]

2. August 1943: U 24, Kommandant: Kapitänleutnant Klaus Petersen.
Im Schwarzen Meer, die Kaukasus-Küste absuchend, entdeckt U 24 einen

kleinen Schleppzug, bestehend aus einem Schlepper und zwei Landungsbooten, die das U-Boot mit dem 2-cm-Maschinengewehr versenkt. Vorher geht aber U 24 bei den Landungsbooten längsseits und nimmt die völlig verängstigten Besatzungen, insgesamt sechs teils schwerer, teils leichter verwundete russische Marinesoldaten an Bord und liefert sie am nächsten Tage im Stützpunkt Feodosia (Krim) ab.[56]

Die Reihe dieser Beispiele humanitären Handelns im Seekrieg trotz aller Härte des Kampfes auf seiten aller Kriegsparteien könnte bedeutend verlängert werden. Zahlreich waren die Fälle, wo sich ehemalige Kriegsgegner nach dem Krieg wiederfanden und Freundschaften schlossen.

Fälle unterlassener Hilfeleistungen sind im Verlauf des Krieges aus verschiedensten Gründen zahlreicher geworden. Jedoch wurden im atlantisch-europäischen Krieg nur ganz vereinzelt Schiffbrüchige absichtlich und ohne Zwang ihrem Schicksal überlassen oder wurde sogar auf sie geschossen.

Die Behandlung der Gefangenen an Bord der aufnehmenden Kriegsschiffe

Nirgendwo zeigte sich so deutlich die menschliche Seite der Seeleute, als in der Behandlung der Gefangenen an Bord der Kriegsschiffe. Hier wirkte ein gewisser »Korpsgeist«, der über die Grenze zwischen Freund und Feind reichte. Abgesehen davon, daß Verwundete, so gut wie es jeweils nur ging, versorgt wurden, erhielten die Gefangenen (außer dem Unter-Deck-Eingeschlossen-sein) den gleichen Status, die gleiche Verpflegung, Zigaretten usw. wie die Besatzung selbst. Ganz besonders hervorzuheben ist die ausgesprochene Hilfsbereitschaft. Höflichkeit und Hochachtung bestimmten meist den Umgangston. Oft stellten beispielsweise Zerstörer-Kommandanten schiffbrüchigen U-Boot-Kommandanten ihre Kammern an Bord zur Verfügung. Auch hieraus entwickelten sich nach dem Krieg viele Freundschaften. In der reichhaltigen englischen und deutschen Marine-Literatur sind so zahlreiche Beispiele beschrieben, daß ihre Aufzählung den Rahmen dieser Arbeit sprengen würde. Immer wieder wird der ritterliche Verhaltenscodex beider Seiten – nach hart gefochtenem Kampf – betont, wie er in der Marinedienstvorschrift MDv. 435/ II von der deutschen Marine gefordert wurde.

Auch hierzu Beispiele:

An der Beerdigung der gefallenen Soldaten des Panzerschiffs »Admiral Graf Spee« am 15. Dezember 1939 in Montevideo nahm eine Abordnung der englischen Handelsschiffsbesatzungen teil, deren Schiffe von »Graf Spee« versenkt worden waren, und legte einen Kranz mit der Inschrift »Die englischen Kapitäne den tapferen deutschen Soldaten« nieder. Am Tage zuvor hatte sich der Leiter dieser Abordnung, Kapitän Dove von der »Africa Shell«, in einer Rundfunksendung über alle amerikanischen Sender voller Bewunderung und persönlicher Hochachtung über den Kommandanten der »Graf Spee«, Kapitän z.S. Langsdorff, geäußert. Dies alles geschah allerdings entgegen dem Rat der Britischen Botschaft.[57]

Es gibt nur wenige Berichte über den Umgang deutscher Kriegsschiffsbesatzungen mit alliierten Kriegsgefangenen. Die von den deutschen Hilfskreuzern, die in Übersee Kreuzerkrieg führten, und dem Panzerschiff »Admiral Scheer« gefangengenommenen Besatzungen der versenkten Schiffe wurden bei erster Gelegenheit deutschen Hilfsschiffen übergeben. Dafür lesen sich die ausführlichen Berichte der Behandlung deutscher Kriegsgefangener auf britischen Kriegsschiffen um so ergreifender. Sowohl von den wenigen Geretteten der »Bismarck«[58] an Bord des britischen Kreuzers »Dorsetshire« und des Zerstörers »Maori« als auch von den 36 Überlebenden des Schlachtschiffs »Scharnhorst«[59] an Bord des britischen Schlachtschiffes »Duke of York« liegen eindrucksvolle Berichte über ihre Gefangenschaft an Bord vor. Ähnliche Berichte von geretteten U-Bootsmännern über ihre beeindruckenden Erlebnisse an Bord britischer Zerstörer[60] zeigen ebenfalls den Geist, mit dem sich die damaligen Marinesoldaten beider Seiten begegneten.

Lazarettschiffe

Im X. Haager Abkommen vom 18. Oktober 1907 wurden für Lazarettschiffe international anerkannte Regeln geschaffen, die sowohl ihre Kenntlichmachung als auch den ihnen zukommenden Schutz betrafen. Alle seefahrenden Nationen außer der Sowjetunion hatten diese Schutzbedürftigkeit von Lazarettschiffen anerkannt.

Lazarettschiffe waren durch einen äußeren weißen Anstrich und durch große Rote Kreuze auf der Bordwand kenntlich. Ihre Namen mußten vor ihrem Einsatz dem Gegner in einer Liste mitgeteilt worden sein. Sie durften nur zur Behandlung und zum Transport von Verwundeten und Kranken benutzt werden. Die Regierungen verpflichteten sich, sie nicht zu militärischen Zwecken zu benutzen. Sie durften nicht weggenommen oder bekämpft werden und durften auch in neutralen Häfen nicht als Kriegsschiffe behandelt werden. Der ihnen zustehende Schutz sollte aufhören, sobald sie dazu verwendet wurden, dem Gegner zu schaden.[61]

Wie sich die Behandlung dieser Schiffe im Seekrieg des 2. Weltkriegs in der Praxis entwickelte, zeigen am besten die vier folgenden Beispiele:

8. Juni 1940: Britisches Lazarettschiff »Atlantis«.
Im Seegebiet westlich der Lofoten-Inseln sichtet der Schwere Kreuzer »Admiral Hipper« mittags um 11 Uhr das britische Lazarettschiff »Atlantis«. Es wird auf seiner Reise nach England von »Hipper« nicht behelligt. Auch der britische Kapitän hält sich an die Konvention und meldet seine Sichtung nicht per Funk, obwohl die Anwesenheit deutscher Seestreitkräfte in diesem Seegebiet bis dahin den Briten unbekannt ist, und die Kenntnis hierüber der britischen Führung sehr wichtig wäre. Er war auch Augenzeuge der Versenkung des leer fahrenden Truppentransporters »Orama« durch »Hipper«. Er meldet seine Sichtung erst 24 Stunden später mit optischem Morsespruch, als er am nächsten Tage das britische Schlachtschiff »Valiant« sichtet.[62]

26. Mai 1940: Beginn der Evakuierung von Dünkirchen.
Um das umzingelte englische Expeditionskorps nach England zurückzuholen, haben die Briten zahlreiche Schiffe nach Dünkirchen entsandt, darunter auch acht weiß gemalte Schiffe. Sie werden ebenso wie die anderen Schiffe von der deutschen Luftwaffe angegriffen, eins wird versenkt, fünf werden beschädigt.[63]
Der britische Historiker Captain S.W. Roskill beklagt diesen Angriff. Ob diese Schiffe der deutschen Regierung vorher als Lazarettschiffe notifiziert waren, erscheint bei der Eile der Operation fraglich, ebenso, ob hiermit wirklich nur Verwundete und Kranke transportiert werden sollten.

1941–1942: Mißbrauch italienischer Lazarettschiffe.
Während des ganzen Krieges transportierte die italienische Marine mit ihren Lazarettschiffen militärische Versorgungsgüter, Munition und Brennstoff für die in Afrika kämpfenden deutschen und italienischen Truppen.
Diese in den »Tagebüchern 1939-43« des italienischen Außenministers Graf Ciano[64] aufgestellte Behauptung wird von der italienischen Marine stets bestritten. Britische Zerstörer brachten mehrfach italienische Lazarettschiffe auf und geleiteten sie in britisch kontrollierte Häfen. In zwei Fällen wurden diese Schiffe anschließend versenkt wegen mißbräuchlichen Transports von Heizöl.

18. November 1944 Lazarettschiff »Tübingen«.
Das dem Gegner notifizierte Lazarettschiff »Tübingen« wird in der Adria auf dem Weg nach Triest von britischen Flugzeugen angegriffen, obwohl diese Fahrt speziell der Gegenseite bekanntgemacht worden ist und das Schiff alle vier Stunden per Funk Standortmeldungen abgibt. Nach mehrmaligem Umkreisen versenken die Flugzeuge das Lazarettschiff. Der Chefarzt, der Funker und zwei weitere Besatzungsmitglieder werden getötet.

In einem anschließenden Notenwechsel über die Schutzmacht Schweiz beteuert die britische Regierung, daß der versehentliche Angriff »das Ergebnis einer merkwürdigen Mischung von Unglück und Dummheit« gewesen sei.[65]

Der Seenotdienst der deutschen Luftwaffe

Zu Beginn des 2. Weltkriegs wurde der »Seenotdienst der Deutschen Luftwaffe« aufgestellt. Für ihn gab es noch keine völkerrechtlich verbindliche Rechtsgrundlage. Die deutschen Piloten dieses Seenotdienstes machten keinen Unterschied zwischen eigenen und feindlichen im Wasser treibenden Piloten. Als Rettungsmittel wurden Schwimmerflugzeuge, Flugboote und Flugsicherungsschiffe benutzt. Sie hatten einen weißen Anstrich mit aufgemaltem Roten Kreuz wie die Lazarettschiffe. Mit Ausweitung des Kriegsgebietes erstreckte sich diese Organisation schließlich vom nördlichen Eismeer bis zur Biskaya und später auch über das Mittelmeer.

Die Operationen dieser Piloten wurden dadurch stark beeinträchtigt, daß die Briten im Kanalgebiet diese Flugzeuge wie feindliche Kriegsflugzeuge angriffen, um die mit der Annäherung an die englische Küste zwangsweise verbundene Aufklärung zu verhindern. Die Seenot-Flugzeuge erhielten dann eigene Bewaffnung und wurden von Jagdfliegern begleitet. Im Gebiet des Ärmelkanals und der französischen Atlantikküste retteten diese Piloten insgesamt 1165 Menschen, darunter 359 Angehörige der gegnerischen Streitkräfte.

Die Gesamterfolge des Seenotdienstes sind außer den Rettungen im Kanalgebiet nicht genau bezifferbar. Nach Schätzungen kann davon ausgegangen werden, daß von den über 12 000 insgesamt Geretteten etwa 5000 den gegnerischen Streitkräften angehörten.[66]

Der »Laconia«-Zwischenfall und seine Folgen

Am 12. September 1942 ereignete sich im Südatlantik ein tragischer Zwischenfall, der noch die Katastrophe des Untergangs der »Titanic« (April 1912) in seiner Dimension übertraf.

12.–17. September 1942: U 156, Kommandant: Kapitänleutnant Hartenstein.

U 156 sichtet am 12. September 1942 etwa 300 Seemeilen nordöstlich der Insel Ascension den stark zickzackfahrenden britischen Truppentransporter »Laconia« (19 685 BRT), der mit mehreren groß- und kleinkalibrigen Geschützen, Unterwasser-Ortungsgerät und mit Wasserbomben gegen U-Boote ausgerüstet ist. Im nächtlichen Überwasserangriff schießt U 156 aus etwa

1500 Metern Entfernung zwei Torpedos, die beide ihr Ziel erreichen. Bei zunächst starker Schlagseite bestehen Schwierigkeiten, die Rettungsboote zu Wasser zu bringen. Das Schiff sinkt nach etwa einer Stunde. Doch erst bei hell werden stellt U 156 fest, welche Katastrophe seine Torpedos hervorgerufen haben. Der Truppentransporter hatte insgesamt 2771 Menschen an Bord. Außer der Besatzung (463 Personen) transportierte er 269 britische Soldaten (Urlauber) und ca. 80 Frauen und Kinder. In den Ladeluken befanden sich ca. 1800 kriegsgefangene italienische Soldaten, bewacht von 160 polnischen Soldaten. Das Schiff befand sich auf der Reise von Ägypten um Südafrika herum nach Großbritannien.

Das ganze Seegebiet ist voll von Trümmern, Flößen, Booten, Wrackteilen, Holzbalken, überall dazwischen Schiffbrüchige, teilweise sogar ohne Schwimmwesten, die sich an Balken oder Flöße klammern. Manche Boote sind überfüllt und drohen deswegen zu kentern. Mehrere Stunden lang zieht U 156 Schiffbrüchige aus dem Wasser und nimmt sie an Bord, bis sich schließlich 193 Menschen auf dem kleinen Oberdeck des U-Bootes befinden. Das U-Boot ist bemüht, weitere Schiffbrüchige auf die vorhandenen Rettungsboote gleichmäßig zu verteilen. Doch immer noch schwimmen Hunderte von Menschen im Wasser.

Hartenstein meldet den Sachverhalt in mehreren Funksprüchen an den Befehlshaber der U-Boote (BdU) und bittet dringend um Hilfe. Er sichtet ca. 22 Rettungsboote mit etwa 1500 Menschen und schlägt vor, das Seegebiet um die Untergangsstelle zu neutralisieren. Er funkt selbst auf der internationalen Schiffahrts-Frequenz in englischer Sprache die Bitte um Hilfe, verbunden mit der Zusicherung, alle Kampfhandlungen zu unterlassen. Nach drei Tagen treffen auf Weisung des BdU zwei deutsche und später ein italienisches U-Boot ein, die täglich alle Schiffbrüchigen mit warmen Mahlzeiten versorgen. Frauen und Kinder werden auf die U-Boote geholt. Die drei deutschen U-Boote haben je zwischen 150 und 190 Menschen an Bord und jeweils vier Rettungsboote im Schlepp.

Am 16. September, dem vierten Tag der Rettungsaktion, wird die U-Boot-Gruppe von einem amerikanischen viermotorigen Langstreckenflugzeug gesichtet, stationiert auf der Insel Ascension. Es kreist in 80 Meter Höhe um die U-Boote. Alle Versuche der Kommunikation und das Ausbreiten einer großen Rotkreuz-Flagge können das Flugzeug nicht daran hindern, Bomben zu werfen. Der Flugzeugführer hatte bei seinem Geschwader per Funk Weisungen erbeten. Nachdem eine Anfrage von dort in Washington ohne Antwort blieb, hatte der Geschwaderchef entschieden, daß die Vernichtung der U-Boote den Vorrang habe. Das Flugzeug wirft sechs Bomben auf ein U-Boot, ebenso auch in die geschleppten Rettungsboote hinein. Um die Menschen an Oberdeck nicht noch zusätzlich zu gefährden, verzichten die, wenn auch nicht schwer beschädigten, U-Boote auf Gegenwehr mit ihren eigenen Flugabwehrgeschützen. Die U-Boote geben darauf sofort alle Schiffbrüchigen wieder an die Rettungsboote zurück. Erst am 17. September treffen der französische Kreuzer »Gloire« und zwei kleinere französische Avisos ein und übernehmen insgesamt 1081 Schiffbrüchige. Die Rettungsboote haben sich inzwischen immer mehr von einander entfernt, so daß nicht alle gefunden werden können. Ein Rettungsboot erreicht nach 48 qualvollen Tagen Monrovia in Afrika. Von den ursprünglich 68 Insassen sind nur noch 16 am Leben. Ein weiteres Boot wird nach noch längerer Zeit von einem britischen Schiff mit nur noch vier Überlebenden gesichtet. Von den 2771 Menschen an Bord überleben nur 1111 die Katastrophe.[67]

Die »Laconia« war ein Truppentransporter, sie war stark bewaffnet und fuhr Zickzackkurse. Ihre warnungslose Versenkung entsprach den gültigen Regeln des Seekriegs auf dem Atlantik. Die U-Boote und die U-Boot-Führung haben alles in ihren Kräften stehende getan, um den Schiffbrüchigen zu helfen. Die U-Boote waren durch die zahlreichen Menschen an Bord und durch die geschleppten Rettungsboote tauchunfähig und damit selbst in großer Gefahr.

Viele der italienischen Kriegsgefangenen sind mit dem Schiff untergegangen, da die polnischen Wachmannschaften die Metallgitter in den Laderäumen nicht geöffnet hatten. Auch bei dem Kampf um die Plätze in den Rettungsbooten soll es zu grausamen Kämpfen gekommen sein.

Die Entscheidung des Geschwaderchefs auf der Insel Ascension, die Bombardierung der U-Boote anzuordnen, ist umstritten. Hätte man die Entscheidung dem Flugzeugführer überlassen, wäre sie sicherlich anders ausgefallen. Es ist eben etwas anderes, eine solche Entscheidung am Schreibtisch zu fällen, als aus eigenem Entschluß Bomben in eine große Gruppe Schiffbrüchiger zu werfen.

Auf deutscher Seite hat die Bombardierung große Verbitterung ausgelöst. Die U-Boot-Kommandanten hatten das Gefühl, daß ihr humanitäres Bemühen von der gegnerischen Seite nicht honoriert würde. Der Befehlshaber der U-Boote hatte Sorge um seine Boote, da bei der zunehmenden Allgegenwart feindlicher Flugzeuge künftig Rettungsaktionen gleichbedeutend mit Selbstmord waren.

In einem Geheimbefehl an alle U-Boot-Kommandanten, der nur Offizieren bekanntgegeben werden durfte, ordnete er daher am 17. September 1942 an:

»An alle Kommandanten:

1. Jeglicher Rettungsversuch von Angehörigen versenkter Schiffe, also auch Auffischen von Schwimmenden und Anbordgabe auf Rettungsboote, Abgabe von Nahrungsmitteln und Wasser haben zu unterbleiben. Rettung wider-

spricht den primitivsten Forderungen der Kriegführung nach Vernichtung feindlicher Kriegsschiffe und Besatzungen.
2. Befehle über Mitbringen Kapitäne und Chef-Ingenieure bleiben bestehen.
3. Schiffbrüchige nur retten, falls Aussage für Boot von Wichtigkeit.
4. Hart sein! Daran denken, daß der Feind bei seinen Bombenangriffen auf deutsche Städte auf Frauen und Kinder keine Rücksicht nimmt.«

Dieser aus Sorge um die Sicherheit der eigenen U-Boote gegebene Befehl sollte die Kommandanten von Gewissensskrupeln befreien, wenn sie der Sicherheit ihrer Besatzungen vor der Rettung von Schiffbrüchigen Vorrang gaben. Dieser in seiner Formulierung bedenkliche Befehl war später bei der Anklage gegen Großadmiral Dönitz vor dem Nürnberger Militärtribunal ein wichtiger Anklagepunkt. Damals, während die Rettungsaktion für die Laconia-Schiffbrüchigen noch im Gange war, stand Dönitz vor der Situation, daß einerseits die U-Boot-Kommandanten sich und ihre Boote durch ihre Hilfsaktion in sehr große Gefahr begaben. Dreimal hatte er die U-Boote vor diesen Gefahren per Funk gewarnt. Doch der Erfolg blieb aus. Andererseits erhielt er von Hitler ständig verschärfte Weisungen. Aus dem Kriegstagebuch der Seekriegsleitung geht hervor, daß Hitlers erste Reaktion auf die Rettungsbemühungen war, U 156 habe wegtauchen sollen. Eine Neutralisierung des Seegebietes, also eine begrenzte Waffenruhe in diesem Gebiet, lehnte er ab.[68]

Sicherlich steht der Wortlaut dieses Befehls nicht in Einklang mit dem Kriegsvölkerrecht. Er ist nur aus der damaligen Situation zu verstehen. Die Anklage in Nürnberg versuchte, in diesem Befehl nicht nur ein Rettungsverbot, sondern auch einen Tötungsbefehl zu sehen.[69] Kein U-Boot-Kommandant hat diesen Befehl aber als Tötungsbefehl aufgefaßt.[70]

Auch ein Ereignis, das sich zwei Jahre später zutrug, verdient besondere Beachtung:

26. Mai 1944: U 541, Kommandant: Kapitänleutnant Kurt Petersen.
Im westlichen Atlantik stoppt U 541 den portugiesischen Frachter »Serpa Pinto«. Ein Prisenkommando stellt an Bord des neutralen portugiesischen Schiffes Bannware für die USA und Mexiko fest. Außerdem befinden sich 200 jüdische Emigranten aus Europa auf dem Schiff. Wegen des Bannguts muß das Schiff eigentlich versenkt werden. Der Kommandant fragt per Funk beim Befehlshaber der U-Boote (BdU) an, wie er sich angesichts der Bannware einerseits und den 200 Passagieren andererseits verhalten soll. Er verschweigt, daß es sich um jüdische Auswanderer handelt. Nach drei langen Stunden trifft die Antwort des BdU ein: »Laufen lassen. Wichtige Feindpassagiere gefangennehmen. Banngutladepapiere mitbringen.« Ein Frisör und ein Seemann der Besatzung müssen auf das U-Boot umsteigen. Der Frachter aber bleibt ge-

stoppt liegen, schickt vielmehr ein Boot mit dem Ersten Offizier zum U-Boot. Man glaubt nicht, daß das Schiff wirklich weiterfahren darf und fürchtet eine sofortige Versenkung. Erst auf die erneute Zusicherung des U-Boot-Kommandanten und auf dessen Vorschlag, daß das U-Boot auf Gegenkurs zum Dampfer ablaufen wolle, setzt der Portugiese seine Fahrt nach Philadelphia fort, wo der Kapitän über dieses Erlebnis wahrheitsgetreu berichtet.[71]

Tötung von Schiffbrüchigen

Angesichts der Kampfhandlungen in einem langen erbitterten Seekrieg sind Verstöße gegen das Völkerrecht und die Verletzung der Gebote der Humanität dem Gegner gegenüber nur Einzelfälle gewesen. Jedenfalls sind im europäisch-atlantischen Teil des Seekriegs nur wenige Fälle von Übertretungen bekanntgeworden. Die Tötung von Schiffbrüchigen ist ein Verbrechen, bei dem die geschriebenen und ungeschriebenen Gesetze der See, die jedem Seemann westlicher Prägung anerzogen waren, mißachtet wurden.

Um die Problematik anschaulicher zu machen, werden hier einige Fälle im einzelnen erläutert, dabei auch entsprechendes Fehlverhalten von alliierter Seite:

13.–19. April 1940: Narvik.
Zehn deutsche Zerstörer hatten im Hafen Narvik, Nordnorwegen, die mitgeführten Gebirgsjäger ausgeschifft. Zum Wiederauslaufen fehlte den Zerstörern der Brennstoff. In den folgenden Tagen drangen britische Zerstörer und das Schlachtschiff »HMS Warspite« in Narvik ein und vernichteten die an der Mole oder vor Anker liegenden deutschen Zerstörer.

Verständlicherweise haben die Engländer solange auf die deutschen Kriegsschiffe geschossen, bis diese untergegangen waren, auch wenn die Besatzungen schon die Schiffe verließen. Die von Bord gehenden und auch die an Land schwimmenden Marinesoldaten hätten eine willkommene Verstärkung für die schon an Land befindlichen ausgeschifften deutschen Truppen dargestellt. Es ist verständlich, daß die Engländer diese Soldaten nicht als »Schiffbrüchige« ansehen konnten. Zu diesem Ergebnis kam jedenfalls bald darauf eine Untersuchungskommission der deutschen Seekriegsleitung.[72]

In einem Brief äußerte sich 1978 die Naval Historical Branch des britischen Verteidigungsministeriums wie folgt:
»Ich kann mir nicht vorstellen, daß es eine Stellungnahme gegeben hat, die die deutsche Seekriegsleitung zu der Annahme veranlaßt hätte, die britische Regierung könne das Schießen auf Überlebende im Wasser rechtfertigen. Die

Royal Navy war durch die Haager Konventionen gebunden. Vorschriften an das Marinepersonal zur Behandlung Überlebender feindlicher Kriegsschiffe waren in den Vorkriegs-Weisungen zur Kriegführung enthalten.«[73]

In einem Gespräch mit dem japanischen Botschafter Oshima im Januar 1942 stellt Hitler einen Befehl in Aussicht, die Überlebenden versenkter Schiffe zu töten.[74] Aus dem Tagebuch der Seekriegsleitung geht weiterhin hervor, daß Hitler dann im Februar 1942 den Vorschlag machte, »den Zufuhrkrieg durch Fallenlassen jeder Rücksicht zu verschärfen«. Diese Anregung lehnte Großadmiral Raeder ab.[75] Bei einem Vortrag von Admiral Dönitz vor Hitler im Beisein von Raeder am 14. Mai 1942 über den U-Bootkrieg, forderte Hitler erneut die Vernichtung der Rettungsboote versenkter Dampfer. Beide Admirale konnten durch Hinweis auf die dann zu erwartenden Repressalien des Gegners eine solche völkerrechtswidrige Weisung Hitlers verhindern.[76] Anfang September, anläßlich eines Lagevortrags über die Versenkung des deutschen Minenlegers »Ulm« im Eismeer, griff Hitler diese Frage wiederum auf.

Der Sachverhalt war folgender:

25. August 1942: Minenleger »Ulm« im Eismeer.
Auf dem Wege zum Legen einer Minensperre vor der Insel Nowaja-Semlja wird der Minenleger »Ulm« von drei britischen Zerstörern gestellt und beschossen. Auch als die Besatzung die Rettungsboote und Flöße herunterfiert, wird das Feuer nicht eingestellt. Schließlich versenkt ein britischer Torpedo die »Ulm«. Die Zerstörer nehmen anschließend die Überlebenden aus den Rettungsbooten gefangen. Nur ein Boot unter Leitung des Obersteuermanns kann sich in eine Nebelwand retten und erreicht nach acht Tagen die nordnorwegische Küste. Die vier einzigen Überlebenden dieses Bootes berichten über die Beschießung von Schiffbrüchigen beim Untergang der »Ulm«.

Eine daraufhin von der Seekriegsleitung eingeleitete gründliche Untersuchung kam zu dem Ergebnis, daß eine Beschießung von Schiffbrüchigen in diesem Fall nicht nachgewiesen werden konnte, da die Zerstörer solange ihre Waffen hatten sprechen lassen, bis das Schiff untergegangen war, danach aber sofort das Feuer eingestellt hatten. Ein gleiches berichtete übrigens auch der Kommandant der »Ulm« nach Kriegsende nach Rückkehr aus britischer Gefangenschaft.[77] Der Seekriegsleitung gelang es auch diesmal, die erneute Forderung Hitlers abzuwehren.[78] Dies geschah übrigens einen Tag nach Bekanntwerden der Versenkung der »Laconia«.

Noch in einem weiteren Fall wehrten sich die Admirale gegen beabsichtigte Völkerrechtsverletzungen. In einer Stellungnahme gegenüber dem Auswärtigen Amt vom 4. April 1943 wird eine Weisung an die U-Boote zum Vorgehen gegen Rettungsboote oder Schiffbrüchige von der Seekriegsleitung als untragbar bezeichnet, da das dem innersten Gefühl jedes Seemanns widerspricht.[79]

Das einzige bekannte Vorkommnis, daß ein deutscher U-Boot-Kommandant auf Schiffbrüchige hat schießen lassen, ist der Fall Eck.[80]

13./14. März 1944: U 852, Kommandant: Kapitänleutnant Eck. Auf dem Marsch in den Indischen Ozean versenkt U 852 im Südatlantik den griechischen Frachter »Peleus« (4695 BRT). Eck war vor dem Auslaufen auf die starke Luftüberwachung im Seegebiet der Insel Ascension hingewiesen worden. Er rechnet sich aus, daß er am nächsten Morgen den Gefahrenbereich dieser Insel noch nicht hinter sich gelassen haben kann. Daher entschließt er sich, die übriggebliebenen Wrackteile zu versenken, um alle Spuren zu verwischen, was er als eine militärische Notwendigkeit ansieht. Daß sich auf diesen Wrackteilen und Flößen noch Menschen befinden, weiß er sehr wohl, denn er hatte den zweiten Offizier dieses Schiffes vorher an Bord des U-Bootes verhört und ihn dann wieder auf einem Floß abgesetzt. Er befiehlt, mit Maschinengewehren und später mit Handgranaten die Wrackteile und Flöße zu versenken. Nach insgesamt fünf Stunden am Tatort setzt U 852 seine Fahrt fort in dem Glauben, alle Überreste vernichtet zu haben. Aber drei Mann der Besatzung überleben das Verbrechen und werden nach 38 qualvollen Tagen, am 20. April 1944, von einem Schiff gerettet, das auch die durchschossenen Flöße als Beweismaterial mit an Bord nimmt.

U 852 strandet später nach einem Flugzeugangriff an der Ostküste Afrikas. Die gesamte Besatzung kommt in Gefangenschaft. Das aufgefundene Kriegstagebuch enthüllt den Engländern, wer den Dampfer »Peleus« versenkt hat. Die deutschen Dienststellen hatten von dem Vorfall keine Kenntnis. Nach dem Krieg werden Eck, der Schiffsarzt und ein Leutnant z.S. in einem Kriegsverbrecherprozeß in Hamburg zum Tode, der Leitende Ingenieur zu lebenslänglichem Gefängnis verurteilt. Die Todesurteile werden im Dezember 1945 vollstreckt.[81]

Wenn sich auch vielleicht die Beseitigung der Spuren der »Peleus« als militärisch notwendig begründen ließe, so ist das Verhalten des Kommandanten von U 852 nicht zu billigen. Auf Schiffbrüchige zu schießen, widerspricht nicht nur dem Kriegsvölkerrecht, sondern auch der »soldatischen Kampfsittlichkeit«,[82] in der die deutschen Marineoffiziere erzogen waren.[83] Der Kommandant hat zwar nicht aus Haß oder Menschenverachtung gehandelt, sondern aus Furcht, von feindlichen Flugzeugen entdeckt zu werden. Dieser Tatbestand hätte in einem fairen Prozeß berücksichtigt werden müssen, was zu einer milderen Strafe geführt hätte. Eck hatte ausdrücklich erklärt, daß er von keinem Vorgesetzten einen Befehl erhalten hatte, so zu handeln, was zu behaupten ihm nahegelegt worden war, um Dönitz zu belasten. Er lehnte es jedoch ab, die Verantwortung auf andere Schultern zu laden.

Ähnliche Verhaltensweisen wie die Ecks, begangen aber von britischen und amerikanischen Kommandanten, sind allerdings nicht bestraft, sondern mit Orden belohnt worden. Im Kriegstagebuch des britischen U-Boots »HMS Torbay«, Eintrag vom 9. Juli 1942 nördlich der Insel Kreta, wird der Befehl des Kommandanten erwähnt, die in einem Schlauchboot befindlichen Schiffbrüchigen eines versenkten kleinen deutschen Frachters zu töten. Die britische Zeitung »Daily Telegraph« berichtet am 6. Februar 1989, daß es hierbei beinahe zu einer Meuterei gekommen sei, da sich der Erste Wachoffizier und ein Seemann weigerten, den Befehl auszuführen. Der Kommandant erhielt nach der Rückkehr das Victoria-Cross.[84]

Ein ähnlicher Vorfall ereignete sich an der amerikanischen Westküste, als der US-Zerstörer »Roper« bei Kap Hatteras U 85 versenkte. Nachdem die U-Bootbesatzung das Boot verlassen hatte, das U-Boot gesunken war und ca. 40 Mann im Wasser schwammen, warf der Zerstörer in die Untergangsstelle des U-Bootes elf Wasserbomben, die alle Schiffbrüchigen töteten.[85] Nach einer anderen Version wird behauptet, daß diese Wasserbomben nicht dem U-Boot, sondern den im Wasser schwimmenden Besatzungsmitgliedern gegolten hätten, um sie absichtlich zu töten.[86] Eine Klärung des wirklichen Sachverhalts wird heute wohl nicht mehr möglich sein.

Der Vollständigkeit halber sei noch erwähnt, daß der Chef einer Heimat-U-Boot-Flottille den dort zeitweise zur Ausrüstung unterstellten U-Bootkommandanten geraten hatte, nicht nur die gegnerischen Schiffe, sondern auch deren Besatzungen zu vernichten. Die hier angesprochenen U-Bootkommandanten waren über diese Äußerungen empört und haben diesen Rat nie befolgt.[87] Auch dieses wenn auch nur mündliche Vergehen des Flottillenchefs, das keine Auswirkungen hatte, wurde in Nürnberg vorgebracht[88] und in einem eigenen Kriegsverbrecherprozeß mit fünf Jahren Gefängnis geahndet.

Auch im »zivilisierten« Krieg im europäisch-atlantischen Raum ereigneten sich also solche Auswüchse, wenn auch nur als nicht zu verallgemeinernde Einzelfälle. Im gleichzeitigen Krieg gegen die Japaner im Pazifik und im Indischen Ozean hingegen herrschten andere Gebräuche, wie folgendes Beispiel verdeutlicht:

29. März 1944: Japanisches U-Boot I-26, Kommandant: Korvettenkapitän Kusaka.
In der Arabischen See hat das I-26 den amerikanischen Frachter »Richard Hovey« (7176 BRT) versenkt. Teile der japanischen Besatzung stehen an Oberdeck des U-Bootes wie zu einer Parade aufgestellt und schießen lachend um die Wette mit Maschinengewehren und Handfeuerwaffen auf Flöße, Rettungsboote und Schiffbrüchige, während ein Japaner die Szene mit einer Filmkamera filmt. Aber einige Amerikaner überleben das Massaker und wer-

den – nachdem sie sich 16 Tage lang an Trümmer im Wasser geklammert haben – von einem britischen Dampfer gesichtet und gerettet, wodurch diese Greueltat erst bekanntgeworden ist.[89]

Hier wurde der Krieg von Anfang an mit brutalen Mitteln und mit unglaublicher Härte ausgefochten. Im amerikanischen Seekriegswerk, Admiral Morison, und in den Akten der Kriegsverbrecherprozesse gegen Japaner finden sich manche Berichte über unglaubliche, ja zynische Verbrechen gegen die Menschlichkeit, was die Amerikaner veranlaßte, auch ihrerseits wenig Rücksicht auf Menschenleben zu nehmen.

Andere Delikte

Bei einem Personalbestand der Marine von über einer Million Menschen hat es natürlich in einem fünf Jahre langen erbitterten Kampf hier und da Fehlverhalten einzelner gegeben. Aber im Bereich der Seekriegführung sind außer den erwähnten Fällen keine weiteren Vorkommnisse ähnlicher Art bekanntgeworden. Neuere Forschungen haben außerhalb der Seekriegführung liegende Fälle ans Licht gebracht.

Als Beispiele seien hier genannt:

Als die italienische Regierung Anfang September 1943 Mussolini absetzte und mit allen Streitkräften zu den Alliierten überging, verließen die in La Spezia liegenden italienischen Kriegsschiffe rechtzeitig vor Besetzung der Stadt durch deutsche Truppen den Hafen und verlegten nach Malta. Großadmiral Dönitz befahl darauf, den italienischen Kommandierenden Admiral in La Spezia sofort zu erschießen und Vorschläge für weitere Exekutionen zu übermitteln. Dieser Befehl wurde jedoch nicht ausgeführt, da der Oberbefehlshaber des LI. Gebirgs-Armeekorps, General Feurstein, sich der Loyalität des italienischen Admirals vergewissert und ihn entlassen hatte. Dönitz billigte daraufhin diese Maßnahme. Auch der andere Teil des Dönitz-Befehls blieb ohne praktische Folgen.[90]

Erwähnt werden muß hier auch die Torpedierung des Dampfers »Petrella« (3209 BRT), der am 8. Februar 1944 ca. 3200 italienische Kriegsgefangene von Kreta nach dem Festland bringen sollte und sehr bald nach Verlassen der Suda-Bucht von einem englischen U-Boot torpediert und versenkt wurde. Trotz sofort eingeleiteter umfangreicher Hilfsmaßnahmen seitens des Seekommandanten von Kreta gelang es nur, ca. 140 deutsche und 527 italienische Schiffbrüchige zu retten. An Bord der »Petrella« haben sich nach Augenzeugenberichten zwischen dem ersten und dem zweiten Torpedotreffer unglaubliche Szenen zugetragen. Die Wachmannschaften sollen mit brutalen Mitteln die italienischen Kriegsgefangenen am Verlassen des Schiffes gehindert haben. Erst als 18 Motorsegler zur Rettung der Schiffbrüchigen an der Unglücksstelle erschienen, soll das Massaker geendet haben.[91] Einzelheiten dieses Geschehens sind heute nicht mehr nachprüfbar.

Das Urteil des Nürnberger Militärtribunals über die Seekriegführung

In den 45 Bänden der Wortprotokolle und Dokumente des Nürnberger Internationalen Militärtribunals von 1946, in den noch zahlreicheren Bänden der Kriegstagebücher der Seekriegsleitung und den Standard-Seekriegswerken von Roskill, Peillard und Morison sind ungefähr alle relevanten Kriegsereignisse festgehalten, die damals, gleich nach dem Krieg, den Beteiligten sowohl auf alliierter, als auch auf deutscher Seite noch unmittelbar in Erinnerung waren. Nur wenige Vorfälle, die das Gesamtbild ergänzt hätten, sind erst später bekanntgeworden.

Die Alliierten hatten 1946 im Internationalen Militärtribunal in Nürnberg im Prozeß gegen Großadmiral Dönitz die Hauptanklagepunkte bezüglich der deutschen Seekriegführung in zwei Gruppen zusammengefaßt:
1. Vorwurf der unberechtigten Versenkung von Schiffen, wobei es um die Fragen der Bewaffnung von Handelsschiffen, um die Behandlung neutraler Schiffe und um die Deklarierung von »Operationsgebieten« ging, und
2. Vorwurf der vorsätzlichen Tötung von Schiffbrüchigen.

Zu 1. Die Engländer hatten die deutsche Auffassung, daß bewaffnete Handelsschiffe wie Kriegsschiffe zu behandeln seien, als betrügerisch und arglistig bezeichnet. In seinem beeindruckenden Plädoyer hat der Verteidiger von Admiral Dönitz, Flottenrichter Kranzbühler, diese Auffassung der Engländer widerlegt.[92] Er bezog sich auf die alte Formel, daß, wer Waffenhilfe in Anspruch nimmt, auch Waffeneinsatz gewärtigen muß. Anläßlich der Londoner Seekonferenz von 1930 hatte ein Juristenkomitee sich auf die Richtlinie geeinigt, daß der Begriff Handelsschiff gemäß dem zu beschließenden Protokoll keine Handelsschiffe einschließen könne, die sich an Feindseligkeiten so beteiligen, daß sie ihre Immunität als Handelsschiffe verlieren. Kranzbühler legte dar, daß Handelsschiffe, die bewaffnet sind oder auch Nachrichten über gesichtete Feinde melden, zu den aus dem Protokoll auszuschließenden Schiffen gehörten. Das Gericht schloß sich dieser Ansicht an. Die Urteilsbegründung gegen Admiral Dönitz enthält den Satz:
»Aufgrund dieses Tatbestandes kann der Gerichtshof Dönitz für seine Unterseebootkriegführung gegen bewaffnete britische Handelsschiffe nicht für schuldig erklären.«[93]

Hinsichtlich des Vorwurfs, in den »Operationsgebieten« unberechtigt britische und neutrale Schiffe versenkt zu haben, bezog sich Kranzbühler auf die

Befehle der Royal Navy für ihren U-Bootkrieg im Kattegat, in den Ostseezugängen, in der Ostsee und auf die Erklärung des Oberbefehlshabers der US-Marine, Admiral Nimitz, daß mit dem ersten Tage des Krieges gegen Japan der gesamte Pazifik als Operationsgebiet erklärt worden war und dort uneingeschränkter U-Bootkrieg geführt wurde.[94] Die von Kranzbühler vorgebrachten Argumente und die Zeugenaussagen der angelsächsischen Marinebefehlshaber waren so überzeugend, daß sich das Gericht genötigt sah, einzig im Fall des deutschen U-Bootkrieges den Einwand gelten zu lassen, daß die Gegner ebenso gehandelt hätten. Diesen sogenannten Tuquoque-Einwand hat das Gericht sonst in Nürnberg nicht geduldet.[95]

Zu 2. Die Anklage wegen vorsätzlicher Tötung von Schiffbrüchigen bezog sich hauptsächlich auf den »Laconia-Befehl«. Kranzbühler konnte den Beweis antreten, daß es sich bei diesem Befehl nicht um einen Tötungsbefehl, sondern nur um einen Nicht-Rettungs-Befehl gehandelt habe, erhärtet durch eine schriftliche Erklärung von 67 U-Boot-Kommandanten, die sich damals in einem englischen Kriegsgefangenenlager befanden. In dieser Erklärung beteuerten die Kommandanten, daß der (Laconia)-Befehl von ihnen »nie als Aufforderung zur Vernichtung von Schiffbrüchigen angesehen worden sei«.[96]

Kranzbühler konnte auch nachweisen, daß sich Dönitz in der Folgezeit immer wieder gegen Vorschläge von politischer Seite zur Wehr gesetzt hatte, gegen Schiffbrüchige und Insassen von Rettungsbooten Gewalt anzuwenden.

Das Gericht stellte dazu fest,

»... daß die Beweisaufnahme nicht mit der erforderlichen Sicherheit dartut, daß Dönitz die Tötung schiffbrüchiger Überlebender vorsätzlich befahl. Die Befehle waren zweifellos zweideutig und verdienen stärkste Kritik.«[97]

Die Seekriegführung der deutschen Marine insgesamt beurteilte der Gerichtshof wie folgt:

»In Anbetracht aller bewiesenen Tatsachen, insbesondere mit Rücksicht auf einen Befehl der britischen Admiralität vom 8. Mai 1940, nach dem alle Schiffe im Skagerrak nachts versenkt werden sollten, und endlich in Anbetracht der Antwort des Admirals Nimitz auf den ihm vorgelegten Fragebogen, nach welcher im Pazifischen Ozean seitens der Vereinigten Staaten vom ersten Tag des Eintritts dieser Nation in den Krieg uneingeschränkter U-Bootkrieg durchgeführt wurde, ist die Verurteilung von Dönitz nicht auf seine Verstöße gegen die internationalen Bestimmungen für den U-Bootkrieg gestützt.«[98]

Der Oberbefehlshaber der Marine und Nachfolger Hitlers in dessen Eigenschaft als Reichspräsident in den letzten 20 Tagen des Krieges wurde in Nürnberg schließlich zu zehn Jahren Haft verurteilt, weil er an einem Angriffskrieg teilgenommen hatte, er von Hitlers Befehl zur Tötung von Sabotagetrupps gewußt und diesen Befehl geduldet habe, und weil 12 000 KZ-Häftlinge für den Kriegsschiffbau eingesetzt worden waren.[99] Das waren die einzigen Anklage-Punkte, die übriggeblieben waren. Es kann heute als gesichert gelten, daß das Urteil gegen Dönitz vor allem auf Drängen des sowjetischen Vertreters zustande gekommen und als politische Verurteilung anzusehen ist.

Zusammenfassende Betrachtung

Die deutsche Seekriegsleitung wollte im 2. Weltkrieg den Krieg nach den Regeln des Völkerrechts führen. Allerdings wurde ihr dies sehr bald durch Maßnahmen der britischen Regierung unmöglich gemacht, indem diese die britischen Handelsschiffe bewaffnen ließ und sie anwies, Standorte gegnerischer Kriegsschiffe sofort per Funk zu melden. Damit wurde die Anwendung der Prisenordnung verhindert. Die Folge war – wollte Deutschland auf den U-Bootkrieg nicht gänzlich verzichten – eine schrittweise Eskalation bis zum uneingeschränkten U-Bootkrieg im Atlantik. Jeder Verschärfung des Krieges seitens des Gegners folgten deutsche Gegenmaßnahmen. Der Kölner Völkerrechtslehrer, einer der Verteidiger in Nürnberg, Hermann Jahrreiß, formulierte hierzu, daß in einer Zwischen-Souveränitäten-Ordnung der Gesichtspunkt der Gegenseitigkeit das A und O sei. Zwar werde durch die Übertretungen nicht das geltende Völkerrecht verändert, aber der Gleichziehungseinwand sei lediglich ein Entschuldigungsgrund, kein Rechtfertigungsgrund.[100] Diesem Sachstand hat das Internationale Militärtribunal in Nürnberg Rechnung getragen, indem Großadmiral Dönitz nicht wegen der Führung eines uneingeschränkten U-Bootkrieges bestraft worden ist.

In diesem Krieg wurde die Fairneß dem Gegner gegenüber eingehalten, von wenigen Ausnahmen abgesehen. Diese Einstellung entsprach dem inneren Ethos der Seeleute westlicher Prägung. Mehrmals haben die deutschen Admirale Forderungen Hitlers abgewehrt, Schiffbrüchige zu erschießen. Im Seekrieg hat es keine ideologischen Belastungen gegeben, wie dies in Osteuropa in mehrfacher Hinsicht der Fall war. Hier gab es keinen »rassenideologischen Vernichtungskrieg«, hier gab es auch keine Ambitionen auf Besitznahme von Gebieten, hier wollte man nicht die Landkarte verändern. Auch gab es immer noch zwischen den westlichen Marinen einen gewissen Korpsgeist, der sich schon in den sehr ähnlichen Uniformen manifestierte. Das Augenmerk der NS-Partei-Organisationen richtete sich nicht auf diesen Kriegsschauplatz. So war es für die Marine sehr viel leichter, ihrem traditionellen Ethos treu zu bleiben.

Diese Darlegungen und vor allem auch die Beispiele sollen nicht den Eindruck erwecken, als habe dieser Kampf nur aus einer Aneinanderreihung von Freundlichkeiten dem Gegner gegenüber bestanden. Der Seekrieg, ebenso wie der Krieg auf dem Lande, ist vielmehr eine Summe von Grausamkeiten und schrecklichem Sterben gewesen. Schon das Element See birgt so viele Gefahren, daß ein innerer Zusammenhalt der Seeleute aller Nationen verständlich ist. Trotzdem sind die Menschenverluste in diesem Seekrieg durch Maßnahmen beider Kriegsgegner verhältnismäßig gering geblieben, wobei der deutsche Anteil hieran mangels Beherrschung der See sehr viel geringer war. Im September 1943 gab der britische Transportminister bekannt, daß von den Schiffsbesatzungen der versenkten britischen Schiffe 87 Prozent der Menschen gerettet worden seien.[101] Dies war in erster Linie ein Erfolg der von den Alliierten eingesetzten »Rescue-Schiffe«. Dieser Prozentsatz dürfte bis zum Ende des Krieges wegen der immer stärker werdenden Beherrschung der See durch die angelsächsischen Marinen eher höher als niedriger geworden sein. Aber auch von den versenkten U-Booten haben alliierte Kriegsschiffe insgesamt 5530 Besatzungsmitglieder gerettet und in Kriegsgefangenschaft an Land gebracht,[102] eine Zahl die für die Verbundenheit der Seeleute untereinander spricht.

Die U-Bootwaffe, die die Hauptlast dieses Wirtschaftskrieges auf den Weltmeeren tragen mußte, hatte prozentual ganz besonders hohe Verluste. Von ca. 40 000 Besatzungsmitgliedern deutscher U-Boote ließen 29 000 ihr Leben. Trotzdem waren Fälle des Desertierens in der U-Bootwaffe so gut wie unbekannt. Dieser Einsatzwille bis zum bitteren Ende läßt sich teilweise durch die Forderung der Gegner nach einer bedingungslosen Kapitulation erklären, die Deutschland keine andere Wahl ließ. Aber ohne die Begriffe »Vaterlandsliebe« oder »Nationalbewußtsein« kommt man bei der Erklärung dieses Phänomens der Tapferkeit nicht aus. Mit nationalsozialistischer Ideologie und Propaganda, die im Krieg in der Marine trotz einiger Bemühungen wenig wirksam gewesen sind, hatte dieser Kampfgeist jedenfalls wenig zu tun.

1 Für bibliographische Hilfestellung danke ich der Marine-Offiziersvereinigung in Bonn und dem Militärgeschichtlichen Forschungsamt der Bundeswehr in Potsdam
2 Widenmann, Wilhelm, Marineattaché an der kaiserlich-deutschen Botschaft in London, 1907–1912, Göttingen 1952, S. 286 f.
3 Weisung Nr. 5 des OKW vom 25. 9. 39 (Hubatsch, Walter, Hitlers Weisungen für die Kriegführung 1939–1945, Frankfurt am Main 1962, S. 29 ff.)
4 British Admirality, Defence of Merchant Shipping Handbook, Januar 1938
5 Eckardt, Curt, Der deutsche Wirtschaftskrieg zur See, in: Walter Gladisch/Berthold Widmann (Hrsg.), Grundfragen des Seekriegsrechts, Berlin 1944, S. 83
6 Schenk, Reinhold, Seekrieg und Völkerrecht, Köln/Berlin 1958, S. 51 ff.
7 Schenk, a.a.O., S. 60
8 Sohler, Herbert, Der deutsche U-Bootkrieg 1939–1945 im Lichte des Völkerrechts, Dissertation, Kiel 1949, S. 43
9 Heintschel v. Heinegg, Wolff, Seekriegsrecht und Neutralität im Seekrieg, Schriften zum Völkerrecht, Band 119, Berlin 1995, S. 376; so auch Hyde, C.C., International Law, 2nd rev. edition, Boston 1951, S. 1998
10 Bochumer Schriften zur Friedenssicherung und zum Humanitären Völkerrecht, Band 7, Bochum 1991
11 Weisung Nr. 5 des OKW, wie oben Anm. 2, S. 29 ff.
12 Sohler, a.a.O., S. 30
13 Geoffrey, Jones, U-Boat-Aces, London 1988, S. 18–20
14 Peillard, Die Schlacht im Atlantik, Wien und Berlin 1974, S. 38
15 Costello/Hughes, Atlantikschlacht, Bergisch-Gladbach 1978, S. 32; vgl. S. 254–255
16 Robertson, The Golden Horseshoe, London 1957, S. 44 f.
17 Internationales Militärtribunal (IMT), Nürnberg, Prozeßakten, Dokument »Dönitz 13«
18 Brief von Mr. Richard Arkwright an die Witwe Bleichrodts vom 15.10.81, (Übersetzung d. Verfassers)
19 Heintschel v. Heinegg, a.a.O., S. 371
20 Schenk, a.a.O., S. 65 f.
21 Erst eine Woche später erfuhr Bleichrodt, welche Tragödie er damit angerichtet hatte. Obwohl ihm aus völkerrechtlicher Sicht kein Vorwurf gemacht werden konnte, trug er schwer an dieser Verantwortung, da es sich u.a. um einen Transport zur Evakuierung von Kindern gehandelt hatte, wobei 77 Kinder ihr Leben verloren. (IMT-Prozeßakten, Band XIII, S. 464)
22 Schenk, a.a.O., S. 67 f.
23 Vier Artikelpunkte der »Pariser Deklaration«, s. auch Berber, Friedrich, Lehrbuch des Völkerrechts, Bd. II, München 1969, S. 189 f.
24 Sohler, a.a.O., S. 11
25 Eckardt, Curt, a.a.O., S. 85
26 Best, Geoffrey, Humanity in Warfare, London 1980, S. 244
27 Sohler, a.a.O., S. 67
28 Schenk, a.a.O., S. 129
29 Schenk, a.a.O., S. 76; Heintschel v. Heinegg, a.a.O., S. 440 ff.
30 Heintschel v. Heinegg, a.a.O., S. 457 ff.
31 IMT-Prozeßakten, Kranzbühler-Plädoyer, Band XVIII, S. 373
32 Peillard, Leonce, Die Schlacht im Atlantik, Wien und Berlin 1974, S. 35 ff.; Roskill, Stephen, The War at Sea 1939-45, London 1954, Band I, S. 103; Ruge, Friedrich, Der Seekrieg 1939-45, Stuttgart 1954
33 Weisung Nr. 7 des OKW, Hubatsch, a.a.O., S. 34
34 IMT-Prozeßakten, Dokument »Dönitz 83«
35 Sohler, a.a.O., S. 90
36 Eckardt, Curt, a.a.O., S. 69; Schenk, a.a.O., S. 118 ff.; Heintschel v. Heinegg, a.a.O., S. 573
37 Heintschel v. Heinegg, a.a.O., S. 577
38 IMT-Prozeßakten, Kranzbühler-Plädoyer, Band XVIII, S. 357
39 IMT-Prozeßakten, Band XIII, S. 293 sowie Kranzbühler-Plädoyer, Band XVIII, S. 374
40 Sohler, a.a.O., S. 62

41 Schenk, a.a.O., S. 74
42 Heintschel v. Heinegg, a.a.O., S. 445
43 Ruge, a.a.O., S. 62 ff.
44 Schmoeckel, Helmut, Menschlichkeit im Seekrieg?, Herford 1987
45 Peillard, a.a.O., S. 45; Aussagen des Sohnes von Kptltn. Dau an den Verfasser
46 Ruge, a.a.O., S. 55; Roskill, a.a.O., S. 85, Peillard, a.a.O., S. 72 f.
47 Persönliches Erleben des Verfassers
48 Ruge, a.a.O., S. 74; Roskill, a.a.O., S. 194 ff.
49 Siehe das oben erwähnte Buch »Menschlichkeit im Seekrieg?« des Verfassers
50 Müllenheim-Rechberg, Burkhard, Frhr. v., Schlachtschiff »Bismarck 1940/41«. Der Vf. war dienstältester überlebender Offizier der »Bismarck«
51 Brief vom 16.5.84 von Commander Joe Brooks, dem damaligen Midshipman, an den Verfasser
52 IMT-Prozeßakten, Kranzbühler-Plädoyer, XVIII, S. 609 ff.
53 Heintschel v. Heinegg, a.a.O., S. 288 f.
54 IMT-Prozeßakten, Dokument »Dönitz 13«, Herzog, Bodo, U-Boote im Einsatz, Dorheim/H. 1970, S. 55
55 Morison, a.a.O., Band X, S. 218
56 Brief vom 1.6.84 des damaligen Kommandanten K. Petersen an den Verfasser
57 Rasenack, F.W., »Panzerschiff Admiral Graf Spee«, Herford 1957, S. 169 ff.
58 Schmoeckel, a.a.O., S. 84 ff.
59 Schmoeckel, a.a.O., S. 159 ff.
60 Schmoeckel, a.a.O., S. 81 f. und S. 107 ff.
61 Artikel 1–8 des Abkommens, betreffend die Anwendung der Grundsätze des Genfer Abkommens auf den Seekrieg, vom 18. Oktober 1907
62 Eigenes Erleben des Verfassers; Roskill, Stephen, a.a.O., S. 196
63 Roskill, a.a.O., Band I, S. 218
64 Ciano, Graf Galeazzo, Tagebücher 1939-43, 2. Aufl., Bern 1947, S. 439 und 467 (2. September 1942)
65 Zayas, Alfred de, Die Wehrmachtuntersuchungsstelle, München 1979, S. 394 ff.
66 Kühn, Volkmar, Der Seenotdienst der deutschen Luftwaffe, Stuttgart 1976
67 Kriegstagebücher U 156, U 507; Roskill, a.a.O., Band III, S. 210 ff.; Peillard, Affaire Laconia; Brennecke, Jochen, Der Fall Laconia; IMT, Prozeßakten, Kranzbühler-Plädoyer, Band XVIII, S. 381 f.; Dönitz, Karl, Zehn Jahre und zwanzig Tage, Bonn 1956, S. 249 ff.
68 Kriegstagebuch der Seekriegsleitung, Teil A, Band 37, S. 274 f.
69 IMT-Prozeßakten, Dokument GB 199
70 Vgl. zu den Verhandlungen, aber diesen Funkspruch vor dem Nürnberger Militärtribunal Abschnitt D.
71 Kriegstagebuch U 541; persönlicher Bericht der U-Boot-Kommandanten an den Verfasser
72 Kriegstagebuch der Seekriegsleitung RM 7/210, Anlage 3
73 Brief des brit. Defence Ministry an Alfred de Zayas vom 16.6.78
74 IMT-Prozeßakten, Kranzbühler-Plädoyer, Band XVIII, S. 383
75 Salewski, Die Deutsche Seekriegsleitung, Frankfurt 1975, Band II, S. 132 f.; Peillard, a.a.O., S. 230
76 IMT-Prozeßakten, Band XIII, S. 300
77 Roskill, a.a.O., Band II, S. 279 f.; Kutzleben, Karl v., Minenschiffe, Herford 1974, S. 130 ff.
78 KTB der Seekriegsleitung, Teil A, Band 37, S. 287 f., sowie Teil C, Heft VIII
79 wörtlich zitiert aus: IMT-Prozeßakten, Kranzbühler-Plädoyer, Band XVIII, S. 389
80 Ausssage Admiral Dönitz im Nürnberger Tribunal, IMT-Prozeßakten, Band XIII, S. 302
81 Morison, a.a.O., Band X, S. 300 ff.; Peillard, a.a.O., S. 480 f.; US Naval War Collage, International Studies 1966, Volume LVIII; Dönitz, Zehn Jahre und zwanzig Tage, a.a.O., S. 256 f.
82 IMT-Prozeßakten, Band XIII, S. 302, ebenfalls Aussage von Admiral Dönitz
83 Vorwort zur eingangs erwähnten Marinedruckvorschrift 435/II
84 Daily Telegraph vom 6. Februar 1989, S. 3

85 Morison, a.a.O., Band I, S. 155
86 Hoyt, Edwin P., U-Boats Offshore, S. 102 ff.
87 Der Verfasser war selbst einer der Angesprochenen
88 IMT-Prozeßakten, Band XIII, S. 324 sowie Kranzbühler-Plädoyer, Band XVIII, S. 387
89 Morison, History of Naval Operations 1939–1945, Band X, S. 276 f.
90 Schreiber, Gerhard, Die italienischen Militärinternierten im deutschen Machtbereich 1943-45, München 1990, S. 114 f.
91 Schreiber, Gerhard, a.a.O., S. 269 f., im Gegensatz zu dem mehr journalistisch aufgemachten Buch von Erich Kuby »Verrat auf Deutsch«, Hamburg 1982, S. 297
92 IMT-Prozeßakten, Band XVII, S. 351 ff.
93 IMT-Prozeßakten, Urteilsbegründung Dönitz, Band I, S. 353
94 IMT-Prozeßakten, Band 40, Dokument »Dönitz 100«
95 Jahrreiß, Hermann, Die Fortentwicklung des Völkerrechts, in: Jahrbuch für internationales und ausländisches öffentliches Recht, Hamburg 1949, S. 659
96 IMT-Prozeßakten, Band 40, Dokument »Dönitz 53«
97 IMT-Prozeßakten, Band I, Urteilsbegründung Dönitz, S. 353
98 IMT-Prozeßakten, Band I, Urteilsbegründung Dönitz, S. 354
99 IMT-Prozeßakten, Band I, Urteilsbegründung Dönitz, Band I, S. 350–355
100 Jahrreiß, Hermann, a.a.O., S. 659
101 IMT-Prozeßakten, Band XIII, S. 326
102 Stiftung Traditionsarchiv U-Boote, Horst Bredow, nach Durchzählung der dort in Karteikarten festgehaltenen Einzelangaben

Helmut Schmoeckel, Jahrgang 1917, 1936 bis 1945 Kriegsmarine. 1939 bis 1942 Schw. Kreuzer »Admiral Hipper«, 1943 bis Kriegsende Kommandant U 802. 1945 bis 1948 Kriegsgefangenschaft. 1950 bis 1954 Geschäftsführer der CDU-Fraktion im Landtag von Schleswig-Holstein, 1956 bis 1976 Bundesmarine – Bundesministerium der Verteidigung (mehrmals), 1958 bis 1961 SHAPE-Headquarters Paris, 1962 Kommandant Zerstörer 5, 1964 bis 1968 Marineattaché Washington.
Zivile Tätigkeiten nach der Pensionierung: 1976 bis 1981 Bundesverband der Deutschen Industrie, Köln, Abteilungsleiter; Erarbeitung des Buches »Menschlichkeit im Seekrieg?«, erschienen 1987 bei E.S. Mittler & Sohn, Herford.

FRANZ W. SEIDLER

Das Justizwesen der Wehrmacht

Einleitung

Die Militärjustiz stand lange im Windschatten der historischen Forschung. Die erste größere wissenschaftliche Darstellung erschien erst 1977[1]. Aber schon vorher begannen die politischen Angriffe gegen die Wehrmachtrichter. 1960 bezeichnete sie der Staatssekretär im hessischen Justizministerium erstmals als »Blutrichter« und »Stützen Hitlers«.[2] Die damals lebenden ehemaligen Kriegsrichter setzten sich entschieden gegen die Verleumdung zur Wehr.[3] 1978 brachte die sogenannte Filbinger-Affäre die Wehrmachtgerichtsbarkeit ins öffentliche Rampenlicht. Die Medien bemächtigten sich des Themas. Seitdem reißt die Debatte über das deutsche Militärgerichtswesen nicht mehr ab. Nach Ansicht der einen Seite waren alle Wehrmachtrichter blutrünstige Werkzeuge des NS-Regimes, das sie mit härtesten Strafen aufrechtzuerhalten trachteten.[4] Die Gegenposition wurde vor allem von ehemaligen Wehrmachtrichtern vertreten. Nach ihren Darstellungen bemühten sie sich während des Zweiten Weltkrieges entgegen den Vorgaben der nationalsozialistischen Führung um eine unideologische Rechtsprechung im Einklang mit den Erfordernissen der Truppe.[5] Die historische Wahrheit liegt wie immer in der Mitte. Es gab sowohl unmenschlich harte, als auch menschlich nachsichtige Richter.[6]

In den Medien wird häufig die Zahl der Todesurteile der Kriegsgerichte herangezogen, um zu zeigen, wie grausam die Militärjustiz war. In Wirklichkeit weiß niemand, wie viele Wehrmachtangehörige im Zweiten Weltkrieg zum Tode verurteilt und wie viele hingerichtet wurden. Die Schätzungen reichen von 6000 bis zu 30 000 Exekutierten. Sie zeigen, wie die vorliegenden bruchstückhaften Statistiken entsprechend der Tendenz der Autoren extrapoliert werden. Außer acht gelassen wird dabei regelmäßig, daß unter den todeswürdigen Verbrechen viele Straftaten auch von einem Zivilstrafgericht mit der Todesstrafe zu belegen gewesen wären. Zum anderen wurde eine unerwartet große Zahl zum Tode Verurteilter begnadigt. Wurde die Todesstrafe in eine Zuchthausstrafe umgewandelt, dann war nicht nur ihr Leben gerettet, sondern sie konnten mit bedingter Wehrwürdigkeit als »Soldaten zweiter Klasse« verwendet werden. Freiheitsstrafen wurden im Laufe des Krieges immer häufiger zur Bewährung ausgesetzt. Es war ja in der Tat widersinnig, Tausende frontverwendungsfähige Männer hinter Gittern leben zu lassen, während ihre Kameraden, die nicht straffällig geworden waren, an der Front zu Tode kamen. Wenn die Wehrmachtführung vermeiden wollte, daß Verbrechen sich lohnten, durfte niemand die Chance bekommen, sein Leben durch eine kriminelle Tat bis ans Kriegsende zu retten, um dann möglicherweise im Falle des Sieges von einer Amnestie zu profitieren oder gar im Falle der Niederlage als »Widerstandskämpfer« heroisiert zu werden.

Für Verurteilte, die begnadigt wurden oder deren Strafe vollständig oder teilweise zur Bewährung ausgesetzt wurde, gab es sogenannte »Bewährungseinheiten«. In ihnen hatten die Soldaten die Chance, sich unter erschwerten Bedingungen vor dem Feind durch Mut und Tapferkeit auszuzeichnen und die Strafe damit zu tilgen. Viele kamen dabei um. Wer das Ziel erreichte, kehrte ohne Schaden für seinen Leumund zur Truppe zurück. Diejenigen, die in den Bewährungseinheiten versagten oder während der Bewährungszeit neue Straftaten begingen, steckte man in sogenannte Strafbataillone. Dort war die Chance zu überleben erheblich kleiner, weil die Männer in partisanenbeherrschten Gebieten oder an der Front ohne Waffen zu Tätigkeiten herangezogen wurden, die mit großer Wahrscheinlichkeit zum Tode führten. In der Waffen-SS gab es sogar einen »Verlorenen Haufen«, in dem aus der SS Ausgestoßene lediglich die Gelegenheit zu einem »ehrenvollen Soldatentod« bekamen.

Als härteste Maßnahme gegen militärgerichtlich Verurteilte war die Straflagerverwahrung gedacht. Die Straflager waren Sammelbecken von Wehrunwürdigen, die wegen schwerer Verbrechen aus der Wehrmacht entfernt worden waren. In den Feldstraflagern des Heeres wurden die Insassen bei geringer Nahrung und unter schärfster Bewachung möglichst in Frontnähe zu schwersten körperlichen Arbeiten herangezogen. Soldaten, die der zivilen Justiz zur Strafvollstreckung übergeben wurden, waren im Straflager Esterwegen mit Moorarbeiten oder in Nordnorwegen mit Straßenbauarbeiten beschäftigt. Wer seine Gesundheit nicht einbüßte und felddiensttauglich blieb, riskierte, einer Sondereinheit zugewiesen zu werden, z.B. der »Brigade Dirlewanger«, wo Banditentum in Uniform gepflegt wurde und das Leben nichts mehr wert war.

Nach dem Zweiten Weltkrieg schwiegen die meisten kriegsgerichtlich Verurteilten über ihre Strafen und deren Verbüßung. Nur wenige traten an die Öffentlichkeit. Dazu gehörten diejenigen, die sich als »Antifaschisten« der Taten, um derentwillen sie verurteilt worden waren, rühmten, weil sie darin Formen des Widerstands gegen das »faschistische Regime« sahen. Zahlreiche Fahnenflüchtige wollten jetzt aus heroischen, ethischen Motiven desertiert sein und forderten Entschädigung dafür, daß sie als Kriminelle behandelt worden waren. 1997 erreichten sie ihr Ziel. Der Deutsche Bundestag rehabilitierte in seiner Entschließung vom 15. Mai 1997 alle, die wegen der Tatbestände Kriegsdienstverweigerung, Desertion/Fahnenflucht und Wehrkraftzersetzung kriegsgerichtlich verurteilt worden waren, sofern nicht die der Verurteilung zugrundeliegende Handlung unter Anlegung rechtsstaatlicher Maßstäbe auch heute Unrecht wäre. Jeder Anspruchsberechtigte hatte Anspruch auf eine Entschädigung von 7500 DM.[7]

Die Organisation des Wehrmachtrechtswesens

Nachdem die Militärgerichtsbarkeit des Kaiserreichs nach dem Ersten Weltkrieg aufgehoben worden war, erhielt die Wehrmacht im Jahre 1934 wieder eine eigene Gerichtsbarkeit. Im Reichskriegsministerium, ab 1938 Oberkommando der Wehrmacht, und bei den Oberbefehlshabern der drei Wehrmachtteile Heer, Luftwaffe und Kriegsmarine wurden Rechtsabteilungen eingerichtet. Die Leiter, Beamte im Range von Ministerialdirektoren oder Ministerialdirigenten, waren dem jeweiligen militärischen Amtschef unterstellt, beim Heer dem Chef des Allgemeinen Heeresamtes, bei der Luftwaffe dem Chef des Luftwaffenamtes, bei der Kriegsmarine dem Chef des Allgemeinen Marinehauptamtes. Sie hatten keine Befehlsgewalt. Ihre Vorlagen erreichten den Oberbefehlshaber nur dann, wenn der Amtschef die angestrebte Lösung billigte. Es hing weitgehend von der Persönlichkeit des Chefs der jeweiligen Rechtsabteilung ab, wie er sich aufgrund seines fachlichen Wissens gegenüber den starken militärischen Einflüssen durchsetzen konnte.

In die Militärjustiz griffen während des Krieges neben dem Reichsjustizminister auch der Reichsführer SS (wegen der Waffen-SS), der Reichsarbeitsführer (wegen der Baueinheiten im Gefolge der Wehrmacht), die Parteikanzlei (zur Wahrung der Einheit von Partei und Staat), das Auswärtige Amt (in Fragen der Kriegsgefangenen) und der Reichsrechtsführer Frank (in ideologischer Hinsicht) ein. Ihr Einfluß erreichte jedoch bei weitem nicht das Ausmaß wie in der allgemeinen Strafjustiz. Die von der Regierung Papen am 9. August 1932 eingerichteten Sondergerichte zur Aburteilung von politischen Straftätern rissen dort ab 1933 immer mehr Fälle an sich. Auch das Vordringen der Gestapo in die Kompetenzen der Justiz war im zivilen Bereich augenfälliger. Vorbestrafte Täter mußten z.B. nach dem Verbüßen ihrer Haftstrafen mit einer Sicherheitsverwahrung im KZ rechnen. Mit der Verfügung vom 2. Dezember 1942 wurde die Überwachung der Rechtsprechung durch die Partei von Hitler mehr oder weniger sanktioniert.[8] Solche Einbrüche von der politischen Seite gab es im Wehrmachtrechtswesen nicht. Die Wehrmachtjustiz verteidigte ihre Unabhängigkeit besser als das zivile Justizwesen, arbeitete aber im Strafvollzug mit dem Reichsjustizministerium und dem Reichssicherheitshauptamt zusammen.

Die Hauptaufgabe der Wehrmachtjustiz im Zweiten Weltkrieg war die Aufrechterhaltung der militärischen Ordnung im Sinne der militärischen Führung. Die Verantwortung lag bei den Inhabern der Kommandogewalt, d.h. bei den Kommandeuren und Befehlshabern. Sie hatten für die Disziplin in den Einheiten und Verbänden ihres Bereichs zu sorgen und die Einsatzbereitschaft der Truppe zu garantieren. Dazu stand ihnen ein dreifaches Ordnungsinstrumentarium zur Verfügung: die Kommandogewalt, die Disziplinarstrafbefugnis und die Militärgerichtsbarkeit. Wenn Befehle im Rahmen der Kommandogewalt nicht fruchteten, wurde zum Mittel der Disziplinarstrafe gegriffen. Gingen die Verstöße der Soldaten über disziplinar zu bestrafende Tatbestände hinaus, so fielen sie der Militärjustiz anheim.

In der Regel verfügte jeder militärische Großverband über ein Kriegsgericht. Es führte die Bezeichnung des Verbandes, in dem es eingesetzt war, z.B. Gericht der 182. Infanteriedivision, Gericht des Kommandierenden Generals und Befehlshabers im Luftgau III. Während die Militärgerichte auf der Ebene der Divisionen und der Wehrkreise im Frieden mindestens drei Richter besaßen, gab es im Krieg beim Feldheer grundsätzlich nur einen Richter in jedem Großverband. Die »richterlichen Militärjustizbeamten«, wie die Kriegsrichter genannt wurden, verfügten über die Befähigung zum Richteramt, das heißt, sie hatten beide juristischen Staatsprüfungen abgelegt. Dienstlich und disziplinar waren sie dem militärischen Befehlshaber untergeordnet, fachlich unterstanden sie den Justizverwaltungsorganen. Zu jedem Militärgericht gehörte eine entsprechende Anzahl von Beamten des gehobenen, mittleren und einfachen Dienstes als Protokollführer, Urkundsbeamte und Schreibkräfte. Im Stab des Verbandsführers bildeten sie die Abteilung III.

Für die Durchführung der Militärstrafprozesse legte die Verordnung über das militärische Strafverfahren im Kriege und bei besonderem Einsatz (Kriegsstrafverfahrensordnung – KStVO)[9] vom 17. August 1938 die Einzelheiten fest. Folgende Vorschriften waren »unter allen Umständen« zu beachten (§ 1 Abs. 2 KStVO):

1. Die Hauptverhandlung mußte vor drei Richtern stattfinden: dem vorsitzenden Militärjustizbeamten als juristischem Fachmann mit der Befähigung zum Richteramt, einem Offizier, möglichst im Rang eines Stabsoffiziers, und einem Soldaten oder Wehrmachtbeamten im Rang des jeweiligen Angeklagten.

2. Der Angeklagte mußte zur Anklage gehört werden und das letzte Wort bekommen.

3. Das Urteil mußte mit Stimmenmehrheit gefaßt, schriftlich niedergelegt und begründet werden.

4. Ohne die Bestätigung durch einen militärischen Befehlshaber wurde kein Urteil rechtskräftig.

Die wirklichen »Herren des Kriegsgerichtsverfahrens« waren die Inhaber der Kommandogewalt, d.h. beim Feldheer im allgemeinen die Divisionskommandeure, beim Ersatzheer die Wehrkreisbefehlshaber oder Kommandanten größerer Standorte, bei der Luftwaffe die Luftflottenchefs und Luftgaubefehlshaber, bei der Kriegsmarine die Kommandierenden Admirale der schwimmenden Verbände bzw. die Chefs der territorialen Kriegsmarinedienststellen. Sie ordneten die Ermittlungsverfahren an, sie verfügten die Anklage, sie bestimmten die personelle Zusammensetzung des Gerichts, sie legten Ort und Zeitpunkt der Hauptverhandlung fest, sie bestellten gegebenenfalls einen Verteidiger und, was das Wichtigste war, sie hatten im Nachprüfungsverfahren das Bestätigungsrecht für alle Urteile in ihrem Kommandobereich, soweit es sich nicht um Verurteilungen zum Tode, zu Zuchthaus oder zu Gefängnis von mehr als fünf Jahren handelte. Für solche Strafen lag das Bestätigungsrecht in den Händen der übergeordneten Befehlshaber, die aufgrund eines Rechtsgutachtens ihres Rechtsberaters entschieden, ob das Urteil vollstreckt werden sollte. Wenn ein Urteil auf eine Freiheitsstrafe von über einem Jahr lautete, benötigte auch der Gerichtsherr auf der Verbandsebene das schriftliche Rechtsgutachten eines richterlichen Militärjustizbeamten oder eines zum Richteramt befähigten Beamten oder Offiziers. Hatte er rechtliche Bedenken gegen die Entscheidung des Kriegsgerichts, konnte er auch bei geringerem Strafmaß den schriftlichen Rat eines Militärjustizbeamten mit richterlicher Qualifikation einholen. Wer in der Hauptverhandlung mitgewirkt hatte, kam jedoch als Gutachter nicht in Frage. Enthielt das Rechtsgutachten wesentliche Bedenken gegen das Urteil des Gerichts, so hatte der Gerichtsherr den übergeordneten Befehlshaber einzuschalten. Wurde ein Urteil von diesem aufgehoben, so mußte ein anderes Gericht mit dem Fall betraut werden (§§ 76–90 KStVO). Der Gerichtsherr auf der Verbandsebene hatte also nur das Recht, Urteile des Kriegsgerichts zu billigen oder zu mildern, aber nicht, sie zu verschärfen. Seine Bestätigungsverfügung lautete deshalb entweder »Ich bestätige das Urteil« oder »Ich bestätige das Urteil mildernd dahin, daß...«. Sie mußte auf dem Urteil vermerkt und dem Angeklagten bekanntgegeben werden.

Die Militärgerichtsbarkeit der Wehrmacht unterschied sich in drei wesentlichen Punkten von der zivilen (ordentlichen) Gerichtsbarkeit:

Zum einen kannte sie keine den Staatsanwaltschaften vergleichbare Strafverfolgungsbehörde. Voruntersuchung, Ermittlung und Anklagevertretung lagen bei den Feldkriegsgerichten, bei denen es nur einen richterlichen Militärjustizbeamten gab, in den Händen des sogenannten »Gerichtsoffiziers«, der vom Gerichtsherrn für jeweils ein Regiment bestimmt wurde. Er war weisungsgebunden und plädierte im Sinne des Gerichtsherrn. Meistens stammte er aus der Dienstgradgruppe der Leutnante (§ 8 KStVO). Gab es bei einem Kriegsgericht mehrere Juristen, dann übernahm einer von ihnen in wechselndem Rhythmus die Funktion des Anklägers.

Zum zweiten gab es im Militärgerichtswesen im Kriege keinen Instanzenzug, d.h. keine Berufungs- oder Revisionsmöglichkeiten. Der Verzicht auf Rechtsmittel im militärischen Strafverfahren wurde von den Militärrichtern als eine durch die außergewöhnlichen Verhältnisse des Krieges gebotene Notmaßnahme akzeptiert. Die Strafe sollte möglichst auf dem Fuß folgen und nicht durch die Ausschöpfung von Instanzen verzögert werden. Rechtskräftig wurde ein Urteil, sobald es vom militärischen Führer bestätigt war.[10] Dem Verurteilten blieb nach einem rechtskräftigen Urteil nur das Gnadengesuch.

Zum dritten hatten die Militärrichter nicht die gleichen richterlichen Freiheiten wie ihre zivilen Kollegen. Sie waren gegenüber ihren militärischen Vorgesetzten bis auf eine Funktion weisungsgebunden, nämlich die des erkennenden Richters im Prozeß. § 7 Abs. 2 KStVO bestimmte: »Die richterlichen Militärjustizbeamten haben die Weisungen ihres Gerichtsherren zu befolgen, soweit sie nicht als Richter im erkennenden Gericht mitwirken. Seine Entscheidungen außer der Bestätigung und Aufhebung der Feldurteile haben sie mitzuunterzeichnen. Sie übernehmen dadurch die Mitverantwortung für ihre Rechtmäßigkeit.« Ein Militärrichter, der eine Weisung oder Entscheidung des Gerichtsherrn nicht mittragen wollte, konnte, wenn seine Gegenvorstellung erfolglos blieb, lediglich einen Aktenvermerk anfertigen und sich für nicht verantwortlich erklären.[11] Die Weisungsgebundenheit des Militärrichters war unstrittig, wenn er die Funktion des Untersuchungsführers und des Anklagevertreters übernahm. Anträge zum Strafmaß, das der Gerichtsherr aufgrund militärischer Überlegungen wünschte, wurden im allgemeinen bei der Besprechung der Ermittlungsergebnisse des Falls gegeben. Sie mußten vom Vertreter der Anklage in seinem Plädoyer befolgt werden, wenn in der Verhandlung keine wesentlichen über die Ermittlungsergebnisse hinausgehenden neuen Gesichtspunkte auftauchten.[12] Der Chef des Allgemeinen Marinehauptamtes im Oberkommando der Kriegsmarine, Vizeadmiral Warzecha, begründete die Weisungsgebundenheit der Untersuchungsrichter und Anklagevertreter damit, daß rechtliche Zweifel an der Richtigkeit oder Zulässigkeit ergangener Weisungen irrelevant seien, weil die Verantwortung für einen Befehl derjenige trage, der ihn erteile, und nicht derjenige, der ihn ausführe.[13]

Es hing weitgehend von der Persönlichkeit des richterlichen Militärjustizbeamten ab, ob er als erkennender Richter den Vorgaben des Gerichtsherrn, wie sie aus den Strafanträgen ersichtlich waren, entsprach oder zu einem selbständigen Urteil fand.[14] Letzteres scheint häufiger der Fall gewesen zu sein. Es sind zahlreiche Urteile von Kriegsgerichten bekannt, mit denen die Gerichtsherren nicht einverstanden waren. Es war kein schlechtes Zeichen für das konkordante Rechtsbewußtsein der Militärrichter, wenn zwei oder drei Gerichte trotz des Vetos der Gerichtsherren und deren vorgesetzten Befehlshaber zu dem gleichen Ergebnis kamen. Daß sich letztlich immer ein Gericht fand, das dem Willen der militärischen Vorgesetzten entsprach, wenn dieser nicht seinerseits nachgab, ist eine andere Sache. Sie zeigt, daß sich der militärische Befehlshaber gegenüber den Militärgerichten durchsetzen konnte, wenn er hartnäckig genug war.

Gegen den Pionier Günther H. mußte zum Beispiel das Gericht der 402. Ersatzdivision zweimal verhandeln, weil der Befehlshaber des Ersatzheeres, Generaloberst Fromm, wegen Fahnenflucht statt der Gefängnisstrafe ein Todesurteil forderte. Erst das Gericht der Wehrmachtkommandantur Berlin, das mit der dritten Verhandlung beauftragt wurde, kam zu dem von Fromm gewünschten Spruch.[15] In der Strafsache gegen Oberst Armand du Plessis, der wegen Wehrkraftzersetzung angeklagt war, konnten sich die Kriegsgerichte gegen die Generale Halm und Schoerner durchsetzen. Es verblieb beim Freispruch.[16] Mit einem Freispruch endete auch das Kriegsgerichtsverfahren gegen den Kommandierenden General des LXXIV. Armeekorps, General Straube, der zum Ärger des Reichsorganisationsleiters der NSDAP, Dr. Robert Ley, die Ordensburg Vogelsang im Januar 1945 ohne Gegenwehr den Alliierten preisgegeben hatte. Auch Feldmarschall Model hatte eine Bestrafung befürwortet.[17]

Divergierende Auffassungen zwischen den Kriegsrichtern und den Gerichtsherren gab es vor allem dann, wenn die Militärs ein Exempel statuieren wollten, manchmal auf höheren Befehl. Der Kampfkommandant und der Ortskommandant von Newel, das von der Roten Armee im Oktober 1943 wegen des Versagens einer Luftwaffenfeldeinheit im Handstreich genommen werden konnte, wurden zum Tode verurteilt und hingerichtet, obwohl sie nach dem Urteil des ermittelnden Richters keine Schuld traf. Hitler forderte jedoch ihren Kopf, damit seine Befehle in Zukunft in ähnlichen Fällen respektiert würden.[18]

Bekannt ist auch der Fall des Marineartilleriegefreiten Anton Melzheimer, der am 17. Januar 1944 wegen Fahnenflucht vom Gericht der Wehrmachtkommandantur Wien nur zu zehn Jahren Zuchthaus verurteilt worden war. Der Oberbefehlshaber des Marinegruppenkommandos West hob das Urteil auf und ordnete eine erneute Verhandlung an, in der 15 Jahre Zuchthaus zuerkannt wurden. Als oberster Gerichtsherr der Kriegsmarine kassierte Großadmiral Dönitz das Urteil erneut und beauftragte das Gericht der Kriegsmarine in Berlin mit einer neuen Verhandlung. Als auch dieses Gericht auf 15 Jahre Zuchthaus erkannte, wurde dieses Urteil mit einem Gutachten des Chefs der

Marinerechtsabteilung, Dr. Joachim Rudolphi, erneut aufgehoben, weil der Angeklagte, jüdischer Mischling, »besser als jeder Deutschblütige gestellt« werde. Erst das Reichskriegsgericht sprach am 20. Juli 1944, am Tage des Attentats gegen Hitler, die erwartete Todesstrafe aus, die am nächsten Tag vollstreckt wurde.[19]

Zwangsläufig übernahmen die Militärrichter, die länger bei ein und demselben Gericht blieben, im Laufe der Zeit die militärische Sehweise ihrer Kommandeure. Als Führer von Truppenverbänden von etwa 10 000 Soldaten, von Luftflotten mit bis zu 500 Flugzeugen und von Marinewaffenverbänden wie die U-Boot-Waffe oder die Schnellbootwaffe mit zahlreichen Schiffseinheiten waren diese vor allem an der Aufrechterhaltung und Festigung von Disziplin und Ordnung interessiert, damit die Einsatzbereitschaft der Einheiten ihres Verbandes zu jedem Zeitpunkt außer Frage stand. Diesem Zweck hatten die Militärgerichte nach ihrer Auffassung vorrangig zu dienen.[20] Da der Gerichtsherr zugleich der Disziplinarvorgesetzte der Wehrmachtrichter war, der die dienstlichen Beurteilungen verfaßte, paßten sich viele Richter lieber den Vorstellungen der Gerichtsherren an, als daß sie gegenargumentierten. Im besten Fall brachten die Richter die rechtlichen Komponenten und die Gerichtsherren die militärischen Komponenten in die gemeinsam zu fällenden Entscheidungen ein. In der Regel waren die nach ihrem Berufsethos auf Befehls- und Gesetzestreue eingeschworenen Gerichtsherren bestrebt, für die Rechtmäßigkeit ihrer Entscheidungen die richterliche Rückendeckung zu erhalten. Sie scheuten das Risiko, höheren Orts bescheinigt zu bekommen, nicht »im Recht« gewesen zu sein.[21]

1944 wurde der Entscheidungsspielraum der Kriegsrichter durch eine Novelle der Verordnung über das Sonderstrafrecht im Kriege und bei besonderem Einsatz (Kriegssonderstrafrechtsverordnung – KSSVO) erweitert. Sie wurden von der Notwendigkeit entbunden, sich an den regelmäßigen Strafrahmen der Strafgesetze zu halten. An die Stelle des Gesetzes trat expressis verbis das »gesunde Volksempfinden« als Maßstab für die Beurteilung von Straftätern. Der ideologischen Argumentation war damit Tür und Tor geöffnet. Die Todesstrafe konnte über alle verhängt werden, die durch ihre Handlungen »einen schweren Nachteil oder eine ernste Gefahr für die Kriegführung oder die Sicherheit des Reiches« verschuldeten bzw. »die Aufrechterhaltung der Mannszucht oder Sicherheit der Truppe« gefährdeten. Es gab nur wenige Delikte, die nicht unter einem dieser Aspekte gewürdigt werden konnten.[22]

Zur gleichen Zeit, als die Wehrmachtrichter ihr Ermessen bei der Strafmaßfindung nach oben unbeschränkt ausweiten konnten, verloren sie ihren Beamtenstatus und wurden Offiziere des Truppensonderdienstes. Sie erhielten wie die Militärärzte Offizierdienstgrade. Zwar waren sie bei ihren richterlichen Sachentscheidungen weiterhin weisungsungebunden, aber sie hatten jetzt ihren Urteilen in weit stärkerem Maße als bisher »die soldatischen Grundsätze und eine von nationalsozialistischer Weltanschauung getragene Rechtsauslegung zugrunde zu legen«.[23] Sie erhielten neue Amtsbezeichnungen: statt Kriegsrichter Stabsrichter, statt Kriegsgerichtsrat Oberstabsrichter, statt Oberkriegsgerichtsrat Feldrichter und statt Oberstkriegsgerichtsrat Oberstrichter. Die Kriegsgerichte wurden in Feldkriegsgerichte umbenannt.[24]

Personalfragen

In der Wehrmacht dienten bis 1945 mehr als 1500 »richterliche Militärjustizbeamte«. Die meisten waren Reserveoffiziere, die als Rechtsanwälte, Richter (oder Staatsanwälte), Wirtschafts- und Verwaltungsjuristen erst im Laufe des Krieges in den Dienst der Wehrmachtjustiz eintraten. In nicht wenigen Fällen handelte es sich um Männer, die der zunehmenden Nazifizierung ihres zivilen Tätigkeitsfeldes entgehen wollten. Wer mit den Emporkömmlingen der Partei aneckte, die penetrante Einmischung juristischer Laien und Scharfmacher, Gauleiter und SS-Intellektueller in Rechtsfragen satt hatte, flüchtete in den einzigen parteifreien Raum, den es im Dritten Reich gab, nämlich in die Wehrmacht. Während das zivile Rechtswesen nach seiner »Verreichlichung« immer intensiver vom Reichsjustizministerium ideologisch gesteuert wurde, befanden sich die Wehrmachtrichter zunächst in einem weitgehend ideologiefreien Raum. Das war im wesentlichen den Männern zu verdanken, die bei den Oberbefehlshabern der Wehrmachtteile die Verantwortung für das Militärjustizwesen trugen.

Der oberste Wehrmachtjurist im Oberkommando der Wehrmacht war vom 1. Juli 1938 bis zum Kriegsende Dr. Rudolf Lehmann, der sich, bevor er in das Militärjustizwesen eintrat, als Beamter des Reichsjustizministeriums mit seinem Vorgesetzten, dem Staatssekretär Freisler, überworfen hatte. Nie Parteigenosse, galt er im letzten Kriegsabschnitt dem Reichsjustizminister Thierack als eigentlicher Quertreiber gegen Hitler, der ständig versuche, »wider den Stachel zu löcken«.[25] Lehmann war ein gebildeter und kultivierter Mann. Er war in der Lage, mit Philologen in lateinischer Sprache zu korrespondieren. Kurz vor dem Krieg konnte Lehmann in letzter Minute dem § 5 des Militärstrafgesetzbuches (MStGB) einen Absatz anfügen, der für minderschwere Fälle Strafermäßigung bis auf einen Tag Gefängnis bzw. gemäß § 29 MStGB Arreststrafen ermöglichte. Vor dem Nürnberger OKW-Prozeß, bei dem er angeklagt war, und zu sieben Jahren Haft verurteilt wurde, wurden mehr als 100 eidesstattliche Versicherungen zugunsten Lehmanns abgegeben.

Der persönliche Adjutant des Chefs OKW berichtete in seiner eidesstattlichen Versicherung (Dokument Nr. 412): »Gegen Kriegsende nahm Lehmanns Widerspruch solche Formen an, daß ein offener Bruch öfters unmittelbar bevorstand. Keitel sagte einmal in heller Wut, mit Lehmann gehe es so nicht weiter, er protestiere überhaupt gegen alles, führe keinen Befehl ohne Widerspruch aus und alles nur halb, schließlich sei auch der Chef der Rechtsabteilung an die Vorschriften über Ungehorsam gebunden und er, Keitel, werde mit ihm überhaupt nicht mehr diskutieren, sondern ihm nur noch in abschließender Form Befehle geben.«

Oberster Heeresrichter war vom 1. Oktober 1936 bis 30. September 1942 Otto Neumann. Neumann hatte während des Ersten Weltkrieges als Heeresrichter gewirkt und war 1918 in die Reichsfinanzverwaltung übergetreten. Ab 1933 bekam er Schwierigkeiten mit der NSDAP, weil er Parteimitglieder nicht wunschgemäß förderte. Neumann, der weder Mitglied der NSDAP noch des NS-Rechtswahrerbundes war, trat aus seiner Burschenschaft aus, als diese in eine SA-Kameradschaft umgewandelt wurde. Obwohl er in Parteikreisen als politisch unzuverlässig galt, wurde er von den beiden Oberbefehlshabern des Heeres, unter denen er diente, Fritsch und Brauchitsch, gefördert. Er garantierte ihnen die Abschottung gegen militärfremde Einflußnahmen der NSDAP auf die Rechtsprechung der Heeresgerichte. Neumann stellte zahlreiche Juristen ein, die sich bei der Partei mißliebig gemacht hatten. Nachdem Brauchitsch am 20. Dezember 1941 als Oberbefehlshaber des Heeres ausgeschieden war, konnte Keitel diesen »lästigen Mann« an das Reichskriegsgericht abschieben.

Sein Nachfolger war Dr. Karl Sack. Sohn eines Pfarrers und tief religiös, war Sack sowohl eine noble Persönlichkeit als auch eine Kämpfernatur. Von seiner Richterstelle in Hessen kam er in die Wehrmachtrechtsabteilung, dann in den Senat für Hoch- und Landesverratssachen am Reichskriegsgericht und von da als Rechtsberater zu einer Heeresgruppe. Als Chef des Heeresjustizwesens von Oktober 1942 bis September 1944 war es sein oberstes Anliegen, den Einfluß von NSDAP und SS auf die Militärgerichtsbarkeit abzuwehren. Zugehörig der Widerstandsbewegung im Kreis um Canaris, Oster, Dohnányi, Olbricht und Bonhoeffer sollte er nach dem Sturz Hitlers Reichsjustizminister werden. Nach dem mißglückten Attentat wurde er am 8. September 1944 verhaftet, nach halbjähriger Gestapohaft am 8. April 1945 durch ein SS-Feldgericht zum Tode verurteilt und am nächsten Tag im Konzentrationslager Flossenbürg zusammen mit Canaris und Oster hingerichtet.[26]

Oberster Marinerichter war ab 31. Oktober 1937 Dr. Joachim Rudolphi. Bevor er Ende 1933 als Richter zur Kriegsmarine ging, hatte er mehrere Zusammenstöße mit der NSDAP. Heydrich bezeichnete ihn gegenüber dem

Oberbefehlshaber der Kriegsmarine als »politisch untragbar«. Die Aufrechterhaltung der christlichen Seelsorge an Bord machte ihn automatisch zu einem Feind des Reichssicherheitshauptamtes. Von Großadmiral Dönitz gedeckt, kämpfte er entschlossen gegen die Politisierung des Rechtswesens in der Marine.

Chef der Rechtsabteilung der Luftwaffe war während des ganzen Zweiten Weltkriegs Dr. Christian Freiherr von Hammerstein. Sein Vorgänger, Dr. Rüdiger Schleicher, war als Honorarprofessor der Technischen Hochschule Berlin Leiter des Instituts für Luftrecht geworden. Während des Krieges schloß er sich dem Widerstand an und wurde am 2. Februar 1945 durch den Volksgerichtshof zum Tode verurteilt. Als Hitler Reichskanzler wurde, war Hammerstein Oberkirchenrat, Mitglied der Mecklenburgischen Landessynode und im Nebenamt Präsident des Mecklenburgischen Roten Kreuzes. Zu Auseinandersetzungen mit der NSDAP kam es bereits 1933, weil er das Vermögen des Roten Kreuzes nicht auf Parteistellen übertragen lassen wollte. Nachdem er aus dem Präsidentenamt hinausgedrängt worden war, ergriff er die Gelegenheit, als Jurist in die Wehrmacht überzuwechseln. Hammerstein hatte großen Einfluß auf Göring. Beide Männer begegneten einander mit Sympathie. Am Schluß seiner »Lebenserinnerungen« schrieb er: »Die Idee, an die ich mein Leben in diesen Jahren knüpfte, war die hohe Idee von der Reinhaltung des Rechts in einer rechtlosen Zeit, wenn auch nur auf dem Sektor, auf den ich Einfluß hatte.«[27]

Solche Männer wählten zu ihren engeren Mitarbeitern keine glühenden Nationalsozialisten, sondern eher Menschen, die den Nationalsozialismus ablehnten.

Das Reichskriegsgericht

Nach § 14 KStVO wurden alle Personen, die der Kriegsgerichtsbarkeit gemäß § 2 KStVO unterworfen waren, wegen folgender Delikte vor dem Reichskriegsgericht angeklagt:
- Hochverrat nach §§ 80–84 Reichsstrafgesetzbuch (RStGB)
- Landesverrat nach §§ 89–90 RStGB
- Kriegsverrat nach §§ 57, 59 und 60 MStGB
- Angriff gegen den Führer und Reichskanzler nach § 94 Abs. 1 RStGB
- Verbrechen nach § 5 Nr. 1 der Verordnung des Reichspräsidenten zum Schutz von Volk und Staat vom 28. Februar 1933
- Wehrmittelbeschädigung nach § 143 a Abs. 4 RStGB
- Nichtanzeige von Straftaten in der Zuständigkeit des Reichskriegsgerichts nach § 139 Abs. 2 RStGB

- Verstöße gegen das Gesetz gegen Wirtschaftssabotage vom 1. Dezember 1936
- Zersetzung der Wehrkraft nach § 5 KSSVO

Im Januar 1943 ging die Zuständigkeit für »öffentliche Zersetzung der Wehrkraft« und »vorsätzliche Wehrdienstentziehung« an den Volksgerichtshof über, der 1934 als Sondergericht für bestimmte politische Straftaten eingerichtet worden war.[28]

Die vier Senate des Reichskriegsgerichts, die nach der KStVO ja nicht mehr als Revisionsinstanz, sondern erstinstanzlich entschieden, waren mit einem Senatspräsidenten, einem Reichskriegsgerichtsrat als Berichterstatter und drei militärischen Richtern – Soldatenrichtern mindestens im Rang eines Obersten – besetzt, die vom Führer und Reichskanzler gemäß § 10 KStVO »auf unbestimmte Zeit« ernannt, aber meistens nach einem Jahr ausgetauscht wurden. Die Reichskriegsanwaltschaft bestand aus 30 bis 40 Mitgliedern, überwiegend Reserveoffizieren, die im Zivilleben Staatsanwälte oder Richter gewesen waren. Sie führten die Ermittlungs- und Untersuchungsverfahren und vertraten die Anklage vor den vier Senaten. Jeder Angeklagte hatte einen Verteidiger seiner Wahl. Die Hauptverhandlung fand unter Ausschluß der Öffentlichkeit statt. Das Urteil, das mehrheitlich beschlossen wurde, mußte vom Gerichtsherren überprüft und gebilligt werden. Diese Funktion hatte der Präsident des Reichskriegsgerichts. Bei allen Urteilen gegen Generale und Admirale und Beamte der entsprechenden Dienstgrade und bei allen Todesurteilen gegen Offiziere – auch fremder Mächte – hatte Hitler das Bestätigungsrecht. Über Gnadengesuche bei Todesurteilen entschied der Oberbefehlshaber der Wehrmacht, d.h. Hitler, sonst der Chef des Oberkommandos der Wehrmacht.

Von den 1189 Todesurteilen, die das Reichskriegsgericht vom Beginn des Krieges bis in den Februar 1945 aussprach, handelte es sich überwiegend um die Straftatbestände Landesverrat, Spionage und Wehrkraftzersetzung. Todesurteile wegen Fahnenflucht waren etwa so häufig wie Todesurteile wegen Hochverrats.

Fast die Hälfte aller von den Senaten des Reichskriegsgerichts zum Tode Verurteilten waren Ausländer, die meisten angeklagt wegen Spionage, Feindbegünstigung, Sabotage, Freischärlerei und Hochverrat. Mit 500 Angehörigen von Heer, Luftwaffe und Kriegsmarine blieb die Wehrmacht an zweiter Stelle. Von den 1189 ergangenen Todesurteilen des Reichskriegsgerichts wurden 1049 vollstreckt.[29]

Deserteure, die aus dem Ausland zurückkehrten, kamen vor das Reichskriegsgericht und wurden wegen Fahnenflucht nach § 69 MStGB und wegen Landesverrat nach §§ 90 und 91 RStGB bzw. Kriegsverrat nach § 57 MStGB angeklagt. Sie hatten keine Chance. Nach § 91 RStGB mußte mit dem Tode

Das Justizwesen der Wehrmacht

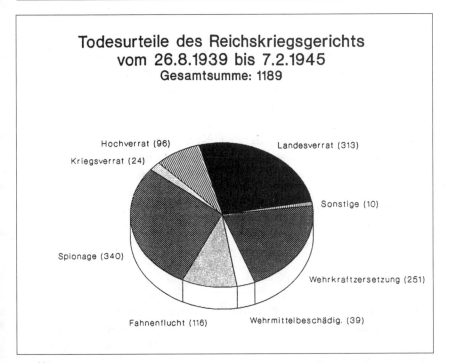

Grafik 1

bestraft werden, »wer mit dem Vorsatz, einen Krieg oder Zwangsmaßregeln gegen das Reich oder andere schwere Nachteile für das Reich herbeizuführen, zu einer ausländischen Regierung oder zu jemand, der für eine ausländische Regierung tätig ist, in Beziehungen tritt«. Unter diese Regelung fiel jeder, der im neutralen Ausland oder im nicht besetzten Frankreich den Nachrichtendiensten Informationen preisgab, die schwere Nachteile für das Reich herbeizuführen vermochten. Mit Zuchthaus mußte bestraft werden, wer als Deutscher während eines Krieges gegen das Deutsche Reich in der feindlichen Kriegsmacht diente oder gegen das Reich oder dessen Bundesgenossen Waffen trug. Dieser landesverräterischen Waffenhilfe nach § 91 a RStGB machten sich zum Beispiel alle Deutschen schuldig, die in der französischen Fremdenlegion dienten.[30] Angehörige der Wehrmacht und des Gefolges, die Landesverrat nach § 91 b RStGB begingen, mußten in allen Fällen entsprechend § 57 MStGB mit dem Tode bestraft werden. Sie waren des Kriegsverrats schuldig, weil sie einer feindlichen Macht Vorschub geleistet hatten.

Soldaten, die sich einem feindlichen Nachrichtendienst zur Mitarbeit zur Verfügung stellten, standen vor dem Reichskriegsgericht unter der Anklage nach §§ 90 c, 91 a und 91 b wegen Landesverrats und Spionage. Sie mußten mit der Todesstrafe rechnen. Dem Schweizer Nachrichtendienst gelang es, mehrere deutsche Soldaten, die in die Schweiz desertiert waren, anzuwerben und mit gefälschten Ausweisen und detaillierten Aufträgen nach Deutschland zurückzuschicken. Der Unteroffizier Walter N., der sich vor dem 2. Senat des Reichskriegsgerichts wegen Fahnenflucht, fortgesetzten Landesverrats und fortgesetzter Spionage zu verantworten hatte und am 4. Februar 1945 zum Tode verurteilt wurde, hatte in der Zeit von Ende November 1942 bis zu seiner Festnahme am 1. Februar 1944 14mal die deutsche Grenze überschritten, um unter falschem Namen Ausspähaufträge durchzuführen. Als Entgelt erhielt er ein monatliches Fixum von 600 Schweizer Franken und außerdem Prämien von Fall zu Fall, die sich zwischen 200 und 1500 Schweizer Franken bewegten.[31]

Strafbestimmungen im Krieg

Das MStGB wurde am 10. Oktober 1940 neu gefaßt.[32] Im ersten Teil »Von der Bestrafung im Allgemeinen« wurden u.a. folgende Veränderungen vorgenommen: Waren bisher auch lebenslängliche Freiheitsstrafen möglich, so wurde die Höchstdauer jetzt auf 15 Jahre festgelegt. Aus den besonderen Ehrenstrafen gegen Soldaten wurde die Degradierung von Offizieren gestrichen. In § 31 MStGB wurde die Bestimmung aufgehoben, daß Wehrunwürdigkeit stets einzutreten hat, wenn die Dauer des Verlustes der bürgerlichen Ehrenrechte drei Jahre übersteigt. Durch den Militärdienst erworbene Versorgungsansprüche wurden an den Verlust der Wehrwürdigkeit gekoppelt, während diese Frage vorher nach den Versorgungsgesetzen zu regeln war. Nach der bisherigen Fassung konnten Arreststrafen als Gesamtstrafe nur zu Arrest addiert werden, während nach § 54 MStGB in der neuen Fassung bei mehr als 6 Wochen Arrest auf Gefängnis zu erkennen war. Die Bestimmung des § 55 MStGB über erhöhte Strafen gegen Vorgesetzte, die gemeinschaftlich mit Untergebenen eine strafbare Handlung ausführten oder diese unter Mißbrauch der Waffen oder der dienstlichen Befugnisse oder während der Ausübung des Dienstes vornahmen, entfiel.

Die Kriegssonderstrafrechtsverordnung (KSSVO), die am 17. August 1938 erlassen worden war[33], trat mit der Mobilmachung in Kraft. Auf »Zersetzung der Wehrkraft« stand nach der KSSVO grundsätzlich die Todesstrafe. Darunter fiel die öffentliche Aufforderung, den Dienst in der Wehrmacht zu verweigern, die Aufforderung von Wehrpflichtigen zum Ungehorsam, zur Widersetzung oder zur Tätlichkeit gegenüber Vorgesetzten oder zur Fahnenflucht oder zur unerlaubten Entfernung und der Entzug vom Wehrdienst durch Selbstverstümmelung. Nur in minderschweren Fällen durfte auf Zuchthaus oder Gefängnis erkannt werden.

Im Laufe des Krieges wurde die KSSVO sechsmal novelliert. Die Erste Verordnung zur Ergänzung der KSSVO vom 1. November 1939[34] gab mit der Einfügung des § 5 a »Überschreitung des regelmäßigen Strafrahmens« den Richtern die Möglichkeit, strafbare Handlungen gegen die Mannszucht oder das Gebot soldatischen Mutes unter Überschreitung des Strafrahmens (Zuchthaus bis 15 Jahre), mit lebenslangem Zuchthaus oder sogar mit Todesstrafe zu belegen. Plünderung wurde mit Gefängnis bzw. Festungshaft bestraft, bei Offizieren oder Unteroffizieren zusätzlich mit Rangverlust. Bei schweren Fällen von Plünderung konnte auch auf die Todesstrafe oder auf Zuchthaus erkannt werden.

Die Zweite Verordnung zur Ergänzung der KSSVO vom 27. Februar 1940[35] betraf das Gefolge der Wehrmacht. Alle Personen, die sich in irgendeinem Dienst- oder Vertragsverhältnis bei der Wehrmacht befanden oder sich sonst bei ihr aufhielten, waren dem Militärstrafrecht unterworfen (§ 6 a KSSVO). Die Definition erfaßte alle Büro- und Schreibkräfte, technischen Hilfskräfte, Fernsprechvermittlerinnen, Bauarbeiter sowie die Arbeiter und Angestellten in den wehrmachteigenen Betrieben, Werften, Munitionsanstalten, Zeugämtern und dergleichen. Die Oberbefehlshaber der Wehrmachtteile bestimmten, wer im einzelnen dazugehörte, z.B. im Operationsgebiet das gesamte Gefolge, aber im Reichsgebiet nur die am Kriegsgeschehen Beteiligten, z.B. das Personal der Fliegerhorste und Flugplätze. Alle drei Wehrmachtteile erließen Erläuterungen für die Anwendung der Militärgesetze auf das Gefolge. Da die Bestimmungen auf Soldaten zugeschnitten waren, sollte bei der Strafzumessung im Einzelfall geprüft werden, was militärisch sinnvoll war. Grundsätzlich waren die Strafen zwar so festzulegen, als ob es sich um Soldaten handelte, aber geschärfter Arrest gegen Frauen war z.B. unzulässig. Die Vollstreckung von weitergehenden Strafen war Sache der Justizverwaltungen.[36] Im Juli 1944 wurde auch der Zollgrenzschutz der Wehrmachtgerichtsbarkeit unterstellt.[37]

Die Dritte Verordnung zur Ergänzung der KSSVO vom 15. August 1942[38] stellte im Absatz 4 des § 5 unrichtige Angaben, die gemacht wurden, um sich von der Erfüllung des Wehrdienstes freistellen zu lassen, unter Gefängnisstrafe.

Die Vierte Verordnung zur Ergänzung der KSSVO vom 31. März 1943[39] bedrohte Handlungen gegen die Mannszucht oder das Gebot des soldatischen Mutes und Täter, die Nachteile für die Kriegführung oder die Sicherheit des Reiches verschuldeten, mit lebenslangem Zuchthaus und, »wenn der regelmäßige Strafrahmen nach gesundem Volksempfinden zur Sühne nicht ausreicht«, auch mit der Todesstrafe.

Die Fünfte Verordnung zur Ergänzung der KSSVO vom 5. Mai 1944 brachte eine Neuformulierung des § 5 a KSSVO. Sie erweiterte den Umfang der Todesstrafe auf fahrlässige strafbare Handlungen und auf Taten, die vor dem Inkrafttreten der Verordnung begangen wurden.[40]

Die Sechste Verordnung zur Durchführung der KSSVO vom 10. Oktober 1944 bezog in § 64 MStGB auch Versprengte, die sich nicht innerhalb eines Tages wieder der Truppe anschlossen, und deutsche Kriegsgefangene, die sich nach der Flucht nicht innerhalb eines Tages bei einem Truppenteil meldeten, in das Vergehen der unerlaubten Entfernung ein.[41]

Entsprechend der KSSVO für den militärischen Bereich wurden auch für die Zivilbevölkerung besondere Kriegsstrafgesetze erlassen. Dazu gehörten unter anderem die Verordnung über außerordentliche Rundfunkmaßnahmen vom 1. September 1939[42], die Kriegswirtschaftsverordnung vom 4. September 1939[43], die Volksschädlingsverordnung vom 5. September 1939[44], die Verordnung zur Ergänzung der Strafvorschriften zum Schutz der Wehrkraft des Deutschen Volkes vom 25. November 1939[45] und die Verordnung gegen Gewaltverbrecher vom 5. Dezember 1939[46]. Während vor 1933 nur drei Tatbestände existierten, bei deren Übertretung auf Todesstrafe erkannt werden konnte, gab es 1944 gesetzliche Todesstrafandrohungen für 46 Delikte. Die »rücksichtslose Ausschaltung lebensunwerter Verbrecher« sollte der Reinigung des Volkskörpers, der rassischen Auslese und der Veredelung des »aufwärtsstrebenden Volkes« dienen.[47] Die Vermehrung todeswürdiger Straftatbestände während des Dritten Reiches bedeutete das Eingeständnis, daß die nationalsozialistische Erziehung ihr Ziel nicht erreicht hatte, einen Gemeinsinn zu schaffen, der Kriminalität selten macht.

Die Funktion der Strafe

Die Strafe diente im Dritten Reich nicht mehr wie in der Weimarer Republik vorrangig der individuellen Sühne und der Erziehung des Straffälligen, sondern war »staatlicher Reinigungsakt und Rache dafür, daß der Täter die Treuepflicht gegenüber der Gemeinschaft verletzt« hatte.[48] Die Anschauungen der Volksgemeinschaft von Pflicht und Ehre als Ergebnis der nationalsozialistischen Erziehung prägten die Maßstäbe der Strafzumessung. Da konnten selbst solche Delikte strafwürdig sein, auf die kein bestimmtes Strafgesetz Anwendung fand, die aber nach dem »gesunden Volksempfinden« eine Bestrafung verdienten. Das rechtsstaatliche Prinzip »nullum crimen sine lege« wurde ins Gegenteil verkehrt, weil nach dem gesunden Volksempfinden auch vorgebliche, gesetzlich nicht fixierte Verstöße gegen das Gemeinwohl eine Strafe verdienen konnten: »nullum crimen sine poena«.[49]

Das Justizwesen der Wehrmacht 377

Der Richter hatte nicht über die Straftat, sondern nur über das Strafmaß zu befinden. Die große »volkshygienische Aufgabe des Strafrechts« bestand in der Säuberung der Volksgemeinschaft von Straftätern. Strenge wurde als ein Gebot der Selbsterhaltung des deutschen Volkes interpretiert. Unverbesserliche Verbrecher wurden ausgemerzt, um den Prozeß der Auslese zu fördern. Die rücksichtslose Härte, die sogenannte Gewohnheitsverbrecher traf, wurde damit gerechtfertigt, daß nur durch radikale Maßnahmen das Volk gesund erhalten, gereinigt und zum Wachstum geführt werden könne.[50] Die rigorose Praktizierung des Vergeltungsstrafrechts ließ alle Gesichtspunkte erzieherischer Art außer acht.

Weil die Gefahren wuchsen, die der Volksgemeinschaft während des Krieges drohten, wurde der Kreis der todeswürdigen Verbrechen erheblich erweitert. Landesverräter, Fahnenflüchtige, Plünderer, Volksschädlinge usw. wurden den Gewaltverbrechern gleichgestellt. Es war Aufgabe der Richter, einsichtig für die Öffentlichkeit darzulegen, daß die Todesstrafe in solchen Fällen einen Menschen traf, der auch in den Augen der Mehrheit den Tod verdiente. Nur wenn Gerichtsurteile von der Zustimmung der Volksgenossen getragen würden, so argumentierte man, könnte das Vertrauen in die Rechtspflege erhalten bleiben und die Meinungsbildung über Recht und Unrecht in der Volksgemeinschaft weiterentwickelt werden.[51] Diesen Prämissen entsprechend, sollte im Krieg mit rücksichtsloser Härte und Strenge gegen sogenannte »Gemeinschaftsschädlinge« vorgegangen werden, die die Geschlossenheit und den Kampfeswillen des deutschen Volkes sabotierten.

Die gemeinschaftsschützende Funktion der Strafe hatte auch im Militärstrafrecht Vorrang vor der Sühnefunktion. Die »Kampfgemeinschaft« war wie die »Volksgemeinschaft« ein geschütztes Rechtsobjekt. Da in der kämpfenden Truppe das Risiko des Todes groß war und längere Freiheitsstrafen nicht als Übel, sondern geradezu als Wohltat empfunden wurden, war im militärischen Bereich die Strafverschärfung hin zur Todesstrafe folgerichtig und einsichtiger als im Zivilstrafrecht. Was die Freiheitsstrafen anbelangte, bot die Einrichtung von Straflagern und Bewährungseinheiten an der Front eine Möglichkeit, Urteile im Sinne der militärischen Gemeinschaft zu vollstrecken.[52] Der Abschreckungscharakter der Militärurteile lag nicht zuletzt allein im Strafmaß, sondern auch darin, daß der Soldat die Gemeinschaft verlor, in die er bisher eingebunden war.

Zwischen 1933 und 1945 fällten die Zivilstrafgerichte etwa 16 000 Todesurteile.[53] Die Zahl der von den Wehrmachtgerichten verhängten Todesurteile ist strittig. Aus Hochrechnungen der unvollständigen Wehrmachtkriminalstatistik kam man auf 15 000 bis 30 000 Todesurteile.[54] Der Schutz der Truppe »durch fortgesetzte organische Ausschließung des unverbesserlichen asozialen Verbrechers« wurde wie im zivilen (allgemeinen) Strafrecht als »ein Gebot der Selbsterhaltung ... und damit ein Gebot der Gerechtigkeit« interpretiert.[55] Andererseits sollte die Militärjustiz von den Soldaten nicht als ein Terrorinstrument empfunden werden. Auf einer Tagung, die im Februar 1942 im OKM für alle leitenden Richter durchgeführt wurde, sagte der Hauptamtschef, Admiral Warzecha, in Gegenwart des Oberbefehlshaber der Kriegsmarine und des Chefs der Wehrmachtrechtsabteilung:

»Die Millionenmassen moderner Heere können niemals auf die Dauer durch die Furcht vor Strafe zusammengehalten und zum erfolgreichen Einsatz geführt werden. Eine kriegsgerichtliche Rechtsprechung, die allein auf Furcht, um nicht zu sagen, auf Terror basiert, würde daher in einem lange währenden Kriege kläglich Schiffbruch erleiden. Der Zweck der Strafe ist daher für uns nicht, Zwangsdienste zu sichern, sondern die freiwillige Mitarbeit der überwältigenden Mehrheit der anständig und vaterländisch gesinnten Soldaten zu erhalten, zu fördern oder zu stützen. Diese Zielsetzung bedeutet für den Kriegsrichter eine ebenso schwere Aufgabe wie für den Gesetzgeber. Denn wie jedes militärische Erziehungsmittel, so vermag auch die Strafe ihren gemeinschaftsfördernden Zweck nur dann zu erfüllen, wenn sie ihren Rückhalt in den Anschauungen und Überzeugungen dieser Gemeinschaft von Pflicht und Ehre findet. Die Strafe muß also von allen gutgesinnten Soldaten gebilligt und von ihnen als notwendig und gerecht empfunden werden. Das kann selbstverständlich nicht für jeden einzelnen Fall der Bestrafung gelten. Aber das Ziel der Ausübung der Strafgewalt im ganzen bleibt es doch, Strafen zu verhängen, die von der Überzeugung der Truppe getragen werden.«[56]

Damit auch harte kriegsgerichtliche Urteile von den Soldaten akzeptiert würden, mußten in der Truppe regelmäßig Belehrungen über das Militärstrafrecht durchgeführt werden. Jeder Soldat hatte die Teilnahme unterschriftlich zu bestätigen. Niemand sollte vor Gericht sagen können, er habe nicht gewußt, welche Folgen seine Tat haben würde.

In den Streitkräften erlaubte § 5a KSSVO bereits nach der ersten Novellierung vom 1. November 1939 die Anwendung der Todesstrafe, wenn es die Aufrechterhaltung der Mannszucht oder die Sicherheit der Truppe erforderten. »Mannszucht« und »Sicherheit der Truppe« waren Schlüsselbegriffe des Militärstrafrechts. Mannszucht galt als Garant für den Zusammenhalt der Truppe, als Grundlage der Disziplin, als Voraussetzung für das Funktionieren von Befehl und Gehorsam, als oberstes Gebot des militärischen Lebens und als wichtigste Prämisse für die Schlagkraft der bewaffneten Macht.[57] Ein Kommentar zum Militärstrafrecht bezeichnete die Mannszucht als »Lebensnerv« des Militärs: »Eine Militärstrafrechtspflege, welche die Mannszucht als oberstes Gebot des militärischen Organismus aus dem Auge verlöre, brächte den Lebensnerv des militärischen Organismus in Gefahr.«[58] In den besetzten Gebieten schützten die Gebote der Mannszucht auch die Zivilbevölkerung vor Übergriffen durch die Truppe. Die Offiziere achteten auf das disziplinierte Verhalten der Soldaten, um eine Verwahrlosung der Truppe zu verhindern. Als besonders grobe Verstöße gegen die Mannszucht galten Ungehorsam, Widersetzung, Tätlichkeit gegen Vorgesetzte und unerlaubte Entfernung bzw. Fahnenflucht. Hitler befürwortete in diesen Fällen die Androhung der Todesstrafe. Den Oberbefehlshabern der Wehrmachtteile gab Keitel die Ansichten Hitlers dazu mit folgenden Worten bekannt:

»Er (Hitler) sei der Meinung, daß im Kriege, und zwar schon am Anfang des Krieges, mit den härtesten Mitteln durchgegriffen werden müsse, um die Mannszucht innerhalb der Truppe zu erhalten und um jeden Versuch einer Feigheit von vorneherein zu unterdrücken. Wenn an der Front gerade die Besten ihr Leben für das Vaterland lassen müßten, könne niemand es verstehen, daß man zur gleichen Zeit Feiglinge und Saboteure in Zuchthäusern konserviere. Die Gerichtsherren müßten berücksichtigen, daß größte Härte gegen solche Elemente, staatspolitisch gesehen, die größte Milde sei; denn die abschreckende Wirkung, die von einer rücksichtslosen Anwendung der Todesstrafe ausstrahle, werde viele hundert und tausend andere Soldaten daran hindern, den Versuchungen zu erliegen, die der Krieg mit sich bringe.«[59]

Wenn es um die Mannszucht ging, waren die Kriegsrichter des Heeres vom OKH ermächtigt, ohne Auftrag durch den Gerichtsherrn tätig zu werden und »alle zur Durchführung des Ermittlungsverfahrens und zur Vorbereitung der Hauptverhandlung erforderlichen Prozeßhandlungen selbständig vorzunehmen und in der Hauptverhandlung die Anklage mündlich vorzutragen«, wenn der Gerichtsherr nicht erreichbar war. In eiligen Fällen durfte sogar die Urteilsbestätigung durch den Gerichtsherrn fernschriftlich oder fernmündlich eingeholt werden.[60]

Wehrmachtkriminalstatistik

Die Wehrmachtkriminalstatistik wurde für alle Wehrmachtteile bis einschließlich Juni 1944 – für das Ersatzheer teilweise bis Februar 1945 – mit bürokratischer Akribie in der Amtsgruppe Heeresrechtswesen des Oberkommandos des Heeres geführt.[61]

Vom 1. September 1939 bis 30. Juni 1944, also vom Beginn des Krieges bis zehn Monate vor seinem Ende, anders ausgedrückt, während vier Jahren und zehn Monaten, wurden in den drei Wehrmachtteilen rund 630 000 kriegsgerichtliche Verfahren durchgeführt. Sie richteten sich gegen Soldaten und

Wehrmachtbeamte, gegen Angehörige des Gefolges, gegen ausländische Legionäre, gegen Zivilpersonen im Operationsgebiet und gegen Personen, die wegen Spionage, Freischärlerei, Zersetzung der Wehrkraft sowie Hoch- und Landesverrats angeklagt waren. Etwa zwei Drittel der Verfahren behandelten Militärdelikte wie Fahnenflucht, unerlaubte Entferung, Ungehorsam, Mißhandlung Untergebener, Plünderung, Fledderei, Wachvergehen oder militärischen Diebstahl, die nach dem Militärstrafgesetzbuch und der Kriegssonderstrafrechtsverordnung geahndet wurden, und ein Drittel betraf bürgerliche Verbrechen und Vergehen von Wehrmachtangehörigen, die nach dem Reichstrafgesetzbuch zu bestrafen waren, z.b. Diebstahl, Einbruchdiebstahl, Raub, Notzucht, Totschlag oder Mord. Meist handelte es sich um Übergriffe gegen die Zivilbevölkerung im Reichsgebiet und in den besetzten Ländern, deren Schutz sich die Militärgerichtsbarkeit in den Grenzen ihrer Zuständigkeit zur Aufgabe machte. Vom Kriegsbeginn bis 30. Juni 1944 wurden von den Kriegsgerichten rund 13 000 Todesurteile ausgesprochen. Nahezu 23 000 Verfahren endeten mit einer Zuchthausstrafe. Die Masse der Urteile bestand in Gefängnisstrafen, Festungshaftstrafen, Arreststrafen und Geldstrafen. Bis zur Kapitulation am 8. Mai 1945 dienten fast 20 Millionen Mann in den deutschen Streitkräften, unter ihnen fast zwei Millionen Ausländer.[62]

Nach den Zahlen der Wehrmachtkriminalstatistik standen von 100 000 Angehörigen des Heeres bis 30. Juni 1944 im Quartal durchschnittlich 343 vor einem Kriegsgericht. Bei der Kriegsmarine waren es 598 und bei der Luftwaffe 490. In allen Wehrmachtteilen zusammen wurden, auf 100 000 Mann gerechnet, in jedem Vierteljahr fünf Angeklagte mit der Todesstrafe und elf mit einer Zuchthausstrafe belegt.

Die Forschung der DDR konzentrierte sich auf die Kriminaldelikte im Heer, weil aus ihnen am besten ablesbar schien, daß »nach dem verräterischen Überfall auf die friedliebende Sowjetunion« die Zahl dieser Straftaten überproportional stieg. Die Heeresführung habe mit dem Ausbau des Justizapparates vergeblich versucht, dem Trend Herr zu werden: »Es erwies sich jedoch, daß die Kriegsgerichtsbarkeit nicht das geeignete Instrument zur Disziplinierung im Interesse der Verwirklichung der faschistischen Kriegs- und Eroberungsziele war.«[63] Diese Aussage ist nur insofern richtig, als sich im Feldheer zwischen Oktober 1941 und Juli 1942 die Zahl der gerichtlich abgeurteilten Straftaten wegen der Vermehrung des Truppenbestandes fast verdoppelte. Sie blieb dann aber bis April 1944 relativ stabil.[64]

Vom Beginn des Krieges bis Ende Juni 1944 verhängten die Wehrmachtgerichte 9731 Todesurteile über Soldaten und Wehrmachtbeamte, 1950 Todesurteile über angeklagte Legionäre und Angehörige des Gefolges und 10 771 Todesurteile über Kriegsgefangene und über Zivilpersonen, vor allem

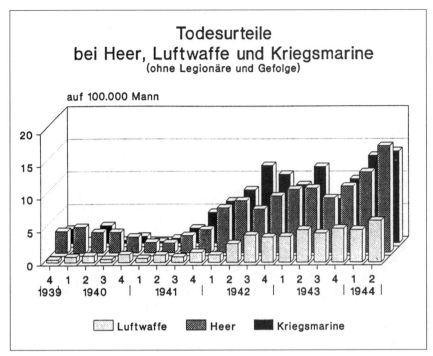

Grafik 2

in den besetzten Gebieten. Läßt man Legionäre und Angehörige des Gefolges außer Betracht, so ergeben sich aus den Vierteljahreszahlen interessante Folgerungen für die drei Wehrmachtteile. Umgerechnet auf jeweils 100 000 Mann hatten die Todesurteile bei Heer und Kriegsmarine sowohl den gleichen Umfang als auch die gleiche Progression, während in der Luftwaffe nur etwa halb so viele Todesurteile ausgesprochen wurden. Die Strenge der Heeres- und Marinerichter erklärt sich wohl aus den Erfahrungen des Jahres 1918, nach denen – entsprechend der »Dolchstoßlegende« – die durch die Heimat bewirkten Disziplinlosigkeiten zum Abbröckeln der Front führten. Ähnliche Erscheinungen wollte man im neuen Krieg unbedingt vermeiden. Etwa jedes 54. Urteil eines Heereskriegsgerichts war ein Todesurteil.[65]

Bis Ende Juni 1944 sprachen deutsche Kriegsgerichte 22 924 Zuchthausstrafen aus. Während bis einschließlich 1941 Zuchthausstrafen in den drei Wehrmachtteilen im wesentlichen proportional zur Personenzahl verhängt wurden, stieg ihre Zahl ab 1942 bei der Kriegsmarine überproportional an. Im 1. Quartal 1943 war sie fast doppelt so hoch wie beim Heer und dreimal so hoch wie bei der Luftwaffe. Der Grund lag zum einen in der großen Zahl der bürgerlichen allgemeinen Vergehen und Verbrechen, die von Matrosen

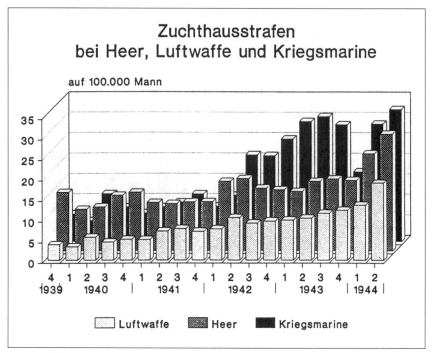

Grafik 3

begangen wurden[66] und zum anderen in den zahlreichen Verstößen gegen die Mannszucht, die sich entsprechend den Besonderheiten der Matrosen an Bord und an Land zwangsläufig ergaben. Erst im letzten Kriegsjahr nahm die Kurve bei Heer und Luftwaffe einen ähnlichen Verlauf wie bei der Kriegsmarine.[67]

Auch bei Gefängnisstrafen über einem Jahr nahm bei der Kriegsmarine die Progression ab 1942 unverhältnismäßig zu. Von 100 000 Mann wurden in der Kriegsmarine bis zu 138 mit Gefängnisstrafen von einem bis 15 Jahren belegt, während bei Luftwaffe und Heer während des gesamten Kriegsverlaufs diese Gefängnisstrafen auf 40–60 Soldaten von 100 000 pro Quartal beschränkt blieben. Eine differenzierte Statistik über die Länge der ausgesprochenen Gefängnisstrafen gibt es nicht. Es wurden insgesamt 84 356 Urteile dieser Art verhängt. Auch bei Gefängnisstrafen zwischen sechs und zwölf Monaten hatte die Kriegsmarine ein doppelt so großes Aufkommen wie Heer und Luftwaffe ab Mitte 1941. Es gab insgesamt 84 393 Urteile dieser Art. Bei Gefängnisstrafen bis zu sechs Monaten zeigt die Statistik dagegen eine lineare Steigerung bei allen Wehrmachtteilen. 233 259 Soldaten und Wehrmachtbeamte ereilte diese Strafe. Gefängnisstrafen bis zu sechs Monaten und von

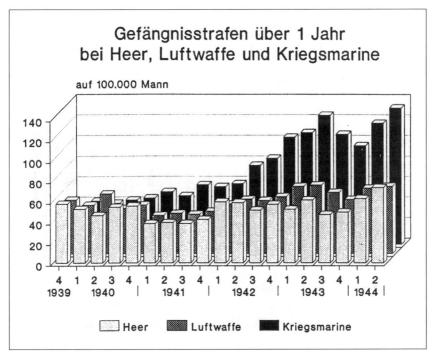

Grafik 4

sechs Monaten bis zu einem Jahr wurden bei der Luftwaffe in größerer Zahl verhängt als beim Heer. Daraus kann geschlossen werden, daß die Luftwaffenrichter Delikte, die bei Heer und Kriegsmarine mit hohen Gefängnisstrafen oder gar mit Zuchthaus belegt wurden, nur mit Gefängnisstrafen bis zu einem Jahr bestraften.[68]

Festungshaftstrafen blieben während des Zweiten Weltkrieges zahlenmäßig marginal. Beim Heer wurden von 100 000 Mann maximal fünf Soldaten im Quartal mit dieser Strafe belegt. Bei Luftwaffe und Kriegsmarine spielte sie überhaupt keine Rolle. Insgesamt gab es zwischen dem 28. August 1939 und 30. Juni 1944 nur 3390 Festungshaftstrafen.[69]

In der Deutschen Wehrmacht waren kriegsgerichtlich verhängte Arreststrafen seltener als Gefängnisstrafen unter sechs Monaten, nämlich 176 773. Bei Luftwaffe und Kriegsmarine sprachen die Kriegsgerichte häufiger Arreststrafen aus als beim Heer. 1942 machte die Luftwaffe am extensivsten von dieser Strafe Gebrauch. Über Arreststrafen, die nach der Disziplinarstrafordnung von den militärischen Vorgesetzten verhängt wurden, existieren keine statistischen Unterlagen.

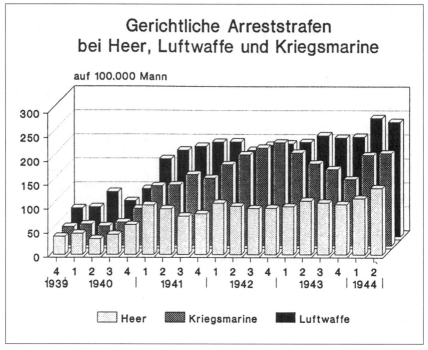

Grafik 5

Bestrafung von Fahnenflüchtigen

Das im Zweiten Weltkrieg geltende Militärstrafgesetzbuch definierte in § 69 die Fahnenflucht in der Tradition der deutschen Militärstrafgesetzgebung als ein militärisches Verbrechen. Ein Soldat erfüllte den Tatbestand, wenn er seine Truppe oder Dienststelle in der Absicht verließ, »sich der Verpflichtung zum Dienst in der Wehrmacht dauernd zu entziehen oder die Auflösung des Dienstverhältnisses zu erreichen«. Nach § 5a KSSVO war das Gericht gehalten, die Todesstrafe auszusprechen, wenn die Aufrechterhaltung der Mannszucht oder die Sicherheit der Truppe dies erforderte. Den Nachweis, daß der Angeklagte sich dem Dienst in der Wehrmacht auf Dauer entziehen wollte, mußte das Gericht erbringen. Er war in der Regel gegeben, wenn der Angeklagte zum Feind übergelaufen war, sich zu den Partisanen begeben hatte, aus dem militärischen Gewahrsam ausgebrochen war oder sich für längere Zeit, vielleicht sogar in Zivilkleidern, versteckt hatte. War der Delinquent nicht erreichbar, aber der Tatbestand eindeutig, so erfolgte das Urteil in absentia. Gelang dem Gericht die Beweisführung nicht, so konnte der Angeklagte lediglich nach § 64 MStGB wegen unerlaubter Entfernung mit einer Gefängnisstrafe belegt werden. Wohlwollenden Kriegsrichtern gelang es häufig, wegen Fahnenflucht Angeklagte vor einem Todesurteil zu bewahren, indem sie den Ausflüchten der Angeklagten Gehör schenkten, daß sie früher oder später zur Truppe zurückkehren wollten.[70]

Wegen Fahnenflucht wurden bis einschließlich Juni 1944 insgesamt 13 550 Wehrmachtangehörige verurteilt: 11 089 Angehörige des Heeres, 833 Angehörige der Kriegsmarine und 1628 Angehörige der Luftwaffe. Etwa 6000 wurden mit dem Tode bestraft, die anderen erhielten Freiheitsstrafen. Unstrittig ist, daß wegen Fahnenflucht mehr Todesurteile ausgesprochen wurden als wegen aller anderen Delikte. Etwa zwei Drittel aller Todesurteile gegen Soldaten betrafen Fahnenflüchtige. Allerdings wurde nicht jeder zum Tode Verurteilte wirklich exekutiert. Ein Drittel bis die Hälfte der mit einem Todesurteil Belegten wurde begnadigt.[71]

Es ist nicht zu leugnen, daß ein beträchtlicher Teil der wegen Fahnenflucht Angeklagten, bei einzelnen Waffengattungen bis zur Hälfte, bereits im Zivilleben strafrechtlich belangt worden war. Nicht wenige hatten schon mehrmals im Gefängnis gesessen. Da es im Dritten Reich kein Recht auf Kriegsdienstverweigerung und, außer für Zuchthäusler, keinen Wehrdienstausschluß gab, wurden Kriminelle, häufig sogar aus dem Strafvollzug, zusammen mit den anderen Wehrpflichtigen des aufgerufenen Jahrgangs in die Wehrmacht eingezogen. Die kriminellen Energien, die die Vorbestraften im Zivilleben gezeigt hatten, kulminierten unter den disziplinaren Zwängen des Truppendienstes. Die Taten begannen mit Disziplinarverstößen und endeten mit Vergehen oder Verbrechen vor dem Kriegsgericht. Bei den militärischen Straftaten waren unerlaubte Entfernungen am häufigsten, bei den zivilen Diebstähle. Einige Männer strebten die endgültige Lösung von den militärischen Drangsalen an und begingen Fahnenflucht.

Weiter geht aus den Akten hervor, daß die meisten wegen Fahnenflucht Verurteilten aus einfachen Verhältnissen stammten. Sie hatten keine abgeschlossene Schulausbildung, keine abgeschlossene Berufsausbildung und nannten sich meist »Hilfsarbeiter«. Etwa ein Viertel wurde als asozial abqualifiziert, wobei zu berücksichtigen ist, daß der Ausdruck damals einen anderen Personenkreis umfaßte als heute.[72]

Auch über die Motive der Fahnenflüchtigen der Deutschen Wehrmacht sind objektive Informationen zu erlangen, weniger aus Prozeßakten, als aus Befragungsprotokollen der schweizerischen und schwedischen Behörden, die über Asylgesuche geflüchteter deutscher Deserteure zu befinden hatten. Natürlich sagte kein wegen Fahnenflucht Angeklagter vor dem Kriegsgericht, daß er ein Gegner des Nationalsozialismus sei. Auf neutralem Boden, nach der gelungenen Flucht nach Schweden oder in die Schweiz, also außerhalb des deutschen Machtbereichs, war man ehrlicher. Ein ausgeklügeltes Befragungssystem entlockte allen Grenzübertretern die Wahrheit. In den Protokollen, die im Bundesarchiv Bern und im Kriegsarkivet Stockholm vorliegen, ist nachzulesen: Nicht einmal bei einem Zehntel standen politische Gründe an erster Stelle. Ganz wenige bezeichneten sich als »Antifaschisten«. Einige Österreicher, die über die Alpen in die Schweiz gelangten, bezeichneten den sogenannten Anschluß ihres Landes im Jahre 1938 als politischen Fluchtgrund. Zu den politischen Begründungen ist auch zu zählen, wenn Soldaten meinten, sie könnten als Christen dem atheistischen System des Nationalsozialismus nicht länger dienen.

Am häufigsten wurden deutsche Soldaten fahnenflüchtig, weil ihnen wegen eines Vergehens oder Verbrechens ein kriegsgerichtliches Verfahren drohte. Sie flohen aus Angst vor einer Bestrafung, bevor sie in Untersuchungshaft genommen wurden. Eivind Heide, der alle Akten der in Norwegen verurteilten deutschen Soldaten untersuchte[73], kam zu dem Schluß, daß die meisten Deserteure dort deshalb fahnenflüchtig wurden, weil ihnen wegen eines strafwürdigen Delikts wie Unterschlagung, Diebstahl, Schwarzhandel oder Raub ein Kriegsgerichtsverfahren drohte. Ihr Anteil wird von ihm mit 40% angegeben. Einigen Soldaten gelang es, vor oder nach der Verurteilung aus den Untersuchungsgefängnissen oder Wehrmachthaftanstalten zu flüchten. Wer das tat, dem wurde der Vorsatz unterstellt, er wolle sich dem Dienst in der Wehrmacht auf Dauer entziehen; er galt als Fahnenflüchtiger. Zu den familiären Gründen, aus denen Soldaten desertierten, zählte die Angst um die Angehörigen, wenn längere Zeit keine Post von ihnen eintraf oder ihr Schicksal nach der Bombardierung des Wohnorts ungewiß war. Dann versuchten manche Soldaten mit falschen Papieren nach Hause zu kommen. Frauen spielten eine unerwartet große Rolle bei der Entscheidung zur Fahnenflucht, z.B. Liebschaften am Standort, aus dem die Einheit wegverlegt werden sollte. Fast 15% der Befragten gaben zu, sich aus diesem Grund von der Truppe entfernt zu haben. Oft flüchteten sie gemeinsam oder mit Hilfe dieser Frauen. Die zunehmende Kriegsmüdigkeit aufgrund persönlicher Entbehrungen, gepaart mit der Aussichtslosigkeit des Krieges, veranlaßte etwa 10% der Fahnenflüchtigen zur Flucht in die neutralen Länder. Gleich viele gaben zu, nach ruhigen Monaten in der Etappe Angst vor der Versetzung an die Ostfront gehabt zu haben. Volksdeutsche und ausländische Legionäre wurden häufig durch Diskriminierungen in der Truppe zur Fahnenflucht veranlaßt, z.B. wegen ihrer unzureichenden Sprachkenntnisse oder der heimatlichen Traditionen. Von deutschen Greueltaten wußten offensichtlich nur wenige, sonst hätten mehr als 2% diesen durchschlagenden Fluchtgrund angegeben. Das harte Urteil der Schweizer Behörden über die deutschen Militärinternierten am Ende des Krieges zeigt, daß ihr Verhalten den Fluchtmotiven entsprach: Es handle sich um eine Menschengruppe,

»bei der die anständigen Gesinnungsflüchtlinge leider in der Minderzahl waren«.[74]

Während des Zweiten Weltkriegs hatten deutsche Soldaten vier Möglichkeiten zur Fahnenflucht. Erstens: Sie konnten untertauchen, solange sie sich im Reichsgebiet oder gar zu Hause aufhielten, und einen Unterschlupf bei Verwandten erbitten, eine Zuflucht bei ihren Geliebten und Verlobten suchen oder sich ein Versteck im Wald bauen und hoffen, daß sie nicht verraten oder bei einer Polizeirazzia entdeckt würden. Zweitens: Sie konnten versuchen, in einen neutralen Staat zu gelangen und dort um Asyl zu bitten. Der beschwerliche Weg aus dem besetzten Norwegen nach Schweden oder von Frankreich in die Schweiz endete für manchen an der Grenze, wenn er von der Polizei zurückgewiesen wurde. Drittens: In den besetzten Gebieten bestand die Möglichkeit, zu den Partisanen zu flüchten oder mit der Widerstandsbewegung Kontakt aufzunehmen. Aber es war schwierig, das Mißtrauen dieser Gruppen zu überwinden, die mit der Einschleusung von Agenten rechnen mußten. Viertens: An der Front bot sich das Überlaufen zum Feind an. Das Risiko bestand darin, daß man beim heimlichen Übertritt von vorne und von hinten erschossen werden konnte.

Fahnenfluchten, die im Heimatkriegsgebiet oder in den besetzten Gebieten ihren Ausgang nahmen, zogen vielfach sogenannte »Folgedelikte« nach sich. Zu Zivilkleidern kamen die Deserteure häufig nur durch Einbruchdiebstähle. Erfolgte die Desertion in Uniform, so »beförderten« sich die Soldaten durch Falscheintragung ins Soldbuch zu höheren Dienstgraden oder gar zu Offizieren und legten Orden an, in der Annahme, auf diese Weise Kontrollen auf den Straßen und in den Zügen leichter entgehen zu können. Auf dem Weg zum Zielort mußten sie sich die Lebensmittel entweder erschleichen oder stehlen. Zur Übernachtung bevorzugten sie leerstehende Gebäude. Wurden sie überrascht, lag der Griff zur Waffe nahe. Nicht wenige betätigten sich nach dem Entweichen von der Truppe verbrecherisch. In den Kriegsgerichtsakten finden sich Urteile, in denen die Angeklagten mit der doppelten Todesstrafe belegt wurden: eine wegen Fahnenflucht und die andere wegen Mordes. Vor allem bei gemeinschaftlichen Fahnenfluchten scheinen sich »schwere Jungs« zusammengetan zu haben. Die Anklagen lauteten dann auch auf Einbruchdiebstahl, räuberische Erpressung, Autofallen, Totschlag usw. Wieviel kriminelle Energie manche Fahnenflüchtige aufbrachten, zeigt folgendes Beispiel aus einer Urteilsbegründung für zwei Matrosen des Kreuzers »Emden«, die in der Wohnung von Frau Anni G. in Berlin Unterschlupf gefunden hatten:

»Am 26. Februar 1945 nahm Frau G. einen jungen Luftwaffenoffizier mit nach Hause, den sie auf der Straße kennengelernt und an dem sie Gefallen gefunden hatte. Als die beiden Deserteure bei ihrer Rückkehr den neuen Schlafgast in der Wohnung vorfanden, erschlugen sie ihn heimtückisch von hinten mit einem tuchumwickelten Hammer und einem Gewehrkolben. Die Leiche des erschlagenen Offiziers wurde alsbald, noch bevor man auf dem Korridor die Blutspuren beseitigte, in zwei alte Teppichreste gehüllt. Der bluttriefende Kopf wurde mit Handtüchern umwickelt. L. brachte sodann, gemeinsam mit W., die in den Teppichstücken verpackte Leiche in den Keller des Hauses. In dem als Versteck ausersehenen Kellerraum, zu dem die Zeugin G. als Hauswartsfrau den Schlüssel besaß, ließ L. die Leiche in eine Versenkung abrollen, in der die Wasseruhr angebracht war. Damit das herausragende und auffällige Bündel nicht im Blickfang war, wurde eine große Kartoffelkiste davorgestellt.«

Auch das Überlaufen an der Front oder zu den Partisanen hatte Folgen. Im Unterschied zu Kriegsgefangenen, die entsprechend der Genfer Konvention von 1929 bei ihrer Gefangennahme ausschließlich Namen und Dienstgrad anzugeben brauchten, mußten Soldaten, die zu den Partisanen oder den feindlichen Streitkräften überliefen, ihr gesamtes militärisches Wissen preisgeben, um glaubwürdig zu sein. Bei den Befragungen wurde insbesondere auf Auskünfte über die Schwachstellen der deutschen Verteidigung bzw. der Besatzungsherrschaft Wert gelegt. Die gewonnenen Informationen führten in der Regel zu unmittelbaren Aktionen der Untergrundkämpfer und an der Front zu Artillerieüberfällen auf die benannten Depots, Gefechtsstände und Verteidigungsanlagen oder zu Angriffen über Minenschneisen. Jeder Überläufer stellte eine beachtliche Gefahr für seine ehemaligen Kameraden dar. Außer durch zahlreiche Aussagen von Zeitzeugen läßt sich jedoch weder qualifizieren noch quantifizieren, welche personellen und materiellen Verluste dadurch eintraten.

Die Wehrmachtgnadenordnung

Die Gnadenordnung für die Wehrmacht (WGnO) vom 1. Juli 1938[75] wurde am 23. August 1939 vom Oberbefehlshaber des Heeres, Generaloberst von Brauchitsch, durch die »Gnadenordnung für das Heer im Krieg und bei besonderem Einsatz« (KHGnO) den Besonderheiten des bevorstehenden Feldzugs gegen Polen angepaßt. Die Zuständigkeiten für Gnadenentscheidungen waren wie folgt geregelt: Dem Oberbefehlshaber der Wehrmacht, Adolf Hitler, oblag die Ausübung des Gnadenrechts in all den Fällen, in denen ihm oder dem Präsidenten des Reichskriegsgerichts nach §§ 79 Abs. 1 und 80 KStVO das Bestätigungs- und Aufhebungsrecht von kriegsgerichtlichen Urteilen zustand, d.h. insbesondere wenn Offiziere oder Wehrmachtbeamte im Offizierrang zum Tode oder wegen eines Verbrechens oder Vergehens des Mißbrauchs der Dienstgewalt verurteilt worden waren.

Die Oberbefehlshaber der Wehrmachtteile übten das Gnadenrecht in den Fällen aus, in denen gegen Offiziere oder Wehrmachtbeamte im Offizierrang auf eine Freiheitsstrafe von mehr als sechs Monaten erkannt war und in denen Unteroffiziere, Mannschaften, Wehrmachtbeamte ohne Offizierrang oder sonstige der Wehrmachtgerichtsbarkeit unterstellte Personen zum Tode oder zu Freiheitsstrafen von zwei oder mehr Jahren verurteilt worden waren. Während des Krieges delegierten sie das Gnadenrecht auf die ihnen unmittelbar nachgeordneten Dienststellen und Oberbefehlshaber, für das Ersatzheer z.B. auf den Befehlshaber des Ersatzheeres und für das Feldheer auf die Oberbefehlshaber der Armeen.

Die Armeeoberbefehlshaber, der Befehlshaber des Ersatzheeres und der Generalquartiermeister übten das Gnadenrecht vom Beginn des Krieges bis zum Ende in den Fällen aus, in denen gegen Offiziere oder Wehrmachtbeamte im Offizierrang auf Geldstrafe oder eine Freiheitsstrafe bis zu sechs Monaten und gegen Unteroffiziere, Mannschaften oder Wehrmachtbeamte ohne Offizierrang oder sonstige der Wehrmachtgerichtsbarkeit unterstellte Personen auf Geldstrafe oder Freiheitsstrafe unter zwei Jahren erkannt worden war.

Ein Gnadengesuch führte nur dann zur Aufschiebung des Strafvollzugs, wenn der bestätigungsberechtigte Gerichtsherr das Gnadengesuch befürwortete und die Wahrscheinlichkeit einer positiven Erledigung in einem solchen Umfang zu erwarten war, »daß der sofortige und weitere Vollzug der Strafe den erwarteten Gnadenerweis ganz oder teilweise gegenstandslos machen würde«.

Auch die Vollstreckung von Todesurteilen durfte ausgesetzt werden, wenn der Gerichtsherr »nach seinem pflichtgemäßen Ermessen« mit der Wahrscheinlichkeit eines Gnadenerweises rechnen konnte. Im Prinzip waren Todesurteile unverzüglich nach Bestätigung des Urteils zu vollstrecken.[76] Gegen diese Weisung wurde im Krieg aus den verschiedensten Gründen häufig verstoßen, am häufigsten im Ersatzheer. Dort wurden Exekutionen auch in völlig aussichtslosen Fällen zurückgestellt, sogar wenn der Gerichtsherr das Gnadengesuch nicht einmal befürwortete oder aber ein vorhergehender Begnadigungsantrag bereits abgelehnt worden war. Verärgert befahl der Chef der Heeresrüstung und Befehlshaber des Ersatzheeres Mitte 1944, daß der Vollzug der Todesstrafe nur dann ausgesetzt werden dürfe, wenn mit einem Gnadenerweis zu rechnen sei. In allen anderen Fällen solle man dafür sorgen, »daß Todesurteile unverzüglich vollstreckt werden«.[77]

Zur teilweisen oder vollen Tilgung von kriegsgerichtlichen Strafen und Nebenstrafen erließ Hitler am 26. Januar 1942 den »Erlaß über Gnadenmaßnahmen bei hervorragender Bewährung während des Krieges«. Mit diesem Erlaß sollte Wehrmachtangehörigen, »die gefehlt haben«, die Möglichkeit gegeben werden, »durch Tapferkeit vor dem Feind grundsätzlich ihren ehrenvollen Platz in der Volksgemeinschaft« so schnell wie möglich zurückzugewinnen. Wenn der Bestrafte sich »durch besonderen Mut und beispielhaften Einsatz hervorgetan« und »sich längere Zeit gut geführt« hatte, konnte er für einen Gnadenakt vorgeschlagen werden. Als Gnadenmaßnahmen kamen in Frage: völliger oder teilweiser Straferlaß, Umwandlung in eine mildere Strafart, bedingte Strafaussetzung mit Bewährungsfrist, Aufhebung des Rangverlustes, Tilgung der Strafe im Strafregister oder Anordnung der beschränkten Auskunft, Wiederherstellung des Berufssoldatenverhältnisses, Beseitigung der fürsorge- und versorgungsrechtlichen Folgen einer Verurteilung. Die Tilgung der Strafe im Strafregister setzte voraus, daß der Begnadigte »nach seiner Persönlichkeit unter Berücksichtigung seiner Verfehlung die Gewähr für künftiges Wohlverhalten« bot.[78] Art und Umfang des Gnadenerweises oder der Gnadenmaßnahme hatten sich einerseits nach der Schwere der Verfehlung und der Vorstrafen des Verurteilten zu richten und andererseits nach den kämpferischen Leistungen und der Führung des Bestraften. »Je schwerer die Tat wiegt, desto höhere Anforderungen werden an das Maß der Bewährung gestellt.«[79]

Für vermißte und in Gefangenschaft geratene Soldaten waren Gnadenerweise nur zulässig, wenn es sich bei ihnen nicht um einen »Verstoß gegen die soldatische und weltanschaulich-politische Haltung« handelte. Insbesondere mußte sichergestellt sein, daß sie nicht desertiert waren.[80]

Die Feststellung, daß ein Wehrmachtangehöriger sich durch hervorragenden Mut und beispielhaften Einsatz vor dem Feind so ausgezeichnet hatte, daß er »von jedem Makel befreit« war, war den Oberkommandos der Wehrmachtteile vorbehalten.

Im allgemeinen dauerten Gnadenentscheidungen Wochen oder Monate. Die militärischen Kommandostellen klagten immer wieder darüber, daß die Belohnung für besondere Tapferkeit der Tat nicht unmittelbar folge.[81] Mit Zustimmung des Reichsjustizministeriums ermächtigte deshalb das Oberkommando der Wehrmacht am 4. Juni 1944 alle Oberbefehlshaber der Armeen und ihnen gleichgestellte militärische Führer, allen von den Regimentskommandeuren vorgeschlagenen Bewährungsverurteilten sofort die endgültige Wehrwürdigkeit zuzusprechen, damit sie zu ihren Truppenteilen zurückkehren konnten.[82]

Strafaussetzung zur Bewährung

Um sicherzustellen, daß Wehrmachtangehörige, die ihre Zuchthaus- oder Gefängnisstrafen verbüßten, keinen Vorteil gegenüber denen hatten, die als Bestrafte in der Truppe blieben, bestimmte die Verordnung über die Vollstreckung von Freiheitsstrafen wegen einer während des Krieges begangenen Tat vom 11. Juni 1940, daß die in die Kriegszeit fallende Vollzugszeit nicht in die Strafzeit einzurechnen sei.[83] In der Regel sollten im Krieg verhängte Strafen erst nach dem Krieg verbüßt werden. Strafzeiten während des Krieges zählten prinzipiell nicht.

Nach dem Frankreichfeldzug füllten sich die Wehrmachthaftanstalten mit Soldaten, die kriegsgerichtlich zu Freiheitsstrafen verurteilt worden waren. Am 31. Juli 1940 waren es 7757 Mann. Unter ihnen befanden sich nach den Aussagen der Kommandanten der Wehrmachthaftanstalten Hunderte, die ihre Tat bereuten und den ehrlichen Wunsch hatten, »ihr einmaliges Versagen durch besondere Tapferkeit wiedergutzumachen«.[84] Für sie schlug die Wehrmachtrechtsabteilung im OKW vor, die Möglichkeit einer Bewährung vor dem Feind zu schaffen. Die Oberkommandos der Wehrmachtteile griffen den Vorschlag auf und regten bei Hitler die Bildung einer besonderen Bewährungstruppe an, in der Soldaten aller Wehrmachtteile eine Gelegenheit bekommen sollten, sich nach Aussetzung der Strafe zu bewähren und eine Begnadigung zu erwirken.[85]

Ungeachtet seines Grundsatzes, »daß im Krieg mit den schärfsten Mitteln durchgegriffen werden muß, um die Mannszucht innerhalb der Truppe zu erhalten und um jeden Versuch einer Feigheit von vorneherein zu unterdrücken«, befahl Hitler am 21. Dezember 1940, daß »an sich ordentliche Wehrmachtangehörige«, die einmal gestrauchelt waren, unter besonderen Voraussetzungen die Gelegenheit zur Bewährung vor dem Feind gegeben werden konnte. Für diesen Zweck sollte ein beschränkter Personenkreis einer »besonderen Bewährungstruppe« zugeführt werden. Für die Strafaussetzung zur Bewährung galten zum Zeitpunkt der Verkündung des Erlasses sieben Voraussetzungen:

1. Der Verurteilte mußte sich bis auf die Tat, derentwegen er verurteilt war, einwandfrei geführt haben und durfte gerichtlich nur unerheblich vorbestraft sein.
2. Die Straftat mußte eine einmalige Entgleisung darstellen und durfte nicht auf Charaktermängel beruhen.
3. Der Verurteilte mußte den ehrlichen Willen haben, sich vor dem Feind zu bewähren und diesen Willen schriftlich in einem Gesuch um Bewährung ausdrücken.
4. Der Verurteilte mußte Wehrmachtangehöriger oder Wehrpflichtiger sein oder als Soldat eingesetzt werden können.
5. Der Verurteilte mußte für die Verwendung bei einem Infanteriebataillon tauglich sein.
6. Der Strafrest sollte mindestens sechs Monate betragen.
7. Verurteilte, deren Strafe in einer zivilen Justizvollzugsanstalt vollstreckt

wurde, und Gefangene in den Strafgefangenenabteilungen der Wehrmacht mußten eine einmonatige Überprüfung in einem Wehrmachtgefängnis bestehen.

Das Oberkommando des Heeres wies am 17. Februar 1941 die Gerichtsherren an, bei allen zukünftigen Urteilsbestätigungen eine Entscheidung zu treffen, ob bei den Verurteilten nach Verbüßung eines Teils der Strafe eine Bewährung in der eigenen oder in einer besonderen Truppe in Betracht komme. Die Kommandanten der Wehrmachtgefängnisse hatten »in angemessenen Zeitabschnitten« Gefangene zu melden, die die Voraussetzungen für eine Bewährung erfüllten. Dabei wurde anfangs ein strenger Maßstab angelegt. Im Laufe des Krieges handhabte man den Erlaß immer großzügiger. Bereits 1942 besagte ein Befehl des OKW, daß es in erster Linie darauf ankomme, »ob der Mann für die Truppe tragbar ist«. Es brauchten nur noch zwei Voraussetzungen erfüllt zu sein: Erstens mußte der Verurteilte körperlich und geistig für den Infanteriedienst geeignet sein und zweitens mußte sich aus der Persönlichkeit des Verurteilten und seiner Führung während der Haftzeit erkennen lassen, daß er den ehrlichen Willen hatte, »seine Straftat durch gute Führung bei der Truppe und vorbildlichen Einsatz zu sühnen«. Verurteilte, denen der Einsatzwillen fehlte, wurden im Strafvollzug belassen. Diesen »haltlosen Elementen« sollte »durch Schärfung und Abstufung des Strafvollzuges« die Möglichkeit genommen werden, sich durch Strafverbüßung in einer stationären Anstalt dem Fronteinsatz zu entziehen.[86] Von der Bewährung waren expressis verbis ausgeschlossen wegen Landesverrats und ähnlicher Delikte Bestrafte, Homosexuelle und Verurteilte mit Sicherheitsverwahrung.[87] Für die Dauer der Zugehörigkeit der Verurteilten zur Bewährungstruppe waren automatisch alle Zuchthausstrafen in Gefängnisstrafen von gleicher Dauer umgewandelt, wodurch die aus der Wehrmacht Entlassenen wieder »vorübergehend wehrwürdig« galten.[88]

Nachdem sich im Winter 1941/42 herausgestellt hatte, daß die Sowjetunion nicht mehr in einem »Blitzkrieg« zu besiegen war, befahl Hitler, die Strafvollstreckung der Kriegslage anzupassen, d.h. mehr Bewährungsmöglichkeiten an der Ostfront zu schaffen. »Vor allem muß erreicht werden, daß Verurteilte, die nicht der kämpfenden Truppe angehören, soweit irgendmöglich durch Versetzung Gelegenheit zur Bewährung vor dem Feinde erhalten.« Bei Fahrlässigkeitsstraftaten und bei Straftaten, die auf jugendlichem Leichtsinn, Unerfahrenheit oder Verführung beruhten, wurde auf eine Teilvollstreckung verzichtet. Man ging davon aus, daß »schon die Verurteilung als solche ihre Wirkung erzielt« habe.[89] Die Verurteilten kamen unmittelbar vom Kriegsgericht zur Bewährung an die Front.[90] Zur ersten Gruppe von Soldaten, deren Strafe ganz zur Bewährung ausgesetzt wurde, gehörten die, die wegen Verstoßes gegen die »Verordnung zum Schutz von Wintersa-

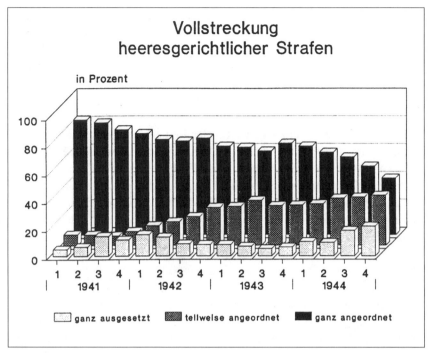

Grafik 6

chen für die Front« zu Gefängnis oder Zuchthaus verurteilt worden waren, weil sie sich etwa beim Sortieren Kleidungs- oder Wäschestücke angeeignet hatten.[91]

Gegen Ende des Krieges konnten fast alle Militärstrafen zur Bewährung ausgesetzt werden, gleichgültig, ob es sich um Arrest-, Gefängnis- oder Zuchthausstrafen handelte. Aussetzung zur Bewährung war die Regel. Nur wenn der Bestrafte für eine Bewährung ungeeignet war oder wenn die Aufrechterhaltung der Mannszucht oder die Erziehung des Verurteilten andere Maßnahmen zwingend erforderten, z.B. bei häufigen Vorstrafen gleicher Art, kam er in den Strafvollzug.[92] Am 25. Januar 1945 unterschrieb Keitel den Befehl »Strafaussetzung zur Frontbewährung«: »Die militärische Lage erfordert den Einsatz jedes waffenfähigen Deutschen an der Front. Auch bestraften, aber soldatisch brauchbaren und bewährungswürdigen Angehörigen der Wehrmacht und des Gefolges muß so bald wie eben möglich Gelegenheit zur Feindbewährung gegeben werden.« Die Verordnung zur Sicherung des Fronteinsatzes vom 26. Januar 1945 drohte allen mit dem Sondergericht, die nicht dazu beitrugen, »das Höchstmaß von Soldaten zur Abgabe an die Front freizumachen«.[93]

Während zu Beginn des Jahres 1941, d.h. vor dem Rußlandfeldzug, mehr als 80 % aller Strafen, die von Kriegsrichtern des Heeres verhängt wurden, voll verbüßt werden mußten, verringerte sich die Zahl Ende 1944 auf die Hälfte. Umgekehrt stieg die Zahl der teilweise ausgesetzten Strafen von 7 % auf 39 % und die der voll ausgesetzten Strafen von 3 % auf 21 %.[94] In absoluten Zahlen gemessen, wurden von 7468 Urteilen der Heeresgerichte im Januar 1941 6448 (86 %) ganz zur Vollstreckung angeordnet und nur 735 (10 %) teilweise oder ganz zur Bewährung ausgesetzt. Der Rest waren Freisprüche. Im November 1944 wurden dagegen von 11 197 gerichtlichen Strafen im Kriegsheer 6593 (59 %) teilweise oder ganz ausgesetzt.[95]

Die erste Bewährungseinheit war das Infanteriebataillon z.b.V. 500, das ab 1. April 1941 in Meiningen aufgestellt wurde. Insgesamt dienten in den Bewährungseinheiten des Heeres bis zum Kriegsende etwa 82 000 Soldaten. Sie wurden wechselweise in 50 bis 60 Infanteriedivisionen im Rahmen von zwölf verschiedenen Armeen eingesetzt.[96]

Die Entmachtung der Wehrmachtgerichtsbarkeit

Die generelle Abneigung Hitlers gegen die Juristen kulminierte in seiner Feindschaft gegen die Wehrmachtjuristen. Hitler nannte sich zwar »oberster Gerichtsherr« und übte im Bestätigungs- und Gnadenverfahren gerichtsherrliche Funktionen aus, verbannte aber alle Wehrmachtjuristen aus seinem Gesichtskreis. Während des gesamten Krieges bekam kein einziger Vertreter des Wehrmachtrechtswesens die Möglichkeit, bei Hitler Vortrag zu halten. Auch der Präsident des Reichskriegsgerichtes wurde von Hitler nie empfangen, obwohl er die vergleichbare Dienststellung eines Kommandierenden Generals bekleidete. Alle militärrechtlichen Fragen besprach Hitler ausschließlich mit dem Chef des OKW, Generalfeldmarschall Keitel, ohne Beiziehung eines Juristen. Die Bestätigungs- und Gnadenrechtsangelegenheiten wurden ihm von seinem militärischen Adjutanten vorgelegt. Da in den Augen Hitlers die Wehrmachtjuristen nur kleine Rädchen im Wehrmachtgetriebe waren, legte er auch keinen erkennbaren Wert auf ihre nationalsozialistische Ausrichtung. Er kümmerte sich auch nicht um die Personalauswahl der Kriegsrichter.

Im Unterschied zu Hitler nahmen sich die Oberbefehlshaber von Luftwaffe und Kriegsmarine, Göring und Raeder, dann Dönitz, während des Krieges viel Zeit für Rechtsfragen. Bei den Vorträgen ihrer Rechtsberater über die Urteile der Luftwaffen- und Kriegsmarinegerichte gewannen sie Einblicke in die Verhältnisse ihrer Wehrmachtteile, die ihnen sonst niemand vermitteln konnte. Göring liebte seine Rolle bei der Rechtsfindung ganz besonders, weil er sich als gnädiger Gerichtsherr erweisen konnte. Dönitz gefiel sich in der Rolle des Strengen und Unnachsichtigen. Im Unterschied zu Göring und den Oberbefehlshabern der Kriegsmarine mißtraute Hitler den Kriegsrichtern. Sie waren ihm zu lasch. Er versuchte sie auszuschalten, wo immer es ging, und nahm ihnen eine Kompetenz nach der anderen. Das soll mit vier Beispielen belegt werden:

1. Zwei Monate nach dem Beginn des Zweiten Weltkriegs entzog er ihrer Jurisdiktion die im Rahmen der Wehrmacht eingesetzten SS- und Polizeiangehörigen, insbesondere die Soldaten der SS-Verfügungstruppe, der späteren Waffen-SS, indem er für sie am 17. Oktober 1939 eine spezielle »SS-Sondergerichtsbarkeit in Strafsachen« einführte. Damit sollte verhindert werden, daß SS-Angehörige von Kriegsgerichten des Heeres abgeurteilt würden. Im Polenfeldzug waren zahlreiche SS-Männer von Heereskommandeuren wegen an Polen begangener Greuel angeklagt worden. Dem sollte ein Riegel vorgeschoben werden. Der SS- und Polizeigerichtsbarkeit unterstanden ab Oktober 1939 die Angehörigen der bewaffneten SS (Verfügungstruppe, Totenkopfverbände, Junkerschulen) und der Polizeiverbände, wenn sie »im besonderen Einsatz« standen. Die dem Feldheer operativ unterstellten Verbände der Waffen-SS waren damit der Zuständigkeit der Wehrmachtgerichtsbarkeit entzogen. In dem Bemühen um ein einheitliches »Staatsschutzkorps« gelang es Himmler in den folgenden Jahren, alle Polizeiverbände in die SS- und Sondergerichtsbarkeit einzubeziehen. Ab August 1942 waren neben der Sicherheitspolizei (Kripo und Gestapo) und dem SD die gesamte Ordnungspolizei bis hin zur Schutzpolizei in den Gemeinden, alle polizeilichen Hilfsverbände und die ausländischen Schutzmannschaften in den besetzten Gebieten dieser Gerichtsbarkeit unterstellt. Die Wehrmacht erhielt keine Informationen über die Spruchpraxis. Selbst Auskünfte statistischer Art wurden verweigert.[97]

2. Der Befehl des Oberkommandos der Wehrmacht vom 13. Mai 1941 betreffend die »Ausübung der Gerichtsbarkeit im Gebiet Barbarossa und besondere Maßnahmen der Truppe« entzog den Wehrmachtrichtern die Behandlung von Straftaten feindlicher Zivilpersonen und schränkte die Behandlung der Straftaten von Angehörigen der Wehrmacht ein. Die Ahndung von Verbrechen feindlicher Zivilpersonen, z.B. Sabotage, Spionage, Feindbegünstigung, die in den bisherigen Feldzügen und in den besetzten Gebieten Sache der Wehrmachtgerichtsbarkeit gewesen war, wurde jetzt der Truppe überlassen. Entgegen den Vorschriften des § 3 KSSVO sollten Freischärler auf dem Boden der Sowjetunion »im Kampf oder auf der Flucht schonungslos« erledigt werden. Auch alle anderen Angriffe von Zivilisten sollten von der Truppe »auf der Stelle mit den äußersten Mitteln bis zur Vernichtung des Angreifers« niedergemacht werden. Tatverdächtige Elemente sollten einem Of-

fizier vorgeführt werden, der dann zu entscheiden hatte, »ob sie zu erschießen sind«. Gegen Ortschaften, aus denen die Wehrmacht angegriffen wurde, durfte ein Offizier in der Dienststellung mindestens eines Bataillonskommandeurs kollektive Gewaltmaßnahmen anordnen, wenn die Umstände eine rasche Feststellung einzelner Täter nicht gestatteten. Es war ausdrücklich verboten, verdächtige Täter zu verwahren, damit sie nach der Wiedereinführung der Militärgerichtsbarkeit an die Gerichte abgegeben werden könnten. Diese Maßnahme war den Oberbefehlshabern der Heeresgruppen nur erlaubt, wenn das Gebiet ausreichend befriedet war. Aber zu diesem Zeitpunkt sollte es in die Hände der Zivilverwaltung kommen.

Für Handlungen, die Angehörige der Wehrmacht und des Gefolges gegen feindliche Zivilpersonen begingen, wurde der Verfolgungszwang aufgehoben, auch dann, »wenn die Tat zugleich ein militärisches Verbrechen oder Vergehen« war. Die Einleitung eines Ermittlungsverfahrens bedurfte in jedem einzelnen Fall der Genehmigung des zuständigen Gerichtsherrn, in der Regel des Divisionskommandeurs. Der Oberbefehlshaber des Heeres versuchte in einem Zusatzbefehl zum Gerichtsbarkeitserlaß am 25. Mai 1941 die Weisungen Hitlers zu unterlaufen, in dem er den Kommandeuren einschärfte, auf die Mannszucht zu achten. »Der einzelne Soldat darf nicht dahin kommen, daß er gegenüber den Landeseinwohnern tut und läßt, was ihm gut dünkt, sondern er ist in jedem Fall gebunden an die Befehle seiner Offiziere.« Jedoch im Partisanenkrieg, über dessen Ausmaß Brauchitsch vor dem Beginn des Rußlandfeldzugs keine Vorstellung haben konnte, verschoben sich die Maßstäbe zu Lasten der Zivilbevölkerung.

3. Mit Erlaß vom 21. Juni 1943 ordnete Hitler die Bildung eines zentralen »Sonderstandgerichts für die Wehrmacht« beim Reichskriegsgericht an, das politische Straftaten von Wehrmachtangehörigen im Heimatkriegsgebiet aburteilen sollte, die eine Todes- oder Zuchthausstrafe erwarten ließen. Zu ahnden waren insbesondere Delikte, »die sich gegen das Vertrauen in die politische und militärische Führung« richteten. Die gerichtsherrlichen Befugnisse, d.h. das Bestätigungsrecht, behielt er sich selbst vor. Die Vollstreckung sollte auf dem Fuße folgen. Es wurden drei Kleine Senate mit jeweils drei Richtern, davon zwei Offizieren, aufgestellt. Die Zahl der eingehenden Akten stieg von Tag zu Tag. Nach zwei Monaten waren es über 1000. Der Oberreichskriegsanwalt wählte zwölf abgeschlossene Fälle aus, um die Reaktion Hitlers zu testen. Es war kein Todesurteil darunter. Nachdem Hitler die Urteile studiert hatte, warf er sie seinem Adjutanten, Admiral von Puttkamer, vor die Füße und erklärte sie für null und nichtig. Er bestellte den Reichsjustizminister Thierack und den Chef der Parteikanzlei Bormann zu sich und beauftragte sie, eine Verordnung auszuarbeiten, die den Wehrmachtgerichten die Zuständigkeit für politische Strafsachen entzog. Obwohl

sich die Oberbefehlshaber von Luftwaffe und Kriegsmarine gegen eine solche Regelung aussprachen, befahl Hitler, noch bestärkt durch die Ereignisse des 20. Juli 1944, mit Erlaß vom 20. September 1944, alle Anklagen gegen Soldaten wegen Straftaten, die »sich gegen das Vertrauen in die politische und militärische Führung richten«, den zivilen Sondergerichten, insbesondere dem Volksgerichtshof, zu übertragen. Während die Männer des 20. Juli noch von einem »Ehrengerichtshof des Heeres« offiziell aus der Wehrmacht ausgestoßen werden mußten, damit sie dem Volksgerichtshof überstellt werden konnten, sollte diese Prozedur in Zukunft entfallen. Alle drei Wehrmachtteile waren sich zunächst einig, die Abtretung der einschlägigen Fälle an die zivile Gerichtsbarkeit zu verzögern oder gar zu verhindern. Die beim Reichskriegsgericht liegenden unerledigten Fälle gingen an die Rechtsabteilungen der Wehrmachtteile zurück. Dort wurden sie eingehend überprüft. Allein die Luftwaffenrechtsabteilung hatte 200 Akten zu bearbeiten. Weil das Heer fünfmal so viele Fälle zu würdigen hatte, schaltete Sack das »Zentralgericht des Heeres« ein, das er im April 1944 unter dem Wehrmachtkommandanten von Berlin eingerichtet hatte, um das Reichskriegsgericht zu entlasten.[98] Hitler wurden einige Todesurteile von schweren Fällen zugespielt, so daß er den Eindruck bekam, das Gericht arbeite in seinem Sinne. Sobald die Urteile bestätigt waren, wurden die Todesstrafen jedoch von der Gnadenabteilung im OKH in Freiheitsstrafen umgewandelt. Sack konnte dieses gefährliche Spiel nur deshalb spielen, weil er wußte, daß Hitler das Interesse an dem Fall verlor, sobald er seine Unterschrift darunter gesetzt hatte. Das »Luftwaffengericht z.b.V.«, das im Sommer 1942 für Strafverfahren aufgestellt worden war, die sich über mehrere Luftgaue erstreckten, z.B. Korruptionsfälle und Rüstungsangelegenheiten, verfuhr mit seinen politischen Akten ähnlich. Mit dem Argument, daß durch Abgabe militärischer Rechtsfälle die Kommandogewalt der Befehlshaber geschmälert und die Disziplin in der Truppe beeinträchtigt werden würde, prüfte man in den drei Wehrmachtteilen die einzelnen Fälle sehr sorgfältig, bevor sie an die zivile Gerichtsbarkeit abgegeben werden sollten. Beim Zentralgericht des Heeres häuften sich die Aktenstapel. Solange die Ausführungsbestimmungen zu Hitlers Befehl vom 20. September 1944 nicht vorlagen, wollte man nicht tätig werden. Ihre Bearbeitung wurde hinausgezögert. Erst im November 1944 waren sie fertig. Dönitz sperrte sie einfach in seinen Schreibtisch. Beim Heer und bei der Luftwaffe wurde die Weiterleitung an die Dienstaufsichtsrichter der Feldgerichte verschleppt. Vielfach kamen sie dort erst im März 1945 an. Beim Heeresgericht in Gera und beim Luftwaffengericht z.b.V. erstellte man zur Aktenabgabe umständlich Listen für jeden einzelnen Fall, um den Verbleib der Beschuldigten nachvollziehen zu können, sobald sie bei den zivilen Sondergerichten wären. Als die Akten schließlich lastwagenweise dem Volksgerichtshof zugeführt wurden, war der Krieg praktisch zu Ende, so daß dort oder bei einem anderen zivilen Sondergericht kein einziger Fall verhandelt wurde.

4. Im Januar 1945 war Hitlers Zorn über die Wehrmachtjustiz so weit gestiegen, daß er ihre Abschaffung verlangte. Am 4. Januar 1945 äußerte er gegenüber Goebbels den Wunsch, daß »bei Gelegenheit der Auskämmung der Wehrmacht die Militärgerichtsbarkeit abgeschafft wird«. Goebbels sah die Chance, der politisch so unzuverlässigen Militärjustiz »zu Leibe zu gehen«. Er notierte nach dem Gespräch in seinem Tagebuch: »Die Militärgerichte, die eigentlich gegründet wurden, um innerhalb der Wehrmacht eine scharfe Gerichtsbarkeit vor allem für den Krieg zu garantieren, haben sich als für diese Aufgabe völlig unzulänglich erwiesen.«[99] Konsequenzen hatte Hitlers Vorhaben nicht, weil in den letzten Kriegswochen die meisten Verfahren gegen Wehrmachtangehörige standrechtlich durchgeführt wurden, also außerhalb des Wehrmachtjustizwesens. Außerdem scheint Feldmarschall Schörner, veranlaßt von seinem Heeresgruppenrichter, bei Hitler persönlich vorstellig geworden zu sein, damit der Truppe nicht ein wichtiges Instrument zur Aufrechterhaltung der Disziplin abhanden komme.[100] Am 23. Januar 1945 findet sich ein weiterer diese Grundeinstellung bekräftigender Satz im Tagebuch des Reichsministers für Volksaufklärung und Propaganda: »Den Wehrmachtgerichten traut der Führer nicht allzu viel zu.«[101]

Am 26. Januar 1945 schuf Hitler den neuen Straftatbestand »Vereitelung des Fronteinsatzes« und wies die Oberbefehlshaber der Wehrmachtteile an, zur Aburteilung von Drückebergern und gegen Verzögerungen von Einberufungen Sondergerichte einzurichten. Was die Oberbefehlshaber von Luftwaffe und Kriegsmarine nicht taten, machte Keitel für alle Wehrmachtteile. Am 20. Februar 1945 stellte er sogenannte »Sonderstandgerichte« auf, die mit drei Offizieren gleich welchen Dienstgrades besetzt waren. Sie durften Todesurteile durch einstimmigen Beschluß für sofort vollstreckbar erklären, »wenn der Gerichtsherr nicht auf der Stelle erreicht werden kann und wenn die Vollstreckung bei klarer Sach- und Rechtslage aus zwingenden militärischen Gründen keinen Aufschub duldet«. Als Oberbefehlshaber des Ersatzheeres gab Himmler am 6. März 1945 Hinweise zur effektiven Handhabung der Sonderstandgerichtsbarkeit. Standgerichte sollten vor allem bei Streifenkommandos, Versprengten-Sammelstellen, Leichtverwundeten-Sammelstellen und Frontleitstellen eingerichtet werden und mit besonderem Nachdruck gegen Soldaten vorgehen, die ihre Waffen im Stich gelassen hatten. Todesurteile sollten zur Abschreckung im Beisein der in unmittelbarer Nähe Anwesenden vollstreckt werden.[102] An solchen Urteilen, die in den letzten Wochen des Krieges Tausende trafen, waren keine Wehrmachtrichter beteiligt. Sie können also der Wehrmachtgerichtsbarkeit nicht angelastet werden.

Das Justizwesen der Wehrmacht 399

Der Widerstand gegen verbrecherische Befehle

Im Oberkommando der Wehrmacht gab es immerhin drei Personen, die auf die Rechtmäßigkeit der Befehle achteten und alles in ihren Kräften stehende taten, um völkerrechtswidrige Anordnungen Hitlers zu verhindern: Generalmajor Warlimont, Chef der Abteilung Landesverteidigung, Admiral Canaris, Chef des Amtes Ausland/Abwehr, und Ministerialdirektor Dr. Lehmann, Chef der Wehrmachtrechtsabteilung. Ein Beispiel dafür, wie Hitler und Keitel mit den Vertretern der Wehrmachtjustiz umsprangen, bieten die Vorbereitungen zum Rußlandfeldzug im Frühjahr 1941.

Am 30. März 1941 befahl Hitler die Spitzen der Wehrmacht, etwa 200 bis 250 Generale und andere hohe Offiziere, zu einer Versammlung in den langen Flur der neuen Reichskanzlei. Zweieinhalb Stunden lang informierte der Oberbefehlshaber der Wehrmacht die Anwesenden über seine Absichten für den Krieg mit der UdSSR. Er verlangte, daß sich die Wehrmacht angesichts des geplanten Weltanschauungskrieges von den traditionellen Ehrbegriffen des Offizierkorps und von den Maßstäben des Völkerrechts frei machen müsse, da es um die Ausrottung des Bolschewismus gehe. Der Chef des Generalstabes des Heeres, Generaloberst Halder, notierte über Hitlers Rede: »Der Kampf muß geführt werden gegen das Gift der Zersetzung. Das ist keine Frage der Kriegsgerichte. Kommissare und GPU-Leute sind Verbrecher und müssen als solche behandelt werden.«[103]

Der Chef der Wehrmachtrechtsabteilung im OKW, Ministerialdirektor Dr. Lehmann, erhielt einige Tage nach der Ansprache Hitlers von Keitel den Auftrag, einen Befehlsentwurf auszuarbeiten, nach dem beim bevorstehenden Angriff auf die Sowjetunion die Wehrmachtrichter zu Hause bleiben sollten. Lehmann war »völlig außer Fassung«, als er das hörte.[104] Als besonderen Affront empfand er, daß Keitel ihn als Chef der Wehrmachtgerichtsbarkeit zum Handlanger eines Befehls machen wollte, der diese Gerichtsbarkeit liquidierte. Als Lehmann seine Bedenken gegen die Ausschaltung der Kriegsgerichte bei Hitler selbst vorbringen wollte, versperrte Keitel ihm den Zugang zu Hitler.

In dem Befehlsentwurf, den Lehmann auftragsgemäß vorlegte, trieb er das Verlangen Keitels auf die Spitze. Er schlug vor, alle Juristen aus der Wehrmachtgerichtsbarkeit einschließlich ihrer fachlichen Spitzen in den vier Oberkommandos zu entlassen, sobald der Rußlandfeldzug beginne. Zwei Tage später ließ ihn Keitel zu sich kommen. Zuerst warf er ihm schlechtes Benehmen vor. Die anschließende Sachdiskussion dauerte mehrere Stunden. Die Argumente Keitels waren die Argumente Hitlers: Zwingende militärische Gründe sprächen für die Ausschaltung der Wehrmachtgerichtsbarkeit im Ostfeldzug; die Kriegsgerichte würden eine schnelle Kriegführung behindern; sie seien nicht in der Lage, die Truppe wirksam gegen Angriffe der Zivilbevölkerung und der Partisanen zu schützen; die Truppe müsse ihr Recht selbst in die Hand nehmen. Zwar gelang es Lehmann in dem Gespräch mit Keitel nicht, die Gerichtsbarkeit über die Landeseinwohner durchzusetzen,[105] Keitel konzedierte jedoch die Mitnahme der Wehrmachtgerichte als Stütze der Kommandogewalt der militärischen Führer. Aufgrund der Besprechungsergebnisse fertigte Lehmann seinen nächsten Entwurf an. Aber erst der vierte Entwurf vom 9. Mai 1941, den Lehmann mit den Chefs der Rechtsabteilungen der Wehrmachtteile abgesprochen hatte, fand bei Keitel Anklang.[106] Lehmann, Neumann, Hammerstein und Rudolphi erreichten, daß die Wehrmachtgerichtsbarkeit in den Großverbänden erhalten blieb, aber mit der politischen Zielsetzung des Krieges nichts zu tun bekam. Das gelang um den Preis der Teilentmachtung. Die Verantwortung für Rechtsentscheidungen gegenüber Partisanen und Zivilisten, die bisher die Richter getragen hatten, lastete jetzt auf den Schultern der Offiziere.

Auch bei den anderen zweifellos verbrecherischen Befehlen, die das OKW herausgab, befand sich Lehmann in Opposition zu Keitel. Beim »Kommandobefehl« vom 18. Dezember 1942, so bestätigte Jodl vor dem Internationalen Militärtribunal in Nürnberg, habe ihn Hitler darauf hingewiesen, daß er in dieser Sache »keine Kriegsgerichte wünsche«.[107] Lehmann fand zwar Unterstützung bei Admiral Canaris, aber die Diskussion über die rechtlichen Fragen, die der Befehl aufwarf, wurde von Jodl unterbunden.

Beim »Nacht- und Nebelerlaß«[108] vom 7. Dezember 1941 gelang es Lehmann zu verhindern, daß die ausländischen Häftlinge aus den Händen der Wehrmachtgerichte unmittelbar der deutschen Polizei übergeben werden mußten, wie das vorgesehen war. Er erreichte, daß ihnen ein justizielles Verfahren gewährleistet blieb, allerdings vor einem zivilen Sondergericht im Reichsgebiet und nicht vor einem Militärgericht. Sie durften nicht wie geplant unmittelbar in ein Konzentrationslager eingeliefert werden. Was die Geheimhaltung der Häftlinge betraf, erreichte Lehmann keine Zugeständnisse. Ihm war jedoch zu verdanken, daß der »Nacht- und Nebelerlaß« so formuliert wurde, daß er noch als völkerrechtlich zulässige Repressalie gelten konnte.[109]

1 Otto Peter Schweling: Die deutsche Militärjustiz in der Zeit des Nationalsozialismus, hrsg. von Erich Schwinge, Marburg 1977
2 8.Sitzung des Hessischen Landtags am 29. Juni 1960, Drucksachen III, Nr. 28, S. 1070
3 Vgl. Schreiben des Ministerialdirektors a.D. Dr. Freiherr von Hammerstein an den Hessischen Ministerpräsidenten vom 8. Oktober 1960, Kopie beim Autor
4 Vgl. Manfred Messerschmidt: Deutsche Militärgerichtsbarkeit im Zweiten Weltkrieg, in: Die Freiheit des Anderen, Festschrift für Martin Hirsch, hrsg. von Hans Jochen Vogel, Helmut Simon und Adalbert Podlech, Baden-Baden 1981, S. 111 ff.; Manfred Messerschmidt und Fritz Wüllner: Die Wehrmachtjustiz im Dienste des Nationalsozialismus. Zerstörung einer

Legende, Baden-Baden 1987; Norbert Haase: Deutsche Deserteure, Berlin 1987; Fritz Wüllner: Die NS-Militärjustiz und das Elend der Geschichtsschreibung. Ein grundlegender Forschungsbericht, Baden-Baden 1991
5 Vgl. Erich Schwinge: Verfälschung und Wahrheit. Das Bild der Wehrmachtgerichtsbarkeit, Tübingen u.a. 1992; H. Mörbitz: Hohes Kriegsgericht. Ein Tatsachenbericht nach den Erlebnissen eines Kriegsgerichtsverteidigers, Wien 1968; Otfried Keller: Richter und Soldat. Ausschnitte aus einem Leben in bewegter Zeit, Marburg 1989
6 Franz W. Seidler: Die Militärgerichtsbarkeit der Deutschen Wehrmacht 1939–1945. Rechtsprechung und Strafvollzug, München 1991; Jost Block: Die Ausschaltung und Beschränkung der deutschen ordentlichen Militärgerichtsbarkeit während des Zweiten Weltkrieges, jur. Diss. Würzburg 1967
7 Deutscher Bundestag, Stenographischer Bericht der 175. Sitzung der 13. Wahlperiode vom 15. Mai 1997, S. 15818 ff. Die Entschließung wurde durch den Erlaß des Bundesministeriums der Finanzen vom 17. Dezember 1997 (Bundesanzeiger Nr. 2 vom 6. Januar 1998) umgesetzt.
8 Vgl. Ralph Angermund: Die geprellten ›Richterkönige‹. Zum Niedergang der Justiz im NS-Staat, in: Herrschaftsalltag im Dritten Reich. Punktstudien und Texte, hrsg. von Hans Mommsen und Susanne Willems, Düsseldorf 1988, S. 304 ff.
9 Reichsgesetzblatt 1939 I S. 1457
10 Vgl. Der Führer und Oberste Befehlshaber der Wehrmacht vom 6. Januar 1942, HVBl. 1942, Nr. 34
11 Vgl. Jost Block (wie Anm. 6), S. 28ff.
12 Vgl. Lothar Gruchmann: Ausgewählte Dokumente zur Deutschen Marinejustiz im Zweiten Weltkrieg, in: VfZ 26 (1978), S. 433 ff.
13 Vgl. Lothar Gruchmann (wie Anm. 12), S. 437
14 Vgl. Beispiele in Ernst Roskothen: Paris. Place de la Concorde 1941–1944. Ein Wehrmachtsrichter erinnert sich ..., Bad Dürrheim und Baden-Baden 1977; H. Mörbitz (wie Anm. 5). Einzelbeispiele finden sich in mehreren Autobiographien von Generalen der Wehrmacht, z.B. Maximilian Fretter-Pico: Die Jahre danach. Erinnerungen 1945–1984, Osnabrück 1985, S. 18f.
15 Vgl. BA/ZNW Wehrmachtskommandantur Berlin Nr. 2716
16 Vgl. Frhr. v. Dörnberg: Wehrmachtjustiz im Dritten Reich. Von Newel bis Remagen, Hannover 1948, S. 5ff.
17 Vgl. Walter Görlitz: Model. Der Feldmarschall und sein Endkampf an der Ruhr, München 1984, S. 236
18 Frhr. v. Dörnberg (wie Anm. 16), S. 2 ff.
19 Vgl. Ingo Müller: Furchtbare Juristen. Die unbewältigte Vergangenheit unserer Justiz, München 1987, S. 190 f.
20 Vgl. Franz W. Seidler (wie Anm. 6), S. 27 ff.; Jost Block (wie Anm. 6), S. 12 ff.
21 Vgl. Otfried Keller (wie Anm. 5), S. 71 ff.
22 Fünfte Verordnung zur Ergänzung der KSSVO v. 5. Mai 1944; RGBl. I S. 115
23 Verordnung über die Wehrmachtrichter im Truppensonderdienst, RGBl 1944 I S. 135
24 Vgl. Werner Hülle: Die Stellung des Wehrmachtrichters im Truppensonderdienst, in: Zeitschrift für Wehrrecht 9 (1944), S. 145 ff.
25 Otto Peter Schweling (wie Anm. 1), S. 90
26 Vgl. Hermann Bösch: Dr. Karl Sack. Wehrmachtrichter in der Zeit des Nationalsozialismus, Bonn 1993
27 Otto Peter Schweling (wie Anm. 1), S. 109
28 Verordnung zur Ergänzung und Änderung der Zuständigkeitsverordnung vom 29. Januar 1943, RGBl I S. 76
29 Vgl. Übersicht über die in der Zeit vom 26. August 1939 bis 7. Februar 1945 beim Reichskriegsgericht ergangenen und vollstreckten Todesurteile, Historicky ustav Armady České republiky Prag 39-19/5
30 Vgl. Strafgesetzbuch für das Deutsche Reich. Kommentar v. Adolf Schönke, München und Berlin 1944, S. 247 ff.

31 Urteil des 2. Senates des RKG v. 4. Februar 1945 gegen Walter M., HuAC Prag, Akten Reichskriegsgericht
32 RGBl 1940 I S. 1347. Das MStGB wurde am 20. Juni 1872 erlassen (RGBl I S. 174), am 16. Juni 1926 neu bekanntgemacht (RGBl I S. 275) und danach mehrmals geändert.
33 RGBl 1939 I S. 1455
34 RGBl 1939 I S. 2131
35 RGBl 1940 I S. 445
36 Vgl. Römer: Die Unterstellung des Gefolges unter die Militärgesetze, in: Zeitschrift für Wehrrecht 5 (1940/41), S. 427 ff.
37 RGBl 1944 I S. 134
38 RGBl 1942 I S. 536
39 RGBl 1943 I S. 261
40 RGBl 1944 I S. 115
41 RGBl 1944 I S. 252
42 RGBl 1939 I S. 1683
43 RGBl 1939 I S. 1609
44 RGBl 1939 I S. 1679
45 RGBl 1939 I S. 2319
46 RGBl 1939 I S. 2378
47 Vgl. Richterbriefe – Mitteilungen des Reichsministers der Justiz Nr. 9, in: Heinz Boberach (Hrsg.): Richterbriefe. Dokumente zur Beeinflussung der deutschen Rechtssprechung 1942–1944, Boppard am Rhein 1975, S. 132
48 Ein Menschenleben gilt für nix, in: Der Spiegel Nr.43/1987, S. 117
49 Vgl. Martin Broszat, Zur Perversion der Strafjustiz im Dritten Reich, in: VfZ 6 (1958), S. 390 ff.
50 Vgl. Richterbriefe (wie Anm. 47), S. 56 f.
51 Vgl. Werner Weber: Vom Sinn der Todesstrafe, in: Zeitschrift der Akademie für Deutsches Recht 7 (1940), S. 156 ff.
52 Vgl. Lothar Gruchmann (wie Anm. 12), S. 400
53 Ralph Angermund (wie Anm. 8), S. 304
54 Zur Diskussion über die Zahl der Todesurteile vgl. Otto Peter Schweling (wie Anm. 1), S. 263 ff.; Manfred Messerschmidt und Fritz Wüllner (wie Anm. 4), S. 63 ff.
55 Richterbriefe (wie Anm. 47), S. 57
56 Otto Peter Schweling: Die deutsche Wehrmachtjustiz im Dritten Reich, unveröffentl. Manuskript, Bd 2, S. 424
57 Vgl. Erich Schwinge: Die Entwicklung der Mannszucht in der deutschen, britischen und französischen Wehrmacht seit 1914, Berlin und München 1940
58 Militärstrafgesetzbuch nebst Kriegssonderstrafrechtsverordnung, erläutert von Erich Schwinge, Berlin 1943, S. 5
59 OKW vom 21. Dezember 1939, Bundesarchiv/Militärarchiv (BA/MA) RH 14/30, Bl. 67 f.
60 OKH vom 17. November 1939, BA/MA RH 14/22, Bl. 55 ff.
61 Vgl. Otto Hennicke: Auszüge aus der Wehrmachtkriminalstatistik, in: Zeitschrift für Militärgeschichte 5 (1966), S. 438 ff.
62 Rolf-Dieter Breitenstein und Joachim Philipp: Die imperialistische Militärgerichtsbarkeit von 1898 bis 1945, jur. Diss. Humboldt-Universität Ost-Berlin 1983, S. 233; Otto Hennicke (wie Anm. 61), S. 449
63 Rolf-Dieter Breitenstein und Joachim Philipp (wie Anm. 62), S. 233
64 BA/MA RW 6/v. 130
65 Otto Hennicke (wie Anm. 61), S. 445
66 Otto Hennicke (wie Anm. 61), S. 449
67 Otto Hennicke (wie Anm. 61), S. 455
68 Otto Hennicke (wie Anm. 61), S. 455 f.
69 Otto Hennicke (wie Anm. 61), S. 456
70 Vgl. Franz W. Seidler: Fahnenflucht. Der Soldat zwischen Eid und Gewissen, München 1995, S. 144 ff.

71 Vgl. Franz W. Seidler (wie Anm. 70), S. 290
72 Vgl. Franz W. Seidler (wie Anm. 70), S. 295 ff.
73 Eivind Heide: Tyske soldater pa flukt, Oslo 1988
74 Franz W. Seidler (wie Anm. 70), S. 311 ff.
75 Elmar Brandstetter (Hrsg.), Handbuch des Wehrrechts, 2. Aufl., Berlin 1939, Nr. 542
76 Vgl. HGnO, BA/MA RH 14/22, Bl. 39 ff.
77 ChefHRüst und BdE vom 5. Juli 1944, BA/MA RH 14/23
78 Vgl. Erlaß des Führers über Gnadenmaßnahmen bei hervorragender Bewährung während des Krieges vom 26. Januar 1942 und Ausführungsbestimmungen für die Strafrechtspflege, Allgemeine Heeresmitteilungen (AHM) 1942, Nr. 252
79 Vgl. OKH ChefHRüst und BdE vom 5. Mai 1942, BA/MA RH 14/34, Bl. 77
80 Vgl. OKW vom 7. Juli 1944, AHM 1944, Nr. 498
81 Vgl. Schreiben OKW an RMJ vom 14. Februar 1944, Bundesarchiv (BA) R 22/5015, Bl. 159 ff.
82 Vgl. OKW v. 4. Juni 1944, BA R 22/5015, Bl. 172
83 Vgl. RGBl 1940 I S. 877
84 Vgl. OKW-WR vom 2. Oktober 1940, BA/MA RW 6/v.130, Bl. 453; BA R 22/5015, Bl. 5 ff.
85 Vgl. OKW-WR (wie Anm. 80)
86 Vgl. OKH-AHA vom 12. Februar 1942, BA/MA RH 14/34, Bl. 36 f.
87 Vgl. 5. Verordnung zur Durchführung des Erlasses des Führers und Obersten Befehlshabers der Wehrmacht über die Aufstellung einer Bewährungstruppe vom 18. Juli 1944, BA/MA RH 14/27, Bl. 62 ff.
88 Vgl. Der Führer und Oberste Befehlshaber der Wehrmacht vom 21. Dezember 1940, BA/MA RH 12/23; OKW WR vom 5. April 1941 Verordnung zur Durchführung des Erlasses des Führers und Obersten Befehlshabers der Wehrmacht über die Aufstellung einer Bewährungstruppe vom 5. April 1941, BA/MA RH 12/23, Bl. 37 ff.
89 Vgl. ChefHRüst und BdE vom 7. Dezember 1943, BA/MA RH 14/23, Bl. 65 und Chef OKW vom 1. Februar 1945, BA/MA RH 14/27, Bl. 159 ff.
90 Vgl. Der Führer und Oberste Befehlshaber der Wehrmacht vom 2. April 1942, Neuordnung der Strafvollstreckung, AHM 1942, S. 51
91 Vgl. OKW-WR vom 4. März 1942, BA R 22/2296, Bl. 522 ff.
92 Vgl. Richtlinien für die Vollstreckung von Freiheitsstrafen in der Wehrmacht vom 1. Februar 1945, BA/MA RH 14/31, Bl. 13 ff.
93 RGBl 1945 I S. 20
94 BA/MA RW 6/v.130
95 BA/MA RW 6/v. 130
96 Vgl. Franz W. Seidler (wie Anm. 6), S. 67 ff.; Wilhelm Wicziok: Die Armee der Gerichteten zur besonderen Verwendung. Bewährungsbataillon 500, Essen 1992
97 Bernd Wegner: Die Sondergerichtsbarkeit von SS und Polizei. Militärjustiz oder Grundlegung einer SS-gemäßen Rechtsordnung?, in: Das Unrechtsregime, Band 1, Ideologie – Herrschaftssystem – Wirkung in Europa, hrsg. von Ursula Büttner, Hamburg 1986, S. 243 ff.; Anatomie des SS-Staates, hrsg. von Hans Buchheim, Martin Broszat, Hans-Adolf Jacobsen und Helmut Krausnick, Band 1, Freiburg 1967, S. 153 ff.
98 Heeresmitteilungen 1944, Nr. 326
99 Die Tagebücher von Joseph Goebbels, hrsg. von Elke Fröhlich, Band 15, München u.a. 1995, S. 63
100 OKW-Prozeß, Lehmann, Dok. Nr. 137
101 Die Tagebücher von Joseph Goebbels (wie Anm. 99), S. 199
102 Vgl. Franz W. Seidler (wie Anm. 6), S. 186 ff.
103 Hermann Dieter Betz: Das OKW und seine Haltung zum Landkriegsvölkerrecht im Zweiten Weltkrieg, jur. Diss. Würzburg 1970, S. 120
104 Hermann Dieter Betz (wie Anm. 103), Seite 134
105 Hitler hatte bereits im Polenfeldzug getobt »Die Wehrmachtgerichte sabotieren meine Kriegführung«, weil die Richter die von ihm erwarteten harten Strafen gegen straffällige Zivilisten nicht aussprachen. Vgl. Otto Peter Schweling (wie Anm. 1), S. 60

106 Vgl. Hermann Dieter Betz (wie Anm. 103), S. 145
107 Hermann Dieter Betz (wie Anm. 103), S. 220
108 »Richtlinien für die Verfolgung von Straftaten gegen das Reich oder die Besatzungsmacht in den besetzten Gebieten«
109 Otto Peter Schweling (wie Anm. 1), S. 90

Franz Seidler, Prof. Dr. phil., geboren 1933 in Wigstadt. 1951–1956 Studium der Geschichte, Germanistik, Anglistik an den Universitäten München, Cambridge und Paris. 1956–1959 Studienreferendar und Studienassessor im Landesdienst Baden-Württemberg, 1959–1963 Stv. Direktor Bundeswehrfachschule Köln, 1963–1968 Referent im Bundesministerium der Verteidigung, Abteilung Verwaltung und Recht, 1968–1972 Wissenschaftlicher Direktor an der Heeresoffizierschule München, 1972 NATO Defence College Rom, seit 1973 Professor für Neuere Geschichte, insbesondere Sozial- und Militärgeschichte an der Universität der Bundeswehr München. 1978 Bundesverdienstkreuz am Band für Verdienste um das Bildungswesen der Bundeswehr.
Veröffentlichungen: Einigkeit in Recht und Freiheit, 2 Bände, Köln 1967; Studien der Heeresoffizierschule München (Hrsg.), München 1970; Die Wehrpflicht, München und Wien 1971; Otto von Stetten, München 1971; Wehrdienst und Zivildienst, München und Wien 1971; Wehrpflicht, Kriegsdienstverweigerung, Zivildienst und Wehrgerechtigkeit, Bonn 1972; Die Abrüstung, München und Wien 1974; Probleme der deutschen Sanitätsführung 1939–1945, Neckargemünd 1977; Frauen zu den Waffen, Bonn 1978; Blitzmädchen, Bonn 1979; Krieg und Frieden, München 1980; Das Militär in der Karikatur, München 1982; Friedenssicherung, Bonn 1983; Fritz Todt (Biographie), München 1986; Die Organisation Todt, Koblenz 1987; Deutscher Volkssturm, München 1989; Die Militärgerichtsbarkeit der deutschen Wehrmacht 1939–1945, München 1991; Fahnenflucht, München 1993; Die Kollaboration 1939–1945, München 1995; Verbrechen an der Wehrmacht. Die Kriegsgreuel der Roten Armee, Selent 1997.

ANDREAS BROICHER

Die Wehrmacht in ausländischen Urteilen

»Den Charakter einer Nation
erkennt man daran, wie sie ihre Soldaten
nach einem verlorenen Krieg behandelt.«
Leopold von Ranke

Einführung

Kaum eine andere Armee hat weltweit über Jahrzehnte hinweg eine derart anhaltende Aufmerksamkeit in der Publizistik gefunden wie die Wehrmacht. Selbst fünfzig Jahre nach Kriegsende hat das Interesse nicht nachgelassen. Der Begriff »Wehrmacht« ist dabei in unterschiedlicher Weise gebraucht worden. Insbesondere bei Übersetzungen aus dem Englischen ins Deutsche und umgekehrt sind oft »Wehrmacht« und »army« gleichgesetzt worden. Der im Englischen gebräuchliche Terminus »army« bezeichnet aber nach heutigem Verständnis nur die Landstreitkräfte eines Landes, das Heer.

Erschwert wird das allgemeine Verständnis dadurch, daß die Wehrmacht nicht der »einzige Waffenträger der Nation« gewesen ist, sondern daß daneben die Waffen-SS bestanden hat. Sie wird schon aufgrund der regelmäßigen Unterstellungen von Verbänden und Großverbänden der Waffen-SS unter das Kommando von Heeres- und Wehrmachtbefehlshabern als ein integraler Bestandteil der Wehrmacht angesehen. Gegen Ende des Krieges bestand sie aus rund 600 000 Mann in ca. 40 Divisionen von sehr unterschiedlicher Größe und Qualität. Die SS- und Polizeiverbände waren jedoch nie der Wehrmacht zugeordnet.[1]

Den Begriff »Wehrmacht« als teilstreitkraftübergreifende Bezeichnung verwendete bereits die Reichsverfassung von 1919 (Art. 47). Gleichwohl hießen die deutschen Streitkräfte in der Weimarer Republik »Reichswehr«.[2] Nach der Einführung der allgemeinen Wehrpflicht 1935 wird er zur alleinigen, amtlichen Bezeichnung für die Streitkräfte des Deutschen Reichs mit den drei Wehrmachtteilen Heer, Luftwaffe und Marine.[3]

In Erinnerungen und Reflexionen von Militärs dominieren meist die Verbände des Heeres, die ihnen auf dem Gefechtsfeld gegenübergestanden haben. Auch wenn die Zahl der über das besetzte Europa verstreuten Dienststellen von Luftwaffe und Marine im Verlauf des Krieges erheblich angestiegen ist, so hat das Heer über den größten Teil militärischer Einrichtungen verfügt. Ihm oblag außerdem – bei möglichst klarer Aufgabenabgrenzung – die Zusammenarbeit mit Dienststellen der Polizei, SS, SD und Gestapo.

Trotz der Fülle der zum Thema »Wehrmacht« veröffentlichten Literatur scheint das komplexe Verhalten der Wehrmacht und insbesondere des Heeres noch nicht ausreichend erforscht. Die bekannten Untersuchungen betrachten eher sehr speziell die inzwischen weit zurückliegenden Geschehnissen, obwohl auf Seiten der Alliierten – und besonders bei den Amerikanern – vergleichsweise hervorragende Arbeit geleistet worden ist. Die Ergebnisse ihrer Gefangenenbefragungen noch während des Krieges und nach Kriegsende sind eine unverzichtbare Quelle für die Forschung.

Die Auseinandersetzung ausländischer Autoren unterschiedlichster Provenienz mit der Wehrmacht konzentrieren sich in der Hauptsache auf zwei Themenkreise. Stehen bei ehemaligen Militärs Professionalität und Kampfkraft der verschiedenen Wehrmachtteile im Vordergrund, so untersuchen zivile Zeitzeugen und Wissenschaftler stärker das moralische Verhalten der Soldaten aller Dienstgrade der Wehrmacht hinter der Front und in den besetzten Gebieten. Dem Verfasser kommt es darauf an, beide Ebenen darzustellen. Dabei konzentrieren sich die Aussagen weitgehend auf das deutsche Heer und das Verhalten seiner Soldaten im Zweiten Weltkrieg.

Ein besonderes Interesse gilt dem Kampf im Osten, der sich in vielerlei Hinsicht von dem an den anderen Fronten unterscheidet. Hier kämpfen zwei Armeen gegeneinander, die durch ihre totalitären Regierungen für ideologisch begründete Feldzüge mißbraucht werden. Die Geringschätzung sittlicher Werte und damit auch menschlichen Lebens ist dabei dem nationalsozialistischen Regime ebenso eigen wie dem stalinistischen. Es ist daher nicht verwunderlich, wenn dieser Kampf mit außerordentlicher Härte und Brutalität ausgefochten worden ist. Das Verhalten der Wehrmacht auf diesem Kriegsschauplatz ist weitgehend bestimmt worden durch die verbrecherischen Befehle ihres obersten Befehlshabers Adolf Hitler, die er speziell für den Vernichtungsfeldzug im Osten erlassen hat.

Die Vielzahl der Veröffentlichungen hat eine Beschränkung und Auswahl erfordert, so daß einige Kriegsschauplätze wie der Balkan und Italien, wo es auch zu Ausschreitungen der deutschen Besatzungsmacht gekommen ist, hier nicht betrachtet werden.

Die Auswahl der Veröffentlichungen zum Thema »Wehrmacht«, die in den USA, Großbritannien und Frankreich erschienen sind, verantwortet der Verfasser. Sofern sie nur in englischer Sprache veröffentlicht worden sind, hat er diese übersetzt. Stimmen aus der ehemaligen Sowjetunion und aus Polen sind – soweit sie in einer deutschen oder englischen Übersetzung vorliegen, berücksichtigt worden.

Die Wehrmacht im Urteil ehemaliger Gegner –
Blitzkriege 1939–1940: The most wonderful soldiers

Die selbst für das Oberkommando der Wehrmacht überraschend erfolgreichen Feldzüge gegen Polen 1939 und Frankreich 1940, die Besetzung der Benelux-Staaten, Dänemarks und Norwegens sowie einige Einzelaktionen seitens der Luftwaffe und Marine fanden auch im Ausland bei den Kriegsgegnern und neutralen Militärs große Beachtung hinsichtlich der militärischen Leistungen der Wehrmacht als Kampfinstrument. Die Wehrmacht umgab ein Nimbus der Unbesiegbarkeit.

Der unmittelbar nach der Besetzung Polens einsetzende Terror der nationalsozialistischen Elemente gegen die Zivilbevölkerung, bei dem auch die Heeresführung involviert war, konnte auf Dauer vor dem Ausland ebensowenig verschleiert werden wie später hinter der Front in der Sowjetunion. Ganz im Gegensatz dazu stand das Verhalten auf den westlichen Kriegsschauplätzen, wo sich die Wehrmacht bis auf wenige Ausnahmen an das Kriegsvölkerrecht hielt.

Die vielfältigen und vielschichtigen Strukturen des nationalsozialistischen Machtapparates neben der Wehrmacht erschwerten es nicht nur in Polen, zu erkennen, in welchem Umfange Verbrechen verübt wurden bzw. zu unterscheiden, welche deutschen Organisationen für die Unterdrückung, Deportation und Tötung einzelner oder ganzer Volksgruppen verantwortlich waren.

Die militärischen Leistungen der Wehrmacht führten bei Deutschlands Kriegsgegnern nicht zu den notwendigen Schlüssen aus dem Polenfeldzug, obwohl man sich über den Fortgang des politischen und militärischen Geschehens keine Illusionen hingab. Frankreich und Großbritannien ließen die mehr als sieben Monate bis zum Westfeldzug ohne nennenswerte Kriegsvorbereitungen verstreichen und versäumten es, aus dem Polenfeldzug die entscheidenden Lehren zu ziehen.

Hatten Heer und Luftwaffe nach einhelliger Meinung aller Militärexperten in Polen ihre erste Bewährungsprobe durch das Zusammenwirken zweier Wehrmachtteile bestanden, so setzte im April die schnelle Inbesitznahme Dänemarks und Norwegens in dem äußerst kühnen Unternehmen »Weserübung« unter Beteiligung aller drei Wehrmachtteile die militärische Fachwelt in Erstaunen.

An dem Unternehmen gegen die beiden skandinavischen Länder waren fast die gesamte Kriegsmarine, ein Fliegerkorps und fünf Heeresdivisionen beteiligt. Es galt damals als die größte triphibische Operation. Winston Churchill, der britische Premierminister, zollte der Wehrmacht große Anerkennung.

»Schon im Norwegenfeldzug, in dem Deutschland meist mobilgemachte, also zweitklassige Truppen eingesetzt hatte [...] wurden unsere besten Truppen, die schottische und die irische Garde, durch die Tatkraft, den Ideenreichtum und die Ausbildung Hitlers junger Soldaten zum Narren gehalten.«[4]

Der am 10. Mai 1940 beginnende Westfeldzug, bei dem – wie bereits in Polen – Land- und Luftstreitkräfte optimal zusammenwirkten und der eine herausragende Leistung operationeller wie taktischer Führung bot, verstärkte den Nimbus der Unbesiegbarkeit.

Die Luftlandungen auf dem Fort Eben Emael und an den Brücken über die Maas waren ebenso revolutionär in der Kriegführung wie das Überschreiten eines bedeutenden Wasserhindernisses, wie es die Maas darstellte, durch die deutschen Panzerdivisionen. Der Übergang des XIX. Armeekorps unter Führung Guderians bei Sedan war dabei ebenso spektakulär wie das kühne Vorwärtsdrängen der 7. Panzerdivision unter Rommel.

Die Luftwaffe erkämpfte sich die Luftüberlegenheit, unterstützte die Panzerspitzen unmittelbar und riegelte das Schlachtfeld wirksam in der Tiefe ab. Dieses Zusammenwirken von Land- und Luftstreitkräften führte zu einem nicht für möglich gehaltenen Angriffstempo.

Die deutsche militärische Führung und die Truppe erntete beim Gegner höchste Anerkennung. Lord Alanbrooke, Kommandierender General des II. britischen Korps und späterer Chef des britischen Generalstabs, hielt seine Eindrücke über den 23. Mai 1940 in seinem Tagebuch fest.

»It is a fortnight since the German advance started and the success they have adchieved is nothing short of phenomenal. There is no doubt that they are most wonderful soldiers.«[5]

Bereits am 18. Mai 1940 hatte der französische Oberbefehlshaber, General Gamelin, den psychologischen Unterschied zwischen den deutschen und französischen Soldaten herausgestellt.

»Schließlich und vor allem ist der deutsche Erfolg das Ergebnis der körperlichen Ausbildung und einer moralischen Hochstimmung der Volksmassen. Der französische Soldat, der Staatsbürger von gestern, glaubte nicht, daß es Krieg geben könne. Sein Interesse ging oft nicht über seine Werkstatt, sein Büro, seinen Acker hinaus. Geneigt, unaufhörlich jeden zu kritisieren, der über Autorität verfügt, und angereizt, unter dem Vorwand der Zivilisation von einem Tag zum anderen ein leichtes Leben zu genießen, hatte der Wehrpflichtige zwischen den beiden Kriegen nicht die moralische und vaterländische Erziehung erhalten, die ihn auf das Drama vorbereitet hätte, in dem es um das Schicksal seines Landes gehen würde.«[6]

Dennoch war auch die deutsche militärische Führung – das Ringen des Ersten Weltkriegs vor Augen – von der Schnelligkeit und dem Ausmaß der erzielten Erfolge zeitweilig überrascht, dem OKW und dem OKH waren die

Mängel aus gesamtstrategischer Sicht bewußt, die sich dem ausländischen Betrachter erst später vollends offenbarten. Erst nach dem Krieg stellte sich heraus, wie unfertig und unterlegen das deutsche militärische Instrument in einigen Bereichen trotz der Erfolge dennoch gewesen war.

Merkmale der militärischen Führung auf allen Ebenen waren anerkanntermaßen
- die geistige Beweglichkeit der militärischen Führer aller Dienstgrade
- die Schnelligkeit in der Durchführung von Befehlen und Weisungen
- der Mut zu selbständigen Entschlüssen
- die Fähigkeit zu klarer Schwerpunktbildung und
- das sehr gute Zusammenwirken von Heer, Luftwaffe und Marine

Neben diesen Führungsfähigkeiten waren
- die kriegserfahrene, selbstbewußte und hochmotivierte Truppe
- eine solide Ausbildung und gute Disziplin und
- eine in Teilbereichen überlegene Ausrüstung

von großer Bedeutung.

Eine neue Dimension der Kriegführung wurde mit den Luftangriffen gegen gegnerische militärische und zivile Einrichtungen erreicht, die nicht in direktem Zusammenhang mit anderen Kampfhandlungen standen wie in Großbritannien. Bei den Luftangriffen auf die Britische Insel kam es dem OKW darauf an, die Voraussetzungen für das Gelingen einer Invasion (Operation »Seelöwe«) durch die Ausschaltung der Royal Air Force zu schaffen. Dieses Vorhaben schlug jedoch fehl; nach acht Monaten wurden die Invasionspläne aufgegeben.

Für die ausländische Beurteilung deutschen Soldatentums nahm der Afrikafeldzug einen besonderen Platz ein. Als sich Ende 1940 eine Niederlage der italienischen Streitkräfte abzeichnete, beschloß Hitler, dort direkt einzugreifen. Im Februar 1941 landete General Rommel mit ersten Teilen seiner Truppe auf diesem für die Deutschen neuen und völlig unbekannten Kriegsschauplatz.

Der – seit Juni 1942 – alles überstrahlende Ruhm des jungen, 51 Jahre alten Feldmarschalls Rommel, der bereits im Westfeldzug mit seiner 7. Panzerdivision (Gespensterdivision) für Aufsehen gesorgt hatte, sowie der weltweite Bekanntheitsgrad seiner Truppe machten mitunter vergessen, daß auch Marine und Luftwaffe im Mittelmeerraum und in Nordafrika zunächst sehr erfolgreich operierten.

Der nordafrikanische Kriegsschauplatz unterschied sich in jeder Hinsicht von dem ab Juni 1941 sich rasch ausweitenden Kriegsschauplatz im Osten. Aber in dieser Phase des Krieges war offensichtlich die große Mehrheit der deutschen Soldaten noch fest davon überzeugt, für ihre Heimat, für ihr Vaterland und für eine gute Sache zu kämpfen.

Die große Zahl der deutschen Soldaten glaubte, daß der Führer, ihr oberster Befehlshaber und Repräsentant der Nation, für die sie hier kämpften, unmöglich solche Verbrechen, wie sie bereits gegenüber dem eigenen Volk und im besetzten Polen verübt worden waren, dulden oder gar befehlen würde.

Auf dem afrikanischen Kriegsschauplatz schienen auf beiden Seiten der Front noch bestimmte Formen der Ritterlichkeit zu gelten. Noch lange nach dem Krieg lebte in der Erinnerung der beteiligten britischen und deutschen Soldaten der Krieg in Nordafrika fort als ein Kampf, der von beiden Seiten ehrenhaft geführt wurde.

Aber auch der Umgang von Siegern und Besiegten entsprach traditionellem Verständnis. So lud General Montgomery, Oberbefehlshaber der britischen 8. Armee, am 4. November 1942 bei El Alamein den in britische Gefangenschaft geratenen Kommandierenden General des Afrikakorps, General von Thoma, zum Dinner ein.

»General von Thoma, der Kommandeur des Afrikakorps, war als Gefangener auf meinem Gefechtsstand und dinierte mit mir in meiner Messe. Er ist ein netter Kerl und war gerne bereit, mit mir über die letzten Ereignisse zu sprechen. Wir diskutierten (den Verlauf) der Schlacht im September, als Rommel mich angriff, und wir sprachen über den jetzigen Stand der Schlacht. Ich habe Zweifel, ob viele Generale das Glück haben, mit ihrem Gegenüber in der Schlacht, die gerade durchgefochten wurde, zu diskutieren.«[7]

Im Gegensatz dazu verhielt sich der amerikanische Oberbefehlshaber auf dem nordafrikanischen Kriegsschauplatz, General Dwight D. Eisenhower, zwar äußert korrekt, aber ohne jedes Verständnis. Als Generaloberst von Arnim, der letzte Befehlshaber der deutsch-italienischen Truppen im Raum Tunis im Mai 1943 auf seinem Weg in die Gefangenschaft war, empfahlen Eisenhower einige Angehörige seines Stabes, den deutschen General zu empfangen, was er jedoch ablehnte.

»Für mich war der Zweite Weltkrieg eine viel zu persönliche Sache, als daß ich derartigen Gefühlen hätte nachgeben können. Wie sich die Dinge von Tag zu Tag fortentwickelten, wuchs in mir die Überzeugung, daß, wie nie zuvor in einem Krieg zwischen den Völkern, die Streitkräfte, die für Menschenwürde und Menschenrechte einstanden, dieses Mal einer ausgesprochen teuflischen Verschwörung gegenüberstanden, die keinen Kompromiß zuließ. Da nach meiner Überzeugung nur durch die völlige Zerstörung der Achse sich eine anständige Welt entwickeln konnte, wurde der Krieg für mich ein Kreuzzug im traditionellen Sinn dieses so oft mißbrauchten Wortes.«[8]

Eisenhower weigerte sich während des Krieges grundsätzlich, einen in Gefangenschaft geratenen deutschen General zu empfangen. Dieses Bekenntnis machte deutlich, daß für ihn in diesem Krieg der Weltanschauungen die Zeiten vorbei waren, wo man dem Gegner ritterlich begegnete. Für ihn waren offenbar das nationalsozialistische Deutschland und die Wehrmacht identisch.

Vermutlich hat die Auffassung des amerikanischen Präsidenten Roosevelt gegenüber Deutschland Einfluß auf die Einstellung Eisenhowers und anderer hoher amerikanischer Militärs ausgeübt. Roosevelt, der in seiner Jugend zeitweilig eine Schule in Deutschland besucht hatte und seitdem »eine Abneigung gegen deutsche Anmaßung und provinzlerische Beschränktheit entwickelt haben soll, hielt die deutsche Nation »für eine hemmungslose Verschwörung gegen die Gesetze der modernen Zivilisation«[9].

Eisenhower, der während des Krieges und auch in der Nachkriegszeit zu den politisch denkenden und handelnden Generalen zählte, genoß durch sein loyales Verhalten das Vertrauen der Präsidenten Roosevelt und Truman in hohem Maße. Entsprechend seiner eigenen Geisteshaltung ging er davon aus, daß die Haltung der Mehrzahl der deutschen Generale, Offiziere und Soldaten »identisch mit Hitler und den Exponenten seiner Gewaltherrschaft sei«.

Erst vor dem Hintergrund des Koreakrieges 1950 hat Eisenhower als NATO-Oberbefehlshaber Europa aufgrund politischer Zwänge seine Auffassung relativiert. Da ein deutscher Verteidigungsbeitrag ohne eine volle Rehabilitierung des deutschen Soldaten nicht denkbar war, gab Eisenhower am 22. Januar 1951 eine Erklärung über den deutschen Soldaten der Wehrmacht ab, die von den Generalen a.D. Speidel und Heusinger bereits vor Aufnahme ihrer Beratertätigkeit im Amt Blank angeregt worden war, die jedoch nur in abgeschwächter Form veröffentlicht wurde.

»Ich war 1945 der Auffassung, daß die Wehrmacht, insbesondere das deutsche Offizierkorps, identisch mit Hitler und den Exponenten seiner Gewaltherrschaft sei – und deshalb auch voll mitverantwortlich für die Auswüchse dieses Regimes. Genau so wie ich mich damals eingesetzt habe gegen die Bedrohung von Freiheit und Menschenwürde durch Hitler, so sehe ich heute in Stalin und dem Sowjetregime dieselben Erscheinungen.

Ich habe damals in solchen Gedanken gehandelt, denn ein Soldat muß ja für einen Glauben kämpfen. Inzwischen habe ich eingesehen, daß meine damalige Beurteilung der Haltung des deutschen Offizierkorps und der Wehrmacht nicht den Tatsachen entspricht, und stehe daher nicht an, mich wegen meiner damaligen Auffassungen – sie sind ja auch in meinem Buch ersichtlich – zu entschuldigen. Der deutsche Soldat hat für seine Heimat tapfer und anständig gekämpft.«[10]

Krieg gegen die Sowjetunion: Selbstüberschätzung

Vor den Leistungen der Wehrmacht zeigte man in der Sowjetunion großen Respekt. In allen Analysen wurde immer wieder sowohl auf den guten Stand der Ausrüstung und Ausbildung der deutschen Verbände als auf deren Kriegserfahrung aus den vorausgegangenen Feldzügen hingewiesen. Bereits Anfang Mai 1941 setzte sich Stalin in einer Ansprache vor den Hörern der Akademien der Roten Armee bei einem Empfang zu Ehren der Absolventen auseinander.

»Die Rote Armee ist bei weitem nicht mehr dieselbe, die sie vor ein paar Jahren war. Wir haben eine neue Armee geschaffen und sie mit moderner Kriegstechnik ausgerüstet. Unsere Panzer, Flugzeuge und Artillerie haben sich gewandelt. Sie werden in der Armee viele Neuerungen vorfinden. [...]

Sie kommen aus der Hauptstadt zur Truppe, [...]. Rotarmisten und Kommandeure werden Sie fragen: Was geht jetzt vor sich? Warum wurde Frankreich besiegt? Warum unterliegt England und siegt Deutschland? Ist die deutsche Armee wirklich unbesiegbar?

Die Kriegswissenschaft der deutschen Armee hat sich weiterentwickelt. Die Armee wurde auf den neuesten Stand gebracht, in neuen Methoden der Kriegführung geschult und hat große Erfahrungen gesammelt. Es ist Tatsache, daß Deutschland technisch und organisatorisch die bessere Armee hat. Die Deutschen glauben aber vergebens, daß ihre Armee vollkommen und unbesiegbar sei. Es gibt keine unbesiegbaren Armeen.«[11]

Als am 22. Juni 1941 der Krieg gegen die Sowjetunion – Fall »Barbarossa« – begann, war es Hitler gelungen, die Truppe und den überwiegenden Teil der militärischen Führung davon zu überzeugen, daß es sich um einen Präventivkrieg handelte. Für diese Annahme sprachen u.a. viele aufgeklärte Truppenkonzentrationen, die einen sowjetischen Angriff erwarten ließen. Die Erkenntnisse nach Angriffsbeginn schienen zu bestätigen, daß sich die Rote Armee mitten in ihren abschließenden Vorbereitungen für einen Angriff nach Westen befand.[12] Diese Ansicht wurde nach dem Durchstoßen der sowjetischen Grenzverbände selbst für den »Landser« evident, als das tatsächliche Ausmaß des starken Aufmarschs in den westlichen Militärbezirken offensichtlich wurde. Während die drei deutschen Heeresgruppen Nord, Mitte und Süd zusammen über rund 3500 Panzer verfügten, zerstörte oder erbeutete allein die Heeresgruppe Mitte in der Kesselschlacht von Bialystok und Minsk – also bis Ende Juni 1941 – an die 6000 feindliche Panzer. In diesem Frontbogen waren also weit mehr Panzer massiert, als das gesamte deutsche Ostheer aufzuweisen hatte.[13]

Die deutschen Erfolge im ersten Kriegsjahr auf diesem Kriegsschauplatz erklärte die sowjetische Geschichtsschreibung mit der Feststellung, daß die sowjetische Führung und die Rote Armee von dem deutschen Angriff überrascht wurden, was aber nur für den Angriffsbeginn gelten konnte. Der Aufmarsch großer Heeresverbände an der Westgrenze der Sowjetunion war der sowjetischen Führung bekannt, was auch der spätere Armeegeneral Schtemenko bestätigtete, der kurz vor Kriegsausbruch von der Generalstabsakademie in die Operative Verwaltung des Generalstabes versetzt worden war.

»Unmittelbar vor Kriegsbeginn wurden unter strengster Geheimhaltung zusätzliche Truppen aus dem Landesinnern in die Grenzbezirke herangezogen. Es waren fünf Armeen [...] Unmittelbar vor Kriegsausbruch wurden die Baltische, Nord- und die Schwarzmeerflotte in erhöhte Bereitschaft versetzt.«[14]

Der sowjetische Marschall Schukow – Panzerexperte der Roten Armee, zum Zeitpunkt des deutschen Angriffs Chef des Generalstabes der Roten Armee und ab August 1941 Oberbefehlshaber der Westfront – stellte die rhetorische Frage, »mit was für einem Feind« die Rote Armee es in der Anfangsphase des Krieges zu tun gehabt hätte, zumal in Kriegsmemoiren und Kriegsromanen nicht immer deutlich würde, »wie weitblickend, erfahren und stark der Feind war, gegen den sowjetische Soldaten kämpfen mußten.« Er schätzte Kampfmoral und die geistige Überlegenheit der deutschen Soldaten sehr hoch ein, warf ihnen und der militärischen Führung aber auch ein hohes Maß an Selbstüberschätzung vor.

»Die deutschen Truppen waren von ihren leichten Siegen über die Armeen Westeuropas berauscht. Die Goebbels-Propaganda hatte ihnen die Möglichkeit eines leichten Sieges über die Rote Armee vorgegaukelt. [...] Die Kampftüchtigkeit der deutschen Soldaten und Offiziere, ihre fachliche Ausbildung und Gefechtserziehung erreichten in allen Waffengattungen, besonders in den Panzertruppen und bei der Luftwaffe, ein hohes Niveau. Der deutsche Soldat kannte seine Pflicht im Gefecht und im Felddienst und war ausdauernd, selbstsicher und diszipliniert.

Der sowjetische Soldat hatte es also mit einem erfahrenen und starken Gegner zu tun, so daß es keineswegs leicht war, ihm den Sieg zu entreißen.«[15]

Darüber hinaus schienen ihm die Führungsmittel, die Gefechtsstandorganisation, die modernen Führungsmethoden (bewegliche Führung) und besonders das gute Zusammenwirken der Land- und Luftstreitkräfte von großer Bedeutung für die Erfolge zu sein.[16]

Schukow nahm auch Stellung zu Verbrechen gegen Soldaten der Roten Armee und die Zivilbevölkerung. Dabei blieb offen, ob er auch die Wehrmacht mit einbezog, wenn er von »Nazis« und »Faschisten« als Urheber dieser Greuel sprach, denn gerade das besetzte Weißrußland stand die längste Zeit unter nationalsozialistisch ausgerichteter Zivilverwaltung.[17]

»Drei Jahre lang hatte das belorussische Volk unter dem Joch der feindlichen Besatzung geschmachtet. Die Hitler-Faschisten hatten das gesamte Volksvermögen geplündert oder vernichtet, die Städte verwüstet; [...] sie hatten in Belorußland über 2 200 000 friedliche Einwohner und Kriegsgefangene getötet.«[18]

Mit der deutschen Niederlage bei Stalingrad war nicht nur der Feldzug im Osten, sondern die Kriegführung der Achsenmächte an einem Wendepunkt angelangt. Der Untergang der 6. Armee löste in der deutschen Armee und in Deutschland einen Schock aus. Aber die Sowjets überraschte, daß die eingeschlossenen deutschen Soldaten trotz großer Entbehrungen, grausiger Kälte, ungenügender sanitätsdienstlicher Versorgung auch in aussichtsloser Lage ihren Kampf bis zur Erschöpfung fortsetzten. Trotz wiederholter mit großem Aufwand betriebener Flugblattkampagnen seitens der Führung der Roten Armee und des Einsatzes deutscher Kommunisten in speziellen Lautsprechertrupps war die Zahl deutscher Deserteure äußerst gering.

Für die Sowjets war es ein weiterer Beweis für das Durchhaltevermögen der deutschen Soldaten, auch in einer »höllischen Umgebung« wie Schukow es ausdrückte. Auf der anderen Seite zeigte die sowjetische Armeeführung für ein derartiges Verhalten Verständnis, weil sie auch von ihren Soldaten in ähnlichen Situationen genau dieses Durchhaltevermögen erwartete.

Aber auch westliche Militärs zeigten sich von dem Opfergang der deutschen Soldaten im Kessel von Stalingrad und von dem tapferen Verhalten der zahllosen Flugzeugbesatzungen beeindruckt, die unter größten Schwierigkeiten ihre Maschinen Tag für Tag für den Flug nach Stalingrad klar machten, in die eingeschlossene Stadt durch das dichte Feuer der russischen Flugabwehr flogen und in der letzten Phase der Schlacht noch im Feuer der gegnerischen Artillerie landeten. Auf den tief verschneiten und vereisten Pisten mußten sie im Feuer ihre Fracht rasch entladen, anschließend Verwundete aufnehmen und zum ebenso gefahrvollen Rückflug starten. Die Verluste der Luftwaffe waren schließlich so hoch, daß Stalingrad auch ein »Grab« der Transporterflotte der Luftwaffe wurde.

Als Charles de Gaulle 1944 die völlig zerstörte Stadt an der Wolga besuchte, fragte ihn ein Journalist bei einem Empfang in Moskau nach seinen Eindrücken. De Gaulle antwortete: »Stalingrad? Das ist schon ein fabelhaftes Volk, ein sehr großes Volk!« Der Journalist soll darauf zustimmend mit dem Kopf genickt und dabei geäußert haben: »Ja, die Russen!« Aber de Gaulle fiel ihm ins Wort und korrigierte ihn: »Aber nein doch! Ich spreche nicht von den Russen. Ich spreche von den Deutschen, daß sie trotz allem soweit vorgedrungen sind.«[19]

Das Heer in der Defensive 1943–1945

Ab 1943 befand sich die Wehrmacht auf allen Kriegsschauplätzen auf dem Rückzug, eingeleitet durch die Kapitulationen der 6. Armee Ende Januar und Anfang Februar 1943 in Stalingrad und des Afrikakorps im Mai 1943. Mit der Landung in der Normandie im Juni 1944 schafften die Alliierten endlich die von den Sowjets immer wieder geforderte zweite Front. Ab Herbst 1944 begann die Verteidigung der Reichsgrenze. Aus der Wehrmacht des »Blitzkriegs« war längst ein im wesentlichen defensives Instrument geworden.

Der Wechsel von der Offensive zur Defensive und die erkennbar wachsende Notsituation in der Heimat, entsprachen nicht mehr den lange gehegten Erwartungen und Hoffnungen. Das hatte negative Auswirkungen auf die Psyche der deutschen Soldaten. Zunehmend stellte sich für viele die Frage nach dem Sinn eines Kampfes gegen eine »Welt von Feinden«. Das Schreckgespenst eines Zweifrontenkrieges, den es unter allen Umständen zu vermeiden galt, wurde mehr und mehr zur Gewißheit. Der »Endsieg« wurde immer unwahrscheinlicher. Während die einen aber den Glauben in die Fähigkeiten Adolf Hitlers gänzlich verloren, standen die anderen weiterhin vertrauensvoll zu ihm. Für die Mehrzahl der deutschen Soldaten blieb der »Führer« auch in den nächsten Jahren der Mann, an dem sie meinten, sich aufrichten zu können.

Nach den an allen Fronten, auf See und in der Luft erlittenen Verlusten der Wehrmacht und unter dem permanenten Bombenangriffen auf das gesamte Reichsgebiet, hoffte man auf alliierter Seite auf ein schnelles Kriegsende. Um so überraschter waren die westlichen Militärs z.B. über den Widerstand der deutschen Truppen nach den Luftlandungen bei Arnheim bei der alliierten Operation »Market Garden« im September 1944 oder über die nicht mehr für möglich gehaltene Fähigkeit zu einer Großoffensive in den Ardennen um die Jahreswende 1944/45. Sir John Hackett, 1944 Kommandeur der bei Arnheim eingesetzten 4. britischen Fallschirmjägerbrigade, urteilte über das Heer und seine Leistungen sehr positiv.

»Es gibt keinen Zweifel darüber, wer den ersten Preis gewinnt. Das sind die Deutschen. Die gute Qualität einer Armee zeigt sich am besten, wenn sie verliert. [...] Unsere Operation schlug fehl. Die Gegenwehr der leistungsstärksten Armee (the most highly effective army), die die Welt bis dahin gesehen hatte, bewirkte dies. Die Deutschen des Zweiten Weltkriegs waren sehr, sehr gut. Wo immer sie kämpften, wurden sie im großen und ganzen gut geführt und wahrten eine gute Disziplin.«[20]

Mit der Konfrontation des Holocausts in den von den Alliierten befreiten Ländern und in Deutschland nahm das verbliebene Ansehen der Deutschen, unabhängig vom Status des einzelnen, rapide ab, löste Abscheu und in vielen Fällen antideutsche Exzesse aus. Generalmajor James Gavin, der die 82. Airborne Division bis nach Berlin führte, bekannte, daß die Erinnerung an die grauenvollen Bilder verhungerter und ermordeter KZ-Häftlinge, deren leblose Körper von ihren deutschen Schergen mit Bulldozern zusammengeschoben worden waren, ihm noch viele Jahre nach dem Krieg die Tränen in die Augen getrieben hätten.

»Die mächtige Wehrmacht (Anmerk. d. Verf.: Gemeint ist vermutlich das Heer, obwohl im englischen Text »Wehrmacht« steht) und Luftwaffe verwüsteten das Antlitz Europas, sie lebten aus dem Land, plünderten und zerstörten überall da, wo sie hinkamen und schickten die in die Konzentrationslager, die nicht ihren Vorstellungen vom Herrenmenschen – politisch, rassistisch oder wie auch immer – entsprachen.«[21]

Zu einem ähnlichen Urteil gelangte General Matthew B. Ridgeway, der pauschal feststellte, daß die schrecklichen Ereignisse in den Konzentrationslagern vom deutschen Volk geduldet und widerspruchslos nachgesehen worden wären.[22]

Alle Versuche deutscher Soldaten, die bis zur Kapitulation gekämpft hatten, sich vom Nationalsozialismus zu distanzieren, mußten bei dem Ausmaß von Verbrechen in den Augen der Alliierten unglaubwürdig erscheinen. Der spätere Generalinspekteur der Bundeswehr, General Heusinger, beschrieb das Dilemma, in dem sich damals der deutsche Soldat befand, als er 1952 General Eisenhower auf dessen Frage: »Wie kam es, daß Sie nie Erfolg hatten, Hitler loszuwerden?« antwortete:

»Er kam ganz legal an die Macht. Wenn ich Sie fragen würde, wie Sie Truman loswerden könnten, was würden Sie dann tun?«[23]

In der heutigen Diskussion um Mitschuld und Verantwortung wird nach Ansicht des Verfassers allzuoft eine Gegenfrage, wie sie damals General Heusinger stellte, als unangemessen abgetan. Man kann sich des Eindrucks nicht erwehren, daß weite Kreise im Ausland – und das gilt insbesondere für viele Militärs – schließlich mehr Verständnis für das Dilemma vieler Deutscher der damaligen Zeit aufbringen, und daher bereit sind, jedem deutschen Soldaten solange ehrenvolles Verhalten zuzugestehen, bis in Einzelfällen das Gegenteil bewiesen werden kann.

Der Deutsche Generalstab, dem General Heusinger im Oberkommando des Heeres bis zu seiner Verwundung am 20. Juli 1944 angehörte, stand nach dem Krieg in Nürnberg unter Anklage. Kein geringerer als George C. Marshall, während des Krieges Generalstabschef der amerikanischen Streitkräfte und oberster militärischer Berater der amerikanischen Präsidenten Roosevelt und Truman, hat in seinem Rechenschaftsbericht vom 10. Oktober 1945 über den deutschen Generalstab wie folgt geurteilt:

»Die Geschichte des deutschen Generalstabes von 1938 an ist die eines dauernden Kampfes der Meinungen, in welchem das militärische Urteil mehr und mehr den persönlichen Befehlen Hitlers unterlag. Der erste offene Krach ereignete sich bereits 1938 und resultierte in der Absetzung Blombergs, Fritschs und Becks und in der Eliminierung der letzten wirksamen konservativen Einflüsse aus der deutschen Außenpolitik. Die Feldzüge in Polen, Norwegen, Frankreich und Holland ergaben weitere Differenzen zwischen Hitler und dem Generalstab. In jedem Falle aber siegte schließlich Hitlers Ansicht, und der überraschende Erfolg dieser Feldzüge steigerte Hitlers militärisches Prestige in einem solchen Grad, daß seine Ansichten nicht länger angezweifelt wurden.«

Und an anderer Stelle heißt es bei Marshall:

»Die vorhandenen Akten zeigen, daß es Hitlers Bestreben war, durch die Absorbierung der deutschsprechenden Bevölkerung in den Randgebieten des Reiches ein größeres Deutschland zu schaffen.... Keinerlei Beweis ist bis jetzt dafür gefunden worden, daß der Deutsche Generalstab irgendeinen weitergehenden strategischen Plan hatte....« (Teske, »Die silbernen Spiegel«, a.a.O., S. 24/25)

Der US-General und Generalstabschef Tschiang Kai-scheks, Wedemeyer, der als Oberstleutnant von 1936 bis 1938 am Generalstabslehrgang an der Kriegsakademie in Berlin teilnahm, dem u.a. auch Offiziere wie Graf Stauffenberg, von Mertz, Finckh und der Verfasser der »Silbernen Spiegel«, Teske, angehörten, urteilte später über seine deutschen Kameraden:

»... im täglichen engen Zusammensein mit deutschen Offizieren zwei Jahre hindurch«, fand er, »daß sie gewöhnlich nicht anders waren als amerikanische Offiziere auch – sie liebten ihre Familien und waren prinzipientreu ...«. Auch hat er »die schwierige Lage«, in der sie sich befanden, richtig erkannt: »Sie waren hin- und hergerissen zwischen dem Treueschwur an die Machthaber und ihrer angeborenen Treue für die Grundsätze des Anstandes und des Rechts in den menschlichen Beziehungen....« (Teske, »Die silbernen Spiegel«, a.a.O., S. 43)[24]

Seine Achtung gegenüber dem deutschen Soldaten brachte der französische General Lattre de Tassigny nach Kriegsende gegenüber dem Schweizer Historiker Carl Jacob Burckhardt im April 1946 zum Ausdruck.

»Es hat in unserer Zeit noch einige ganz große Leistungen gegeben, zum Beispiel die Deutschen in Stalingrad. Sie standen für einen unsinnigen Befehl; aber was sie geleistet haben, ist vorbildlich.«[25]

Der deutsche Soldat aus der Perspektive der unteren Ränge

So interessant und aufschlußreich die Urteile ehemaliger hoher Militärs auf Seiten der Alliierten auch sein mögen, sie können wohl kaum wiedergeben, welche Einstellung viele Millionen russischer, amerikanischer, britischer und französischer Soldaten gegenüber den deutschen Soldaten während des Krieges und unmittelbar danach bis heute gehabt haben. Das gilt insbesondere für die einfachen Soldaten, die Unteroffiziere und niederen Offizierränge, die an der Front die Hauptlast des Kampfes zu tragen hatten.

Wenn es auch zahlreiche Aufzeichnungen und Erinnerungen von Soldaten beider Seiten aus dem Blickwinkel des »Krieges von unten« gibt, so reichen diese von der Wissenschaft ausgewerteten Einzelzeugnisse nicht aus, um daraus grundsätzliche Folgerungen abzuleiten. Diese Berichte haben zweifellos ihren großen Wert darin, daß sie den militärischen Alltag, ob an der Front oder im rückwärtigen Gebiet, schildern. Sie vermitteln zumindest eine subjektive Sicht der Dinge, die den Soldaten, unabhängig vom Dienstgrad, im Einsatz bewegt haben. Bei Frontsoldaten beider Seiten sind diese verständlicherweise geprägt vom gemeinsam erlebten Kampf. Die moralische Dimension im Urteil der davon Betroffenen ist im allgemeinen auf die Aspekte beschränkt: Verhalten im Kampf, bei Verwundung und bei Gefangennahme, Umgang mit der Zivilbevölkerung im Frontgebiet. Das mag dazu führen, daß Frontsoldaten im allgemeinen, wenn die Hitze des Kampfes abgeklungen ist, sich weniger von Gefühlen der Abneigung oder gar des Hasses als von gegenseitigem Respekt leiten lassen.

So wird es verständlich, wenn seitens der Soldaten der ehemaligen Westalliierten noch während des Krieges dem deutschen Soldaten durchweg großer Respekt gezollt wurde, auch wenn immer wieder Übergriffe deutscher Soldaten gegenüber alliierten Soldaten und der Zivilbevölkerung im Kampfgebiet erwähnt werden. Es werden aber auch Vorfälle erwähnt, wie bei den Kämpfen in der Normandie zwischen gegnerischen Kompaniechefs vereinbarte zeitlich begrenzte Waffenruhe, um Verwundete und Gefallene zu bergen, oder wie der Einsatz deutscher Soldaten zum Löschen eines Brandes in einem Dorf irgendwo in Weißrußland, um der Zivilbevölkerung ihre spärliche Habe zu erhalten.

Ein deutlicher Ausdruck gegenseitigen Respekts wird aber auch in den zahllosen persönlichen Begegnungen und solchen auf Einheits- und Verbandsebene sichtbar, die sich seit Kriegsende zwischen den ehemaligen Kämpfern vornehmlich in den westlichen Ländern ereignet haben. Seit dem Zusammenbruch der ehemaligen Sowjetunion kann eine vergleichbare Entwicklung nun auch im Osten festgestellt werden.

Nichts könnte dies treffender charakterisieren als der Leserbrief eines ehemaligen britischen Majors der britischen 8. Armee unter Montgomery in Afrika, in dem er sich gegen die Diffamierung der Wehrmacht in der Wanderausstellung »Vernichtungskrieg. Verbrechen der Wehrmacht 1941–1944« und gegen den Versuch dieser Ausstellung wendet, die deutsche Wehrmacht kollektiv als verbrecherische Organisation darzustellen.

»Als Soldat der britischen 8. Armee habe ich in einem langen und harten Feldzug mit meinen Kameraden gelernt, die Afrika-Korps-Soldaten zu respektieren – hauptsächlich wegen ihrer Tapferkeit, ihrer Professionalität und ihrer ehrenhaften Art, sich als Soldaten zu verhalten. Respekt für einen Feind zu haben, ist nicht leicht. Respekt muß verdient werden. Wir britischen Veteranen haben uns mit den deutschen Afrika-Korps-Veteranen befreundet und haben uns schon mehrere Male getroffen. Wir fühlen uns sehr geehrt und sind stolz, wenn wir mit ihnen zusammentreffen. Diese Männer brachten Ehre für ihr Land, und diese Ausstellung stellt sie als Kriminelle dar.«[26]

Wenn dies auch die Stimme eines britischen Offiziers ist, der den deutschen Soldaten unter den besonderen Bedingungen des Afrikafeldzuges kennengelernt hatte, so war das Ansehen der Wehrmacht zumindest bei den ehemaligen westlichen Gegnern im allgemeinen sehr hoch, und das gilt auch heute noch. Um dies zu erfahren, braucht man sich nur mit amerikanischen, britischen oder französischen Kriegsteilnehmern über dieses Thema zu unterhalten. Sie urteilen durchweg, der deutsche Soldat habe tapfer und aufopferungsvoll für sein Vaterland gekämpft, sei aber von Hitler für dessen verbrecherische Ziele mißbraucht worden.

Auch die ehemaligen sowjetischen Soldaten, von denen sich im Verlauf des Krieges immerhin über 1 Million entschließen sollten, als Teil der Wehrmacht, der Waffen-SS oder der Russischen Befreiungsarmee gegen die Sowjetunion zu kämpfen, haben mit ihrer ungewöhnlichen Entscheidung u.a. deutlich gemacht, daß sie den Dienst in der Wehrmacht einem ungewissen Schicksal als Kriegsgefangener vorgezogen haben. Dabei soll nicht unerwähnt bleiben, daß auch Hunger und die Furcht vor Zwangsarbeit unter z.T. unmenschlichen Bedingungen viele von ihnen bewogen haben dürften, sich unter den Schutz der Wehrmacht zu stellen.

Der verstorbene französischen Staatspräsident François Mitterrand, der aus deutscher Kriegsgefangenschaft geflohen ist und sich danach in der Résistance engagiert hat, bewertet das Verhalten der Soldaten der Wehrmacht am 8. Mai 1995, anläßlich des Staatsaktes der Bundesrepublik Deutschland zur Verabschiedung der alliierten Truppen aus Berlin, sehr patriotisch.

»Ich habe erfahren, welche Tugenden, welchen Mut das deutsche Volk besitzt. Bei den deutschen Soldaten, die in großer Zahl starben, kommt es mir kaum auf die Uniform an und noch nicht einmal auf die Ideen, die ihren Geist bestimmten. Sie hatten Mut. Sie waren in diesem Sturm losmarschiert unter

Einsatz ihres Lebens. Sie haben seinen Verlust für eine schlechte Sache hingenommen, aber wie sie es taten, hat mit dieser Sache nichts zu tun. Es waren Menschen, die ihr Vaterland liebten – dessen muß man sich gewahr werden.«
Der Erkenntnisstand über das moralisch-ethische Verhalten der Soldaten ist sehr unterschiedlich. Belege, wie der einzelne Soldat gehandelt hat, sind selten, ihre Auswahl basiert oft auch auf der persönlichen Biographie des jeweiligen Autors. Nähere Angaben über den Umfang, in dem sich Mannschaften, Unteroffiziere, Offiziere und Generale offen oder verdeckt den Aufforderungen der nationalsozialistischen Funktionäre zur Zusammenarbeit widersetzt haben oder ihnen gefolgt sind, fehlen meist. Erschwerend kommt hinzu, daß nicht jeder Befehl dem Buchstaben nach ausgeführt worden ist.

Im Nürnberger Hauptkriegsverbrecherprozeß wurden ab Herbst 1945 neben den 22 Hauptangeklagten auch acht Organisationen bzw. Institutionen des Dritten Reiches angeklagt. Zu den letzteren zählten u.a. das OKW und der Generalstab, die jedoch nicht als verbrecherische Organisationen eingestuft wurden. Die Reaktionen auf die Urteile des Hauptprozesses sowie auf die zwölf Nachfolgeprozesse 1946–1949 waren im In- und Ausland unterschiedlich, beeinflußten aber das Denken und die militärgeschichtliche und -soziologische Forschung über die Wehrmacht außerordentlich.

Die Wehrmacht im Urteil ausländischer Historiker und Militärsoziologen – britische und amerikanische Auffassungen

Mit dem Bild eines zukünftigen Krieges befaßte sich der britische Militärexperte Basil Liddell Hart bereits vor 1939. Als Militärschriftsteller und Fachmann für militärstrategische Fragen genoß er früh internationales Ansehen. Besonders aufmerksam beobachte er die Umsetzung der Erkenntnisse aus dem Ersten Weltkrieg und die sich aus dem technischen Fortschritt ergebenden strategischen, operativen und taktischen Neuerungen.

Großes Interesse zeigte Liddell Hart an Führung und Kampf der deutschen Panzerwaffe und verfolgte deren Entwicklung und Leistungen vor und während des Zweiten Weltkriegs. In der Operationsführung und im Gefecht, insbesondere durch ihre überlegene Führung mechanisierter und motorisierter Verbände deutscher Truppenführer auf allen Ebenen sah Liddell Hart den entscheidenden Unterschied zu den alliierten Gegenspielern. Das moralische Verhalten der Generalität würdigte er kritisch, anerkannte aber auch ihre Machtlosigkeit gegenüber Hitler als Oberbefehlshaber der Wehrmacht.

»Natürlich strebten die Generale danach, sich für ihren Anteil an Hitlers Angriffen zu entschuldigen – aber nicht ohne Grund. [...] Gleichzeitig war es mir klar, daß der deutsche Generalstab wenig Einfluß auf Hitler hatte – im Vergleich zu dem, den er in der Zeit des Kaisers ausübte, und auch, daß er auf seine Aggressionspläne mehr bremsend als treibend wirkte. [...] Es ist Zeit für ein tieferes Verständnis des lähmenden Zwiespalts, in den sie gestellt waren: als Patrioten besorgt, ihr Land zu schützen, standen sie zwischen den Forderungen der Alliierten auf bedingungslose Übergabe und Hitlers hypnotisierender Macht über seine Truppen, die durch die Polizei und sein Spitzelsystem verstärkt war.

Wirklich bemerkenswerter als die Unterwürfigkeit der deutschen Generale Hitler gegenüber ist es, in welchem Umfang es ihnen gelang, in der Armee ein Anstandsgesetz aufrechtzuerhalten, das sich in dauerndem Konflikt mit Nazi-Ideen befand. Viele unserer Soldaten, die Kriegsgefangene waren, haben darüber Zeugnis abgelegt. Beim Besuch von Frankreich, Belgien und Holland nach dem Kriege wurde mir oft ehrlich gesagt, und zwar von unerschütterlichen Nazifeinden, daß das allgemeine Betragen der deutschen Armee – verschieden von der SS – besser war als das der alliierten Truppen, die zur Befreiung kamen. Dafür muß den Generalen, besonders Rundstedt, gebührende Anerkennung erwiesen werden.

Worin die deutschen Generale mit Recht zu tadeln waren, das war ihre Neigung, sich von den Exzessen der Nazis abzuwenden, ihr Mangel an moralischem Mut – von gewissen Ausnahmen abgesehen – gegen Dinge Einspruch zu erheben, die sie nicht selbst getan haben wollten. Doch steht aufgrund Hitlers brutaler Befehle fest, daß die Grausamkeiten und die Leiden der besetzten Gebiete noch viel ärger gewesen wären, wenn die militärischen Befehlshaber seine Ausrottungspläne nicht stillschweigend unbeachtet gelassen oder zumindest eingeschränkt hätten.«[27]

Als Zeitzeuge bemühte sich Liddell Hart mit erkennbarer Objektivität um eine faire Darstellung. Mit großen Sachverstand und Einfühlungsvermögen erkannte er die komplexen Zusammenhänge und schweren ethischen Konflikte der Militärs, deren Mangel an Zivilcourage er kritisierte, jedoch nicht ohne Zweifel darüber zu äußern, ob »Generale anderer Länder in gleicher Lage mehr getan hätten«.[28]

Der Historiker Gordon A. Craig – Amerikaner schottischer Herkunft, viele Jahre Honorarprofessor an der Freien Universität Berlin und intimer Kenner der deutschen Geschichte – befaßte sich ausschließlich mit dem Verhalten der Heeresführung. Sein Urteil über den Widerstand in der Armee gegen Hitlers Politik und Handlungsweise war nicht frei von Voreingenommenheit, Unterstellungen und Pauschalurteilen. Zwar zollte er den Chefs des Generalstabes des Heeres, Beck, und dessen Nachfolger Halder Anerkennung und würdigte deren Willen zum Widerstand, aber über die Oberste Heeresführung nach 1938 fällte er ein vernichtendes Urteil.

»Aber der springende Punkt ist, daß die große Mehrzahl derer, die in der Lage waren zu handeln, dies weder taten noch erkannten, daß sie dazu verpflichtet waren. Und in diesem Versagen liegt die Schuld des Offizierkorps.«[29] Dieses, das gesamte Offizierkorps herabsetzende Urteil, relativierte Craig auch später nicht.[30] Als halbherzig bezeichnete Craig die Vorbereitungen zu dem geplanten Handstreich im Herbst 1938 gegen Hitler, weil der Plan nach dem Willen der damit befaßten Militärs »nur dann in Kraft treten sollte, wenn Hitler wirklich den Krieg vom Zaun breche. Als es infolge des Nachgebens der Westmächte in München nicht zum Kriege kam, wurden die Pläne aufgegeben.

Die schicksalhafteste Folge von München war, daß es den Militärs einen Vorwand gab, nicht zu handeln. Fortan vertraten Brauchitsch und seine Mitarbeiter den Standpunkt, ein Widerstand gegen Hitler sei unmöglich, zumindest solange er nicht eine vernichtende, sein Ansehen bei Volk und Truppe zerstörende diplomatische oder militärische Niederlage erlitten habe.«[31]

Wenn Craig auch einräumte, daß der Appeasementgipfel 1938 von München die Organisation eines Widerstandes wesentlich erschwerte, so verkannte er ganz offensichtlich die Aussichtslosigkeit eines derartigen Unterfangens gegen Hitler, der im Volk und auch bei der Truppe auf dem Höhepunkt seines Ansehens stand. Die Aussichten, das Regime nach dem Münchener Abkommen zu beseitigen, müssen als minimal veranschlagt werden.

Unerwähnt blieben Hinweise auf die Widerstandsbewegung, die sich vom Ausland verlassen fühlte, als sie offensichtlich keine Resonanz fand, obwohl selbst im Verlauf des Krieges wichtige Informationen über den sich formierenden Widerstand auf vielen Kanälen an die Alliierten gelangten. So berichtete z.B. der Bischof von Chichester über ein Treffen auf schwedischem Boden mit Pfarrer Dietrich Bonhoeffer am 31. Mai 1942, von dem er erfuhr, in welchem Umfang sich die Opposition gegen Hitler in Deutschland bereits formiert hatte und daß Vertreter des Militärs und der Verwaltung, aus Wirtschaft und Kultur sowie aus allen Schichten der Bevölkerung in ihr vertreten waren.[32]

Ein amerikanischer Offizier aus dem Stab der 7. US-Army, der nach Kriegsschluß fünf Monate in Deutschland weilte, kam zu dem Schluß, daß das Verschweigen der Widerstandsbewegungen Teil eines politischen Kalküls wäre. »Jedoch wird aus schwer begreiflichen Gründen der Sinn der deutschen Freiheitsbewegung totgeschwiegen. Von ihrem Heldentum wird nicht gesprochen und ihre Opfer werden nicht besungen. Man läßt uns glauben, daß das deutsche Volk fast ohne Ausnahme den Verbrechen seiner Führer zugestimmt habe. Selbst während der Nürnberger Verhandlungen hat man keine Zeugen für die Bewegung zugelassen.«[33]

In dieses Bild fügt es sich, daß die alliierten Besatzungsregierungen lange Zeit Veröffentlichungen über den deutschen Widerstand verboten haben.[34]

Es bleibt eine unbeantwortete Frage, warum Craig diese bedeutsamen Aspekte unberücksichtigt läßt. So gewinnt man den Eindruck, daß er sich in seiner Argumentation bewußt auf die höheren Führer des Heeres beschränkt hat, um diese in ihrer Mehrzahl als charakterschwache Opportunisten darstellen zu können.

Natürlich mußte es nach Ausbruch des Rußlandfeldzuges und erst recht nach 1945 betroffen machen, wenn niemand Hitlers Absichten damals widersprochen hat, »obwohl sich [...] die Umrisse des schließlichen Verhängnisses abgezeichnet haben müssen«, zumal Hitler seinen Vernichtungsfeldzug bereits 1939 trotz des Hitler-Stalin-Paktes zu führen gedacht hat.[35]

»Am 22. August 1939 teilte er den Heeresgruppen- und Armeekommandeuren der drei Wehrmachtteile den bevorstehenden Abschluß des deutsch-sowjetischen Paktes mit, durch den nunmehr ein Vernichtungskrieg gegen Polen möglich geworden sei, fügte aber hinzu, daß er zu gegebener Zeit ›die Sowjetunion ebenfalls vernichten‹ werde.«[36]

Daß Widerspruch allein wenig taugte, hatte die Heeresführung an der Kaltstellung Becks, Generalstabschef des Heeres, 1938 erfahren müssen. Dennoch wurde er gewagt und wuchs an, was selbst der äußerst kritische britische Historiker Wheeler-Bennett einräumte, der sich mit der militärischen Opposition gegen Hitler eingehend auseinandergesetzt und deutliche Vorbehalte gegenüber dem deutschen Generalstab gehegt hatte. Er konstatierte, daß nach der erfolgreichen Landung der Alliierten in Nordafrika und dem Untergang der 6. Armee in Stalingrad die Zahl derjenigen, die sich dem Widerstand zuwendeten, in auffallender Weise anwuchs.[37]

Es kann nach Auffassung des Verfassers nicht bestritten werden, daß viele der führenden Militärs zu lange sich entweder auf den Standpunkt des Nur-Soldaten zurückgezogen oder sich an ihren Eid gebunden gefühlt oder in willfährigem Gehorsam sich allem gefügt haben.

Aber menschliche Erfahrung zeigt, daß in vergleichbaren Lagen es immer nur wenige sind, die den Mut und die Kraft aufbringen, aus den gängigen Normen auszubrechen und gegen den Strom zu schwimmen und dabei auch noch das Risiko einzugehen, die gewonnenen Überzeugungen mit ihrem Leben bezahlen zu müssen wie u.a. Feldmarschall Rommel.

Sicherlich hätte es dem deutschen Ansehen sehr gedient und möglicherweise auch das weitere Schicksal unseres Vaterlandes entscheidend bestimmt, wenn Heerführer wie v. Kluge und v. Manstein die moralische Größe besessen hätten, ihr hohes Ansehen in der Truppe zugunsten eines entschlossenen Widerstandes in der kritischen Zeit vor und nach dem Attentat in die Waagschale zu werfen.

Aber muß deren moralischem Versagen nicht der Opfergang des Generalfeldmarschalls von Witzleben, des Generalobersten Hoepner und vieler anderer Generale gegenübergestellt werden? Ist in diesem Zusammenhang nicht auch die Frage berechtigt, in welcher Armee irgendwo auf der Welt unter ähnlichen Bedingungen Soldaten, Offiziere und Generale in dieser Zahl den Mut zum Handeln – zu einem letztlich hochverräterischen Akt – gegen ein verbrecherisches Regime trotz der unumstößlichen Forderung der Alliierten auf der Konferenz von Casablanca nach einer bedingungslosen Kapitulation gefunden haben?

Craig verkennt aber auch das Motiv vieler Soldaten, die bis zu Ende gekämpft haben, daß es auch darum ging, Millionen deutscher Frauen und Kinder im Osten vor einem schrecklichen Schicksal zu bewahren. Wenn er schließlich »eine Spur jenes moralischen Mutes, jener geistigen Unabhängigkeit, jener tiefen Vaterlandsliebe, die so große Soldaten der Vergangenheit wie Scharnhorst, Boyen und Gneisenau ausgezeichnet hatten«, vermißt, scheint er die unterschiedlichen Situationen nicht richtig beurteilen zu können.[38]

Der britische Militärhistoriker Albert Seaton lastete dem deutschen Heer die Mitverantwortung an den Verbrechen in Polen an, wo der Weg in das Verderben begann.[39]

Daß die Verbrechen im besetzten Polen den Befehlshabern des Heeres nicht verborgen blieben, belegen ihre Meldungen an die vorgesetzten Kommandobehörden. Die Denkschrift des Generalobersten Blaskowitz, Oberbefehlshaber der 8. Armee, zeigt aber auch die Abscheu vor dem Verbrechen wie die Ablehnung des Regimes. Blaskowitz brachte zum Ausdruck, »das Heer dürfe auf keinen Fall teilhaben an den Aktivitäten der SS-Mörder-Banden« und das jeder Soldat durch diese Verbrechen sich angewidert und abgestoßen fühle.

Auf dem Dienstwege gelangte die Denkschrift zu dem in der Abwehr tätigen Major i.G. Groscurth, der sie im Januar 1940 u.a. an die Befehlshaber an der Westfront, v. Leeb und v. Bock, weiterleitete, die darauf hin gegen diese Vorgehensweise beim OKH protestierten.[40]

Spätestens nach Bekanntwerden der Denkschrift von Blaskowitz mußte den Befehlshabern des Heeres und im OKH und OKW klar sein, daß es Hitler bei diesem Krieg nicht nur um Revision des Versailler Vertrages und um Durchsetzung territorialer Forderungen, sondern auch um einen Vernichtungskrieg gegen »minderwertige« Volksgruppen ging, bei dem er sich aller verfügbaren Mittel – auch der Wehrmacht – bediente. Angebliches Nichtwissen und das Recht auf Irrtum bot spätestens zu diesem Zeitpunkt keinen moralischen Schutz mehr.

Der amerikanische Professor für Internationale Beziehungen am Rußland-Institut der Columbia-Universität Alexander Dallin zeichnete ein beeindruckendes Bild von den starken Gegensätzen innerhalb der deutschen Dienststellen, die zu heftigen Auseinandersetzungen zwischen den verschiedenen Gruppierungen von Partei, Diplomatie, SS, Wehrmacht und Wirtschaft führten.

Bei den Vorbereitungen des Feldzuges gegen die Sowjetunion trafen Befürworter und Gegner der Ausweitung des Krieges im OKW und OKH aufeinander; die Auseinandersetzungen waren denen am Vorabend des Westfeldzuges vergleichbar. Während man in der unmittelbaren Umgebung Hitlers und im OKW »voller Begeisterung an die Vorbereitung des neuen Feldzuges« ging, war es insbesondere der Generalstabschef des Heeres, Halder, der von Anfang an warnte und Zweifel hatte. Aber wie beim Feldzug im Westen setzte sich Hitler über die vorgebrachten Bedenken hinweg.[41]

In einer Ansprache am 30. März 1941 umriß Hitler gegenüber seinen engsten Beratern die Besonderheiten des von ihm geforderten Feldzuges.

»Zusammenstoß zweier Weltanschauungen. Erdrückende Anklage gegen Bolschewismus, gleichbedeutend mit Verbrechertum. Kommunismus eine ungeheure Gefahr für unsere Zukunft. Wir müssen den Begriff Kameradschaft unter Soldaten fallenlassen. Ein Kommunist ist kein Kamerad, weder vor noch in der Schlacht. Dies ist ein Vernichtungskrieg. [...] Wir führen nicht Krieg, um den Feind zu erhalten.«[42]

Die Generale reagierten ohne Begeisterung und mit vielen Einwendungen gegen Hitlers Vorhaben.

»Sie gehorchten zwar, aber bei keiner Gelegenheit hat es so viele Einwände seitens der Generale gegeben wie bei dieser, denn die Politik der Vernichtung sollte nicht nur von der SS, sondern auch vom Heer durchgeführt werden.«[43]

Vor diesem Hintergrund kam es zu harten Auseinandersetzungen um den sogenannten »Kommissarbefehl«. Der Befehl, »bolschewistische Kommissare und kommunistische Intelligenz« auszurotten, brachte die Armee in einen Zwiespalt zwischen Gehorsam und Gewissen. Die heftigen Diskussionen um diesen umstrittenen Befehl beendete Hitler voller Hohn.

»Ich kann nicht verlangen, daß meine Generale meine Befehle verstehen können, aber ich verlange, daß sie ihnen Folge leisten.«[44]

Es ist bis heute strittig geblieben, ob und in welchem Umfang dieser Befehl durch die Truppe befolgt wurde. Ob er »in der Praxis dank der stillschweigenden Opposition der Generale niemals durchgeführt« worden ist,[45] ist an dieser Stelle nicht wesentlich. Entscheidend für die Beurteilung ist, daß er in vielen Fällen nicht an unterstellte Truppen weitergegeben worden ist. Aber auch dort, wo er weitergegeben wurde, war nicht sicher, daß die nächstniedere Befehlsebene ihn befolgte.[46]

Bezeichnend für die Art der in diesem Zusammenhang geführten Diskussionen war eine Szene im Stab des Oberbefehlshabers der Heeresgruppe

Mitte, Feldmarschall von Bock, zwischen dem für die Operationsführung verantwortlichen Generalstabsoffizier, Oberstleutnant i.G. von Tresckow und dem Nachrichtenoffizier Major i.G. von Gersdorff.

»Wenn es uns nicht gelingt, den Feldmarschall zu bewegen, sofort zu Hitler zu fliegen und unter Einsatz seiner Stellung die Zurücknahme der Befehle zu erlangen, dann ist der Krieg verloren, und die deutsche Armee hat ihre Ehre verloren.«

Im sich anschließenden Lagevortrag forderte v. Tresckow den Oberbefehlshaber, seinen Onkel auf, gemeinsam mit den Feldmarschällen von Leeb und von Rundstedt Hitler aufzusuchen und die Zurücknahme des Erlasses zu verlangen. Als von Bock erwiderte, Hitler würde ihn dann ablösen lassen, entgegnete ihm sein Neffe von Tresckow: »Dann hast Du wenigstens einen ehrenvollen Abgang vor der Geschichte erreicht.« Der Feldmarschall konnte sich nicht zu diesem Schritt entschließen.[47]

Bocks Haltung ist nach Auffassung des Verfassers typisch für zahlreiche Vertreter des höheren Führerkorps des Heeres, die zwar empört auf die verbrecherischen Befehle reagierten, sich jedoch nicht entschließen konnten, dem Diktator und seinen Helfershelfern in geeigneter Form zu widerstehen. Ihre Passivität auf diesem Gebiet hat ihnen vor der Geschichte und dem deutschen Volk schwere moralische Schuld aufgeladen. Um so größeres Gewicht hat das Nichtbefolgen von Befehlen verbrecherischen Inhalts durch zahlreiche Truppenführer, die damit sich selbst und die von ihnen befehligten Truppenteile vor moralischem Verfall bewahrt haben. Als ein Ergebnis des weitverbreiteten Widerstands der Kommandeure gegen die Ausführung des Kommissarbefehls sah sich das OKW gezwungen, so Dallin, in einem streng geheimen Befehl an die Generale die Vernichtung aller Ausfertigungen des Erlasses anzuordnen, aber dessen weitere Gültigkeit allerdings ausdrücklich zu betonen.[48]

Dallins Einschätzung der Verhältnisse an der Front kommt der Wahrheit vermutlich sehr nahe. Ob und in welchem Umfang der »Kommissarbefehl« von der Truppe befolgt worden ist, wird nur sehr schwer zu erforschen sein. Neben den im Wortlaut vorliegenden Erlassen und Befehlen wäre es erforderlich, die Berichte und Meldungen aller im Osten eingesetzten Truppen sowie die zahlreichen Einzelberichte und eidesstattlichen Erklärungen von Soldaten aller Dienstgrade einer kritischen Analyse zu unterziehen, wie dies an anderer Stelle dieses Bandes unternommen wird.[49]

Die deutschen Soldaten wurden 1941 bei ihrem Vormarsch in der Sowjetunion häufig mit grausamen Exzessen konfrontiert. Diese Eindrücke wurden noch verstärkt durch Armut und Verwahrlosung, die man nicht nur auf dem Lande, sondern auch in den Städten antraf.

Es ist nicht auszuschließen, daß diese Eindrücke die propagandistischen

Parolen der Nationalsozialisten zu bestätigen schienen, daß dieser Krieg der Rettung der westlichen Kultur und der Sicherung Europas vor den »Segnungen« des Bolschewismus diente.

»Das Verhalten deutscher Heeresverbände variierte [...] zwischen brutaler Feindseligkeit und mitfühlendem Verständnis für die einheimische Bevölkerung. Obwohl viele Offiziere mit dem Volk gut auskamen, solange es sich nicht feindselig gegen die Deutschen stellte, taten sich doch einige durch blinden Gehorsam und Fanatismus hervor.«[50]

In den polnischen Gebieten, die im September 1939 von der Sowjetunion annektiert worden waren, wurden die deutschen Truppen meist als Befreier begrüßt. Das galt auch für die ehemals polnischen Provinzen der Westukraine und des westlichen Weißrußland sowie für die baltischen Staaten, die fast zwei Jahre sowjetischer Terrorherrschaft, Verfolgung, Folterung und Massenerschießungen erfahren hatten. Aber die Exzesse selbsternannter »Freiheitskämpfer« oder »Schutzbündler«, die sich vornehmlich gegen jüdische Mitbürger richteten, die unter den Augen der Wehrmacht geschahen, beschädigten auch das Ansehen der deutschen Soldaten.

Im Juli 1941 beschwerte sich der Befehlshaber im rückwärtigen Heeresgebiet Nord, General von Roques, bei Feldmarschall von Leeb über massenhafte Erschießungen von Juden in Kaunas auf Veranlassung deutscher Polizeibehörden durch litauische Schutzverbände. Ein resignierender Tagebucheintrag verdeutlichte das ganze Dilemma.

»Wir (Anmerk. d. Verf.: die Wehrmacht) haben darauf keinen Einfluß. Es bleibt nur übrig, daß man sich fernhält.«[51]

Auch in der Ukraine kam es zu ähnlichen Exzessen.

»Unmittelbar nach dem deutschen Einmarsch organisierten einheimische Ukrainer eine Miliz für den Kampf gegen den ›gemeinsamen Feind‹. Wie in Kaunas, Wilna, und Riga wurden auch in Lemberg die Juden pauschal beschuldigt, Hauptträger des Kommunismus und Kollaborateure der Sowjetunion zu sein. In einer blutigen Aktion, die halb organisierte Lynchjustiz, halb Pogrom war und in der Stadt offenbar auf breite Zustimmung stieß, folterten und ermordeten die ukrainischen Freischärler am 2. und 3. Juli mindestens 7000 Juden. Die deutschen Sicherheitskräfte waren vermutlich nicht die Anstifter dieses Massakers – die Kommandoeinheiten der Einsatzgruppe C waren noch nicht eingetroffen – aber weder sie noch die Militärs unternahmen irgend etwas, um ihnen Einhalt zu gebieten.«[52]

Ohne Zweifel gab es hohe Offiziere wie Feldmarschall von Reichenau, die sich eindeutig zur nationalsozialistischen Ideologie bekannten. In einer von ihm im Oktober 1941 herausgegebenen Weisung, die sich mit dem Verhalten der ihm unterstellten Verbände gegenüber Bevölkerung und Kriegsgefangenen befaßt, heißt es u.a.:

»Weder geschichtliche, noch künstlerische Rücksichten spielen im Ostraum eine Rolle. [...] Der Schrecken vor den deutschen Gegenmaßnahmen muß stärker sein als die Drohung der umherirrenden bolschewistischen Restteile.«

Die Reichenau-Weisung wurde als gutes Beispiel für das von Hitler befohlene Handeln des Heeres herausgestellt und allen anderen Befehlshabern an der Ostfront zugeleitet. Aber auch hier schien die Durchsetzung der Weisung nach unten selbst in Reichenaus Großverbänden nicht befehlsgemäß zu verlaufen, denn manche Offiziere der 6. Armee wehrten sich mit Nachdruck gegen die Vernichtungsaktionen der Einsatzkommandos. Einen ähnlichen Befehl wie Reichenau erließ beispielsweise auch v. Manstein.[53]

Die Bevölkerung des Ostens wußte durchaus zwischen dem Verhalten des Heeres und den meisten anderen deutschen Organisationen zu unterscheiden, wie eine Befragung nach dem Krieg unter 809 sowjetischen Deportierten, die die deutsche Besatzung miterlebt hatten, ergab. Fast einstimmig wurde angegeben, daß die Militärregierung weitaus populärer als die Zivilregierung oder die SS gewesen sei. Die SS war die gefürchtetste und verachtetste deutsche Institution. Auf die Frage »Wer von den Deutschen hat sich nach Ihrer Meinung am besten benommen?« ergab sich folgender Zahlenspiegel:[54]

Zivilisten: 162
Fronttruppen: 545
Garnisonstruppen: 69
SS, SD, Feldgendarmerie: 10
Andere: 23

Die Bevölkerung in den besetzten Gebieten war angewidert und tief betroffen von den Greueltaten der Einsatzgruppen gegenüber den Juden und der unmenschlichen Behandlung, die eine große Zahl gefangener sowjetischer Soldaten erfuhr. Die Folge war, daß eine sogenannte »Zweite Front«, nämlich der Kampf der Partisaneneinheiten und -verbände, für die Wehrmacht in zunehmendem Maße zu einem Problem wurde. Anfänglich waren entsprechende Aufforderungen Stalins, so z.B. in seiner Ansprache vom 3. Juli 1941, bei der Bevölkerung in den besetzten Gebieten auf taube Ohren gestoßen. Aber nachdem der deutsche Vormarsch steckengeblieben war, Hunger und Kälte die Menschen in den besetzten Gebieten bedrängten, die an den sowjetischen Kriegsgefangenen und Zivilisten verübten Greueltaten sich herumsprachen und vielen arbeitsfähigen Zivilisten die Deportation nach Deutschland drohte, entschieden sich immer mehr Sowjetbürger, sich den Partisanen anzuschließen. Hitler befahl, den Kampf gegen die Partisanen mit »rücksichtsloser Brutalität« zu führen.

Da sich die Partisanen, die ihrerseits mit großer Härte und Grausamkeit vorgingen und dabei Frauen und Kinder nicht schonten, von Zivilisten nicht unterschieden, mußte für die Deutschen jeder Zivilist ein potentieller Partisan sein.

Jede Partisanentätigkeit der anderen Seite macht es einer Armee schwer wenn nicht gar unmöglich, die Zivilbevölkerung fair und ritterlich zu behandeln, selbst wenn diese Absicht zu den Prinzipien einer Armee zählt. Man muß stets berücksichtigen, daß es gerade das Ziel jeder Partisanentätigkeit ist, die Besatzungsmacht durch brutale Überfälle und grausame Behandlung oder Tötung der gefangengenommenen Soldaten wie auch der zur Kollaboration bereiten Zivilpersonen zu provozieren und zu einem rücksichtslosen Vorgehen gegen die Zivilbevölkerung zu veranlassen.

In den von den Deutschen besetzten Gebieten der Sowjetunion entwickelte sich das Partisanenproblem jedoch zu einem entscheidenden Faktor für die Gesamtkriegführung. Schließlich waren an dieser zweiten Front im Osten unter direkter Führung des Kremls über eine Million Partisanen eingesetzt, die nach Einschätzung von General a.D. Graf Kielmansegg zeitweilig bis zu 500 000 deutsche Soldaten banden, das entsprach immerhin einem Äquivalent von 35 Infanteriedivisionen. Von beiden Seiten wurde dieser Kampf äußerst brutal geführt, und die Bevölkerung in den von den Deutschen besetzten Gebieten im Osten war letztlich das Opfer beider Seiten.

Die Erfahrungen, Berichte und Schilderungen über die im Osten verübten Verbrechen ließ die Zahl derer, die sich in der Wehrmacht zum Widerstand gegen das nationalsozialistische Regime entschlossen, anwachsen. Widerstandskreise entstanden in der Militärverwaltung, beim Generalquartiermeister, bei der Wehrmachtpropaganda und verschiedenen Stellen der Abwehr bereits vor der Niederlage bei Stalingrad. Heeresoffiziere, die in den verschiedensten Kommandobehörden ihren Dienst taten, verfolgten mit zunehmendem Unbehagen und z.T. offen geäußerter Abscheu die Behandlung der Menschen in den besetzten Gebieten.[55]

An einer Konferenz Dezember 1942 im Ost-Ministerium, an dessen Spitze Alfred Rosenberg stand, nahmen außer den führenden Beamten dieses Ministeriums, Offiziere aus den verschiedenen Abteilungen des Generalstabes und aller rückwärtigen Heeresgebiete teil, aus denen sich einige spätere Widerstandskämpfer rekrutierten.

»Es ist bezeichnend, daß die Liste der Militärs viele Namen enthielt, die auf die eine oder andere Weise in der Widerstandsbewegung gegen Hitler der nächsten zwei Jahre auftauchten. Die meisten der anwesenden Offiziere waren aus dem Adel: Graf von Stauffenberg, Oberstleutnant von Schlabrendorff (Anmerk. d. Verf.: S. war Oberleutnant d.R.), Oberstleutnant Schmidt von Altenstadt, General von Schenkendorf, General von Roques, Hans von Herwarth u.a.«

Die Schlußfolgerung der Teilnehmer der Konferenz aus den verschiedenen Beiträgen war sehr pessimistisch:
»Der augenblickliche Tiefstand der Bevölkerung ist weiterhin nicht tragbar (erklärte von Altenstadt als Vertreter der Abteilung Kriegsverwaltung im OKH). Ein Umbruch der deutschen Politik, insbesondere im russischen Raum ist erforderlich.[...] Der Ernst der Lage und die notwendige Verstärkung der Truppe verlangt eindeutig die positive Mitarbeit der Bevölkerung.«[56]

Polen/Generalgouvernement

Neben Annexionen (Reichsgaue Wartheland und Danzig-Westpreußen) und Eingliederungen in die Provinzen Ostpreußen und Schlesien wurde aus dem verbleibenden Restpolen das »Generalgouvernement für die besetzten polnischen Gebiete« als eine Art »Reservation« für die polnische Bevölkerung geschaffen, die dort ansässig oder aus den annektierten Landesteilen vertrieben worden waren.[57] Das Verhalten der deutschen Stellen war eine Summe von Verstößen, Vergehen und Verbrechen gegen das Völkerrecht.

»Wer geglaubt hatte, die neuerliche Besetzung würde mit der aus den Jahren des Ersten Weltkriegs irgendwelche Gemeinsamkeiten haben, wurde bereits durch den Verlauf des Septemberfeldzuges eines Besseren belehrt. Die Deutschen mißachteten in Polen die internationalen Konventionen über Kriegführung, sie bombardierten offene Städte, Flieger beschossen aus Flugzeugen Menschen auf den Straßen, Zivilpersonen und Kriegsgefangene wurden erschossen und Wohn- und Gotteshäuser in Brand gesteckt. Die ersten Tage der Besetzung raubten den Polen die Reste ihrer Illusionen. Das Verhalten der Deutschen, ihre Grausamkeit, die Ausschreitungen gegen die Juden, die Massenaussiedlungen der in den eingegliederten Gebieten lebenden Polen, deren Besitz überdies beschlagnahmt wurde sowie die Tatsache, daß Raub und Plünderungen an der Tagesordnung waren, wurden von ihnen mit größter Überraschung zur Kenntnis genommen.«[58]

Die Wehrmacht wurde nicht ausdrücklich erwähnt, aber die Bombardierungen und Beschießungen waren Handlungen, die die Wehrmacht zu verantworten hatte. »Wiederholte barbarische Luft- und Artillerieangriffe, die Brandschatzung ganzer Wohnbezirke verfolgten das Ziel, die Bevölkerung zu terrorisieren und ihren Widerstandsgeist zu brechen.« [59]

Bei aller Härte und Grausamkeit bewegten sich die Kampfhandlungen noch im Rahmen eines Kriegsbildes, das auch von den Alliierten angewandt wurde, wenn es darum ging, eigene personelle Verluste durch großen Materialeinsatz gering zu halten.

Das Verhalten der Besatzungsorgane betraf zunächst nicht die Wehrmacht, aber sie machte sich zumindest moralisch mitschuldig, weil sie davon wußte. Neben der Blaskowitz-Denkschrift belegte dies im November 1939 ein Brief des damaligen Majors Stieff aus Warschau an seine Frau, der die Handlungsweise der NS-Organisationen in Polen verurteilte. Stieff, der 1944 als Generalmajor zum engsten Kreis um Stauffenberg gehörte und hingerichtet wurde, verabscheute das Vorgehen der deutschen Verwaltung.

»Man bewegt sich dort nicht als Sieger, sondern als Schuldbewußter. [...] Die blühendste Phantasie einer Greuelpropaganda ist arm gegen die Dinge, die eine organisierte Mörder-, Räuber- und Plündererbande unter angeblich höchster Duldung dort verbricht. [...] Diese Ausrottung ganzer Geschlechter mit Frauen und Kindern ist nur von einem Untermenschentum möglich, das den Namen ›Deutsch‹ nicht verdient. Ich schäme mich, ein Deutscher zu sein.«[60]

Das von den Deutschen errichtete Terrorregime führte sehr schnell zu einer vielgliedrigen Untergrundbewegung.[61] Als Zeitzeuge und aktiver Widerstandskämpfer in der polnischen Heimatarmee hat auch der frühere polnische Außenminister Bartoszewski diesen Terror miterlebt.

Die im Oktober 1939 nach Abschluß des Feldzuges durch Himmler veranlaßten Terrormaßnahmen führten wiederholt zu großen Straßenrazzien; über die Vorgänge im August 1940 berichtete die polnische Untergrundzeitung Polska Zyje.

»Drei Tage lang [...] tobten im rekordbrechend wütenden Menschenfang auf den Straßen nicht nur das SS- und Gestapo-Gesindel, sondern auch – o Schmach – die regulären deutschen Truppen.«[62]

Das Vorgehen in Polen stand in deutlichem Gegensatz zu dem disziplinierten Auftreten der Wehrmacht in den besetzten westlichen Ländern, wo den Soldaten befohlen worden war, »sich der Bevölkerung gegenüber korrekt zu benehmen, nationale Gefühle und die örtlichen Gebräuche zu beachten«.[63]

Wenn sich nach seiner Einschätzung auch die Situation in diesen Ländern im Verlauf des Krieges verschärfte, so kam es in Westeuropa »jedoch nirgendwo zu einer vollen Enthüllung dieses Gesichts«.[64] Im Gegenteil: Das Auftreten der Wehrmacht führte auch dazu, daß z.B. Informationen in den Niederlanden über die Verhältnisse in Polen als unglaubwürdig abgetan wurden.[65]

Die sowjetische Geschichtsschreibung

Historiographie in der Sowjetunion unterlag stets den Weisungen des ZK der KPdSU. Das traf auch für die Geschichte des Großen Vaterländischen Krieges und die Geschichte des Zweiten Weltkrieges zu, die nach dem XX. Parteitag der KPdSU 1956 unter Chruschtschow hinsichtlich der von Stalin zu vertretenen Entscheidungen umgeschrieben wurde.

Im Mittelpunkt der historischen Darstellungen des Zweiten Weltkrieges standen drei unanfechtbare Feststellungen. Erstens war der Kampf in den von den Deutschen besetzten Gebieten von Anfang an ein »Volkskampf«. Zweitens bildete die mit der Theorie des Marxismus-Leninismus ausgerüstete Kommunistische Partei als Inspirator und Organisator gegen die faschistischen Eroberer das Fundament dieses Kampfes. Drittens spielte die Sowjetarmee die entscheidende Rolle in der bewaffneten Auseinandersetzung mit der »faschistischen Wehrmacht«.[66]

Zutreffend wurde das Verhalten der NS-Organisationen dargestellt, die nicht nur zum Schaden der Bevölkerung, sondern auch der Oberkommandos der einzelnen Frontabschnitte, ihr eigenes Terrorregime aufbauten. Daß zum Schluß auch noch die Wehrmacht pauschal einbezogen wurde, entsprach dem System, sollte aber nicht überbewertet werden, denn schließlich stand die Wehrmacht als Feind im eigenen Land.

»Das Besatzungsregime verfolgte das Ziel, die sozialistische Gesellschaftsordnung zu beseitigen, die Sowjetmenschen zu unterjochen und die besetzten Gebiete auszuplündern. Ausgeübt wurde es von der deutschen Verwaltung, vom SD und der SS, von der Gestapo und schließlich von den Angehörigen der faschistischen Wehrmacht, vom General bis zum Soldaten.«[67]

Persönlich verantwortlich gemacht wurden u.a. Oberbefehlshaber und hohe Generalstabsoffiziere wie Manstein, Kluge, Leeb, Küchler, Model, Heinrici, Ruoff, Lindemann, Schmidt, Kleffel, Wegener, Speidel, Siewert, Foertsch, Gaedcke und Weiß. Unter Bezug auf die Urteile gegen hohe Wehrmachtoffiziere in Nürnberg wurde auch die Verbindung zur aktuellen Personalpolitik der Bundesrepublik Deutschland im Zusammenhang mit der Wiederbewaffnung und der Personalpolitik der Bundeswehr hergestellt.[68]

»Der weitaus größere Teil konnte sich jedoch der gerechten Bestrafung völlig entziehen. Viele von ihnen nahmen und nehmen nach dem Krieg in der revanchistischen Armee Westdeutschlands und in den Führungsgremien der aggressiveren NATO entscheidende Funktionen ein, unter ihnen der als Kriegsverbrecher verurteilte Foertsch.«[69]

Der Widerstand gegen das nationalsozialistische Unrecht wurde meist sehr kurz als imperialistische Verschwörung abgehandelt, die Beteiligung hoher Militärs am Widerstand fand keine Erwähnung.

»In den herrschenden Kreisen Deutschlands entstand der Plan, Hitler zu beseitigen und separate Verhandlungen mit den Westmächten anzubahnen. Das Ziel der Verschwörung, die vom Spionagedienst der USA inszeniert wurde, war die Rettung des deutschen Imperialismus durch ein Abkommen mit der amerikanisch-englischen Reaktion. Der Attentatsversuch auf Hitler am 20. Juli 1944 mißlang jedoch. Die Teilnehmer an der Verschwörung wurden verhaftet und hingerichtet.«[70]

Die für den Versuch einer objektiven Darstellung notwendige Distanz zu Ideologie und offizieller Staatsdoktrin fehlte generell, was den sowjetischen Historikern verständlicher Weise nach den Geschehnissen und den erlittenen personellen und materiellen Opfern in der Sowjetunion gewiß auch schwerfallen mußte. Das rechtfertigte aber nicht, die in der Stalinära begangenen Fehler wie Verbrechen zu verschweigen. Stalins Terrormethoden in den ehemaligen ostpolnischen Gebieten wie die vom sowjetischen NKWD in den baltischen Ländern oder in der Ukraine begangenen Greueltaten vor dem Eintreffen der deutschen Truppen oder eine kritische Würdigung des Verhaltens der sowjetischen Militärführung wurden nicht untersucht.

Die Not der sowjetischen Bevölkerung in den von der Wehrmacht eroberten Gebieten beruhte aber auch auf einer Weisung Stalins. Nur wenige Tage nach dem Einmarsch der deutschen Truppen erließ das Zentralkomitee der KPdSU eine Direktive, nach der bei einem »erzwungenen Rückzug von Truppenteilen der Roten Armee alles rollende Eisenbahnmaterial fortzubringen, dem Feind keine einzige Lokomotive, keinen einzigen Waggon, kein Kilogramm Getreide, keinen Liter Treibstoff zu überlassen. [...] Alles wertvolle Gut, darunter Buntmetalle, Getreide und Treibstoff, das nicht abtransportiert werden kann, muß unbedingt vernichtet werden.«[71]

Dieser als positiv bewerteten Führungsentscheidung nach dem Prinzip der »verbrannten Erde« zu Lasten der zurückgelassenen eigenen Zivilbevölkerung folgte später eine scharfe Verurteilung eines ähnlichen Verhaltens beim Rückzug der Wehrmacht ab 1943.

Russische Bewertungen nach 1989

Eine Wende in der sowjetischen Historiographie zeichnete sich mit Michail Gorbatschows Reformkurs ab.

»Das ganze leninistische Erbe ist in vielen Publikationen der Jahre 1989 bis 1991 entschieden in Frage gestellt worden, und es wurde behauptet, die bolschewistische Revolution von 1917 sei weder unvermeidlich noch gerechtfertigt gewesen.«[72]

Ein Neuansatz erfolgte auch in der Geschichte des Zweiten Weltkrieges, die

– frei von ideologischer Überfrachtung – das Verhalten der Wehrmacht anders zu bewerten begann.

Wesentliche Gründe, die dem Kampf im Osten, wo zwei Ideologien aufeinander trafen, seine unbarmherzige Härte gaben und ihn zu einer mit unvorstellbarer Grausamkeit geführten Auseinandersetzung machten, beschrieb Viktor I. Koslov vom Institut für Ethnologie der Russischen Akademie der Wissenschaften in Moskau in einem Beitrag über die Verluste der Sowjetunion im Zweiten Weltkrieg sehr differenziert und schlug damit einem objektivem Forschungsansatz eine Bresche.

»An der Spitze der Angreifer stand ein solch gnadenloser Fanatiker wie Adolf Hitler, [...] der sich die Unterwerfung und Vernichtung der Völker Osteuropas und der Sowjetunion zum Ruhme der ›großen deutschen Nation‹ zur Aufgabe gemacht hatte. Noch vor Beginn des Krieges gegen die Sowjetunion sagte Hitler: ›Der Kampf wird sich sehr unterscheiden vom Kampf im Westen. Im Osten ist Härte mild für die Zukunft.‹« Und weiter z.B.: »Die Natur ist grausam, deshalb müssen auch wir grausam sein. Wenn ich die Blüte der germanischen Rasse ohne das geringste Bedauern über kostbares vergossenes germanisches Blut in die Gluthitze des Krieges schicken kann, dann habe ich natürlich auch das Recht, Millionen Menschen einer niedereren Rasse, die sich wie Würmer vermehren, auszumerzen.« So erschien als der Zweck der Aggression Hitlers gegen die UdSSR nicht nur die Aneignung von Lebensraum, sondern auch die physische Vernichtung eines bedeutenden Teils der Bewohner des okkupierten Territoriums.

»An der Spitze der Sowjetunion stand Josef Stalin, der, was die Grausamkeit anbelangt, Hitler nicht nachstand, die Grausamkeit aber nicht nach außen wandte, sondern sie gegen das eigene Land richtete. Noch vor 1941 rief Stalin zur Vernichtung von Millionen Bürgern der Sowjetunion auf, die er als ›Volksfeinde‹ bezeichnete. Im Verlaufe dieser Repressionen wurde der überwiegende Teil des Kommandos der Roten Armee, besonders die höheren Ränge, vernichtet. Als Ergebnis dessen war die Armee zu Beginn des Krieges ihrer Führung beraubt. Durch diesen Umstand und die durch Stalin verschuldete Schlagartigkeit des Überfalls waren die riesigen militärischen Verluste und die Eroberung eines großen Territoriums mit einer Bevölkerung von mehr als 80 Millionen Menschen durch Hitlers Truppen vorherbestimmt. Für Stalin als Oberkommandierendem spielten Menschenverluste keine Rolle, er stellte sie der Kompetenz seiner Generalität anheim. In den Verteidigungsschlachten offenbarte sich dies beispielsweise am Schicksal der mehr als zwei Millionen schlecht ausgerüsteter und nicht ausgebildeter Angehöriger der ›Volkswehr‹, die buchstäblich unter die Raupenketten der deutschen Panzer geworfen wurden. Während der Angriffskämpfe zeigte sich Stalins Haltung etwa in dem Bemühen, den zu erwartenden großen Sieg ohne

Rücksicht auf die Opfer an einem bestimmten sowjetischen Feiertag zu erringen (z.b. das Bestreben, Kiew am Tage der Oktoberrevolution am 7. November und Berlin zum 1. Mai zu nehmen). Zur Genüge bewiesen ist ebenfalls das erbarmungslose Verhalten der Stalinisten gegenüber den Millionen ehemaliger Armeeangehöriger, die von der sowjetischen Armee aus deutscher Gefangenschaft befreit worden waren, dann aber als ›Heimatverräter‹ Repressalien unterworfen wurden. In den Kriegsjahren wurden die Repressalien auch gegenüber der Bevölkerung im Hinterland fortgeführt.«[73]

Die beiden Protagonisten des Völkermords wurden als die eigentlichen Urheber für die schrecklichsten Verbrechen unseres Jahrhunderts angeprangert. Die Rote Armee wurde von Stalin in ähnlicher Form mißbraucht, wie die Wehrmacht durch Hitler, und in beiden Lagern fanden sich willige Helfer auch im militärischen Bereich, die bedenkenlos den Weisungen des jeweiligen Regimes folgten.

Neben den von beiden Seiten verursachten Verbrechen an der russischen Zivilbevölkerung erhöhten sich die personellen Verluste der Sowjetarmee dadurch, daß die von den Deutschen gefangengenommenen sowjetischen Soldaten nach ihrer »Befreiung« durch die Rote Armee, »als Heimatverräter verurteilt, in die stalinistischen GULAGs geschickt wurden und umkamen«.[74] Diese »Verluste« wurden jedoch ebenso den Deutschen angelastet wie das »Verbrechen von Katyn« an polnischen Offizieren.[75]

Auch die militärischen Leistungen der Wehrmacht und der Roten Armee wurden kritisch bewertet; die Operationen beider Seiten in Stalingrad zeigten, »[...] daß die Rote Armee dennoch keine der ihr gestellten Aufgaben, nämlich die Vernichtung des Gegners in den operativen Hauptrichtungen, vollständig zu lösen vermocht hatte. Dies war darauf zurückzuführen, daß die deutschen Truppen in der Verteidigung beträchtliche Erfolge erzielten.«[76]

Auf der anderen Seite wurden die Folgen der Ablehnung des Kapitulationsangebots in Stalingrad vom 8. Januar 1943 der Führung der 6. Armee angelastet, obwohl sich die Verluste allenfalls vom Gefechtsfeld auf den Weg in die Gefangenschaft verlagert hätten.

»Dieser Appell an die Humanität wurde von der Führung der 6. Armee, die damals schon begriffen hatte, daß es keinerlei Hoffnung auf einen Ausbruch aus der Einschließung geben konnte, nicht angenommen. So wurde sie zum Hauptschuldigen am entsetzlichen Leid ihrer Soldaten und Offiziere infolge von Kälte und Hunger und schließlich am Tod von circa 140 000 Männern während der russischen Offensive.«[77]

Militärsoziologische Analysen

Im Urteil der ausländischen Literatur spielten höhere Militärs eine entscheidende Rolle, während das Verhalten der großen Masse der Offiziere, Unteroffiziere und Mannschaften sehr allgemein abgehandelt wurde. Eine Ausnahme bildeten bereits 1948 die amerikanischen Militärsoziologen Edward A. Shils und Morris Janowitz. Sie versuchten, auf der Grundlage von Berichten, Tagebuchaufzeichnungen und Feldpostbriefen einer möglichst großen Zahl von Soldaten, den Krieg »von unten« zu rekonstruieren und zu analysieren.

Ihre Studie über den Zusammenhalt und Verfall der Wehrmacht im Zweiten Weltkrieg wurde eine wichtige Grundlage für Militärsoziologen und -historiker. Ihr lagen neben anderen Quellen Befragungen deutscher Soldaten an der Front, unmittelbar nach der Gefangennahme, und spätere, eingehende psychologische Untersuchungen im rückwärtigen Gebiet zugrunde. Zusätzlich wurden erbeutete Feinddokumente, Aussagen der aus feindlicher Gefangenschaft befreiten Angehörigen der alliierten Streitkräfte und andere Berichte untersucht. Monatliche Meinungsumfragen bei einer Vielzahl Kriegsgefangener nach dem Zufallstichprobenverfahren ergänzten die Erhebungen.

Das zentrale Problem des Forschungskonzepts lag im Herausfinden der Motive, die den deutschen »Landser« bewogen, seinen Vorgesetzten zu folgen, Seite an Seite mit ihnen die Belastungen des Kampfes zu ertragen, selbst in aussichtsloser Lage bis zum Letzten weiterzukämpfen und wie selbstverständlich Gesundheit und Leben einzusetzen, aber sich auch als Werkzeug für Hitlers Vernichtungskrieg im Osten gebrauchen zu lassen.

Ausgangspunkt für ihre Untersuchung war die Hypothese, daß der bei den Deutschen bis ins Jahr 1945 festzustellende Zusammenhalt in den Einheiten und die Bereitschaft zum entschlossenen Widerstand auch in aussichtsloser Lage auf einem ideologisch begründeten Fanatismus beruhte. Zudem hoffte man, Erklärungen für das ambivalente Verhalten des Heeres im Osten, zwischen brutaler Feindseligkeit und mitfühlendem Verständnis, das Dallin bereits festgestellt hatte, zu finden.

Die Ergebnisse der Untersuchungen bestätigten die Hypothese nicht, denn die Widerstandskraft der Soldaten basierte nur in sehr geringem Maße auf nationalsozialistischer Gesinnung. Lediglich bei Soldaten, die sich auch als Nationalsozialisten zu erkennen gaben, konnte ein an großen politischen Zielen ausgerichtetes Handeln festgestellt werden.[78]

Signifikant waren neben einigen anderen Faktoren die unmittelbaren Beziehungen innerhalb der sogenannten Primärgruppen, i.e. Trupps oder Gruppen, der ein Soldat angehörte und die im allgemeinen nicht über den Rahmen der Kompanie bzw. Einheit hinausgingen.[79]

Für den »Landser« war ausschlaggebend, daß er einer derartigen kleinen Gemeinschaft angehörte, die ihre strukturelle Integrität bewahrte und annähernd auch mit der sozialen Einheit zusammenfiel, die einige seiner wichtigsten Grundbedürfnisse befriedigte wie Zuneigung und Wertschätzung durch Offiziere, Unteroffiziere und nächste Kameraden. Aus dem Gefühl und dem Milieu leiteten die Soldaten ihren Zusammenhalt in der kleinen soldatischen Kampfgemeinschaft ebenso ab, wie Macht, Stärke und Überlegenheit gegenüber Außenstehenden, die im Kampf mit dem Feind und in den Beziehungen zu den übergeordneten Stellen das Überleben sichern halfen.[80]

Die Angehörigen einer so geprägten Primärgruppe waren unter diesen Voraussetzungen bereit, so lange zu kämpfen, wie sie sich mit ihrem militärischen Führer identifizieren konnten und dieser sich den Angehörigen der Gruppe gegenüber als einer von ihnen verhielt. Truppenteile, in denen die Primärgruppen in ihrer Struktur relativ stabil blieben, kapitulierten nur selten, und Fälle von Fahnenflucht kamen bei ihnen kaum vor.

Die Motivation zum Kampf wurde bei den deutschen Soldaten wesentlich vom Verhalten und Handeln der Kameraden in den Primärgruppen und von deren Führern, den Unteroffizieren und Offizieren, mitbestimmt. Dieses gruppendynamische Verhalten gegenüber den im Kampf gemachten Gefangenen, gegenüber den Partisanen wie auch gegenüber der Zivilbevölkerung im Kampfgebiet wurde situationsbedingt von den Überzeugungen und Antriebskräften bestimmt, die diese Personengruppe bewegten.

Als weiteres Motiv wurden die tradierten Vorstellungen über die »soldatische Ehre« und die Einstellung zum Wehrdienst ermittelt, der in Deutschland als »Ehrendienst für das Volk« galt.[81] Durch eine »komplizierte Ritualisierung des Soldatenberufs« wurde während der Ausbildung ein Ehrenkodex vermittelt, der sich vor allem in seinem Pflichtbewußtsein und in seiner Befehlstreue ausdrückte und das Selbstverständnis der Unteroffiziere und der Mannschaften sehr stark prägte.

Soldatische Ehre und Primärgruppensolidarität stützten sich gegenseitig ab; der militärische Ehrenkodex, insbesondere bei den Soldaten der Kampftruppen, war tief verwurzelt und der einfache deutsche Soldat handelte im Bewußtsein, »als gewönne er durch Unterwerfung unter die Disziplin an Stärke und moralischer Qualität«.[82]

Das Verhalten des einzelnen Soldaten wurde schließlich durch die als Befehl verfaßten »Zehn Gebote für die Kriegführung des deutschen Soldaten« mitgeprägt, die im Soldbuch abgedruckt waren.

»Der deutsche Soldat kämpft ritterlich für den Sieg seines Volkes. Grausamkeiten und nutzlose Zerstörungen sind seiner unwürdig.«[83]

Ranghöhere Unteroffiziere wiesen hinsichtlich ihres Verständnisses von soldatischer Ehre ein den rangniederen Offizieren sehr ähnliches Verhalten auf. Beide hatten traditionell eine starke Stellung im Beziehungsgeflecht innerhalb der Primärgruppen wie auch darüber hinaus im Rahmen des Zuges oder der Kompanie. Dessen waren sich die Offiziere und Unteroffiziere auch in der Kriegsgefangenschaft noch bewußt. Auf die Frage eines amerikanischen Befragungsoffiziers, warum die Wehrmacht funktioniere, lautete die Antwort eines deutschen Offiziers,»[...] politische Indoktrination und markige Reden wären totaler Blödsinn; die Bereitschaft der Soldaten, ihren Offizieren zu folgen, hinge von seiner Persönlichkeit ab«.[84]

Offiziere und Unteroffiziere genossen bei ihren Soldaten bis gegen Ende des Krieges hohes Ansehen. Im Heer galten »nahezu alle Unteroffiziere, Leutnante und Hauptleute [...] beim deutschen Soldaten während des Feldzuges im Westen (1944) als tapfer, tüchtig und rücksichtsvoll.«[85]

Die ethisch-moralische Haltung des einzelnen Offiziers und Unteroffiziers als unmittelbarer Vorgesetzter beeinflußte in kritischen Situationen das Verhalten der Soldaten besonders stark, wenn z.B. auch ein Befehl durchgesetzt werden mußte, dessen Ausführung ganz offensichtlich auch gegen die Gebote die Kriegführung – die von Hitler für den Ostfeldzug ausdrücklich aufgehoben worden waren – und damit gegen die soldatische Ehre verstieß.

Der infanteristische Frontkämpfer präsentierte sich als äußerst apolitischer Soldat, der sich in seinem Streben nach Disziplin und Ordnung im allgemeinen bereitwillig seinen unmittelbaren Führern unterstellt hatte und durchweg begeisterter Anhänger eines diktatorischen Regimes war; die Versuche der Nationalsozialisten, die Armee zu nazifizieren, hatten nur geringen Erfolg, was auch in der Haltung gegenüber den nationalsozialistischen Führungsoffizieren (NSFO) in den Verbänden und Einheiten zum Ausdruck kam. Sie wurden allgemein verachtet, weil sie keine richtigen Soldaten waren. Dagegen genoß »die Waffen-SS hohes Ansehen, allerdings nicht wegen ihrer Parteizugehörigkeit, sondern aufgrund ihrer ausgezeichneten Kampfkraft. Soldaten der Wehrmacht fühlten sich stets sicherer, wenn sie Seite an Seite mit einem Truppenteil der Waffen-SS kämpften.«

Das hinderte die Soldaten allerdings nicht daran, die Verantwortung für die Verübung von Greueltaten der Waffen-SS zuzuschreiben.[86]

Motivation und Ehrauffassung aller Soldaten wandelten sich auch im Verlauf des Krieges, aber jedem Soldaten war die Überzeugung wichtig, gemeinsame Vorstellungen von dem zu haben, was man allgemein unter soldatischer Ehre verstand. Gegen Kriegsende überwog naturgemäß bei vielen Soldaten die Hoffnung zu überleben.[87]

In diesem Kampf um Herz und Hirn der Menschen spielte die ideelle Beziehung des einzelnen zur Person Adolf Hitlers eine Schlüsselrolle. Je nach Alterszugehörigkeit war er für die Soldaten entweder der Mann, der ihnen nach

1933 Arbeit, Brot und wirtschaftliche Sicherheit wiedergegeben hatte, oder er imponierte durch die von ihm ausgehende Stärke und Macht. Sowohl »Nazis als auch Nicht-Nazis [...] sagten: ›der Führer hat uns nie betrogen‹ oder: ›er muß einen guten Grund dafür haben, daß er so handelt‹«.[88]

Hitler galt als oberste Autorität im Staat, der Recht und Gesetz vertrat und »in der Wehrmacht während der gesamten Dauer des Krieges eine intensive persönliche Verehrung« genoß. Der Glaube an die guten Absichten des Führers, an seine hervorragenden moralischen Qualitäten, an seine Hingabe und Leistungen für das Wohlergehen des deutschen Volkes hielt sich bis in die Schlußphase des Krieges hinein auf einem erstaunlich hohen Niveau. Im Januar 1945 war es bei den befragten Kriegsgefangenen z.B. noch genauso hoch wie im Juni 1944, und das zu einem Zeitpunkt, als »weit über die Hälfte der befragten deutschen Soldaten glaubten, daß es der Wehrmacht unmöglich sei, die Alliierten in Frankreich zu schlagen«. Als ab März 1945 erkennbar der Zusammenhalt in vielen Verbänden auseinanderbrach, ließ die Hitlerverehrung nach. »Viele Soldaten waren zu keiner Reaktion fähig, als die Nachricht von Hitlers Tod bekanntgegeben wurde.«[89]

Ethische Aspekte schienen den deutschen Soldaten kaum zu interessieren. Für die Mehrzahl reichte die Überzeugung, daß Deutschland in einem Überlebenskampf stünde, der auch harte Entscheidungen verlangte. Die Ausrottung der Juden wurde mit der rezipierten NS-Propaganda gerechtfertigt, daß sie die ganze Welt gegen Deutschland aufgebracht hätten.

»Kriegsgefangene äußerten selten Gewissensbisse wegen der von Nazis begangenen Greueltaten, und es ist praktisch kein Fall von Fahnenflucht wegen moralischen Abscheus vor den Greueltaten der Nazis bekanntgeworden.«[90]

Fünfzig Jahre nach Ende des Zweiten Weltkrieges kann weder die Frage hinreichend beantwortet werden, wie oft militärische Führer und ihre Soldaten im Konflikt gestanden haben zwischen der traditionellen Auffassung von soldatischer Ehre und den pervertierten nationalsozialistischen Wertvorstellungen, noch gibt es ein umfassendes Bild davon, wie sie sich in Grenzsituationen entschieden haben.

Mit ihren Forschungsergebnissen überraschten Shils und Janowitz Ende der vierziger Jahre die Fachwelt. Man mußte von einem Feindbild Abschied nehmen, wonach alle deutschen Soldaten als überzeugte Nationalsozialisten gekämpft hatten, denen man nicht nur fanatischen Kampfgeist, sondern auch jede Art von Rücksichtslosigkeit bis hin zum brutalen Verbrechen bedenkenlos zugetraut hatte. Auch die Wehrmacht generalisierend als Nazi-Wehrmacht zu bezeichnen, was im sowjetischen Machtbereich neben dem Begriffen wie faschistische Wehrmacht oder Hitler-Wehrmacht zum Standardvokabular gehörte, war damit obsolet.

Für nahezu drei Jahrzehnte blieben die Thesen der amerikanischen Wissenschaftler mehr oder weniger unangefochten stehen. Erst Ende der siebziger Jahre und dann bis in unsere Zeit hinein wurden sie z.T. massiv in Frage gestellt. Im Gegensatz zum Heer waren die Angehörigen der Waffen-SS im nationalsozialistischen Geist erzogen worden; vor allem die ersten Verbände der Waffen-SS zählten zu den ideologisch ausgerichteten Truppenteilen. In der operativen Planung und im Gefecht eng mit dem Heer verzahnt, war die Waffen-SS mit etwa 38 Divisionen und rund 600 000 Mann, deren tatsächliche Stärke aufgrund der hektischen und z.t. unvollständigen Aufstellungen in der Schlußphase des Krieges nur geschätzt werden konnte, in vielen Situationen auch ein Rettungsanker an allen Fronten, so daß in diesem Zusammenhang auf ausländische Urteile über sie eingegangen werden soll.[91]

Exkurs: Die Waffen-SS

Der amerikanischen Historiker George H. Stein – 1978 Professor für Geschichte an der State University of New York – hielt die Waffen-SS für »die größte, bestorganisierteste und kampfstärkste der militarisierten Parteiarmeen im Zweiten Weltkrieg« und nannte sie Hitlers Privatarmee oder Prätorianergarde, weil ihr Eid, den zunächst nur die Leibstandarte und danach alle Angehörigen der Waffen-SS ablegten, allein auf die Person Hitlers ausgerichtet war.

»Ich schwöre dir, Adolf Hitler, als Führer und Kanzler des Reiches, Treue und Tapferkeit. Ich gelobe dir und den von dir bestimmten Vorgesetzten Gehorsam bis in den Tod, so wahr mir Gott helfe.«[92]

Mit der bedingungslosen Unterwerfung sollten Gewissensentscheidungen des einzelnen bewußt ausgeschaltet werden. So wurde der nächste Vorgesetzte zwangsläufig auch in Fragen von Ethik und Moral zum Mittler zwischen Hitler und dem einzelnen SS-Mann.

»Im großen und ganzen waren das Männer, die sich blindem Gehorsam gegenüber Befehlen verschrieben hatten, die vom Führer oder seinen Vertretern kamen, und deren höchste Ideale Treue und Zähigkeit waren. Sie erkannten keine allgemeingültigen Verhaltensnormen an und ließen sich von einem pervertierten Sittengesetz leiten, das dem menschlichen Leben – auch ihrem eigenen – geringen Wert beimaß.«[93]

Hervorgehoben wurde, daß die Offiziere, »obwohl hart, rücksichtslos und oft hochmütig«, ein enges persönliches Verhältnis zu ihren Männern hatten, das nicht durch soziale Unterschiede, sondern durch gegenseitig geübte Treue von oben wie von unten und die darauf aufbauende Kameradschaft geprägt war, die den außergewöhnlichen Zusammenhalt in den Einheiten und Verbände ausmachte.

Die Waffen-SS besaß einen hohen Kampfwert. Ohne die auch ideologisch fundierte Kampfmoral der SS-Divisionen wäre nach 1943 die Verteidigung des Reichs früher zusammengebrochen. Demjansk, Rshew, die Abwehrkämpfe am Mius, Ladogasee, am Wolchow – jeder dieser Namen stand für militärische Höchstleistung in blutigen und verlustreichen Abwehrkämpfen an der Ostfront und begründete an allen Fronten einen nahezu legendären Ruf der Waffen-SS.

Der sowjetische Generalmajor Artemenko, Kommandierender General des XXVII. Armeekorps, sagte bei seiner Gefangennahme im Herbst 1941 aus, die SS-Division »Wiking« hätte an Kampfkraft alles Dagewesene übertroffen; auf russischer Seite hätte man aufgeatmet, als die Division durch Heerestruppenteile abgelöst worden wäre.[94]

Dem radikal ideologischen Verhalten im Osten stand im Westen – mit wenigen Ausnahmen – prinzipiell ein kriegsvölkerrechtlich orientiertes Verhalten gegenüber.

»Während man weder das weltanschauliche Schulungsmaterial der SS noch Himmlers anfeuernde Reden als bare Münze für den Glauben der Waffen-SS in der Praxis zu nehmen braucht, steht doch fest, daß der Nihilismus der Waffen-SS durch die nationalsozialistische Ideologie verstärkt und gelenkt wurde. Die Nazi-Ideologie an sich war jedoch nicht der wichtigste Kausalfaktor für die meisten Greuel der Waffen-SS. Die bekanntesten dieser Greuel – das Massaker unter britischen Soldaten in Le Paradis 1940, die Niedermetzelung französischer Zivilisten in Oradour 1944 und das Massaker unter amerikanischen Soldaten in Malmedy Ende 1944 – waren sämtlich nicht wohlüberlegt, sondern von Offizieren niederen Ranges an Ort und Stelle angestiftet worden. Die Gemordeten gehörten nicht zu den durch die Rassenpolitik der Nazis Verfolgten, sie waren eher Opfer eines Piratendenkens, das die Männer der Freikorps ohne weiteres begriffen haben würden.«[95]

Wenn auch die Ereignisse in Oradour und Malmedy nicht ganz so eindeutig geklärt sind, werden sie in der Tendenz allgemein bestätigt.[96] Ordensmoral und ein nationalsozialistisches, ideologisch geprägtes Geschichts- und Feindverständnis, das seinen brutalisierenden Effekt aus den Erfahrungen des Ersten Weltkriegs mit seiner kulturellen Entwurzelung, ethischen Entgrenzung und sozialen Totalisierung ableitete, bestimmten weitgehend die Vorstellungswelt der Offiziere der Waffen-SS.[97]

Menschen aus ganz Europa, die im Nationalsozialismus eine Antwort auf die kommunistische Ideologie sahen, traten in diese »Parteiarmee« ein; für sie und Gleichgesinnte galt, »daß das der SS von Himmler vermittelte Weltbild zahlreichen Zeitgenossen keineswegs sektiererhaft oder gar unsittlich erschien, sondern als zukunftsweisender ›dritter Weg‹ zwischen ›Reaktion und Marxismus‹. Die Aufhebung des Nationalgedankens im Rasseprinzip, die Ablösung christlicher Gesittung durch heldischen Schicksalsglauben, die Gleichsetzung von Gesellschaft und Staat sowie von innen- und außenpolitischer Gewalt, die Ausdehnung militärischer Verhaltensnormen auf gesamtgesellschaftliche Bereiche, die Ersetzung des gewissensautonomen Pflicht- und Treuebegriffs durch ein personbezogenes Abhängigkeitsverhältnis, die Verkleidung machtpolitischer Eroberungslust als historische Mission, die Beseitigung rechtsstaatlicher Tradition zugunsten einer sozialdarwinistisch verbrämten ›Lebensgesetzlichkeit‹, schließlich die Zweiteilung der Welt in Freund und Feind anstelle eines differenzierten Sympathiespektrums – all dies gehörte gleichermaßen zum Gedankengut der ›Konservativen Revolution‹ nach dem Ersten Weltkrieg wie es zur Ideologie der SS und damit zum Leitbild ihrer Führer gehörte.«[98]

Trotz aller angestrebter Einheitlichkeit in der Waffen-SS gab es in ihr keine Konformität. Eine Verallgemeinerung ist bestenfalls bei den zwischen 1940 und 1942 aufgestellten ersten sechs Divisionen der Waffen-SS zulässig, die aus deutschen Freiwilligen bestanden und rund 140 000 Mann umfaßten.

Später dienten in der Waffen-SS nicht nur deutsche Freiwillige, sondern auch viele Wehrpflichtige, die zu ihr versetzt oder direkt zu ihr einberufen wurden. Darüber hinaus verlor die Waffen-SS weiter an Homogenität, als nach dem Verlust von Stalingrad eine enorme Ausweitung der Waffen-SS mit sehr unterschiedlichem Kampfwert begann.[99] Neben den volksdeutschen Divisionen mit Mannschaften aus den deutschsprachigen Gebieten Ost- und Südosteuropas, gab es aus Ausländern bestehende Verbände, in die Balten, Galizier, Ukrainer, Kroaten, Serben, Bosnier und Albaner, teils freiwillig, teils zwangsrekrutiert, eingegliedert wurden. Der Kampfwert der reinen Fremdverbände war sehr unterschiedlich, im Partisanenkampf erwiesen sich diese SS-Truppenteile im allgemeinen als besonders brutal.

Auf viele junge Männer in Europa hatte die Waffen-SS offensichtlich eine ähnliche Anziehungskraft wie die spanischen oder französischen Fremdenlegionen vor dem Zweiten Weltkrieg, wobei nicht ohne Belang war, daß vermutlich ein Großteil dieser Freiwilligen mit Verachtung auf die Regierungen ihrer Länder schauten, die 1940 so ruhmlos abgetreten waren.[100]

Die aus West- und Nordeuropäern aufgestellten Freiwilligenverbände, die rund 125 000 Dänen, Holländer, Flamen, Wallonen, Skandinavier, Franzosen, Luxemburger und sogar Schweizer umfaßten, waren unter militärischen Gesichtspunkten den deutschen SS-Verbänden vergleichbar. Ihre Motivation gründete in erster Linie auf dem Kampf gegen den Sowjetbolschewismus. Für den Regimentskommandeur der »Brigade Wallonie«, Léon Degrelle, hatten diese jungen Soldaten »nicht ihre Eltern verlassen [...], um deutschen Sonderinteressen dienlich zu sein. Sie liefen zu den Fahnen, um 2000 Jahre abendländischer Zivilisation zu verteidigen.«[101]

Die rein deutschen Truppenteile der Waffen-SS waren insgesamt aufgrund ihrer personellen wie materiellen Ausstattung Eliteeinheiten, denen man nicht immer beispielhaftes Verhalten bescheinigen konnte, der aber auch Verbrechen von Wehrmachttruppenteilen angelastet wurden.

»Das Verhalten einiger Waffen-SS-Einheiten war [...] nicht immer beispielhaft. Schon im Frankreichfeldzug zeichnen sich einige von ihnen durch Gefangenenerschießungen aus. Diese Verstöße gegen das Kriegsrecht kommen noch häufiger in Rußland und auf dem Balkan vor. Trotzdem gehen viele Grausamkeiten, die der Waffen-SS zugeschrieben werden, auf das Konto regulärer Einheiten des Heeres.«[102]

Für eine Bewertung der Waffen-SS insgesamt bleibt nach Auffassung des Verfassers die entscheidende Frage, ob man dem absoluten Gehorsam oder dem eigenen Gewissen in kritischen Situationen zu folgen bereit ist, wenn kriegsvölkerrechtliche Normen verletzt werden. Unter den Prämissen des absoluten Gehorsamsanspruchs und der Orientierung an den pervertierten Wertbegriffen des nationalsozialistischen Systems ist die Bereitschaft zur Ausführung verbrecherischer Befehle bei der Waffen-SS zwingender als im Heer gewesen. Mit der extremen Selbstbindung an die Person Hitlers hatten sich alle Angehörigen der Waffen-SS zwangsläufig in die Gefahr gebracht, zu Handlangern und Erfüllungsgehilfen ihres obersten Führers zu werden.

Die militärsoziologische Theorie über die Bindungskraft der Primärgruppenstrukturen traf auch für die Waffen-SS in vollem Umfang zu und war vermutlich noch ausgeprägter als in vergleichbaren Verbänden und Einheiten des Heeres.

Ende der siebziger Jahre wurden vor dem Hintergrund des Vietnam-Krieges in den Vereinigten Staaten die Theorien von Shils und Janowitz wissenschaftlich erneut hinterfragt. Im Verlauf dieser mit großem Engagement geführten Diskussion rückte das deutsche Heer des Zweiten Weltkriegs wieder stärker in das Blickfeld der amerikanischen Militärs, Militärhistoriker und -soziologen.

Neubewertung der Wehrmacht ab 1970 durch amerikanische und israelische Wissenschaftler

Einer der Auslöser für eine Neubewertung der amerikanischen Diskussion war die Studie Crisis in Command der amerikanischen Militärsoziologen Richard A. Gabriel und Paul S. Savage, in der das offensichtliche Versagen der US-Army in Vietnam stark kritisiert und Wege zu einer Reform aufgezeigt wurden. Die Armeeführung wurde verantwortlich gemacht, »für das, was schief ging und auch weiterhin nicht stimmt«.[103] Gefordert und durchgesetzt wurde eine Reform der US-Army, deren Offiziere den Vietnam-Krieg »gemanagt« und darüber vergessen hatten, daß die Kampfkraft einer Armee in erheblichem Maße von kompetenten und tapferen Offizieren abhängt, die bereit sind, die Risiken des Kampfes mit ihren Soldaten zu teilen.[104]

Als Modell für die Reformvorschläge wurde das deutsche Heer des Zweiten Weltkriegs ausgewählt, weil es als ein Produkt westlicher Zivilisation galt, das in der Gegenüberstellung mit anderen westlichen Streitkräften mehr Gemeinsamkeiten als Unterschiede aufwies und weil über den außergewöhnliche Zusammenhalt in der Wehrmacht eine ausreichende Menge empirischer Daten vorlag. Herausgehoben wurde die Bedeutung der Primärgruppen und des Ehrenkodex', der alle deutschen Soldaten miteinander verband sowie Einsatz- und Opferbereitschaft der deutschen Offiziere im Zweiten Weltkrieg.

»Die Bereitschaft deutscher Offiziere, zu führen und zu sterben, war für den deutschen Soldaten erkennbar. Er war ein guter Soldat, der für eine schlechte Sache mißbraucht wurde. Die ›Sache‹, nämlich die nationalsozialistische Ideologie, war nie die treibende Kraft für seine Bereitschaft zu kämpfen oder für seine Fähigkeit zur Bewahrung der Gruppenkohäsion gewesen. [...] In allen deutschen Kampfeinsätzen nahmen die Offiziere ein übermäßiges Risiko auf sich und betrachteten jeden Versuch, sich den Gefahren des Gefechts zu entziehen, als unehrenhaft.«[105]

Der israelische Militärhistoriker Martin van Creveld brachte die Diskussion um die Frage, was den deutschen Soldaten zu seiner erstaunlichen Kampfbereitschaft bewog, auf den Punkt: Der deutsche Soldat kämpfte im allgemeinen nicht wegen seiner nationalsozialistischen Überzeugungen, sondern weil die maßgeschneiderten kleinen Kampfgemeinschaften als Primärgruppen so effektiv waren und unter bestimmten Bedingungen, »die sozialen und psychologischen Bedürfnisse jedes einzelnen kämpfenden Soldaten« befriedigten.[106]

Die Entscheidung für den Krieg traf Hitler zu einem Zeitpunkt, als die Wehrmacht aus Sicht der militärischen Führung weder personell noch materiell den Zustand erreicht hatte, der für einen Einsatz als unerläßlich angesehen wurde. Trotz aller Unfertigkeit eroberte die Wehrmacht nahezu ganz Europa durch ihre Professionalität, die sich vor allem in ihrer Kampfkraft dokumentierte.

»Den Nachteil, einen ›Arme-Leute-Krieg‹ führen zu müssen, glich die Wehrmacht durch die Entwicklung eines hohen Maßes an Kampfkraft aus, die sie dazu befähigte, Frankreich trotz zahlenmäßiger und materieller Unterlegenheit innerhalb von sechs Wochen zu besiegen, im Gegensatz zu den vier Monaten, die die erdrückend überlegenen alliierten Kräfte benötigten, um sie wieder zu vertreiben. In Rußland brauchte eine stark unterlegene

Wehrmacht nur fünf Monate, um die Tore Moskaus zu erreichen; um sie auf ihre Ausgangslage zurückzuwerfen, brauchte der bis dahin grenzenlos überlegene Gegner volle zweieinhalb Jahre.«[107]

Nicht den Siegen, sondern den Leistungen in den Niederlagen gegen zahlenmäßig überlegene Kräfte verdankte die Armee die große Achtung der Gegner. Sie kämpfte bis zum bitteren Ende und ohne Aussicht auf Erfolg.

»Und doch lief sie nicht davon, und sie löste sich nicht auf oder ermordete ihre Offiziere. [...] Sie kämpfte noch Jahre, nachdem alle Hoffnung auf einen Sieg vergangen war. [...] Selbst im April 1945 [...] kämpften ihre Truppenteile noch weiter, wo immer die örtliche taktische Lage überhaupt noch erträglich war. [...] Trotzdem bestanden ihre Einheiten, auch wenn sie nur noch 20 Mann aufwiesen, weiter und leisteten Widerstand, eine unvergleichliche Leistung für jede Armee.«[108]

Für die Leistungen des Heeres war seine innere Organisation verantwortlich, die alle übrigen Merkmale zu einer starken Kampforganisation koordinierte.

»Das deutsche Heer war eine vorzügliche Kampforganisation. Im Hinblick auf Moral, Elan, Truppenzusammenhalt und Elastizität, war ihm wahrscheinlich unter den Armeen des zwanzigsten Jahrhunderts keine ebenbürtig. Bis zu einem gewissen Grad mögen dazu die Indoktrination mit nationalsozialistischen Ideen, der hohe gesellschaftliche Status des Militärs und (sogar) ein paar Eigenarten des Nationalcharakters beigetragen haben; ohne die innere Organisation des Heeres wäre aber keines davon von Nutzen gewesen. [...] Der durchschnittliche deutsche Soldat [...] kämpfte nicht [...], um an Sozialprestige zu gewinnen [...] auch nicht im Glauben an die nationalsozialistische Ideologie – tatsächlich kam in vielen Fällen wohl eher das Gegenteil der Wahrheit näher. Statt dessen kämpfte er aus Gründen, für die Männer schon immer gekämpft haben: weil er sich als Mitglied einer einheitlichen, gut geführten Gemeinschaft empfand, deren Struktur, Verwaltung und Funktionieren im großen und ganzen und trotz der unvermeidbaren Existenz von Drückebergern und ›Goldfasanen‹ als recht und billig anerkannt wurden.«[109]

Van Creveld entläßt die Wehrmacht aber keineswegs aus der Verantwortung für die von ihr begangenen oder die in ihrem Verantwortungsbereich von NS-Organisationen begangenen Verbrechen. Dem Lob für die Organisation folgte im Vorwort der deutschen Ausgabe die Verurteilung des moralischen Verhaltens.

»Nichts in dieser Studie sollte als Freisprüche der Wehrmacht von ihrer Mitverantwortung für die Geschehnisse von 1933 bis 1945 verstanden werden. Im Gegenteil, gerade die herausragende Organisation der Wehrmacht (auf jeden Fall in den unteren Ebenen), das durch und durch professionelle

Offizierkorps und die Stärke und Geschlossenheit ihrer Gesinnung ermöglichten, daß sie als Instrument bei der Durchführung einer rücksichtslosen Aggressionspolitik, die von vielen Verbrechen gegen die Menschlichkeit begleitet war, gebraucht und mißbraucht werden konnte. Eine große Mehrheit der Offiziere und Mannschaften [...] war auch dazu bereit, den schrecklichsten Befehlen zu gehorchen und sie auszuführen. Obwohl die Wehrmacht selbst den Angriffskrieg nicht begann, obwohl sie nicht primär für die Konzentrationslager und die Ausrottung der Juden verantwortlich war, wären diese und andere Verbrechen ohne ihre aktive oder passive Wirkung unmöglich gewesen. Auch wenn man zu dem Eingeständnis bereit ist, daß die Wehrmacht ausschließlich ein militärisches Instrument war, bleibt doch eine schwere Schuld, von der sie nicht freigesprochen werden kann und von der die meisten Deutschen, so hoffe ich, sich auch nicht freizusprechen versuchen.«[110]

Die These, daß »eine große Mehrheit der Offiziere und Mannschaften [...], den schrecklichsten Befehlen« gehorcht und sie ausgeführt haben, bedeutet, daß nach van Creveld über neun Millionen Soldaten aller Dienstgrade potentielle Kriegsverbrecher gewesen sind. Für diese pauschale Feststellung fehlt ebenso jeder Nachweis wie die Folgerung, daß die zur Maximierung der Kampfkraft genutzte innere Organisation mit Führungsgrundsätzen und -technik, äußerer Organisation und Verwaltung der politischen wie militärischen Führung ein Maß an Gewalt über den einzelnen Soldaten verlieh, so daß dieser bereit war, jeden Befehl auszuführen.

»Die Organisation hatte ihre Soldaten so sehr in der Gewalt, daß es ihnen gleich war, wo, gegen wen und warum sie kämpften. Sie waren Soldaten und taten ihre Pflicht, ohne Rücksicht darauf, ob zu dieser Pflicht gehörte, eine Offensive im Süden durchzuführen, in der Defensive im Norden zu kämpfen oder Grausamkeiten im Mittelabschnitt zu verüben.«[111]

Mit der Begründung, daß die meisten deutschen Frontsoldaten ihre Erfahrungen im Kampf gegen die Sowjetunion machten, ist nach Auffassung des israelischen Historikers Omer Bartov nur derjenige in der Lage, der »einen richtigen Einblick in das Funktionieren der Wehrmacht, in die Mentalität und das Selbstverständnis der Soldaten gewinnen« konnte, wenn er deren Verhalten an der Ostfront einer kritischen Analyse unterzog.

So wandte sich Bartov fast ausschließlich dem Verhalten des Heeres auf dem östlichen Kriegsschauplatz zu,[112] wo es sich seiner Meinung nach zur Wehrmacht Hitlers entwickelte, in der die nationalsozialistische Ideologie und das damit einhergehende ideologische Feindbild mit dem Ende der Blitzkriege das zentrale Bindeglied im Heer bildete.[113] Die Untersuchungen von Shils/Janowitz von 1948 wie die Analysen Crevelds wurden weitgehend abgelehnt, weil sie die fundamentalen Verhaltensmuster des Heeres im Osten nicht hinreichend gewürdigt hätten, wo der Wehrmacht schon lange vor der Landung der Westalliierten in Nordfrankreich das Rückgrat gebrochen worden war.[114]

Mit der »Entmodernisierung der Front«, der »Zerstörung der Primärgruppe«, der »Pervertierung der Disziplin« und der »Verzerrung der Wirklichkeit«, die sich gegenseitig bedingten, sollte die These von »Hitlers Wehrmacht« nachvollziehbar werden.[115] Alle vier Kriterien hatten ihren Ursprung an der Ostfront mit den großen Verlusten an Menschen und Material, die das Ende der Primärgruppen herbeiführten und in der die nationalsozialistische Ideologie eine wirksame Ersatzmotivation wurde.[116] Dabei spielte das ideologische Feindbild eine entscheidende Rolle, das auch die während und nach der Oktoberrevolution 1917 gemachten Erfahrungen, verbunden mit der Ablehnung einer kommunistischen Weltrevolution, subsumierte.

»Die Furcht vor dem ›asiatischen Bolschewismus‹, die in alten Vorurteilen wurzelte und von der nationalsozialistischen Propaganda noch geschürt wurde, schuf die Grundlage für eine grotesk verzerrte Wahrnehmung der Realität. Obwohl alle wußten, daß Deutschland die Sowjetunion angegriffen hatte, wurde die Sowjetunion als Aggressor betrachtet. [...] Um die Ursache dieser Furcht, die bolschewistische Sowjetunion, zu beseitigen, war jedes Mittel recht. Der Feind mußte ausgelöscht werden, denn er war böse.«[117]

In der Bevölkerung wie in der Wehrmacht herrschte »die irrationale und dennoch sehr ausgeprägte Angst vor den Russen«[118]. Sie wurde von der NS-Propaganda spätestens seit Beginn des Krieges gegen die Sowjetunion gezielt ausgenutzt. Die Wehrmacht wurde so zum Bollwerk westlicher Kultur hochstilisiert, aufgerufen zum Kreuzzug gegen den Bolschewismus.[119]

»Der Krieg im Osten wurde als ein Kampf um alles oder nichts aufgefaßt und erforderte totale Hingabe, blinden Gehorsam und die unnachsichtige Vernichtung des Feindes.«[120]

Schließlich wurde, nach Bartovs Auffassung, die Wehrmacht zum »Schmelztiegel«, der die zuvor indifferente Arbeiterschaft »verschluckt und zu Hitlers Werkzeugen umgeformt« hatte.[121] Damit setzt er die Wehrmacht einer nationalsozialistischen Kaderschmiede gleich.

Mit der Auswertung von Feldpostbriefen von der Front und aus der Heimat, deren Zahl auf etwa 40 bis 50 Milliarden geschätzt worden ist, versuchte der amerikanische Militärhistoriker Stephen G. Fritz neue Erkenntnisse über das Verhalten des Heeres zu gewinnen und signifikante Verhaltensmuster und Einstellungen der Briefschreiber aus diesen bisher nur sehr begrenzt ausgewerteten Quellen herauszufiltern.[122]

Offensichtlich schienen die von den Soldaten wahrgenommenen Realitäten in der Sowjetunion die nationalsozialistische Propaganda zu bestätigen oder sogar zu übertreffen. Die ihnen vorhergesagte Armut und Verwahrlosung, die

unverkennbaren Spuren einer von den Stalinisten ausgeübten Schreckensherrschaft, wurden als die schockierende Wirklichkeit wahrgenommen.[123]
Erst diese Erfahrungen und Erlebnisse schienen die deutschen Soldaten aufgeschlossener für die Argumentation der Nationalsozialisten zu machen, in der die Verhältnisse als das Ergebnis der jüdisch-bolschewistischen Verschwörung und der Zerstörung eines Volkes angeprangert wurden.[124]

Die im Osten gewonnenen Eindrücke, die unvorstellbare tagtäglich wahrzunehmende Brutalität des Krieges, die Verrohung des täglichen Lebens und die auf die Soldaten einwirkende Propaganda lösten bei vielen von ihnen die Überzeugung aus, sie wären »Teil eines Kreuzzuges zur Verteidigung der europäischen Zivilisation und kämpften einen dumpfen Kampf gegen eine grausame und rückwärtsgewandte Macht«.[125]

Die Erlebnisse des Ersten Weltkrieges mit seinen Materialschlachten und den Belastungen des Stellungskrieges und der Not in der Heimat sowie die Erfahrungen in der zeitweilig chaotischen Nachkriegszeit verstärkten bei vielen Soldaten diese Eindrücke und Einschätzungen noch, so daß es nicht verwunderlich war, daß »Nazi-Propaganda und ideologische Schulung dem Landser die Idee von der Identität von bolschewistischen und jüdischen Interessen einhämmerten, was zu einer mörderischen antijüdischen Haltung bei einigen führte«.[126]

Dagegen wurde die eigene Gesellschaft als eine in Harmonie lebende Volksgemeinschaft empfunden. Für viele Soldaten hatte sich im mörderischen Stellungskrieg des Ersten Weltkriegs eine Form der Gemeinschaft entwickelt und bewährt, in der alle »sozialen und materiellen Schranken verschwunden waren«.[127] Dieses prägende Fronterlebnis wurde zum Nährboden für die von den Nationalsozialisten propagierte Idee von der »Volksgemeinschaft«. »In der Tat, die Idee der Volksgemeinschaft wurde gewissermaßen zum Leitmotiv für viele Soldaten.«[128]

Ohne Zweifel besaßen die Begriffe »Volksgemeinschaft« und »Kampf für westliche Kultur und Zivilisation« für viele Deutsche vor dem Kriege eine gewisse Attraktivität, die auch im Verlauf des Krieges anhielt. Die starke Betonung von »Kameradschaft« und »Gemeinschaft«, den Grundpfeilern einer Volksgemeinschaft, »kann bereits als ein Aspekt der Ideologie gedeutet werden, denn in vieler Hinsicht war die eng verbundene Infanteriekompanie das Modell der großen Volksgemeinschaft, die die Nationalsozialisten anstrebten. Die Kameradschaft galt als lebenswichtiger Faktor in der Wehrmacht, nicht nur um deren Kampfkraft zu erhöhen, sondern auch um die wirtschaftlichen und sozialen Schranken niederzureißen, die die Errichtung einer wirklichen nationalen Gesellschaft verhinderten.«[129]

Die geschickte Propaganda der Nationalsozialisten, die auf eine neue Ordnung und einen neuen Menschen abzielte, wurde für viele Soldaten durch eigenes Erleben zur Realität und verwandelte sie zu glühenden Anhängern, die dem Führer ergeben folgten.

»Auf der Suche nach dem Utopischen jedoch wurden beide, der Idealist wie auch der Durchschnittssoldat, durch Hitlers Rassismus pervertiert und in den Strudel des Bösen gerissen.«[130]

Für Fritz scheint festzustehen, daß der Landser tatsächlich »nazifiziert« worden war.[131] Aber seine entsprechenden Thesen wirken z.T. etwas konstruiert und sind an entscheidenden Stellen nur unzureichend belegt. Das gilt insbesondere für die Rolle des NSFO, dem – ohne Nachweis – große Einflußmöglichkeiten unterstellt werden.[132] In seinen Schlußfolgerungen folgt er mehr Bartov als van Creveld; die Forschungsergebnisse von Shils/Janowitz verwirft er nicht, sondern er deutet sie um.

In diesem Zusammenhang sollte jedoch bedacht werden, daß neuere Forschungen ideologischen Faktoren gegenüber dem direkten Einwirken der unmittelbaren Vorgesetzten eine weitaus geringere Bedeutung beimessen, als dies bei Bartov und Fritz offensichtlich der Fall ist[133]. Fritz liefert selbst in seinen Arbeiten eine Fülle von Beispielen dafür, daß der Soldat bei zunehmender Belastung und wachsender Angst um so mehr die Nähe seiner Kameraden sucht[134] und von seinem Vorgesetzten Führung erwartet.[135]

Die Wehrmacht aus französischer Sicht

»Äußerungen über das Wirken der Wehrmacht sind häufig gekennzeichnet entweder von Verdammung oder vom Versuch der Reinwaschung. Der französische Militärhistoriker Philippe Masson begibt sich mit seinem Buch in die breite Mitte zwischen diesen Extremen.«[136]

Diese Bewertung in der »Frankfurter Allgemeinen Zeitung«[137] galt der Veröffentlichung von Masson »Die deutsche Armee. Geschichte der Wehrmacht 1935–1945«. In der französischen Presse zählte man dieses Werk zu den zehn besten Büchern des Jahres 1996. Aus französischer Sicht wurde mit der Arbeit Massons eine Lücke in der Geschichtsschreibung geschlossen.

Masson untersucht und würdigt das Wirken der Wehrmacht als militärisches Instrument sowie das moralische Verhalten ihrer Angehörigen kritisch. »Der deutsche Soldat hat von 1939 bis 1945 eine Leistung erbracht, die der seines Vorgängers von 1914 bis 1918 wahrscheinlich noch überlegen ist. Die deutsche Armee hat zwei aufeinanderfolgende, untereinander vollkommen unterschiedliche Kriege geführt. Bis zum Herbst hat die Wehrmacht einer verblüfften Welt in Polen, Norwegen, Frankreich, auf dem Balkan und in den ersten Monaten des Rußlandfeldzuges alle Spielarten des Blitzkrieges vorgeführt. Von 1943 bis 1945 dagegen hat sie einen fundamental anderen, einen defensiven Krieg geführt, der von gelegentlichen begrenzten Gegenoffensiven unterbrochen war. Dieser zweite Krieg war bei weitem der härteste und der verlustreichste Teil dieses Weltkrieges. [...] Rußland war das Grab der deutschen Armee.«[138]

Für den Zusammenhalt und das Kämpfen bis zu dem Augenblick, »als es kein Gelände mehr zum Kämpfen gab«, waren nach Masson nicht so sehr der Druck militärischer Disziplin, die nationalsozialistischen Indoktrination und der Terror, der von Feldgendarmen, Sonderkommandos und der SS ausging, entscheidend, sondern in erster Linie die Primärgruppen, denen die militärische Führung bis zum Kriegsende große Aufmerksamkeit gewidmet habe. So vollzog sich das Auseinanderbrechen des Zusammenhalts im Heer erst in der Endphase des Krieges und relativ häufiger an der West- als an der Ostfront, wo das sowjetische Oberkommando bis zur Kapitulation den deutschen Soldaten fanatischen Kampfeswillen attestierte.[139]

Auch wenn die Zahl der etwa 13 000 Soldaten wegen des Verdachts auf Fahnenflucht bzw. Feigheit vor dem Feind verurteilten und hingerichteten Soldaten dagegen zu sprechen scheint,[140] so waren Masson zufolge Zusammenhalt, Leistung und Leidensfähigkeit der Truppe im Gegensatz zu Bartov von den immer noch intakten Primärgruppen abhängig. Das OKH achtete bis in das letzte Kriegsjahr hinein darauf, wann immer es möglich war, Divisionen und Verbände zur Auffrischung aus der Front herauszuziehen. Bei der personellen Ergänzung war man bemüht, die landsmannschaftliche Zusammensetzung der Truppenteile nach Möglichkeit zu bewahren.

Außerdem stießen genesene Soldaten wieder zum »alten Haufen«; erfahrene Ausbilder versuchten, den Personalersatz in die wieder aufwachsenden kleinen Kampfgemeinschaften zu integrieren. Eine auf den Kampf hin optimierte Ausbildung und neues Material gaben den Soldaten oft wieder neue Zuversicht und stärkten das Selbstbewußtsein, so daß sich noch bestehende Primärgruppen regenerieren und neue wachsen konnten, hält Masson fest.

Nach übereinstimmendem Urteil zahlreicher ausländischer Militärs und Historiker waren die deutschen Heeresverbände – und im Verlauf des Krieges auch die der Waffen-SS – ihren Gegnern an allen Fronten auf der taktischen und operativen Ebene aufgrund des professionelleren Führerkorps eindeutig überlegen.[141]

Es war jedoch die quantitative Überlegenheit der Gegner, die im Verlaufe des Krieges für den deutschen Soldaten zu einem physischen und psychischen Problem wurde, und in ihm das Gefühl hoffnungsloser Unterlegenheit auslöste. Hinzu kam, daß »der deutsche Soldat nicht nur zwei verschiedene, sondern zwei parallele Kriege geführt« hat.

»Im Westen spielte sich der Krieg in korrekten Formen ab. Das Gesetz zivilisierter Kriegführung wurde im allgemeinen geachtet. Der Krieg im Osten dagegen hat fast vier Jahre gedauert. Er hat die Kräfte der Wehrmacht in ihrer Gesamtheit mobilisiert und verbraucht. Es war ein Krieg wie kein anderer, der unauslöschliche Spuren in der Seele des deutschen Soldaten hinterlassen hat. Schon der Einmarsch nach Rußland hinein war ein erster Schock. So wie die Soldaten der ›Grande Armée‹ im Jahre 1812 haben auch die Männer der Wehrmacht eine Welt entdeckt, die von der ihren vollkommen verschieden, eine gänzlich andere war.«[142]

Die besondere Situation im Osten wirkte sich, so Massons Urteil, vermutlich bedrückend und brutalisierend auf beiden Seiten aus. Dazu trugen die mit unvorstellbarer Beharrlichkeit und ohne Rücksicht auf die eigenen Verluste vorgetragenen Massenangriffe der sowjetischen Soldaten ebenso bei, wie die von Stalin befohlene grausame Folterung und Tötung der ersten deutschen Soldaten, die der Roten Armee in die Hände fielen. Hinzu kamen die Bilder von den Pogromen, die die deutschen Soldaten bei ihrem Einmarsch im Baltikum und in der Ukraine, wo die Bevölkerung die Juden mit den Kommunisten gleichsetzte, bereits vor dem Eintreffen der Einsatzgruppen erlebten. Diese Erlebnisse förderten offensichtlich beim deutschen Soldaten den Eindruck, im Sinne der NS-Propaganda auf »Untermenschen« zu treffen und schienen den vom Führer befohlenen Feldzug gegen »Horden von Barbaren«, eine »furia sowjetica«, gegen den »jüdisch-sowjetischen Komplott« zu rechtfertigen.[143]

Die auf beiden Seiten angewandte oder auch nur vermutete Brutalität war demnach eine der Voraussetzungen für den Durchhaltewillen der Soldaten aller Dienstgrade, weil im Falle einer Gefangennahme keine Gnade zu erwarten war.

»Alles in allem ist es ein Krieg ohne Mitgefühl, in dem alles erlaubt ist und der, im Falle einer Niederlage, schlimmste Rachegefühle bei den Sowjets hervorrufen wird. Diese Befürchtung wird bis zum Ende anhalten und eine Erklärung liefern für den verzweifelten Widerstand des deutschen Soldaten.«[144]

Im verständlichen Versuch, die Heimat zu schützen, lag nach Masson eine weitere Ursache für den zähen Widerstand der Soldaten der Wehrmacht in den letzten Monaten des Krieges, wodurch allerdings dem verbrecherischen Regime zu einer Gnadenfrist verholfen, die Zeit für Greueltaten und Leiden in den KZ-Lagern und die Judentötungen verlängert wurden.[145]

Die Anklage des angesehenen britischen Historikers Wheeler-Benett gegen den Generalstab kurz nach dem Krieg nimmt Masson ebensowenig hin wie er die Aussagen deutscher Generale bei Liddell Hart akzeptiert. Wheeler-Benett unterstellte dem Generalstab,

– daß er »Komplice der Machtergreifung Hitlers und der Errichtung eines totalitären Regimes« gewesen sei,

– daß er durch sein Schweigen die schlimmsten Verbrechen gedeckt habe und

– daß es ihm am Mut gefehlt hätte, »1943, in einem Moment, da der Krieg sichtlich verloren war, Hitler eine Kapitulation abzutrotzen, um beträchtliche und unnötige Verluste und Zerstörungen [zu] vermeiden und das Ende des Dramas [zu] beschleunigen [.]«[146]

Aussagen deutscher Generale nach Kriegsende und Zeugnisse Liddell Harts, wonach das Offizierkorps dem Nationalsozialismus gegenüber reserviert bis feindlich gegenüberstand und im Verlauf des Krieges »nur seine Pflicht erfüllt hat und dies mit Disziplin und Achtung vor einem legalen, vom Volk breit unterstützten Machtapparat« relativiert er vor dem Hintergrund kritischer Fragen.[147] Völlig zu Recht verweist er darauf, daß die »militärischen Chefs die Massaker der Einsatzgruppen, die unmenschlichen Maßnahmen gegen die Partisanen, die Zwangsaushebung von Arbeitskräften, die rücksichtslose Ausbeutung von Fremdarbeitern und Deportierten in den Rüstungsfabriken« sehen mußten. Von deren Seite sei keine Äußerung des Mitleids bekannt »über das Leid der sowjetischen Kriegsgefangenen, von denen mindestens 60 Prozent an Hunger, Kälte und Entkräftung zugrunde gegangen sind.«[148]

In Wirklichkeit, so Masson weiter, hat das Oberkommando entweder komplizenhaft geschwiegen oder den Maßnahmen gegen die Widerstandsbewegungen auf dem Balkan oder in Rußland, der Auslösung eines Weltanschauungskrieges zwischen dem Nationalsozialismus und dem Bolschewismus, dem Befehl alle Kommissare und Angehörigen der KPdSU zu beseitigen, zugestimmt.

»Wenn einige Generäle wie Bock, Guderian oder Rundstedt solche Anordnungen ignorierten oder sich zumindest weigerten, an speziellen Operationen der Einsatzgruppen teilzunehmen, so haben andere wie Küchler, Hoepner oder Reichenau dabei ohne Zweifel mitgemacht.«[149]

Bei allen Einwänden und Vorwürfen, vor allem gegen die Heeresführung, wurde nach Massons Auffassung aber übersehen, daß Hitler die militärische Führung und speziell den Generalstab des Heeres nicht nur nach und nach entmachtet hatte, sondern besonders die Generalstabsoffiziere mit geradezu pathologischem Haß verfolgte, weil sie sich eben nicht zum willenlosen Werkzeug machen lassen wollten, sondern häufig im Rahmen ihrer stark eingeschränkten Möglichkeiten versuchten, Befehle und Maßnahmen ihres Oberbefehlshabers abzuschwächen oder deren Weitergabe bzw. Durchführung zu behindern.[150]

Zudem sei es den Nationalsozialisten gelungen, »eine Aussöhnung unter den verschiedenen Strömungen der Arbeiterklasse« herbeizuführen und das Bewußtsein zu entwickeln, in einer »Volksgemeinschaft« zu leben.[151] Die na-

Die Wehrmacht in ausländischen Urteilen

tionalsozialistische Propaganda hatte es verstanden, dieses Bewußtsein geschickt mit der patriotischen, konservativen Grundhaltung des Offizierkorps zu verbinden und über weite Strecken des Krieges lebendig zu halten.

Nicht erst die hohen Personalverluste boten Hitler gute Voraussetzung, daß sich nach und nach ein neuer Typ des Offiziers in der Wehrmacht herausbilden konnte. Hitler nutzte u.a. die Blomberg-Fritsch-Krise 1938 »bedenkenlos und geschickt«, um »das Heer seiner Führung zu berauben«.

»Im übrigen wurde der Opposition dieses Kreises (Anmerk. d. Verf.: die sich gegen Hitler stellen wollten) von Jahr zu Jahr mehr Boden entzogen, denn jeder Jahrgang, der zu den Fahnen trat, kam aus der Hitlerjugend und war bereits im Arbeitsdienst und in der Partei auf Hitler verpflichtet worden. Auch das Offizierkorps wurde von Jahr zu Jahr stärker mit jungen Nationalsozialisten durchsetzt.«[152]

Zu einem ähnlichen Schluß wie Masson gelangte auch der General der Panzertruppe a.D. v. Senger und Etterlin, als er feststellte, daß nach dem ersten Rußlandwinter mit dem »regime-gläubigen, allzeit optimistischen, draufgängerischen und von politischen Sorgen unbeschwerten Offizier« ein anderer Offiziertyp mehr und mehr hervortrat.[153] Dieser allmähliche Wandel war aber nicht nur in den unteren Rängen des Offizierkorps festzustellen, sondern vollzog sich auch im höheren Führerkorps mit zunehmender Tendenz. Mit der Berufung von Dönitz zum Oberbefehlshaber der Kriegsmarine hatte diese Entwicklung ihren Höhepunkt erreicht.[154]

Den von Guderian gebrandmarkten »sklavischen Katzbuckeleien« zahlreicher Generale vor Hitler wurde der große persönliche Mut gegenübergestellt, den viele von ihnen im Einsatz an der Front zeigten.

»Von 1400 Generalen des Heeres und der Luftwaffe sind 500 im Laufe des Krieges gefallen oder vermißt. Im Maßstab des modernen Krieges ist das eine enorm hohe Zahl.«[155]

Masson faßte sein abwägendes und insgesamt ausgewogenes Urteil über diesen komplexen Bereich der deutschen Militärgeschichte über das Verhalten der Wehrmacht zusammen:

»Alles in allem ist die deutsche Armee – wie auch das deutsche Volk – einer dreifachen Verdammnis zum Opfer gefallen. Sie verfiel der Faszination eines Diktators, dessen kriminelle Veranlagung aber erst nach dem Kriege zutage trat. Ihre oberste Führung hatte den Notwendigkeiten eines neuen Konzepts der Kriegführung weichen müssen und war in eine subalterne, rein technische Rolle gedrängt worden. Das OKH von 1939 bis 1945 war nur noch der Schatten des einstigen Großen Generalstabs im Ersten Weltkrieg.

Schließlich sah sich die Armee am Schluß mit dem Rücken an die Wand der bedingungslosen Kapitulation gedrängt. Als Forderung einmalig in der Geschichte, als Problem unlösbar: den schon aussichtslos gewordenen Kampf bis zum Untergang fortsetzen oder sich auf eine entehrende, vielleicht zu frühzeitige Kapitulation einlassen. Eine Entscheidung, wie Guderian es einmal ausdrückte, die an der Tragödie einer Epoche und eines ganzen Volkes gemessen werden mußte.«[156]

General a.D. Graf Kielmansegg, der als Zeitzeuge und junger Generalstabsoffizier im Oberkommando des Heeres viele der hier behandelten Entwicklungen und Ereignisse miterlebt hat, sah in dieser zusammenfassenden Bewertung Philippe Massons ein objektives Urteil aus berufenem Munde, dem sich auch der Verfasser anschließt.

»Diese Worte eines französischen Historikers sind bemerkenswert und werden dem Schicksal der Wehrmacht gerecht.«[157]

Schlußbetrachtung

Das Bild der Wehrmacht und insbesondere vom Heer ist auch 50 Jahre nach Kriegsende im In- und Ausland ambivalent und schwankt zwischen Respekt und Sympathie auf der einen sowie Ablehnung und Abscheu auf der anderen Seite.

Eine schuldhafte Verstrickung einzelner Soldaten, von einzelnen Einheiten und Verbänden in die von Hitler und der obersten Führung befohlenen Verbrechen gegen Teile der Zivilbevölkerung in den von Deutschen besetzten Ländern, insbesondere gegen den jüdischen Bevölkerungsanteil, kann ebensowenig bestritten werden wie das z.T. unmenschliche Verhalten gegenüber den in Kriegsgefangenschaft geratenen sowjetischen Soldaten. Diese Tatsachen sind seit den Nürnberger Prozessen hinreichend belegt.

Befehle und Erlasse wie der sogenannte »Kommissarbefehl« oder der Grunderlaß über die Behandlung sowjetischer Kriegsgefangener (8. September 1941) wurden von Adolf Hitler initiiert und, falls dies aus seiner Sicht erforderlich war, verschärft. Er hat als oberster Kriegsherr die Verantwortung dafür übernommen, daß der Krieg auf dem östlichen Kriegsschauplatz als Kampf zweier Weltanschauungen geführt wurde mit dem Ziel, das »jüdischbolschewistische System« zu vernichten. Nichts vermag dies deutlicher auszudrücken, als seine Handlungsweise als oberster Gerichtsherr im Zusammenhang mit dem Urteil eines Feldgerichts, das einen Bataillonskommandeur wegen willkürlicher Tötung von Kriegsgefangenen zu einer Freiheitsstrafe und Degradierung verurteilt hatte. Hitler hob dieses Urteil auf und begründete sein Vorgehen damit, »daß man es vitalen Naturen nicht zum Vorwurf machen könne, wenn sie, überzeugt von dem einmaligen Schicksalskampf des deutschen Volkes, dem bolschewistischen Weltfeind gegenüber alle Gebote der Menschlichkeit ablehnen.«[158]

Unter einer solchen Führung mußten die Soldaten zwangsläufig in einen permanenten Konflikt zwischen Gewissen und Gehorsam geraten. Bei der Geringschätzung sittlicher Werte und damit auch menschlichen Lebens, die dem nationalsozialistischen Regime ebenso zu eigen war wie dem sowjetischen, blieb es nicht aus, daß der Kampf auf dem östlichen Kriegsschauplatz und das Vorgehen der Soldaten in Polen, auf dem Balkan und später auch in Italien und Frankreich teilweise von außerordentlicher Härte und Brutalität gekennzeichnet war. Vor diesem Hintergrund hing das Schicksal der betroffenen Zivilbevölkerung wie der Kriegsgefangenen nicht nur von den Befehlen und Weisungen der obersten Führung, sondern in einem hohen Maße vom Verhalten der unteren Führer oder gar des einzelnen Soldaten ab.

Auf die zentrale Frage, ob sich das Verhalten der deutschen Soldaten gegenüber bestimmten ethnischen Gruppen trotz intensiver nationalsozialistischer Propaganda weiterhin an einem humanistisch-christlichen Menschenbild orientiert hat oder ob es vom pervertierten Wertesystem des nationalsozialistischen Regimes bestimmt worden ist, gibt es bis heute keine befriedigenden Antworten.

Die Gesellschaftswissenschaften müssen sich daher nach wie vor mit der Frage auseinandersetzen, in welchem Umfang Schuld und Mitschuld ehemaligen Wehrmachtangehörigen angelastet werden kann. Noch immer urteilen die Historiker mit allgemeinen Feststellungen wie »viele« oder »wenige«, wenn sie sich um eine Quantifizierung von Schuld und Unschuld bemühen. Wohin dies führen kann, zeigt das bereits weiter oben erwähnte Beispiel des angesehenen Militärhistorikers Martin van Creveld. Warum er sich gerade im Vorwort zur deutschen Ausgabe seines Buches »Kampfkraft« zu der Behauptung versteigen konnte, »[...] eine große Mehrheit der Offiziere und Mannschaften war auch dazu bereit, den schrecklichsten Befehlen zu gehorchen und sie auszuführen«, bleibt sein Geheimnis. Den Nachweis für diese Behauptung kann er nicht erbringen.

Die hier vorgestellten und kommentierten ausländischen Stimmen geben größtenteils zurückhaltende Antworten und lassen sich eher allgemein über die Schuldfrage aus; sie haben sich – bis auf wenige Ausnahmen – um ein ausgewogenes Urteil bemüht.

Offen bleibt auch die Frage, ob es sich bei der Wehrmacht um ein von der nationalsozialistischen Idee bis ins letzte Glied infiziertes militärisches Instrument handelte, das dem Führer und den ihm gleich gesonnenen Gefolgsleuten unter Mißachtung aller sittlichen und humanitären Gesetze willenlos gehorchte.

Umfangreiche und quellengestützte soziologische Untersuchungen älteren und jüngeren Datums widerlegen jedoch die Auffassung, die Wehrmacht habe die Funktion eines »Schmelztiegels« ausgeübt, in dem alle Soldaten

»verschluckt und zu Hitlers Werkzeugen geschmiedet, zu den Handlangern seiner Politik, den Eroberern seines Imperiums« umgeformt wurden, und sie sei Hitlers Forderungen nach »totaler Hingabe, blindem Gehorsam und unnachsichtiger Vernichtung des Feindes« ohne Zögern gefolgt. Dazu war das Verhalten der Wehrmachtangehörigen an den verschiedenen Fronten – auch im Osten – zu unterschiedlich.

Folgt man den Urteilen Liddell Harts oder Szarotas, dann war das Verhalten der Soldaten im Kampf gegen die Westalliierten und in den besetzten Gebieten in Nord, West und Süd zumindest in den ersten Kriegsjahren kaum zu beanstanden. Eine grundsätzliche Änderung trat ganz offensichtlich dann ein, wenn mit zunehmender Partisanentätigkeit auf einem Kriegsschauplatz eine »zweite Front« entstand. Typisch waren dafür neben dem östlichen die Kriegsschauplätze auf dem Balkan, in Italien und in Frankreich. Dem Urteil des britischen Historikers und Soldaten Fuller ist zuzustimmen, wenn er in seinen Betrachtungen über den Zweiten Weltkrieg zu der Überzeugung gelangte, keine militärische Maßnahme habe so sehr zur Barbarisierung des Krieges geführt wie der Partisanenkrieg, der nach Wellingtons Urteil die Tore zur Hölle öffne.

Der Begriff der »soldatischen Ehre« war in der Wehrmacht trotz eines z.T. entmenschten und »höllischen« Umfeldes keineswegs zur Sprachhülse verkommen. Immer wieder leuchtet aus glaubhaften Aufzeichnungen und gesicherten Aussagen von Zeitzeugen auf, wie stark der Konflikt, sich zwischen dem Befolgen eines verbrecherischen Befehls oder dem Festhalten am tradierten soldatischen Ehrverständnis entscheiden zu müssen, viele Soldaten unabhängig vom Dienstgrad belastete. In diesem Zusammenhang ist an einen Ausspruch von Karl Jaspers zu erinnern.

»Das Bewußtsein soldatischer Ehre bleibt unbetroffen von allen Schulderörterungen. Wer in Kameradschaftlichkeit treu, in Gefahr unbeirrbar durch Mut und Sachlichkeit sich bewährt hat, der darf Unantastbares in seinem Selbstbewußtsein bewahren. Dies rein Soldatische und zugleich Menschliche ist allen Völkern gemeinsam. Hier ist Bewährung ein Fundament des Lebenssinnes.«

Die historische Forschung ist es uns bis heute schuldig geblieben, ein zutreffendes Bild davon zu zeichnen, ob und wie es dem deutschen Soldaten im Verlauf des Krieges gelang, dieses »rein Soldatische und zugleich Menschliche« in seinem Verhalten zu bewahren. Verständlicherweise fehlen auf deutscher Seite Belege, ob und wie einzelne Soldaten oder ganze Einheiten die Ausführung verbrecherischer Befehle verweigert haben, denn eine Gehorsamsverweigerung war damals wie heute ein äußerst schwerwiegendes Dienstvergehen, das zu Wehrmachtzeiten mit dem Tode bestraft werden konnte.

Die Gerechtigkeit gegenüber dem Millionenheer ehemaliger Soldaten erfordert es, verstärkt Zeugnissen nachzuspüren, die menschliches, würdiges und mutiges Verhalten belegen, und pauschalen Verunglimpfungen wie Verurteilungen der Wehrmacht mit belegbaren Argumenten entgegenzutreten. Damit hätten auch nachwachsende Generationen die Möglichkeit, objektiv darüber zu urteilen, ob und wie es selbst unter den grausamen Bedingungen dieses Krieges, die besonders auf den östlichen und südöstlichen Kriegsschauplätzen geherrscht haben, den Soldaten gelang, sich an den sittlichen und moralischen Normen zu orientieren, denen sich deutsches Soldatentum traditionell verpflichtet fühlt.

Bei aller historischen Last, die uns das Dritte Reich und der Zweite Weltkrieg hinterlassen hat, sollten wir den Soldaten eine faires Urteil zuteil werden lassen, denn:

»Den Charakter einer Nation erkennt man daran, wie sie ihre Soldaten nach einem verlorenen Krieg behandelt.«

---

1 Seidler, Verbrechen an der Wehrmacht, 1997, S. 82
2 Absolon, Die Wehrmacht, Bd I, 1969, S. 27
3 Wehrmachtteil entspricht dem heutigen Begriff »Teilstreitkraft«
4 Uhle-Wettler, Franz, Höhe- und Wendepunkte, 1984, S. 295
5 Briant, The Turn of the Tide, 1957, S. 118
6 Uhle-Wettler, ebd., S. 296
7 Hamilton, Monty, 1984, S. 797
8 Eisenhower, Kreuzzug, 1948, S. 157
9 Grosser, Deutschlandbilanz, 1970, S. 39
10 Speidel, Erinnerungen, 1977, S. 284 ff.
11 Schukow, Erinnerungen, 1969, S. 223 f.
12 Hoffmann, Stalins Vernichtungskrieg, 1995, S. 44
13 Nolte, Europäischer Bürgerkrieg, 1989, S. 459
14 Schtemenko, Im Generalstab, 1971, S. 31
15 Schukow, Erinnerungen, 1969, S. 384 f.
16 Schukow, ebd., S. 385
17 Schukow, ebd., S. 488
18 Schukow, ebd., S. 511
19 Oetting, Motivation, 1990, S. 55
20 Oetting, ebd.
21 Gavin, On to Berlin, 1978, S. 288 ff.
22 Schwinge, Verfälschung und Wahrheit, 1988, S. 1 f.
23 Galante, Operation »Valkyrie«, 1983, S. 8
24 Teske, Die silbernen Spiegel, S. 24/25, 43
25 Karst, Die Wehrmacht im Urteil, 1986, S. 26
26 zitiert nach »Welt am Sonntag« vom 14.4.1997, S. 32
27 Liddell Hart, Hitlers Generale berichten, 1950, S. 13 f.
28 Liddell Hart, ebd. S. 14
29 Craig, Die preußisch-deutsche Armee, 1960, S. 537
30 Craig, Über die Deutschen, 1982
31 Craig, Die preußisch-deutsche Armee, 1960, S. 540

32 Weisenborn, Der lautlose Aufstand, 1953, S. 86 f.
33 Craig 1960, S. 244
34 Rothfels in »DIE ZEIT« vom 18.7.1966
35 Craig 1960, S. 540 f.
36 Craig 1960, S. 540
37 Wheeler-Benett, Nemesis, 1964, S. 695
38 Craig 1960, S. 540 f.
39 Seaton, German Army, 1982, S. 119
40 Seaton 1982, S. 119
41 Dallin, Deutsche Herrschaft, 1958, S. 27 f.
42 Dallin 1958, S. 42
43 Dallin 1958, S. 42
44 Dallin 1958, S. 42
45 Dallin 1958, S. 45
46 Streim, Behandlung sowjetischer Kriegsgefangener, 1981, S. 52
47 Dallin 1958, S. 45; Scheurig, Tresckow, 1973, S. 98 ff.
48 Dallin 1958, S. 46
49 Streim 1981, S. 94 f.; Streit 1978, S. 44
50 Dallin 1958, S. 83
51 Mayer, Krieg als Kreuzzug, 1989, S. 395
52 Mayer 1989, S. 395
53 Werth, Russia in the Second World War, 1964, S. 706
54 Dallin 1958, S. 85
55 Dallin 1958, S.163
56 Dallin 1958, S. 163
57 Szarota, Polen unter deutscher Besetzung, 1991, S. 41
58 Szarota 1991, S. 46
59 Bartoszewski 1986, S. 32
60 Wegener 1988, S. 47
61 Bartoszewski 1986, S. 69
62 Bartoszewski 1986, S. 37
63 Szarota 1991, S. 48
64 Szarota 1991, S. 48
65 Szarota 1991, S. 48
66 Autorenkollektiv 1973, Geschichte des Großen Vaterländischen Krieges, Band 2, S. 59
67 Autorenkollektiv 1973, Band 3, S. 521
68 Autorenkollektiv 1973, Band 3, S. 527
69 Autorenkollektiv 1973, Band 3, S. 527 f.
70 Kuczynski / Steinitz, 1953, S. 174
71 Autorenkollektiv 1973, Band 2, S. 65
72 Davies, Perestroika, 1991, S. 9
73 Koslow, Die Verluste der Sowjet Union, 1991, S.157
74 Koslow 1991, S.162 ff.
75 Koslow 1991, S. 165
76 Knjaz'kov, Sowjetische Strategie 1942, 1993, S. 39 f.
77 Chor'kov, Sowjetische Gegenoffensive, 1993, S. 69
78 Shils/Janowitz, Zusammenhalt Wehrmacht, 1948, S. 7
79 Shils/Janowitz 1948, S. 7
80 Shils/Janowitz 1948, S. 2 f., S. 7
81 Shils/Janowitz 1948, S. 20
82 Shils/Janowitz 1948, S. 25
83 Bundesarchiv-Mlitärarchiv M Sg 2/2215
84 Shils/Janowitz 1948, S. 27
85 Shils/Janowitz 1948, S. 29
86 Shils/Janowitz 1948, S. 37

87 Shils/Janowitz 1948, S. 31 ff.
88 Shils/Janowitz 1948, S. 37
89 Shils/Janowitz 1948, S. 37 f.
90 Shils/Janowitz 1948, S. 36 f.
91 Stein, Waffen-SS, 1978, S. 258; Wegner, Politische Soldaten, 1988, S. 263
92 Stein 1978, S. 255
93 Stein 1978, S. 263
94 Zitiert nach Höhne, Der Orden, S. 433
95 Stein 1978, S. 264
96 Masson, Die deutsche Armee, 1996, S. 323
97 Wegener 1988, S. 74
98 Wegener 1988, S. 74
99 Masson 1996, S. 319
100 Masson 1996, S. 320
101 Masson 1996, S. 320
102 Masson 1996, S. 323
103 Gabriel/ Savage 1978/1983, S. 4
104 Gabriel/ Savage 1978/1983, S. 20
105 Gabriel/ Savage 1978/1983, S. 39 f.
106 Creveld, Kampfkraft, 1989, S. 206
107 Creveld 1989, S. 6
108 Creveld 1989, S. 6 f.
109 Creveld 1989, S. 203 f.
110 Creveld 1989, S. 2 f.
111 Creveld 1989, S. 206 f.
112 Bartov, Hitlers Wehrmacht, 1995, S. 51
113 Bartov 1995, S. 52
114 Bartov 1995, S. 52
115 Bartov 1995, S. 15
116 Bartov 1995, S. 59
117 Bartov 1995, S. 27 f.
118 Bartov 1995, S. 270
119 Bartov 1995, S. 23
120 Bartov 1995, S. 272
121 Bartov 1995, S. 270 f.
122 Fritz, Ideology and Motivation, 1996, S. 686
123 Fritz 1996, S. 697 f.
124 Fritz 1996, S. 694
125 Fritz 1996, S. 697
126 Fritz 1996, S. 694
127 Fritz 1996, S. 701
128 Fritz 1996, S. 705
129 Fritz 1998, S. 196
130 Fritz 1996, S. 710
131 Fritz 1998, S. 294
132 Fritz 1998, S. 244
133 Oetting 1990, S. 247
134 Fritz 1998, S. 192 ff.
135 Fritz 1998, S. 22 ff.
136 Frankfurter Allgemeine Zeitung vom 19.11.1996
137 Masson 1996, Klappentext
138 Masson 1996, S. 486
139 Masson 1996, S. 488 f.
140 Masson 1996, S. 488 f.
141 Dupuy 1984, S. 301 ff., S. 336 ff.

142 Masson 1996, S. 490 f.
143 Masson 1996, S. 493
144 Masson 1996, S. 493
145 Masson 1996, S. 498
146 Masson 1996, S. 498
147 Masson 1996, S. 499
148 Masson 1996, S. 499
149 Masson 1996, S. 499
150 Masson 1996, S. 505
151 Masson 1996, S. 503 f.
152 Guderian, Erinnerungen, 1979, S. 396
153 Masson 1996, S. 506
154 Masson 1996, S. 506
155 Masson 1996, S. 507 und 509
156 Masson 1996, S. 513
157 Masson 1996, S. 513
158 Streim 1991, S. 304

Andreas Broicher, Brigadegeneral a.D., geboren 1933 in Rondorf, nach dem Abitur in Köln Banklehre bei der Rhein-Ruhr/Dresdner Bank; 1956 Eintritt in das Heer als Panzergrenadier, nach der Ausbildung zum Offizier Wechsel von Truppen- und Stabstätigkeit, 1964-66 Generalstabsausbildung, danach unterschiedliche Verwendungen im Generalstabsdienst, Bataillonskommandeur, Lehrstabsoffizier und Hörsaalleiter an der Führungsakademie der Bundeswehr, Besuch des NATO Defence College in Rom, 1977-81 Verwendung im NATO-Stab (SHAPE/Belgien), dann Gruppenleiter im Heeresamt, Kommandeur einer Panzergrenadierbrigade, danach erneut bei SHAPE als Branch Chief (Ops-Division, von 1989–1993 Heeresamt Köln als General für Erziehung und Ausbildung im Heer.
Zahlreiche Veröffentlichungen zu Führung, Ausbildung und Erziehung sowie Betrachtungen zum Thema »Führen und Führer – ein Vergleich; Auswahl, Aus- und Fortbildung sowie Fronterfahrung der Offiziere der US-Army und des deutschen Heeres im Zweiten Weltkrieg«, erschienen in Clausewitz-Studien, Heft 1, München 1996.

ALFRED DE ZAYAS

Die Wehrmacht und die Nürnberger Prozesse

»Niemand darf den anderen richten,
es sei denn, er richtet ihn in der inneren
Verbundenheit, als ob er es selbst wäre.«

Karl Jaspers

Audiatur et altera pars« ist ein fundamentales, nicht nur für Juristen geltendes Prinzip. Auch Historiker, Politiker und Journalisten sollten stets bemüht sein, beide Seiten zu hören, oder alle Aspekte einer Frage sine ira et studio abzuwägen. Dies ist eine selbstverständliche Voraussetzung bei der Wahrheitssuche. Nur Fundamentalisten jeglicher Disziplin können dieses Prinzip gering achten, denn bereits im Besitz der Wahrheit – wie sie jedenfalls meinen – verstehen sie ihre Aufgabe darin, ihre Dogmen auch gewaltsam durchzusetzen.

Daß Wehrmachtsoldaten Kriegsverbrechen begangen haben, ist aktenkundig. Die Nürnberger Prozesse und etliche Verfahren vor alliierten und deutschen Gerichten haben dies belegt. Daß Soldaten anderer Armeen Kriegsverbrechen begangen haben, wurde seinerzeit von der Wehrmacht-Untersuchungsstelle für Verletzungen des Völkerrechts durch richterliche Ermittlungen dokumentiert. Diese Originalakten sind im Bundesarchiv-Militärarchiv in Freiburg i. Br. aufbewahrt. Über die Echtheit und Zuverlässigkeit dieser Ermittlungen gibt es keinen Zweifel. Alliierte Kriegsverbrechen sind auch von seriösen amerikanischen, britischen und kanadischen Historikern untersucht worden.

Eine andere Frage ist, ob die Kriegsverbrechen der deutschen, sowjetischen, amerikanischen und britischen Armeen als Einzelverbrechen oder als Organisationsverbrechen anzusehen sind. Mit anderen Worten: Verhielten sich das Oberkommando der Wehrmacht, der Generalstab des Heeres und die kämpfende Truppe systematisch außerhalb der Bestimmungen der Haager und Genfer Konventionen, und wenn ja, geschah dies an allen Kriegsschauplätzen und während des ganzen Krieges? Diese Frage gilt entsprechend für die alliierten Armeen und ihre Führung. Eine weitere Frage ist, ob die deutsche Kriegführung brutaler als die sowjetische oder amerikanische war. Heißt dies Aufrechnung? Keinesfalls. Hier geht es um einordnen, um zu verstehen. Denken ist eben vergleichen.

Bücher, Artikel, eine Ausstellung, die Einzelverbrechen in Szene setzt, ohne sich mit dem Gesamtbild auseinanderzusetzen, sind irreführend und wissenschaftlich nicht ernst zu nehmen.[1]

Wer pauschal behauptet, die Wehrmacht wäre eine Verbrecherbande gewesen, muß den Beweis erbringen, daß Einzelbeispiele repräsentativ sind und diese Verbrechen vom Oberkommando gewollt oder geduldet wurden. Auch tausend Beispiele von Verbrechen beweisen nichts, wenn man weiß, daß auf allen Kriegsschauplätzen – in Polen, in Frankreich, in Italien, in Griechenland, und auch in der Sowjetunion – bekannt gewordene Verstöße gegen die Haager und Genfer Konventionen durch die Wehrmachtgerichtsbarkeit systematisch untersucht und in vielen Fällen scharf bestraft wurden. Freilich gab es Situationen, wo diese Verstöße nicht geahndet wurden, zum Teil aufgrund des »Barbarossa-Gerichtsbarkeitserlasses«. Aber es gab auch den »Disziplinerlaß« des Oberbefehlshabers des Heeres, und die vorhandenen Urteile belegen die Tatsache, daß viele Verbrechen von Wehrmachtsoldaten durch die Militärgerichte schnell und streng bestraft wurden. Die Urteile in beeindruckender Zahl befinden sich im Bundesarchiv in Kornelimünster bei Aachen.[2]

Selbst gesetzt den Fall, daß eine Ausstellung sogar zehntausend Kriegsverbrechen von Soldaten des Heeres nachweisen könnte, so müßte noch nachgewiesen werden, daß diese Verbrechen repräsentativ waren, da mehr als 18 Millionen Menschen als Wehrmachtsoldaten gedient haben. Verallgemeinerungen sind unseriös. Außerdem muß man bedenken, daß die pauschale Verurteilung der Wehrmacht Millionen von Menschen diffamiert, die ihre Pflicht getan und sich nichts zuschulden haben kommen lassen. Dazu gehörte der Oberbefehlshaber Ost, Generaloberst Johannes Blaskowitz, der den Mut hatte, bei Hitler energisch zu protestieren, als er von Ausschreitungen der SS in Polen erfuhr.[3]

Die Verallgemeinerung diffamiert auch die Gegner des Naziregimes, in der Wehrmacht nicht zuletzt General Ludwig Beck, Karl Sack, den Chef der Heeresrechtsabteilung, Stauffenberg, Tresckow, Yorck von Wartenburg, Witzleben, Hoepner, Stieff, Hagen, Hase, Bernardis, Klausing, Canaris und viele andere, die sämtlich hingerichtet wurden.

In Nürnberg wurden das Oberkommando der Wehrmacht (OKW) und der Generalstab des Heeres angeklagt, eine sogenannte verbrecherische Organisation gewesen zu sein. Bekanntlich wurden beide Institutionen aber eben nicht verurteilt.[4] Manche behaupten heute, sie hätten verurteilt werden müssen. Im Grunde waren beide Führungseinrichtungen in ihrer Abhängigkeit von Hitler keine Organisation oder Gruppe im Sinne der Anklage.[5]

Der Zweck einer Erklärung zur verbrecherischen Organisation war es, die Mitglieder der Organisation anschließend wegen ihrer Mitgliedschaft vor ein

Gericht bringen zu können. Aus Artikel 10 des Statuts des Nürnberger Tribunals geht deutlich hervor, daß die Erklärung, eine angeklagte Organisation sei verbrecherisch, endgültig ist. Sie konnte im Verlauf eines darauffolgenden Strafprozesses gegen ein Mitglied der betreffenden Organisation nicht angefochten werden.

Artikel 10 lautet:
»Ist eine Gruppe oder Organisation vom Gerichtshof als verbrecherisch erklärt worden, so hat die zuständige nationale Behörde jedes Signatars das Recht, Personen wegen ihrer Zugehörigkeit zu einer solchen verbrecherischen Organisation vor nationalen, Militär- oder Okkupationsgerichten den Prozeß zu machen. In diesem Falle gilt der verbrecherische Charakter der Gruppe oder Organisation als bewiesen und kann nicht bestritten werden.«[6]

Nach dem Gesetz Nr. 10 des Alliierten Kontrollrates für Deutschland vom 20. Dezember 1945 konnten die Mitglieder einer für verbrecherisch erklärten Organisation vor Gericht gestellt werden. Der Strafrahmen reichte von Einziehung des Vermögens bis zur Todesstrafe. Dies sollte die Mitglieder der verurteilten Organisationen betreffen, also die SS, den SD, die Gestapo und das Korps der politischen Leiter der NSDAP. Allerdings fügte das Gericht hinzu, daß »diejenigen, die keine Kenntnis der verbrecherischen Zwecke oder Handlungen der Organisation hatten, sowie diejenigen, die durch den Staat zur Mitgliedschaft herangezogen worden sind, es sei denn, daß sie sich als Mitglieder einer Organisation persönlich an Taten beteiligt haben«[7], zwar der Prozeß gemacht werden sollte, sie aber nicht automatisch zu bestrafen waren.

Es gibt durchaus pragmatische Gründe, weshalb das Gericht das OKW und den Generalstab des Heeres nicht als verbrecherische Vereinigungen erklärte, denn »nach einer solchen Theorie wären die höchsten Kommandanten in jeder anderen Nation auch eine solche Vereinigung, statt, was sie wirklich sind, eine Ansammlung von Militärs, eine Anzahl von Personen, die eben gerade in einem gegebenen Zeitpunkt hohe militärische Stellungen einnehmen«.[8]

Der Freispruch bedeutete in der Konsequenz, daß die Alliierten die bloße Zugehörigkeit zur Wehrmacht nicht als verbrecherisch ansahen, und daß der Wehrmachtsoldat nicht ohne individuelles Verfahren zum Verbrecher gestempelt werden konnte.

Allerdings war der Vertreter der Sowjetunion, General L.T. Nikitchenko, anderer Meinung und hat in einem Sondervotum zum Urteil Generalstab und OKW als verbrecherische Organisationen bezichtigt.[9] Dies ist insofern folgerichtig, weil Stalin anläßlich der Konferenz von Teheran Churchill und Roosevelt vorgeschlagen hatte, bei Kriegsende gleich 50 000 deutsche Offiziere zu erschießen.[10] Diese Neigung zu kollektiven Schuldsprüchen zeigte sich auch später bei den stalinistischen Massenprozessen gegen deutsche Kriegsgefangene 1949/50, bei denen mehr als 30 000 Kriegsgefangene zu meist 25 Jahren Arbeitslager, viele auch zum Tode verurteilt wurden.[11]

Der Freispruch von OKW und Generalstab im Nürnberger Prozeß bedeutete allerdings nicht, daß die Sieger meinten, die Wehrmacht hätte ritterlich gekämpft. Dies hätte ein Gericht der Sieger dem gehaßten Gegner kaum bescheinigt, schon gar nicht so kurz nach einem derart erbittert und kompromißlos, auch propagandistisch geführten Gesinnungskrieg. Darum wurden OKW und Generalstab zwar nicht juristisch, wohl aber in einem obiter dictum moralisch verurteilt. Im Urteil heißt es, die Offiziere dieser Führungseinrichtungen »sind in großem Maße verantwortlich gewesen für die Leiden und Nöte, die über Millionen Männer, Frauen und Kinder gekommen sind. Sie sind ein Schandfleck für das ehrenhafte Waffenhandwerk geworden.«[12]

In gewissem Sinne, stellvertretend für die Wehrmacht als Ganzes, wurden der Chef OKW, Generalfeldmarschall Wilhelm Keitel, und der Chef des Wehrmachtführungsstabes, Generaloberst Alfred Jodl, angeklagt, Kriegsverbrechen, Verbrechen gegen den Frieden und Verbrechen gegen die Menschlichkeit begangen sowie an einer Verschwörung zur Planung eines Angriffskrieges teilgenommen zu haben.[13] Sie wurden zum Tode verurteilt und am 16. Oktober 1946 durch den Strang hingerichtet.[14]

Nun bestand die Wehrmacht aus Heer, Marine und Luftwaffe. Im Hinblick auf die Terrorbombardierung deutscher Städte durch anglo-amerikanische Bomberverbände und vielleicht auch wegen der zweifelhaften Legalität der Atombombenabwürfe über Hiroshima und Nagasaki haben die Sieger davon abgesehen, die deutsche Luftwaffe anzuklagen. Zwar wurde der Reichsmarschall Hermann Göring angeklagt und zum Tode verurteilt, jedoch nicht wegen Verbrechen seiner Luftwaffe. Stellvertretend für die Marine wurden die Großadmirale Erich Raeder (lebenslänglich) und Karl Dönitz (10 Jahre) angeklagt und verurteilt. Die Urteile gegen sie stehen jedoch auf schwachen Füßen.

Weitere Angehörige der Wehrmacht kamen vor andere alliierte Tribunale.[15] Gemäß Kontrollratsgesetz Nr. 10 haben die Vereinigten Staaten zwölf Nachfolgeprozesse in Nürnberg durchgeführt, unter anderem gegen Generalfeldmarschall Erhard Milch (Fall II, Urteil vom 17. 04. 1947, lebenslänglich, in 15 Jahre umgewandelt), gegen die Südostgenerale (Fall VII, Urteil vom 19. 02. 1948), bei welchem Generalfeldmarschall Wilhelm List zu lebenslänglicher und Generaloberst Lothar Rendulic zu 20 Jahren Haft verurteilt wurden, während die Generale Hermann Foertsch und Kurt von Geitner freigesprochen wurden, und gegen das Oberkommando der Wehrmacht (Fall XII, Urteil vom 27. 10. 1948), bei welchem die Generale Walter Warlimont und Hermann Reinecke zu lebenslänglicher Haft verurteilt, während Generalfeldmarschall Hugo Sperrle und Generaladmiral Otto Schniewind freigesprochen wurden.

Es folgten auch Prozesse vor französischen und britischen Tribunalen, etwa noch 1949 der Prozeß in Hamburg gegen Feldmarschall Erich von Manstein vor einem britischen Militärtribunal, bei welchem Manstein zu 12jähriger Haftstrafe verurteilt wurde.[16]

Es gab nicht nur Verurteilungen, sondern auch zahlreiche Freisprüche. Diese Kriegsverbrecherprozesse lieferten nicht nur den Beweis für Verletzungen der Haager und Genfer Konventionen, sondern auch den Beweis für die strikte Einhaltung dieser Konventionen, also letztlich dafür, daß die Masse der Soldaten des Heeres, der Marine und der Luftwaffe bemüht war, die Regeln des Kriegsvölkerrechts einzuhalten.

Bisher haben Historiker überwiegend auf die deutschen Verletzungen des Kriegsrechtes abgestellt und dabei die Verteidigungsdokumente ignoriert. Die Nürnberger Akten von Anklage und Verteidigung stellen jedoch eine beeindruckende historische Quelle zur Erforschung der gesamten Problematik dar.

Bekanntlich hatte jeder deutsche Soldat die »Zehn Gebote« zur Kriegführung bei sich im Soldbuch. Dies wurde mehrmals im Nürnberger Prozeß erwähnt. Die Verteidigung hat auch nachweisen können, daß die Wehrmacht in den ersten Kriegsjahren bemüht war, die Haager und Genfer Konventionen einzuhalten. So sagte der Verteidiger Görings, Dr. Otto Stahmer, am 5. Juli 1946 in seinem Plädoyer:

»Gerade anfangs war man bemüht, den Kampf mit Anstand und Ritterlichkeit zu führen. Bedarf es dafür eines Beweises, so genügt ein Blick in die Vorschriften, die das OKW für das Verhalten der Truppe in Norwegen, Belgien und Holland herausgegeben hat. Und ferner: Dem Soldaten wurde beim Ausrücken ins Feld in seinem Soldbuch ein Merkblatt ›Zehn Gebote für die Kriegführung des deutschen Soldaten‹ mitgegeben. ... Sie alle verpflichteten den Soldaten zu loyalem und völkerrechtsgemäßem Verhalten. Eine Verschwörerbande an der Spitze des Staates, die den Plan hat, einen Krieg ohne Rücksicht auf Recht und Moral zu führen, wird doch wahrhaftig nicht ihre Soldaten mit einem detaillierten schriftlichen Befehl, der das Gegenteil gebietet, in das Feld hinausschicken.«[17]

So sagte Jodl am 4. Juni 1946 in Nürnberg aus: »Ich habe das Völkerrecht als eine selbstverständliche Voraussetzung einer gesitteten Kriegführung gekannt, genau gekannt und geachtet. Die Haager Landkriegsordnung und die Genfer Konvention lagen nahezu ständig auf meinem Schreibtisch. Durch meine Stellungnahme zum Kommissarbefehl, zu der Lynchjustiz, zu der Absicht, aus der Genfer Konvention auszutreten – was alle Oberbefehlshaber und alle Wehrmachtteile und das Auswärtige Amt schroff ablehnten –, glaube ich bewiesen zu haben, daß ich bemüht war, soweit es mir möglich war, mich an das Völkerrecht zu halten.«[18]

Ferner wies Jodls Verteidiger auf das Dokument 440-PS, Beweisstück GB-107, »Weisung Nummer 8 für die Kriegführung« vom 20. November 1939 hin. Da heißt es: »Ortschaften, insbesondere große offene Städte und die Industrien sind ohne zwingende militärische Gründe weder im holländischen noch im belgisch-luxemburgischen Raum anzugreifen«, unterschrieben vom Chef OKW, Keitel.[19]

In den Nürnberger Akten, vor allem in bisher nicht veröffentlichten Dokumenten der Verteidigung, finden sich zum Beispiel 3186 eidestattliche Erklärungen von Offizieren und anderen Zeugen zum Zweck der Verteidigung von OKW und Generalstab. Dieses Material illustriert und erklärt das Verhalten der Wehrmacht etwa bezüglich der Behandlung der Zivilbevölkerung in den besetzten Gebieten, der Versorgung der Kriegsgefangenen, zum Problem des Bandenkrieges, zur Frage der Repressalien und zur Rechtsprechung der Militärgerichtsbarkeit.[20] Leider sind nur sehr wenige dieser Dokumente in den 18 Dokumentenbänden der Veröffentlichung des Nürnberger Prozesses enthalten. Die Originale befinden sich leicht zugänglich im Friedenspalast in Den Haag, wo die übrigen Nürnberger Originalakten aufbewahrt sind.[21]

Der Mord an den Juden

Das schwerste Verbrechen, das der Wehrmacht zu Last gelegt worden ist, ist eine angebliche Verwicklung in den Mord an Millionen Juden in Osteuropa. Was zeigen die Nürnberger Dokumente?

Der bedeutendste Belastungszeuge hierzu war SS-Obergruppenführer Otto Ohlendorf, Beauftragter des Chefs der Sicherheitspolizei und des SD bei der 11. Armee und Chef der Einsatzgruppe D, die vom Juni 1941 bis Juni 1942 umfangreiche Tötungsaktionen in Rußland durchführte. Er wurde im Einsatzgruppenprozeß (Fall IX) zum Tode verurteilt (Urteil vom 10.4.1948) und im Jahre 1951 hingerichtet.

Als Zeuge der Anklage sagte Ohlendorf am 3. Januar 1946 aus, daß vor dem Rußland-Feldzug ein Abkommen zwischen dem Reichssicherheitshauptamt (RSHA) und dem OKW sowie dem OKH getroffen worden war, das bestimmte, daß den Heeresgruppen ein Beauftragter des Chefs der Sicherheitspolizei und des SD zugeteilt werden sollte, dem gleichzeitig mobile Verbände der Sicherheitspolizei und des SD in Form einer Einsatzgruppe, unterteilt in Einsatzkommandos, unterstellt werden würden. »In dem Abkommen war festgelegt, daß die Heeresgruppen bzw. Armeen gegenüber den Einsatzgruppen für Marsch und Verpflegung zuständig waren. Die sachlichen Weisungen kamen vom Chef der Sicherheitspolizei und des SD.«[22]

Zwar ergibt sich daraus, daß die Einsatzgruppen außerhalb der Befehlsgewalt der Wehrmacht handelten, und daß für ihre völkerrechtswidrigen Tötungsaktivitäten primär die Chefs des Reichssicherheitshauptamtes, Heydrich, später Kaltenbrunner, zuständig waren. Aber welche Mitverantwortung traf die Wehrmacht, vor allem im Hinblick auf das Abkommen mit dem RSHA?

Die unausweichliche Frage stellt sich: Was wußten die Armeeführer von den Verbrechen der Einsatzgruppen?

In der eidesstattlichen Versicherung von Generalmajor Rudolf-Christoph Freiherr von Gersdorff heißt es u.a.: »Ich war von April 1941 bis September 1943 dritter Generalstabsoffizier der Heeresgruppe Mitte an der Ostfront. Aufgrund dieser meiner dienstlichen Tätigkeit sage ich aus, daß die an der Ostfront zum Einsatz gekommenen Einsatzgruppen und Einsatzkommandos des SD niemals den Kommandobehörden des Heeres unterstellt gewesen sind. Sie erhielten ihre Aufträge und Weisungen ausschließlich von Himmler beziehungsweise vom Reichssicherheitshauptamt. Sie waren lediglich für ihre eigene Versorgung mit Verpflegung, Betriebsstoff usw. Dienststellen des Heeres angegliedert. Als Teilnehmer an der vom OKW, Amt Ausland/Abwehr und dem Generalquartiermeister des Heeres Anfang Juni einberufenen Besprechung sage ich aus, daß bei dieser Besprechung die wahren Absichten und Ziele der Einsatzgruppen mit keinem Wort erwähnt worden sind. Ihr Einsatz wurde mit politischen Sicherungs- und Überprüfungsmaßnahmen erklärt. Ich füge hinzu, daß die an der Ostfront eingesetzten Kommandobehörden aus keinem Befehl und keiner Besprechung vor Beginn des Feldzuges gegen Rußland entnehmen konnten, daß umfangreiche Vernichtungsaktionen gegen die Bevölkerung oder das Judentum von irgendeiner Seite beabsichtigt waren, noch daß während meiner Zugehörigkeit zur Heeresgruppe derartige Befehle erteilt worden sind.«[23]

Generalmajor Helmut Kleikamp, in der fraglichen Zeit bis März 1942 dritter Generalstabsoffizier der Heeresgruppe Süd, sagte aus, »daß neben der Besprechung von Versorgungsfragen und Übersichten über die russische Wehrmacht uns auch die Aufstellung der Einsatzgruppen bekanntgegeben wurde. Die wahren Aufträge, Absichten und Ziele der Einsatzgruppen wurden mit keinem Wort erwähnt. Ihr Einsatz wurde mit politischen Sicherungs- und Überprüfungsmaßnahmen erklärt.«[24]

General Otto Wöhler, Chef des Generalstabes AOK 11 auch unter Manstein, nahm zu der Aussage Ohlendorfs wie folgt Stellung:

»1. Ich war bis 30. 4. 1942 Chef der 11. Armee.

2. Verantwortliche O.B.:

Bis 13. 9. 41 Gen.-Oberst von Schobert – gefallen, bis 20. 9. 41 Gen.d.Inf. von Salmuth, mit der Führung beauftragt, ab 20. 9. 41 Gen.-Feldm. von Manstein.

3. Keiner der drei militärischen Führer hat mir oder der Armee etwas bekanntgegeben,

a. über ein Abkommen zwischen RSHA einerseits und OKW oder OKH andererseits,

b. über irgendeinen mündlichen oder schriftlichen Befehl Hitlers oder Himmlers betreffs Liquidierung der Juden.

4. Existenz des S.D. war dem A.O.K. natürlich bekannt. Hinsichtlich seines Auftrages wurde uns nur das ›Harmlose‹ mitgeteilt:

Vorbereitung für Einrichtung der Zivilverwaltung, Verhinderung kommunistischer Verschwörungen, sonstige Polizei-Aufgaben im rückwärtigen Armeegebiet.

5. Unterstellung des S.D. unter A.O.K. 11 bestand nur hinsichtlich Versorgung und Marschregelung, nicht hinsichtlich des Einsatzes ...

6. Es ist mir nicht bekannt, daß einer der unter Ziffer 2 genannten OB oder sonst jemand die Weisung gegeben hätte, nur außerhalb eines bestimmten Kreises ... die Liquidierung der Juden durchzuführen. Wenn dies befohlen worden wäre, wüßte ich es.

Hingegen erinnere ich mich mit Bestimmtheit, daß Feldm. von Manstein in den ersten Tagen nach Übernahme des Oberbefehls auf das Gerücht hin, daß in der rückliegenden Zeit irgendwo Juden umgebracht sein sollten, dies sofort eindeutig verbot. Da sich dies Vorkommnis angeblich im Hinterlande des Operationsgebietes – ich glaube es war Kischinew, kann es aber nicht beschwören – ereignet hatte, schickte Feldm. von Manstein sofort seinen Ordonnanzoffizier zum O.Qu. und machte diesen dafür verantwortlich, daß ›solche Schweinereien im Armeegebiet ein für allemal ausgeschlossen blieben‹. Dieser Befehl war keineswegs mit Augenzwinkern gegeben, sondern aus vollstem Ernst und mit stärkstem Nachdruck.

Das A.O.K. hat seither über Juden-Liquidierungen nichts mehr gehört.

7. Es ist ausgeschlossen, daß das O.K.H. – soll vielleicht heißen Oberkommando der Armee – Anweisungen gegeben hat, die Liquidation in Simferopol zu beschleunigen. Gänzlich abwegig ist die Begründung, daß ›große Wohnungsnot herrsche‹.

Von einer Liquidierung der Juden war überhaupt nichts bekannt, wohl aber von einer ›Umsiedlung‹.«[25]

Heute wissen wir natürlich, was die Aufgabe der Einsatzgruppen war. Aber was wußte die kämpfende Truppe über die Aktionen der Sicherheitspolizei? Was wußten die Generale und Offiziere, die vornehmlich mit der Führung der Operationen und Problemen der Logistik beschäftigt waren?

Die Wehrmacht und die Nürnberger Prozesse

In seinem Buch »Die Anatomie des Nürnberger Prozesses« (1993) geht der amerikanische Nürnberger Ankläger Telford Taylor davon aus, daß Manstein über die Tötungsaktivitäten der Einsatzgruppen informiert war. Beim Kreuzverhör legte Taylor als Beweismittel einen von Manstein unterzeichneten Befehl vom 20. November 1941 vor, in dem es unter anderem hieß: »Das jüdisch-bolschewistische System muß ein für allemal ausgerottet werden. Nie wieder darf es in unseren europäischen Lebensraum eingreifen. Der deutsche Soldat hat daher nicht allein die Aufgabe, die militärischen Machtmittel dieses Systems zu zerschlagen, er tritt auch als Träger einer völkischen Idee und Rächer für alle Grausamkeiten, die ihm und dem deutschen Volk zugefügt wurden, auf ...«[26]

Im Kreuzverhör am 10. August 1946 in Nürnberg und in seinem Prozeß 1949 in Hamburg bestritt Manstein diesen Befehl nicht. Er erklärte: »Geschrieben habe ich den Befehl überhaupt nicht selber. Der Befehl ist mir wahrscheinlich als Entwurf vorgelegt worden, und ich habe ihn unterschrieben. Wenn in dem ersten Teil von dem Kampf gegen das System und der Ausrottung des Systems die Rede ist und auch von dem Kampf gegen die Juden als Träger der Partisanenbewegung, so hatte das letzten Endes seine sachliche Berechtigung; aber das hat ja alles nichts damit zu tun, daß die Juden ausgerottet werden sollten. Sie sollten ausgeschaltet werden, es sollte das System beseitigt werden.«[27] Ferner beharrte er darauf, daß er nichts von den Massakern der Einsatzgruppen gewußt habe, und daß, wenn er davon erfahren hätte, dies in seinem Armeegebiet nicht erlaubt hätte.

Auf die Frage Taylors: »Die Einsatzkommandos konnten doch nicht Juden liquidiert haben, ohne daß die Soldaten etwas davon wußten, nicht wahr?«, antwortete Manstein:

»Das ist durchaus möglich, denn wie Ohlendorf ja geschildert hat, sind diese Judenerschießungen mit ›Umsiedlung‹ getarnt worden. Die Juden sind an abgelegene Stellen gefahren, dort erschossen und begraben worden; also, daß die Kenntnis den Kommandobehörden entzogen war – ganz sicher. Selbstverständlich ist es möglich, daß der eine oder andere Soldat durch Zufall eine solche Exekution gesehen hat, denn es sind ja auch Beweise dafür vorgelegt. Ich entsinne mich auch bei der russischen Anklage der Schilderung eines Zeugen, eines Ingenieurs, der, glaube ich, in der Ukraine in der Gegend von Schitomir oder Rowno einer solchen Erschießung beigewohnt hat und dies in den grauenhaftesten Farben geschildert hat. Dazu kann man nur fragen: Warum hat dieser Mann das nicht den Kommandostellen gemeldet? Und die Antwort darauf ist: Die Angst vor der SS war eben so stark, daß dieser Mann, anstatt die Schweinerei zu melden, sie bei sich behalten hat und jetzt damit rauskommt. Damals – es ist ja nicht in meinem Bereich gewesen, sondern wo anders –, wenn dieser Mann zu einer hohen militärischen Kommandostelle gegangen wäre und hätte dieses Ereignis geschildert, dann – ich bin überzeugt – würde der betreffende Befehlshaber eingegriffen haben, und dann hätten wir auch davon erfahren.«[28]

Das eigentliche Verfahren gegen Manstein fand von August bis Dezember 1949 in Hamburg statt. In einer deutschen, wenig beachteten Untersuchung heißt es hierzu:[29]

»Der Angeklagte war von Anfang an rechtlich besonders benachteiligt. Nach den Worten seines deutschen Verteidigers Paul Leverkuehn stand ein Deutscher vor einem englischen Gericht. Er hatte weder den Schutz der Vorschriften seines eigenen Heimatlandes noch auch den Schutz der Vorschriften des englischen Rechts. Er wurde schlechter behandelt als ein Engländer und schlechter als ein Deutscher.« Formell vor Prozeßbeginn aus der Kriegsgefangenschaft entlassen, blieb Manstein weiter in Haft, nach Auffassung des britischen Verteidigers Reginald Paget damit des Schutzes der Genfer Konvention über die Behandlung Kriegsgefangener beraubt und dem gesetzlichen Richter entzogen, denn, so Paget, sein Mandant hätte eigentlich Anspruch auf ein Kriegsgericht, »das aus Offizieren ihm gleichen Ranges zusammengesetzt sei«, so die herkömmliche britische Rechtsauffassung. Das Verfahren, monierte Paget, stütze sich aber auf Ausnahmerecht, denn es wurde nach einem königlichen Edikt vom Juni 1945 über die Behandlung von Kriegsverbrechern geführt.

Die Anklage, der der spätere erste Präsident des Bundesamtes für Verfassungsschutz, Otto John, assistierte, hatte ihre Vorwürfe gegen Manstein in 17 Punkten zusammengefaßt. In acht Punkten erfolgte Freispruch, in neun Punkten ist er für schuldig befunden worden: Er sei verantwortlich für die menschenunwürdige Behandlung von Kriegsgefangenen, habe – widerrechtlich – befohlen, Angehörige der Roten Armee bei ihrer Gefangennahme als Partisanen zu behandeln, und zugelassen, daß Kriegsgefangene zu verbotenen oder gefährlichen Arbeiten herangezogen worden waren. Er habe ferner seine Pflichten zum Schutz der Landeseinwohner verletzt und nicht nur geduldet, daß Zivilisten zwangsweise Arbeiten leisten mußten im Zusammenhang mit militärischen Operationen, sondern auch zum Arbeitseinsatz nach Deutschland abtransportiert wurden. Schließlich sei es in seinem Befehlsbereich zu Geisel- und Kommissar-Erschießungen gekommen, und beim Rückzug der Heeresgrupe Süd (Herbst 1943, Anfang 1944) habe der Oberbefehlshaber nach dem Prinzip der »verbrannten Erde« gehandelt, also die Landesvorräte wegführen oder vernichten, Häuser und Fabriken zerstören sowie die Landeseinwohner deportieren lassen.«

Diese Zusammenfassung läßt erkennen, daß es sich nicht um spezifische Vorwürfe gegen Manstein handelte, sondern daß damit die deutsche Kriegführung im Osten schlechthin an den Pranger gestellt werden sollte. Mutatis mutandis treffen diese Vorwürfe auf jeden Armee- oder Heeresgruppen-Oberbefehlshaber zu, der je an der Front gegen die Rote Armee stand. Es gelang der Verteidigung nicht, das Gericht zu differenzierten Auffassungen zu bewegen. So war es nach ihrer Ansicht nicht einmal erwiesen, daß Manstein von Geiselerschießungen Kenntnis hatte, ja, es war – im Falle Eupatoria – unklar, ob es dort überhaupt zu Repressalien in dem von der Anklage behaupteten Sinne gekommen war. Besonders fragwürdig war die Verurteilung im Punkt 8 (Kommissarbefehl). Die Anklage argumentierte mit insgesamt einem Dutzend Fällen. Die Verteidigung machte dagegen geltend, daß vier Erschießungen vom SD vorgenommen wurden, der nicht dem Oberbefehl Mansteins unterstand, sieben Fälle im Zusammenhang mit Partisanenkämpfen im rückwärtigen Gebiet standen und die Umstände der einen Füsilierung bei einer Infanteriedivision im Sommer 1943 unbekannt seien. Bezogen auf die über 400 000 Gefangenen, die die 11. Armee gemacht habe, müßten – wäre der Kommissarbefehl tatsächlich buchstabengetreu erfüllt worden – mehrere Tausend solcher Funktionäre als erschossen gemeldet worden sein: »Die Verurteilung in diesem Anklagepunkt wird immer unverständlich bleiben.«

Eine vernichtendere Kritik an dem Verfahren läßt sich kaum denken als die aus der Feder und dem Munde von Mansteins britischem Verteidiger. Er ließ keinen Zweifel daran, daß er vor allem die rechtliche Grundlage für den Prozeß gegen seinen Mandanten als höchst fragwürdig ansah: »Der Sieger hat in meinen Augen nicht das geringste Recht, ein Verfahren gegenüber dem Besiegten anzuwenden, das er bei seinen eigenen Staatsbürgern als unzulänglich ansehen würde.«

Wer wußte was, wann über den Holocaust?

Bei der Feststellung der Verantwortung oder gar Schuld spielt die Frage des Wissens, der Mitwisserschaft eine entscheidende Rolle. Diese Frage ist nicht neu und wurde in den Nürnberger Prozessen immer wieder gestellt und ausführlich von den Zeugen und den Angeklagten beantwortet.

Nirgends konnte schlüssig bewiesen werden, daß hohe militärische Führer (abgesehen von einigen dienstlich auf Kontakte mit dem SD und höheren Polizeiführern im rückwärtigen Gebiet angewiesenen Generalstabsoffizieren) über die allgemeine Tötung von Juden durch die Einsatzgruppen oder über das Geschehen in den Vernichtungslagern Bescheid wußten. In Einzelfällen waren Heeressoldaten meist durch Zufall über einzelne Aktionen orientiert. Aber aus einem Mosaikstein konnte wohl keiner das Gesamtbild des Holocaust zusammenfügen. Angehörige der Luftwaffe und der Marine hatten noch weniger Gelegenheit, von einer Summe von Untaten zu erfahren, und keiner, der etwas davon erfuhr, war in der Lage, sich umfassend zu informieren.

Die Verteidiger von Alfred Jodl, Prof. Dr. Franz Exner und Prof. Dr. Hermann Jahrreiß, haben sich damit beschäftigen müssen. So stellte am 4. Juni 1946 Exner Jodl die Frage:»Was wußten Sie überhaupt von Judenvernichtung? Ich erinnere Sie dabei an Ihren Eid.«

Jodl antwortete:

»Ich weiß, wie unwahrscheinlich alle diese Erklärungen klingen, aber sehr oft ist eben auch das Unwahrscheinliche wahr und das Wahrscheinliche unwahr. Ich kann nur im vollsten Bewußtsein meiner Verantwortung hier zum Ausdruck bringen, daß ich niemals, mit keiner Andeutung, mit keinem Wort, mit keinem Schriftstück, von einer Vernichtung von Juden gehört habe. Ich bin ein einziges Mal mißtrauisch geworden und das war, als Himmler über den Aufstand im jüdischen Ghetto vortrug. Ich glaubte nicht recht an diesen heroischen Kampf, aber Himmler legte daraufhin sofort Photographien vor über die Bunker, die dort gebaut waren; er sagte: ›Ja, das sind auch nicht nur die Juden, da haben sich polnische Nationalisten hineingerettet, es ist ein erbitterter Widerstand‹ ... Über die Tätigkeit der Polizei, dieser sogenannten Einsatzgruppen und Einsatzkommandos – übrigens ein Begriff, den ich erst hier genau kennengelernt habe –, über diese Polizeikräfte ist durch den Führer selbst niemals eine andere Erklärung abgegeben worden, als daß sie dazu notwendig wären, Aufstände, Rebellionen, Partisanenkrieg in der Entstehung zu verhindern; das könne die Wehrmacht nicht, das sei eine polizeiliche Aufgabe, und deswegen müßte die Polizei auch in das Operationsgebiet des Heeres hinein. Ich habe niemals eine private Mitteilung über die Vernichtung von Juden gehört, sondern ich habe alle diese Dinge, so wahr ich hier sitze, zum erstenmal nach Beendigung des Krieges erfahren.«[30]

Die Anklage hat Jodl im Kreuzverhör nicht widersprochen. Kein Beweis wurde erbracht, daß Jodl tatsächlich etwas über die planmäßige Judenvernichtung wußte. Das ausführliche Urteil gegen Jodl erwähnt die Verfolgung der Juden mit keinem Wort. Jodl wurde verurteilt, weil das Gericht die Verteidigung, er habe auf »höheren Befehl« gehandelt, nicht anerkannte und Jodl für die Weitergabe von Hitlers Kommissarbefehl und Kommandobefehl verantwortlich hielt. Außerdem wurden ihm pauschal Kriegsverbrechen und Verbrechen gegen die Menschlichkeit zur Last gelegt, auch Verbrechen gegen den Frieden und Teilnahme an einer Verschwörung zur Planung eines Angriffskrieges.[31]

Nach den gleichen Anklagepunkten ist Generalfeldmarschall Keitel verurteilt worden, dem auch Verantwortung für die Weitergabe von Hitlers »Nacht und Nebel«-Erlaß angelastet wurde. Ihm wurde die Verantwortung für den Einsatz russischer Kriegsgefangener in der deutschen Kriegsindustrie nachgewiesen, sowie die Zwangsarbeit französischer, niederländischer und belgischer Staatsbürger beim Bau des Atlantikwalls.

Eine Feststellung der Verantwortung oder Mitverantwortung der Wehrmacht für den Holocaust fehlt im Urteil. Wäre dies nachweisbar gewesen, wäre es mit Sicherheit im Urteil nachzulesen. Die Verantwortung für dieses Verbrechen gegen die Menschlichkeit wurde nicht der Wehrmacht, sondern ausdrücklich dem Reichssicherheitshauptamt und seinen Chefs Heydrich und Kaltenbrunner angelastet.[32]

In diesem Zusammenhang ist ein Hinweis auf das ZEIT-Forum vom 3. März 1995 angebracht, an welchem sich einer der Verantwortlichen für die Ausstellung über Wehrmachtverbrechen beteiligte. An dieser Disputation hat auch der Altbundeskanzler und Mitherausgeber der ZEIT, Helmut Schmidt, teilgenommen. Er versicherte, daß er als Luftwaffenoffizier in verschiedenen Stäben »von der Vernichtung der Juden überhaupt nichts gewußt und gehört« hatte. »Ich habe nach meiner Erinnerung nicht einmal Menschen mit einem gelben Stern gesehen.«[33] Auch Marion Gräfin Dönhoff, wie Schmidt Mitherausgeberin der Hamburger Wochenzeitung, beteuerte, während des Krieges auch nichts davon gewußt zu haben, »obwohl ich so gute Verbindungen zu vielen Leuten hatte, die in Schlüsselstellungen standen. Die Notwendigkeit zur Geheimhaltung aber war unheimlich groß. Insofern habe ich ... den Namen Auschwitz zum ersten Mal nach dem Krieg gehört.«

In der Tat sicherte Hitler die Geheimhaltung durch den Führerbefehl Nr. 1, der besagte:

»a) Niemand soll Kenntnis haben von geheimen Dingen, die nicht in seinen eigenen Aufgabenbereich gehören.

b) Niemand soll mehr erfahren, als er zur Erfüllung der ihm gestellten Aufgabe wissen muß.

c) Niemand soll früher Kenntnis erhalten, als es für die ihm gestellten Obliegenheiten notwendig ist.

d) Niemand darf mehr oder früher geheimzuhaltende Aufträge an nachgeordnete Stellen weitergeben, als dies zur Erreichung des Zwecks unvermeidlich ist.«[34]

Außerdem unternahmen Himmler und andere Verantwortliche alles, um die Wahrheit gegenüber den Juden, den Deutschen und der Weltöffentlichkeit zu verheimlichen. In den Nürnberger Akten ist zu lesen: »Zur weiteren Tarnung war es in Auschwitz zudem Brauch, von der Vernichtung jene Juden auszunehmen, welche über Ruf und Beziehungen im Ausland verfügten wie Rabbiner, Gelehrte, Literaten, Wirtschaftler. Diese waren gesondert untergebracht und besonders gut behandelt mit der einzigen Verpflichtung, überall hin nach dem Ausland zu schreiben, wie gut sie es in Auschwitz hätten ...«[35]

So bemerkte Jodl im Nürnberger Prozeß:

»Die Geheimhaltung über die Vernichtung der Juden, über die Ereignisse in den Konzentrationslagern, war ein Meisterstück der Geheimhaltung und ein Meisterstück der Täuschung durch Himmler.«[36]

Auch Großadmiral Dönitz erklärte in Nürnberg, nichts über die Vernichtungsaktionen gewußt zu haben: »Ich habe, und mit mir die ganze Kriegsmarine, das ist meine Überzeugung, von der Menschenvernichtung, die mir hier durch die Anklageschrift, beziehungsweise was die Konzentrationslager anbelangt, nach der Kapitulation im Mai 1945 bekanntgeworden ist, nichts gewußt.«[37]

Dies scheint durch die Maßnahmen bestätigt, die Dönitz Anfang Mai 1945 traf, nachdem Hitler ihn testamentarisch zum Reichspräsidenten eingesetzt hatte. Am 11. Mai vermerkte sein Adjutant Walter Lüdde-Neurath:

»12.00 Uhr: Außenminister, Feldmarschall Keitel. In letzter Zeit mehren sich Nachrichten über unhaltbare Zustände und rechtswidrige Vorkommnisse in KZ-Lagern. Auf der anderen Seite ist Bewachung und Betreuung durch Flucht bisheriger Wachmannschaften nun Wehrmacht zugefallen. Da weder das deutsche Volk, noch die Wehrmacht von diesen Zuständen Kenntnis hatten, wird es unter Umständen erforderlich sein, sich öffentlich klar zu distanzieren.«[38]

Daraufhin erließ Dönitz am 15. Mai 1945 eine Anordnung, in der das Reichsgericht als zuständige Rechtsinstanz mit der Untersuchung und Aburteilung aller Verbrechen in den Konzentrationslagern beauftragt wurde. Diese Verordnung wurde dann an Eisenhower weitergeleitet mit der Bitte, den deutschen Instanzen die Ausübung dieser Tätigkeit zu ermöglichen. Im Brief von Dönitz an Eisenhower findet sich folgender Passus: »Das Deutsche Volk lehnt Mißhandlungen und Greueltaten, wie sie in den alliierten Meldungen dargestellt werden, einmütig mit Entrüstung ab, da sie mit den Grundsätzen seiner Wesensart und seinem Moralgefühl schlechthin unvereinbar sind. Es entspricht dem wirklichen und unverfälschten Rechtsempfinden des Deutschen Volkes, daß die begangenen Verbrechen sofort mit aller Schärfe geahndet werden.«[39] Eine Antwort Eisenhowers blieb jedoch aus.

Dieser Vorgang mag heute unwahrscheinlich erscheinen. Aber was ist unwahrscheinlicher als die Tatsache, daß es die Gestapo in Lublin war, die im Jahre 1943 eine Aufklärung der Morde in Lublin-Majdanek versuchte, und daß es ein SS-Richter war, der im Jahre 1944 von den Morden in Auschwitz erfuhr und Anklage gegen Adolf Eichmann erheben wollte. Am 8. August 1946 erklärte der SS-Richter Konrad Georg Morgen in Nürnberg, wie er Mitte 1944 von den Mordaktionen in Auschwitz erfuhr und daraufhin zunächst Anklage wegen Mordes in 2000 Fällen gegen Untersturmführer Grabner erhob.[40]

Ferner ersuchte er das SS-Gericht Berlin, eine Untersuchung gegen Eichmann durchzuführen. Das SS-Gericht Berlin hat daraufhin dem Chef des Reichssicherheitshauptamtes, SS-Obergruppenführer Kaltenbrunner – in seiner Eigenschaft als Gerichtsherr – einen Haftbefehl gegen Eichmann vorgelegt. SS-Richter Morgen weiter:

»Kaltenbrunner hat Müller sofort zugezogen, und nun wurde dem Richter erklärt, eine Verhaftung käme unter gar keinen Umständen in Frage, denn Eichmann führe einen geheimen Sonderauftrag des Führers von höchster Wichtigkeit aus.«[41]

Auf die Frage: »Haben Sie es nicht für Ihre Pflicht gehalten, die Weltöffentlichkeit zu benachrichtigen oder irgendwie Ihrem Gewissen Luft zu machen, zu schreien ›Mord‹?« antwortete Morgen:

»Dazu hätte es des Zuganges zu den technischen Mitteln bedurft, nämlich Presse und Rundfunk, die ich nicht hatte. Wenn ich das an jeder Straßenecke bekanntgegeben hätte, dann hätte mir das niemand geglaubt, weil dieses System die menschliche Fassungskraft übersteigt. Man hätte mich als Irrsinnigen eingesperrt.«[42]

Himmler war bekanntlich ein Mann von wenigen Worten. Über die Mordaktionen gegen die Juden redete er kaum und dann nur mit Eingeweihten. In den Nürnberger Akten findet sich jedoch der Text einer Ansprache, die er vor hohen SS-Führern am 4. Oktober 1943 in Posen hielt. Er sprach über etwas, das er als »Judenevakuierung« bezeichnete: »Unter uns soll es einmal ganz offen ausgesprochen sein, und trotzdem werden wir in der Öffentlichkeit nie darüber reden. Genausowenig, wie wir am 30. Juni 1934 gezögert haben, die befohlene Pflicht zu tun und Kameraden, die sich verfehlt hatten, an die Wand zu stellen und zu erschießen, genausowenig haben wir darüber jemals gesprochen und werden je darüber sprechen. ... Es gehört zu den Dingen, die man leicht ausspricht – ›das jüdische Volk wird ausgerottet‹ – und dann kommen sie alle an, die braven 80 Millionen Deutschen, und jeder hat seinen anständigen Juden. Es ist ja klar, die anderen sind Schweine, aber dieser eine ist ein prima Jude. Von allen, die so reden, hat keiner zugesehen, keiner hat es durchgestanden. Von Euch werden die meisten wissen, was es heißt, wenn 100 Leichen beisammen liegen, wenn 500 daliegen oder wenn 1000 daliegen. ... Dies ist ein niemals geschriebenes und niemals zu schreibendes Ruhmesblatt unserer Geschichte.«[43]

Nun ergibt sich deutlich daraus, daß Himmler dem deutschen Volk nicht traute, auch nicht der Wehrmacht und sogar nicht seiner SS. Und, als sich 200 SS-Leute, meist höherer Ränge, zur Front melden wollten, weil sie die seelische Belastung der Durchführung der Judenmorde nicht mehr aushielten, lehnte er wegen der Geheimhaltung ab: »Ich kann es nicht zulassen, daß der Kreis der wenigen SS-Führer, die in diese Aufgabe hineingezogen sind und die deshalb auch diese Dinge völlig für sich allein tragen müssen, durch dauernde Frontversetzungen und Veränderungen erweitert und verändert wird. Die Geheimhaltung ist in diesem Fall das Entscheidende. ... Wir können heute diesen Schritt selbst dem Führerkorps der SS noch nicht geschichtlich begründen. Sie würden manches nicht verstehen und nur die Tatsache an sich werten. Erst ein weiter Abstand zu diesen Dingen, vielleicht erst nach Jahrzehnten, vielleicht erst nach einer Zeit der schärfsten Diffamierung dieser Tat wird den Standpunkt gewinnen, der für die Notwendigkeit dieser Aufgabe allein richtig ist.«[44]

Die Geheimhaltung im NS-Staat galt für alle, für die SS, für die Wehrmacht und auch für hohe Regierungsbeamte. So führte der im Nürnberger Prozeß angeklagte, jedoch freigesprochene Ministerialdirektor Hans Fritzsche, Leiter der Rundfunkabteilung im Propagandaministerium, am 28. Juni 1946 aus: »Ich bin als ein Journalist, der in jener Zeit gearbeitet hat, der festen Überzeugung, das deutsche Volk kannte den Massenmord an den Juden nicht; was auch immer an Behauptungen aufgestellt wurde, das waren Gerüchte, und was an Nachrichten in das deutsche Volk hineindrang von außen, das wurde amtlich immer und immer wieder dementiert. ... Nicht umsonst wurden die an der Durchführung des Mordes Beteiligten unter den Befehl des strengsten Stillschweigens gestellt. Hätte das deutsche Volk von dem Massenmord erfahren, es hätte Hitler sicher die Gefolgschaft versagt.«[45]

Im Nürnberger Plädoyer von Dr. Hanns Marx, Verteidiger von Julius Streicher, am 12. Juli 1946 heißt es: »Wäre das deutsche Volk tatsächlich von einem derartigen Haß gegen das Judentum erfüllt gewesen, ... so hätte es derart scharfer Geheimhaltungsmethoden nicht bedurft, im Gegenteil. Hätte Hitler die Überzeugung gehabt, daß das deutsche Volk im Judentum seinen Hauptfeind erblicke, daß es die Vernichtung des Judentums billige und wolle, so hätte er zwangsläufig die geplante und ebenso die durchgeführte Vernichtung eben dieses Feindes bekanntgeben müssen. ... So aber mußte selbst vor dem seit Jahren unter schärfstem Druck der Gestapo stehenden deutschen Volk die Endlösung der Judenfrage mit allen Mitteln verheimlicht werden. Selbst führenden Männern des Staates und der Partei durfte davon nichts mitgeteilt werden. Hitler und Himmler waren sich offenbar selbst darüber klar, daß sogar im totalen Krieg und nach jahrzehntelanger Erziehung und Knebelung durch den Nationalsozialismus, das deutsche Volk und namentlich seine Wehrmacht in schärfster Weise auf die Bekanntgabe einer derartigen Judenpolitik reagiert hätte. Mit Rücksichtnahme auf das feindliche Ausland läßt sich die hier geübte Tarnpolitik nicht erklären.«[46]

In einer eidesstattlichen Versicherung vom 13. Juli 1946 stellte der SS-Richter Morgen fest: »Aus persönlichem Vortrag habe ich später ersehen, daß von den geschilderten Vorgängen selbst Hauptamtschefs der SS keine Ahnung hatten, wie der Chef des Hauptamtes SS-Gericht, SS-Obergruppenführer Breithaupt, und mein letzter Gerichtsherr nach meiner Versetzung, der Chef des Rasse- und Siedlungshauptamtes, SS-Obergruppenführer Hildebrandt.

Erst recht konnten wegen der unheimlichen Technik andere SS-Angehörige geringeren Dienstgrades, die örtlichen Stapostellen und erst gar nicht die Truppe und die Bevölkerung etwas erfahren.«[47]

Auch ein Hitlergegner, wie der frühere sozialdemokratische Preußische Innenminister (1920–1926) und Reichsinnenminister (1928–1930) Karl Severing, sagte am 21. Mai 1946 aus: »Von diesen Massenmorden, die erst nach dem Zusammenbruch des Hitler-Regimes in Deutschland bekannt wurden, teils durch Presseveröffentlichungen, teils durch Prozeßverhandlungen, habe ich nichts gewußt.«[48]

Christopher Browning, Geschichtsprofessor an der Pacific Lutheran University in Tacoma, Washington, stellte 1992 die Geschichte des Polizeibataillons 101 (Hamburg) dar und schildert das Unbehagen vieler Männer des Bataillons und illustriert den geheimen Charakter der Tötungsaktionen: »The shootings are to take place away from cities, villages.« Deswegen war auch Fotografieren verboten »and the permitting of spectators at the executions. Executions and grave sites are not to be made known.«[49]

Es ist einfach unzulässig und wissenschaftlich unredlich, die Bedeutung der Geheimhaltung im NS-Staat außer acht zu lassen, als ob die Judenmorde in aller Öffentlichkeit geschehen wären.

Auch hinsichtlich der sogenannten Aktion Reinhardt,[50] werden die dazu gehörenden Nürnberger Dokumente selten beachtet. Im Nürnberger Plädoyer von Dr. Rudolf Merkel, Verteidiger der Gestapo, heißt es: »Vor dem Beginn der Aktion hat Himmler die Angehörigen persönlich vereidigt und ausdrücklich erklärt, daß jeder, der etwas aussage, des Todes sei. ... Dieses Kommando begann seine Tätigkeit mit der Judenvernichtung in Polen und dehnte sein satanisches Werk über die weiteren Ostgebiete aus, indem es an unauffälligen Stellen eines wohl noch nie dagewesenen Täuschungssystems durch Juden selbst betreiben ließ. Betont muß dabei werden, daß es die Sipo Lublin war, die dem Reichskriminalpolizeiamt Anzeige wegen Wirths Verhalten erstattete und dadurch die Aufdeckung der entsetzlichen Verbrechen ermöglichte.«[51]

Ähnlich im Plädoyer von Horst Pelckmann, Verteidiger von SS und SD: »Anordnung und Durchführung von Massenvernichtungen von Juden in besonderen sogenannten ›Vernichtungslagern‹ beruhten auf direkten Befehlen Hitlers. Sie wurden von ganz wenigen Eingeweihten ausgeführt. Es bestand eine absolute Geheimsphäre mit raffiniertesten Täuschungsmitteln gegen Bekanntwerden der Vorgänge in Konzentrations- und Vernichtungslagern in der Öffentlichkeit und bei Strafverfolgungsbehörden.«[52] Und weiter: »Die Verpflichtung zur unbedingten Geheimhaltung oblag nicht nur dem Personal, sondern wurde auch den entlassenen Häftlingen auferlegt. Die von ehemaligen Häftlingen seitens der Anklage vorgelegten Affidavits betonen zwar häufig diese Schweigegebote, aber auffallend ist, daß sie selber nicht behaupten, diesem Gebot zuwidergehandelt zu haben (zum Beispiel Dokument 2334-PS) ... Die Angst, aufgrund irgendeiner Indiskretion wieder zurück zu müssen ins Lager, war doch zu groß. ... Wie schwierig es war, hinter die Dinge zu sehen, das hat an sehr lebendigen Beispielen der Zeuge Dr. Morgen nach meiner Überzeugung glaubhaft geschildert. ... Die Anklagebehörde hat auch gar nicht den Versuch unternommen, die Aussagen Dr. Morgens zu diesem erheblichen Punkte der Geheimhaltung zu erschüttern. Sie kann es offenbar nicht, obwohl sie offenbar im Besitze aller Akten des Wirtschafts-Verwaltungshauptamtes und wohl auch des Hauptamtes SS-Gericht ist. ... Die von Anfang an bei Juden und Begleitpersonal bis zum schauerlichen Ende aufrechterhaltene Fiktion von der Umsiedlung, also Deportation, und die Benutzung von Vertrauensleuten aus der Zahl der Opfer, macht das Unvorstellbare möglich, daß Hunderttausende umgebracht wurden, ohne daß etwas nach außen dringt.«[53]

Im Amt Ausland-Abwehr beim Oberkommando der Wehrmacht arbeitete Helmuth James Graf von Moltke, eine der edelsten Figuren des deutschen Widerstandes. In einem Brief vom 25. März 1943 an seinen Freund Lionel Curtis von All Souls College, Oxford, äußert Moltke sein Entsetzen über die Morde: »But even in Germany people do not know what is happening. I believe that at least 9tenths of the population do not know that we have killed hundreds of thousands of Jews. They go on believing that they have just been segregated and lead an existence pretty much like the one they led, only farther to the east ..., perhaps with a little more squalor but without air raids. If you told these people what has really happened they would answer: you are just a victim of British propaganda: remember what ridiculous things they said about our behaviour in Belgium in 1914/18.«[54]

Dies widerlegt die Kernthese der Geschichtsklitterer, wonach die Wehrmacht allein dazu da war, um den Holocaust zu ermöglichen.

Geiselerschießungen

Geiselerschießungen und Repressalien waren im Ostfeldzug zwar verbreitet und nahmen zum Teil verheerende Ausmaße an. Jedoch können sie nicht grundsätzlich als völkerrechtswidrig angesehen werden. Erst ein Jahr nach dem Nürnberger Geisel-Prozeß (Fall VII) und nach dem sogenannten OKW-Prozeß (Fall XII) wurden sie in der Genfer Zivilschutzkonvention (4. Rotkreuz-Konvention vom August 1949) weitgehend untersagt. Weiterhin ist zu berücksichtigen, daß während des Zweiten Weltkrieges Geiselerschießungen von allen kriegführenden Parteien praktiziert wurden.

Im Urteil im Geisel-Prozeß, auch Prozeß gegen die Südostgenerale, erklärte das Gericht in bezug auf die Geiseln, die aus der Zivilbevölkerung genommen und als Vergeltung für Gewaltakte gegen die Besatzungsarmee hingerichtet wurden:

»Die Idee, daß ein unschuldiger Mensch für die verbrecherische Handlung eines andern getötet werden kann, ist unvereinbar mit jeder natürlichen Rechtsauffassung. Wir verurteilen die Ungerechtigkeit einer solchen Auffassung als ein barbarisches Überbleibsel aus alten Zeiten. Es ist jedoch nicht unsere Aufgabe, Völkerrecht zu schaffen, wir müssen es anwenden, wie wir es vorfinden.

Eine Prüfung des einschlägigen Beweismaterials überzeugt uns, daß Geiseln verhaftet werden können, um die friedfertige Haltung der Bevölkerung der besetzten Gebiete zu gewährleisten. Sie können auch im Falle des Vorliegens gewisser Umstände nach den notwendigen Vorbereitungen erschossen werden, wenn kein anderes Mittel hilft. Die Festnahme von Geiseln basiert grundsätzlich auf der Theorie der Kollektivverantwortlichkeit ... Die Besatzungsmacht kann mit vollem Recht auf Einhaltung ihrer Bestimmungen bestehen, die für die Sicherheit der Besatzungsmacht und für die Aufrechterhaltung von Recht und Ordnung erforderlich sind. Um dieses Ziel zu erreichen, kann die Besatzung Geiseln verhaften und hinrichten lassen, jedoch nur als äußerstes Mittel.«[55]

Aber auch wenn Geiselerschießungen nicht grundsätzlich verboten waren, sollte dabei nicht gegen das Prinzip der Verhältnismäßigkeit verstoßen werden. So wurde während des Zweiten Weltkrieges allgemein akzeptiert, daß für einen völkerrechtswidrig getöteten Soldaten zehn Geiseln als Repressalie getötet werden konnten. Eine höhere Quote galt als Verstoß gegen das kriegsrechtliche Prinzip der Proportionalität und somit als völkerrechtswidrig.

Der wichtigste Anklagepunkt im Geisel-Prozeß war die Verantwortlichkeit der deutschen Generale für die ohne Rechtsbasis durchgeführte Tötung von Tausenden von jugoslawischen und griechischen Zivilisten. Viele dieser Menschen wurden aufgrund eines Befehls von Generaloberst Maximilian Frhr. von Weichs umgebracht, nach dem für einen von Partisanen getöteten deutschen Soldaten 100 Zivilisten als »Geiseln« hingerichtet werden sollten. Bei anderen Gelegenheiten wurden alle Einwohner von bestimmten Dörfern, in deren Nähe eine Partisanenaktion vorgekommen war, getötet und ihre Dörfer niedergebrannt.[56]

Im Prozeß wurde nachgewiesen, daß eine Reihe von Geiselerschießungen als völkerrechtswidrig anzusehen waren, denn sie verletzten das Prinzip der Verhältnismäßigkeit. Darum wurden Feldmarschall List und General Kuntze zu lebenslänglichem Gefängnis verurteilt. Fünf weitere Generale erhielten Strafen von sieben bis zwanzig Jahren Gefängnis. Generaloberst Rendulic wurde gleichfalls zu zwanzig Jahren Gefängnis verurteilt. Die beiden Angeklagten, die als Stabschefs gedient hatten, nämlich General der Infanterie Foertsch und Generalmajor Kurt von Geitner, wurden in allen Anklagepunkten freigesprochen, obwohl beide einige der kriminellen Befehle, die zu den Greueltaten führten, gekannt und weitergegeben hatten. Das Gericht begründete den Freispruch damit, daß sie keine Befehlsgewalt gehabt hätten und daß auch Beweise für ihre persönliche Verantwortung fehlten.[57]

Es ist auch wichtig festzustellen, daß Strafexekutionen und Geiselerschießungen nicht systematisch oder zwangsläufig stattfanden. So sagte Generalleutnant Otto Heidkämper aus, Chef des Generalstabes Oberkommando 3. Panzerarmee:

»Bei Gewalt- oder Greueltaten der Banditen sind in keinem Fall durch das Oberkommando der 3. Panzerarmee Strafexekutionen über die Bevölkerung verhängt oder Geiseln festgesetzt worden. Vielmehr ist die Truppe wiederholt schriftlich darauf hingewiesen worden, daß die in Frontnähe und in bandengefährdeten Räumen wohnende Bevölkerung, die häufig um deutsche Hilfe bat, mit den Banditen nichts gemein habe und deshalb bei Bandenunternehmungen mit Hab und Gut und ihrem Leben zu schonen sei.«[58]

Der Bandenkrieg

Anlaß für Geiselerschießungen waren meistens vorangegangene Aktionen von Partisanen. Zur Frage, ob Partisanen und Freischärler den Kombattantenstatus für sich in Anspruch nehmen könnten, stellte das Urteil im Fall VII fest:

»Ebenso wie ein Spion im Interesse seines Landes rechtmäßig handeln mag, zur gleichen Zeit aber vom Feinde als Kriegsverbrecher angesehen werden kann, so kann auch ein Freischärler seinem Lande große Dienste erweisen und im Erfolgsfalle sogar ein Held werden, jedoch für den Feind ein Kriegsverbrecher sein und als solcher behandelt werden. Anders kann sich keine Armee vor der Stechfliegentaktik solcher bewaffneter Widerständler schützen. Auf der anderen Seite müssen Mitglieder dieser Widerstandsgruppen die mit dieser Art des Kampfes verbundenen zusätzlichen Gefahren auf sich nehmen. Solche Gruppen sind rein technisch gesehen keine kämpfenden Truppen im rechtlichen Sinne und haben kein Anrecht auf die Schutzregeln für Kriegsgefangene ... Wir glauben, daß der Grundsatz feststeht, daß ein Zivilist, der an Kämpfen teilnimmt, sie unterstützt oder sonst fördert, sich der Bestrafung als Kriegsverbrecher im Rahmen des Kriegsrechts aussetzt. Kampf ist rechtmäßig nur für die kämpfenden Truppen eines Landes. Nur sie können fordern, als Kriegsgefangene behandelt zu werden.«[59]

Es heißt im Urteil weiter:
»Die Verhandlung hat überzeugendes Beweismaterial dafür ergeben, daß gewisse Bandeneinheiten in Jugoslawien und Griechenland den Erfordernissen des Völkerrechts entsprachen und dadurch ein Recht auf die anerkannte Stellung einer kämpfenden Truppe erwarben. Der größere Teil der Partisanenbanden ordnete sich jedoch dem Kriegsrecht nicht unter, was ihnen eine anerkannte Stellung als Kriegführende eingetragen hätte. Das Beweismaterial hat über einen vernünftigen Zweifel hinaus nicht ergeben, daß die Vorfälle im vorliegenden Falle solche Partisanentruppen betrafen, die anerkanntermaßen als Kriegführende anzusehen sind.«[60]

Obwohl es in den verschiedenen Nürnberger Prozessen den Angeklagten grundsätzlich nicht erlaubt war, auf völkerrechtswidriges Verhalten der Siegermächte hinzuweisen, konnte dies nicht immer verhindert werden.

So erklärte General der Infanterie Walther Halm am 23. Juni 1946, im Sommer 1942 Kommandeur der 260. Infanteriedivision im Verbande der 4. Armee: »Ein ›Ausrottungsbefehl‹ der 4. Armee gegen die Banden bzw. Partisanen ist mir nicht bekannt. Im Gegenteil wurden aufgrund von Befehlen vorgesetzter Dienststellen damals die gefangenen Partisanen entweder den Gefangenenlagern zugeführt oder als Arbeitsabteilungen verwendet. Im Sommer 1942 wurde der 260. Division, die ich damals führte, eine bei gefangenen Partisanen gefundene Vorschrift über deren Kampfweise eingeliefert. Sie enthielt ins einzelne gehende genaue Anweisungen für Überfälle auf Stäbe, Gefechtsstände, Transporte, Ortschaften, ferner Befehle für Beseitigung russischer Landeseinwohner, die nicht mit Partisanen zusammenarbeiten wollten, und ebenso Hinweise über Tarnung der Partisanen, bzw. Banden als Zivilisten.«[61]

In bezug auf den Bandenkrieg erklärte Generalleutnant Otto Heidkämper am 27. Juni 1946: »Während die 3. Panzerarmee im Raum Witebsk in fester Stellung lag, also in der Zeit von Mai 1943 bis Juni 1944, waren Ermordungen von Armeeangehörigen durch Banditen hinter der Front und im rückwärtigen Armeegebiet an der Tagesordnung, fast sämtliche ermordeten deutschen Soldaten waren beraubt und größtenteils scheußlich verstümmelt.«[62]

Für den Historiker heute ist es offensichtlich, daß nicht nur ungerechtfertigte Geiselerschießungen verwerflich waren, sondern auch die tausendfach vorgekommenen Verbrechen der Partisanen. Sie sind dokumentiert mit grauenhaften Details in den Akten der Wehrmacht-Untersuchungsstelle für Verletzungen des Völkerrechts.[63] Verbrechen dieser Art wurden vor allem auf dem Balkan und dem östlichen Kriegsschauplatz häufig festgestellt.

In diesem Zusammenhang ist es erwähnenswert, daß Wehrmachtsoldaten derartige Grausamkeiten nicht nachgewiesen werden konnten. So warf der sowjetische Ankläger Oberst Pokrowsky am 7. Juni 1946 Jodl vor: »Sind Sie sich dessen bewußt, daß die deutschen Truppen ... die Leute vierteilten, verkehrt aufhängten und die sowjetischen Kriegsgefangenen am Spieß brieten. Wissen Sie das?« Worauf Jodl erwiderte: »Das weiß ich nicht nur nicht, sondern ich glaube es auch nicht.«[64] Pokrowsky hat nicht weiter gefragt.

Nachmittags am gleichen Tag kam Pokrowsky auf das Massensterben der sowjetischen Kriegsgefangenen zu sprechen. Er zitierte aus einem Brief Rosenbergs an den Oberbefehlshaber der Wehrmacht vom 28. Februar 1942: »Das Schicksal der sowjetischen Kriegsgefangenen ... ist eine Tragödie größten Ausmaßes. ... Ein großer Teil von ihnen ist verhungert oder durch die Unbilden der Witterung umgekommen. Tausende sind auch dem Fleckfieber erlegen. ...«[65] Daraus ergibt sich aber, daß das Massensterben als eine Tragödie empfunden wurde, daß dies auch nicht der Zweck der Kriegsgefangenschaft war, sondern hauptsächlich eine logistische Katastrophe.

Anläßlich seiner Befragung in Nürnberg durch Dr. Laternser, Verteidiger von OKW und Generalstab, sagte Feldmarschall von Manstein aus:

»Zur Behandlung der Kriegsgefangenen, sowie sie in unserem Bereich waren, muß ich als grundsätzlich voranstellen, daß wir als Soldaten Achtung vor jedem tapferen Gegner hatten, und zweitens, daß wir aus dem Ersten Weltkrieg genau wußten, daß alles, was man fremden Kriegsgefangenen antut, letzten Endes gegen die eigenen Soldaten zurückschlägt. Wir haben also grundsätzlich die Kriegsgefangenen so behandelt, wie wir es als Soldaten gelernt hatten und tun mußten, also entsprechend den Bestimmungen des Kriegsrechtes.«[66]

Auf die Frage: »Können Sie Erklärungen finden für den Massentod vieler russischer Gefangener im ersten Winter?«, antwortete Manstein:

»Meine Armee hat, aber erst später, auch große Gefangenenzahlen gehabt, bis zu 150 000 Gefangene, und es ist natürlich immer schwer, für solche Zahlen gleich die notwendige Verpflegung und Unterkunft zu beschaffen. Im Rahmen meiner Armee sind wir damit fertig geworden. Wir haben zum Beispiel der Zivilbevölkerung erlaubt, den Gefangenen in die Lager Lebensmittel zu bringen, um ihre Lage zu erleichtern. Bei den großen Kesselschlachten im Jahre 1941 in der Heeresgruppe Mitte und bei Kiew, wo es sich um viele Hunderttausende Gefangener handelte, ist die Lage anders gewesen. Einmal kamen die russischen Soldaten aus den Kesseln, in denen sie sich bis zum Letzten gewehrt hatten, schon halb verhungert heraus und dann kann eine Armee mit ihrem Transportraum unmöglich die Mittel mit sich führen, um, sagen wir, 500 000 Gefangene auf einmal zu ernähren und in Mittelrußland unterzubringen. Die gleichen Verhältnisse haben sich ja in Deutschland nach der Kapitulation ergeben, wo Hunderttausende von Soldaten wochenlang unter freiem Himmel gelegen haben und auch nicht richtig verpflegt werden konnten.«[67]

OKW-Prozeß

Auch der Nürnberger OKW-Prozeß (Fall XII) oder »Feldmarschall-Prozeß«, war kein Prozeß gegen die Wehrmacht als Institution, sondern gegen 13 hochrangige Angeklagte, von denen aber noch nicht einmal alle dem OKW angehört hatten. Der Anklagepunkt »Verbrechen gegen den Frieden« mündete in einen Freispruch: »Was immer die Befehlshaber und Stabsoffiziere tun, die nicht zur politischen Führung gehörten, wenn sie Feldzüge planen, die Mittel zu ihrer Ausführung vorbereiten, befehlsgemäß gegen ein anderes Land vorzugehen beginnen und den Krieg nach seiner Einleitung ausfechten, erfüllt nicht den durch Völkerrecht für rechtswidrig erklärten Tatbestand der Planung, Vorbereitung, Einleitung und Durchführung eines Krieges oder der Einleitung einer Invasion. Aufgrund des Akteninhalts kommen wir zu dem Ergebnis, daß die Angeklagten nicht zur politischen Führung gehört haben und eines Verbrechens nach Maßgabe des Punktes Eins der Anklageschrift nicht schuldig sind.«[68]

Und weiter: »Das Verbrechen der maßgebenden Politiker ist um so größer, als sie die breite Masse der Soldaten und Offiziere zur Ausführung einer völkerrechtswidrigen Straftat benutzen; der einzelne Soldat oder Offizier, der nicht zur politischen Führung gehört, ist nichts als das Werkzeug der maßgebenden Politiker, zumal er der strengen Disziplin unterworfen ist, die notwendig und kennzeichnend ist für eine militärische Organisation.«[69]

Im OKW-Prozeß wurde vor allem auf die wesentlich von Hitler selbst inspirierten »verbrecherischen Befehle« wie den Kommissarbefehl[70] und den Kommandobefehl abgestellt sowie auf die Praxis, Kriegsgefangene an den SD zu übergeben[71] oder für den Bau von Befestigungen zu verwenden,[72] oder Zwangsarbeiter zu rekrutieren und nach Deutschland zu deportieren. Doch gelang es auch der Verteidigung nachzuweisen, daß die Angeklagten, abgesehen von dem zu lebenslänglicher Haft verurteilten General Reinecke, bemüht waren, die Vorschriften der Haager und Genfer Konventionen einzuhalten.

Es gelang der Anklage nicht, dem Feldmarschall Wilhelm Ritter von Leeb, bis Januar 1942 Oberbefehlshaber der Heeresgruppe Nord, Wissen über SD-Mordaktionen nachzuweisen: »Daher können wir aus dem vorliegenden Beweismaterial nicht entnehmen, daß der Angeklagte Leeb von der Ermordung von Zivilpersonen durch die Einsatzgruppen in seinem Befehlsbereich Kenntnis hatte, oder daß er sich mit solchen Handlungen stillschweigend einverstanden erklärt hat.«[73] Den völkerrechtswidrigen Kommissarbefehl hat Leeb nicht verteilt. Jedoch wurde er in diesem Anklagepunkt aufgrund einer Dokumentenverwechslung verurteilt. Laut Eintragung im Kriegstagebuch der Heeresgruppe Nord ist von dort der »Gerichtsbarkeitserlaß« unterstellten Verbänden zugegangen. »Es ist kein Beweis dafür erbracht worden, daß bei der Weitergabe dieses Befehls irgendwelche Aufklärungen oder Anweisungen ergangen sind, die seine rechtswidrige Anwendung hätten verhindern können. Da der Befehl auf dem Dienstweg unmittelbar bei ihm durchlief, trug der Befehl Leebs gewichtige Autorität ebenso in sich wie die von Leebs Vorgesetzten. Unsere Akten ergeben, daß der Befehl von ihm unterstellten Einheiten in rechtswidriger Weise angewendet worden ist. Da Leeb diese Maßnahme ins Rollen gebracht hat, muß er ein gewisses Maß von Verantwortung für ihre rechtswidrige Anwendung auf sich nehmen.«[74]

Er wurde mit drei Jahren Haft bestraft, aber unter Anrechnung der Untersuchungshaft – Kriegsgefangenschaft seit Mai 1945 – nach der Urteilsverkündung auf freien Fuß gesetzt. Offenbar folgte das amerikanische Gericht Leebs Verteidiger: »Er war kein Freund oder Anhänger der NSDAP und ihrer Weltanschauung. Er war Soldat in einem riesenhaften Feldzuge und hatte die Verantwortung für mehrere hunderttausend Soldaten und für eine zahlreiche eingeborene Bevölkerung in einem riesigen Gebiet. Es ist nicht bedeutungslos, daß nicht ein einziger verbrecherischer Befehl als Beweisurkunde vorgelegt worden ist, der seine Unterschrift oder ein Zeichen seiner Billigung trägt.«[75]

Der Oberbefehlshaber der 18. Armee, Feldmarschall Georg von Küchler, wurde mit 20 Jahren Haft bestraft, der Höchststrafe, die das Gericht für einen Befehlshaber im Felde auswarf. Dies vor allem, weil ihm die Verantwortung für das Gefangenensterben im Herbst und Winter 1941 angelastet wurde. Jedoch reichte das Beweismaterial nicht aus, »um Küchlers strafrechtliche Verantwortung für die Ausrottungsaktionen der Einsatzgruppe A in seinem Befehlsbereich festzustellen«.[76]

Generaloberst Hermann Hoth, Befehlshaber der 4. Panzerarmee, wurde zu fünfzehnjähriger Haft verurteilt. Die 17. Armee hatte unter Hoth im Frontabschnitt Süd bis Mitte November 1941 366 000 Gefangene gemacht. Wegen außerordentlicher Nachschubschwierigkeiten mußte die Nahrung der Armeeangehörigen halbiert und die Verpflegung der Gefangenen noch weiter herabgesetzt werden. Nach einem Bericht des Oberquartiermeisters der 17. Armee vom 25. November 1941 fehlten Schuhwerk und Unterwäsche, Lungenentzündungen und Darminfektionen häuften sich. Der mangelhafte Bekleidungsstand machte sich besonders beim Arbeitseinsatz im Winter bemerkbar. »Es war völkerrechtlich unzulässig, die Kriegsgefangenen unter diesen unmenschlichen Bedingungen dort zu behalten. Es war Hoths Pflicht, sie an einen Platz zu transportieren, wo sie ordnungsgemäß versorgt werden konnten.«[77] Allerdings dürfte im Hinblick auf die reale Kriegslage und auf die Tatsache, daß die Rotarmisten bereits in miserabelster Verfassung in die Obhut dieser Armee fielen, dieses Urteil von Militärs anderer Länder mit Skepsis betrachtet werden.

Die Rechtsprechung der Wehrmachtgerichtsbarkeit zum Schutze der Zivilbevölkerung in besetzten Gebieten 1939–1944

Wer behauptet, daß die Wehrmacht eine Verbrecherbande war, hat dann den Nachweis zu führen, daß die Verbrechen das Wesen der Kriegführung bei völliger Straflosigkeit der Täter darstellten. Darum muß sich der Historiker insbesonders mit der Rechtsprechung der Wehrmachtgerichtsbarkeit zum Schutze der Zivilbevölkerung in den besetzten Gebieten beschäftigen. Nach Durchsicht einiger hundert Feldurteile erscheint der Befund gesichert, daß die Wehrmachtgerichtsbarkeit vielleicht den höchsten Standard aller kriegführenden Nationen im Zweiten Weltkrieg hatte.

Im Nürnberger Prozeß und in vielen Verhandlungen danach herrschte ein noch verhältnismäßig realistisches Bild von dieser Wehrmachtgerichtsbarkeit. Sie war noch nicht zum Zerrbild geworden. Erst nach einigen Kampfschriften der siebziger Jahre haben sich gewisse negative Verallgemeinerungen mehr oder minder durchgesetzt. Bei vielen Journalisten – jedoch auch bei manchen Juristen und Historikern – ist die irrige Vorstellung entstanden, wonach Wehrmachtsoldaten einen Freibrief hatten, der es zuließ, daß sie Verbrechen in den besetzten Gebieten begingen, ohne dafür bestraft zu werden.

Wenn im Jahre 1945 oder 1950 oder gar noch 1960 die Frage gestellt worden wäre, ob etwa die unbegründete Erschießung von Zivilisten in besetzten Gebieten von der Wehrmachtgerichtsbarkeit geduldet worden wäre, so wäre die Antwort negativ ausgefallen. Es lebten noch zu viele ehemalige Heeres-, Marine- und Luftwaffenrichter, die für die Manneszucht der Truppe gesorgt, und eine beachtliche Anzahl deutscher Soldaten wegen Verbrechen gegen die Zivilbevölkerung in besetzten Gebieten verurteilt hatten. Es lebten die wegen Plünderung, Vergewaltigung oder Mord verurteilten Soldaten, die natürlich nicht ihre einschlägigen Erinnerungen zu Papier gebracht haben.

Es fehlt auch eine systematische Sammlung dieser Urteile. Die Rechtsprechung deutscher Militärgerichte zum Schutze der Zivilbevölkerung in besetzten Gebieten ist in Hunderten von noch vorhandenen Feldurteilen nachgewiesen. Leider sind die Akten der Heeres-, Marine- und Luftwaffenjustiz unvollständig erhalten. Aus den vorhandenen Materialien ist zweifelsfrei festzustellen, daß Morde an Zivilisten und Kriegsgefangenen verfolgt wurden. Aus den – allerdings nicht vollständig – erhalten gebliebenen Akten ergibt sich zweifelsfrei, daß Untaten jeder Art an Zivilisten und Kriegsgefangenen verfolgt wurden.

Die rechtsfeindliche politische Einstellung der Machthaber in Deutschland hat keinesfalls die Verfolgung von solchen Taten unmöglich gemacht.[78] Auf allen Kriegsschauplätzen, in Frankreich, Griechenland, Italien und in der Sowjetunion sind zum Beispiel Morde an Zivilisten geahndet worden.

Auch die offizielle antisemitische Einstellung des nationalsozialistischen Regimes hat die Verurteilung von Verbrechen durch die Wehrmachtjustiz nicht verhindern können. Wie erklärt sich sonst die Begründung des Gerichts des Admirals französische Südküste, Nizza, vom 11. April 1944, bei der Verurteilung zum Tode bzw. Zuchthaus von zwei deutschen Matrosen, die französische Juden terrorisiert und beraubt hatten: »Daß sich die Taten gegen Juden richteten, kann die Angeklagten in keiner Weise entschuldigen.«[79]

Die bisher dokumentierten Fälle können als repräsentativ für die Haltung der Wehrmachtgerichte angesehen werden.[80] Auch die Befragungen von über 150 ehemaligen Heeres-, Marine- und Luftwaffenrichtern ergab, daß Kriegsverbrechen, soweit gemeldet, meistens auch verfolgt wurden. Nur in der Sowjetunion wurden aufgrund des Erlasses »Über die Ausübung der Kriegsgerichtsbarkeit im Gebiet Barbarossa«[81] vom 13. Mai 1941 die Möglichkeiten der Wehrmachtjustiz teilweise eingeschränkt. Allerdings konnten die Kriegsgerichte einschreiten, und sie schritten auch ein, wenn dies zur Aufrechterhaltung der Mannszucht oder zur Sicherheit der Truppe erforderlich war.[82] Außerdem gab der Oberbefehlshaber des Heeres, Generalfeldmarschall Walther von Brauchitsch, am 24. Mai 1941 einen Disziplinarerlaß heraus, in dem schärfste Aufrechterhaltung der Mannszucht gefordert wurde. Die von Hitler beabsichtigte Ausschaltung des Verfolgungszwanges in der Sowjetunion ist daher in der Praxis vielfach durchlöchert worden.[83]

Neben den Feldurteilen im Bundesarchiv-Militärarchiv in Freiburg i. Br. und im Bundesarchiv-Zentralnachweisstelle in Kornelimünster, liefern die Nürnberger Prozesse einschlägige Beweise, daß deutsche Morde an nichtdeutschen Zivilpersonen durch die Wehrmachtgerichte geahndet wurden. Dr. Otto Kranzbühler, der Verteidiger von Großadmiral Dönitz, hat dem Gericht zahlreiche Feldurteile vorgelegt, unter denen sich viele befinden, die zum Verständnis der Haltung der Wehrmachtgerichte gegenüber Verbrechen deutscher Soldaten beitragen. Als Beispiele seien die Fälle Köllner und Tempelmeier angeführt:

Köllner hatte am 16. Februar 1943 235 russische Kriegsgefangene von Mariupol nach Militopol zu überführen. Auf dem Marsch erschoß K. zunächst drei und später noch einen der Gefangenen, weil sie fleckfieberverdächtig erschienen. Bei einem Bahnübergang fielen Schüsse von einem Landeseinwohner, in deutschem Dienst stehenden Posten. Mit dem Ruf »Partisanen« erschoß er diesen Posten und befahl die Erschießung weiterer elf nichtdeutscher Hilfspolizisten. Köllner wurde zum Tode verurteilt. »Milderungsgründe sind angesichts der grenzenlosen Roheit des Angeklagten, der schweren Gefährdung der Waffenehre und des Ansehens der Wehrmacht und der Beunruhigung der Bevölkerung nicht zu finden.« Das Urteil wurde bestätigt und vollstreckt.[84]

Tempelmeier hatte auf der Fahrt von Mariupol nach Woroschilowsk von seinem Kraftwagen aus gesehen, daß sich russische Frauen an einem notgelandeten deutschen Flugzeug zu schaffen machten. Um die Frauen zu vertreiben, gab er einen Schuß ab. Obwohl einige Frauen sich zu Boden warfen, andere flüchteten, schoß Tempelmeier zum zweiten und dritten Mal und traf eine Frau tödlich. Am 5. November 1942 wurde T. zum Tode und zum Verlust der Wehrwürdigkeit und der bürgerlichen Ehrenrechte verurteilt. Bei Bestätigung ist das Urteil in zehn Jahre Zuchthaus gemildert worden, da der Angeklagte erst 18 Jahre alt war.[85]

Unter den 3186 eidesstattlichen Versicherungen, die Dr. Hans Laternser, der Verteidiger des Generalstabes und des Oberkommandos der Wehrmacht, dem Nürnberger Gericht vorlegte, befinden sich auch die Aussagen von Generaloberst Blaskowitz (Nr. 1680) über schärfste Maßnahmen gegen Übergriffe der Soldaten, und von Generaloberst Guderian, der die Weitergabe des Barbarossa-Erlasses verboten hatte (Nr. 1683).[86] Generaloberst Otto Deßloch, als Kommandierender General Gerichtsherr des I. und II. Flakkorps, später Chef der Luftflotte 4, berichtete in einer eidestattlichen Erklärung vom 18. Juni 1946 über folgende Beispiele:

»Im Frühjahr 1944 wurde eine Flakbatterie nach Budapest verlegt und war dort in freigemachte Judenwohnungen gezogen. Es kam auf Veranlassung des Batterieführers, eines jungen Oberleutnants, zu mehreren unberechtigten Beschlagnahmungen von Pretiosen und Radioapparaten. Eine Jüdin, die Anzeige erstatten wollte, wurde getötet. Der Oberleutnant wurde wegen dieser Tat zum Tode verurteilt, mehrere Unteroffiziere und Mannschaftsdienstgrade zu langjährigen Zuchthausstrafen.« Deßloch bestätigte das Urteil, und der Oberleutnant wurde erschossen. In den ersten Monaten des Jahres 1943 hatten zwei Soldaten der Luftwaffe, Angehörige der Luftnachrichtentruppe, abgesetzt in einer kleinen Ortschaft nördlich Rostow am Don, einzelne jüdische Einwohner des Dorfes getötet. Beide Soldaten wurden wegen Mordes angeklagt und verurteilt.[87]

Ferner berichtete Generaloberst Deßloch: »An der strengen Handhabung der Kriegsgerichtsbarkeit bei Ausschreitungen gegen die Zivilbevölkerung hat der sogenannte Barbarossa-Erlaß, wie man sonst wohl annehmen möchte, nichts geändert. Die höheren Befehlshaber standen diesem Befehl durchweg ablehnend gegenüber und machten daher von der Möglichkeit, Straftaten gegen die Zivilbevölkerung ungestraft zu lassen, keinen oder nur sehr zurückhaltenden Gebrauch. Ich habe als Gerichtsherr meines Flakkorps schon aus dem Gesichtspunkt der Aufrechterhaltung der Manneszucht keinen Gebrauch von dem Barbarossa-Erlaß gemacht.«[88]

Generaloberst Gotthard Heinrici berichtete über kriegsgerichtliche Todesurteile, die auf seine Bestätigung hin vollstreckt wurden, unter anderem gegen drei Angehörige der 25. Panzergrenadierdivision wegen Ermordung von fünf Frauen.[89]

Major Wolf von Bülow berichtete in einer eidesstattlichen Erklärung vom 16. Juni 1946: »Bei den Absetzbewegungen im Süden der Ostfront im Frühjahr 1944 wurde durch einen Unteroffizier der Panzerarmee 3 eine russische Familie erschossen, deren Haus abgebrannt. Der Täter und seine Helfer, ein weiterer Unteroffizier und ein Obergefreiter, motivierten ihre Tat als Racheakt. Die Aburteilung dieser Tat wurde durch das Kriegsgericht der 3. Pz.Division unter dem Vorsitz von Kriegsgerichtsrat Dr. Gramm in Kischinew (Bessarabien) durchgeführt. Das Gericht stellte fest, daß sich die Angeklagten in gröbster Form gegen das Völkerrecht und die erlassenen Befehle vergangen hätten. Dementsprechend lautete das Urteil ... bei sämtlichen Angeklagten auf Todesstrafe.«[90]

Was die Militärgerichtsbarkeit bei der Luftwaffe betrifft, berichtete Christian Freiherr von Hammerstein, Chefrichter der Luftwaffe, daß Ausschreitungen gegen die Zivilbevölkerung in besetzten Gebieten stets strengen Strafen unterlagen, und daß der Barbarossa-Erlaß in der Luftwaffe nicht zur Anwendung kam.[91]

Im Nürnberger Prozeß sagte Feldmarschall Erhard Milch als Zeuge der Verteidigung von Göring wie folgt aus:

»Jeder Soldat hatte ein Soldbuch. Im Soldbuch waren auf der ersten Seite eingeklebt zehn Gebote für die Soldaten. ... Zum Beispiel, daß kein Gefangener erschossen werden dürfe, daß nicht geplündert werden dürfe ... Behandlung von Kriegsgefangenen, Rotes Kreuz, Zivilbevölkerung unverletzlich, Verhalten der Soldaten selber in Gefangenschaft, und zum Schluß Androhung von Strafe bei Zuwiderhandlung.«[92]

Auf die Frage Dr. Laternsers: »Wenn nun Verfehlungen und Ausschreitungen von Soldaten gegen die Zivilbevölkerung bekanntgegeben worden sind, ist dann nach Ihrer Kenntnis durch die zuständigen Kommandeure mit der erforderlichen Strenge eingeschritten worden?«, antwortete Milch: »Ich kenne einige Fälle ... wo das absolut der Fall war, bis zur Todesstrafe.«[93]

Einige Autoren haben die deutsche Kriegsgerichtsbarkeit in vereinfachender, oft auch polemischer Weise behandelt, wobei durch die Auswahl einiger grotesker Fälle ein verzerrtes Bild vermittelt wird. Manfred Messerschmidt und Fritz Wüllner führen als negatives Beispiel für die Wehrmachtjustiz das Verfahren gegen den SS-Sturmmann Ernst und den Polizeiwachtmeister der Panzerdivision Kempf[94] an, die etwa 50 Juden in einer Synagoge zusammengetrieben und grundlos zusammengeschossen hatten. Der Anklagevertreter forderte Todesstrafe wegen Mordes. Das Gericht verhängte gegen den SS-Mann drei Jahre Gefängnis, gegen den Wachtmeister neun Jahre Zuchthaus.[95] Ein ähnlich unverständlich mildes Urteil publizierte Ilse Staff, den Prozeß gegen den technischen Kriegsverwaltungsinspektor Weisheit, der Ende Juli 1942 in Balabanowska, Sowjetunion, 75 Juden erschossen hat, weil er behauptete zu befürchten, daß sie sich den Partisanen im Nachbardorf anschließen würden und somit die Ortschaft gefährdeten. Das Gericht hat den Angeklagten nicht nach § 211 RStGB (Mord), sondern nur nach § 212 RStGB (Totschlag) verurteilt.[96] Obwohl dieses und andere Beispiele zeigen, daß in einzelnen Fällen die Gerichte von der sonst harten Spruchpraxis bei Vergehen und Verbrechen gegen die Zivilbevölkerung abwichen, beweisen sie trotzdem, daß die Tatbestände an sich als verbrecherisch galten und die Täter wegen Mordes angeklagt worden waren.

Aus den materialreichen Untersuchungen Schwelings[97] der Kriegsgerichtsbarkeit in den besetzten Gebieten Belgien, Frankreich, Griechenland, Italien usw. beschreibt, ergibt sich, daß Verbrechen von Wehrmachtangehörigen systematisch verfolgt wurden. Nur im Bereich der Sowjetunion bestand aufgrund des »Barbarossa-Erlasses« eine beschränkte Gerichtsbarkeit. Schweling schreibt aber: »Entgegen der Grundtendenz des Erlasses hielten sich Kommandeure und Truppe weitgehend an die dem deutschen Soldaten überkommenen Vorstellungen und gingen gegen Ausschreitungen jeder Art gegenüber der Bevölkerung vor.«[98]

Aus der Zahl der im Bundesarchiv-Kornelimünster lagernden Akten werden zwei Fälle herausgegriffen:

Während der Rückzugsbewegungen im Mittelabschnitt der Ostfront um die Jahreswende 1941/42 hatte ein Leutnant d.R. zwei ältere Russen, darunter eine Frau, die in der Nähe seiner Unterkunft aufgegriffen worden waren, erschossen und behauptet, er habe sie für Freischärler gehalten, wofür aber Anhaltspunkte nicht zu erkennen waren. Er wurde wegen Totschlags zu zwei Jahren Gefängnis verurteilt.[99]

Zur deutschen Kriegsgerichtsbarkeit in Italien befragte Dr. Laternser am 12. März 1946 vor dem Nürnberger Tribunal Generalfeldmarschall Albert Kesselring, Oberbefehlshaber der Heeresgruppe Italien: »Wenn Ihnen Fälle von Völkerrechtsverletzungen gemeldet wurden, sind Sie dann immer mit den Ihnen zu Gebote stehenden Mitteln vorgegangen?« Kesselrings Antwort: »Ich habe es zumindest versucht. Ich habe es schon im Interesse der Erhaltung des Ansehens der Deutschen Wehrmacht getan und auch im Interesse der Wehrmacht zum italienischen Verbündeten. Deshalb habe ich es für notwendig gehalten, gegen deutsche Soldaten, die gegen irgendwelche Paragraphen verstoßen haben, entschieden einzuschreiten. ... Ich habe die Fälle, die mir von den Italienern auf deutscher Seite gemeldet worden sind, verfolgen lassen oder selbst verfolgt. Dort, wo Operationen an Ort und Stelle mir ein persönliches Eingreifen nicht gestatteten, wie bei Siena, habe ich der Wehrmacht bekanntgegeben, daß dieser Fall kriegsgerichtlich von mir noch später weiter verfolgt wird. In anderen Fällen habe ich in zugespitzter Lage die Todesstrafe und das Ausnahmerecht verhängt gegen Plünderer, Räuber, Mörder und so weiter.«[100] Dies wird auch bestätigt durch eidestattliche Erklärungen höherer deutscher Offiziere wie des Generals der Flieger Ernst Müller.[101]

Hinsichtlich des Bandenkrieges wurde Kesselring am 13. März 1946 vom britischen Ankläger Sir David Maxwell-Fyfe verhört, der ihn mit dem Führerbefehl vom 16. Dezember 1942 über den Bandenkrieg in der Sowjetunion und im Balkan konfrontierte. Aber auch dieser Befehl bedeutete nicht Straffreiheit für Mord, entsprechend auch nicht der Befehl Kesselrings vom 17. Juni 1944 über die Bandenbekämpfung in Italien, wonach der Kampf gegen die Banden »mit allen zur Verfügung stehenden Mitteln und mit größter Schärfe durchgeführt werden« mußte. Dies bedeutete jedoch weder in der Theorie noch in der Praxis die Aufhebung des Verfolgungszwanges oder gar Straffreiheit für Mord.

Zu den Vorschriften für die Partisanenbekämpfung sagte Dr. Laternser in seinem Plädoyer, daß diese zwar schärfstes Durchgreifen befahlen, aber »nur militärisch erlaubtes scharfes Durchgreifen, nicht aber Grausamkeiten und Willkür. ... Der Kampf gegen die Partisanen mußte wegen ihrer illegalen Kampfesweise zwar scharf, durfte aber nur mit erlaubten Mitteln geführt werden.«[102]

Dies bestätigte auch der General der Panzertruppe Hans Röttiger, Chef des Generalstabes der von Kesselring und dessen Nachfolger in Italien befehligten Heeresgruppe. In einer eidestattlichen Erklärung sagte Röttiger bezüglich der Befehle Kesselrings zum Bandenkrieg, daß diese »keineswegs ein Freibrief für irgendwelche Ausschweifungen einzelner sein sollten« und der Bandenkampf nur nach den militärischen Gepflogenheiten und Notwendigkeiten geführt werden sollte. Röttiger erklärte weiter: »Sofern später aus bei dem OB Südwest eingehenden Meldungen über den Bandenkampf zu ersehen war, daß augenscheinlich Übergriffe bei der Durchführung einzelner Unternehmungen vorgekommen waren, wurde, falls dies nicht bereits durch die Zwischendienststellen erfolgt war, eine Untersuchung der Angelegenheit angeordnet. ...Ich entsinne mich jedoch, daß in vielen Fällen festgestellt wurde, daß die Verdachtsgründe oder Anschuldigungen unzutreffend oder weit übertrieben waren. Dies war z.B. bei einer Reihe von Fällen der Fall, die auf dem Wege über ital. Stellen zur Heeresgruppe gelangt waren. ... Außerdem wirkte Fm. Kesselring, der unangebrachte Härte und Übergriffe aller Art verabscheute, bei häufigen Frontbesuchen in diesem Sinne auf die Truppe und ihre Führer ein.«[103]

Vergewaltigungen

Anläßlich seiner Befragung in Nürnberg durch Dr. Laternser sagte Feldmarschall von Manstein aus:
»Wir haben die Militärgerichtsbarkeit so ausgeübt, wie wir sie nach unserer Erziehung ausüben mußten, nämlich nach Recht und Gesetz im Sinne eines anständigen Soldatentums. Ich möchte als Beispiel nur anführen, daß die beiden ersten Todesurteile, mit denen ich zu tun gehabt habe, verhängt worden sind anfangs des Rußlandfeldzugs gegen zwei deutsche Soldaten meines Korps wegen Vergewaltigung russischer Frauen. Und so ist es überall gewesen.«[104]

Während Stellungskämpfen im Mittelabschnitt der Ostfront im Jahre 1942 vergewaltigten ein Unteroffizier und zwei Soldaten seiner Bunkerbesatzung ein Russenmädchen, das in dieser Gegend nach Lebensmitteln suchte. Alle drei Täter wurden wegen gemeinschaftlich begangener Notzucht zu hohen Gefängnisstrafen und zum Rangverlust verurteilt.[105]

Kriegsgerichtsrat Dr. Hans Luehn (Februar 1943 – Juni 1944 in Bordeaux tätig) verurteilte zwei deutsche Soldaten zum Tode, die zwei Französinnen vergewaltigt und so mißhandelt hatten, daß sie starben. Die Urteile wurden bestätigt und die Hinrichtung erfolgte durch den Strang.[106]

1943 wurden zwei deutsche Soldaten, die eine russische Frau zu vergewaltigen versuchten, von einem Russen überrascht und an der Ausübung der Tat gehindert. Aus Wut hierüber erschoß der eine Deutsche den Russen. Das Gericht erkannte auf Todesstrafe, und das Urteil wurde von Generalfeldmarschall Georg von Küchler, Oberbefehlshaber der Heeresgruppe Nord vom 18. Januar 1942 bis 22. Januar 1944, bestätigt. Das Urteil wurde vollstreckt. In einem anderen Fall hatte sich ein deutscher Offizier an einer russischen Sanitäterin vergangen. Er wurde degradiert und zu einer hohen Freiheitsstrafe verurteilt.[107]

Kriegsgerichtsrat Erich Kuhr schilderte einen ähnlichen Fall: »Ein deutscher Soldat hatte ein Verhältnis mit einem russischen Mädchen. Da die Mutter im Wege war, hat er sie einfach umgebracht. Das Mädchen mußte der Mutter noch das Grab schaufeln. Er ist zum Tode verurteilt und erschossen worden. Ich war der Richter und hatte natürlich zwei Beisitzer, einen Offizier und einen Soldaten vom Dienstgrad des Angeklagten. Das Urteil lautete: Todesstrafe wegen Mordes an einer russischen Frau.«[108]

Kriegsgerichtsrat Dr. Horst Reger beschrieb einen Fall, in welchem ein betrunkener deutscher Offizier in Rußland eine russische Familie, die in ihrer Datscha auf dem Ofen saß, mit seiner Maschinenpistole ermordete. Der Offizier wurde zum Tode verurteilt. Die Hinrichtung fand in dem Dorf des Geschehens statt, in dem er die Tat begangen hatte.[109]

Obwohl nach den vorhandenen Quellen die Haltung der Wehrmachtgerichtsbarkeit gerade in Fällen von Vergewaltigung eindeutig ist, kursierten in der Kriegspropaganda und kursieren weiterhin falsche Informationen, die sogar in einem UNO-Bericht vom August 1996 einen Niederschlag gefunden haben. So wurde in einer Studie über Gewalt gegen Frauen die These aufgestellt, daß deutsche Soldaten im Ersten und im Zweiten Weltkrieg Frauen systematisch vergewaltigt hätten. In einer Stellungnahme des Auswärtigen Amtes an die Vereinten Nationen heißt es dazu:

»Zwar hat es während der Weltkriege Vergewaltigungen durch deutsche Soldaten gegeben, wie dies leider überall und auf allen Seiten aller Kriegsteilnehmer der Fall war. Massenvergewaltigungen oder von oben angeordnete oder zugelassene systematische Vergewaltigungen als Mittel der Politik hat es auf deutscher Seite nicht gegeben. In beiden Weltkriegen erfüllte Vergewaltigung auch für Soldaten einen Straftatbestand und wurde entsprechend strafrechtlich verfolgt.«[110]

Es ist aufschlußreich zu vergleichen, wie sich die amerikanische Militärjustiz in Fällen nachweislicher Kriegsverbrechen verhielt. Die Akten des US Judge Advocate General, Department of the Army, Washington, D.C. geben dazu Auskunft. Ein Beispiel: Das Urteil eines Court Martial gegen den amerikanischen Leutnant Vicent C. Acunto betrifft die Erschießung von etwa 24 deutschen Kriegsgefangenen und drei deutschen Zivilisten am 8. April 1945 in Tambach, in der Nähe Coburgs. Die Anklage gegen ihn lautete auf Mord. Das Gericht hat ihn am 1. Juni 1945 freigesprochen, weil er behauptete, von der Haager Landkriegsordnung und von den Genfer Konventionen nichts gewußt zu haben. Eine amerikanische Untersuchung des Falles stellte später fest:

»The record of trial in the Acunto case makes it evident that the accused was, in fact guilty of the murder of several prisoners of war, and that the general court-martial before which he was tried erred gravely in acquitting him. In making their finding the members of court either acted with complete indifference to their duty and their oaths, or else they accepted the wholly untenable theory that the instructions of a superior officer will justify the doing of a patently criminal act. The accused freely admitted causing the prisoners of war to be taken out and shot to death. The defense rested upon his ignorance of the rules of land warfare and upon alleged condonation and encouragement by division and army commanders of the shooting of prisoners of war.

Of the other members of the command found by the Board of Officers to be implicated in the matter, PFC Pacchiano was acquitted, and the charges against all others were dropped. It does not appear that the divisional commander reprimanded the court for its manifest error.«[111]

Jeder Kommentar erübrigt sich.

Schlußgedanken

Wer ein historisch und nicht nur ein juristisch fundiertes Urteil über die Wehrmacht fällen will, darf nicht nur die Verbrechen einzelner Soldaten in Betracht ziehen. Gerade auch nach den Nürnberger Akten gab es auch Ritterlichkeit gegenüber dem Gegner, korrekte Behandlung von Kriegsgefangenen,[112] gute Versorgung von Verwundeten und Rettung von Schiffbrüchigen.[113] Für jedes verdammenswerte Verbrechen gibt es zahlreiche Beispiele humanitären Handelns.

Es ist legitim für den Historiker zu fragen, ob Wehrmachtsoldaten verbrecherisch gekämpft haben, ob sich die Wehrmacht als Institution verbrecherisch verhielt. Aber er darf nicht in abstracto fragen, wie die Kriegführung durch die Wehrmacht war, sondern muß auch in concreto untersuchen, wie sich im Zweiten Weltkrieg die anderen kriegführenden Parteien verhalten haben.[114]

Im Hinblick auf die Terrorbombardierung deutscher Städte durch angloamerikanische Bomberverbände, der eine kaum zu bestimmende Anzahl Zivilisten zum Opfer fiel, im Hinblick auf Hiroshima und Nagasaki, verblassen die Tötungen von Partisanen und die Geiselerschießungen. Allein der Holocaust bleibt als einzigartiges Verbrechen. Das war aber kein Verbrechen der Wehrmacht.

Zu Beginn des Nürnberger Prozesses hatte der Angeklagte Hans Frank, Generalgouverneur von Polen seit 1939 und verantwortlich für die brutale Besatzungspolitik, gesagt, daß tausend Jahre vergehen würden, ehe die deutsche Schuld getilgt werden könnte. In seinem Schlußwort am 31. August 1946 fügte er aber hinzu:

»Ich sprach im Zeugenstand von tausend Jahren, die die Schuld von unserem Volke wegen des Verhaltens Hitlers in diesem Krieg nicht nehmen könnten. Nicht nur das sorgsam aus diesem Verfahren ferngehaltene Verhalten unserer Kriegsfeinde unserem Volk und seinen Soldaten gegenüber, sondern die riesigen Massenverbrechen entsetzlichster Art, die, wie ich jetzt erst erfahren habe, vor allem in Ostpreußen, Schlesien, Pommern und im Sudetenland von Russen, Polen und Tschechen an Deutschen verübt wurden und noch verübt werden, haben jede nur mögliche Schuld unseres Volkes schon heute restlos getilgt. Wer wird diese Verbrechen gegen das deutsche Volk einmal richten?«[115]

Der französische Militärhistoriker Philippe Masson stellt fest: »Der sowjetische Soldat erweist sich als Meister der Tarnung, des Hinterhalts, des Partisanenkampfes. ... Er scheint von den Gesetzen des Krieges nie gehört zu haben. Auf Befehl Stalins, der entschlossen ist, einen gnadenlosen Krieg zu führen und der Versuchung des Sichergebens von vornherein entgegenzutre-

ten, werden die ersten deutschen Soldaten, die den Sowjets in die Hände fallen, sofort getötet oder unvorstellbar grausam gefoltert.«[116]
Dies hat auch die Wehrmacht-Untersuchungsstelle für Verletzungen des Völkerrechts nachgewiesen. Lange vor den Untaten der Einsatzgruppen, noch bevor es Anlaß zu Racheaktionen gab, wurden deutsche Kriegsgefangene in Broniki, in Lemberg, in Feodosia getötet und verstümmelt. Auch dies muß zum Verständnis, des grundsätzlich anderen Charakters des Ostfeldzuges berücksichtigt werden.

Auch Soldaten haben Menschenrechte

Die Ehre eines Menschen ist ein wichtiger Wert, den die Gesellschaft schützen muß. Jede demokratische Verfassung basiert auf der Achtung der Menschenwürde.

Auch Verbrecher haben menschliche Würde und den Anspruch darauf, gerecht behandelt zu werden. Wer ein Verbrechen begangen hat, soll dafür büßen. Aber nachdem der Mensch seine Schuld an die Gesellschaft bezahlt hat, muß er in Ruhe gelassen werden. Eine ewige Verfolgung und dauernde Schuldzuweisung verletzt die Menschenwürde, verstößt gegen die christliche Nächstenliebe und unseren Glauben, daß die Sünde vergeben wird.

Diffamierung und üble Nachrede verletzen die Menschenwürde.

Artikel 17 des Internationalen Paktes über bürgerliche und politische Rechte besagt:

»Niemand darf ... rechtswidrigen Beeinträchtigungen seiner Ehre und seines Rufes ausgesetzt werden.«

Eine pauschale Diffamierung der Wehrmacht stellt eine Verletzung dieses Menschenrechtes dar, nicht nur gegenüber den ehemaligen Angehörigen der Wehrmacht und ihrer Familien, sondern auch gegenüber allen Deutschen der Kriegsgeneration.

Anständige Menschen sollten sich einer solchen Hetze widersetzen, denn wenn die Menschenrechte verachtet werden, leiden schließlich alle.

Man kann über die Nürnberger Prozesse verschiedener Meinung sein. Jedoch etablierten sie das Prinzip der persönlichen Haftung für Verbrechen. Schuld wie Unschuld können nur persönlich, nicht kollektiv bestimmt werden. In den Nürnberger Prozessen sind zwar mehrere hochrangige Wehrmachtoffiziere verurteilt worden. Es ergingen aber auch Freisprüche, und die Wehrmacht als Korporation ist weder angeklagt, noch verurteilt worden.

In diesem Sinne lohnt es sich, an Worte Eisenhowers vom 22. Januar 1951 in Bad Homburg zu erinnern, in denen er erklärte, daß der deutsche Soldat für seine Heimat tapfer und anständig gekämpft habe. »Ich für meinen Teil glaube nicht, daß der deutsche Soldat als solcher seine Ehre verloren hat. Die Tatsache, daß gewisse Individuen im Kriege unehrenhafte und verächtliche Handlungen begangen haben, fällt auf die betreffenden Individuen selbst zurück und nicht auf die große Mehrheit der deutschen Soldaten und Offiziere.«[117] Auch der französische Staatspräsident François Mitterrand hat in seiner letzten Ansprache, kurze Zeit vor seinem Tod, in Berlin am 8. Mai 1995 folgendes gesagt: »Ich bin nicht gekommen, um den Sieg zu feiern, über den ich mich 1945 für mein Land gefreut habe. Ich bin nicht gekommen, um die Niederlage der Deutschen zu unterstreichen, weil ich die Kraft, die im deutschen Volk ruht, kenne, seine Tugenden, seinen Mut – und wenig bedeuten mir in diesem Zusammenhang die Uniformen und selbst die Ideen, die in den Köpfen der Soldaten damals gewohnt haben, die in so großer Zahl gestorben sind. Sie waren mutig, sie nahmen den Verlust ihres Lebens hin, für eine schlechte Sache, aber ihre Haltung hatte damit nichts zu tun. Sie liebten ihr Vaterland. Es ist notwendig, daß uns das klar wird. Europa, das bauen wir, aber unsere Vaterländer lieben wir.«

In diesem Geiste der Verständigung und der Versöhnung zwischen Völkern und Generationen sollte vorurteilslose historische Forschung allein der Wahrheitsfindung dienen.

---

1 Ernst Klee, Willi Dressen, Volker Riess (Hrsg.), »Schöne Zeiten«. Judenmord aus der Sicht der Täter und Gaffer, Frankfurt, 1988. Ernst Klee, Willi Dressen (Hrsg.), »Gott mit uns«. Der deutsche Vernichtungskrieg im Osten 1939–1945, Frankfurt, 1989. Christian Streit, Keine Kameraden. Die Wehrmacht und die sowjetischen Kriegsgefangenen, Stuttgart, 1978. Walter Laqueur, The Terrible Secret, London, 1980. Hannes Heer, Vernichtungskrieg. Verbrechen der Wehrmacht 1941–1944, Hamburg, 1995. Omer Bartov, Hitlers Wehrmacht. Soldaten, Fanatismus und die Brutalisierung des Krieges, Reinbek, 1995. Manfred Messerschmidt, »Harte Sühne am Judentum«, in: Jorg Wollenberg (Hrsg.), »Niemand war dabei und keiner hat's gewußt«, Piper-Taschenbuch, 1989, S. 113–128
2 A. de Zayas, Die Wehrmacht-Untersuchungsstelle, München, 6. Auflage, 1998, Kapitel 4. Siehe auch A. de Zayas, »Die Rechtsprechung der Wehrmachtsgerichtsbarkeit zum Schutze der Zivilbevölkerung in besetzten Gebieten«, in: Humanitäres Völkerrecht, Heft 3, 1994, S. 118–124. Franz Seidler, Die Militärgerichtsbarkeit der Deutschen Wehrmacht, 1991. Hans Laternser, Die Verteidigung deutscher Soldaten, Bonn, 1950. IMT, Bd. 40, Dokument Jodl-10, eidesstattliche Versicherung des früheren Generaloberstabsrichters im OKW Dr. Rudolf Lehmann vom 25. April 1946: Im Kriege habe er bei Jodl für die erstrebte Aufrechterhaltung der Wehrmachts-Gerichtsbarkeit und für die Forderung strenger Bestrafung der Ausschreitungen gegen Landeseinwohner stets Unterstützung gefunden (Beweisstück Jodl-63)
3 Nürnberg-Dokument NO-3011
4 Internationaler Militärgerichtshof Nürnberg. Der Prozeß gegen die Hauptkriegsverbrecher [zitiert als IMT], Bd. 1, S. 189 ff., Nürnberg, 1947
5 Ebenda, S. 313
6 Ebenda, S. 286
7 Ebenda, S. 288
8 Ebenda, S. 313

9 Ebenda, S. 410
10 W. Churchill, The Second World War, Bd. V, Closing the Ring, S.374
11 Martin Lang, Stalins Strafjustiz gegen deutsche Soldaten. Die Massenprozesse gegen deutsche Kriegsgefangene in den Jahren 1949 und 1950, Herford, 1981
12 IMT, Bd. 1, S. 313
13 Ebenda, S. 328, 367
14 Ebenda, S. 410
15 Vgl. Georg Meyer: Zur Situation der deutschen militärischen Führungsschicht im Vorfeld des westdeutschen Verteidigungsbeitrages 1945–1950/51, in: Anfänge westdeutscher Sicherheitspolitik 1945–1956, Bd. 1, hrsg. vom Militärgeschichtlichen Forschungsamt. München, Wien 1982, S. 613–635; ders.: Soldaten ohne Armee, in: Von Stalingrad zur Währungsreform. Zur Sozialgeschichte des Umbruches in Deutschland. Hrsg. Martin Broszat, Klaus-Dietmar Henke, Hans Woller. München 1988, S. 703–716
16 Reginald Paget, Manstein. Seine Feldzüge und sein Prozeß, Wiesbaden 1952. E. v. Manstein, Verlorene Siege, Bonn 1955. E. v. Manstein. Aus einem Soldatenleben 1887–1939, Bonn, 1958. Rüdiger v. Manstein, Theodor Fuchs, Manstein, Soldat im 20. Jahrhundert, München 1981
17 IMT, Bd. 17, S. 560
18 IMT, Bd. 15, S. 376
19 Ebenda, S. 377 f.
20 IMT, Bd. 21, S. 412 f.
21 Der Vorschlag erscheint angebracht, diese Dokumente in einer kommentierten Ausgabe herauszugeben.
22 IMT, Bd. 4, S. 344 ff.
23 IMT, Bd. 42, S. 252 f. Affidavit General Staff and OKW- 701
24 IMT, Bd. 42, S. 254, Affidavit General Staff and OKW-701(a)
25 IMT Bd. 42, S. 255 ff. Affidavit General Staff and OKW-703
26 Telford Taylor, The anatomy at the Nuremberg Trails, New York, 1993, S. 601 f. Taylor vergleicht den Mansteinbefehl mit dem Befehl Reichenaus vom 10. Oktober 1941, obwohl Manstein den Befehl Reichenaus ablehnte: »Ich ... hielt derartige Befehle für völlig abwegig, weil ich den Kampf soldatisch führen wollte und nicht anders.« IMT, Bd. 20, S. 697 ff.
27 IMT, Bd. 20, S. 702
28 IMT, Bd. 20, S. 702 f.
29 Vgl. Georg Meyer, Zur Situation (wie Anm. 15), S. 626 f.
30 IMT, Bd. 15, S. 365 f.
31 IMT, Bd. 1, S. 364–367. W. Maser, Nürnberg. Tribunal der Sieger, Düsseldorf, 1977, S. 333. Die Berufung auf höheren Befehl galt nach Art. 8 des Statuts nicht als Strafausschließungsgrund. Es war in das Ermessen des Gerichts gestellt, ihn als Strafmilderungsgrund zu berücksichtigen. Bis dahin war die Berufung auf den höheren Befehl im Völkergewohnheitsrecht und im Artikel 3 der Haager Landkriegsordnung zugelassen. Sie wurde in den Kriegsverbrecherprozessen nach dem Ersten Weltkrieg bestätigt, und war ebenfalls in den amerikanischen und britischen Manuals of Military Law ausdrücklich erlaubt, bis Amerikaner und Briten dies 1944, in greifbarer Nähe des Sieges, geändert haben.
32 Ebenda, S. 326–330
33 Zeit-Forum, 3. März 1995, S. 16
34 IMT, Bd. 8, S. 263
35 IMT, Bd. 42, S. 561
36 IMT, Bd. 15, S. 325. Siehe auch Bodo Scheurig, Alfred Jodl, Berlin, 1991, S. 368 ff.
37 Vernehmung am 9. Mai 1946. IMT, Bd. 13, S. 334
38 Karl Dönitz, Deutsche Strategie zur See im Zweiten Weltkrieg. Die Antworten des Grossadmirals auf 40 Fragen, Frankfurt a.M., 1970, S. 146
39 Bundesarchiv-Koblenz, R 62/11a; fol. 89. Siehe auch Marlies Steinert, Die 23 Tage der Regierung Dönitz, Düsseldorf, 1967, S. 289
40 IMT, Bd. 20, S. 519
41 Ebenda, S. 562

42 Ebenda, S. 559
43 Nürnberger Dokument 1919-PS, IMT, Bd. 29, S. 145
44 Institut für Zeitgeschichte, Signatur IFZ-Archiv, ZS 1931. Treblinka-Prozeß. Der Leitende Oberstaatsanwalt bei dem Landgericht Düsseldorf, Gesch. Nr. 8 I Ks 2/64. Niederschrift Francke-Griksch
45 IMT, Bd. 17, S. 200 f.
46 IMT, Bd. 18, S. 231 f.
47 IMT, Bd. 42, S. 562
48 IMT, Bd. 14, S. 294
49 Christopher Browning, Ordinary Men. Reserve Police Battalion 101 and the Final Solution in Poland, Harper Collins Publishers, New York, 1992, S. 13–14
50 Daniel Jonah Goldhagen, Hitler's Willing Executioners, London, 1996, S. 305–310 (SS-Sturmbannführer Christian Wirth leitete das Mordkommando)
51 IMT, Bd. 21, S. 588
52 IMT, Bd. 21, S. 677
53 IMT, Bd. 21, S. 682–684
54 v. Moltke, Letters to Freya, New York, 1990, S. 285; dieser Brief findet sich nicht in der deutschen Ausgabe, Helmuth James von Moltke: Brief an Freya 1939–1945, München 1988, er wird allerdings erwähnt in dieser Ausgabe, S. 463, im Kommentar zum Brief Moltkes vom 19. März 1943
55 Ebenda, S. 446
56 Zitat nach Telford Taylor, Die Nürnberger Prozesse, Zürich 1951, S. 99
57 Ebenda., S. 103
58 IMT, Bd. 42, Affidavit General Staff and OKW-935, S. 261
59 Vgl. Telford Taylor, Die Nürnberger Prozesse, S. 100, nach Verhandlungsniederschrift, S. 10441 f.
60 Ebenda, S. 10439
61 IMT, Bd. 42, Affidavit General Staff and OKW-939, S. 262; der dort wiedergegebene Name Hahm ist ein bedauerliches Schreibversehen
62 IMT, Bd. 42, Affidavit General Staff and OKW-935, S. 259
63 Alfred de Zayas, Die Wehrmacht-Untersuchungsstelle, Kapitel 8, 18. Hierüber existiert auch ein im Jahre 1983 hergestellter Dokumentarfilm des WDR, gesendet im Ersten Programm (ARD) am 18. bzw. 21. März 1983.
64 IMT, Bd. 15, S. 595
65 IMT, Bd. 15, S. 596
66 IMT, Bd. 20, S. 665
67 IMT, Bd. 20, S. 665 f.
68 Fall 12, S. 9852
69 Fall 12, S. 9849
70 Fall 12, S. 9892 f., 9993 f.
71 »Die Berichte ergeben, daß Kriegsgefangene dem SD, einer Polizeiorganisation, zugeführt worden sind und daß nach dieser Überstellung die Armee keine weitere Aufsicht über die Gefangenen führte und anscheinend weder wußte noch bestimmen konnte, was mit ihnen geschah. Ob sie umgebracht wurden, was bei vielen zweifelsohne der Fall gewesen ist oder ob nicht, darauf kommt es nicht an. Die Rechtswidrigkeit besteht in ihrer Überstellung an eine Organisation, die, wie der Angeklagte zweifelsohne inzwischen gemerkt hatte, verbrecherisch war.« Fall 12, S. 10046
72 Fall 12, S. 9920 f., 9925 f., 10002 f., 10023
73 Das Urteil gegen das Oberkommando der Wehrmacht, (Ost-)Berlin, 1961, S. 141
74 Ebenda, S. 140
75 Ebenda, S. 144
76 Ebenda, S. 160
77 Ebenda, S. 169 f.
78 Dokument Jodl-10, Beweisstück Jodl-63, IMT, Band 40, S. 302
79 Dok. Dönitz 49, IMT, Bd. 40, S. 79

80 Alfred de Zayas, Die Wehrmacht-Untersuchungsstelle, S. 70–79, 245–246
81 IMT, Band 34, Dokument 050-C, S. 249–255
82 Just Block, Die Ausschaltung und Beschränkung der deutschen ordentlichen Militärgerichtsbarkeit während des Zweiten Weltkrieges, Diss.jur. Würzburg, 1967, S. 64 et seq. insbesondere S. 68
83 Siehe u.a. eidestattliche Erklärungen, die von Dr. Hans Laternser, dem Internationalen Militärtribunal vorgelegt wurden: Nr. 5 von Generalmajor Karl Heinrich Schulz, Nr. 6 von General Walther Nehring, Nr. 26 von Generalleutnant Theodor Tolsdorff, Nrs.508a and 508b von Generalfeldmarschall Ewald von Kleist, Nr. 509 von Generaloberst Heinz Guderian, Nr. 510 von Generaloberst Hermann Hoth, Nr. 903 von Generalfeldmarschall Maximilian Freiherr von Weichs (über den Partisanenkampf auf dem Balkan), Nr. 1208 von Generalmajor Lothar von Block, Nr. 1484 von General d. Flieger Karl Koller, Nr. 1485 von Generaloberst Johannes Blaskowitz, Nr. 1497 von Generalmajor Leopold Leeb, Nr. 1554 von Generalleutnant Hans Schmidt, Nr. 1574 von Generalarzt Dr. med. Eduard Hinze, Nr. 1601 von Generalrichter Dr. Adolf Block, Nr. 1601a von Generaloberst Weiss, Nr. 1601b von Generaloberst Georg Lindemann, Nr. 1608 von Generalmajor Erich Dethleffsen, Nr. 1685 von Generalleutnant Karl Burdach, Nr. 3111 von Generalrichter Dr. Manfred Roeder. Photokopien vorhanden.
84 Fall Nr. 4, Rußland, in der Aufstellung von Dr. Otto Kranzbühler für die Verteidigung Dönitz
85 Ibid., Fall Nr. 8, Rußland. Bundesarchiv-Zentralnachweisstelle, RM 45 Südost- G 48044
86 Erklärung Nr. 1683 vom 28 Juni 1946 in Nürnberg
87 Eidesstattliche Erklärung des Generaloberst Deßloch, Laternser Dokument Nr. 501. Siehe auch Nrs. 507, 509, 1683
88 Ibid. eidesstattliche Erklärung vom 18. 6. 1946 in Dachau
89 Eidesstattliche Erklärung Nr. 1619 vom 12. Juli 1946 in Nürnberg
90 Eidesstattliche Erklärung Nr. 1601c vom 16. Juni 1946 in Steinlager Allendorf
91 Eidesstattliche Erklärung No. 505
92 IMT, Bd. 9, S. 69. Siehe auch Bd. 17, S. 560
93 Ebenda, S. 69
94 Manfred Messerschmidt und Fritz Wüllner, Die Wehrmachtjustiz im Dienste des Nationalsozialismus, S. 214–215
95 IMT, Bd. 20, S. 490–493
96 Ilse Staff, Justiz im Dritten Reich, S. 213–220
97 Otto Schweling, Die deutsche Militärjustiz in der Zeit des Nationalsozialismus, Marburg 1977, S. 348–379
98 Ähnlich stellt Moritz, Studie Nr. 7, S. 213 fest: »Die Gerichtsbarkeit über Wehrmachtangehörige dagegen wurde auch in frontnahen Gebieten nach den bisher üblichen Grundsätzen gehandhabt. Der »Barbarossa-Gerichtsbarkeitsbefehl« wurde hier weitgehend umgangen und auch solche Straftaten von Wehrmachtangehörigen gegen Zivilpersonen, die nicht so schwerwiegend waren, als Verstoß gegen die Mannszucht kriegsgerichtlich geahndet.«
99 26. Inf. Div. Nr. 275
100 IMT, Band 9, S. 213–214. Siehe auch die eidesstattliche Erklärung No. 1490 von Generalmajor Wolf Hauser vom 16. Juni 1946 über die von Kesselring angeordnete Verfolgung von einem Plünderungsfall in Siena
101 Erklärung No. 920 vom 6. Juli 1946 in München. Dort berichtet auch Müller über die Bandenlage in Italien: »Auch im Raume Forli-Faenza-Ravenna wurden die italienischen Bauern durch Banden stark belästigt und geschädigt. So sah ich dort Bauerngehöfte, die nachts durch Banden überfallen, beraubt und angezündet waren.« Siehe auch Erklärung Nr. 924 von Generalleutnant Egbert Picker vom 5. Juli 1946 in Neu Ulm: »Hierbei größte Rivalität zwischen den einzelnen Banden bis zum Kampf mit der Waffe untereinander und gegenseitiges Zuschieben der verübten Verbrechen an Militär- und Zivilpersonen.«
102 Plädoyer Dr. Laternser, IMT-Verteidigung »Generalstab und OKW«, S. 69–70

103 Erklärung Nr. 3004 vom 10 Juli 1946 in Dachau. Siehe auch in diesem Sinne die Erklärung No. 935 von Generalleutnant Otto Heidkämper vom 27. Juni 1946
104 IMT, Bd. 20, S. 664 f.
105 26. Inf. Div. Nr. 94
106 Brief von Dr. Luehn an Marineoberstabsrichter Helmut Sieber vom 27. Februar 1946. »Machen Sie ruhig von diesem Schreiben Gebrauch. Ich bin alter Demokrat und Sozialist. Ich wurde z.b. 1933 deshalb aus der Anwaltschaft vorübergehend ausgeschlossen und bin genügend darum verfolgt worden.«
107 Eidesstattliche Erklärung von Küchler, Neu-Ulm, 5. Juli 1946. Dokument im Friedenspalast, Laternser Papers, IMT, Nr. 507
108 Gespräch mit Erich Kuhr am 7. Februar 1976, S. 13 des Protokolls. A. de Zayas »Die Wehrmacht-Untersuchungsstelle«, S. 75
109 Gespräch mit Dr. Horst Reger am 19. Februar 1976, gestützt auf sein Tagebuch, S. 2 des Protokolls. de Zayas, a.a.O., S. 75
110 Stellungnahme des Auswärtigen Amtes vom 4. November 1996
111 Records of the Judge Advocate General's Office, Department of the U.S.Army. National Archives, Suitland, Maryland. Record Group 332, Box 89, Document NNDG 745001
112 Report of the International Committee of the Red Cross on its activities during the Second World War (September 1, 1939–June 30, 1947), Volumne II, The Central Agency for Prisoners of War. Geneva, 1948
113 Cajus Bekker, Verdammte See. Ein Kriegstagebuch der deutschen Marine. Stuttgart, 1971. Hans Herlin, Verdammter Atlantik, Schicksale deutscher U-Boot-Fahrer, Hamburg, 1973. Capt. Peter Dickens, Narvik, Battles in the Fjords. London, 1974. Dtsch: Brennpunkt Erzhafen Narvik, Stuttgart, 1975
114 Joachim Hoffmann, Stalins Vernichtungskrieg 1941–1945, München, 1995
115 IMT, Bd. 22, S. 438. Für die Verbrechen der Vertreibung siehe Th. Schieder (Hrsg.): Dokumentation der Vertreibung der Deutschen aus Ost-Mitteleuropa, 8 Bd, dtv. Ausgabe 1985. Siehe auch A. de Zayas »Die Anglo-Amerikaner und die Vertreibung der Deutschen«, Ullstein Taschenbuch, 10. Auflage, 1997
116 Masson, Die Deutsche Armee, S. 493
117 John W. Wheeler-Bennett, The Nemesis of Power: The German Army in Politics, 1918–1945, New York, St. Martin's Press, 1954, S. 44. – Hans Speidel, Aus unserer Zeit. Erinnerungen. Berlin, Frankfurt a.M., Wien 1977, S. 285 f. – William J. Bosch, Judgment on Nuremberg, American Attitudes Toward the Major German War-Crime Trials, University of North Carolina Press, Chapel Hill, S. 172. Siehe auch LeRoy Whitman, Army and Navy Journal, 1. Dezember 1945, S. 468; 5. Oktober 1946, S. 112

Alfred Maurice de Zayas, Prof. Dr. jur., Jahrgang 1947, Studium der Rechtswissenschaften und der Geschichte in USA und Deutschland. Gastprofessor des Völkerrechts, Chicago. Senior Fellow, International Human Rights Law Institute, Chicago. Dr. jur. (Harvard), Dr. phil. (Göttingen). Veröffentlichungen: »Nemesis at Potsdam«, London 1977. »Die Wehrmacht-Untersuchungsstelle für Verletzungen des Völkerrechts«, 5. erweiterte Auflage, 1995. »Die Anglo-Amerikaner und die Vertreibung der Deutschen«, Ullstein Taschenbuch, 10. erweiterte Auflage, 1977. »Anmerkungen zur Vertreibung«, Stuttgart, 3. erweiterte Auflage, 1993. Mitglied des P.E.N. Clubs.
Dieser Artikel gibt die persönliche Meinung des Verfassers wieder und verpflichtet nicht die Organisationen, mit welchen er assoziiert wird.

WALTER POST

Die Proportion der sogenannten »Täter« in der Millionenarmee – Versuch einer Quantifizierung am Beispiel der 6. Armee im Rußlandfeldzug 1941

Einleitung

Durch die Ausstellung »Vernichtungskrieg. Verbrechen der Wehrmacht 1941 bis 1944« des Hamburger Instituts für Sozialforschung hat die These Verbreitung gefunden, daß die deutsche Wehrmacht eine »Säule« des NS-Regimes und »ein willfähriges Instrument seines Terrors« gewesen sei. Die Wehrmacht, so heißt es, sei »an allen Verbrechen aktiv und als Gesamtorganisation« beteiligt gewesen.[1]

Wenn man eine Organisation, der 18 Millionen Menschen angehört haben, als kriminell bezeichnet, dann sollte man eigentlich die Kriterien offenlegen, aufgrund derer man zu diesem Ergebnis kommt. Dies geschieht aber weder in der Ausstellung noch in dem sie begleitenden Sammelband. Die Herausgeber und Autoren begnügen sich dort mit der Darstellung angeblicher oder tatsächlicher Verbrechen, die als symptomatisch für die gesamte Wehrmacht hingestellt werden. Dieses Verfahren ist in jeder Hinsicht ungenügend.

Eine Organisation kann nur dann als kriminell angesehen werden, wenn sie gemäß ihrer Satzung verbrecherische Ziele verfolgt oder die Mehrheit ihrer Mitglieder sich kriminell verhält.[2]

Um zu einem gerechten Urteil über die Wehrmacht zu gelangen, ist es daher notwendig, die Prinzipien und Normen festzustellen, denen sie gehorchte. In diesem Zusammenhang stellt sich die Frage, ob die Wehrmacht eine spezifische Organisation des Dritten Reiches war.

Der Begriff »Wehrmacht« wurde bereits vor dem Weltkrieg 1914–1918 in Deutschland und in Österreich-Ungarn als Bezeichnung für die Gesamtheit der Streitkräfte benutzt. Offiziell wurde dieser Begriff erstmals in der Verfassung des Deutschen Reiches (sog. Weimarer Reichsverfassung) vom 11. August 1919[3] gebraucht, deren Artikel 47 lautet: »Der Reichspräsident hat den Oberbefehl über die gesamte Wehrmacht des Reiches.« Die Weimarer Reichsverfassung ging auch von der allgemeinen Wehrpflicht aus (Artikel 133), die aber aufgrund des Versailler Vertrages sistiert werden mußte. In der Weimarer Republik wurden die Bezeichnungen »Wehrmacht« und »Reichswehr« parallel benutzt.

Nun genügt die Verwendung einer Bezeichnung aber noch nicht, um festzustellen, welchen Charakter eine Institution hat. Entscheidend ist, welches Selbstverständnis sie pflegt und welchem Normenkatalog sie gehorcht.

Die »Neue Wehrmacht« entstand 1935 mit der Wiedereinführung der allgemeinen Wehrpflicht. Sie sah sich in einer ungebrochenen dreihundertjährigen Tradition vor allem preußisch-deutscher Geschichte stehend. Die Traditionslinie des deutschen Heeres begann mit den brandenburgischen Truppen des Großen Kurfürsten und der Schlacht von Fehrbellin 1675, sie führte weiter zum preußischen Heer unter Friedrich Wilhelm I. und Friedrich dem Großen, das im Siebenjährigen Krieg seine Bewährungsprobe bestand; sie setzte sich fort über die Katastrophe von Jena und Auerstedt, über die preußischen Reformen zu den Freiheitskriegen und dem Sieg über Napoleon, um in den Deutschen Einigungskriegen von 1864, 1866 und 1870/71 ihren Höhepunkt zu finden. Im neugegründeten Deutschen Reich stand das preußisch-deutsche Heer auf der Höhe seines Ruhms und seines Selbstbewußtseins, und im Weltkrieg 1914–1918 bestand es seine bis dahin härteste Bewährungsprobe. Nach dem Zusammenbruch vom November 1918 waren es die Reste der alten Armee und die Freikorps, die eine kommunistische Machtübernahme in Deutschland verhinderten. In der Reichswehr wurde schließlich der Kern für ein neues Volksheer, die »Neue Wehrmacht«, geschaffen.[4]

Im Dritten Reich gab es zwischen der Führung der NSDAP und der Wehrmachtführung eine gewisse Teilidentität der Interessen, aber ihre eigentlichen Wurzeln hatte die Wehrmacht in der alten Armee des Kaiserreiches. Praktisch alle höheren Offiziere waren von der alten Armee und dem Weltkrieg geprägt. Die Wehrmacht verstand sich als Hüterin und Bewahrerin des 1871 gegründeten Deutschen Reiches und keineswegs als ein Organ der NSDAP.

Der Normenkatalog der Wehrmacht war mit wenigen Veränderungen der des Kaiserreichs: Das Reichsstrafgesetzbuch, das Militärstrafgesetzbuch (dessen erste Fassung 1872 erlassen worden war), die 26 Gebote für Offiziere der deutschen Wehrmacht und die zehn Gebote für die Kriegführung des deutschen Soldaten.[5]

Das deutsche Kaiserreich war eine konstitutionelle Monarchie und ein hochentwickelter Rechtsstaat, und so genügte dieser Normenkatalog auch nahezu allen Anforderungen, die Rechtsstaatlichkeit und Völkerrecht damals stellten. Wenn sich nun im Zweiten Weltkrieg die große Mehrheit der deutschen Soldaten nach dem Normenkatalog der Institution Wehrmacht verhalten hat, der rechtsstaatlich und völkerrechtlich einwandfrei ist, dann ist es unzulässig, die Wehrmacht als kriminelle Organisation zu bezeichnen.

Seit 1945 wurde noch kein Versuch gemacht, die Zahl oder den Prozentsatz derjenigen Wehrmachtsoldaten festzustellen, die in irgendeiner Form an Kriegsverbrechen beteiligt waren. Die vorliegende Untersuchung will diesen Versuch machen. Da für diesen Beitrag nur eine begrenzte Bearbeitungszeit und ein beschränkter Veröffentlichungsumfang zur Verfügung standen, war es unmöglich, die gesamte Wehrmacht unter diesem Aspekt zu untersuchen. Wir entschieden uns daher, uns auf einen bestimmten Großverband zu beschränken. Die Wahl fiel auf die 6. Armee, und zwar im Zeitraum Juni 1941 bis Januar 1942. Zum einen war die 6. Armee in Rußland eingesetzt, wo neben Jugoslawien die weitaus meisten Kriegsverbrechen begangen worden sein sollen, zum anderen wird sie in der Ausstellung »Vernichtungskrieg. Verbrechen der Wehrmacht 1941 bis 1944« besonders heftig angegriffen. Die 6. Armee war eine von sieben Armeen und vier Panzergruppen (=Panzerarmeen), mit denen das deutsche Ostheer den Feldzug gegen die Sowjetunion begann.[6] Sie kann als durchaus repräsentativ für das gesamte Ostheer angesehen werden.

Im Untersuchungszeitraum Juni 1941 bis Januar 1942 unterstanden der 6. Armee (wegen der wechselnden Unterstellungen teilweise nur kurzzeitig) sechs Armeekorps (IV., XVII., XXIX., XXXXIV., LI. und LV.) sowie 25 Divisionen und eine motorisierte Brigade (9., 24., 44., 56., 57., 58., 62., 68., 71., 75., 79., 95., 99., lei., 111., 113., 168., 213. Sich.Div., 262., 294., 295., 296., 297., 298., 299., 25. ID mot, und die »Leibstandarte SS Adolf Hitler«).[7] Diese Verbände hatten von Feldzugsbeginn bis zum Januar 1942 alle zusammen einschließlich des Nachersatzes einen Umfang von etwa 416 000 Mann.[8]

Was nun die einzelnen Vorwürfe gegen Soldaten und Einheiten der 6. Armee angeht, so haben wir nicht selbst nachgeforscht, sondern das übernommen, was Historiker in den vergangenen Jahrzehnten ermittelt haben. Wir haben uns dabei in erster Linie auf Veröffentlichungen der Mitarbeiter der Ausstellung und des Sammelbandes »Vernichtungskrieg. Verbrechen der Wehrmacht 1941 bis 1944« gestützt.* Die einzelnen Anschuldigungen sind

---

* Bernd Boll/Hans Safrian, Auf dem Weg nach Stalingrad. Die 6. Armee 1941/42; Truman O. Anderson, Die 62. Infanterie-Division. Repressalien im Heeresgebiet Süd, Oktober bis Dezember 1941, beide in: Hannes Heer/Klaus Naumann (Hrsg.), Vernichtungskrieg. Verbrechen der Wehrmacht 1941 bis 1944, Hamburg 1995; Raul Hilberg, Wehrmacht und Judenvernichtung; Hans Safrian, Komplizen des Genozids. Zum Anteil der Heeresgruppe Süd an der Verfolgung und Ermordung der Juden in der Ukraine, beide in: Walter Manoschek (Hrsg.), Die Wehrmacht im Rassenkrieg. Der Vernichtungskrieg hinter der Front, Wien 1996; Hamburger Institut für Sozialforschung, Vernichtungskrieg. Verbrechen der Wehrmacht 1941 bis 1944, Ausstellungskatalog, Hamburg 1996; Helmut Krausnick/Hans-Heinrich Wilhelm, Die Truppe des Weltanschauungskrieges. Die Einsatzgruppen der Sicherheitspolizei und des SD 1938–1942, Stuttgart 1981

im Anhang zusammengefaßt. Es liegen 94 Einzelfälle vor; davon beziehen sich zehn auf die Durchführung des Kommissarbefehls, 46 auf die Partisanenbekämpfung, 19 auf die Zusammenarbeit von Wehrmacht und den Polizeiverbänden der SS, sechs auf die Behandlung der sowjetischen Kriegsgefangenen und 13 auf die wirtschaftliche Ausbeutung der Ukraine durch die 6. Armee.

Um die Zahl der »Täter« (genauer: der Tatbeteiligten) zu ermitteln, verfahren wir nach einem einheitlichen Schema. Außer nach Einzelpersonen zählen wir nach Zug (30 Mann), Kompanie (100 Mann) und Bataillon (300 Mann). Diese Zahlen entsprechen den damaligen Gefechtsstärken nach mehrmonatigem Einsatz. Die Annahme, daß größere Truppenteile als ein Bataillon geschlossen an Kriegsverbrechen beteiligt waren, ist unrealistisch. Das skizzierte Verfahren ist ein Behelf, um der Realität näher zu kommen. Die Anschuldigungen über einzelne Kriegsverbrechen beruhen meist auf eher dürftigen Meldungen oder Kriegstagebucheintragungen, aus denen sich nur wenige Rückschlüsse auf den Tathergang und die Zahl der Beteiligten ziehen lassen. Unsere Untersuchung hat hinlänglich gekennzeichnete Anschuldigungen voll übernommen, kann aber oft keine genauen Zahlen über die »Täter« feststellen, sondern nur die Größenordnung ermitteln. Mehr ist aufgrund der Unzulänglichkeit der verfügbaren Quellen nicht möglich. Stets wurde jedoch von der maximalen wahrscheinlichen Täterzahl ausgegangen.

Das eigentliche Problem unserer Untersuchung liegt jedoch darin zu definieren, was als Kriegsverbrechen gelten soll und was nicht. Das im Zweiten Weltkrieg geltende Kriegsvölkerrecht beruhte im wesentlichen auf der Haager Landkriegsordnung von 1907 und der Genfer Konvention über die Behandlung der Kriegsgefangenen von 1929. Die Bestimmungen dieser Verträge sind teilweise eindeutig. So war z. B. nach Artikel 52 der Haager Landkriegsordnung das Anfordern von Natural- und Dienstleistungen für die Bedürfnisse der Truppe zulässig. Andere Bereiche waren dagegen überhaupt nicht geregelt. So nennt die Haager Landkriegsordnung zwar die Voraussetzungen, denen rechtmäßige Kombattanten genügen müssen, macht aber keinerlei Aussage darüber, wie mit illegalen Partisanen zu verfahren ist. Die allgemeine Auffassung ging dahin, daß letztere keinen Schutz hatten. Das Problem der Repressalien und Geiselerschießungen war nicht geregelt. Die Völkerrechtler waren sich aber einig, daß solche Maßnahmen grundsätzlich zulässig waren.

Die breite Grauzone, die das damalige Kriegsvölkerrecht aufwies, legten die Wehrmacht wie ihre Kriegsgegner natürlich jeweils zu ihren Gunsten aus. Die Grenze zum Kriegsverbrechen wurde dabei oft überschritten, und für die Zwecke unserer Untersuchung ist im konkreten Einzelfall der bloße Hinweis auf eine völkerrechtliche Grauzone nicht ausreichend.

Es mußte daher eine Grundlage gefunden werden, die das damalige Kriegsvölkerrecht präzisiert und die auch heute allgemein anerkannt wird.

Die strittigen Rechtsfragen des älteren Kriegsvölkerrechts versuchte im Rahmen der Nürnberger Nachfolgeprozesse der amerikanische Militärgerichtshof V zu klären, und zwar in seinen Urteilen gegen die Südost-Generale (»Fall 7«) sowie im sogenannten OKW-Prozeß gegen 13 Feldmarschälle und Generale der Wehrmacht (»Fall 12«).[9] Die Rechtsthesen des Militärgerichtshofs V sind zwar in manchen Punkten strittig, aber wir werden zum Ausgleich auch einige der wichtigsten Argumente wiedergeben, die die deutschen Verteidiger im OKW-Prozeß vortrugen.

Für den Versuch, die Proportion der »Täter« in der Wehrmacht zu ermitteln, ist eine brauchbare Grundlage zur Feststellung, was als Kriegsverbrechen gilt und was nicht, die unabdingbare Voraussetzung.

Der amerikanische Militärgerichtshof V und der Krieg im Osten

Der Militärgerichtshof V orientierte sich außer am damals geltenden Völkerrecht selbstverständlich an der Rechtsprechung, die der Internationale Militärgerichtshof im Nürnberger Prozeß gegen die Hauptkriegsverbrecher entwickelt hatte. In den Nürnberger Prozessen wurde wegen Kriegsverbrechen, Verbrechen gegen die Menschlichkeit, Verbrechen gegen die Zivilbevölkerung, Planung und Durchführung von Angriffskriegen sowie Verschwörung verhandelt. Im Prozeß gegen die Südost-Generale fielen die beiden letzten Anklagepunkte weg, im OKW-Prozeß wurden die hochrangigen deutschen Militärs unterschiedlicher Verantwortungsebenen wieder wegen der Teilnahme an Angriffskriegen und Verschwörung angeklagt. Das Gericht wies diese Anklagepunkte aber zurück, da die Angeklagten aufgrund ihrer Stellung keine Möglichkeit hatten, auf die Entscheidungen der politischen Führung über Krieg und Frieden Einfluß zu nehmen. Die Verurteilungen erfolgten ausschließlich wegen Kriegsverbrechen, Verbrechen gegen die Menschlichkeit und Verbrechen gegen die Zivilbevölkerung.

Die amerikanischen Richter des Militärgerichtshofs V bemühten sich zweifellos um eine objektive Rechtsprechung, aber sie waren dennoch Gefangene der politischen Rahmenbedingungen, unter denen diese Prozesse stattfanden.

Die Nürnberger Prozesse waren ein Ausfluß der außenpolitischen Konzeption Präsident Franklin Delano Roosevelts, der die Errichtung einer neuen Weltordnung mittels einer dauerhaften amerikanisch-sowjetischen Zusammenarbeit angestrebt hatte. Zum Gründungsakt dieser neuen Ära, von der Roosevelt und seine Anhänger den Weltfrieden erhofften, gehörte auch die

Aburteilung deutscher und japanischer Politiker und Militärführer, um künftige Aggressoren abzuschrecken. Der Militärgerichtshof V hatte in Nürnberg also die Aufgabe, zu Verurteilungen zu gelangen und gleichzeitig mit diesen Urteilen Präzedenzfälle für das Völkerrecht zu schaffen. Die amerikanischen Richter handelten im Sinne dieser Aufgabe, auch wenn Präsident Roosevelt 1945 gestorben war und das Bündnis mit der Sowjetunion kurz vor dem endgültigen Bruch stand. Als gute Juristen wollten sie nicht nach irgendwelchen Ex-Post-Facto-Gesetzen urteilen, sondern nach dem bis 1945 existierenden Völkerrecht. Da dieses, wie erwähnt, erhebliche Lücken aufwies, legten sie die vorhandenen rudimentären Bestimmungen zu den umstrittenen Fragen so eng wie möglich aus, um die deutschen Generale verurteilen zu können. Aufgrund der politischen Zielvorstellungen Präsident Roosevelts und des Kriegsbündnisses gingen sie davon aus, daß die Sowjetunion ein normaler und völkerrechtstreuer Staat sei, auch wenn Moskau sich an die Haager Landkriegsordnung nicht gebunden fühlte und der Genfer Konvention nie beigetreten war.

Über die realen Verhältnisse an der Ostfront waren die amerikanischen Richter nur unzulänglich informiert, und wenn die deutschen Angeklagten versuchten, die dortigen extremen Bedingungen zu ihrer Verteidigung anzuführen, hatten sie damit meist wenig Erfolg.

Die Bolschewiki hatten als Partei der Berufsrevolutionäre im November 1917 die Macht an sich gerissen, und da sie bei der Mehrheit der Bevölkerung von Anfang an äußerst unbeliebt waren, hatten sie ihr Regime mittels exzessiven Terrors gefestigt. An ihrer Unbeliebtheit wie an ihren Methoden sollte sich in den folgenden Jahrzehnten nicht viel ändern.

Als nach dem deutschen Angriff vom 22. Juni 1941 die Rote Armee die ersten verheerenden Niederlagen erlitt, zeigten sich ernste Auflösungserscheinungen.[10] Die schlechte Kampfmoral vieler Rotarmisten förderte ihre Neigung, sich den Deutschen zu ergeben und in Kriegsgefangenschaft zu gehen. Die sowjetische Führung reagierte auf das Problem mit ihren klassischen Methoden, mit hemmungsloser Propaganda und schrankenlosem Terror. Eine riesige Propagandamaschinerie hämmerte den Rotarmisten tagtäglich ein, die Deutschen seien Bestien, die alle Kriegsgefangenen foltern und töten würden. Gleichzeitig wurden die Überwachung und der Terror innerhalb der Roten Armee durch die Politischen Kommissare und die »Besonderen Abteilungen« des NKWD* verschärft. Schon bei geringsten Anlässen wurden Soldaten aller Dienstgrade erschossen. Außerdem wurden sogenannte »Sperrabteilungen« gebildet, die Befehl hatten, auf eigene Truppenteile, die

---

* Narodnij Kommissariat Wnutrennich Djel': Volkskommissariat für Inneres; Bezeichnung für die politische Polizei in der Sowjetunion in den dreißiger und vierziger Jahren

mangelnde Angriffsfreude zeigten oder gar zurückgingen, mit Maschinengewehren und Artillerie das Feuer zu eröffnen.

In der Welt einzigartig war die Haltung der Sowjetregierung in der Kriegsgefangenenfrage. Ein Rotarmist, der in Gefangenschaft geriet, galt automatisch als Deserteur und Verräter, und seine Angehörigen konnten schweren Repressalien unterworfen werden. All diese Maßnahmen zielten darauf ab, den Soldaten der Roten Armee keine andere Wahl zu lassen, als für die Sowjetmacht zu kämpfen und zu sterben. Trotzdem sind zahllose Sowjetsoldaten übergelaufen oder haben sich in den Kriegsgefangenenlagern freiwillig gemeldet, um auf seiten der Deutschen gegen das verhaßte Regime Stalins zu kämpfen.

Die hemmungslose Haßpropaganda gegen alles Deutsche hatte zur Folge, daß vom ersten Kriegstag an deutsche Soldaten, die in sowjetische Gefangenschaft gerieten, systematisch ermordet wurden. Im besseren Fall wurden sie einfach erschossen, im schlechteren in schrecklichster Weise gemartert.

Während der Rückzüge 1941/42 hatten die Sowjets sich der Strategie der »verbrannten Ende« bedient und in den zu räumenden Gebieten die gesamte verkehrstechnische und industrielle Infrastruktur zerstört sowie einen großen Teil der Lebensmittelvorräte vernichtet oder nach Osten abtransportiert. Die deutsche Wehrmacht stieß in Gebiete vor, die ökonomisch völlig verwüstet waren und in denen die Sowjetführung bald systematisch einen Partisanenkrieg entfesselte. Die eigene Zivilbevölkerung behandelten die Sowjets dabei mit äußerster Rücksichtslosigkeit, angebliche oder tatsächliche Kollaborateure wurden auf brutalste Weise umgebracht. Bereits bei Kriegsbeginn hatte das NKWD in den Grenzgebieten vor dem Rückzug eine große Zahl von politischen Gefangenen ermordet.

Wenn eine Kriegspartei sich a priori derartiger Methoden bedient, dann kann dies nicht ohne Einfluß auf den Gegner bleiben. Es ist aufgrund der menschlichen Natur illusorisch zu erwarten, daß eine Truppe, die derartigen Bedingungen ausgesetzt ist, streng nach Völkerrecht Krieg führen wird. Ein paralleles Beispiel für diese Erkenntnis ist der Pazifikkrieg, wo Japaner wie Amerikaner vielfach Kriegsgefangene umbrachten, obwohl beide Staaten sowohl die Haager Landkriegsordnung wie die Genfer Konvention ratifiziert hatten.[11]

Der amerikanische Militärgerichtshof V ließ diese Erkenntnisse unberücksichtigt, womit seine Urteile unvermeidlich in eine Schieflage gerieten.

Der Kommissarbefehl

Über den sogenannten »Kommissarbefehl« bemerkte der Militärgerichtshof V:

»Dieser Befehl gehört offenbar zu den böswilligsten, verwerflichsten und verbrecherischsten Anordnungen, die je von einer Armee ausgegeben worden sind. Er verlangte die Ermordung russischer Funktionäre und entsprang, wie so viel, der Böswilligkeiten des Dritten Reiches, dem erfinderischen Hirn Hitlers.«[12]

Etwa zur gleichen Zeit, in der der OKW-Prozeß stattfand, befragte die Historical Division der US-Army deutsche Offiziere über ihre Erfahrungen an der Ostfront. Dabei kamen auch die Kommissare der Roten Armee zur Sprache. Laut den deutschen Aussagen galten die Kommissare als ein wesentliches Element des sowjetischen Widerstandes. Viele der Kommissare waren tatsächlich politische Fanatiker. Sie rekrutierten sich überwiegend aus der Arbeiterklasse und waren meist tapfer, intelligent und rücksichtslos. Die Haltung der einfachen Rotarmisten gegenüber den Kommissaren wurde nicht nur von der Furcht vor ihrer Macht bestimmt, sondern auch durch das persönliche Beispiel, das sie gaben. Die Kommissare stabilisierten in hohem Maße den hartnäckigen Widerstand, den russische Soldaten auch in hoffnungslosen Situationen leisteten.[13] Die Kommissare waren offenbar in vielen Fällen auch für die Ermordung von deutschen Kriegsgefangenen verantwortlich.[14] In den Unterlagen der Wehrmachtuntersuchungsstelle heißt es immer wieder, daß die Initiative dazu von ihnen ausging.[15]

In einem von deutschen Truppen erbeuteten russischen Dokument »Programm für die Kommissare und politischen Leiter in Leningrad« heißt es u.a.:

»Die Aufgabe der Kommissare und politischen Arbeiter ist die Erziehung des gesamten Menschenbestandes im Geiste des Hasses gegen die faschistischen Vergewaltiger und im Geiste der Rache für die nie dagewesenen Bestialitäten an friedlichen Sowjetbürgern und gefallenen Soldaten der Roten Armee.«[16] Im Ergebnis haben von den deutschen Soldaten, die 1941/42 in sowjetische Hand fielen, nur fünf Prozent überlebt.[17]

Hitler und die Generale von OKW und OKH, die an der Formulierung des Kommissarbefehls beteiligt waren, hatten dies im Grunde richtig vorausgesehen; in der Einleitung dieses Befehls heißt es nämlich:

»Im Kampf gegen den Bolschewismus ist mit einem Verhalten des Feindes nach den Grundsätzen der Menschlichkeit oder des Völkerrechts nicht zu rechnen. Insbesondere ist von den politischen Kommissaren aller Art als den eigentlichen Trägern des Widerstandes eine haßerfüllte, grausame und unmenschliche Behandlung unserer Gefangenen zu erwarten.«[18]

Zu dieser Einschätzung war man in der Wehrmachtführung offensichtlich aufgrund der Erfahrungen gelangt, die die deutschen Freikorps bei den Kämpfen im Baltikum 1919 mit der Roten Armee gemacht hatten. Das deutsche Bild von den Bolschewiki war nachhaltig geprägt von der systematischen Ermordung aller Gefangenen und Massenerschießungen von Zivilisten.[19] Auch im Spanischen Bürgerkrieg hatte die Kampfführung der »Roten« ein äußerst negatives Bild hinterlassen.[20] Die Befürworter des Kommissarbefehls in der Wehrmachtführung wollten daher die Kommissare mit Freischärlern gleichsetzen.[21]

Die Kommissare der Roten Armee waren zwar Teil der regulären Truppe, man erwartete aber, daß sie sich nicht an die Gesetze und Gebräuche des Krieges halten würden. Letzterer Punkt gehörte zu den vier Voraussetzungen, die die Haager Landkriegsordnung für den Kombattantenstatus aufstellte.[22]

Dementsprechend hieß es im Kommissarbefehl:

»Die Urheber barbarisch asiatischer Kampfmethoden sind die politischen Kommissare. Gegen diese muß daher sofort und ohne weiteres mit aller Schärfe vorgegangen werden. Sie sind daher, wenn im Kampf oder Widerstand ergriffen, grundsätzlich sofort mit der Waffe zu erledigen.« Im Kommissarbefehl wird zwischen zivilen Funktionären und Armeekommissaren unterschieden:

»1. Politische Kommissare, die sich gegen unsere Truppen wenden, sind entsprechend dem »Erlaß über Ausübung der Gerichtsbarkeit im Gebiet Barbarossa« zu behandeln. Dies gilt für Kommissare jeder Art und Stellung, auch wenn sie nur des Widerstandes, der Sabotage oder der Anstiftung hierzu verdächtig sind ...

2. Politische Kommissare als Organe der feindlichen Truppe ... werden nicht als Soldaten anerkannt; der für Kriegsgefangene völkerrechtlich geltende Schutz findet auf sie keine Anwendung. Sie sind nach durchgeführter Absonderung zu erledigen.

3. Politische Kommissare, die sich keiner feindlichen Handlung schuldig machen oder einer solchen verdächtig sind, werden zunächst unbehelligt bleiben.« Über ihr Schicksal sollte später nach dem persönlichen Eindruck, den der Mann machte, entschieden werden.[23]

In der Wehrmachtführung war der Kommissarbefehl von Anfang an umstritten und stieß vielfach auf Ablehnung.[24] Wenn sich auch die Annahme, daß die Kommissare sich häufig nicht an die Gesetze und Gebräuche des Krieges halten würden, bestätigte, so widersprach der Kommissarbefehl doch allen Traditionen des deutschen Heeres. Bei der Truppe war dieser Befehl von Anfang an unbeliebt, weil man sich ausrechnen konnte, daß er nach seinem Bekanntwerden beim Gegner den Widerstandsgeist der Kommissare bis zum

Die Proportion der sogenannten »Täter« in der Millionenarmee

äußersten steigern mußte. Der Oberbefehlshaber der Heeresgruppe Nord, Generalfeldmarschall Ritter v. Leeb, protestierte beim Oberbefehlshaber des Heeres, v. Brauchitsch, und beim Chef des OKW, Keitel, mehrmals gegen diesen Befehl, und die Oberbefehlshaber der Heeresgruppen Mitte und Süd, Generalfeldmarschall v. Bock und Generalfeldmarschall v. Rundstedt, schlossen sich diesem Protest an.[25]

Die Oberbefehlshaber der Armeen und Kommandierenden Generale der Armeekorps des Ostheeres verhielten sich uneinheitlich. In der Regel gaben sie den Kommissarbefehl an die unterstellten Verbände weiter, viele fügten aber hinzu, daß sie auf seine Ausführung keinen Wert legen würden (so z.B. die Generalobersten Hans v. Salmuth und Karl Hollidt, die beide im OKW-Prozeß angeklagt waren, vom Anklagepunkt der Weitergabe des Kommissarbefehls aber freigesprochen wurden).[26] Dementsprechend war auch das Verhalten der Truppe nicht einheitlich. Der Kommissarbefehl enthielt eine Meldepflicht, und nach den erhaltenen Meldungen zu urteilen, hat nur eine Minderzahl der Divisionen des Ostheeres diesen Befehl ausgeführt. Dazu hat wohl auch beigetragen, daß der Kommissarbefehl verschieden interpretiert werden konnte. Während die Vorentwürfe in ihren Aussagen recht eindeutig formuliert waren, war die endgültige Fassung seltsam unklar. Man konnte diesen Befehl so lesen, daß die Armeekommissare nach ihrer Gefangennahme in jedem Fall zu erschießen waren. Man konnte aber auch den Punkt I.3. (»Politische Kommissare, die sich keiner feindlichen Handlung schuldig machen oder einer solchen verdächtig sind, werden zunächst unbehelligt bleiben«), der an sich für die zivilen Funktionäre gedacht war, auf die Armeekommissare übertragen. In dieser Lesart wurde der Kommissarbefehl zu einer Kann-Vorschrift, deren Durchführung im Ermessen der Truppe lag. In jedem Fall war die Opposition des Heeres gegen diesen Befehl so hartnäckig, daß er im Mai 1942 außer Vollzug kam.[27]

Der 6. Armee waren im Jahr 1941 sechs Armeekorps und 25 Divisionen unterstellt. Von diesen Verbänden meldeten ein Armeekorps (XXXXIV. AK) und fünf Divisionen (44., 57., 62., 298. und 299. ID), sie hätten Kommissare »entsprechend den Richtlinien behandelt«. Der Löwenanteil fiel dabei auf die 44. ID, die nach der Kesselschlacht von Kiew 122 »erledigte Kommissare« meldete. Dabei bleibt offen, ob diese während der Kampfhandlungen oder erst nach der Gefangennahme getötet wurden, oder ob es sich überhaupt nicht um eine Phantasiezahl handelte. Insgesamt wurden von den genannten Verbänden 144 Kommissare als »erledigt« gemeldet (Fälle 1 bis 10 im Anhang).

Wie viele Soldaten der 6. Armee waren nun maximal in die Erschießung dieser Kommissare verwickelt? Nach der Rechtsprechung des Militärgerichtshofs V waren zunächst einmal alle hohen Offiziere als Mitschuldige anzusehen, die den Kommissarbefehl weitergegeben hatten, also die Oberbefehlshaber der Armeen und ihre Stabschefs, die Kommandierenden Generale der Armeekorps und ihre Stabschefs sowie die Divisionskommandeure und ihre Stabschefs. Außerdem waren beteiligt die Offiziere, die die Hinrichtung der einzelnen Kommissare angeordnet hatten sowie die Exekutionskommandos, die in der Regel aus zwölf Mann bestanden.*

Im Falle der 6. Armee sind dies:

Der Oberbefehlshaber der 6. Armee und sein Stabschef**; die Kommandierenden Generale und Stabschefs des XVII., XXIX. und XXXXIV. AK; die Divisionskommandeure und Ersten Generalstabsoffiziere der 62. und 298. ID (XVII. AK), der 44. und 299. ID (XXIX. AK) und der 57. ID (XXXXIV. AK).

Zusammen sind dies 16 Personen.

Im Falle der 44. ID, die für die Masse der getöteten Kommissare verantwortlich zeichnet, ist es (auch wenn man den Realitätsgehalt der gemeldeten Zahl nicht in Zweifel zieht) äußerst unwahrscheinlich, daß in jedem einzelnen Fall ein anderer Offizier entschieden hat und ein Exekutionskommando antrat. Wenn man die errechnete theoretische Zahl halbiert (womit sie immer noch sehr hoch ist), dann dürfte dies der Realität sehr viel näher kommen. Unsere Rechnung ergibt also, unterstellt, daß Exekutionskommandos eingesetzt waren:

Für 22 Kommissare 1 Offizier + 1 Exekutionskommando à 12 Mann = 286 Mann.

Für 122 Kommissare 1 Offizier + 1 Exekutionskommando à 12 Mann = 1586 : 2 = 793 Mann

Zusammen mit den hohen Truppenführern, die den Kommissarbefehl weitergeleitet haben (16 Personen), ergeben sich somit insgesamt 1095 Mann.

Der Gerichtsbarkeitserlaß »Barbarossa« und der Partisanenkrieg

Die deutsche Führung rechnete damit, daß die Sowjets sehr bald nach Eröffnung des Rußlandfeldzuges einen Partisanenkrieg entfesseln würden. Aus diesem Grund wollte Hitler die völkerrechtlichen Bindungen lockern, um es der Truppe leichter zu machen, sich gegen diese Art der Kriegführung zur Wehr zu setzen. Diesem Zweck sollte der Gerichtsbarkeitserlaß »Barbarossa«

---

* Die Annahme, daß die Kommissare jeweils von einem regulären Exekutionskommando von zwölf Mann erschossen wurden, ist rein hypothetisch und dient nur der Ermittlung einer Maximalzahl. Tatsächlich wurden die Kommissare von einzelnen Schützen liquidiert, damit kein größeres Aufsehen entstand.
** Diese werden als Mehrfachtäter gesondert gezählt und treten daher in vorliegender Rechnung nicht auf.

vom 13. Mai 1941 dienen, der die Kompetenzen der Wehrmachtgerichtsbarkeit einschränkte. In diesem Befehl hieß es:

»1. Straftaten feindlicher Zivilpersonen sind der Zuständigkeit der Kriegsgerichte und der Standgerichte bis auf weiteres entzogen.

2. Freischärler sind durch die Truppe im Kampf oder auf der Flucht schonungslos zu erledigen.

3. Auch alle anderen Angriffe feindlicher Zivilpersonen gegen die Wehrmacht ... sind von der Truppe auf der Stelle mit den äußersten Mitteln bis zur Vernichtung des Angreifers niederzukämpfen.

4. Wo Maßnahmen dieser Art versäumt wurden oder zunächst nicht möglich waren, werden tatverdächtige Elemente sogleich einem Offizier vorgeführt. Dieser entscheidet, ob sie zu erschießen sind.

5. Gegen Ortschaften, aus denen die Wehrmacht hinterlistig oder heimtückisch angegriffen wurde, werden unverzüglich auf Anordnung eines Offiziers in der Dienststellung mindestens eines Bataillons- usw. -Kommandeurs kollektive Gewaltmaßnahmen durchgeführt ... .«[28]

Hatte das deutsche Militärstrafgesetzbuch in der Fassung vom 10. Oktober 1940 bestimmt, daß gefangengenommene Partisanen und Partisanenverdächtige erst nach einem Verfahren vor einem Feldkriegs- oder Standgericht hingerichtet werden durften, so genügte nunmehr die Entscheidung eines Offiziers.

Weiter bestimmte der »Barbarossa«-Erlaß, daß der Oberbefehlshaber des Heeres nach Befriedung der betreffenden Gebiete die normale Wehrmachtgerichtsbarkeit wieder einführen konnte. Im zweiten Teil, der sich mit der Behandlung von Straftaten von Wehrmachtangehörigen gegen feindliche Zivilpersonen befaßte, hob der »Barbarossa«-Erlaß den kriegsgerichtlichen Verfolgungszwang auf. Dazu heißt es:

»Der Gerichtsherr prüft ..., ob in solchen Fällen eine disziplinare Ahndung angezeigt oder ein gerichtliches Einschreiten notwendig ist. Der Gerichtsherr ordnet die Verfolgung von Taten gegen die Landeseinwohner im kriegsgerichtlichen Verfahren nur dann an, wenn es die Aufrechterhaltung der Manneszucht oder die Sicherheit der Truppe erfordert. Das gilt z.B. für schwere Taten, die auf geschlechtlicher Hemmungslosigkeit beruhen, einer verbrecherischen Veranlagung entspringen oder ein Anzeichen dafür sind, daß die Truppe zu verwildern droht.«[29]

Die Wehrmachtführung und die Truppenführer fürchteten allerdings, daß diese Lockerungen zu einer Auflösung der Disziplin führen könnten, weshalb der Oberbefehlshaber des Heeres, v. Brauchitsch, am 24. Mai 1941 einen Zusatzbefehl erließ, in dem es hieß:

»Unter allen Umständen bleibt es Aufgabe aller Vorgesetzten, willkürliche Ausschreitungen einzelner Heeresangehöriger zu verhindern und einer Verwilderung der Truppe rechtzeitig vorzubeugen. Der einzelne Soldat darf nicht dahin kommen, daß er gegenüber den Landeseinwohnern tut und läßt, was ihm gut dünkt, sondern er ist in jedem Fall gebunden an die Befehle seiner Offiziere.«[30]

Der Gerichtsbarkeitserlaß »Barbarossa« war somit alles andere als ein Freibrief für Ausschreitungen der Truppe gegen die Zivilbevölkerung. Der amerikanische Militärgerichtshof V befand den zweiten Teil des »Barbarossa«-Erlasses für völkerrechtskonform. Das Urteil im OKW-Prozeß bestätigte, daß bei Straftaten von Soldaten gegen die Zivilbevölkerung ein Kriegsgerichtsverfahren nicht unbedingt notwendig sei:

»Der Militärbefehlshaber hat die Pflicht, für den Schutz der Zivilbevölkerung zu sorgen. Ob dieser Schutz durch die Strafverfolgung von Soldaten, denen Vergehen gegen die Zivilbevölkerung zur Last gelegt werden, erreicht wird oder ob er durch Disziplinarmaßnahmen oder auf irgendeine andere Weise sichergestellt wird, ist völkerrechtlich ohne Bedeutung ... Die deutsche Armee legte großen Wert auf die Disziplin ihrer Truppen. Diese Disziplin konnte nicht ohne Strafen aufrechterhalten werden. Willkürliche Handlungen eines Soldaten gegenüber einem Zivilisten stellten einen Verstoß gegen die Disziplin dar. Tatsächlich konnte fast jedes Vergehen gegen die Zivilbevölkerung als ein Verstoß gegen die Disziplin angesehen werden. In den Bestimmungen des Erlasses selbst wird diese Sachlage zum Teil anerkannt. Die in dem Befehl enthaltene Anerkennung dieser Tatsache wurde noch weiterhin durch Brauchitschs sogenannten Disziplinarbefehl bekräftigt.«[31]

Schwere Kritik übten die amerikanischen Richter dagegen am ersten Teil des »Barbarossa«-Befehls. Sie gestanden zwar zu, daß ergriffene Partisanen auch ohne Gerichtsverfahren hingerichtet werden durften; die Entscheidung eines Offiziers genüge, und in diesem Punkt sei der »Barbarossa«-Erlaß nicht rechtswidrig. Sie beanstandeten aber, daß diese Regelung auch für die Partisanenverdächtigen galt:

»Aber wir müssen bedenken, daß der Befehl nicht allein auf Freischärler anwendbar war und daß eine Besatzungsmacht die Verpflichtung hat, die gerechte Behandlung der in der besetzten Zone lebenden Zivilisten sicherzustellen. Was man auch über das summarische Verfahren gegen Freischärler sagen mag, so ist es jedenfalls rechtswidrig, die summarische Aburteilung von vielen inhaltlich ganz verschiedenen Vergehen der Willkür eines Subalternoffiziers zu überlassen.«[32]

Das Gericht befand es für rechtswidrig, Erschießungen schon beim bloßen Verdacht der Freischärlerei anzuordnen. Das gleiche galt für die Bestimmung, daß der Befehl eines Offiziers im Rang eines Bataillonskommandeurs genügte, um kollektive Zwangsmaßnahmen durchzuführen.[33]

Das Gericht kritisierte, daß der »Barbarossa«-Erlaß den deutschen Truppen einen außerordentlich großen Ermessensspielraum gab. Der Begriff »Freischärler« war sehr weit gefaßt und der Schutz für einen Verdächtigen sehr dürftig, da er völlig von der Willkür eines Offiziers abhängig war. Zur deutschen Definition des Begriffs »Freischärler« bemerkte das Gericht:

»›Jeder Zivilist, der die deutsche Wehrmacht behindert oder andere zur Behinderung auffordert‹, dieses Kriterium bei der Bestimmung des Begriffs ›Freischärler‹ öffnet einer willkürlichen und blutigen Auslegung Tür und Tor. Alle, die unter die verschiedenen Klassifikationen fielen, wurden standrechtlich als Partisanen hingerichtet ... Weder in den Kriegsgesetzen noch im Völkerrecht gibt es eine Rechtsgrundlage für die Behandlung solcher Personen als Franktireurs, Freischärler oder Banditen.«[34]

In letzterem Punkt war das Gericht nicht ganz korrekt, denn tatsächlich macht die Haager Landkriegsordnung über den Umgang mit Partisanenverdächtigen überhaupt keine Aussage. Die deutschen Verteidiger machten zu diesem Punkt des »Barbarossa«-Erlasses vor Gericht verschiedene Gegenargumente geltend. Der renommierte deutsche Völkerrechtler Professor Reinhard Maurach stellte in einem Gutachten fest, daß die sowjetischen Kombattanten weder den Schutz der Genfer Konvention noch der Haager Landkriegsordnung genossen, da die Sowjetunion diese Vereinbarungen nicht anerkannte. Für die Zivilbevölkerung galt nach Artikel 43 der Haager Landkriegsordnung allgemein das Landesrecht, das die Besatzungsmacht, soweit es die Kriegsverhältnisse zuließen, beachten sollte. Die Sowjetunion war aber nun alles andere als ein Rechtsstaat und ihre Bevölkerung praktisch völlig rechtlos. Das NKWD war beinahe allmächtig und konnte fast jede beliebige Person auf der Stelle erschießen. Irgendwelche Rechtsgarantien existierten praktisch nicht. Nach Maurach waren aufgrund dieser Landesverhältnisse auch die Pflichten der deutschen Besatzungsmacht begrenzt:

»Das Okkupationsregime darf nicht dazu führen, daß die Bevölkerung durch die Okkupation mehr Rechte eingeräumt erhält, als ihr bisher zustanden. Alles, was sie verlangen kann, ist, nicht wesentlich schlechter gestellt zu werden als nach dem bisherigen Rechtszustande.«[35]

Nach dieser Argumentation brachte der Gerichtsbarkeitserlaß »Barbarossa« für die ohnehin rechtlose sowjetische Zivilbevölkerung keine Verschlechterung ihres Rechtszustandes. Anstelle der Willkür der Sowjetmacht trat die Willkür der deutschen Besatzungstruppen. Der Militärgerichtshof V ist dieser Argumentation natürlich nicht gefolgt. Dabei hatten die Amerikaner keine Scheu, sich selbst derartiger Argumente zu bedienen, wenn es ihnen nützlich erschien. So war die deutsche Zivilbevölkerung in den ersten Nachkriegsjahren zunächst ebenfalls rechtlos gestellt, wobei die amerikanische Militärregierung argumentierte, die Haager Landkriegsordnung gelte nur zwischen kriegführenden Staaten; Deutschland führe aber keinen Krieg mehr und der deutsche Staat habe aufgehört zu existieren.[36]

Die Besatzung durch die deutsche Wehrmacht hatte in Rußland für die Zivilbevölkerung gegenüber der Sowjetmacht den kleinen Vorteil, daß die meisten deutschen Offiziere ihr mitteleuropäisches Rechtsbewußtsein mitbrachten. Der Chef der Wehrmachtrechtsabteilung im OKW, Rudolf Lehmann, hatte bereits Anfang Mai 1941 über den »Barbarossa«-Erlaß geschrieben, daß es der Truppe lästig sein werde, die Aufgaben der Gerichte zu übernehmen. Wahrscheinlich würden die Offiziere viel weniger scharf sein als die an harte Urteile gewöhnten Richter: » ... die Truppe werde ziemlich viele Leute laufen lassen, die an sich eine andere Behandlung verdient hätten«.[37]

Ungeachtet des Gerichtsbarkeitserlasses hat die Truppe, wenn sie Partisanen gefangennahm, vielfach noch Feldkriegsgerichte oder Standgerichte abgehalten, wie sie das Militärstrafgesetzbuch oder die »Richtlinien für das Verhalten in besetzten Gebieten« vorschrieben.[38] Der Verteidiger Hans Laternser wies auf eine Eintragung auf einer Karte des Operationsatlasses der Heeresgruppe Nord vom 9. November 1941 hin, aus der hervorging, daß im Rahmen der Bandenbekämpfung 1767 Partisanen im Kampf und 1213 Partisanen standrechtlich erschossen wurden; ferner wurden 5667 verdächtige Zivilisten festgenommen und 648 davon erschossen bzw. dem SD übergeben.[39] Aus dieser Aufstellung geht auch hervor, daß Partisanenverdächtige keineswegs automatisch erschossen, sondern meist einer genaueren Überprüfung unterzogen wurden.[40]

Der Militärgerichtshof V hielt es auch für rechtswidrig, daß versprengte Rotarmisten in den rückwärtigen Gebieten von deutschen Truppen vielfach als Partisanen behandelt wurden. Ebenso rechtswidrig war nach Auffassung des Gerichts das Vorgehen gegen sogenannte »Herumtreiber«; dies waren Personen, die im Lande umherzogen und keinen von einer deutschen Dienststelle ausgestellten Ausweis besaßen und deutscherseits als Freischärler angesehen wurden.[41] Mit ihren Auffassungen zeigten die amerikanischen Richter, daß sie von den Verhältnissen in den partisanenverseuchten Gebieten des Ostens keine zutreffende Vorstellung hatten. Tatsächlich bildeten abgeschnittene Einheiten und versprengte Trupps von Rotarmisten häufig den personellen Grundstock der Partisanenbewegung in den besetzten Gebieten.[42] Die deutschen Maßnahmen gegen die »Herumtreiber«, die die Einschränkung der Bewegungsfreiheit der Landeseinwohner, das Verbot jeden unerlaubten Umherziehens und straffe Straßen- und Wegekontrollen beinhalteten, waren ein wirksames Mittel gegen die sich noch formierende Partisanenbewegung.[43]

Im übrigen neigte die Truppe im Umgang mit Partisanen, Herumtreibern,

Die Proportion der sogenannten »Täter« in der Millionenarmee 515

Kriegsgefangenen und der Zivilbevölkerung weniger zu scharfem Vorgehen als zu Gutmütigkeit und Vertrauensseligkeit. Der Oberbefehlshaber der 6. Armee, Generalfeldmarschall v. Reichenau, hat dies in seinem Befehl »Verhalten der Truppe im Ostraum« vom 10. Oktober 1941, in dem er zu härterem Vorgehen aufrief, heftig gerügt:

»Der Kampf gegen den Feind hinter der Front wird noch nicht ernst genug genommen. Immer noch werden heimtückische, grausame Partisanen und entartete Weiber zu Kriegsgefangenen gemacht, immer noch halbuniformierte oder in Zivil gekleidete Heckenschützen und Herumtreiber wie anständige Soldaten behandelt und in die Gefangenenlager abgeführt. Ja die gefangenen russischen Offiziere erzählen hohnlächelnd, daß sich die Agenten der Sowjets unbehelligt auf den Straßen bewegen und häufig an den deutschen Feldküchen mitessen. Ein solches Verhalten der Truppe ist nur noch durch völlige Gedankenlosigkeit zu erklären ... Das Verpflegen von Landeseinwohnern und Kriegsgefangenen, die nicht im Dienste der Wehrmacht stehen, an Truppenküchen ist eine ebenso mißverstandene Menschlichkeit wie das Verschenken von Zigaretten und Brot. Was die Heimat unter großen Entsagungen entbehrt, was die Führung unter größten Schwierigkeiten nach vorne bringt, hat nicht der Soldat an den Feind zu verschenken... «[44]

Mit der Partisanenbekämpfung aufs engste verknüpft ist die Frage von Geiselhinrichtungen und Sühnemaßnahmen. Der Militärgerichtshof V hatte im Prozeß gegen die Südost-Generale zugestanden, daß die Hinrichtung von Geiseln zwar barbarisch, aber vom Völkerrecht gestattet sei:

»Eine Prüfung des uns über diese Materie zur Verfügung stehenden Beweismaterials überzeugt uns, daß Geiseln genommen werden können, um das friedliche Verhalten der Bevölkerung der besetzten Gebiete sicherzustellen und die unter gewissen Umständen und wenn die notwendigen vorbereitenden Schritte getan wurden, als letzter Ausweg erschossen werden können.«[45] Die amerikanischen Richter machten die Rechtmäßigkeit von Sühnemaßnahmen allerdings von strengen Auflagen abhängig. So müsse zunächst irgendeine Beziehung, und sei sie wenigstens örtlicher Natur, zwischen den Handlungen von Banden oder Einzelpersonen zu der von der Geiselnahme betroffenen Bevölkerung bestehen. Weiter forderte das Gericht:

»Zu einer rechtmäßigen Geiselnahme ist es nach Gewohnheitsrecht wesentlich, daß eine Bekanntmachung stattfindet, die die Namen und Adressen der genommenen Geiseln angibt und die Bevölkerung davon unterrichtet, daß bei einer Wiederholung der angegebenen Akte von Kriegsverrat die Geiseln erschossen werden würden. Die Anzahl der erschossenen Geiseln darf an Schärfe die Vergehen, von denen die Erschießung abzuschrecken bestimmt ist, nicht überschreiten. Wenn die vorerwähnten Bedingungen nicht erfüllt sind, so stellt die Erschießung von Geiseln eine Verletzung des Völkerrechts dar ...«

Der Befehl eines Militärbefehlshabers zur Erschießung von Geiseln muß auf dem Befund eines zuständigen Kriegsgerichtshofs beruhen, daß alle notwendigen Bedingungen gegeben sind ... Die Tötung unschuldiger Personen, die als Geiseln festgehalten wurden, ist ein sehr ernster Schritt.«[46]

Im OKW-Prozeß stellte das Gericht fest, daß die Wehrmacht in Rußland bei der Durchführung von Sühnemaßnahmen die vorerwähnten Bedingungen selten oder nie erfüllt habe:

»Bei den sogenannten Geiselfestnahmen und Geiseltötungen ebenso wie bei den sogenannten Vergeltungshinrichtungen, mit denen wir uns in diesem Verfahren zu befassen haben, ist nicht einmal der Versuch gemacht worden, die in dem Süd-Ost-Urteil verlangten Garantien und Vorbedingungen zu erfüllen; und man hat nicht einmal erwähnt, daß sie notwendig sind. Tötungen ohne vollständige Erfüllung solcher Vorbedingungen sind nichts anderes als Terrormorde.«[47]

Nach damaligem Völkergewohnheitsrecht waren Kriegsrepressalien grundsätzlich zulässig.[48]

Die amerikanischen und britischen Militärhandbücher (»Rules of Land Warfare« und »Manual of Military Law«) erklärten Repressalien für zulässig, ohne dazu mehr als sehr allgemeine Ausführungen zu machen.[49] Deutsche Truppen hatten bei der Bandenbekämpfung auf dem Balkan und in Rußland vom Mittel der Repressalie umfangreichen Gebrauch gemacht und die wenigen völkerrechtlichen Regeln exzessiv zu ihren Gunsten ausgelegt. Die amerikanischen und britischen Militärgerichte erkannten in den Nachkriegsprozessen die von deutscher Seite im Bandenkampf angewandten Mittel zwar meist als grundsätzlich zulässig an, legten das Völkerrecht aber so eng wie möglich aus. Dieses Verfahren konnte aber angesichts der politischen und militärischen Realitäten zu keinen befriedigenden Ergebnissen führen. Während des Krieges hatten Briten und Amerikaner in den von Deutschen und Japanern besetzten Gebieten die Partisanenbewegung ungeachtet der Haager Landkriegsordnung nach Kräften unterstützt. Nach dem Krieg kehrten die amerikanischen und britischen Gerichte wieder zur Haager Landkriegsordnung zurück und erklärten Guerillas, sofern sie nicht die Voraussetzungen des Kombattantenstatus erfüllten (was selten der Fall war), für illegal und damit für vogelfrei. Dies geschah wohl in der Erkenntnis, daß man sich in den europäischen Kolonialreichen bald mit nationalen Befreiungsbewegungen würde auseinandersetzen müssen. Diese Befreiungsbewegungen waren häufig kommunistisch inspiriert, erhielten Waffen und Berater aus der kommunistischen Welt und sahen in den sowjetischen und rotchinesischen Partisanen ihre Vorbilder. Sie bedienten sich in ihrem Kampf der gleichen Strategien und terroristischen Methoden wie diese, und die Truppen der Kolonialmächte sowie die amerikanischen Streitkräfte griffen nun ihrerseits auf jene Methoden zurück, die die deutsche Wehrmacht in Ost- und Südosteuropa angewandt hatte. Die Guerillas übten Terror aus, um die einheimische Bevölkerung zu zwingen, sie zu unterstützen, und die Besatzungsmacht griff nun ebenfalls zum Terror, um die Zivilbevölkerung zu zwingen, sich ihr gegenüber loyal zu verhalten. Dies führte unvermeidlich zu einem schmutzigen Krieg, der sich aus der Perspektive der Fronttruppe ganz anders ausnahm als aus der Perspektive eines hohen Juristen. Vladis Redelis, ein lettischer Offizier, der auf deutscher Seite an der Partisanenbekämpfung in Rußland teilnahm, beschreibt die Sicht der Fronttruppe:

»Der Verfasser ... will nicht unterstellen, es habe von seiten der Deutschen keine Menschenerschießungen, kein Aufhängen von Schuldigen gegeben. Der Krieg ist jedoch immer grausam und verlangt seine Opfer. Aber es besteht ein entscheidender Unterschied zwischen den oftmals harten Maßnahmen der Deutschen und den von den Partisanen begangenen Grausamkeiten ... Nicht die Deutschen waren es, die diesen grausamen Partisanenkrieg begannen, sondern die sowjetkommunistische Untergrund- und Partisanenbewegung. Sie war es, die harte, aber völkerrechtlich zulässige Gegenmaßnahmen erzwang, eine reine Notwehr. Die Untergrund- und Partisanenbewegung forderte ihre Anhänger und Mitglieder immer wieder auf, alles zu tun, um die Deutschen zu Gegenmaßnahmen zu zwingen; denn auf diese Art und Weise gelang es ihr, immer mehr Anhänger zu werben ... (Durch die deutschen Gegenmaßnahmen) ... wurden auch viele Unschuldige getroffen; denn zwangsweise wurden Dörfer verbrannt und ihre Einwohner erschossen. Wohl wurden solche Erschießungen durchgeführt, die Menschen aber wurden niemals gemartert, wie es bei den Partisanen üblich war.«[50]

Engländer, Franzosen, Holländer und Amerikaner mußten in Griechenland, in Indochina und Algerien, in Indonesien, in Korea und Vietnam ganz ähnliche Erfahrungen machen wie die Deutschen in Rußland und auf dem Balkan, und sie reagierten darauf ganz ähnlich. Die Grenze zwischen dem, was völkerrechtlich bei großzügiger Auslegung gerade eben noch zulässig war und dem, was eindeutig ein Kriegsverbrechen ist, wurde dabei oft überschritten. Der Versuch des Militärgerichtshofs V, mit seinen Urteilen Präzedenzfälle für eine neue internationale Rechtsordnung zu schaffen, wurde von den Realitäten zunichte gemacht. Bisher ist niemand auf die Idee gekommen, die französische oder die amerikanische Armee wegen ihrer Kampfführung gegen Guerillas, so sehr man einzelne Ereignisse bedauern mag, insgesamt als kriminelle Organisation zu bezeichnen; das Gleiche muß auch für die deutsche Wehrmacht gelten.*

---

* Gegen solche Vergleiche wird heute gerne der Vorwurf des »Aufrechnens« erhoben. Im vorliegenden Fall wird aber nichts »aufgerechnet«, sondern verglichen, und Vergleiche sind ein wesentlicher Bestandteil des Denkens. Der »Untersuchungsausschuß der Verfassungsgebenden

Da wir in unserer Berechnung der »Proportion der Täter« von den Maximalzahlen ausgehen wollen, um eine »Sicherheitsreserve« zu haben, werden wir uns an der Rechtsprechung des Militärgerichtshofs V orientieren. Von den insgesamt 25 Divisionen, die der 6. Armee 1941 unterstellt waren, wurden Teile von acht Divisionen (44., 57., 62., 75., 79., 168., 213. Sich.Div. und 299. ID) zur Partisanenbekämpfung eingesetzt. Die meisten der völkerrechtswidrigen bzw. völkerrechtlich fragwürdigen Aktionen gehen auf das Konto von zwei Bataillonen der 62. ID, des II./190 und des I./164, die zwischen Ende Oktober und Anfang Dezember 1941 im rückwärtigen Heeresgebiet Süd zur Bandenbekämpfung herangezogen wurden. Es war also nur ein kleiner Teil der Verbände, die der 6. Armee unterstellt waren, an der Partisanenbekämpfung beteiligt. Die Zahl der beteiligten Personen errechnet sich aus den im Anhang aufgelisteten Fällen 11–56. Auf die Feldgendarmerie und die Geheime Feldpolizei werden wir im nächsten Kapitel eingehen; um Doppelzählungen zu vermeiden, werden diese Verbände hier nicht aufgeführt.

Die Addition der Tatbeteiligten aus den Fällen 11–56 ergibt unter Berücksichtigung der Mehrfachtäter insgesamt 1956 Mann.

Das Verhältnis von Wehrmacht und SS-Einsatzgruppen

Am 13. März 1941 erließ der Chef des OKW im Auftrag Hitlers Richtlinien zur Weisung Nr. 21 »Fall Barbarossa«, in denen sich u.a. folgende Bestimmung fand:

»Im Operationsgebiet des Heeres erhält der Reichsführer SS zur Vorbereitung der politischen Verwaltung Sonderaufgaben im Auftrage des Führers, die sich aus dem endgültig auszutragenden Kampf zweier entgegengesetzter politischer Systeme ergeben. Im Rahmen dieser Aufgaben handelt der Reichsführer SS selbständig und in eigener Verantwortung.«[51]

Am 28. April 1941 erließ das OKH einen Befehl des Inhalts, daß die Aufgabe der »Erforschung und Bekämpfung der staats- und reichsfeindlichen Bestrebungen« im Operationsgebiet und im rückwärtigen Heeresgebiet Sonderkommandos des SD übertragen werde. Diese Sonderkommandos würden ihre Aufgaben in eigener Verantwortlichkeit durchführen und ihre fachlichen Weisungen vom Chef der Sicherheitspolizei und des SD erhalten. Den Armeen seien sie nur hinsichtlich der Logistik unterstellt.[52]

Was Hitler und Himmler der Wehrmachtführung verschwiegen, war, daß die Einsatzgruppen des SD tatsächlich den Auftrag hatten, die jüdische Be-

---

Deutschen Nationalversammlung und des Deutschen Reichstags«, der sich in den zwanziger Jahren mit den strittigen Fragen des Ersten Weltkrieges befaßte, hatte in dieser Hinsicht keine Bedenken; er zog z. T. sehr weitreichende Vergleiche mit dem Verhalten der Entente-Mächte.

Die Proportion der sogenannten »Täter« in der Millionenarmee

völkerung in der Sowjetunion auszurotten. Der Wehrmacht wurde zunächst vorgespiegelt, die Einsatzgruppen A, B, C und D hätten in den Bereichen der Heeresgruppen Aufgaben im Rahmen der Bandenbekämpfung zu erfüllen – dies war nicht falsch, aber eben nur ein Teil der Wahrheit.

Der Verteidiger Hans Laternser betonte im OKW-Prozeß die strikte Trennung zwischen Wehrmacht und Einsatzgruppen:

»Daß die Einsatzgruppen ihre gesamte Tätigkeit in eigener Verantwortung und außerhalb des Zuständigkeitsbereichs der Wehrmacht entfalteten, geht schon aus den von der Anklagebehörde vorgelegten Dokumenten hervor... Daß die Gliederung der Einsatzgruppen an die der Heeresgruppen und der Armeen angelehnt war, kann ebensowenig eine Verantwortlichkeit dieser Heeresdienststellen für die Tätigkeit der Einsatzkommandos begründen wie die Tatsache, daß die Einsatzgruppen hinsichtlich Marsch, Versorgung und Unterbringung – also wirtschaftlich, nicht fachlich – den Armeen und dem Befehlshaber des rückwärtigen Heeresgebiets unterstellt waren. ...die Einsatzgruppen führten ihre rassepolitische Mordtätigkeit an Juden aufgrund spezieller Befehle Hitlers aus. Niemand wird annehmen, daß Hitler die Durchführung seiner Ausrottungspläne von der Zustimmung eines militärischen Befehlshabers abhängig gemacht oder sich um den Einspruch eines Generals gekümmert hätte.«[53]

Der Militärgerichtshof V schloß sich dieser Auffassung an, machte aber die Einschränkung, daß es die Pflicht der Wehrmachtbefehlshaber gewesen wäre, die Massenmorde der Einsatzgruppen in ihrem Befehlsbereich zu unterbinden, sobald sie davon Kenntnis erlangt hatten. Letzteres war nicht immer einfach, da der SD seine Aktionen zu verschleiern wußte, wie das Gericht zugestand:

»Bei der Tätigkeit der Einsatzgruppen muß ...ein ... Umstand in Betracht gezogen werden, nämlich ihre zweifache Aufgabe. Auf der einen Seite war es ihre Aufgabe, gewisse Elemente auf verbrecherische Weise zu liquidieren, auf der anderen Seite hatten sie jedoch völlig legale polizeiliche Aufgaben zur Sicherung der Verbindungslinien des Heeres mit dem Hinterland und arbeiteten so vor allem gegen die Freischärler. Weiterhin sind die Bemühungen zur Geheimhaltung der verbrecherischen Tätigkeit dieser Polizeieinheiten vor der Wehrmacht zu berücksichtigen. In den ersten Stadien des Krieges wurden, wie aus den Akten ersichtlich ist, viele Massenhinrichtungen zwar von der Sipo und dem SD die Wege geleitet, aber tatsächlich von den Einheimischen in Form von Pogromen durchgeführt. In manchen Fällen ist bewiesen, daß die örtliche Miliz, die ihr Dasein notwendigerweise der deutschen Armee verdankte, an solchen Pogromen teilgenommen hat.

Eine weitere Informationsquelle (für das Heer) waren die von den Einsatzgruppen dem Armeehauptquartier erstatteten Berichte; es ist aber erwiesen, daß diese Berichte hauptsächlich ihre legale Tätigkeit, nämlich die Partisanenbekämpfung und die Aufrechterhaltung von Ordnung und Sicherheit betrafen. Trotzdem wiesen auch diese Berichte Hinrichtungen von Juden, Zigeunern und anderen Gruppen auf, die unter den liquidierten Personen speziell aufgeführt waren. Die Berichte über die Massenmorde, die von den Polizeieinheiten durchgeführt wurden, wurden jedoch dem RSHA in Berlin auf eigenen Dienstwegen übermittelt und wurden weder den Kommandostellen des Heeres vorgelegt noch über sie geleitet ...

Es ist richtig, daß kein höherer Befehl an die angeklagten Truppenführer als Beweismaterial vorgelegt worden ist, aus dem das Massenmordprogramm des Dritten Reiches ersichtlich wäre ... «[54]

Als deutsche Truppen in den ersten Tagen und Wochen des Rußlandfeldzuges in die Städte des Grenzgebietes vordrangen, stießen sie in den dortigen Gefängnissen auf Berge von Leichen. Das NKWD hatte vor dem Rückzug noch Zehntausende von politischen Gefangenen erschossen sowie eine Anzahl von deutschen Kriegsgefangenen auf übelste Art und Weise umgebracht. Angesichts des traditionellen Antisemitismus in Osteuropa war es für den SD einfach, die einheimische Bevölkerung zu Racheakten an Juden zu animieren. Wegen der angeblichen Überrepräsentanz von Juden in Partei und NKWD wurden diese summarisch für die Untaten der Bolschewiki verantwortlich gemacht. An den teilweise volksfestartigen Pogromen und Massenexekutionen beteiligten sich vereinzelt auch Wehrmachtangehörige, die sich von dieser Atmosphäre anstecken ließen oder glaubten, sich für ihre ermordeten Kameraden rächen zu müssen (so z.B. in Luck).[55] Bei den Heeresgruppen- und Armeeoberkommandos stieß dies auf scharfe Mißbilligung. Sie erließen Befehle (AOK 6 am 10.8.1941, Oberbefehlshaber Hgr.Süd am 24.9.1941), die es Wehrmachtangehörigen verboten, eigenmächtig oder nach Aufforderung durch den SD an Exekutionen von Juden teilzunehmen, als Zuschauer beizuwohnen oder zu fotografieren. Sie durften sich allenfalls, wenn der SD darum nachsuchte, an Absperrmaßnahmen beteiligen. Das ganze lief darauf hinaus, daß die Wehrmachtführung mit den Massenmorden der Polizeiverbände der SS nichts zu tun haben wollte, aber auch nichts dagegen unternahm. Dabei ist zu berücksichtigen, daß Wehrmachtführung und Truppe das Treiben des SD erst nach und nach und dann auch nur zum Teil bekannt wurde. Außerdem gab es aus damaliger Sicht zwischen der Ermordung der jüdischen Bevölkerung und der Partisanenbekämpfung keine scharfe Trennungslinie, sondern eine breite Grauzone. Dies mag dazu beigetragen haben, daß die Wehrmacht vor den Aktivitäten der Einsatzgruppen, die außerhalb ihrer Kompetenz lagen, die Augen verschloß.

---

* Hervorhebung durch den Verfasser

In der Folgezeit kam es in Einzelfällen zu einer Teilnahme von Truppenteilen des Heeres an diesen Massenmorden. Im allgemeinen beschränkte sich die Zusammenarbeit zwischen der Wehrmacht und den Einsatzgruppen aber entsprechend Hitlers grundsätzlicher Weisung auf die Zurverfügungstellung von Transportmitteln, Absperrmaßnahmen, Festnahmen, Bewachung der Verhafteten und ihre Übergabe an den SD. Diese Aufgaben wurden in erster Linie von der Feldgendarmerie und der Geheimen Feldpolizei wahrgenommen.

Die Massaker der Einsatzgruppen an der jüdischen Zivilbevölkerung wurden in der Truppe mißbilligt. So schrieb ein im Rußlandfeldzug eingesetzter Arzt aus der Rückschau:

»Zweifellos war die Empörung über die Massaker in der Armee allgemein. Jedermann empfand es als Schande, daß die anderen die von tapferen Soldaten erkämpften Siege der Armee für ihre Zwecke ausnutzen durften. Aber es war keine aus der Tiefe des Herzens lodernde Empörung der Humanitas. Das Gift des Antisemitismus hatte sich schon zu tief eingefressen.«[56]

Die Abneigung der Truppe gegen diese Massenerschießungen war jedoch so offenkundig, daß einige Armeebefehlshaber sich veranlaßt sahen, in Befehlen um Verständnis für die »Arbeit« der Einsatzgruppen zu werben, so auch der Oberbefehlshaber der 6. Armee, Generalfeldmarschall v. Reichenau.[57]

Die Beteiligung von Soldaten und Einheiten der 6. Armee an den Morden des SD ergibt sich aus den Fällen 57–75 im Anhang. Da die Zusammenarbeit mit den Polizeiverbänden der SS in erster Linie Aufgabe der Feldgendarmerie und der Geheimen Feldpolizei war[58] und die Beteiligung normaler Heeresverbände schwer feststellbar ist, haben wir, um wieder eine Maximalzahl zu erhalten, diese Einheiten komplett als Tatbeteiligte gezählt. Jedes Armeekorps und jede Division hatte einen Feldgendarmerietrupp, der etwa 55 Mann zählte[59]; bei sechs Armeekorps und 25 Divisionen ergibt dies 1705 Mann. Außerdem unterstanden der 6. Armee die Feldgendarmerieabteilungen 541 und 571 (je 500 Mann) und die GFP-Gruppen 560 und 725 (je 95 Mann).[60] Damit verfügte die 6. Armee über 2565 Mann dieser Verbände. Zusammen mit den Tatbeteiligten aus den Fällen 57–75 ergibt dies 2820 Mann.

Die Behandlung der sowjetischen Kriegsgefangenen

In der Literatur trifft man immer wieder auf die Angabe, daß mehr als drei Millionen sowjetischer Soldaten in deutscher Kriegsgefangenschaft umgekommen sein sollen. Diese Zahl geht auf den amerikanischen Historiker Alexander Dallin zurück, der eine deutsche Aufstellung über den Verbleib der russischen Kriegsgefangenen fehlerhaft interpretierte.[61] Tatsächlich sind laut der »Nachweisung des Verbleibs der sowjetischen Kriegsgefangenen vom 1. 5. 1944«, die von der Abteilung Fremde Heere Ost im OKH zusammengestellt wurde, 1,68 Millionen russische Soldaten in deutscher Hand verstorben. Eine neuere russische Untersuchung nennt 1 783 400 Soldaten, die nicht aus der deutschen Gefangenschaft zurückkehrten, was mit der Zahl von Fremde Heere Ost praktisch übereinstimmt.[62]

Der Militärgerichtshof V bewertete die Behandlung der russischen Kriegsgefangenen äußerst negativ und nannte sie »ein völkerrechtliches Verbrechen«, gab aber widerwillig zu, daß dieses Massensterben zum großen Teil durch die objektiven Umstände verursacht wurde:

»Die Behauptungen der Verteidigung über den Zustand vieler russischer Kriegsgefangener im Augenblick ihrer Gefangennahme können in begrenztem Umfang zur Rechtfertigung der Angeklagten dienen. Sicher waren viele Gefangene infolge Mangels an Nahrung und ausreichender Kleidung sowie infolge von Wunden und Krankheiten bei ihrer Gefangennahme in einer beklagenswerten Verfassung. Es steht außer Frage, daß solche Zustände vorübergehend trotz aller Bemühungen derer, die sie gefangengenommen hatten, viele Härten mit sich bringen und auch viele Todesfälle verursachen mußten. Das Beweismaterial in diesem Falle zeigt jedoch, daß Hunderttausende von russischen Kriegsgefangenen verhungert und erfroren oder infolge ungenügender ärztlicher Hilfe und schlechter Behandlung zugrunde gegangen sind, ohne daß dies auf die erwähnten Zustände zurückgeführt werden kann.«[63]

Die amerikanischen Richter hatten offenbar auch keine zutreffende Vorstellung von den Auswirkungen der Strategie der »verbrannten Erde«, die die Sowjets bei ihrem Rückzug angewandt hatten. In den Gebieten, die die Wehrmacht besetzte, war ein großer Teil der Nahrungsmittelvorräte entweder vernichtet oder nach Osten abtransportiert. Das Eisenbahnsystem war soweit wie möglich zerstört worden und mußte von den Deutschen mühsam wieder repariert werden. Während der herbstlichen Schlammperiode brach das überdehnte und überlastete deutsche Transportsystem zusammen, und die Wehrmacht geriet selbst in erhebliche Versorgungsschwierigkeiten. Die Auswirkungen auf die sowjetischen Kriegsgefangenen, die im Herbst 1941 besonders zahlreich waren, waren verheerend. Die Soldaten waren durch die langen Kämpfe in den Kesselschlachten häufig bereits unterernährt, als sie in Gefangenschaft gerieten; in den Lagern konnten sie nicht ausreichend versorgt werden, und sie starben massenweise an den dort ausbrechenden Seuchen, in erster Linie Ruhr und Flecktyphus.

Dies war nun keineswegs das Ergebnis einer gezielten Hungerstrategie von seiten der Wehrmachtführung. In einer Weisung des Oberbefehlshabers des Heeres vom 3. April 1941 heißt es nämlich:

»Die Kriegsgefangenen sind wertvolle Arbeitskräfte. Ihre beschleunigte Nutzbarmachung im Operationsgebiet für Zwecke der Truppe ist von besonderer Wichtigkeit ... Sache der AOKs und der Befehlshaber des rückwärtigen Heeresgebietes ist es ... aus Kriegsgefangenen Arbeitskompanien zu bilden zum Einsatz in den Versorgungsstützpunkten, zum Straßen- und Brückenbau sowie zur Ausnutzung des Landes für die Truppe. Zur Aufstellung dieser Arbeitskompanien ist es notwendig, daß den Kriegsgefangenen bei der Gefangennahme Beutefahrzeuge und vor allen Dingen Beutefeldküchen, möglichst mit Bespannung belassen werden ... Gegen Unbotmäßigkeiten der Gefangenen ist von vornherein scharf einzuschreiten, während williger Arbeitsdienst durch ausreichende Verpflegung und gute Fürsorge zu belohnen ist.«[64]

Das OKH hatte am 6. August, am 21. Oktober und am 2. Dezember 1941 Verpflegungssätze für die sowjetischen Kriegsgefangenen festgelegt, die teilweise wesentlich höher waren als die Rationen, die der deutsche Normalverbraucher in den ersten Nachkriegsjahren erhielt.[65] Unter den Bedingungen des Herbstes und Winters 1941/42 war eine ausreichende Versorgung aber nicht zu verwirklichen, obwohl ein Teil der zuständigen Befehlshaber der rückwärtigen Heeres- und Armeegebiete erhebliche Anstrengungen unternahmen, um das Los der russischen Gefangenen zu verbessern.[66] Entscheidend verschärfte sich die Lage der Kriegsgefangenen in den ersten Monaten des Ostfeldzuges durch das Verbot Hitlers, russische Kriegsgefangene in das Heimatkriegsgebiet abzuschieben, weil er die Ausbreitung kommunistischer Propaganda fürchtete. Erst am 31. Oktober 1941 wurde dieses Verbot aufgehoben. Aber der Wintereinbruch und die äußerst schwierigen Transportverhältnisse machten es unmöglich, große Zahlen von Kriegsgefangenen in das Reichsgebiet zu verlegen.[67]

Im März 1942 veranlaßten OKW und OKH eine gründliche Verbesserung von Ernährung und Unterbringung der sowjetischen Kriegsgefangenen, im April sprach sich auch Hitler für eine »absolut ausreichende Ernährung der Russen« aus, und von diesem Frühjahr an endete das Massensterben in den Lagern.[68] Dies erkannte auch der Militärgerichtshof V an.[69]

Die Kriegsgefangenenlager fielen in der Regel zunächst in die Zuständigkeit des rückwärtigen Armeegebietes und vor allem des rückwärtigen Heeresgebietes. Im Operationsgebiet waren die Armeen für die Kriegsgefangenen zuständig, entweder bei der Gefangennahme oder beim Arbeitseinsatz. Das hat zur Folge, daß die Armeen für die Hungerkatastrophe in den Kriegsgefangenenlagern im Winter 1941/42 kaum verantwortlich zu machen sind.

Bei den Übergriffen gegen Kriegsgefangene im Befehlsbereich der 6. Armee handelt es sich meist um Reaktionen auf die Verstümmelung und Ermordung deutscher Soldaten durch sowjetische Einheiten, wobei es in einigen Fällen aus offensichtlichen psychologischen Gründen zu schweren Überreaktionen kam. Ein schwerer Verstoß gegen die Kriegsbräuche und die Gesetze der Humanität ist zweifellos der Befehl des AOK 6, alle Kriegsgefangenen, die den Anstrengungen der Verlegungsmärsche nicht gewachsen waren, zu erschießen. Zählt man die Tatbeteiligten der Fälle 76–81 zusammen, so ergeben sich 309 Mann.

Die Wirtschaftspolitik in den besetzten Ostgebieten

Bei Kriegsausbruch 1939 war das Deutsche Reich von einer wirtschaftlichen Autarkie weit entfernt und konnte die erste Phase des Krieges nur Dank der Rohstoff- und Nahrungsmittellieferungen aus der Sowjetunion überstehen.[70] Nach der siegreichen Beendigung des Frankreichfeldzuges beherrschte Deutschland de facto den europäischen Kontinent von der Atlantikküste bis zur sowjetrussischen Grenze, wodurch sich die Rohstofflage entscheidend verbesserte. Trotzdem blieben das Deutsche Reich und Kontinentaleuropa aufgrund der britischen Seeblockade bis zu einem gewissen Grad immer noch auf die sowjetischen Lieferungen angewiesen. Seit dem Besuch des Volkskommissars für Äußeres, Molotow, in Berlin im November 1940, sah Hitler einen Krieg mit der Sowjetunion als unvermeidlich an. Im Kriegsfall ergab sich aber automatisch das Problem, daß die sowjetischen Lieferungen ausfallen mußten. Hitler war optimistisch und glaubte, daß nach der Besetzung der Ukraine und des Kaukasusgebietes große Mengen an Getreide, Kohle, Erz und Öl zur Verfügung stünden.

Der Chef des Wehrwirtschafts- und Rüstungsamtes im OKW, General Thomas, war in dieser Beziehung sehr viel skeptischer, da er einen guten Einblick in das Funktionieren der sowjetischen Wirtschaft hatte. Die sowjetische Landwirtschaft war in den dreißiger Jahren im großen Stil mechanisiert worden und daher auf Öl angewiesen. Fielen die Öllieferungen aus dem Kaukasus aus, mußten die landwirtschaftlichen Erträge erheblich zurückgehen. Im Weltkrieg 1914–1918 hatten Russen und Deutsche bereits mit Erfolg von der Strategie der »verbrannten Erde« Gebrauch gemacht, und es war daher sehr fragwürdig, ob Bergwerke, Industrieanlagen, Maschinenparks und Erdölraffinerien in intaktem Zustand in deutsche Hände fallen würden. In diesem Falle drohten die besetzten Ostgebiete für Deutschland zu einer wirtschaftlichen Belastung zu werden.[71] General Thomas sollte mit seiner Skepsis Recht behalten. Sowjetische Vernichtungsbataillone zerstörten 1941 beim Rückzug, soweit es ihnen möglich war, Eisenbahnanlagen, Rohstoffvorräte, Industrieanlagen, Elektrizitätswerke, Bergwerke und landwirtschaftliche Maschinen. Ein großer Teil der Nahrungsmittelvorräte und des Viehs wurden entweder vernichtet oder nach Osten abtransportiert. Produktionseinrichtungen, Maschinen, Rohstoffe, Waggons und Lokomotiven sowie alles Fachpersonal wurden in einer großangelegten Evakuierungsaktion nach Osten hinter den Ural gebracht; insgesamt handelte es sich um 1523 Industriebetriebe, darunter 1360 Großbetriebe der Verteidigungsindustrie.[72]

In den geräumten Gebieten kam das Wirtschaftsleben praktisch zum Erliegen. Ein deutscher Augenzeuge berichtete:

»Das ganze zentralisierte Handels- und Verteilungssystem ist unterbrochen; die Lagervorräte sind verbrannt, weggeschafft oder geplündert worden; der Verwaltungsapparat wurde aufgelöst, mitgenommen oder liquidiert. Fabriken und Unternehmen wurden ganz oder teilweise zerstört, ihre Maschinen vernichtet. Kraftanlagen wurden in die Luft gesprengt und ihre Einrichtungen verstreut oder versteckt. Ersatzteile waren nicht zu finden oder absichtlich durcheinandergebracht. Alle Bedienungsanleitungen wurden vernichtet, Brennstoff und Schmieröl verbrannt oder geplündert. Es gibt keinen elektrischen Strom. Häufig funktioniert auch die Wasserversorgung nicht, und es fehlt an Fachleuten, sie zu reparieren.«[73]

Der Wirtschaftsstab Ost (eine Dienststelle der Wehrmacht) und das Reichsministerium für die besetzten Ostgebiete stellten während des Krieges Statistiken zusammen, die den katastrophalen Rückgang des Wirtschaftslebens dokumentieren.

Die im europäischen Rußland zur Zeit der Sowjetherrschaft installierten Kraftwerke besaßen eine Leistung von zwölf Millionen kW; davon fielen bis 1943 fast drei Millionen kW in deutsche Hand. Bei der Besetzung wurden aber nur 300 000 kW betriebsbereit vorgefunden. Besonders schlimm war es in der Ukraine, wo 95 Prozent der Kraftwerkskapazität zerstört waren. Das berühmte riesige Dnjepr-Kraftwerk bei Saporoschje war fast völlig zerstört; unter deutscher Regie wurde es bis zum Januar 1943 wiederaufgebaut. Im März 1943 erreichte die verfügbare Leistung in den besetzten Ostgebieten wieder 630 000 kW, nach wie vor aber nur 21 Prozent der Vorkriegskapazität.[74]

Die verheerenden Folgen der »verbrannten Erde« für die Industrieproduktion sind aus der Tabelle auf der nächsten Seite zu ersehen. Die Erzeugung von Kohle, Eisenerz, Rohstahl, Elektrizität und Zement lagen praktisch völlig darnieder. Anfang 1943 waren trotz der deutschen Wiederaufbaubemühungen in den Industriebetrieben der besetzten Ostgebiete nur 589 000 Menschen beschäftigt, und das in einem Gebiet, in dem vor dem Krieg über 50 Millionen Menschen gelebt hatten![75] Da aufgrund der sowjetischen Evakuierungsmaßnahmen ein schwerer Mangel an Fachpersonal herrschte, mußten 10 000 zivile Spezialisten aus Deutschland in die besetzen Ostgebiete geschickt werden.[76]

In der Landwirtschaft war die Erzeugung praktisch auf die Hälfte der Vorkriegswerte gefallen. 1939 waren in den besetzten Gebieten 24,3 Millionen Tonnen Getreide geerntet worden.[77] Wegen des Mangels an Arbeitskräften, Maschinen, Treibstoff, Zugpferden und Dünger betrug die Getreideernte unter deutscher Verwaltung 1941/42 nur noch 13 Millionen Tonnen, 1942/43 sogar nur noch 11,7 Millionen Tonnen. Davon gingen 1941/42 zwei Millionen Tonnen und 1942/43 2,7 Millionen Tonnen an die Wehrmacht und das Reich.[78] Die deutschen Entnahmen für den Eigenbedarf betrugen also

Industrieproduktion in den besetzten Ostgebieten vom Zeitpunkt der Besetzung bis Ende 1943

Gruppe	Einheit	Produktion vor der Besetzung		Produktion 1941-43 in % der Vorkriegsproduktion bis Ende 1942	1943	Durchschnitt bis Ende 1943	Planerfüllung im Jahr 1943
Elektrizität	Mrd. kWh	10,0		7,5	10,0	8,8	71 %
Kohle	Mio. t	85,0	(1940)	2,1	2,7	2,4	26 %
Eisenerz	Mio. t	16,5	(1938)	-,-	2,3	1,2	10 %
Rohstahl	Mio. t	12,0	(1940)	0,2	0,1	0,1	2 %
Zement	Mio. t	2,0	(1940)	15,0	8,2	11,6	31 %
Braunkohle	Mio. t	0,5	(1938)	56,0	90,0	73,0	23 %
Torf	Mio. t	8,0	(1938)	56,0	35,1	45,6	51 %
Manganerz	Mio. t	1,4	(1938)	45,9	81,4	63,6	80 %
Ölschiefer	Mio. t	1,7	(1939)	50,6	76,2	63,5	68 %
Schieferöl	1000 t	160,0	(1939)	33,8	67,3	50,5	82 %
Mineralöl	1000 t	370,0	(1938)	67,6	21,9	44,7	31 %
Phosphorit	1000 t	175,0	(1940)	7,6	47,9	27,8	98 %
Quecksilber	t	300,0		7,0	4,0	5,5	12 %

Quellen: Bericht über die Tätigkeit der Chefgruppe Wirtschaft im Reichsministerium für die besetzten Ostgebiete, 20. November 1944, BA-MA RW 31/260
Wirtschaftsgrößenordnung für die besetzten Ostgebiete, 9. März 1943, BA-MA RW 31/260

1941/42 15,4 Prozent und 1942/43 23,1 Prozent der Gesamternte. Auf die Vorkriegswerte berechnet waren dies 8,2 bzw. 11,1 Prozent. Die Ernährungsprobleme in den besetzten Ostgebieten gingen also in sehr viel höherem Maße auf die »verbrannte Erde« zurück als auf deutsche Entnahmen.

Die Landbevölkerung konnte sich unter diesen schwierigen Umständen noch einigermaßen selbst ernähren, aber die großen Städte standen vor dem Verhungern. Der Wehrmacht und der deutschen Verwaltung blieb oft nichts anderes übrig, als das vorhandene Saatgetreide an die Stadtbevölkerung zu verteilen, was natürlich die Ernte des kommenden Jahres vermindern mußte. Eine weitere Belastung für die Ernährungslage war die rasch wachsende Partisanenbewegung, die die Erfassung der Ernte zunehmend erschwerte. Außerdem plünderten die Deutschen während der Besatzungszeit niemals die Landbevölkerung so rücksichtslos aus wie die Sowjets dies getan hatten. In jedem Fall erwies sich die Hoffnung der deutschen Führung, aus der Ukraine 5–10 Millionen Tonnen Getreide herausholen zu können, als völlig unrealistisch.[79]

Um die landwirtschaftliche Erzeugung in den besetzten Ostgebieten zu heben, stellte Deutschland erhebliche Hilfsmittel zur Verfügung. Im Rahmen des »Ostackerprogramms« wurden während der Besatzungszeit aus dem Reich u.a. mehr als 70 000 Traktoren, 16 000 Holzgasgeneratoren, 5000 Schlepperanhanggeräte, 306 000 Gespannpflüge, 99 000 Gespanngrubber und drei Millionen Sensen geliefert. Außerdem gingen mehrere Tausend Ochsen, Kühe, Schweine und Zuchthengste zur Auffüllung des Viehbestandes nach Osten.[80] Die deutsche Landwirtschaftshilfe belief sich bis Ende 1943 auf 510 Millionen RM (Reichsmark).[81] Eine deutsche Schätzung von Ende 1944 bezifferte den Gesamtwert der aus den besetzten Ostgebieten an Deutschland gelieferten landwirtschaftlichen Produkte auf 4 Milliarden RM, wobei ein Teil dieser Lieferungen allerdings an die Bevölkerung in den besetzten Ostgebieten verteilt wurde.[82]

Während das Deutsche Reich aus den besetzten Ostgebieten aus der Landwirtschaft nach nennenswerten Investitionen auch beträchtliche Werte herauszog, steckte es gleichzeitig enorme Summen in den industriellen Wiederaufbau. Zwischen Juli 1941 und Dezember 1943 investierte das Reich rund eine Milliarde RM allein in die Bereiche Bergbau, Energieerzeugung und gewerbliche Wirtschaft. Eine weitere Milliarde RM wurde für die Wiederherstellung des Eisenbahnsystems und den Straßenbau aufgewandt. Außerdem wurden aus dem Reich fast 19,5 Millionen Tonnen Kohle, insbesondere für den Eisenbahnbetrieb, geliefert (in den besetzten Ostgebieten wurden zum Vergleich 7,4 Millionen Tonnen Kohle vorgefunden bzw. gefördert).[83] Die deutsche Wiederaufbauhilfe für Industrie und Infrastruktur betrug somit etwa 2,5 Milliarden RM.[84] Dies war mehr als der Nettowert der gesamten Industrieproduktion in den besetzten Ostgebieten, der mit etwa zwei Milliarden RM zu beziffern ist.[85] Zusammen mit der Landwirtschaftshilfe von 510 Millionen RM betrug die deutsche Wirtschaftshilfe für die besetzten Gebiete der Sowjetunion rund drei Milliarden RM; dies entspricht etwa einem Prozent des deutschen Bruttosozialprodukts der Jahre 1942/43.[86] Der Umfang dieser Wirtschaftshilfe wird erst richtig deutlich, wenn man sich vor Augen führt, daß der Wert der deutschen Gesamtausfuhr im Jahre 1936 etwa fünf Milliarden RM betrug.[87]

1943 begann sich die wirtschaftliche Lage in den besetzten Ostgebieten allmählich zu bessern, aber der Umschwung in der militärischen Entwicklung machte alle Bemühungen zunichte. Während ihrer Rückzüge waren es nun die Deutschen, die die »verbrannte Erde« praktizierten und Rohstoffe wie Arbeitskräfte ins Reich abtransportierten.

Die deutsche Wirtschaftshilfe hatte das Ziel verfolgt, aus den besetzten Ostgebieten möglichst viel an Nahrungsmitteln und Rohstoffen herauszuholen, sowie die Industrieproduktion für deutsche Zwecke wieder in Gang zu bringen. Diese Zielsetzung war durchaus eigensüchtig, aber auf die Dauer mußte auch die einheimische Bevölkerung von dem Wiederaufbau profitieren. Aufgrund der geschilderten Tatsachen kann die deutsche Besatzungspolitik in der Sowjetunion nicht so einseitig beurteilt werden, wie dies heute üblicherweise der Fall ist. Neben eine Politik der wirtschaftlichen Ausbeutung trat eine Politik des wirtschaftlichen Wiederaufbaus. Dabei waren es vielfach Offiziere und Dienststellen der Wehrmacht, die sich für eine konstruktive Besatzungspolitik einsetzten.[88]

Was die diesbezüglichen Vorwürfe gegen die 6. Armee angeht, so werden diese vor dem geschilderten Hintergrund gegenstandslos. Requisitionen für den Bedarf der Truppe erlaubte die Haager Landkriegsordnung in Artikel 52. Die Hungersnot in Charkow und anderen Städten im Winter 1941/42 hatte ihre Ursache nicht in den deutschen Requisitionen, sondern in der sowjetischen Strategie der »verbrannten Erde«. Daß diese Hungersnot nicht zu einer Katastrophe wurde, war wahrscheinlich Maßnahmen der Wehrmacht zu verdanken, die wenigstens eine Minimalversorgung sicherstellten.

Schlußbetrachtung

Orientiert man sich an den Rechtsthesen des amerikanischen Militärgerichtshofs V und zählt die »Täter« der 6. Armee, die wir in den vorigen Kapiteln aufgrund der Anschuldigungen in der verfügbaren Literatur ermittelt haben, zusammen, so ergeben sich 6180 Mann.

Von den 416 000 Mann, die der 6. Armee einschließlich Personalersatz zwischen Juni 1941 und Januar 1942 unterstellt waren, sind dies maximal rund eineinhalb Prozent.

Die Rechtsprechung des Militärgerichtshofs V war aber in verschiedener Hinsicht zwiespältig und unbefriedigend.

So galt es z.B. als Kriegsverbrechen, fünf schwerverdächtige Terroristen des NKWD ohne Kriegsgerichtsverfahren zu erschießen, während es als völlig legal angesehen wurde, hunderttausend Zivilisten durch Flächenbombardements oder den Abwurf einer Atombombe zu töten. Die amerikanischen

Richter waren Gefangene der politischen Rahmenbedingungen der Nürnberger Prozesse. Da die amerikanischen Streitkräfte bis dahin noch keine Erfahrungen mit kommunistischen Partisanen gesammelt hatten, fiel es dem Militärgerichtshof V leicht, verschiedene Praktiken, die die Wehrmacht bei der Bandenbekämpfung angewandt hatte, als rechtswidrig zu bezeichnen. Im Koreakrieg kamen die Amerikaner erstmals selbst mit kommunistischen Guerillas in Berührung, und es ist sehr zweifelhaft, ob die angeklagten deutschen Generale noch verurteilt worden wären, wenn der OKW-Prozeß etwa 1952 stattgefunden hätte.

Es erwies sich als ausgesprochen schwierig, nach einem totalen Krieg in verbindlicher Form Recht zu sprechen, und die Hoffnung der amerikanischen Richter, mit ihren Urteilen Präzedenzfälle für das zukünftige Völkerrecht zu schaffen, erfüllte sich nicht.

Die Rechtsthesen des amerikanischen Militärgerichtshofs V haben uns zwar geholfen, die Zahl der »Täter« in der 6. Armee festzustellen, sie geben aber nur sehr bedingt verbindliches Völkerrecht wieder. Einzelne Punkte sind nach wie vor umstritten, und in den Konflikten nach 1945 wurde in zahllosen Fällen gegen diese Rechtsthesen verstoßen, ohne daß dies Konsequenzen gehabt hätte.

Die Zahl von eineinhalb Prozent »Tätern«, die wir für die 6. Armee ermittelt haben, gibt einen realistischen Anhalt für den maximalen Anteil der Soldaten der gesamten Wehrmacht, die sich nach Kriegsvölkerrecht, und zwar nach der strengen Interpretation des Militärgerichtshofs V, schuldig gemacht haben.

Es bleibt noch die Frage nach der Dunkelziffer. Die Autoren der Ausstellung und des Sammelbandes »Vernichtungskrieg« sind der Auffassung, daß die Dunkelziffer außerordentlich hoch sei. Die Tatsache, daß sich in den Akten und Kriegstagebüchern relativ wenige Hinweise auf Kriegsverbrechen finden, wird von ihnen als Beweis für eine systematische Verschleierungstaktik der Wehrmacht interpretiert.[89]

Ernstzunehmende Indizien deuten aber darauf hin, daß die Dunkelziffer tatsächlich ziemlich niedrig sein dürfte.

In der Wehrmacht gab es etwa 20 000 Militärseelsorger und Priestersoldaten. Diese konnten auf dem militärgeistlichen Berichtsweg über Greueltaten der Truppe schreiben, ohne daß ein militärischer Vorgesetzter etwas davon erfuhr. Es gibt aber weder öffentliche noch private Berichte der Seelsorger über Untaten ihrer Soldaten, und der Feldbischof der Wehrmacht hat weder beim OKW noch bei Hitler persönlich jemals gegen das Verhalten der Truppe protestiert. Dagegen gab es sehr wohl Beschwerden über das Treiben von SS- und Polizeiverbänden.[90]

Die hohe Disziplin in der Wehrmacht wurde auch vom Gegner anerkannt. In einem Bericht der NKWD-Verwaltung des Stalingrader Gebiets vom 14. April 1943 wird »die mustergültige Disziplin der deutschen Wehrmacht« hervorgehoben[91], und auch der amerikanische Militärgerichtshof V stellte fest:

»Die deutsche Armee war im allgemeinen gut diszipliniert. Die Tragödie der deutschen Wehrmacht und der Angeklagten liegt darin, daß die ihnen vorgeworfenen Verbrechen hauptsächlich auf Anordnungen der höchsten militärischen Führung und der Führung des Dritten Reiches beruhen.«[92]

Wir haben in dieser Untersuchung von »Tätern« oder »Tatbeteiligten« gesprochen, aber das heißt noch längst nicht, daß die Betreffenden im strafrechtlichen Sinne schuldig sind. Denn inwieweit kann man einen Gefreiten, einen Feldwebel oder einen Hauptmann für die Ausführung von Befehlen verantwortlich machen, die erst nach ausführlichen juristischen Erörterungen von einem Gericht des Gegners für völkerrechtswidrig befunden wurden? Die amerikanischen Richter des Militärgerichtshofs V mußten bei ihrer Rechtsprechung Rücksicht auf die Funktionsfähigkeit ihrer eigenen Streitkräfte nehmen, und so dekretierten sie, daß Mannschaftsdienstgrade für die Ausführung rechtswidriger Befehle in der Regel nicht verantwortlich zu machen seien:

»Befehle sind die Grundlage, auf der jede Armee arbeitet. Grundlage für die Disziplin eines jeden Heeres ist, daß Befehle dazu gegeben sind, daß sie auch ausgeführt werden. Auf diesem Grundsatz beruht die Disziplin. Ohne diesen Grundsatz kann keine Armee schlagkräftig sein, und es gehört sicherlich nicht zu den Obliegenheiten eines Soldaten in untergeordneter Stellung, die Befehle seiner Vorgesetzten auf Zweifel an ihrer Rechtmäßigkeit hin zu überprüfen. In gewissen Grenzen hat er das Recht anzunehmen, daß die ihm erteilten Befehle seiner Vorgesetzten und des Landes, dem er dient, sich im Rahmen des Völkerrechts halten.«[93] Gleiches ließ der Militärgerichtshof V auch für die meisten Offiziere gelten:

»Truppenführer im Felde mit weitgehender Verantwortlichkeit für Operationen können nach Völkerrecht nicht der strafbaren Teilnahme am Erlaß von Befehlen beschuldigt werden, die nicht augenscheinlich verbrecherisch sind, wenn nicht nachgewiesen werden kann, daß sie den nach Völkerrecht strafbaren Charakter gekannt haben. Einem Truppenführer kann nicht zugemutet werden, feine Unterscheidungen über die Rechtmäßigkeit der Befehle zu machen oder in dieser Richtung Schlußfolgerungen zu ziehen. Solange ihm nicht das Gegenteil bekannt ist, ist er berechtigt anzunehmen, daß die Rechtmäßigkeit derartiger Befehle vor ihrem Erlaß in geeigneter Weise geklärt worden ist. Für einen Rechtsirrtum in zweifelhaften Rechtsfragen kann er nicht verantwortlich gemacht werden.«[94]

Nach dieser Rechtsauffassung waren nur sehr wenige Soldaten der Wehrmacht für die Ausführung völkerrechtswidriger Befehle strafrechtlich verantwortlich zu machen. Tatsächlich haben die Amerikaner ihre Prozesse, von wenigen Ausnahmen wie dem Fall Malmedy abgesehen, auch nur gegen die Oberbefehlshaber und Abteilungschefs im OKW sowie einige Oberkommandierende und Generalstäbler von Heeresgruppen und Armeen geführt. Die Urteile haben die amerikanische Führung selbst nicht recht überzeugt, denn mit Ausnahme von Jodl und Keitel, die nach dem Nürnberger Hauptkriegsverbrecherprozeß hingerichtet worden waren, wurden alle anderen verurteilten hochrangigen deutschen Generale bis 1954 freigelassen. Die deutsche Bundesregierung unter Konrad Adenauer stand diesen Urteilen distanziert gegenüber und hat sich für die Freilassung der »Kriegsverurteilten« eingesetzt. Einige der 1948 verurteilten Generale wurden viele Jahre später in Anwesenheit der Bundeswehr mit militärischen Ehren zu Grabe getragen, so z. B. Karl Hollidt und Hermann Hoth.[95]

Dem heute vorherrschenden Zeitgeist mag dies unverständlich erscheinen, aber in den früheren Jahrzehnten der Bundesrepublik Deutschland hatte man noch sehr viel genauere Vorstellungen von den Verhältnissen der Kriegszeit. So war allgemein bekannt, daß das Verhältnis zwischen der Wehrmachtführung und Hitler alles andere als spannungsfrei war. Der Verteidiger Hans Laternser hat im OKW-Prozeß folgende Rechnung aufgemacht:

»Von 17 Feldmarschällen des Heeres wurden im Laufe des Krieges zehn ihrer Stellung enthoben, drei büßten im Zusammenhang mit dem 20. Juli 1944 ihr Leben ein, zwei fanden im Felde den Tod und einer wurde gefangengenommen. Nur ein einziger blieb bis zum Kriegsende ungemaßregelt im Dienst.

Von 36 Generalobersten wurden 26 ihres Postens enthoben, darunter drei, die im Zusammenhang mit dem 20. Juli 1944 hingerichtet und zwei, die in Unehren verabschiedet wurden, sieben fielen im Felde und nur drei blieben bis Kriegsende ungemaßregelt im Dienst.«[96]

Wenn überhaupt, dann kann man die hohen Generale der Wehrmacht allenfalls als »Hitlers *un*willige Vollstrecker« bezeichnen.

Es zeigt sich, daß die Frage der Schuld in einem totalen Krieg sehr vom Standpunkt des Betrachters abhängig ist. In jedem Fall steht aber fest, daß die deutschen Soldaten, die sich nach dem damaligen Kriegsvölkerrecht schuldig gemacht haben, in der Wehrmacht nur eine winzige Minderheit waren.

Da die Wehrmacht als Institution offensichtlich Normen gehorchte, die völkerrechtlich und rechtsstaatlich einwandfrei waren, und da die überwältigende Mehrheit ihrer Soldaten sich an diese Normen gehalten hat, ist es unzulässig, die Wehrmacht als kriminelle Organisation hinzustellen.

1 Hamburger Institut für Sozialforschung: Vernichtungskrieg. Verbrechen der Wehrmacht 1941 bis 1944, Ausstellungskatalog, Hamburg 1996, S. 9 u. 7
2 Fritz Gürtner, Traditionswürdigkeit der Wehrmacht und ihrer Soldaten; in: Das Schwarze Barett Nr. 17, S. 96 ff.
3 Der Begriff »Neue Wehrmacht« wurde Mitte der dreißiger Jahre häufig benutzt; siehe dazu z.B. Hans Roden (Hrsg.), Deutsche Soldaten. Vom Frontheer und Freikorps zur neuen Wehrmacht, Leipzig 1935
4 Das Traditionsverständnis der Wehrmacht ist exemplarisch dargestellt; in: Ernst v. Eisenhart-Rothe/Erich v. Tschischwitz/Walther Beckmann (Hrsg.): Deutsche Infanterie. Das Ehrenmal der vordersten Front, Zeulenroda 1933
5 Abgedruckt bei Fritz Gürtner, Traditionswürdigkeit der Wehrmacht und ihrer Soldaten, a.a.O., S. 98
6 Erhard Moritz (Hrsg.): Fall Barbarossa. Dokumente zur Vorbereitung der faschistischen Wehrmacht auf die Aggression gegen die Sowjetunion (1940/41), Berlin 1970, Nr. 84
7 Gliederungen der 6. Armee; in: Das Deutsche Reich und der Zweite Weltkrieg, Band 4, Stuttgart 1983, S. 474 f.; KTB OKW 1942, 2. Halbband, S. 1353 ff.
8 Die Gesamtzahl der Soldaten, die im Jahre 1941 zu irgendeinem Zeitpunkt der 6. Armee unterstellt waren, berechnet sich wie folgt: 23 ID zu je 15 000 Mann = 345 000 Mann; außerdem 1 ID (mot.) zu 16 500 Mann, 1 lei.Div. zu 10 000 Mann, 1 verst. Brig. (mot.) zu 8500 Mann ergibt zusammen 380 000 Mann. Hinzu kommen die Korpstruppen, AOK 6 + 6 AK zu je 2500 Mann (Burkhart Mueller-Hillebrand, Das Heer 1933–1945, Band 1, Darmstadt 1954, Tabelle 3, S. 71); außerdem die Feldgen.Abt. 541 u. 571 zu je 500 Mann und die GFP-Gr. 560 u. 725 zu je 95 Mann (Georg Tessin, Verbände und Truppen der deutschen Wehrmacht und der Waffen-SS im Zweiten Weltkrieg 1939–1945, Osnabrück 1975 ff., Band 11 u. 12) ergibt 1190 Mann alles zusammen rd. 19 000 Mann. Der 6. Armee waren somit ohne den Nachersatz zwischen Juni 1941 und Januar 1942 rd. 399 000 Mann unterstellt. Die Ausfälle des Heeres betrugen in diesem Zeitraum 357 977 Mann (Das Deutsche Reich und der Zweite Weltkrieg, Band 5, Stuttgart 1984, Tabelle auf S. 906), davon kann man für das Ostheer rd. 350 000 Mann rechnen. Die 6 AKs u. 25 Div. der 6. Armee machen etwa ein Sechstel des Ostheeres aus, so daß auch die Verluste mit einem Sechstel der obigen Zahl zu berechnen sind, also ca. 58 300 Mann. Der Nachersatz betrug generell etwa 45 Prozent (Burkhart Mueller-Hillebrand, Das Heer 1939–1945, Band 2, Frankfurt a. M. 1956, Anlage 26, S. 206) von dem ein Drittel Genesende abzuziehen sind (Mueller-Hillebrand, Das Heer 1939–1945, Band 3, Frankfurt a. M. 1969, Tabelle 43, S. 110) womit 17 000 Mann Nachersatz übrigbleiben. Den Nachersatz eingerechnet betrug der Gesamtumfang der 6. Armee im oben genannten Zeitraum etwa 416 000 Mann.
9 Der Militärgerichtshof V war, anders als sein Name es vermuten läßt, mit hohen amerikanischen Zivilrichtern besetzt.
Im Prozeß gegen die Südost-Generale (»Fall 7«) waren dies Charles F. Wennersturm (Präsident), Richter am Obersten Gericht des Staates Iowa, Edward F. Carter, Richter am Obersten Gericht des Staates Nebraska, und George J. Burke, ehemaliger Chefjustitiar im Amt für Preisregelung und Anwalt in Michigan. Im OKW-Prozeß (»Fall 12«) waren es John C. Young (Präsident), Vorsitzender des Obersten Gerichtshofs von Colorado, Justin W. Harding, Richter der Vereinigten Staaten im Territorium von Alaska, und Winfield B. Hale, Richter am Berufungsgericht von Tenessee.
10 Siehe dazu Joachim Hoffmann, Stalins Vernichtungskrieg 1941–1945, München 1995
11 John Dower, War without Mercy. Race and Power in the Pacific War, New York 1986
12 Fall 12. Das Urteil gegen das Oberkommando der Wehrmacht, gefällt am 28. Oktober 1948 in Nürnberg vom Militärgerichtshof V der Vereinigten Staaten von Amerika, Berlin 1961, S. 90
13 Department of the Army Pamphlet NO. 20–230: Russian Combat Methods in World War II, Department of the Army 1950, S. 13 ff.
14 Erich v. Manstein, Verlorene Siege, Bonn 1955; Alfred de Zayas, Die Wehrmacht-Untersuchungsstelle. Deutsche Ermittlungen über alliierte Völkerrechtsverletzungen im Zweiten Weltkrieg, München 1995, S. 273 ff.

15 Siehe dazu Bolschewistische Verbrechen gegen Kriegsrecht und Menschlichkeit. Dokumente zusammengestellt vom Auswärtigen Amt, Band 1, Berlin 1941, Nr. 42, 69, 124, 126
16 Zit. n. Helmut Krausnick/Hans-Heinrich Wilhelm, Die Truppe des Weltanschauungskrieges. Die Einsatzgruppen der Sicherheitspolizei und des SD 1938–1942 Stuttgart 1981, S. 497
17 Kurt W. Böhme, Die deutschen Kriegsgefangenen in sowjetischer Hand. Eine Bilanz, München 1966, S. 149 ff.
18 Fall Barbarossa, a.a.O., Nr. 100
19 Siehe dazu Darstellungen aus den Nachkriegskämpfen deutscher Truppen und Freikorps, Band 2 u. 3, Der Feldzug im Baltikum, Berlin 1937/38; Der Bolschewismus und die baltische Front, Leipzig 1939, S. 45 ff.; Wulf Bley (Hrsg.): Der Bolschewismus. Seine Entstehung und Auswirkung, München 1938, S.305 ff.
20 Das Rotbuch über Spanien, Berlin u. Leipzig 1937; Wulf Bley (Hrsg.): Der Bolschewismus, a.a.O., S. 290 ff. u. S. 387 ff.
21 Fall Barbarossa, a.a.O., Nr. 96
22 Karl Strupp, Das internationale Landkriegsrecht, Frankfurt a. Main 1914, S. 37
23 Fall Barbarossa, a.a.O., Nr. 100
24 Zur Entstehungsgeschichte des Kommissarbefehls siehe Heinrich Uhlig, Der verbrecherische Befehl; in: Vollmacht des Gewissens II, Frankfurt a. M. u. Berlin 1965
25 Fall 12, a.a.O., S. 135 ff.; Hans Laternser, Verteidigung deutscher Soldaten. Plädoyers vor alliierten Gerichten, Bonn 1950, S. 304 ff.
26 Fall 12, a.a.O., S. 199 f. u. S. 212
27 Heinrich Uhlig, Der verbrecherische Befehl, a.a.O., S. 385
28 Fall Barbarossa, a.a.O., Nr. 97
29 Ebenda
30 Ebenda, Nr. 99
31 Fall 12, a.a.O., S. 99
32 Ebenda, S. 98
33 Ebenda, S. 98 f.
34 Ebenda, S. 106 f.
35 Zit. n. Jörg Friedrich, Das Gesetz des Krieges. Das deutsche Heer in Rußland 1941–1945, München 1996, S. 866
36 Ebenda, S. 848 ff.
37 Fall Barbarossa, a.a.O., Nr. 94
38 Hans Roschmann, Gutachten zur Behandlung und zu den Verlusten sowjetischer Kriegsgefangener in deutscher Hand und zur Bewertung der Beweiskraft des sogenannten »Documents NOKW 2125«, Ingolstadt 1982, Anlage 1
39 Laternser, Verteidigung deutscher Soldaten, a.a.O., S. 319
40 Siehe dazu auch einen Tätigkeitsbericht der GFP im rückwärtigen Heeresgebiet Süd, demzufolge »im Zuge der Partisanenbekämpfung« im November 1941 11 447 »verdächtige Personen« überprüft wurden. 5193 wurden festgenommen, 737 als »Freischärler und Saboteure« erschossen und 2990 Personen in Kriegsgefangenenlager überstellt. Klaus Geßner, Geheime Feldpolizei – die Gestapo der Wehrmacht; in: Hannes Heer/Klaus Naumann (Hrsg.), Vernichtungskrieg. Verbrechen der Wehrmacht 1941 bis 1944, Hamburg 1995, S. 350
41 Fall 12, a.a.O., S. 106 ff.
42 Erich Hesse, Der sowjetrussische Partisanenkrieg 1941 bis 1944 im Spiegel deutscher Kampfanweisungen und Befehle, Göttingen 1993, S. 67 ff.
43 Ebenda, S. 76 f.
44 Der Reichenau-Befehl ist vollständig abgedruckt in Fall 12, a.a.O., S. 161 ff.; im Ausstellungskatalog »Vernichtungskrieg«, wo der Reichenau-Befehl auf S. 80 wiedergegeben ist, fehlt diese Passage!
45 Fall 7, Das Urteil im Geiselmordprozeß, gefällt am 19. Februar 1948 vom Militärgerichtshof V der Vereinigten Staaten von Amerika, Berlin 1965, S. 98
46 Ebenda, S. 99 f.
47 Fall 12, a.a.O., S. 104

48 Karl Strupp, Das internationale Landkriegsrecht, a.a.O., S. 25 f.; H.A. Schütze, Die Repressalie unter besonderer Berücksichtigung der Kriegsverbrecherprozesse, Bonn 1950, S. 48 ff.
49 Karl Strupp, Das internationale Landkriegsrecht, a.a.O., S. 25 f.; H.A. Schütze, Die Repressalie unter besonderer Berücksichtigung der Kriegsverbrecherprozesse, Bonn 1950, S. 48 ff.
50 Vladis Redelis, Partisanenkrieg. Entstehung und Bekämpfung der Partisanen- und Untergrundbewegung im Mittelabschnitt der Ostfront 1941 bis 1943, Heidelberg 1958, S. 87 f.
51 Fall Barbarossa, a.a.O., Nr. 87
52 Ebenda, Nr. 92
53 Hans Laternser, Verteidigung deutscher Soldaten, a.a.O., S. 324
54 Fall 12, a.a.O., S. 126 f.
55 Bolschewistische Verbrechen gegen Kriegsrecht und Menschlichkeit, a.a.O., Band 1, Nr. 13; Franz W. Seidler (Hrsg.), Verbrechen an der Wehrmacht. Kriegsgreuel der Roten Armee 1941/42, Selent 1997, Fall 146
56 Peter Bamm, Die unsichtbare Flagge. Erlebnisse aus dem Zweiten Weltkrieg, Stuttgart 1952, S. 75
57 »Verhalten der Truppe im Ostraum« v. 10.10.41; in: Fall 12, a.a.O., S. 161 ff.
58 Bernd Boll/Hans Safrian, Auf dem Weg nach Stalingrad, Die 6. Armee 1941/42, in: Hannes Heer/Klaus Naumann (Hrsg.), Vernichtungskrieg, a.a. O., S. 274 f.
59 Ernst Rebentisch, Vom Kaukasus zu den Tauern. Die Geschichte der 23. Panzer-Division 1941–1945, Stuttgart 1982, Anlage 6, S. 553
60 Georg Tessin, Verbände und Truppen der deutschen Wehrmacht und Waffen-SS im Zweiten Weltkrieg 1939–1945, Osnabrück 1975 ff., Band 11 u. 12
61 Hans Roschmann, Gutachten zur Behandlung und zu den Verlusten sowjetischer Kriegsgefangener, a.a.O., S. 13 ff.
62 W. W. Pochlebkin, Welikaja Wojna i Nesotojawsijsja Mir 1941–1945–1994.Woennyi i Wnesnepolititscheskij Sprawotschnik (= Der große Krieg und der nicht stattgefundene Friede 1941–1945–1994. Militärisches und außenpolitisches Nachschlagewerk), Moskau 1997, S. 329
63 Fall 12, a.a.O., S. 116
64 Fall Barbarossa, a.a.O., Nr. 91
65 Joachim Hoffmann, Die Ostlegionen, Freiburg 1976, Anlagen 1 u.2, S. 175 ff.
66 Hans Roschmann, Gutachten zur Behandlung und zu den Verlusten sowjetischer Kriegsgefangener, a.a.O., Anlage 4
67 Ebenda, S. 5
68 Joachim Hoffmann, Die Geschichte der Wlassow-Armee, Freiburg 1984, S. 144 f.
69 Fall 12, a.a.O., S. 116
70 Für das folgende siehe Walter Post, Unternehmen Barbarossa. Deutsche und sowjetische Angriffspläne 1940/41, Hamburg–Berlin–Bonn 1995, S. 136 ff. u. S. 177 ff.
71 Georg Thomas, Geschichte der deutschen Wehr- und Rüstungswirtschaft, hrsg. v. Wolfgang Birkenfeld, Boppard am Rhein 1966, Anlage III, Nr. 5
72 Walter Post, Unternehmen Barbarossa, a.a.O., S. 320
73 Zit. n. Alexander Dallin, Deutsche Herrschaft in Rußland 1941–1945. Eine Studie über Besatzungspolitik, Düsseldorf 1958, S. 389 f.
74 Die deutsche Wirtschaftspolitik in den besetzten sowjetischen Gebieten 1941–1943. Der Abschlußbericht des Wirtschaftsstabes Ost und Aufzeichnungen eines Angehörigen des Wirtschaftskommandos Kiew, hrsg. v. Rolf-Dieter Müller, Boppard am Rhein 1991, S. 228 ff.
75 Ebenda, Anlagen 51 u. 66
76 Bericht über die Tätigkeit der Chefgruppe Wirtschaft im Reichsministerium für die besetzten Ostgebiete, 20. November 1944, S. 4, BA-MA RW 31/260
77 Die deutsche Wirtschaftspolitik, a.a.O., Anlage 23
78 Ebenda, Anlage 29
79 Alexander Dallin, Deutsche Herrschaft in Rußland, a.a.O., S. 379
80 Die deutsche Wirtschaftspolitik, a.a.O., S. 78 f., Alexander Dallin, Deutsche Herrschaft in Rußland, a.a.O., S. 378

81 Die deutsche Wirtschaftspolitik, a.a.O., S. 137
82 Alexander Dallin, Deutsche Herrschaft in Rußland, a.a.O., S. 381
83 Die deutsche Wirtschaftspolitik, a.a.O., S. 219 f.
84 Bericht über die Tätigkeit der Chefgruppe Wirtschaft, a.a.O., S. 5; s.a. Die deutsche Wirtschaftspolitik, a.a.O., S. 192 f.
85 Bericht über die Tätigkeit der Chefgruppe Wirtschaft, a.a.O., S. 5. Der Bruttowert der Industrieproduktion in den besetzten Ostgebieten belief sich nach deutschen Schätzungen auf höchstens 5 Milliarden RM; vergleicht man den Brutto- und den Nettoproduktionswert anderer Industriestaaten jener Zeit (USA 1939 43 Prozent, Großbritannien 1935 42 Prozent), so kommt man für die besetzen Ostgebiete auf den Nettowert von 2 Milliarden RM. Vgl. Statistisches Jahrbuch für die Bundesrepublik Deutschland 1952, hrsg. v. Statistischen Bundesamt Wiesbaden, S. 40
86 Burton H. Klein, Germany's Economic Preparations for War, Cambridge, Massachusetts 1959, Table 65, S. 256; das deutsche Bruttosozialprodukt betrug 1942 143 Milliarden RM und 1943 160 Milliarden RM.
87 Die deutsche Wirtschaftspolitik, a.a.O., S. 193
88 Siehe dazu z.B. Theodor Oberländer, Der Osten und die Deutsche Wehrmacht. Sechs Denkschriften aus den Jahren 1941–1943 gegen die NS-Kolonialthese, Asendorf 1987
89 Vernichtungskrieg, Ausstellungskatalog, a.a.O., S. 161
90 Franz W. Seidler (Hrsg.), Verbrechen an der Wehrmacht, a.a.O., S. 23 f.
91 A. E. Epifanow/Hein Mayer, Die Tragödie der deutschen Kriegsgefangenen in Stalingrad von 1942 bis 1956, Osnabrück 1996, S. 157
92 Fall 12, a.a.O., S. 121
93 Ebenda, S. 84 f.
94 Ebenda, S. 85
95 Gerd F. Heuer, Die Generalobersten des Heeres. Inhaber höchster deutscher Kommandostellen 1933–1945, o.O., o.J., S. 121 u. S. 126
96 Hans Laternser, Verteidigung deutscher Soldaten, a.a.O., S. 255

ANHANG

Verbänden der 6. Armee vorgeworfene Verstöße gegen das Kriegsvölkerrecht

Erläuterungen

Im folgenden sind die Anschuldigungen gegen Truppenteile und Verbände der 6. Armee zusammengestellt, die sich in der einschlägigen Literatur finden.

Für jeden einzelnen Fall werden Ort, Zeit und Truppenteil aufgelistet, gefolgt vom jeweiligen Vorwurf und der Feststellung der Schuld. Tatbeteiligte werden nur gezählt, wenn sie zur 6. Armee gehören, andernfalls steht in dieser Rubrik ein Strich. »W.o.« zeigt an, daß es sich im vorliegenden Fall um Mehrfachtäter handelt, die bereits »weiter oben« gezählt wurden. Unter »Fundstelle« werden nur Abkürzungen aufgeführt, die wie folgt zu entschlüsseln sind:

Boll/Safrian: Bernd Boll/Hans Safrian, Auf dem Weg nach Stalingrad. Die 6. Armee 1941/42, in: Hannes Heer/Klaus Naumann (Hrsg.), Vernichtungskrieg. Verbrechen der Wehrmacht 1941 bis 1944, Hamburg 1995

Anderson: Truman O. Anderson, *Die 62. Infanterie-Division. Repressalien im Heeresgebiet Süd, Oktober bis Dezember 1941*, in: ebenda

Katalog: *Hamburger Institut für Sozialforschung, Vernichtungskrieg. Verbrechen der Wehrmacht 1941 bis 1944, Ausstellungskatalog*, Hamburg 1996

Safrian: Hans Safrian, *Komplizen des Genozids. Zum Anteil der Heeresgruppe Süd an der Verfolgung und Ermordung der Juden in der Ukraine*, in: Walter Manoschek (Hrsg.), *Die Wehrmacht im Rassenkrieg. Der Vernichtungskrieg hinter der Front*, Wien 1996

Fall 12: *Das Urteil gegen das Oberkommando der Wehrmacht, gefällt am 28. Oktober 1948 vom Militärgerichtshof V der Vereinigten Staaten von Amerika*, Berlin 1961

Fall 1

Ort: Nordukraine, *Zeit:* 23. 6. 41, *Truppenteil:* XXXXVIII. AK (mot.), 1 Kommissar gefangen und »entsprechend behandelt«, *Schuld:* Kommissarbefehl; XXXXVIII AK (mot) unterstand Pz.Gr. 1, nicht 6. Armee, *Tatbeteiligte:* –, *Fundstelle:* Boll/Safrian, S. 266

Fall 2

Ort: Nordukraine, *Zeit:* 23. 6. 41, *Truppenteil:* III AK (mot), 1 Kommissar gefangen und »entsprechend behandelt«, *Schuld:* Kommissarbefehl; III. AK (mot) unterstand Pz.Gr. 1, nicht 6. Armee, *Tatbeteiligte:* –, *Fundstelle:* Boll/Safrian, S. 266

Fall 3

Ort: Litowitz, *Zeit:* 23. 6. 41, *Truppenteil:* 299. ID, 2 Kommissare nach Gefangennahme im Heckenschützenkrieg erschossen, *Schuld:* Kommissarbefehl, *Tatbeteiligte*: 26, *Fundstelle:* Boll/Safrian, S. 267

Fall 4

Ort: Nordukraine, *Zeit:* 25. 6. 41, *Truppenteil:* 62. ID, 1 Kommissar gefangen und »laut Weisung behandelt«, *Schuld:* Kommissarbefehl, *Tatbeteiligte:* 13, *Fundstelle:* Boll/Safrian, S. 266

Fall 5

Ort: Nordukraine, *Zeit:* 1. 7. 41, *Truppenteil:* 298. ID, 1 Kommissar »nach den Richtlinien behandelt«, *Schuld:* Kommissarbefehl, *Tatbeteiligte:* 13, *Fundstelle:* Boll/Safrian, S. 266

Die Proportion der sogenannten »Täter« in der Millionenarmee 537

Fall 6
Ort: Nordukraine, *Zeit:* 1. 7. 41, *Truppenteil:* 62. ID, 5 Kommissare »nach den Richtlinien behandelt«, *Schuld:* Kommissarbefehl, *Tatbeteiligte:* 65, *Fundstelle:* Boll/Safrian, S. 266

Fall 7
Ort: Nordukraine, *Zeit:* 2. 7. 41, *Truppenteil:* XXXXIV. AK, 1 Kommissar »gefangengenommen und befehlsgemäß behandelt«, *Schuld:* Kommissarbefehl, *Tatbeteiligte:* 13, *Fundstelle:* Boll/Safrian, S. 266

Fall 8
Ort: Nordukraine, *Zeit:* 2. 7. 41, *Truppenteil:* 62. ID, 9 Kommissare »entsprechend den Richtlinien behandelt«, *Schuld:* Kommissarbefehl, *Tatbeteiligte:* 117, *Fundstelle:* Boll/Safrian, S. 266

Fall 9
Ort: Raum Kiew, *Zeit:* 4. 10. 41, *Truppenteil:* 44. ID, Meldung über 122 »erledigte Kommissare«, *Schuld:* Komissarbefehl, *Tatbeteiligte:* 793, *Fundstelle:* Boll/Safrian, S. 266

Fall 10
Ort: Charkow, *Zeit:* 10. 41, *Truppenteil:* 57. ID, 3 Kommissare »entsprechend den Verfügungen« behandelt, *Schuld:* Kommissarbefehl, *Tatbeteiligte:* 39, *Fundstelle:* Boll/Safrian, S. 286

Fall 11
Ort: Nordukraine, *Zeit:* 10. 7. 41, *Truppenteil:* AOK 6, Führungsanordnung: Im »Interesse der Sicherheit sind »Soldaten in Zivil« und »verdächtige Zivilisten« zu erschießen, »unsichere Elemente« an Feldgendarmerie, SD oder ukrainische Hilfspolizei zu übergeben, *Schuld:* rechtswidrig nach Militärgerichtshof V, *Tatbeteiligte:* 2 (OB 6. Armee und Ia), *Fundstelle:* Boll/Safrian, S. 268

Fall 12
Ort: Nordukraine, *Zeit:* 19. 7. 41, *Truppenteil:* AOK 6, Führungsanordnung: Im Falle von Sabotageanschlägen sind Kollektivmaßnahmen gegen Juden und Russen vorzunehmen; Erschießungen und Abbrennen von Häusern, *Schuld:* rechtswidrig nach Militärgerichtshof V, *Tatbeteiligte:* w.o., *Fundstelle:* Boll/Safrian, S. 268

Fall 13

Ort: Nordukraine, *Zeit:* 14. 8. 41, *Truppenteil:* AOK 6, Weisung: An ruhigen Frontabschnitten ist durch Evakuierung von Dörfern und Unterbinden jeden zivilen Verkehrs ein Niemandsland zu schaffen, wo alle Verdächtigen durch die GFP zu erschießen sind. Ortsfremde ohne ausreichende Legitimation, auch »Knaben und Mädchen«, sind an den SD zu übergeben; alle Fallschirmjäger sind als Partisanen »niederzukämpfen«, *Schuld:* rechtswidrig nach Militärgerichtshof V, *Tatbeteiligte:* w.o., *Fundstelle:* Boll/Safrian, S. 282

Fall 14

Ort: Charkow, *Zeit:* 17. 10. 41, *Truppenteil:* AOK 6, Weisung: »Jüdische und bolschewistische Personen sind in erster Linie für die kollektive Sühne heranzuziehen. Saboteure oder Personen, die mit der Waffe Widerstand leisten, sind sichtbar aufzuhängen.« Um die Bevölkerung zur Anzeige verminter Gebäude zu zwingen, sollten diese vorzugsweise mit Juden belegt werden. *Schuld:* rechtswidrig nach Militärgerichtshof V, *Tatbeteiligte:* w.o., *Fundstelle:* Boll/Safrian, S. 286

Fall 15

Ort: Charkow, *Zeit:* 9. 11. 41, *Truppenteil:* OB 6. Armee, Befehl Reichenaus nach Anschlag, bei dem drei Soldaten und acht OT-Leute durch Partisanen getötet wurden: »Härteste Mittel« bei Vernehmung und Transport von Partisanen beiderlei Geschlechts, Abbrennen aller Höfe und Dörfer, in denen Partisanen unterstützt werden, Erschießen von Geiseln, Aufhängen von Mitschuldigen, sofern die Bevölkerung keine Verluste im Kampf gegen Partisanen nachweisen kann, *Schuld:* rechtswidrig nach Militärgerichtshof V, *Tatbeteiligte:* w. o., *Fundstelle:* Boll/Safrian, S. 286 f.

Fall 16

Ort: Charkow, *Zeit:* 14. 11. 41, *Truppenteil:* OB 6. Armee, Befehl Reichenaus über Ausgangssperre, *Schuld:* im Krieg übliche Maßnahme, *Tatbeteiligte:* –, *Fundstelle:* Boll/Safrian, S. 287

Fall 17

Ort: Nordukraine, *Zeit:* 7. 12. 41, *Truppenteil:* AOK 6/Ic, Notiz, daß bei Aktionen gegen »herumstreichende Elemente mehrere Tausend« öffentlich erhängt und erschossen wurden, *Schuld:* Vorwurf zu unbestimmt, *Tatbeteiligte:* –, *Fundstelle:* Katalog, S. 92

Fall 18
Ort: Nordukraine, Zeit: 22. 12. 41, Truppenteil: 44. ID, Niederbrennen von Dörfern in und vor der HKL, Schuld: zulässig nach HLKO, Tatbeteiligte: –, Fundstelle: Katalog, S. 180

Fall 19
Ort: Charkow, Zeit: 10. 41, Truppenteil: 57. ID, ID erschießt drei Zivilisten, die die Stadt verteidigt hatten und hängt sieben Saboteure auf, Schuld: Erschießung der drei Zivilisten, zulässig nach HLKO, Hinrichtung der sieben Saboteure, rechtswidrig nach Militärgerichtshof V, Tatbeteiligte: 30 (1 Zug), Fundstelle: Boll/Safrian, S. 286

Fall 20
Ort: Charkow, Zeit: 10. 41, Truppenteil: 57. ID, Militärbefehlshaber an der Straße nach Ogulizy läßt nach schweren Sabotageakten einheimischen Sicherungsdienst aufstellen, dessen Mitglieder mit ihrem Leben für die Verhinderung weiterer Sabotageakte haften sollten; im Falle ihrer Flucht sollten an ihrer Stelle zehn Ortseinwohner erschossen werden, Schuld: rechtswidrig nach Militärgerichtshof V, Tatbeteiligte: 1, Fundstelle: Boll/Safrian, S. 286

Fall 21
Ort: Mirgorod, Zeit: 28. 10. 41, Truppenteil: 62. ID III/190, nach Ermordung von zwei Soldaten der Luftwaffe und weiteren Angriffen durch Partisanen rückt III/190 in Mirgorod ein, wo es nach Erkundungen und Vernehmungen 45 Partisanen und 162 Juden wegen Unterstützung erschießt, Schuld: Erschießung der Partisanen, zulässig nach HLKO, Erschießung der Juden, Kriegsverbrechen, Tatbeteiligte: 300 (1 Bataillon), Fundstelle: Anderson, S. 303

Fall 22
Ort: Baranowka, Zeit: 10. 11. 41, Truppenteil: 62.ID III/190, nach Ermordung von 1 Oberst, 1 Unteroffizier und 1 Gefreiten durch Partisanen erschießt III/190 nach Erkundungen und Hausdurchsuchungen 10 Einwohner und brennt das Dorf nieder, wobei versteckte Munition in den Flammen explodiert, Schuld: rechtswidrig nach Militärgerichtshof V, Tatbeteiligte: w.o., Fundstelle: Anderson, S. 303 f.

Fall 23
Ort: Jereski, Zeit: 10. 11. 41, Truppenteil: 62. ID III/190, III/190 erschießt 45 Partisanen und ihre Helfershelfer, Schuld: Erschießung der Partisanen, zulässig nach HLKO, Erschießung der Helfershelfer, rechtswidrig nach Militärgerichtshof V, Tatbeteiligte: w.o., Fundstelle: Anderson, S. 304

Fall 24
Ort: Sorotschinzy, *Zeit:* 10. 11. 41, *Truppenteil:* 62 ID III/190, III/190 hängt drei Partisanen auf, *Schuld:* zulässig nach HLKO, *Tatbeteiligte:* –, *Fundstelle:* Anderson, S. 304

Fall 25
Ort: Obuchowka, *Zeit:* 12. 11. 41, *Truppenteil:* 62. ID III/190, Kompanie gerät am Ortsrand von Obuchowka in Hinterhalt einer Gruppe von 100 bis 200 Partisanen; im Gefecht wird bei Eigenverlusten von drei Gefallenen und fünf Verwundeten die Mehrzahl der Partisanen niedergemacht. Weil die Bevölkerung die Anwesenheit der Partisanen verheimlicht hat, werden das Dorf niedergebrannt und die Einwohner erschossen, *Schuld:* Gefecht; Erschießung der Einwohner als Sühnemaßnahme, rechtswidrig nach Militärgerichtshof V, *Tatbeteiligte:* w.o., *Fundstelle:* Anderson, S. 305

Fall 26
Ort: Gebiet südlich Gadjatsch, *Zeit:* 11. 41, *Truppenteil:* 62. ID IR 190, bei Partisanenaktion eine »Handvoll« Verdächtiger hingerichtet, Schuld: rechtswidrig nach Militärgerichtshof V, *Tatbeteiligte:* w.o., *Fundstelle:* Anderson, S. 308

Fall 27
Ort: Gornoschajewka, *Zeit:* 12. 11. 41, *Truppenteil:* Ersatzbrig. 202, Landesschützenbtl. 416, nachdem ein Soldat auf dem Bahnhof von Gornoschajewka durch Scharfschützen getötet wurde, erschießt die Ers.Brig. 202 auf Befehl des Bataillonschefs des Landesschützenbtl. 416 20 Juden und brennt fünf Häuser nieder, *Schuld:* Ersatzbrig. 202 und Landesschützenbtl. 416 unterstanden nie der 6. Armee, *Tatbeteiligte:* –, *Fundstelle:* Anderson, S. 305 f.

Fall 28
Ort: Sswinarnoje, *Zeit:* 10. 11. 41, *Truppenteil:* 62. ID II/164, II/164 erschießt nach Vernehmung sechs angebliche Partisanen, die von einem Einwohner denunziert wurden, *Schuld:* rechtswidrig nach Militärgerichtshof V, *Tatbeteiligte:* 300 (1 Bataillon), *Fundstelle:* Anderson, S. 306

Fall 29
Ort: Ljutenka, *Zeit:* 10. 11. 41, *Truppenteil:* 62. ID II/164, II/164 erschießt nach Vernehmung Wächter des ehemaligen Parteibüros der KP; bei Hausdurchsuchungen werden einige Waffen gefunden, eine jüdische Familie wird mit gefälschten Personalpapieren festgenommen. Nach kurzer Vernehmung werden insgesamt 14 Personen erschossen, *Schuld:* rechtswidrig nach Militärgerichtshof V, *Tatbeteiligte:* w.o., *Fundstelle:* Anderson, S. 306

Die Proportion der sogenannten »Täter« in der Millionenarmee 541

Fall 30
Ort: Raum Welibowka, *Zeit:* 13. 11. 41, *Truppenteil:* 62. ID II/164, nach Partisanensuche in der Umgebung von Welibowka werden 21 Gefangene erschossen, *Schuld:* zulässig nach LKO, wenn Partisanen, sonst rechtswidrig nach Militärgerichtshof V, *Tatbeteiligte:* w.o., *Fundstelle:* Anderson, S. 306 f.

Fall 31
Ort: Gebiet südlich Gadjatsch, *Zeit:* 10.–13. 11. 41, *Truppenteil:* 62. ID II/164, II/164 exekutiert bei Such- und Säuberungsaktionen insgesamt 49 Personen, *Schuld:* zulässig nach HLKO, wenn Partisanen, sonst rechtswidrig nach Militärgerichtshof V, *Tatbeteiligte:* w.o., *Fundstelle:* Anderson, S. 307

Fall 32
Ort: Turowka, *Zeit:* 23. 11. 41, *Truppenteil:* 62. ID II/164, 7. Kompanie erschießt alle Angehörigen einer 23köpfigen jüdischen Familie (keine Begründung), *Schuld:* Tatumstände nicht bekannt, aber mit größter Wahrscheinlichkeit Kriegsverbrechen, *Tatbeteiligte:* w.o., *Fundstelle:* Anderson, S. 307 f.

Fall 33
Ort: Welibowka, *Zeit:* 23. 11. 41, *Truppenteil:* 62. ID II/164, II/164 nimmt in Welibowka 14 Geiseln, nachdem mehrere Verdächtige entkommen sind; mehrere Geiseln wurden freigelassen, nachdem acht Verdächtige gefangengenommen und erschossen wurden, *Schuld:* rechtswidrig nach Militärgerichtshof V, *Tatbeteiligte:* w.o., *Fundstelle:* Anderson, S. 308

Fall 34
Ort: Ljutenka, *Zeit:* 27. 11. 41, *Truppenteil:* 62. ID II/164, Partisanen greifen Zug von 7. Kompanie an; nach Verstärkung durch »zahlreiche« Einwohner getötet, darunter 10 »Banditen«. 32 Häuser werden abgebrannt, da diese bei dem Angriff von den Partisanen benutzt wurden, *Schuld:* Gefecht/HLKO, *Tatbeteiligte:* –, *Fundstelle*: Anderson, S. 308

Fall 35
Ort: Raum Ljutenka, *Zeit:* 28. 11. 41, *Truppenteil:* 62. ID II/164, II/164 findet bei Suchaktion nach Partisanenangriff im Raum Ljutenka restliche Stützpunkte; 57 Partisanen werden nach Gefangennahme erschossen, *Schuld:* zulässig nach HLKO, *Tatbeteiligte:* –, *Fundstelle:* Anderson, S. 308

Fall 36
Ort: Ssakalowka, *Zeit:* 1. 12. 41, *Truppenteil:* ID, nach Entdeckung von zwei Waldlagern der Partisanen nordöstlich von Ssakalowka werden 30 »Banditen« er-

schossen, einige Waffen erbeutet; Ssakalowka wird niedergebrannt, *Schuld:* zulässig nach HLKO, *Tatbeteiligte:* –, *Fundstelle:* Anderson, S. 308 f.

Fall 37
Ort: Nordukraine, *Zeit:* 28. 10. 41, *Truppenteil:* 75. ID, Befehl: Rotarmisten, die sich mit oder ohne Waffe nicht freiwillig in Gefangenschaft begeben, sind zu erschießen; Partisanen sind »grundsätzlich sofort« zu erschießen und nur in Ausnahmefällen der GFP zu übergeben. Das gleiche gilt »für Frauen ins russischer Uniform«, die nicht als Angehörige der feindlichen Streitkräfte betrachtet werden können, *Schuld:* Befehl ist in bezug auf die Rotarmisten rechtswidrig nach Militärgerichtshof V, in bezug auf Partisanen zulässig nach HLKO, in bezug auf Frauen in Uniform Verstoß gegen HLKO, *Tatbeteiligte:* 2 (OB 75. ID u. Ia), *Fundstelle:* Boll/Safrian, S. 283

Fall 38
Ort: Raum Charkow, Sumy, Sudscha u. Belgorod, *Zeit:* 22.11.41, *Truppenteil:* 75. ID Inf.Abt. 202, Jagdkommando Inf.Abt. 202 erschießt 76 Partisanen und brennt ein Dorf ab, *Schuld:* zulässig nach HLKO, *Tatbeteiligte:* –, *Fundstelle:* Boll/Safrian, S. 288

Fall 39
Ort: Rshawa, *Zeit:* 11. 12. 41, *Truppenteil:* 75. ID, 75. ID brennt drei Ortschaften nordöstlich von Rshawa ab, um Flankierungsmöglichkeiten auszuschalten, *Schuld:* zulässig nach HLKO, *Tatbeteiligte:* –, *Fundstelle:* Boll/Safrian, S. 288 f.

Fall 40
Ort: Raum Belgorod, *Zeit:* 23.–31. 12. 41, *Truppenteil:* 75. ID, 75. ID zerstört Ende Dezember alle im Vorfeld der Winterstellung liegenden Dörfer und vertreibt die Bevölkerung entweder nach Osten oder schiebt sie in das Gebiet 30 km westlich der Bahnlinie Belgorod-Kursk ab, *Schuld:* zulässig nach HLKO, *Tatbeteiligte:* –, *Fundstelle:* Boll/Safrian, S. 289

Fall 41
Ort: Raum Belgorod, *Zeit:* 1. 42, *Truppenteil:* 75. ID, Verbot für männliche Zivilbevölkerung, Ortschaften zu verlassen, *Schuld:* Ausgangssperre, im Krieg übliche Maßnahme, *Tatbeteiligte:* –, *Fundstelle:* Katalog, S. 92

Fall 42
Ort: Mjassojedowo, *Zeit:* 1. 42, *Truppenteil:* 75. ID, 15 »herumtreibende« und 12 »herumlungernde« Zivilisten erschossen, *Schuld:* rechtswidrig nach Militärgerichtshof V, *Tatbeteiligte:* 30 (1 Zug), *Fundstelle:* Katalog, S. 92

Fall 43
Ort: Zwiahel, *Zeit:* 13. 7. 41, *Truppenteil:* 79. ID, 8 Juden als »Mitglieder der russischen Geheimpolizei« wegen »Stärkung des zivilen Widerstandes im rückwärtigen Gefechtsgebiet« erschossen, *Schuld:* rechtswidrig nach Militärgerichtshof V, *Tatbeteiligte:* 30 (1 Zug), *Fundstelle:* Boll/Safrian, S. 267

Fall 44
Ort: Iwanice, *Zeit:* 25. 6. 41, *Truppenteil:* 168. ID, ein KP-Mitglied und ein Jude wegen Kabelsabotage erschossen, *Schuld:* rechtswidrig nach Militärgerichtshof V, *Tatbeteiligte:* 30 (1 Zug), *Fundstelle:* Boll/Safrian, S. 267

Fall 45
Ort: Nordukraine, *Zeit:* 7.–21. 8. 41, *Truppenteil:* 168. ID, 168. ID verhaftet 23 verdächtige Personen, darunter 19 junge Frauen; einige werden erschossen, vier ins Gefangenenlager Shitomir gebracht, der Rest der GFP übergeben, *Schuld:* rechtswidrig nach Militärgerichtshof V, *Tatbeteiligte:* 30 (1 Zug), *Fundstelle:* Boll/Safrian, S. 281 f.

Fall 46
Ort: Litowitz, *Zeit:* 22. 6. 41, *Truppenteil:* 299. ID, 3 Freischärler erschossen, *Schuld:* zulässig nach HLKO, *Tatbeteiligte:* –, *Fundstelle:* Boll/Safrian, S. 267

Fall 47
Ort: Nordukraine, *Zeit:* 28. 6. 41, *Truppenteil:* 299. ID IR 530, nach Gefecht mit Einzelschützen in Uniform und Zivil werden bei der Säuberungsaktion 30 Freischärler erschossen, 2 iMG und 1 MPi erbeutet, *Schuld:* Gefecht/HLKO, *Tatbeteiligte:* –, *Fundstelle:* Boll/Safrian, S. 267

Fall 48
Ort: Raum Sumy, *Zeit:* 11.41, *Truppenteil:* 299. ID, durch 299. ID werden mehrere Partisanengruppen teils aufgerieben, teils abgedrängt. Die Aufklärungsabt. der 299. ID nimmt bei Mogriza Familien von Partisanenführern als Geiseln, *Schuld:* Gefecht/zulässige Repressalie, *Tatbeteiligte:* –, *Fundstelle:* Boll/Safrian, S. 287 f.

Fall 49
Ort: Raum Charkow, Sumy, Sushda und Belgorod, *Zeit:* 6. 11.–9. 12. 41, *Truppenteil:* 299. ID Jagdkommando, Jagdkommando vernichtet 380 Partisanen, *Schuld:* Gefecht/HLKO, *Tatbeteiligte:* –, *Fundstelle:* Boll/Safrian, S. 288

Fall 50

Ort: Nordukraine, *Zeit:* 23. 11. 41, *Truppenteil:* 299. ID IR 529, Entfernung der Juden aus dem Unterkunftsbereich wegen Spionagegefahr, *Schuld:* kein Verbrechen, *Tatbeteiligte:* –, *Fundstelle:* Katalog, S. 164

Fall 51

Ort: Raum Charkow, Sumy, Sudsha u. Belgorod, *Zeit:* 20. 10.–31. 12. 41, *Truppenteil:* XXIX. AK (75. U. 299. ID), 75. und 299. ID töten zwischen Ende Oktober und Ende Dezember 1941 1120 Partisanen und Partisanenverdächtige sowie 342 Geiseln, *Schuld:* Hinrichtung von Partisanen völkerrechtlich zulässig, von Partisanenverdächtigen und Geiseln rechtswidrig nach Militärgerichtshof V, *Tatbeteiligte:* 600 (2 Bataillone), *Fundstelle:* Boll/Safrian, S. 288

Fall 52

Ort: Nordukraine, *Zeit:* 30. 11. 41, *Truppenteil:* XXIX. AK, Bericht über geringe Partisanentätigkeiten aufgrund von energischem Durchgreifen gegen »Herumtreiber«, *Schuld:* Vorwurf zu unbestimmt, *Tatbeteiligte:* –, *Fundstelle:* Katalog, S. 169

Fall 53

Ort: Raum Belgorod, *Zeit:* 18. 12. 41, *Truppenteil:* XXIX. AK, Korpsbefehl, zur Sicherung der Winterstellung feindwärts gelegene Dörfer zu evakuieren und zu zerstören sowie unter den Zivilisten vorsorglich Geiseln zu nehmen, *Schuld:* zulässig nach HLKO, *Tatbeteiligte:* –, *Fundstelle:* Boll/Safrian, S. 289

Fall 54

Ort: Charkow, *Zeit:* 11.41, *Truppenteil:* Feldkommandantur 787, 57. u. 68. ID, Feldkommandantur 787 richtet in Charkow im Hotel International ein Geisellager ein. Die Bewachung erfolgt durch die 68. ID, das Recht zur Anordnung von Geiseltötungen liegt beim Stadtkommandanten (OB 57. ID). Bei einer Razzia am 15.11. nimmt die 57. ID 500 Geiseln fest, von denen 20 nach einem Sprengstoffanschlag auf das Geschäftszimmer eines Pionierregiments gehängt werden. Zur Vergeltung für Minensprengungen werden am 16.11. 50 »Bolschewiken« an den Balkonen der Hauptstraße gehängt. Das AOK 6 meldet Anfang Dezember, daß in 6 Wochen mehrere Hundert Partisanen und Verdächtige erschossen und erhängt wurden, *Schuld:* Geiselhinrichtungen in dieser Form rechtswidrig nach Militärgerichtshof V, *Tatbeteiligte:* 600 (2 Bataillone), *Fundstelle:* Boll/Safrian, S. 287

Fall 55

Ort: Nordukraine, *Zeit:* 28. 12. 41, *Truppenteil:* IR 172 u. IR 202, Meldung über Niederbrennen einiger Ortschaften vor der Front, *Schuld:* zulässig nach HLKO, *Tatbeteiligte:* –, *Fundstelle:* Katalog, S. 180

Fall 56

Ort: Sumy, Zeit: 18.11.41, Truppenteil: Ortskommandantur I/927, Anweisung zur Ausweiskontrolle der Zivilbevölkerung: »Zivilpersonen beiderlei Geschlechts, welche sich von 18 Uhr bis 5 Uhr herumtreiben, sind festzunehmen und bei Widerstandsleistung sofort zu erschießen«; »Zivilpersonen, welche mit Waffen und Munition aller Art angetroffen werden und keine Ausweise einer deutsche Militärbehörde besitzen, sind sofort zu erschießen«, *Schuld:* rechtswidrig nach Militärgerichtshof V, *Tatbeteiligte:* 1, *Fundstelle:* Katalog, S. 92

Fall 57

Ort: Luck, Zeit: 2. 7. 41, Truppenteil: ?, SK 4a der Einsatzgruppe C, 1 Zug Ordnungspolizei und 1 Zug Heeresinfanterie erschießen zur »Vergeltung« 1160 Juden, nachdem das NKWD 4 deutsche Flieger und ca. 1500 Ukrainer ermordet hatte, *Schuld:* Beteiligung an Massenmord, *Tatbeteiligte:* 30 (1 Zug), *Fundstelle:* Boll/Safrian, S. 270

Fall 58

Ort: Tarnopol, Zeit: 6. 7. 41, Truppenteil: ?, SK 4b erschießt ca. 1000 Juden zur »Vergeltung« der Ermordung von sieben deutschen Fliegern und drei Soldaten sowie 200 Ukrainern durch das NKWD. Vorgänge in Tarnopol teilweise ungeklärt, Beteiligung von Wehrmachtangehörigen sehr fraglich, *Schuld:* Tarnopol lag im Befehlsbereich der 17., nicht der 6. Armee, *Tatbeteiligte:* –, *Fundstelle:* Boll/Safrian, S. 271 f.

Fall 59

Ort: Krzemieniec, Zeit: 10. 7. 41, Truppenteil: ?, 3 KP-Funktionäre und ein verdächtiger Jude an SD übergeben und erschossen, *Schuld:* Übergabe von Zivilisten an SD wegen dessen polizeilicher Funktion an sich zulässig, solange keine Kenntnis vom kriminellen Charakter dieser Organisation, *Tatbeteiligte:* –, *Fundstelle:* Boll/Safrian, S. 267

Fall 60

Ort: Raum Zwiahel, Zeit: 26.–28. 7. 41, Truppenteil: OB 6. Armee. Auf Anordnung Reichenaus führte die 1. SS-Brigade eine Säuberungsaktion durch, bei der 73 russische Soldaten (Freischärler), 165 Funktionäre und 1658 Juden erschossen werden. *Schuld:* Befehl Reichenaus für Säuberungsaktion hat Massenmord zur Folge. *Tatbeteiligte:* w.o., *Fundstelle:* Fall 12, S. 220 f.

Fall 61

Ort: Nordukraine, Zeit: 30. 7. 41, Truppenteil: AOK 6, Übergabe von Kriegsgefangenen an den SD, *Schuld:* rechtswidrig nach Militärgerichtshof V, *Tatbeteiligte:* w.o., *Fundstelle:* Katalog, S. 84

Fall 62
Ort: Raum Shitomir, *Zeit:* 7. 41, *Truppenteil:* 95. ID, Soldaten der 95. ID und einer SS-Einheit erschießen auf Befehl von General Sixt v. Arnim 200 Personen, zum großen Teil Juden, wegen Mißhandlung deutscher Soldaten, *Schuld:* Geständnis in sowjetischer Kriegsgefangenschaft, ohne Beweiswert, *Tatbeteiligte:* –, *Fundstelle:* Katalog, S. 182

Fall 63
Ort: Berditschew, *Zeit:* 7. 8. 41, *Truppenteil:* 2. Feld-Fernsprech-Kp./643, 35 Mann der Feld-Fernsprech-Kp. 643 beteiligen sich freiwillig an der Absperrung des Judenviertels, bevor die Juden von ukrainischer Miliz und SS ermordet werden, *Schuld:* Beihilfe zum Massenmord, *Tatbeteiligte:* 35, *Fundstelle:* Safrian, S. 106 f.

Fall 64
Ort: Shitomir, *Zeit:* 7. 8. 41, *Truppenteil:* AOK 6, Heer überstellt einige Zivilgefangene an SD; insgesamt 187 Russen und Juden werden von SD erschossen, *Schuld:* Übergabe von Zivilisten an SD; wegen dessen polizeilicher Funktion an sich zulässig, solange keine Kenntnis vom kriminellen Charakter dieser Organisation, *Tatbeteiligte:* –, *Fundstelle:* Boll/Safrian, S. 272

Fall 65
Ort: Shitomir, *Zeit:* 7. –10. 8. 41, *Truppenteil:* AOK 6, Stabsoffiziere vom AOK 6 beobachten die Erschießung von 400 Juden durch SK 4a. Danach folgt Armeebefehl, der Wehrmachtangehörigen die Teilnahme an solchen Exekutionen sowie das Zuschauen und Fotografieren verbietet. Teilnahme an Absperrungen auf Bitten des SD sind dagegen erlaubt, *Schuld:* Verbot, an Erschießungen von Juden teilzunehmen, *Tatbeteiligte:* –, *Fundstelle:* Boll/Safrian, S. 272 ff.

Fall 66
Ort: Bjelaja Zerkow, *Zeit:* 21. 8. 41, *Truppenteil:* OB 6. Armee, Ermordung von 90 jüdischen Kindern durch das SK 4a und ukrainische Miliz wird vom OB 6. Armee v. Reichenau genehmigt. *Schuld:* zulassen von Massenmord, *Tatbeteiligte:* w.o., *Fundstelle:* Boll/Safrian, S. 275 ff.

Fall 67
Ort: Babi Yar, *Zeit:* 29.–30. 9. 41, *Truppenteil:* Propaganda-Kp.637, Massaker von Babi Yar durch SK 4a, Polizeirgt. Rußland Süd, Btln. Waffen-SS z.b.V. und Polizei-Reservebtln. 9. Die Propaganda-Kp. 637 druckt 2000 Plakate mit der Aufforderung an die jüdische Bevölkerung, sich zu versammeln. *Schuld:* Beihilfe zum Massenmord durch Propaganda-Kp. 637, *Tatbeteiligte:* 150. *Fundstelle:* Boll/Safrian, S. 278 f. (Propaganda-Kp. hatte volle Stärke)

Fall 68

Ort: Fastow, *Zeit:* 9. 41, *Truppenteil:* ?, GFP und ein Landesschützenbtln. erschießen 30 Heckenschützen und 50 Juden. SK 4a erschießt anschließend 262 Juden, *Schuld:* Erschießung der Heckenschützen zulässig nach HLKO; Erschießung der Juden höchstwahrscheinlich Kriegsverbrechen (nähere Umstände nicht bekannt). GFP und Landesschützenbtln. ohne Angabe von Nummern, daher nicht bekannt, ob 6. Armee unterstellt, *Tatbeteiligte:* –, *Fundstelle:* Boll/Safrian, S. 275

Fall 69

Ort: Nordukraine, *Zeit:* 10. 10. 41, *Truppenteil:* OB 6. Armee. Befehl v. Reichenaus »Verhalten der Truppe im Ostraum«, *Schuld:* Aufruf zur Duldung der Massaker des SD, *Tatbeteiligte:* w.o. *Fundstelle:* Katalog, S. 80

Fall 70

Ort: Borispol, *Zeit:* 14.–16. 10. 41, *Truppenteil:* Kgf.-Lager Borispol, Auf Anforderung des Lagerkommandanten erschießt ein Zug des SK 4a 1099 jüdische Kriegsgefangene sowie 24 Partisanen und Kommunisten, *Schuld:* Kgf.-Lager Borispol unterstand dem rückwärtigen Heeresgebiet Süd, nicht der 6. Armee, *Tatbeteiligte:* –, *Fundstelle:* Boll/Safrian, S. 269

Fall 71

Ort: Lubny, *Zeit:* 16. 10. 41, *Truppenteil:* Ortskommandantur Lubny, Ortskommandant versammelt 1800 Juden »zwecks Umsiedlung«; diese werden vom SK 4a übernommen und erschossen, *Schuld:* Beihilfe zum Massenmord, *Tatbeteiligte:* 20, (Ortskommandantur), *Fundstelle:* Katalog, S. 80 ff.

Fall 72

Ort: Charkow, *Zeit:* 11.41, *Truppenteil:* AOK 6, Zusammenarbeit von AOK 6 und SK 4a bei Feststellung und Verhaftung von Juden, Kommissaren und politisch Verdächtigen, »weitere Behandlung« durch SD. Erschießung von 305 Juden durch SK 4a am 16. 12. 41, *Schuld:* Beihilfe zum Massenmord, *Tatbeteiligte:* w.o., (GFP und Feldgendarmerie werden gesondert gerechnet), *Fundstelle:* Boll/Safrian, S. 280 f.

Fall 73

Ort: Charkow, *Zeit:* 4. 11. 41, *Truppenteil:* Feldkommandantur Charkow, Sicherstellung jüdischen Vermögens, *Schuld:* Verstoß gegen HLKO, *Tatbeteiligte:* 20, (Feldkommandantur), *Fundstelle:* Katalog, S. 96

Fall 74
Ort: Charkow, *Zeit:* 28. 11. 41, *Truppenteil:* Feldkommandantur Charkow, KL auf 400 Köpfe, darunter 300 Juden reduziert, *Schuld:* Sachverhalt unklar, *Tatbeteiligte:* –, *Fundstelle:* Katalog, S. 96

Fall 75
Ort: Charkow, *Zeit:* 14.–16. 12. 41, *Truppenteil:* Feldkommandantur Charkow. Nach Aufruf des Stadtkommandanten Evakuierung der Juden in Baracken der Werksiedlung eines Traktorenwerks. Ermordung von 20 000 Juden durch SK 4a, *Schuld:* Beihilfe zum Massenmord, *Tatbeteiligte:* w.o., *Fundstelle:* Boll/Safrian, S. 281

Fall 76
Ort: Nordukraine, *Zeit:* 2. 7. 41, *Truppenteil:* 62. ID. Ein Feldwebel und sechs Soldaten erschießen 42 sowjetische Kriegsgefangene, nachdem sie die Leichen von zwei deutschen Soldaten gefunden hatten, die durch Messerstiche in die Kehle getötet worden waren, *Schuld:* Verstoß gegen Genfer Konvention, *Tatbeteiligte:* 7, *Fundstelle:* Safrian, S. 95 ff.

Fall 77
Ort: Straße Klewan-Luck, *Zeit:* 3. 7. 41, *Truppenteil:* 298. ID. Ein SS-Mann und ein Heeressoldat von einer Nachschubkompanie erschießen ohne Anlaß zwei russische Kriegsgefangene, *Schuld:* Verstoß gegen Genfer Konvention, *Tatbeteiligte:* 1, *Fundstelle:* Boll/Safrian, S. 268 f.

Fall 78
Ort: Nordukraine, *Zeit:* 9./10. 41, *Truppenteil:* AOK 6, Befehl, alle »schlappmachenden« russischen Kriegsgefangenen zu erschießen, *Schuld:* Verstoß gegen Genfer Konvention, *Tatbeteiligte:* w.o., *Fundstelle*: Safrian, S. 97

Fall 79
Ort: Nordukraine, *Zeit:* 27.–31. 10. 41, *Truppenteil:* 75. ID, 75. ID erschießt offensichtlich als Vergeltungsmaßnahme 230 sowjetische Kriegsgefangene einer Einheit, die bei zwei Angriffen 26 deutsche Soldaten getötet (und wahrscheinlich verstümmelt) hat, *Schuld:* Repressalie gegen Kriegsgefangene, die nach Genfer Konvention aber nicht zulässig ist. *Tatbeteiligte:* 300 (1 Bataillon), *Fundstelle:* Boll/Safrian, S. 283

Fall 80
Ort: Nordukraine, *Zeit:* 6. 1. 42, *Truppenteil:* 75. ID, Befehl, wegen Greueltaten an deutschen Soldaten »von jetzt ab grundsätzlich alle Mongolen und Asiaten zu er-

Die Proportion der sogenannten »Täter« in der Millionenarmee 549

schießen, gleichgültig ob es sich um Kriegsgefangene, Überläufer oder aufgegriffene Zivilisten handelt«, *Schuld:* Verstoß gegen HLKO und Genfer Konvention, *Tatbeteiligte:* w.o., *Fundstelle:* Boll/Safrian, S. 263

Fall 81
Ort: Nordukraine, *Zeit:* 7. 1. 42, *Truppenteil:* XXIX. AK, Ia gibt obigen Befehl an unterstellte Divisionen weiter, *Schuld:* Weitergabe eines rechtswidrigen Befehls, *Tatbeteiligte:* 1, *Fundstelle*: Boll/Safrian, S. 263

Fall 82
Ort: Nordukraine, *Zeit:* 3. 7. 41, *Truppenteil:* Oberquartiermeister 6. Armee, Anordnung, daß Truppe sich soweit wie möglich aus dem Lande ernähren soll, *Schuld:* zulässig nach HLKO, *Tatbeteiligte:* –, *Fundstelle:* Safrian, S. 99

Fall 83
Ort: Nordukraine, *Zeit:* 15. 7. 41, *Truppenteil:* Oberquartiermeister 6. Armee, Verbot wilder Beitreibungen, *Schuld:* entspricht HLKO, Tatbeteiligte: –, *Fundstelle:* Safrian, S. 99

Fall 84
Ort: Nordukraine, *Zeit:* 16. 7. 41, *Truppenteil:* Oberquartiermeister 6. Armee, Anordnung, den gegnerischen Gefallenen das Schuhwerk auszuziehen und Schuhwerk von der Zivilbevölkerung zwangsweise anzukaufen, *Schuld:* zulässig nach HLKO, *Tatbeteiligte:* –, *Fundstelle:* Safrian, S. 99

Fall 85
Ort: Nordukraine, *Zeit:* 21. 7 41, *Truppenteil:* 44. ID, Ausweispflicht für Einheitsführer von Beitreibungskommandos, *Schuld:* entspricht HLKO, *Tatbeteiligte:* –, *Fundstelle:* Safrian, S. 100

Fall 86
Ort: Nordukraine, *Zeit:* 31. 7. 41, *Truppenteil:* OB 6. Armee, Armeebefehl v. Reichenaus über Verbot eigenmächtigen Beutemachens, *Schuld:* entspricht HLKO, *Tatbeteiligte:* –, *Fundstelle:* Katalog, S. 88

Fall 87
Ort: Nordukraine, *Zeit*: 28. 9. 41, *Truppenteil:* OB 6. Armee, Armeebefehl, Lebensmittelbestände sicherzustellen und für den Winter Lebensmittellager anzulegen, *Schuld:* zulässig nach HLKO, *Tatbeteiligte:* –, *Fundstelle:* Boll/Safrian, S. 284

Fall 88
Ort: Nordukraine, Zeit: 23. 10. 41, Truppenteil: ?, Bericht über falsche Behandlung der ukrainischen Bevölkerung; Beitreibungen arten zu Plünderungen aus, Schuld: kein Kriegsverbrechen, Vorwurf unbestimmt, Tatbeteiligte: –, Fundstelle: Katalog, S. 90

Fall 89
Ort: Lochwiza, Zeit: 10. 41, Truppenteil: 44. ID Intendantur, jüdische Bevölkerung erhält Auflage, alle Strümpfe und für Fußlappen geeignete Stoffe abzuliefern, Schuld: zulässig nach HLKO, Tatbeteiligte: –, Fundstelle: Safrian, S. 100 f.

Fall 90
Ort: Nordukraine, Zeit: 7. 11. 41, Truppenteil: 62. ID, Stab der 62. ID droht Soldaten mit der Todesstrafe für Diebstahl, Unterschlagung, Bestechung und jede unrechtmäßige Aneignung von Versorgungsgütern, Schuld: entspricht HLKO, Tatbeteiligte: –, Fundstelle: Boll/Safrian, S. 284

Fall 91
Ort: Charkow, Zeit: 13. 11.–6. 12. 41, Truppenteil: LV. AK, Berichte über Plünderungen und Vergewaltigungen, Befehl zur disziplinaren Ahndung, Schuld: Befehl zur Bestrafung im Sinne der HLKO, Tatbeteiligte: –, Fundstelle: Safrian, S. 101

Fall 92
Ort: Charkow, Zeit: 11.41, Truppenteil: Stadtkommandantur Charkow, Maßnahmen zur Bekämpfung der Hungersnot in Charkow; Abgabe von verdorbenen Lebensmitteln und ungenießbaren Innereien sowie von gestorbenen Pferden von Truppe an Zivilbevölkerung, Freigabe des Fischfangs in den Teichen der Umgebung; Beschlagnahme von Zucker, Kaffee, Mehl, Marmelade usw. für die Wehrmacht, Schuld: Folge von sowjetischer Strategie der »verbrannten Erde«; Beschlagnahmen für Wehrmacht zulässig nach HLKO, Tatbeteiligte: –, Fundstelle: Boll/Safrian, S. 285

Fall 93
Ort: Charkow, Zeit: 12.41–1.42, Truppenteil: Stadtkommandantur Charkow, ungenügende Ernährung der Zivilbevölkerung in Charkow, da diese zur freiwilligen Abwanderung bewegt werden soll, Schuld: Folge von sowjetischer Strategie der »verbrannten Erde«, Tatbeteiligte: –, Fundstelle: Boll/Safrian, S. 285 f.

Fall 94
Ort: Nordukraine, Zeit: 29. 1. 42, Truppenteil: 75. ID, Anordnung, »wilde« Requirierungen einzustellen und die Versorgung der Division zu überlassen, Schuld: entspricht HLKO, Tatbeteiligte: –, Fundstelle: Boll/Safrian, S. 285

Walter Post, Dr. phil., Jahrgang 1954, Studium der Politischen Wissenschaften, der Neueren Geschichte und der Philosophie, Lehrbeauftragter am Geschwister-Scholl-Institut für Politische Wissenschaften der Universität München (1990–1994), arbeitet als freier Historiker.
Buchveröffentlichungen: »Unternehmen Barbarossa. Deutsche und sowjetische Angriffspläne 1940/41«; als Herausgeber und Übersetzer: »George Morgenstern: Pearl Harbor 1941. Eine amerikanische Katastrophe«; außerdem zahlreiche Zeitschriftenaufsätze.

Schlußbetrachtung

Erkenntnis und Verpflichtung

Es war die Absicht, dem Leser, der dieses Buch nun aus der Hand legt, die Grundlage zu vermitteln, daß die »Soldaten der Wehrmacht« zwar eine nach Millionen zählende Schicksalsgemeinschaft bildeten, das persönliche Ergehen, das Tun und Unterlassen aber abhing von unterschiedlichen Gegebenheiten des Ortes, des Zeitpunktes, des Auftrags und dem Verhalten des Gegners. Die Wehrmacht war weit überwiegend durch die Millionen von Wehrpflichtigen und Reservisten, Angehörigen fast aller deutschen Familien repräsentiert. Ebenso sollte deutlich werden, daß die sechs Jahre vor Kriegsbeginn keine ausreichende Plattform geboten haben, um nationalsozialistische Ideologie in der Armee durchzusetzen. Die politische Indoktrination hatte in den wenigen Jahren keine wirkliche Chance, Haltung und Wertvorstellungen der Armee zu revolutionieren. Erst in den letzten Kriegsjahren wuchs – bedingt durch die hohen Verluste – ein junges Führerkorps nach, das parteiideologisch stärker geprägt war, das im Einsatz jedoch durch die Erfordernisse im soldatischen Alltag keinen wesentlichen Einfluß gewann. Die Grundlagen für Erziehung, Haltung und Disziplin waren somit aus Traditionen der früheren deutschen Armeen überkommen und weiterentwickelt.

Ausländische Historiker haben zu analysieren versucht, wie es möglich war, daß aus der kleinen Reichswehr nach einer enormen Vervielfältigung in wenigen Jahren eine relativ homogene kriegstüchtige Armee gebildet werden konnte, die im wesentlichen bis zum Zusammenbruch an überkommenen ethischen Grundlagen und erzieherischen Prinzipien festhielt. Vor allem angelsächsische und israelische Wissenschaftler ergründeten die Ursachen für das trotz eklatanter Unterlegenheit und Zerschlagung der Heimatbasis anhaltende Stehvermögen und den Zusammenhalt der deutschen Truppen. Überwiegend machten sie dafür nicht ideologische Indoktrination, sondern einen tief wurzelnden Patriotismus und vor allem die im Volk und im Militär weit verbreitete Überzeugung verantwortlich, daß das Unrecht von Versailles korrigiert werden müsse.

Schlußbetrachtung

Die Verantwortung des Soldaten

Für die militärische Führung gehört die Auslösung eines Krieges letztendlich in die Verantwortung der Politik. Wiederholt rieten Generale Hitler vom Kriege und dahin führenden Risiken ab, der Chef des Generalstabs, Beck, nahm 1938 aus diesem Grunde seinen Abschied. Zu einem Staatsstreich, wie ihn sein Nachfolger Halder anschließend beabsichtigte, kam es indessen nicht, da die Westmächte Hitlers Forderungen auf Abtretung des Sudetenlandes akzeptierten – die Generalität erkannte zu spät, daß Hitler als »Eidnehmer« schrittweise begann, eben diesen Eid selbst zu brechen und damit außer Kraft zu setzen.

Der Primat der Politik galt in der Diktatur so absolut, daß die oberste militärische Führung mit nur geringem Spielraum die Führerweisungen umzusetzen hatte. Zu spät wurde erkannt, daß die Unterordnung unter den Primat der Politik – trotz dessen hohen Stellenwerts – zurückzustehen hat, wenn er die Durchsetzung höchst moralischer Ziele oder die Bewahrung der Existenz der Nation gefährdet.

In einem Spannungsfeld zwischen Pflicht und Gewissen erlebten viele Offiziere die außenpolitischen Entscheidungen Hitlers, die die Gefahr eines Kriegsausbruchs schnell vergrößerten. Sie gerieten damit in eine ihnen bis dahin weitgehend unbekannte Problematik. Widerstand gegen einen erhaltenen Befehl setzt voraus, daß dem Vorgesetzten zuvor eine Gegenvorstellung zur Überprüfung seines Entschlusses übermittelt worden ist. Wird der Befehl aber bestätigt, bleibt nur der Gehorsam.

»Soldaten werden von der Regierung in den Krieg kommandiert, egal ob unter Vergnügen oder Entsetzen.« (Jörg Friedrich)

Nach den überraschenden strategischen Erfolgen in den beiden ersten Kriegsjahren wuchs in der verlustreichen Winterschlacht 1941/42 bei vielen die Erkenntnis, in ein Tun eingebunden zu sein, das nicht nur zur Katastrophe führen konnte, sondern daß auch die Härte und die Inhumanität des Krieges durch die Zielsetzungen der politischen Führung immer weniger zu rechtfertigen waren. Zuletzt bildete nur noch die unbestreitbare Gefahr einer Bolschewisierung Europas ein tragfähiges Argument für die Fortsetzung des Krieges. Auch die Forderung der alliierten Regierungen auf »bedingungslose Kapitulation« ließ keine andere Wahl, als den Ansturm des Bolschewismus von unseren Grenzen fernzuhalten.

Zunehmender Widerstand gegen das NS-Regime mußte in Rechnung stellen, daß dem »Führer« zu jedem Zeitpunkt von der Mehrheit der Bevölkerung Kredit eingeräumt wurde. Nach einem Staatsstreich hätte die alternative Regierung diese Mehrheit gegen sich gehabt. Unzählbar sind die Fälle, in denen durch Befehlshaber und Kommandeure rechtswidrige Weisungen verändert oder einfach unterlaufen worden sind. Das Nichtbefolgen unsinniger Befehle entwickelte sich zu hoher Kunst, wie Peter Bamm einmal festgestellt hat.

Zahlreiche prominente deutsche und ausländische Soldaten, Politiker und Schriftsteller haben dokumentiert, daß ihnen – wie der weit überwiegenden Mehrheit der Bevölkerung – Hitlers Vernichtungsprogramm und die Stadien seiner Durchführung erst 1945 bekanntgeworden sind. Dennoch gab es Verbände, insbesondere des Heeres, die durch ihre Funktion und Dislozierung damit in nähere Berührung gekommen sind. Intensität und Umfang dieser »Verstrickung« sind auch ein halbes Jahrhundert nach Kriegsende noch ungenügend und unsystematisch erforscht. Die Darstellung und Bewertung solcher Verbände wurden nur an Einzelbeispielen dokumentiert und konnten dadurch in zunehmendem Maße von politisch interessierter Seite in großem Umfang pauschalisiert werden.

Verunglimpfung der dem Staat Verpflichteten

Spätere Generationen werden Schwierigkeiten haben, nachzuvollziehen, wie es zu der absoluten Umkehrung der Bewertung deutscher Soldaten im Zweiten Weltkrieg in der deutschen Öffentlichkeit gekommen ist. Sagte doch Bundeskanzler Adenauer am 5. April 1951 im Parlament: »Die Kriegsverbrecher verdienen nicht unsere Gnade ... Aber der Prozentsatz derjenigen, die wider die Gesetze der Menschlichkeit verstoßen haben, die wirklich schuldig sind, ist so außerordentlich klein, daß damit der Ehre der früheren deutschen Wehrmacht kein Abbruch geschieht.«

Vier Jahrzehnte später läßt das Bundesverfassungsgericht es zu, daß Soldaten – mit Ausnahme der Bundeswehr – straffrei als »Mörder« bezeichnet werden dürfen. Dieser Umkehrung im Urteil ging ein langer geistiger Prozeß voraus. Gewiß war es verständlich, daß nach den Überforderungen des Pflichtgefühls, des Gehorsams und der Vaterlandsliebe während der Diktatur und dem Verlangen, gemeinsame Interessen vor die persönlichen zu stellen, nun nach dem Zusammenbruch – wie in einer Pendelbewegung – die Wertvorstellungen in das andere Extrem umschlugen: Egoismus, Materialismus, kein Dienst für die Gemeinschaft, sondern steigende Forderungen an den Staat zu eigenen Wohlergehen.

Die politische Elite blieb angesichts wachsender Verunglimpfung der Väter und damit auch der zahlreichen Mitbegründer der Bundeswehr dem Zeitgeist angepaßt und teilnahmslos. Nur wenige Parlamentarier erkannten die Diskrepanz, daß unser Staat zwar per Wehrpflichtgesetz seine Söhne zum Wehrdienst einziehen kann, es aber gesetzlich nicht zu verhindern weiß, daß dieser Berufsstand als Mörderorganisation diffamiert werden darf. Die rechtliche Trennung zwischen der Bundeswehr und früheren Soldaten-Generationen ist moralisch und juristisch unhaltbar.

Ein allgemeiner Trend in der öffentlichen Meinung bewirkte zugleich, daß fast alle Untaten des Nazi-Regimes einfach in die Verantwortung der Wehrmacht »abgeladen« werden konnten. So blieben die »Vergangenheitsbewältigungen« im Bereich der Justiz, der Medien, der Polizei oder der Medizin weitgehend aus, während die Wehrmacht en bloc verteufelt wurde. Die pauschalen Anklagen gegen die Gemeinschaft von 18 Millionen der Vätergeneration erreichten mit einem Artikel in »Die Zeit« (31. Januar 1992) einen ersten Höhepunkt, indem die Wehrmacht als »größte Mord- und Terrororganisation der deutschen Geschichte« bezeichnet wurde. Solche rechtswidrige und völlig unangemessene Pauschalisierung ist von zahlreichen Autoren und Wissenschaftlern übernommen worden.

Qualifizierung von völkerrechtlichem Fehlverhalten

Da fast jede deutsche Familie »ihren« Wehrmachtangehörigen hatte, ist gut vorstellbar, wie viele Fragen gestellt oder verdrängt worden sind. »Bist du auch schuldig?« – Aufwendige und sorgfältige Untersuchungen wären erforderlich gewesen. Nachdem diese ein halbes Jahrhundert unterblieben, würde es unser Vorhaben überfordert haben, in einer umfassenden Recherche die Versäumnisse nachzuholen. Es bot sich indessen eine Lösung an, um der Wahrheit ein gutes Stück näherzukommen, nämlich in einem überschaubaren Teilbereich eine quantifizierende Untersuchung vorzunehmen.

Das Ergebnis, niedergelegt im letzten Kapitel dieser Dokumentation, zeigt, daß 1,5 vom Hundert der mit Vorwürfen in der Literatur besonders bedachten 6. Armee als Täter oder auch Tatverdächtige eingestuft werden müssen. Dieser Wert würde sich noch vermindern, wenn man statt der Maßstäbe des Nürnberger Militärtribunals die bis heute international gebräuchlichen Maßstäbe anlegen würde.

Die Quantifizierung der »Täter« bei einer Armee bietet natürlich noch keine Grundlage, um sie auf die Gesamtstärke der Wehrmacht hochzurechnen. Zu unterschiedlich sind die Bedingungen, in die etwa ein Großverband im besetzten Frankreich oder in Jugoslawien gestellt waren. Da jedoch bei unserer Untersuchung ein besonders beschuldigter Verband ausgewählt wurde, kann mit großer Wahrscheinlichkeit gefolgert werden, daß die pauschale Verurteilung aller Soldaten der Wehrmacht wissenschaftlich, rechtlich und moralisch unhaltbar und mithin nicht länger hinzunehmen ist.

Es ging uns mit diesem Werk nicht um eine weitere Darstellung der Operationen zwischen dem Nordkap und Afrika, zwischen der Atlantikküste und dem Kaukasus. Dazu gibt es Literatur in Fülle. Die Herausgeber baten die Verfasser aufzuzeigen, unter welchen schweren Bedingungen, Opfern und Anfechtungen solche Leistungen erbracht wurden oder aber auch zu Versäumnissen und Versagen führten.

Wer aus der Rückschau Fehlhandlungen beurteilt, muß dies aus den Vorgaben jener Zeit tun: Er muß in Rechnung stellen, daß die Sowjetunion sich an die völkerrechtliche Grundlage für die Kriegführung, die Haager Landkriegsordnung, nicht gebunden fühlte und sich dementsprechend in den Methoden ihrer Kriegführung frei fühlte. Kritiker sollten berücksichtigen, daß ihre Urteile heute in der Muße gründlicher Überlegungen – erforderlichenfalls gar mit der Rechtsberatung – erfolgen, der Soldat indessen in der unübersichtlichen Lage des Gefechts meist spontan handeln mußte. Sie dürfen auch nicht übersehen, daß die Rote Armee von Beginn des Ostfeldzugs an Grausamkeiten an Gefangenen und Verwundeten beging.

In der deutschen Nachkriegsliteratur haben die meisten Autoren – wie auch alle in diesem Buch versammelten – gottlob darauf verzichtet, völkerrechtswidrige Handlungen auf deutscher Seite gegen Verstöße der Gegner aufzurechnen. Eigene Schuld läßt sich nicht dadurch relativieren, daß man sie auch bei anderen nachweist. Diese Zurückhaltung hat nun andererseits bei deutschen Lesern zu der Vorstellung geführt, Völkerrechtsvergehen seien fast ausschließlich auf eigener Seite geschehen. Untragbar wird dieses Verfahren dann, wenn dadurch die Gewichte in der Geschichtsschreibung massiv verschoben werden. Im Bewußtsein der deutschen Leser hat zum Beispiel unsere Luftwaffe mit der unterschiedslosen Bombardierung der Zivilbevölkerung begonnen. Dagegen steht die klare Aussage eines hohen Beamten im britischen Luftfahrtministerium in »Bombing Vindicated«, London: »Wir begannen, Ziele in Deutschland zu bombardieren, ehe die Deutschen das in England taten. Das ist eine historische Tatsache.«

Bewährung, Versagen und Gedenken

Der Titel unseres Buches erfordert einen wertenden Abschluß. Beim Wägen der Erfolge der deutschen Soldaten ging es nicht um gewonnene Schlachten, sondern um die innere Bewährung derer, die der Primat der damaligen Politik in eine bestimmte Funktion und vor letztlich unlösbar scheinenden Aufgaben gestellt hatte. Immer erneut hatten die Frontsoldaten ihre Angst zu überwinden und harte körperliche Anstrengungen zu bewältigen, oft schutzlos in klirrender Kälte oder der Hitze, dem Schlamm oder dem Hunger ausgeliefert. Sie hatten durchzuhalten, ihre verwundeten Kameraden zu versorgen, ihre Gefallenen würdig zu begraben und den Angehörigen – oft das schwerste – die Todesnachricht zu übermitteln.

Im letzten Grunde war es nicht der Hitler geleistete Eid, der sie beieinander hielt, sondern die erfahrene Kameradschaft in der »Kleinen Kampfgemeinschaft« und – als der Krieg unter der Forderung der bedingungslosen Kapitulation zum Kampf um das Überleben geworden war – der Wille, unser Land und damit Europa nicht dem Bolschewismus zu überlassen. Die »zehn Gebote für die Kriegführung des deutschen Soldaten«, die der Soldat in seinem Soldbuch fand, setzten die Völkerrechtsbestimmungen der Haager Landkriegsordnung angemessen um, sie begannen mit der Formulierung: »Der deutsche Soldat kämpft ritterlich für den Sieg seines Volkes. Grausamkeiten und nutzlose Zerstörungen sind seiner unwürdig.«

Mit hohem Respekt sind die Leistungen der Luftwaffe zu nennen, die – kurze Zeit vor Kriegsbeginn gerade erst geschaffen – mit vielfach kurzausgebildeten Besatzungen schlachtentscheidende Beiträge erbrachte, die in tapferen Einsätzen mit nachlassenden Kräften die eingeschlossenen Verbände des Heeres bis zuletzt zu versorgen versuchte und – weit unterlegen – schließlich die Heimat gegen die Wellen der Bomberangriffe nur noch unvollkommen zu schützen vermochte.

Die Männer der Kriegsmarine fühlten sich schon bald vor Aufgaben gestellt, die ihre Zahl und Rüstung weit überforderten. Mit großem Wagemut und Überraschungsoperationen wurden zwar Nord- und Ostsee beherrscht und die Erzbasis Norwegen gesichert. Die Kräfte reichten aber nicht für die entscheidende Schlacht um England. Schließlich opferte und verzehrte sich die U-Boot-Waffe im Ringen um die Unterbindung amerikanischer Unterstützung für die Alliierten. Der Tapferkeit und der Motivation dieser Besatzungen, von denen zwei Drittel auf See blieben – so wie den Seeleuten, die mit der Abholung Hunderttausender ostdeutscher Flüchtlinge betraut waren – sollten wir höchste Anerkennung zollen.

Zu denken ist auch an die Leistungen der unterstützenden Truppen, die nicht selten bis an die Grenzen der Erschöpfung Verwundeten halfen und die Versorgungsgüter auf kaum kenntlichen oder bedrohten Wegen an die Front brachten.

Wer heute ein unverfälschtes Bild über die Wehrmacht sucht, ist eher auf angelsächsische Militärhistoriker angewiesen; gerechte, differenzierte Urteile deutscher Historiker wird er meist vergeblich suchen. Oder er stößt auf die Urteile der gegnerischen Feldherren wie die des Sowjetmarschalls Schukow oder die des Oberbefehlshabers der Westalliierten, General Eisenhower, der 1951 erklärte: »Ich war 1945 der Auffassung, daß die Wehrmacht ... identisch mit Hitler sei und deshalb auch mitverantwortlich für die Auswüchse des Regimes. Inzwischen habe ich eingesehen, daß meine damalige Beurteilung nicht den Tatsachen entspricht. Und ich stehe nicht an, mich wegen meiner damaligen Auffassung zu entschuldigen. Der deutsche Soldat hat für seine Heimat tapfer und anständig gekämpft.«

Ähnlich lautete das Urteil, das der französische Staatspräsident Mitterrand in einer Rede in Berlin, kurz vor seinem Tode, abgab.

Mit Recht konnte daher 1997 bei der Gedenkfeier am Ehrenmal des Heeres in Koblenz gesagt werden: »Niemals zuvor in unserer Geschichte hat eine vergleichbare große und tapfere Armee, schmählich mißbraucht von einem verbrecherischen Obersten Befehlshaber, gegen eine Übermacht von Feinden bis zum bitteren Ende so opfervoll ihre militärische Pflicht erfüllt.«

– Wer heute in Selbstgerechtigkeit, Unwissenheit und Ignoranz einen Stein wirft, möge prüfen, ob er als Soldat jener Zeit seinen eigenen Maßstäben gerecht geworden wäre, und ob er die Einsicht, die Möglichkeit und die Kraft zum Widerstand gehabt hätte. (F.W. Oehler, Siegen)

Dieser Respekt vor den nicht zu leugnenden Leistungen der Wehrmacht kann nicht verdrängt werden durch die Scham gegenüber den völkerrechtlichen Verfehlungen, die unzweifelhaft begangen wurden und die wir und die nachwachsenden Generationen als stete Mahnung nicht vergessen dürfen. Solche Besinnung kann und darf jedoch nicht so weit führen, daß die historische Wahrheit ignoriert oder unzureichend erforscht und am Ende durch unwissenschaftliche Pauschalierungen ersetzt wird. Auf so vergiftetem Boden würden auf Dauer nicht die von unsern Nachbarn erhofften gelassenen und berechenbaren Deutschen aufwachsen. Übertriebene Komplexe führen – wie die Psychologie lehrt – zu gefährlichen und zunehmenden Gegenreaktionen, die sich schließlich entladen könnten. Unsere jüngere Geschichte ist gerade dafür ein sehr ernstzunehmendes Beispiel.

Die Lücke im Hauptbuch der Geschichte

Mit welchem Mandat und welcher Kompetenz werden eigentlich – so ist danach zu fragen – Teilbereiche unserer jüngsten Vergangenheit gelöscht oder so selektiert, daß ihre Darstellung mit der Wirklichkeit nicht mehr in Einklang steht?

Nach dem Traditionsverständnis unserer Bundeswehr ist die Wehrmacht als Institution nicht traditionswürdig, weil Teile davon in Verbrechen verstrickt waren. Durch diese Aussage wird eine kleine Minderheit zu einer bestimmenden Größe. Tradition knüpft aber nicht an Institutionen an wie etwa die Armee der Freiheitskriege oder die Armee des Kaiserreiches, sondern sie bezieht sich auf beispielgebende Persönlichkeiten oder Gruppen unseres gemeinsamen Erbes. Die Bundeswehr kann Traditionsbezüge nicht selektiv aus

Schlußbetrachtung 559

einem sozialfreien Raum schöpfen: Die herausragenden Ideen und Taten der großen deutschen Reformer und Soldaten werden erst durch ihr historisches Umfeld begreifbar, sonst bleiben sie tönerne Symbole und versinken bald in Vergessenheit. Dazu schreibt Arnulf Baring: »Natürlich dürfen wir nichts vergessen, müssen unser zwiespältiges Erbe im Bewußtsein halten – aber eben unser ganzes Erbe.«

Die Erfahrungen und Tugenden, die bei der Entstehung der Bundeswehr aus der 1945 ausgelöschten Wehrmacht übernommen wurden, tragen noch heute wichtige Grundsätze von Erziehung und Ausbildung, dies auch dort, wo sie weiterentwickelt wurden. Wo Zeitgeistpressionen sie zu verdrängen begannen, hat es spürbares Versagen gegeben. Als Verdrängung muß gar bezeichnet werden, wenn den für den Aufbau der jungen Armee so sorgsam ausgewählten Offizieren und Unteroffizieren gegenüber deren soldatische Herkunft als Belastung betrachtet wird. Unsere junge Armee kann es sich nicht leisten, auf in Jahrhunderten gewachsene Traditionen zu verzichten mit der Begründung, diese schaffe man sich selbst.

So schließt sich der Kreis und es wird erkennbar, daß das Handeln jeder Generation nur aus den Bedingungen ihrer Zeit zu beurteilen ist. Sie fußt auf den ihr überkommenen Grundlagen, so wie sie weitergibt, was sie daraus gemacht hat. Wie unser geographischer Platz in Mitteleuropa, so ist auch unser Platz in der historischen Abfolge unser Schicksal. Weder das eine noch das andere können wir verändern.

»Auch künftig werden sich junge Deutsche nur dann zum Einsatz ihres Lebens bereitfinden, wenn dieser Dienst die verdiente Anerkennung durch Staat und Gesellschaft erfährt. ... Diese findet ihren Ausdruck nicht zuletzt in der Würdigung der Leistungen und der Opferbereitschaft vergangener Soldatengenerationen.« (Günther Kießling, 1977).

Quellen- und Literaturverzeichnis

Im folgenden werden aus der Überfülle an Quellen und Publikationen über den Zweiten Weltkrieg nur diejenigen Dokumente, Sammelbände, Einzelschriften und Aufsätze in Fachzeitschriften aufgeführt, die für die vorliegende Darstellung von unmittelbarem Bezug sind. In einigen wenigen Fällen werden auch Beiträge in Tages- und Wochenzeitungen einbezogen.

A. Unveröffentlichte Quellen

Air Staff (Studie) »The Restriction of Air Warfare«, 14. 1. 1938, PRO, Air 9/84
Akten der Wehrmachtuntersuchungsstelle für Verletzungen des Völkerrechts
Angriffsbefehl des Luftflottenkommandos 4, Führungsabteilung Ia op Nr. 1000/41 g.Kdos. vom 31. 3. 1941 (BA-MA RL 7/657,Bl.1–14)
Armeeoberkommando 2, Tätigkeitsbericht, Abt.Ic v.05.06.41, BA-MA RH 26-24/47
Armeeoberkommando 3, Abt. Ia, BA-MA RH 24-3/134
Armeeoberkommando (A.O.K.17,Ic/AO) Fernschreiben an Gen.Kdo. XXXXIX A.K. vom 12. 08.19 41, BA-MA RH 20-17/276
Armeeoberkommando (A.O.K.18., Ia), BA-MA- 18. Armee, 19601/2
I. Armeekorps, Ic-Tagesmeldungen v. 27. 06.–26. 11. 41, BA-MA RH 24-1/260, 261, 48
I. Armeekorps, Weisung v. 02. 06. 41, BA-MA RH 24-1/22
III. Armeekorps, Weisung OKW, weitergegeben Abt.Ia v. 16.06.41, BA-MA RH 24-3/134
III. Armeekorps, Ic-Meldungen v. 23. 06.–14. 08. 41, BA-MA RH 24-3/134, 135, 137
III. Armeekorps, Weisung Abt.Ia, v. 02. 10. 41 Meldung wg. pol. Kommissare, BA-MA RH 24-3/136
V. Armeekorps, Ic-Tagesmeldungen v. 30. 06. 41–25. 04. 42, BA-MA RH 24-5104, 110, 120, 124, 119
6.Inf.Div., Tätigkeitsbericht Abtl.Ic v. Juli 41, BA-MA RH 16-6/63
8.Inf.Div., Abtl.Ia, Befehl wg. Vorgehen gegen pol. Kommissare, BA-MA 26-8/30
8.Inf.Div., Ia- u. Ic-Meldungen/ Berichte, BA-MA 26-8/17
8.Inf.Div., Ic-Tagesmeldung v. 02. 08. 41, BA-MA RH 26-8/73
8.Inf.Div.,Kommandeur, KTB, Offz.Besprechung v. 19. 06. 41, BA-MA RH 26-8/21
22.Inf.Div., Abt.Ia, Weisung v. 13. 08. 41, BA-MA RH 26-22/67
22.Inf.Div., Divisionsbefehl v. 20. 06. 41, BA-MA RH 26-22/67
22.Inf.Div., Ic-Tagesmeldung, August 41, BA-MA RH 26-22/66
22.Inf.Div., Tätigkeitsbericht Ic v. 20. 06. 41, BA-MA RH 26-22/66
23.Inf.Div., KTB Abtl.Ia und Meldungen Ic v. 28. 06. 41 und v. 2. u. 27. 07. 41, BA-MA RH 26-23/46, 22, 47
24.Inf.Div., Ic-Lageberichte/ Meldungen v. 30. 06.–20. 08. 41 BA-MA RH 26-24/71, 72
24.Inf.Div., Kommandeur, Befehl vom 28. 10. 41, BA-MA RH 22/188
29.Inf.Div., Ic-Lageberichte/ Meldungen v. 22. 06.–16. 12. 41, BA-MA RH 26-29/58
Arnold Papers, Library of Congress Washington (LoC), Box 223
Ausbildungsvorschrift für die Infanterie (AVI), H.Dv Nr.130, Berlin 1922
Basic Field Manual (US-FM 29/10) in der Fassung von 1940
Bechtle, Otto, Vortrag vom 2. 4. 1944: Der Einsatz der Luftwaffe gegen England, ihre Taktik und Lehren 1940-1943, BA-MA RL 17/49
Befh.Heeresgebiet A, KTB – Führungsabteilung – vom 1. 8.42– 31. 12. 42, BA-MA RH 22/210
Befh.Heeresgebiet B, Abt. Ia, Anlagen zum KTB, Monat Juli 42, Mappe 1, BA-MA RH 22/45

Befh.rückw.H.Geb. Süd, Partisanenbekämpfung, BA-MA RH 22/19
Befh.rückw.H.Geb. Süd, Stab, Tätigkeitsbericht Abt.VII v. 01.–30. 11. 41, BA-MA RH 22/10
Befh.rückw.H.Geb., 15. 11. 41, BA-MA RH 22/9 (Ernährung der Bevölkerung), BA-MA RH 22/9
Befh.rückw.H.Geb., Abt.VII,Stab, Anordnung Nr. 13, 28. 8. 41, BA-MA RH 22/9 (Ghettoisierung)
Anlagen zum Tätigkeitsbericht, BA-MA RH 22/24 u.22/27
Befh.rückw.H.Geb.103, Abt. Ic, 11. 7. 41, Besondere Anordnungen für die Behandlung der ukrainischen Frage, BA-MA RH 22/5
Befh.rückw.H.Geb.103, Abt. Ic, vom 14. 7. 41, Maßnahmen auf dem Ic-Gebiet, BA-MA RH 22/5
Befh.rückw.H.Geb.103, später Süd, Kriegstagebuch Nr. 1 vom 21. 6. 41–31. 12. 41, BA-MA RH 22/3
Anlagen Ic-Meldungen zum KTB Befh.rückw.H.Süd vom 21. 6.–31. 12. 41, BA-MA RH 22/271
Anlagen zum KTB, Befh. rückw.H.Gebiet Süd vom 1. 6.–30. 6. 41, Mappe 3, BA-MA RH 22/41
Anlagen zum KTB, Band 9 vom 3. 4.–25. 10. 41, u.a. Befehle
Befh.rückw.H.Geb.Süd, Abt. Ia, 10. 8. 41, Aufträge an SS-Brigade 1, BA-MA RH 22/6
Befh.rückw.H.Geb.Süd, Abt. Ic, 29. 7. 41, Befriedungsmaßnahmen, BA-MA RH 22/25;
Befh.rückw.H.Geb.Süd, Anordnung Abt. VII, Nr. 7, 16. 8. 41, BA-MA RH 22/6
Befh.rückw.H.Geb.Süd, Befehl v. 14. 07. 41, BA-MA RH 22/170
Befh.rückw.H.Geb.Süd, betr. Fragen der Zusammenarbeit mit der Wi.In.Süd, vom 6. 11. 41, BA-MA RH 22/9
Befh.rückw.H.Geb.Süd, KTB Nr.1, Meldung vom 9. 11. 41 sowie weitere Meldungen vom 12. 11. 41 und 18. 11. 41, BA-MA RH 22/3;
Anlagen bis einschließlich 20. 12. 41, BA-MA RH 22/4-10
Befh.rückw.H.Geb.Süd, Quartiermeister Ib-Meldungen, BA-MA RH 36-30/19 (Mischakte)
Anlagenband zum KTB Qu.Abt. mit Tätigkeitsberichten vom 1. 9. 41–31. 12. 41 der Abt. III, IVa–d, IV Wi und VII, BA-MA RH 26-454/28
Befh.rückw.H.Geb.Süd, Reisebericht Chef des Stabes v. 25. 11. 41, BA-MA RH 22/10
Befh.rückw.H.Geb.Süd, Tätigkeitsbericht der Abteilung VII für den Zeitraum 1.–30. 11. 41, BA-MA RH 22/10
Befh.rückw.H.Geb. Süd, Tätigkeitsbericht der Führungsabteilung vom 1. 1. 42–31. 5. 42, BA-MA RH 22/18
Befh.rückw.H.Geb.Süd, Aktenvermerk Abt.VII v. 2. 7. 43, BA-MA RH 22-211b
Befh.rückw.H.Geb., Bericht d. Kriegsgefangenenbezirkskommandanten v. 29. 07. 41, v. 08. 09. 41, v. 17./18. 01. 42 und Tätigkeitsbericht Abt.Ic v. Februar 42, BA-MA RH 22/251, 299
Befh.rückw.H.Geb.Süd, Kriegstagebuch für den Monat Juli 1943, BA-MA RH 22/102
Anlagen Abt. Ia zum KTB vom 1. 1. 43–30. 6. 43, BA-MA RH 22/104
Befh.rückw.H.Geb.Süd, Kriegstagebuch für die Monate August/September 1943, BA-MA RH 22/104
Befh.rückw.H.Geb.Süd, KTB für die Monate Oktober/November 1943, BA-MA RH 22/105
Befh./Gefangenen-Zahlen: BA-MA RH 24-1/260, RH 24-3/137, RH 24-5/114, u. 124, RH 21-4/271, RH 26-23/46, RH 26-24/76, RH 26-26/58
213. Sich.Div. KTB vom 23. 5. 41–31. 12. 41, BA-MA RH 26-213/3
Anlagen zum KTB 213. Sich.Div. vom 23. 5. 41–31. 12. 41, Tätigkeitsbericht der Abteilungen Ic, IIa u. IVd/e, BA-MA RH 26/213
213. Sich.Div., Abt. Ia, 6. 11. 41, BA-MA RH 26/213/4
213. Sich.Div., Ia/Ic. 22. 8. 41, BA-MA RH 22/6
213. Sich.Div., KTB vom 1. 1. 43–30. 6. 43), BA-MA RH 26/213/11
454. Sich.Div., KTB Qu.Abt. vom 15. 5. 41–31. 12. 41, BA-MA RH 26-454/25
454. Sicherungsdivision, Abt.Ia, Meldung, BA-MA RH 22/7
Oberfeldkommandantur (OFK) 242, Anruf wegen Arbeiterwerbung Snamenka, BA-MA RH 22/166
Befriedungsmaßnahmen, BA-MA RH 22/5
Bericht 1. SS-Brigade (mot), Abteilung Ia vom 10. 10. 41, BA-MA RH 22/8
Besprechung bei Generaloberst Jeschonnek, 1. 5. 1943, BA-MA RM 7/260, S. 176 ff.

Besprechung beim Reichsmarschall am 15. 8. 1940 über bewußte Konzentrierung auf feindliche Luftwaffen- und Luftrüstungsziele, BA-MA RL 2 II/360, Bl. 2486–2490
Bestände des Archivs der Marine-Offiziers-Vereinigung Bad Godesberg
Bestände des Bundesarchivs/ Zentralnachweisstelle, Kornelimünster
Bestände des Friedenspalastes, Den Haag (NL)
Bestände des Instituts für Zeitgeschichte (IFZ) München
Brief d. Funkers Giesen, Fliegerhorst Quakenbrück 1940, MGFA, Abt. AIF III
Brief des brit. Defence Ministry an Alfred de Zayas vom 16. 6. 78
Brief vom 1. 6. 84 des damaligen Kommandanten K. Petersen an den Verfasser (Schmoeckel)
Brief vom 16. 5. 84 von Commander Joe Brooks, dem damaligen Midshipman, an den Verfasser (Schmoeckel)
Bundesarchiv-Militärarchiv Freiburg (BA-MA), Lw 106/12 (Sammlung Studiengruppe der Luftwaffe)
Chief of Staff der Royal Air Force, Air Chief Marshal Sir Cyril L. Newall, am 27. 9. 1938, Public Record Office London (PRO), AIR 8/251PRO AIR 8/283.
Churchill am 14.7.1941 an Portal, Lord Beaverbrook an Minister of Defence vom 29. 8. 1941, PRO CAB 120/292
Cooperation Under Fire: Restraint and Escalation in World War II, University of Minnesota 1992
Deichmann, Paul, »Die Angriffswaffen der deutschen Luftwaffe und ihre Anwendung«, BA-MA, Studie Lw 33
DObdL Führungsstab Ia Nr. 5937/40 g.Kdos. vom 2. September 1940, BA-MA RL 2 II/360, Bl. 2507, 2509, 2523, 2454.
DRdL Nr. 6093/34 g.Kdos. vom 31. 1. 1934, BA-MA RL 3/192, Bl. 312.
DRdLuObdL Generalstab 1. Abt. Nr. 60/40 g.Kdos. (III), BA-MA RL 2 II/360, Bl. 2503–2528.
Eidesstattliche Erklärungen zur OKW Verteidigung durch Dr. Hans Laternser
Eidesstattliche Versicherung von Generaloberst a.D. Wilhelm Adam vom 24. 8. 1948, ZS 240, s. Bd. VI, S. 32
Einzelmeldungen, BA-MA RH 22/6
Einzelmeldungen, BA-MA RH 22/8, RH 22/211a und RH 22/5
Entwicklung Ferngel. Körper, Oberstabsingenieur a.D. Rudolf Brée, »Meine Tätigkeit im Reichsluftfahrtministerium 1935/1945 unter besonderer Berücksichtigung der Entwicklung ferngelenkter Körper«, Bericht vom April 1987, S. 1 (Beilage zum Schreiben Brées an den Verf. vom 22. 5. 1987
Feldkommandantur (V) 194, 10. 3. 42 u. 12. 3. 42, BA-MA RH 22/24
Feldurteile: RHL 3/43, RM 34-C 48061, RM 45 West-G, RM 45 Nord-G, Südost-G, Norwegen-G
Forschungsplan RLM 1938, 3. Teil, BA-MA RL 39/1034, S. 6, 8, 10, 12
Führung und Gefecht der verbundenen Waffen (FuG), D.V.PC. 487, Berlin 1921
Generalluftzeugmeister, Schreiben LC II Nr. 3201/36 vom 6.5.1936 (Durchschrift), BA-MA, Lw103/50
Generalluftzeugmeister,Technisches Amt, LC 7 II LC 7 Nr. 2550/41 geh. vom 24. 4. 1941: Bericht über die Bombenwirkung in Belgrad, und Lfl Kdo 4 FüAbt Ic vom 15. 4. 1941: Zusammenstellung der auf Belgrad abgeworfenen Bomben, BA-MA RL 3/2157
Heeresgnadenordnung (HGnO), BA-MA RH 14/22, Bl. 39 ff.
Institut für Zeitgeschichte (IFZ) Zeugenschrift ZS 240, Bd. I
IFZ ZS 240, Bd. V
Kampfgeschwader 40, Petersen, Edgar, ehem. Kommandeur der Erprobungsstellen der Luftwaffe, Ausarbeitung vom 4. 5. 1972 über die Entstehungsgeschichte des Kampfgeschwaders 40.
Kampfauftrag II./Kampfgeschwader 76 Abt. Ia Nr. 1218/40 geh.,
Kampfauftrag zur Bekämpfung der wichtigsten englischen Luftrüstungsziele vom 17. 9. 1940, und Zusätze 1–6 vom 24. 9.–18. 10. 1940, BA-MA RL 2 II/360, Bl. 2418–2431; Nr. 1357/40 geh. Kampfauftrag für Störangriffe auf Loge vom 4. 10. 1940, ebd., Bl. 2432–2436; Nr. 1634/40 geh., Kampfauftrag für Nachtangriffe auf Loge vom 30. 10. 1940, ebd., Bl. 2437–2439.

Kesselring, Albert, Vortrag als Chef des Generalstabes der Luftflotte 1 vom 16.11.1939 über den »Einsatz der Luftwaffe im polnischen Feldzug«, Berlin 1. 12. 1939 (Privatbesitz d. Verf.).
Kom.Gen.d.Sich.Trp. u. Befh.H.Geb. Mitte, Ic-Tätigkeitsberichte von Januar bis Juni 1942, BA-MA RH 243
Kommandierender General der Sicherungstruppen und Befehlshaber im Heeresgebiet B, 15. 8. 42, Monatsbericht 01.–31. 7. 42
Kom.Gen.d.Sich.Trp. u. Befh.i.H.Geb. Mitte, Ic-Tätigkeitsberichte von Juli bis Dezember 1942, BA-MA RH 22/244
Kommandierender General der Sicherungstruppen und Befehlshaber Heeresgebiet B, Abt. Ia, 15. 8. 42, Monatsbericht 1.–31. 7. 42, BA-MA RH 22/45
Kommandierender General der Sicherungstruppen und Befehlshaber im Heeresgebiet Mitte, 01. 5. 42, Tätigkeitsbericht Ic (April 1942), BA-MA RH 22/243
Kommandierender General der Sicherungstruppen und Befehlshaber im Heeresgebiet A, Abt. Ic, 5. 9. 42, Behandlung der kaukasischen Bevölkerung, BA-MA RH 22/211 a
Kommandierender General der Sicherungstruppen und Befehlshaber im Heeresgebiet A, Abt. VII/Ia, 19. 9. 42, BA-MA RH 22/211a
Kommandierender General der Sicherungstruppen und Befehlshaber im Heeresgebiet A, Abt. Ia, 8. 10. 42, Monatsbericht 1.–30. 9. 42, BA-MA RH 22/211a
Anlagen zum KTB, Heeresgebiet A, Zeitraum 1. 8. 42–31. 12. 42, BA- MA RH 22/211
Korück 550, KTB Nr. 10 vom 15. 12. 41–8. 7. 42, BA-MA RH 23/36
Anlagen zum KTB Nr. 10 Korück 550, vom 5. 1. 42–8. 7. 42, BA-MA RH 23/37
Korück 550, KTB Nr. 11 vom 8. 7. 42–31. 12. 42, BA-MA RH 23/39
Anlagen zum KTB Nr. 11 Korück 550, vom 8. 7. 42–31. 12. 42, BA-MA RH 23/40
Korück 582, Ic, Partisanenbekämpfung im Gebiet Witebsk-Smolensk, vom 18. 7.–6. 11. 41, BA-MA RH 23/227
Korück Hgr. A, 25.2.42, Meldung an AOK 17, Freilassung russischer Gefangener, BA-MA RH 23/36
Kriegstagebuch der Seekriegsleitung RM 7/210, Anlage 3
Kriegstagebuch der Seekriegsleitung, Teil A, Band 37, S. 274 f.
Kriegstagebuch U 541; persönlicher Bericht der U-Bootkommandanten an den Verfasser
Kriegstagebücher U 156, U 507
Kriegsvölkerrecht, Sammlung zwischenstaatlicher Abkommen von allgemeiner Bedeutung für die Truppe, H.Dv.Nr.3211, gleichlautend L.Dv. Nr.64 I, Berlin 1940
Kriegsvölkerrecht, Sammlung zwischenstaatlicher Abkommen von Bedeutung für die höhere Führung, H.Dv. Nr.231 II, gleichlautend L.Dv.Nr.64 I u. M.Dv Nr.435 II
L.A. (NVW) IIIa 2 Nr. 941/36 g.Kdos. vom 6. 5. 1936, BA-MA RL 3/192, Bl. 54
Lageberichte des Luftwaffenführungsstabes Ic Nr. 270, 271 vom 2. bzw. 3. 6. 1940 in BA-MA RL 2 II/207, Bl. 91–110, und RL 2 II/208, Bl. 1–36.
Luftflotten 1 und 4 Fernschreiben Görings vom 1. 9. 1939, BA-MA RL 2 II/51.
Luftflottenkommando 3 Führ./Abt. Ia op 1 Nr. 4784/42 g.Kdos. vom 21.5.1942, Bezug: Rücksprache Generaloberst Jeschonnek – Staatsrat Plendl, an Chef Genst.d.Lw, BA-MA RL 7/295, S. 2
Luftkrieg gegen England 1940–1941. ObdL FüSt Ia Nr. 5937/40 g.Kdos. vom 2.9.1940, BA-MA RL 2
Luftflottenkommando 3 Abt. III,Ferschreiben vom 6. 9. 1939 an Fliegerdivisionen 5 und 6 sowie Luftgaukommandos VII, XII, XIII, BA-MA RL 7/298
Luftlage in Europa, Die, Stand: Frühjahr 1939, S. 94, Beilage zu: RdLuObdL, Chef des Generalstabes Nr. 700/39 g.Kdos. (5. Abt. I), 2. 5. 1939, BA-MA RL 2/535.
Luftwaffendienstvorschrift (L.Dv 64 II), Kriegsvölkerrecht
Manual of Military Law (UK) in der Fassung von 1929
Meilinger, Philipp S., Trenchard, Slessor and Royal Air Force Doctrine Before World War II, Ms. April 1994 (Privatbesitz), (unveröffentlichtes Manuskript)
Merkbuch Milch, S. 3218, BA-MA Nachlaß Milch N 179, Notiz über eine Besprechung bei Göring am 19.8.1940: »X. Fl.K.« II/360, Bl. 2454–2459

Nachlaß des Marineoberstabsrichters Helmut Sieber, u.a. Feldurteile von Marine- und Heeresgerichten
Ob.d.L.FüSt Ia Nr. 5445/39 vom 16. 12. 1939BA-MA RL 2/274, Bl.28 und 76.
ObdL Führungsstab Ia (Robinson), Fernschreiben (FS) Nr. 6685/41 geh. (II) an Lfl 3, nachr. Lfl 2, Kurfürst Ia vom 15. 2. 1941, BA-MA RL 2 II/360, Bl. 2403.
ObdL Führungsstab Ia Nr. 5835/40 g.Kdos. (op 1), Chef-Sache, Allgemeine Weisung für den Kampf der Luftwaffe gegen England, vom 20. 8. 1940, BA-MA RL 2 II/27
ObdL Führungsstab Ia Nr. 5937/40 g.Kdos. vom 2. 9. 1940. Auszug aus: Vorläufige Richtlinien für den Einsatz von Verbänden der Luftwaffe gegen England; S. 2, BA-MA RL 2 II/27
ObdL FüSt Ic Nr. 15910/40 g. Lagebericht Nr. 354, BA-MA RM 7/346, Bl. 18–33; Oberkommando der Kriegsmarine. Eingegangene Meldungen Generalstab Luftwaffe während des 25. 8. 1940, RM 7/296
Oberkommando des Heeres, Abt. Fremde Heere Ost (I/Bd.) Nr. 2460/43 geh. vom 3. Mai 1943, Nachrichten über Bandenkriege, Archiv Dr. Hoffmann, MGFA Freiburg
OKH H.Gr.Süd, Gliederung Polizeikräfte u.a.m, BA-MA RH 22/12
OKH ChefHRüst und BdE vom 5. Juli 1944, BA/MA RH 14/23
OKH ChefHRüst und BdE vom 5. Mai 1942, BA/MA RH 14/34, Bl. 77
OKH ChefHRüst und BdE vom 7. Dez. 1943, BA/MA RH 14/23,Bl. 65
OKH vom 17. November 1939, BA/MA RH 14/22, Bl. 55 ff. und BA/MA RW 6/v. 130
OKW an RMJ vom 14. Februar 1944, Bundesarchiv (BA) R 22/5015, Bl. 159 ff.
OKW Chef, vom 1. Februar 1945, BA/MA RH 14/27, Bl. 159 ff.
OKW v. 4. Juni 1944, BA R 22/5015, Bl. 172
OKW vom 21. Dezember 1939, Bundesarchiv/Militärarchiv (BA/MA) RH 14/30, Bl. 67 f.
OKW-WR vom 2. Oktober 1940, BA/MA RW 6/v.130, Bl. 453; BA R 22/5015, Bl. 5 ff.
OKW-WR vom 4. März 1942, BA R 22/2296, Bl. 522 ff.
OKW-WR vom 5. April 1941 Verordnung zur Durchführung des Erlasses des Führers und Obersten Befehlshabers der Wehrmacht über die Aufstellung einer Bewährungstruppe vom 5. April 1941, BA/MA RH 12/23, Bl. 37 ff.
Operative Zielsetzung für die Luftwaffe im Fall eines Krieges gegen England im Jahre 1939, Generalstab 1. Abt. (Chef) Nr. 5094/39 g.Kdos. Chefsache vom 22.5.1939, MGFA-Sammlung Greffrath G IV/1.
Originaldokumente des Internationalen Gerichtshofes, Nürnberg
Panzerarmeeoberkommando 4, Ia, Kriegstagebuch Nr.5 v. 22. 06.–19. 9. 1941, BA-MA RH 21-4/14
Panzergruppe 3 (später Panzerarmeeoberkommando 3), Abt. Ic, BA-MA RH 21-3/v. 423
Panzergruppe 4 (später PzAOK 4), Abt. Ic v. 8. 6. 41, BA-MA RH 21-4/271
Panzergruppe 4 (später PzAOK 4), Abt.Ia, Weisungen wg. Politischen Kommissaren v. 22. 07., v. 06. 08. 41 u. 13. 09. 41, BA-MA RH 21-4/271
Persönliches Kriegstagebuch des Generals der Flieger Otto Hoffmann von Waldau, BA-MA RL 200/17, S. 15
Planspiel 1939, Schlußbesprechung Luftflottenkommando 2, FüAbt. Nr. 7093/39 g.Kdos. Chefs. vom 13. 5. 1939, BA-MA RL 7/42
Planstudie 1939, Heft I, Anlage 1, Neufassung Juli 1939, BA-MA RL 2 II/1
Planstudie 1939, Heft I–III, BA-MA RL 2 II/1-3 Ob.d.L. FüSt Ia Nr. 5375/39 g.Kdos. Chefsache, Entwurf, Weisung Nr. 2 für das X. Fliegerkorps vom 11.11.1939
PRO AIR 8/408(Portal an Deputy Chief of Air Staff)
PRO AIR 8/424
PRO AIR 8/5159, 14/768, 930; CAB 65/10, 16
PRO AIR 9/443
PzGr.4 Ic-Abendmeldung v. 29. 8. 41, BA-MA RH 21-4/270
RdLuObdL Generalstab 1. Abt. Nr. 60/40 g.Kdos. (III) vom 10. 1. 1940, BA-MA RL 2 II/360, Bl. 2507
RdLuObdL Generalstab 3. (takt.) Abt. (I)., Nr. 230/39 g.Kdos., V. Ang. vom 29.6.1939, Anlage 2, BA-MA RL 7/160
RdLuObdL L.A. Nr. 2200/37 III 5/Fl.In. 2 geh. vom 1.6.1937: Bestimmungen für die

Bombenwurfausbildung bei Schulen und Verbänden (Land und See), BA-MA RL 3/463.

Reichsmarschall-Besprechungsnotiz Nr. 58/42 g.Kdos., 21. 3. 1941, BA-MA RL 3/60, Bl. 5181.

Rhode, Horst, Der Kommissar-Befehl – Überprüfung seiner Aufnahme, Weitergabe und Anwendung im deutschen Ostheer 1941/42 anhand repräsentativ ausgewählter Aktenbestände, MGFA Freiburg

Richtlinien für die Vollstreckung von Freiheitsstrafen in der Wehrmacht vom 1. Februar 1945, BA-MA RH 14/31, Bl. 13 ff.

RMdL RüSt Ic, Nr. 21750/40 g. Lagebericht Nr. 436 vom 15. 11. 1940, BA-MA RM 7/354, Bl. 75–102.

Rules of Land Warfare §§ 359 u. 359

Schreiben des Ministerialdirektors a.D. Dr. Freiherr von Hammerstein an den Hessischen Ministerpräsidenten vom 8. Oktober 1960, Kopie beim Autor

Schreiben von Philipp Freiherr von Boeselager an Graf Thun vom 26. November 1997

Schustereit, Hartmut, Gutachten zu Heer, Hannes/Naumann, Klaus, (Hrsg.), Vernichtungskrieg. Verbrechen der Wehrmacht 1941–1944, unveröffentlichtes Manuskript vom 26. September 1995

SD-Kommandos, Einsatz und Aufgaben v. 20. 3. 42, BA-MA RH 22/24

Seidler, Franz W., Der Partisanenkrieg zur Befreiung der Sowjetunion, unveröffentlichtes Manuskript

Speidel, Wilhelm, Die Luftwaffe im Polenfeldzug, (unveröffentlichte) Studie, BA-MA Lw 2a

Stiftung Traditionsarchiv U-Boote, Horst Bredow, nach Durchzählung der dort in Karteikarten festgehaltenen Einzelangaben

Störangriffe/Vorbereitung Feindflüge II./K.G. 76 Abt. Ia Nr. 1357/40 geh. vom 10. 1. 1940: Kampfauftrag für Störangriffe auf Loge; FS ObdL FüSt Ia (Robinson) Nr. 6685/41 geh. (II) an Lfl 3, nachr. Lfl 2, Kurfürst Ia vom 15. 2. 1941; ObdL FüSt Ia Nr. 50/41 geh. vom 6. 1. 1941, betr.: Vorbereitung und Durchführung von Feindflügen, alles in BA-MA RL 2 II/360, Bl. 2432–2436, 2430, 2414 ff.;

Luftflottenkommando 3 Führ./Abt. Ia op 1 Nr. 4784/42 g.KDos. vom 21 5. 1942, BA-MA RL 7/295.

Tagesbefehl vom 25. 06. 1940, BA-MA RH 19 I/50

Tagesbefehl, Der Führer und Oberste Befehlshaber der Wehrmacht vom 21. Dezember 1940, BA-MA RH 12/23

Tätigkeitsbericht der Luftfahrtforschungsanstalten und Institute des RLM, abgeschlossen im Dezember 1940, S. 27 ff., BA-MA RL 3/2368.BA-MA RL 2 II/51, RL 7/330, 338, 340, 419; RL 10/196, 342; N 671/5.

Urteil des 2. Senates RKG v. 4. Februar 1945 gegen Walter M., HuAC Prag, Akten Reichskriegsgericht

Verordnung (5.) zur Durchführung des Erlasses des Führers und Obersten Befehlshabers der Wehrmacht über die Aufstellung einer Bewährungstruppe vom 18. Juli 1944, BA/MA RH 14/27, Bl. 62 ff.

War Cabinet Defence Committee Meeting vom 18. 4. 1941, D.O. (41) 17th meeting, PRO CAB 120/300

War Cabinet, 289. Sitzung vom 15. 11. 1940, 11:45 Uhr, PRO CAB 65/10, S. 63

War Cabinet Defence Committee Meeting vom 18. 4. 1941, D.O. (41) 17th meeting, PRO CAB 120/300

Wehrmachtkommandantur Berlin, BA/ZNW, Nr. 2716

WFSt/Op(L), 1. Skl. op Nr. 772/42 an ObdL/LwFüSt Ia, BA-MA RM 7/171

Wirtschafts-InspektionSüd (Wi.In.Süd) Besprechungsprotokoll v. 6. 11. 41, BA-MA RH 22/9

Wirtschafts-Inspektion-Süd, Schreiben an Befehlshaber rückwärtiges Heeresgebiet Süd vom 22. 11. 41, Entsendung von Bergarbeitern nach Deutschland, BA-MA RH 22/10

Zielunterlagen Coventry, BA-MA RL 2 II/863–867

Zusammenstellung der Angriffsbefehle vom August 1940 bis Juni 1941, MA RL 2 IV/33

B. Veröffentlichte Quellen

Achte Sitzung des Hessischen Landtags am 29. Juni 1960, Drucksachen III, Nr. 28, S. 1070
Abendroth, Hans-Henning, Guernica. Ein fragwürdiges Symbol; in: Militärgeschichtliche Mitteilungen (MGM), 41(1987), S. 111–1126
Abkommen, betreffend die Anwendung der Grundsätze des Genfer Abkommens auf den Seekrieg, vom 18. Oktober 1907, in: Reichsgesetzblatt 1910, S. 132
Absolon, Rudolf, Das Offizierskorps des deutschen Heeres 1933–1945; in: Das Deutsche Offizierskorps 1860–1960, Büdinger Vorträge 1977; in: Verbindung mit dem Militärgeschichtlichen Forschungsamt, hrsg. von Hans Hubert Hofmann, Boppard 1980, S. 247–268
Absolon, Rudolf, Das Wehrmachtstrafrecht im 2. Weltkrieg. Eine Sammlung der grundlegenden Gesetze, Verordnungen und Erlasse, Kornelimünster 1958
Absolon, Rudolf, Die Wehrmacht im Dritten Reich, Bd. I–IV, Boppard 1969–1979
Absolon, Rudolf, Die Wehrmacht im Dritten Reich, Bd. VI, 19. Dezember 1944 bis 9. Mai 1945, Boppard 1995
Adrianow, W., Partisan Raids; in: Soviet Military Review, Heft 7, Juli 1974, S. 58–59, Do. Nr. -P 2571
Altrichter, Friedrich, Das Wesen der soldatischen Erziehung, Oldenburg 1935
Altrichter, Friedrich, Der soldatische Führer, Oldenburg 1938
Anderson, Truman O., Die 62. Infanterie-Division. Repressalien im Heeresgebiet Süd, Oktober bis Dezember 1941; in: Hannes Heer/Klaus Naumann (Hrsg.), Vernichtungskrieg. Verbrechen der Wehrmacht 1941–1944, Hamburg 1995
Andrianov, W., Partisan Raids; in: Soviet Military Review, 7/1974, S. 58–59
Angermund, Ralph, Die geprellten ›Richterkönige‹. Zum Niedergang der Justiz im NS-Staat; in: Herrschaftsalltag im Dritten Reich. Punktstudien und Texte, hrsg. von Hans Mommsen und Susanne Willems, Düsseldorf 1988, S. 304 ff.
Armitage, Michael, The Royal Air Force. An Illustrated History, London 1993
Arnold, Henry H., Global Mission, New York 1949
Aschenauer, Rudolf (Hrsg.), Kriegsbefehle für das Unternehmen »Barbarossa«, sowie für die Kriegsschauplätze im Südosten, Westen und Südwesten. Ein Beitrag zur Bewältigung der Vergangenheit, o.O., ca. 1963
Aschenauer, Rudolf (Hrsg.), Kriegsbefehle, München 1964
Aschenauer, Rudolf, Der Fall Herbert Kappler. Ein Plädoyer für Recht, Wahrheit und Verstehen, München 1968
Aschenauer, Rudolf, Krieg ohne Grenzen, Augsburg 1982
Aschenauer, Rudolf, Krieg ohne Grenzen. Der Partisanenkampf gegen Deutschland 1939–1945, Leoni am Starnberger See 1982
Augur [Pseudonym], Die rote Partisanenbewegung, Aufbau und Kampfverfahren; in: Allgemeine Schweizerische Militär-Zeitschrift, 1949
Autorenkollektiv, Geschichte des Großen Vaterländischen Krieges der Sowjetunion, hrsg. vom Institut für Marxismus-Leninismus beim Zentralkomitee der Kommunistischen Partei der Sowjetunion, Berlin (Ost) ab 1973
Autorenkollektiv, Geschichte des Zweiten Weltkriegs 1939–1945, Berlin (Ost) o.J.
Babington, Anthony, For the Sake of Example. Capital Courts Martial 1914–1920, L. Cooper, London 1983
Baeumker, Adolf, Ein Beitrag zur Geschichte der Führung der deutschen Luftfahrttechnik im ersten halben Jahrhundert 1900–1945, Bad Godesberg 1971
Balke, Ulf, Kampfgeschwader 100 »Wiking«, Stuttgart 1981
Bamm, Peter, Die unsichtbare Flagge. Erlebnisse aus dem Zweiten Weltkrieg, Stuttgart 1952
Bartoschewski, Wladyslaw, Aus der Geschichte lernen? Aufsätze und Reden zur Kriegs- und Nachkriegsgeschichte Polens, München 1986
Bartov, Omer, Hitlers Wehrmacht – Soldaten, Fanatismus und die Brutalisierung des Krieges, Hamburg 1995

Baumbach, Werner, Zu spät? Aufstieg und Untergang der deutschen Luftwaffe, 3. Aufl., Stuttgart 1977

Bayern in der NS-Zeit, hrsg. von Martin Boszat, Elke Fröhlich u.a., Bd. I–IV, München 1977–1981

Beck, Ludwig, Studien. Hrsg. und eingel. von Hans Speidel, Stuttart 1955

Berber, Friedrich, Lehrbuch des Völkerrechts, Band II, München 1969

Best, Geoffrey, Humanity in Warfare, The Modern History of the International Law of Armed Conflicts, London 1980

Betz, Hermann Dieter, Das OKW und seine Haltung zum Landkriegsvölkerrecht im Zweiten Weltkrieg, jur. Diss., Würzburg 1970

Beus, De geheime informant, Berlin 1939–10 mei 1940, 3e druk, Rotterdam 1984

Biddle, Tami Davis, »British and American Approaches to Strategic Bombing: Their Origins and Implementation in the World War II Combined Bomber Offensive«; in: Journal of Strategic Studies, Special Issue on Air Power, Theory and Practice, ed. by John Gooch, Vol. 18, March 1995, No. 1, S. 93

Binz, Gerhard L., »Die Martens'sche Klausel«; in Wehrwissenschaftliche Rundschau, 1960, S. 147 ff.

Bley, Wulf (Hrsg.), Der Bolschewismus. Seine Entstehung und Auswirkung, München 1938

Block, Just, Die Ausschaltung und Beschränkung der deutschen ordentlichen Militärgerichtsbarkeit während des Zweiten Weltkrieges, jur. Diss., Würzburg 1967

Boberach, Heinz (Hrsg.), Richterbriefe. Dokumente zur Beeinflussung der deutschen Rechtsprechung 1942-44, Boppard am Rhein 1975

Bochumer Schriften zur Friedenssicherung und zum Humanitären Völkerrecht, Band 7, Bochum 1991

Bock, Fedor v., Zwischen Pflicht und Verweigerung. Das Kriegstagebuch, hrsg. von Gerbet, Klaus, München 1995

Böhme, Kurt W., Die deutschen Kriegsgefangenen in sowjetischer Hand. Eine Bilanz, München 1966

Boll, Bernd/Safrian, Hans, Auf dem Weg nach Stalingrad. Die 6. Armee 1941/1942; in: Hannes Heer/Klaus Naumann (Hrsg.), Vernichtungskrieg. Verbrechen der Wehrmacht 1941–1944, Hamburg 1995

Bolschewistische Verbrechen gegen Kriegsrecht und Menschlichkeit. Dokumente zusammengestellt vom Auswärtigen Amt, Band 1–3, Berlin 1941–1943

Bomber Command 1939-45, London 1997.

Bonwetsch, Bernd, Sowjetische Partisanen 1941 bis 1944. Legende und Wirklichkeit des »allgemeinen Volkskrieges«; in: Gerhard Schulz (Hrsg.), Partisanen und Volkskrieg. Zur Revolutionierung des Krieges im 20. Jahrhundert, Göttingen 1985

Bonwetsch, Bernd, Sowjetische Partisanen, 1941–1944/Legende und Wirklichkeit des »allgemeinen Volkskrieges«; in: Schulz, Gerhard (Hrsg.), Partisanen und Volkskrieg, Göttingen 1985

Boog, Horst (Hrsg.), Luftkriegführung im Zweiten Weltkrieg. Ein internationaler Vergleich (=Vorträge zur Militärgeschichte, Bd. 12, hrsg. vom Militärgeschichtlichen Forschungsamt), Herford–Bonn 1993

Boog, Horst, »Ausweg in die Nacht. Die Luftschlacht über der Deutschen Bucht am 18. 2. 1939 und ihre Folgen«, in: Information für die Truppe, Nr. 12/1979, S. 64–78

Boog, Horst, »Das Offizierkorps der Luftwaffe 1935–1945«; in: Hans Hubert Hofmann (Hrsg.), Das deutsche Offizierkorps 1860–1960, Boppard a. Rhein 1980

Boog, Horst, »Das Problem der Selbständigkeit der Luftstreitkräfte in Deutschland 1908–1945«; in: MGM 43(1988), S. 40

Boog, Horst, »Die Operationen der Luftwaffe gegen die Niederlande, 10.–15. Mai 1940«; in: Ideen und Strategien 1940. Ausgewählte Operationen und deren militärgeschichtliche Aufarbeitung, Herford 1990

Boog, Horst, »German Air Intelligence in the Second World War«; in: Intelligence and National Security, Vol. 5, April 1990, No. 2, Special Issue on Intelligence and Operations, S. 406

Boog, Horst, »Luftwaffe Operations Against the Netherlands, 10–15 May 1940«; in: Vijftig Jaar na de Inval ... bijdragen aan het congres gehouden aan de Vrije Universiteit te Amsterdam op 10 en 11 mai 1990, onder redactie van Jonker, J.P.B., A.E. Kersten, G.N. van der Plaat, 's-Gravenhage 1990, S. 31–40, 198–201

Boog, Horst, »Robert Knauss, the German ›Douhet‹«; in: Actes du Colloque International »Précurseurs et Prophètes de l'Aviation Militaire«, Paris 1992, S. 280 ff.

Boog, Horst, Die deutsche Luftwaffenführung 1935–1945. Führungsprobleme – Spitzengliederung – Generalstabsausbildung, Stuttgart 1982

Boog, Horst. »›Baedeker‹-Angriffe und Fernstflugzeugprojekte 1942. Die strategische Ohnmacht der Luftwaffe«; in: Militärgeschichtliche Beiträge, hrsg. vom Militärgeschichtlichen Forschungsamt, Bd. 4, Herford 1990, S. 91–110.

Borgert, Heinz Ludger, Grundzüge der Landkriegführung von Schlieffen bis Guderian, in: Handbuch zur deutschen Militärgeschichte IX, München 1979

Bösch, Hermann, Dr. Karl Sack. Wehrmachtrichter in der Zeit des Nationalsozialismus, Bonn 1993

Bösch, Hermann, Heeresrichter Dr. Karl Sack im Widerstand, München 1967

Bosch, William, Judgment on Nuremberg. Chapel Hill 1987

Bradley, Dermot/Schulze-Kossens, Richard (Hrsg.), Tätigkeitsbericht des Chefs des Heerespersonalamtes, General der Infanterie Rudolf Schmundt, Osnabrück 1984

Brandstetter, Elmar, (Hrsg.), Handbuch des Wehrrechts, 2. Aufl., Berlin 1939, Nr. 542

Breit, Gotthard: Das Staats- und Gesellschaftsbild deutscher Generale beider Weltkriege im Spiegel ihrer Memoiren, Boppard 1973

Breitenstein, Rolf-Dieter und Philipp, Joachim, Die imperialistische Militärgerichtsbarkeit von 1898 bis 1945, jur. Diss., Humboldt-Universität Ostberlin 1983

Breithaupt, Hans, Zwischen Front und Widerstand. Ein Beitrag zur Diskussion um den Feldmarschall von Manstein, Bonn 1994

Briant, Arthur, The Turn of the Tide 1939–1945, London 1957

British Admirality, Defence of Merchant Shipping Handbook, Januar 1938

Broszat, Martin, Zur Perversion der Strafjustiz im Dritten Reich, in VfZ 6 (1958)

Bücheler, Heinrich, Erich Hoepner. Ein deutsches Soldatenschicksal des XX. Jahrhunderts. 1. Aufl., Herford 1980

Bucher, Peter, Der Reichswehrprozeß. Der Hochverrat der Ulmer Reichswehroffiziere 1929/30, Boppard 1967

Buchheim, Hans/Broszat, Martin/ Jacobsen, Hans-Adolf/Krausnick, Helmut, Anatomie des SS-Staates, Band I: Buchheim, Hans, Die SS – Das Herrschafts-Instrument, Befehl und Gehorsam, Band II: Broszat, Martin/ Jacobsen, Hans-Adolf/Krausnick, Helmut, Konzentrationslager – Kommissarbefehl – Judenverfolgung, Olten und Freiburg im Breisgau 1965

Bülow, Hilmer v., »Die Grundlagen neuzeitlicher Luftstreitkräfte«; in: Militärwissenschaftliche Rundschau 1 (1936), S. 99

Bülow, Hilmer v., Geschichte der Luftwaffe, Frankfurt/Main 1934

Butler, James R.M., Grand Strategy, Bd 2, London 1957

Büttner, Ursula, »Gomorrha«. Hamburg im Bombenkrieg. Die Wirkung der Luftangriffe auf Bevölkerung und Wirtschaft, Hamburg 1993

Cartier, Raymond, Der Zweite Weltkrieg, Band 1–3, München 1967

Caspar, Gustav Adolf, Die militärische Tradition in der Reichswehr und in der Wehrmacht; in: Tradition in deutschen Streitkräften bis 1945, Herford 1986

Chor'kov, Anatolij G., Die sowjetische Gegenoffensive bei Stalingrad; in: Förster, Jürgen (Hrsg.): Stalingrad. Ereignis – Wirkung – Symbol, 2. Auflage, München 1993

Churchill, Winston, Der Zweite Weltkrieg, Bern 1954

Ciano, Graf Galeazzo, Tagebücher 1939-43, 2. Aufl. Bern, 1947

Collier, Basil, The Defence of the United Kingdom, London 1957

Colville, John, The Fringes of Power. Downing Street Diaries 1939–1955, London 1985

Conquest, Robert, Ernte des Todes. Stalins Holocaust in der Ukraine 1929–1933, 2. Aufl., München 1992

Corum, James S., »The Luftwaffe and the Coalition Air War in Spain, 1936–1939«, in: The Journal of Strategic Studies, Special Issue on Air Power. Theory and Practice, ed. by John Gooch, Vol. 18, March 1995, No. 1

Corum, James S., The Luftwaffe. Creating the Operational Air War, 1918–1940, University Press of Kansas 1997
Corum, James S., The Roots of Blitzkrieg. Hans von Seeckt and German Military Reform, University Press of Kansas 1992
Costello/Hughes, Atlantikschlacht, Bergisch-Gladbach 1978
Craig, Gordon A., Die preußisch-deutsche Armee, Düsseldorf 1960
Craig, Gordon A., Über die Deutschen, Düsseldorf/München 1982
Craven, Frank/Cate James Lea, The Army Air Forces in World War VII Vol. Chicago 1949 ff.
Creveld, Martin van, Kampfkraft. Militärische Organisation und militärische Leistung. Einzelschriften zur Militärgeschichte, hrsg. vom Militärgeschichtlichen Forschungsamt, Freiburg 1989
Crook, Paul, »Science and War: Radical Scientists and the Tizard-Cherwell Area Bombing Debate in Britain«; in: War and Society, vol. 12, No. 2 (October 1994)S. 71 f.
Dallek, Robert, Franklin D. Roosevelt and American Foreign Policy 1932–1945, New York 1979
Dallin, Alexander, Deutsche Herrschaft in Rußland 1941–1945, Eine Studie über Besatzungspolitik, Düsseldorf 1958
Darstellungen aus den Nachkriegskämpfen deutscher Truppen und Freikorps, Band 2 u. 3, Der Feldzug im Baltikum, Berlin 1937/38
Das Deutsche Reich und der Zweite Weltkrieg, herausgegeben vom Militärgeschichtlichen Forschungsamt (MGFA), 6 Bände. Stuttgart 1979–1990
Das Gewissen steht auf. 64 Lebensbilder aus dem deutschen Widerstand, Leber, Anedore, (Hrsg.), Berlin–Frankfurt/Main 1956
Das Rotbuch über Spanien, Berlin, Leipzig 1937
Das Urteil gegen das Oberkommando der Wehrmacht, Berlin (DDR) 1961
Davies, Robert W., Perestroika und Geschichte, München 1991
de Zayas, Alfred M., Die Wehrmacht-Untersuchungsstelle. Deutsche Ermittlungen über alliierte Völkerrechtsverletzungen im Zweiten Weltkrieg, 5. Auflage, München 1995
de Zayas, Alfred, »Der Nürnberger Prozeß vor dem internationalen Militärtribunal«; in: Alexander Demandt (Hrsg.), Macht und Recht, Große Prozesse in der Geschichte, erweiterte Taschenbuchausgabe, C.H. Beck, München 1996
de Zayas, Alfred, »Die Rechtsprechung der deutschen Wehrmachtgerichte zum Schutze der Zivilbevölkerung in besetzten Gebieten«; in: Humanitäres Völkerrecht, Heft 3, 1994, S. 118–124
de Zayas, Alfred, »The Wehrmacht War Crimes Bureau«; in: Historical Journal, Cambridge University, 1992, S. 383–399
de Zayas, Alfred, Die Wehrmacht-Untersuchungsstelle für Verletzungen des Völkerrechts, 5. Aufl. München 1995. Überarbeitete englische Fassung: The Wehrmacht War Crimes Bureau, University of Nebraska Press, 2. Aufl. 1990
Demeter, Karl, Das deutsche Offizierkorps in Staat und Gesellschaft 1650–1945, Frankfurt 1965
Department of the Army Pamphlet NO. 20–230: Russian Combat Methods in World War II, Department of the Army 1950
Der Bolschewismus und die baltische Front, Leipzig 1939
Der Führer und Oberste Befehlshaber der Wehrmacht vom 2. April 1942, Neuordnung der Strafvollstreckung, AHM 1942, S. 51
Der Prozeß gegen die Hauptkriegsverbrecher vor dem Internationalen Militärgerichtshof (International Military Tribunal), Nürnberg 14. November 1945 – 1. Oktober 1946, 42 Bde. Nürnberg 1947–1949
Deutsch, Harold C., Verschwörung gegen den Krieg. Der Widerstand in den Jahren 1939–1940, München 1969
Deutscher Bundestag, Stenographischer Bericht der 175. Sitzung der 13. Wahlperiode vom 15. Mai 1997, S. 15818 ff. Die Entschließung wurde durch den Erlaß des Bundesministeriums der Finanzen vom 17. Dezember 1997 (BAnz. Nr. 2 vom 6. Januar 1998) umgesetzt.
Diakow, Josef, Generaloberst Alexander Löhr. Ein Lebensbild, Freiburg 1964
Dönhoff, Marion Gräfin, Die neue Mittwochsgesellschaft. Gespräche über Probleme von Bürgern und Staat, Stuttgart 1998

Dönitz, Karl, Zehn Jahre und zwanzig Tage, Bonn 1956
Dörnberg, Frhr. von, Wehrmachtjustiz im Dritten Reich. Von Newel bis Remagen, Hannover 1948
Domarus, Max, Hitler. Reden und Proklamationen 1932–1945, Bd 2: Untergang (1939–1945), Würzburg 1963
Dower, John, War without Mercy. Race and Power in the Pacific War, New York 1986
Dülffer, Jost, Überlegungen von Kriegsmarine und Heer zur Wehrmachtspitzengliederung und zur Führung der Wehrmacht im Kriege im Februar–März 1938, in: MGM 1/71
Dupuy, Trevor N., A Genious of War. The German Army and General Staff, 1807–1945, London 1977
Dupuy, Trevor N., Numbers. Predictions War, Indianapolis 1977, 1984 u. 1988
Eckardt, Curt, Der deutsche Wirtschaftskrieg zur See; in: Walter Gladisch/Berthold Widmann, Grundfragen des Seekriegsrechts, Berlin 1944
Ehrenburg, Ilja, Menschen, Jahre, Leben. Autobiographie Bd. 1, München 1962, Bd. 2 und Bd. 3, 1965
Ehrenburg, Ilja, Russia at War, London 1943
Ein Menschenleben gilt für nix; in: Der Spiegel Nr.43/1987, S. 117
Eisenhart-Rothe, Ernst v./ Tschischwitz, Erich v./Beckmann, Walther (Hrsg.), Deutsche Infanterie. Das Ehrenmal der vordersten Front, Zeulenroda 1933
Eisenhower, Dwight D., Kreuzzug in Europa, Amsterdam 1948
Elble, Rolf, Die Wehrmacht – stählerner Garant des NS-Systems? Zum Aufsatz »Das Verhältnis von Wehrmacht und NS-Staat und die Frage der Traditionsbildung von Manfred Messerschmidt (B 17/81)«; in: Aus Politik und Zeitgeschichte (B 34/81) vom 22. August 1981, S. 37–41
Epifanov, A.E./Mayer, Hein, Die Tragödie der deutschen Kriegsgefangenen in Stalingrad von 1942 bis 1956 nach russischen Archivunterlagen, Osnabrück 1996
Erlaß des Führers über Gnadenmaßnahmen bei hervorragender Bewährung während des Krieges vom 26. Januar 1942 und Ausführungsbestimmungen für die Strafrechtspflege, Allgemeine Heeresmitteilungen (AHM) 1942, Nr. 252
Erobern und Vernichten. Der Krieg gegen die Sowjetunion; hsrg. von Jahn, Peter u. Rump, Reinhard,Berlin, 1991
Fall 7. Das Urteil im Geiselmordprozeß, gefällt am 19. Februar 1948 vom Militärgerichtshof V der Vereinigten Staaten von Amerika, Berlin 1965
Fall 12. Das Urteil gegen das Oberkommando der Wehrmacht, gefällt am 28. Oktober 1948 in Nürnberg vom Militärgerichtshof V der Vereinigten Staaten von Amerika, Berlin 1961
Fallois, Immo v., Kalkül und Illusion. Der Machtkampf zwischen Reichswehr und SA während der Röhm-Krise 1934, (Beiträge zur Politischen Wissenschaft, 75), Berlin 1994
Faust, Fritz, Die Stellung der Partisanen im Völkerrecht; in: Informationen für die Truppe, 4/1971, S. 455–474
Faust, Fritz, Die Stellung der Partisanen im Völkerrecht; in: Informationen für die Truppe, Heft 4/1971, S. 455–474
Fest, Joachim, Hitler. Eine Biographie, Frankfurt 1995
Fest, Joachim, Staatsstreich – Der lange Weg zum 20. Juli, Berlin 1994
Fiedler, Siegfried, Grundriß der Militär- und Kriegsgeschichte, 3. Band: Napoleon gegen Preußen, München 1978
Filbinger, Hans, Die geschmähte Generation, München 1987
Flex, Walter, Der Wanderer zwischen beiden Welten, München 1917
Foerster, Roland-Götz (Hrsg.), »Unternehmen Barbarossa«, zum historischen Ort der deutschsowjetischen Beziehungen 1933 bis 1941, im Auftrag des Militärgeschichtlichen Forschungsamts (Reihe: Beiträge zur Militärgeschichte, Bd. 40, München 1993
Foerster, Wolfgang, Generaloberst Ludwig Beck. Sein Kampf gegen den Krieg, München 1953
Foertsch, Hermann, Der Offizier in der neuen Wehrmacht. Eine Pflichtenlehre, Berlin 1936
Foertsch, Hermann, Die Wehrmacht im nationalsozialistischen Staat, Hamburg 1935

Foertsch, Hermann, Schuld und Verhängnis. Die Fritsch-Krise 1938 als Wendepunkt der nationalsozialistischen Zeit, Stuttgart 1951

Förster, Jürgen, Die Sicherung des »Lebensraumes«; in: Das Deutsche Reich und der Zweite Weltkrieg, herausgegeben vom Militärgeschichtlichen Forschungsamt, Band 4, Der Angriff auf die Sowjetunion, Stuttgart 1983, S. 1031–1078

Förster, Jürgen, Zur Rolle der Wehrmacht im Krieg gegen die Sowjetunion; in: Aus Politik und Zeitgeschichte B 45/80 vom 8. November 1980, S. 3–14

Forsyth, Robert, JV 44. The Galland Circus, Burgess Hill 1996

Frankfurter Allgemeine Zeitung vom 19. November 1996

Frankland, Noble, The Bombing Offensive Against Germany. Outlines and Perspektives, London 1965

Fretter-Pico, Maximilian, Die Jahre danach. Erinnerungen 1945–1984, Osnabrück 1985

Frey, Hans, Die disziplinarische und gerichtliche Bestrafung von Kriegsgefangenen, Wien 1948

Friedrich, Jörg, Das Gesetz des Krieges, München, 1993

Friedrich, Jörg, Das Gesetz des Krieges. Das deutsche Heer in Rußland 1941–1945. Der Prozeß gegen das Oberkommando der Wehrmacht, 2. Auflage, München 1996

Frieser, Karl-Heinz, Blitzkrieg-Legende. Der Westfeldzug 1940, München 1996

Frieser, Karl-Heinz, Nationalkomitee »Freies Deutschland«. Der »Krieg hinter Stacheldraht« in sowjetischen Gefangenenlagern; in: Militärgeschichtliches Beiheft zur Europäischen Wehrkunde, Heft 3/1989, S. 1–16

Fritz, Stephen G., »We are trying to change the face of the world« – Ideology and Motivation in the Wehrmacht on the Eastern Front: The View from Below; in: The Journal of Military History 60, October 1996

Fritz, Stephen G., Hitlers Frontsoldaten – Der erzählte Krieg, Berlin 1998

Fritzsche, Peter, A Nation of Fliers. German Aviation and the Popular Imagination, Cambridge/Mass.–London 1992

Fröhlich, Elke(Hrsg.), Die Tagebücher von Joseph Goebbels, Band 15, München u.a. 1995

Fuller, G.F.C., Der Zweite Weltkrieg 1939–1945, Wien–Stuttgart 1952

Fünfte Verordnung zur Ergänzung der KSSVO v. 5.Mai 1944; RGBl. I S. 115

Gabriel, Richard A. und Savage, Paul, Crisis in Command – Mismanagement in the Army, New York 1978, Rohübersetzung Bundessprachenamt, SM II 1 B, Auftragsnummer 63416, Prüfungsvermerk vom 18. 01. 1983

Galante, Pierre/Silionoff, Eugène, Operation Valkyrie – The German Generals' Plot Against Hitler, New York 1983

Galland, Adolf, Die Ersten und die Letzten. Die Jagdflieger im Zweiten Weltkrieg, Darmstadt 1953

Gavin, James M., On to Berlin, New York 1979

Gellrich, L., »Die Wehrmachtstrafgerichtsbarkeit in der Zeit des Nationalsozialismus«; in: Wehrwissenschaftliche Rundschau 1982, Heft 1

Genth (Major), »Der operative Luftkrieg im Weltkrieg, insbesondere gegen England«; in: Die Luftwaffe 2 (1937), H. 2

Geoffrey, Jones, U-Boat-Aces, London 1988

Gersdorff, Rudolf Christoph, Freiherr v., Soldat im Untergang, Frankfurt/Main/ Berlin/Wien 1977

Geßner, Klaus, Geheime Feldpolizei – die Gestapo der Wehrmacht; in: Hannes Heer/Klaus Naumann (Hrsg.), Vernichtungskrieg. Verbrechen der Wehrmacht 1941–1944, Hamburg 1995

Gibbs, Norman H., Grand Strategy, Vol. 1: Rearmament Policy, London 1976

Gillessen, Günther, Die Rache der Veteranen; in: Frankfurter Allgemeine Zeitung, 9. 5. 1992.

Giziowski, Richard, The Enigma of General Blaskowitz, London–New York 1997

Goebbels, Joseph, Tagebücher 1924–1945, München 1992

Goldhagen, Daniel J., Hitlers Willing Executioners. Ordinary Germans and the Holocaust, London 1996

Golovine, M.N., Air Strategy, London–Aldershot–Portsmouth 1936

Görlitz, Walter, Keitel. Verbrecher oder Offizier? Erinnerung, Briefe, Dokumente, Göttingen 1961

Görlitz, Walter, Model. Der Feldmarschall und sein Endkampf an der Ruhr, München 1984
Gramm, Reinhard, Evangelische Kirche und Wehrdienst; in: H. Bühl u. F. Vogel (Hrsg.) Wehrdienst aus Gewissensgründen. Zur politischen und ethischen Legitimation der Verteidigung, Herford 1987
Grassmann, Gerhardt, Die deutsche Besatzungsgesetzgebung während des Zweiten Weltkrieges. Studien des Instituts für Besatzungsfragen, Nr. 14, 1958
Gribbohm, Günter, »Wehrmachtjustiz im Konflikt«; in: Deutsche Richterzeitung, Februar 1973, S. 53–55
Gribbohm, Günter, »Wehrmachtjustiz zwischen Hitler und Heer«; in: Deutsche Richterzeitung, Mai 1972, S. 157–161
Groehler, Olaf, Bombenkrieg gegen Deutschland, Berlin(Ost) 1990
Groehler, Olaf, Das Revirement in der Wehrmachtführung 1937/38; in: Der Weg in den Krieg, Hrsg. v. D. Eichholtz, Berlin 1989
Groscurth, Helmuth, Tagebücher eines Abwehroffiziers 1938–1940, Stuttgart 1970
Grosser, Alfred, Deutschlandbilanz. Geschichte Deutschlands seit 1945, München 1970
Gruchmann, Lothar, Ausgewählte Dokumente zur Marinejustiz im Zweiten Weltkrieg; in: VjhZg (1978), S. 26 ff.
Gruchmann, Lothar, Justiz im Dritten Reich 1933–1940, 2. Aufl., München 1990
Guderian, Heinz, Erfahrungen im Rußlandkrieg; in: Bilanz des Zweiten Weltkrieges. Erkenntnisse und Verpflichtungen für die Zukunft, Oldenburg, Hamburg 1953
Guderian, Heinz, Erinnerungen eines Soldaten, Stuttgart 1979
Guggenheim, P., Lehrbuch des Völkerrechts, 2 Bde., Basel 1948–1951
Gundelach, Karl, Die deutsche Luftwaffe im Mittelmeer 1940–1945, Frankfurt a.M. 1981
Gundelach, Karl, Kampfgeschwader »General Wever« 4, Stuttgart 1978
Gürtner, Fritz, Traditionswürdigkeit der Wehrmacht und ihrer Soldaten; in: Das Schwarze Barett Nr. 17
Güth, Rolf u.a., Die Organisation der Kriegsmarine; in: Handbuch zur deutschen Militärgeschichte VII, München 1978
Haase, Norbert, Deutsche Deserteure, Berlin 1987
Hahlweg, Werner (Hrsg.), Klassiker der Kriegskunst, Darmstadt 1960
Halder, Franz, Generaloberst Halders Kriegstagebuch. Tägliche Aufzeichnungen des Chefs des Generalstabes des Heeres 1939–1942. Hrsg. v. Arbeitskreis für Wehrforschung, bearb. v. Hans-Adolf Jacobsen in Verbindung mit A. Philippi, Band III: Der Rußlandfeldzug bis zum Marsch auf Stalingrad (22. Juni 1941 bis 24. September 1942), Stuttgart 1964
Hamburger Institut für Sozialforschung (Hrsg.), Vernichtungskrieg. Verbrechen der Wehrmacht 1941 bis 1944. Ausstellungskatalog, Hamburg 1996
Hamilton, Nigel, Monty – The Making of a General 1887–1942, London 1984
Hanke, Heinz Marcus, Luftkrieg und Zivilbevölkerung, Frankfurt am Main 1991
Hannemann, Ludwig, die Justiz der Kriegsmarine 1939–1945 im Spiegel ihrer Rechtsprechung, S. Roderer Verlag, Regensburg 1993
Hansell, Haywood, D., The Air Plan that Defeated Hitler, Atlanta 1972
Harris, Sir Arthur T., Bomber Offensive, London 1947
Harris, Sir Arthur T., Despatch on War Operations, 23rd February, 1942, to 8th May, 1945. Preface and introduction by Sebastian Cox, and: Harris – A German View, by Horst Boog, London 1995, S. XXXVII f.
Harrison, Ted, Der »Alte Kämpfer« Graf Helldorf im Widerstand. Graf Helldorf, die NS-Bewegung und die Opposition gegen Hitler; in: VfZG 3/1997, S. 385–425
Hartmann, Christian/Slutsch, Sergej, Franz Halder und die Kriegsvorbereitungen im Frühjahr 1939; in: VfZG 3/1997, S. 467–495
Hassell, Ulrich v., Aufzeichnungen vom Anderen Deutschland. Nach der Handschrift revidierte und erweiterte Ausgabe unter Mitarbeit von Klaus Peter Reiß, hrsg. von Friedrich Freiherr Hiller von Gaertringen, Berlin 1988
Hastings, Max, Bomber Command, London 2. Auflage, 1980
Hauser, Oswald, England und das Dritte Reich, Bd. 1: 1933–1936, Stuttgart 1972

Hays Parks, W., »Luftkrieg und Kriegsvölkerrecht«; in: Boog, Horst, s. Luftkriegführung im Zweiten Weltkrieg

Heer, Hannes/Naumann, Klaus (Hrsg.), Vernichtungskrieg. Verbrechen der Wehrmacht 1941-1944, Hamburg 1995

Heeresmitteilungen 1944, Nr. 326

Heeresverordnungsblatt, Der Führer und Oberste Befehlshaber der Wehrmacht vom 6. Januar 1942, HVBl. 1942, Nr. 34

Heide, Eivind, Tyske soldater pa flukt, Oslo 1988

Heimann, Bernhard und Schunke, Joachim, »Eine geheime Denkschrift zur Luftkriegskonzeption Hitler-Deutschlands vom Mai 1933«; in: Zeitschrift für Militärgeschichte 3 (1964), S. 78-86

Heimann, Leo, Organisiertes Plündern/Die Grundlage der Partisanenkriegführung; in: Military Review, Februar 1965, S. 61-68, Dok. Nr. -A 7400

Heimann, Leo, Organized Looting – the Basis of Partisan Warfare; in: Military Review, February 1965, S. 61-68

Heinemann, Ulrich, Ein konservativer Rebell. Fritz-Dietlof Graf von der Schulenburg und der 20. Juli, Berlin 1990

Heintschel v. Heinegg, Wolff, Seekriegsrecht und Neutralität im Seekrieg, Schriften zum Völkerrecht, Band 119, Berlin 1995

Helders (Major/Pseudonym), Luftkrieg 1936. Die Zertrümmerung von Paris, Berlin 1932.

Henkys, Reinhard, Nationalsozialistische Gewaltverbrechen, Stuttgart 1964

Hennicke, Otto, Auszüge aus der Wehrmachtkriminalstatistik; in: Zeitschrift für Militärgeschichte 5 (1966), S. 438 ff.

Hermann, Carl Hans, Deutsche Militärgeschichte. Eine Einführung, Frankfurt 1968

Herzog, Bodo, U-Boote im Einsatz, Dorheim/H., o.J.

Hesse, Erich, Der sowjetrussische Partisanenkrieg 1941-1944 im Spiegel deutscher Kampfanweisungen und Befehle, 2. Auflage, Göttingen, Zürich 1993

Hesse, Erich, Der sowjetrussische Partisanen-Krieg 1941-1944, Göttingen 1969

Heuer, Gerd F., Die Generalobersten des Heeres. Inhaber höchster deutscher Kommandostellen 1933-1945, o.O., o.J.

Heydemann, Günther/ Kettenacker Lothar (Hrsg.), Kirchen in der Diktatur, Göttingen 1993

Hilberg, Raul, Wehrmacht und Judenvernichtung; in: Walter Manoschek (Hrsg.), Die Wehrmacht im Rassenkrieg. Der Vernichtungskrieg hinter der Front, Wien 1996

Hildebrandt, Klaus, »Weltmacht oder Untergang: Hitlers Deutschland 1941-1945«; in: Weltpolitik II, 1939-1945, hrsg. von Hauser, Oswald, Göttingen 1975

Hiller von Gaertringen, Friedrich Freiherr v., »Dolchstoß« – Diskussion und »Dolchstoßlegende« im Wandel von vier Jahrzehnten; in: Geschichte und Gegenwartsbewußtsein, Festschrift für Hans Rothfels zum 70. Geburtstag, Göttingen 1963, S. 122-160

Hillgruber, Andreas, »In der Sicht des kritischen Historikers«; in: Nie außer Dienst. Zum 80. Geburtstag von Generalfeldmarschall Erich von Manstein, Köln 1967, S. 65-84

Hillgruber, Andreas, Das Rußland-Bild der führenden deutschen Militärs vor Beginn des Angriffs auf die Sowjetunion; in: Zwei Wege nach Moskau. Vom Hitler-Stalin-Pakt zum »Unternehmen Barbarossa«, im Auftrag des Militärgeschichtlichen Forschungsamtes, hrsg. von Bernd Wegner, München 1991 (Serie Piper), S. 167-185

Hillgruber, Andreas (Hrsg.), Staatsmänner und Diplomaten bei Hitler. Vertrauliche Aufzeichnungen über Unterredungen mit Vertretern des Auslandes 1939-1941, 2 Bde, Frankfurt/Main 1967

Hinsley, Francis Harry u.a., British Intelligence in the Second World War. Its Influence on Strategy and Operations, London 1979

Hitlers Lagebesprechungen. Die Protokollfragmente seiner militärischen Konferenzen, Heiber, Helmut(Hrsg.), Stuttgart 1962

Hoch, Anton, »Der Luftangriff auf Freiburg am 10. 5. 1940«; in: Vierteljahrshefte für Zeitgeschichte 4(1956), S. 115-144, und Wehrkunde 6(1957), S. 285-294.

Hoch, Anton, Das Attentat auf Hitler im Münchner Bürgerbräukeller 1939; in: VfZG 3/1969, S. 383-413

Hoelsken, Die V-Waffen. Entstehung – Propaganda – Kriegseinsatz, Stuttgart 1984
Hoffmann, Joachim, Die Ostlegionen, Freiburg 1976
Hoffmann, Joachim, Stalins Vernichtungskrieg 1941–1945, 2. Aufl., München 1995
Hoffmann, Peter, Claus Schenk Graf von Stauffenberg und seine Brüder, Stuttgart 1992
Hoffmann, Peter, Widerstand – Staatsstreich – Attentat. Der Kampf der Opposition gegen Hitler, 3., neu überarbeitete und erweiterte Auflage, München 1979
Höhne, Heinz, Der Orden unter dem Totenkopf. Die Geschichte der SS, 2. Auflage, München 1968
Höhne, Heinz, Mordsache Röhm, Hitlers Durchbruch zur Alleinherrschaft, Reinbek 1984
Homze, Edward L., Arming the Luftwaffe. The Reich Air Ministry and the German Aircraft Industry, Lincoln and London 1976
Hossbach, Friedrich, Zwischen Wehrmacht und Hitler, Wolfenbüttel 1949
Hubatsch, Walther (Hrsg.), Hitlers Weisungen für die Kriegführung, 2. Auflage, Koblenz 1983
Hülle, Werner, Die Stellung des Wehrmachtrichters im Truppensonderdienst; in: Zeitschrift für Wehrrecht 9 (1944), S. 145 ff.
Hurley, Alfred F., Billy Mitchell. Crusader for Air Power, London 1975
Hyde, C.C., International Law, 2nd rev. edition, Boston 1951
Hyde, Montgomery H., British Air Policy Between the Wars, 1918–1939, London 1976
Institut für Zeitgeschichte ED 109, Wilhelm Adam: Erinnerungen
International Committee of the Red Cross, Report on its activities during the Second World War, Vol. 1–3, Genf 1948
Internationaler Militärgerichtshof, Der Prozeß gegen die Hauptkriegsverbrecher vor dem Internationalen Militärgerichtshof, (IMT) 42 Bde., 1947–1949
Irving, David, Die Tragödie der deutschen Luftwaffe. Aus den Akten und Erinnerungen von Feldmarschall Milch, Frankfurt/Main–Berlin–Wien 1970
Irving, David, Göring, München–Hamburg 1987
Irving, David, Von Guernica bis Vietnam. Die Leiden der Zivilbevölkerung im modernen Krieg, München 1982
Jäckel, Eberhard und Rohwer, Jürgen (Hrsg.), Der Mord an den Juden im Zweiten Weltkrieg, Frankfurt a.M. 1987
Jacobsen, Hans-Adolf, »Der deutsche Luftangriff auf Rotterdam (14. Mai 1940). Versuch einer Klärung«; in: Wehrwissenschaftliche Rundschau 8(1958), S. 285–294
Jacobsen, Hans-Adolf, Kommissarbefehl und Massenexekution sowjetischer Kriegsgefangener; in: Anatomie des SS-Staates, Band 2, München 1989
Jahrreiß, Hermann, Die Fortentwicklung des Völkerrechts; in: Jahrbuch für internationales und ausländisches öffentliches Recht, Hamburg, 1949, S. 659
Janßen, Karl Heinz/Tobias, Fritz, Der Sturz der Generale. Hitler und die Blomberg-Fritsch-Krise 1938, München 1994. Rezension von Müller, Klaus-Jürgen; in: MGM 1/1995, S. 215–217
Jaspers, Karl, »Schriften zur Zeit«, Heft 11, Zürich 1947
Jones, Neville, The Origins of Strategic Bombing. A Study of the Development of British Air Strategic Thought and Practice up to 1918, London 1973
Jones, Reginald Victor, »Scientific Intelligence of the Royal Air Force in the Second World War«; in: Boog, Horst (Hrsg.), The Conduct of the Air War in the Second World War. An International Comparison, Oxford 1992
Jones, Reginald Victor, Most Secret War, London 1978
Kageneck, August von, Examen de Conscience. »Nous étions vaincus, mais nous nous croyions innocents«, Paris 1996
Kahn, David, Hitler's Spies. German Military Intelligence in World War II, London 1978
Karl-Heinz Völker, Die deutsche Luftwaffe 1933–1939. Aufbau, Führung und Rüstung der Luftwaffe sowie die Entwicklung der deutschen Luftkriegstheorie, Stuttgart 1967 (= Beiträge zur Militär- und Kriegsgeschichte, hrsg. vom Militärgeschichtlichen Forschungsamt, Bd. 8)
Karner, Stefan, Im Archipel GUPVI. Kriegsgefangenschaft und Internierung in der Sowjetunion 1941–1956, Wien 1995
Karst, Heinz, Die Wehrmacht im Urteil ehemaliger Gegner; in: Bundeswehr im geschichtlichen Niemandsland?, hrsg. vom Studienzentrum Weikersheim, Mainz 1986

Keller, Otfried, Richter und Soldat. Ausschnitte aus einem Leben in bewegter Zeit, Marburg 1989
Kennett, Lee, »The Influence of General Douhet on American Aviation«; in: La Figura e l'Opera di Giulio Douhet, ATTI, Società di Storia Patria di Terra di Lavoro, Napoli 1988, S. 289 ff.
Kennett, Lee, A History of Strategic Bombing, New York 1983
Kennett, Lee, The First Air War, 1914–1918, New York 1991
Kennett, Lee, Kommentar; in: Boog, Horst (Hrsg.), Luftkriegführung im Zweiten Weltkrieg. Ein internationaler Vergleich (= Vorträge zur Militärgeschichte, Bd. 12, hrsg. vom Militärgeschichtlichen Forschungsamt), Herford–Bonn 1993, S. 812.
Kesselring, Albert, Soldat bis zum letzen Tag, Bonn 1953
Kettenacker Lothar, Die britische Haltung zum deutschen Widerstand während des Zweiten Weltkrieges; in: Das andere Deutschland im Zweiten Weltkrieg. Emigration und Widerstand in internationaler Perspektive, hrsg. von Lothar Kettenacker, Stuttgart 1977
Kielmansegg, Johann Adolf Graf von, Einführung des Herausgebers; in: M. Messerschmidt, Die Wehrmacht im NS-Staat, Hamburg 1969
Klein, Burton H., Germany's Economic Preparations for War, Cambridge, Massachusetts 1959
Klemperer, Klemens von, Die verlassenen Verschwörer. Der deutsche Widerstand auf der Suche nach Verbündeten 1938–1945, dt. Übers., Berlin 1994
Knjaz'kov, Anatolij S., Die sowjetische Strategie im Jahre 1942; in: Förster, Jürgen (Hrsg.): Stalingrad. Ereignis – Wirkung – Symbol, 2. Auflage, München 1993
Köhler, Karl u. Hummel, Karl-Heinz, Die Organisation der Luftwaffe 1933–1939; in: Handbuch zur deutschen Militärgeschichte VII, München 1978
Köhler, Karl, »Operativer Luftkrieg. Eine Wortbildung zur Bezeichnung unterschiedlicher Vorstellungen«; in: Wehrkunde 18 (1967), S. 265–269
Kolmsee, Peter, Der Partisanenkampf in der Sowjetunion. Über Charakter, Inhalt und Formen des Partisanenkampfes in der UdSSR 1941–1944, Berlin 1963
Krausnick, Helmut, »Kommissarbefehl und Gerichtsbarkeitserlaß Barbarossa in neuer Sicht«; in: VjhZg 1977, S. 25 ff.
Krausnick, Helmut, Kommissarbefehl und »Gerichtsbarkeitserlaß Barbarossa« in neuer Sicht; in: Vierteljahrshefte für Zeitgeschichte 1977, S. 682–738
Krausnick, Helmut, Zum militärischen Widerstand gegen Hitler 1933–1938 – Möglichkeiten, Ansätze, Kontroversen; in: Aufstand des Gewissens. Militärischer Widerstand gegen Hitler und das NS-Regime 1933–1945, im Auftrag des Militärgeschichtlichen Forschungsamtes, hrsg. von Heinrich Walle, 4. Aufl. Berlin–Bonn–Herford 1994
Krausnick, Helmut/Wilhelm, Hans-Heinrich, Die Truppe des Weltanschauungskrieges. Die Einsatzgruppen der Sicherheitspolizei und des SD 1938–1942, Teil I: Krausnick, Helmut, Die Einsatzgruppen vom Anschluß Österreichs bis zum Feldzug gegen die Sowjetunion. Entwicklung und Verhältnis zur Wehrmacht. Teil II: Wilhelm, Hans-Heinrich, Die Einsatzgruppe A der Sicherheitspolizei und des SD 1941/42. Eine exemplarische Studie, Stuttgart 1981
Kriegstagebuch des Generaloberst Halder. Tägliche Aufzeichnungen des Chefs des Generalstabs des Heeres 1939–1942, bearbeitet von Hans-Adolf Jacobsen, Stuttgart 1962–1964 (zitiert: KTB Halder I, II, III)
Kriegstagebuch des Oberkommandos der Wehrmacht (Wehrmachtführungsstab) 1940–1945, im Auftrag des Arbeitskreises für Wehrforschung herausgegeben von Percy Ernst Schramm, Band 1–8, Frankfurt a.M. 1961–1979
Kube, Alfred, Pour-le-Mérite und Hakenkreuz. Hermann Göring im Dritten Reich, München 1986
Kuby, Erich, »Verrat auf deutsche Art«, München 1982
Kuczynski, Jürgen und Steinitz, Wolfgang (Hrsg.), Große Sowjet-Enzyklopädie unter Mitwirkung des Amtes für Literatur und Verlagswesen, Berlin (Ost) 1953
Kühn, Volkmar, Der Seenotdienst der deutschen Luftwaffe, Stuttgart 1976
Kühnrich, Heinz, Zum Zusammenwirken der sowjetischen Partisanenbewegung mit der Roten Armee 1941–1943; in: Zeitschrift für Militärgeschichte 4/1968, S. 454–466
Kunz, Wolfgang, Der Fall Marzabotto. Die Problematik des Kriegsverbrechens, Würzburg 1967

Kutzleben, Karl v., Minenschiffe, Herford 1974
Laterner, Hans, Verteidigung deutscher Soldaten, Plädoyers vor alliierten Gerichten, Bonn 1950
Laun, Rudolf (Hrsg.), Die Haager Landkriegsordnung. Das Übereinkommen über die Gesetze und Gebräuche des Landkrieges, Hannover 1950
Leisegang, Hans, Einführung in die Philosophie, Berlin 1951
Lesnjak, T., Soversenstvovanie rukovodstva partizanskim dvizeniem (Die Verbesserung der Führung der Partisanenbewegung im Großen Vaterländischen Krieg); in: Vojenno istoriceski zurnal 7/1967, S. 24–30
Liddell Hart, B.H., Jetzt dürfen sie reden – Hitlers Generale berichten, Stuttgart–Hamburg 1950
Liddell Hart, B.H., The Revolution in Warfare, London 1946
Lippman, Matthew, »The other Nuremberg: American prosecutions of Nazi War Criminals in Occupied Germany«, Indiana, International and Comparative Law Review, S. 1–100, 1992
Longerich, Peter, Vom Massenmord zur Endlösung. Die Erschießung von jüdischen Zivilisten in den ersten Monaten des Ostfeldzuges im Kontext des nationalsozialistischen Judenmordes; in: Bernd Wegner (Hrsg.), Zwei Wege nach Moskau. Vom Hitler-Stalin-Pakt zum »Unternehmen Barbarossa«, München 1991
Longmate, Norman, Air Raid. The Bombing of Coventry 1940, London 1976
Longmate, Norman, The Bombers, London 1983
Ludewig, Joachim, Generaloberst Johannes Blaskowitz im Zweiten Weltkrieg; in: Militärgeschichte (MG) 1/1995
Ludlow, Peter, Papst Pius XII., die britische Regierung und die deutsche Opposition im Winter 1939/40; in: VfZG 22 (1974), S. 229–341
Luther, Craig, The Limits of a Hitler Order: General Hubert Lanz and the Italian Capitulation, September 1943; in: Army Quarterly and Defence Journal, Vol 112, No. 1, 1982, S. 81–91
Luther, Hans, Der französische Widerstand gegen die deutsche Besatzungsmacht und seine Bekämpfung. Studien des Instituts für Besatzungsfragen, Nr. 11, 1957
Maier, Klaus A., Guernica 26.4.1937. Die deutsche Intervention in Spanien und der Fall »Guernica«, Freiburg 2.Auflage, 1977 (= Einzelschriften zur militärischen Geschichte des Zweiten Weltkrieges, Bd 17)
Maizière, Ulrich de, In der Pflicht: Lebensbericht eines Soldaten im 20. Jahrhundert, Herford 1989
Maizière, Ulrich de, Kontinuität und Neuanfang nach 1945; in: Beiträge aus der ev. Militärseelsorge, Bonn 1/1990
Maizière, Ulrich de, Zur politischen und ethischen Legitimation der Verteidigung; in: H. Bühl u. F. Vogel (Hrsg.): Wehrdienst ..., Herford 1987
Mann, Golo, Staat und Heer; in: Geschichte und Geschichten, Frankfurt 1961
Manoschek, Walter (Hrsg.), Die Wehrmacht im Rassenkrieg. Der Vernichtungskrieg hinter der Front, Wien 1996
Manstein, Erich v., Verlorene Siege, Bonn 1955
Manstein, Erich von, Aus einem Soldatenleben 1887–1939, Bonn 1958
Manstein, Erich von, Verlorene Siege, Koblenz 1987
Manstein, Rüdiger v. und Fuchs, Theodor, Manstein. Soldat im 20. Jahrhundert, München 1981
Marinedruckvorschrift 435/II
Martens, Stefan, Hermann Göring, »Erster Paladin des Führers« und »Zweiter Mann im Dritten Reich«, Paderborn 1985.
Martin, Bernd, Deutsche Oppositions- und Widerstandskreise und die Frage eines separaten Friedensschlusses im Zweiten Weltkrieg; in: Der deutsche Widerstand 1933–1945, Müller, Klaus-Jürgen(Hrsg.), Paderborn 1986
Maser, Werner, Nürnberg. Tribunal der Sieger, Düsseldorf, Wien 1977
Mason, Francis K., Battle over Britain, London 1969
Masson, Philippe, Die deutsche Armee. Geschichte der Wehrmacht 1935–1945, mit einem Vorwort und Anmerkungen von J.A. Graf von Kielmansegg, München 1996
Maurach, Reinhard, Die Sowjetunion – ein Mitglied der Völkergemeinschaft?; in: Zeitschrift für Völkerrecht 21/1937
Mayer, Arno J., Der Krieg als Kreuzzug, Hamburg 1989

Meier-Welcker, Hans (Hrsg.), Offiziere im Bild von Dokumenten aus drei Jahrhunderten, Stuttgart 1964
Meier-Welcker, Hans, Aufzeichnungen eines Generalstabsoffiziers 1939–1942, Freiburg 1982
Meinl, Susanne/Krüger, Dieter R., Friedrich Wilhelm Heinz: Vom Freikorpskämpfer zum Leiter des Nachrichtendienstes im Kanzleramt, VfZG 1/94, S. 39–71
Menzel, Eberhard/Ipsen, Knut, Völkerrecht, München 1979
Messerschmidt, Manfred und Wüllner, Fritz, Die Wehrmachtjustiz im Dienste des Nationalsozialismus, Baden-Baden 1987
Messerschmidt, Manfred, »Strategischer Luftkrieg und Völkerrecht«; in: Boog, Horst (Hrsg.), Luftkriegführung im Zweiten Weltkrieg, 1993
Messerschmidt, Manfred, Das Verhältnis von Wehrmacht und NS-Staat und die Frage der Traditionsbildung. Ein Nachwort; in: Aus Politik und Zeitgeschichte B 34/81 vom 22. August 1981, S. 43–34
Messerschmidt, Manfred, Deutsche Militärgerichtsbarkeit im Zweiten Weltkrieg; in: Die Freiheit des Anderen, Festschrift für Martin Hirsch, hrsg. von Hans Jochen Vogel, Helmut Simon und Adalbert Podlech, Baden-Baden 1981
Messerschmidt, Manfred, Die Wehrmacht im NS-Staat; in: K.D. Bracher u.a. (Hrsg.), Deutschland 1933–1945. Neue Studien zur nationalsozialistischen Herrschaft, Bonn 1993
Messerschmidt, Manfred, Kein gültiges Erbe. Die Militärs im NS-Staat. Weil die Wehrmacht Hitlers Regime überzeugt bejahte, verbieten sich die Jahre 1933–1945 für eine Traditionspflege der Bundeswehr; in: Süddeutsche Zeitung Nr. 43 vom 21./22. Februar 1981, S. 9
Messerschmidt, Manfred, Völkerrecht und »Kriegsnotwendigkeit« in der deutschen militärischen Tradition seit den Einigungskriegen; in: German Studies Review 1983, S. 237–269
Messerschmidt, Manfred/Gersdorff, Ursula v., Offiziere im Bild von Dokumenten aus drei Jahrhunderten, Stuttgart 1964
Meyer, Georg (Hrsg.), Generalfeldmarschall Wilhelm Ritter von Leeb: Tagebuchaufzeichnungen und Lagebeurteilungen aus zwei Weltkriegen, (Beiträge zur Militär- und Kriegsgeschichte Bd. 16), Stuttgart 1976
Meyer, Georg, Soldaten ohne Armee; in: Stalingrad zur Währungsreform. Zur Sozialgeschichte des Umbruches in Deutschland. Hrsg. Martin Broszat/Klaus-Dieter Henke/Hans Woller, München 1988, S. 703–716
Meyer, Georg, Zur Situation der deutschen militärischen Führungsschicht im Vorfeld des westdeutschen Verteidigungsbeitrages 1945–1950/51; in: Anfänge westdeutscher Sicherheitspolitik 1945–1956, Bd. 1, hrsg. vom Militärgeschichtlichen Forschungsamt, München, Wien 1982, S. 613–635
Militärstrafgesetzbuch nebst Kriegssonderstrafrechtsverordnung erläutert von Erich Schwinge, Berlin 1943
Mörbitz, H., Hohes Kriegsgericht. Ein Tatsachenbericht nach den Erlebnissen eines Kriegsgerichtsverteidigers, Wien 1968
Morison, History of Naval Operations 1939–1945, Band X,
Moritz, Erhard (Hrsg.), Fall Barbarossa. Dokumente zur Vorbereitung der faschistischen Wehrmacht auf die Aggression gegen die Sowjetunion (1940/41), Berlin 1970
Moritz, Günther, Die deutsche Besatzungsgerichtsbarkeit während des Zweiten Weltkrieges. Studien des Instituts für Besatzungsfragen, Tübingen, Nr. 2, 1954; Nr. 7, 1955
Moritz, Günther, Die Gerichtsbarkeit in besetzten Gebieten. Historische Entwicklung und völkerrechtliche Würdigung, Tübingen 1959
Morsch, Streik im Dritten Reich; in: Vierteljahresheft für Zeitgeschichte, (VfZG) 4/1988, S. 649–691
MStGB (am 20. Juni 1872 erlassen) RGBl I S. 174 (am 16. Juni 1926 neu bekanntgemacht) RGBl I S. 275
Muller, Richard, The German Air War in Russia, Baltimore 1992
Müllenheim-Rechberg, Burkhard Frhr. v., Schlachtschiff, »Bismarck 1940/41«
Müller, Ingo, Furchtbare Juristen. Die unbewältigte Vergangenheit unserer Justiz, München 1987

Müller, Josef, Bis zur letzten Konsequenz, München 1975
Müller, Klaus-Jürgen, Armee, Politik und Gesellschaft in Deutschland 1933–1945. 2. unveränderte Auflage, Paderborn 1980
Müller, Klaus-Jürgen, Das Heer und Hitler. Armee und nationalsozialistisches Regime 1933–1940, Stuttgart 1969
Müller, Klaus-Jürgen, Militärpolitik, nicht Militäropposition; in: HZ 235 1982, S. 355–371
Müller, Klaus-Jürgen, Staat und Politik im Denken Ludwig Becks; in: Historische Zeitschrift (HZ) 215, 1972, S. 607–631. Dagegen Hoffmann, Peter, Generaloberst Ludwig Becks militärpolitisches Denken; in: HZ 234 1982, S. 101–121
Müller, Klaus-Jürgen, Witzleben – Stülpnagel – Speidel – Offiziere im Widerstand. Beiträge zum Widerstand 7, 1. Aufl., Berlin 1988
Müller, Klaus-Jürgen, Zu Struktur und Eigenart der nationalkonservativen Opposition bis 1938 – Innenpolitischer Machtkampf, Kriegsverhinderungspolitik und Eventual-Staatsstreichplanung; in: Der Widerstand gegen den Nationalsozialismus. Die deutsche Gesellschaft und der Widerstand gegen den Nationalsozialismus. Die deutsche Gesellschaft und der Widerstand gegen Hitler, hrsg. von Jürgen Schmädecke und Peter Steinbach, 3. Aufl., München 1994, S. 329–345.
Müller, Norbert (Hrsg.), Europa unterm Hakenkreuz. Die faschistische Okkupationspolitik in den zeitweilig besetzten Gebieten der Sowjetunion, Berlin 1991
Müller, Rolf-Dieter (Hrsg.), Die deutsche Wirtschaftspolitik in den besetzten sowjetischen Gebieten 1941–1943. Der Abschlußbericht des Wirtschaftsstabes Ost und Aufzeichnungen eines Angehörigen des Wirtschaftskommandos Kiew, Boppard am Rhein 1991
Müller-Hillebrand, Burkhart, Das Heer 1933–1945. Die Blitzfeldzüge 1939–1941, Frankfurt/Main 1956
Müller-Hillebrand, Burkhart, Das Heer 1933–1945, Band 1–3, Darmstadt 1954 und Frankfurt a.M. 1956 und 1969
Münkler, Herfried (Hrsg.), Der Partisan. Theorie, Strategie, Gestalt, Opladen 1990
Nekric, Alexander und Grigorenko, Pjotr, Die Rote Armee am 22. Juni 1941, hrsg. und eingeleitet von Georges Haupt, Wien, Frankfurt/M. 1969
Niehaus, Werner, Die Radarschlacht 1939–1945, Stuttgart 1977
Nittner, Ernst, Menschenführung im Heer der Wehrmacht und im Zweiten Weltkrieg; in: Menschenführung im Heer, Band 3 der Vorträge zur Militärgeschichte, Herford 1982
Nolte, Ernst, Der europäische Bürgerkrieg 1917–1945. Nationalsozialismus und Bolschewismus, Berlin 1989
Norden, Günther van, Der deutsche Protestantismus; in: Heydemann/Kettenacker, Kirchen in der Diktatur, 1993
Oberländer, Theodor, Der Osten und die Deutsche Wehrmacht. Sechs Denkschriften aus den Jahren 1941–1943 gegen die NS-Kolonialthese, Asendorf 1987
Oestreich, Gerhard, Soldatenbild, Heeresreform und Heeresgestaltung im Zeitalter des Absolutismus; in: Schicksalsfragen der Gegenwart, Bd. 1, Tübingen 1957
Oetting, Dirk W., Motivation und Gefechtswert, Frankfurt a.M./ Bonn 1990
Oetting, Dirk W., Auftragstaktik. Geschichte und Gegenwart einer Führungskonzeption, Frankfurt 1993
Offiziere im Bild von Dokumenten aus drei Jahrhunderten, Hrsg. v. H. Meier-Welcker, Stuttgart 1964
Ose, Dieter, Entscheidung im Westen 1944. Der Oberbefehlshaber West und Abwehr der alliierten Invasion, Stuttgart 1982, S. 334 f.: Die Denkschrift GFM Erwin Rommel v. 15. Juli 1944
Overy, Richard James, »From ›Uralbomber‹ to ›Amerikabomber‹: The Luftwaffe and Strategic Bombing«; in: The Journal of Strategic Studies, H. 2/1978
Page, Helena P., General Friedrich Olbricht: Ein Mann des 20. Juli, Bonn 1992
Paget, Reginald, Manstein, seine Feldzüge und sein Prozeß, Wiesbaden 1952
Papke, Gerhard, Von der Miliz zum stehenden Heer. Wehrwesen im Absolutismus; in: Handbuch zur deutschen Militärgeschichte I, München 1979

Peillard, Leonce, Die Schlacht im Atlantik, Wien und Berlin, 1974
Peter, Erwin/Epifanov, Alexander, Stalins Kriegsgefangene. Ihr Schicksal in Erinnerungen und nach russischen Archiven, Graz–Stuttgart 1997
Picker, Henry, Hitlers Tischgespräche im Führerhauptquartier, Wiesbaden 1983 (Jubiläumsausgabe)
Pochlebkin, W.W., Velikaja Vojna i Nesotojawsijsja Mir 1941–1945–1994. Voennij Vnesnepoliticeskij Spravocnik (Der große Krieg und der nicht stattgefundene Friede 1941–1945–1994). Militärisches und außenpolitisches Nachschlagewerk), Moskau 1997
Pohl, Dieter, Die Holocaust-Forschung und Goldhagens Thesen; in: VfZG 1/1997, S. 1–47
Post, Walter, Unternehmen Barbarossa. Deutsche und sowjetische Angriffspläne 1940/41, Hamburg, Berlin, Bonn 1995
Pottgiesser, Hans, Die Deutsche Reichsbahn im Ostfeldzug 1939–1944, Neckargmünd 1960
Powers, Barry T., Strategy Without Slide-Rule, London 1979
Price, Alfred, Herrschaft über die Nacht. Spione jagen Radar, Gütersloh 1968
Probert, Henry, »The Formation of the Independent Air Force. A British View«; in: La Figura e l'Opera die Giulio Douhet, ATTI, Società di Storia Patria di Terra di Lavoro, Napoli 1988, S. 307 f.
Proske, Rüdiger, Vom Marsch durch die Institutionen zum Krieg gegen die Wehrmacht, Mainz 1997
Pyta, Wolfram, Vorbereitungen für den militärischen Ausnahmezustand unter Papen/Schleicher; in: MGM 2/1995, S. 385–429
Rabenau, Friedrich v., Seeckt. Aus seinem Leben 1918–1936, Leipzig 1940
Raem, Heinz Albert, Pius XI. und der Nationalsozialismus. Die Enzyklika »Mit brennender Sorge« vom 14. März 1934, Paderborn 1979
Ramsey, Winston G., The Blitz Then and Now, Bd 1, London 1987
Rasenack, F.W., »Panzerschiff Admiral Graf Spee«, Herford 1957
Rathke, Gunther, Walküre-Divisionen 1941/42. Letzte Aushilfe in der Winterkrise; in: MG 4/1996, S. 55
Rautenberg, Hans-Jürgen, Deutsche Rüstungspolitik vom Beginn der Genfer Abrüstungskonferenz bis zur Wiedereinführung der allgemeinen Wehrpflicht 1932–1935, phil. Diss., Bonn 1973
Rebentisch, Ernst, Vom Kaukasus zu den Tauern. Die Geschichte der 23. Panzer-Division 1941–1945, Stuttgart 1982
Recke, Walter, Die historisch-politischen Grundlagen der Genfer Konvention vom 15. Mai 1922, Marburg (Lahn) 1969
Rede des Chefs des Generalstabes der deutschen Luftwaffe zur Eröffnung der Luftkriegsakademie am 1. 11. 1935: »Die entscheidende Waffe eines Luftkrieges ist der Bomber«; abgedr. in: Boog, Horst, Die deutsche Luftwaffenführung 1935–1945. Führungsprobleme – Spitzengliederung – Generalstabsausbildung, Stuttgart 1982, S. 631 ff.
Redelis, Vladis, Partisanenkrieg. Entstehung und Bekämpfung der Partisanen- und Untergrundbewegung im Mittelabschnitt der Ostfront 1941 bis 1943, Heidelberg 1958
Reemtsma, Jan Philipp, Krieg, Verbrechen, Moral; in: Der Spiegel Nr. 49/1996, S. 52 ff.
Reibert, Wilhelm, Der Dienstunterricht im Reichsheer, Berlin 1933
Reichsarchiv, Der Weltkrieg 1914 bis 1918, Zweiter Band: Die Befreiung Ostpreußens, Berlin 1925
Reichsgesetzblatt (siehe RGBl.)
Reinicke, Adolf, Das Reichsheer 1921–1934, Osnabrück 1986
Rendulic, Lothar, Der Partisanenkrieg; in: Bilanz des Zweiten Weltkrieges. Erkenntnisse und Verpflichtungen für die Zukunft, Oldenburg, Hamburg 1953
Rendulic, Lothar, Gekämpft, Gesiegt, Geschlagen, München 1957
Reynolds, Nicholas, Beck, Gehorsam und Widerstand. Deutsche Ausgabe, Wiesbaden/München 1977
RGBl. 1910, S. 132
RGBl. 1939 I S. 1455
RGBl. 1939 I S. 1457

RGBl. 1939 I S. 1609
RGBl. 1939 I S. 1679
RGBl. 1939 I S. 1683
RGBl. 1939 I S. 2131
RGBl. 1939 I S. 2319
RGBl. 1939 I S. 2378
RGBl. 1940 I S. 1347
RGBl. 1940 I S. 445
RGBl. 1940 I S. 877
RGBl. 1942 I S. 536
RGBl. 1943 I S. 261
RGBl. 1944 I S. 115
RGBl. 1944 I S. 134
RGBl. 1945 I S. 20
RGBl. 1945 I S. 252
Rhode, Horst, Der Kommissar-Befehl – Überprüfung seiner Aufnahme, Weitergabe und Anwendung im deutschen Ostheer 1941/42 anhand repräsentativ ausgewählter Aktenbestände, MGFA Freiburg
Richard, L.V., Partisanen/Kämpfer hinter den Fronten, Ulm 1986
Richter, Heinz, General Lanz, Napoleon Zervas und die britischen Verbindungsoffiziere; in: MGM 1/89, S. 111–139
Richterbriefe – Mitteilungen des Reichsministers der Justiz Nr. 9; in: Heinz Boberach (Hrsg.): Richterbriefe. Dokumente zur Beeinflussung der deutschen Rechtsprechung 1942–1944, Boppard am Rhein 1975
Richtlinien für die Verfolgung von Straftaten gegen das Reich oder die Besatzungsmacht in den besetzten Gebieten (Antifaschistische Blocks) o.O., o.J. (zit.b.Seidler)
Rizzo, Paul J., Die sowjetischen Partisanen im 2. Weltkrieg; in: Infantry-USA-57 (1967)4, S. 3–6, Dok. Nr. -C3405
Rizzo, Paul J., The Soviet Partisans. A Repraisal; in: Infantry 4/1967, S. 3–6
Roberts, Andrew, The Holy Fox. A Life of Lord Halifax, London 1991
Robertson, The Golden Horseshoe, London 1957, S. 44 f.
Roden, Hans (Hrsg.), Deutsche Soldaten. Vom Frontheer und Freikorps über die Reichswehr zur neuen Wehrmacht, Leipzig 1935
Röhricht, Edgar, Pflicht und Gewissen. Erinnerungen eines deutschen Generals 1932–1945, Stuttgart 1965
Römer, Die Unterstellung des Gefolges unter die Militärgesetze; in: Zeitschrift für Wehrrecht 5 (1940/41), S. 427 ff.
Roon, Ger van, Hermann Kaiser und der deutsche Widerstand; in: VfZG 24 (1976)
Roschmann, Hans, Gutachten zur Behandlung und zu den Verlusten sowjetischer Kriegsgefangener in deutscher Hand und zur Bewertung der Beweiskraft des sogenannten »Documents 2125«, Ingolstadt 1982
Roskill, Stephen, The War at Sea 1939-45, London 1954, Band I, Ruge, Friedrich, Der Seekrieg 1939-45, Stuttgart
Roskothen, Ernst, Paris. Place de la Concorde 1941–1944. Ein Wehrmachtsrichter erinnert sich ..., Bad Dürrheim und Baden-Baden 1977
Rothfels, Hans, Werden die Historiker dem 20. Juli gerecht?; in: DIE ZEIT vom 18. 7. 1966
Royal Air Force War Manual, Part I: Operations, Air Publication 1300, 1st edition 1928
Rumpf, Hans, Das war der Bombenkrieg. Deutsche Städte im Feuersturm, Oldenburg 1961
Ryan, Cornelius, Die Brücke von Arnheim, Frankfurt 1974
Safrian, Hans, Komplizen des Genozids. Zum Anteil der Heeresgruppe Süd an der Verfolgung und Ermordung der Juden in der Ukraine; in: Walter Manoschek (Hrsg.), Die Wehrmacht im Rassenkrieg. Der Vernichtungskrieg hinter der Front, Wien 1996
Salewski, Michael, Die bewaffnete Macht im Dritten Reich 1933–1939; in: Handbuch zur deutschen Militärgeschichte VII, München 1978
Salewski, Michael, Die Deutsche Seekriegsleitung, Frankfurt 1975

Schaffer, Ronald, Wings of Judgement. American Bombing in World War II, Oxford 1985
Schenk, Reinhold, Seekrieg und Völkerrecht, Köln/Berlin 1958
Scheurig, Bodo, Henning von Tresckow, Stalling Verlag 1973
Schieder, Wolfgang, Zwei Generationen im militärischen Widerstand gegen Hitler; in: Schmädecke/Steinbach, S. 436-459
Schmädecke; Jürgen/Steinbach, Peter (Hrsg.), Der Widerstand gegen den Nationalsozialismus. Die deutsche Gesellschaft und der Widerstand gegen den Nationalsozialismus. Die deutsche Gesellschaft und der Widerstand gegen Hitler, 3. Aufl., München 1994
Schmädecke, Jürgen, Die Blomberg-Fritsch-Krise: Vom Widerspruch zum Widerstand; in: Schmädecke/Steinbach, Der Widerstand gegen den Nationalsozialismus. Die deutsche Gesellschaft und der Widerstand gegen den Nationalsozialismus. Die deutsche Gesellschaft und der Widerstand gegen Hitler, 3. Aufl., München 1994
Schmid, Jürg H., Die völkerrechtliche Stellung der Partisanen im Kriege. Unter besonderer Berücksichtigung des persönlichen Geltungsbereichs der Genfer Konvention zum Schutze der Kriegsopfer vom 12. August 1949, Zürich 1956
Schmoeckel, Helmut, Menschlichkeit im Seekrieg?, Herford 1987
Scholder, Klaus, Politischer Widerstand oder Selbstbehauptung als Problem der Kirchenleitungen; in: Schmädecke/Steinbach, Der Widerstand gegen den Nationalsozialismus. Die deutsche Gesellschaft und der Widerstand gegen den Nationalsozialismus. Die deutsche Gesellschaft und der Widerstand gegen Hitler, 3. Aufl., München 1994
Schottelius, Herbert und Caspar, Gustav-Adolf, Die Organisation des Heeres 1933-1939; in: Handbuch zur deutschen Militärgeschichte VII, München 1978
Schreiber, Gerhard, Die italienischen Militärinternierten im deutschen Machtbereich 1943-45, München 1990
Schukow, Georgij, K., Erinnerungen, Gedanken, Stuttgart 1969
Schüler, Klaus A., Logistik im Rußlandfeldzug. Die Rolle der Eisenbahn bei Planung, Vorbereitung und Durchführung des deutschen Angriffs auf die Sowjetunion bis zur Krise vor Moskau im Winter 1941/42, Frankfurt/Main 1987
Schulthess Europäischer Geschichtskalender 1934
Schultze-Rhonhof, Gerd, Wozu noch tapfer sein?, Gräfelfing 1997
Schulz, Gerhard (Hrsg.), Partisanen und Volkskrieg/Zur Revolutionierung des Krieges im 20. Jahrhundert, Göttingen 1985
Schumann, Wolfgang/Nestler, Ludwig (Hrsg.), Europa unterm Hakenkreuz/Die faschistische Okkupationspolitik in den zeitweilig besetzten Gebieten der Sowjetunion, Dokumentenauswahl, Berlin 1943
Schustereit, Hartmut, Gutachten zur Einleitung von Heer, Hannes/Naumann, Klaus (Hrsg.), Vernichtungskrieg. Verbrechen der Wehrmacht 1941-1944, unveröffentlichtes Manuskript vom 26. September 1995
Schütze, H.A., Die Repressalie unter besonderer Berücksichtigung der Kriegsverbrecherprozesse, Bonn 1950
Schweling, Otto Peter, Die deutsche Militärjustiz in der Zeit des Nationalsozialismus, Marburg 1977
Schwinge, Erich, Verfälschung und Wahrheit. Das Bild der Wehrmachtgerichtsbarkeit, Tübingen-Zürich-Paris 1988
Schwinge, Erich, »Die deutsche Militärgerichtsbarkeit im Zweiten Weltkrieg«, Deutsche Richterzeitung, 1959, S. 350-352
Schwinge, Erich, Die Entwicklung der Mannszucht in der deutschen, britischen und französischen Wehrmacht seit 1914, Berlin und München 1940
Schwinge, Erich, Militärstrafgesetzbuch nebst Kriegssonderstrafrechtsverordnung, Berlin 1943
Schwinge, Erich, Militärstrafgesetzbuch. Erläutert v. E. Schwinge., Berlin 1936
Schwinge, Erich, Soldatischer Gehorsam und Verantwortung, Marburg 1939
Schwinge, Erich, Verfälschung und Wahrheit. Das Bild der Wehrmachtgerichtsbarkeit, Marburg 1992
Seaton, Albert, The German Army 1933-1945, New York 1982
Seeckt, Hans v., Die Reichswehr, Leipzig 1933

Seidler, Franz W. (Hrsg.), Verbrechen an der Wehrmacht. Kriegsgreuel der Roten Armee 1941/42, Selent 1997

Seidler, Franz W., Der Partisanenkrieg zur Befreiung der Sowjetunion, unveröffentlichtes Manuskript

Seidler, Franz W., Die Militärgerichtsbarkeit der Deutschen Wehrmacht 1939–1945. Rechtsprechung und Strafvollzug, München 1991

Seidler, Franz W., Fahnenflucht. Der Soldat zwischen Eid und Gewissen, München 1995

Seidler, Franz W., Pauschale Verurteilung verunglimpft einzelne; in: FOCUS Nr. 10/1997

Seraphim, Hans-Günther, »Die Erschließung der Nürnberger Prozeßakten«; in: Der Archivar. Mitteilungsblatt für deutsches Archivwesen, November 1975, S. 418–422

Sherry, Michael S., The Rise of American Air Power. The Creation of Armageddon, New Haven 1987

Shils, Edward A. und Janowitz, Morris, Zusammenhalt und Verfall der Wehrmacht im Zweiten Weltkrieg; in: Public Opinion Quarterly, XII, Sommer 1948. Übersetzung durch Bundessprachenamt Referat SM II 1, Auftragsnummer 53116

Siewert, Curt, Schuldig? Die Generale unter Hitler, Bad Nauheim 1968

Simoneit, Max, Wehr-Ethik. Ein Abriß ihrer Probleme und Grundsätze, Berlin 1936

Slessor, John, The Central Blue. Recollections and Reflections, London 1956

Smith, Bradley, Der Jahrhundert-Prozeß, Frankfurt 1980

Smith, Malcolm, »A Matter of Faith. British Strategic Air Doctrine Before 1939«; in: Journal of Contemporary History, 15 (1980)

Smith, Malcolm, British Air Strategy Between the Wars, Oxford 1984

Sohler, Herbert, Der deutsche U-Bootkrieg 1939–1945 im Lichte des Völkerrechts, Dissertation, Kiel 1949

Sorge, Siegfried, Der Marineoffizier als Führer und Erzieher, Berlin 1937

Spaight, J.M., Air Power and the Cities, London 1930

Spaight, James M., Bombing Vindicated, London 1944

Speer, Albert, Erinnerungen, Frankfurt/Main 1969

Speidel, Hans, Aus unserer Zeit – Erinnerungen, Berlin 1977

Spetzler, Eberhard, Luftkrieg und Menschlichkeit. Die völkerrechtliche Stellung der Zivilpersonen im Luftkrieg, Göttingen 1956

Staff, Ilse, Justiz im Dritten Reich. Eine Dokumentation, Frankfurt 1978

Stahlberg, Alexander, Die verdammte Pflicht. Erinnerungen 1932–1945, Berlin 1987

Stalin, Josef, Über den Großen Vaterländischen Krieg der Sowjetunion, Moskau 1946

Statistisches Jahrbuch für die Bundesrepublik Deutschland 1952, herausgegeben vom Statistischen Bundesamt Wiesbaden

Stein, Georg H., Geschichte der Waffen-SS, Düsseldorf 1978

Stein, Peter, Führen durch Auftrag, Beiheft Truppenpraxis 1985

Steinkamm, Armin, Die Streitkräfte im Kriegsvölkerrecht, Würzburg, 1967

Stemenko, S.M., Im Generalstab, Berlin (Ost) 1971

Stieff, Hellmuth, Briefe, hrsg. und eingeleitet von Horst Mühleisen. Vollständige Taschenbuchausgabe (Goldmann TB Nr. 12863), München 1994, S. 108

Stone, J., Legal Controls of International Conflict, London 1954

Strafgesetzbuch für das Deutsche Reich. Kommentar v. Adolf Schönke, München und Berlin 1944

Streim, Alfred, Das Völkerrecht und die sowjetischen Kriegsgefangenen; in: Bernd Wegner (Hrsg.), Zwei Wege nach Moskau. Vom Hitler-Stalin-Pakt zum »Unternehmen Barbarossa«, München 1991

Streim, Alfred, Die Behandlung sowjetischer Kriegsgefangener im »Fall Barbarossa«. Eine Dokumentation. Unter Berücksichtigung der Unterlagen deutscher Strafverfolgungsbehörden und der Materialien der Zentralen Stelle der Landesjustizverwaltungen zur Aufklärung von NS-Verbrechen, Heidelberg–Karlsruhe 1981

Streit, Christian, Keine Kameraden. Die Wehrmacht und die sowjetischen Kriegsgefangenen 1941–1945, Stuttgart 1978

Strupp, Karl, Das Internationale Landkriegsrecht, Frankfurt a.M. 1914

Stumpf, Reinhard, Die Wehrmacht-Elite. Rang- und Herkunftsstruktur der deutschen Generale und Admirale 1933–1945, Militärgeschichtliche Studien, Bd. 29, Boppard 1982

Stumpf, Reinhard, Erwin Rommel und der Widerstand; in: Militärgeschichte 1 – MG – (1991), S. 49

Suworow, Victor, Der Eisbrecher, Stuttgart 1990

Swint, William A., »May 14, 1940 Revisited«; in: Aerospace Historian, March 1974, S. 14–22

Szarota, Tomasz, Polen unter deutscher Besatzung 1939–1941: Vergleichende Betrachtungen; in: Wegner, Bernd (Hrsg.): Zwei Wege nach Moskau. Vom Hitler-Stalin-Pakt zum »Unternehmen Barbarossa«, München 1991

Tagebücher eines Abwehroffiziers. Mit weiteren Dokumenten zur Militäropposition, hrsg. von Helmut Krausnick und Harold C. Deutsch unter Mitarbeit von Hildegard von Kotze, Stuttgart 1970

Taylor, Telford, Die Nürnberger Prozesse. Kriegsverbrechen und Völkerrecht, Zürich 1951

Taylor, Telford, Sword and Swastika. The Wehrmacht in the Third Reich, London 1953

Taylor, Telford, The Anatomy of the Nuremberg Trials, New York 1993

Terraine, Terraine, The Right of the Line. The Royal Air Force in the European War, London 1985

Teske, Hermann, Die silbernen Spiegel. Generalstabsdienst unter der Lupe, Heidelberg 1952

Teske, Hermann, Über die deutsche Kampfführung gegen russische Partisanen; in: Wehrwissenschaftliche Rundschau 11/1964, S. 662–675

Teske, Hermann, Über die deutsche Kampfführung gegen russische Partisanen; in: Wehrwissenschaftliche Rundschau D-14(1964)11, S. 662–675, Dok. Nr. R2672

Tessin, Georg, Verbände und Truppen der deutschen Wehrmacht und Waffen-SS im Zweiten Weltkrieg 1939–1945, Osnabrück 1975 ff.

The Origins and Development of Operational Research in the Royal Air Force, Air Ministry, Air Publication 3368, London 1963

Thomas, Georg, Geschichte der deutschen Wehr- und Rüstungswirtschaft, herausgegeben von Wolfgang Birkenfeld, Boppard am Rhein 1966

Thun-Hohenstein, R. G. Graf v., Der Verschwörer. General Oster und die Militäropposition, Goldmann-Taschenbuch 12862, München 1994

Thun-Hohenstein, R. G. Graf v., Generalfeldmarschall Günther von Kluge; in: Militärgeschichte (MG), Heft 3/1992, S. 35–40

Tippelskirch, Kurt von, Geschichte des Zweiten Weltkrieges, Bonn 1951

Tolstoij, Nikolaij, Victime of Yalta, London 1977

Trenkle, Fritz, Deutsche Ortungs- und Navigationsanlagen (Land und See 1933–1945), Deutsche Gesellschaft für Ortung und Navigation e.V., Sonderbücherei, hrsg. von Brandt, Leo o.O. 1964

Trenkle, Fritz, Die deutschen Funknavigations- und Funkführungsverfahren bis 1945, Stuttgart 1979

Tress, Harvey B., »Churchill, the First Berlin Raids, and the Blitz«; in: MGM 32(1982), S. 66.

Trials of War Criminals before the Nuremberg Military Tribunals under Control Council Law No.10. Nürnberg, October 1946 – April 1949, Washington 1952

Tschoeltsch, Ehrenfried, Der Dienstunterricht in der Luftwaffe, 13. neubearbeitete Auflage, Jahrgang 1941, Berlin

Übersicht über die in der Zeit vom 26. August 1939 bis 7. Februar 1845 beim Reichskriegsgericht ergangenen und vollstreckten Todesurteile, Historicky ustav Armady Ceské republiky Prag 39-19/5

Ueberschär, Gerd (Hrsg.), Das Nationalkomitee »Freies Deutschland« und der Bund Deutscher Offiziere, Frankfurt/Main 1995 (Fischer Nr. 12633)

Ueberschär, Gerd R. und Wette, Wolfram, Bomben und Legenden. Die schrittweise Aufklärung des Luftangriffs auf Freiburg am 10. Mai 1940. Ein dokumentarischer Bericht, Freiburg 1981.

Uhle-Wettler, Franz, Höhe- und Wendepunkte deutscher Militärgeschichte, Mainz 1984

Uhlig, Heinrich, Der verbrecherische Befehl. Eine Diskussion und ihre historisch-dokumentarischen Grundlagen; in: Vollmacht des Gewissens, Bd. 2, hrsg. von der Europäischen Publikation e.V., Frankfurt a.M. – Berlin 1965

Umbreit, Hans, Der Militärbefehlshaber in Frankreich 1940–1944, Boppard a. Rh. 1968

Umbreit, Hans, Deutsche Militärverwaltungen 1938/39. Die militärische Besetzung der Tschechoslowakei und Polens, Stuttgart 1977

Umbreit, Hans, Struktur deutscher Besatzungspolitik in der Anfangsphase des deutsch-sowjetischen Krieges; in: Bernd Wegner (Hrsg.), Zwei Wege nach Moskau. Vom Hitler-Stalin-Pakt zum »Unternehmen Barbarossa«, München 1991

Ursachen und Folgen. Vom deutschen Zusammenbruch 1918 und 1945 bis zur staatlichen Neuordnung Deutschlands in der Gegenwart, Band 18, Berlin 1973

US Naval War Collage, International Studies 1966, Volume LVIII

Veale, F.J.P., Der Barbarei entgegen. Wie der Rückfall in die Barbarei durch Kriegführung und Kriegsverbrecherprozesse unsere Zukunft bedroht, Hamburg 1954

Verordnung über die Wehrmachtrichter im Truppensonderdienst, RGBl 1944 I S. 135

Verordnung zur Ergänzung und Änderung der Zuständigkeitsverordnung vom 29. Januar 1943, RGBl I S. 76

Victoria Luise, Herzogin, Ein Leben als Tochter des Kaisers, Göttingen 1965

Vilencik, Vitalij, Die Partisanenbewegung in Weißrußland 1941–1944, Sonderdruck aus Forschungen zur osteuropäischen Geschichte, Berlin 1984

Vogelsang, Thilo, Neue Dokumente zur Geschichte der Reichswehr; in: VfZG 2/1954, S. 397–436

Völker, Karl-Heinz, Die deutsche Luftwaffe 1933–1939, Stuttgart 1967

Völker, Karl-Heinz, Dokumente und Dokumentarphotos zur Geschichte der deutschen Luftwaffe, Stuttgart 1968 (= Beiträge zur Militär- und Kriegsgeschichte, hrsg. vom Militärgeschichtlichen Forschungsamt, Bd. 9)

Volkmann, Udo, Die britische Luftverteidigung und die Abwehr der deutschen Luftangriffe während der ›Luftschlacht um England‹ bis zum Juni 1941, Osnabrück 1982

Waltzog, Alfons, Recht der Landkriegführung, Berlin 1942

Weber, Theo, Die Luftschlacht um England, Wiesbaden 1956

Weber, Werner, Vom Sinn der Todesstrafe; in: Zeitschrift der Akademie für Deutsches Recht 7 (1940), S. 156 ff.

Webster, Charles/Frankland, Noble, The Strategic Air Offensive Against Germany 1939–1945, Bd. 4, London 1961

Wegner, Bernd, Die Sondergerichtsbarkeit von SS und Polizei. Militärjustiz oder Grundlegung einer SS-gemäßen Rechtsordnung?; in: Das Unrechtsregime, Band 1, Ideologie – Herrschaftssystem – Wirkung in Europa, hrsg. von Ursula Büttner, Hamburg 1986. Buchheim, Hans, Broszat, Martin, Jacobsen, Hans-Adolf, Krausnick Helmut (Hrsg.), Anatomie des SS-Staates, Band 1, Freiburg 1967

Wegner, Bernd, Hitlers Politische Soldaten: die Waffen-SS 1933–1945, Paderborn 1988

Wegner, Bernd, Zwei Wege nach Moskau. Vom »Hitler-Stalin-Pakt« zum »Unternehmen Barbarossa«, München 1991

Weinberg, Gerhard, A World at Arms. A Global History of World War II, Cambridge University Press 1994(deutsch: Eine Welt in Waffen. Die globale Geschichte des Zweiten Weltkrieges), Stuttgart 1995

Weisenborn, Günther (Hrsg.), Der lautlose Aufstand. Nach dem Material von Ricarda Huch mit einer Einleitung von Martin Niemöller, Hamburg 1953

Wells, H.G., War in the Air (1908)

Welt am Sonntag vom 14. April 1997

Werth, Alexander, Russia at War, New York 1964 (dtsch. München 1965)

Wheeler-Bennett, John, Die Nemesis der Macht, Düsseldorf 1954

Whittier, Henry S. jr., Sowjetische Sondereinsätze (Partisanenkrieg) und ihre Bedeutung für heute; in: Mil. Rev.-USA-50(1979)1, S. 48–58, Dok. Nr. -Z8096HA1

Wicziok, Wilhelm, Die Armee der Gerichteten zur besonderen Verwendung. Bewährungsbataillon 500, Essen 1992

Widenmann, Wilhelm, Marineattaché an der kaiserlich-deutschen Botschaft in London, 1907–1912, Göttingen 1952

Wilson, H.J.A., »The Luftwaffe as a Political Instrument«; in: The Impact of Air Power, hrsg. von Emme, Eugen, New York 1959, S. 58–63.

Wohlfeil, Rainer, Heer und Republik; in: Handbuch zur deutschen Militärgeschichte VI, München 1979

Wüllner, Fritz, Die NS-Militärjustiz und das Elend der Geschichtsschreibung. Ein grundlegender Forschungsbericht, Baden-Baden 1991

Zaloga, S, The Case of the T-34-Tank in 1941; in: The Journal of Slavic Military Studies, 3/1993, S. 634–647

Zarubinsky, Oleg, Collaboration of the Population in Occupied Ukrainian Territory: Some Aspects of the Overall Picture; in: Slavic Military Studies (SMS) Vol. 10 (June 1997), S. 138–153,

Zarubinsky, Oleg, The Red Partisan Movement in Ukraine during the Second World War: A Contemporary Assessment, SMS, Vol 10 (June 1996), S. 399–417

Zitelmann, Rainer, Hitler-Bild im Wandel; in: K.D. Bracher u.a. (Hrsg.), Deutschland 1933–1945. Neue Studien zur nationalsozialistischen Herrschaft, Bonn 1993

Abkürzungsverzeichnis

a.a.O.	am angegebenen Ort
Anm.	Anmerkung
A.K.	Armeekorps
A.O.K	Armeeoberkommando
AO	Abwehroffizier
Art.	Artikel
Artl.Rgt	Artillerie-Regiment
AVI	Ausbildungsvorschrift für die Infanterie
Bd.	Band
Btls.Kom.	Bataillonskommissar (sowj.)
Battr.	Batterie
Bef.	Befehl
Befh.	Befehlshaber
BDO	Besoldungsdienstordnung
BdU	Befehlshaber der U-Boote
Brig./Br.	Brigade
BRT	Brutto-Registertonne(n)
BA-MA	Bundesarchiv-Militärarchiv
BAnz	Bundesanzeiger
Chef d.Genst.	Chef des Generalstabes
Chef d.H.Rüst	Chef der Heeresrüstung
Chefs.	Chefsache
ders.	derselbe
Div.-Gef.Std.	Divisionsgefechtsstand
ebda.	ebenda
E-Offiziere	Ergänzungsoffiziere
EDES	Griechische Partisanenbewegung (Zervas)
FuG	Führung und Gefecht der verbundenen Waffen
Gef.S.	Gefechtssituation
GFP	Geheime Feldpolizei
g.Kdos.	Geheime Kommandosache
g.Rs.	Geheime Reichssache
Gestapo	Geheime Staatspolizei
GFM,Fm	Generalfeldmarschall, Feldmarschall
Gen.d.Fl.	General der Flieger
Gen.Kdo.	Generalkommando
G.K.	Generalkommissariat
Gen.Lt.	Generalleutnant
Gen.Maj.	Generalmajor
Gen.Ob.	Generaloberst

GPU(OGPU)	Gosudartsvenoe Političeskoe Upravlenie=Politische Staatspolizei in der Sowjetunion
HDv	Heeresdienstvorschrift
H.Gr.,Hgr.	Heeresgruppe
HLKO	Haager Landkriegsordnung
Hrsg./hrsg	Herausgeber/herausgegeben
Ia	Erster Generalstabsoffizier oder Führungsabteilung
Ib	Zweiter Generalstabsoffizier oder Quartiermeister(abteilung)
Ic	Feindnachrichtenabteilung
i.G.	im Generalstab
i.G.	im Generalstabsdienst(Bundeswehr)
IMT	Internationales Militärtribunal
i.R.	im Ruhestand
IKRK	Internationales Komitee des Roten Kreuzes
In.	Inspektion
Kap.	Kapitel
KG,Kdr.Gen	Kommandierender General
Kgf.	Kriegsgefangenen(-er)
KHGnO	Gnadenordnung f.d. Heer im Krieg u. bei besonderem Einsatz
KL	Kapitänleutnant
KPdSU	Kommunistische Partei der Sowjetunion
Kp.	Kompanie
KSSVO	Kriegssonderstrafrechtsverordnung
KStVO	Kriegsstrafverfahrensordnung
KTB	Kriegstagebuch
L.Dv.	Luftwaffendruckvorschrift (später: Dienstvorschrift)
Lfl.	Luftflotte
LVF	Legion Volontaire Française
M.Dv.	Marinedruckvorschrift (später: Dienstvorschrift)
MG	Maschinengewehr
MGFA	Militärgeschichtliches Forschungsamt
lMG	leichtes Maschinengewehr
MDv	Marine-Dienstvorschrift
Mpi	Maschinenpistole
Mill.	Millionen
mot	motorisiert
Ms.	Manuskript
MStGB	Militärstrafgesetzbuch
NKFD	Nationalkomitee Freies Deutschland
NKWD	Narodnij Komitet Vnutrenich Del´ = Volkskommissariat für Innere Angelegenheiten der Sowjetunion
NS	Nationalsozialismus
NSDAP	Nationalsozialistische Deutsche Arbeiterpartei
NSFO	Nationalsozialistischer Führungsoffizier
NATO	Northern Atlantic Treaty Organization (Nordatlantikpakt)
Offz.	Offizier(e)

Op.Abtl.	Operationsabteilung (von Division an aufwärts)
O.Qu.	Oberquartiermeister
O.B.	Oberbefehlshaber
Ob.d.H.	Oberbefehlshaber des Heeres
OKH	Oberkommando des Heeres
RM	Reichsministerium
OKW	Oberkommando der Wehrmacht
RSHA	Reichssicherheitshauptamt
RStGB	Reichsstrafgesetzbuch
RH	Reichsheer
RW	Reichswehr
Rückw.H. Geb.	rückwärtiges Heeresgebiet
SKL	Seekriegsleitung
SS	Schutzstaffel
Schtz.Rgt	Schützen-Regiment
SD	Sicherheitsdienst
Sich.Div.	Sicherungsdivision
SiPo	Sicherheitspolizei
s.o.	siehe oben
SBZ	Sowjetisch besetzte Zone Deutschlands (später DDR)
sowj.	sowjetisch
SK	Sonderkommando
StGB	Strafgesetzbuch
SA	Sturmabteilung (d. NSDAP)
SU	Sowjetunion
Tgb.	Tagebuch
UdSSR	Union der Sozialistischen Sowjetrepubliken
Uffz.	Unteroffizier(e)
vgl.	vergleiche
US	United States
VjhZG, VfZG	Vierteljahrshefte für Zeitgeschichte
Vol.	Volume
WFAmt	Wehrmachtführungsamt
WGnO	Gnadenordnung f. d. Wehrmacht
w.o.	wie oben
Wi.	Wirtschaft(s)
CSPD	Central'nij Stab Partizanskogo Dviženia (Hauptstab d. Partisanen)
zit.n.	zitiert nach
z.b.V.	zu besonderer Verwendung
ZDv	Zentrale Dienstvorschrift (Bundeswehr)
z.S.	zur See
ZK	Zentralkomitee
Ziffern	Divisionen, Armeen und Luftflotten werden mit arabischen, Armeekorps mit römischen Ziffern bezeichnet

Personenregister

(Adolf Hitler wurde in das Register nicht aufgenommen)

Abendroth, Hans-Henning 260
Adam, Wilhelm 73f., 76, 86, 87, 89
Adenauer, Konrad 15, 531, 554
Adorno, Theodor W. 221
Altrichter, Friedrich 35
Arnim, Hans Jürgen v. 410
Arnim, Sixt v. 546
Arnold, Henry H. 302
Artemenko, Pavel 441
Aschenbrenner, Heinrich 282
Auchinleck, Claude Sir 10

Baldwin, Stanley 266
Bamm, Peter 554
Baring, Arnulf 559
Bartoszewski, Taddeusz 431
Bartov, Omer 446f., 449f.
Beaverbrook, William A. Lord 287, 299
Bechtle, Otto 322
Beck, Ludwig 11, 47, 49f., 70, 73f., 76f., 79–87, 89, 92, 98f., 104f., 109, 114, 116, 269, 417, 421, 423, 462, 553
Bernardis, Robert 462
Best, Geoffrey 273, 331
Bismarck, Otto, Fürst v. 40
Blank, Theodor 411
Blaskowitz, Johannes 95ff., 107, 217, 424, 431, 462, 487
Bleichrodt, Heinrich 329, 358
Blomberg, Werner v. 11, 41, 43–47, 52, 55, 67, 69, 73–83, 417, 452
Blumenthal, Hans-Jürgen Graf v. 89
Bock, Fedor v. 89, 91f., 94, 101, 121, 147, 424, 426, 452, 509
Boddien, Hans-Albrecht v. 106
Boeselager, Georg Frhr. v. 106
Boeselager, Philipp Frhr. v. 106
Bonhoeffer, Dietrich 370, 422
Bormann, Martin 396
Boyen, Hermann v. 424
Brauchitsch, Walter v. 37, 47, 83–86, 89–102, 106, 120f., 181, 370, 388, 396, 486, 509, 512
Bredow, Ferdinand v. 64, 67, 69, 75f.
Breitenbuch, Eberhard v. 112f.
Breithaupt, Hans 221, 476
Brennecke, Kurt 146
Brockdorff-Ahlefeldt, Erich Graf v. 87, 89, 93
Broder, Henryk M. 258
Brooke, Alan Lord 408 (genannt: Alanbrooke)
Browning, Christopher R. 13f., 477
Bülow, Wolf v. 488
Burckhardt, Jakob 417
Burke, George J. 532
Busch, Ernst 112, 146
Bussche, Axel Frhr. von dem 111, 113

Canaris, Wilhelm 83, 88ff., 92, 94f., 98, 100, 106ff., 370, 399, 400, 462
Carter, Edward F. 532
Chamberlain, Neville 88, 330
Chruschtschow, Nikita S. 432
Churchill, Winston Sir 21, 88, 112, 261, 263, 265, 286–289, 297, 336, 407, 463
Ciano, Galeazzo, Graf 344
Clausewitz, Karl v. 48f.
Collier, Basil Sir 302, 321
Corum, James S. 260, 274
Craig, Gordon A. 421–424
Creveld, Martin van 444, 446, 449, 455
Cromwell, Oliver 32
Crook, Paul 268, 274
Curtis, Lionel 478

Dallin, Alexander 12f., 424, 436, 521
Dau, Rolf 338
Degrelle, Léon 442
Deichmann, Paul 315
Deßloch, Otto 487
Dirlewanger, Oskar 362
Dohnanyi, Hans v. 107, 370

Dönhoff, Marion Gräfin v. 473
Dönitz, Karl 332f., 348, 350f., 353–356, 367, 370, 394, 397, 464, 474, 486
Douhet, Giulio 264, 267, 269–272, 274, 275
Dove, Patrick 342
Dupuy, Trevor M. 174

Eberhardt, Friedrich Georg 226
Ebert, Friedrich 28
Eck, Heinz 351
Eggert 106
Ehrenburg, Ilja 170
Eichmann, Adolf 474f.
Eicke, Theodor 77
Eisenhower, Dwight D. 410f., 416, 474, 494, 557
Elser, Georg 66
Emmermann, Carl 341
Erzberger, Matthias 40
Etzdorf, Hasso, v. 92
Exner, Franz Dr. 472

Falkenhausen, Gotthard, v. 104f.
Fellgiebel, Erich 110, 114
Felmy, Hellmuth 285
Feurstein, Valentin 353
Filbinger, Hans 361
Finkelstein, Norman 14
Finckh, Eberhard 417
Flex, Walter 34
Foertsch, Hermann 35, 464, 480
Foertsch, Friedrich 432
Fontane, Theodor 78
Förster, Jürgen Dr. 137f., 140, 142, 145, 149ff., 153, 180f., 218
Frank, Hans 95, 363, 493
Frankland, Noble 293f., 310
Freisler, Roland 369
Friderici, Jörg 205
Friedrich, Jörg 553
Frießner, Johannes 58
Fritsch, Werner Frhr. v. 37, 45ff., 64, 73–84, 370, 417, 452
Fritz, Stephen G. 447, 449

Fritzsche, Hans 476
Fromm, Fritz 100, 121, 367
Fuller, J. F. C. 308, 456

Gabriel, Richard A. 443
Gaedcke, Ludwig Heinrich 432
Galen, Clemens August Graf v. 66
Gamelin, Maurice 408
Gaulle, Charles de 414
Gavin, James 416
Gehrts, Erwin 272
Geitner, Kurt v. 464, 480
Gersdorff, Rudolf-Christoph Frhr. v. 77, 105, 107, 147f., 426, 467
Geßler, Otto 28
Geßner, Klaus 533
Geyr von Schweppenburg Leo, Frhr. 105
Gneisenau, Neidthardt v. 424
Goebbels, Joseph 18, 20, 89, 238, 259, 273, 288, 298, 413
Goerdeler, Carl 82, 99, 104, 112
Goethals, Georges 99
Goethe, Johann Wolfgang v. 50
Goldhagen, Daniel 14
Golovine, Michael N. 281
Gooch, John 310
Gorbatschow, Michael 435
Göring, Hermann 45, 99, 112, 196, 272ff., 281, 292, 296, 301, 371, 394, 464f., 488
Gort, Alexander 98
Grabner, Maximilian 474
Gramm, Reinhard Dr. 488
Grey, Edward, Sir 325
Groeben, Peter von der 112
Groener, Wilhelm 41
Groscurth, Helmut 83, 87, 89–92, 96ff., 121, 424
Guderian, Heinz 49, 240f., 408, 452f., 487
Guse, Günther 86
Gustedt, v. 130

Hackett, P., Sir 415
Hagen, Albrecht v. 462
Halder, Franz 82, 86f., 89–93, 98–102, 119, 145, 241, 399, 421, 425, 553
Hale, Winfield B. 534
Halifax, Eduard Lord 88, 98, 119

Halm, Walther 367, 481
Hammerstein, Christian Dr. Frhr. v. 371, 400, 488
Hammerstein-Eqord, Kurt Frhr. v. 11, 73, 76
Harding, Justin W. 532
Harris, Arthur T., Sir 257, 260, 264, 284, 289, 303
Hartenstein, Werner 345
Hase, Paul v. 87, 462
Hassell, Ulrich v. 98, 104, 108, 115
Hastings, Max 268f.
Heer, Hannes 179
Heide, Eivind 386
Heidkämper, Otto 480f.
Heimann, Leo 245, 255
Heinrici, Gotthard 432, 487
Heinz, Friedrich-Wilhelm 83, 87f.
Helldorf, Wolf, Graf 87
Herhuth von Rohden, Hans-Detlef 272
Herwarth, Hans v. 429
Herzog, Roman 17, 260
Hessler, Günter 341
Heß, Rudolf 79
Heusinger, Adolf 105, 411, 416
Heuss, Theodor 43
Heydrich, Reinhard 94, 190, 194, 370, 467, 473
Heye, Hellmuth 339
Hildebrandt, Horst 476
Hildebrandt, Richard 432
Himmler, Heinrich 37, 75–79, 94, 97, 112, 395, 398, 431, 441, 467f., 472–477, 518
Hindenburg, Paul v. 19, 29, 39, 41ff., 55, 69, 73, 77
Hoepner, Erich 87, 89, 92f., 114, 146, 424, 452, 462
Hoffman von Waldau, Otto 294
Hoffmann, Peter 109
Hoffmann, Joachim Dr. 150f., 183, 207, 223
Hollidt, Karl 509, 531
Hößlin, Roland v. 110
Hoth, Hermann 484, 531
Hyde-Smith 10

Jäckel, Eberhard 14
Jacobsen, Hans-Adolf 150, 223
Jaenecke, Erwin 96
Jahrreiß, Hermann Dr. 356, 472

Janowitz, Morris 436, 439, 443, 446, 449
Janssen, G. A. 341
Jaspers, Karl 456, 461
Jeckeln, Friedrich 199
Jeschonnek, Hans 280, 284, 297, 304
Jessel 148
Jhering, Rudolf v. 37
Jodl, Alfred 84, 229, 233, 400, 464ff., 472, 473, 481f., 531
John, Otto 470
Jones, Reginald V. 245
Jöring 112
Joubert de la Ferté, Philip 265
Jünger, Ernst 34

Kaiser, Hermann 122
Kaltenbrunner, Ernst 467, 473ff.
Kapp, Wolfgang 41
Keitel, Wilhelm 94f., 236, 370, 379, 393f., 398ff., 464, 466, 472, 474, 509, 531
Kesselring, Albert 489f.
Kielmansegg, Johann Adolf, Graf v. 43, 429, 454
Kießling, Günter 559
Klausing, Friedrich Karl 462
Kleffel, Paul-Georg 432
Kleikamp, Helmut 467
Kleist, Bernd, v. 106
Kleist, Ewald-Heinrich v. 105, 112f., 205
Kleist-Schmenzin, Ewald v. 88
Klemperer, Victor 14
Klink, Ernst Dr. 181, 326
Kluge, Günter v. 84, 102, 105, 106, 108, 111f., 218, 423, 432
Knaak, Gerhard 89
Knauß Dr., Robert (Pseudonym Helders) 272, 274f.
Koch, Erich 195, 205
Kohl, Helmut Dr. 294
Kopelew, Lew 13
Kordt, Erich 92
Koslow, Viktor I. 434
Kranzbühler, Otto Dr. 354, 486
Krausnick, Helmuth 197, 199, 218, 222f.
Kretschmer, Otto 329
Küchler, Georg, v. 94, 146, 432, 452, 484, 491
Kuhr, Erich 491
Kuntze, Walter 479

Personenregister

Kunz, Wolfgang 231, 233
Kusaka 352

Lahousen, Erwin 106
Langsdorff, Walter 343
Lanz, Hubert 107
Laternser, Hans Dr. 146–149, 482, 487–491, 514, 519, 531
Lattre de Tassigny, Jean de 417
Leeb, Wilhelm Ritter v. 90–94, 96, 120f., 146–149, 424, 426f., 432, 483f., 509
Legro, Jeffrey W. 287
Lehmann, Rudolf Dr. 369f., 399f., 514
Lemelsen, Joachim 95
Lemp, Fritz Julius 329, 332
Lenin, Vladimir 18
Leverkuehn, Paul 470
Ley, Robert Dr. 67
Liddell Hart, Basil 297, 420, 421, 451, 456
Liedig, Franz Maria 83, 89
Lindemann (alias Lord Cherwell), Frederick 288
Lindemann, Horst 432
Lipsius, Justus 32
List, Wilhelm 51, 76, 82, 464, 479
Lloyd, George 21
Löhr, Alexander 301
Longmate, Norman 299
Lüdde-Neurath, Walter 474
Ludendorff, Erich 48, 79
Ludlow-Hewitt, Edgar, Sir 265
Luehn, Hans Dr. 491
Lüttwitz, Walter Frhr. v. 41

Macht, Theodor 272
Mackensen, August 76
Maizière, Ulrich de 35
Mann, Golo 41
Manstein, Erich v. 74, 76, 80, 82, 86, 105, 148, 218f., 235, 423, 428, 432, 465, 467–471, 482, 491, 496
Marschall, Wilhelm 338
Marshall, George C. 416f.
Martens, F.F. 185, 187f., 307
Martini, Wolfgang 282
Marwitz, Johann Friedrich Frhr. von der 38
Marx, Hanns Dr. 476
Marx, Karl 246
Mason, Herbert M. 320
Masson, Philippe 449, 452f., 493
Maurach, Reinhard 513

Maxwell-Fyfe, David, Sir 490
Meichßner, Joachim 111
Melzheimer, Anton 367
Merkel, Rudolf Dr. 477
Mertz von Quirnheim, Albrecht Ritter 70, 112, 417
Messerschmidt, Manfred 145, 149, 172, 182, 488
Meyer, Major 109
Milch, Erhard 197, 274f., 464, 488
Mitchell, Billy 269f.
Mitterrand, François 176, 419, 495, 558
Model, Walter 367, 432
Molotow, Wjatscheslaw M. 237, 524
Moltke, Helmuth James Graf v. 478
Moltke, Helmuth v. (der Ältere) 48, 50f., 81
Moltke, Helmuth v. (der Jüngere) 49, 81
Montecuccoli, Raimondo 48
Montgomery, Bernard L. Lord 410, 419
Morgen, Konrad Georg Dr. 474ff., 478
Morison, Samuel E. 341, 353f.
Müller, Josef Dr. 98f.
Müller, Klaus Jürgen 99, 147
Müller, Heinrich 475
Müller, Ernst 490
Mussolini, Benito 18, 88, 274

Napoleon I. 33, 48, 240, 501
Natzmer, Wilhelm v. 148
Neumann, Otto 370, 400
Niemöller, Martin 15
Nikitchenko, L. T. 463
Nimitz, Chester W. 355
Noots, Hubert 99

Oehler, F. W. 558
Oertzen, Hans-Ulrich v. 109
Oestreicher, Paul 299
Ohlendorf, Otto 466f., 469
Olbricht, Friedrich 100, 104f., 108ff., 112, 370
Oranien, Moritz v. 32
Oranien, Wilhelm v. 32, 88
Oshima, Hiroshi 350
Oster, Hans 76, 80, 83f., 86–88, 90, 92, 94, 98ff., 104, 106f., 114, 119, 370
Ott, Eugen 69
Overy, Richard 309

Paget, Reginald 470
Papen, Franz, v. 68f., 363
Peillard, Leonce 354
Pelckmann, Horst 477
Petersen, Wolfgang 14
Petersen, Klaus 341
Petersen, Kurt 348
Picasso, Pablo 260
Picker, Egbert 498
Pius XII., Papst 98
Plendl, Hans Dr. 282f.
Plessis du, Armand 367
Pohle, Helmut 314
Pokrowsky, Juri V. 481f.
Ponomarenko, Panteleimon K. 244, 251
Portal, Charles 287f.
Preußen, Friedrich II., der Große v. 32, 48, 501
Preußen, Friedrich Karl Prinz v. 37f., 51
Preußen, Friedrich-Wilhelm I. v. 48, 501
Preußen, Wilhelm II. v. 48
Puttkamer, Jesco v. 396

Rabenau, Friedrich v. 35
Raeder, Erich 350, 394, 464
Redelis, Vladis 517
Reemtsma, Jan Philipp 54, 179
Reger, Horst, Dr. 491
Reibert, Wilhelm 35
Reichenau, Walter v. 11f., 43, 45f., 73ff., 78, 99, 218, 235f., 427, 452, 496, 515, 521, 533, 538, 545ff.
Reinecke, Hermann 464, 483
Reinhardt, Hans 148
Rendulic, Lothar 464, 479
Richthofen, Wolfram v. 259, 292
Ridgeway, M. B. 416
Roettiger, Hans 490
Röhm, Ernst 19, 76
Rommel, Erwin 10, 112f., 408ff., 423
Roosevelt, Franklin D. 112, 237, 270, 306, 411, 416, 463, 504f.
Roques, Franz v. 427, 429
Roques, Karl v. 198f., 201, 219
Roschmann, Hans 207
Rosenberg, Alfred 195f., 202, 429, 482
Roskill, Stephen W. 344, 354
Rost, Hans-Günther v. 109, 111

Rothfels, Hans 11, 114
Rudolphi, Joachim Dr. 368, 370, 400
Rundstedt, Gerd v. 76, 91–94, 96, 99, 421, 426, 452, 509
Ruoff, Richard 432
Russwurm, Wilhelm 202
Rydz-Smigly, Edward 91

Sack, Karl Dr. 370, 397, 462
Salmuth, Hans v. 468, 509
Saposnikov, Boris M. 103
Sas, Jacobus 98f.
Sauckel, Fritz 196, 205
Saurma, Christoph Graf v. 106
Savage, Paul S. 443
Savoyen, Eugen v. 48
Scharnhorst, Gerhard v. 28, 32, 48, 424
Schenk, Reinhold 331, 335
Schenkendorff, v. Max 429
Schieder, Theodor 113
Schiller, Friedrich v. 42
Schlabrendorff, Fabian v. 105ff., 429
Schleicher Dr., Rüdiger 371
Schleicher, Kurt v. 64, 68f., 75ff.
Schlieffen, Alfred v. 49, 76
Schmid, Carlo 15
Schmid, Josef (Beppo) 315
Schmid, Jörg H. 232
Schmidt von Altenstadt 429
Schmidt-Salzmann, Walter 106
Schmidt, Helmut 20, 22, 473
Schmidt, Hans 432
Schmundt, Rudolf 104, 229
Schniewind, Otto 465
Schobert, Eugen Ritter v. 468
Schörner, Ferdinand 367, 398
Scholl (Geschwister), Sophie u. Hans 65
Schtemenko, U.T. 413
Schuhart, Otto 328
Schukow, Georgi 244, 413f., 557
Schulenburg, Fritz-Dietlof Graf von der 110
Schultze, Herbert 328
Schustereit, Hartmut 221
Schwedler, v., Generalleutnant 82
Schweling, Otto Peter 403, 489
Schwinge, Erich 231
Seaton, Albert 424

Seeckt, Hans v. 25, 30, 33, 36, 38, 41, 48f., 51, 71, 175, 271
Senger und Etterlin, Ferdinand v. 453
Severing, Karl 477
Seydlitz, Friedrich Wilhelm v. 38
Shils, Edward A. 436, 439, 443, 446, 449
Siewert, Curt 432
Sinclair, Archibald Lord 302
Slessor, John 265
Sodenstern, Georg v. 105
Solschenizyn, Alexander 13
Sorge, Siegfried 35
Spaight, James M. 266, 287, 300
Speer, Albert 196, 291
Speidel, Hans 411, 432
Sperrle, Hugo 465
Spetzler, Eberhard 313f.
Staff, Ilse 488
Stahmer, Otto Dr. 465
Stalin, Joseph 11, 18, 65, 103, 112, 156, 170, 172, 177, 231, 233f., 236f., 240f., 243, 246, 253, 412, 428, 432ff., 451, 463, 493, 506
Stauffenberg, Claus, Graf v. 15, 70, 105, 108–114, 417, 429, 431, 462
Stauffenberg, Berthold, Graf v. 114
Stein, George H. 440
Stephanus, Konrad 117
Stieff, Helmuth 70, 96, 107, 111, 121, 431, 462
Stockhausen, Hans Gerrit v. 329
Strachwitz, Hyazinth, Graf v. 107
Straube, Erich 367
Streicher, Julius 476
Streim, Alfred 150, 207
Streit, Christian Dr. 142, 145, 149, 182, 207, 208, 22
Stresemann, Gustav 40
Stülpnagel, Carl-Heinrich v. 87, 89, 92f., 103, 110, 114
Szarota, Thomasz 456

Taylor, Telford 308, 469, 496
Terraine, John 266
Teske, Hermann 417
Thierack, Otto 369, 396
Thoma, Wilhelm v. 410
Thomas, Georg 524

Tiverton, Major Lord 262, 269
Todt, Fritz 212
Trenchard, Hugh, Lord 263, 265f., 269, 289, 299
Trescow, Henning v. 35, 70, 104–109, 112, 114, 426, 462
Tress, Horveg 297
Trotzki, Leonhard 18
Truman, Harry S. 411, 416
Tschek, Tschiang Kai 417

Udet, Ernst 280, 304
Ulex, Alexander 84

Wagner, Eduard 190, 194
Warlimont, Walter 399, 464
Warzecha 366, 378
Wasa, Gustav I. Adolf 32
Weber, Theo 299
Webster, Charles 310
Wedemeyer, Albert C. 417
Wegener, Wolfgang 432
Weichs, Maximilian Frhr. v. 107, 479
Weinberg, Gerhard 274
Weinstein, Adelbert 299
Weiß, Walter 432
Wellington, Arthur W. Duke of 456
Wells, H. G. 261
Wennersturm, Charles F. 532
Wever, Walther 275
Weygand, Maxime 44
Wheeler-Bennett, John 423, 451
Wilhelm, Hans-Heinrich 197, 218, 222f.
Wilson, Woodrow 19
Wirth, Christian 477, 497
Witzleben, Erwin v. 11, 76, 79f., 87ff., 92f., 104f., 109, 424, 462
Wlassow, Andrei 167
Wöhler, Otto 467
Woyrsch, Udo v. 94
Wüllner, Fritz 488
Wurm, Theophil Dr. 66

Yorck von Wartenburg, Hans David 38, 462
Young, John C. 532

Zeitzler, Kurt 146
Zervas, Napoleon 107
Zins, Oberst 214